Anthony Baines

LEXIKON DER MUSIKINSTRUMENTE

Aus dem Englischen übersetzt
und für die deutsche Ausgabe bearbeitet
von Martin Elste

Aktualisierte Sonderausgabe

J. B. Metzler Stuttgart · Weimar

The Oxford Companion to Musical Instruments, First Edition was originally published in English in 1992.
This translation is published by arrangement with Oxford University Press.
© Anthony Baines 1992

Bibliografische Information der Deutschen Nationalbibliothek
Die Deutsche Nationalbibliothek verzeichnet diese Publikation in der Deutschen Nationalbibliografie;
detaillierte bibliografische Daten sind im Internet über http://dnb.d-nb.de abrufbar.

ISBN 978-3-476-02379-7

Dieses Werk einschließlich aller seiner Teile ist urheberrechtlich geschützt. Jede Verwertung außerhalb der engen Grenzen des Urheberrechtsgesetzes ist ohne Zustimmung des Verlages unzulässig und strafbar. Das gilt insbesondere für Vervielfältigungen, Übersetzungen, Mikroverfilmungen und die Einspeicherung und Verarbeitung in elektronischen Systemen.

© 2010 Springer-Verlag GmbH Deutschland
Ursprünglich erschienen bei J. B. Metzler'sche Verlagsbuchhandlung
und Carl Ernst Poeschel Verlag GmbH in Stuttgart 2010
www.metzlerverlag.de
info@metzlerverlag.de

Inhalt

Aus der Einleitung zur englischen Originalausgabe	VII
Vorwort zur deutschen Ausgabe	IX
Vorwort zur Aktualisierung der deutschen Ausgabe	X
Abkürzungen	XI
Das Lexikon	1
Anhang:	
Hersteller von Musikinstrumenten	381
Bibliographie	385
Kataloge von Musikinstrumentensammlungen	408

Aus der Einleitung zur englischen Originalausgabe

Dieses Buch verdankt seine Existenz einem Vorschlag der Oxford University Press, den diese kurz nach Erscheinen des *New Oxford Companion to Music* (1983) geäußert hat: die instrumentenkundlichen Texte zu einem kompakten Nachschlagewerk über Musikinstrumente zusammenzufassen, ohne dabei, wie ursprünglich vorgesehen, auch den umfangreichen Bereich der elektronischen Musikinstrumente abzudecken, für den Richard Dobson eine eigene Publikation verfaßt hat. Viele der originalen NOCM-Beiträge wird man wiedererkennen, denn nur wenige Änderungen waren notwendig, wenn nicht gerade neue Forschungsergebnisse oder Sichtweisen in der Zwischenzeit eine Revision erforderten. Einige wenige Beiträge sind gleichwohl neu geschrieben worden, und viele Artikel, die mehrere unterschiedliche Instrumente einer Familie oder eines Genres zusammenfaßten, sind in kleinere Einträge aufgeteilt worden, um den unmittelbaren Zugriff zu erleichtern. Dennoch schien es sinnvoll, dabei nicht allzu schematisch vorzugehen, so daß nicht wenige der ursprünglichen Sammelbeiträge im wesentlichen unangetastet blieben.

Man wird von diesem Buch erwarten, daß es sich in erster Linie mit den Instrumenten unserer eigenen (»europäischen«) Traditionen beschäftigt. Man wird sicherlich ebenso die Berücksichtigung jener entfernteren (»außereuropäischen«) Traditionen erwarten. Hier bedankt sich der Herausgeber, von den speziellen Beiträgen zum *New Oxford Companion to Music* über die Musik der verschiedenen Weltregionen oder -kulturen freizügig schöpfen zu können. Neben den individuellen Einträgen zu den einzelnen Instrumenten dieser Weltkulturen findet man einige allgemeine Beobachtungen unter AFRIKA, INDIANISCHE KULTUREN, CHINA UND KOREA, INDIEN, JAPAN, MITTLERER OSTEN, PAZIFISCHE INSELN UND SÜDOSTASIEN.

Zwangsläufig ist der Inhalt dieses einbändigen *Companion* selektiv; die Einträge sind bei einer begrenzten Gesamtzahl so kalkuliert, daß sie eine Übersicht über jene Namen und Bezeichnungen geben, denen man höchstwahrscheinlich im musikwissenschaftlichen oder allgemeinen musikalischen Schrifttum begegnet. Als Nebenprodukt eines größeren Handbuchs will das Buch in keiner Weise mit Sibyl Marcuses fast dreißig Jahre altem *Comprehensive Dictionary* oder dem unschätzbaren dreibändigen *New Grove Dictionary of Musical Instruments* verglichen werden. Vielmehr bietet das vorliegende Werk eine Abfolge dessen, was ein Musikinstrument sein kann – oder besser (um Karl Izikowitz im Titel seiner 1934 erschienenen Studie über die Amerikas zu zitieren) von Instrumenten für Musik und andere Klänge (»musical and other sound instruments«) und folgt einer langen Tradition allgemeiner instrumentenkundlicher Darstellungen mit ausweichenden Antworten in Hinblick darauf, was unstreitig »musikalisch« und was aufgrund von Intention und Gebrauch eindeutig nicht musikalisch ist.

Einige wenige der gegenwärtigen Artikel behandeln Instrumente, die Klänge produzieren, die, selbst wenn sie eine musikalische Qualität haben, niemals in irgendeiner Weise mit Musik in Zusammenhang gebracht wurden.

Musikwissenschaftliches Wissen wird nicht weiter vorausgesetzt als es bei einem Leser mit Allgemeinbildung vorhanden ist. Notenbezeichnungen (C D E usw.) sind dagegen häufig zu finden. Es ist natürlich durchaus möglich, ein legitimes und kreatives Interesse an Musikinstrumenten zu entwickeln, ohne eine Note zu kennen, doch auch ein solcher Leser mag wissen wollen, in welcher Stimmung ein Instrument steht, wie tief es reicht und andere solche Aspekte, die am einfachsten in Noten ausgedrückt werden können.

Weiterführende Literatur

Die Autorenschlüssel in oder nach Artikeln sind am Ende des Buchs im Literaturverzeichnis aufgelöst, wo die vollen Titel unter den Autorennamen zu finden sind. (Eine Nebenbemerkung: Obwohl Jahr für Jahr neue Bücher erscheinen, gibt es immer noch Instrumentengruppen, für die nur wenig Literatur existiert, wenn man solche sucht, die kompetent informieren.) Hinsichtlich Zeitschriften sind wegen der Flut an Beiträgen im wesentlichen drei Fachzeitschriften ausgewertet, die in breites Spektrum abdecken, nämlich *The Galpin Society journal*, *Early music* und das *Journal of the American Musical Instrument Society*; Details sind im Literaturverzeichnis zu finden.

London, 1991 A. B.

Danksagungen

Der Herausgeber möchte den folgenden Verfassern für ihre Artikel danken, die dem *New Oxford Companion to Music* entnommen wurden oder aus denen Material für dieses Lexikon verwendet wurde:

Francis Baines (Drehleier, Gambe, und viele andere Streichinstrumente)
Peale Christian, Michael Burnett (Steel Band)
Jonathan Condit (Korea)
James Dalton (Orgel)
Ian Gammie (Gitarre)
Micahel Lowe (Laute)
Elizabeth Markham (Japanische Musik)
Helen Myers (Afrikanische Musik, Pazifische Inseln, Südostasiatische Musik)
Julian Pilling (Akkordeon u. a.)
Alec Roth (Indonesien)
James Tyler (Cister)
D. R. Widdess (Indische Musik)
Rembrandt Wolpert (Chinesische Musik)
M. J. Wright (Glocken, Handglocken)

Vorwort zur deutschen Ausgabe

Ein Lexikon läßt sich nicht 1:1 übersetzen. Dennoch habe ich versucht, den Duktus der Originalausgabe nicht anzutasten. Stilistisch ist also nur wenig verändert worden, faktisch sind hingegen manche Einzelheiten, die für den englischsprachigen Leser von Interesse sind, aber nur marginal den deutschsprachigen Leser interessieren dürften, weggelassen und gelegentlich durch zusätzliche Details ersetzt worden. Außerdem sind die musikgeschichtlichen Angaben überprüft und ergänzt worden. Mein Bestreben war es, bei der verwendeten Terminologie einen Mittelweg zwischen verständlicher, aber zwangsläufig nicht immer genauer Laiensprache und exaktem, doch dem Laien unverständlichen Fachjargon zu finden. Das betrifft die Bezeichnungen der Instrumente ebenso wie beispielsweise Verben, die handwerkliche Techniken beschreiben.

Wie schon in der englischen Ausgabe haben Instrumentenbauer keine eigenen biographischen Einträge, sondern sind in einer separaten Aufstellung aufgelistet, in der auf die entsprechenden Seiten verwiesen wird, auf denen sie erwähnt werden. Das Literaturverzeichnis ist ergänzt und überarbeitet worden. Auch hier gilt, daß insbesondere deutschsprachiges Schrifttum zusätzlich aufgenommen wurde. Nur wenige englischsprachige Titel konnten wegfallen – die Instrumentenkunde wird noch immer in den angelsächsischen Ländern ausgiebiger als in Deutschland betrieben, so daß es in vielen Fällen keine alternative deutschsprachige weiterführende Literatur gibt.

Zu fast allen Termini sind auch die englischen, italienischen und französischen Äquivalente angegeben, gelegentlich auch spanische und weiterer Sprachen. Gerade in einer Zeit, in der durch die globale Veröffentlichungspolitik der Medienkonzerne die englische Sprache so dominiert – ich denke da insbesondere an Booklet-Texte von Compact Discs – erschien es mir angebracht, die Termini in anderen Sprachen, soweit es sinnvoll ist, anzuführen.

Für die in Partituren erscheinenden italienischen Instrumentenbezeichnungen gibt es ebenfalls Einträge mit Verweisen auf die entsprechenden Haupteinträge.

Kursive Tonbuchstaben beziehen sich auf eindeutig definierte Tonhöhen, also ist a^1 immer der Kammerton a, während gewöhnlich gesetzte Tonbuchstaben den Ton innerhalb einer beliebigen Oktave definieren (A steht für den Ton A in keiner besonders spezifizierten Oktavlage). Die Oktavenbezeichnungen lauten also von der tiefsten Oktave bis zur höchsten wie folgt: $C^2 - C^1 - C - c - c^1$ (das »Schlüssel-C« auf dem Klavier) $- c^2 - c^3 - c^4 - c^5$.

Bei den wichtigeren europäischen Instrumenten sind summarische Angaben zum Repertoire gemacht; diese beziehen sich lediglich auf mehr oder weniger solistische Mitwirkung, nicht auf den Einsatz des Instruments innerhalb des Orchesters oder der verschiedenen kammermusikalischen Formationen.

Die bei außereuropäischen Instrumenten genannten Stimmungen sind in der Regel auf das westliche Tonsystem hin umformuliert, damit der Leser einen Anhaltspunkt hinsichtlich der Tonhöhe hat. So problematisch dies in der Theorie ist, so nützlich kann diese Transkription in der Praxis sein.

Richtungsangaben wie rechts, links, oben und unten sind immer aus der Sicht des Spielers formuliert.

Bei Streichinstrumenten erfolgt die Zählung der Saiten immer von der obersten (höchsten) Saite als der ersten nach unten. Die E-Saite auf der Violine ist also die erste Saite.

Bei den Transliterationen habe ich die gebräuchlichste Version gewählt. Dementsprechend sind die chinesischen Begriffe nicht nach dem modernen offiziellen *Pinyin*-System übertragen (wie es Anthony Baines in der englischen Originalausgabe gemacht hat), sondern nach den noch immer geläufigen älteren Transliterationssystemen. Um das Auffinden von chinesischen Instrumenten zu erleichtern, folgt eine Konkordanz:

Konsonant nach dem Pinyin-System	Konsonant in diesem Lexikon
b	p
d	t
g	k
q	ch
j	ch
zh	ch
x	hs
z	tz

Mein herzlicher Dank für hilfreiche Hinweise und Korrekturen geht an Dr. Annette Otterstedt, Simone Heilgendorff, Heinz Jentner, Dr. Thomas Lerch, Horst Rase und Claudius von Wrochem. Ebenso gilt mein Dank für die professionelle Zusammenarbeit dem Verlagsteam unter dem Lektorat von Dr. Uwe Schweikert.

Berlin, Oktober 1995   Martin Elste

Vorwort zur Aktualisierung der deutschen Ausgabe

Die deutsche Ausgabe des *Oxford Companion to Musical Instruments* von Anthony Baines (6.12.1912 – 3.2.1997) ist inzwischen ein Klassiker der musikinstrumentenkundlichen Literatur. Nach mehreren unveränderten Nachdrucken wurde jetzt nach anderthalb Jahrzehnten die Gelegenheit genutzt, für eine erneute Auflage die Literaturhinweise und die Angaben zu den Musikinstrumentensammlungen zu aktualisieren und zu ergänzen. Es erstaunt zu sehen, wie häufig sich Namen von Institutionen ändern! Selbstverständlich wurden auch einige Fehler im Text korrigiert. Mein besonderer Dank geht hierbei an meinen ehemaligen Kollegen Dr. Dieter Krickeberg, dessen kritische, hilfsbereite Durchsicht den einen oder anderen Übersetzungsfehler ans Tageslicht brachte.

Berlin, Juli 2010   Martin Elste

Abkürzungen

Abk.	Abkürzung
altgr.	altgriechisch
am.	amerikanisch (im Unterschied zum britischen Englisch)
arab.	arabisch
BWV	Bach-Werke-Verzeichnis
ca.	circa
dt.	deutsch
ed.	edited (herausgegeben)
einschl.	einschließlich
EM	Early Music.
engl.	englisch
Faks.	Faksimile
fläm.	flämisch
fr.	französisch
geb.	geboren
gest.	gestorben
gr.	griechisch
Grove	The New Grove Dictionary of Music and Musicians.
H	Helm-Katalog (C. Ph. E. Bach)
hebr.	hebräisch
Hob.	Hoboken-Verzeichnis (Joseph Haydn)
Hrsg., hrsg.	Herausgeber, herausgegeben
instr.	instrumentiert von
ital.	italienisch
J	Jähns-Verzeichnis (Carl Maria von Weber)
jap.	japanisch
KV	Köchel-Verzeichnis (Mozart)
l.H.	linke Hand
lat.	lateinisch
Lit.	Literatur (siehe Bibliographie)
MGG	Die Musik in Geschichte und Gegenwart. [1. Auflage]
Ms., Mss.	Manuskript, Manuskripte
NOCM	The New Oxford Companion to Music.
o.J.	ohne Jahresangabe
orch.	orchestriert von
port.	portugiesisch
rev. ed.	revised edition (revidierte Auflage)
r.H.	rechte Hand
russ.	russisch
span.	spanisch
türk.	türkisch
ung.	ungarisch
→ oder Wörter in Kapitälchen	Verweis auf separaten Eintrag, wo der Leser weitere Informationen findet.

Abbildungsnachweise

Accademia Filarmonica, Verona: Zink, Abb. 1*a*; Ashmolean Museum, Oxford: Cister, Abb. 1, English guitar, Abb. 1.

Barnes & Mullins Ltd., London: Mandoline, Abb. 2; Bate Collection, Oxford: Bassetthorn, Abb. 1, Fagott, Abb. 2, Klarinette, Abb. 1*f*, Klarinette, Abb. 2, Blockflöte, Abb. 1, Sāz, Abb. 1; B.T. Batsford, London: Japan, Abb. 1 & 2 (aus: F.T. Piggott, *The Music and Musical Instruments of Japan*); Bayerische Staatsbibliothek, München: Renaissance-Instrumentarium, Abb. 1; Deben Bhattacharya, Paris: Indien, Abb. 1; Biblioteca Nazionale Marciana, Venedig: Fidel, Abb. 1; Bibliothèque Nationale, Paris: Posaune, Abb. 2; Bodleian Library, Oxford: Mittelalterliches Instrumentarium, Abb. 1 (MS Bodley 264, fol 188ᵛ); Boosey & Hawkes Ltd., London: Glokkenspiel, Abb. 1, Sousaphon, Abb. 1, Tuba, Abb. 1, Vibraphon, Abb. 1; Max Yves Brandily, Paris: Harfe, Abb. 3; John F. Brennan, Oxford: Orgel, Abb. 1; British Library, London: Fidel, Abb. 2, Drehleier, Abb. 1; British Museum, London: Aulos, Abb. 1; Alexander Buchner, Prag: Sackpfeife, Abb. 1.

CEDRI, Paris: Akkordeon, Abb. 1.

Deutsches Museum, München: Clavichord, Abb. 1 & 2.

Raymond Elgar, Bexhill: Kontrabaß, Abb. 1.

Gemeentemuseum, Den Haag: Waldhorn, Abb. 2, Laute, Abb. 2; Germanisches Nationalmuseum, Nürnberg: Laute, Abb. 3, Klavier, Abb. 1, Viola d'amore, Abb. 1.

Billy Reed Hampton: Appalachian dulcimer, Abb. 1; Photo Ernst Heins, Amsterdam: Gamelan, Abb. 1; Hobgoblin Music, Crawley: Rebec, Abb. 1; T.W. Howarth & Co. Ltd., London: Oboe, Abb. 1.

Illustrated London News: Reibtrommel, Abb. 1.

Foto Jobst, Klingenthal: Wagnertuba, Abb. 1.

Karl-Marx-Universität, Musikinstrumenten-Museum, Leipzig: Zink, Abb. 1*b*, Rackett, Abb. 1; Korean Overseas Information Service: Korea, Abb. 2; Kunsthistorisches Museum, Wien: Blockflöte, Abb. 2; Kunstsammlungen Veste Coburg: Bandora, Abb. 1.

Lavignac – Editions Delagrave – Paris: Fidel, Abb. 3, Kemanche, Abb. 1, Mṛdaṅga, Abb. 1; Martin Lessen, Rochester, NY: Klappenhorn, Abb. 1 (Foto Smithsonian Institution); Bill Lewington Ltd., London: Klarinette, Abb. 1*a–e*, Querflöte, Abb. 1; Lyon & Healy Harps, Inc., Chicago, Illinois: Harfe, Abb. 1.

Metropolitan Museum of Art, New York: Leier, Abb. 1 (Fletcher Fund, 1956), Tafelklavier, Abb. 2 (Rogers Fund, 1975); Marian and Tony Morrison, South American Pictures, Woodbridge, Suffolk: Panflöte, Abb. 1; Musées Nationaux, Paris: Serpent, Abb. 1; Museo del Prado, Madrid: Pommer, Abb. 1; Museum für Völkerkunde, Leipzig: Südostasien, Abb. 1; Museum für Völkerkunde SMPK, Berlin: Ch'in, Abb. 1, Laute, Abb. 4; Musikinstrumenten-Museum SIMPK, Berlin: Barock, Abb. 1, Glasharmonika, Abb. 1, Kino-Orgel, Abb. 1, Lyra-Flügel, Abb. 1, Oboe, Abb. 3, Stockinstrumente, Abb. 1, Tiebel-Violine, Abb. 1.

National Army Museum, London: Militärkapelle, Abb. 1; National Bank of Greece: Lyra, Abb. 1 (aus: F. Anoyanakis, *Greek Popular Musical Instruments*, 1979); National Museum of Finland, Helsinki: Kantele, Abb. 1; Nice Matin: Einhandflöte und Einhandtrommel, Abb. 1 (Foto Vincent Tivoli); Nordisk Rotogravyr Stockholm: Mittlerer Osten, Abb. 1 (aus: Tobias Norlind, *Musikinstrumentens Historia*, 1941).

Paxman Ltd., London: Waldhorn, Abb. 1; Pitt Rivers Museum, Oxford: Northumbrian bagpipes, Abb. 1, Sheng, Abb. 1, Vīnā, Abb. 1, Zither, Abb. 2; Popperfoto, London: Saùng, Abb. 1, Südostasien, Abb. 2; Premier Percussion Ltd., Leicester: Drum-Set, Abb. 1, Pauken, Abb. 1.

Alec Roth, Durham: Bonang, Abb. 1; Royal College of Music, London: Violoncello, Abb. 1, Chitarrone, Abb. 1, Trumscheit, Abb. 1; Royal Tropical Institute, Amsterdam: Trommel, Abb. 1 (Foto Felix van Lamsweerde); Russell Collection of Early Keyboard Instruments, Edinburgh University: Virginal, Abb. 1.

The Edward F. Searles Musical Instrument Collection (Museum of Fine Arts, Boston): Regal, Abb. 1; The Selmer Company, L.P.: Trompete, Abb. 1; Shrine to Music Museum, University of South Dakota: Trompete, Abb. 2; Smithsonian Institution, Washington: Tafelklavier, Abb. 1; Society for Cultural Relations with the USSR: Laute, Abb. 5; Sotheby's: Kornett, Abb. 1, Doppelkernspaltflöte, Abb. 1, Cembalo, Abb. 2, Oboe, Abb. 2, Zugtrompete, Abb. 1, Spinett, Abb. 1, Zither, Abb. 2; Steinway & Sons: Klavier, Abb. 2; *The Straits Times*: Nasenflöte, Abb. 1.

Tameside Local Studies Library: Brass Band, Abb. 1; *The Telegraph* Colour Library: Klangskulpturen, Abb. 1; J. Thibouville-Lamy & Co., London: Autoharp, Abb. 1.

VAAP, Moskau: Bandura, Abb. 1; Victoria and Albert Museum, London: Virginal, Abb. 2; H. Roger Viollet, Paris: Militärkapelle, Abb. 2.

Warwickshire Museum: Laute, Abb. 1; Frau Bliss Wiant: China und Korea, Abb. 1 (aus: B. Wiant, *The Music of China*, 1965).

Zentralantiquariat der Deutschen Demokratischen Republik, Leipzig: Bogenlaute, Abb. 1 (aus: B. Ankermann, *Die afrikanischen Musikinstrumente*, 1901, Reprint: 1976).

A

Abriß Beim Gitarrespiel das Binden abwärts führender Töne auf einer Saite, so daß der erste Ton angeschlagen wird und der zweite durch Abziehen des Fingers erklingt.

Abzüge, Abzugssaiten (engl.: *off-board strings, diapasons*). Die freien, neben dem Griffbrett verlaufenden Baßsaiten bei der →Theorbe und dem →Chitarrone.

Accordatura (ital.). Die normale Stimmung eines Saiteninstruments (im Unterschied zur *Scordatura*; →SKORDATUR).

Acht-Fuß (8') (engl.: *eight foot*; ital.: *otto piedi*; fr.: *huit-pieds*). Orgel, Cembalo, Harmonium usw. Zur Bedeutung der Ausdrücke Acht-Fuß, Sechzehn-Fuß, Vier-Fuß und Zwei-Fuß hinsichtlich der verschiedenen Register bei Orgel, Cembalo, Harmonium u. a. →ORGEL, 2 und FUSS.

Äolsharfe (engl.: *Aeolian harp*; ital.: *arpa eolia*; fr.: *harpe éolienne*). Zitherartiges Saiteninstrument, bei dem die Saiten durch den natürlichen Wind in Schwingungen versetzt werden und einen schwebenden Zusammenklang hervorbringen. Der horizontal oder vertikal plazierte Schallkörper ist bis zu einem Meter lang und groß genug für die zwölf gleichlange Darm- oder Metallsaiten, die über einen niedrigen Steg an beiden Enden geführt sind. Alle Saiten sind auf denselben Ton gestimmt, aber von unterschiedlicher Saitenstärke.

Obwohl die akustischen Verläufe noch nicht ganz geklärt sind, scheint es, daß der Luftstrom Wirbel ausbreitet, die die Saite hin und her schwingen lassen. Und wenn die Wirbelfrequenz sich einer Obertonfrequenz der Saite nähert, schwingt diese auf jenem Oberton. Je nach Windgeschwindigkeit verändert sich die Intensität der Obertöne, und da die Saiten verschieden dick sind, treten unterschiedliche Obertöne hervor. Da alle Saiten auf den gleichen Grundton gestimmt sind, ist der entstehende Akkord rein und verändert sich je nach Windstärke. Bei stärkerem Wind können die dünneren Saiten in der Region oberhalb des achten Teiltons schwingen. Wenn die Teiltöne einen Ganz- oder Halbton differieren, kommt ein spezifischer Klangeffekt ins Spiel. Einige Äolsharfen haben einen zweiten Saitenbezug, der eine Oktave tiefer steht, um dem Klang mehr Tiefe zu geben.

Die Äolsharfe ist mindestens seit dem 17. Jahrhundert bekannt, als Athanasius Kircher auf sie aufmerksam machte (*Musurgia universalis*, 1650). In Europa war sie in der ersten Hälfte des 19. Jahrhunderts sehr beliebt und ist häufiger auch Topos für das Überirdische und die Weltharmonie in Gedichten jener Zeit (Coleridge 1795, Goethe 1822, Herder 1803, Shelley). Jean-Georges Kastner veröffentlichte 1856 eine Abhandlung über das Instrument.

Äolsklavier →KLASSIFIKATION DER MUSIKINSTRUMENTE, 1. Verschiedene andere Erfindungen um 1820, die mit der Silbe »Äol-« beginnen, sind Tasteninstrumente mit →durchschlagenden Zungen.

Aerophone Oberbegriff aus der Hornbostel/Sachs'schen Systematik für Musikinstrumente, bei denen die Luft selbst primär in Schwingung gerät (Peitsche, Zungenpfeife, Harmonium, Flöte, Klarinette etc.). →auch KLASSIFIKATION DER MUSIKINSTRUMENTE.
Lit.: Hornbostel/Sachs 1914.

Aetherophon →THEREMIN-VOX.

Afrika Das diesen Kontinent beherrschende Musikinstrument ist die Trommel, oder vielmehr das »symphonische« Zusammenspiel von Trommeln mit anderen Schlaginstrumenten, Gesängen und Tänzen, wobei sich die rhythmische Differenzierungskraft als das besondere Merkmal der afrikanischen Musik erweist.

1. Instrumente

(a) Idiophone. Rasseln: an einer Schnur aufgezogene Muscheln, Nüsse usw., die geschüttelt oder um die Füße gebunden werden (Fußrasseln); aus Kalebassen oder Flechtwerk (Flechtrasseln), häufig paarweise mit unterschiedlicher Tonhöhe (→MARACAS), auch solche mit Perlennetz (*Axatse* in Notenbeispiel 1, →auch CABAZA). Schrapinstrumente: eingekerbte Hölzer und Einkerbungen in einem →Musikbogen oder einer Trommel. →Schlitztrommeln, häufig als Signalinstrumente. →Xylophon mit zwei und mehr Stäben. Glocken: aus Holz oder Metall, mit Klöppel oder Schlegel, einfache oder doppelte Glocke (*gankogui* wie in Notenbeispiel 1, →auch AGOGO BELL.) Lamellophone (→SANSA) mit gezupften, meist eisernen Zungen sind ein speziell afrikanischer Instrumententyp. Neben den festen Instrumententypen werden improvisierte Klangerzeuger (Töpfe, Löffel, Teller usw.) ad hoc verwendet.

(b) Trommeln. Alle Arten von einfachen, aus Kalebassen, Tontöpfen, Blecheimern usw. mit einer dar-

Afrika

Notenbeispiel 1. *Ghana, Nyayito-Begräbnistanz; kurzer Ausschnitt, wenn die Trommeln beginnen (Auszug aus dem NOCM, S. 32–33; Transkription nach Jones 1959).*

übergespannten Membran hergestellten Trommeln bis zu Holztrommeln in allen Formen (→TROMMEL, 4), die mit Schlegeln oder mit der Hand geschlagen werden und häufig auch zusätzlich mit Muscheln oder Glocken versehen sind.

(c) *Saiteninstrumente.* →Musikbogen: →*Gora*, →Bogenlaute (mehrere Musikbogen an einem Korpus). Harfe: Bogenharfen (→HARFE, 10a), meist nördlich des Äquators auftretend. →Leier, hauptsächlich in Ostafrika. →Kora in Westafrika. →Erdbogen über einer Erdgrube. →Idiochorde Saiteninstrumente, →MVET und SESE. →Spiellauten mit ein bis drei Saiten zum Zupfen oder Streichen.

(d) *Blasinstrumente.* Flöten: hauptsächlich →Längsflöten, häufig mit Kerbe und mit drei oder vier Grifflöchern (→FLÖTE); Pfeifen aus geschnitztem Holz oder Horn, die häufig wie Flöten in Ensembles gespielt werden (→NANGA). Hörner: aus Elfenbein, Antilopenhorn, Kalebassen usw. mit seitlichem Anblasbloch, ebenfalls häufig im Ensemble; größere Typen (Trompeten) aus Holz, Rohr und Kalebassen. Rohrblattinstrumente: selteneres Auftreten, einige von arabischer Abstammung wie *ghaita* (→SURNĀ). Das →Schwirrholz wird noch immer bei Initiationsriten im Kongogebiet verwendet.

2. Rhythmen

Notenbeispiel 1 ist eine bearbeitete Transkription eines *Nyayito*-Begräbnistanzes des Eve-Stammes in Ghana. Der Ausschnitt beginnt, wenn die Trommeln einsetzen. Kurz zuvor haben bereits Gesang und Händeklatschen angefangen, und das eiserne Glockenpaar *gankogui* (mit hölzernem Schlegel gespielt) gibt zusammen mit der Perlenrassel *axatse* einen festen Rhythmus vor, der sich metronomisch exakt durch das gesamte Stück zieht. Der oberste Trommler beginnt auf der großen Trommel *atsiméuu* mit einem rhythmischen Muster, das zu diesem Tanz dazugehört. Der unterlegte Text besteht aus Silben, die Tonhöhe und Schlagart bezeichnen, die sich der Trommler als Gedächtnisstütze merkt. Sein Einsatz besteht aus der rhythmischen Struktur 5 + 7; auf diesen »additiven« Rhythmus antworten die kleineren Trommeln *sogo* und *kidi* mit einem rhythmischen Standardmotiv. Die kleinste Trommel *kagang* setzt als letztes der Instrumente ein und spielt einen einfachen ostinaten Rhythmus, der polyrhythmisch gegen das Metrum der eisernen Glocken läuft. Es wäre ein leichtes, alle Stimmen im 12/8-Takt zu notieren. Doch eine solche vertikale Spartierung würde dem Rezeptionsverhalten der afrikanischen Musiker nicht entsprechen, da jeder Spieler seinen rhythmischen Part eigenständig wahrnimmt. Die Synkopen, das Übereinanderschichten verschiedener Rhythmen und das unnachgiebige Metrum schaffen die faszinierende Spannung und Lebendigkeit der afrikanischen Musik.

Lit.: Ankermann 1901; Brandel 1961; Hyslop 1975; Kubik 1988; Simon 1983; Wachsmann 1953; Wegner 1984.

Afuchê →CABAZA.

Agogo Bell Afro-brasilianisches und afro-kubanisches Schlaginstrument, das vorwiegend in lateinamerikanischer Tanzmusik gespielt wird. Zwei kleine konische Glocken aus geschwärztem dünnen Metall, die an einem Metallbogen miteinander verbunden sind und mit einem Metallstab angeschlagen werden. Die größere, ca. 15 cm lange Glocke klingt etwa eine Quinte tiefer.

Das westafrikanische Ursprungsinstrument *agogo* ist aus einem Stück Eisenblech geschmiedet und gelötet. Es ist in Tänzen häufig das führende Rhythmusinstrument (wie bei Notenbeispiel 1 von AFRIKA, dort *gankogui* bezeichnet).

Ahlborn-Orgel Eine in den 1950er Jahren von Heinz Ahlborn konstruierte →elektronische Orgel für Heim- und Kirchenzwecke.

Aida-Trompete →TROMPETE, 3C.

Ajaeng Die ca. 1 m lange koreanische →Wölbbrettzither, auf der die Saiten mit einem mit Kolophonium bestrichenen Stab aus Forsythienholz gestrichen werden. Die vom Spieler aus gesehen rechte Seite steht auf Füßen (→CHINA UND KOREA, Abb. 2, Mitte vorn). Der »Bogen« wird mit Obergriff gehalten und erzeugt tiefe Töne auf sieben, pentatonisch gestimmten Saiten aus Seide oder Nylon. Jede Saite ist über einen beweglichen Steg in Form eines umgedrehten Y geführt (wie auch beim →Koto).

Eine chinesische Quelle aus dem 10. Jahrhundert nennt bereits ein solches Instrument unter dem Namen *yazheng*, das mit einem Bambusstreifen gestrichen wurde.

Akkordeon (engl.: *accordion*; ital.: *fisarmonica*; fr.: *accordéon*). Instrument mit →durchschlagenden Zungen, das besonders in der Volks-, Tanz- und Unterhaltungsmusik verbreitet ist.

Das Akkordeon wird zwischen den Händen gehalten und hat zwei Griffbretter: das – vom Spieler aus – rechte mit einer klavierähnlichen (beim Piano-Akkordeon) oder einer mit Knopfgriffen (beim Knopfgriff-Akkordeon) ausgestatteten Tastatur, auf der die Melodie gespielt wird (Melodieseite, auch

Akkordeon

Abb. 1. Ein Akkordeon begleitet die Violine bei irischer Volksmusik.

Diskantseite genannt), das linke mit Knöpfen oder löffelförmigen Tasten für Baßnoten und Begleitakkorde (Baßseite). Mit der linken Hand betätigt der Spieler außerdem den Faltenbalg, wozu er mit seiner Hand durch den Führungsriemen greift (Abb. 1).

Der Name des Instruments taucht erstmalig 1829 in einem in Wien erteilten Patent für Cyrillus Demian (1772–1847) und Söhne auf und bezieht sich darauf, daß auf dem Instrument Akkorde und nicht nur ein einzelner Ton durch einen Knopfdruck erklingen, wodurch sich das Akkordeon von der →Konzertina unterscheidet.

1. Wechseltöniges und Gleichtöniges Akkordeon

Da die Metallzungen nur auf eine Windrichtung ansprechen, sind pro Melodieknopf oder -taste eine Zunge auf jeder Seite der viereckigen Stimmplatte (A in Zeichnung 1) aufgenietet. Unter jeder Zunge befindet sich ein Schlitz. Die Stimmplatten sind auf die Kanzellen der hölzernen Stimmstöcke gesetzt. Eine Zunge schwingt, wenn der Wind über sie hinweg durch einen Schlitz geleitet wird. In die Gegenseite ziehender Wind biegt lediglich die Zunge ohne periodisch zu schwingen. Deshalb ist ein Leder- oder Plastikstreifen (C in Zeichnung 1) auf jeden Schlitz auf der der Zunge gegenüberliegenden Seite aufgesetzt, um unnötigen Verlust an Wind zu vermeiden. Die auf der Außenseite der Stimmplatte aufgesetzte Zunge B (Zeichnung 1) spricht an, wenn der Balg zusammengedrückt wird, die unterhalb des Lederstreifens befindliche Zunge hingegen, wenn der Balg gezogen wird.

(a) *Wechseltöniges Akkordeon* (Diatonisches Akkordeon). Die ursprüngliche Bauweise. Die zwei Zungen einer Stimmplatte geben unterschiedliche Töne, in den meisten Fällen die benachbarten Töne einer Dur-Skala. Deshalb benötigt man für den Umfang einer Oktave nur fünf Knöpfe – z.B. C, E, G, c beim Drücken, D, F, A, H beim Ziehen. Melodien erfordern daher kurze Hin-und-her-Bewegungen des Balges, was rhythmische Akzentuierungen nach sich zieht, die besonders in der Tanzmusik effektvoll sind.

(b) *Gleichtöniges Akkordeon* (Piano-Akkordeon, Chromatisches Akkordeon, 2 und 3 weiter unten). Beide Zungen sind auf den gleichen Ton gestimmt, deshalb erzeugt derselbe Knopf auf Zug und Druck den gleichen Ton.

Sowohl beim wechsel- als auch beim gleichtönigen Akkordeon gibt es häufig mehrere Zungenpaare, die mit Registerknöpfen oder -kipptasten geschaltet werden. So lassen sich an der Melodieseite folgende Register beliebig kombinieren: eine Grundreihe, Verstimmung der Grundreihe etwas nach oben (Tremolo), Verstimmung der Grundreihe etwas nach unten (Tremolo), Oktavverdopplung nach oben (4'), Oktavverdopplung nach unten (16'). Jedes Akkordeon hat einen Knopf (die sog. Luftklappe) für den linken Daumen, um den Balg zu bewegen, ohne daß ein Ton erklingt.

2. Knopfgriff-Akkordeon

Ein gleichtöniges Instrument, das von vielen als das Akkordeon mit idealer Spielweise angesehen wird. In Frankreich ist es das Instrument der berühmten »Musette«-Schule. Die Baßseite entspricht der des

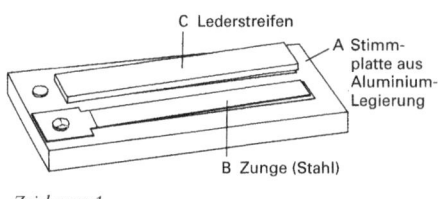

Zeichnung 1

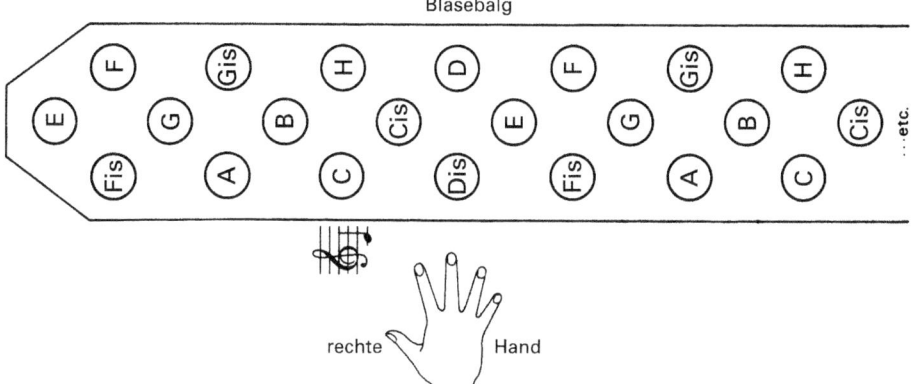

Zeichnung 2

Piano-Akkordeons (siehe 3.). Die rechte Hand bedient Knöpfe in mindestens drei Reihen. Diese Knöpfe sind nach dem Schema der Zeichnung 2 angeordnet. Der Intervallabstand in jeder horizontalen Reihe beträgt eine kleine Terz, in jeder schräg von oben links nach unten rechts laufenden Reihe einen Ganzton. Alle Tonarten lassen sich mit drei Fingersätzen spielen: einer gilt für die Dur-Tonarten auf A, C, Es und Fis. In diesen vier Tonarten wird die aufsteigende Skala mit folgendem Fingersatz gespielt (wobei der Zeigefinger mit 1 beziffert ist): 1 2 3 2 3 4 3 4. Entsprechende Fingersätze gelten für die anderen zwei Gruppen von je vier Dur-Tonarten. Größere Instrumente haben zwei weitere Reihen von Knopfgriffen, die die unteren zwei in der Zeichnung 2 duplizieren. Bei fünf Reihen genügt ein einziger Fingersatz für alle Tonarten. Es gibt außerdem ein umgekehrtes Griffschema, das besonders in Deutschland verbreitet ist.

3. Piano-Akkordeon

Das Piano-Akkordeon hat immer eine gleichtönige Mechanik, weil zu jeder Taste der klavierähnlichen Tastatur immer nur ein Ton gehört. Allerdings ist die Baßseite stets mit Knöpfen versehen, deren Anzahl – bis zu 140 – die Größe des Instruments bestimmen. Kindermodelle haben bis zu 32 Knöpfe auf der Baßseite. Bei 120 Baßknöpfen umfaßt die Tastatur $3^{1}/_{2}$ Oktaven vom f und hat bis zu 11 Registerkipptasten. Die Baßknöpfe sind in sechs Reihen angeordnet, der Intervallabstand von Knopf zu Knopf beträgt in jeder Reihe eine Quinte. Von der dem Balg am nächsten liegenden Reihe aus gesehen sind die Reihen wie folgt angeordnet: Terzbässe (auch Wechselbässe genannt), Grundbässe, Dur-Dreiklänge, Moll-Dreiklänge, Dominantseptakkorde, Verminderte Septakkorde. Jeder Akkord besteht aus drei Tönen (solange nicht die Oktavkoppelung eingeschaltet ist) eines chromatisch gestimmten Satzes Zungenstimmen von g bis fis^1. Der Knopf eines bestimmten Akkordes drückt eine Metallstange innerhalb des Gehäuses nieder, und durch einen Übertragungsmechanismus werden drei von zwölf möglichen Verbindungssträngen eingeschaltet, die die Kanzellen anheben, um den Wind an die entsprechenden Zungen weiterzuleiten. (Dieses System erinnert an das »Wellenbrett« bei der mechanischen Traktur einer Orgel (→ auch ORGEL, Zeichnung 4).

Piano-Akkordeons wurden gegen Ende des 19. Jahrhunderts entwickelt, so z.B. von Mariano Dallapé, Stradella (bei Mailand). Einige neuere sogenannte Kombimodelle haben ein zusätzliches Einzelbaßwerk, das jede Art von Baßbegleitung in Einzeltönen ermöglicht. Die Knöpfe des Einzelbaßwerks sind ähnlich der Melodieseite des Knopfgriff-Akkordeons angeordnet (siehe 2). Solche Instrumente haben die Spielmöglichkeiten für neue Kompositionen entscheidend erweitert.

4. Elektronisches Piano-Akkordeon

Es gibt zwei Arten: Eines hat einen normalen Balg und Zungenstimmen; mit einem Schalter kann ein elektronischer Tongenerator geregelt werden, so daß Zungenstimmen und elektronische Klänge getrennt oder zusammen erklingen können, z.B. so, daß die linke Hand Klänge einer Baßgitarre erzeugt. Die andere Art ist vollelektronisch, bei ihr dient der Balg ausschließlich zur dynamischen Gestaltung.

5. Frühe Akkordeons

Instrumente kurz nach der Patentierung von 1829 weisen eine schmale viereckige Form auf und liegen leicht in der Hand; sie haben zehn runde, perlmuttbesetzte Tasten für die rechte Hand und zwei einfache Druckventile für die linke. Der seit etwa 1840 bis zum ersten Weltkrieg hergestellte französische Akkordeontyp, genannt »Flutina«, hat ein ähnliches Äußeres. Auf ihm basiert die »Musette«-Schule. In Mahagoni furniert, ist das sorgfältig gearbeitete, mit Perlmutt-Tasten versehene Instrument häufig in A gestimmt und hat eine zweite Tastenreihe, die einen Halbton darunter steht. Die Tonika erklingt beim Zug (nicht bei Druck) und es gibt zwei Knöpfe für die linke Hand.

6. Repertoire

Wie bei vielen im 19. Jahrhundert erfundenen Instrumenten gibt es ein reichhaltiges Solorepertoire, das allerdings vorwiegend aus Bearbeitungen romantischer Salonmusik besteht. Im Orchester hat sich das Akkordeon nicht durchgesetzt, wenngleich es Peter Tschaikowsky in seiner Orchestersuite Nr. 2 C-dur op. 53 (1883) einsetzt. Weitere Orchesterkompositionen mit Akkordeon sind u.a. *Wozzeck* (1922) von Berg, die Kantate zum 20. Jahrestag der Oktoberrevolution op. 74 (1936) von Prokofieff sowie Werke von Roy Harris, Hindemith, Roberto Gerhard, Ives und Virgil Thomson. Die seit den 1920er Jahren sporadisch aufkommenden Versuche, für das Akkordeon ein Konzertsaal-Repertoire zu etablieren, haben sich nicht durchsetzen können. Erst in jüngeren Jahren hat das Instrument wieder für Komponisten wie Kagel und Krenek einen gewissen Reiz entwickelt.

Lit.: Eichelberger 1964; *Harmonika-Revue. Zeitschrift für Unterhaltung, Musik und Freunde der Harmonika.* (1934ff.); Herrmann 1956; Richter 1990; Wagner 1993 (zur Sozialgeschichte); Wagner 2001.

Akkord-Symbolschrift

Akkord-Symbolschrift (engl.: *chord symbol notation*). Im 20. Jahrhundert hat sich in der westlichen Unterhaltungsmusik eine der →Generalbaß-Notation ähnliche Kurzschrift für Akkorde herausgebildet, die das harmonische Gerüst definiert und dem Musiker genügend Spielraum zum individuellen Begleiten läßt. Ausgangspunkt ist der Durdreiklang, der mit dem Buchstaben seines Grundtons abgekürzt wird. Einem Pianisten oder Gitarristen würde beispielsweise »Am7 / D7 /« genügen, um den ersten Takt von *Tea for two* in G-Dur zu begleiten.

Bezogen auf C als Grundton sind die häufigsten Akkorde (abweichende Symbole sind – leider – häufig):

C	= C-Dur-Akkord = c – e – g
C6	= C-Dur-Akkord mit hinzugefügter Sexte = c – e – g – a
C7	= Dominantseptakkord mit kleiner Sept = c – e – g – b
C7maj	= Dominantseptakkord mit großer Sept = c – e – g – h
C9	= Dominantseptakkord mit hinzugefügter None = c – e – g – b – d
C9–	= Dominantseptakkord mit hinzugefügter kleiner None = c – e – g – b – des
Cm	= c-Moll-Akkord = c – es – g
Cm6	= c-Moll-Akkord mit hinzugefügter Sexte = c – es – g – a
Cm7	= c-Moll-Akkord mit kleiner Sept = c – es – g – b
C°	= verminderte Sept = c – es – ges – heses (= enharmonisch verwechselt: c – es – fis – a)
Cm7/5–	= »Tristan-Akkord« (f – h – dis^1 – gis^1 in Takt 2 von *Tristan und Isolde*) = c – es – fis – b
C+	= übermäßige Quinte = c – e – gis
C7+	= übermäßige Quinte mit hinzugefügter Sept = c – e – gis – b
C9+	= übermäßige Quinte mit hinzugefügter None = c – e – gis – d

Lit.: Ziegenrücker 1972, S. 44–54.

Akkordzither (engl.: *autoharp*). Eine →Zither (Abb. 1), die akkordisches Spiel auf dem Instrument erleichtert. Die Akkordzither wurde um 1870 in Markneukirchen erfunden und war besonders in den USA in der ersten Hälfte des 20. Jahrhunderts weit verbreitet.

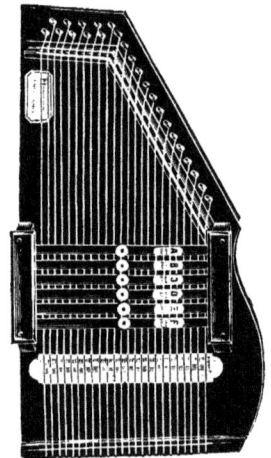

Abb. 1. Akkordzither mit sechs Dämpferleisten.

Der flache, etwa 33 cm lange und rechts abgeknickte Resonanzkasten, der auf den Schoß oder einen Tisch gelegt wird, ist mit bis zu 32 Metallsaiten bespannt, die in C gestimmt sind und als chromatische Töne Fis und häufig auch Cis haben. Rechtwinklig über den Saiten befinden sich 6 bis 13 Dämpferleisten, die durch Spiralfedern an jedem Ende oberhalb der Saiten gehalten werden. Jede Dämpferleiste hat Filzplättchen, die, sobald sie niedergedrückt wird, all jene Saiten dämpfen, die nicht zu dem Akkord gehören, der auf der Dämpferleiste genannt ist (oder durch eine Nummer symbolisiert wird). Die Saiten werden mit der rechten Hand, normalerweise mit einem Plektrum am Daumen, gezupft. Modelle mit zwölf Dämpferleisten haben vier Dur-Akkorde, fünf Moll-Akkorde und drei Septakkorde.

Akustik der Musikinstrumente Das vorliegende Buch behandelt die Musikinstrumente vorwiegend nach ihrem Aussehen bzw. nach ihrer Spielweise. Übergreifende akustische Fragen werden unter folgenden Stichworten abgehandelt: CENT, FORMANT, HERTZ, HOHLKÖRPERRESONATOR, OBERTONREIHE, SCHWEBUNGEN UND DIFFERENZTÖNE, STIMMTON, TEILTÖNE, TEMPERATUR. Siehe ebenso unter folgenden Stichworten: BLASINSTRUMENTE, 1, 3; BOGEN, 1; FLAGEOLETT-TÖNE; GABELGRIFFE; GEDACKTE PFEIFE; MONOCHORD; PAUKEN, 5; RÖHRENGLOCKEN, 2; SAITENINSTRUMENTE, 1; ÜBERBLASEN; XYLOPHON, 2.
Lit.: Dickreiter 1976; Fletcher/Rossing 1991; Helmholtz 1863; Physik 1988; Real-Lexikon 1982; Scheminsky 1935; Taylor 1994.

Akustisch Die stürmische Entwicklung bei den elektrischen bzw. elektronischen Instrumenten hat vielfach zu einem Benennungszwang nicht-elektrischer bzw. nicht-elektronischer Typen einer Instrumentengattung wie Gitarre und Schlagzeug als »akustische« Gitarre etc. geführt.

Ala (lat. »Flügel«). Mittelalterlicher Name für ein →Psalterium mit flügelförmig geschwungenem Umriß.
Lit.: Kurfürst 1985.

Albisiphon →BASSFLÖTE, 1.

Alboka →HORNPIPE.

Alghaita →SURNĀ.

Alghōzā Nordindische, von Hirten gespielte →Kernspaltflöte oder →Flageolett aus Holz oder Bambus. Das ca. 35 cm lange Instrument hat fünf Grifflöcher und ein enges Labium, das einen schrillen Ton erzeugt, der sich leicht →überblasen läßt. Der Spieler bläst meist zwei Flöten zusammen, indem er jede in einer Hand hält und die unteren Grifflöcher offenläßt, worauf die Flöten fast geigenähnliche Klänge von sich geben.

Allen-Orgel Eine in den 1930er Jahren konstruierte →elektronische Orgel der Allen Organ Company für Heim- und Kirchenzwecke, später auch für Konzertzwecke.

Alphorn Das lange hölzerne Horn aus der Schweiz; auch allgemein für ähnliche volkstümliche Instrumente europäischer Hirten, wie sie in Deutschland (Thüringen und Schwarzwald), Frankreich (Vogesen), Skandinavien, Teilen von Rußland, Rumänien, Tschechien sowie der Slowakei vorkommen und dort jeweils einen eigenen regionalen Namen tragen (z. B. *bucium* in Rumänien).

Abb. 1. Rumänische Hirten mit Alphörnern.

Für die Herstellung des Alphorns wird der Stamm einer jungen Fichte oder eines ähnlichen Baumes längs in zwei Hälften gespalten oder gesägt, jede Hälfte wird ausgehöhlt, und anschließend werden beide mit Borke oder Wurzeln – heute nimmt man meistens Peddigrohr – luftdicht zusammengebunden. Die Bohrung kann konisch bis fast zylindrisch sein. In den Alpen und Karpaten wird häufig ein Baum ausgewählt, dessen Stamm sich am unteren Ende nach oben biegt (Abb. 1). In vielen Regionen wird das Instrument auch in trompetenähnlich gewundener Form gebaut (in der Schweiz Büchel genannt). Das Mundstück ist entweder eine in das schmale Ende geschnitzte Aushöhlung (→ZINK, 4) oder ein separates Teil; die Lippen des Spielers vibrieren wie bei Blechblasinstrumenten, weswegen das Alphorn zu den →Polsterzungeninstrumenten zählt. Die Länge des Rohres beträgt zwischen 120 und 500 cm (und mehr) und ermöglicht das Blasen von Signalen und Melodien allein mit den →Naturtönen, bis zum 6. Oberton bei einem kurzen Alphorn oder gar bis zum 12. Oberton (und darüber hinaus) bei einem Alphorn von ca. 380 cm Länge, wie es in der Schweiz üblich ist (d. h. mit derselben klingenden Länge eines Waldhorns in F).

Die Herkunft des Alphorns ist unbekannt. Bereits im 16. Jahrhundert wird ein ca. 335 cm langes Alphorn von einem Schweizer Autor erwähnt. In der Kunstmusik kommen mehrfach Alphornzitate vor, u. a. bei Beethoven (6. Sinfonie, Finalsatz, Kuhreigen, gespielt von der Klarinette), Rossini, Ouvertüre zu Wilhelm Tell (erste Phrase des Englisch Horn-Solos), Brahms (1. Sinfonie, Finalsatz, Hornmelodie, bei der das Fis den 11. Oberton des Alphorns darstellt), Wagner (*Tristan und Isolde*, der zweite Hirtenruf im 3. Akt, für den Wagner eine Holztrompete mit metallenem Mittelstück für ein Ganzton-Piston-Ventil vorgesehen hat und der manchmal auf dem →Tárogató geblasen wird).

Auch auf anderen Erdteilen kann man lange Trompeten aus Holz oder anderen natürlichen Materialien finden, die längsten davon in Südamerika (→CLARÍN, →ERKE, →TRUTRUCA).

Alt (von lat. *alto* »hoch«; engl.: *contralto*; ital.: *contralto, alto*; fr.: *haute-contre*). Die tiefere der beiden Arten von Frauen- und Knabenstimmen, mit einem normalen Tonumfang von f bis f^2, bei Männeraltisten von c bis c^2. Dementsprechende Lage in den →Stimmwerken von Instrumenten des 16. und 17. Jahrhunderts und in den Familien von Blechblasinstrumenten des 19. Jahrhunderts (Flügelhörner, Saxhörner). Im allgemeinen stehen die Altinstrumente eine Quarte oder Quinte unter den Sopraninstrumenten.

Alta (ital., eigentlich *alta musica*, »starke Musik«; fr.: *haute musique*). Im 15. Jahrhundert die Bezeichnung für ein Instrumentalensemble aus lauten Blasinstrumenten wie →Pommern, →Zugtrompete und →Posaune.

Altflöte, Flöte in G (engl.: *alto flute*; fr.: *flûte contralto en sol*). Die in G, also eine Quarte unter der normalen Querflöte (der »Großen Flöte«) stehende Querflöte, deren tiefster Ton, ein notiertes c^1, als g erklingt. Ihre Länge beträgt 87 cm, der Durchmesser ihrer Bohrung bewegt sich zwischen 24 und 26 mm, d. h., daß die Bohrung im Verhältnis 4:3 zur Bohrung der Großen Flöte (19 mm) steht. →QUERFLÖTE, Abb. 1. Ihr Klang ist unverwechselbar und voll in allen Registern.

Theobald Boehm (1794–1881) hat sie erstmalig 1858 gebaut und sie wegen ihres Klanges, der seinem Ideal des Vokalen am ehesten entsprach, in späteren Jahren als sein Lieblingsinstrument bezeichnet. Das bewog ihn auch, (unpublizierte) Liedtranskriptionen für die Altflöte vorzunehmen.

Lit.: Ventzke 1957.

Altertum Die nachfolgende kurze Tabelle nennt die wichtigsten Typen der Musikinstrumente des Altertums in chronologischer Folge. →auch BIBLISCHE MUSIKINSTRUMENTE.

v. Chr.	Mesopotamien	Ägypten
2600	Bogenharfe (HARFE, 10a) Leier (LEIER, 2) Rohrblattinstrument (auseinanderlaufend) (ROHRBLATTINSTRUMENT, 2; AULOS)	Tempelklappern (KLAPPER) →Sistrum Bogenharfe Längsflöte (NAY) ROHRBLATTINSTRUMENT (parallel)
2000	Gefäßrassel Rahmentrommel (TROMMEL, 4e) Winkelharfe (HARFE, 10b) Langhalslaute (LAUTE, 7)	Faßtrommel (TROMMEL, 4b) Leier
1500	Winkelharfe (horizontal) Kleine Becken	Sistrum Rahmentrommel Winkelharfe Langhalslaute Rohrblattinstrument (auseinanderlaufend) kurze Trompete (TROMPETE, 7)

Lit.: Anderson 1994; Fleischhauer 1964; Hickmann 1961; Michaelides 1978; Rimmer 1969a; Sachs 1940; Wegner 1963.

Althorn (am.: *alto horn*; engl.: *tenor horn*; it.: *genis*; fr.: *saxhorn alto*). Ventilflügelhorn (→BÜGELHORN sowie CLAVICOR) in Es, eine Quinte unter dem →Kornett stehend.

Altklarinette (engl.: *alto clarinet*; ital.: *clarinetto contralto*; fr.: *clarinette-alto*). In Es, also eine Quinte tiefer als die normale Klarinette in B stehendes Instrument mit nach oben gebogenem Becher (wie bei der →Baßklarinette) und einem kurzen gebogenen Mundrohr, an dem das Mundstück aufgesetzt ist. Die Altklarinette sieht im wesentlichen wie das →Bassetthorn aus (→KLARINETTE, Abb. 1 c), nur ist sie etwas kürzer. Sie wird in den größeren Militärkapellen und Blaskapellen in Amerika und Frankreich gespielt. In britischen Kapellen ist sie im frühen 20. Jahrhundert vom Saxophon abgelöst worden. In Frankreich und den USA gibt es auch Modelle mit nach unten gerichtetem hölzernen Becher.

Als die Altklarinette um 1810 von Iwan Müller (1786–1854) in Paris erfunden wurde, wurde sie zunächst in F gebaut und bestand in dieser Stimmung lange Zeit parallel zu der in Es. Das Bassetthorn steht auch in F, reicht aber bis zum klingenden F – einem Ton, den weder die in Es noch die in F stehende Altklarinette erreicht. (Die Stimme für Altklarinette in F in der gedruckten Partitur von Strawinskys *Threni* verlangt diesen Ton und sollte demnach vom Bassetthorn gespielt werden.)

Alto (fr.). Im Französischen der Name für die →Bratsche sowie für das Altsaxophon (→SAXHORN).

Amboß (engl.: *anvil*; ital.: *incudine*; fr.: *enclume*). Das Hämmern der Schmiede haben Komponisten von Auber (*Le macon*, 1825) bis Britten (*The burning fiery furnace*, 1966) eingesetzt. Bekannte Beispiele sind bei Verdi (*Il trovatore*, Zigeunerschmiede im 2. Akt), Wagner (*Das Rheingold* mit der berühmten Verwandlung in die Nibelungenschmiede, bei der 18 Ambosse, auf F in drei verschiedenen Oktaven notiert, erklingen), Walton (*Belshazzar's feast*). Für *Das Rheingold* verwenden einige Opernhäuser echte Ambosse, während andere schwere Stahlplatten mit einer Stärke von mehr als 2,5 cm einsetzen.

American Musical Instrument Society 1971 gegründete internationale Vereinigung, die sich zur Aufgabe gemacht hat, das Studium der Geschichte, des Baus und Gebrauchs von Musikinstrumenten aller Kulturen und Zeiten zu fördern. Sie veranstaltet jährliche Treffen und publiziert die wichtige Jahresschrift *Journal of the American Musical Instrument Society* (JAMIS). Nähere Informationen unter: http://www.amis.org.

Ampico Markenzeichen für →Reproduktionsklaviere der American Piano Company.

Amzad →IMZAD.

Anata (Tarca) Argentinische hölzerne →Kernspaltflöte (→FLÖTE, 1c), die aus zwei ausgehöhlten Holzhälften besteht und sechs Grifflöcher hat. Sie ist zwischen 22 und 65 cm lang und wird besonders zur Karnevalszeit gespielt.

Angelica (engl.: *angelic*; ital.: *angelica*; fr.: *angélique*).
1. Eine ca. 1650 bis 1750 gebräuchliche Laute, die als Besonderheit ihre Saiten in diatonischer Folge gestimmt hat, so daß der volle, resonanzreiche Klang der leeren Saiten charakteristisch für das Instrument ist. Da leere Saiten nachklingen und so ungewollte Dissonanzen auftreten können, eignete sich die Angelica am besten für langsame Stücke. Von 16 einchörigen Darmsaiten, die von D bis e^1 diatonisch gestimmt sind, führen die sechs längsten wie bei der →Erzlaute in einen zweiten, oberen Wirbelkasten. Ein besonders schönes Exemplar unter den sechs noch erhaltenen Angelicas stammt von dem berühmten Hamburger Lautenmacher Joachim Tielke (1641–1719) und ist 1704 datiert (Mecklenburgische Landesbibliothek, Schwerin). Das 127 cm lange Instrument hat ein Griffbrett mit Bünden, wobei der erste Bund für die alterierten Halbtöne ist und die weiteren vier Bünde das Spiel auf der höchsten Saite bis zum a^1 (der höchsten Note in zeitgenössischen Manuskripten für die Angelica) ermöglichen.
Lit.: Hellwig 1980; Pohlmann 1968.

2. Ein barockes Orgelregister mit weichem Klang.

Angklung
1. Indonesisches Musikinstrument, das aus in einem aufrechten Rahmen frei hängenden Bambusröhren besteht (Zeichnung 1). Mehrere (meist drei) senkrechte Röhren stecken in einer horizontalen, mit Schlitzen versehenen Röhre. Die senkrechten Aufschlagröhren sind am oberen Ende zungenförmig abgeschnitten, und durch ein Loch ist ein dünner Querstab, der Teil des Rahmens ist, gezogen. Am unteren Ende jeder Aufschlagröhre sind zwei Zinken eingeschnitten, die die Röhre innerhalb der Spalte in der horizontalen Röhre halten. Wenn das Instrument seitlich angestoßen wird, wackeln die locker sitzenden Aufschlagröhren hin und her und schlagen an die Enden der Spalten in der unteren horizontalen Röhre an. Zusätzlich entstehen Töne aus →gedackten Pfeifen wegen der in den unteren Rohrabschnit-

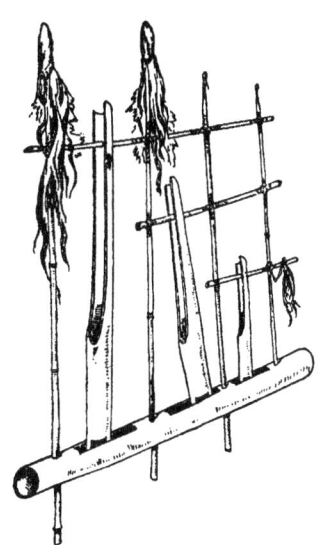

Zeichnung 1

Ansatz

ten schwingende Luft. Da die Anschlagröhren Rohrabschnitte im Verhältnis 1 : 2 : 4 haben, erklingen sie in Oktaven (→OBERTONREIHE).

Angklungs werden auch zu Ensembles aus zwölf oder mehreren Instrumenten zusammengestellt, um pentatonische Skalen spielen zu können, und sind die Grundlage eines dörflichen →Gamelans.

Ein westliches Angklung, 240 cm hoch, aus chromatisch gestimmten Stahlröhren in zwei übereinander angeordneten diatonischen Reihen, die im Halbtonabstand stehen, entwickelte um 1900 die Fa. Deagan, Chicago, für die Varietébühne. Ein Exemplar davon befindet sich im Shrine to Music Museum, Vermillion, SD, USA (→ MUSIKINSTRUMENTENSAMMLUNGEN).

2. In Ostjava kann *angklung* auch ein aus Bambursröhren gebautes →Xylophon sein. →CHALUNG und GAMELAN.

Lit.: Kunst 1949.

Ansatz (engl.: *embouchure*; ital.: *imboccatura*; fr.: *embouchure*). Die Art und Weise, wie der Bläser mit seinem Mund, den Zähnen, den Lippen und der Zunge den Kontakt zum Instrument hält.

Antara Panflöte in Peru und benachbarten Ländern. →PANFLÖTE, 2.

Antike Zimbeln Cymbales antiques. →BEKKEN, 4.

Apache fiddle Einsaitiges Streichinstrument der Apache-Indianer Nordamerikas.

Apache flute →Kernspaltflöte der Apache-Indianer Nordamerikas.

Appalachian dulcimer Nordamerikanisches Volksmusikinstrument; eine →Zither mit länglichem 8-förmigen Korpus (siehe Abb. 1) und drei oder vier Metallsaiten, ähnlich dem →Scheitholz. Eine Saite ist die Melodiesaite, die übrigen sind →Bordunsaiten. Die Melodiesaite wird mit einem Holzstöckchen an den diatonischen Bünden (→BUND) abgegriffen, das Instrument wird mit einem →Plektron aus einem Truthahn- oder Gänsefederkiel gespielt. Jean Ritchie hat das Instrument auch außerhalb seiner Heimat (Kentucky und Alabama) bekannt gemacht.

Lit.: Ritchie 1963.

Applikatur (18. Jahrhundert) →FINGERSATZ.

Archi Ital. für Streicher (d.h. Violinen, Bratschen, Violoncelli und Kontrabässe).

Arcicembalo →KLAVIATUR, 4 (mikrotonale Klaviaturen).

Arciviolata lira →LIRA DA GAMBA.

Arco (ital., span.) Der →Bogen eines Streichinstruments.

Arghul Doppelrohrblattinstrument des Nahen Ostens, mit einer Pfeife als →Bordun; →ZUMMĀRA.

Arpa (ital., span.) →HARFE.

Arpa doppia →HARFE, 9b.

Arpanetta
1. (ital.) →SPITZHARFE.
2. Von der Fa. Ludwig Hupfeld, Leipzig, 1895 konstruierte mechanische →Zither mit Lochstreifen. →auch MECHANISCHE MUSIKINSTRUMENTE.

arpeggio Das Brechen, d.h. das Nacheinanderspielen der Töne eines Akkordes.

Lit.: →AUFFÜHRUNGSPRAXIS.

Arpeggione Eine gestrichene Gitarre (mit Merkmalen von Gitarre und Violoncello), die der Wiener Gitarrenbauer Johann Georg Staufer 1823 erfunden hat und *guitare d'amour* nannte. Im folgenden Jahr komponierte Schubert für dieses Instrument, das er Arpeggione nannte, und Klavier seine Sonate a-Moll D 821. Nachdem die Sonate 1871 im Druck erschien, wurde dies der übliche Name für das äußerst seltene Instrument, das in Aufführungen von Schuberts Sonate meistens von einem →Violoncello ersetzt wird. Das Arpeggione hat Cellogröße, gebogene Decke und Steg, aber Gitarrenumriß und

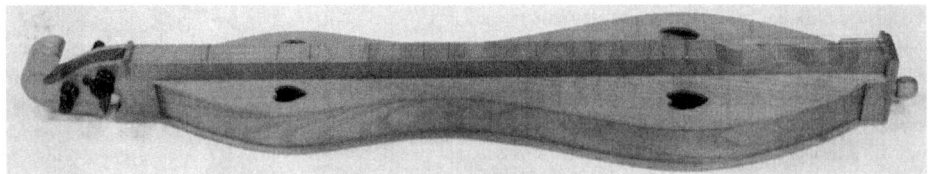

Abb. 1. Appalachian dulcimer von Billy Reed Hampton (1982).

keine →Stimme. Die sechs Saiten stehen in Gitarrenstimmung, das Griffbrett hat 24 Metallbünde, die bis zum e^3 reichen. In der Instrumentalschule von Vincenz Schuster (für den Schubert seine Sonate schrieb) wird das Arpeggione »Guitarre-Violoncell« genannt. Das Musikinstrumenten-Museum des Staatlichen Instituts für Musikforschung PK, Berlin, besitzt ein Arpeggione, das dem Staufer-Schüler Anton Mitteis zugeschrieben wird, ebenso das Prager Nationalmuseum.

Askaules (altgr.). →SACKPFEIFE, 7.

Aufführungspraxis (engl.: *performance practice*). Die Art und Weise, wie Musik aufgeführt wird, und im speziellen, wie sie in vergangenen Epochen aufgeführt wurde. Der Begriff der Aufführungspraxis entstand in Zusammenhang mit dem Besinnen auf verlorengegangene Aufführungsweisen bei der Aufführung von Kompositionen, die über einen längeren Zeitraum aus dem Bewußtsein des aktuellen Musiklebens weitgehend entschwunden waren. Insofern führt die Anwendung der Erkenntnisse einer historischen Aufführungspraxis immer zu einer *historisierenden Aufführungspraxis*, die ihrerseits wegen ihres beständigen Wandels interessante Studien nahelegt, die sich dank der Tonträger direkt am musikalischen Klang orientieren können. Von Anfang an hat sich die historisierende Aufführungspraxis mit der Verwendung historischer Instrumente bzw. Instrumententypen beschäftigt und darin den wichtigsten Aspekt gesehen. In den letzten Jahrzehnten hat sich die praktische Beschäftigung mit der historischen Aufführungspraxis in Hinblick auf die Verwendung eines historisch authentischen Instrumentariums auch auf das 19. und frühe 20. Jahrhundert ausgeweitet, obwohl bisher nur wenige Studien dazu erschienen sind.
→auch BAROCK, RENAISSANCE-INSTRUMENTARIUM.
Lit.: *Allgemeine Studien:* Dolmetsch 1915; Donington 1975; Dreyfus 1983; Elste 1990; Frotscher 1963; Gutknecht 1993; Haas 1931; Herrmann-Bengen 1959; Hohe Schule 1935; Kolneder 1970; Koury 1986; Musikalische Interpretation 1992; Performance 1971 (wichtige Bibliographie); Reidemeister 1988; Schering 1975; Schriftenverzeichnis (wichtige jährliche Bibliographie seit 1977).
Spezialstudien: Altenburg 1973 (zur Clarinblaskunst) Boyden 1965 (zur Violine); Pietsch 1987 (zum Cembalo); Stowell 1985 (zur Violine); Terry 1932 (zu Bachs Orchester); Tromlitz 1791 (zur Querflöte); Türk 1789 (zum Clavichord); Violinspiel 1975.
Wichtige Primärquellen: Adlung 1758; Altenburg 1795; Bach 1753; Eisel 1738; Geminiani 1751; Hotteterre 1707; Mace 1676; Mattheson 1731, 1735, 1739; Mozart 1756; Mozart 1787; Ortiz 1553; Petri 1782; Prelleur 1731; Quantz 1789; Türk 1789; Walther 1732. →auch unter BAROCK, GENERALBASS, RENAISSANCE-INSTRUMENTARIUM.

Aufschlag Beim Gitarrenspiel das Binden zweier aufwärtsgehender Töne auf einer Saite, wobei nach dem Anschlag des unteren Tons der Finger für den oberen Ton aufgesetzt und die Saite angeschlagen wird.

Aufschnitt (engl.: *cut-up*; ital.: *bocca*; fr.: *bouche*). Bei einer →Labialpfeife der Orgel ebenso wie bei der →Blockflöte das Fenster im Pfeifenkörper.

Aulos (gr., »Röhre«). Heutzutage bezeichnet im Griechischen Aulos (gesprochen »Awlos«) eine volkstümliche Flöte verschiedener Arten. Doch das antike Griechenland verstand unter Aulos (abgesehen von der allgemeinen Bedeutung als »Röhre«) ein Rohrblattinstrument, aber auch jede einzelne Pfeife des schlanken Pfeifenpaars, das zusammen von einem Spieler geblasen wurde und bei weitem das bedeutendste Blasinstrument der westlichen Antike war (in lat.: *tibia*) und bei öffentlichen und privaten Festen und Zeremonien jeglicher Art erklang und in Griechenland im Theater den Chor anführte.

Abb. 1. *Aulos und Krotala* (→KROTALON) (British Museum, London; Vase E 38).

1. Griechischer Aulos (Abb. 1)

Jede Hand hält eine Pfeife mit einer abziehbaren hölzernen Hülse, in der das Doppelrohrblatt (→ROHRBLATT, 4) steckt. Im Britischen Museum, London, gibt es ein originales Aulos-Paar (sog. »Elgin-Aulos« aus einem Grab aus dem 5. Jahrhundert v. Chr.), das ein typischer Aulos zu sein scheint. Seine Pfeifen (ohne Blatt) sind 35 und 31 cm lang und haben je fünf sorgfältig unterschnittene Grifflöcher und ein Daumenloch zwischen den ersten beiden Fingerlöchern. Rekonstruktionsversuche haben gezeigt, daß der Aulos in Altlage stand. Viele Vasendarstellungen zeigen aufgeblasene Backen des Aulosbläsers, auf anderen bedient sich der Bläser einer Art Zaumzeug (Abb. 1), vielleicht als ein Hilfsmittel, um die Rohrblätter besonders kraftvoll zu blasen (Aulosbläserinnen tragen nie eine solche *phorbeia*, wie die Backenbinde genannt wurde). Griechische Quellen geben keine Auskünfte über Tonumfang und Tonsystem der Pfeifen, und auch nicht darüber, wie die beiden Pfeifen zusammen gespielt wurden. Auf Darstellungen scheinen die Hände parallele Griffe auszuführen, doch wenn man bedenkt, welch unterschiedliche Spieltechniken bei den →Doppelrohrblattinstrumenten des Mittelmeerraumes und des Schwarzen Meers existieren, wissen wir sehr wenig über die Spielpraxis beim Aulos. Mehrere Pfeifenreste aus römischer Zeit haben metallene Muffen über den Löchern, offenbar um damit die Tonskala zu verändern. In Rom waren auch »Phrygische Auloi« mit einem hornähnlichen →Becher auf der linken Pfeife beliebt, die manchmal wesentlich länger als die rechte war.

2. *Monaulos* (gr., »Einzelröhre«)
So bezeichnet man einzeln geblasene, enge Rohrpfeifen aus dem hellenistischen Ägypten, die 25 bis 45 cm lang sind und ca. acht Fingerlöcher und häufig zwei Daumenlöcher haben (vgl. mit der japanischen →*hichiriki*). Bei diesen Instrumenten wurden sogar Doppelrohrblätter gefunden (Musée Instrumental, Brüssel).

3. *Plagiaulos* (gr., »Querröhre«)
Von diesem quer gehaltenen Typ mit einem seitlichen Loch für das Doppelrohrblatt sind einige Instrumente erhalten, darunter auch solche aus Bronze.
Lit.: Anderson 1994; Schlesinger 1939.

Autohupe (engl.: *motor horn*). Signalinstrument aus einem hornförmigen Korpus mit einer oder mehreren Metallzungen und einem als Blasebalg dienenden Gummiball. Die Autohupe wird gelegentlich in moderner Musik verwendet, so z. B. in Gershwins *An American in Paris* (1928).

Automatisches Harmonium (engl.: *mechanical reed organ*). Ein →Harmonium, das sowohl mit den Händen an der Klaviatur, als auch rein mechanisch mittels perforierter Notenrollen (→KLAVIERROLLE) gespielt werden kann. Bekannte automatische Harmonien waren die *Scheola* der Pianofortefabrik Schiedmayer & Söhne, Stuttgart, und das *Orchestrelle* der Aeolian Company, New York.
Lit.: Ord-Hume 1986.

Automatisches Klavier →MECHANISCHES KLAVIER.

AWB-Orgel Vom Apparatewerk Bayern hergestellte →elektronische Orgel der 1950er Jahre.

B

Bach-Bogen (**Rundbogen**) Moderne, stark gewölbte Violinbogen-Konstruktion mit einer Mechanik, die zuläßt, beim Spiel die Haarspannung mit der rechten Hand zu variieren. Die Idee des Bach-Bogens basiert auf der Vorstellung, die Bachsche Notation der Solosonaten und -partiten BWV 1001-1006 aus dem Verständnis moderner Notation heraus wörtlich zu nehmen, so daß alle drei- und mehrstimmigen Akkorde mit vollen Notenwerten ausgehalten werden können. Der Bachforscher und Arzt Albert Schweitzer sowie der Musikforscher Arnold Schering setzten sich nachdrücklich für den Bach-Bogen ein, der u. a. von dem dänischen Geigenbauer Knud Vestergaard (»Vega«-Bachbogen) gebaut wurde. Der prominenteste Geiger, der den Bach-Bogen propagierte, war Emil Telmányi (1892–1988), von dem auch eine Gesamteinspielung der Solosonaten und -partiten Bachs mit dem Bach-Bogen existiert (auf Danacord).
Lit.: Lesle 1989 (dort weitere Literaturhinweise).

Bach-Disposition Bezeichnung für die →Dispositionen moderner zweimanualiger Cembalokonstruktionen mit zwei 8'-Registern, einem 16'- und einem 4'-Register. Der Ausdruck rührt daher, daß das der Werkstatt Harraß zugeschriebene zweimanualige Cembalo mit diesen vier Registern, das sich als Kat.-Nr. 316 im Musikinstrumenten-Museum des Staatlichen Instituts für Musikforschung PK, Berlin, befindet, vorschnell dem Besitz Johann Sebastian Bachs zugeschrieben worden war.
Lit.: Elste 1991; Krickeberg/Rase 1987.

Bach-Trompete (engl.: *Bach trumpet*). Irreführende Bezeichnung für eine (moderne) Ventiltrompete in hoher Stimmung zur Ausführung barocker Clarino-Partien; →TROMPETE, 2a.
Lit.: Menke 1934; Strauss 1909.

Bağlama Eine der Hauptformen der türkischen →Langhalslaute →*sâz*. In Griechenland bezeichnet *baglamas* ein kleines →*bouzouki*.

Bala, Balafon Afrikanisches →Xylophon.

Balaban (*Duduk*, türk.: *mey*). Hölzernes zylindrisches Doppelrohrblattinstrument, das mit einem sehr breiten Rohrblatt geblasen wird. Es ist in der nordöstlichen Türkei, im Nordiran und von Dagestan bis ans Kaspische Meer verbreitet. Das ca. 28 bis 40 cm lange Instrument hat sieben Fingerlöcher und ein Daumenloch. Sein Ton ist voll und weich, gemessen an seiner Größe tief (weil es akustisch wie eine →gedackte Pfeife reagiert); tiefer und weniger grell als bei der bekannten →*surnā* und deshalb für das Musizieren in geschlossenen Räumen geeignet. Das Balaban wird häufig wie die *surnā* paarweise gespielt, und zwar mit →kontinuierlichem Spiel, wobei ein Instrument als →Borduninstrument fungiert. Ein ähnliches chinesisches Instrument ist das →*kuan*, auch eine »zylindrische Oboe« (in Sachs' Terminologie).
Lit.: Picken 1975; Vertkov 1963.

Balalaika Russisches Zupfinstrument mit dreieckigem Korpus. Es hat einen schlanken Hals mit 16 Bünden und weiteren (insgesamt bis zu 31) Bünden auf dem Korpus. Von den drei Saiten ist die Melodiesaite aus Stahl gefertigt und normalerweise auf a^1 gestimmt, während die beiden anderen Saiten aus Darm oder Nylon sind und eine Quarte tiefer stehen (auf e^1). Diese beiden Saiten werden teils als leere Saiten angezupft, teils mit dem Daumen abgegriffen. Die rechte Hand schlägt mit dem Zeigefinger in charakteristischer Weise die Saiten, aber sie werden auch einzeln angezupft. Notenbeispiel 1 (aus der Balalaika-Schule von M. Ignateev) ist der Anfang einer Anfängerübung über ein russisches Volkslied: ⊓ Abwärtsschlag, V Aufwärtsschlag. Es gibt chorische Balalaika-Ensembles, die seit 1888 auch größere Instrumente bis zum Kontrabaß spielen (Länge etwa 1,50 m), der wie ein Streichbaß mit einem Stachel auf dem Boden steht.

Notenbeispiel 1

Nach einer längeren Periode der Abschaffung wird auch die *domra* (von »Tambūrā«), eine ältere russische Langhalslaute (→LAUTE, 7) in ähnlichen Größen wie die Balalaika gebaut. Die wie die Mandoline gestimmte *domra* (mit drei oder neuerdings auch häufig vier Saiten) hat ein rundes Korpus (mit Darmsaiten und diatonischen Bünden), wie es im 18. Jahrhundert auch die Balalaika aufwies. In Zentralasien kommt allerdings auch die dreieckige Form der *domra* (mit zwei Saiten) bei den Kasachen vor und mag von hier stammen.

Baldwin-Orgel Name der →elektronischen Orgeln der Baldwin Piano & Organ Company seit 1947.

Balo Afrikanisches →Xylophon.

Band (engl., »Schar, Gruppe, Kapelle«; im dt. engl. Aussprache). Bezeichnung für nicht näher definierte instrumentale und instrumental-vokale Gruppen der Unterhaltungs-, Rock- und Jazzmusik.

Bandola, Bandolín, Bandolón Bezeichnungen für verschiedene spanische und lateinamerikanische birnenförmige, mit →Plektron gespielte Zupfinstrumente mit flachem Boden und Metallsaiten. Sie sehen wie eine Mandoline (→MANDOLINE, 2) aus, ähneln allerdings in Besaitung und Stimmung mehr der →*bandurria*. Wie diese werden sie in Südamerika für die Melodiestimme mit Tremolo über begleitenden Gitarren verwendet. In Kolumbien und Chile kann eine Bandola sechs Chöre haben, von denen der oberste drei Saiten, die übrigen zwei Saiten haben und in Quarten gestimmt sind. In Venezuela gibt es vierchörige Typen, einige auch einchörig. *Bandolón* ist ein größeres, eine Oktave (oder ähnlich) tiefer stehendes Instrument dieses Typs.

Bandoneon (Bandonion) Der große, viereckige Typ einer deutschen Konzertina, berühmt geworden durch ihren Gebrauch in argentinischen Tango-Orchestern; →KONZERTINA, 5.
Lit.: Oriwohl 2004.

Bandora (Pandora) Mit Metallsaiten besaitetes Zupfinstrument in tiefer Stimmung, das mit Plektron oder Fingern gezupft wird. Angeblich hat es 1562 der Londoner Lautenmacher John Rose erfunden. Die Bandora war in der englischen Musik bis in das späte 17. Jahrhundert weit verbreitet. Ungefähr so groß wie eine moderne Gitarre, hatte sie einen flachen oder geringfügig bauchigen Korpusboden und einen gewellten Zargenumriß (Abb. 1, am hinteren Ende des Tisches). Auch das →Opharion (sprachlich aus Orpheus und Arion gebildet) hat diesen Umriß, der möglicherweise eine Allegorie der Muschel ist, der Venus als Göttin der Harmonie ent-

Bandura

Abb. 1 *Eine musikalische Gesellschaft*, Kupferstich (1612) von Simon de Passe; (v.l.n.r.) Cister, Violine, Bandora und Baßgambe.

stieg. (Ein dreifach gelappter Umriß kommt bei einigen Bandoras vor, die offenbar Fälschungen nach einer wenig verbindlichen Abbildung in der *Encyclopédie* von Diderot/d'Alembert sind, →auch FÄLSCHUNGEN).

Die Bandora hat Metallbünde, die Saiten werden – wie bei der Laute – an einem angeleimten Steg befestigt. Das Instrument hat 5 bis 7 doppelte Saitenchöre, die meistens in Quarten gestimmt waren. Es gibt viele in Tabulatur notierte Kompositionen für die Bandora als Solo-, Begleit- und Consortinstrument. Viele Solostücke sind in Lautenhandschriften um 1600 enthalten, Vokalmusik z.B. in Barleys *A new booke of tabliture for the bandora* (1596), Ensemblemusik u.a. in den *Consort lessons* von Thomas Morley (1599) sowie in den *Lessons for the consort* (1609) des Lautenisten Philip Rosseter. Diese sechsstimmigen Bearbeitungen von bekannten Gesängen sind für Violine (für die Melodiestimme), Querflöte, Laute (virtuoser Part), Cister, Bandora und Baßgambe gesetzt. Die Bandora spielt die Akkorde unterhalb der Cister-Stimme: Notenbeispiel 1 bringt die Anfangstakte von »Go from my window« (Morley), bei denen der als für die »Pandora« be-

Notenbeispiel 1

zeichnete Part aus französischer Tabulaturnotation (d.i. eine Tabulatur mit Buchstaben auf Linien, bei denen die oberste die höchste Saite darstellt) in normale Notenschrift übertragen ist. Cister und Bandora sind zusammen mit einer Violine und einem →*basse de violon* auf Abb. 1 zu erkennen. Ein fünfter Spieler (der Flötist) kommt gerade zur Tür herein.

Bandura Volkstümliches Zupfinstrument der Ukraine, das wie eine lange, asymetrische Laute aussieht und fast senkrecht auf dem Schoß gehalten wird (Abb. 1). Das Korpus mit seinem flachen Boden wölbt sich auf der Diskantsaite heraus, über der

Abb. 1. Ukrainische Banduraspieler.

bis zu 36 Metallsaiten (*pristrunki* genannnt) vom Steg bis zu den am verstärkten Rand eingeschlagenen Stimmwirbeln verlaufen. Dieses sind chromatisch gestimmte Melodiesaiten, die von der rechten Hand gezupft werden. Auf dem kurzen Hals verlaufen 6 oder mehr Baßsaiten, die meistens von der linken Hand gezupft werden. Die Bandura reicht zurück ins 18. Jahrhundert, als man auf ihr Spielmannslieder und Balladen begleitete. Ihr lauter, harfenähnlicher Klang wird heute von Volksmusikorchestern geschätzt. Neben der Bandura gab es in der 1. Hälfte des 19. Jahrhunderts die »russische Theorbe«, *torban* genannt, die wie eine Theorbe aussah und diatonisch gestimmtes *pristrunki* (wie bei älteren Banduras) hatte. Bandura und *torban* sollen mit italienischen Musikern im frühen 17. Jahrhundert nach Rußland gekommen sein. Das Kunsthistorische Museum, Wien, besitzt ein auf ca. 1590 datiertes Paduaner Instrument mit ähnlichen Diskantsaiten, das vielleicht mit der *Pandora*, die der Lautenist Piccinini 1623 als seine Erfindung reklamierte, in Verbindung gebracht werden kann.

Bandurria Kleines spanisches Zupfinstrument (Abb. 2) der Volksmusik, das besonders in südlichen Regionen des Landes vorkommt, und auf dem man die Melodie in schnellem Tremolo mit Plektron spielt, während die Gitarre begleitet. Abb. 2 zeigt eine Bandurria in traditioneller Form, heute werden längere und breitere Modelle gespielt. Das kleine Korpus hat relativ breite Zargen (ca. 7,5 cm), während die kurze Saitenlänge von nur 26 cm ermöglicht, daß der erste der sechs Doppelchöre (heute aus Metallsaiten) bis zum a^2 heraufgestimmt werden kann. Die anderen →Chöre werden in Quarten abwärts gestimmt (jeder auf dem 5. Bund abgegriffene Ton entspricht also dem der oberen leeren Saite) bis hinunter zum *gis*, dem Leitton der a-Moll-Tonleiter, die auf den höheren Bünden bis zum a^3 reicht.

Abb. 2. Bandurria aus einem Katalog des Musikinstrumentenherstellers Theodor Stark (um 1900).

Der Name »Bandurria« reicht ins 14. Jahrhundert zurück. Juan Bermudo (1555) erwähnt ein solches Instrument, doch erst seit dem 18. Jahrhundert gibt es genauere Beschreibungen, aus denen hervorgeht, daß sich das Instrument kaum gewandelt hat. Die Bandurria wird in Spanien auch von der *laúd* begleitet, keiner Laute (wie der Name irreführenderweise nahelegt), sondern einem eine Oktave tiefer stehenden Instrument ähnlicher Bauart wie die Badurria.

Bangu →PAN-KU.

Banjo Saiteninstrument afro-amerikanischer Herkunft mit einem Resonanzkörper, dessen Decke aus Kalbsfell oder einer Kunststoffmembran über einem Rahmen aus meistens Schichtholz besteht.

1. Konstruktion

Ursprünglich war der Hals mitten durch den Rahmen unterhalb der Membran weitergeführt. Diese Halsbefestigung ist jetzt allgemein durch einen Stahlstab ersetzt. Die Membran (A in Zeichnung 1) wird an ihrem Spannreif (B) mit einen Metallspannring (C) niedergedrückt und von ca. 24 rundherum verteilten Haken (D) gespannt, von denen jeder durch eine sechseckige Mutter unterhalb eines feststehenden Trägers (E) herabgezogen wird. Die Membran wird normalerweise über einen metallenen »Tonring« (F) gespannt, den die Fa. Gibson, USA, eingeführt hat, statt direkt auf dem Holzrahmen aufzuliegen. In der Regel hat das Banjo einen hölzernen Boden (G), eine Art rundes Tablett, das mit Schrauben an einen metallenen Zierring (H) am Träger befestigt ist. Durch den Boden werden die Schallwellen zurück auf die Membran reflektiert, ein Teil der Schallwellen dringt durch Löcher im Zierring nach außen. Die Saiten sind über einen flachen Steg geführt, der an jener Stelle auf der schwingenden Saiten auf der Membran steht, die die doppelte Länge des Abstands vom Sattel zum zwölften Bund (Oktavbund) beträgt.

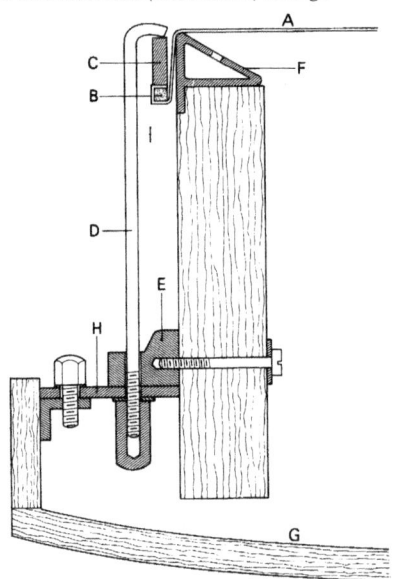

Zeichnung 1. Querschnitt durch ein Banjo.

Das Banjo hat 22 Bünde. Die Saiten sind aus Stahl, doch war früher Seide und Darm mit Ausnahme der ersten Saite aus Stahl üblich. Die Saitenlänge eines großen Banjos entspricht der bei der Gitarre.

2. G-Banjo (das normale fünfsaitige Banjo)

Von den verschiedenen Stimmungen ist die folgende die gebräuchlichste: Die ersten vier Saiten sind d^1 h g c gestimmt (die Notation erfolgt allerdings eine Oktave höher). Bei einer anderen Stimmung ist die vierte Saite in d gestimmt. Die fünfte, auf g^1 gestimmte Saite ist nur Dreiviertel so lang wie die übrigen und hat einen »Oktavwirbel« am Hals nahe des fünften Bundes. Die Bezeichnung *G-Banjo* bezieht sich auf diese Saite.

Die Saiten werden meist mit Daumen, Zeige- und Mittelfinger der rechten Hand angerissen. In »Folk«-Spielstilen werden die Saiten hauptsächlich mit den Fingernägeln einzeln angerissen, durchsetzt von Akkorden, bei denen die Rückseite der Fingernägel die Saiten berührt. Die kurze fünfte Saite wird mit dem rechten Daumen in idiomatischer Weise angerissen, und zwar zwischen den Taktschlägen als eine Art hoher Bordun. Im Jazz mit seiner gleichmäßigen Folge von mit →Plektron gespielten Akkorden wird diese »Daumensaite« nicht gespielt (*Plectrum banjo*). Obwohl das Banjo Ende der 1920er Jahre von der Gitarre zunächst abgelöst wurde, hat es besonders im traditionellen Jazz wieder an Popularität gewonnen.

3. Ursprünge

Das ursprüngliche *banja* ist als Instrument der amerikanischen Sklaven bereits 1678 in den Antillen nachgewiesen. Es war eine Laute mit einem Korpus aus einer Kalebassenhälfte, auf die ein Schaffell genagelt war. Seine Ursprünge können aus Westafrika kommen, wo der Name *bania* noch vorkommt. Seit etwa 1820 wurde das Banjo auch bei den Weißen populär und erhielt einen hölzernen Rahmen und Stimmwirbel, aber noch keine Bünde. Der berühmte umherziehende Minstrel J. W. Sweeney trug entscheidend zur Popularität des Instruments bei. Der Metall-Zierring und Metallbünde folgten um 1880, bald darauf auch die Stahlbesaitung und Stimmwirbelmechanik.

4. Tenorbanjo

Sonderform, die zuerst als Instrument für Cellisten bei der akkordischen Begleitung von Foxtrott und ähnlichen Tänzen im Tanzorchester gespielt wurde. Das Tenorbanjo hat vier in Quinten gestimmte Saiten (Stimmung wie die →Bratsche: a^1 d^1 g c) und wird auch heute noch gespielt.

5. Mandolin-Banjo

Zwitterinstrument aus Mandoline (Saitenanzahl – 8 – und -stimmung, kurzer Hals) und Banjo (kreisrundes Korpus mit Membran) aus der ersten Hälfte des 20. Jahrhunderts.

Lit.: Heier/Lotz 1993 (Diskographie).

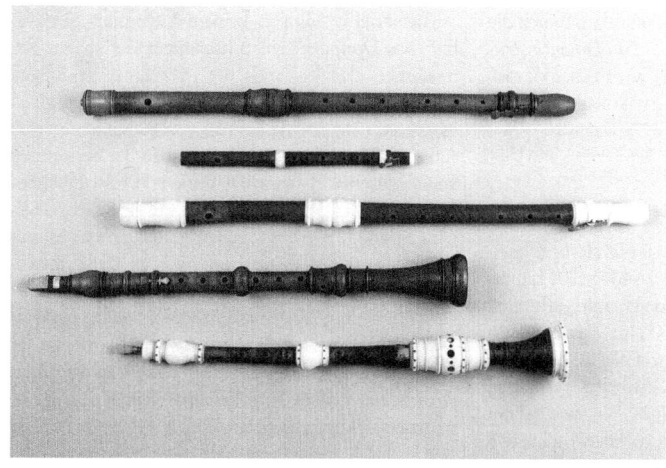

Abb. 1.
Einige typische barocke Holzblasinstrumente (von oben nach unten): Querflöte von Naust (Paris, um 1700); Oktavflöte von Jean-Hyacinth-Joseph Rottenburgh, Brüssel (1. Hälfte 18. Jahrhundert); Querflöte von Jean(?) Hotteterre (Paris, Ende 17. Jahrhundert); Klarinette von Jacob Denner (Nürnberg, Anfang 18. Jahrhundert); Oboe von Dupuis, Paris (Ende 17. Jahrhundert) (Musikinstrumenten-Museum SIMPK, Berlin).

Bānsurī Nordindische Querflöte aus Bambus, der südindischen *kural* entsprechend. Das ca. 40 oder auch 80 cm lange Instrument hat sieben oder fünf Fingerlöcher und ein Schalloch. Die *bānsurī* stammt mindestens aus dem 1. Jahrhundert n. Chr. und wird besonders mit dem Gott Krishna in Verbindung gebracht, der sie in vielen Darstellungen spielt. Am häufigsten hört man sie in Bengal und Bihar. Das lange Modell mit mehr als zweieinhalb Oktaven Tonumfang wird von berühmten Solisten gespielt, die glissandohaft mit den Fingern über die Grifflöcher gleiten.

Barbitos Eine der altgriechischen Leiern. →LEIER, 2b.

Bariolage Spielweise bei Streichinstrumenten, wobei im schnellen Wechsel (Achtel- oder Sechzehntelnoten) Akkordbrechungen über zwei oder mehr Saiten so erfolgen, daß der höhere Ton auf der tieferen Saite gespielt wird. Meist wechseln beim Bariolage →leere Saiten mit gegriffenen Saiten. Das Ergebnis ist ein steter Wechsel der Klangfarbe. Eine bekannte Bariolage-Stelle ist kurz vor Ende des dritten Satzes in Bachs Violinkonzert a-Moll BWV 1041.

Bariton (Baritonhorn, Baryton) Ventilflügelhorn in B^1, eine Oktave unter der normalen →Trompete oder dem →Kornett stehend. In Deutschland hat das Bariton eine weite Mensur (im Unterschied zu dem →Tenorhorn mit engerer Mensur), hat Drehventile und ist entweder in Tuba- oder in ovaler Eiform gebaut. Der Schalltrichter ist etwas seitlich geführt (wie in der Abbildung der →Wagnertuba).

In Amerika und Großbritannien werden unter *baritone* etwas andere Ventilflügelhörner verstanden.

Das britische *baritone* ist etwas enger mensuriert als das →Euphonium.

Barock (engl.: *baroque*)

1. Definition

Der Terminus diente zunächst zur Bezeichnung des Launenhaft-Wunderlichen, Bizarren, Schwülstigen, und wurde als Epochenbegriff zuerst von Kunstgeschichtlern um 1880 für die Zeit vom späten 16. bis zum frühen 18. Jahrhundert geprägt. Seit ca. 1900 wurde er von Musikwissenschaftlern für jene Epoche der abendländischen Musikgeschichte verwendet, die sich durch die konsequente Verwendung des Generalbaßprinzips definieren läßt (ca. 1600 bis ca. 1750). Auf das Instrumentarium bezogen kann ein »Barockinstrument« sowohl einen Nachbau bzw. eine Stilkopie wie auch ein historisches oder zurückgebautes Instrument aus jener Epoche bedeuten (→auch ORIGINALINSTRUMENTE). Dazu gehört in jedem Fall eine historisierende Spieltechnik, besonders hinsichtlich stilistischer Grundprinzipien wie Artikulation, Phrasierung und Vibrato. Zeitgenössische Traktate als Quellen zur Aufführungspraxis →AUFFÜHRUNGSPRAXIS.

2. Instrumente

Das frühbarocke Instrumentarium wird ausgiebig bei →Praetorius 1619 behandelt. Die Streichinstrumente erlebten ihre Blüte im Barock (→BRATSCHE, GAMBE, VIOLINE, VIOLONCELLO, KONTRABASS). Die Blasinstrumente haben noch keine Ventile und nur wenige Klappen (siehe Abb. 1). Die wichtigsten Blasinstrumente während dieser 150 Jahre sind: BLOCKFLÖTE, QUERFLÖTE (heute umgangssprachlich als *Traversflöte* bezeichnet), OBOE, FAGOTT, WALDHORN und TROMPETE. Untrennbar mit dem Epochenbegriff

ist der →Generalbaß verbunden, und damit auch die Generalbaßinstrumente bzw. *Fundamentinstrumente* (wie Praetorius sie nennt) wie CEMBALO, CHITARRONE, ORGEL, POSITIV, REGAL, THEORBE.
Lit.: Braun 1981; Bukofzer 1947; Dahlhaus 1985; Haas 1931; Montagu 1979. →auch unter AUFFÜHRUNGSPRAXIS.

Baryton

1. (engl.: *baryton(e)*; ital.: *viola di bordone*). Streichinstrument aus der Zeit 1640–1820, hauptsächlich in Österreich und Deutschland verbreitet. Es ist eine Art Baßgambe (→GAMBE), die zusätzlich zu den Streichsaiten bis zu zwanzig Metallsaiten hat, die neben und unterhalb des Griffbretts verlaufen. Es sind hauptsächlich →Resonanzsaiten (wie bei der →Viola d'amore), doch sind sie so angebracht, daß der Spieler sie durch eine Halsöffnung hindurch mit dem linken Daumen anzupfen kann, um gelegentliche Baßnoten zu den Tönen, die er auf den sechs (oder sieben) Darmsaiten streicht, erklingen zu lassen. Ein verziertes Brett neben dem Griffbrett verbirgt die Metallsaiten auf der Vorderseite.

Die ältesten Kompositionen für das Baryton erscheinen in einem Manuskript aus der 1. Hälfte des 17. Jahrhunderts. Sie sind in Tabulatur notiert und zählen die Metallsaiten abwärts vom Ton *d*. Bekannter ist Nikolaus Joseph Fürst Esterházys (1714–1790) Verehrung für das Instrument (er besaß eines von Stadlmann, das in Budapest erhalten ist), die dazu führte, daß Joseph Haydn mindestens 166 Divertimenti, Trios, Duos und Konzerte für »Pariton« (Hob. X-XIII) komponierte. Diese Werke erfordern nur selten Resonanzsaiten, die hier durch Ziffern unterhalb des Systems bezeichnet werden.

Es gibt möglicherweise Verbindungslinien zu England, wo eine Art Gambe mit Metallsaiten für den Daumen angeblich von James I. (1566–1625) geschätzt wurde und für das Gambenspiel »lyra way« (→GAMBE, 4c) vorgesehen war.
Lit.: Fruchtmann 1962.

2. →BARITON.

Baß (lat. *bassus* »fest, dick, niedrig«; engl.: *bass*; ital.: *basso*; fr.: *basse*; span.: *bajo*). Die tiefste der vokalen Stimmgattungen, mit einem normalen Umfang von *E* bis f^1. In Kompositionen die tiefste Stimme.

Als Instrumentenbezeichnung Kurzform für den →Kontrabaß, in der Rockmusik die →Baßgitarre (→ELEKTRISCHE GITARRE, 3) und im Fall von Blasmusik- und →Militärkapellen für die →Tuba. Zu den Baßlagen anderer Instrumente siehe die folgenden Einträge bzw. unter dem entsprechenden Oberbegriff (ohne Stimmlagenbezeichnung).

Bassanello Ein in keinem Exemplar mehr erhaltenes Doppelrohrblattinstrument der späten Renaissance, das leiser als der →Pommer geklungen haben soll. →Praetorius bildet in seinem *Syntagma Musicum* (1619) eine Familie von Bassanelli ab und führt ihre Erfindung auf ein Mitglied der berühmten venezianischen Bassano-Dynastie von Instrumentenbauern zurück, möglicherweise um 1582 (vgl. Selfridge-Field 1976). In einem italienischen Manuskript um 1600 (Virgiliano) werden diese Instrumente *armilloni* genannt.

Baßbalken (engl.: *bass bar*; ital.: *catena*; fr. *barre*). Auf der Innenseite der Decke von Streichinstrumenten aufgeleimte hölzerne Rippe zur Resonanzverstärkung der tiefen Töne (→VIOLINE, 2).

Basse de musette   →MUSETTENBASS.

Basse de viole   (fr.). Die sechs- oder siebensaitige Baßgambe (→GAMBE).

Basse de violon   (fr.). In Frankreich bis Ende des 17. Jahrhunderts das Baßinstrument der Violinfamilie (→VIOLINE, VIOLA DA BRACCIO). Die *basse de violon* war viersaitig, in Quinten gestimmt und stand einen Ganzton tiefer als das →Violoncello. Um 1700 wurde das Instrument vom Violoncello abgelöst.
Lit.: Eppelsheim 1961.

Bassel   Ein Kontrabaß kleinerer Größe. →KONTRABASS, 5c.

Bassett   Älterer deutscher Name für kleinere Baßinstrumente (vgl. HALBBASS). →KONTRABASS, 5c; BLOCKFLÖTE, 4; POMMER, 1.

Bassetthorn   (engl.: *basset horn*; ital.: *corno di bassetto*). Ein Instrument der Klarinettenfamilie (→KLARINETTE, Abb. 1c), das in *F* steht (eine Quarte unter der Klarinette in *B*) und einen erweiterten Umfang hat, der bis zum notierten tiefen *c* reicht (dem das klingende *F* entspricht). Bassett verweist auf die Tiefe des Umfangs (Bassett = kleiner Baß), Horn ohne Zweifel auf die gebogene Form alter Bassetthörner. Das Bassetthorn wird heute hauptsächlich in Werken von Mozart und Richard Strauss gespielt und dafür hergestellt.

1. Konstruktion

Das moderne Bassetthorn wird mit einem nach oben gebogenen Schallbecher aus Metall (→Abb. 1*c* unter KLARINETTE), aber auch mit einem gerade nach unten führenden Becher aus Holz (wie ihn die Klarinette hat) gebaut. Die Bohrung wird wegen des wichtigen oberen Registers normalerweise eng mensuriert und ist enger als die der →Altklarinette. Auf diese Weise wird die fließende Expressivität der Klarinette in das tiefere Register übernommen. Das Instrument wird von den meisten Klarinettenherstellern mit Böhms Klappensystem hergestellt, wobei die Klappen für die tiefsten vier Halbtöne normalerweise ganz oder teilweise mit dem rechten Daumen gegriffen werden.

2. Geschichte und Repertoire

Das Bassetthorn scheint in Deutschland oder Österreich um 1760 entwickelt worden zu sein, als Klarinetten noch mit nur zwei Klappen gebaut wurden (→KLARINETTE, 4a). Den frühen sichelförmigen Bassetthörnern (→ENGLISCH HORN, 2) wurden zu diesen Klappen zwei weitere hinzugefügt: eine für das notierte *f* und auf der Rückseite eine für den Daumen und das notierte *c*. Die dazwischenliegenden Töne ließen sich nicht spielen. Um das Instrument weniger sperrig zu bauen, wurde es mit einem mit drei parallelen Bohrungen versehenen Zwischenstück (»Buch«) versehen, auf dem die C-Klappe liegt.

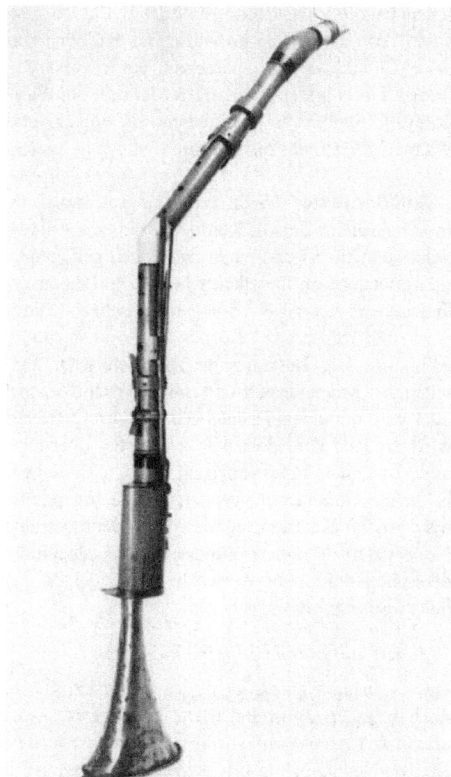

Abb. 1. Bassetthorn von Grenser, Dresden (um 1790).

Abb. 1 zeigt dieses klassische geknickte Modell mit Metallschallbecher, Buch und zwei geraden Rohrstücken, die mit einem »Knie« miteinander verbunden sind. Bald wurden Bassetthörner mit dem Ton *e* gebaut (z. B. Instrumente von Mayrhofer), sowie etwas später solche mit *d*; doch die zwei Halbtöne *cis* und *es* blieben normalerweise ausgespart. Mozart verwendete in seinen Bassetthornpartien auch diese beiden Halbtöne; doch können sie mittels →Gabelgriffen mit den D- und C-Klappen gespielt werden. Das Bassetthorn kommt in etwa zwanzig Werken Mozarts vor, von denen das Requiem, in dem zwei Bassetthörner neben den Fagotten die einzigen Holzblasinstrumente sind, das bekannteste ist.

Bis in die 1830er Jahre hinein gehörte zu deutschen Militärkapellen häufig ein Bassetthornpaar für die mittleren Stimmen. Mendelssohn Bartholdy zollt dem virtuosen Charakter des Instruments in seinen beiden Konzertstücken op. 113 und 114 Tribut. In Deutschland wurde es im 19. Jahrhundert hauptsächlich für Mozarts Opern gefertigt, so daß Strauss in *Elektra* (1909) ohne Probleme darauf zurückgreifen konnte. Er setzt es letztmalig in seiner Symphonie für Bläser (Zweite Sonatine Es-Dur »Fröhliche Werkstatt«, 1945) ein. Zu den jüngeren Komponisten, die für das Bassetthorn geschrieben haben und seinen Umfang von vier vollständigen Oktaven ausnutzen, zählt Stockhausen.

Lit.: Grass/Demus 2002.

Bassettklarinette (engl.: *basset clarinet*). Moderner Name für eine Klarinette in B oder A, mit einem nach unten erweiterten Umfang bis zum notierten *c* wie auf dem →Bassetthorn. Im 18. Jahrhundert verwendete Anton Stadler (→KLARINETTE, 4c) diese Erweiterung, und Mozart komponierte in *La clemenza di Tito* KV 621 diese tiefen Töne für die Klarinette in B.

Notenbeispiel 1. Bassettklarinette.

Im 19. Jahrhundert wurde die Klarinette gelegentlich mit einem auf 15 cm verlängerten Unterstück und zusätzlichen Klappen versehen, um speziell die »Parto, parto«-Arie aus dieser Oper (Notenbeispiel 1) aufführen zu können. Aus dem musikalischen Zusammenhang ergibt sich, daß Mozart auch in seinem Klarinettenquintett KV 581 und im Klarinettenkonzert KV 622 – beide für die Klarinette in A geschrieben – die Soloparts bis zum C hinuntergeführt haben muß. Zwar sind die Autographe verschollen, doch enthalten einige neuere Ausgaben die mutmaßlich ergänzten tiefen Noten in den entsprechenden Passagen und einige Solisten, insbesondere Alan Hacker, setzen ein verlängertes, *Bassettklarinette* genanntes Instrument ein, um sie zu spielen. (Man beachte im Notenbeispiel 1, daß die im Baßschlüssel notierte Figur eine Oktave tiefer notiert ist, wie es beim Bassetthorn und bei französischer Hornmusik ebenfalls üblich ist.)

Baßflöte
1. Baßquerflöte (engl.: *bass flute*). Eine Oktave unter der normalen →Querflöte stehende Flöte mit *c* als tiefstem Ton. Das Instrument wird im wesentlichen nur in Querflötenensembles sowie in moderner Musik verwendet. Die 130 cm lange Bohrung ist am oberen Ende umgeknickt (→QUERFLÖTE, Abb. 1), so daß die linke Hand des Spielers etwa 50 cm näher den Lippen ist als wenn das Rohr gerade wäre.

Theobald Boehm (1794–1881) baute die Baßflöte, doch besser bekannt ist die Konstruktion des Mailänder Flötisten Abelardo Albisi von ca. 1910 mit der Bezeichnung »Albisiphon«: ein senkrecht gehaltenes Metallinstrument mit Boehm-Klappensystem, auf dessen oberen Ende ein umgelenktes waagerechtes Kopfstück mit dem Mundloch sitzt. Diese Konstruktion wurde vielleicht einer anderen italienischen Erfindung jener Zeit, der →Giorgi-Flöte, abgeschaut. Mascagni verwendet das Albisiphon in seiner Oper *La Parisina* (1913). Die Konstruktionsidee ist in jüngerer Zeit von dem amerikanischen Flötisten Pierre-Yves Artaut aufgegriffen worden.

2. Baßblockflöte (engl.: *bass recorder*; ital.: *flauto dolce basso*; fr.: *flûte à bec basse*). Baßinstrument der Blockflötenfamilie, im 18. Jahrhundert »Baßflöte« oder »Flötenbaß« genannt. →BLOCKFLÖTE, 4.

3. Zur Baßflöte der Renaissance →QUERFLÖTE, 5.

Baßgambe Baßinstrument der Gambenfamilie (→GAMBE).

Baßgeige Volkstümliche Bezeichnung für den →Kontrabaß oder das →Violoncello.

Baßgitarre (engl.: *bass guitar*).
1. E-Baß-Gitarre. →ELEKTRISCHE GITARRE, 3.
2. (engl.: *bass guitar*; ital.: *chitarra tiorbata*) Ältere Bedeutung: Eine Gitarre, die zusätzlich zum normalen Saitenbezug ungefähr sieben Baßsaiten in diatonischer Stimmung (wie die →Abzüge bei Theorben und Chitarroni) hat, die mit dem Daumen angezupft werden, um eine Baßlinie zu den Akkorden, die auf den Hauptsaiten gespielt werden, zu ermöglichen.

Für die Baßgitarre sind u. a. 1659 Kompositionen in Italien erschienen (vgl. Pinnell 1979). Es gibt einige wenige Baßgitarren aus dem 17. Jahrhundert, bei denen die Baßsaiten in einem hohen Wirbelkasten wie bei der →Theorbe aufgezogen sind. Bei späteren Baßgitarren laufen die Baßsaiten über einen zweiten (bundlosen) Hals, der vom Haupthals in einem kleinen Winkel wegführt und an der Spitze eine Stimm-Mechanik oder aber Wirbel hat. Der Resonanzkörper der Baßgitarre ist entsprechend breiter als bei der normalen Gitarre. Sie wird in Rußland und Mitteleuropa seit dem 19. Jahrhundert für populäre Musik verwendet und gehört zum Instrumentarium des Wiener »Schrammel-Quartetts« (→KLARINETTE, 4d). →auch HARFENGITARRE, 3.

Baßhorn (engl.: *bass horn*). Name für verschiedene aus dem →Serpent entwickelte und in der ersten Hälfte des 19. Jahrhunderts hauptsächlich in Militärkapellen eingesetzte Blasinstrumente mit Kesselmundstück. Im besonderen verstand man unter dem Baßhorn eine Weiterentwicklung des Russischen Fagotts (→SERPENT, Abb. 2). Vgl. auch CIMBASSO. Von etwa 1835 an wurde das Baßhorn von der →Ophikleïde und später von der →Tuba verdrängt. Unter anderen verlangen Mendelssohn Bartholdy (Ouvertüre für Harmoniemusik op. 24) und Wagner (*Rienzi*) das Instrument.

Baßklarinette (engl.: *bass clarinet* ital.: *clarone, clarinetto basso*). Klarinette, die eine Oktave tiefer steht (in B) und einen nach oben gebogenen, sich erweiternden metallenen Becher und einen zylindrischen metallenen S-Bogen zwischen Mundstück und (hölzernem) Korpus hat (→KLARINETTE, Abb. 1d). Die Baßklarinette wird senkrecht zwischen den Knien plaziert und ruht auf einem Stachel oder wird mit einem Riemen gehalten. Im Orchester wird ihr Part vom dritten Klarinettisten übernommen. Bezüglich ihrer Notierung herrscht Uneinheitlichkeit, es dominieren zwei Arten: a) die sogenannte französische Notation, bei der das Instrument eine None tiefer als notiert erklingt; b) die sogenannte deutsche Notation, bei der das Instrument einen Ton tiefer als notiert erklingt.

1. Konstruktion und Klappenmechanik

Das Rohrblatt ähnelt dem des Tenorsaxophons, doch ist es etwas schmaler. Die Bohrung ist etwas über zweimal so weit wie bei der Klarinette. Die Klappenmechanik entspricht der Klarinette, doch sind zwei Duodezklappen üblich, und bei vielen älteren Modellen sind dies zwei separate Klappen (d^2 und e^2) für den linken Daumen. Die meisten modernen Modelle haben nur eine Daumenklappe, bei der die zwei Öffnungen automatisch gewechselt werden, sobald der rechte Ringfinger abgehoben wird.

Wagner schreibt für die Baßklarinette in A und fordert von ihr häufig das tiefe E (klingendes Cis). Um 1900 wurde in Deutschland eine bis zum C hinabreichende Baßklarinette hergestellt, die das Standardmodell in russischen Orchestern wurde. Deshalb erfordern viele Orchesterwerke von Prokofieff und Schostakowitsch solche tiefen Instrumente, die inzwischen auch von französischen Herstellern gefertigt werden. Das Instrument der Abb. 1 unter KLARINETTE hat diesen erweiterten Umfang.

2. Einsatz im Orchester

Als zu Zeiten von Berlioz die Baßklarinette soweit entwickelt war, daß sie als vollgültiges Orchesterinstrument eingesetzt werden konnte, war die Holzbläser-Sektion mit dem Fagott als der einzigen tiefen Stimme bereits etabliert. Erst später wurde auch die Baßklarinette des öfteren eingesetzt. Bei Wagner (*Tristan und Isolde* sowie im *Ring des Nibelungen*) ist sie eines der wichtigsten Blasinstrumente und hat erstmals ausgiebige, feierliche Solopassagen. Außerhalb des Opernrepertoires zeigt Caesar Francks d-Moll-Sinfonie besonders eindrucksvoll die sonderbare Fähigkeit des Instruments, den gesamten Holzbläserklang mit seinem seltsam summenden Timbre zu färben, wenn es die Baßstimme des Holzbläsersatzes übernimmt. Wie bei der Klarinette kann sein Diminuendo in völliger Tonlosigkeit ausklingen.

3. Frühe Baßklarinetten

Verschiedene experimentelle Frühformen entstanden im späten 18. Jahrhundert, für die es keine Kompositionen gibt (obwohl ältere Stimmen für Baßchalumeau, dessen Aussehen noch immer unbekannt ist – →CHALUMEAU – vorliegen). Die meisten Frühformen waren mit einem Stiefel wie beim Fagott gebaut und reichten herunter bis zum C oder D. Catlin und andere amerikanische Instrumentenbauer stellten solche Instrumente um 1810/15 möglicherweise für Blasmusikkapellen unter dem Namen »Clarion« her (Eliason 1983). Die moderne Baßklarinette stammt von ca. 1830, als Sax, Brüssel, und Buffet, Paris, sie nahezu in der heutigen Form herstellten und Meyerbeer für sie ein virtuoses Obligato in *Les Huguenots* (1836) schrieb.

Baßlaute (engl.: *bass lute*). Eine große Laute des 16. Jahrhunderts mit einer Korpuslänge von ca. 69 cm (somit ein Drittel länger als die normale Laute) und einer Saitenlänge von ca. 90 cm. Die Baßlaute ist eine Quinte (oder eine Quarte) tiefer als die normale Laute gestimmt und wurde zur Begleitung der Singstimme oder anderer Lauten verwendet, bis sie vom →Chitarrone oder der →Theorbe abgelöst wurde. Es gibt nur ganz wenige Exemplare, weil die meisten Baßlauten zu Theorben u. a. umgebaut wurden. Ein schönes, undatiertes Exemplar von Magno Steger (Stegher), Venedig (1. Hälfte 17. Jahrhundert), befindet sich im Museo Civico, Bologna.

Baßoboe Das englische Äquivalent zum →Heckelphon. Instrumente, die eine Oktave tiefer als die normale Oboe stehen, wurden von etwa 1700 an gelegentlich gefertigt, so ist beispielsweise eine Baßoboe von Denner bekannt. Das spätere französische *hautbois baryton*, das Henri Brod um 1825 konstruiert hat, wird seither auf Wunsch hergestellt (z.B. von Marigaux). Der knollenformige Schallbecher war ursprünglich aufwärts gerichtet, später abwärts, und der tiefste Ton das klingende *H*, während das Heckelphon noch tiefer reicht. U.a. verlangt Gustav Holst das Instrument in seiner Suite *The Planets* op. 32.

Baßtrompete (engl.: *bass trumpet*). Die in B oder C und damit eine Oktave unter der normalen B-Trompete stehende, mit drei oder vier Ventilen ausgestattete Baßtrompete ist am besten aus Wagners *Ring des Nibelungen* bekannt. Daneben gibt es seit den Napoleonischen Kriegen eine lange Tradition militärischer Baßtrompeten, zuerst als ventillose Instrumente in B und Es (Tubastimmung) für Kavalleriekapellen, mit denen die wenigen Töne unterhalb des Umfanges der Naturtrompeten gespielt wurden, um die Akkorde auszufüllen. Die heute noch gebräuchliche tiefe Es-Baßkavallerietrompete hat drei Windungen und ähnelt einem großen Baßsignalhorn. Ventilbaßtrompeten aus der Zeit um 1820/30 sind seltener, doch kann man auch heute noch der *tromba bassa* in B in großen italienischen Militärkapellen begegnen. Wagner muß diese Instrumente gekannt haben, doch obwohl es keinen Zweifel über die klingende Tonhöhe seiner Baßtrompeten-Partien gibt (notiert »in Es«, »in D« usw., →TRANSPONIERENDE INSTRUMENTE: BASSTROMPETE), ist es ungeklärt, welche Grundstimmung er ursprünglich für diese Ventilinstrumente vorsah.

Bass viol (engl.). Die Baßgambe mit der tiefsten Saite auf *D*. →GAMBE.

Batteria Ital. für →Schlagzeug.

Bausätze (engl.: *kits*). Vorfabrizierte Bauteile für den Do-it-yourself-Eigenbau von historischen

oder volkstümlichen Instrumenten gibt es seit den 1960er Jahren. Besonders erfolgreich sind Bausätze von Cembali und Clavichorden, aber es werden auch solche für Streich- und Zupfinstrumente sowie elektronische Orgeln angeboten.
Lit.: Elste 1991 (Zu Cembalobausätzen).

Bebung Eine Verzierung, die nur auf dem →Clavichord ausgeführt werden kann und darin besteht, daß der Spieler einen fortgesetzten und wiederholten Druck auf eine Taste ausübt, nach welchem er jedesmal etwas nachläßt, ohne den Finger abzuheben. Dadurch verändert sich die Tonhöhe und das Clavichord »singt«.

Becher (Schallbecher)

1. (engl.: *bell*; ital.: *padiglione*; fr.: *pavillon*). Das äußerste, sich mehr oder weniger stark erweiternde Ende der Röhre von Holzblasinstrumenten wie der Klarinette und der Oboe.
2. Beim Orgelbau: der Aufsatz der Lingualpfeifen (→ORGEL).

Becken (engl.: *cymbal*; ital.: *cinelli*, *piatti*; fr.: *cymbale*). Eine runde, leicht konvexe, aus Bronze oder Messing geschmiedete Scheibe, die in ihrer Mitte mit einer Lederschlaufe mit der Hand gehalten wird oder an einer Metallstange angehängt ist, die durch ein Loch in der napfartigen Kuppe geführt wird (Zeichnung 1*a*). Paarweise zusammengeschlagene Becken gibt es seit den Assyrern, und sie gingen zusammen mit der Trommel eine der längsten Partnerschaften in der Geschichte der Musikinstrumente ein, wenn auch in der Orchesterliteratur sowie im Jazz und Rock das einfache Becken, das mit einem Schlegel geschlagen wird, inzwischen viel häufiger verwendet wird.

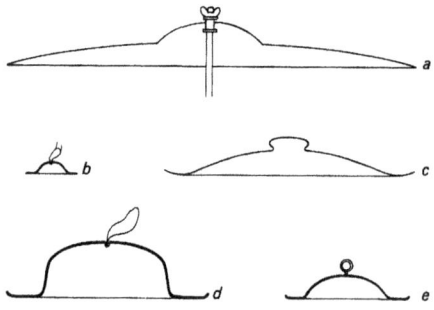

Zeichnung 1. *a* Angehängtes Becken
b Sagat
c Chinesisches Becken
d Tibetanisches Becken
e Antikes Bronzebecken

1. Konstruktion

Becken haben einen Durchmesser von 5–60 cm. Wie bei solchen Schlaginstrumenten, die ihrer eigenen Steifheit wegen vibrieren, ist der Grundton von der Materialdicke (je dicker, desto höher der Ton) und dem umgekehrten Quadrat des Radius abhängig. Fingercymbeln (→unten, 5*a*) haben einen Durchmesser von 5,6 cm, sind etwa 2 mm stark und haben einen Grundton auf ca. g^4. Ein normales Becken ist etwa halb so dick und hat einen Durchmesser von 45 cm. Theoretisch ist sein Grundton sieben Oktaven tiefer, und entspricht damit dem tiefsten G auf dem Klavier, doch ist er in der Praxis wahrscheinlich nicht ganz so tief. Bei einem normalen Schlag verstärken sich die höheren, unharmonischen Frequenzen (→TEILTÖNE, 7), je nachdem, wo und womit das Becken angeschlagen wird, und bilden ein Geräuschspektrum, dessen Spitzen vom Gehör nicht mehr unterschieden werden können (vgl. Campbell und Greated 1987). Normal gefertigte Becken (*Türkische Becken*) verstärken den brillanten Schimmereffekt durch konzentrische Rillen auf ihrer Oberfläche. Die besten Becken werden auch heute noch von der Firma Zildjian aus Istanbul (mit ihrem heutigen Hauptsitz nahe Boston, MA) hergestellt; auch Paiste, Schweiz, hat einen guten Ruf. Verwendet werden auch *Chinesische Becken* (Zeichnung 1*c*) aus dünnem Metall mit leicht aufgebogenem Rand und einer Kuppe in charakteristischer Form. Auf dem Ständer wird das chinesische Becken manchmal umgedreht gehängt.

2. Gegenschlagende Becken

Diese haben einen Durchmesser von 40 bis 55 cm und werden paarweise so zusammengestellt, daß eines etwas höher als das andere klingt, um den Eindruck einer definierbaren Tonhöhe zu verhindern. Eine Lederschlaufe führt durch das Mittenloch und ist auf der Innenseite in zwei Teile gespalten, die zu einem »Türkischen Knoten« geflochten sind. Oberhalb der Kuppe befindet sich ein Filz- oder Lederstück, um die Hand zu schützen. Die Becken werden vom Spieler kurz schräg aneinandergeschlagen, danach dämpft er entsprechend der Länge der Note den Klang mit seiner Kleidung oder er hebt die Becken, um sie ausklingen zu lassen (*laissez vibrer*). Für eine *pp*-Note läßt man die Ränder sich leicht berühren, für einen Wirbel sich zusammenschlagen, beispielsweise im *ff* am Ende von Wagners *Götterdämmerung*, wenn die Scheite angezündet werden. Sollte das Becken einen Riß bekommen, so kann man seine Haltbarkeit verlängern, wenn man etwas neben dem Riss ein kleines Loch bohrt.

In kleinen Orchestern und bei sitzenden Militärkapellen ist es alter Brauch, ein Becken oben an der Großen Trommel vertikal zu befestigen, so daß der Spieler mit seiner freien Hand das zweite Becken gegen das befestigte schlagen kann. Deshalb sind Große Trommel und Becken häufig in derselben Stimme notiert und tragen Instruktionen wie *cassa solo* oder *cym.*, die angeben, wenn die beiden Instrumente nicht zusammen erklingen sollen. Diese Spielweise eignet sich natürlich nicht für symphonische Beckenschläge. Deshalb ist in älteren russischen Ausgaben von Tschaikowskys Sechster Symphonie ausdrücklich vermerkt, daß das Becken *nicht* an der Großen Trommel befestigt sein darf.

Aus alter Theaterpraxis kommen an zwei horizontalen, mit einer Feder gespannten Brettern befestigte »Fußbecken«, die bei Fußtritt zusammenschlagen. Das Hi-Hat (→ DRUM-SET, Abb. 1, links) ist eine ähnliche Fußmaschine und wurde in den 1920er Jahren als Charleston-Maschine eingeführt; mit ihm markierte der Schlagzeuger mit dem Fuß die Offbeats: ein Becken-Paar mit etwa 35 cm Durchmesser ist auf einen Ständer übereinander aufgesetzt, der am unteren Ende ein Pedal hat, mit dem ein Hebel das obere, etwas höher klingende Becken (»High-hat top«) auf das untere schlagen läßt.

3. Angeschlagene Becken

Diese gibt es in Größen von 20 bis 60 cm Durchmesser. Die ältere Spielweise, die im Symphonieorchester auf Berlioz zurückgeht, besteht darin, daß der Spieler ein Becken in einer Hand hält und es mit einem näher spezifizierten Schlegel anschlägt. In diesem Sinne ist im letzten Takt der *Symphonie phantastique* notiert: »uno Piatto battuto colla bacchetta di spugna« (ein mit einem Schwammschlegel anzuschlagenes Becken). Heutzutage liegt das Becken zwischen Gummischeiben auf einem Ständer auf (→ DRUM-SET, Abb. 1, wo zwei Becken zu sehen sind). Es kann dann mit den Fingern abgedämpft werden und es können mit zwei Schlegeln Wirbel gespielt werden.

Angeschlagene Becken haben an Bedeutung gewonnen, weil zwei oder mehr von ihnen mit kontrastierender Tonhöhe eingesetzt werden können. Zudem kann man ihre Timbres durch die verschiedensten Anschlagmittel differenzieren, beispielsweise die Klinge eines Taschenmessers (dem Triangel antwortend in Bartóks zweitem Violinkonzert), eine Nagelfeile und sogar durch Streichen mit einem Cellobogen (Schönberg, Fünf Orchesterstücke op. 16; allerdings in späteren Editionen geändert zu Schlegeln).

In einen → Drum-Set werden verschiedene unterschiedliche Typen von angeschlagenen Becken verwendet, die von dem → Drummer individuell zusammengestellt werden.

4. Cymbales antiques (»Crotales« nach dem griechischen Wort im Sinn von → Klapper)

Diese gehen auf Berlioz' Rekonstruktionen römischer Becken mit ca. 9 cm Durchmesser aus Pompeii zurück (Zeichnung 1e), die er als gegenschlagende Becken mit spezifizierter Tonhöhe in *Roméo et Juliette* eingesetzt hat. Nach Berlioz haben vornehmlich französische Komponisten diese Becken vorgesehen (z. B. Debussy zwei Becken auf e^2 und b^2 am Ende vom *Prélude à l'Après-midi d'un Faune*), doch seitdem es schwierig ist, hierfür die passenden Bekken zu erhalten, wird häufig das → Glockenspiel als Ersatzinstrument verwendet. In jüngerer Zeit sind allerdings kleine Becken mit 5 bis 13 cm Durchmesser in chromatisch gestimmten Sets hergestellt worden (u.a für Messiaens Partituren).

5. Orientalische Becken

Folgende Becken sind nur eine Auswahl:

(a) *Fingercymbeln*. U.a. aus Messing, mit Darmschlingen für Zeigefinger und Daumen; wie sie von ägyptischen Tänzern verwendet werden (*sagat*, wie in Zeichnung 1b), gibt es auch als Kinderinstrumentarium in Schulen. In Nordindien gibt es ähnliche Becken (*manjīrā*), die mit einer Schnur zusammengebunden sind. Ein an der Schnur gehaltenes Becken wird mit dem Rand des anderen angeschlagen (→ SÜDOSTASIEN, 1a).

(b) Indische »Schalenbecken«, *talam*, haben einen Durchmesser von ca. 5 cm oder weniger. Ein Becken wird in die flache Hand gelegt und mit dem Rand des anderen angeschlagen.

(c) »Zangencymbeln«. Aus der Türkei und Griechenland (*massá*). Becken sind an die Enden einer zangenähnlichen Eisenstange angenietet. Der Spieler hält die Eisenstange in einer Hand und schlägt die Becken durch leichten Druck mit der Hand zusammen. Solche Zangen-Cymbeln werden bei Volkstänzen verwendet und wurden bereits in der Antike hergestellt. Sie sind die ältesten Becken, die in der westlichen Kunst abgebildet sind.

Beganna Der größere Typ der äthiopischen Leier; → LEIER, 1.

Bendir (Bendair) Im Norden Afrikas, vor allem bei den Berbern verbreitete schellenlose → Rahmentrommel mit einem ca. 20 cm tiefen Trommelkessel und einer Darmschnarrsaite unter dem großen Ziegenfell, das mit den Fingern beider Hände nahe dem Rand gespielt wird. Der Name scheint vom spanischen *pandero* (»Tamburin«) abgeleitet zu sein.

Besen (engl.: *wire brushes*; ital.: *spazzola*; fr.: *brosses*). (20. Jahrhundert) Metallamellen oder Stahldrähte, die auf einem Griff montiert sind und mit denen →Becken und →Trommeln angeschlagen werden können.

Bezug.
1. (engl.: *course, set of strings*; ital.: *serie di corde*; fr.: *jeu de cordes*). Bei Saiteninstrumenten die Gesamtheit der Saiten bzw. der Saiten einer Ebene (z. B. 8'-Bezug). →auch CHOR.
2. Die Bespannung des Streichbogens. →BOGEN.

Bianzhong →PIEN-CHUNG.

Bibelregal Ein kleines, zusammenklappbares →Regal in Form eines Buches.

Biblische Musikinstrumente Beschreibungen der in der Bibel erwähnten Musikinstrumente sind meist vage. Es gibt so gut wie keine parallelen ikonographischen Quellen; Beschreibungen aus anderen Quellen sind selten und überdies viel später zu datieren sind als das Alte Testament, in dem die meisten biblischen Hinweise auf Musikinstrumente zu finden sind. Das gilt insbesondere für die im 150. Psalm erwähnten Instrumente.

1. 150. Psalm

In der folgenden Aufstellung sind die Instrumentenbezeichnungen angegeben, wie sie in folgenden Versionen erscheinen: in der modernen Zürcher Bibel, in der Vulgata (in runden Klammern) und im Hebräischen (kursiv).

(a) Posaune (Tuba), →*Schofar*. Das Widderhorn, aber auch *hatzotzerah*, die metallene Trompete (bzw. die silberne Trompete, wie sie im 4. Mose, 10 erwähnt wird), die zunächst dem kurzen ägyptischen Instrument (→TROMPETE, 7) geähnelt haben kann. Gelegentlich kommt im Hebräischen das Wort *Keren* (»Horn«) in einem allgemeineren Sinn vor; so z. B. in Josua 6 (Einnahme und Zerstörung Jerichos) zusammen mit den *schofar*.

(b) Psalter (Psalterium), *nebel* (*nevel*). Griechische Schriften lassen darunter eine Harfe vermuten (→HARFE, 10b; PSALTERIUM), doch ob *nebel* in früheren Zeiten diese Bedeutung hatte, kann nicht nachgewiesen werden. In drei Psalmen (z. B. Nr. 33) ist von *Asor* (»zehn«) die Rede, doch ist nicht klar, ob sich diese Angabe auf die zehn Saiten eines *nebel* oder auf ein anderes Instrument bezieht.

(c) Harfe (Cithara), *kinnor*. Eine Leier, die wohl jenem aus Ägypten überlieferten Typ mit eckigem Korpus und asymmetrischen Jocharmen entspricht, der horizontal vom Spieler gehalten wird.

(d) Handpauke (Tympanum), *tof*. Eine einem Tamburin ohne Schellen ähnliche Rahmentrommel (→TROMMEL, 4e), die in der Antike hauptsächlich von Frauen gespielt wurde (2. Mose 15, 20; Richter 11, 34) und im 150. Psalm zum Reigentanz erklingt.

(e) Saitenspiel (Cordae), *minnim*. Saiteninstrumente.

(f) Schalmei (Organum), '*ugab*. Bedeutung nicht bekannt. Im ersten Buch Mose und im Buch Hiob geht *kinnor* dem '*ugab* voraus und wird in der griechischen Septuaginta als »Psalterion« oder »Psalmos« (Gesang) übersetzt. In Psalm 150 wird daraus »Organa« im Sinn von »Instrumenten«. Es ist eine Vermutung der Neuzeit, daß sich das hebräische Wort auf Blasinstrumente bezieht.

(g) Zimbeln (Cymbala), *metziltajim*. Gebildet aus dem Verb zusammenstoßen. Bedeutende Tempelinstrumente neben *nebel* und *kinnor*. Im Psalm ist die Rede von »klingenden« (benesonantes, *shem'a*) und von »schallenden« (jubilationis, *teru'ah*) Zimbeln. Es stellt sich die Frage, ob der Psalm von verschiedenen Becken oder verschiedenen Spielweisen spricht. Becken aus Bronze mit ca. 10 cm Durchmesser sind in Israel ausgegraben worden; einige davon waren paarweise mit einer dünnen Kette verbunden.

2. Das Buch Daniel

Die in diesem Buch als Musikinstrumente am Hofe Nebukadnezars in aramäisch aufgeführten Instrumente haben die Übersetzer vor unlösbare Aufgaben gestellt. Die moderne Organologie hat verschiedene Erklärungsversuche geliefert (Sachs 1940).

Lit.: Sendrey 1969; Werner 1989.

Big Band (engl.). Eine orchestrale Jazz- oder Tanzmusikformation, wie sie sich in den 1930er Jahren während des Swing herausgebildet hat. Zur Big Band gehören eine *rhythm section* (Klavier, Gitarre, Kontrabaß, Schlagzeug), eine *reed section* (Saxophone, Klarinette) und eine *brass section* (Trompeten, Flügelhörner und Posaunen). Die bekanntesten Bandleader von Big Bands waren Duke Ellington, Count Basie, Benny Goodman, Woody Herman und Glenn Miller und in Deutschland Kurt Edelhagen.

Bīn Die nordindische →Vīnā.

Biniou Bretonische Sackpfeife. →SACKPFEIFE, 3b.

Bin-sasara Japanische Klapper, die von Carl Orff als Teil des westlichen Schlagzeugapparats eingeführt wurde und inzwischen als Teil des Orff-Instrumentariums gefertigt wird. Bis zu hundert dünne hölzerne Plättchen (ca. 7 cm lang und 2,5 cm breit) sind an ihren Enden an einer Kordel aufgezogen, die an jedem Ende eine Halterung für die Hand hat. Damit wird das Instrument hufeisenförmig gehalten, und eine flinke Handbewegung sorgt dafür, daß die Plättchen schnell nacheinander gegeneinander hin und her schlagen. Die Bin-sasara wird zusammen mit Querflöte und Faßtrommel bei dörflichen »Schneefesten« gespielt (sasara ist ein Oberbegriff für Rasseln; →JAPAN, 1a).

In Europa (Rußland, Portugal) gibt es ein ähnliches Volksmusikinstrument, das aus fünfzehn bis zwanzig hölzernen Plättchen besteht.

Biwa Die klassische japanische →Laute. Von ihrer Form her ähnelt sie der chinesischen →pipa, von der sie abstammt und die im 8. Jahrhundert nach Japan kam. Die *biwa* unterscheidet sich dennoch heutzutage insofern, als sie nur vier oder fünf hohe Bünde hat, während die *pipa* wesentlich mehr Bünde hat, die bis hin auf die Decke reichen. (Zu der ganz anders gebauten japanischen Langhalslaute →SHAMISEN.)

Das birnenförmige Korpus ist nicht sehr tief und hat normalerweise zwei kleine rund geschnittene Schallöcher. Das Korpus geht in einen kurzen Hals über, der aus demselben Holz geschnitzt ist. Daran schließt sich ein nach hinten geneigter Wirbelkasten für vier oder fünf tiefgestimmte Saiten (aus Seide, Darm oder Nylon) an, die mit einem großen dreieckigen →Plektron (*bachi*) aus Holz gezupft werden.

Es gibt verschiedene Ausführungen. Dem chinesischen Lautentyp am nächsten kommt die etwa ein Meter lange *gakubiwa* der Hofmusik (→JAPAN, Notenbeispiel 1). Die Stimmung richtet sich nach dem Tongeschlecht. Bei mehreren sind die ersten drei Saiten in Quarten gestimmt (während die vierte Saite unterschiedlich tiefer gestimmt ist). Die *heikebiwa* ist kleiner (ca. 70 cm lang) und stammt von der älteren *mosabiwa* ab, zu der blinde buddhistische Priester sangen. Sie wird für die Aufführung populärer epischer Gesänge verwendet; ihre Saiten können *g d B G* gestimmt sein. Der Biwaspieler erhöht die Saitenspannung, indem er die Saite mit dem Finger zwischen den Bünden heruntredrückt, so daß die Tonhöhe im Sinne einer modulierten Verzierung schwankt. Die ca. 90 cm lange *satsuma biwa* (genannt nach der Landschaft) stammt aus dem 19. Jahrhundert, hat fünf Bünde und wird mit dem größten Plektron für die Biwa gespielt, das häufig auch gegen die hölzerne Decke geschlagen wird.

Blasharmonika Blasinstrument mit →durchschlagenden Zungen, schnabelförmigem Mundstück und Tastatur. Im Handel unter den Warenzeichen →*Melodica* und *Pianica* erhältlich.

Blasinstrumente (engl.: *wind instruments, winds*; ital.: *strumenti a fiato*; fr.: *instruments à vent*). Im folgenden werden einige allgemeine Charakteristika der Blasinstrumente aufgeführt, die jene Instrumente betreffen, die mit dem Mund angeblasen werden. Die Artikulation des Tons erfolgt allgemein durch →Zungenstoß.

1. Die wichtigsten Familien

Alle Blasinstrumente haben gemeinsam, daß der Luftstrom des Atems periodisch unterbrochen wird und dadurch in der Röhre des Instruments längs verlaufende Luftschwingungen aufgebaut und erhalten werden. Dieser Vorgang entsteht auf drei unterschiedliche Arten. (Genauere Darstellungen des akustischen Verlaufs geben die unter AKUSTIK DER MUSIKINSTRUMENTE genannten Schriften.)

(a) *Flöten* (Typologische Übersicht →unter FLÖTE, 1). Wenn ein aus einem Spalt ausströmender Luftstrom auf eine scharfe Kante (das Mundloch der Querflöte, die Öffnung der →Panflöte) oder eine Schneide (das Labium der Blockflöte) trifft, spaltet er sich, wenn Richtung, Entfernung und Geschwindigkeit entsprechend aufeinander abgestimmt sind, in Wirbeln auf, die abwechselnd in der Flöte und außerhalb des Instruments spiralförmig verlaufen. Diese Wirbel regen die Eigenschwingungen der in der Röhre befindlichen Luftsäule an, die wiederum den durch die Kante oder Schneide erzeugten Ton stabilisiert. Zu den Flöten mit einem →Hohlkörperresonator zählen die →Okarina und das →Gemshorn. →auch PFEIFEN.

(b) *Rohrblattinstrumente.* Das elastische →Rohrblatt wird mit dem Mund des Spielers umschlossen und vibriert wie eine Art Ventil, wenn der Spieler seinen Atem durch das Rohrblatt preßt. Dadurch entsteht ein steter Wechsel des Luftdrucks, dessen Häufigkeit von der Rückwirkung der Schallröhre mit geöffneten oder geschlossenen Grifflöchern bestimmt wird. Das Rohrblatt kann ein einzelnes, »einfaches«, sein, das auf einen Rahmen aufschlägt (Klarinette, Saxophon) oder ein doppeltes, dessen Zungen gegeneinanderschlagen (z.B. Oboe, Krummhorn). Ebenso wichtig für das Spielverhalten ist, ob die Bohrung bzw. die Röhre konisch oder zylindrisch verläuft:

Bohrung	Doppelrohrblatt	einfaches Rohrblatt
konisch	1. Oboe	4. Saxophon
zylindrisch	2. Krummhorn	3. Klarinette

Zur 1. Gruppe (Doppelrohrblatt, konische Bohrung) gehören: BOMBARDE, DULZIAN, ENGLISCH HORN, FAGOTT, OBOE, POMMER, SARRUSOPHON, SHANAI.

Zur 2. Gruppe (Doppelrohrblatt, zylindrische Bohrung) gehören: AULOS, BALABAN, CORNAMUSA, HICHIRIKI, KRUMMHORN, KORTHOLT, RACKETT.

Zur 3. Gruppe (einfaches Rohrblatt, zylindrische Bohrung) gehören: CHALUMEAU, HORNPIPE, KLARINETTE, LAUNEDDAS.

Zur 4. Gruppe (einfaches Rohrblatt, konische Bohrung) gehören: SAXOPHON, TÁROGATÓ.

Bei →Sackpfeifen sind häufig zwei der vier Gruppen in einem Instrument vertreten. →auch DURCHSCHLAGENDE ZUNGE für die sich hiervon unterscheidende Gruppe der Instrumente mit durchschlagenden Zungen (z. B. →Mundharmonika, →*sheng*).

(c) *Blechblasinstrumente (Polsterzungeninstrumente)*. Bei dieser Familie, zu der auch nicht-metallene Blasinstrumente wie das →Alphorn und der →Zink gehören, vibrieren die gegen ein kessel- oder trichterförmiges Mundstück gepreßten Lippen des Spielers ähnlich wie ein Doppelrohrblatt, doch lassen sie sich mit den Muskeln steuern. Eine Übersicht über die Einträge zu Blechblasinstrumenten findet man unter BLECHBLASINSTRUMENTE, 5. Die folgenden Ausführungen betreffen vorwiegend ausschließlich Holzblasinstrumente.

2. *Grifflöcher*

Bei der Beschreibung von Instrumenten und ihrer Griffweise werden die Grifflöcher numeriert, wobei das der Anblasvorrichtung nächstliegende Loch mit »1« bezeichnet wird. Bei den Grifftabellen ist es üblich, mit einem schwarzen Kreis jedes mit einem Finger geschlossene Griffloch und mit einem weißen Kreis jedes offene Griffloch zu bezeichnen. Daumenloch und Klappen, soweit vorhanden, werden auf unterschiedliche Weise angezeigt. Häufig gibt es jenseits des letzten Grifflochs (oder der letzten Klappe) ein oder mehrere ständig offene Resonanzlöcher.

Instrumente mit Grifflöchern zeichnet aus, daß die Geschwindigkeit der Schallwellen derart ist, daß Röhren mit praktikabler Länge Grundtöne erzeugen, die eine musikalisch akzeptable Tonhöhe haben; und eine Folge von Löchern auf der Röhre in Abständen der Spannweite zwischen den Fingern erzeugt bei sukzessiver Öffnung der Löcher eine Art Tonleiter. Eine klingende Länge bei der Flöte von ca. 40 cm entspricht einer Grundschwingung von 0,8 m Länge und einen Ton von etwa 425 →Hz, d. h. etwas unterhalb von a^1. Eine Flöte klingt jedoch etwa einen Halbton oder sogar noch tiefer wegen der kleinen Größe der Öffnungen (Mundloch, Labium, Grifflöcher) im Vergleich zu der Bohrung der Röhre, und bei vielen Flöten auch wegen des teilweisen Abdeckens des Mundlochs durch die Lippen des Bläsers – beide Faktoren sind wichtig, so zum Beispiel beim Blasen von Halbtonschritten (z. B. mittels →Gabelgriffen) und bei der Intonation (z. B. Tonhöhenvariation aus Gründen der musikalischen Expressivität). (→auch GEDACKTE PFEIFE).

Selten können mehr als neun Finger die Grifflöcher abdecken, da normalerweise ein Daumen die Röhre hält. Zu Zeiten vor der Einführung der Klappen bedeutete dies, daß die Grundskala theoretisch auf neun Töne und einen weiteren Ton (diesen bei allen offenen Grifflöchern) beschränkt war. In der Praxis hat der kleine Finger der oberen Hand bei klappenlosen Instrumenten keine Funktion. Die Griffweise nimmt eine skalare Symmetrie an, die der so häufigen melodischen Struktur entspricht: z. B. greift man mit den drei Fingern der oberen Hand den Grundton; die gleichen Finger der unteren Hand greifen dann die Dominante im Quartschritt nach unten – bewegungsmäßig so »natürlich« wie der Schritt Dominante – Tonika. Selbst für die kompliziertesten Klappenmechaniken gilt dies.

3. *Überblasen*

Auf so gut wie allen Flöten kann man die Grundskala nach oben mit dem Überblasen in die Oktave (2. Naturton) erweitern, häufig auch durch weiteres Überblasen in den 3., 4. oder noch höheren Naturton (→OBERTONREIHE). Rohrblattinstrumente verhalten sich hierin unterschiedlich. Solche mit zylindrischer Bohrung kann man theoretisch nur in die ungeraden Obertöne, beginnend mit dem 3. Naturton (der Duodezime) jedes Tons der Grundskala, überblasen (→GEDACKTE PFEIFE). Bei relativ einfach gebauten Instrumenten mit zylindrischer Bohrung und ausschließlich Grifflöchern, wie das →Krummhorn, kann man nicht oder nur bedingt überblasen. Es würde aber auch keinen musikalischen Sinn ergeben, da ein Zwischenraum in der Tonleiter zwischen den neun oder zehn normal geblasenen Tönen und den durch Überblasen erzeugten Tönen bestehen würde. Nur bei der mit Klappen ausgestatteten Klarinette ergänzen beim Überblasen die Duodezimen nicht nur den Umfang, sondern geben dem Instrument sein wichtigstes musikalisches Register. Vgl. auch MEHRKLÄNGE.

Konisch gebohrte Rohrblattinstrumente überblasen wie die Flöte in gerad- und ungeradzahlige Naturtöne. Dies geschieht unabhängig von der Art des Rohrblatts (ein Doppelrohrblatt kann gegen ein einfaches Rohrblatt ausgewechselt werden, wie es in England in →Brass bands gelegentlich gemacht wird, damit Klarinettisten auch Fagott spielen können). Auch muß das Rohr keineswegs durchgehend konisch sein; unter den mit der Oboe entfernt verwandten Doppelrohrblattinstrumenten gibt es solche, die zylindrisch gebohrt sind (→DOPPELROHRBLATTINSTRUMENT; SURNĀ).

4. Klappensysteme

Es gibt zwei unterschiedliche Arten von Klappen. Eine »offene Klappe« ist so gelagert, daß sie in Ruheposition das Tonloch offen läßt. Normalerweise wird sie nach der Note benannt, die erklingt, wenn man die Klappe schließt. Eine typische offene Klappe ist die Klappe für den kleinen Finger bei tiefen Blockflöten; sie ist obendrein der älteste Klappentyp. Eine »geschlossene Klappe« schließt normalerweise mittels ihrer Feder das Tonloch, solange der Spieler den Klappengriff nicht niederdrückt. (Da diese Feder den Fingerdruck ersetzten muß, um das Tonloch vollständig zu schließen, muß sie stärker sein als beim Typ der offenen Klappe.) Die geschlossene Klappe wird nach der Note benannt, die erklingt, wenn man sie öffnet. Die einzige Klappe der barocken Querflöte ist eine typische geschlossene Klappe.

Ein um ein Griffloch herumgelegter Ring, wie man ihn z.B. an Klarinetten und den meisten Oboen findet, ist mit einer Klappe verbunden, die an einer anderen Stelle des Instruments liegt; wenn der Finger das Griffloch abdeckt, betätigt er damit auch die zum Ring zugehörige Klappe. Bei modernen Querflöten und dem Saxophon, dessen Tonlöcher so groß sind, daß sie vom Finger nicht mehr abgedeckt werden können, sind die Grifflöcher mit Klappen versehen, die teilweise gleichzeitig auch die Funktion von Ringen haben. Klappensysteme verwenden vielfach trickreiche mechanische Verbindungen. So gibt es z.B. eine Klappenmechanik, bei der zwei unterschiedliche Finger dieselbe Klappe bedienen: der eine öffnet, der andere schließt sie.

5. Fertigungsweisen

Vor dem 18. Jahrhundert wurden für Holzblasinstrumente hauptsächlich Buchsbaum (europäisches oder aus den nahen Osten importiertes) und Ahorn als Material verwendet. Elfenbein und Ebenholz waren wertvolle Alternativmaterialien für kleinere Instrumente. Im Laufe des 18. Jahrhunderts kamen zu diesen Materialien tropische Hölzer der Familie *Leguminosae* hinzu, die dann im 19. Jahrhundert die ursprünglichen Holzarten ablösten. Zuerst wurde Rosenholz, dann Cocuswood (*Brya Ebenus*) und schließlich – als modernes Standardmaterial für Oboen und Klarinetten – afrikanisches Grenadill verwendet. Für billige Instrumente werden auch Hartgummi (Ebonit™) und andere synthetische Materialien mit zufriedenstellenden Ergebnissen verwendet. Die Herstellung der Instrumente ist hauptsächlich eine Arbeit an der Drehbank. Das Holz wird zunächst gedrechselt und dann mit Löffelbohrern oder anderen Bohrern gebohrt (→QUERFLÖTE, Abb. 2, unten links). Es schließen sich die äußere Feingestaltung und das Bohren der Grifflöcher an, die bei vielen Instrumenten mit kleinen Tonlöchern »unterschnitten« werden, d.h. sie sind weiter, wo sie auf die Bohrung treffen. Dies wird mit einer Art umgekehrten Versenkbohrer gemacht, der von der Innenseite eingeführt wird und von außen gedreht wird. Die Klappen werden häufig von Spezialisten gefertigt, die sie aus Gußstücken schmieden oder nachbearbeiten. Die Stahlfedern werden eingesetzt und die Polster in die Klappen eingesetzt. Dann wird das Instrument auf seine Intonation hin überprüft und gegebenenfalls kleine Korrekturen an der Bohrung und an den Tonlöchern ausgeführt.

Blasinstrumente sind in der Regel signiert. Das biographische Standardwerk, um weitere Informationen über den Hersteller und möglicherweise über eine genauere Datierung eines Instruments zu erhalten, ist Waterhouse 1993. Eine Bibliographie alter Lehrschriften und Instrumentalschulen für Bläser ist Warner 1967.

Blaskapelle Ein Ensemble aus Blasinstrumenten (Holzblas- und/oder Blechblasinstrumenten) und fallweise einschließlich Schlagzeug. Zu den Blaskapellen gehören die →Militärkapellen und die anglo-amerikanischen →Brass bands.

Blechblasinstrumente (engl.: *brass instruments*; ital.: *ottoni*; fr.: *cuivres*). Die Instrumente dieser großen Gattung werden durch die Vibration der Lippen des Spielers zum Erklingen gebracht, wobei die Lippen gegen den Rand eines metallenen Mundstücks in Kessel- oder Trichterform gepreßt werden und eine kleine Öffnung bilden, die von den Mundhälften gesteuert wird. Durch den Luftstrom vibriert die Oberfläche der Lippen, die Öffnung wird abwechselnd weiter oder enger. Die entstehende Schallwelle wird teilweise am Schallbecher reflektiert, teilweise in die Umgebung abgestrahlt. Reflektierte und immer wieder neu entstehende Schallwellen bilden zusammen eine stehende Welle. Wegen ihrer Klangerzeugung mittels der Lippen des Spielers werden die Blechblasinstrumente, die ja keineswegs immer aus Metall gefertigt sind, zutreffender auch als »Polsterzungeninstrumente« bezeichnet, obwohl sich dieser Ausdruck nicht durchgesetzt hat.

1. Mundstück

Normalerweise wird das Mundstück aus einem gegossenen Rohling gedreht. Zeichnung 1 zeigt die Längsschnitte verschiedener Mundstücke, die sich

Blechblasinstrumente

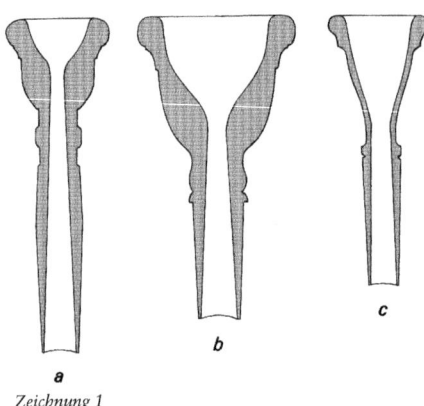

Zeichnung 1

schichte des Instruments so und nicht anders herausgebildet hat. Im Durchschnitt haben die Mundstücke für →Trompete, →Kornett, →Flügelhorn und →Waldhorn einen Durchmesser von 17 mm. Der (infolge der vielen →Obertöne) brillante, scharfe Klang der Trompete entsteht mit dem flachsten, durchschnittlich 10 mm tiefen Kessel (Zeichnung 1*a*); der dunklere Klang des Horns entsteht durch ein trichterförmiges Mundstück, dessen Trichter mehr als doppelt so tief wie beim Kesselmundstück ist (Zeichnung 1*c*). Für Tuben und Posaunen verwendet man größere Mundstücke (Zeichnung 1*b*), die weitere Lippenöffnungen ermöglichen, wodurch die tiefen Frequenzen unterstützt werden. Dagegen ist das Horn so gebaut, daß es mit einem Mundstück, das keinen größeren Durchmesser als das einer Trompete hat, kräftige tiefe Töne produziert. Allerdings ist die Akustik der Blasinstrumente so komplex, daß die Tonerzeugung nicht allein von der Größe des Mundstücks abhängt (→AKUSTIK).

im Innern normalerweise konisch erweitern, während sie von außen so gearbeitet sind, daß sie in das umgekehrt-konische Mundrohrende hineinpassen. Der entscheidende Faktor für die Klangfarbe, die bei den Blechblasinstrumenten so verblüffend unterschiedlich ausfällt, ist die Länge und das Profil des Mundstückrohrs. Für jeden Instrumententyp gibt es ein besonderes Mundstück, das sich in der Ge-

2. Rohr

Zeichnung 2 gibt eine vergleichende Übersicht über die Rohrlänge verschiedener Blechblasinstrumente,

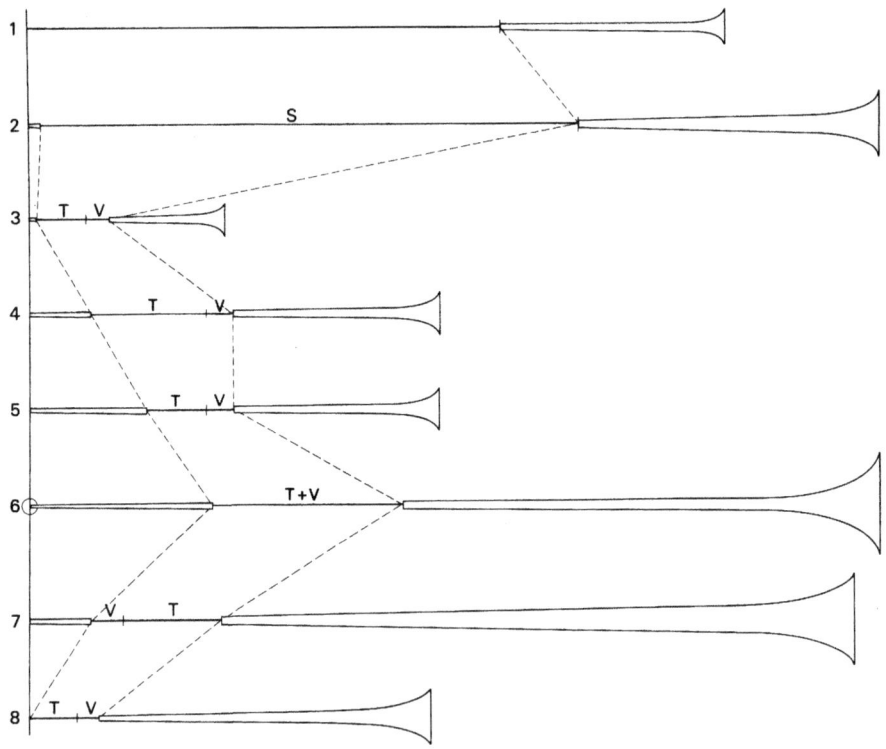

Zeichnung 2. Schematische Darstellung des Röhrenverlaufs bei Blechblasinstrumenten (T = Stimmzug, V = Ventile). Die zylindrischen Abschnitte sind mit einem Strich angedeutet. 1. Naturtrompete, 2. Posaune (S = Zug), 3. Pikkolotrompete, 4. Trompete in B, 5. Kornett, 6. Waldhorn in B, 7. Bariton, 8. Flügelhorn.

wobei zylindrische Rohrverläufe durch eine einzige Linie angedeutet sind.

(a) Nr. 1 ist das Beispiel einer »zylindrischen Röhre«, in diesem Fall einer barocken Trompete ohne Ventile, auch Naturtrompete genannt. Diesen Rohrverlauf mit einem kurzen Stürzenabschnitt finden wir bei Trompeten und Posaunen (Nr. 2), obwohl moderne Posaunen ein längeres Schallstück haben, das bei nicht ausgezogenem Zug mehr als 40% der gesamten Rohrlänge ausmacht. Bei den meisten modernen Trompeten (Nr. 3, 4) und beim Kornett (Nr. 5) beträgt die Schallstücklänge bis zur Hälfte der Gesamtlänge, und am Rohranfang gibt es einen konischen Abschnitt. Hinsichtlich der Weite der zylindrischen Röhre bei den verschiedenen Instrumententypen beträgt bei allen der annähernd identische Innendurchmesser 10 bis 12 mm zwischen den beiden gestrichelten Linien der Zeichnung 2 (mit Ausnahme der modernen tieferen Instrumente, die einen größeren Innendurchmesser haben). Das liegt möglicherweise daran, daß bis ins 18. Jahrhundert die meisten Blechblasinstrumentenhersteller in erster Linie Trompetenmacher waren, deren Routinearbeit darin bestand, meterweise Rohre aus Messing oder Silber hartzulöten, wie sie für die Herstellung von Trompeten zu zeremoniellen und militärischen Zwecken gebraucht wurden. Dieselben Röhren waren später dann die erste Wahl für die zylindrischen Teile anderer Instrumente, insbesondere des Waldhorns.

(b) Das Waldhorn, in Nr. 6 der Zeichnung schematisch in die Länge gestreckt, hat zunächst eine echte konische Bohrung, die sich langsam bis zur sich schnell erweiternden Stürze vergrößert (→ WALDHORN). Der wesentliche Unterschied zu allen anderen Blechblasinstrumenten ist jedoch der äußerst kleine Durchmesser am Mundrohr (in der Zeichnung umkreist), das zusammen mit dem engen Trichtermundstück für die Magie des Hornklangs verantwortlich ist. Seit Mitte des 18. Jahrhunderts hat das Waldhorn wegen der →Bögen (Aufsteck- und Inventionsbögen), wegen der Stimmzüge und der späteren Ventile auf einer beträchtlichen Länge ein zylindrisches Rohr mit dem Durchmesser einer Trompete, was sich jedoch kaum auf den Klangcharakter ausgewirkt hat. Das Waldhorn bleibt trotzdem ein »konisches« Instrument, während die moderne Trompete (Nr. 4 der Zeichnung) als »zylindrisches« Instrument gilt, obwohl beide sowohl zylindrische als auch konische Abschnitte haben.

(c) Nr. 7 und 8 illustrieren sehr unterschiedliche Typen konisch gebohrter Instrumente, die alle vom →Signalhorn abstammen und hauptsächlich Militärmusik-Instrumente des 19. Jahrhunderts sind: Flügelhorn (Nr. 8), →Tenorhorn und →Bariton (Nr. 7) und die →Tuba. Bei ihnen beginnt die Bohrung mit Trompetendurchmesser (oder mehr) und wird durchgängig weiter mit Ausnahme des Abschnitts, wo die Ventile zwischengesetzt sind. Daraus folgt, daß das Rohr sehr weit wird, besonders beim Bari-

Tabelle 1

Rohrlänge (ca.)	Stimmung (tiefster klingender Ton)	mit zylindrischem Rohr	mit konischem Rohr	mit ausgedehntem konischen Rohr
60 cm	b	Pikkolotrompete in B		
90 cm	f	Trompete in F		
	es	Soprankornett		
	d	Trompete in D		Sopranflügelhorn
120 cm	c	Trompete in C		
	B	Trompete in B		Flügelhorn, Signalhorn
180 cm	G			(amerikanisches) Flügelhorn
	F	Trompete in F	Althorn in F, Altcorno	
	Es	Trompete in Es		Althorn
	D	(barocke) Trompete (Naturtrompete)		
240 cm	C	Baßtrompete		Ophikleïde (auch in B)
	B^1	(militärische) Baßtrompete, Posaune	Waldhorn in B	Bariton, Wagnertuba
360 cm	G^1	Baßposaune in G		
	F^1	Baßposaune in F	Waldhorn in F	Tuba in F, Baß-Wagnertuba
	Es^1			Tuba in Es, Sousaphon
	D^1		Trompe de chasse	
480 cm	C^1			Tuba in C
	B^2	Kontrabaßposaune		Tuba in B, Sousaphon

ton und der Tuba, vor allem im Vergleich zur Länge – das Tierhorn, von dem das Flügelhorn abstammt, ist hier das Vorbild. Das Timbre dieser Instrumente ist rund und mild, und die Instrumente zeichnet eine große Tragfähigkeit des Klanges aus; bei einer herannahenden Militärkapelle ist das Bariton nach der Großen Trommel das zuerst zu vernehmende Instrument. Tabelle 1 gibt einen Übersicht über die Tonhöhen und ungefähren Rohrlängen der verschiedenen Blechblasinstrumente.

Bei den Blechblasinstrumenten spielt neben dem Rohr auch die Stürze eine große Rolle; mit seiner Lippenspannung und Anblasstärke wählt der Spieler Resonanzen aus den Eigenresonanzen des Rohrs, die sich aus der Obertonreihe bilden, aus – ein Vorgang, der für das Spiel auf Blechblasinstrumenten unumgänglich ist. Jeder Ton tritt durch die Stürze heraus, jene wenigen Instrumententypen ausgenommen, bei denen Klappen entlang des Rohrs Löcher öffnen (→KLAPPENHORN, →KLAPPENTROMPETE, →OPHIKLEÏDE) und deshalb bei diesen bei großer Lautstärke die Ausgewogenheit der Töne schwierig zu erzielen ist. Die Stürze ist im Profil hyperbolisch konstruiert. Auch ein weites konisches Rohr kann als Stürze fungieren, ohne daß es sich zwangsläufig schnell erweitern muß, wie man bei einigen alten Konstruktionen der Tuba und des Flügelhorns ersehen kann.

3. Herstellung und Wartung

Messingrohr stellte man früher aus Metallblech mit einer durchschnittlichen Dicke von 0,5 mm her. Es wurde um einen Dorn aus Eisen oder auch Holz gelegt und anschließend mit Zinn gelötet, gefeilt und poliert. Im 20. Jahrhundert wurden nahtlos gezogene Rohre möglich, so daß Stürzen nunmehr aus einer Messingscheibe auf einem massiven stählernen Formkonus getrieben werden können. Nach wie vor wird jedoch auch weiterhin die alte Methode für die Stürzenherstellung verwendet. Eine Seite des nach einer Schablone zugeschnittenen Metallblechs wird dabei regelmäßig eingeschnitten und zu Zähnen gebogen. Häufig ist es notwendig, ein keilförmiges Stück einzusetzen, um das Blech am weiten Ende auszufüllen, wo die Ecken nicht aufeinandertreffen.

Die Stürze wird um einen Draht herumgebördelt. Der »Französische Rand« wird mit einem dicken Draht verstärkt, der in ihn eingeschlagen wird, der »Englische Rand« und der »Mainzer Rand« sind dagegen aufgelötet. Der sogenannte Kranz besteht aus einem eingelegten Draht mit aufgelöteter Borte, auf der der Hersteller häufig seinen Namen und sein Meisterzeichen eingraviert hat.

Die konischen Abschnitte des Rohres (wie die auf der linken Seite von Zeichnung 2) werden auf einem konischen Dorn aus Stahl oder Holz hergestellt, indem das darübergestülpte Rohr durch eine abgestufte Folge von Löchern in Eisenplatten hindurchgedrückt wird; anschließend wird das Rohr geglättet. Die Bögen werden hergestellt, indem das erhitzte gerade Rohr mit geschmolzenem Blei gefüllt und nach dem Auskühlen entsprechend zurechtgebogen wird. Danach wird das Rohr erhitzt, so daß das Blei wieder ausfließen kann. Die Abschnitte werden dann zusammengesteckt und mit Weichlot verbunden, um bei Reparaturen das Auseinandernehmen zu erleichtern. Dellen, der häufigste Schaden, werden ausgebeult, indem im Innern des Rohres Stahlkugeln gegen die Delle geschüttelt werden. Feststeckende Mundstücke oder Züge können problematisch werden (wenn Öl nichts mehr hilft), doch gibt es in jeder größeren Stadt einen Blechblasinstrumentenbauer, der spezielle Mundstückzangen und ähnliche Hilfsmittel besitzt (vgl. Springer 1976).

4. Grundlagen der Spieltechnik

Hierzu betrachten wir die Verhältnisse bei einem bekannten »Naturinstrument«, dem Signalhorn. Bei einer Rohrlänge von ca. 130 cm besitzt es eine Obertonreihe, die sich auf dem Grundton B (vgl. Tabelle 1) aufbaut. Wie bei vielen anderen Blechblasinstrumenten wird der Grundton selbst nicht gespielt. Der Signalhornspieler bläst die Naturtöne 2 bis 6, wie sie in Notenbeispiel 1 in der üblichen Notation erscheinen, die die Obertonreihe auf C transponiert (→TRANSPONIERENDE INSTRUMENTE). Der gewünschte Ton erklingt, indem der Spieler die Lippen gemäß jahrelangen Trainings so formt, daß sie in der gewünschten Frequenz vibrieren. Ventile und Züge (wie bei der Posaune) sind eine Möglichkeit, den Tonumfang chromatisch auszufüllen, indem die Rohrlänge verändert wird, ohne daß sich der Luftaustritt aus dem Schallstück ändert. Zu den Griffweisen →VENTILE, 1.

Notenbeispiel 1

5. Weitere Blechblasinstrumente

Siehe unter folgenden Einträgen:

Europäische Blechblasinstrumente: ALTHORN, BARITON, BASSTROMPETE, BOMBARDON, BÜGELHORN, CIMBASSO, CLARINO, CLAVICOR, COACH-HORN, COR ALTO, CORNO DA CACCIA, CORNO DA TIRARSI, DUPLEXINSTRUMENT, EUPHONIUM, FLÜGELHORN, HELIKON, JAGDHORN, KLAPPENHORN, KLAPPENTROMPETE, KORNETT, MELLOPHONE, OPHIKLEÏDE, POSAUNE, POSTHORN, RUSSISCHES HORN, SAXHORN, SIGNALHORN, SOUSAPHON,

TENORTUBA, TROMBA CONTRALTA, TROMPETE, TUBA, VENTILPOSAUNE, WAGNERTUBA, WALDHORN, ZUGTROMPETE;

Außereuropäische und antike Blechblasinstrumente: BUCINA UND CORNU, BUISINE, KARNĀ, LITUUS (und CARNYX), LURE, NAFIR, OLIFANT, SRINGA, (zu der römischen *Tuba*:) TROMPETE, 7b;

Polsterzungeninstrumente, die nicht aus Metall gefertigt sind: ALPHORN, BASSHORN, CLARÍN, DIDJERIDU, ERKE, MUSCHELTROMPETE, ROSCHOK, SERPENT, SCHOFAR, TRUTRUCA, VACCINE, ZINK.

Lit.: Bahnert u. a. 1958; Baines 1976; Barclay 1992; Cambridge 1997; Dullat 1989; Fasman 1990 (Bibliographie); Nödl 1970 (zur Herstellung).

Blockflöte (engl.: *recorder*; ital.: *flauto dolce*; fr.: *flûte à bec*). Die klassische →Kernspaltflöte der europäischen Musik. Die verschiedenen Namen für das Instrument beziehen sich darauf, daß ein hölzerner Block in das Anblas-Ende eingesetzt ist, um einen Windkanal zum Labiumfenster, wo der Ton entsteht, zu führen; daß dieses Anblasende wie ein Schnabel (»bec«) gearbeitet ist, um bequem zwischen den Lippen zu liegen, daß ihr Klang sanft (»dolce«) gegenüber dem anderer Flöten aus der Renaissance-Zeit ist und schließlich, daß es kein geeigneteres Instrument gegeben hat, um den Vogelgesang nachzuahmen (»recorder« von *to record*: zwitschern, wie ein Vogel singen). Deshalb heißt es bei Fairfax' *Tasso* »to hear the lark record her hymns and chant her carols blest«. Es wird häufig übersehen, daß 1919, als sich Arnold Dolmetsch der Blockflöte zuwandte, das Instrument seit etwa 160 Jahren fast vergessen war und die Engländer seinen Namen nur vom 3. Akt aus *Hamlet* her kannten, während die Blockflöten-Stimmen in den entsprechenden Kompositionen von Bach und Händel wie selbstverständlich von Querflöten gespielt wurden.

Die zwei gebräuchlichen Größen »Alt« und »Sopran« werden im Englischen mit »Treble« und »Descant« bezeichnet, im Amerikanischen dagegen analog zum Deutschen »Alto« und »Soprano«.

1. Konstruktion

Arnold Dolmetsch führte die Blockflöte in ihrer »barocken« Form wieder ein, indem er zunächst die Originale von Bressan (1663–1731; →Byrne 1983) kopierte. Bressan, dessen eigentlicher Name Pierre Jaillard lautete, kam 1688 aus Frankreich nach London, wo er Englands erster berühmter Blockflötenbauer wurde (Abb. 1). Sein wohlbekannter Blockflöten-Prototyp ist aus drei Stücken gefertigt, von denen das Kopfstück (mit dem viereckigen »Aufschnitt«) und das kurze Fußstück mit eleganten Profilen versehen sind, die in Einklang mit dem mehr

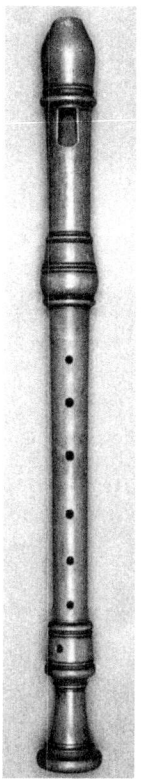

Abb. 1. Alt-Blockflöte von Peter Bressan, London, frühes 18. Jahrhundert. Bressan wurde 1663 in Bourg-en-Bresse in Frankreich geboren.

stromlinienförmigen Design des 20. Jahrhunderts heutzutage oft vereinfacht sind, während billige Ausführungen der kleineren Größen häufig nur aus zwei Stücken bestehen.

»Renaissance«-Modelle sind Originalen des 16. und 17. Jahrhunderts nachgebildet (von denen sich die bedeutendsten im Kunsthistorischen Museum, Wien, befinden); diese sind aus einem Stück ohne Profil gedrechselt (Abb. 2). Renaissance-Flöten sind weniger stark konisch gebohrt als die des Barock (bei denen die konische Bohrung im Mittelstück am ausgeprägtesten ist) und im allgemeinen ist ihr Fenster breiter ausgeschnitten; sie geben einen vollen Ton, der sich gut für das Ensemblespiel mit anderen Blockflöten aller Größen eignet. Der farbenreiche, expressive barocke Klang paßt hingegen besonders zu den Konzerten und obligaten Melodiestimmen in Sonaten jener Zeit, in der fast ausschließlich das Instrument in seiner Alt-Lage verwendet wurde. Im 20. Jahrhundert ist die Blockflöte wieder ein populäres Blasinstrument geworden. Es gibt nicht nur viele neue Kompositionen für das Instrument; die Block-

Blockflöte

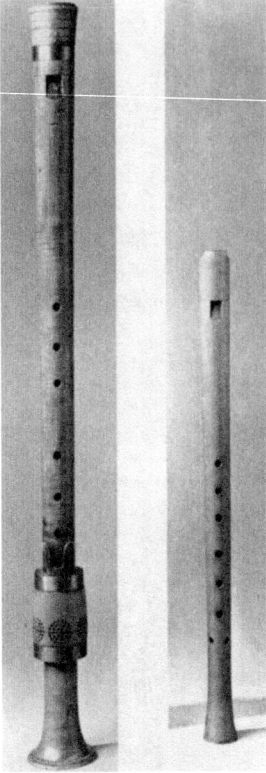

Abb. 2. Renaissance-Blockflöten: Bassett (links) und Tenor, beide aus dem späten 16. Jahrhundert.

flöte kommt auch im Film und in anderen Medien vor und wird in Arrangements aller Musikgenres verwendet. Dank der Bemühungen englischer (Dolmetsch) und deutscher Hersteller (Mollenhauer, Moeck u.a.) ist die Blockflöte ein Musikinstrument für viele Funktionen und Anforderungen geworden; mit der Konzession, daß es Instrumente gibt, deren Grifflöcher schief und unterschiedlich groß sind, um auch kleineren Fingern entgegenzukommen – was man früher nicht zugelassen hätte, als das Instrument vor allem wegen seiner klanglichen und visuellen Eleganz geschätzt wurde.

Obwohl die Blockflöte normalerweise aus Holz (verschiedener Arten) gefertigt ist, wurden die ersten Plastikblockflöten in London von Edgar Hunt konstruiert (Sopran in Bakelit), als infolge des Kriegsausbruchs 1939 die Lieferungen aus Deutschland mit billigen hölzernen Schulblockflöten ausblieben.

2. Block und Windkanal

Diese sind in einer Art gebaut, wie sie für europäische Kernspaltflöten üblich ist (→KERNSPALTFLÖTE, Zeichnung 1c). Der zwischen Block und Flötenwand liegende Windkanal dient dazu, den Luftstrom des Bläsers gegen die scharfe Kante des Labiums zu führen und dort zu brechen. Der Block ist aus Zedernholz (weil dieses Holz bei Feuchtigkeit nicht quillt); bei der Altblockflöte ist er etwa 5 cm lang. Es wird von Hand eingepaßt, um genau in die zylindrische oder geringfügig konische Bohrung des Kopfstücks zu passen. Klang und Ansprache sind von der Form des Windkanals abhängig.

3. Griffweise

Ein großer Vorzug der Blockflöte ist die Möglichkeit, klanglich befriedigende →Gabelgriffe zu verwenden. Nur für die untersten zwei Halbtöne sind heute bei den kleineren Blockflöten Doppellöcher die Regel (obwohl sie früher eher selten waren). Eines der beiden kleinen Grifflöcher wird für den Halbton geschlossen, während das andere offenbleibt. Neben der normalen Griffweise gibt es bei der Blockflöte für nahezu jede Note eine Anzahl alternativer Griffweisen, die etwas höhere oder tiefere Töne erzeugen, so daß ein Virtuose selbst bei Diminuendo oder Crescendo die Tonhöhe kontrollieren kann. Auch läßt sich der Ton färben, indem der Spieler die Grifflöcher mehr oder weniger stark mit seinen Fingern abdeckt. Auf diese Weise kann der Musiker das Spiel vielfältig differenzieren. Das obere Register erfordert, daß das Daumenloch etwas offensteht, indem der Daumen etwas flacher gebogen wird, um eine kleine Öffnung freizugeben. Dadurch lassen sich vier Töne der Tonleiter überblasen (auf der Altblockflöte a^1 zu a^2 bis d^2 zu d^3). Für höhere Töne bringen weitere Griffe den Umfang zu mehr als zwei Oktaven (→ÜBERBLASEN), wobei der Halbton unter dem höchsten Ton (fis^3 bei der Altblockflöte) extrem schwierig zu blasen ist und normalerweise nicht gefordert wird. Um 1925 hatte Peter Harlan, einer der ersten modernen Blockflötenbauer, eine »deutsche Griffweise« eingeführt, die sich von der normalen »englischen« oder auch »barocken« Griffweise darin unterscheidet, daß das fünfte Tonloch kleiner als das vierte gebohrt ist. Auf diese Weise läßt sich das B auf der Altblockflöte (F auf der Sopranblockflöte) ohne Gabelgriff spielen, doch kompliziert sich der Griff für das H.

4. Größen

Notenbeispiel 1 gibt den tiefsten Ton jeder Größe an (die kleine Note gibt die Notation bei oktavierenden Größen an). Da nicht jeder Größe ein einziger Grundton zugeordnet werden kann, nennt man häufig zusätzlich zur Stimmlagenbezeichnung auch den Grundton, z.B. »Alt in F« (Nr. 3 des Notenbeispiels). Die Zahlen unterhalb der Noten geben die ungefähre Länge in cm an, die in etwa proportional

Blockflöte

1. Sopranino 2. Sopran 3. Alt 4. Tenor 5. Baß 6. Großbaß

23 cm. 30,5 cm. 46 cm. 61 cm. 92 cm. 122 cm. *Notenbeispiel 1*

zur Lage steht. So steht beispielsweise die Tenorblockflöte eine Oktave unter der Sopranblockflöte und ist auch etwa doppelt so lang. Die Baßblockflöten werden häufig im alten Stil geblasen, nämlich mit einem metallenen Anblasrohr. Die Sopraninoblockflöte wird hingegen nur selten gespielt, ihre Grifflöcher liegen für die meisten Hände unbequem eng beieinander. Sopraninoblockflöten wurden im Barock außer in C auch in anderen Tonlagen hergestellt: in D ist sie in England auch als »Sixth flute« bekannt, weil sie sechs Töne über der Altblockflöte steht. (Die Sixth Flute hat häufig eine »6« eingestempelt.) Die »Fourth Flute« (»4«) steht in B, also der Quarte über dem F. Die Altblockflöte, das bedeutende Barockinstrument, stand in der Renaissance normalerweise in G, also einen Ganzton höher. Eine kleine Terz unter der Altblockflöte, nämlich in D, steht die barocke *voice flute*, von der viele Exemplare noch heute existieren. Mit ihr konnte man besser als mit der normalen Altblockflöte Arien und Gesänge in der Originaltonart spielen, weil Gabelgriffe nicht nötig waren. (Eine Komposition von Loeillet verlangt zwei »flauti da voce«.)

Das vierstimmige Blockflöten-Consort der Renaissance setzt sich aus einer Alt-, zwei Tenor- und einer Baßblockflöte zusammen; beim fünfstimmigen Consort tritt eine zweite Altblockflöte hinzu. Die Baßblockflöte der Renaissance wird von einer Seitenöffnung in der Kappe am oberen Ende her angeblasen. Es gab auch Baßblockflöten in G, die man »Bassett« genannt hat (Abb. 2, links mit der →Fontanelle, die den Klappenmechanismus schützt). Barocke Tenorblockflöten sind selten, im Unterschied zu den Baßblockflöten, die häufig zusammen mit zwei Altblockflöten in Triosonaten verwendet wurden. (Eine Baßblockflöte spielt auch in Henry Purcells *Ode for Saint Cecilia's Day*.) Die Großbaßblockflöte ist ein Renaissance-Instrument, sie kommt als »Quintbaß« auch in B vor (weil sie eine Quinte unter dem F steht).

Sehr selten ist die in F stehende Großbaßblockflöte (»Subbaß«) der Renaissance, die mit einer Länge von 180 cm eine Oktave unter der Baßlage steht. Mit ihr kann ein Consort die Kompositionen wie notiert spielen, wobei Tenor oder Bassett die Oberstimme übernimmt. Kombiniert man beide Consorts in normaler und in 16-Fuß-Lage, klingen die Kompositionen wie auf einer kleinen Orgel gespielt. (Vgl. PRAETORIUS, Abb. 1 für eine Übersicht über die Stimmlagen.)

5. Herkunft und Entwicklung

Die früheste europäische Kernspaltflöte mit sieben Grifflöchern und einem Daumenloch wie bei der Blockflöte wurde in Holland gefunden und auf die 2. Hälfte des 14. Jahrhunderts datiert. Etwa gleichzeitig, 1388, erwähnt ein höfisches Dokument aus England eine *fistula in nomine ricordo*, was soviel bedeuten könnte wie »Flöte namens Recorder« und damit die erste schriftliche Quelle dieses Namens wäre (Trowell 1957, 84). Das holländische Instrument aus Dordrecht (erhalten im Gemeentemuseum, Den Haag) hat Sopran-Größe (Weber 1976) und ähnelt den volkstümlichen Flageoletts, insofern es keinen »Schnabel« hat. Es ist zyklindrisch gebohrt (11 mm Durchmesser) und hat ein schmales, fast rechteckiges Fenster. Ähnliche Instrumente kommen auf Gemälden bis ins 15. Jahrhundert hinein vor. Von ca. 1450 an zeigen italienische Gemälde im Consort gespielte Alt- und Tenorblockflöten in der uns geläufigen Renaissance-Bauart. Grifftabellen für die Blockflöte gibt es seit etwa 1530 (Agricola, Ganassi u.a.). Die früheste Abbildung und Beschreibung einer barocken Blockflöte stammt aus Italien von 1677 (Bismantova), gefolgt von John Hudgebuts *Vade mecum* für den »Rechorder« (1679), das besonders wegen seiner Angaben über Verzierungsweisen von Interesse ist. Es ist jedoch fast sicher, daß die barocke Bauart sich in Frankreich parallel mit der Oboe und der einklappigen Querflöte (→QUERFLÖTE, 4a) in den Werkstätten des königlichen Holzblasinstrumentenmachers Hotteterre (→OBOE, 4) entwickelte. Andere bedeutende barocke Blockflötenbauer sind neben den bereits erwähnten Hotteterre und Bressan Stanesby (London), Denner und Oberlender (beide Nürnberg).

6. Repertoire

Zu den Barock-Komponisten, die Solo- und Triosonaten für die Blockflöte geschrieben haben, zählen u.a. Alessandro Scarlatti, Bononcini, Daniel Purcell, Hotteterre le Romain, Pepusch, Loeillet, Vivaldi (sieben Konzerte), Woodcock (wenn die ihm zugeschriebenen Kompositionen wirklich von ihm stammen), Schickhardt, Telemann, Händel, Babell (Konzert für Sopranblockflöte), Marcello und Sammartini. Zu den modernen Kompositionen zählen Werke von Edmund Rubbra, Lennox Berkeley (Sonatina), Hovhaness (Sextett mit Streichern und Cembalo), Hans-Martin Linde und Luciano Berio (*Gesti*).

Lit.: Darmstädter 2006; Griscom/Lasocki 2003; Hunt 1962; Lerch 1996; Linde 1962 (zum Blockflötenspiel); Loretto 1973; Marvin 1972; Rowland-Jones 1959; Veilhan 1980 (zum Blockflötenspiel).

Bock →SACKPFEIFE, 5a.

Bodhrán (gälisch). Irische →Rahmentrommel, wie ein großes →Tamburin, jedoch ohne Schellen, die seit den 1950er Jahren in der Folklore populär ist.

Lit.: Such 1985.

Boehmsystem Klappensystem der modernen →Querflöte und →Klarinette, abgeleitet von Theobald Boehms (1794–1881) Erfindung eines Klappensystems 1832, bei der die Löcher akustisch so ideal auf die Röhre verteilt sind, daß eine möglichst reine Intonation erreicht wird (→QUERFLÖTE, 4c). Das Boehmsystem erkennt man u.a. an der Anordnung der Klappen, bei denen der rechte Zeigefinger das F greift und nicht Fis, wie bei älteren und »einfachen« Klappensystemen. Zu selteneren Anwendungen →OBOE, 3c.

Lit.: Schmid 1981.

Bogen

1. (Streichbogen) (engl.: *bow*; ital.: *arco*; fr.: *archet*; span.: *arco*)

Jene elastische Stange, mit der die Saiten eines →Streichinstruments in anhaltende Schwingungen versetzt werden. →auch MUSIKBOGEN.

(a) *Funktionsweise.* Ein Violinbogen hat bis zu 200 Roßhaare, die traditionell weiß sind. Die Haare haben eine natürliche Oberfläche von flachen Schuppen, die von der Wurzel her wegführen. Dank des auf die Haare aufgetragenen →Kolophoniums wirken die Schuppen in beide Bewegungsrichtungen wegen zahlloser Kolophonium-Stäubchen, die am Haar festkleben und unter dem Mikroskop als glitzernde, gelbe Partikel erscheinen.

Der akustische Vorgang bei der gestrichenen Saite ist sehr komplex und erst 1860 von Hermann von Helmholtz experimentell geklärt worden, ohne daß die Zusammenhänge völlig erforscht sind. Die Tonhöhe steht in keinem Zusammenhang mit der Geschwindigkeit des Bogens. Die gestrichene Saite gehorcht dem Grundsatz, daß die Gleitreibung kleiner ist als die Haftreibung. Die Saite haftet zunächst an einem Häkchen des Bogens und wird ausgelenkt, dann reißt sie sich los und springt zurück, um sogleich wieder von einem anderen Häkchen des Bogens erfaßt und mitgenommen zu werden. Dieser Vorgang wiederholt sich mit der Frequenz des gespielten Tons (der wiederum von der Länge der Saite, deren Spannung und anderen Faktoren abhängig ist; →SAITENINSTRUMENTE, 1). Der Bogen wird im rechten Winkel zur Saite geführt. Dadurch werden längs verlaufende (gegenüber quer verlaufenden) Saitenschwingungen vermieden, die Quietschen verursachen.

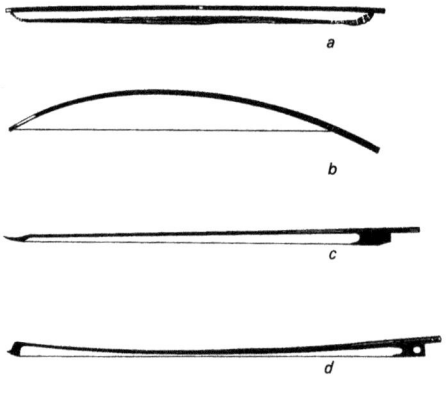

Abb. 1

(b) *Typen.* Abb. 1 zeigt vier der vielen verschiedenen Bogentypen. Typ (*a*) – in Asien und im europäischen Mittelalter und der Renaissance verbreitet – ist locker bespannt bei nahezu gerader Bogenstange. Der Spieler spannt die Bogenhaare mit den Fingern. Bei Typ (*b*) – in Asien und in frühen mittelalterlichen Darstellungen auftauchend – wird eine bogenförmig gewölbte Stange mit der Hand entweder im Ober- oder Untergriff gehalten. Typ (*c*) ist als Beispiel eines barocken Violinbogens (→VIOLINE, 6a) das Ergebnis sensibler Handwerkskunst: gefertigt aus Schlangenholz (*Piratinera guianensis aubleti*), mit fast gerader oder leicht nach oben gewölbter Stange und langgezogener Spitze (»Kopf«). Der »Frosch«, mit dem die Bogenhaare gespannt werden, wurde zunächst in eine Nut in der Bogenstange eingeklinkt (»Steckfrosch«); im 18. Jahrhundert entwickelte man die Froschführung mit Schraubengewinde. Je stärker das Bogenhaar gespannt wird, desto mehr rundet sich die Bogenstange. Der moderne Bogen (Abb. 1*d*) entwickelte sich langsam seit Mitte des 18. Jahrhunderts und wurde von François Tourte (1747–1835), Paris, seit 1775 vollendet. Deshalb nannt man ihn den Tourte-Bogen. Die Stange ist aus Fernambuk (*Caesalpina echinata*) und wird durch Hitzeeinwirkung nach innen gebogen. Der Frosch ist normalerweise aus Ebenholz, manchmal aus Elfenbein.

Ein wichtiger spieltechnischer Unterschied zwischen dem älteren nach außen gewölbten (konvexen) oder geraden Bogen und dem neueren konkaven liegt darin, wie sich der Bogen mit seinem oberen Ende auf der Saite verhält. Beim älteren Bogen wird durch die Krümmung der Haare auf den Saiten der Abstand zwischen Frosch und Kopf verringert. Beim neueren Bogen hingegen wird durch die Krümmung der Bogenhaare zunächst die Bogenstange aus ihrer konkaven Position heraus begradigt, wobei sich der Abstand zwischen Frosch und Kopf kaum ändert. Deshalb wird bei größerem Bogendruck auf die Saite die Wirkung durch die Krümmung der Stange weit weniger zerstreut als beim älteren Bogen. Viele Differenzierungen der Akzentuierung, des Ansatzes sowie der Dynamik sind mit dem älteren Bogen nur schwierig auszuführen. Andererseits können die spieltechnischen Eigenarten des alten Bogens einen feinfühligen Bogenstrich erzeugen, der ein wesentlicher Bestandteil des barocken Geigenspiels ist, so wie er heute von Vertretern der historisierenden →Aufführungspraxis gepflegt wird. Vgl. die Übersicht über verschiedene Stricharten unter VIOLINE, 5c. Ein guter Bogen kann so viel wie ein gutes Instrument kosten. Bogen werden meist von speziellen Bogenmachern gefertigt, und die Namen guter Bogenmacher genießen ähnliches Ansehen wie die der Geigenbauer. Jeder Instrumententyp hat seinen eigenen Bogen. Der Bogen für die Gambe ist anders gearbeitet als der für die Violine und der für das Violoncello. Gelegentlich wird der Streichbogen auch für andere Instrumente verwendet, z. B. für Becken oder Vibraphon. →auch NAGELGEIGE und MUSIKALISCHE SÄGE.

(c) *Erstes Auftreten des Streichbogens.* Aus der Antike sind keine Quellen bekannt, die auf gestrichene Saiteninstrumente deuten. Die frühesten Quellen sind byzantinische und spanische Darstellungen aus dem 10. Jahrhundert n. Chr. Aus derselben Zeit stammt ein arabischer Traktat von Al Farabi aus Bagdad (Erlanger 1930) mit einer Andeutung des Bogenspiels, wenn davon die Rede ist, daß auf dem Rabāb »Saiten über Saiten gezogen werden«. Eine Theorie besagt (Bachmann 1964, vgl. FIDEL), daß das Bogenspiel bei Pferde züchtenden Völkern Zentralasiens aufkam, die heute noch Legenden von der magischen Herkunft der Fidel, dem Roß der Schamanen, des Beherrschers der Geister, kennen, der von unserer Welt in die der höheren und tieferen Sphären wandert.

2. (engl.: *crook*)
Bei einigen Holzblasinstrumenten wie dem Fagott wird das (meist S-förmig) gebogene Metallrohr zwischen Mundstück bzw. Rohrblatt und Korpus als S-Bogen bezeichnet.

Bei Blechblasinstrumenten versteht man unter Bogen ein meist gewundenes Rohrstück, das zwischen Instrument und Mundstück oder manchmal in die Hauptröhre an einem weiter hinten liegenden Abschnitt eingeschoben wird, um den Stimmton zu vertiefen. Man unterscheidet: Aufsteckbogen (am Rohrbeginn aufgesteckter Bogen für die Umstimmung), Inventionsbogen (im Verlauf des Rohres eingesteckter Bogen für die Umstimmung) und Stimmbogen (im Verlauf des Rohres eingesteckter, zum Ausziehen aber nicht Auswechseln bestimmter Bogen). Aufsteck- und Inventionsbögen spielten bei den ventillosen »Naturtrompeten« und Waldhörnern eine große Rolle, bevor die Ventile im 19. Jahrhundert eingeführt wurden, obwohl selbst dann noch häufig Bögen mit den Instrumenten geliefert wurden. Ein Hornist konnte zehn Bögen mit seinem ventillosen Instrument griffbereit bei sich führen, von einer kleinen Windung bis zum Bogen mit drei Windungen und einer Rohrlänge von 244 cm. Wegen der verschiedenen Bögen ist die Notationsweise dieser Instrumente transponierend. Ausgehend vom notierten C als dem Grundton der Naturtonreihe, spielt der Bläser de facto den auf den Stimmton des entsprechenden Bogens bezogenen Oberton. So ist das notierte c^1 der vierte Ton der Naturtonreihe und seine tatsächliche Höhe hängt von dem aufgesteckten Bogen ab. Obwohl Ventile die Bögen nach und nach verdrängt haben, ist die transponierende Notation für Waldhorn und Trompete weitgehend erhalten geblieben; so beispielsweise bei Brahms und bei Wagner, dessen oftmals schnelle Wechsel zwischen den verschiedenen Bögen für den Spieler praktisch unausführbar sind, so daß er stattdessen wiederum transponiert.

Lit.: zu 1.: Bachmann 1964; Boyden 1965, 1980; Erlanger 1930; Retford 1964; Streichbogen 1998.

Bogengitarre →ARPEGGIONE.

Bogenharfe (engl.: *arched harp*). Oberbegriff für alle Harfentypen mit einem gebogenen hölzernen Hals, zwischen dem die Saiten gezogen sind. →HARFE, 10a und Abb. 5 (Afrika); SAŪNG, Abb. 1 (Burma).

Bogenklavier, Streichklavier (**Clavier-Gamba, Geigenwerk**) Unter den Instrumenten, bei denen die Saiten in einem typischen Klavierkorpus durch einen Bogen oder Bogenersatz angestrichen werden und die Auslösung über eine Klaviatur erfolgt, ist, abgesehen von der →Drehleier, das von dem Nürnberger Organisten Hans Haiden Ende des 16. Jahrhunderts gefertigte und bei →Praetorius 1619 beschriebene *Geigenwerk* das älteste bekannte Instrument: Fünf oder sechs Metallräder, deren Oberflächen mit Kolophonium eingerieben sind, werden mit einer Tretkurbel in Bewegung gesetzt, während die über die Räder laufenden Saiten (zunächst aus Darm, später aus Metall wegen der besseren Haltbarkeit) durch Tastendruck an das nächstgelegene Rad gepreßt werden. Haiden hat mindestens 31 Geigenwerke hergestellt, doch ist keines davon erhalten, wohl aber das 1625 datierte Geigenwerk des Spaniers Raymundo Truchado (Musée Instrumental, Brüssel), das aber nicht mehr im Originalzustand und möglicherweise eine Fälschung ist.

Im 18. und frühen 19. Jahrhundert wurde die Idee des kontinuierlichen Tons auf dem besaiteten Tasteninstrument mit verschiedenen experimentellen Neukonstruktionen aufgegriffen, wobei die Räder meist durch ein Endlosband aus Seide oder ähnlichem Material ersetzt wurden. Dazu zählen das Bogenklavier des Berliner Instrumentenbauers und »Mechanikus« Gottfried Hohlfeld (1710/11–1771), für das C. Ph. E. Bach eine *Sonata fürs Bogen-Clavier* H 280 (1783) komponiert hat; und die *Celestina* von Adams Walker, London 1772, die auch als Zusatzteil für das →Cembalo hergestellt wurde. In dieser Form bestellte sie Thomas Jefferson 1786 zusammen mit einem Kirckman-Cembalo.

Andere Konstruktionen drücken die Saiten an einen langen, mit Kolophonium bestrichenen Zylinder, der von einem Schwungradantrieb in Drehung versetzt wird, so beim *Harmonichord* von Kaufmann (Dresden 1809), einem Instrument in →Pianino-Form, für das Carl Maria von Weber ein Adagio und Rondo in F-Dur mit Orchesterbegleitung J 115 (1811) schrieb und worüber er äußerte, daß es »eine verdammte Arbeit [war], für ein Instrument zu schreiben, dessen Ton so eigen ist und so fremd, daß man die lebhafteste Phantasie zu Hilfe nehmen muß, um es gehörig wirkend mit den andern Instrumenten ins Licht zu setzen«.

Die →*Claviola* ist eine Art Streichzither mit Tastatur, bei der ein Geigenbogen die Saiten anstreicht.

Lit.: Marcuse 1975, S. 307–318 (mit einer chronologischen Aufstellung aller Bogenklaviere bis 1909); Meer 1989.

Bogenlaute (engl.: *pluriarc*; fr.: *pluriarc*). Bezeichnung für ein Saiteninstrument Zentral- und Westafrikas, das verschiedene regionale Namen hat; z.B. *lukombe* (Zentralafrika), *nsambi* (Gabon bis Angola). An den Resonanzkörper aus ausgehöhltem Holz ist ein flaches Griffbrett angenagelt oder angebunden. Bis zu acht dehnbare Stöcke (die »Bögen«) sind in einem Ausschnitt unterhalb des Korpus festgebunden. Jeder Bogen wird mit einer am anderen Ende des Korpus befestigten Faserschnur (oder heutzutage auch Draht) umgebogen und gespannt. Der Spieler legt das Instrument (Abb. 1) quer auf seine

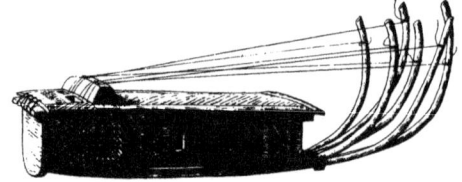

Abb. 1

Knie, so daß die Bögen nach links weisen. Daumen und Finger der rechten Hand (mit Fingerlingen) zupfen die Saiten nahe am Griffbrett; die linke Hand dämpft die Töne, damit die Melodie klar artikuliert werden kann. Der Spieler setzt unter Umständen auch das rechte Knie ein, um das Resonanzverhalten des Korpus durch Abdecken des Schallochs zu beeinflussen. In einigen Regionen wird das Instrument besonders bei Einbruch der Dunkelheit oder in der Nacht vor einer Jagd gespielt.

Den englischen bzw. französischen Namen (»viele Bögen«) hat der Schweizer Musikethnologe G. Montandon 1919 eingeführt.

Lit.: Wegner 1984.

Bombarde (14. und 15. Jahrhundert)
1. Engl. und fr. Bezeichnung für den Pommer in Altlage (→POMMER, 2).
2. Ein französisches Doppelrohrblattinstrument, im besonderen das kleine pommerähnliche Instrument, das heute noch die bretonische Sackpfeife (→SACKPFEIFE, 3) begleitet. Es ist ca. 33 cm lang und hat normalerweise einen kleinen, abnehmbaren Becher und häufig eine offene Klappe für den rechten kleinen Finger, der sie für den tiefsten Ton b^1 schließt. Heute wird das Instrument auch industriell gefertigt. In Ligurien und benachbarten Regionen Italiens begleitete bis ins frühe 20. Jahrhundert hinein eine ähnliche *bombarda* die Sackpfeife (*cornamusa*).

Bombardon Seit den 1820er Jahren gebräuchlicher Name für verschiedene →Polsterzungeninstrumente in Baßlage wie →Baßhorn oder →Ophikleïde, von ca. 1835 an verwendet für frühe Formen der →Tuba. Im Englischen früher gebräuchlich als Stimmenbezeichnung für die Tuba in der Militärmusik, in Italien ist das Diminutiv *bombardino* gleichbedeutend mit →Euphonium.

Bombart →POMMER.

Bombo (span., port. für Trommel). Gebräuchlicher Name für eine große Trommel; in der Volksmusik Südamerikas und Westindiens für eine Trommel, die größer als eine →*caja* ist und mit einem oder zwei Schlegeln geschlagen wird.

Abb. 1. Bonang.

Bomhart →POMMER.

Bonang Indonesisches →Gongspiel und ein wichtiges Instrument im →Gamelan. Die polierten, hohen Gongs (Abb. 1) liegen mit dem Buckel nach oben in zwei parallelen Reihen. Die fünf bis sieben Gongs einer Reihe ruhen auf zwei dicken Schnüren, die über das hölzerne Gestell gespannt sind. Die Gongs werden auf dem Buckel mit hölzernen, mit Fäden umwickelten Schlegeln angeschlagen. Die Gongs unterscheiden sich kaum hinsichtlich ihrer Größe, sondern hinsichtlich des Durchmessers der flachen ringförmigen Abschnitte um den Buckel herum. Dieser Teil schwingt hauptsächlich, und sein Durchmesser bestimmt die Tonhöhe. Die auf der vom Spieler entfernteren Reihe aufgestellten Gongs stehen eine Oktave über den Gongs der näheren Reihe. Um schnelle Oktavsprünge zu vereinfachen, stehen sich die Gongs im Oktavabstand allerdings meist nicht direkt gegenüber.

Im Gamelan bilden zwei im rechten Winkel angeordnete Bonangs mit zwei Spielern ein Paar. Der tiefste Ton des größeren Bonangs (*bonang barung*) steht eine Oktave unter dem des kleineren (*bonang panerus* oder *peking*), so daß ihre Umfänge sich um eine Oktave überlappen. Da ein Gamelan Kompositionen in zwei verschiedenen Tonsystemen aufführen kann (*slendro* und *pelog*), ist für jedes Tonsystem je ein *barung* und ein *peking* erforderlich, die jeweils L-förmig plaziert sind.

Bongos Zu den Schlaginstrumenten der lateinamerikanischen Tanzmusik – →Claves, →Guiro und →Maracas – gehören außerdem drei einfellige afrokubanische Trommeln: Bongos, →Conga und →Timbales, die inzwischen in modernisierten Modellen mit Spannschrauben usw. hergestellt werden. Besondere Bongos werden in der Rockmusik und in zeitgenössischer E-Musik eingesetzt. Die Bongos sind ein Paar kleiner, mit der Hand gespielter Trommeln (15–20 cm Durchmesser), die mit einem Ver-

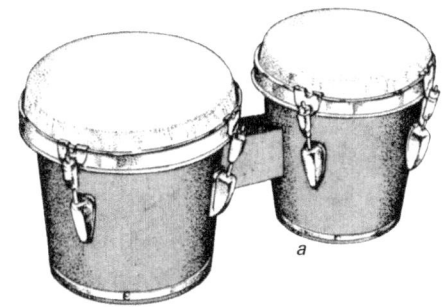

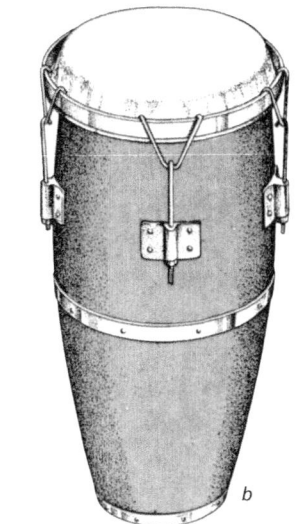

Zeichnung 1. (a) Bongos; (b) Conga.

bindungsstück fest zusammengehalten werden und zwischen die Knie genommen oder an einem Bongoständer befestigt werden (Zeichnung 1a). Ihre Zargen sind häufig aus zwei Hölzern kontrastierender Färbung (wie z.B. Ahorn und Ulme) gefertigt. Die (traditionellen) Ziegenfelle werden im Quartabstand (oder ähnlich) gestimmt. Schnelle improvisierte rhythmische Figuren werden am Rand oder in der Fellmitte mit den Fingern, den Daumen oder den Handballen gespielt (wie bei der →tablā und vielen anderen Handtrommeln).

Boobams (Verballhornung von »bamboo«). US-amerikanisches Schlaginstrument mit definierten Tonhöhen, das zuerst in den Aufnahmestudios gespielt wurde und inzwischen auch zum orchestralen Schlagzeuginstrumentarium zählt. Es besteht aus mehreren bis zu 10 cm starken Röhren aus Bambus (oder einem Kunststoff), von denen jede an ihrem oberen Ende mit einer Kunststoffmembran verschlossen ist, die mit den Fingern oder mit Filz-Schlegeln angeschlagen wird. Die Tonhöhe hängt von der Rohrlänge ab; insofern verhält sich das Instrument wie ein →Stampfrohr. Mehrere in diatonischer Folge gestimmte Röhren werden vertikal nebeneinander angeordnet, z.B. in zwei Oktaven ab *f* aufwärts, mit einer separaten Reihe für die Halbtöne.

Border pipe →SACKPFEIFE, 2c.

Bordun (engl.: *bourdun, drone*; ital.: *bordone*; fr.: *bourdon*) Generell die tiefe Lage bei einem Instrument oder der Stimme einer Komposition, oft in Zusammenhang mit der Spiel- bzw. Kompositionspraxis des Bordunierens. So kann Bordun eine tiefe Saite bei einem Streichinstrument, ein tiefes Orgelregister wie z.B. das Gedacktregister zum 16' und die tiefste →Glocke in einem Glockenturm bezeichnen. Auf der →Sackpfeife ist der Bordun ein Ton, der in gleichbleibender Tonhöhe unter (bei manchen Instrumenten auch über) der Melodie ständig mitklingt und mit der Bordunpfeife (»Stimmer«) erzeugt wird. Den Begriff gibt es seit dem Mittelalter und er wird u.a. auch bei der →Drehleier und generell für eine mehrstimmige Spielweise verwendet, bei der ein Ton oder ein Akkord weitgehend unabhängig von der Melodie unverändert ausgehalten wird.

Neben den erwähnten Instrumenten ist auch bei folgenden die Bordun-Spielweise üblich: APPALACHIAN DULCIMER; CHITARRA BATTENTE; FIDEL, 1c; LAUTE, 7; LANGELEIK; LYRA, 1; TAMBORITSA. Bordunklänge sind bei folkloristischer Musik besonders beliebt, weil sie einem primär monophonen Instrument eine zusätzliche raumfüllende Klangdimension geben. In Indien sind Instrumente weit verbreitet, auf denen lediglich Borduntöne gespielt werden, um z.B. Gesang zu begleiten (z.B. →gopi-yantra; →tambūrā für akkordischen Bordun).
Lit.: Matzner 1970.

Bouzouki (aus dem Türkischen: *bozuk*). Griechisches Saiteninstrument der Unterhaltungsmusik, seit Ende des 19. Jahrhunderts mit dem Aufkommen der *Rebetiko*-Musik in den ägäischen Häfen verbreitet. Inzwischen wird das Bouzouki auch außerhalb Griechenlands hergestellt. Es ist eine mit doppelsaitigen Metallsaiten besaitete und mit →Plektron gespielte, etwa 1 m lange →Langhalslaute (→LAUTE, 7) mit einer birnenförmigen Schale aus Spänen. Im Laufe des 20. Jahrhunderts hat das Bouzouki bautechnische Details der →Mandoline und der →Gitarre übernommen, so eine Spielplatte aus Kunststoff, Kunststoffornamente, ein bis auf die Decke reichendes Griffbrett, bis zu 26 eingelegte Metallbünde sowie eine Stimmechanik. Wie bei der Mandoline gibt es inzwischen auch Modelle mit flachem Boden, die in der unter westlichen Einflüssen stehenden griechischen volkstümlichen Unterhaltungsmusik bevorzugt werden. Statt des ursprünglich dreichörigen Bezugs (Stimmung: *d¹ a d*) hat das moderne Bouzouki üblicherweise vier Chöre, die wie die vier oberen Gitarrensaiten gestimmt werden (oder auch einen Ganzton tiefer) und auch deren Saitenlänge haben, damit Ersatzsaiten leichter verfügbar sind.

Die griechische Spielweise ist sehr behend, typisch sind den Gesang einleitende Vorspiele auf dem Instrument. Im frühen 20. Jahrhundert wurde das Bouzouki noch wie die türkische →*sāz* mit tiefer Schale und um den Hals geschnürten Metallbünden gebaut.
Lit.: Anoyanakis 1979.

Brass band (engl.). In Großbritannien und Nordamerika übliche Bezeichnung für eine hauptsächlich oder ausschließlich mit →Blechblasinstrumenten und →Schlagzeug ausgestattete Kapelle (Abb. 1, S. 39). Ein entsprechender Ausdruck fehlt im Deutschen, wo allenfalls von Blechbläserensemble gesprochen wird (→BLASKAPELLE). Die Brass bands haben eine lange, lebendige Tradition, die bis ins frühe 19. Jahrhundert zurückreicht. Allein die Heilsarmee unterhält in Großbritannien mehr als einhundert Brass bands.

Bratsche (Viola) (engl.: *viola*; ital.: *alto*; fr.: *alto*; span.: *alto*). Die wie die →Violine gehaltene, aber etwas größere Bratsche ist das unentbehrliche Instrument für die Mittelstimme innerhalb der Violinfamilie, im →Orchester wie in der Kammermusik, und in letzterer ganz besonders im Streichquartett.

Bratsche (Viola)

Abb. 1. Brass band: Die britische Stalybridge Band (um 1904). Zu den sichtbaren Instrumenten gehören (oben links:) Euphonium (Baryton), Althorn, Flügelhorn, (rechts hinten:) Tenorhorn. In der vordersten Reihe sind Baßtuben in Es und (die größeren) in B zu sehen.

Die Bratsche ist wie die Violine gebaut, nur sind alle Bauteile größer, entsprechend der eine Quinte tiefer stehenden Stimmung $a^1\ d^1\ g\ c$ (Notenbeispiel 1). Die Bratschenpartie wird hauptsächlich im Altschlüssel (»Bratschenschlüssel«) notiert, gelegentlich wird für die höheren Lagen der Violinschlüssel benutzt.

Notenbeispiel 1

1. Größe

Das Korpus ist etwa 6,5 cm ± 2,5 cm länger als das der Violine, d. h. zwischen 37,5 und 46 cm, wobei heute eine Korpuslänge von 40 bis 42 cm als Richtmaß angesetzt wird. Der Klang der Bratsche setzt sich trotz der gleichen Konstruktion sehr von dem der Violine ab, weil ihre Proportionen nicht genau denen von Violine und →Violoncello im Verhältnis zu ihren Lagen entsprechen. Dazu müßte die Viola größer gebaut sein, wie sie in der Tat im 17. Jahrhundert als Tenorbratsche auch existierte (siehe unten, 3), doch infolge veränderter Satztechniken der Komposition und avancierterer Spieltechnik in späteren Jahrhunderten aufgegeben wurde. Deshalb hat die Bratsche ihre eigene Klangfarbe, ein relativ eigenständiges Timbre auf der obersten Saite, ein warmes und ausgeprägtes Timbre auf den unteren, so daß der Klang der Streichergruppe niemals langweilt.

2. Saiten und Spieltechnik

Bratschensaiten sind gewöhnlich aus mit Silber- oder Aluminiumdraht umsponnenem Darm, häufig werden auch Stahlsaiten verwendet. (Die früher geschätzte umsponnene A-Darmsaite wird heute wieder gerne von Musikern verwendet.) Der →Bogen ist nur minimal kürzer und etwa 10% schwerer als der Violinbogen und mit einer breiteren Roßhaarbespannung versehen. Der Fingersatz entspricht im wesentlichen dem beim Violinspiel. Die ersten Bratschenschulwerke kamen erst in den Jahren 1805–1815 in Frankreich auf (von Bruni und Martinn).

3. Geschichtliches

(a) *Vor 1800*. Als die Violinfamilie in Norditalien um 1530 für vierstimmige Tanzmusik entstand (→ VIOLA DA BRACCIO, VIOLETTA), war die Bratsche für die beiden Mittelstimmen gedacht. Die älteste existierende Bratsche ist eine Tenorbratsche (Nr. 11, Hill Collection, Ashmolian Museum, Oxford; →Boyden 1969) und wurde – wenn ihr →Zettel echt ist – 1574 von Andrea Amati für die Hofkapelle von Karl IX. gebaut. Ihr Korpus ist 47 cm lang, wie auch bei einigen späteren Tenorbratschen bis ca. 1700, Instrumente von Antonio Stradivari eingeschlossen. Diese Tenorbratschen hatten einen relativ kurzen Hals – eine andere, etwa zwanzig Jahre später gefertigte Tenorbratsche derselben Sammlung hat noch den alten Hals, der eine kürzere Saitenlänge und für den Spieler keine übermäßige Armstreckung verlangt, um die damals wenig virtuos gearbeiteten Stimmen zu spielen.

Neben den Tenorbratschen gab es die Altbratschen, deren Korpuslänge mit ca. 40 bis 42 cm der heutigen Norm entspricht; wertvolle Instrumente dieser Bauart gibt es von den Amati-Brüdern, Gasparo und Maggini (zu den Lebensdaten dieser Geigenbauer →die Aufstellung unter VIOLINE, 4). Unter den in Cremona erhaltenen Formen und Zeichnungen von Stradivari sind einige von ihm mit »TV« (für tenore viola) und »CT« (für contralto viola) bezeichnet: diese Ausdrücke für Instrumente gleicher Bratschenstimmung, aber unterschiedlicher Größe, beziehen sich auf den fünfstimmigen Streichersatz, wie er im 17. Jahrhundert üblich war und für dessen Ausführung die C-Saite notwendig war. In den Kompositionen von Lully und seinen französischen Zeitgenossen für die *petite bande* gibt es sogar drei Mittelstimmen für Instrumente in Bratschenstimmung, die als »les parties« (»de remplissage«) vermutlich von den Schülern der Komponisten ausgefüllt wurden. Wenn es stimmt, was →Mersenne sagt, wurden diese Stimmen von Bratschen dreier Größen mit je vier Spielern pro Stimme gespielt.

Fast sämtliche Tenorbratschen mit ihrem großen, füligen Ton auf allen Saiten wurden im 18. Jahrhundert zu den Dimensionen der Altbratsche verkleinert (→VIOLONCELLO, 4a), weil im modernen vierstimmigen Streichersatz keine Notwendigkeit mehr für sie bestand, die ohnehin unhandlich zu spielen waren und kaum virtuose Spielpassagen zuließen. Angesichts der Tatsache, daß die frühen Meister des Geigenbaues von der Korpuslänge ausgehend jedem konstruktiven Detail der geometrischen Proportionen Aufmerksamkeit geschenkt haben, ist anzunehmen, daß ein bestimmtes Verhältnismaß auch diese Tenorviola-Mensur innerhalb der Violinfamilie definierte. Hinsichtlich der realen Maße sieht es so aus, als ob Amati das Verhältnis von 2:1 für die Oktave auf $1^{2}/_{3}:1$ (5:3) reduziert habe, und dementsprechend die reine Quinte von $1^{1}/_{2}$ zu $1^{1}/_{3}$ (4:3) als Maß für das Größenverhältnis zwischen Tenorbratsche und Violine angesetzt hat, um dann Saiten passender Stärke und Spannung aufzuziehen.

(b) *Seit 1800.* Als sich der vierstimmige Satz durchsetzte, griffen die Bratschisten auf die kleineren Bratschen zurück und kompensierten deren kleine Größe mit einer umsponnenen C-Saite. Mozarts Bratsche soll eine Korpuslänge von nur 40 cm gehabt haben, die für moderne Instrumente eher kurz wäre und dazu führt, daß der Ton auf den unteren Saiten nicht sehr gut trägt. Die durchschnittliche Korpuslänge betrug seit dem 19. Jahrhundert 42 cm, bis der britische Bratschensolist Lionel Tertis (1876–1975) seit 1937 Instrumente mit einer Länge von ca. 42,5 cm für solistisches und orchestrales Spiel empfahl. Einige bedeutende ältere Kompositionen des Solorepertoires verband man bereits früher mit großen Instrumenten. Für Paganinis gerade erworbene große Stradivari-Bratsche komponierte Berlioz *Harold en Italie* (1834). Doch das Stück mißfiel dem Virtuosen, weil die Solostimme zu viele Pausen hatte, und wurde dann von Crétien Urhan (→VIOLA D'AMORE) in Paris uraufgeführt.

4. Repertoire

Im 18. Jahrhundert entstanden die ersten Konzerte und Solosonaten für die Bratsche, darunter Werke von Telemann, J.G. Graun, Georg Benda, Dittersdorf (u.a. ein Konzert für Bratsche und Kontrabaß), Vaňhal, Carl Stamitz (mehrere Konzerte und vier *Sinfonie concertante*) und Anton Stamitz (vier Konzerte). Höhepunkt des Repertoires dieser Zeit ist Mozarts *Sinfonia concertante* Es-Dur KV 364 (in der die Bratsche einen Halbton höhergestimmt ist, um kräftiger und brillanter zu klingen). Daneben gibt es Kammermusik wie Mozarts Kegelstatt-Trio KV 498 und die Duette für Violine und Bratsche KV 423.

Zum Repertoire des 19. Jahrhunderts gehören Werke von Beethoven (Trio op. 8), Hummel (Sonate), Spohr (Duo für Violine und Bratsche), Weber, Berlioz (*Harold en Italie*), Mendelssohn Bartholdy (Sonate), Schumann (*Märchenbilder* op. 131), Anton Rubinstein (Sonate op. 49), Brahms (zwei Klarinettensonaten in der Fassung für Bratsche und Klavier) und Bruch (Romanze).

Zum Repertoire des 20. Jahrhunderts gehören Werke von Hindemith, der selbst konzertierender Bratschist war (Sonaten op. 11 und 25, *Trauermusik*, *Der Schwanendreher*), Ernest Bloch (Suite), Bernd Alois Zimmermann (*Antiphonen* für Bratsche und tiefe Streicher), Holliger (*Trema*), Walton (Konzert) und vieler britischer Komponisten, die auf Anregung von Lionel Tertis Solowerke für das Instrument geschrieben haben. Bartók komponierte als letztes, unvollendetes Werk sein Bratschenkonzert, das Tibór Sérly nach Bartóks Tod vollendete. Zu weiteren Werken zählen Brittens *Lachrymae* und Stockhausens *Kurzwellen* (1968), wo in einem Ensemble von sechs Instrumenten die Bratsche mit Kontaktmikrophon verstärkt wird. Berios *Sequenza VI* ist für Solobratsche geschrieben.

5. Streichinstrumente mit vier Saiten, die eine Quinte oder Quarte tiefer als die Bratsche gestimmt werden

Es gibt Hinweise in Kompositionen um 1600 für solche Instrumente: so z.B. bei Banchieri (1609), der eine Quinte unter der Bratsche gestimmte »violino per il basso« als das tiefste Instrument der Familie fordert. In dem Gesangstraktat von Hizler (1628) ist von einer ähnlich gestimmten *Tenorgeige* neben der *Altgeige* (in Bratschenstimmung) die Rede. 1613 erscheint in einem Kasseler Hofinventar eine große Tenorgeige mit vier Saiten, »aus dem G oder F unden gestimmt« (siehe Baines 1951). Diese Stimmungen scheinen für keine erhaltenen Instrumente dieser Zeit zuzutreffen, obwohl solche Instrumente in bildlichen Darstellungen vorkommen, vgl. z.B. das vom →Violone-Spieler halb verdeckte, wie eine Gitarre vor dem Oberschenkel gehaltene Instrument in RENAISSANCE-INSTRUMENTARIUM, Abb. 1.

Im 19. Jahrhundert gab es verschiedene Vorschläge, die Bratsche zu vergrößern, um ihren Klangcharakter dem der Violine anzugleichen (z.B. die »Contra-alto« von Jean Baptiste Vuillaume, 1851) mit stark vergrößerten Bügeln, um die Tonhöhe der Eigenresonanz herabzusetzen.

Verschiedene Geigenbauer und Musiker versuchten, die Lücke zwischen Violine und Violoncello mit einem Instrument zu schließen, das eine Oktave unter der Violine liegt und somit eine G-Saite als tiefste Saite hat, obwohl es für ein solches Instrument keine Literatur gibt. Am bekanntesten wurden die Experimente von Hermann Ritter (1849–1926). Zuerst konstruierte er 1870 eine »Viola alta« mit 48 cm-Korpuslänge, auf der er die Bratschen in der ersten Bayreuther Gesamtaufführung des *Ringes des Nibelungen* auf Wagners Wunsch hin aufführte. 1905 schuf er mit der »Viola tenore« ein eine Oktave unter der Violine liegendes Streichinstrument, das doppelt so groß war und zwischen den Knien gespielt wurde, sowie mit der »Viola bassa« in Violoncello-Stimmung ein Instrument doppelter Größe der »Viola alta«. Noch 1962 versuchte Carleen M. Hutchins die Violinfamilie durch neue Instrumente auf der Basis akustischer Messungen zu erweitern.

Lit.: Beaumont 1973 (Diskographie); Nelson 1972; Riley 1993; Ritter 1876; →auch unter VIOLINE.

Brettgeige →Violine mit normaler Decke, aber statt der Zargen und des Bodens mit einer kleinen, länglichen Resonanzschale, so daß sich das Instrument wegen der geringen Lautstärke zum Üben eignet. →auch STUMME VIOLINE.

Brummkreisel (engl.: *humming top*). Ein hauptsächlich in Deutschland gefertigtes Kinderspielzeug mit →durchschlagenden Zungen. Der dünnwandige Hohlkörper wird mit einem drillbohrerartigen Mechanismus zum Rotieren um seine vertikale Achse gebracht. Dabei dringt Luft durch jalousieartige Öffnungen ins Innere des Kreisels ein und streift über durchschlagende Zungen (heutzutage manchmal aus einer Kunststoffscheibe gefertigt). Die Zungen sind in drei Gruppen angeordnet und auf die Akkorde in der Tonika, Dominante und Subdominante gestimmt. Wenn man den Kreisel dreht, setzt man vor Allem eine Reihe von Zahnrädern in Bewegung, die eine gelochte Platte langsam in Umdrehung setzen, die oberhalb der Zungen eingepaßt ist und deren Gegenstück eine festsitzende Platte ist. Die gelochte Platte dreht sich mit einer Umdrehung pro etwa 100 Umdrehungen des Kreisels, und bei jeder Umdrehung lassen die Löcher die Luft nacheinander durch die drei Gruppen von Zungen dringen, so daß der erklingende Akkord langsam wechselt. Der Tonika-Akkord erklingt normalerweise in der Grundstellung, der Dominant-Akkord in der ersten Umkehrung und der Subdominant-Akkord in der zweiten Umkehrung.

Buccin Eine für die Militärmusik entwickelte →Posaune aus dem frühen 19. Jahrhundert, die bis ca. 1830 hergestellt wurde und deren weit gebogene Stürze als Besonderheit in einem Drachenkopf endete.

Buccina →BUCINA UND CORNU.

Bucina und Cornu Römische Blasinstrumente in der Art eines Horns.

1. Bucina

Jedes kleine Signalhorn, gleich, ob es aus einem Kuhhorn oder aus Bronze gefertigt ist, ob es von einem Schweinehirten oder in der Armee gespielt wurde. In letzterer Form wurde es von verschiedenen römischen Schriftstellern als »lituus« (nach dem Namen des älteren römischen nichtmilitärischen →*lituus*) bezeichnet. Zu *tuba*, der römischen Trompete, →TROMPETE, 7b.

2. Cornu

Speziell ein gewundenes Horn aus Bronze, mit hölzerner oder bronzener Querstange, das in zweifacher Ausführung existiert hat und etruskischer Herkunft war: das kleinere, militärisch genutzte Instrument war halbkreisförmig gewunden, das größere, jüngere (gut bekannt dank im Museum von Neapel erhaltener Exemplare aus Pompeii) mit einer etwa 3,3 m langen Röhre, deren Stürze über dem Kopf des Spielers die kreisförmige Windung beschloß. Dieser zweite Typ ist vor allem in Theaterszenen zusammen mit der →*hydraulis* (einer Orgel) dargestellt. Beide Cornu-Typen wurden mit einem gegossenen, flachen Kesselmundstück mit ca. 25 mm Durchmesser gespielt. Über den Klang der Instrumente ist nichts bekannt.

Bucium

3. Verwechslung hinsichtlich der Terminologie von Bucina und Cornu

Es hat lange Zeit eine Verwechslung der Instrumente gegeben, die, wie Meucci 1989 gezeigt hat, wohl darauf zurück geht, daß ein Kopist die Begriffe *bucina* und *cornu* in einer Passage in Vegetius, *Epitoma rei militaris* (4. Jahrhundert n. Chr.) in falscher Reihenfolge genannt hat. Das hat dazu geführt, daß man bis heute häufig das *cornu* als »Buccina« bezeichnet. Das *cornu* wurde unter dem Namen *tuba curva* im revolutionären Frankreich erneut gebaut und von Gossec und Cherubini eingesetzt. Sax konstruierte eine Ventilversion davon, die *Sax-Tuba*, die als Bühneninstrument in Halévys Oper *Le Juif errant* (1852) eingesetzt wurde.

Lit.: Fleischhauer 1960; Meucci 1989.

Bucium   Rumänisches →Alphorn.

Büchel   →ALPHORN.

Bügel   (engl.: *bout*; fr.: *echancrure*). Bei Streichinstrumenten die Umriß-Rundungen (Ober-, Mittel- und Unterbügel).

Bügelhorn   Ventilblasinstrument des 19. Jahrhunderts, das in den Stimmlagen vom Pikkolo bis zum Kontrabaß konstruiert wurde und eine weite Mensur und konische Bohrung hat. Das Bügelhorn wird mit Kesselmundstück gespielt und entspricht im wesentlichen dem →Flügelhorn.

Bünde   →BUND.

Bugariya   →TAMBURITSA.

Buisine   (altfr.). In altfr. Literatur häufig auftauchender Name für die mittelalterliche lange Trompete (→TROMPETE, 4d) oder ein langes, gewundenes metallenes Horn. Aus Buisine sind das mittelhochdeutsche Busine und Busun, später Posaune gebildet worden.

Lit.: Bowles 1961.

Bukai   →REIBTROMMEL, 2.

Bumbaß   (engl.: *bumbass*, *bladder-and-string*). Ein Instrument der Bettelmusikanten, bestehend aus einer langen Stange, die mit Schellen besetzt ist und an der eine aufgeblasene Rinder- oder Schweinsblase als Resonator angebracht ist. Darüber ist eine Darmsaite gespannt, die beim Anstreichen mit einer gezahnten Holzstange einen trommelwirbelartigen Ton erzeugt. Häufig befindet sich auch ein Beckenpaar an der Spitze, das, wie die Schellen, durch Aufstoßen des Instruments rhythmische Akzente setzt. Der Bumbaß wurde bis gegen 1900 gebaut.

Bund   (engl.: *fret*; ital.: *tasto*; fr.: *touche*, *frette*). Bünde sind auf dem Griffbrett zahlreicher Streich- und Zupfinstrumente angebrachte Erhöhungen, die zusammen mit dem unmittelbar hinter dem Bund aufgesetzten Finger wie ein →Sattel die schwingende Saitenlänge begrenzen.

1. Zweck und Konstruktion

Ein Bund erhöht die Saite über dem Griffbrett ebenso wie eine leere Saite vom Sattel erhöht wird. Dadurch wird die Reibungsdämpfung verringert und der Ton kann frei ausklingen, nachdem die Saite angestrichen oder angezupft worden ist. Die Anzahl der Bünde variiert bei europäischen Instrumenten von sieben bis etwa 26. Normalerweise sind die Bünde im Halbtonabstand angebracht, einige Volksmusikinstrumente haben allerdings eine diatonische Bundanordnung (z. B. das →*Appalachian dulcimer*). Es gibt auf das Griffbrett aufgeleimte bzw. in das Griffbrett eingesetzte Bünde aus Holz, Metall oder Elfenbein und um Hals und Griffbrett gebundene Bünde aus Darmsaitenresten (heute vielfach auch Nylon).

Im 16. Jahrhundert hatte die →Cister bereits in das Griffbrett eingelassene Bünde. Im späten 17. Jahrhundert wurde diese Praxis für die →Gitarre und die →Mandoline übernommen, während die →Laute und die →Gambe als besonders elitäre Instrumente die Darmbünde beibehielten.

Darmbünde bestehen normalerweise aus zwei Wicklungen mit einem besonderen Knoten, so daß sie jederzeit justiert werden können (siehe hierzu genaueres bei Hayes 1930, S. 24 und Otterstedt 1994, S. 210 f.). Der zwölfte Bund gibt die Oktave und halbiert deshalb die Saite zwischen Sattel und Steg, da der Bruch 2:1 die Oktave darstellt (→MONOCHORD und OBERTONREIHE).

Zeichnung 1 ist eine Konkordanz für die chromatische Bundverteilung, bezogen auf die →leere Saite = C. Die Spalten haben von links nach rechts folgende Bedeutung: 1) Numerierung der Bünde; 2) Bezifferung der Bünde gemäß französischer →Tabulatur; 3) Schematische Darstellung des Griffbretts; 4) Tonbezeichnungen; 5) schwingende Saitenlänge, prozentual auf die leere Saite bezogen; 6) schwingende Saitenlänge, in gemeinen Brüchen ausgedrückt und auf die leere Saite (= 1) bezogen. →auch CISTER, 2.

2. Position der Bünde

(a) Eine alte Methode besteht darin, die wichtigsten diatonischen Bünde als gemeine Brüche zu verste-

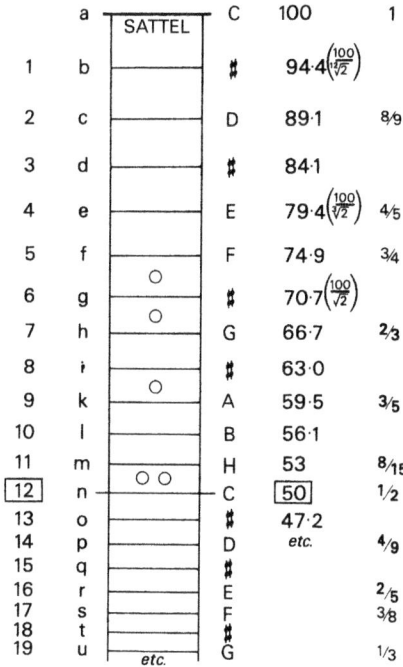

Zeichnung 1

hen. Angenommen, die Saite steht in C, muß der D-Bund an jene Stelle der schwingenden Saite gesetzt werden, die die Saite um 1/9 verkürzt. Analog dazu gilt für den F-Bund 3/4, den G-Bund 1/3 usw., wie es in Zeichnung 1 in der rechten Spalte angegeben ist. Die zwischen diesen Tönen liegenden Halbtöne werden anschließend rein gehörmäßig zurechtgeschoben.

(b) Eingelassene Bünde (wie auf modernen Gitarren) werden entsprechend der gleichschwebenden Temperatur (→TEMPERATUR, 1) angebracht. Für aufeinanderfolgende Halbtöne ist die schwingende Saitenlänge jeweils um 1: $\sqrt[12]{2}$ oder 1,05946 kürzer (siehe die ungefähren Prozentangaben in der zweiten Spalte von rechts in Zeichnung 1). Der Quotient liegt zwischen 17 und 18 pro Halbton, oder 1–1/18. Hierauf bezieht sich die 1591 von Galilei aufgestellte »Regel der 18«, die seitdem immer wieder angewandt worden ist. Die Länge der leeren Saite wird durch 18 geteilt, um den Abstand vom Sattel zum ersten Bund zu bestimmen. Das Ergebnis dividiert man ebenfalls durch 18, um den zweiten Bund festzulegen, usw. Bei genauer Befolgung dieser Proportionen wird der 12. Bund (für die Oktave) nicht genau die schwingende Saitenlänge der leeren Saite halbieren, sondern ein wenig zu tief liegen, da bei gleichschwebender Tempera-

tur der Divisor exakt 17,817 statt 18 lautet (näheres hierzu bei Otterstedt 1994, S. 225–230).

3. Bundmarkierungen

Bei modernen Zupfinstrumenten befinden sich zwischen einigen Bünden Markierungspunkte auf dem Griffbrett. Sie sind eine visuelle Hilfe für den Spieler und stehen normalerweise hinter dem 6., 7., 9. und 12. Bund (wie in Zeichnung 1). Beim →Banjo ist abweichend normalerweise der 10. Bund statt des 9. markiert, passend für die plagale Skala mit Grundton auf dem 5. Bund. →auch CAPOTASTO.

Zum »gebundenen Clavichord« und »ungebunden Clavichord« →CLAVICHORD.

C

Cabaza (Cabaça, Cabaça afuche) Aus der lateinamerikanischen Tanzmusik (Samba) stammende afrobrasilianische Rassel mit einem Netz aus Perlen. In ihrer ursprünglichen Form besteht die Cabaza aus einer Kalebasse (*crescentia*) mit einem angebrachten Handgriff und einem die Kalebasse umschließenden Netz aus kleinen Perlen (→MARACAS, Zeichnung 1c). Man schlägt das Instrument gegen die Handfläche oder bringt die Bespannung mit den Fingern zum Rascheln. Moderne Typen (auch *afuche* genannt) bestehen statt aus einer Kalebasse aus einem hölzernen Zylinder mit gekräuseltem Metallüberzug und einer Bespannung aus Stahlperlen.

In Westafrika spielt die mit Perlen bespannte Rassel eine große Rolle, z.B. zusammen mit der *agogo* (→AGOGO BELL) für den Grundrhythmus eines Tanzes; →AFRIKA, Notenbeispiel 1, dort *axatse* genannt). Für einige solcher Rasseln werden als Perlen Schlangenwirbel verwendet. (→CHOCALHO für den röhrenförmigen Typ derselben Rassel.)

Caisse, Caixa, Caja (fr., port., span.). →Trommel, aber auch Resonanzkörper (→Korpus) eines Saiteninstruments.

Caja (span.). Spanische und lateinamerikanische →Rahmentrommel, kleiner als die →*bombo*.

Calcant →KALKANT.

Calung (Chalung) Indonesisches Schlaginstrument aus Bambus (Westjava). An einem Ende ge-

schlossene (und manchmal am anderen Ende mit →idioglotten Zungen eingeschnittene) Bambusröhren liegen horizontal auf einem Rahmen und werden mit einem Schlegel wie ein Xylophon angeschlagen. In dörflichen Ensembles kommt das Instrument mit zwei bis achtzehn Röhren vor und ist ein Ersatz für ein teures →Gongspiel. Westliche Organologen haben es als »Röhrenxylophon« bezeichnet, wozu auch balinesische *grantang* gehört. →auch GAMELAN.
Lit.: Kunst 1949.

Campana Ital. für →Glocke.

Campane tubolari Ital. für →Röhrenglocken.

Campanelli (ital. für »kleine Glocken«). In Partituren die gängige Bezeichnung für das →Glockenspiel. In Giacomo Puccinis *Madame Butterfly* sind die *campanelli giapponesi* die kleinen Glocken, die im 1. Akt zur Hochzeit mit dem Motiv der abfallenden Terz C – E erklingen und auf dem Glockenspiel gespielt werden.

Canon →PSALTERIUM, 1.

Cantigas de Santa Maria →MITTELALTERLICHES INSTRUMENTARIUM, 2.

Capotasto (ital. für »Hauptbund«), verballhornt auch »capo d'astro« und »Capotaster«.
1. Eine schmale gefütterte Leiste aus Holz, Metall oder Kunststoff, die man auf die Saiten eines Zupfinstruments auflegt und am Hals festschraubt, damit der schwingende Abschnitt aller Saiten gleichmäßig verkürzt wird und der Spieler bei höherer Stimmung mit gleichem Fingersatz spielen kann.
2. Beim →Hammerklavier eine 1843 erfundene, sich etwas hinter der Saitenauflage befindende feste Metalleiste am gußeisernen Rahmen, unter der die Saiten des Diskantregisters statt durch Agraffen hindurchlaufen, wodurch der Eigenwiderstand der schwingenden Saite erhöht wird.

Carillon →TURMGLOCKENSPIEL.

Cassa grande In einigen Partituren vorkommendes falsches Ital. für →*gran cassa*.

Cavaquinho Die volkstümliche kleine portugiesische Gitarre mit ca. 52 cm Länge, vier Saiten (Darm, Draht o. a.), deren oberste so hoch wie möglich gestimmt wird und die übrigen nach dem Stimmschema der oberen vier Saiten der Gitarre eingestimmt werden. Es gibt viele regionale Bauarten. In Madeira wird das Instrument häufig *machete* genannt. Früher gab es auch eine größere, fünfsaitige Ausführung unter dem Namen *cavaco*.
Zu kleinen Gitarren allgemein →GITARRE, 5.

Celempung (Chelempung) Javanisches Saiteninstrument, das häufig im →Gamelan gespielt wird; eine große Zither mit einem sich verjüngenden Korpus, das auf vier Füßen ruht und zur schmaleren Spielerseite hin abfällt. Die dreizehn oder vierzehn Metallsaitenpaare (Umfang: zwei Oktaven) sind über einen hohen schrägen Metallsteg geführt und werden mit beiden Daumennägeln gezupft; die Finger dämpfen die Saiten von unten ab. Jedes der beiden javanischen Tonsysteme *pelog* und *slendro* erfordert ein eigenes *celempung*. Die gegenwärtige Konstruktion des Instruments zeigt europäische Einflüsse in der einfacher gebauten, ursprünglichen Instrumentenform, die möglicherweise von der fernöstlichen Familie der →Wölbbrettzithern abstammt. Eine kleinere Zither in höherer Stimmung ist die *siter*, die den *celempung* ersetzt oder zusammen mit ihm gespielt wird.

Celesta Tasteninstrument (Stahlstabklavier) mit Stahlplatten, die auf Filzauflagen über einzelnen Holzresonatoren ruhen und mit filzbezogenen Hämmern von oben angeschlagen werden. Die Dämpfung erfolgt über ein Pedal. Von außen sieht die Celesta einem kleinen →Harmonium ähnlich. Der Umfang ist notiert c bis c^4, eine Oktave höher klingend.
Die Pariser Harmoniumbaufirma Mustel ließ sich die Celesta 1886 patentieren; ihre Instrumente sind noch immer in Gebrauch. Als einer der ersten Komponisten verwendet sie Tschaikowsky in seinem Ballett *Der Nußknacker* op. 71 (»Tanz der Zuckerfee«). Seitdem haben viele Komponisten den sanften, sofort erkennbaren Klang des Instruments in ihren Orchesterwerken eingesetzt, so Richard Strauss in *Der Rosenkavalier* und Bartók in der *Musik für Saiteninstrumente, Schlagzeug und Celesta* (1936).
Vor der Erfindung der Celesta gab es ein ebenfalls für Mustel patentiertes Stahlstabklavier mit dem Namen *typophone* (1865), bei dem Stimmgabeln über eine Tastatur angeschlagen werden. Vincent d'Indy fordert es in *Le chant de la cloche* (1883). Auch das wohl um 1880 in Schottland erfundene *dulcitone* verwendet in ähnlicher Weise Stimmgabeln und war bis in die 30er Jahre unseres Jahrhunderts als ein sanft klingendes Hausinstrument regional recht bekannt, obwohl es den Nachteil hatte, daß sich die Stimmgabeln abnutzten und dann ungleichmäßig reagierten.

Celestina Eines jener im 18. Jahrhundert entwickelten Streichklaviere (→BOGENKLAVIER). Im 19. Jahrhundert bezeichnet der Ausdruck auch ein 4-Fuß-Orgelregister.

Cello Kurzform von →Violoncello.

Cembalo (Kielflügel) (engl.: *harpsichord*; ital.: *clavicembalo*; fr.: *clavecin*; span.: *clavicémbalo*). →Kielklavier in horizontaler Form. Das wichtigste Tasteninstrument im Generalbaßzeitalter (17. Jahrhundert bis Mitte 18. Jahrhundert).

1. Konstruktion

Cembalo, →Spinett, →Virginal und →Clavicytherium sind Tasteninstrumente mit Drahtsaiten, die von kleinen Plektren (Kielen) angerissen werden, von denen jedes an einem hölzernen »Springer« (»Docke«) befestigt ist (Abb. 1, vgl. auch unter 3, weiter unten). Das Cembalo ist das bedeutendste dieser Instrumente mit dem vollsten Klang, weil es zwei oder drei (bei Neukonstruktionen des 20. Jahrhunderts auch vier) Saitenchöre (Bezüge) besitzt, die gleichzeitig erklingen können. Die Springer eines jeden Saitenchores sind in einem Rechen quer über die Breitseite des Cembalos geführt. Jeder Rechen kann seitwärts verschoben werden, so daß die entsprechenden Plektren nicht mehr die Saiten anreißen. Erst gegen Ende des 18. Jahrhunderts wurden Mechaniken entwickelt, mit denen die Register ohne Unterbrechung des Tastenspiels ein- und ausgeschaltet werden konnten. Der Cembalist kann durch seinen Anschlag die Dynamik nur minimal beeinflussen, die Geschwindigkeit und Kraft, mit der die Taste heruntergedrückt wird, hat keinen Einfluß auf die Tonerzeugung; die Amplitude der Saitenschwingung ist vom Spieler nicht variierbar. Trotzdem kann ein geschulter Cembalist die Illusion dynamischer Gestaltung durch musikalische Hilfsmittel wie Staccato und Legato sowie unterschiedliches Arpeggieren erzielen.

2. Aufbau

(Zeichnung 1, nach Hubbard 1965; eine vereinfachte Aufsicht, bei der nur einige Tasten und Saiten gezeichnet sind). Der Rahmen besteht aus der Baßwand (der links verlaufenden geraden Wand), der Diskantwand (der parallel zur Baßwand rechts verlaufenden Wand, auch »Stoßwand«) und der Hohlwand (»gebogenen Wand«). Rundherum verläuft im Innern dieser Wände die Resonanzbodenauflagenlei-

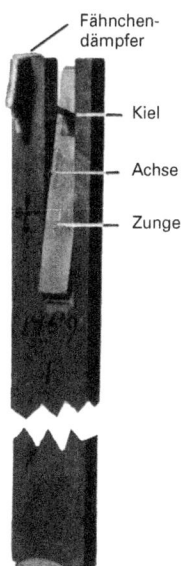

Abb. 1. Oberer Teil eines historischen Springers.

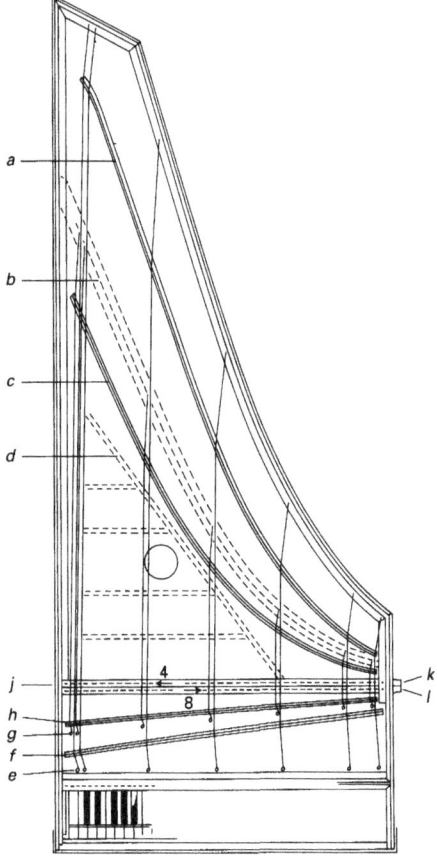

Zeichnung 1. Aufsicht eines flämischen Cembalos von Hans Moermans, 1584: Länge 211 cm. Nur die Saiten für jedes C sowie für den höchsten bzw. tiefsten Ton sind gezeichnet.

Cembalo (Kielflügel)

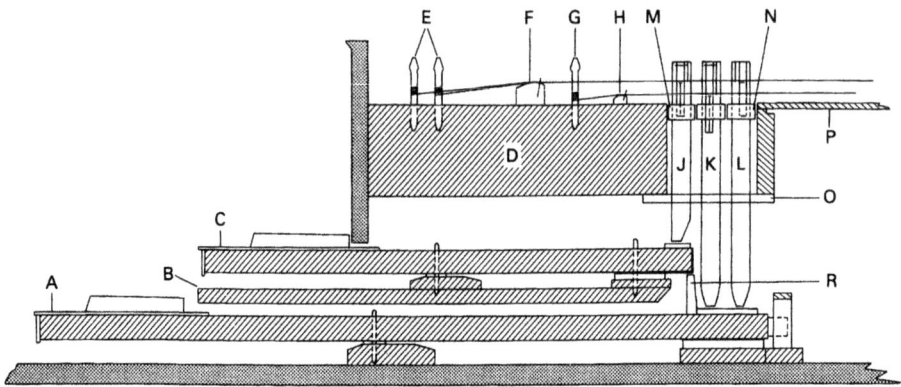

Zeichnung 2. Schnitt durch die Mechanik eines französischen Cembalos von Blanchet (nach Russell 1959).

A Unteres Manual.
B Oberer Klaviaturrahmen.
C Oberes Manual.
D Stimmstock.
E Stimmwirbel für 8'.
F 8'-Stimmstocksteg.
G Stimmwirbel für 4'.
H 4'-Stimmstocksteg.
J Springer, 8', oberes Manual.
K Springer, 4', unteres Manual.
L Springer, 8', unteres Manual.
M Rechen, 8', oberes Manual.
N Rechen, 8', unteres Manual.
O Unterrechen.
P Resonanzboden.
R Manualkoppel. Einrichtung, die beim Spielen des Untermanuals das Mitgehen der Register des Obermanuals ermöglicht, wobei die Tasten des Obermanuals sich mitbewegen. Wenn der Spieler den oberen Klaviaturrahmen zusammen mit dem oberen Manual um ca. 1 cm nach vorne zieht, sind die Manuale ausgekoppelt.

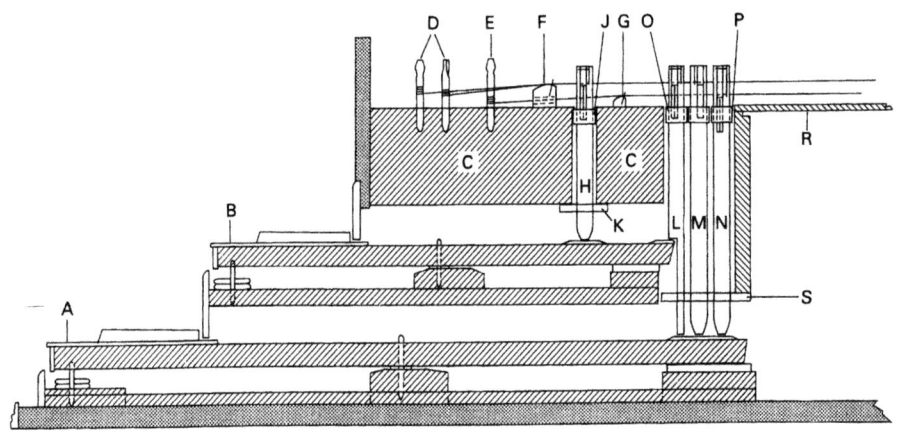

Zeichnung 3. Schnitt durch die Mechanik eines englischen Cembalos von Jacob Kirckman, 1755 (nach Russell 1959).

A Unteres Manual.
B Oberes Manual.
C Stimmstock.
D Stimmwirbel für 8'.
E Stimmwirbel für 4'.
F 8'-Stimmstocksteg.
G 4'-Stimmstocksteg.
H Springer des Nasalregisters.
J Rechen, Nasalregister.
K Unterrechen, Nasalregister.
L Getreppter Springer für 8' auf beiden Manualen.
M Springer, 8', unteres Manual.
N Springer, 4', unteres Manual.
O Rechen, 8', beide Manuale.
P Rechen, 4', unteres Manual.
R Resonanzboden.
S Unterrechen.

ste, auf der – wie der Name sagt – der Resonanzboden (meist aus durchschnittlich 3 mm starker Fichte) ruht. Seine Vorderkante liegt auf dem Damm auf, dem hinter der Klaviatur liegenden Querbalken, vor dem sich der Rechenspalt befindet, der die Rechen mit den Springern aufnimmt (in Zeichnung 1 mit 4 und 8 bezeichnet). Die Innenkonstruktion des Rahmens ist durch hölzerne Streben verstärkt, der Resonanzboden durch unter ihn geleimte Rippen. Nach alter italienischer Tradition wird das Cembalo vom Unterboden her errichtet, auf den die Zargen aufgesetzt werden. Die Verbindung zwischen Unterboden und Zargen wird durch winkelförmige hölzerne Knaggen gefestigt. Vor dem Rechen befindet sich der auf dicken Balken (»Stimmstockauflage«) rechts und links aufgesetzte Stimmstock (Zeichnung 2, D) mit den Stimmwirbeln.

Das Instrument in Zeichnung 1 hat zwei Saitenbezüge: den längeren 8'-Chor (→ACHT-FUSS) und einen 4'-Chor mit kürzeren Saiten, die eine Oktave höher stehen. Der 4' wird normalerweise nur zusammen mit dem 8' gespielt (Oktavverdopplung), die Oktave gibt Fülle und Brillanz; es gibt aber auch Renaissance-Instrumente ohne 4' (siehe unten, 7 a). Die Saiten des 8'-Bezugs reichen von den Anhangstiften, die in die auf oder unter dem Resonanzboden neben der Hohlwand liegende Anhangleiste gesetzt sind, über den Resonanzbodensteg (a) zwischen den Springern (j) und über den Stimmstocksteg (f) bis zu den entsprechenden Stimmwirbeln (e) nahe dem Vorsatzbrett, das die Vorderseite des Instruments nach oben abschließt. Die Saiten des 4'-Bezugs sind an Anhangstiften befestigt, die in eine unter dem Resonanzboden liegende Anhangleiste (b, gestrichelt gezeichnet) eingesetzt sind, und verlaufen über einen eigenen Resonanzbodensteg (c) an den Springern vorbei über einen eigenen Stimmstocksteg (h) zu den entsprechenden Stimmwirbeln (g). Die 4'-Anhangleiste trennt die Resonanzfläche für den 8' von der für den 4', die wiederum von einer diagonalen Absperrrippe (d, »Trennrippe«) begrenzt wird. Der restliche dreieckige Bereich des Resonanzbodens, zu dem das Schalloch mit Rosette gehört, wird von mehreren, von unten angeleimten, dünnen Rippen durchkreuzt. Damit die 8'-Saiten ungehindert über den 4'-Bezug verlaufen können, müssen die 4'-Saiten etwa 13 mm niedriger liegen. (Alle Springer haben dieselbe Höhe, doch die Kiele der 4'-Springer sind entsprechend tiefer eingesetzt.) Die beiden Vorsprünge (k, l, »Flankenzüge«) an der Diskantwand gehören zu den zwei Rechen, die auf einer Ebene mit dem Resonanzboden das Instrument durchqueren. In jedem Rechen befinden sich soviele viereckige Löcher (»Springerschlitze«) wie die Tastatur Tasten aufweist. Durch diese Schlitze werden die Springer geführt. Wenn nur ein Saitenbezug erklingen soll, verschiebt der Spieler den entsprechenden Rechen mit dem Flankenzug um ca. 3 mm so, daß die Springer beim Tastenspiel etwas schief hochschnellen und die Saite nicht anzupfen. Unter jedem dieser sichtbaren Rechen befindet sich etwa 2,5 cm oberhalb der Tastenhebel ein Unterrechen in fester Position. Die zwei einer Taste zugeordneten Springer befinden sich, hintereinander liegend, zwischen den beiden Saiten für diese Taste. Ihre unteren Enden ruhen auf dem Tastenhebel, und ihre Kiele weisen in gegensätzliche Richtungen. Normalerweise weist der 4'-Springer nach links. (Zu Cembali mit drei Saitenchören siehe unten, 4.)

3. Der Springer (Abb. 1)

Der häufig aus Birnbaum oder Elsbeere gefertigte Springer ist zwischen 5 und 23 cm lang und 3 mm dick. Das Plektron war früher aus dem Federkiel eines Raben zurechtgeschnitten, seltener aus Leder; seit den 1950er Jahren wird überwiegend Delrin, ein elastischer Kunststoff, verwendet. Der ca. 1 mm unterhalb der Saite liegende Kiel steckt in einer geachsten hölzernen »Zunge« und ragt etwa 3 mm aus ihr heraus. Wenn der Springer durch den Tastenhebel nach oben geschleudert wird, bleibt die Zunge wegen ihrer Abschrägung am unteren Ende in senkrechter Position, so daß der Kiel die Saite anzupft. Gleichzeitig geht die an einer der Springerkanten eingeklemmte Fähnchendämpfung (aus Filz) nach oben, und die Saiten kann frei schwingen. Sobald die Taste losgelassen wird, fällt der Springer zurück, das Plektron berührt ein zweites Mal die Saite, gleitet aber dank der nun nachgebenden Zunge an ihr vorbei, und die ausgelenkte Zunge schnappt in ihre senkrechte Ausgangsposition wegen einer Schweinsborste, die als Feder vom Springerschaft her gegen die obere Rückseite der Zunge drückt, zurück. Unmittelbar danach berührt der Fähnchendämpfer die Saite und dämpft sie ab. Jetzt kann die Taste erneut heruntergedrückt werden. Die über den Springern liegende gefütterte Springerleiste verhindert das Herausschleudern und Verkanten der Springer und begrenzt deren Prellhöhe.

4. Drei Saitenchöre

Da der 4'-Bezug auf einer unteren Ebene verläuft, ist in Höhe des 8'-Bezugs noch Platz für einen zweiten 8'-Saitenchor, dessen Federkiele dann allerdings in die Richtung der 4'-Federkiele weisen müssen. Eine derartige Disposition, 8' 8' 4', klingt am vollsten, wenn alle drei Register gekoppelt werden, und ist die normale Cembalodisposition für die Instrumente seit dem späteren 17. Jahrhundert, gleichgültig, ob ein- oder zweimanualig (siehe unten, 5).

Bei englischen Cembali sind die 4'-Springer am weitesten von den Tasten entfernt, während bei französischen Cembali die 4'-Springer zwischen den beiden 8'-Registern liegen. Auf diese Weise ist der Kontrast im Timbre der beiden 8'-Register stärker, denn je näher der Anreißpunkt der Saite sich zur Mitte hin verschiebt, desto weicher, runder wird der Klang, weil die hohen Teiltöne weniger kräftig herauskommen. Häufig bieten Cembali zusätzliche Möglichkeiten der Klangdifferenzierung: Der Lautenzug (engl. *buff stop, harp stop*; nicht: lute stop!) ist eine mit Filz- oder Lederstückchen besetzte Leiste, die die Saiten eines Registers (meist 8') unmittelbar hinter dem Stimmstocksteg abdämpft. Das hauptsächlich

Cembalo (Kielflügel)

Abb. 2. Zweimanualiges Cembalo von Joseph Kirckman (London): spätes Modell mit Jalousieschweller.

bei englischen Cembali des ausgehenden 18. Jahrhunderts und bei Cembaloneukonstruktionen des 20. Jahrhunderts vorhandene Nasalregister (Nazardregister, engl. *lute stop*) besteht aus einer zusätzlichen Springer-Reihe (Zeichnung 3, H), die nahe zwischen den Stimmstockstegen für den 8' und den 4' eingesetzt ist und den Stimmstock teilt. Der Klang dieses Registers ist nasal, weil die Saite nahe am Stimmstock angerissen wird und besonders viele Obertöne erzeugt werden. Bei diesem zusätzlichen Register muß der 8'-Stimmstocksteg Löcher haben, durch die die 4'-Saiten bis zu ihren Stimmwirbeln hindurchgeführt werden.

5. Zweimanualige Cembali (Abb. 2)

Diese prachtvollen Instrumente wurden hauptsächlich von 1670 an gebaut. Sie ermöglichen rasche Registerwechsel ohne Unterbrechung durch simultanes oder sukzessives Tastenspiel auf beiden Manualen (»Tastaturen«, »Klaviaturen«). Es gibt relativ wenige Kompositionen, die ausdrücklich für das zweimanualige Cembalo bestimmt sind, dazu zählen Stücke von François Couperin ebenso wie Bachs Italienisches Konzert BWV 971 und die Goldberg-Variationen BWV 988, bei denen die Stimmführung das Überkreuzspiel auf beiden Manualen verlangt. Das untere Manual ist das Grundmanual und für den hinteren 8' und den 4' zuständig. Der vordere 8' liegt auf dem oberen Manual. Um alle drei Manuale miteinander zu koppeln und den vollen Cembaloklang zu erzielen, gibt es zwei verschiedene Möglichkeiten der Kopplung.

(a) Manualkoppel (Schiebekoppel) (Zeichnung 2). Bei dieser hauptsächlich bei französischen Cembali vorkommenden Konstruktion läßt sich das obere Manual (C) zusammen mit dem Klaviaturrahmen (B) um etwa 1 cm in das Instrument schieben, womit die Tastenhebel oberhalb der auf den Untertastenhebeln aufgesetzten Stößer (R) liegen. Wenn man die Taste des unteren Manuals drückt, wird

durch den Stößer auch die Taste des oberen Manuals (C) bewegt und der vordere 8'-Springer (J) nach oben gedrückt. Man kann also dieses Manual in eingeschalteter Position sowohl alleine als auch vom unteren Manual her spielen. Wird das obere Manual in seine normale vordere Position geschoben, ist die Koppel ausgeschaltet, weil der Stößer dann ins Leere stößt.

Eine typische Disposition bei Cembali mit Manualkoppel:
Oberes Manual: 8'
Unteres Manual: 8' mit Lautenzug; 4'; Koppel.

Bei eingeschalteter Koppel können alle Saitenbezüge zusammen auf dem unteren Manual gespielt werden und als unmittelbarer Kontrast dazu der obere 8' allein. Bei ausgeschalteter Koppel wären der feine Kontrast zwischen den beiden 8'-Registern (wegen der unterschiedlichen Anreißpunkte, siehe oben, 2 d) sowie weitere Kontraste zwischen dem oberen 8' und den verschiedenen Klangvarianten des unteren Manuals möglich.

(b) *Springerkoppel.* Eine flämische Erfindung, die besonders beim englischen Cembalobau verwendet wurde (»dog leg«), Zeichnung 3. Die Manuale sind in fester Position eingebaut, die vorderen 8'-Springer (L) sind getreppt, so daß sie auf beiden Tastenhebeln aufliegen: sie können vom oberen Manual allein angehoben werden, oder auch vom unteren, wenn man den vorderen 8' zusammen mit den anderen Registern des unteren Manuals erklingen lassen will.

Eine typische Disposition bei Cembali mit Springerkoppel:
Oberes Manual: Nasalregister
Beide Manuale: 8' (getreppte Springer)
Unteres Manual: 8' mit Lautenzug; 4'.

Sobald das vordere, gekoppelte 8'-Register so geschaltet ist, daß es von beiden Manualen gespielt werden kann, können die beiden 8'-Register nicht in derselben Weise konstrastieren wie bei der französischen Koppel, weil aber bei der Springerkoppel-Disposition die beiden 8'-Register nebeneinanderliegen (L, M), ist der Kontrast ihrer Timbres sowieso minimal. Stattdessen kann das Nasalregister (oberes Manual, H) zum hinteren 8'-Register (M) auf dem unteren Manual in Kontrast treten, wenn man das vordere 8'-Register (L) ausschaltet.

Oberhalb der Tastatur befinden sich auf dem Vorsatzbrett mehrere Registerzüge, deren typische Reihenfolge von links nach rechts wie folgt ist:

auf der linken Seite: Nasal, Laute, 4'
auf der rechten Seite: 8' für beide Manuale, 8' unteres Manual.

(Zum »machine stop« siehe unten, 7 d.)

Neben diesen beiden Dispositionen und den beschriebenen Umsetzungsmöglichkeiten gibt es eine Vielzahl von Varianten.

6. Herkunft

Der Name *clavicimbalum* ist seit 1397 überliefert. In ikonographischen Dokumenten des nachfolgenden Jahrhunderts (abgebildet in Keyboard instruments 1971) ist das Instrument einem →Psalterium ähnlich, das die Form eines halben Trapezes hat (mit nur einer schrägen Seite), und das um 90 Grad gedreht ist, um die Tasten mit der Kielmechanik von der ursprünglichen Seitenposition auf die Vorderseite zu bringen. Die älteste detaillierte Beschreibung (in Latein) mit Zeichnung stammt zusammen mit anderen Instrumentenbeschreibungen von Henri Arnault de Zwolle (Arnault 1972), der sie ca. 1440 in Dijon verfaßt hat. Er beschreibt darin drei verschiedene Zupfmechaniken für das »clavisimbalum«, von denen keine dem späteren allgemein verbreiteten Typ exakt entspricht, sowie eine Hammermechanik für das →Dulce melos. Zum ältesten erhaltenen Kielklavier siehe unter →Clavicytherium.

7. Regionale Schulen

(a) *Italien.* Die ältesten existierenden Cembali sind italienischer Herkunft, das früheste signierte Instrument darunter stammt von Vincentinus aus Livignano bei Florenz, datiert 1515 (Academia Chigiana, Siena). Von anderen Herstellern sind allein von den Venezianern Baffo und Celestini mehr als 20 Instrumente aus dem dritten Viertel des 16. Jahrhunderts bekannt. Sie sind alle einmanualig und hatten üblicherweise einen separaten äußeren Kasten. Bei zeitgenössischen Darstellungen sieht man häufig das Cembalo auf einen Tisch gelegt. Das Korpus ist normalerweise aus Zedernholz oder Zypresse (statt wie in Mittel- und Nordeuropa aus Kiefer oder Linde). Der Tastenumfang ist häufig C bis f^3 mit einer →kurzen Oktave im Baß. Die italienischen Instrumente haben allgemein eine charakteristische und einnehmende Wärme des Tones, obwohl ihre originale Besaitung schwierig zu bestimmen ist, weil fast alle im Laufe der Jahrhunderte gravierend verändert wurden. Bei einigen vermutet man, daß sie ursprünglich nur einchörig waren, bei anderen, daß sie ein 8'- und ein 4'-Register hatten, was offensichtlich häufiger der Fall gewesen ist als zwei 8'-Register, die erst im folgenden Jahrhundert üblich wurden (wie auch in Spanien zu Zeiten Domenico Scarlattis).

(b) *Flämische Schule.* Die berühmte Ruckers-Dynastie aus Antwerpen (→auch VIRGINAL) ist mit ihren Instrumenten zwischen 1581 und 1654 bekannt geworden. Ca. 60 Cembali und ca. 40 Virginale davon sind noch erhalten, viele sind verloren (wöchentlich wurde etwa ein Instrument in der Ruckers-Werkstatt hergestellt), viele auch später gefälscht worden. Bis auf einige wenige Ausnahmen sind alle erhaltenen Instrumente später verändert worden, insbesondere Mitte des 18. Jahrhunderts, um den Tonumfang auf volle fünf Oktaven zu erweitern (ohne kurze Oktave), was man als *Ravalement* bezeichnete. Die Mitglieder der Ruckers-Familie: Hans (ca. 1540/50–1598), seine Söhne Ioannes (1578–1642) und Andreas I (1579–1651/53), Andreas' Sohn Andreas II (1607–1654/55) und Ioannes' Neffe Ioannes Couchet (1615–1655) sowie dessen Sohn Ioannes II Couchet (ca. 1685 geb.), der noch 1686 Cembali baute. Ruckers-Cembali wurden in ganz Europa geschätzt, weil sie gekonnte Konstruktionsmerkmale mit peinlich genauer Wahl des Materials verbanden. Ein charakteristisches Design ist die Verwendung von häufig schwarz-weißer Tapete entlang der Innenseite der Zargen. Eine vergoldete Bleirosette trägt die Initialen des Ruckers, in dessen Werkstatt das Instrument gefertigt wurde. Neben einmanualigen Cembali (zunächst mit der Disposition 8' 4', später auch 8' 8' 4') stellte Ruckers auch ein zweimanualiges Modell (»Transpositionscembalo«) her, dessen Tastaturanordnung ungewöhnlich ist, weil die beiden, nicht zu koppelnden Manuale um eine Quarte gegeneinander verschoben sind. Unterhalb der C-Taste des oberen Manuals liegt die F-Taste des unteren usw.; das untere Manual klingt also eine Quart tiefer als das obere.

(c) *Frankreich.* Aus Frankreich, England und Deutschland sind nur wenige Cembali vor 1700 erhalten. Französische Cembali sind meist kunstvoll bemalt oder mit Japanlack überzogen und teilweise vergoldet. Die wichtigsten französischen Cembalobauer stammen aus der Blanchet-Familie (Nicolas und François-Etienne), die seit Ende der 1680er Jahre in Paris wirkte, bis ihr Werkstatt-Vorarbeiter Pascal Taskin (1723–1793) 1766 die Werkstatt übernahm. Während der französischen Revolution wurden viele Instrumente vernichtet, so daß nur ein knappes Dutzend von den Blanchet-Cembali erhalten ist. Blanchet und Taskin waren gleichermaßen geschätzt für ihre Modernisierungen flämischer Cembali von Ruckers und Couchet (*Ravalement*). Ihre eigenen Modelle werden heute häufig nachgebaut, meistens der zweimanualige Typ (siehe oben, 4, 5a). Gegen 1760 hatten sie bis zu sechs Kniehebel eingeführt, die unterhalb des unteren Manuals montiert waren und auf- und seitwärts gedrückt werden konnten, um das Umregistrieren während des Tastenspiels zu ermöglichen. Taskin verwendete auch für die Plektren des hinteren 8'-Registers weiches Büffelleder (»peau de buffle«), um einen größeren Kontrast zum bekielten vorderen 8'-Register zu erreichen.

(d) *England.* Zu einem erhaltenen Instrument von 1579 →ORGELKLAVIER. Zu den existierenden Cembali des frühen 18. Jahrhunderts zählen zwei Instrumente von Thomas Hitchcock dem Jüngeren (ca. 1685–1733) und ein 1721 datiertes zweimanualiges von Hermann Tabel, der, aus den Niederlanden kommend, sich in London niedergelassen hatte. Unter Tabel arbeiteten zeitweise die Gründer zweier bedeutender Londoner Firmen, von denen möglicherweise mehr Cembali erhalten sind von allen anderen europäischen Cembalobauern des 17. und 18. Jahrhunderts zusammen: Burkat Shudi (1702–1773) aus der Schweiz und Jacob Kirckman (1710–1792) aus dem Elsaß.

Shudi ging 1761 mit dem Schotten John Broadwood (1732–1812) zusammen, der in die Familie Shudi hineingeheiratet hatte und die Geschäfte 1782 nach dem Tod von Shudis Sohn übernahm. Mehr als 50 Cembali aus dieser Werkstatt, gefertigt zwischen 1729 und 1793, sind erhalten, seit 1770 signiert von Shudi und Broadwood. Zwei Drittel davon sind zweimanualig und ca. 15 haben einen Jalousieschweller (»Venetian swell«, patentiert 1769), das ist eine über dem Saitenbezug liegende hölzerne Jalousie, deren Lamellen durch ein Pedal mehr oder weniger aufgestellt werden können und damit eine dynamische Differenzierung ermöglichen.

Von Kirckman existieren über 160 Instrumente, alle zwischen 1750 und 1800 gebaut und die Hälfte davon zweimanualig. Von 1773 an sind sie signiert von Jacob und seinem Neffen Abraham Kirckman, von 1789 an von Abraham und seinem Sohn Joseph, und von 1798–1800 von Joseph allein. Wie Shudis Instrumente weisen sie normalerweise Walnuß- und später Mahagoni-Furnier auf und haben einen Tastenumfang von 5 Oktaven ($F^1 - f^3$). Ein Viertel der Kirckman-Cembali hat einen Jalousieschweller oder einen »Nag's head«-Schweller, bei dem ein Pedal einen klappbaren Abschnitt des Deckels über dem Resonanzboden öffnet. Viele Cembali beider Hersteller haben einen »machine stop«; Shudi hat ihn seit 1765 eingebaut: eine Pedal- (oder auch Kniehebel)schaltung, die mehrere Register gleichzeitig schaltet und mit einem Pedal für den rechten Fuß in Betrieb gesetzt wird. Ein Knauf links oberhalb der Tastatur befindet sich herausgezogen in der Grundstellung. Wenn der hintere 8' eingeschaltet ist und der Knauf hineingedrückt wird, verbindet sich die Schaltung mit dem Pedal und schaltet den vorderen 8' und den 4' ein. Wenn das Pedal gedrückt wird, schalten sich diese Register aus und das Nasalregister ein. Bei zweimanualigen Modellen liegt in dieser letzteren Stellung das Nasalregister auf dem oberen Manual, während im unteren Manual der hintere 8' erklingt.

(e) *Deutschland.* Zu den wichtigsten Herstellern im 18. Jahrhundert zählen Hieronymus Albrecht Hass (1689–1746/61) und sein Sohn Johann Adolph Hass (gest. um 1776), die sehr repräsentative und große Instrumente bauten. Einige sind bis zu 275 cm lang und haben ein 16'-Register, das eine Oktave tiefer als das 8'-Register klingt. Der 16' liegt auf dem unteren Manual und hat bei einigen Instrumenten einen separaten Resonanzboden. H. A. Hass baute 1740 das größte erhaltene historische Cembalo mit 3 Manualen, 5 Saitenbezügen (16' 8' 8' 4' 2'), sechs Springerreihen (einschließlich Nasalregister) und Lautenzug für den 16' sowie Koppel. Weitere bedeutende deutsche Cembalobauer waren der Hamburger Christian Zell und der Berliner Michael Mietke.

Ein rezeptionsgeschichtlich bedeutsames Instrument ist das zweimanualige, unsignierte Cembalo Kat.-Nr. 316 (»Bach-Cembalo«) des Musikinstrumenten-Museums, Staatliches Institut für Musikforschung PK, Berlin, das aufgrund stilkritischer Vergleiche der Thüringischen Werkstatt Harraß zugeschrieben wird. Dieses Cembalo mit 16' 8' 8' 4' galt lange Zeit als das Instrument J. S. Bachs und beeinflußte wegen seiner Aura mit seiner ungewöhnlichen Disposition rund 50 Jahre lang den Cembalobau im 20. Jahrhundert (Näheres bei Elste 1991).

(f) *Cembalo-Renaissance.* Nach einer Pause von ca. 80 Jahren, während der offensichtlich kein Cembalo gebaut worden war, entstanden um 1889 die ersten Cembalo-Neukonstruktionen. In der Folgezeit sollte der von der Firma Pleyel konzipierte Typ mit Pedal-Lyra entscheidenden Einfluß auf die Cembalo-Renaissance ausüben. Im Zusammenhang mit der Propagierung des »Bach-Cembalos« (s.o.) bildete sich ein neuer Instrumententyp und eine vom Registerwechsel bestimmte Spieltechnik heraus. Wichtige Hersteller dieser Cembalo-Generation sind neben Pleyel in Deutschland Neupert, Bamberg bzw. Nürnberg, Maendler-Schramm, München, in Großbritannien Dolmetsch, Haslemere, und in den USA als Außenseiter John Challis. Sich von diesem Ideal lösende, am historischen Cembalobau orientierte Instrumente entstanden nach und nach seit Mitte des 20. Jahrhunderts. Wichtige Namen für diese *erneute Wiederbelebung* sind Martin Skowroneck, Bremen, sowie Frank Hubbard und William Dowd, Boston. In den 60er Jahren wurden zunächst vor allem in den USA Cembalobausätze populär (Pionier auf diesem Gebiet: Wolfgang Joachim Zuckermann). Derzeit gibt es weltweit schätzungsweise mehr als 200 professionell arbeitende Cembalobauer.

8. *Repertoire*
(Eine kleine Auswahl der Sololiteratur)

(a) *Frühes 17. Jahrhundert.* →VIRGINAL für die wichtigsten englischen Virginal-Bücher von 1591–1624 mit Kompositionen von Bull, Byrd, Farnaby, Gibbons und Zeitgenossen. Frescobaldi (Partiten, Toccaten, Fantasien 1608).

(b) *Spätes 17. Jahrhundert.* Purcell, *Musick's Handmaid* (Teil II, 1689). Chambonnières (Begründer der französischen Schule der Clavecinisten), zwei Bücher 1670. Louis Couperin, Passacailles. Kuhnau, Sonaten (u. a. *Biblische Sonaten* 1700), *Clavier-Übung* 1689, 1692.

(c) *18. Jahrhundert.* François Couperin, vier Bücher, 1713–1730, mit mehr als 200 »Pièces de clavecin«. Rameau, vier Sammlungen 1706–1741. Domenico Scarlatti, mehr als 500 Sonaten seit 1738. J. S. Bach, *Italienisches Konzert*, Kleine Präludien und Fugen, sechs Englische Suiten, sechs Französische Suiten, *Clavierübung* (2 Bücher, u. a. mit den Goldberg-Variationen), Wohltemperiertes Klavier Teil I & II, Konzerte, 5. Brandenburgisches Konzert. Händel, Suiten. Haydns Sonaten waren bis in die 1780er Jahre hinein für das Cembalo gedacht.

(d) *20. Jahrhundert.* Falla, Cembalokonzert (1926); Poulenc, *Concert champêtre* (1928); Distler, Konzert für Cembalo und Streichorchester (1936); Ligeti, *Continuum* (1968); Petrassi, *Serenata* (1958); Donatoni, *Ash* (1976). Siehe auch Bedford 1993 und Elste 1994, 1995.

Lit.: Bach 1753 (zum Cembalospiel); Boalch 1974, 1995 (Gesamtkatalog der erhaltenen historischen Cembali); Elste 1991 (zum modernen Cembalobau); Elste 1995 (Diskographie); Harpsichord 2007; Henkel 1979; Hubbard 1965 (Standardwerk zum historischen Cembalobau); Keyboard instruments 1971; Kielinstrumente 1998; Kielklaviere 1991; Laade 1972 (Diskographie); Meer 1972 (zu Ruckers), 1987; O'Brian 1990 (zu Ruckers); Palmer 1989; Pietsch 1987 (zum Cembalospiel); Russell 1959 (Standardwerk); Skowroneck 2003; Wagner 1989 (Bibliographie zum Cembalobau); Zuckermann 1969 (zum modernen Cembalobau).

Cencerro (it., span.). →HERDENGLOCKE.

Cent Maßeinheit, mit der Tondistanzen auf einer linearen Skala unabhängig von den Schwingungszahlen dargestellt werden. Die althergebrachte Methode bestand darin, Tondistanzen durch Brüche darzustellen, die nach den Längenverhältnissen der schwingenden Saite des →Monochords errechnet werden können. Erst der britische Arzt Alexander Ellis entwickelte 1885 das logarithmische Cent-Maß. Bei gleichmäßiger Aufteilung der Oktave (Quotient 2:1) in 12 Halbtöne ist der Quotient für jeden Halbton jene Zahl, die mit 12 Mal sich selbst multipliziert 2 ergibt: $\sqrt[12]{2}$ = 1,05946. (Das Quadrat von $\sqrt[12]{2}$

entspricht dem Ganzton, die 3. Potenz der kleinen Terz usw.) In Logarithmen ausgedrückt: log 2 = 0,30103 (für das Oktavverhältnis) durch 12 ergibt den Logarithmus für das Halbtonverhältnis 0.02509. Um diese unhandlichen Zahlen zu vereinfachen, werden sie so multipliziert, daß die Oktave 1200 Cents ist, der Halbton 100 Cents (jeder Logarithmus wird also mit 3986, entsprechend 1200 : log 2, multipliziert). Der Ganzton entspricht 200 Cents, die kleine Terz 300 Cents usw. Ein Hundertstel des Halbtons ist 1 Cent.

Um ein Intervall in Cents auszudrücken, nimmt man den Quotienten, z.B. bei der reinen Quinte 3:2 = 1,5 und multipliziert den Logarithmus des Ergebnisses mit 3986. Für die reine Quinte ergibt sich also 702 Cents. Man kann auch die Logarithmen von Zähler und Nenner des Bruchs voneinander subtrahieren und die Differenz mit 3986 multiplizieren. Sollten die beiden Töne über eine Oktave hinausreichen, drückt man das Intervall innerhalb einer Oktave aus, indem man 1200 von dem Resultat subtrahiert. Die kleinsten hörbaren Tonhöhenunterschiede liegen bei 3–4 Cents.

Lit.: Reinecke 1970.

Ceterone (Erzcister) Eine große →Cister des späten 16. und 17. Jahrhunderts mit einem zweiten Wirbelkasten (→THEORBE) für bis zu acht Baßsaiten, die neben dem Griffbrett verlaufen (→ABZÜGE). Die Griffsaiten sind wie bei der Cister gestimmt. Claudio Monteverdi fordert Ceteroni als Generalbaßinstrumente in seiner Partitur des *Orfeo* (1609).

Chakhē und Krokodilzither Südostasiatische →Wölbbrettzithern.

1. Chakhē

(Thailand; *takhē* in Kambodscha). Die Wölbbrettzither (→SÜDOSTASIEN, Abb. 2, links) aus ausgehöhltem Holz ist ca. 130 cm lang und steht auf Elfenbeinfüßen. Die drei Saiten in der Stimmung *a e A* werden mit Plektron gespielt; zwei sind aus Darm (früher Seide), eine aus Messing. Sie sind über einen Sattel geführt und laufen über elf oder zwölf hölzerne Stege, die nach und nach ansteigen und von denen der letzte ebenfalls als Sattel fungiert. Obwohl das Instrument auch solistisch gespielt wird, ergänzt es mit seinem vollen, schwingenden Klang das tiefe Register von Instrumentalensembles.

2. Krokodilzither

Die inzwischen seltene burmesische »Krokodilzither« *mi gyaun* hat ein gerades, abgerundetes 1 m langes oder längeres Korpus mit einer unteren Schlitzöffnung, einen geschnitzten Krokodilskopf am Ende, wo der Spieler sitzt, und einen geschnitzten Schwanz am anderen sowie kleine Krokodilfüße. Früher wurde das *chakhē* ebenfalls in Krokodilform gebaut.

Chalumeau Holzblasinstrument mit einfachem Rohrblatt und blockflötenähnlicher Bohrung, Ende des 17. Jahrhunderts entstanden und nur bis Mitte des 18. Jahrhunderts im Gebrauch. Hinsichtlich der Bohrung des Mundstücks nimmt es die etwa 20 Jahre später aufgekommene Klarinette vorweg. Die wenigen noch erhaltenen originalen Chalumeaux (u.a. im Bayerischen Nationalmuseum, München, und im Musikmuseet, Stockholm) sind kleine, aus Buchsbaum gefertigte Instrumente. Der Sopran ist knapp 22 cm lang, der Tenor etwa 60 cm, entsprechend also der Sopraninoblockflöte und der Altblockflöte, klingt aber eine Oktave tiefer (mit f^1 bzw. f als Grundton) wegen der Kombination von Rohrblatt und zylindrischer Bohrung. Auf der Rückseite sind ein Daumenloch und eine zweite Messingklappe, die der vorderen Klappe genau gegenüberliegt und ihr ähnlich ist. Damit hat das Chalumeau einen Umfang von elf Tönen von F bis B und ähnelt im Timbre dem tiefen Klarinettenregister.

Der Name des Instruments taucht erstmals 1687 in einem Rechnungsbuch des Herzogs Heinrich von Sachsen-Römhild auf, wo »Ein Chor Chalimo von 4. stücken« aus Nürnberg eingetragen ist. 12 Jahre später wird in England eine siebenlöchige »Mock Trumpet« angezeigt, die möglicherweise eine einfache Ausführung mit →idioglottem Rohrblatt ist (Dart 1953). Zwischen 1706 und 1735 werden ca. 100 Kompositionen mit (meist zwei) Chalumeau-Stimmen in Österreich, Deutschland und Italien geschrieben. Das französische Wort *Chalumeau* (das in Frankreich auch ein ländliches Rohrblattinstrument und die Spielpfeife bei der →Sackpfeife bezeichnet) wird in den Noten auf die verschiedenste Art bezeichnet (*Salmò* u.a.). Zunächst erscheint das Chalumeau in Wiener Opern von Fux, Giovanni Bononcini u.a., dann in Kantaten von Telemann, Konzerten von Vivaldi und später in zahlreichen Werken von Graupner und schließlich in den Erstfassungen von Glucks *Orfeo* (1762) und *Alceste* (1767). Einige der Kompositionen schließen auch ein Baßchalumeau ein, obwohl kein Instrument in dieser Stimmlage erhalten ist. Eines der erhaltenen Chalumeaux ist ein Tenor des bedeutenden Nürnberger Holzblasinstrumentenmachers Johann Christoph Denner (1655–1707), dem man die Verbesserung des Instruments zuschreibt; inwiefern ist nicht bekannt. Denner oder sein Sohn Jakob (1681–1735) erfand dann die Klarinette, indem er dem Tenorchalumeau ein Überblasloch für ein hohes Register, das durch Überblasen in die Duodezime erreicht wird, hinzufügte. Wenige

Chalumeau-Stimmen reichen bis zum c^2, das der Spieler durch teilweises Öffnen des Daumenlochs wie beim Blockflötenspiel erreichen kann. Für ein vollständiges hohes Register muß das Daumenloch allerdings höher liegen. Das führte zu der Duodezklappe, der wichtigsten Eigenschaft des neuen Instruments, das erstmals in einem Nürnberger Dokument von 1710 als *Clarinette* erwähnt wird (Nickel 1971, S. 251).

Lit.: Lawson 1981.

Chalung →CALUNG.

Chamber organ (engl.). Kleine →Pfeifenorgel für häuslichen Gebrauch in Großbritannien. →POSITIV.

Lit.: Wilson 1968.

Chanot-Violine Violinmodell mit Korpus ohne ausgezogene Ecken und mit nach hinten eingerollter Schnecke, konstruiert von dem französischen Schiffsbauingenieur François Chanot (1787–1823) (französisches Patent No. 1391 vom 11. Dezember 1817) und u. a. gefertigt von seinem Bruder Georges Chanot (1801–1873).

Chanter (engl.). Die Melodiepfeife der →Sackpfeife. Zum *chanter* zu Übezwecken →SACKPFEIFE, 2a.

Chanterelle (fr.). Die höchste Saite der Streich- und Zupfinstrumente, insbesondere der →Laute.

Charango Die aus dem Panzer eines Gürteltiers (der für einen gitarrenähnlichen Umriß manchmal vor dem Trocknen zusammengedrückt wird) oder einfach auch aus Holz gefertigte kleine →Gitarre der bolivianischen, peruanischen und argentinischen Anden. Seit dem 18. Jahrhundert bekannt, wird sie heute in den Städten auch mit flachem Boden hergestellt. Die fünf Saitenchöre (mit zwei oder drei Saiten) aus Metall sind in der Regel e^2 e^2 a^1 a^1 e^1 e^2 c^2 c^2 g^1 g^1 gestimmt. Die Charango wird mit den Fingern geschlagen und mit viel Tremolo gespielt.

Chelempung →CELEMPUNG.

Charleston-Maschine →BECKEN, 2.

Chelys (gr., »Schildkröte«). In der griechischen Antike der Name der →Lyra, weil das Korpus aus dem Rückenschild der Schildkröte bestand. In Schriften der Renaissance bedeutet Chelys häufig die →Laute oder die →Gambe.

Cheng Die wichtigste chinesische →Wölbbrettzither neben der seltenen und ehrwürdigen →ch'in.

Das ca. 130 cm (oder mehr) lange rechteckige oder sich leicht verjüngende Korpus wird normalerweise auf einen Tisch gestellt; der Spieler sitzt am rechten Ende (→CHINA UND KOREA, Abb. 1, rechts). Der aus einem besonderen Weichholz gefertigte Resonanzboden ist von vorne nach hinten gekrümmt;

Notenbeispiel 1. Gaoshan liushiu »Hohe Berge, fließende Ströme« für cheng solo, erster Abschnitt.

in einigen Fällen auch von Ende zu Ende. Die 13 bis 23 Saiten (meistens 16 oder 18 und aus geflochtener Seide oder heute auch häufig aus Metall hergestellt) werden auf der rechten Seite durch Löcher geführt und unterhalb des Bodens zusammengeknebelt. Auf der linken Seite werden sie entweder auf ähnliche Weise verknebelt oder auf hölzerne Wirbel aufgezogen, die quer auf dem Resonanzboden in einer Reihe stehen. Die Öffnungen auf der Unterseite sind notwendig, um die Saiten aufzuziehen; darüber hinaus dienen sie dem auf kleinen Beinen leicht vom Untergrund abgehobenen Instrument als Schallöcher.

Die Saiten werden mittels einzeln beweglichen hölzernen, gabelförmigen Stegen (ähnlich wie beim japanischen → *koto*) gestimmt. Die Stellung der Stege bildet eine lange Kurve über den Resonanzboden; die Saitenabschnitte rechts von den Stegen sind pentatonisch über drei oder mehr Oktaven gestimmt – z. B. bei 18 Saiten: $G\ A\ c\ d\ e\ \ldots\ g^2\ a^2\ c^3$ – ; wobei die Saite mit dem höchsten Ton dem Spieler am nächsten ist. Daumen, Zeige- und Mittelfinger der rechten Hand zupfen in beiden Richtungen die Saiten. Dabei werden die Fingerkuppen oder →Plektren verwendet. Häufig werden Oktaven gezupft (Notenbeispiel 1, S. 53) und harfenähnliche Glissandi über einige oder alle Saiten gespielt. Die linke Hand liegt über den Saitenabschnitten links von den Stegen, um für zwei Spielweisen bereit zu sein: ein zartes Vibrato, für das drei Finger rhythmisch auf die entsprechende Saite drücken, und um die Saite so niederzudrücken, daß ein Glissando bis zu einer Terz auf derselben Saite entsteht (Notenbeispiel 1, Seite 53, Pfeile); das Glissando führt nach oben, wenn die Saite nach dem Zupfen niedergedrückt wird, oder nach unten, wenn sie vor dem Zupfen niedergedrückt und dann im richtigen Moment losgelassen wird. Gelegentlich wird eine Saite niedergedrückt, um einer Einzelnote ein anderes Timbre zu geben, als sie auf der benachbarten leeren Saite hätte. Das Instrument eignet sich für intimes wie für konzertantes Spiel vor einer großen Zuhörerschaft.

Die *cheng* geht spätestens auf das 4. Jahrhundert v. Chr. zurück. Seit dem 8. Jahrhundert n. Chr. wurde sie am Hofe als Ensembleinstrument gespielt, später dann besonders als solistisches Instrument. Sie wird in großen Stückzahlen gefertigt und in den Westen exportiert. Es gibt inzwischen auch mechanisierte Modelle mit Pedalmechanik für die Glissandi.

Cheng-cheng   Kleine balinesische Becken; →GAMELAN, 2.

Chifonie   Mittelalterliche französische Bezeichnung für die →Drehleier.

Chillador   (span., »Schreihals«). Populäre kleine Gitarre, ca. 59 cm lang, mit fünf doppelchörigen Metallsaiten, wie sie in Chile zu Volksfesten gezupft und geschlagen wird. In Peru heißt das Instrument auch →*charango*, in Mexiko auch →*jarana*.

Ch'in   Die ehrwürdigste der chinesischen →Wölbbrettzithern (zu einer anderen →CHENG), mit einer Geschichte von über 3000 Jahren und einem Repertoire, das die höchsten Anforderungen an den Solisten stellt (Abb. 1).

1. Konstruktion

Das schwarzlackierte, ca. 120 cm lange, 15 cm breite und 5 cm hohe Korpus wird etwas erhöht auf einen Tisch gelegt. Sein schmaleres Ende liegt links, und der Spieler sitzt am breiteren Ende. Zwei Schallöcher befinden sich auf der Unterseite des Resonanzkastens. Dreizehn runde Knöpfe aus Perlmutt sind entlang der vom Spieler entfernten Korpusseite eingelassen. Ein Knopf befindet sich in der Mitte, je sechs rechts und links von ihm. Sie markieren die Saitenlängen der →Flageolett-Töne von jedem Ende aus (1/8, 1/6, 1/5, 1/4, 1/3, 2/5, bis zu 1/2 in der Mitte).

Die sieben unterschiedlich starken Saiten aus Seide, die gemäß der Tradition von lebendigen Seidenraupen gewonnen wird, sind unterhalb des Kor-

Notenbeispiel 1. Musik für ch'in (nach Picken 1957).

Abb. 1. Der chinesische Musiker Liang-Ming-Yüeh an einem Ch'in (Museum für Völkerkunde SMPK, Berlin).

pus in zwei Bündel zusammengebunden. Traditionell besteht ein Zusammenhang zwischen der Anzahl der Fasern jeder Saite und ihrer Stimmung. Am breiteren Ende sind die Saiten durch Löcher hindurchgesteckt und eingekeilt. Die tiefste (»erste«) Saite, die etwa so tief wie die unterste Saite des Violoncellos gestimmt ist, liegt neben den Perlmuttknöpfen. Die pentatonische Stimmung entspricht z. B. C D F G A c d.

2. *Spielweise*

Die Finger der rechten Hand zupfen die Saiten; die der linken Hand greifen sie ab, wofür die Perlmuttknöpfe die entsprechenden Markierungen sind. Ganze Kompositionen oder Abschnitte können ausschließlich mit Flageolett-Tönen gespielt werden (Notenbeispiel 1*b*, S. 54). Wichtig beim Spiel ist, daß ein und derselbe Ton mit möglichst verschiedenen Klangfarben durch unterschiedliche Saitenwahl erzeugt wird (in Notenbeispiel 1*a* durch unterschiedliche Halsrichtung angezeigt; nach Picken 1957). In der chinesischen Notation drücken die Zeichen genau aus, welcher Finger welche Saite an welcher Stelle niederdrückt und welcher Finger dann die Saite zupft. Nicht selten gibt es Arpeggien und Glissandi, die mit einem Finger der linken Hand gemacht werden, nachdem die Saite angezupft worden

ist. Die Kompositionen sind meist ruhig-meditativ und gelegentlich auch vokal-instrumental.

In der Volksrepublik China gilt die *ch'in* als ideologisch nicht konform, doch haben sich junge Spieler aus Hongkong, Taiwan und anderen chinesischen Gemeinschaften außerhalb des chinesischen Festlands des Instruments angenommen. Das ursprünglich für den intimen Rahmen bestimmte Instrument wird in Konzertsälen meist verstärkt.

Lit.: Dahmer 1985; Picken 1957; Wiant 1965.

China und Korea Die Musikinstrumente dieser Nationen werden im folgenden zusammen mit ihren engen Entsprechungen summarisch, und in China, Korea und Tibet unterteilt, aufgeführt.

1. *China*

Zur Transliteration chinesischer Bezeichnungen siehe Vorwort. Die chinesische Musiktheorie teilt Musikinstrumente traditionell je nach Material in »acht Kategorien des Klanges« ein: Metall, Stein, Fell (für Trommeln), Seide (für Saiten), Holz, Keramik, Kalebasse und Bambus (die letzten drei für Blasinstrumente). Im folgenden sind die Instrumente gemäß der westlichen →Klassifikation der Musikinstrumente aufgelistet. Fast alle Instrumente werden auch heute noch hergestellt – wenn auch in unterschiedlichen Quantitäten – und bewahren so eine eigene Tradition, abgesehen von den Instrumenten im modernen chinesischen Orchester und anderen westlich geprägten Ensembles, wo Modernisierung sich durchgesetzt hat.

(a) *Idiophone*: (i) *Metall*. *chung*, auf ihrer Außenseite angeschlagene Glocken, teils groß und in Rahmen oder Türmen aufgehängt; für zeremonielle Zwecke; *po-chung*, ca. 50 cm hoch, in Einzelrahmen aufgehängt, wird in der konfuzianischen Ritualmusik zusammen mit dem Glockenspiel →*pien-chung* gespielt; *yin-ch'ing*, kleine Handglocken, die mit hölzernen Schlegeln gespielt werden (inzwischen nur noch im Kloster); *hsing*, kleine, an einer Schnur aufgehängte Glocken mit einem beim Zusammengeschlagen hohen, schmerzhaften Klang infolge geringer Tonhöhenunterschiede; beliebt im Ensemblespiel. →*po*, Becken. Gongs: *lo*, einzelner Gong für Theater-, Ritual- und Populärmusik, →auch GONGSPIEL, 2 zum *yun-lo*. (ii) *Lithophone*. *ch'ing*, klingende Steinplatten; *pien-ch'ing*, Klangsteinspiel. (iii) *Holz*. Bei konfuzianischen Zeremonien wird jede Strophe der Konfuziushymne mit drei Hammerschlägen auf das *chu*, einen ca. 60 cm breiten, wannenartigen Holzkasten, eingeleitet, indem nacheinander auf den Boden und auf beide Seitenteile geschlagen wird. Beim Ende einer Strophe wird auf dem *yü* gespielt, ein Schrapidiophon in Form eines hölzernen Tigers auf einem Kasten in etwa der Größe des *chu* und mit Bambuszähnen auf dem Rücken: drei Schläge auf den Kopf und dreimaliges Kratzen mit einem geteilten Bambusstab über die Bambuszähne. *mu-yü*, der »Holzfisch« der Mönche (→TEMPELBLÖCKE) kommt in verschiedenen Größen vor und dient hauptsächlich der Begleitung buddhistischer und taoistischer Gesänge. Klappern in der Volks- und Opernmusik bestehen aus zwei oder mehr Hartholzteilen, die an einem Ende mit einer Seidenschnur zusammengebunden sind (*pang-tzu* in kriegerischen Szenen der Peking-Oper). *mu-ch'in* ist ein Xylophon westlichen Typs, das häufig in kantonesischer Musik erklingt.

(b) *Trommeln*. Große Vielfalt, je nach Provinz unterschiedliche Art, mit einem oder zwei Fellen, die mit groben Nägeln befestigt sind. Siehe →*ku* und →*po-fu*.

(c) *Saiteninstrumente*. →Wölbbrettzithern, deren bedeutendste und prestigereichste das →*ch'in* ist; das populäre →*cheng* (Abb. 1, rechts) hat einzeln verschiebbare Stege. Lauten: →*pipa*, groß und birnenförmig; →*yüeh-ch'in*, mit rundem Korpus; →*san-hsien* (Abb. 1, zweites Instrument von links), dreisaitige Langhalslaute (→LAUTE, 7). Fidel: →*er-hu* (Abb. 1, Mitte), eines von vielen Streichinstrumenten (Oberbegriff: *hu-ch'ing*), die alle mit zwischen die Saiten geführten Bogenhaaren gespielt werden. Hackbrett: *yang-ch'in* (→HACKBRETT, 3).

(d) *Blasinstrumente*: (i) *Keramik*. Gefäßflöte →*hsüan* sowie viele Keramikpfeifen. (ii) *Bambus*. Querflöte →*ti-tzü* (Abb. 1, links) mit Membranöffnung; Kerbflöte →*hsiao*. Doppelrohrblattinstrumente: →*so-na*; →*kuan*. (iii) *Kalebassen*. Mundorgel →*sheng*. (iv) aus anderen Materialien (nicht Teil der traditionellen chinesischen Klassifikation) →*la-pa*.

2. Korea

Einige der koreanischen Instrumente sind für den Musikhistoriker besonders interessant, da sie in China nicht mehr gespielt werden.

(a) *Idiophone*. Zu den Glocken (zu einer riesigen alten koreanischen Glocke →GLOCKE, 1) gehört das Glockenspiel *p'yŏnjong*. Becken, *chabara*. Gongs: große, *ching*; kleine, flache *kkwaenggwari*. Hängende rechteckige Eisenplatten, *panghyang*. Das Klangsteinspiel *p'yŏn'gyong* (Abb. 2, oben rechts hinten; →auch LITHOPHON), wird zusammen mit dem Glockenspiel im höfischen Orchester gespielt

Abb. 1. China: mehrere Musiker (aus Wiant 1965) mit (v.l.n.r.) ti (Querflöte), san-hsien (Langhalslaute), er-hu (Fidel), khuur (mongolischer Fidel) und cheng (Zither).

Abb. 2. Ein sinawi-Ensemble aus Korea: in der vorderen Reihe komun'go (Zither), ajaeng (Bogenzither), kayagum (Zither); in der hinteren Reihe haegum (Fidel), taegum (Flöte), p'iri (zylindrische Oboe), changgo (Sanduhr-Trommel).

und klingt eine Oktave höher. »Holzfisch«, *mokt'ak*. Klappern, *pak*.

(b) *Trommeln*. *puk*, Faßtrommel, die mit einem dicken hölzernen Schlegel auf das rechte Fell, auf das linke hingegen mit der Hand geschlagen wird; *chwago* (im Hoforchester), *yŏnggo* (im Militärorchester) sind Faßtrommeln mit genagelten Fellen, die mit weichen Schlegeln geschlagen werden; unter den Sanduhrtrommeln gehört die große *changgo* (Abb. 2, rechts) zu fast allen Ensembles; das rechte Pferdefell wird mit einem dünnen Bambusstab geschlagen, das andere, aus Kuhfell, mit der Hand.

(c) *Saiteninstrumente*. →Wölbbrettzithern →*kayagŭm* (Abb. 2, rechts) und →*kŏmun'go*, erstere entspricht dem chinesischen →*cheng*, letztere gilt als das vornehmste der koreanischen Instrumente. Beide sind Teil der höfischen Musik, ebenso die mit Bogen gestrichene Wölbbrettzither →*ajaeng* (Abb. 2, Mitte). Fidel, *haegŭm*. Hackbrett, *yanggŭm*, gespielt mit einem einzigen Klöppel.

(d) *Blasinstrumente*. Die Gefäßflöte ist immer ein Instrument des Ensembles bei den alten halbjährlichen Opferfesten zu Ehren des Konfuzius. Querflöten: die ca. 80 cm lange *taegŭm* mit Membranloch (Abb. 2), die kleinere *tang-jŏk* ohne Membran (im Hoforchester); Kerbflöte *tanso* (höfisches Kammerorchester). Doppelrohrblattinstrument: zylindrische →*p'iri* (Abb. 2, Mitte hinten), wie die chinesische *kuan* das führende Instrument in dem traditionellen Standard-Ensemble mit Fidel, der Flöte *taegŭm* und der Trommel *changgo*. Zur Schalmeienfamilie zählt das *hojŏk*, das führende Instrument der buddhistischen Instrumentalmusik und der Militärmusik, wo es zusammen mit der langen Messingtrompete *nabal* (die lange Töne alternierend mit der Muscheltrompete spielt), Becken, Gong und der Trommel *yonggo* gespielt wird. Abb. 2 zeigt ein typisches schamanisches Instrumentalensemble aus Südwest-Korea mit einigen dieser Instrumente.

3. Tibet

Zu den populären Instrumenten zählt eine Langhalslaute, die der kaschgarischen *rubok* (→RABAB, 4b) ähnelt; die den entsprechenden chinesischen Instrumenten ähnelnde Fidel; Hackbrett; Querflöten aus Bambus; Kernspaltflöten; eine der →*surnā* des Mittleren Ostens ähnliche Schalmei. Buddhistische Klöster haben Schlagzeug- und Bläserensembles.

(a) *Idiophone*. Handglocken. Schwere Becken mit hochgewölbtem Buckel (→BECKEN, Zeichnung 1d).

(b) *Trommeln*. Zweifellige Rahmentrommel *rnga*, an einem Ständer oder auf einer Stange. *damaru* aus zwei menschlichen (oder aus Holz nachgebildeten) Schädeln, die miteinander verbunden sind.

(c) *Blasinstrumente*. Schalmei *rgya-gling* als einziges Melodieinstrument, mehr als 50 cm lang, mit weiter Metallstürze und häufig mit Metallringen und Edelsteinen verziert. Trompeten: Mit Messing reich besetzte →Muscheltrompete. Ca. 3 m lange *dung* (*dung-chen*), mit geradem, konischem Rohr aus Messing oder Kupfer, das nach Gebrauch teleskop-artig auf ca. 50 cm zusammengeschoben wird; ein Paar davon spielt tiefe Töne (hauptsächlich den 2. Naturton) als Vorspiel zum langsamen Gesang der Mönche. Trompeten aus Schenkelbein, traditionell eines hingerichteten Menschen (oder aus Kupfer mit tiersymbolischer Stürze), die »wie das erschaudernde Heulen eines Wolfs im Morgengrauen« klingen (die zwei Öffnungen am Ende des Oberschenkelknochens galten als die Nasenlöcher des mystischen Pferdes, das den Geist der Verstorbenen überbringt).

Lit.: Chao Mei-pa 1969; Picken 1957; Wiant 1965.

Ch'ing Chinesischer Klangstein (→LITHOPHON).

Ching In Korea ein Gong, in Thailand Becken.

Ching-hu →ER-HU.

Chirimía (span.). Ein schalmeiähnliches Doppelrohrblattinstrument in Lateinamerika, das bei Volksfesten und religiösen Festen zusammen mit Trommeln gespielt wird (obwohl man in Mexiko dahin tendiert, es durch eine Trompete oder ein anderes Instrument zu ersetzen). Ein verbreiteter Typ stammt aus Guatemala und hat eine zylindrische Bohrung, aber einen langen konischen Schaft, weswegen es die hohe Lage eines konischen Rohrs hat und sich in die Oktave →überblasen läßt, obwohl dies selten praktiziert wird (McNett 1960).
In Kolumbien kann *chirimía* auch ein Ensemble aus Flöten und Trommeln bedeuten. Die katalanische Schreibweise *xirimía* kann auf den Balearen ein →Rohrblattinstrument bedeuten. →auch SACKPFEIFE, 3d.

Chirula, chistu Baskische und gascognische Bezeichnungen für die →Einhandflöte.

Chitarra (ital.) →GITARRE.

Chitarra battente (ital.). In Museumskatalogen werden so barocke fünfchörige →Gitarren mit einer gespänten, gewölbten Schale (statt des für die Gitarre eher typischen flachen Bodens) häufig bezeichnet. In Italien versteht man unter *chitarra battente* seit dem 17. Jahrhundert eine normalerweise große Gitarre mit Metallsaiten, gespäntem Boden und einer am →Querriegel abgeknickten Decke (wie bei der Neapolitanischen Mandoline, →MANDOLINE, 1).
Als noch heute in Kalabrien gespieltes Volksmusikinstrument kann die *chitarra battente* vier Chöre mit dünnen Saiten und eine kürzere →Abzugssaite (*scordino*) haben, deren Wirbel sich neben dem siebenten der zehn →Bünde befindet. Die Stimmungen sind variabel. Auf den größtenteils nicht abgegriffenen Saiten schlägt man Tonika- und Dominantakkorde in enger Lage und unterstützt den kräftigen Klang durch Schlagen oder Reiben der Decke mit derselben Hand.
Lit.: Tucci/Ricci 1985.

Chitarrone Eine →Laute des 17. Jahrhunderts mit extrem langem Hals und zwei Wirbelkästen.

1. *Chitarrone und Theorbe*

Im dritten Viertel des 16. Jahrhunderts vollzog sich in Italien ein bedeutender musikalischer Stilwandel. Im Sinne der humanistischen Interpretation der alten griechischen Musik wandten sich die Komponisten stärker der Bedeutung der solistischen Vokalstimme und dem dramatischen Vortrag des Textes zu. Es entstand die *seconda prattica*, deren musikalisches Gerüst der Basso continuo (→GENERALBASS) abgab. Dafür benötigte man Instrumente, auf denen man die Baßlinie und zusätzlich die ad hoc beim Spiel ausgesetzten Akkorde über den Baßtönen spielen konnte. Spezielle Lautentypen wurden entwickelt, um beiden Forderungen gerecht zu werden. Der wichtigste dieser Lautentypen war der Chitarrone (nach →*kithara*, der antiken Leier) bzw. die →Theorbe. Ob diese beiden Namen ursprünglich zwei verschiedene Instrumente bezeichnen oder ob sie sich auf ein und dasselbe beziehen, ist ungeklärt. Es hat sich erst im Nachhinein durchgesetzt, mit Chitarrone die längste dieser Lauten (Abb. 1) und

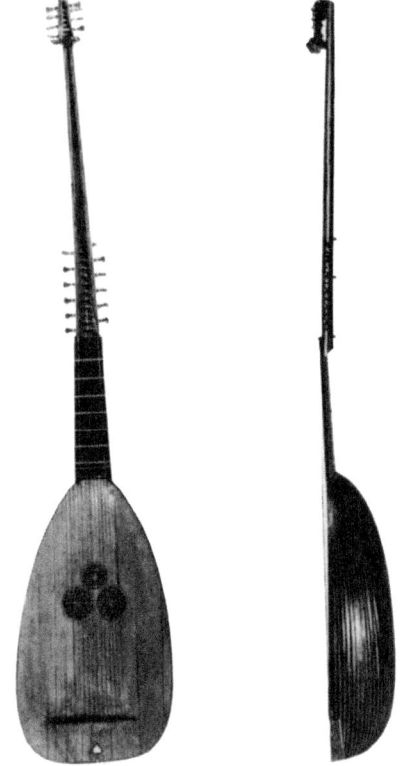

Abb. 1. Chitarrone von Magno Dieffopruchar, Venedig 1608.

mit Theorbe einen Lautentyp ähnlicher Funktion, aber mit kürzerem Hals zu bezeichnen, wobei man sich im wesentlichen auf die bei →Praetorius 1619 getroffene Unterscheidung beruft. Die besondere Länge der Instrumente ergibt sich aus den sogenann-

Notenbeispiel 1

ten →Abzügen neben den Griffsaiten. Statt des bei europäischen Lauten normalerweise nach hinten abgeknickten Wirbelkastens besitzt der Chitarrone einen fast senkrecht verlaufenden Wirbelkasten, an den sich eine Verlängerung des Halses anknüpft, die in einen zweiten Wirbelkasten (für die Abzüge) mündet. Normalerweise hat der Chitarrone sechs oder sieben Saitenchöre auf dem Griffbrett und sieben oder acht einzelne, diatonisch gestimmte Abzugssaiten.

Das wichtigste Unterscheidungsmerkmal von Chitarrone und Theorbe gegenüber allen anderen Lautentypen ist ihre Größe im Verhältnis zum Stimmton: die Länge der Griffsaiten läßt es nicht zu, daß der oberste Chor und normalerweise auch der zweite Chor in der eigentlichen Tonhöhe gestimmt werden können. Deshalb stehen diese beiden Chöre eine Oktave tiefer, womit der dritte Chor zum höchsten wird. Notenbeispiel 1 gibt die normale A-Stimmung der Theorbe an (→LAUTE, 2b). Die unterste, mit einem Sternchen versehene Note kann auch chromatisch gestimmt sein (Fis oder Es). →Tabulaturen für Chitarrone oder Theorbe berücksichtigen die Oktavverschiebung auf den obersten Chören. Es gibt wenig solistische Musik für den Chitarrone, eine bekannte Quelle ist J. H. Kapsbergers *Intavolature di chitarrone*, Venedig 1604.

2. Chitarrone

Die Gesamtlänge kann mehr als 200 cm betragen, die Korpuslänge 71 cm. Die obere Verlängerung des unteren Wirbelkastens ist in einem kleinen Winkel zurückgeneigt, damit die Abzugssaiten den Griffbrett-Chören nicht im Wege stehen – die nach einigen Quellen mit Draht besaiteten Abzüge sind fast doppelt so lang wie die Griffsaiten (und haben damit fast die Länge der tiefen Saiten eines großen Cembalos).

Das Instrument erscheint zum ersten Mal in der Beschreibung der Intermedii zur herzoglichen Hochzeit 1589 in Florenz, einer seiner Spieler war Antonio Naldi, dem später die Erfindung zugeschrieben wurde. In Monteverdis *Orfeo* (1607) wird bei fast allen Rezitativen der Chitarrone als eines von mehreren Generalbaßinstrumenten angeführt, gelegentlich auch zwei und bei Chören sogar drei Chitarroni. Wir lernen daraus, daß eine dieser großen Lauten nicht immer in einem Ensemble ausreicht bzw. daß der Generalbaß außerordentlich kräftig erklingen sollte.

Lit.: Pohlmann 1968; Smith 1979; Spencer 1976.

Chocalho (Chocolo, Schüttelrohr) Zylindrische Rassel brasilianischer Herkunft, die zusammen mit ähnlichen Rhythmusinstrumenten in der lateinamerikanischen Tanzmusik eingesetzt wird. Ursprünglich aus Bambus gefertigt, besteht der *chocalho* inzwischen aus einer ca. 40 cm langen Metallröhre, deren Enden mit Pergament oder einem ähnlichen Material verschlossen sind und in der sich Schrot oder Steinchen befinden. Durch längliches Schütteln entsteht ein zischendes Geräusch. Beim Samba werden mit dem *chocalho* die durchlaufenden Achtel-Schläge erzeugt. Milhaud fordert das Instrument in *Saudades do Brasil* (1920). Ähnliche Rasseln kommen auch im europäischen Volksmusikinstrumentarium (z.B. in Sizilien, wo aus Karton gefertigte Röhren Babies beruhigen sollen) und in Papua Neu-Guinea vor, wo sie während des Tanzens geschüttelt werden.

Chonguri Volkstümliche →Langhalslaute (→LAUTE, 7) in Georgien. Das Korpus hat eine gespänte gewölbte Schale mit einer Fichtendecke mit charakteristischem, abgerundetem Rhombus-Umriß und einem rechtwinklig geschnittenen Fuß. Ältere Instrumente haben mehrere kleine Schallöcher. Drei Nylonsaiten führen in einen gebogenen Wirbelkasten mit seitenständigen Wirbeln, eine kurze vierte Saite ist an der Baßseite des Halses (wie beim →Banjo) aufgezogen, um kontinuierlich einen →Bordunton in der Oberoktave der tiefsten leeren Saite zu erzeugen. Es gibt verschiedene Stimmungen für das Instrument. Auf der von Frauen gespielten *chonguri* werden Tänze gespielt oder der Gesang begleitet. Ein modernisierter Typ wird für volkstümliche Ensembles in verschiedenen Größen bis hinunter zum Baß gebaut.

Lit.: Vertkov 1963.

Chor (engl.: *course*; ital.: *muta*; fr. *chœur*). Bei Saiteninstrumenten wie der Gitarre und der Laute zählt man nicht die Anzahl aller Saiten, sondern die der Saitenpaare (bzw. Gruppen), die auf denselben Ton oder in der Oktave gestimmt sind und zusammen gespielt werden, um einen kräftigeren Klang zu geben. Jedes dieser Saitenpaare bzw. -gruppen wird als Chor bezeichnet. Die Mandoline mit vier Saitenpaaren ist also ein vierchöriges Instrument und mit vier Doppelchören bezogen. Häufig steht eine der Saiten eine Oktave höher, so daß bei jeder notierten Note, die auf dem Chor gespielt wird, de facto zwei Töne erklingen.

Chordophone

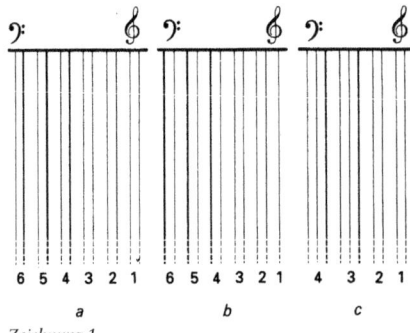

Zeichnung 1

Zeichnung 1 stellt schematisch drei Beispiele dar (Sattel am oberen Ende). Die Saite in der Oktavlage ist dünner als die korrespondierende Hauptsaite gezeichnet. Zeichnung 1a zeigt die Saitenverteilung auf einer modernen 12saitigen Gitarre (→GITARRE, 3b), die ein sechschöriges Instrument mit sechs doppelten Chören und davon drei oktavierten Chören ist. Zeichnung 1b gehört zu einer Laute in typischer Stimmung des 16. Jahrhunderts mit 11 Saiten, von denen die erste einzeln, die übrigen doppelchörig angeordnet sind. Zeichnung 1c gehört zu einer Cister in alter französischer Stimmung mit zwei doppelten und zwei dreifachen Saitenchören. In diesem Fall ist der vierte Saitenchor höher gestimmt als der dritte (wie auch bei der →Ukulele, obwohl diese normalerweise nur einfachen Saitenbezug hat).

Chordophone Oberbegriff aus der Hornbostel/Sachs'schen Systematik für Musikinstrumente, bei denen eine oder mehrere Saiten zwischen festen Punkten ausgespannt sind (Musikbogen, *koto*, Violine, Harfe, Cembalo, Hammerklavier etc.). →auch KLASSIFIKATION DER MUSIKINSTRUMENTE.
Lit.: Hornbostel/Sachs 1914.

Choristfagott →DULZIAN.

Chorton Bis ca. 1800 der für die Kirchenmusik (und damit auch die Orgeln) geltende Stimmton, der einen Ganzton über dem →Kammerton stand. Aus diesem Grund sind bei Bachschen Kantaten die Orgelstimmen häufig in einer anderen Tonart notiert als die restlichen Instrumentalstimmen. Vgl. STIMMTON.

Chromatische Harfe →HARFE, 9d.

Chung Chinesische Glocken, die auf der Außenseite angeschlagen werden. →CHINA UND KOREA, 1a.

Chuniri Ein volkstümliches Streichinstrument in Georgien, das mit einem einfach gearbeiteten, stark gewölbten Bogen gestrichen wird. Das Korpus besteht aus einem über einen hölzernen Rahmen gespannten Fell und ist an einem langen flachen Hals mit seitenständigen Wirbeln für zwei oder drei Saiten aus schwarzem Roßhaar befestigt. Wie viele andere volkstümliche →Fideln mit wenigen Saiten wird das Instrument zur Begleitung von Liedern und Rezitationen verwendet und kommt in modernisierter Form, auch in der Baßlage, vor.

Ciaramella →ZAMPOGNA, 2.

Cimbalom Das große ungarische Hackbrett (→HACKBRETT, 2).

Cimbasso Stimmenbezeichnung in vielen italienischen Opernpartituren seit ca. 1827, wie z.B. Bellinis *Norma* (1831) und bis einschließlich Verdis *Aida* (1870) für die Bläserstimme unterhalb der Posaunenstimme. Zunächst wurde die *Cimbasso*-Stimme vom →Serpent gespielt: A. Bertinis *New system for learning ... all instruments* (London 1837) nennt für den *Cimbasso* sechs Grifflöcher, sieben Klappen und einen Tonumfang von C bis g^1 (Myers 1986, S. 134). Mitte des 19. Jahrhunderts wurden die *Cimbasso*-Stimmen auf der →Ophikleïde oder dem →Bombardon (einer frühen Tuba) gespielt, bis Verdi für *Otello* eine tiefe Ventilposaune bevorzugte. Um alle Opernpartituren auf einer Zugposaune spielen zu können, konstruierte die Fa. Gebrüder Alexander, Mainz, 1959 unter der Bezeichnung *Cimbasso* eine Baß-Zugposaune in F mit zwei Ventilen für die linke Hand, mit Mittelfingerventil für das D, Daumenventil für das C und beide zusammen für das tiefe B.

CIMCIM →COMITÉ INTERNATIONAL DES MUSÉES ET COLLECTIONS D'INSTRUMENTS DE MUSIQUE.

Cimpoi →SACKPFEIFE, 5b.

Cister (Sister, Cither) (engl.: *cittern*; ital.: *cetra*, *cetera*; fr.: *cistre*; span.: *cítara*). Von den Zupfinstrumenten mit Metallsaiten des 16. und der 1. Hälfte des 17. Jahrhunderts das bedeutendste. Es hat einen birnenförmigen Korpusumriß (Abb. 1), einen flachen Boden und sehr flache Zargen, die normalerweise vom Hals bis zur Saitenaufhängung schmaler werden. (Die Zarge ist am unteren Korpusrand ca. 2,5 cm oder weniger breit.) Die Decke hat eine meist dekorative →Rosette. Das geringe Volumen des Korpus verstärkt den unbeschwerten, glitzernden Klang der dünnen Drahtsaiten, die meist mit dem →Plektron oder auch mit den Fingern gezupft werden.

Cister (Sister, Cither)

Abb. 1. Cister von Gasparo da Salò, Brescia (2. Hälfte des 16. Jahrhunderts); Seiten- und Vorderansicht.

1. Saiten

Die höheren Saiten sind aus Stahl, die tieferen aus Messing. Sie laufen von einem hölzernen, kammartigen Saitenhalter oder Anhängestiften am Korpusboden unter einem niedrigen beweglichen Steg zum Wirbelkasten mit seitenständigen oder vorderständigen Wirbeln. Der Wirbelkasten trägt einen geschnitzten Kopf. Hinter dem Wirbelkasten befindet sich normalerweise ein geschnitzter Haken, der (nach Wright 1977) ein Überbleibsel des im Kopf der mittelalterlichen →Citole befindlichen Daumenlochs sein kann. Das dicke Griffbrett mit eingelegten →Bünden aus Metall oder Knochen reicht bis über die Decke. Der Oktavbund liegt dort, wo der Hals angesetzt ist. Die meisten Cistern stammen aus Italien, und bei ihnen ragt die Baßseite des Griffbretts über den dicken Hals hinüber, so daß der linke Daumen mehr Bewegungsfreiheit hat. Die Saitenlänge beträgt in der Regel 45 cm (bewegt sich also zwischen Gitarre und Mandoline), aber einige Cistern sind größer und stehen in tieferer Stimmung. (Zur Erzcister mit →Abzügen →CETERONE.)

2. Stimmung und Tabulatur

Notenbeispiel 1a zeigt die gewöhnliche italienische Stimmung (wie sie auch Praetorius 1619 angibt) für die Cister im 16. Jahrhundert mit sechs Doppelchören. Englische Instrumente waren vierchörig und wie die oberen vier Chöre der italienischen gestimmt. Französische Instrumente waren ebenfalls vierchörig, aber mit einem um einen Ganzton tiefer gesetzten vierten Chor. Außerdem waren die beiden tiefen Chöre mit drei Saiten bezogen, von denen zwei in der Oberoktave gestimmt waren (Notenbeispiel 1b).

Notenbeispiel 1

Notenbeispiel 2

Notenbeispiel 3

Die Kompositionen für die Cister sind in →Tabulatur notiert. Die italienische Cistertabulatur setzt wie die italienische Lautentabulatur den ersten (= obersten) Chor auf die untere Linie und verwendet Ziffern für die Bünde (leere Saite = »0«). Die englische Tabulatur verwendet das französische System, wobei die obere Linie den ersten Chor und Buchstaben die Bünde darstellen (leere Saite = »a«); siehe Notenbeispiel 2 (Holborne 1597; dieses Beispiel legt nahe, daß mit →Plektron gespielt wurde, da alle Akkorde ausschließlich aus Tönen benachbarter Saiten zusammengesetzt sind. Aus nicht näher bekannten Gründen ließen die Franzosen den auf den dritten Bund folgenden Halbtonbund weg, so daß der vierte Bund als »e« einen Ganzton über dem dritten Bund (geschrieben »d«) steht. Siehe Notenbeispiel 3; man beachte, wie die Melodie auf dem vierten Chor gespielt wird und deshalb in Oktaven erklingt (vgl. die französische Stimmung laut Notenbeispiel 1b).

3. Entwicklung der Cister

Die Cister wurde im 15. Jahrhundert in Italien entwickelt und war vielleicht ein Abkömmling der mittelalterlichen →Citole. Das ganze Instrument war mit Ausnahme der Decke aus einen Stück geschnitzt, bis – wie beim Geigenbau – die Fertigung separater Teile von den italienischen Instrumentenbauern seit Mitte des 16. Jahrhunderts aufgegriffen wurde. Ein wichtiger Name in diesem Zusammenhang ist Girolamo Virchi aus Brescia, der als Lehrer von Gasparo de Salò (→VIOLINE, 4) gilt. Virchis Meisterschaft zeigt sich neben einem von ihm signierten außergewöhnlich schönen Instrument von 1574 (Kunsthistorisches Museum, Wien) an zwei unsignierten Cistern, die lange Zeit Stradivari zugeschrieben waren.

4. Repertoire

Wegen ihrer robusten Bauart und der Bespannung mit Metallsaiten, die selten rissen und besser als Darmsaiten die Stimmung hielten, war die Cister eine beliebtes Laieninstrument. Französische Lautentabulaturen existieren u.a. von Guilaume Morlaye, Adrien Le Roy und Simon Gorlier (alle Mitte 16. Jahrhundert). Zu herausragenden Sammlungen mit Tabulaturen für die Cister gehören die Tabulaturen von Paolo Virchi (1574), Fredericus Viaera (1564), Anthony Holborne (*The cittharn schoole*, 1597) und Thomas Robinson (*New citharen lessons*, 1609). Viele englische Sammeldrucke für gemischtes Ensemble enthalten ebenfalls einen Cister-Part, so z.B. Thomas Morleys *First book of consort lessons* (1599, →BANDORA).

5. Abkömmlinge der Cister

(a) *Hamburger Cithrinchen*. Bekannt durch die Exemplare von Joachim Tielke (1641–1719), Hamburg, einem Meister dekorativer Handwerkskunst, der als Lautenmacher gleichermaßen für seine Gamben, Gitarren und Lauten geschätzt wurde. Das nur 28 cm lange Korpus hat einen glockenförmigen Umriß und nahe jeder Ecke eine kleine Rosette. Die fünf Doppelchöre sind wie die fünf oberen Chöre der Gitarre gestimmt.

(b) *Waldzither (Harzer Zither, Thüringer Zither).* Ende des 17. Jahrhunderts verlor die Cister an Bedeutung, doch in Deutschland hielten sich bis ins 20. Jahrhundert hinein regionale Typen als bäuerliche Volksinstrumente, so die Waldzither, die nicht mit der →Zither (ohne Hals) verwechselt werden sollte.

(c) *English guitar.* →ENGLISH GUITAR, 1.
(d) *Guitare allemande.* →ENGLISH GUITAR, 2.
(e) *Portugiesische Gitarre.* →ENGLISH GUITAR, 3.
Lit.: Dart 1948; Gitarre 2004; Hadaway 1973; Tyler 1974; Ward 1979/81.

Cistre (fr., »Cister«). →CISTER sowie ENGLISH GUITAR, 2.

Cithara Lat. Bezeichnung (nach gr. →*kithara*) für eine →Leier; im mittelalterlichen Latein normalerweise eine →Harfe. In der Renaissance kann *cithara* auch →Cister bedeuten.

Cither →CISTER.

Cither viol (Sultana) Ein zuerst von Thomas Perry, Dublin, um 1760 konstruierter gestrichener Abkömmling der →*english guitar*, mit gewölbtem Korpus. Die einchörigen Saiten werden – wie meistens bei der *english guitar* – in einer »Uhrenschlüssel«-Schraubenstimmvorrichtung geführt. Das Instrument wurde bis ca. 1820 hergestellt.

Cithrinchen →CISTER, 5a.

Citole und Gittern Zwei mittelalterliche Instrumentenbezeichnungen, hauptsächlich aus der Zeit 1250–1350. Es ist nicht eindeutig, welche dieser Bezeichnungen für welches Instrument steht. In Darstellungen und Schnitzereien sieht man kleine Zupfinstrumente mit vier oder fünf Saiten, die in zwei Ka-

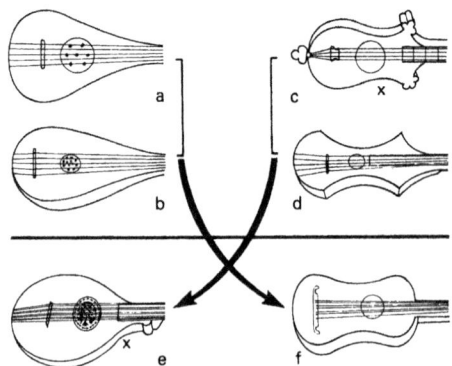

Zeichnung 1. Citole und Gittern: Evolutionstheorie der Instrumente aufgrund ihres Umrißwandels.

tegorien eingeteilt werden können: In Zeichnung 1 gehören *a* und *b* in die eine Kategorie, *c* und *d* in die andere. Ältere Instrumentenkundler haben das birnenförmige Instrument (1*a*) als Vorläufer der frühen →Cister (1*e*) gesehen und den gebogenen Umriß von *c* (→auch MITTELALTERLICHE INSTRUMENTE, Abb. 1) und *d* als Vorläufer der Renaissance-Gitarre (1*f*). Das in Zeichnung 1*b* dargestellte Instrument wurde »Mandora« genannt, obwohl dieses Wort selten in mittelalterlichen Quellen erscheint.

Wright hat 1977 aufgezeigt, daß die bisherige Evolutionstheorie nicht stimmig ist. Die plausibleren Beziehungen sind in Zeichnung 1 durch die dicken Pfeile dargestellt. Die mit »x« markierte Biegung in *c* wird zur Biegung »x« in *e*. Das einzigartige Instrument aus dem frühen 14. Jahrhundert, das (später verändert) im British Museum aufbewahrt wird, ist demzufolge keine Gittern, wie bisher angenommen, sondern eine Citole. Wright belegt, daß *a* eine Gittern ist. Im 15. Jahrhundert bezeichnet »Gittern« tatsächlich ein Instrument mit rundem Boden ähnlich einer kleinen Laute (vgl. 1*b* und siehe Page 1980, Abb. II) und man vermutet, daß die Spanier die Gitarrenform (*f*) unabhängig von 1*c* und *d* entwickelt haben. Im 16. Jahrhundert konnte »Gittern« eine vierchörige Gitarre bedeuten.

Lit.: Wright 1977; Page 1980.

Cláirseach (engl., irisch). →HARFE, 7.

Clarín Alte span. Bezeichnung für →Trompete, gelegentlich auch für →Signalhorn. In Bolivien und Peru wird so eine lange, bei sakralen Festen gespielte Trompete aus pflanzlichem Rohr mit einem seitlichen Mundstück und einer Stürze aus einem Kuhhorn oder aus Metall bezeichnet. Die Rohrlänge kann bis zu 2 m betragen. Manchmal ist die *clarín* in zwei oder drei parallelen Rohren gewunden. In Dörfern östlich von Ica (Peru) gibt es einen bis zu 5 m langen *clarín*-Typ, der aus alten Blechdosen zusammengesetzt ist und zusammen mit Trommel und →*quena*-Flöte einen ohrenbetäubenden Lärm veranstaltet. →auch ERKE.

Clarinette d'amour (fr.; ital.: clarinetto d'amore). Ein wenig bedeutender Klarinettentyp; gebaut zwischen ca. 1750 und 1820, von dem mehr als dreißig Exemplare noch erhalten sind. In der Regel hat das Instrument einen zwiebelförmigen Becher (»Liebesfuß«) und ein kurzes Metall- oder Holzmundrohr zwischen Korpus und Mundstück. Die Clarinette d'amour kommt in verschiedenen Stimmungen unterhalb der Klarinette in B vor und steht normalerweise in G oder As. Nur wenige Partituren benennen das Instrument, so z.B. die Noten der Oper *Temistocle* (1772) von Johann Christian Bach, deren Stimmen allerdings für Klarinetten auf tiefem D geschrieben sind, was möglicherweise →Bassetthörner eines frühen Typs in dieser tiefen Stimmung waren.

Clarinetto Ital. für →Klarinette.

Clarinetto basso Ital. für →Baßklarinette.

Clarinetto d'amore →CLARINETTE D'AMOUR.

Clarino
1. Als Begriff in der barocken und klassischen Trompetenmusik →TROMPETE, 4.
2. Unter »Clarino« versteht man ein modernes Blechblasinstrument auf D (der Tonhöhe der barocken Trompete) mit spiralförmigen Windungen, wie es gelegentlich in den 1960er Jahren gespielt wurde. Das Clarino wurde 1959 von Finke nach dem Portrait (1727) des Leipziger Trompeters Gottfried Reiche rekonstruiert. Es hat zwei kleine Löcher, die normalerweise von den Fingern bedeckt sind. Diese Löcher haben die Bewandtnis, daß das klingende g^2 und b^2 – diese Töne sind der problematische elfte bzw. dreizehnte Naturton der Trompete in D – als unproblematischer achter bzw. zehnter Naturton auf G gespielt werden können. Solche Tonlöcher gibt es inzwischen auf vielen modernen »Naturtrompeten«, wo sich diese Löcher nahe der hinteren Windung befinden. →auch POSTHORN, 1.

Clarone (ital.). →BASSKLARINETTE.

Clavecin Fr. für CEMBALO.

Clavecin brisé (fr.; engl.: *folding harpsichord*). Zu einem Kasten zusammenklappbares Reisecembalo (→CEMBALO).

Lit.: Libin 1987.

Claves Schlaginstrument kubanischer Herkunft und neben dem Schrapinstrument →Guiro und der Rassel →Maracas ein fester Bestandteil der lateinamerikanischen Tanzmusik. Die Claves (auch »Klanghölzer« oder »Rumbastäbchen« genannt) bestehen aus zwei ca. 16 bis 20 cm langen runden Hartholzstäben, von denen eines in der leicht gewölbten linken Hand so gehalten wird, daß die beiden Regionen der Schwingungsknoten (wie beim →Xylophon) auf dem Daumenballen bzw. dem Zeigefinger aufliegen, während die Handwölbung als Resonanzkörper fungiert. Dieses Stäbchen, das »Clave«, wird in der Mitte mit dem anderen Stäb-

Clavicembalo

Abb. 1. Gebundenes Clavichord von J. Weiss, Stuttgart 1702.

chen angeschlagen, wodurch ein trockener geräuschhafter Klang entsteht.

Die Claves zählen zu den vielen volkstümlichen außereuropäischen Schlaginstrumenten, die Edgard Varèse in das Sinfonieorchester eingeführt hat und die seither von vielen Komponisten (z.B. Berio, *Circles*; Copland) eingesetzt worden sind.

Clavicembalo Ital. für CEMBALO.

Clavichord (Klavichord) (engl.: *clavichord*; ital.: *clavicordo*; fr.: *clavicorde*; span.: *clavicordo, manicorde*). Besaitetes Tasteninstrument, seit der 2. Hälfte des 14. Jahrhunderts und vor allem in Deutschland, Skandinavien, Portugal und Spanien bis ins frühe 19. Jahrhundert in Gebrauch. Heute ist das Clavichord im Rahmen der Alte-Musik-Bewegung als kleines, leises Instrument für vorklassische Klaviermusik wieder verbreitet.

1. Konstruktion

Das Clavichord ist viereckig, ca. 120–170 cm breit und ähnelt äußerlich dem →Virginal bzw. dem →Tafelklavier, ist allerdings normalerweise kleiner als diese Instrumente. Bei aufgeklapptem Deckel fallen die Tastenhebel und der rechts liegende, fast quadratische Resonanzboden ins Auge (Abb. 1). Die Stahl- oder Messingsaiten verlaufen bei zweichöriger Besaitung von den Anhangstiften auf der linken Seite über den auf den ca. 3 mm (oder weniger) dicken Resonanzboden geleimten Steg zu den Stimmwirbeln. Auf jedem Tastenhebel befindet sich eine aufrecht eingeschlagene, ca. 13 mm hohe »Tangente« aus Messing an der entsprechenden Stelle, wo die Tangente das dazugehörige Saitenpaar berührt, wenn und solange die Taste niedergedrückt wird. Durch den Tangentenstoß werden die beiden Saiten in Schwingungen versetzt. Der linke Saitenabschnitt (vom Anhangstift bis zur Tangente) wird von einem durch die Saiten im Zickzackmuster hindurchgezogenen Filzstreifen (in Abb. 2 in der oberen Ecke sichtbar) abgedämpft. Die Saiten schwingen also nur von der Tangente bis zum Steg, und sobald die Taste losgelassen wird und

Abb. 2. Bundfreies Clavichord von G. J. Horn, Nickern 1790; Detailansicht mit Tastenhebeln, Tangenten und Tastenführung.

die Tangente von der Saite wegfällt, dämpft der Filzstreifen sofort die gesamte Saitenschwingung. Weil die Tangente die Saiten an einem Ende ihrer schwingenden Abschnitte in Schwingung versetzt, schwingt die Saite nur wenig. Daher hat das Clavichord seine geringe, ganz auf Intimität abzielende Lautstärke. Im Gegenzug dazu vermag das Clavichord den Einzelton durch den Anschlag mit einer für ein Tasteninstrument einzigartigen Differenziertheit zu gestalten. Mit wiegender Vertikalbewegung des Fingers auf der Taste kann der Spieler die Tonhöhe schwanken lassen und damit einen quasi singenden Ton erzeugen. Diese Verzierung nannte man »Bebung«. Sie wurde besonders auf langen Noten in Kompositionen mit traurigem Charakter eingesetzt.

2. *Gebundenes Clavichord*

Bis Anfang des 18. Jahrhunderts gab es nur gebundene Clavichorde, so genannt nach den →Bünden auf →Laute und →Gambe. Da die Tangente die schwingende Saitenlänge bestimmt, läßt sich jede Saite von mehreren Tangenten, die im Abstand von Halbtonschritten stehen, abtrennen. Gewissermaßen setzt das Clavichord das Prinzip des →Monochords in die musikalische Praxis um, wobei der verschiebbare Steg des Monochords durch die Tangenten ersetzt ist. Einige Porträtdarstellungen aus dem 15. Jahrhundert zeigen eine Tastatur an einem langen, schmalen Kasten mit Saiten gleicher Länge für 28 oder 29 Töne.

(*a*) *Frühe Arten des gebundenen Clavichords.* Bei Instrumenten des 16. Jahrhunderts hat die →kurze Oktave (im Baß) für jede Note ein Saitenpaar und bei den höheren Oktaven bis zu drei oder vier Tangenten für jedes Saitenpaar. So ähnlich wird es 1555 in Spanien von Juan Bermudo (*El libro llamado declaración de instrumentos musicales*) beschrieben und galt im wesentlichen noch für das 18. Jahrhundert. Die Tastenhebel verlaufen schräg, damit jede Tangente an der richtigen Stelle die Saite berührt, und werden mit einem Führungsblättchen in einer ausgesägten Leiste geführt. Wegen der »Bindungen« (Tangenten pro Saitenpaar) können nicht alle Akkorde gespielt werden, doch sind die Bindungen so ausgelegt, daß praktisch alle in jener Zeit üblichen Akkorde gespielt werden können. Weil die Dämpfung unmittelbar reagiert, werden Skalenspiel und Ornamente durch die Bindungen kaum beeinträchtigt, wenn der Spieler bei fallenden Tonstufen schnell die Tasten losläßt.

Solche gebundenen Clavichorde wurden für das Üben und Unterrichten bevorzugt verwendet. Organisten verwendeten sie regelmäßig, und bereits im späten 15. Jahrhundert gab es auch Clavichorde mit Pedalklaviatur.

(*b*) *Spätere Arten des gebundenen Clavichords.* Nach und nach wurde das System der gebundenen Saiten modifiziert und mehr und mehr aufgegeben. Instrumente können 23 Saitenpaare für einen Umfang von vier Oktaven (also 48 Töne) haben, so daß, abgesehen von der untersten Oktave, auf jede Saite zwei oder drei Töne kommen. Mehr als zwei benachbarte Halbtöne sind nie auf derselben Saite. D und A (oder manchmal E und H) sind immer ungebunden.

Der Tastenumfang beträgt vier Oktaven ab C, mit oder ohne kurzer Oktave im Baß. Das gebundene Clavichord wird wegen seiner kleinen Dimensionen und der schnellen Stimmbarkeit auch heute noch von vielen dem ungebundenen Clavichord vorgezogen.

3. *Ungebundenes (bundfreies) Clavichord*

Im 18. Jahrhundert in Deutschland entwickelt und häufig mit größeren Ausmaßen. Fast 2 m lang, hatte es einen Tonumfang von fünf Oktaven und erlaubte größere Dynamik und Lautstärke. Viele der Clavichorde des Hamburger Cembalobauers Hieronymus Albrecht Hass (1689 – zwischen 1746 und 1761) und seines Sohns Johann Adolph Hass (gest. ca. 1776) haben im Baßregister einen über einen separaten Steg geführten zusätzlichen 4'-Saitenbezug (wie beim →Cembalo), wodurch der Klang prächtiger wird. Die Tangente berührt dabei zunächst die kürzere, tiefer liegende Saite und drückt sie nach oben zur Ebene des normalen Saitenbezugs.

Das letzte bekannte Clavichord aus dieser ungebrochenen Tradition wurde 1821 in Stockholm gebaut. 1894 griff Arnold Dolmetsch diese Tradition im Rahmen der historisierenden Alte-Musik-Bewegung wieder auf.

4. *Repertoire*

Abgesehen von den Beschränkungen der gebundenen Mechanik und dem fallweise begrenzten Tonumfang läßt sich auf dem Clavichord die gesamte Klaviermusik spielen. Inwieweit Kompositionen wie Bachs *Wohltemperiertes Clavier* für das Clavichord gedacht sind, bleibt mehr eine spekulative Interpretation des Notentextes als ein eruierbares historisches Faktum. Ausdrücklich für das Clavichord komponierte Stücke gibt es erst im 18. Jahrhundert. Für die ungebundenen Clavichorde komponierte C.Ph.E. Bach seine expressiven Fantasien und sonstigen Klavierstücke.

Lit.: Boalch 1974, 1995; Harpsichord 2007; Henkel 1981; Kirkpatrick 1981; Knights 1995; Neupert 1948; Wagner 1989 (Bibliographie zum Clavichordbau). Siehe auch unter CEMBALO.

Clavicor Langes Blechblasinstrument des 19. Jahrhunderts in Tenorlage, mit engem Rohr und ausladendem (manchmal abschraubbarem) Schalltrichter und ursprünglich zwei Ventilen für die rechte Hand und einem dritten Ventil, das näher am Schalltrichter liegt, für die linke Hand. Bei späteren Modellen sind alle drei Ventile für die rechte Hand ausgelegt. Das meist in C stehende Clavicor wurde seit 1838 zuerst von Guichard, Paris, gefertigt und galt als bestes Ventilblasinstrument französischer Herkunft für die Mittellage vor Erfindung des →Saxhorns.

Clavicytherium Ein aufrechtes →Cembalo. Clavicytherien sparen Platz und wirken auf den Spieler wegen der direkten Klangabstrahlung besonders kräftig. Da die sich horizontal bewegenden Springer nicht von sich aus zurückfallen können, ist für jeden Springer eine Hebelkonstruktion notwendig, um ihn nach hinten zu werfen. Dort reißt er die Saite an, um dann durch das Gewicht der Taste oder eines am Hebel montierten Gewichtes in die Ausgangsposition zurückzukehren. Es gibt auch Mechaniken, bei denen Federn diesen Vorgang auslösen.

Das früheste noch existierende →Kielklavier ist ein wohl süddeutsches, auf ca. 1480 datiertes Clavicytherium im Museum des Royal College of Music, London.
Lit.: Meer 1978; Wells 1978; Kielklaviere 1991.

Clavier-Gamba →BOGENKLAVIER.

Clavi-lame →CLAVIOLA, 2.

Claviola Bezeichnung für verschiedene experimentelle Tasteninstrumente des 19. Jahrhunderts, bei denen
1. Saiten einzeln gegen einen mit Kolophonium eingestrichenen Reifen oder gezogenen Violinbogen gedrückt werden (eine Art Streichzither; Libin 1985, S. 143; →auch BOGENKLAVIER);
2. Stahlplatten von einer Hammermechanik angeschlagen werden. Bei diesem wenig erfolgversprechenden Prinzip (angewandt von Papelard, Paris 1847, und anderen, später auch *Clavi-lame* genannt) wurden die Klaviersaiten durch kurze, dünne Platten ersetzt, die an einer langen hölzernen Leiste montiert waren, so daß, gemessen an ihrer Größe, tiefe Töne entstehen (→TEILTÖNE, 6b). Bei einem ähnlichen, 1862 in London patentierten Instrument mit fünf Oktaven (Collection of Historic Musical Instruments, University of Edinburgh, Nr. 505) ist die Stahlplatte für A^1 (dem tiefsten Ton) ca. 8 cm lang und weniger als 1 mm dick. Trotz Resonanzboden und Korpus unter den Platten ist der Klang des Instruments (zumindest in seinem heutigen Zustand) wenig befriedigend. Doch mit dem Aufkommen des magnetischen Tonabnehmers und Verstärkers ist die angeschlagene, einseitig befestigte Stahlplatte eine Grundlage für das E-Piano.
Lit.: Libin 1985.

Claviorganum →ORGELKLAVIER.

Coach-Horn (engl.). Ein gerades, 90 – 120 cm langes, meist aus Kupfer gefertigtes Signalhorn, dessen konische Röhre in ein trichterförmiges Schallstück ausläuft. Das *coach-horn* ersetzte in England in der 2. Hälfte des 19. Jahrhunderts die kürzeren →Posthörner aus Messing.

Cobla Katalanische Blaskapelle charakteristischer Besetzung. →DOPPELROHRBLATTINSTRUMENT, 1b.

Cobză (vom alttürkischen *kobuz*). Die Laute in der rumänischen Volksmusik. Das Instrument hat ein tiefes Korpus, einen sehr kurzen bundlosen Hals und einen abgeknickten Wirbelkasten. Die ca. 50 cm langen Darmsaiten werden in vier →Chören gestimmt, z.B. d a d g, wobei die beiden oberen Chöre doppelt besaitet sind (die zweite Saite jedes Chores steht in der Unteroktave). Der dritte Chor besteht aus zwei unisono gestimmten Saiten, der vierte Chor aus drei Saiten (zwei unisono gestimmten Saiten und einer dritten Saite in der Unteroktave). Die *cobză* wird mit Federkiel-→Plektron gespielt und in solistischen Improvisationen, aber insbesondere auch zur Begleitung der Violine in schnellen punktierten Rhythmen der Tänze *sirba* und *hora* eingesetzt.

Col legno (ital. »Mit dem Holz«). Eine Aufführungsanweisung für Streicher, bei der die Saiten mit dem Bogenholz geschlagen werden. Berlioz hat das *col legno* im Hexensabbat (4. Satz) seiner *Symphonie fantastique* mit phantasievollem Effekt gefordert und damit möglicherweise Saint-Saëns zur Verwendung des *col legno* im *Danse macabre* angeregt, um das Klappern der Skelette darzustellen. In Schönbergs Streichtrio op. 45 wird ein *col legno tratto* gefordert, was »mit dem Bogen streichen« bedeutet.

Colascione (ital.; fr.: *colachon*). Eine →Langhalslaute, ähnlich dem →*bouzouki*. In ihrer ursprünglichen Form ist sie von türkischen Gefangenen um 1480 als *tambura* in Neapel eingeführt worden (Tinctoris; →RENAISSANCE-INSTRUMENTARIUM). Der Colascione hat zwei oder drei Chöre aus Darmsaiten und einen langen, dünnen Hals mit ca. 21 Darmbünden. In Neapel wurde das Instrument teilweise italienisiert und vom Bürgertum gespielt, wobei eine Spielweise gepflegt wurde, die aus Cembalokompositionen jener Zeit bekannt ist, die ein mandolinenähnliches Tremolo imitieren (Silbiger 1980). Telemann hat das Instrument in seinem »Concert à 2 Flûtes traverses avec 2 Violons, Viole, Calchedon et Basse« verwendet. Während des 19. Jahrhunderts war der Colascione als Volksmusikinstrument in Süditalien bekannt und soll noch Anfang des 20. Jahrhunderts von sizilianischen Spielleuten gespielt worden sein (Sachs 1920). Im 17. Jahrhundert bildete sich in Mitteleuropa ein *colachon* mit einem größeren Korpus und breiterem Hals für sechs oder mehr Saiten offenbar als ein Abkömmling der →Mandora heraus (Gill 1981).

Lit.: Gill 1981; Pohlmann 1968.

Combo (von engl.: *combination*, »Zusammenstellung«). Solistisch besetztes Tanzmusikensemble variabler Besetzung.

Comité International des Musées et Collections d'Instruments de Musique (CIMCIM) (International Committee of Musical Instruments Museums and Collections). Dem International Council of Museums (ICOM) angeschlossene Vereinigung der öffentlichen Musikinstrumentenmuseen und -sammlungen. CIMCIM hat mehrere Publikationen herausgegeben, die sich primär mit Fragen der Restaurierung und Konservierung von Musikinstrumenten beschäftigen. Nähere Informationen unter: http://www.music.ed.ac.uk/euchmi/cimcim. Dort ist auch eine internationale Datenbank von Musikinstrumentensammlungen abrufbar.

Lit.: CIMCIM *newsletter*. 1973–1989; CIMCIM *publications* 1ff.

Computerflügel →REPRODUKTIONSKLAVIER.

Concertino (ital., »kleines Konzert«). Solistische Instrumentengruppe innerhalb des Concerto grosso im 16. und 17. Jahrhundert. →auch RIPIENO.

Conga (Tumba) Ein afrokubanischer Trommeltyp, der von Brasilien bis zu den Westindischen Inseln verbreitet ist und von dort Einzug in die lateinamerikanische Tanzmusik genommen hat. Das lange, sich nach unten verjüngende Holzkorpus (→BONGOS, Zeichnung 1), ist bis zu 80 cm hoch und wird entweder auf einen Metallständer gestellt oder in der ursprünglichen Spielweise, um das Metrum des Rumbas zu schlagen, zwischen die Knie genommen. Das inzwischen mit Spannreifen gespannte Fell wird mit den Händen in vielfältigster Weise angeschlagen, wobei auch die Tonhöhe leicht verändert werden kann, indem der Spieler das Fall mit der Handfläche drückt und mit den Fingern schlägt. Wenn ein Paar Congas unterschiedlicher Größe benutzt werden, stimmt man sie ungefähr im Quintabstand. Zusammen mit einem solchen Congapaar kann eine größere Trommel gespielt werden, die bei gleicher Form einen größeren Durchmesser (ca. 30 cm) hat und *tumbadora* oder *tumba* genannt wird.

Conn-O-Sax →SAXOPHON, 4.

Consort Englischer Ausdruck (unbekannter Herkunft), im Gebrauch zwischen ca. 1570 und 1720, für ein Ensemble von Stimmen und/oder Instrumenten. Von etwa 1660 an differenzierte man zwischen »whole« und »broken« consort für Instrumente ähnlicher (z.B. Violen da gamba) oder unterschiedlicher Bauart. Diese Unterscheidung wird gelegentlich auch heute wieder verwendet. Bzgl. »Consort Lessons« →BANDORA.

Contrabasso Ital. für →Kontrabaß.

Contrafagotto Ital. für Kontrafagott.

Cor alto (fr.; engl.: *tenor cor*; ital.: *genis corno*). Ein leicht spielbares Ersatzinstrument für das →Waldhorn in Militärkapellen. Es ist rund wie das Waldhorn, etwas kleiner und wird genauso gehalten, nur daß bei einigen Modellen die Ventile für die rechte Hand ausgelegt sind. Der Grundton ist *F* (Rohrlänge ca. 180 m, wie beim Waldhorn in F alto), zusätzlich gibt es einen Zug für *Es*. Das Mundstück ist ebenfalls trichterförmig, doch etwas breiter, und erzeugt einen weniger weichen Ton. Gegen 1860 wurde das Cor alto entweder von Besson, Paris, oder von Distin, London, eingeführt und von Distin in New York unter der Bezeichnung *melody horn* angeboten. Während der 1920er Jahre wurde es ziemlich häufig in Jazzbands gespielt.

Cor de chasse (Trompe de chasse) (fr.). Das große kreisrund gewundene französische →Jagdhorn.

Cornamusa

1. Im Italienischen der Oberbegriff für die Sackpfeife (→SACKPFEIFE, 3,4).
2. →Doppelrohrblattinstrument der Renaissance; mit →Windkapsel und auch sonst wie ein →Krummhorn, doch ohne Krümmung gebaut. Obwohl die Cornamusa in Italien seit ca. 1570 als Ensemble-Instrument vorkommt, sind Originale nicht nachgewiesen. Das Instrument ist lediglich durch →Praetorius 1619 bekannt, der schreibt, daß das im Chorton stehende, klappenlose Instrument unten ge-

schlossen ist, aber etliche seitliche Resonanzlöcher hat und leiser als das Krummhorn klingt.
Lit.: Boydell 1982; Meyer 1983; →KRUMMHORN.

Cornamuse Französischer Oberbegriff für die Sackpfeife (→SACKPFEIFE, 3,4).

Cornet à pistons (fr.). →KORNETT.

Cornettino →ZINK, 2.

Cornetto Ital. für →Zink.

Corno Ital. für →Horn bzw. →Waldhorn.

Corno da caccia Im 18. Jahrhundert eine der verschiedenen Bezeichnungen für das →Waldhorn. In den Kantaten J. S. Bachs zwischen *Corno* und *Corno da caccia* differenzieren zu wollen ist philologisch falsch, da Bach offensichtlich beide Begriffe (neben weiteren) für ein und dasselbe Instrument verwendet hat. →auch WALDHORN, 5a und JAGDHORN, 3.
Lit.: Dahlqvist 1991.

Corno da tirarsi (ital. »Zughorn«, vgl. »tromba da tirarsi«, →Zugtrompete). In Bachs Kantaten BWV 46, 67 und 162 ist dieses Instrument genannt, doch gibt es weder in schriftlichen Quellen, noch bei den überlieferten Instrumenten weitere Hinweise auf ein »Zughorn« vor einem 1812 in Deutschland durchgeführten Experiment. Deshalb wird vermutet, daß Corno da tirarsi identisch mit Tromba da tirarsi ist, zumal Bach zweimal »Tromba o corno da tirarsi« (im Sinne von »wie man es auch bezeichnen möge«) schreibt.

Corno di bassetto Ital. für →Bassetthorn.

Corno inglese Ital. für →Englisch Horn.

Corno Kent →KLAPPENHORN.

Cornophone Veraltetes französisches Ventilblasinstrument; →WAGNERTUBA.

Cromorne →KRUMMHORN, 3; ÉCURIE, 2.

Crotales Aus dem Griechischen (*krotala*, →KLAPPER, 4) abgeleiteter moderner Begriff für sehr kleine Becken, die auch als *cymbales antiques* bezeichnet werden; →BECKEN, 4.

Crott →CRWTH.

Crwth (walisisch, Aussprache wie engl. »crooth«; dt. *Crott*). Altes Streichinstrument aus Wales, das seit dem Mittelalter bis Anfang des 19. Jahrhunderts dort gespielt wurde.
Der ca. 60 cm lange Crwth ist rechteckig mit abgerundeten Kanten und wird wie eine Geige gehalten. Der untere Teil besteht aus einem fast quadratischen Korpus, dessen Seiten wie zwei Arme nach oben reichen und am oberen Ende mit einem Querbalken, in dem Stimmwirbel stecken, verbunden sind. Diese Konstruktion verrät die Herkunft des Instruments aus einer mittelalterlichen europäischen Leier (→LEIER, 3 und STREICHLEIER). Zwischen den Armen befindet sich ein ebenfalls aus demselben Holz wie dem des Korpus geschnitzter geigenähnlicher Hals mit Griffbrett. Die Finger der linken Hand greifen durch eine der Öffnungen zwischen den Armen des Instruments und dem Hals, der Daumen durch die andere Öffnung. Der rechte Schenkel des Stegs geht durch eines der beiden runden Schallöcher und stützt sich auf dem Boden auf wie die →Stimme der Violine. Vier der sechs Saiten – nach alten Quellen aus Roßhaar – sind an einem geigenähnlichen Saitenhalter befestigt und werden über einen flachen Steg gelegt und oberhalb des Sattels am Ende des Griffbretts durch kleine Löcher geführt, um von hinten um die Stimmwirbel gewickelt zu werden. Es handelt sich um eine dreichörige Besaitung, deren Saitenpaare in Oktavabstand gestimmt werden. Der dritte Chor verläuft neben dem Griffbrett und wurde meist mit dem linken Daumen zur Begleitung angezupft. Die anderen Saiten sollen mehr oder weniger gleichzeitig mit dem Bogen gestrichen worden sein. Genauere Angaben zur Stimmung sind nicht überliefert.
Es sind noch drei historische Crwths in britischen Sammlungen erhalten. Bis in das 11. Jahrhundert zurück gibt es bildliche Darstellungen von Instrumenten, die dem Crwth ähnlich sehen.
Lit.: Andersson 1930; Panum 1941; Peate 1947; Remnant 1986.

Cuatro (span., »vier«). In Spanien und besonders Lateinamerika gebräuchlicher Name für verschiedene kleine →Gitarren, die der portugiesischen →*cavaquinto* ähneln. Die vier normalerweise Metall- oder Nylon-Saiten sind auf verschiedenste Arten gestimmt und werden heftig angeschlagen, Es gibt auch fünfsaitige Versionen (*cinco* genannt); bei der *cinco y medio*, einer in Venezuela gespielten Gitarre, ist die auf der Diskantseite des Griffbretts gelegene fünfte Saite nur halb so lang wie die anderen. Sie steht im Quartabstand, wird nicht abgegriffen und ist auf einen Wirbel aufgezogen, der im Halsansatz eingesetzt ist.

Cuica Lateinamerikanische →Reibtrommel.

Cura Der kleinste Typ der türkischen Langhalslaute →*sāz*.

Cymbala Im Mittelalter die Bezeichnung für eine Reihe kleiner Glocken, die in vielen Psalterillustrationen des 12. Jahrhunderts, manchmal zusammen mit den Noten der Tonskala, abgebildet sind. Es ist vermutet worden, daß diese Glocken nicht als Musikinstrumente dienten, sondern eine Schöpfung klösterlichen Kunstverständnisses waren und die *cymbala* (in der korrekten Bedeutung von »Bekken«) des Alten Testaments, insbesondere des 150. Psalms, symbolisierten (La Rue 1982). Ihr gelegentliches späteres Auftreten im Zusammenhang mit realer Aufführungspraxis (wie in dem *Cantigas*-Manuskript, →MITTELALTERLICHES INSTRUMENTARIUM, 2) kann auf einen Wechsel ihrer Bedeutung bei der Musizierpraxis hinweisen.

Cymbales antiques »Antike Zimbeln«. →BEKKEN, 4; CROTALES.

Cymbelstern →ZIMBELSTERN.

Czakan Ein im 19. Jahrhundert modisches ungarisches →Flageolett, das in vielen Musikinstrumentensammlungen vertreten ist.
Lit.: Betz 1992; Moeck 1974.

D

Dämpfer (engl.: *mute*; ital.: *sordino*; fr.: *sourdine*; span.: *sordina*). Ein Dämpfer ändert den normalen Klang eines Instruments in einen weniger resonanzreichen, verschleierten, entfernten oder geheimnisvollen Klang um. Zwei Instrumentengruppen sind davon besonders betroffen: die Violinfamilie und die →Blechblasinstrumente.

1. Dämpfer für Instrumente der Violinfamilie

Ein dreigezinkter Kamm aus Ebenholz, Elfenbein oder Leder wird auf den Steg zwischen die Saiten geklemmt oder ein zwischen Steg und Saitenhalter auf die Saiten aufgesetzter Metallbügel oder Gummipfropfen wird auf den Steg geschoben. Dadurch vergrößert der Dämpfer die Masse des Stegs und verändert damit die Übertragung der Schwingungen von den Saiten auf das →Korpus, so daß weniger Energie auf die Resonanzdecke besonders hinsichtlich der höheren →Teiltöne übertragen wird. Der Violindämpfer kam im späten 17. Jahrhundert auf, so bei Lully (*Armide*, 1686) und bei Purcell (*The Fairy Queen*, 2. Akt, Nr. 14 »See, see even Night herself is here«).

Die Anweisung, mit Dämpfer zu spielen, lautet »con sordino« (auch: »con sord.«), die Aufhebung dieser Anweisung »senza sordino« (auch: »senza sord.«).

2. Dämpfer für Blechblasinstrumente

Sie bestehen aus einem hohlen durchbohrten Kegel, der in die →Stürze hineingeschoben wird und das Tonspektrum auf verschiedene Weise ändert, indem die tieferen →Teiltöne weniger abgestrahlt werden, während die Resonanzen im Innern des Dämpfers die höheren Partialtöne intensivieren können. Bereits um 1600 und wohl vor Erfindung des Violindämpfers ist eine frühe Form des Dämpfers belegt (Monteverdi, *L'Orfeo*). Weitere Formen sind im 19. Jahrhundert hinzugekommen, aber auch der Jazz und die →Tanzorchester haben weitere Typen entwickelt. Zu den am häufigsten verwendeten gehört der konische Dämpfer aus Fibre, Karton oder Kunststoff (Zeichnung 1*a*); Korkstreifen auf dem Kegel lassen eine kleine Öffnung zwischen Dämpfer und Stürze, so daß der Ton nicht (wie es beim Stopfen mit der Hand der Fall ist) erhöht wird. Dieser Dämpfer erzeugt einen dünnen, rauschenden Klang. »con sord.« in den Orchesterstimmen bezieht sich normalerweise auf diesen Typ. Sein Vorläufer, wie ihn die Generation von Richard Strauss gekannt hat, hatte eine ähnliche Wirkung, doch war er normalerweise aus Holz oder

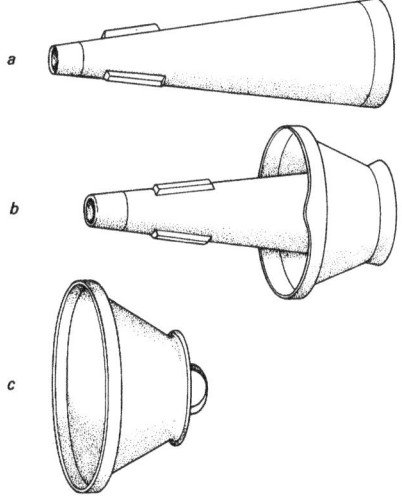

Zeichnung 1. Drei Dämpfer für Blechblasinstrumente.

Aluminium gefertigt und hatte häufig einen Knauf am weiten Ende, und konnte so an einer kurzen Schnur befestigt werden, so daß er beim unbeabsichtigten Herausfallen nicht auf den Boden fiel.

Der Hush-Dämpfer (auch »Husch-Husch«-Dämpfer) (Zeichnung 1*b*) ist ebenfalls konisch, doch statt eines flachen geschlossenen Endes hat er einen becherförmigen Aufsatz, der auf den Rand der Stürze paßt und entsprechend verstellbar ist, um das Timbre zu schattieren. Der Wau-Wau-Dämpfer (auch »Wow-Wow-Dämpfer« oder »Wa-Wah-Dämpfer«) ist rundherum mit Kork ummantelt; im Innern befindet sich eine Röhre, die in einen kleinen offenen Becher führt, durch die die Luft entweicht. Wenn man mit der Hand über die Tasse fächert, entsteht der »Wow-Wow«-Effekt. Ein Doppelkegel-Dämpfer hat zwei ineinandergesetzte offene Kegel. Der Plunger-Dämpfer (Zeichnung 1*c*) ist ein Becher (ursprünglich der Saugkopf eines Toilettensaugers) mit einem Handgriff, um ihn während des Blasens bewegen zu können, wie es durch die Posaunen in Glenn Millers *Tuxedo Junction* bekannt wurde. Jazz-Orchestrationen verlangen häufig »in hat«, d. h. eine imitierte Melone (»Hut-Dämpfer«), die vor die Stürze gehalten einen hohlen Klang erzeugt.

Dämpfer für Tuben sind problematisch, weil die weite Stürze der Tuba einen akustisch zufriedenstellenden Klang mit dem Dämpfer erschwert.

Die bisher genannten Dämpfer verändern nicht die Tonhöhe, wenn sie in die Stürze des Instruments eingeführt werden. Das gilt nicht für die transponierenden Dämpfer, die für das →Waldhorn benutzt werden. Diese erhöhen die Tonhöhe wie beim »Stopfen« mit der Hand, weswegen der Hornist mit den Ventilen die Tonhöhe kompensieren muß (→WALDHORN, 3). Die frühen Trompetendämpfer aus Holz haben die Tonhöhe um einen Ganzton erhöht, so daß der Trompeter beim Zusammenspiel mit anderen Instrumenten mittels eines Stimmzugs wieder die ursprüngliche Tonhöhe erzielen konnte. Solche Passagen wurden mit »trombe sordinate« bezeichnet (z. B. in Trauerkantaten). Hingegen schreibt Monteverdi in seiner *Orfeo*-Partitur, daß die anderen Instrumente um einen Ton höher spielen müssen, wenn in der Toccata gedämpfte Trompeten gespielt werden.

3. Dämpfer für andere Instrumente

Im 18. Jahrhundert wurde die Oboe gelegentlich mit einem birnenförmigen Holzdämpfer gespielt (wie in der einst Bach zugeschriebenen Lukas-Passion). Berlioz wollte in *Lélio* (1831) die Klarinette in einem Filzbeutel gespielt wissen, womit er einen Effekt vorweggenommen hat, der ein Jahrhundert später aufkam, als man die Klarinette im Innern eines →Megaphon-ähnlichen Trichters mit Fingerschlitzen spielte. Die tiefen Töne des Fagotts kann man weicher machen, indem man in die Stürze ein etwa 8 cm langes Metallrohr engeren Durchmessers einführt, das mit einem Wollwickel fixiert wird.

Beim Hammerklavier (→KLAVIER) gibt es zwei verschiedene Arten der Dämpfung: Die eine dämpft die Saitenschwingung ab, sobald die entsprechende Taste losgelassen wird und ist normalerweise immer eingeschaltet. Um diese Dämpfung auszuschalten, tritt der Spieler das rechte Pedal (Forte-Pedal; Aufhebung der Dämpfung), wodurch zusätzlich auch alle anderen Saiten sympathetisch mitschwingen. Die andere Dämpfung (linkes Pedal, »Verschiebung«) dient der Verminderung der Lautstärke einerseits und der Veränderung des Timbres andererseits, indem die gesamte Mechanik so verschoben wird, daß nur noch zwei statt normalerweise drei unisono gestimmte Saiten vom Filzhammer angeschlagen werden. Bei →Pianinos fällt die horizontale Verschiebung der Mechanik weg, stattdessen werden die Filzhämmer bei Pedaldruck näher an die Saiten herangekippt. Historische Hammerflügel des frühen 19. Jahrhunderts haben verschiedene Arten der Dämpfung, die registerartig den Klang verändern, indem ein Tuch-, Filz- oder Lederstreifen mittels eines Pedals zwischen Hämmer und Saiten geschoben wird und den Anschlag abschwächt. Solche Dämpfer-Mechanismen nannte man beispielsweise Pianozug oder Celeste-Zug. Auch moderne Pianinos können zur Reduktion der Lautstärke beim Üben eine solche dämpfende Registerschaltung haben (»Moderator«).

Beim →Kielklavier hat jeder Springer in der Regel eine individuelle Fähnchendämpfung, die die Saitenschwingung abdämpft, sobald der Springer wieder in die Ausgangsposition zurückfällt (→CEMBALO). Außerdem gibt es bei einigen Cembali den »Lautenzug«, bei dem eine mit Leder- oder Filzstücken besetzte Leiste am Stimmstocksteg an die Saiten gedrückt wird, wodurch das entsprechende Register nicht brillant, sondern stumpf klingt.

Dāirā (Doira) (aus dem Iranischen, »ein Kreis«). Ein →Tamburin, das in den Ländern des Balkan dem westlichen Tamburin ähnlich ist, im Mittleren Osten (Iran), Kaukasus und in Zentralasien jedoch statt der Schellen eine Anzahl von im Innenrahmen angebrachten Eisenringen hat. Es spielt in der volkstümlichen und klassischen Musik eine große Rolle und wird von Männern sowie von tanzenden Frauen gespielt. Das Fell soll in einigen Regionen aus Fischhaut vom Kaspischen Meer sein.

Damaru Tibetische »Schädeltrommel« aus zwei menschlichen Schädeln; →CHINA UND KOREA, 3.

Dan Vietnamesisches Präfix bei Namen für Saiteninstrumente; →SÜDOSTASIEN, 1c.

Darābuka (Derbuka) (türkisch: *dumbelik*). Bechertrommel des Nahen und Mittleren Ostens in Form eines Kelches aus Ton, Holz oder manchmal auch Messing. Das Fell ist über den breiten Rand geschnürt oder geleimt; das Korpus ist durchgängig hohl (→TROMMEL, Zeichnung 1a). Die *darābuka* wird – mit dem Fell nach vorne gerichtet – fast horizontal gehalten. Gewöhnlich liegt sie auf dem Oberschenkel und unter dem Arm, und der Spieler legt sein Handgelenk auf den Rand, damit er mit den Fingern auf das Fell, den Rand oder auf beides zusammen schlagen kann (→MITTLERER OSTEN, Abb. 1). Manchmal wird sie auf der Schulter getragen und mit der Handfläche gestützt, damit auch so alle Finger auf das Fell schlagen können. Mit den Fingern der rechten Hand wird eine reich differenzierte Palette von Schlägen ausgeführt, die tief und trommelartig, aber auch hoch und metallisch klingen können. Als wichtigste Trommel der klassischen Musik und der Bühnenmusik ihrer Region (in Ägypten ist sie auch als *tabla*, im Iran als *zarb* bekannt), gibt sie bei allen populären Anlässen den Grundschlag, während eine andere höher klingende Trommel – normalerweise ein →Tamburin – verzierende Rhythmen spielt.

Die moderne, professionell eingesetzte *darābuka* kann auch aus einem Metallkorpus mit Spannschrauben für das Fell gefertigt sein.

Davul Die große türkische zweifellige Trommel, die im Mittleren Osten zusammen mit der →*surnā* und einer weiteren zweifelligen Trommel bei Festivitäten im Freien gespielt wird. Ihre Größe ist unterschiedlich; die Zarge (aus dünner Pappel oder Nußbaum) hat einen durchschnittlichen Durchmesser von etwa 55 cm und ist 28 bis 40 cm tief. Die beiden Schaf- oder Ziegenfelle ragen über die hölzernen Reifen und werden mit Schnüren gespannt. Die Trommel wird mit einem Band schräg über die linke Schulter getragen. Das rechte Fell (manchmal mit Schnarrsaite) wird mit einem kräftigen hölzernen, häufig am Ende gebogenen Schlegel geschlagen, das linke Fell zwischen den Grundschlägen mit einem dünnen, rutenähnlichen Schlegel geschlagen (→auch GROSSE TROMMEL, 5; JANITSCHARENMUSIK). In Mazedonien wird die Trommel unter der Bezeichnung *tapan* zusammen mit der *zurla* (d. h. der *surnā*) von ansässigen, akrobatische Possen reißenden Roma zu Hochzeiten und anderen Anlässen gespielt.

Deff →TAMBURIN.

Derbuka →DARĀBUKA.

Dessus (fr., »oben«). Im Französischen bis Ende des 18. Jahrhunderts in der Bedeutung von Oberstimme, Diskant; in der Instrumentalmusik also die hohen Instrumente einer Instrumentengruppe. Auch gleichbedeutend mit Violine.

Detura Fujara →FUJARA.

Dezibel (Abkürzung: dB). Maßeinheit, die das Verhältnis von zwei Schallintensitäten P1 und P2 als dB = 10 lg (P1/P2) beschreibt. Diese logarithmische Bestimmung ist sinnvoll, da das Ohr auf Lautstärkenunterschiede mehr oder weniger logarithmisch reagiert. Als Bezugspunkt darf P2 nicht als absolute Stille (P2 = 0) gesetzt werden, sondern als definierte Grenze der Hörfähigkeit (die ungefähr einer Trommelfell-Amplitude von weniger als dem Durchmesser eines Atoms entspricht). Ein *pp*-Ton hat etwa 5–10 dB, ein orchestrales *ff* bis zu 90 dB; die Grenze zum Schmerz beträgt 130 dB.

Dhol Verbreitete, zweifellige indische Holztrommel mit zylindrischer (oder geringfügig faßförmig ausgebuchteter), ca. 50 cm langer Zarge und einem Durchmesser von über 30 cm. Sie wird mit Schlegeln oder mit den Händen geschlagen. Die *dhol* wird auch mit dem Diminutiv *dholak* bezeichnet. In Südindien begleitet sie als *tavil* (→TROMMEL, Abb. 1) die Schalmei *nāgasvaram*. *Dhol* (*dol*) heißt auch die zylindrische, Tom-tom-förmige Trommel im Kaukasus, deren oberes Fell mit der Hand solistisch oder im Ensemble zu Tänzen geschlagen wird.

Diapason
1. In der antiken und mittelalterlichen Musiktheorie die Oktave.
2. Im englischen und amerikanischen Orgelbau die Bezeichnung eines 8-Fuß-Registers, entsprechend dem deutschen »Prinzipal«.
3. Im Französischen die Bezeichnung für den →Stimmton und davon abgeleitet die →Stimmgabel.
4. Im Englischen eine Bezeichnung für die →Abzüge bei einigen Zupfinstrumenten (→auch LAUTE).

Diaphone Im amerikanischen Orgelbau ein von Robert Hope-Jones 1894 patentiertes Baßregister von Zungenstimmen, das vor allem in →Kino-Orgeln eingebaut wurde.

Didjeridu (Didjeridoo) Blasinstrument (Längstrompete ohne separates Mundstück) der Aborigines Australiens im Norden des Kontinents. Das Didjeridu erzeugt Bordunklänge unter der Gesangsmelodie, begleitet rhythmisch und hat ein Kaleidoskop

Differenztöne

von Klangfarben zur Auswahl. Es besteht aus einem bis zu 160 cm langen Zweig, häufig vom Eukalyptus-Baum, dessen Inneres von Termiten ausgehöhlt wurde. Die Rohrwand kann an ihren Enden von der Innenseite her zusätzlich ausgedünnt worden sein. Der auf dem Boden sitzende Spieler bläst mit seinen leicht vibrierenden Lippen einen Grundton und durch Mund- und Zungenstellung verschiedene Obertöne, ähnlich wie beim Spiel auf der →Maultrommel. Durch →kontinuierliches Spiel (durch die Nase) erklingt das Instrument über längere Zeit ohne irgendeine Unterbrechung, nur mit unterschiedlichen Akzentuierungen der Tonhöhe und Lautstärke und schnellen Trillern mit der Zunge. In Arnhem Land im Norden Australiens wird ein Oberton (ungefähr eine Dezime über dem Grundton) in schnellem, rhythmisch differenziertem Wechsel mit dem Grundton geblasen.

Man kann auf dem Didjeridu auch Vogel- und Tierlaute nachahmen, und es wird zu Tänzen gespielt und enthält oft Sprachcodierung. Obwohl es ähnliche Typen hölzerner »Trompeten« in anderen Teilen der Welt gibt, sind die musikalischen Aufgaben des Didjeridu und seine außergewöhnlich virtuose Spieltechnik ohne Parallele. Es ist obendrein das einzige Instrument der Aborigines (abgesehen von Schlagstäben). In den letzten Jahren ist es weltweit bekannt geworden und wird u.a. auch von Jazzmusikern gespielt.
Lit.: Lindner 2003.

Differenztöne   →SCHWEBUNGEN UND DIFFERENZTÖNE.

Dilrubā und Esrāj   Zwei ähnliche indische Streichinstrumente (→INDIEN, 2b), die beide Abkömmlinge von der (gezupften) →sitar sind. Sie haben Drahtsaiten und werden auf dem Schoß, mit der Spitze gegen die linke Schulter gelehnt, gespielt. Das kleine, mit Pergament überzogene Korpus hat unterschiedliche Form. Es kann birnenförmig oder entfernt violinförmig (mit eingezogenen Innenbügeln wie bei der sāraṅgī) sein. Der lange breite Hals hat ca. 16 justierbare gebogene Messingbünde, die mit Darm befestigt sind. An der rechts vom Spieler befindlichen Halsseite ist eine hölzerne Leiste angebracht, die die Wirbel für etwa 18 →Resonanzsaiten aufnimmt, die durch kleine Löcher im Steg hindurchgezogen sind. Die vier Spielsaiten werden mit den Fingerkuppen abgegriffen. Beide Instrumente sind populär und werden solistisch oder im Ensemble gespielt, dilruba in Nordindien, esraj (auch esrar), das kleinere Instrument, in Bengal. Eine alte dekorative Variante der dilruba ist die wie ein Pfau geschnitzte und bemalte mayuri (oder taus, »Pfau«), die in vielen Musikinstrumentensammlungen gesehen werden kann.

Diple   In Bosnien und umliegenden Ländern ein Blasinstrument aus einem Stück Holz mit zwei parallelen engen Bohrungen; auf jeder ist ein →idioglottes Rohrblatt (aus Holunder) aufgesetzt. Die diple wird entweder als Sackpfeife (→SACKPFEIFE, 5c) oder direkt durch Blasen in das breite hölzerne Ende gespielt. Hat sie sechs Grifflöcher für jede Bohrung, decken die Finger die Löcher von beiden Bohrungen parallel ab; bei sechs Grifflöchern für die rechte Hand und nur zwei (oder drei) für die linke Hand, während die rechte die oberen Löcher greift, erklingt auf der linken Bohrung ein wechselnder Bordunton.

Disc piano   →REPRODUKTIONSKLAVIER.

Disposition   (engl.: specification; ital.: disposizione; fr.: disposition). Die Registerwahl und -anordnung bei der →Orgel und beim →Cembalo.

Dobro   Ein in Amerika entwickelter Gitarren- und Mandolinentyp mit einer metallenen Membran im Innern des Korpus, wodurch das Instrument ein metallisches, hartes Timbre erhält. →GITARRE, 4.

Docke   →SPRINGER.

Dolzaina   →DOUÇAINE, DOLZAINA, 2.

Domra (Dombra)   Russische und mittelasiatische Langhalslaute, →BALALAIKA.

Donnerblech   →EFFEKTINSTRUMENTE.

Doppelgriff   (engl.: double stopping; ital.: doppia corda; fr.: doubles cordes). Bei Streichinstrumenten das simultane Abgreifen und Streichen von zwei Saiten.

Doppelhorn   →WALDHORN, 2.

Doppelkernspaltflöte   (engl.: double flageolet).
1. Zwei →Kernspaltflöten, die zusammen ein Instrument abgeben, indem die Pfeifen parallel fixiert sind, damit man mit beiden Hände zusammen auf ihnen spielen kann. Einige Doppelkernspaltflöten sind aus einem Holzstück gefertigt (→dvojnice und eine Art aus dem 17. bis frühen 19. Jahrhundert, die normalerweise als flûte d'accord bezeichnet wurde), andere sind aus zwei separaten Pfeifen, von denen jede in einer Hand gehalten wird, gedrechselt (doppio flauto in Italien, →alghōzā in Nordindien).
2. Englisches Doppelflageolett. Beliebtes Amateurinstrument aus dem frühen 19. Jahrhundert, meist aus Buchsbaum mit silbernen Klappen und

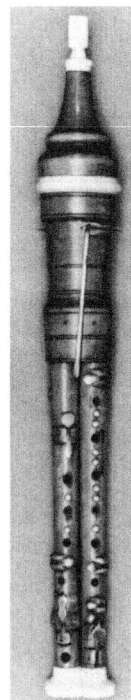

Abb. 1.
Englisches Doppelflageolett (frühes 19. Jahrhundert).

kleinen Stiften aus Elfenbein zwischen den Grifflöchern als Führungshilfen für die Finger. Doppelflageoletts wurden hauptsächlich von ihrem Erfinder William Bainbridge, London, zwischen ca. 1808 und 1835, sowie von seinem Nachfolger Hastrick (bis 1855) und Simpson hergestellt. Die Pfeifen münden in ein großes, rundes Kopfstück mit einem Mundstück aus Elfenbein oder Knochen und normalerweise einer Vorrichtung zum Ausschalten der einen der beiden Pfeifen, obwohl gerade dies nicht der Sinn des Instruments ist. Mit dem englischen Doppelflageolett soll man Melodien in Terz- und Sextbegleitung spielen, wobei jede Hand über beide Pfeifen reicht. Die vier Fingerlöcher auf der rechten Pfeife stehen tiefer als die ersten vier auf der linken. Weitere Klappen dienen dazu, die Tonskala nach oben zu erweitern (teils durch →Überblasen auf der tieferen Pfeife) und um Halbtöne zu spielen; eine Grifftabelle für das englische Doppelflageolett befindet sich bei Baines 1957, Zeichnung 48.

Tripelflageoletts derselben Hersteller haben auf der Rückseite eine zusätzliche dritte Pfeife, die als Hohlkörper-Resonator fungiert (→GEFÄSSFLÖTE). Die Klappen für die Baßtöne dieser zusätzlichen Pfeife werden mit dem Handballen betätigt. Andere Tripelflageoletts werden auf den indonesischen In-

seln aus Bambus kunstvoll hergestellt; aus dem alten Mexiko (ca. 500 v. Chr.) sind für Akkorde Tripel- und Quadrupelkernspaltflöten aus Ton in einem Stück erhalten.

3. *Separate Kernspaltflöten.* In jeder Hand wird ein separates Instrument gehalten, um entweder unisono oder akkordisch zu spielen. In Italien sind solche volkstümlichen Instrumente aus Schilfrohr; →auch ALGHŌZĀ (Indien).

Doppelrohrblattinstrument An dieser Stelle werden nur solche Instrumente abgehandelt, die dem →Pommer bzw. der →Schalmei ähneln, aber in anderen Kulturen gespielt werden.

1. Volkstümliche Doppelrohrblattinstrumente

(a) *Klappenlose Typen.* Einige wenige Abkömmlinge der alten Pommern werden oder wurden bis vor einigen Jahrzehnten in der Volksmusik gespielt, so z.B. die aus spanischer Herkunft stammende *chirimía* in Mittelamerika. Ebenso die *sopel* (*sopila*) auf der Insel Krk im Adriatischen Meer, die in zwei, eine Quarte voneinander gestimmten Größen hergestellt wird, die dann (mit →Pirouette) zusammen vielfach in Sexten und Septimen gespielt werden (ähnlich der kroatischen Doppelkernspaltflöte →*dvojnice*, die in parallelen Sekunden erklingt).

(b) *Tiple und tenora* (Katalonien, Spanien und Roussillon, Frankreich). Diese Instrumente (Abb. 1) der *cobla*-Blaskapellen tragen schon nicht mehr den katalanischen Namen *xirimía* (span.: *chirimía*), sondern werden einfach *tiple* (»Diskant«) und *tenora* genannt. Sie werden immer noch mit →Pirouette gespielt und haben die weite Bohrung ih-

Abb. 1. Tiple- und tenora-Spieler, Barcelona.

rer Vorläufer, doch ein Klappensystem des 19. Jahrhunderts. Beides sind transponierende Instrumente: Die *tiple* steht in F (ein Quarte über der Oboe), die *tenora* eine Quinte tiefer in B und hat eine lange Metallstürze, damit der zweite *tenora*-Spieler die Töne bis zum *fis* (klingend *e*) spielen kann. Neben den zwei Spielern der *tiple* und den zwei Spielern der *tenora*, die die Hauptstimmen spielen, sitzt der Leiter des Ensembles, der →Einhandflöte und Einhandtrommel (*fluviol*) spielt; außerdem gibt es zwei Trompeten, Ventilposaune, zwei Baritone (mit nach vorne gerichteter Stürze) und einen Kontrabaß. (Zur kastilischen *dulzaina* →DOUÇAINE, DOLZAINA, 3).

2. Orientalische Doppelrohrblattinstrumente

Sie sind überall im Mittleren Osten verbreitet (→MITTLERER OSTEN, 1). Auf der Metallhülse befindet sich normalerweise eine lose Lippenscheibe aus Metall, Knochen o. ä., auf die der Spieler seine Lippen preßt, um mit →kontinuierlichem Spiel das Doppelrohrblatt in seinem Mund frei schwingen zu lassen.

(a) *Aus einem Stück Holz*. Mit zylindrischer Bohrung bis zum Becher: →*surnā, ghaita, alghaita* (Nordafrika), *karamouza* (Griechenland), *zurla*.

(b) *Mit Becher aus Metall*. →*shahnai, nagasvaram* (Indien), →*hnè* (Burma), →*sona* (China), *nayagling* (Tibet), →CHINA UND KOREA, 3; *sarunai* (Indonesien).

(c) *Ohne Becher*. →*pi-nai* (Thailand).

(d) *Aus Rohr*. →Rohrblattinstrumente aus Rohr kommen gelegentlich in Afrika vor und haben einen hinzugefügten konischen Becher aus Metall oder spiralenförmig gerollten Blättern.

Doppione Doppelrohrblattinstrument der Renaissance, um 1600 in Italien erwähnt und ebenso bei →Praetorius 1619, der schreibt, daß er es nie gesehen habe, doch genügend Angaben macht, um ein einmaliges Instrumentenpaar in der Musikinstrumentensammlung der Accademia Filarmonica, Verona, zu identifizieren. Jedes dieser Instrumente besteht aus einer runden hölzernen Säule (Länge 75 bzw. 62 cm) mit zwei voneinander unabhängigen engen konischen Bohrungen unterschiedlicher Länge (mit Grifflöchern auf jeder der beiden Seiten), als ob das Doppelrohrblatt entweder auf eine oder die andere Bohrung gesteckt wurde, um unterschiedliche Tonumfänge zu nutzen. Ursprünglich kann der *doppione* möglicherweise durch eine →Windkapsel geblasen worden sein, bei der die zweite Bohrung geschlossen wurde.
Lit.: Weber/Meer 1972.

Douçaine, Dolzaina Bezeichnungen für einige alte Blasinstrumente, die bislang nicht eindeutig identifiziert worden sind.

1. Douçaine *(fr., auch Douchaine, Doussaine)*

Zwischen dem 13. und 16. Jahrhundert wird der Name besonders in französischen und flämischen Quellen mit einer Regelmäßigkeit erwähnt, die auf eine gewisse Bedeutung schließen läßt. Er kommt im Zusammenhang mit Flöten und Streichern unter den leisen (*bas*) Instrumenten vor (→»HAUT« UND »BAS«, doch nur in einer Quelle (Tinctoris, ca. 1487) sind Details (unter der latinisierten Bezeichnung *dulciana*) genannt: es handele sich um ein Doppelrohrblattinstrument ähnlich dem →Pommer, doch, wie der Name vermuten läßt, mit leiserer Tonstärke. Es habe sieben Fingerlöcher und ein Daumenloch wie bei der Blockflöte und sei *imperfecta*, d. h. man könne nicht jede Komposition auf ihm spielen (was auf den begrenzten Tonumfang deuten könnte). Ohne einen Hinweis auf Größe oder Stimmton sind diese Angaben jedoch zu vage zu einer Zuordnung. Doch ein so häufig genanntes Instrument müßte auch unter den auf Gemälden jener Zeit abgebildeten zu finden sein (→ auch KRUMMHORN).

2. Dolzaina

Diese italienische Bezeichnung kommt vielfach im 16. Jahrhundert für ein in Instrumentalensembles vertretenes Instrument vor. Die einzigen bekannten Details (Zacconi 1592) verweisen auf ein Doppelrohrblattinstrument mit einem begrenzten Tonumfang in Tenorlage (*c* bis d^1), der bei einigen *dolzaine* mit Klappen bis zum f^1 reicht (→KRUMMHORN, 2). Kein existierendes Instrument ist bekannt, auf das diese Details zutreffen.

3. Dulzaina

Das spanische Wort hat sich bis in die heutige Zeit gehalten, um ein Volksmusikinstrument von Kastilien mit kurzer, konischer Bohrung und einem breiten Doppelrohrblatt auf einer Hülse zu bezeichnen. Es wurde zeitweise mit einem einfachen Klappensystem für Halbtöne hergestellt. Ein entsprechendes katalanisches Instrument (Länge ca. 33 cm) heißt *gralla* und ist sehr roh gebaut.
Lit.: Boydell 1982; Meyer 1983.

Drehleier (Radleier) (engl.: *hurdy-gurdy*; ital.: *ghironda*; fr.: *vielle à roue*).

1. Konstruktion

Eine Drehleier hat Darmsaiten, die von einem mit →Kolophonium bestrichenen scheibenförmigen Holzrad (Zeichnung 1, A) in Schwingungen versetzt werden.

Der Spieler schnallt sich die Drehleier mit einem Riemen vor den Bauch. Seine rechte Hand dreht das Rad an einer Kurbel (B). Mit der linken Hand be-

Drehleier (Radleier)

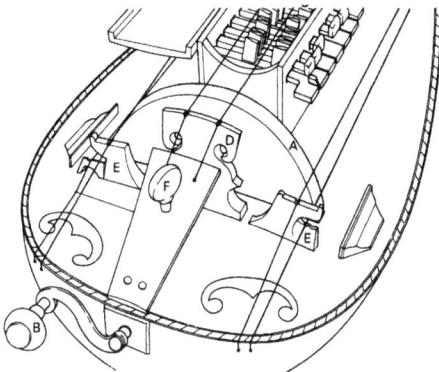

Zeichnung 1. Französische Drehleier, schematische Darstellung des rechtshändigen Teils des Instruments.

tätigt er eine Tastatur, mit der das Abgreifen der zwei Melodiesaiten mechanisiert ist: Die linke Hand liegt auf einem hölzernen Kasten, in dem die Melodiesaiten entlanggeführt sind, und ihre Finger drücken die aus der rechten Seite des Kastens herausragenden Tasten nach innen, d. h. in der Spielhaltung also nach oben. An jeder Taste sind zwei hölzerne →Tangenten eingesteckt, die den schwingenden Teil der beiden Melodiesaiten verkürzen. Sobald eine Taste wieder losgelassen wird, fällt sie infolge der Schwerkraft wieder nach unten zurück. Rechts und links außerhalb des Tastaturkastens verlaufen je zwei →Bordunsaiten.

Abb. 1. ›Old Sarah, die bekannte Drehleier-Spielerin‹, aus Henry Mayhews »London Labour and London Poor« (1867, Bd. 3).

2. Vielle à roue

Dieses französische Instrument des 18. Jahrhunderts ist in Form einer Laute (wie in Zeichnung 1) oder einer Gitarre gebaut. Es hat keinen Hals; der Wirbelkasten befindet sich direkt am Korpus. Das Rad mit etwa 15 cm Durchmesser ist aus Birnenholz gearbeitet und auf einer Eisenachse montiert. Sein etwa 12 mm breiter Rand ist leicht konvex gebogen; gegen Nässe wird das Rad durch einen gebogenen Holzbügel geschützt (→Abbildung 1). Die Tasten haben einen Umfang von bis zu zwei Oktaven in chromatischen Schritten.

Die Anordnung der Saiten ist aus Zeichnung 1 ersichtlich, die traditionelle Stimmung aus Notenbeispiel 1. Die beiden Melodiesaiten (*chanterelles*) werden vom Saitenhalter über einen stabilen Steg (D) geführt und sind auf g^1 gestimmt. Rechts davon sind die beiden Bordunsaiten, *grand bourdon* und *petit bourdon* genannt (Notenbeispiel 1, b und B), links

Notenbeispiel 1.

die *mouche* (»Fliege«, eine leicht surrende Bordunsaite, m) und die *trompette* (»Trompete«, t). Für alle Saiten können Darm-Violinsaiten für D verwendet werden, bis auf die beiden *bourdon*-Saiten, für die die tiefste Cellosaite erforderlich ist. Jeweils drei Bordunsaiten erklingen zusammen. Wenn man, wie in Frankreich üblich, das Instrument auf C stimmt, wird der *grand bourdon* stillgelegt, indem man die Saite auf ihrem Steg vom Rad weg verschiebt. Wenn man hingegen in G spielt, wird der *petit bourdon* ausgeschaltet und die *trompette* von c^1 auf d^1 umgestimmt.

Obwohl man mit der linken Hand verschiedene Artikulationsmöglichkeiten wie perkussives Stakkato ausführen kann, erfolgt die hauptsächliche Artikulation durch ruckweises Drehen des Rads, wodurch auch die *trompette* in Aktion tritt. Diese Saite liegt auf einem besonderen, nur etwa 12 mm hohen Schnarrsteg (*chien*), der wie ein Schuh gearbeitet ist, dessen Spitze frei in einem Schlitz am Schaft des hinüberragenden *mouche*-Stegs (E) eingeführt ist. Wenn sich die Drehbewegung des Rads abrupt beschleunigt, vibriert die *trompette* stark auf und ab, wodurch der *chien* mit seiner »Sohle« schwankt und mit dem Absatz auf ein in das Korpus eingelassenes Plättchen aus Elfenbein oder einem ähnlich harten Material schlägt. Das hörbare Ergebnis ist ein kräftiges Brummen, das aufhört, sobald die Drehbewegung gleichmäßig wird. Dieser Klangeffekt läßt sich durch den einstellbaren Druck auf den *chien* regulieren, da eine Spannschnur schlaufenförmig um die *trompette* gelegt ist und zu einem im Saitenhalter senkrecht eingelassenen Regulierwirbel (F) führt. Die klassische Stimmung der Drehleier ist in Notenbeispiel 1 angegeben und setzte sich im 18. Jahrhundert durch, als die *vielle* neben der →*musette* zum beliebten Instrument der Aristokratie avancierte. In Frankreich werden Drehleier und Dudelsack noch häufig bei Volkstänzen gespielt, wie überhaupt die Tradition des Drehleierbaus in Paris, Mirecourt und anderen Zentren des Instrumentenbaus nie ganz abgerissen ist.

3. Andere europäische Drehleiern

Die meisten weisen ein gitarren- oder violinförmiges Korpus auf. Einige haben nur diatonische Tasten. Einst über Europa als Volksmusikinstrument sowie bis ins 20. Jahrhundert hinein als Bettlerinstrument von Portugal (*sanfona*) bis Rußland (*lera* oder *relya*) weit verbreitet, wird die Drehleier heute hauptsächlich noch in den ländlichen Regionen Frankreichs gespielt. Im Südwesten Ungarns kommt auch heute noch das *tekerö* mit Melodiesaite, Bordunseite und *trompette* vor, wobei letztere den Rhythmus so klar wie eine →Kleine Trommel erklingen läßt.

4. Frühgeschichte

Bereits im 10. Jahrhundert ist die Drehleier als *organistrum* belegt. Dieses *organistrum* hatte den Tangentenkasten an einem langen Hals und wurde aufgrund seiner Länge von zwei Spielern betätigt. Im 13. Jahrhundert veränderte sich das *organistrum* zur *symphonia*, einem nur noch von einem Musiker gespielten Instrument. Im 14. Jahrhundert setzte ein sozialer Niedergang des Instruments ein, es wurde zum Bettlerinstrument: →Praetorius 1619 spricht von der »Bawren vnd Bettler Leire«. Im 18. Jahrhundert wird es von der französischen Aristokratie wiederentdeckt. Aus dieser Zeit stammen die besonders kostbar gearbeiteten Instrumente mit Elfenbein-, Schildpatt- und Ebenholzeinlagen, wie sie in vielen Musikinstrumentensammlungen noch erhalten sind. Nach der Französischen Revolution wurde das Instrument schnell wieder zum reinen Bettler- und Volksmusikinstrument.

5. Repertoire

Es gibt sechs Suiten für zwei *musettes* oder *vielles* von Boismortier, sechs »Sonatilles galantes« und sechs »Duos galantes« von Esprit Philippe Chédeville (1696–1762), sechs Konzerte für die *vielle* von Naudot sowie die Vivaldi zugeschriebene Sammlung »Il pastor fido« op. 13 mit sechs Sonaten für *musette*, *vielle*, Flöte, Oboe oder Violine und B.c. RV 54–59. Mozart verwendet die Drehleier als »Leier« im dritten der »Vier Deutschen [Tänze]« KV 602. Im 18. Jahrhundert sind außerdem viele Tanzsammlungen für die *vielle* bzw. alternativ die *musette* gedruckt worden. Für die Drehleier sind auch die Volkstänze in H. Chochino: *Chants et dances folklorique du Limousin et du Massif Central* (Paris 1974) geeignet.

6. Orgelleier (Lira organizzata, fr. vielle organisée).

Diese Sonderform besteht aus einem normalen Drehleier-Mechanismus, der mit einem Pfeifenwerk gekoppelt ist. Die Tasten bedienen gleichzeitig die Melodiesaiten wie die hölzernen Orgelpfeifen; im Korpus befindet sich ein Blasebalg.

Haydn hat im Auftrag von König Ferdinand IV. von Neapel für *Lira organizzata* fünf Doppelkonzerte (Hob. VIIh: 1–5) sowie acht Notturni für zwei *lyre organizzate*, zwei Bratschen, Baß, zwei Klarinetten und zwei Hörner (Hob. II: 25–32) komponiert. Inwieweit es sich bei diesen Instrumenten um Orgelleiern handelt, ist fraglich. Möglich ist auch eine Art →Bogenklavier mit verschiedenen Rädern und konventioneller →Klaviatur.

Lit.: Baines 1975; Bröcker 1973; Muskett 1982; Page 1982a, 1983.

Drehorgel (Leierkasten) (engl.: *barrel organ*). Drehorgeln sind →Pfeifenorgeln, bei denen die Klaviatur durch eine rotierende Walze (»Stiftwalze«) ersetzt ist, die mit metallenen Stiften und Klammern (»Brücken«) bestiftet ist, die Hebel anheben, wodurch Luft in die entsprechenden Pfeifen strömt. Seit Mitte des 19. Jahrhunderts gibt es auch Drehorgeln mit Lochstreifen und gelochten Leporellos statt der Walze (→weiter unten, 4).

1. Funktionsweise

Die Drehbewegung der Kurbel einer Drehorgel setzt zweierlei in Aktion:
– Eine exzentrisch angebrachte Steuerungsscheibe (»Exzenter«) setzt die Drehbewegung der Kurbelwelle in eine Hubbewegung um. Zugstangen übertragen diese Hubbewegung auf die beiden Doppelschöpfbälge, die den Magazinbalg mit Luft füllen. Der Magazinbalg wiederum ist mit zwei Spiralfedern (»Balgfedern«) belastet. Dadurch ist ein konstanter Winddruck gewährleistet, der durch den Windkanal in den Windkasten abgelassen wird.
– Die bestiftete Walze dreht sich, indem die Drehbewegung der Kurbelwelle über Schnelle und Zahnkranz auf die Walze übertragen wird. Über der Walze befindet sich der sogenannte Klavierbalken, an dessen Achse so viele Kontaktstifte (»Claves«) aufgehängt sind, wie die Walze Tonstufen hat. Jeder Claviszahn tastet die Walzenoberfläche ab. Sobald

ein Stift oder eine Klammer aus der Walze herausragt, hebt sich die betreffende Clavis. Dadurch wird ein Ventil geöffnet, und die Luft strömt vom Windkasten in die entsprechende Kanzelle ein, die die Luft an die Pfeife weiterleitet. Das Ventil schließt sich sofort wieder, wenn die Clavis nach unten fällt, also am Ende des Stiftes oder der Klammer.

Für die meisten Drehorgeln genügt der Tonvorrat einer einzigen Dur-Tonleiter, gelegentlich mit ein oder zwei zusätzlichen Halbtönen. Wichtiger ist die Möglichkeit, mehrere Stücke von einer einzigen Walze zu spielen. Häufig ist deshalb die Walze mit mehreren Stücken nebeneinander bestiftet, die durch eine geringfügige Verschiebung der Walze gewechselt werden können. (Dieses Prinzip ist bereits in einem arabischen Traktat aus dem 9. Jahrhundert beschrieben.) Ca. neun verschiedene Stücke lassen sich auf diese Weise programmieren. Es gibt auch Systeme, bei denen die markierten Linien spiralförmig um die Walze laufen und diese wegen eines Schraubengewindes an einem Ende kontinuierlich in die entgegengesetzte Richtung der Spirale läuft. Die meisten Drehorgeln wurden mit mindestens drei Walzen geliefert, die auf dem Boden des Kastens gelagert waren. Als englische Besonderheit gab es von ca. 1700 bis 1879 Drehorgeln für den kirchlichen Gebrauch, von denen etwa 80 (von einstmals 500) heute noch existieren. Wie bei anderen Pfeifenorgeln erklingen fallweise die Oktave und andere Intervalle über der grundtönigen Pfeifenreihe. So hat die englische Kirchendrehorgel in Shelland, Suffolk, folgende Disposition: offen Prinzipal (open diapason), gedeckt Prinzipal (stopped diapason), 4' Prinzipal, Quintzweidrittelfuß (Duodezime), Doublette und Terz 1 1/3' (→ORGEL, 2). Eine Hausorgel ist meist einfacher disponiert gewesen und hatte beispielsweise gedecktes Prinzipal mit Oktave und Doublette und zusätzlich ein Schlagwerkregister mit Trommel, Becken und Triangel.

2. Serinette, Vogelorgel

Kleine Drehorgeln mit einer oder mehreren Stimmen zum Anlernen der Kanarienvögel. Es gibt sie seit Ende des 17. Jahrhunderts und sie wurden bis Mitte des 19. Jahrhunderts gefertigt. Alte Walzenmechaniken wurden von Gewichten oder Uhrwerken betrieben und waren häufig in einer Standuhr versteckt. Haydn komponierte 32 Stücke für solche Flötenuhren (Hob. XIX: 1–32), Mozart drei Stücke (KV 594, 608 und 616). Im 19. Jahrhundert bildete sich im Schwarzwald ein Zentrum für die Herstellung solcher mechanischer Musikwerke heraus. →auch FLÖTENUHR.

3. Straßen-Drehorgel, Leierkasten

Sie entstand Anfang des 18. Jahrhunderts aus der Vogelorgel und wurde in Frankreich *orgue de Barbarie* (angeblich nach dem Hersteller Giovanni Barberi, Modena) genannt. Zuerst war sie ein schmuckloser Holzkasten, der an einem Lederriemen über der Schulter getragen wurde oder auf einem hölzernen Fuß stand. Seit Mitte des 19. Jahrhunderts gibt es den heute noch üblichen Typ auf Rädern. Diese Drehorgeln wurden meistens von Italienern in Paris, Berlin (insbesondere Bacigalupo) und anderen mitteleuropäischen Metropolen gebaut.

4. Lochstreifen
(Faltkarton) als Tonsteuerungsträger

Ein technischer Durchbruch gelang seit Mitte des 19. Jahrhunderts mit dem Lochstreifen statt der Walze. Dazu adaptierte man das Prinzip der erstmalig 1801 für die Jacquard-Webstühle patentierten Lochstreifen für die Drehorgel und ließ die Tonsteuerung über zu Leporellobänden zusammengelegte Lochkarten bzw. Lochstreifen erfolgen.

Eine Jahrmarktorgel, bei der der Lochstreifen kontinuierlich weiterläuft, kann auf zweierlei Arten funktionieren: entweder indirekt über Claves (Clavissteuerung) oder direkt. Bei der mit Claves versehenen Orgel greifen Hebel, die mit den Webstuhl-Nadeln vergleichbar sind, in die Löcher des Lochstreifens, um auf mechanischem Wege die Luftzufuhr zu den hölzernen Pfeifen zu regeln. Sie werden weggeschoben, sobald die Löcher weiterlaufen. Dieses Prinzip ist seit 1892 von Gavioli & Cie, Paris, angewandt und perfektioniert worden. Bei dem rein pneumatischen Prinzip läuft der Lochstreifen über einen »Tonblock« (auch »Gleitblock«) mit einem Loch für jede Pfeife bzw. Pfeifenkombination. Deckt sich ein Loch im Lochstreifen mit einem Loch im Gleitblock, so erhält die daran angeschlossene Pfeife Spielwind. Dieses Prinzip wurde weiterentwickelt, um die ungleichmäßige Ansprache auszugleichen. Jahrmarktsorgeln wurden mit zusätzlichen Klangeffekten (→ORCHESTRION) und sich bewegenden Figuren ausgestattet. Sie können 8 Meter lang sein und auch ein Carillon (→TURMGLOCKENSPIEL) beinhalten. Besonders in den Niederlanden und in Belgien sind solche Jahrmarktsorgeln verbreitet. Berühmte Hersteller sind Charles Marenghi, Paris; Mortier, Antwerpen (bis 1938); Carl Frei, Breda (bis 1944) und auch Wurlitzer, USA.

5. Walzenklavier
(Straßenklavier, Kurbelklavier)

Seit dem späten 18. Jahrhundert gibt es auch Hammerklaviere, deren Tonsteuerung mittels einer Stiftwalze erfolgt. So steht im Musikinstrumenten-Museum des Staatlichen Instituts für Musikforschung PK, Berlin, eine »Harfenuhr«, bei der ein kleines Hammerklavier eine Melodie spielt. Dieses Prinzip

Abb. 1. Drum-Set

wurde überwiegend in Italien seit etwa 1880 auch für fahrbare →Pianinos eingesetzt, bis der um die Würde seiner Nation besorgte Mussolini alle Italiener als Straßenmusikanten beschimpfte. Statt der Stiftwalze gab es auch hier Lochbänder, die die Tonsteuerung übernahmen. Für Wirtshäuser entwickelte man auch Walzenklaviere mit Gewichtsantrieb (→MECHANISCHES KLAVIER).

Lit.: Bedos de Celles 1778; Jüttemann 1987; Ord-Hume 1978; Zeraschi 1971, 1976.

Drum-Machine (engl.). →RHYTHMUSGERÄT.

Drummer Der Schlagzeuger einer Tanz-, Rock- oder Popformation. Sein Instrumentarium ist das →*Drum-Set* (Schlagzeug).

Drum-Pad (engl.). →SCHLAGFLÄCHE.

Drum-Set (Schlagzeug) (engl.: *drum set*). Essentieller Bestandteil des Jazz-, Rock- und Popmusikinstrumentariums. Ein immer nur von einem Spieler (dem »Drummer«) gespieltes Drum-Set besteht im wesentlichen aus (a) einer →großen Trommel mit Fußmaschine, die mit dem rechten Fuß betätigt wird; (b) mindestens einem auf der großen Trommel montierten →Tom-Tom; (c) einer kleinen Trommel mit zusammenklappbarem Ständer, Trommelstöcken und Besen (dünne gebündelte Metallstreifen); (d) einem Hi-Hat (→BECKEN, 2), das mit dem linken Fuß betätigt wird (Abb. 1, links außen); (e) meist mehreren auf Ständern befestigten Becken (→BECKEN, 3); und (f) einem großen, auf dem Boden stehenden Tom-Tom. Zu dieser Grundausstattung können weitere Schlagzeuginstrumente, z. B. →Rototoms, Klanghölzer u. a., hinzutreten.

Duda Slowakische, ungarische und ukrainische Bezeichnung für →Sackpfeife.

Dudelsack Umgangssprachliche Bezeichnung für →Sackpfeife.

Duduk, Düdük Im Kaukasus ein Doppelrohrblattinstrument (→BALABAN), in der Türkei hingegen eine →Kernspaltflöte.

Dudy Tschechische Bezeichnung für →Sackpfeife.

Dulce melos Früher Name für das →Hackbrett. (Daher dessen englischer Name »dulcimer«.) Arnault de Zwolle (Arnault 1972) beschreibt um 1440 unter diesem Namen ein Hackbrett mit Tastatur und einer Art Hammermechanik, bei dem chromatisch gestimmte Saiten von Stegen im Verhältnis 4 : 2 : 1 abgeteilt werden, so daß sie je nach Anschlagposition des Hammers den Ton in drei verschiedenen Oktaven ergeben.

Dulcitone →CELESTA.

Dulzaina →DOUÇAINE, DOLZAINA, 3.

Dulzian (engl.: *dulcian, curtal*; ital.: *fagotto*). Der Vorläufer des →Fagotts ist seit Mitte des 16. Jahrhunderts bis Anfang des 18. Jahrhunderts im Gebrauch. Er ist wie das Fagott konisch gebohrt, aber sein Korpus ist aus einem Stück Holz (normalerweise Ahorn) gefertigt. Das Doppelrohrblatt steckt auf einem S-Rohr aus Messing. Die Bohrung verläuft U-förmig: Die erste Bohrung geht nach unten bis zum Fuß und hat sechs Fingerlöcher, die zweite Bohrung geht vom Fuß aufwärts zum Schallbecher, zu ihr gehören die Kleinfingerklappe, zwei Daumenlöcher und eine Daumenklappe.

Die meisten der fünfzig oder mehr erhaltenen Originale (von denen zahlreiche Nachbauten gefertigt worden sind) sind ca. 1 m lange Baßdulziane mit C als Grundton, *Choristfagott* genannt (→POMMER, Abb. 1, links). Seine sechs Grifflöcher ergeben eine G-Dur-Skala mit *f*. Die Kleinfingerklappe ist für *F*, die Daumenklappe in der hinaufgehenden Bohrung erzeugt *E*, das Loch für den unteren Daumen *D* und das für den oberen Daumen *C*. Das *Quartfagott* steht eine Quarte tiefer, das *Quintfagott* eine Quinte tiefer und das 215 cm lange *Octavfagott* (*Fagottcontra*) eine Oktave tiefer. Dulziane wurden aber auch in kleineren Größen bis zu einer Oktave über dem *Choristfagott* gebaut. →PRAETORIUS, Zeichnung 1 für eine Übersicht über die gesamte Dulzianfamilie.

In vielen deutschen und italienischen Kompositionen des 17. Jahrhunderts ist der Baßdulzian mit schnellem Passagenwerk und zahlreichen Figurationen sehr virtuos geführt und häufig das einzige die Streicher begleitende Blasinstrument. Schütz komponiert in seiner Vertonung des Psalms 24 »Domini est terra« SWV 476 für großes Instrumentalensemble inklusive einem →Stimmwerk von Dulzianen. In Bachs Kantate BWV 31 (Weimar 1715) ist die Fagottstimme mit dem Umfang $G^1 - c^1$ offensichtlich für Quartfagott geschrieben, welches die Stadt damals besessen hat (Heyde 1987b). In spanischen Kirchen wurden Dulziane bis zum 18. Jahrhundert hinein zur Verstärkung des Chores herangezogen, und einige dieser *bajones* und *bajoncillos* sind noch erhalten. Hingegen war der Dulzian in englischer und französischer Musik unbekannt. Die erste datierbare Erweiterung des Tonumfangs von C zum B^1, dem Grundton des Fagotts, findet in Frankreich statt (→Mersenne 1636) und folgt den Stimmungsverhältnissen des *basse de violon*, der alten Form des Violoncellos, von wo an die Konstruktion des tiefen Doppelrohrblattinstruments in zwei oder drei Einzelteilen zum Fagott führt.

Dung   Tibetische Trompete des Lamaismus. →CHINA UND KOREA, 3c.

Duo-Art   →KÜNSTLERROLLE.

Duplex Scaling   Für Hammerflügel der Firma Steinway & Sons 1872 patentiertes Prinzip, bei dem kleine, zwischen Resonanzbodensteg und Anhangstiften montierte Metallstege so eingepaßt sind, daß der hintere Abschnitt der Saite in einem bestimmten Oberton zum angeschlagenen Grundton mitschwingt.

Duplexinstrument   (engl.: *duplex instrument*). Ventilblechblasinstrument, bei dem man durch Hinzuschalten eines bestimmten Ventils das Timbre des →Euphoniums zu beispielsweise dem der →Posaune verändern kann, indem die Röhre zu einem Abschnitt mit anderer Mensur und einer zweiten, ebenfalls anders mensurierten Stürze umgeleitet wird. Solche Duplexinstrumente wurden in der 2. Hälfte des 19. Jahrhunderts hergestellt; so wurde z. B. ein in Birmingham hergestelltes bei der ersten Weltausstellung 1851 in London ausgestellt. Andere Duplexinstrumente bauten Pelitti, Mailand (ca. 1855) und Conn, USA (um 1870). John Philip Sousa verwendete zwei in seiner Kapelle einige Jahre später.

Von seinem Prinzip her ist das Doppelhorn (→WALDHORN, 2) das einzige Duplexinstrument, das sich in der musikalischen Praxis bewährt hat.

Durchschlagende Zunge   (engl.: *free reed*). Die Messing- oder Stahlzunge im →Akkordeon, in der →Mundharmonika, dem →Harmonium und auch in Spielzeuginstrumenten wie dem →Brummkreisel und der →Melodica.

Lange bevor sie in Europa bekannt wurde, wurde die durchschlagende Zunge im Fernen Osten als Klangerzeuger verwendet (→khān, →sheng), Mersenne spricht 1636 noch von ihr als einer orientalischen Kuriosität. Doch im späten 18. Jahrhundert wird sie dann in verschiedenen, nicht mehr rekonstruierbaren experimentellen Musikinstrumenten verwendet (→HARMONIUM, 3).

1. Konstruktion

Die Zunge (»Tonzunge«) aus Messingblech oder gehärtetem Stahl wird an einem Ende an eine feste Metallplatte (»Rahmenplatte«) mit einem genau passenden Spalt (»Schwingungskanal«) festgenietet oder angeschraubt (→AKKORDEON, Zeichnung 1) und kann »frei« durch den Spalt hindurch- und wieder zurückschlagen, wenn sie in Schwingung versetzt wird. Bei starkem Winddruck bewegt sie sich weit in den Schlitz hinein, kaum hingegen bei schwachem Winddruck. Deshalb kann man auf Instrumenten mit durchschlagenden Zungen dynamisch sehr differenziert spielen.

Eine durchschlagende Zunge gibt nur eine Tonhöhe, deshalb braucht das Instrument für jeden Ton eine eigene Zunge. Die Zunge wird in ihrer Eigenfrequenz durch den Luftstrom erregt. Ihre Tonhöhe wird durch Länge, Breite und Dicke der Zunge bestimmt, unabhängig von der Länge des angeschlossenen Luftraumresonators. Die periodische Bewegung der Zunge wird über den Mund des Spieler oder durch Blasebälge gewährleistet und bringt die Luft in dem engen Schwingungskanal zum Summen auf der Eigenfrequenz der Zunge. Wie auch gezupfte Zungen (z.B. der Spieldose) können durchschlagende Zungen sehr klein sein. Sie gehören zu den kleinsten Vibratoren, die in akustischen Musikinstrumenten verwendet werden (→TEILTÖNE, 6b).

2. Druck- und Saugluft

Bei westlichen Instrumenten ist die Zunge genau in die Öffnung eines Rahmens eingepaßt, so daß sie beim Schwingen durchschlägt, ohne den Rand zu berühren, aber auch ohne eine Spalte zu lassen. Voraussetzung zum Vibrieren ist, daß der Wind auf die Zunge trifft und dann durch den Schlitz hindurch entweicht. Die Zunge vibriert aber auch, wenn der Wind von der anderen Seite des Schlitzes her kommt. So wird (a) beim Harmonium Luft auf die Zungen geblasen, während bei amerikanischen Harmoniums (*reed-organs*) die Luft angesaugt wird und (b) werden durch die Anwendung beider Prinzipien kleine, tragbare Instrumente – Akkordeons, Mundharmonikas usw. – möglich, die beide Windrichtungen ausnutzen und bei denen die Hälfte der Zungen auf Druck-, die andere Hälfte auf Saugluft reagiert. →AKKORDEON, 1 zum Unterschied zwischen »gleichtönigen« und »wechseltönigen« Mechaniken bei diesen Instrumenten.

Dutār (vom Persischen, »zweisaitig«). Eine der wichtigsten Lauten Zentralasiens, beliebt unter den Usbeken und anderen Stämmen in Turkestan. Es ist eine der türkischen →*sāz* ähnliche, bis zu 120 cm lange Langhalslaute (→LAUTE, 7, und Abb. 5) mit einem langen, schmalen Hals und ungefähr 14 Bünden. (Das moderne Instrument wird auch mit einem erhöhten Griffbrett, fest eingelassenen chromatischen Bünden und in Tenor- und Baßlage für folkloristische Ensembles hergestellt.) Der Spieler schlägt die zwei Metallsaiten mit den Fingern und erzeugt zusätzliche Klangeffekte, z.B. durch Schaben mit den Fingernägeln auf der hölzernen Decke. In Nordindien ist die *dotara* ein ähnliches Instrument, das manchmal mit einem Bogen gestrichen wird.

Dvojnice Die →Doppelkernspaltflöte des westlichen Balkans, insbesondere der Kroaten. Das Instrument ist aus einem Stück Holz gefertigt; die beiden Luftkanäle gehen am unteren Ende etwas auseinander und sind manchmal in Sekunden abgestimmt, wobei das Spiel an den traditionellen volkstümlichen Frauengesang jener Regionen erinnert. Neben →*diple* und →*gusla* zählt das Instrument zu den typischen Souvenir-Objekten.

E

E-Baß →ELEKTRISCHE GITARRE, 3.

Echogerät (engl.: *delay unit*). Elektronisches Effektgerät, mit dem der Originalklang verzögert wird und so ein Echo bzw. Nachhall entsteht, indem originaler und verzögerter Klang gemischt werden.
Lit.: Enders 1985.

Echohorn, Echokornett Ventilblechblasinstrumente des späten 19. Jahrhunderts mit eingebautem →Dämpfer. Ein besonderes Ventil ermöglicht den unmittelbaren Wechsel normalen Klanges mit dem gedämpften Klang. Zu Instrumenten mit zwei verschiedenen Stürzen zur Klangänderung →DUPLEXINSTRUMENT.

Echowerk (engl.: *echo organ*). Bei einer Kirchenorgel eine separate Registergruppe, normalerweise mit eigener Klaviatur, mit der der Spieler den Klang anderer Register im piano, also echoartig, wiederholen kann.

Écurie (fr., »Stall«) »La musique de l'Écurie« war im 17. Jahrhundert eine Abteilung innerhalb der französischen Hofmusik und stand in der Rangordnung hinter der »Musique de la Chapelle (Sänger mit einem oder zwei →Zinken und →Serpent), der »Musique de la Chambre« (mit Laute und kleiner Geigengruppe mit Baßgambe und Blockflöte) und der großen Streichergruppe der 24 »grand violons« oder »violons ordinaires«, die 1626 aus einem Tanzmusikensemble hervorgegangen war, für das Andrea Amati Instrumente fertigte, von denen einige noch existieren (→BRATSCHE, 3a).

1. Musiker und Instrumente

Die Écurie bestand aus folgenden Musikern: dem Korps der zwölf Trompeter; neun Trommelflöten einschließlich der Trommeln; fünf »hautbois et musette de Poitou«, fünf »cromornes et trompettes marines«; und zwölf »grand hautbois« (des feierlichen Bläserensembles für bedeutende Anlässe; →POMMER, 1b). Diese letztgenannten zwölf Musiker, die auch die Streichinstrumente zu spielen hatten, spielten vor der Reform unter Lully zwei *dessus d'hautbois* (Diskant-Pommern), *cornet* (Zink), *haute-contre d'hautbois* (Alt-Pommer), *taille d'hautbois* (Tenor-Pommer), *saqueboute* (Posaune) und *basse d'hautbois* (Baß-Pommer). Zu den 1666 aufgeführten Musikern sind drei Mitglieder der Hotteterre-Familie, die als Instrumentenbauer bei der Entwicklung des modernen barokken Holzblasinstrumentariums beteiligt gewesen sind, und unter deren Einfluß im Laufe der Jahre die zwölf Spieler auf Oboen und Fagotte umsattelten.

2. Zu speziellen Instrumenten

(a) *Hautbois de Poitou*. Wie bei →Mersenne illustriert ist, waren diese Instrumente ein Satz von zylindrischen Doppelrohrblattinstrumenten mit →Windkapsel; eine →Sackpfeife (die *musette*) für die Sopranstimme; und ein mit zwei parallelen Bohrungen gebautes Baßinstrument. Keines dieser Instrumente ist erhalten. Sie wurden später abgeschafft, obwohl ihre Bezeichnung als Position für die Musiker erhalten blieb und von bedeutenden Flötisten wahrgenommen wurde.

(b) *Cromornes*. Der (bei Mersenne nicht genannte – →KRUMMHORN, 3) Name läßt natürlich →Krummhörner als die ursprünglichen Instrumente vermuten. Eine 1660 datierte Suite, die unter den Manuskripten der Mitglieder der angesehenen Musikerfamilie Philidor in Versailles vorhanden ist, trägt die Stimmenbezeichnung »cromornes et trompettes marines« (→TRUMSCHEIT), doch hat es den Anschein, als wäre die Musik für andere Instrumente geschrieben, möglicherweise solche, die die auf den *trompettes marines* gespielte Melodie begleiten. Zeitgenössische Lexika verstehen unter *basse de chromorne* einen anderen Namen für das Fagott. Wie bei den »Poitou«-Musikern übernahmen schließlich Musiker auf modernen Instrumenten die Stimmen.

Lit.: Benoit 1971.

Effektinstrumente Über ein Jahrhundert ist es im Orchester die Aufgabe des Schlagzeugers gewesen, verschiedene imitierende Instrumente (z. B. Vogelrufe) und Spielzeuginstrumente zu spielen. Einige Beispiele: die Knallpistole in Wiener Champagner-Polkas des 19. Jahrhunderts, Dampflokomotiven-Imitationen (für den Stummfilm), →Autohupe und die Regenmaschine. Einige dieser vielen Hilfsmittel werden inzwischen auch jenseits ihrer assoziativen Klangmalerei verwendet (z. B. →Amboß und →Peitsche). Andere gelten weiterhin als Effektinstrumente, vor allem solche, die Wettergeräusche imitieren (heute vielfach durch eingespielte Tonaufnahmen oder elektronisch produzierte Klänge wie die Kanonen in Tschaikowskys Ouvertüre *1812* ersetzt). Das Regenprisma ist ein drehbares Sieb in Trommelform, das mit kleinen Kugeln gefüllt ist. Die Windmaschine ist eine Trommel aus hölzernen Rippen, um die Segeltuch locker gespannt ist. Durch die Reibung beim Drehen entsteht ein Klang wie das Rauschen des Windes. Die Windmaschine wird unter anderen von Richard Strauss in *Don Quixote* und Vaughan Williams in der *Sinfonia Antartica* eingesetzt. Das Donnerblech besteht aus einem dünnen Metallblech, das bis zu 3 m lang ist und aufgehängt wird. Schüttelt oder schlägt man es mit einem weichen Gong-Schlegel, entsteht ein donnernder Klang. Bei der Donnermaschine wird ein mit Steinen oder Metallkugeln gefüllter Stahlzylinder gedreht.

E-Gitarre   →ELEKTRISCHE GITARRE.

Einhandflöte und Einhandtrommel (engl.: *pipe and tabor*). Eine Flöte und eine Trommel, die zusammen von einer Person gespielt werden. Der Spieler greift die Flöte mit der linken Hand, die vom linken Arm herabhängende Trommel schlägt er mit der rechten Hand. Diese Zusammenstellung zweier Instrumente hat ihren Ursprung in Westeuropa, wo sie zu Volkstänzen in Südspanien und den benachbarten Regionen Portugals, bis zu den baskischen

Abb. 1. Tambourinspieler, die eine Prozession in den Alpes Maritimes anführen.
Photo: Nice Matin, 1.9.1980.

Gebieten, den Balearen, der Provence (Abb. 1) und (bis 1900) in Südengland Anwendung fand bzw. findet. In Amerika wurde sie von den Spaniern vor allem in den ländlichen Regionen Mexikos eingeführt.

1. Einhandflöte

Es handelt sich um eine →Kernspaltflöte wie das →Flageolett, doch nur mit drei Grifflöchern, zwei vorderständigen nahe dem unteren Ende und einem höherliegenden auf der Rückseite für den Daumen. Mit diesen Grifflöchern kann ein Tonumfang von mehr als zwei Oktaven mit nur einer Hand gespielt werden, indem die Grundtöne unberücksichtigt bleiben (sie würden im Freien sowieso nicht tragen) und die Tonleiter erst auf den zweiten Naturtönen aufgebaut wird (Notenbeispiel 1). Das untere Ende der Flöte kann mit dem kleinen Finger und dem Ringfinger gehalten werden.

Notenbeispiel 1

2. Einhandtrommel

Mit zwei Fellen und einer Darm-Schnarrsaite ähnelt sie der Militärtrommel. Meist ist sie recht klein (englische Einhandtrommeln haben einen Durchmesser von 23 cm), doch die provençalische *tambourin* hat einen bis zu 77 cm tiefen Trommelkessel. Bei ihr ist die Schnarrsaite über das obere Fell gespannt; der Spieler schlägt mit dem Stock auf die Mitte der Saite (Abb. 1). Die entstehende Schwingung verlängert den Klang zwischen den Schlägen wie ein Bordun. Bereits auf mittelalterlichen Darstellungen, auch aus England und Flandern, sieht man dieses Schlagen auf die Scharrsaite (→MITTELALTERLICHES INSTRUMENTARIUM, Abb. 1; dort ohne Einhandflöte).

Die Trommel ist das musikalisch prägnantere der beiden Instrumente, da sie das Metrum zum Tanzen gibt. Seit dem Mittelalter (als Einhandflöte und Einhandtrommel in allen Gesellschaftsschichten zu hören waren) bis ins 20. Jahrhundert hat der Spieler dieser Instrumente in Frankreich seine Bezeichnung nach der Trommel: *tambourinaire*. Die Kompositionen im Stile dieser Musik wurden von Rameau und anderen *tambourins* genannt. Die älteste Quelle für das Spiel auf Einhandflöte und Einhandtrommel ist der Traktat des Aegidius von Zamora (Spanien, 13. Jahrhundert), in dem davon die Rede ist, daß ein *tympanum* (»Trommel«) eine lieblichere Musik erzeugt, wenn es mit einer *fistula* (»Flöte«) zusammenspielt.

Einige der französischen Basken gebrauchen statt der Trommel einen *tambourin à cordes*, *tambourin de béarn*: ein langer hölzerner Resonanzkörper mit fünf oder sechs dicken Darmsaiten, die mit einem kurzen, dicken Stock geschlagen werden. Die Saiten sind auf Grundton und Dominante der Flöte gestimmt (man vergleiche die Bordune bei der →Drehleier und bei vielen →Sackpfeifen).

Ektār (auch *ektara*, »einsaitig«). Indisches Saiteninstrument, bei dem meist ein religiöser Bettler zur Gesangsbegleitung eine einzige Stahlsaite mit einem Finger zupft. Der Bambusstab, an dem die Saite befestigt ist, ist durch eine mit Fell bespannte Kalebasse geführt und wird mehr oder weniger aufrecht gehalten. Zu anderen einsaitigen indischen Instrumenten ähnlicher Funktion →GOPI-YANTRA und TUILA (letzteres wird gelegentlich auch *ektār* genannt).

Elektrische Gitarre (engl.: *electric guitar*). Obwohl sie prinzipiell ein Saiteninstrument ist, wird die Elektrische Gitarre wegen ihrer komplizierten elektrischen Technik allgemein zu den elektronischen Musikinstrumenten gezählt.

1. Vollkörpergitarre (engl.: solid-body)

Die normale Ausführung einer elektrischen Gitarre hat keinen Resonanzkörper. Stattdessen führen die sechs Saiten (aus Stahl oder einer Nickellegierung) durch die magnetischen Felder der elektromagnetischen Tonabnehmer, die auf das akustisch gesehen funktionslose Holzkorpus dicht unterhalb der Saiten montiert sind, um die Saitenschwingungen abzunehmen und in elektrische Energie umzuformen. So wie die Frequenzen während des Spiels wechseln, so verändert sich der in der Spule induzierte Strom und die Spannung. Über Potentiometer zur Lautstärke- und Klangfarbenregelung wird das elektrische Signal zu einem separaten Verstärker mit angeschlossenem Lautsprecher geleitet. Normalerweise gibt es zwei oder drei Reihen von Tonabnehmern, die in unterschiedlicher Entfernung zum Querriegel angebracht sind. Sie lassen sich für verschiedene Klangeffekte zusammen oder einzeln regeln. Außerdem kann auch ein »Tremoloarm« vorhanden sein, das ist ein Hebel, mit dem die Saitenspannung vibratomäßig verändert werden kann, um einen Effekt wie bei der →Hawaii-Gitarre zu erzeugen.

2. Halbakustische Gitarre und »semi-solid« elektrische Gitarre

Die halbakustische Gitarre hat trotz der Tonabnehmer ein echtes Resonanzkorpus ohne standardisiertem Umriß, aber normalerweise mit einer gebogenen

Decke und *f*-Löchern. Sie wurde in den 1930er Jahren von Les Paul, der vorher für die Gibson Company gearbeitet hatte, eingeführt und vor allem im Jazz gespielt, nachdem man vorher mit Kontaktmikrophonen experimentiert hatte.

Bei der »semi-solid« Gitarre befindet sich im Innern des Resonanzkorpus ein massiver Block. Dieser Typ war in den 1950er und frühen 1960er Jahren verbreitet und wurde durch die Beatles weltberühmt. Nach und nach wurde er jedoch von elektrischen Gitarren in Massivbauweise abgelöst.

3. Elektrische Baßgitarre (E-Baß)

Meist in Massivbauweise und mit vier dicken Saiten in der Stimmung des Kontrabasses (E_1 A_1 D G). Schwingende Saitenlänge: ca. 90 cm. Die elektrische Baßgitarre wurde 1951 von Leo Fender, California, eingeführt (»Fender Precision Bass«).

Lit.: Bacon/Day 1991; Dobson 1992; Lemme 1980; Schmitz 1988; Trynka 1993.

Elektrisches Klavier (engl.: *mechanical piano*). Ein automatisches →Hammerklavier (→ MECHANISCHES KLAVIER) mit einfachster Tonsteuerungsmechanik (→TONSTEUERUNGSTRÄGER), die keine agogische und dynamische Differenzierung ermöglicht. Das elektrische Klavier war zur Hintergrundmusik in Wirtshäusern bestimmt. (Nicht zu verwechseln mit dem →E-Piano!)

Elektronische Musik (engl.: *electronic music*). Das 1936 erfundene und seit Anfang der 1950er Jahre regulär eingesetzte Tonband ermöglichte als manipulierbarer Tonträger mit Hilfe der elektrischen Apparaturen eines Aufnahmestudios (Filter, Oszillatoren, Hallplatte u.a.) erzeugte, rein elektronische (und »natürliche«) Klänge in bisher unbekannter Art und Weise zusammenzustellen (»cutten«) und zu mischen. Der Komponist wurde dadurch zum Interpret, und die Komposition ließ sich nicht mehr in Echtzeit realisieren. (Dies ist bei der »Live-Elektronik« möglich, bei der elektronische Klänge während einer Aufführung dem traditionellen Instrumentarium zugespielt werden.) Durch die rasante Entwicklung der →elektronischen Musikinstrumente seit den 1970er Jahren ist das Arbeiten im analogen Studio mit dem Spulentonband als dem wichtigsten Utensil inzwischen Geschichte.

Lit.: Davies 1968; Donhauser 2007; Eimert/Humpert 1973; Föllmer 1992.

Elektronische Musikinstrumente (engl.: *electronic musical instruments*) Im engeren Sinn jene Musikinstrumente, deren Klänge elektronisch erzeugt und nicht nur – wie beispielsweise beim →Neo-Bechstein-Flügel – elektrisch verstärkt werden: z.B. →Keyboards, →elektronische Orgel, →Ondes Martenot, →Theremin-Vox, →Trautonium. Häufig werden jedoch alle Arten von Musikinstrumenten mit elektrischen Schaltungen, die den Klang beeinflussen, als elektronische Musikinstrumente bezeichnet, also auch →E-Piano und →elektrische Gitarre.

Lit.: Dobson 1992; Donhauser 2007; Enders 1985; Maschinen 2006; Zauberhafte Klangmaschinen 2008.

Elektronische Orgel (engl.: *electronic organ*). Das populärste aller →elektronischen Musikinstrumente, ein- bis dreimanualig und teilweise auch mit Pedal und in der Regel mit Effekt-Registern und eingebautem →Rhythmusgerät ausgestattet. Es ist vorwiegend als Hausinstrument (daher auch der Ausdruck »Heimorgel«) verbreitet, aber es gibt auch elektronische Orgeln für den sakralen Gebrauch. Ursprünglich wurde der Klang auf elektromechanischem Wege erzeugt (→Hammond-Orgel), die modernen elektronischen Orgeln werden hingegen meist mit Oszillatoren betrieben.

Lit.: Enders 1985.

Embouchure →ANSATZ. Im Französischen bedeutet das Wort auch das Mundstück eines →Blechblasinstruments, im Englischen das Mundloch der →Querflöte.

Enanga Eine afrikanische Schalenzither (→ZITHER, 3b) in Uganda und im Kongo (*inanga* und *nanga* in einigen Regionen genannt). In Uganda außerdem der Name einer Bogenharfe (→HARFE, 10a).

Lit.: Wachsmann 1953; Wegner 1984.

Englisch Horn (engl.: *cor anglais*; am.: *English horn*; ital.: *corno inglese*; fr.: *cor anglais*). Nach der Oboe das wichtigste Mitglied der Oboenfamilie. Das Englisch Horn steht eine Quinte unter der Oboe und klingt eine Quinte tiefer als notiert.

1. Konstruktion

Das Englisch Horn ist ca. 81 cm lang und hat einen birnenförmigen Schallbecher (»Liebesfuß«) (→OBOE, Abb. 1c). Das Doppelrohrblatt (→ROHRBLATT, Zeichnung 3e) ist auf einen ca. 7,5 cm langen Bogen aus Metall aufgesetzt, der stumpfwinklig gebogen ist (nicht sichtbar in der Abb.), damit das lange Instrument besser in den Händen liegt. Viele Spieler stützen ihr Englisch Horn mit einer Schlaufe ab, die sie um ihren Hals legen und am Daumenhalter befestigen. Klappenmechanik und Griffweise entsprechen denen der Oboe, mit der Ausnahme, daß der tiefste Ton das notierte *h* ist (klingend *e*).

2. Einsatz im Orchester und als Soloinstrument

Der warme, weiche Klang des Englisch Horns kann in Orchesterkompositionen häufig bei langen Solopassagen vernommen werden, die immer ein langsames Zeitmaß und häufig einen pastoralen Charakter haben. Einige Beispiele: Rossini, Ouvertüre zu Wilhelm Tell; Berlioz, *Carnaval Romain* (Einleitung); Wagner, *Tristan und Isolde*, 2. Akt, hinter der Bühne. (Die sonderbare Notationsweise des Englisch Horns in der Wilhelm Tell-Ouvertüre – im Baßschlüssel – ist so zu erklären, daß das Instrument damals von einem Fagottisten gespielt wurde, der die Noten mit Fagottgriffweise las.) Andere wichtige Solopassagen kommen in Francks Sinfonie d-moll, Dvořáks Sinfonie »Aus der neuen Welt« und in Sibelius' *Der Schwan von Tuonela* aus demselben Jahr (1893) vor, letzteres ist ein fortlaufendes Solorezitativ für das Englisch Horn mit Orchesterbegleitung.

Nahezu jeder Oboist besitzt ein Englisch Horn, obwohl im Orchester nur ein Mitglied der Oboengruppe es spielt. Zu den Werken, die in der orchestralen Praxis zwei Englische Hörner erfordern, gehören viele der Bachschen Chorwerke (sofern sie nicht mit rekonstruierten Oboen da caccia gespielt werden; siehe unten, 4). Ein Oboist benötigt das Englisch Horn auch für die Kammermusik, so z. B. in Beethovens Trio op. 9 für zwei Oboen und Englisch Horn und ebenso in dessen Variationen über Mozarts »Là ci darem« für dieselbe Besetzung. Konzertante Literatur für das Instrument ist selten (z. B. ein Concertino von Donizetti); im wesentlichen wird das Englisch Horn eher in kammermusikalischen Besetzungen eingesetzt bis hin zur modernen Musik, so in Stockhausens *Zeitmaßen* für Bläserquintett, bei dem das Englisch Horn an die Stelle des Waldhorns tritt.

3. Liebesfuß und Timbre

Der offenbar von der →Oboe d'amore stammende Liebesfuß hat nur auf die tiefen Töne jedes Registers Einfluß, indem er ihnen ein vokalähnliches »oh«-Timbre verleiht, das zu dem offenen »eh«-Timbre jener Töne kontrastiert, die weiter oben aus der Röhre entweichen. Wenn das Englisch Horn von einem Register in das nächste wechselt, scheint es fast »sprechen« zu können.

4. Oboe da caccia

→TENOROBOE und TAILLE für das alte, nur für Tenorstimmen in Ensembles eingesetzte Instrument mit gerader Bohrung. Die Oboe da caccia, die (als *Hautbois da caccia*) in zwanzig Kompositionen J. S. Bachs zwischen 1723 und 1726 vorkommt, steht ebenfalls eine Quinte unter der Oboe, aber im Unterschied zu *Taille* auch als obligates Instrument. Es gibt u. a. zwei von Eichentopf, Leipzig, gefertigte Blasinstrumente jener Zeit, die die von Bach geforderten *Oboi da caccia* sein könnten. Sie sind sichelförmig gebogen und haben eine ausladende Messingstürze mit 17 cm Durchmesser, wodurch sie äußerlich einem Jagdhorn (*corno da caccia*) ähneln und aus weiter Entfernung auch fast wie ein Horn klingen. Für die Krümmung der Bohrung (auf diese Weise ist das Instrument mit den Händen leichter spielbar) wurde das Holzstück nach dem Durchbohren an ca. dreißig Stellen eingesägt und es wurden keilförmige Abschnitte herausgenommen, so daß anschließend das Holz gebogen werden konnte. Auf die plan gehobelte Innenseite der Krümmung wurde eine lange Holzrippe aufgeleimt, um die Krümmung zu festigen. Auf diese Weise werden auch Nachbauten hergestellt.

5. Frühformen des Englisch Horns

Die Bezeichnung *Englisches Horn* kommt bereits 1723 in einer Kantate von Tobias Volckmar vor (Dahlquist 1973). Ob damit eine Oboe da caccia gemeint war, ist unbekannt, doch der Liebesfuß und die charakteristische Krümmung sind Merkmale des *corno inglese* seit 1749, als diese Bezeichnung in Wiener Opernpartituren auftaucht, und ebenso noch im 19. Jahrhundert, als Berlioz und Rossini für jenes Instrument komponierten. Gelegentlich ist das Instrument in zwei geraden Teilen gefertigt worden, die stumpfwinklig aneinandergesetzt sind (wie das klassische →Bassetthorn). Beide Arten wurden bis zur Mitte des 19. Jahrhunderts gefertigt, als sie von der modernen geraden Form von Brods *Cor anglais moderne* (Paris, um 1840) abgelöst wurden, die für die Klappenmechanik besser geeignet war.

Lit.: →OBOE.

English guitar (engl.) und verwandte Instrumente

1. English guitar (Abb. 1)

Ein beliebtes Hausmusikinstrument aus der Mitte des 18. Jahrhunderts, das von Damen gespielt wurde. (Herren spielten die Violine oder Querflöte.) Es hat einen birnenförmigen Umriß und hohe Zargen, die von ca. 7 cm am unteren Ende sich nach oben zum Hals hin verjüngen. Der Boden ist leicht gewölbt, die Metallsaiten werden mit den Fingern gezupft. In Großbritannien wurde das Instrument in seiner Zeit allgemein als *guitar* bezeichnet (im Unterschied zur *Spanish guitar*, der →Gitarre). Die English guitar ist Zeugnis der Transformation der alten →Cister, die, wie es scheint, im späten 17. Jahrhundert nicht mehr gespielt wurde. Die in sechs Chören angeordneten Saiten – die ersten vier Chöre haben doppelte Besaitung aus Stahl oder Messing, die untersten zwei Ein-

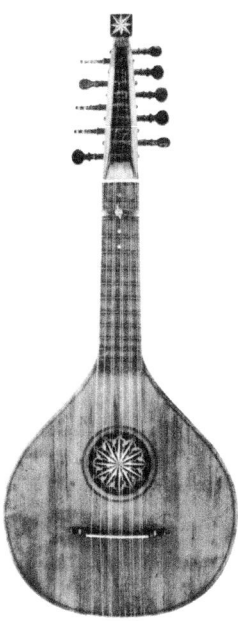

Abb. 1. English guitar von J. Preston, London (um 1770).

zelsaiten aus umsponnenem Draht – sind auf den C-Dur-Akkord von g^1 bis hinunter zum *c* gestimmt, so daß Lieder besonders gut in C-Dur gespielt werden können. Die Notation ist um eine Oktave nach oben versetzt. Notenbeispiel 1 ist der Beginn des Finalsatzes einer »Sonata for the guitar« mit Violinbegleitung, die möglicherweise von J. Chr. Bach stammt. Die klingende Saitenlänge beträgt ca. 42 cm, die 12 oder gelegentlich mehr Bünde sind aus Metall oder Elfenbein. Fast alle English guitars sind sorgfältig gearbeitet, haben eine Rosette aus vergoldetem Kupfer und ein Griffbrett aus Schildpatt. In ihn sind Löcher gebohrt, um einen →Capotasto für das Spiel in höheren Lagen aufzusetzen. Ein führender Hersteller war John Preston, London. Der schottische Musikverleger Bremner gab 1758 eine Instrumentalschule für das Instrument heraus. Einige Instrumente hatten eine klavierähnliche Tastatur, mit der das Anzupfen der Saiten mechanisiert wurde, um die Fingernägel zu schonen *(keyed guitar)*. Eine Schraubenstimmvorrichtung (»watch-key tuning«) ersetzte vielfach die sonst üblichen seitenständigen Stimmwirbel.

2. Französische Cistre

Von ca. 1760 an ist ein Instrumententyp aus Dünkirchen und Lille bekannt, der *cistre* oder auch *guitare allemande* genannt wurde und der English guitar ähnelt, aber sieben Chöre (die unteren drei auf *f c G*) und gelegentlich eine lautenähnliche Schale hat. Die *arcicistre* hat lange →Abzüge, die zu einem zweiten Wirbelkasten führen, und häufig ein unter den Abzügen weitergeführtes Korpus für ein besseres Resonanzverhalten.

3. Portugiesische Gitarre

(guitarra, die Gitarre wird im Portugiesischen *viola* genannt). Dieses Instrument ähnelte ursprünglich der English guitar, von der sie laut der ältesten portugiesischen Instrumentalschule für das Instrument (1796) abstammen soll. Heute ist sie am besten in jener Form mit großem Korpus bekannt, mit der Fado-Sänger begleitet werden. Das Stimmen erfolgt – wie bei vielen jüngeren English guitars – über fächerförmig angeordnete Schrauben. Es gibt viele verschiedene Stimmungen für das Instrument.

Lit.: Armstrong 1908; Baines 1966.

Enharmonische Gitarre Um 1970/80 von Martin Vogel entwickelte und von der Firma Karl Höfner, Bubenreuth, hergestellte, mit Doppelbünden ausgestattete →Gitarre, die das Spiel in reinen Quinten, reinen Terzen und reinen Septimen ermöglicht.

Entenga Ugandisches Ensemble aus gestimmten Trommeln; →TROMMELSPIEL.

E-Piano (engl.: *electric piano*). Oberbegriff für elektromechanische Tasteninstrumente, wie sie vor allem in der Rock- und Popmusik gespielt werden und in Spielweise dem traditionellen →Klavier entsprechen, im Klang von diesem ausgehend allerdings eine weite Palette unterschiedlicher Klangfarben (meist Imitationen akustischer Instrumente) bieten. Das E-Piano ist nicht zu verwechseln mit dem →elektrischen Klavier!

Der klassische Typ des E-Pianos ist das von Harold Rhodes, USA, in den 1960er Jahren erfundene *Fender-Rhodes Piano*. Bei diesem Instrument sind die Saiten durch kleine Metallzungen verschiedener Länge ersetzt (pro Tonhöhe eine Zunge). Über jeder

Notenbeispiel 1

Zunge befindet sich eine etwas größere Metallstange. Zunge und Stange sind zusammen häufig als eine Art Stimmgabel mit Zacken unterschiedlicher Länge beschrieben worden. Wenn eine Zunge angeschlagen wird, treten die hohen, unharmonischen Obertöne hervor und verschwinden schnell, während die Metallstange sympathetisch mitschwingt und den volleren Klang auf diese Weise verlängert. Die Schwingungen werden von elektromagnetischen Tonabnehmern abgetastet und elektrisch verstärkt, so daß kein Resonanzboden erforderlich ist. Das Instrument ähnelt äußerlich einem kleinen Klavier. Andere Typen verwenden gezupfte Stahlzungen (z. B. von Hohner). →auch NEO-BECHSTEIN-FLÜGEL.

Im letzten Jahrzehnt hat sich das Digital piano durchgesetzt, das den traditionellen Hammerklavierklang (und viele weitere Instrumentalklänge) auf rein elektronischem Wege imitiert. →auch KEYBOARDS.

Lit.: Enders 1985.

Épinette Fr. für →Spinett bzw. →Virginal.

Épinette des vosges Die kleinste der europäischen gebundenen Zithern; →ZITHER, 2.

Erdbogen, Erdzither (engl.: *ground harp, ground bow, ground zither*). Von Musikethnologen geprägter Oberbegriff für einige in Zentralafrika, Ostasien und der Karibik anzutreffende Instrumente, bei denen ein Faden (oder ein Rattanstrang) an einem Resonanzboden aus Borke, Fell oder Weißblech befestigt ist, der über eine Erdgrube gelegt und mit Steinen beschwert wird. Beim Erdbogen ist die Saite an eine dehnbare Stange angebunden, die im Boden steckt und gebogen wird, wodurch die Saite gespannt wird. Durch Anzupfen oder Anstreichen entstehen summende oder brummende Töne. Auf Haiti erklingt die *mosquito drum* bei bestimmten Riten.

Bei der Erdzither wird ein Bambusstab aufrecht auf einen Resonanzboden aufgesetzt, eine Saite herumgelegt und an beiden Enden am Boden befestigt; ein Saitenende kann kürzer sein und deshalb einen höheren Ton erzeugen, wenn es angezupft wird, wie es in Vietnam beim Begleiten von Liedern der Fall ist.

Bei der Erdtrommel wird ein Brett über eine Grube gelegt und rhythmisch geschlagen oder getreten; →PAZIFISCHE INSELN (*keho*).

Er-hu Chinesische →Fidel, einer der Haupttypen der unter dem Oberbegriff *hu-ch'ing* zusammengefaßten Streichinstrumente. Das kleine, in der Aufsicht normalerweise hexagonale oder oktogonale Korpus ist ca. 13 cm lang und 8 cm breit. Die Zargen sind aus Holz, eine Eidechsenhaut bedeckt die Vorderseite, die Rückseite ist offen. Bei der kleineren und ebenfalls wichtigen Fidel *ching-hu* ist das zylindrische Korpus aus nahe der Wurzel geschnittenem Bambus. In beiden Fällen steckt das auf dem Schoß oder Oberschenkel plazierte Korpus auf einem langen Bambusstab (dem Hals). Zwei Saiten (*er* = »zwei«) sind in deutlichem Abstand vom Hals gespannt und werden nach allgemein asiatischem Brauch durch Fingerdruck abgegriffen, ohne daß die Saite den Hals oder ein Griffbrett berührt (→BOGEN, 1c). Die Saiten (früher aus Seide, jetzt aus Nylon oder Draht) werden in einem gewissen Abstand von den Wirbeln mit einer Schlaufe aus Faden zum Hals hin gezogen. Die Saite schwingt also von der Schlaufe bis zum Steg und die schwingende Saitenlänge entspricht in etwa der der Violine, die einen nicht unähnlichen Klang hat. Die Schlaufe kann zum schnellen Umstimmen leicht verschoben werden. Der lange, dünne Bogen wird im Untergriff gehalten (Daumen nach oben gerichtet), seine Haare sind zwischen die beiden Seiten geführt: der Bogen kann also nicht ohne Lösen der Haare an einem der Enden entfernt werden. Die Saiten werden nahe am Korpus gestrichen. Der Spieler streicht mit den Bogenhaaren die eine oder andere Saite, je nachdem, ob sich der Bogen zum Spieler hin bewegt (wie bei der tiefer gestimmten Saite) oder ob der Bogen nach vorne weggeführt wird, damit seine Haare die gegenüberliegende Saite berühren. Damit der Bogen im richtigen Winkel zur Saite verläuft, wird das Instrument meist so gehalten, daß der Steg nach rechts zeigt, wie man auf Abb. 1 von CHINA UND KOREA sehen kann. (Der »eingeschlossene« Bogen konnte in früherer Zeit möglicherweise seinen Grund darin gehabt haben, Instrument und Bogen hoch zu Roß sicher transportieren zu können.) In Nordchina und anderswo gibt es auch Fideln mit vier Saiten, die abwechselnd auf (angenommen) E und die tieferen A gestimmt sind und bei denen die Bogenhaare in zwei Streifen unterteilt sind, damit jeder Streichen zwischen E- und A-Saite verläuft und bei jedem Bogenstrich die unisono gestimmten Saiten erklingen.

Die hell klingende *ching-hu* ist in der Peking-Oper das führende Instrument; sie begleitet die männlichen Rollen, während die tiefer gestimmte *er-hu* normalerweise die weiblichen Rollen begleitet. Beide folgen der Melodielinie mit idiomatischen Abwandlungen und Einschüben. Eine weitere Fidel (*pan-hu*) hat ein Korpus aus einer halben Kokosnuß mit hölzerner Decke. Für das moderne chinesische Orchester hat man vollständige Familien vom Diskant bis zum Kontrabaß entwickelt, die inzwischen weit verbreitet sind (wie auch bei anderen asiatischen Fideln; →FIDEL, 2d): *ge-hu* und *dige-hu* haben neue Korpusformen und vier Saiten, die wie →Violoncello und →Kontrabaß gestimmt sind und deshalb auch mit einem frei über die Saiten geführten Bogen gespielt werden.

Erke, Erkencho Südamerikanische Blasinstrumente der nordargentinischen Region Gran Chaco. *Erke* ist eine gerade Trompete aus Rohr, ähnlich der →*clarín* in Bolivien, aber kleiner. Die *erke* wird nach dem Karneval und während des Fronleichnamsfestes gespielt. Die *erkencho* (»kleine Erke«) oder *putoto* (ein altes indianisches Wort für Muschel) ist ein Kuhhorn, in dessen kleines Ende ein langes →idioglottes Rohrblatt gesteckt ist.

Erzcister →CETERONE.

Erzlaute (engl.: *archlute*; ital.: *arciliuto*; fr.: *archiluth*). Eine der Lautenformen mit →Abzügen (Bordunsaiten), die zu einem zweiten Wirbelkasten laufen. →LAUTE, 3.

Esrāj Indisches Streichinstrument; →DILRUBĀ UND ESRĀJ.

Euphonium Bezeichnung für ein Blechblasinstrument in Baritonlage, das in →Militärkapellen und →Brass bands gespielt wird. →auch BARITON.

Lit.: Bahr 1988 (Diskographie).

F

Fälschungen Es ist weitgehend bekannt, daß die meisten Violinen mit einem →Zettel, der den Namen Stradivari trägt, nicht von ihm oder aus seiner Werkstatt stammen. Doch diese Praxis der falschen Beschriftung hat eine lange Tradition und ist im Fall von Streichinstrumenten meistens ohne betrügerische Absicht geschehen. Als andererseits die großen →Musikinstrumentensammlungen im späten 19. Jahrhundert aufgebaut wurden, wurden Sammlern häufig scheinbar seltene Beispiele historischer Instrumententypen wie →Laute, →Virginal usw. angeboten, die speziell für Sammler aus verschiedenen Teilen alter und neuer Instrumente hergestellt waren oder nach einer alten Quelle oder einer ideenhaften Vorstellung sogar völlig neu gefertigt waren und obendrein vielleicht eine gefälschte Signierung erhielten. Der berühmteste Fälscher alter Musikinstrumente war der Händler Leopoldo Franciolini, Florenz (gestorben 1920). Er veröffentlichte seit 1890 il-

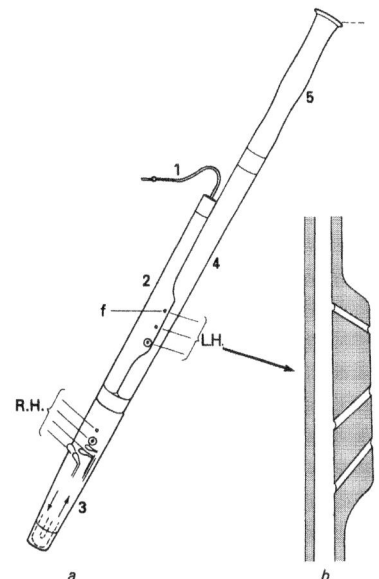

Zeichnung 1. (a) Fagott, schematische Ansicht in Spielhaltung (ohne Handstütze und die meisten Klappen). Das oberste Griffloch ist für den Ton f.
(b) Längsschnitt durch das Oberstück (Flügel).

lustrierte Kataloge, die inzwischen als Faksimile vorliegen (Ripin 1974). Mehrere der durch seine Hände gegangenen Instrumente sind in öffentlichen Sammlungen zu sehen. Es gibt sogar einige Instrumente, bei denen Franciolini einer ungenauen Vorlage in alten Büchern folgte. →BANDORA; KRUMMHORN, 4. →auch KONSERVIERUNG UND RESTAURIERUNG.

Fagott (engl.: *bassoon*; ital.: *fagotto*; fr.: *basson*). Holzblasinstrument mit enger konischer Bohrung und Doppelrohrblatt (→ROHRBLATT, Zeichnung 3f) und einer Länge von ca. 135 cm.

Der Spieler hält das Fagott schräg aufwärts, rechts vom Körper mit seiner linken Hand, während die rechte den unteren Abschnitt an den Oberschenkel drückt. Die etwas über 275 cm lange Bohrung führt von dem sogenannten S-Bogen, auf dem das Doppelrohrblatt sitzt, durch vier Teile. Am oberen Ende des Schallstücks befindet sich ein Zierring aus Elfenbein. Die heute übliche Bauart geht auf Heckel, Biebrich bei Wiesbaden, zurück. Das Fagott gehört zusammen mit der Oboe seit Anfang des 18. Jahrhunderts zu den regulären Orchesterinstrumenten. Zu seinem Vorgänger →DULZIAN. Zu weiteren Größen vgl. unter KONTRAFAGOTT.

1. Konstruktion

Zeichnung 1 zeigt die fünf Teile des Fagotts: 1. den S-Bogen (auch S-Rohr genannt), auf den das Dop-

Notenbeispiel 1

pelrohrblatt aufgesteckt wird, 2. den Flügel (auch: Oberstück) mit drei Grifflöchern für die linke Hand, die so schräg gebohrt sind, daß sie die Fingerspanne nicht überschreiten (→Zeichnung 1*b*), 3. den Stiefel, ein im Querschnitt ovales Stück mit zwei parallelen Bohrungen, die am unteren Ende unter der Abgußkappe U-förmig verbunden sind, und dem Klappenmechanismus für die rechte Hand, 4. die neben dem Flügel verlaufende Baßröhre und 5. das Schallstück. Das Instrument wird mit einer um den Hals zu legenden Schlaufe gehalten, so daß beide Daumen, die für die Spieltechnik benötigt werden, frei beweglich sind. Einige Spieler ziehen der Schlaufe einen Stachel (wie beim Cello) oder ein an der Abgußkappe befestigtes Halteband vor.

2. Umfang und Register

Der Tonumfang reicht von B^1 zum es^2. (Seit Wagner wird gelegentlich auch das A^1 gefordert, doch wird dafür ein besonderes Kopfstück mit Extraklappe benötigt.) Die im Baßschlüssel notierten Töne links vom Viereck in Notenbeispiel 1 treten aus dem Schallstück heraus und werden hauptsächlich mit dem linken Daumen gegriffen. Die Töne innerhalb des Vierecks werden ähnlich gegriffen wie die entsprechenden Töne der Oboe anderthalb Oktaven höher: Fagott und Oboe liegen wie Cello und Violine eine Duodezime auseinander. Die gestrichelte Linie bezeichnet den Registerwechsel von den Grundtönen zu den Überblastönen. Im Tenorregister wird der Fingersatz oberhalb d^1 kompliziert und reicht bis zum klassischen Spitzenton a^1 und weiter zum c^2, d^2 (sehr selten sogar bis zum e^2). Im Unterschied modernen Oboe hat das Fagott keine Oktavklappe, sondern lediglich ein kleines Loch (»Pianomechanik«) nahe dem S-Bogen, das für die tieferen Register geschlossen wird.

Im klassischen Sinfonieorchester hat das Fagott eine einzigartige Position inne: Zum einen ist es das wichtigste Soloinstrument in der Tenorlage, zum anderen wird es zur Oktavverdopplung aller kleineren Holzbläser und der Violine eingesetzt. Dabei mischt es sich ideal mit dem jeweiligen Melodieinstrument. In den Partituren der Romantik mußte das Fagott seine solistische Funktion teilweise an das Horn abgeben, obwohl es in den Symphonien von Tschaikowsky und Sibelius wieder an Individualität gewann.

3. Klappensysteme

(*a*) Das Heckel-System, das heute am verbreitetsten ist, wurde um 1870 eingeführt (Abb. 1*b*). Heckel ist immer noch der führende Fagotthersteller. Für das Instrument wird Ahorn verwendet. Der Flügel und die kleinere Bohrung des Stiefels sind mit Hartgummi (Ebonit™) gefüttert, um Feuchtigkeitsschäden entgegenzuwirken. Zwei Grifflöcher haben Brillenringe: Mit Griffloch 3 kann man mit derselben Daumenklappe zwei Halbtöne spielen (*cis* und *es*); mit dem Brillenring auf dem Griffloch 5 wird g^1 sauber, sonst wäre der Ton zu tief. Die normale Klappenmechanik hat 21 Klappen, gelegentlich sind es mehr (z.B. eine zusätzliche Klappe für das d^2). Mehrere Klappen am Stiefel werden von der gegenüberliegenden Seite betätigt, indem Stifte durch das Holz zwischen den beiden Bohrungen geführt werden.

(*b*) Das französische Fagott (Abb. 1*a*), dessen Haupthersteller die um 1840 gegründete Fa. Buffet-Crampon, Paris, ist, wird aus dunklem Rosenholz (ohne den weißen Zierring am oberen Ende) gefertigt. Französische Spieler benutzen fast ausschließ-

Abb. 1. *Verschiedene Fagott-Klappensysteme:*
(a) *französisches System, Vorderansicht;*
(b) *deutsches System, Vorder- und Rückansicht.*

lich dieses Instrument; bis in die 1930er Jahre war es in Großbritannien, Italien und Spanien ebenso verbreitet. Debussy, Elgar und Puccini schrieben für diesen oder einen sehr ähnlichen Typ. In den USA, wo sich das deutsche System schon länger durchgesetzt hatte, wurde das Buffet-Fagott noch bis in die 1930er Jahre hinein im Boston Symphony Orchestra (mit Raymond Allard als erstem Solisten) gespielt. Sein charakteristischer Klang fällt sofort im französischen Orchester auf; dagegen behauptet sich der Klang des deutschen Fagotts mehr in einem mit anderen deutschen Blasinstrumenten ausgestatteten Orchester. Vorläufer des französischen Typs stammen u. a. von Mahillon, Brüssel, und Boosey, London, und können sehr zart klingen. Es gibt wichtige Unterschiede hinsichtlich der Griffweise zwischen dem deutschen und dem französischen Fagott.

4. Frühe Fagotte

Mitte des 17. Jahrhunderts wurde das Fagott wohl in Frankreich in seiner typischen Form aus drei Stücken (Schallstück und Baßröhre zählen traditionell als ein Teil) und dem S-Bogen, der das Instrument elegant halten läßt, entwickelt. Die ältesten bekannten Exemplare stammen allerdings aus Deutschland, u. a. von Denner, Nürnberg (→CHALUMEAU, 2). Diese sind ähnlich der Oboe ornamental gedrechselt. Bis gegen 1730 hatte sich eine klarere Linienführung durchgesetzt. Diese Fagotte haben zwei Messingklappen auf dem Stiefel (*F*, *Gis* entsprechend der Oboe) und zwei auf der Baßröhre (*D* und *B¹*) sowie ein einfaches Daumenloch dazwischen für das *C*. Der Tonumfang der tiefsten Quinte ist also diatonisch (vgl. die →kurze Oktave bei Tasteninstrumenten), obwohl *Fis* und *Es* mit →Gabelgriffen gespielt werden können. Noch zu Zeiten von Mozarts Fagottkonzert KV 191 (1774) wurden vierklappige Fagotte hergestellt. Abb. 2 zeigt die spätere *Fis*-Klappe (für den rechten Daumen) und *Es*-Klappe (neben der *D*-Klappe auf der Baßröhre). Der Fingersatz ist ansonsten ähnlich wie beim französischen Fagott, und mit passendem S-Bogen und Rohrblatt (breiter oder länger als das moderne) gibt es keine spieltechnischen Probleme mit den Kompositionen jener Zeit. Die vierklappigen Fagotte haben einen warmen Klang und passen gut zu der milderen Dynamik. Es war üblich, daß in Kompositionen ohne separater Fagottstimme ein oder zwei Fagotte die Baßstimme mitspielten (→GENERALBASS). Beethoven, der beispielsweise in seinem Violinkonzert das Fagott unübertroffen als Orchesterinstrument einsetzte, komponierte für das acht- oder neunklappige Instrument. Savary, Paris, perfektionierte nach 1820 das achtklappige Instrument allmählich durch weitere Klappen so sehr, daß seine Fagotte noch Anfang des

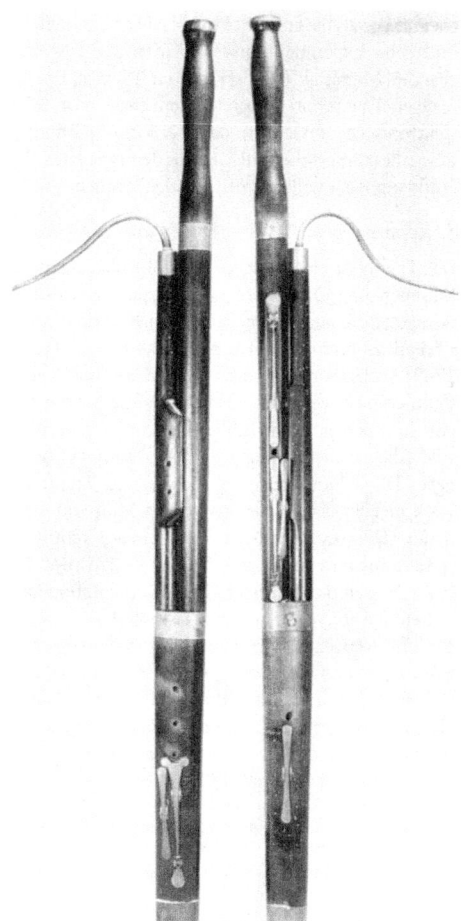

*Abb. 2. Fagott von Kusder, London
(spätes 18. Jahrhundert), Vorder- und Rückansicht.*

20. Jahrhunderts von Londoner Orchestermusikern neben neueren französischen Instrumenten gespielt wurden. In Deutschland entwickelte Carl Almenraeder (1786–1843) zusammen mit J. A. Heckel, Biebrich, einen neuen Fagottyp, der von 1831 an gebaut wurde. Seine wesentlichen Merkmale waren:
– gleichmäßige konische Bohrung von Anfang bis Ende (während sich bisher die konische Bohrung von Abschnitt zu Abschnitt veränderte);
– neue Positionen für die Grifflöcher und Klappen;
– keine Notwendigkeit für Gabelgriffe (bis auf einen im tiefen Register). Almenraeder/Heckel behielten die tief gebohrten, engen Grifflöcher bei, die dem Fagott sein spezielles dumpfes, dunkles Timbre geben, indem sie einige jener höheren Obertöne herausfilterten, die zu den Tönen dieser Grifflöcher gehören. Diese Grifflöcher bringen tonliche Unausgewogenheiten deutli-

cher hervor als bei anderen Holzblasinstrumenten, jedoch sind Experimente mit die Griffweise vereinfachender Mechanik (z.B. wurde um 1860 in Frankreich ein Fagott mit →Boehmsystem entwickelt) oder elektronischer Fixierung der Tonlöcher (Brindley u.a.) allesamt gescheitert, weil sie den typischen Fagottklang nicht vollkommen erzielen können.

5. *Repertoire*

Das Fagott ist ein typisches Ensembleinstrument in Kammer- und Orchestermusik. Deshalb gibt es nur wenige Solokompositionen. Zu den barocken Solowerken gehören Johann Ernst Galliards (ca. 1680–1749) sechs Sonaten, die, obwohl sie auch vom Cello gespielt werden können, eindeutig für das Fagott komponiert sind, zahlreiche Konzerte von Vivaldi, die gar nicht einfach zu spielen sind, ein originelles Doppelkonzert für Blockflöte und Fagott sowie eine eher belanglose Sonate in f-Moll von Telemann. Die bedeutendsten klassischen Fagottkonzerte stammen von Mozart, Weber (op. 75) und Johann Nepomuk Hummel (F-Dur). Zu lohnenden späteren Werken zählen Glinkas *Trio pathétique* d-Moll für Klavier, Klarinette und Fagott, Sonaten von Saint-Saëns und Hindemith, Elgars Romanze op. 62 und Poulencs Trio für Klavier, Oboe und Fagott (1926). Eine der erfolgreichsten humorvollen Kompositionen sind die *Humorous Variations on »Lucy Long«* von Dan Godfrey (1895).

Lit.: Baines 1957 (mit einem Verzeichnis der Fagottschulen); Camden 1962; Halfpenny 1957; Joppig 1988; Koenigsbeck 1994 (Bibliographie); Langwill 1965; Waterhouse 2006; Weber 1825.

Fagottcontra →DULZIAN.

Fagottzug Bei einigen Hammerflügeln (→KLAVIER) um 1800 eine mit Pergament bezogene Holzleiste, die mittels Pedalschaltung auf die Saiten des Baßregisters abgesenkt werden kann und den Tönen bis zum f^1 einen schnarrenden Klang verleiht. Die Bordunquinten mit Vorschlägen in »Der Leiermann« aus Schuberts *Winterreise* imitieren, mit Fagottzug gespielt, die →Drehleier als das Bettlerinstrument des Leiermanns.

Faßtrommel Oberbegriff für vorwiegend zweifellige Röhrentrommeln mit faßförmigem Korpus. →TROMMEL, 4b (ii).

Fele →HARDINGFELA.

Fidel (engl.: *fiddle*). Unter diesem Oberbegriff werden zahlreiche Streichinstrumente verstanden, die der →Violine in Spieltechnik und -haltung ähneln.

1. *Mittelalterliches Europa*

(a) *Anfänge*. Nach der ersten bekannten schriftlichen Quelle (im mittelalterlichen Arabisch; →BOGEN, 1c), die den Gebrauch des Steichbogens nahelegt, war der häufigste Typ der europäischen Fidel jenes Instrument, das sich als *lyra* oder *lira* vom Byzantinischen Reich im 10. Jahrhundert nach Westen verbreitet hatte. Reste von zweien solcher Instrumente wurden bei Ausgrabungen in Novgorod, GUS, gefunden – zwar ohne Bogen, doch zweifelsfrei Fideln. Eine der beiden läßt sich auf 1190 datieren und ist nur 40 cm lang (Abb. in NOCM, S. 674, Zeichnung 1). Sie hat D-förmige Schallöcher und war für drei Saiten ausgelegt, von denen die mittlere möglicherweise als →Bordun diente, während die anderen beiden Saiten nur durch Fingerdruck abgegriffen wurden, da für das Instrument kein Griffbrett vorgesehen war: eine Spielweise, bei der die Töne genauso klar wie auf der Violine erzeugt werden können, und die bei asiatischen Fideln ebenso wie bei gegenwärtigen folkloristischen südosteuropäischen Fideln wie der →Lyra der ägäischen Inseln üblich ist. (Diese Spielweise hat nichts mit dem Spiel von Flageolett-Tönen zu tun.) Ob diese Fidel aus Novgorod wie die erwähnten asiatischen und südosteuropäischen nach unten auf dem Knie gehalten wurden, weiß man nicht; doch ist die seit alters her fast immer stehend gespielte, gegen Brust oder Schulter (Abb. 1) gestützte Fidel mit dem Bogen im Obergriff (d.h. mit der Handfläche nach unten) eine ausschließlich europäische Spielweise. Bis zur Renaissance wurde das Instrument gelegentlich auch ähnlich einer →Laute vor dem Bauch gehalten und wie in Abb. 3 gestrichen (siehe unten, 2b) oder gar

Abb. 1. Mittelalterliche birnenförmige Fidel mit drei Saiten. Miniatur aus einem englischen Psalter (13. Jahrhundert).

wie eine →Gambe gespielt. Seit dem 12. Jahrhundert gibt es bei der Fidel ein kurzes Griffbrett, auf dem die Saiten abgegriffen werden. Manchmal hat es diatonische Bünde.

(b) »*Mittelalterliche Gambe*«. Im 13. Jahrhundert wurden die kleinen, birnenförmigen Fideln (→ auch REBEC, 2) von Instrumenten mit eher ovalem Korpus abgelöst. Einige hatten einen breiten Mittelbügel, aber es gab vor allem im 12. und 13. Jahrhundert auch dreisaitige Fideln mit achtförmigem Umriß, die normalerweise von einem Geistlichen abwärts auf dem Knie gehalten wurden. Ein spezieller historischer Name für diesen Fideltyp ist nicht überliefert, doch haben Organologen sie als »mittelalterliche Gambe« bezeichnet, ohne eine Verbindung zur Gambe der Renaissance damit ausdrücken zu wollen (→ GAMBE, 3a).

Abb. 2. *Fidel (Vièle, Viella) aus dem De Lisle-Psalter (englisch, frühes 14. Jahrhundert); neben dem Griffbrett verläuft eine Bordunsaite.*

(c) *Mittelalterliche Fidel* (auch: Fidel, Videl; lat.: *fidula, viella*; vom fr.: *vièle*; ital.: *viola*). Die wichtigste Fidel des 13. und 14. Jahrhunderts und ein führendes Instrument der gebildeten Schichten der Gesellschaft und ihrer Spielleute (→ auch MITTELALTERLICHES INSTRUMENTARIUM, 3). Abb. 2 zeigt einen charakteristischen Typ. Das Korpus war in der Regel aus einem Stück Holz gearbeitet und hatte eine flache Decke aus Kiefer. Die Position des Stegs ist in den Darstellungen nicht einheitlich. Hieronymus de Moravia, ein Dominikaner in Paris, macht in seinem nach 1272 verfaßten Traktat einige Angaben zu Stimmung und Spielweise (Page 1979). Nach ihm ist die Stimmung von der Baßseite, vom Spieler her betrachtet der linken, d G g d^1 d^1. Diese Töne sollen offensichtlich nur die Intervallfolge angeben und nicht die tatsächliche Tonhöhe. Der erste Ton, d, wird *bordunus* (→ BORDUN) genannt und verläuft neben dem Griffbrett (wie in Abb. 2 zu sehen). Eine andere zeitgenössische Quelle informiert uns, daß diese Saite mit dem Bogen oder mit dem Daumen zum Klingen gebracht werden kann, aber keinen dissonanten Akkord mit den anderen Saiten ergeben sollte. Die folgenden vier Saiten lassen sich paarweise zusammenfassen: ein →Chor im Oktavabstand (G und g) und ein oberer Chor im Unisono (d^1 d^1), so daß letztlich die Dreisaitigkeit der älteren Fideln erweitert wurde. Um den Tonumfang nach oben auszuweiten (es wird lediglich die erste →Lage erwähnt), wurde die fünfte Saite bis zu g^1 heraufgestimmt und der *bordunus* über das Griffbrett gespannt, so daß zusätzlich zum d die Töne e und f gespielt werden konnten. Häufiger jedoch wurde die Fidel nur mit drei oder vier Saiten abgebildet, seit dem Ende des 14. Jahrhunderts dabei in so vielen verschiedenen dekorativen Formen, daß es unmöglich ist, einen Standardtyp zu definieren. Es gibt zwei Fideln, die aus dem 1545 gesunkenen Schiffswrack der Mary Rose geborgen wurden; sie stammen also aus einer Zeit, als die Violine bereits in ihrer klassischen Form existierte. Diese Fideln haben ein ausgehöhltes Korpus etwa in Violingröße, flachen Boden und flache Decke, C-Schallöcher und einen dicken Hals mit der Breite fast eines Gitarrenhalses, der mit der Decke in einer Ebene liegt. Diese Charakteristika scheinen typisch gewesen zu sein, wie ein anderer Fund in Olen sowie flämische und italienische Gemälde nahelegen.

2. *Asiatische und afrikanische Fideln*

Die meisten haben eine Decke aus einer Membran (Fell) und ein bis vier Saiten aus Seide, Darm, Pferdehaar oder Metall. Fast ausnahmslos hält der auf dem Boden sitzende Spieler die Fidel senkrecht und spielt mit dem Bogen im Untergriff, wobei er die Saiten durch Fingerdruck allein abgreift (vgl. oben, 1a).

(a) Korpus und manchmal auch Hals wie aus einem Stück Holz ausgehöhlt: →*rabab* (Marokko, Algerien); →*kemanche*; *kobyz, kyyak*; →*sārangī* (Indien, viereckig); →*sārindā* (Indien); →*dilrubā* und *esrāj* (Indien, von der →*sitār* abstammend).

(b) Das Korpus steckt an einem langen Spieß, ähnlich wie bei älteren →Banjo-Typen (auch →Spießgeige genannt).

(i) *Kugelförmiges oder schalenförmiges Korpus* (von einer Kalebasse abstammend): →*kemanche*, 1 (Iran, *ghichak* in Zentralasien); *imzad* (Sahara, mit einer Saite aus einem einzigen Pferdehaar, siehe Abb. 3). (ii) *Kokosnußhälfte*: *joze* (im Irak und bis nach China verbreitet); mit herzförmigem Korpus: →*ra*-

Fingercymbeln

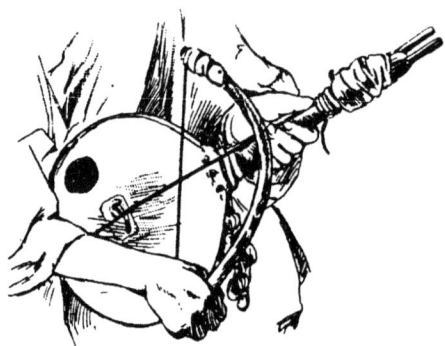

Abb. 3. Imzad, einsaitige Fidel der Tuareg-Afrikaner.

bab, (von Thailand bis Indonesien). (iii) *Röhrenförmiges Korpus* aus Bambus oder Holz: →*er-hu* (China). (iv) *Rahmenkorpus*: mit rundem Umriß: →*chuniri* (Georgien); mit eckigem Umriß: →*rabab*, 2 (Arabien), →*khur* (Mongolei).

(c) →*kokyu* (Japan), wie das Zupfinstrument →*shamisen* gebaut.

(d) In Zentralasien und in China werden als Neuentwicklung im 20. Jahrhundert einige dieser Streichinstrumente mit anderen Größen (Tenor, Baß) zu Familien zusammengestellt, um Bearbeitungen im Stile westlicher Orchestermusik zu spielen.

Lit.: Bachmann 1964; Page 1979, 1987; Ravenel 1984; Remnant 1986.

Fingercymbeln   →BECKEN, 5.

Fingersatz   (engl.: *fingering*; ital.: *diteggiatura*; fr.: *doigté*). Die Art und Weise, wie mit den Fingern der Spielerhand Tasten, Saiten, Löcher oder Klappen gegriffen werden, damit auf einem Instrument verschiedene Tonhöhen und sonstige musikalische Differenzierungen entstehen. Im 18. Jahrhundert bezeichnete man den Fingersatz »Applikatur«. →KLAVIATUR, 3; VENTILE.

Fisarmonica   Ital. für →Akkordeon.

Flageolett   (engl.: *flageolet*; ital.: *flagioletto*; fr.: *flageolet*). Besonderer Typ der →Kernspaltflöte, mit einem schmalen Schnabel aus Horn oder Elfenbein und einer Windkappe.

1. Englisches Flageolett

Bis ins 20. Jahrhundert hinein gebaute Kernspaltflöte mit sechs Grifflöchern und einem Daumenloch, meistens aus Buchsbaum oder Rosenholz gefertigt und mit Silberklappen für die Akzidentien ausgestattet. Es gibt auch →Doppelflageoletts (→DOPPELKERNSPALTFLÖTE, 2).

2. Französisches Flageolett

Das klassische Flageolett mit vier vorderständigen Grifflöchern und zwei Daumenlöchern. Es ist seit dem späten 16. Jahrhundert bekannt, obwohl sein Tonerzeugungsprinzip weit älter sein kann. Einige Instrumente sind ausgesprochen klein (nur knapp 12 cm lang) und stehen in sehr hoher Stimmung, weil man sie zum Trainieren von Kanarienvögeln gespielt hat (*The bird fancyer's delight*, 1717, Faksimile 1964). Händel spielt in *Acis and Galatea* (1718) darauf an (Arie »Hush, ye pretty warbling quire«), wo die mit *flauto piccolo* bezeichnete Stimme vielleicht auf einer kleinen Blockflöte gespielt werden soll (desgleichen im *Rinaldo*). Rameau verwendet definitiv ein Flageolett in *Les surprises de l'amour* (1748).

Die seltsame Anordnung der Grifflöcher wird mit der Kürze des Instruments zu tun haben, da sechs vorderständige Grifflöcher zu eng beieinander lägen, um von ausgewachsenen Fingern betätigt zu werden. Deshalb ist wohl das fünfte Griffloch als Daumenloch für den unteren Daumen nach hinten verlegt.

In Katalonien (Spanien) werden Flageoletts mit derselben Anordnung der Grifflöcher als Volksmusikinstrumente mit oder ohne Klappen gebaut und *fluviol* (*flaviol*) genannt.

Lit.: Meierott 1974.

Flageolett-Töne   (engl.: *harmonics*; ital.: *suoni harmonici*; fr.: *sons harmoniques*). Bei Saiteninstrumenten hohe, hohl bzw. pfeifend klingende Töne, die durch besondere Griffweise entstehen.

1. Bei Saiteninstrumenten

Wenn die Saite mit einem Finger der linken Hand an einem Schwingungsknoten berührt, aber nicht niedergedrückt wird, erklingt ein Flageolett-Ton, der an dieser Stelle einen Schwingungsknoten hat, jedoch nicht der Grundton oder ein anderer →Oberton unterhalb desjenigen Tons, der erwünscht ist, da diese einen Schwingungsbauch an oder nahe diesem

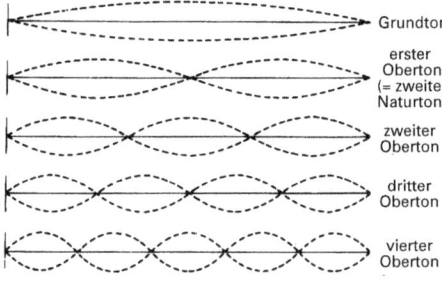

Zeichnung 1

Punkt benötigen (siehe Zeichnung 1 für eine schematische Darstellung der Saitenschwingungen). Es gibt sogenannte (a) natürliche und (b) künstliche Flageolett-Töne. Flageolett-Töne werden auf drei Arten notiert:

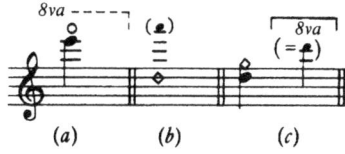

Notenbeispiel 1

(a) mit einem kleinen Kreis über der erklingenden Note; (b) mit einem rhombusförmigen Notenkopf, der im Sinne einer →Tabulaturnotation die Stelle angibt, wo der Schwingungsknoten berührt wird (hierbei wird der erklingende Flageolett-Ton im Kleinstich eingeklammert darübergesetzt); (c) betrifft »künstliche Flageolett-Töne« (siehe unten, b).

(a) *Natürliche Flageolett-Töne*. Sie entstehen auf der →leeren Saite. Die ganze Saite schwingt auf einer ihrer Obertöne. Die ersten vier Obertöne (die Nummern 2 bis 5 der Naturtonreihe) sind in Zeichnung 1 schematisch dargestellt. Berührt man die Saite in der Mitte zwischen Sattel und Steg, erklingt die Oktave (der 2. Naturton), berührt man die Saite auf einem Drittel ihrer schwingenden Länge, erklingt die Duodezime (= die Oktave der Quinte) der Grundschwingung. Auf einem Fünftel der schwingenden Länge erklingt das Intervall von zwei Oktaven und einer großen Terz der Grundschwingung. Auf der Violine wird dieser Flageolett-Ton selten gespielt, auf dem Violoncello und dem Kontrabaß dagegen häufiger (wie auch noch höhere Flageolett-Töne), da bei diesen beiden Instrumenten die Schwingungsknoten aufgrund der längeren Saiten weiter auseinanderliegen und sich leichter greifen lassen.

(b) *Künstliche Flageolett-Töne*. Weitere Töne können als Flageolett-Töne gespielt werden, indem der Spieler die schwingende Saitenlänge verkürzt. Normalerweise entsteht dabei der Flageolett-Ton auf der Doppeloktave: der Spieler greift die Saite mit dem ersten Finger ab (bei größeren Instrumenten mit dem Daumen) und berührt sie mit dem vierten Finger. Auf der Violine kann so auch der nächste Oberton nach der Doppeloktave gespielt werden. Die abgegriffene Note wird normal notiert, ein Rhombus gibt an, wo der vierte Finger die Saite berührt; siehe Notenbeispiel 1c (bei der Violine): der erste Finger greift d^2 auf der A-Saite, der vierte Finger berührt die Saite dort, wo man in dieser Lage (hier die dritte →Lage) die Saite für den Ton g^2 abgreifen würde. Es

erklingt dann d^4, die (manchmal in Klammern angegebene) Doppeloktave über dem abgegriffenen Ton. Ganze Tonleitern können so als Flageolett-Tonketten gespielt werden.

Auf dem →Trumscheit werden ausschließlich Flageolett-Töne erzeugt. Die ersten komponierten Flageolett-Töne für die Violine sind in Kompositionen von Mondonville notiert (*Les sons harmoniques. Sonates à violon seul avec la basse continue* op. 4, ca. 1738). Besonders die Virtuosen-Literatur des 19. Jahrhunderts (Paganini, Wieniawski) macht regen Gebrauch von Flageolett-Tönen.

Auch Zupfinstrumente lassen natürliche wie künstliche Flageolett-Töne zu, die genauso wie bei den Streichinstrumenten notiert werden. Flageolett-Töne sind besonders bei der Harfe beliebt, →HARFE, 4. Darüberhinaus sind Flageolett-Töne bei vielen außereuropäischen Saiteninstrumenten eine wichtige Klanggestaltung, so beim →Musikbogen, →*tuila* (Indien) und →*ch'in* (China).

2. Bei der Querflöte

Flageolett-Töne gibt es, wenn auch selten, auf der Querflöte. In diesem Fall werden sie durch →Überblasen erzeugt und geben einen eigentümlich »körperlosen« Klang. Man notiert sie analog zur Praxis bei den Streichinstrumenten mit kleinen Kreisen über den Noten (z. B. Strawinsky, *Le Sacre du Printemps*, Ziffer 87 der Studienpartitur, wo die drei Querflöten einen hohen C-Dur-Akkord spielen, bei dem jede Note als ein Oberton des tiefsten C statt mit dem normalen Fingersatz geblasen werden soll).

Flautino (ital.). Historische Bezeichnung für unterschiedliche Instrumente: eine kleine →Blockflöte, ein französisches Flageolett (→FLAGEOLETT, 2) wie z. B. »fasoletto ò flautino francesco« (Bismantova), oder →Pikkoloflöte. Monteverdi gibt in der Partitur von *L'Orfeo* einen *flautino alla Vigesima seconda* an, was gemäß der Orgel-Terminologie das 1'-Register bedeutet, bei dem die tiefste Pfeife c^2 wäre und hier der Sopranblockflöte entspräche, die in demselben hohen Register spielt.

Flauto (ital.). Bis Ende des Barockzeitalters (ca. 1750) bedeutet »flauto« normalerweise →Blockflöte, gelegentlich näher spezifiziert als *flauto diritto* oder *flauto dolce*, während die →Querflöte (Traversflöte) in der Regel als *flauto traverso* bezeichnet wird.

Flauto alto Ital. für →Altflöte.

Flauto di echo In Bachs 4. Brandenburgischen Konzert kommen zwei *Flauti d'Echo* vor, die in

Flauto grande

praktischen Notenausgaben als *Flauti* bezeichnet werden, aber aufführungstechnische Probleme bereiten. Der Tonumfang der Stimmen umfaßt die gesamte Skala der Altblockflöte einschließlich des häufiger auftretenden hohen Fis, das schwierig zu blasen ist. Von daher scheinen Echoeffekte mit diesem Ton ausgeschlossen zu sein. Higbee hat 1986 vermutet, daß die zwei Flötisten in einer Galerie im Aufführungsraum den Violinen auf dem Podium echomäßig antworteten. Andererseits beschreiben Londoner Zeitungen jener Zeit, daß James Paisible in seinen Konzerten 1713 bis 1718 eine »Echo Flute« spielte (Tilmouth 1961). Von Thurston Dart stammt die Vermutung, daß es sich dabei um ein französisches Flageolett gehandelt habe (→FLAGEOLETT, 2) und daß *Fiauti d'Echo* in Bachs Konzert eben diese bedeuten, was seiner Meinung nach auch Bachs Stimmführung im Andante (z.B. in den Takten 7–8) erklärt, demnach die Instrumente eine Oktave höher als notiert gespielt wurden (Dart 1960).

Flauto grande   Ital. für →Große Flöte.

Flauto piccolo   Ital. für →Kleine Flöte.

Flexaton   (engl.: *flexatone*). Kleines Schlaginstrument, das in der Hand hin und her geschüttelt wird (Zeichnung 1). Die elastische, ca. 18 cm lange Stahlzunge ist an ihrem breiteren Ende in einen Metallrahmen eingespannt. Schüttelt man den Rahmen, schlagen zwei kleine hölzerne Klöppel, von denen je eine an einem flexiblen Draht auf jeder Seite der Zunge angebracht ist, alternierend gegen die Zunge. Je nachdem, wie stark der Daumen gegen das freie Zungenende drückt, erhöht sich mit größerer Steifheit die Tonhöhe in einem Bereich von etwa einer Oktave ab dem c^3. Charakteristische Klänge des eher leisen Instruments sind hohe Glissandi sowie Tremolo.

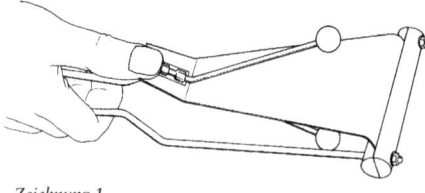

Zeichnung 1

Das Flexaton wurde zu Beginn der 1920er Jahre in der Unterhaltungsmusik eingeführt und später auch für die Kunstmusik verwendet. Zu den Komponisten, die es verwendet haben, zählen Schönberg (Dritte der Variationen für Orchester, 1929; *Moses und Aron*), Berg (Drei Stücke für Orchester) und Khatchaturian (Klavierkonzert).

Flicorno   (Ital.). →FLÜGELHORN.

Flöte   (engl.: *flute*; ital.: *flauto*; fr.: *flûte*). Die »Flöte« im weitesten Sinne – also beispielsweise →Querflöte, →Blockflöte, →Flageolett, folkloristische und außereuropäische Flöten in all ihren Formen – ist ein Instrument, bei dem der Ton dadurch entsteht, daß der Luftstrom (bei der →Quer- und der →Längsflöte) auf eine scharfe Kante (→BLASINSTRUMENTE, 1a) oder (bei der →Kernspaltflöte und der →Kerbflöte) auf eine Schneide gelenkt wird und sich in Wirbeln aufspaltet. →auch BLOCKFLÖTE und FLAGEOLETT.

1. Klassifikation

Im folgenden werden die wichtigsten Flötentypen systematisiert, die mit dem Mund geblasen werden und röhrenförmig sind. Zu anderen Flötentypen →NASENFLÖTE und OKARINA. Die Klassifikation folgt der Art der Klangerzeugung, ob (a) ein Loch an der Rohrseite angeblasen wird, (b) das offene Ende angeblasen wird, (c) in einen Windkanal geblasen wird, der die Luft an eine Öffnung im Innern der Flöte weiterleitet, so daß der Spieler mit seinen Lippen keinen direkten Einfluß auf die Klangerzeugung hat.

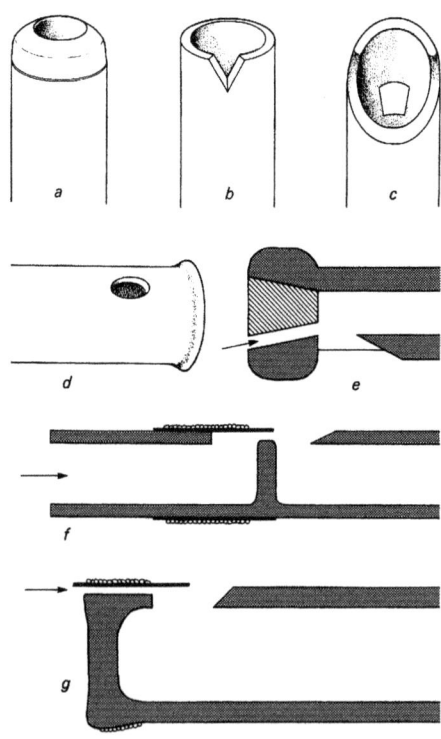

Zeichnung 1. Anblasende verschiedener Flöten aus Rohr (Bambus).

(a) *Querflöten.* Außer der westlichen →Querflöte gibt es die klassischen Bambusflöten Asiens, →*bānsurī* (Indien), →*fue* (Japan), →*ti* (China) sowie weitere in Ostafrika (Zeichnung 1d, aus Bambus), Melanesien und Südamerika. Sehr selten liegt das Anblasloch in der Mitte des Rohrs und sind beide Enden offen (Ostasien).

(b) *Längsflöten* (am offenen oberen Ende angeblasen): (i) *Mit geradem oder abgeschrägtem Ende* (Zeichnung 1a). Dieser Flötentyp wird gewöhnlich etwas schräg gehalten (→*kaval,* Abb. 1). Beispiele: →*nāy* (Mittlerer Osten), *kaval* (Balkan, Griechenland, Türkei), weitere in Indien; auch *nanga* (Südafrika), →*Panflöte*. (ii) *Kerbflöte.* Bei diesem meist wie eine Blockflöte gehaltenen Flötentyp wird der Luftstrom gegen eine U- oder V-förmige Kerbe am oberen Ende gerichtet (Zeichnung 1b). Beispiele: →*quena,* West- und Zentralafrika, Melanesien, verschiedene Typen in →CHINA UND KOREA, 1d(ii); →*shakuhachi* (Japan; mit äußerst kleiner Kerbe). (iii) *Mit doppelter Kerbe.* Bei diesem Flötentyp ist die anzublasende Seite wie ein Hufeisen geschnitten, die gegenüberliegende Seite ähnlich, aber tiefer. Flöten und Pfeifen aus Antilopenhorn (Afrika), und eine nordargentinische Flöte mit sehr tiefer Kerbe auf der gegenüberliegenden Seite seien hierzu genannt. (iv) *Mit Zungenkerbe.* Wie in Zeichnung 1c, von der Anblaseite her gesehen, wobei die Zunge oder Unterlippe den Luftstrom auf das gegenüberliegende Fenster (»Aufschnitt«) richtet. Seltene Beispiele in Mitteleuropa, Rußland (Sibirien) und Peru. (v) →*Giorgi-Flöte.*

(c) *Kernspaltflöten.* Eine große und abwechslungsreiche Gruppe; →auch KERNSPALTFLÖTE. (i) *Mit eingesetztem Block aus Holz oder Ton (Innenspaltflöte).* In Europa, Asien und Amerika; Zeichnung 1e. →Blockflöte, →Doppelkernspaltflöte, →Einhandflöte, →Flageolett, →Fujara, →Anata, →Pinculo (Südamerika). (ii) *Mit Außenkernspalte (Bandflöte).* Zeichnung 1f, g, Beispiele hierfür in Südostasien (z.B. →*suling,* →GAMELAN). Der Windkanal liegt außerhalb oder direkt an der Flötenwand.

2. Flöten ohne Grifflöcher

Zu diesen Flöten zählen neben den vielen →Pfeifen und den Flöten mit einem einzigen Ton, die in Ensembles gespielt werden (wie →*nanga*) auch solche Flöten, bei denen ausschließlich mit den →Obertönen Musik gemacht wird.

(a) *Paarweise gespielte rituelle Flöten.* Auf diesen bis zu 215 cm langen Flöten werden aus verschiedenen Obertönen gebildete Melodien gespielt. Querflöten oder Längsflöten (*nama,* Neu-Guinea), aber auch Kernspaltflöten (Oberer Amazonas). Die Stimmung des Flötenpaars ist normalerweise einen Ganzton auseinander; die Spieler können so sich abwechselnd eine Tonleiter spielen.

(b) *Einzelne Obertonflöte.* Das untere Ende wird mit Finger oder Daumen geschlossen oder geöffnet, so daß eine fast diatonische Skala entsteht: Notenbeispiel 1 gehört zu einer 90 cm langen Flöte, deren gestopfte Töne (→GEDACKTE PFEIFE) zu dem gegenüber der offenen Pfeife eine Oktave tiefer liegenden Grundton gehören. Zu diesen Flöten gehört neben osteuropäischen und melanesischen Typen die norwegische *seljefløte,* eine Kernspaltflöte.

Notenbeispiel 1

Flöte in G   →ALTFLÖTE.

Flötenbaß   (18. Jahrhundert). →BASSFLÖTE, 2.

Flötenuhr   (engl.: *musical clock*). Mit einer mechanischen Orgel mit in der Regel Labialpfeifen (→DREHORGEL) ausgestatte Uhrwerke waren besonders Ende des 18. Jahrhunderts beliebt und wurden u.a. in Berlin vielfach gefertigt (Christian Ernst Kleemeyer, Christian Möllinger u.a.).

Flügel
1. (17./18. Jahrhundert) Das →Cembalo. Diese Bezeichnung wurde erst dann durch »Kielflügel« ersetzt bzw. präzisiert, als der →Hammerflügel aufkam.
2. (19./20. Jahrhundert) Umgangssprachlich für →Hammerflügel. →KLAVIER.

Flügelhorn   (engl.: *flugel horn*; ital.: *flicorno;* fr.: *bugle*; span.: *fiscorno*). Ventilblasinstrument mit derselben Stimmung in B und dem gleichen Tonumfang wie das →Kornett, aber mit einem größeren Ton, weil seine vom →Signalhorn herrührende Röhre und Stürze entschieden weitmensurierter gefertigt sind (Abb. 1; →auch BLECHBLASINSTRUMENTE, Zeichnung 2). Das Mundstück hat eine tiefe Wölbung. Damit die konische Ausweitung der Röhre möglichst wenig gestört wird, ist der Stimmzug unmittelbar am Mundstück und führt direkt zu den Ventilen.

Das Flügelhorn wurde zunächst Ende der 1830er Jahre in Deutschland eingeführt, um das →Klappenhorn zu ersetzen, und wird nahezu ausschließlich in Militärkapellen, in der volkstümlichen Blasmusik

Flûte à bec

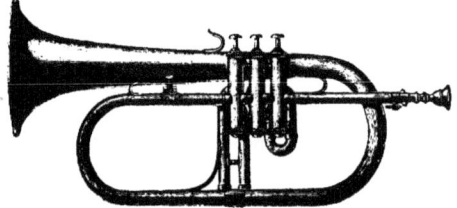

Abb. 1. *Flügelhorn aus einem Katalog von Couesnon (1916).*

und gelegentlich im Jazz gespielt. Bearbeitungen für Militärkapellen haben zwei oder mehr Stimmen für Flügelhorn und manchmal darüber hinaus auch einen Part für ein kleines Sopranflügelhorn in Es (»Pikkolo« genannt; fr.: *petit bugle*). Jazztrompeter greifen gelegentlich zum Flügelhorn als einem Soloinstrument. Im Symphonieorchester kommt es nur in einigen wenigen Kompositionen vor, so mit bedeutenden Soli in Strawinskys *Threni* und Vaughan Williams' Neunter Symphonie.

Lit.: Dudgeon/Streitwieser 2004.

Flûte à bec (fr.). (17./18. Jahrhundert) Name der →Blockflöte.

Flûte d'accord →DOPPELKERNSPALTFLÖTE, 1.

Flûte d'amour (fr.; ital.: *flauto d'amore*). Eine einklappige Querflöte (→QUERFLÖTE, 4b) der Zeit 1730 bis 1800, bis zu 80 cm lang – also ca. 15 cm länger als die normale Querflöte jener Zeit – und in einer eine kleine Terz (»in A«) oder große Terz (»in As«) tiefer stehenden Stimmung. Friedrich II. besaß in seiner Sammlung eine Flûte d'amour, wie überhaupt relativ viele erhalten sind. Eine der wenigen Kompositionen für das Instrument ist das Konzert Es-Dur von Johann Melchior Molter (1696–1765) für *Flauto traverso d'amore* (in As, mit *B* als dem tiefsten klingenden Ton). Die Bohrung braucht nicht weiter als bei der normalen Querflöte zu sein. Es gibt mindestens eine historische Querflöte mit einem oder mehreren zusätzlichen Wechselstücken, um sie als »d'amour« spielen zu können. Damals spielte der Dilettant häufig ohne Begleitung auf der Flöte, und ein Wechsel ins d'amour-Register ermöglichte ihm das Vergnügen, in entsprechenden Kompositionen mit tieferem, dunklerem Klang zu spielen, ohne die Notation zu ändern. Nach 1800 gab es Tenorflöten in B als Ensembleinstrumente, ähnlich der Flûte d'amour in Länge und Tonhöhe, aber mit weiterer Bohrung.

Flutina →AKKORDEON, 5; SPIELDOSE, 1.

Fluviol (Flaviol) →FLAGEOLETT, 2.

FoMRHI Kürzel für Fellowship of Makers and Researchers of Historical Instruments. 1975 in Großbritannien gegründete Vereinigung von historisch orientierten Instrumentenbauern und -kundlern. Das *FoMRHI quarterly* ist das Publikationsorgan für den Austausch informeller Informationen der Mitglieder. Nähere Informationen unter: http://www.fomrhi.org.

Fontanelle Von →Mersenne (Mersenne 1636) verwendeter und seither gebräuchlicher Ausdruck für die perforierte hölzerne Schutzkappe über dem Klappenmechanismus von Renaissance-Blasinstrumenten wie →Pommern und tiefen →Blockflöten.

Formant (engl.: *formant*). Frequenzbereich, in dem durch Eigenresonanzen des Klangkörpers (Musikinstrument, menschliche Stimme) verstärkte →Obertöne auftreten, und der dadurch den Klangcharakter insbesondere der Vokale prägt.

Fortepiano Um 1800 Synonym zu →Pianoforte. Heute wird der Begriff häufig für →Hammerflügel in historischer Bauart verwendet. Im Russischen ist Fortepiano dagegen der Oberbegriff für →Hammerklaviere.

Lit.: Basart 1985 (Diskographie); Clinkscale 1993; Laade 1972 (Diskographie).

Frosch →BOGEN.

Frühgeschichte der Musikinstrumente Offenbar sah die Menschheit lange Zeit keinen Grund im Gebrauch von Klangwerkzeugen. Schließlich konnte der Mensch Tiere durch Imitation ihrer Laute mit dem Mund allein und zusammen mit den Händen ködern. Beim gemeinsamen Tanzen im Kreis erfolgten die Schritte gemäß einer gesungenen Begleitung – dem einzigen Gesang, der normalerweise im Umfeld eines Stammes gehört wurde, seine einzige Musik. Nachdrückliche rhythmische Geräusche erhöhten bald die Intensität des Tanzes: Auf den Körper schlagen, klatschen, stampfen und das Tragen rasselnder Gegenstände oder das Schlagen von Gegenständen an den Händen sowie das Trommeln auf ein zusammengerolltes Stück Fell. In paläolithischer Stufe verwenden Medizinmänner zur Wetter- und Heilmagie Instrumente zum Erzeugen geheimnisvoller Klänge, beispielsweise Schrapinstrumente aus gezackten Stöcken oder Knochen und einfache Blasinstrumente aus Knochen oder Federkiel oder gar aus der Luftröhre einer frisch geschlachteten Ente (Gusinde 1937).

Solche Klangwerkzeuge konnten die Menschen zu jeder Zeit benutzen, je nachdem, welches Material gerade zur Verfügung stand. Das gilt nicht so ohne weiteres für das komplizierter konstruierte →Schwirrholz, das überall auf der Erde bei Stammesritualen ähnlicher Arten herangezogen wurde und, da es sich offensichtlich aus keiner Vorform entwickelt hat, zu jener großangelegten Theorie der Verbreitung menschlicher Kultur beigetragen hat, auf der Curt →Sachs seine monumentale chronologisch-systematische Studie der Musikinstrumente aufbaute (Sachs 1928). Sachs gründete seine Theorie auf einer Analyse der geographischen Verbreitung. Solche Instrumententypen, die am weitesten entfernt von einer vorausgesetzten Quelle auf dem asiatischen Kontinent angetroffen werden, sind höchstwahrscheinlich die ältesten, solche mit begrenzterer Verbreitung hingegen jüngeren Ursprungs. Bis zum →Altertum entsteht so auf der Basis von Sachs' Studien folgende globale Gliederung:

Jungpaläolithikum (50–10.000 v. Chr.): Getragene →Rasseln, Rasseln aus Kalebassen, →Schrapinstrumente, →Schwirrholz, Pfeifen, →Didjeridu.

Frühes Neolithikum (ca. 10.000 v. Chr.): →Schlitztrommel, →Stampfrohr, →Trommel, →Musikbogen, →Flöte, →Panflöte, →Muscheltrompete.

Jüngeres Neolithikum (ca. 2000 v. Chr.): →Xylophon, →Maultrommel (aus Bambus), →Rohrblattinstrument.

Frühe Bronzezeit (ca. 1600 v. Chr.): →Glocken, →Reibtrommel, →Horn, idiochorde →Zither.

Sachs beschäftigte sich besonders mit der Soziologie und dem Symbolcharakter der Instrumente. Aus musikalischer Sicht kann man eine langsame Entwicklung bei jenen Instrumenten feststellen, die Melodien erzeugen können: durch Schlagen (Schlaginstrumente wie Xylophon) oder durch Fertigkeiten mit dem Mund, in geringerem Umfang mit den Händen und den Fingern wie beim Musikbogen und der Maultrommel; und neben Panflöten Flöten ohne Grifflöcher, bei denen die Melodie aus den geblasenen Obertönen erzeugt wird (→FLÖTE, 2). Wenn eine frühgeschichtliche Flöte Grifflöcher hat, dann bezeichnenderweise drei oder vier, die mit beiden Händen gegriffen werden, wobei nur der Zeige- und/oder der Ringfinger benutzt werden, jene Finger, die zusammen mit dem Daumen die Hauptrolle bei den manuellen Tätigkeiten des tagtäglichen Lebens spielen. Frühe →Zithern werden ebenfalls meistens nur mit Daumen oder Zeigefinger gespielt, wenn ihre Saiten nicht sogar nur mit einem Stab angeschlagen werden. Die mit allen Fingern gespielte Harfe signalisiert einen bedeutenden Wandel im Prozeß der Zivilisation: sie ermöglicht die systematische Stimmung ihrer Saiten gemäß einer Anzahl verschiedener vorbestimmter Tongeschlechter (→HARFE, 10*b*). Hier beginnt die künstlerische Entwicklung der Saiteninstrumente, denn, wie schon Aristoxenos (Mitte 4. Jahrhundert v. Chr.) erkennt, ist es schwieriger, solche Wechsel mit den gewöhnlichen Grifflöchern auf einem Blasinstrument genau durchzuführen.

Lit.: Devale 1988; Sachs 1928, 1940; Schaeffner 1936.

Fue (jap.; zusammen mit einem Präfix wird aus *fue* -*bue*, z.B. *komabue*). Oberbegriff für die verschiedenen Typen der japanischen →Querflöte. Die Querflöten der Hofmusik und der Theatermusik sind aus Bambus. Sie sind mit Ausnahme der Stellen, wo die Grifflöcher liegen, durchgängig mit schwarzlackierter Birken- oder Kirschbaumrinde umwickelt. Das ein wenig spitz zulaufende Innere ist normalerweise rot lackiert. Ein Stück Brokat ist in einer für jeden Flötentyp charakteristischen Farbe im oberen Ende eingesteckt. Das ovale Mundloch ist groß und hat keine scharfen Ränder. Dadurch kann der Spieler mit großer Flexibilität von Note zu Note gleiten, den Ansatz variieren und mikrotonale Intervalle blasen, wozu er die Grifflöcher teilweise schließt. Die Grifflöcher werden von den Fingergliedern und (wie auch z.B. in Indien) mit dem zum Mundloch hin zeigenden Daumen geschlossen.

Für die verschiedenen Arten der Hofmusik gibt es die entsprechenden Querflöten, ihrer Größe nach geordnet:

Name	Grifflöcher	Länge
Kagurabue	6	45 cm
Ryūteki	7	ca. 40 cm, dicker
Komabue	6	36 cm, dünner

Im Theater (→JAPAN, 3 und Abb. 1) auf der Kabuki-Bühne wird die *shinobue* (7 Grifflöcher) gespielt, die auch aus unbearbeitetem Bambus wie die vielen Flöten der Volksmusik sein kann.

Die *nōkan* ist ca. 40 cm lang und das einzige solistische Melodieinstrument des Nō-Theaters; sie ähnelt der *ryūteki*, hat aber zwischen dem Mundloch und dem ersten Griffloch ein eingefügtes Rohr, das die Bohrung verengt und die Töne der zweiten Oktave gegenüber denen der unteren Oktave mit zunehmender Tonhöhe vermindert. Besonders auf dieser Flöte wird der Ton in charakteristischer Weise von unten anvisiert.

Fujara Slowakische →Kernspaltflöte, von der am bekanntesten der Typ der 2 m langen *detura fujara*, ein volkstümliches Hirteninstrument, ist. Das Rohr hat einen Durchmesser bis zu 6 cm und drei auseinanderliegende Grifflöcher. Die Luft wird durch ein dünneres, 40 cm langes, parallel zum Korpus geführtes hölzernes Anblasrohr zur Kernspalte am oberen Ende geführt. Der nicht gespielte Grundton kann bis zum G^1 hinabreichen. Charakteristisch für das Instrument ist ein kräftiger, rauher Klang.

Fundamentinstrumente Bei →Praetorius 1619 die zur Ausführung des →Generalbasses verwendeten Instrumente, die des Akkordspiels fähig sind, also →Orgel, →Regal, →Cembalo, →Positiv, →Theorbe u. a.

Fuß (engl.: *foot*; ital.: *piede*; fr.: *pied*).
1. In Bezug auf die Register →ACHT-FUSS sowie ORGEL, 2.
2. Unter einem Vier-Fuß-Instrument (normalerweise geschrieben: 4'-Instrument) wird ein Instrument verstanden, dessen Notation eine Oktave tiefer als der tatsächliche Klang erfolgt (z. B. →Xylophon), dementsprechend unter einem 16'-Instrument eines, dessen Notation eine Oktave höher als klingend ist (z. B. →Kontrabaß).

G

Gabelbecken →KASTAGNETTEN, 4.

Gabelgriffe (engl.: *cross-fingerings*; ital.: *forchetta*; fr.: *doigté fourchu*). Auf Blasinstrumenten mit Grifflöchern solche Griffe, bei denen die gedeckten bzw. offenen Grifflöcher nicht in ununterbrochener Folge liegen. Gabelgriffe sind notwendig auf Instrumenten mit diatonischer Grifflochfolge für die chromatischen Töne.
Jeder Blockflötist weiß, daß der tiefere Halbton erklingt, wenn er zwischen einem oberen geschlossenen Fingerloch und dem nächsten geschlossenen Fingerloch (manchmal auch bei zwei Löchern) ein offenes Fingerloch läßt. Solche »Gabelgriffe« spielen überall dort eine Rolle, wo Holzblasinstrumente keine oder nur wenige Klappen haben, während bei vielen Holzblasinstrumenten mit Klappenmechanik Gabelgriffe durchaus alternative Griffweisen bieten. Die Tonerzeugung mit Gabelgriffen funktioniert nur, weil die Fingerlöcher (um sie mit den Fingerspitzen zu schließen) im Verhältnis zur Bohrung klein sind. Das kleine Loch erschwert den Austausch zwischen der schwingenden Luftsäule und der Umgebung und sorgt dafür, daß der letzte Schwingungsbauch über das Loch hinaus in Richtung des nächsten Lochs reicht. Wenn dieses geschlossen ist, reicht der Schwingungsbauch weiter durch die Bohrung, und es entsteht eine längere Luftsäule, so daß der Spieler den tieferen Halbton blasen kann. Es kann dazu auch notwendig sein, zusätzlich das nächsttiefere Loch zu schließen. Bei einigen Instrumenten (hauptsächlich Blockflöten) führen die Gabelgriffe zu nur unbedeutendem Verlust an Festigkeit und Volumen des Tones, bei anderen bedarf es größerer Fertigkeiten des Spielers, solche klanglichen Nebeneffekte zu minimieren. Die Spieler des 18. Jahrhunderts waren hinsichtlich der Gabelgriffe so geschult, daß viele die aufkommende Klappenmechanik verschmähten. Eine weniger gebräuchliche Art der Halbtonerniedrigung besteht darin, das folgende Loch nur zur Hälfte zu schließen (häufig angewandt bei Kinderflöten vom Typ des →Flageoletts; →KERNSPALTFLÖTE). Eine andere Art der Gabelgriffe erzeugt bei den hohen Registern der Instrumente Überblastöne. Vgl. ÜBERBLASEN und MEHRKLÄNGE.

Gadulka Bulgarisches Streichinstrument. →FIDEL, 1; LYRA, 1.

Gaida, Gaita, Gajda *Gaita*: span., port.: →SACKPFEIFE, 3c, manchmal eine →Einhandflöte. In Kolumbien eine 1 m lange →Kernspaltflöte indianischer Herkunft, die paarweise gespielt wird, eine davon mit fünf tief gesetzten Grifflöchern, die andere mit zwei Grifflöchern für die eine Hand, während der Spieler mit der freien Hand eine Kalebassen-Rassel betätigt. *Gaida*: Sackpfeife in Mähren und der Slowakei; *Gajda*: Sackpfeife in Bulgarien; →SACKPFEIFE, 5. *Ghaita* bezieht sich in Nordafrika auf ein →Doppelrohrblattinstrument, →SURNĀ.

Galoubet Provençalischer Name für die →Einhandflöte.

Galpin Society 1946 in London gegründete Vereinigung von Instrumentenkundlern, benannt nach Canon Francis Galpin (1858–1945), dem führenden britischen Instrumentenkundler seiner Zeit. Seit 1948 veröffentlicht die Galpin Society jährlich das *Galpin Society Journal*. (Kontaktadresse: Alan Higgitt, 7 Perceval Avenue, London NW3 3PY, England.)

Gamba
1. Kurzform von Viola da gamba (→GAMBE).
2. (auch: Gambe). Engmensuriertes offenes Labialregister der Orgel, →ORGEL, 3c.

Gambang Indonesisches →Xylophon. In einem javanischen →Gamelan liegen die bis zu einundzwanzig Holzstäbe (Tonumfang: vier Oktaven) auf Unterlagen über einem langen trogähnlichen

Gestell und werden mit elastischen Schlegeln gespielt, die an ihrem oberen Ende eine gepolsterte Scheibe haben.

Gambe (Viola da gamba) (engl.: *viol*; ital.: *viola da gamba*; fr.: *viole*; span.: *vihuela de arco*). Streichinstrument der Renaissance und des Barocks, normalerweise mit 6 Saiten und 7 um Hals und Griffbrett geschlungenen →Bünden (Abb. 1). Die Gambe kommt in allen Größen vom Diskant bis zum Kontrabaß vor. Für die Gambe gibt es ein reiches Solorepertoire, doch ihr bedeutendes, singuläres Repertoire sind die Kompositionen für Gambenconsort, die in England seit der elisabethanischen Zeit bis zur Restauration (unten, 3c) entstanden und ohne Zweifel den wertvollsten Bestand einer rein-instrumentalen Kammermusik vor dem 18. Jahrhundert bildeten. Wenige Instrumente sind für das häusliche Musizieren besser geeignet als die Gamben, denn wegen der Bünde ist es relativ einfach, auf ihnen sauber zu spielen. Und wer eine Gambengröße beherrscht, erlernt leicht auch das Spiel auf anderen Größen, da alle in senkrechter Haltung zwischen den Beinen gestrichen werden und gleichen Fingersatz und gleiche Bogenhaltung haben (im Gegensatz zu Violine und Violoncello mit voneinander recht unterschiedlichen Fingersätzen und anderer Bogenhaltung).

1. Beschreibung

Gamben unterscheiden sich in mehrfacher Hinsicht von den Instrumenten der Violinfamilie, da beide Familien für unterschiedliche musikalische Zwecke entwickelt worden sind. Zu den äußerlichen Merkmalen der Gambe gehört der (wegen der 5–7 Saiten) breite und auch recht lange Hals, damit der 7. Bund bei einem Drittel der Strecke zwischen Sattel und Steg um ihn geschlungen werden kann. Die Schultern des Korpus laufen zum Hals hin spitz zu, der Boden ist flach und oben stumpf abgewinkelt. Die Zargen sind breit, damit das Instrument sicher mit den Beinen des Spielers gehalten werden kann. (Bei der Diskantgambe sind die Zargen etwa doppelt so breit wie bei der →Violine.)

Bei Gamben aus dem 17. und 18. Jahrhundert, den heute am häufigsten nachgebauten Typen, ist das Korpus leicht konstruiert; Decke und Boden sind bündig mit den Zargen verleimt (im Gegensatz zur Violinfamilie, wo die Ränder über die Zargen hin-

Abb. 1. Gambe, von Christopher Simpson,
The Division Violist, 1659.

ausreichen), und die Ecken der Bügel sind stumpf (ebenfalls im Gegensatz zur Violinfamilie). Randverzierungen und Einlegearbeiten können sehr ornamental ausfallen. Die Innenkonstruktion ist aus Gründen der Resonanz leicht, Boden und Decke sind dünn, die Saiten entsprechend dünn und gering gespannt. Der Boden wird meistens durch zwei Querrippen und ein Stimmstockbrett, die Decke durch eine parallel zur Baßsaite laufende Rippe, den »Baßbalken«, innen gestützt. Demzufolge ist der Klang der Gambe eher leise, das Timbre nasal, während die Bünde (heute häufig aus Nylon, während traditionell Darmsaitenreste verwendet wurden) jeder Note den Klang der leeren Saite verleihen. Es ist die besondere

Notenbeispiel 1

Gambe (Viola da gamba)

Fähigkeit des Gambenconsorts, den Klang aller Instrumente homogen miteinander zu mischen.

Weitere Besonderheiten: Der Saitenhalter ist in der Regel auf einem im Unterbügel befestigten Pflock aufgesetzt, die Schallöcher sind meist C-förmig, und oberhalb des Wirbelkastens ist häufig ein Menschen- oder Tierkopf statt einer Schnecke geschnitzt. Wo eine Schnecke ist, ist sie kunstvoll durchbrochen geschnitzt. Alle diese beschriebenen Baumerkmale sind jedoch nicht zwingend; es gibt keine andere Instrumentengattung mit einer derart vielfältigen, individualistischen Bauweise.

2. Stimmung, Bogenführung; Größen

Die normale Stimmung der Gamben (Notenbeispiel 1) entspricht in der Intervallfolge der der Renaissancelaute: in Quarten gestimmte Saiten mit einer großen Terz zwischen den beiden mittleren Saiten. Die unteren Saiten geben, wenn sie nicht gespielt werden, zusätzliche Resonanz. Die drei obersten Saiten sind aus glattem Darm, die vierte ebenfalls aus glattem, umsponnenem oder umwundenem Darm, die untersten Saiten sind immer umsponnen.

Der Gambenbogen ist leicht konvex gebogen und wird im Untergriff gehalten (siehe Abb. 1). Der Mittelfinger ist dabei zwischen Stange und Bespannung positioniert und reguliert die Spannung der Bogenhaare. Im Unterschied zum Abstrich auf der Violine ist der Aufstrich der kräftigere Hauptstrich.

Ein englisches »Chest of viols« bestand aus je zwei Diskant, Alt-Tenor- und Baßgamben. Die Diskantgambe hatte nach einigen alten Quellen eine durchschnittliche Korpuslänge von ca. 40 cm, die Baßgambe etwa 80 cm. Die Alt-Tenorgambe als nicht näher spezifizierte Mittellage ist variabler gebaut, ihre durchschnittliche Korpuslänge beträgt ca. 53 cm. Einige bezeichnen die Baßgambe als Tenorgambe und die Alt-Tenorgambe als Altgambe, weil bei →Praetorius 1619 die Baßgambe eine Quinte tiefer als in Notenbeispiel 1 steht. Doch ist diese Zuordnung fragwürdig und entspricht keineswegs der Norm. Als im ausgehenden 18. Jahrhundert die Gambe an Bedeutung verlor, sind viele Instrumente in Bratschen und Violoncelli umgebaut und weiterhin regelmäßig gespielt worden, so daß sie vor Holzwurmfraß geschützt waren.

Bedeutende Gambenbauer waren Ernst Busch, Nürnberg, Jacob Stainer, Absam (ca. 1617–1683), John Rose jun., London (gest. 1611), Henry Jaye, London (ca. 1610 – ca. 1667), Joachim Tielke, Hamburg (1641–1719) und Barak Norman, London (ca. 1670 – ca. 1740). In unserem Jahrhundert haben sich die Gambenbauer meist an Normans Gamben orientiert, die bei aller handwerklichen Qualität verhältnismäßig uniform gestaltet sind.

3. Geschichtliches

(a) Ursprünge. Man vermutet, daß sich die Gambe im späten 15. Jahrhundert in Spanien als ein Streichinstrument aus der gezupften →Vihuela entwickelte und bei gleicher Stimmung als *vihuela de arco* bezeichnet wurde. Nach neueren Forschungen (Woodfield 1984) fand dieser Vorgang in Aragon statt. Auf bildlichen Darstellungen um 1470 sieht man sechssaitige Streichinstrumente in Gitarrengröße mit engem Mittelbügel (der so das Bogenspiel ermöglicht), flachem Steg und C-Schallöchern sowie einer Rosette. Diese frühe Gambe kann allerdings auch aus älteren, senkrecht gehaltenen Streichinstrumenten entwickelt worden sein, die in Aragon bis zum 15. Jahrhundert abgebildet sind. Nach der Wahl des Valenziers Rodrigo Borgia zum Papst Alexander VI. erreicht die Gambe Italien. Der gebogene Steg tritt auf, ebenso die gebogene Decke, und 1502 wurde am Hof von Ferrara auf sechs Gamben zusammen musiziert. Gegen 1520 hatte die Gambe Deutschland erreicht, und bald darauf spielte man das Instrument am englischen Hof von Heinrich VIII.

(b) Alte italienische Gamben. Erhaltene Gamben aus dem 16. Jahrhundert haben vielfältige Formen; sogar nach 1700 haben Cremonenser Geigenbauer Gamben in celloähnlicher Form hergestellt. Bei den von den Familien Linarol und Ciciliano gebauten vortrefflichen venezianischen Renaissancegamben mit stark abfallenden Schultern ist am Oberbügel die Decke kleiner als der Boden. Offenbar hatten diese Gamben ursprünglich weder Baßbalken noch →Stimme. Sowohl Ganassi als auch Gerle erlauben dem Spieler, die unterste Saite der sechssaitigen Gambe wegzulassen.

(c) Englische Consortmusik. Die ersten bedeutenden Gambenkompositionen sind um 1560 entstandene *In nomine*-Sätze über diesen Cantus firmus, eine Form, in der von Tye und Byrd bis zu Purcell komponiert wurde. Um 1600 kommen drei- bis siebenstimmige Fantasien und Pavanen von Byrd, Tomkins, Coprario, Ferrabosco dem Jüngeren, Gibbons, Jenkins, William Lawes und Locke hinzu. Die meisten dieser Kompositionen sind in Mss. überliefert und inzwischen in modernen Ausgaben erhältlich. Englische Kompositionen waren auch im kontinentalen Europa verbreitet.

4. Musik für die Baßgambe

Abgesehen vom Gambenconsort ist die Musik der Gambe im wesentlichen Musik für die Baßgambe.

(a) Ensemblemusik. Seit Beginn des →Generalbasses ist die Baßgambe neben dem →Violoncello ein wichtiges Instrument als Streichbaß für Kompositionen mit Generalbaß.

(b) *Division viol*. Eine besondere Spielpraxis, die darin bestand, auf Baßgamben figurative Variationen aus gebrochenen Akkorden – »Divisions« – über einen gegebenen Baß zu spielen, worauf sich bereits Ortiz' *Tratado de glosas* (Rom 1553) bezieht. Hierfür zog man eine etwas kleinere Baßgambe vor, die leichter in den Händen lag. Die wichtigste Quelle für diese Spielpraxis ist Simpson 1659.

(c) *Lyra viol*. Eine heute nicht mehr eindeutig zu trennende Verbindung zwischen Instrument und Spielpraxis im 17. Jahrhundert bei den Engländern. Die *lyra viol* ist noch kleiner als die *division viol* und eignet sich für eine besondere Spielweise, bei der Solokompositionen in →Tabulatur und →Skordatur notiert sind. Simpson 1659 erwähnt für das Instrument einen flacheren Steg, womit das mehr als zweistimmige Akkordspiel erleichtert wird. Notenbeispiel 2 bringt solche Musik in französischer Tabulatur und moderner Notenschrift. Die Skordatur der sechs Saiten ist darunter abgedruckt. Frühe Sammlungen von Musik für die *lyra viol* sind Humes *Ayres* (1605) und Ferraboscos *Lessons* (1609). Es gab über 50 verschiedene Stimmungen, die hauptsächlich danach ausgewählt wurden, welche leeren Saiten in dem jeweiligen Stück am besten mitschwingen, ohne gespielt zu werden. →RESONANZSAITEN.

(d) *Französische Kompositionen*. Seit ca. 1675 übte die französische Gambenschule einen großen Einfluß aus. Marin Marais (1656–1728), Schüler Lullys, entwickelte sich zum prominentesten Sologambisten. Von ihm stammen zahlreiche *Pièces de viole* für eine, zwei oder drei Baßgamben mit Continuo. Für dieses französische Repertoire wurde die Gambe mit einer auf A^1 gestimmten siebenten Saite ausgerüstet. Louis und François Couperin schrieben ebenfalls Gambenmusik.

(e) *Deutsche Kompositionen*. Das deutsche Repertoire wird von Bach beherrscht: Von ihm gibt es drei Gambensonaten (BWV 1027–1029), und er hat das Instrument in der Matthäuspassion mit den für das Instrument so charakteristisch gebrochenen Akkorden eingesetzt. Wichtige Kompositionen für das Instrument stammen auch von Buxtehude und Kühnel.

5. Ausklang und Renaissance

Abgesehen von den französischen Modeinstrumenten *dessus* und →*pardessus de viole* war die Gambe um 1750 ein veraltetes Instrument, für das nicht mehr komponiert wurde. Das Gambenconsort als musiksoziale Formation war vom Streichquartett abgelöst worden. Der letzte bekannte konzertierende Gambist war Karl Friedrich Abel (1723–1787). Erst ein Jahrhundert später spielten einige Musiker das Instrument wieder in historischen Konzerten, so der Musikinstrumentensammler Paul de Wit. Arnold Dolmetsch (1858–1940) gründete ein Gambenconsort, restaurierte alte und baute neue Gamben. In Deutschland wurde die Gambe als leicht erlernbares Instrument im Sinne der Jugendmusikbewegung neu entdeckt; in diesem Zusammenhang ist als Gambenbauer Peter Harlan (1898–1966) zu nennen. Diese Gamben waren Neukonstruktionen zwischen Violoncello und →Fidel. Parallel zur Gamben(un)kultur der Jugendmusikbewegung pflegten die Cellisten Christian Döbereiner (1874–1961) und Paul Grümmer (1879–1965) einen virtuosen Gambenstil. Erst mit August Wenzin-

Notenbeispiel 2.
Ausschnitt aus Narcissus
Marsh's Lyra Viol Book
(ca. 1660).

Gamelan

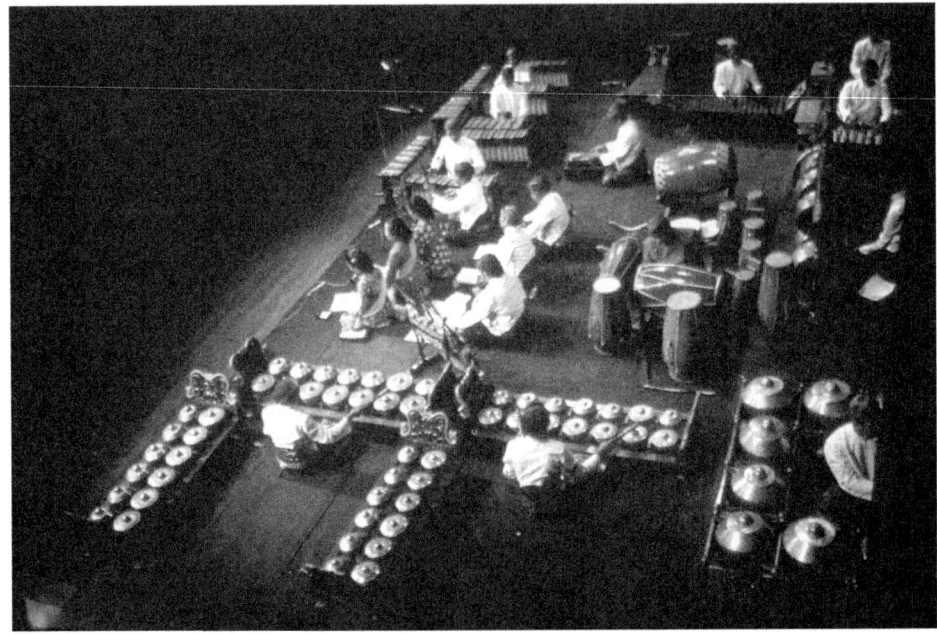

Abb. 1. Gamelan-Ensemble »Condong Raos« aus Senarang mit dem vollständigen Instrumentarium, bestehend aus Slendro- und Pelog-Instrumenten

ger (geb. 1905), Johannes Koch (1910–1973), Hannelore Müller und Heinrich Haferland kam nach 1950 ein historisch orientiertes Gambenspiel auf, das sich bewußt vom Cellospiel abhob. Zu den führenden Gambisten der Gegenwart zählen Wieland Kŭijken und Jordi Savall.

→auch PARDESSUS DE VIOLE, VIOLA BASTARDA, VIOLONE.

Lit.: Italien 2002; König 1985; Otterstedt 1989 (speziell zur Lyra viol), 1994; Ortiz 1553; Playford 1654, 1682; Traficante 1970; Woodfield 1984.

Gamelan Oberbegriff für Instrumentalensembles, die hauptsächlich aus →Gongs, →Gongspielen und →Metallophonen bestehen, von bis zu vierundzwanzig Musikern gespielt werden und ihren Ursprung auf Java und Bali haben.

1. Java (Abb. 1)

Die Instrumente stehen in zwei sich gegenseitig ausschließenden Stimmungssystemen (*laras*): *slendro* (mit Unterteilung der Oktave in fünf fast gleiche In-

	Buka :	3	1	3	2	5̣	6̣	1	2	1	6̣	4̣	(5̣)
‖:	3	1	3	2)	3	1	3	2)	5̣	6̣	1	2)	1	6̣	4̣	(5̣)
	3	1	3	2)	3	1	3	2)	5̣	6̣	1	2)	1	6̣	4̣	(5̣)
	1	2	1	6̣)	1	2	1	6̣)	5̣	6̣	1	2)	1	6̣	4̣	(5̣)
	1	2	1	6̣)	1	2	1	6̣)	5̣	6̣	1	2)	1	6̣	4̣	(5̣) :‖

Ungefähre Transkription der pelog-Skala:

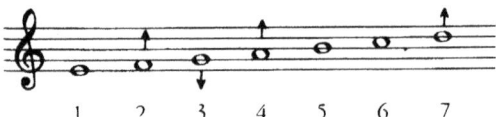

Notenbeispiel 1.
Lancaran tropongbang pelog patet nem in moderner javanischer Kepatikan-Notation.
( ) = bong;) = Kenong; Buka = Einleitung.
Ein Punkt unter einer Note bezeichnet die tiefere Oktave.

tervalle) und *pelog* (mit Unterteilung der Oktave in sieben ungleiche Intervalle; Notenbeispiel 1 ist eine ungefähre Transkription). Mit im *pelog*-System gestimmten Instrumenten (mit oder ohne zusätzliche Töne) kann man verschiedene pentatonische Skalen gemäß dem entsprechenden Modus (*patet*) spielen, wobei jeder Modus u.a. durch melodische Muster und Kadenzformeln charakterisiert ist. In einem doppelten Gamelan (mit beiden Stimmungssystemen) sind die *slendro*- und *pelog*-Instrumente im rechten Winkel zueinander aufgebaut, so daß der Spieler schnell von einem zu anderen wechseln kann.

Ein typisches Gamelan besteht aus folgenden Instrumenten:

(a) *Idiophone*. Hängende Gongs: *gong ageng, gong suwukan, kempul*. Liegende Gongs: *kenong, ketuk, kempyang* (paarweise). Gongspiele: →*bo*-

Notenbeispiel 2. Transkription in westliche Notation eines Teils (des zweiten gongan) von Lancaran Tropongbang, wie es von einem einfachen gamelan soran in irama tanggung (mittlerem ›Tempo‹) gespielt werden könnte.

Gamelan 104

Notenbeispiel 2 (Fortsetzung)

nang. Metallstabspiele (Metallophone): →*saron*, →*gender*. Xylophon: →*gambang*.

Die Gongs haben tief umgelegte Ränder und stark ausgebildete Buckel. Das Schmieden der Gongs kann sich vor den hindu-buddhistischen Königreichen des 7. Jahrhunderts n. Chr. entwickelt haben und gilt als hoch respektiertes Handwerk. Die in Einzelrahmen aufgehängten Gongs werden mit einem gepolsterten Schlegel angeschlagen: *gong ageng* (manchmal der einzige nicht polierte Gong) ist mit einem Durchmesser bis zu 1 m am tiefsten gestimmt, er wird in mancher Hinsicht als das wichtigste Instrument des Gamelan betrachtet. Der *gong suwukan* hat einen Durchmesser von 60 bis 70 cm; *kempul* ist der kleinste der aufgehängten Gongs, von ihm kann für jeden Ton der Tonleiter ein Exemplar vorhanden sein.

Die anderen Gongs liegen auf gekreuzten Schnüren in einem kistenförmigen Holzrahmen und werden mit einem mit Schnur umwickelten Schlegel angeschlagen. Ihre Bezeichnungen beschreiben lautnachahmend ihre unterschiedlichen Klangeigenschaften: *kenong* (mit sehr tiefem Rand und bei großen Gamelan-Ensembles für jeden Ton der Tonleiter); *ketuk* (mit flacherem Rand und kürzerem Klang); *kempyang* (ein Paar flachere Gongs in hoher Stimmung, die gleichzeitig mit einem Schlegelpaar angeschlagen werden).

(b) *Trommeln*. *Kendang* ist eine lange, zweifellige, leicht faßförmige Trommel (manchmal der indischen *mṛdaṅga* ähnelnd), sie liegt horizontal auf einem niedrigen Gestell, ihre Felle (mit unterschiedlichem Durchmesser) ragen über Rattanreifen hinüber. Der *kendang*-Trommler spielt mit den Händen sehr virtuos auf beiden Fellen verschieden benannte Schläge mit unterschiedlichsten Klangfarben. Er leitet normalerweise das Gamelan insofern, als er für die Tempowechsel verantwortlich ist und bestimmt, ob ein Abschnitt wiederholt oder zu einem anderen übergegangen wird. Eine kleinere *kendang ketipung* kann ebenfalls vorhanden sein. Eine *kendang ciblon* mittlerer Größe wird häufig zur Tanzbegleitung gespielt. Auf Zentraljava kommt die *bedhug* vor, eine alte Faßtrommel mit genagelten Fellen, die mit einem Hammer auf einem Fell geschlagen wird und einen kräftigen, dröhnenden Klang von sich gibt.

(c) *Saiteninstrumente.* Sie sind im Gamelan nur mit wenigen Instrumenten vertreten. *Rebab*: eine elegante, abwärtsgehaltene Fidel mittelöstlicher Herkunft mit zwei in Quintabstand gestimmten Saiten; ihr Spieler spielt die melodische Hauptstimme und sitzt neben dem Sänger. (Zu ähnlichen Instrumenten in anderen Ländern →RABAB.) Für die lange Zither, die manchmal im Gamelan gespielt wird, →unter CELEMPUNG; eine kleinere Zither ist die *siter*.

(d) *Blasinstrumente.* Das einzige Blasinstrument ist die *suling*, eine bis zu 50 cm lange Bambusflöte mit Außenkernspalte (→FLÖTE, 1c(ii)). Wenn für die *slendro*-Tonleiter keine separate vierlöchige Flöte gespielt wird, kann der Flötist auch die sechslöchige *pelog*-Flöte nehmen und beide Mittelfinger-Löcher ständig abdecken. Die restlichen Grifflöcher geben dann die fünf Töne der *slendro*-Skala.

(e) *Aufführung.* Zum vollständigen Gamelan gehören eine Sängerin (*pesinden*) und ein Männerchor (*gerongan*). Die Instrumente sind folgendermaßen plaziert: Hängende Gongs hinten, vor ihnen an einer Seite *sarons* und *gender*, an der anderen Seite *bonangs* und, falls vorhanden, die *celempung*. Der *suling*-Spieler sitzt in der Mitte hinter den Trommeln, *rebab* und die *pesinden* in der Mitte vorne. Zu jeder »Komposition« von Gamelan-Musik gehört eine Form, der Namen, das Stimmungssystem (*laras*) und der Modus (*patet*). Jeder Spieler spielt die vorgegebene Melodie gemäß der seinem Instrument eigenen Spieltechnik und seiner Funktion innerhalb des Ensembles. Verallgemeinernd kann man sagen, daß die höher stehenden Instrumente die kleineren Notenwerte spielen (Notenbeispiel 2). Die verschiedenen Gongs geben das Ende von Abschnitten an, ein Schlag auf einen *gong* markiert das Ende eines *gongan* (wichtiger Abschnitt), während der *kenong* diesen in zwei oder mehr Unterabschnitte unterteilt.

Auf Westjava werden kleinere Gamelans vorgezogen. Eines dieser Ensemble ist das *gamelan degung*, das folgende Besetzung hat: *jenglong* (Gongspiel aus kleinen hängenden Gongs, die eine sich langsam fortschreitende Melodie spielen), *saron*, *suling*, *bonang* sowie die Zither →*kachapi* und eine Sängerin.

2. Bali

Gamelans kommen auf Bali in großer Vielzahl vor. Das balinesische Gamelan hat sich eigenständig entwickelt, nachdem im 16. Jahrhundert das hindu-javanische Reich gegenüber dem Islam zusammenbrach und in der Folge eine Anzahl javanischer Adliger ihre Höfe auf die kleine Insel verlegten. Das *gamelan gong kebyar* ist die heutzutage bekannteste Gamelan-Formation. Es kann alle Arten von Tanz begleiten. Zu seinen Instrumenten gehören drei von einem Musiker gespielte hängende Gongs und zwei Gongspiele, von denen das *reyong* zwölf Kesselgongs hat, die von vier Musikern mit je zwei Schlegeln gespielt werden. Die Metallophone werden paarweise angeschlagen, eines ist geringfügig höher gestimmt, so daß →Schwebungen auftreten, die charakteristisch flimmernde Klänge durch die Oktaven hindurch erzeugen. Die Metallophone der *gangsa*-Gruppe (jetzt *kantil* genannt) haben dickere Platten als die javanischen *gender*, und ein Hammer aus Hartholz gibt einen höheren, brillanteren Klang. Von den Trommeln (*kendang*) aus wird das Spiel geleitet. Es können auch ungefähr sechs kleine Becken (*cheng-cheng*) vorhanden sein; diese sind mit dem Buckel nach unten an einem Gestell befestigt und werden mit einem Beckenpaar in den Händen des Spielers angeschlagen. (Die Bezeichnungen vieler Instrumente sind nicht einheitlich und haben sich im Laufe der Zeit geändert.)

3. Gamelan in der westlichen Musikkultur

Debussy hörte anläßlich der Pariser Weltausstellung 1889 ein javanisches Gamelan und zeigte sich begeistert. Ravel, Messiaen, Britten und andere Komponisten ließen sich in der Folgezeit vom Gamelan und seinen Klangmöglichkeiten inspirieren. Moderne Komponisten wie Lou Harrison, Ton de Leeuw, Rolf Liebermann und Michael Parsons haben für Gamelan komponiert. Mitte der 1950er Jahre begannen Gamelan-Aufführungen mit westlichen Musikern in den Niederlanden, inzwischen gibt es weltweit einige aktive Gamelan-Gruppen.

Lit.: Kartomi 1985; Kunst 1949; Lindsay 1979; McPhee 1966.

Ganga Zweifellige zylindrische Trommel (→TROMMEL, 4b) Westafrikas und des Sudan, mit den ungefähren Proportionen der europäischen →kleinen Trommel (bis zu 45 cm Durchmesser) und Membranen aus Ziegenfell. Der Spieler hängt die *ganga* über seine linke Schulter, schlägt das vordere

Fell mit einem gekrümmten Schlegel mit flachem Knauf an und erzeugt Klänge unterschiedlicher Tonhöhen. Auf dem hinteren Fell spielt er mit den Fingern der linken Hand. Die verschiedenen Tonhöhen können bei den Hausa, wo die *ganga* zusammen mit der Trompete →*kakaki* und dem Doppelrohrblattinstrument *alghaita* (→SURNĀ) gespielt wird, dem Tonfall der Sprache folgen. Duch Daumendruck auf das hintere Fell kann die Tonhöhe des vorderen leicht erhöht werden.

Gangsa Auf Bali (Indonesien) ein →Metallophon; →GAMELAN, 2. Auf den nördlichen Philippinen in Gruppen gespielte buckellose Gongs mit bis zu 30 cm Durchmesser und nicht allzu tiefem Rand. Sie werden meist flach auf die Schenkel des knieenden Spielers oder auf den Bogen gelegt und mit den Händen geschlagen, um eine Vielzahl von Klängen nicht näher definierter Tonhöhe zu erzeugen. Vgl. das kunstvoller ausgeführte →*kulintang* der südlichen Philippinen.

Gatotrommel →ZUNGENSCHLITZTROMMEL.

Gedackte Pfeife (engl.: *stopped pipe*; ital.: *canna tappata*; fr.: *tuyau bouché*). Eine Pfeife, die an einem Ende geschlossen ist wie beispielsweise bei der →Panflöte und bei den Pfeifen der gedackten Register der →Orgel.

1. Offene und gedackte Pfeifen

Die am Anblasende erzeugte Schwingung der Luftmoleküle innerhalb der Pfeife wird als »Welle« von einer Schicht zur nächsten bis zum anderen Ende der Pfeife weitergegeben. Das Schwingungsverhalten ist bei offenen und gedackten Pfeifen unterschiedlich:
Offene Pfeife. An dem anderen Ende, wo die Welle wieder auf die Außenluft trifft, wird sie reflektiert und schwingt in umgekehrter Phase zum Anblasende zurück. Hin- und Herschwingung entspricht einer vollständigen Wellenlänge; die Dauer beträgt eine vollständige Schwingungsperiode. Die Pfeifenlänge entspricht also einer halben Wellenlänge.
Gedackte Pfeife. Das geschlossene (»gedackte«, auch »gedeckte«) Ende hemmt die Bewegung der Partikel und wirft die Welle ohne Phasenwechsel zurück. Der Phasenwechsel geschieht erst dann, wenn die Welle zum offenen Anblasende zurückgekehrt ist. Erst nach einer weiteren »Reise« zum geschlossenen Ende und zurück ist eine vollständige Schwingungsperiode beendet, d.h. erst nach vier Durchquerungen. Die Pfeifenlänge entspricht also einer viertel Wellenlänge. Die gedackte Pfeife ist deshalb bei gleicher Tonhöhe des Grundtons halb so lang wie eine offene Pfeife, d.h. bei gleicher Länge klingt die gedackte Pfeife eine Oktave tiefer.

2. Teiltöne

Bei der offenen Pfeife teilt sich die stehende Welle durch die Bildung von dazwischenliegenden Schwingungsknoten (K) in zwei, drei usw. Abschnitte gleicher Länge auf, die von Schwingungsbäuchen (B) begrenzt werden:

```
B           K           B
B     K     B     K     B
B  K  B  K  B  K  B
```

so daß die Frequenzen der entstehenden Teiltöne zwei, dreimal usw. so hoch wie die des Grundtons sind (→OBERTONREIHE).

Bei der gedackten Pfeife befindet sich immer ein Schwingungsbauch an dem einen, und ein Schwingungsknoten an dem anderen Ende, deshalb können Teiltöne zweier gleicher Längen nicht gebildet werden. Dies gilt für alle geradzahligen Längen. Vielmehr bilden sich nur ungeradzahlige Teiltöne:

```
B              K
B     K     B     K
```

Durch das Nichtvorhandensein geradzahliger Teiltöne haben gedackte Pfeifen ihren eigentümlich hohlen, weicheren Klang.

3. Rohrblattinstrumente

Rohrblattinstrumente mit zylindrischer Bohrung wie z.B. die →Klarinette reagieren fast so wie eine gedackte Pfeife: jenes Ende der Bohrung mit dem Rohrblatt, das von der äußeren Luft durch des Spielers Mund abgeschottet ist, verhält sich fast wie das geschlossene Ende einer gedackten Pfeife. Bei gleicher Länge klingen die Grundtöne der Klarinette ungefähr eine Oktave tiefer als die der Querflöte. Die Klarinette erzeugt allerdings ganz schwach auch geradzahlige Teiltöne.

Zu konischen Rohrblattinstrumenten wie z.B. der Oboe mit den Teiltönen einer offenen Pfeife →BLASINSTRUMENTE, 3.

Gefäßflöte (engl.: *vessel flute*; ital.: *flauto globulare*; fr.: *flûte globulaire*). Oberbegriff für Flöten, deren →Resonator nicht rohrförmig ist, sondern aus einem anders geformten Hohlkörper besteht. Zu den Gefäßflöten zählen →Okarina, →Gemshorn und viele →Pfeifen.

Gefäßtrommel (engl.: *percussion pot*). Oberbegriff für verschiedene Schlaginstrumente in Gefäßform und ohne Membrane.

Geige (engl.: *fiddle*). →VIOLINE sowie FIDEL.

Geigenbauer (engl.: *violin maker*; ital.: *liutaio*; fr.: *luthier*). Der Reparateur, Hersteller und/oder Händler von →Streichinstrumenten sowie klassischer →Zupfinstrumente (→akustische Gitarre, Laute).
Lit.: Hamma 1992, 1993; Harvey 1995; Jalovek 1957, 1959; Lütgendorff 1922, 1990; Vannes 1951.

Geigenwerk →BOGENKLAVIER.

Gemshorn Eine →Gefäßflöte mit Kernspalte (→KERNSPALTFLÖTE sowie FLÖTE, 1c) aus Horn, z.B. Kuhhorn, mit geschlossener Spitze und einem mit einer hölzernen Platte, die das Anblasrohr an der Ecke hat, versehenen weiten Ende. In der Nähe des Lochs ist ein blockflötenartiges Fenster in das Horn geschnitten, zusätzliche Fingerlöcher liegen weiter unten. Wie bei der →Okarina basieren die Töne im wesentlichen auf der Gesamtfläche der geöffneten Löcher, aber die Löcher sind beim Gemshorn so angeordnet, daß sie in direkter Folge geöffnet werden können. Frühe Abbildungen zeigen drei Löcher, die, zusammen mit einem größeren Daumenloch, für eine Tonleiter im Umfang einer Oktave ausreichen (Virdung, →RENAISSANCE-INSTRUMENTARIUM, 3). Moderne Rekonstruktionen, wie sie zuerst in größerer Stückzahl von Horace Fitzpatrick in England gefertigt wurden, haben sechs oder mehr Löcher und können (wie die Okarinas) als Familie in unterschiedlichen Größen zusammen gespielt werden (Parkinson 1981).
In Italien gibt es kleine, ungefähr 10 cm lange Ausführungen, die auch heutzutage noch für die Lockjagd als Tauben-Locke hergestellt werden und ein einziges kleines Griffloch haben, das in die Spitze des Horns gebohrt ist.
Lit.: Fitzpatrick 1972; Parkinson 1981.

Gendang Die lange →Faßtrommel auf Malaysia, ähnlich wie *kendang* gebaut (→GAMELAN, 1b).

Gender Indonesisches →Metallophon aus Bronzeplatten über röhrenförmigen Resonatoren (→GAMELAN, Abb. 1, oben links), und zwar das leisere der beiden Metallophone des Gamelans (das lautere ohne Resonatoren ist das →*saron*). Die vierzehn oder sieben Bronzeplatten sind auf einem geschmückten hölzernen Ständer miteinander verknüpft; alle darunterliegenden Resonatoren aus dünnem Metall oder (seltener) Bambus haben dieselbe Höhe, doch sind sie mittels eingefülltem Sand oder ähnlichem unterschiedlich gestimmt.
Zu einem Gamelan gehören normalerweise zwei *genders* mit vierzehn Platten, jedes mit einem Umfang von zweieinhalb Oktaven. Die tiefste Platte des *gender panerus* steht eine Oktave über der des größeren *gender barung*. Jedes *gender* wird mit zwei Schlegeln gespielt, die große, gefütterte scheibenähnliche Köpfe haben. Nach jedem Schlag dämpft der Spieler den Ton mit der Hand ab, bevor er den nächsten spielt. Ein drittes *gender*, *slentem* genannt, hat sieben breite, dünne Platten mit dem Tonumfang einer einzigen Oktave, die in etwa auf der Tonhöhe der tiefsten Oktave des *gender barung* steht. Das *slentem* wird wie das →*saron* mit nur einem Schlegel gespielt.

Generalbaß (Basso continuo, B.c., Continuo) (engl.: *thorough-bass, continuo*; ital.: *basso continuo*; fr. *basse continue*). Charakteristisch für die Epoche des →Barock ist, daß die Noten der Baßlinie beziffert sind und diese Ziffern die Harmonien ausdrücken, die der Spieler des Tasteninstruments oder der Lautenist auf seinem Instrument spielt, während normalerweise eines der tieferen Streichinstrumente (Baß-Gambe, Violoncello oder Kontrabaß – vgl. VIOLONE) die eigentliche Baßlinie unterstützt. Notenbeispiel 1 gibt einige einfache, häufig auftretende Akkorde, wobei die kleinen Noten hier die Akkorde in ihrer Grundstellung zeigen – der versierte Spieler wird sie in anderen Lagen so spielen, daß sie dem musikalischen Kontext und den Möglichkeiten seines Instruments gerecht werden. Fehlt wie bei (*a*) die Bezifferung, ist der Dreiklang in seiner Grundform gemeint, je nach Vorzeichnung in Dur oder Moll, solange nicht ein Versetzungszeichen (Akzidens) eine Änderung der Terz verlangt (*b*). Bei der Bezifferung

Notenbeispiel 1

wird die Terz als immer zum Akkord gehörig angesehen und deshalb nicht extra angegeben (c),(d); es sei denn, sie gäbe (im Harmonieverständnis der Epoche) keinen musikalischen Sinn wie bei (e) und (f). Andererseits wird die Auflösung zur Terz hin (4–3) angegeben (g). Ebenso wird für die Quinte in vielen Fällen nicht extra angegeben die 5 angegeben, es sei denn – wie bei (h) – es handelt sich um eine verminderte Quinte. Ist die Ziffer durchgestrichen – (d), (j), (k) –, ist der Ton um einen Halbton zu erhöhen. *Tasto solo* bedeutet, daß nur der Baßton zu erklingen habe.

Das Continuo-Spiel ist eine subtile Kunst, weil es sich den jeweiligen Gegebenheiten anpassen sollte. Als um 1800 diese Spielpraxis außer Gebrauch kam, schrieben die Bearbeiter alter Musik zunächst die Harmonien des Basso continuo für Bläser aus (z. B. Mozart bei Händel, Mendelssohn Bartholdy und Robert Franz bei Bach). Im 20. Jahrhundert setzten die Bearbeiter dann die Akkorde für das Continuo-Tasteninstrument aus – nicht zuletzt aus Gründen des damit erzielten Urheberrechts an der erfolgten Bearbeitung). Heute wird von einem Generalbaßspieler wieder erwartet, daß er wie seine Vorgänger direkt aus den bezifferten Noten improvisiert.

Der Generalbaß kam Ende des 16. Jahrhunderts in Italien auf, wo sich bereits eine Spielpraxis der Begleitung mehrstimmiger Sätze durch Saiteninstrumente herausgebildet hatte. Agostino Agazzari (1578–1640) beschreibt in seinem Traktat *Del sonare sopra il basso* von 1607, wie jedes Instrument das seine dazu beitragen kann – Laute, Theorbe, *violone*, *arpa doppia* (→HARFE, 9b), Cister oder *ceterone* (Erzcister) –, um in der Vorstellung einer Renaissance der Gedanken des antiken Griechenlands den gesungenen Monodien mit nichts anderem als dem bezifferten Baß einen Glanz harmonischer Klänge zu unterlegen.

Lit.: *Primärquellen:* Matheson 1731, 1735; Kellner 1737; Kirnberger 1781; *Sekundärlit.:* Arnold 1931, 1965; Dreyfus 1987; Haack 1974; North 1987. →auch AUFFÜHRUNGSPRAXIS.

German flute (18. Jh.). In England gebräuchlicher Name für die →Querflöte, um sie von der *flute*, dem damals üblichen Namen für die →Blockflöte, zu unterscheiden.

Geteilte Tasten →TEMPERATUR, 3.

Ghaita Nordafrikanisches →Doppelrohrblattinstrument, →SURNĀ.

Ghatam Indische →Gefäßtrommel, die mit den Händen geschlagen wird.

Ghichak Zentralasiatische Fidel; →KEMANCHE.

Giga, Gigue Mittelalterliche Bezeichnungen für die →Fidel seit dem 12. Jahrhundert in deutschen, französischen und lateinischen Texten. Ob sich die Bezeichnungen auf einen bestimmten Fideltyp beziehen, ist nicht bekannt.

Giorgi-Flöte Zylindrische →Längsflöte (→auch FLÖTE, 1b), die wie eine Blockflöte senkrecht gehalten wird. Erfinder dieser Kuriosität war der in Florenz wirkende Akustiker Carlo Tommaso Giorgi (1856–1953), der sich diese Flöte 1896 patentieren ließ. Die Giorgi-Flöte ist etwa 52 cm lang und hat an der Spitze eine ovale Mundlochplatte wie bei einer modernen Querflöte, nur daß sie direkt nach unten in die Flöte führt. Giorgi-Flöten wurden u. a. von J. Wallis & Sons, London, hergestellt und waren meist aus Bakelit gefertigt. →auch BASSFLÖTE, 1.

Lit.: Gai 1969.

Giraffenklavier Ein aufrechter →Hammerflügel, dessen asymmetrische Form mit einiger Fantasie an eine Giraffe erinnert. Giraffenklaviere waren um 1830 besonders beliebte Hausinstrumente in Deutschland.

Gitarre (Guitarre) (engl.: *guitar*; ital.: *chitarra*; fr.: *guitare*; span.: *guitarra*). Jenes spanische Instrument, das bereits im 16. Jahrhundert in anderen europäischen Ländern populär wurde und nicht nur sein eigenes herausragendes Repertoire hat, sondern nicht mehr und nicht weniger als das Musikinstrument schlechthin wurde. Sein charakteristisches Korpus hat in etwa den Umriß einer Acht. Die Gitarre hat seit zweihundert Jahren normalerweise sechs Saiten, die gemäß Notenbeispiel 1 gestimmt sind. Bei

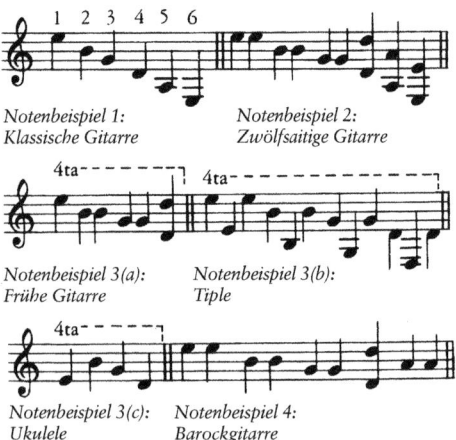

Notenbeispiel 1:
Klassische Gitarre

Notenbeispiel 2:
Zwölfsaitige Gitarre

Notenbeispiel 3(a):
Frühe Gitarre

Notenbeispiel 3(b):
Tiple

Notenbeispiel 3(c):
Ukulele

Notenbeispiel 4:
Barockgitarre

der eleganten, schmaler gebauten »barocken« Gitarre waren es hingegen vier Saitenchöre, ebenso bei der Gitarre des 16. Jahrhunderts. Zu den zahlreichen Gitarrentypen, die separate Einträge haben, zählen →Baßgitarre, →elektrische Gitarre, →Lyragitarre und als seltene gestrichene Form der →Arpeggione.

1. Klassische oder spanische Gitarre

Boden und Zargen des durchschnittlich 48 cm langen Korpus sind aus Rosenholz, Nußbaum, Ahorn oder ähnlichem Hartholz. Der Boden ist normalerweise flach, kann sich jedoch auch nach außen wölben. Die bis zu 2,4 mm starke Decke ist aus Fichte, Tanne oder auch Zeder. Billige Modelle sind häufig aus Fichtensperrholz. Die Decke wird auf der Innenseite mit aufgeleimten Balken verstärkt, um die auf den aufgeleimten Querriegel (bzw. Steg) wirkende Saitenspannung aufzufangen. Bis ca. 1800 verliefen diese Balken quer zur Maserung, im 19. Jahrhundert setzte sich eine strahlenförmige Anordnung durch. Griffbrett und Querriegel sind üblicherweise aus Ebenholz. Im Griffbrett sind neunzehn Metallbünde eingelegt, das zwölfte Bund (Oktavbund, →BUND, 1) liegt auf der Grenze zwischen Korpus und Hals. Die klingende Saitenlänge beträgt normalerweise ca. 66 cm, es gibt für Spieler mit kleinen Händen allerdings auch kleinere Modelle, deren Saitenlänge bis zu 56 cm heruntergeht. Heutzutage spielt man in der Regel auf Nylonsaiten; früher verwendete man Darm- und umsponnene Seidensaiten. Die tiefen Saiten haben einen Nylonkern und sind mit Runddraht oder Metallband umsponnen. Wie bei anderen Instrumenten mit Bünden ist die Höhe der Saiten über dem Griffbrett ein kritischer Punkt. Bei vielen massenproduzierten Gitarren ist die Saitenlage nur mäßig justiert und für den Anfänger die Quelle ständiger Frustration. Durch Höhenveränderung des Sattels und/oder des Stegs kann die Saitenlage korrigiert werden, doch unprofessionelle Änderungen können das Instrument unspielbar machen.

2. Klassische Spielweise

Kompositionen für die Gitarre werden eine Oktave höher notiert als sie erklingen (abgesehen von →Tabulaturen für Gitarre), so daß die Stimmung der Saiten von e^2 bis zum e^1 notiert wird (Notenbeispiel 1). Die neunzehn Bünde geben einen notierten Tonumfang bis zum h^3, darüber läßt sich mit →Flageolett-Tönen eine weitere Oktave spielen. Die sechste Saite wird häufig einen Ganzton auf d hinabgestimmt.

Zum Spiel wird die Gitarre mit ihrem Mittelbügel auf dem linken Oberschenkel abgestützt; der Spieler erhöht die Lage seines Oberschenkels meist durch Abstützen des Fußes auf einer Fußstütze. Die Saiten werden mit den Fingernägeln gezupft, obwohl im 19. Jahrhundert und zuvor wie beim Lautenspiel häufiger mit dem Fleisch der Fingerkuppen gezupft wurde. Die Finger der linken Hand müssen die Saiten an den Bünden mit ausreichender Kraft niederdrücken, damit klare Töne entstehen, und damit die angrenzenden Saiten frei mitschwingen können, bleiben sie bogenförmig gebogen. Ein Finger kann auch flach über mehrere Saiten gelegt werden, wenn mehrere Töne mit demselben Bund gespielt werden. Diese Spielweise bezeichnet man mit *barré* (fr.) bzw. *ceja* (span.); von einem *grand barré* spricht man, wenn der Finger quer über allen sechs Saiten liegt. Hand- und Handgelenkstellung sind für den klassischen Gitarristen von größter Bedeutung für die Entwicklung einer vollkommenen Spieltechnik.

Die Finger der rechten Hand werden mit den Initialen im Spanischen bezeichnet:

p = *pulgar* = Daumen
i = *indice* = Zeigefinger
m = *médio* = Mittelfinger
a = *anulár* = Ringfinger

Mit weiteren spanischen Termini wird die Spieltechnik der rechten Hand beschrieben, so z.B. *apoyando* (eine Anschlagsart, bei der der Finger nach dem Anschlag auf die nächstgelegene Saite fällt) und *rasgueado* (beim Akkordspiel das schnelle Anschlagen mehrerer Saiten). Zu weiteren Effekten zählen das *metálico* (mit den Fingernägeln nahe am Steg zupfen) und ähnlich dem Lagenspiel bei den Streichinstrumenten Anweisungen, einen Ton auf dem hohen Bund einer tieferen Saite zu spielen, um die Klangfarbe zu differenzieren. Bei einigen künstlichen →Flageolett-Tönen kann der Zeigefinger der *rechten* Hand die Saite berühren, während ein anderer Finger sie anzupft.

Viele alte Kompositionen sind in Tabulatur notiert. Tabulaturen für die Renaissance-→Laute und die →Vihuela können auf der Gitarre problemlos gespielt werden, wenn die dritte Saite einen Halbton tiefer auf *Fis* umgestimmt wird, um der Intervallfolge der Lautenstimmung zu entsprechen.

Die beiden Spielarten des *rasgueado* und des *punteado* (das gezupfte Spiel) werden in der Literatur seit dem 16. Jahrhundert unterschieden. Für das *rasgueado* ist in Italien eine ungewöhnliche akkordische Tabulatur mit Namen *alfabeto* erschienen (Notenbeispiel 5). Großbuchstaben bezeichnen Akkorde (ohne direkte Beziehung zu den Noten), z.B. steht in dem Notenbeispiel der Buchstabe E für einen D-Moll-Akkord, I für A-Dur-Akkord, B für C-Dur-Akkord und G für F-Dur-Akkord. Die Striche ober- und unterhalb der Linie geben die An- und Abschläge beim Rasgueado-Spiel an. Wie bei Tabulaturen allgemein üblich, gelten die rhythmischen No-

Gitarre (Guitarre)

Notenbeispiel 5. Alfabeto-Tabulatur von Sanseverino, »Panaviglia sopra l'E« (d. h. in d-moll) aus: Il primo libro per la chitarra alla spagnola (Mailand, 1622).

tenwerte solange, bis ein anderer Wert erscheint. (→Murphy 1968.)

Die *Flamenco-Gitarre* wird auch mit den Fingernägeln gespielt, aber in charakteristischer Weise auf dem rechten Oberschenkel abgestützt. Vielfach sind bei ihr die alten Stimmwirbel aus Holz statt der Wirbel mit Schraubenmechanik beibehalten, und die Saiten verlaufen viel näher über den Bünden, um schnelles Passagenspiel zu vereinfachen. Infolge ihrer leichteren Konstruktion (z. B. aus Zypresse statt Rosenholz) hat sie einen sehr hellen, durchdringenden Klang. Im Unterschied dazu klingt die schwere klassische Gitarre runder und resonanzreicher.

3. Stahlbesaitete Gitarren

(*a*) *Mit sechs Saiten.* Dieser Gitarrentyp dient der einfachen Selbstbegleitung beim Gesang; dafür hat die Gitarre einige Veränderungen erfahren: (i) sie wird mit →Plektron gespielt, (ii) sie ist mit Stahlsaiten bezogen, die dem Plektronspiel besser standhalten als Nylonsaiten und einen helleren Klang erzeugen, (iii) Griffbrett und Hals sind enger (Zeichnung 1, rechts), auf diese Weise können Akkorde leichter gegriffen werden und der linke Daumen auf das Griffbrett gelegt werden, um Baßtöne in bestimmten Akkorden zu halten (im klassischen Gitarrenspiel wird dieser Daumen normalerweise nicht benutzt), (iv) das vierzehnte Bund (statt des zwölften) befindet sich an der Grenze zwischen Korpus und Hals, wodurch der Hals 4 cm länger ist. Dadurch können beim Spiel mit →Capotasto höhere Lagen leichter gegriffen werden.

Der Gitarrentyp mit vierzehn Bünden wurde in den späten 1920er Jahren eingeführt, um Banjospielern das Spiel auf der Gitarre zu erleichtern. Bei ihm liegt das Schalloch näher am Steg (Zeichnung 1), der verhältnismäßig große Unterbügel verstärkt die Baßresonanz. Die tiefen Stahlsaiten sind mit Drahtband oder, weniger häufig, Draht umsponnen. Band hat den Vorzug, weicher für die Finger zu sein. Stahlsaiten brauchen eine stärkere Spannung als Darm oder Nylon und erfordern daher mehr Verstärkung vom Steg und der Decke, indem der Steg an einer Strebe unterhalb der Decke angenagelt ist oder die Saiten an einem Saitenhalter befestigt sind. Der Hals ist normalerweise mit einem eingezogenen Metallstab verstärkt. Viele stahlbezogene Gitarren haben justierbare Stege, mit denen die Höhe jeder Saite individuell eingestellt werden kann.

Bereits im 17. Jahrhundert hat es metallbesaitete Gitarren in verschiedenen Arten gegeben (z. B. als →*chitarra battente*). Den sechssaitigen Typ gibt es seit Mitte des 19. Jahrhunderts, wo er in den USA zunächst von C. F. Martin, New York City, gefertigt wurde.

(*b*) *Mit zwölf Saiten.* Notenbeispiel 2 gibt an, wie bei diesem Gitarrentyp die unteren drei Chöre als Oktavchöre gestimmt sind (→CHOR). Die Oktavsaite, die dünnere der beiden, ist normalerweise die obere des Saitenpaars, so daß beim Überstreichen mit der rechten Hand die obere Oktave vor dem tieferen Ton erklingt. Die zusätzlichen Saiten hellen den Baß auf, verstärken das Resonanzverhalten und erlauben zusätzliche spieltechnische Möglichkeiten. Die zwölfsaitige Gitarre wird auch in C-Stimmung gespielt, d. h. sie wird dann durchgängig eine große Terz tiefer gestimmt als bei der normalen E-Stimmung. Für diese Umstimmung gibt es spezielle Saiten mit etwas dickerer Stärke.

4. Gitarre mit gebogener Decke

Sie hat eine konvexe Decke und einen konvexen Boden, die wie beim Geigenbau aus dem vollen Holz gehobelt sind, *f*-Schallöcher und typischerweise eine braune und orangefarbene »sun-burst«-Lackierung. Die Stahlsaiten werden von einem Stahlsaitenhalter

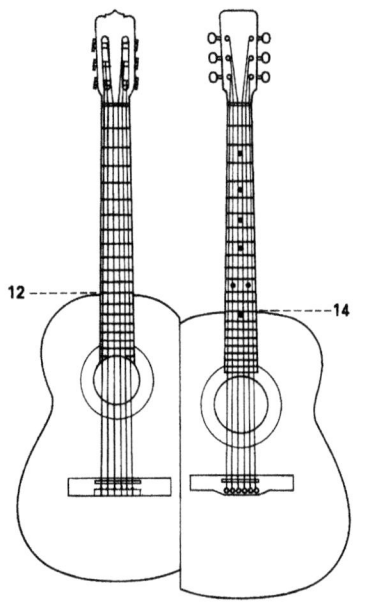

Zeichnung 1. Klassische und Folklore-Gitarre im Vergleich.

über einen verhältnismäßig hohen Steg geführt; am Hals sind vierzehn Bünde. Dieser Gitarrentyp wurde von 1923 an von der Gibson Company, USA, parallel mit ähnlich gebauten Mandolinen entwickelt und tat sich als die übliche Plektron-Gitarre für den Jazz hervor. So bekannte Jazzsolisten wie Eddie Lang haben sie gespielt, viele Jazz-Gitarristen und andere Gitarristen spielen sie weiterhin. Bei dem »Dobro«-Modell (das Wort setzt sich aus Dopyera Brothers, die es 1928 erfunden haben, zusammen) befindet sich am Steg eine unter einer Metallplatte versteckte Metallresonatorscheibe (Aluminiummembran), um mehr Lautstärke zu erzeugen (Resonatorgitarre, *resophonic guitar*).

5. Kleine Gitarren

Im lateinamerikanischen Raum gibt es davon eine zahllose Vielfalt, mit unterschiedlichsten Namen sogar innerhalb einer Region. Häufig spielt eine kleine Gitarre die Melodie, eine etwas größere schlägt die Akkorde und eine normale Gitarre spielt den Baß. Oder das Melodie-Instrument gehört zur →*bandurria*-Familie (birnenförmig und anders als die Gitarre gestimmt). Einige Beispiele →unter CAVAQUINHO (Portugal), CHARANGO (Anden), CUATRO; GUITARILLO; REQUINTO; TIPLE (Notenbeispiel 3*b*); VIHUELA, 2. Die mexikanische Bezeichnung *jarana* gilt für verschiedene Typen. Die lange Zeit in Deutschland gefertigte Terzgitarre (auch: Dreiviertelgitarre) steht eine kleine Terz über der normalen Stimmung (in G also).

6. Alte Gitarren

(a) *Herkunft.* Kleine Plektroninstrumente mit eingezogenen Zargen gab es lange vor unserer Zeitrechnung und später dann im mittelalterlichen Europa (→CITOLE UND GITTERN). In den Darstellungen sieht keines davon einer Gitarre ähnlich; und obwohl »guitarra« in einem spanischen Traktat aus dem 13. Jahrhundert erwähnt wird, können wir erst mit dem Ende des 15. Jahrhunderts die charakteristische Form des Instruments erkennen. Notenbeispiel 3*a* gibt eine Stimmung, die in spanischen Tabulaturen von 1546 an sowie in Frankreich zehn Jahre später für die kleine vierchörige Gitarre (*guiterre* oder *guiterne* genannt) nachgewiesen ist. Ähnliche Instrumente existieren unter den unter 5. genannten Gitarren.

(b) *Fünfchörige Gitarre.* Dieser Typ kam bereits im 16. Jahrhundert vor, doch setzte er sich erst gegen 1600 durch und wurde bis zum Ende des 18. Jahrhunderts der Prototyp der Gitarre schlechthin: die »barocke« Gitarre, wie sie in zahllosen Gemälden und mit zahlreichen erhaltenen Instrumenten bekannt ist. Viele dieser Instrumente haben einen Boden aus ausgekehlten Spänen mit Elfenbeineinlagen sowie eine aufwendig gefertigte »versunkene« Rosette aus teilweise vergoldetem Pergament mit verschiedenen Ebenen. Notenbeispiel 4 gibt eine typische Stimmung der Darmsaiten, Zeichnung 2*a* einen typischen Korpusumriß im Vergleich mit späteren Typen.

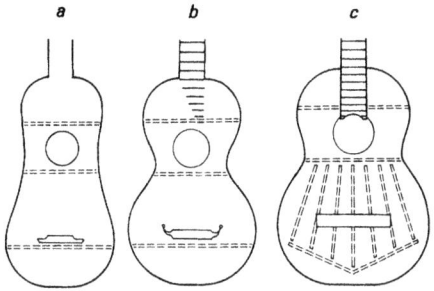

Zeichnung 2. Umriß und Deckenkonstruktion verschiedener Gitarrentypen.

Das Holz der Decke ist ein wenig auf dem Hals weitergeführt und planeben mit dem Griffbrett mit normalerweise neun Darmbünden. Der Klang dieser Gitarre ist weniger farbig als der der modernen Gitarre und ähnelt eher der Laute.

(c) *Sechssaitige Gitarre.* Um 1780 kam in Spanien ein zusätzlicher Saitenchor für die Gitarre auf. In den 1790er Jahren wurde die Besaitung auf die heute üblichen sechs Einzelsaiten reduziert, das Griffbrett auf der Decke weitergeführt und Metallbünde eingeführt. Diese Veränderungen gehen wohl auf die Gitarrenbauer Pages, Cádiz, zurück, der auch die fächerförmige Anordnung der Streben unterhalb der Decke einführte. Durch das Hinzufügen der tiefen E-Saite und der Abkehr von der Doppelchörigkeit hat sich die Tessitura des Instruments nach unten verschoben. Trotz gewisser Abweichungen im Einzelfall (einige Gitarren jener Zeit haben noch schlankere Mittelbügel) gibt die Zeichnung 2*b* den typischen Umriß einer Gitarre aus dem frühen 19. Jahrhundert bis zur Jahrhundertmitte schematisch wieder.

Seit etwa 1870 entwickelte Antonio de Torres Jurado (kurz: Torres, 1817–1892) in Spanien die großen Modelle, die zur modernen Gitarre geführt haben (Zeichnung 2*c*). Torres soll von dem berühmten Gitarristen Francisco Tárrega (1852–1909) zu diesen Veränderungen angespornt worden sein. Tárrega, der das Gitarrenrepertoire mit Werken der großen Komponisten seit Bach erweiterte, gilt als Begründer der modernen Gitarrenschule, die von Andrés Segovia (1893–1986), Oscar Ghiglia (geb. 1938), Julian Bream (geb. 1933) und John Williams (geb. 1941) weitergeführt wurde und wird.

Gittern

7. Repertoire

Die Mehrzahl der Kompositionen für die vierchörige Gitarre stammt aus dem Frankreich des 16. Jahrhunderts – Adrien le Roy (ca. 1520–1598), Robert Ballard (ca. 1575 – ca. 1650) und Guillaume Morlaye (ca. 1510 – nach 1558). Darüber hinaus gibt es Kompositionen in spanischen und italienischen Quellen. Für die fünfchörige Gitarre sind mehr als 250 Sammlungen vorhanden; die bedeutendsten Komponisten hierbei sind Paolo Foscarini (1. Hälfte 17. Jahrhundert), Francesco Corbetta (ca. 1615–1681), Giovanni Battista Branta (gest. nach 1684), Robert de Visée (um 1700), Gaspart Sanz (ca. 1640 – ca. 1710) und Santiago de Murcia (frühes 18. Jahrhundert).

Im 19. Jahrhundert dominieren zwei Gitarristen-Komponisten: in Italien Mauro Giuliani (1781–1829) und in Spanien Fernando Sor (1778–1839), dessen Werke einen Höhepunkt ihrer Gattung darstellen. Nicht ganz so bedeutend sind Matteo Carcassi (1792–1853), Fernando Carulli (1770–1841), Dionysio Aguado (1784–1849) und Napoléon Coste (1806–1983), dessen didaktische Kompositionen noch heute die Grundlage klassischer Gitarristenausbildung sind. Es sollte nicht vergessen werden, daß Schubert, Paganini und Weber die Gitarre spielten und für sie Kammermusik schrieben.

In der Kammermusik des 20. Jahrhunderts erscheint die Gitarre in Werken von Webern und Schönberg bis zu Henze und Maxwell Davies. Die Tradition der komponierenden Gitarristen ist über den erwähnten Tárrega (siehe oben, 6), den man auch den »Chopin der Gitarre« genannt hat, bis zu Leo Brouwer (geb. 1939) fortgeführt. Wichtige Solokompositionen haben u. a. Villa-Lobos, Castelnuovo-Tedesco, Turina, Moreno Tórroba, Manuel Ponce, Lennox Berkeley, Britten, Malcolm Arnold, Stephen Dodgson geschrieben. Unter den Konzerten ragt neben dem populären *Concierto de Aranjuez* des Spaniers Joaquín Rodrigo ein Konzert für akustische und elektrische Gitarren von André Previn heraus.

8. Gitarre als Namensbestandteil sonstiger Instrumente

→ENGLISH GUITAR, HARFENGITARRE, HAWAII-GITARRE.

Lit.: Bacon 2007; Bacon/Day 1991; Bellow 1970; Bertges 2007; Cambridge 2003; Gitarre 2004; Gruhn/Carter 1993; Grunfeld 1969; Jahnel 1977; Longworth 1975; McCutcheon 1985; Maier 1982 (Diskographie); Murphy 1970; Purcell 1976 (Diskographie); Sloane 1966; Turnbull 1974; Tyler 1975, 1980; Tyler/Sparks 2002; Usher 1956; Zuth 1926.

Gittern →CITOLE UND GITTERN. Seit dem 16. Jahrhundert waren *Guiterne* und *Guiterre* französische Bezeichnungen für die frühe →Gitarre; im 17. Jahrhundert wurde *Gittern* im Englischen als Synonym zu Gitarre verwendet.

Glasharfe (engl.: *musical glasses*; fr.: *verrions*). Daß ein Weinglas einen Ton von sich gibt, wenn es angeschlagen wird oder man mit einem befeuchteten Finger am Rand entlang reibt ist ein uraltes Prinzip, das in Persien seit dem 11. Jahrhundert musikalisch angewandt wurde. In Europa hat man spätestens vom Ende des 15. Jahrhunderts bis zum Ende des 18. Jahrhunderts geblasene Gläser zu einer Tonskala aufeinander abgestimmt, auf einen Resonanzkasten gestellt und mit Stäben, die mit Tuch umwickelt waren, angeschlagen oder mit feuchten Fingern angestrichen. Benjamin Franklin mechanisierte dieses Prinzip und entwickelte die →Glasharmonika. Im 20. Jahrhundert besann sich Bruno Hoffmann (1913–1991) auf dieses alte Prinzip und konstruierte 1929 seine »Glasharfe« mit bis zu 47 chromatisch gestimmten Gläsern (1959) auf einem tablettförmigen Resonanzkasten, auf der er seit 1938 konzertierte und mit der er viele Schallplatten von Kompositionen aufnahm, die für Glasharmonika gedacht waren.

Lit.: Hoffmann 1983; →auch unter GLASHARMONIKA.

Glasharmonika (engl.: *glass harmonica*; ital.: *armonica*; fr.: *harmonica de verres*). Eine Erfindung von Benjamin Franklin, als er 1761 England besuchte. In einem ca. 120 cm langen Kasten auf Beinen befinden sich chromatisch gestimmte Glasschalen, die etwa halb so tief wie ihr Durchmesser sind und auf einer horizontalen Metallspindel so aufgereiht sind, daß sich die Schalenränder eng überlappen. (siehe Abb. 1). Die Spindel wird mit einem Schwungrad (wie bei einer mechanischen Nähmaschine) in Drehung zum Spieler hin (wie bei der Drehbank) versetzt. Der Tonumfang beträgt mit 37 Schalen drei Oktaven; die Schalen für die Akzidentien haben gefärbte Ränder. Um sie zum Erklingen

Abb. 1. Die Fingerkuppen der Spielerin streichen die Ränder der Glasglocken der Glasharmonika (unsigniert, um 1800) an (Musikinstrumenten-Museum, Berlin).

zu bringen, müssen die Ränder ab und zu mit Wasser befeuchtet werden. Der Spieler bringt die Spindel in Rotation und berührt mit den Fingerkuppen die Glasränder. Da die Schalen dicht nebeneinander angeordnet sind, kann er mit allen zehn Fingern Akkorde und moderat-schnelle Passagen spielen.

Mozart komponierte 1791 für die Glasharmonika (damals Harmonika genannt) das Adagio und Rondo KV 617 (mit Begleitung von Querflöte, Oboe, Bratsche und Violoncello). Die Glasharmonika-Stimme (Umfang f bis f^3) sieht in dieser Komposition fast wie eine Klavierstimme aus. Donizetti schrieb ursprünglich für die Wahnsinnsszene in *Lucia di Lammermoor* den Obligatopart für Glasharmonika, doch wird er üblicherweise auf der Querflöte gespielt.

Das Instrument kam bald in Verrufenheit, weil offenbar ständiges Spiel durch die Reibung der Fingerkuppen nervliche Störungen mit sich brachte.
→ auch GLASHARFE.
Lit.: Hyatt-King 1946.

Glocke (engl.: *bell*; ital.: *campana*; fr.: *cloche*). Im folgenden wird die Kirchenglocke behandelt. Zu anderen Glocken → AGOGO BELL, HERDENGLOCKEN, PIEN-CHUNG, RÖHRENGLOCKEN, TURMGLOCKENSPIEL. Die riesigen Glocken der westlichen Nationen werden manchmal von der Innenseite, manchmal von der Außenseite angeschlagen; im ersteren Fall spricht man von Läuten, im zweiten Fall von Schlagen. Allein der eiserne Innenklöppel der Glocke von Big Ben, London, soll über 200 kg wiegen. Hoch im Glockentum aufgehängt, trägt der enorme Klang der Glocken weit, ohne die Ohren der unten am Turm befindlichen Menschen zu schädigen.

1. Glockengießen

Wie alle besser gearbeiteten →Becken und →Gongs sind die Glocken aus Bronze gegossen. Das »Glockenmetall« besteht aus ungefähr 77 Teilen Kupfer und 23 Teilen Zinn. Das traditionelle Glockengießen verläuft folgendermaßen: Zunächst wird ein hohler Kern gemauert und mit einem Brei aus Lehm bestrichen, um das Anhaften des Metalls zu verhindern. Darüber wird das »Modell« (auch »Hemd«) aufgetragen, das mit der bestimmten Metallstärke der Glocke übereinstimmen muß und auch die Inschriften enthält. Über dem Modell wird der »Mantel« aus Lehm geformt und durch Feuer getrocknet. Dadurch schmilzt eine Wachsschicht zwischen Mantel und Modell, wodurch sich der Mantel vom Modell löst. Nach weiteren, hier nicht näher ausgeführten Arbeitsschritten wird das flüssige Glockenmetall in die aus Kern und Mantel bestehende Form gegossen. Nach dem Erkalten wird der Mantel zerschlagen, der Kern ausgestoßen und die Glocke aus der Dammgrube herausgewunden. Es gibt auch eine neuere Herstellungsweise, bei der der Mantel aus Gußeisen gegossen wird.

Damit eine Glocke eine bestimmte Tonhöhe hat, richten sich Glockengießer nach eigenen Tabellen mit Durchmesser, Höhen und Wandstärken. Die Tonhöhe verändert sich etwa umgekehrt proportional zum unteren Durchmesser; die Gewichtsfortschreitung beträgt von Halbton zu Halbton 1 : 1,1189. Bei zwei Glocken im Abstand einer großen Terz ist die größere etwa doppelt so schwer. Z.B. wiegt die *Big Ben*-Glocke ca. 13 1/2 Tonnen und ist ungefähr doppelt so schwer wie die *Great Tom*-Glocke (1680), Christ Church, Oxford, aber nur eine Terz tiefer (etwa f). Etwa dreißig Glocken sind noch schwerer als die *Big Ben*-Glocke. Die sechs schwersten befinden sich in der GUS, drei in den USA (darunter eine in der Riverside Church, New York City, mit mehr als 18 Tonnen und 3 m Durchmesser, 1931 gegossen). Zu den sechs größten im Fernen Osten zählt eine der ältesten Glocken der Erde, die 771 n. Chr. in Korea gegossen wurde, 275 cm hoch ist und einen orientalischen »Bienenkorb«-Umriß (ohne nach außen gebogenen Untersatz) hat. Wie auch viele Glocken in Japan wird sie von der Außenseite mit einem horizontal hängenden Holzstamm angeschlagen. In Europa wurde im 8. Jahrhundert mit dem Glockengießen in Italien begonnen, wobei man die aus Eisen geschmiedeten, bis zu 30 cm hohen Klosterglocken ersetzte.

2. Glocken-Obertöne

Eine Glocke erzeugt zusammen mit dem Schlagton andere Tonhöhen, vor allem die Terz (eher eine kleine als eine große Terz), eine kurz anklingende Quinte und die weniger deutlich zu vernehmende Oktave sowie einen tiefen summenden Ton, der eine Oktave unter dem Schlagton liegt. Diese Töne entstehen aus unterschiedlichen Schwingungsformen der Glocke und ähneln den akustischen Verhältnissen beim →Becken (→TEILTÖNE, 7b).

3. Arten der Klangerzeugung

(a) Läuten. Die Glocke wird in einem Winkel von unter 180° aus ihrer hängenden Ruheposition gebracht und wieder losgelassen. Der im Innern der Glocke angehängte Klöppel schwingt schneller als die Glocke und schlägt deshalb beim Zurückfallen gegen den Glockenkörper.

(b) Anschlagen. Die Glocke wird auf ihrer Außenseite von einem Hammer oder einem Holzstab angeschlagen. Es kann auch am Innenklöppel selbst eine Leine befestigt sein, womit man den Klöppel aus seiner Ruheposition heraus gegen die Innenseite

Glockenspiel

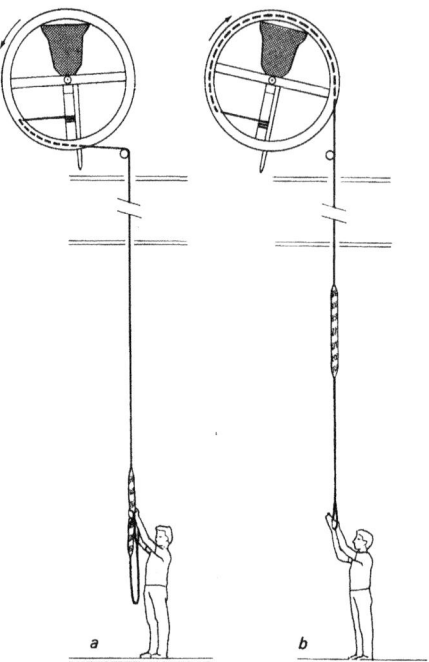

Zeichnung 1. Change-ringing: (a) Beginn und (b) Ende der Glockenbahn.

der Glocke schlägt. Dieses letztere Verfahren ist in Rußland mit fünf und mehr Glocken, die von einem Glöckner zum Klingen gebracht werden, perfektioniert worden.

(c) Change-ringing (engl.). Bei der englischen Praxis des *change-ringing* (»Wechselläuten«) werden fünf bis zwölf Kirchenglocken, die in der Regel in einer Dur-Skala gestimmt sind, in immer neuer Reihenfolge gemäß Permutationsreihen nacheinander zum Klingen gebracht. Diese Spieltechnik ist nur möglich dank der Aufhängung der Glocke in einem großen Rad, um das ein Seil gelegt ist, mit dem der Glöckner das Rad mitsamt der Glocke um seine Achse drehen kann und dabei den genauen Zeitpunkt des Anschlagens bestimmt (Zeichnung 1).

Lit.: Ellerhorst/Klaus 1957; Glocken 1998; Kramer 1988; Price 1983; Westcott 1970; Wilson 1965.

Glockenspiel (engl.: *glockenspiel*; am.: *orchestra bells*; ital.: *campanelli*; fr.: *jeu de timbres*). Gestimmte Metallplatten, die an den Schwingungsknotenpunkten aufliegen, deren Enden aber frei schwingen und die in der Mitte mit Schlegeln angeschlagen werden. Das Instrument kommt in Europa nicht vor dem 17. Jahrhundert vor und setzte sich erst nach Mitte des 19. Jahrhunderts als Orchesterinstrument durch. Das Glockenspiel wird auch als Kinderinstrument gebaut und hat im →Orff-Instrumentarium seinen festen Platz.

1. *Orchesterglockenspiel* (Abb. 1)

Die ca. 8 mm starken Stahlplatten sind klaviaturmä-

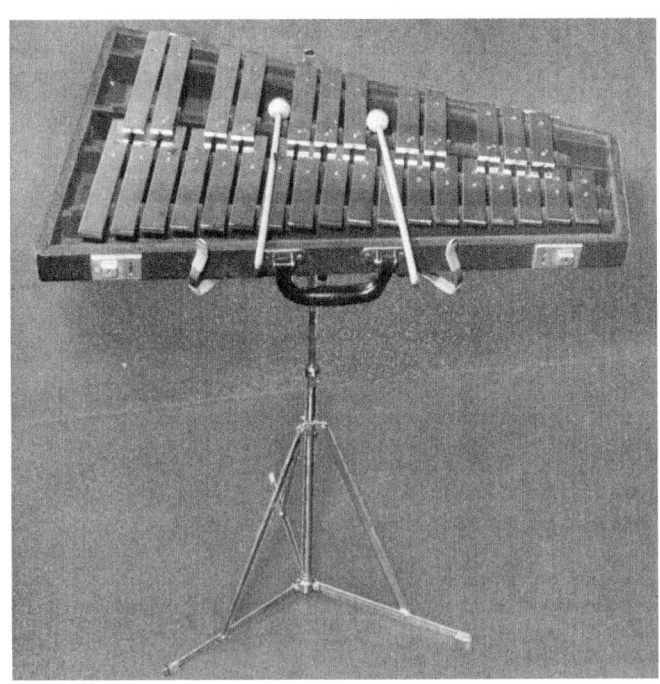

Abb. 1. Ein Orchesterglockenspiel (Boosey & Hawkes).

ßig angeordnet, indem die Akzidentien in einer zweiten, hinteren Reihe plaziert sind. Die Platten liegen an ihren beiden Hauptschwingungsknoten auf mit Filz belegten Holzleisten auf. Diese Auflagepunkte befinden sich theoretisch 22,4% vom Endpunkt der Platte entfernt (→TEILTÖNE, 6). Der flache Resonanzkasten hat keine zusätzlichen Resonatoren. Die zwischen Finger und Daumen gehaltenen Schlegel haben kugelförmige Köpfe aus Horn, Holz oder Metall für den charakteristischen, durchdringend-hellen Klang. Köpfe aus Gummi geben einen →celesta-ähnlichen Klang. Der Tonumfang beträgt notiert g bis c^3, er klingt zwei Oktaven höher, reicht also bis zum höchsten Ton des modernen Klaviers.

2. Klaviaturglockenspiel

Dieser Typ wird seltener verwendet, weil er nur wenig dynamische Differenzierung bietet. Die Platten werden mit einer unterschlägigen Hammermechanik angeschlagen. Obwohl Schlagzeuger das Orchesterglockenspiel (oben, 1) vorziehen, gibt es mehrere Kompositionen, in denen speziell das Klaviaturglockenspiel vorkommt, z.B. Dukas, *Der Zauberlehrling*; Debussy, *La mer* (Debussy nennt die Celesta als Alternative); Mahler, 7. Sinfonie; Messiaen, *Oiseaux exotiques*. Das Klaviaturglockenspiel erklingt wie die Celesta eine Oktave höher als notiert. Es ist das geeignetste Instrument für Papagenos Musik in Mozarts *Zauberflöte* (in der Partitur bezeichnet *strumento d'acciaio*, d.h. »Instrument aus Stahl«) und akkordisch gesetzt, als sei es Klaviermusik. Es kann auch für die »Carillon«-Stimme in Händels *Saul* herangezogen werden. Welches Instrument Händel im Sinn hatte, ist zwar nicht überliefert, doch wurden Metallplatteninstrumente mit Klaviatur lange vorher in den Ländern mit →Turmglockenspielen zu Stimm- und Übezwecken herangezogen.

Spielzeugklaviere (*toy piano*) sind Klaviaturglockenspiele mit sehr reduziertem Tonumfang. Cage komponierte 1948 eine Suite für ein solches Spielzeugklavier.

3. Glockenspiele für pädagogische Zwecke

Seit vielen Jahrzehnten gibt es Glockenspiele auch in einfachen Ausführungen als Kinderinstrumente und für die Musiktherapie. Carl Orff (1895–1982) griff diesen Typ für sein →Orff-Instrumentarium, wie es in seinem *Schulwerk* verwendet wird, in den 1950er Jahren auf. Diese Glockenspiele haben bis zu achtzehn 2 bis 6 mm starke Platten, die häufig in einem hölzernen Kasten liegen, der als Resonator dient. Diese Idee wurde aus Südostasien übernommen, wo solche Instrumente seit dem frühen Mittelalter gespielt werden (→RANAT, RONEAT, XYLOPHON, 3). Die Platten können ausgetauscht werden, so daß in einem diatonisch gestimmten Instrument mit einer einzigen Plattenreihe beispielsweise die F-Platte schnell gegen eine Fis-Platte ausgetauscht werden kann, um in G-Dur zu spielen. Der Tonumfang beträgt gewöhnlich eineinhalb Oktaven; es gibt auch Alt- und Baßglockenspiele.

4. Turmglockenspiel (Carillon)

Dieses Glockenspiel besteht aus gestimmten →Glocken und nicht aus Metallplatten. →TURMGLOCKENSPIEL.

Lit.: Glocken 1998.

Glockenspiel-Lyra (**Lyra**) (engl.: *bell lyra*). Ein vertikal in einen lyra-ähnlichen Rahmen montiertes →Glockenspiel für Militärkapellen. Das Instrument wird an einer Tragestange gehalten. Die Platten sind heutzutage aus Aluminium, die zwei Reihen haben den Umfang von zwei chromatischen Oktaven und werden mit einem Schlegel gespielt. Das Instrument wurde um 1870 in die deutsche Infanteriemusik eingeführt und ersetzte den →Schellenbaum.

Glockenspielstab (engl.: *chime bar*). Ein Holz- oder Metallklangstab ähnlich denen eines →Glockenspiels, doch als Einzelstab mit eigenem Korpus, hauptsächlich für musikpädagogische Zwecke (→ORFF-INSTRUMENTARIUM). Die Größe des Korpus, das aus Holz- oder Kunststoff gefertigt ist, ist auf die entsprechende Resonanz des Hohlkörpers (→HOHLKÖRPERRESONATOR) hin berechnet, der auf die Tonhöhe des Klangstabs abgestimmt ist. Das Korpus hat unterhalb der Mitte des Klangstabs ein großes rundes Loch. Wird dieses geschlossen, wird der Klangstab fast unhörbar, so daß der Spieler mittels einer über der Resonatoröffnung hin- und hergeschobenen Karte ein starkes Tremolo erzeugen kann (im Prinzip der Effekt des →Vibraphons). Glockenspielstäbe werden in verschiedenen Größen bis hinab zum c gefertigt und können zu einem Set zusammengestellt werden. Man setzt sie auch gerne für musiktherapeutische Zwecke ein, weil gehörlose Menschen ihre Schwingungen durch Berührungskontakt wahrnehmen können.

Goge →IMZAD.

Gong und Tam-Tam Bronzene Schlaginstrumente, die an ihrem Rand aufgehängt sind und in oder nahe der Mitte mit einem schweren Schlegel mit einem Kopf aus Wolle oder Filz angeschlagen werden. Einige orientalische Gongs werden allerdings nicht aufgehängt, sondern horizontal auf ein Gestell gelegt (→z.B. BONANG).

Gong bumbung

1. Unterscheidung zwischen Gong und Tam-Tam

In der westlichen Schlagzeuggruppe unterscheidet man im 20. Jahrhundert zwischen Gong und Tam-Tam. Das Tam-Tam (auch: Tam-tam, Tamtam) ist dünnwandig, am Rand – wenn überhaupt – nur leicht umgebogen, hat keinen Buckel und unbestimmte Tonhöhe. Der Gong ist dickwandig, am Rand rechtwicklig abgebogen, hat normalerweise einen Buckel und eine bestimmte Tonhöhe. Die Namen verweisen zu einem gewissen Grad auf die unterschiedlichen Klangfarben. Beide lautmalerischen Bezeichnungen sind ostasiatischer Herkunft. Doch als im 18. Jahrhundert Gongs nach Europa importiert wurden, sprach man auf dem europäischen Kontinent von Tam-Tams, in England hingegen von Gongs, ohne die sich später, im 20. Jahrhundert, herausgebildete Unterscheidung zu treffen. Einer der ersten Komponisten, die für Tam-Tam komponiert haben, war offenbar François-Joseph Gossec (1734–1829) um 1791.

Die Größe der Instrumente reicht von 30 cm bis 95 cm Durchmesser; für den orchestralen Einsatz zieht man ein größeres Instrument vor, es sei denn, es sind in modernen Kompositionen zwei oder mehrere Instrumente unterschiedlicher Tonhöhe vorgeschrieben. Ein führender europäischer Hersteller ist Paiste, Schweiz, dessen Ruf dem von Zildjian für →Becken entspricht.

2. Akustik

Die akustischen Verhältnisse beim Gong und Tam-Tam sind äußerst kompliziert und nicht vollständig geklärt. Die hohen →Teiltöne schwingen am längsten, zum Beispiel können sie bei einem Tam-Tam nach dem Schlag zu einem Crescendo anschwellen, bevor die Schwingungen nachlassen. Und bei einigen Gongs verändert sich sogar die Tonhöhe nach dem Anschlag um mehr als einen Ganzton (oder auch darunter). Fernöstliche Gong-Hersteller können entsprechende Instrumente fertigen, deren Tonhöhe je nach Wunsch steigt oder fällt.

3. Fernöstliche Gongs

→CHINA UND KOREA, 1a, 2a; JAPAN, 1a (*shoko*); GAMELAN, 1a, e; SÜDOSTASIEN; GONGSPIEL. Gongs reichen nur bis zum 6. Jahrhundert zurück, als sie, von China ausgehend, sich nach Süden hin verbreiteten.

Lit.: Varsányi 2000.

Gong bumbung Eine javanische →Gefäßflöte aus Bambus (auch *gumbang* genannt), die tiefe, gongähnliche Töne erzeugt und als dörflicher Ersatz für den großen Gong eines →*gamelan* verwendet wird. Das große, etwa 60 cm lange Bambusstück mit ca. 10 cm Durchmesser ist am unteren Ende von einer Scheidewand geschlossen. Das obere Ende wird durch ein eingeschobenes viel engeres Bambusstück angeblasen, während der Spieler einen tiefen Ton dazu singt.

Gong drum →GROSSE TROMMEL, 4.

Gongspiel (engl.: *gong chime*)
1. Das aus einzelnen gestimmten Gongs zusammengestellte Instrument für einen Spieler spielt in der Musik von Burma bis Indonesien die größte Rolle (→GAMELAN, KULINTANG, SÜDOSTASIEN). Die normalerweise bronzenen Gongs sind in der Regel »Kesselgongs«, d.h. ziemlich kleine tiefrandige Gongs mit einem großen Buckel, auf dem sie angeschlagen werden. Meistens stehen sie mit dem Buckel nach oben auf einem niedrigen runden Gestell aus Holz oder Bambus und werden mit Riemen gehalten, die durch in den Gongs befindliche Löcher hindurchgezogen sind. Der Spieler sitzt entweder in der Mitte des Kreises (→Abb. 2, hintere Reihe, rechts, von SÜDOSTASIEN) oder vor einer oder zwei Reihen von Instrumenten (→BONANG; Abb. 1 von GAMELAN).

Das thailändische *gong (khong) wong yai* (SÜDOSTASIEN, Abb. 2) besteht aus sechzehn Gongs, die bei gleichen Intervallen über zwei Oktaven reichen (etwa d^1 bis e^3); das kleinere *gong wong lek* steht eine Oktave höher. →Notenbeispiel 1 von SÜDOSTASIEN. In Thailand gibt es auch das hauptsächlich bei Begräbnisfeierlichkeiten eingesetzte Gongspiel *gong mon* mit einem großen gebogenen Gestell.

2. *Yun-lo* (China, »Wolkengong«). Zehn fast flache kleine Gongs hängen in einem hölzernen Gestell, das in einer Hand gehalten wird. Die andere Hand schlägt die Gongs mit einem Bambusstab an, dessen Hammerkopf aus Horn besteht. Alle Gongs haben den gleichen Durchmesser, ihre Wandstärken reichen von 0,8 mm für den tiefsten Ton bis zu 2 mm für den höchsten. Ursprünglich in den höfischen Ensembles gespielt, kommt das *yun-lo* im modernen chinesischen Orchester in Versionen mit bis zu 36 Gongs vor. (In einer Ausführung unterscheiden sich die Gongs auch hinsichtlich ihres Durchmessers.)

3. In der europäischen Kunstmusik kommen mehrere gestimmte Gongs zuerst in italienischen Opern fernöstlicher Sujets vor, besonders bei Puccini in *Madama Butterfly* (ein *tam-tam giapponesi* mit Oktavumfang ad libitum) und *Turandot* (*gong cinesi* mit dem Umfang einer chromatischen Oktave); in beiden Opern erstreckt sich das notierte Register der Gongspiele über den Bereich des Baßschlüssels.

Gopi-yantra Indisches einsaitiges Zupfinstrument, mit dem sich Volkssänger im Norden und in Bengal begleiten. Über den Boden eines oben offenen

Trogs aus Holz oder Metall ist ein Ziegenfell gespannt. Über beide Seiten reichen die Arme eines gabelförmig geschnittenen Bambusstabs, in dessen Spitze ein Stimmwirbel für die Darm- oder Drahtsaite eingedreht ist. Diese führt in den Trog, wo sie mit einem Knebel an der Membran befestigt ist. Wenn der Spieler die Saite zupft, werden die Schwingungen auf die Membran übertragen und erzeugen einen leisen, aber deutlichen Ton. Der Bambusstab kann an der Spitze zusammengedrückt werden, so daß durch die geringere Spannung der Saite ein tieferer Ton entsteht. Ein im Süden Indiens vorkommener Typ (*tuntune*) hat statt des gabelförmigen einen seitwärts angebrachten Bambusstab.

Der Ton eines *gopi-yantra* ist höher als man aufgrund der Saitenspannung und -länge vermutet, weil offenbar die senkrechte Position der Saite auf dem Resonanzboden (d.h. der Membran) dazu führt, daß bei jeder Saitenschwingung die Membran doppelt so schnell schwingt und deshalb der Grundton zugunsten des ersten Obertons (die Oktave) unterdrückt wird (Adkins u.a. 1981).

Gora Südafrikanisches Instrument (Mundbogen), das auf dem ersten Blick einem →Musikbogen ähnelt: An einem 90 cm langen, leicht gekrümmten Stab hängt eine Saite, die üblicherweise aus Rindersehnen besteht. Doch wird diese Saite durch Anblasen in Schwingungen versetzt – ein seltenes Beispiel eines geblasenen Saiteninstruments. Das untere Ende der Saite ist an ein kleines Stück Federkiel angebunden, das andere Ende direkt am Stab. Der Spieler hält den Bogen mit beiden Händen, nimmt der Federkiel zwischen die Lippen und bläst kraftvoll ein und aus, wodurch der Kiel wie ein Rohrblatt vibriert und die Saite in Schwingungen versetzt. Durch Bewegungen der Mundhöhle kann der Spieler verschiedene Teiltöne verstärken, um Melodien zu spielen. Die *gora* war ursprünglich ein Instrument der Hottentotten und wurde von den Buschmännern und später von den Sotho und anderen Bantu (dort *lesiba*, »Feder« genannt) gespielt.
Lit.: Wegner 1984; →AFRIKA.

Graile (Alt-Fr., auch *Graisle*, aus dem Lateinischen *Gracilis*, »schlank«). Eine in Romanzen des 13. Jahrhunderts vorkommende Bezeichnung für einen kleinen Horntyp, wie beispielsweise in der *Chanson de Roland*, wo es Alarmrufe signalisiert.

Gralla →DOUÇAINE, DOLZAINA, 3.

Grammophon Das von Emile Berliner 1887 entwickelte mechanisch-akustische Abspielgerät mit Schalldose; zum Abspielen und Wiedergeben von Schellackplatten, im Gegensatz zum →Phonographen, der mit Walzen operiert.
Lit.: Elste 1989; Jüttemann 1979.

Gran cassa Ital. für →Große Trommel.

Grantang Balinesisches Röhrenxylophon (→CHALUNG).

Gravicembalo (ital.). (17./18. Jh.) Verfälschtes Wort für *clavicembalo*, dem →Cembalo.

Grelot (fr.). →SCHELLE.

Griffbrett (engl.: *fingerboard*; ital.: *tastiera*; fr.: *touche*). Bei Saiteninstrumenten mit Hals jenes auf den Hals geleimte Brett, auf welchem die Saiten mit den Fingern abgegriffen werden. Bei Streichinstrumenten ist das Griffbrett in der Regel aus Ebenholz (aber nicht alle Streichinstrumente haben eins; →FIDEL, 2). Bei Zupfinstrumenten und bei der →Viola da Gamba befinden sich auf dem Griffbrett in der Regel →Bünde.

Grifflöcher Bohrungen in der Wand von Blasinstrumenten, die mit den Fingern (Fingerlöcher) oder den Daumen (Daumenlöcher) geöffnet oder geschlossen werden, wodurch sich infolge der verändernden Luftsäule die Tonhöhe ändert.

Große Flöte Die normale →Querflöte in C.

Große Trommel (engl.: *bass drum*; ital.: *gran cassa, tamburo grande*; fr.: *grosse caisse*). Es gibt zwei hauptsächliche Typen: die im Orchester oder in Militärkapellen gespielte Trommel mit zwei Fellen; und für Jazz, Rock, Pop und Unterhaltungsmusik die etwas kleinere, häufig einfellige und mit »Fußmaschine« gespielte Trommel des →Drum-Sets.

1. Große Trommel im Symphonieorchester

70 bis 80 cm Durchmesser bei einer Zargenhöhe von 35 bis 55 cm. Die Zarge ist aus laminiertem Holz oder Metall und steht auf einem Ständer oder in einem Metallrahmen, um horizontal gewendet zu werden, damit Wirbel, wie sie beispielsweise Berlioz verlangt, geschlagen werden können. Der Schlegel hat einen Filzkopf mit ca. 8 cm Durchmesser. Mit ihm wird vom Fellmittelpunkt wegführend geschlagen. Die andere Hand dämpft das Fell gemäß der notierten Tondauer. Für einen Trommelwirbel wird ein Fell mit zwei Schlegeln geschlagen; man kann allerdings auch einen Schlegel mit zwei Köpfen benutzen, indem man ihn mit dem Handgelenk rotieren läßt – dies ist die alte Spielweise aus der Zeit, als ein Becken an der Trommel montiert war (→BECKEN, 2).

2. Große Trommel in Militärkapellen

Traditionell hat die Große Trommel in Militärkapellen drei kleine Messingfüße an einem der Reifen, damit sie während einer Marschpause abgestützt werden kann.

3. Große Jazztrommel

Die Große Trommel des Jazz hat einen Durchmesser von ca. 55 cm und eine Zargenhöhe von 35 cm. Sie wird mit zwei Metallstreben in Position gehalten und mit einer »Fußmaschine« (deren Erfindung Dee Dee Chandler, einem schwarzen Schlagzeuger, um 1895 zugeschrieben wird; →DRUM-SET, Abb. 1) gespielt. Normalerweise befindet sich ein dämpfendes Polster (»Dämpfer«) auf der Innenseite des Fells, damit der Grundschlag klar artikuliert erklingt. Häufig ist das zweite Fell abgenommen oder ein Loch ausgeschnitten und ein Kissen in das Zargenkorpus gelegt, um den Klang noch mehr zu dämpfen.

4. Gong drum

Eine in Großbritannien verbreitete Sonderform der Großen Trommel mit nur einem Fell; eingeführt um 1850. Manche Schlagzeuger ziehen diesen Trommeltyp vor, obwohl die einzige Membran zu einer deutlich zu bestimmenden Tonhöhe neigt, was bei der Trommel unerwünscht ist. *Gong drums* werden inzwischen auch für didaktisches Musizieren gefertigt.

5. Frühe Typen

Die Große Trommel entstand aus der →Janitscharenmusik des 18. Jahrhunderts. Die ursprüngliche, auf beiden Fellen gespielte Janitscharentrommel war nicht besonders groß, aber sehr tief und ähnelte der modernen türkischen →*davul*. Der berittene Trommler hängte sie schräg über den linken Oberschenkel und schlug auf das rechte Fell mit einem dicken hakenförmigen Schlegel, auf das linke Fell hingegen mit einem dünnen Stock, wobei er den Arm nach hinten führte und das Handgelenk auf dem Rand der Trommel abstützte. Die frühen europäischen Typen haben gemessen am Durchmesser ihrer Felle sehr breite Zargen. Nach und nach vergrößerte sich der Durchmesser. Kurz nach 1815 (Schlacht bei Waterloo) war die Große Trommel dann breiter als tief (z. B. 75 cm breit und 55 cm tief). Zu dieser Zeit wurde sie noch in der beschriebenen »türkischen« Spielweise gespielt, mit einem Schlegel mit Lederkopf für die rechte Hand und einer Rute für die linke (sichtbar in Abb. 2, unten rechts, von MILITÄRKAPELLE). In den Notendrucken jener Zeit stehen nach unten weisende Notenhälse für mit dem Schlegel gespielte Noten, nach oben weisende Notenhälse für mit Rute gespielte Noten (Beispiel: Haydns Sinfonie Nr. 100 G-Dur »Militär-Sinfonie«). Die Rute wurde zwischenzeitlich im 19. Jahrhundert ungebräuchlich und dann Anfang des 20. Jahrhunderts in Tanzmusikorchestern wiederbelebt (u. a. zur Geräuschimitation von Dampflokomotiven); gelegentlich wird sie auch im spätromantischen und modernen Symphonieorchester verwendet, so z. B. im dritten Satz von Mahlers Zweiter Sinfonie.

6. Andere Typen

Als Volksmusikinstrument ist die Große Trommel weit über Lateinamerika verbreitet (→*bombo*) und gehört als *ze-pereira* auch zu jedem ländlichen Fest in Portugal. Hier wird sie mit einem gepolsterten und einem schlanken ungepolsterten Stock gespielt.

Gu   →KU.

Guan   →KUAN.

Gue   Altes, nicht mehr gespieltes Volksmusikinstrument der Shetland-Inseln, dem →Violoncello ähnlich, aber zur Gattung der →Streichleiern zugehörig.

Guimbarde   (Fr.), →Maultrommel.

Guiro (Samba-Ratsche)   Schrapidiophon der lateinamerikanischen Tanzmusik. Ursprünglich aus einem langen Flaschenkürbis (span.: *guiro* bzw. *güero*) mit ca. 30 cm Länge hergestellt. Ein Holzstäbchen wird auf der getrockneten, mit Querrillen auf der Oberfläche eingekerbten Frucht hin und hergezogen. Typisch ist ein 8/8-Rhythmus mit Betonung auf jedem vierten Schlag. Kommerziell gefertigte Samba-Ratschen werden aus Hartholz hergestellt. Es gibt auch Ausführungen aus Bambus oder einem Holzrohr (*reco-reco*), das an den Enden geschlossen ist und einen Schlitz entlang der Seite hat.

In der sinfonischen Musik ist das Guiro (als Guero) wohl zum ersten Mal in Strawinskys *Le Sacre du Printemps* (Ziffer 70 der Partitur) eingesetzt worden.

Guitare d'amour   →ARPEGGIONE.

Guitarillo, Guitarró   Bezeichnungen für kleine Gitarren der spanischen und lateinamerikanischen Folklore; →GITARRE, 5; TIPLE.

Guitarra   (Span.) »Gitarre«, im Portugiesischen allerdings die birnenförmige, metallbesaitete »portugiesische Gitarre« als Abkömmling der →Cister seit dem 18. Jahrhundert bis heute. →ENGLISH GUITAR, 3.

Notenbeispiel 1. Gusle.

Guitarre →GITARRE.

Guitarró →GUITARILLO, GUITARRÓ.

Guitarrón Eine große folkloristische Gitarre mit bis zu 13 cm breiten Zargen und vier bis 25 Saiten aus Darm, Draht oder beidem, die in verschiedenen Arten besonders zwischen Mexiko und Chile vorkommt. Meistens hat sie ungefähr acht Bünde. In einem mexikanischen *son* (Folklore-Ensemble) hat sie die Harfe als Begleitinstrument kleiner Gitarrentypen (*vihuela, jarana* u. a.) abgelöst. Eine chilenische Ausführung hat rechts und links der normalen Besaitung ein Paar kurzer Darmsaiten (*diablitos,* d. h. »hohe Saiten«), die mit Wirbeln am Oberbügel des Korpus gestimmt werden und hohe »Bordune« erzeugen (vgl. die italienische *chitarra battente*). Die fünf Hauptchöre sind drei- bis fünffach, zum dritten Saitenchor gehört eine dicke Darmsaite (*bordoncillo*), die eine Oktave unter den anderen, aus Draht gefertigten Saiten steht. Die Stimmung entspricht der der normalen →Gitarre, aber kann eine Terz oder Quarte tiefer stehen.

Guiterne, Guiterre →GITTERN.

Gumbang →GONG BUMBUNG.

Gunbrī (auch *gnībrī*). Eine schlicht gearbeitete →Langhalslaute Nordafrikas, die mit den Fingern gezupft wird. Sie hat ein Korpus aus Holz, Kalebasse oder einem Schildkrötenpanzer, eine Membran-Decke und einen spießartigen hölzernen Hals (→MITTLERER OSTEN, Abb. 1, rechts außen), der manchmal rot oder grün bemalte Querstreifen hat. Die Wirbel gehen durch den Hals. Die (auch südlich von Gambia gespielten) größeren Instrumente haben normalerweise drei Saiten, die kleineren zwei im Quintabstand. In jüngerer Zeit wird diese Laute gerne in Andenkenläden Marokkos verkauft.

Gusle Einsaitige →Fidel der Volkssänger Bosnien-Herzegowinas und Serbiens, bis zu 80 cm lang und zwischen den Oberschenkeln gehalten. Korpus und Hals sind aus einem einzigen Stück Holz gefertigt. Das flache ovale Korpus hat eine Decke aus Fell und die Spitze des langen Halses ist gewöhnlich mit einem geschnitzten Pferdekopf versehen. Die Saite aus Pferdehaar wird mit einem kurzen Bogen gestrichen und in der alten Art (→FIDEL, 1) mit zwei oder drei Fingern abgegriffen. Der sich auf der *gusle* begleitende Rezitator spielt schnelle, wechselnde Tonfolgen im Halbtonabstand. Notenbeispiel 1 gibt (*a*) eine charakteristische Anfangsmelodie und (*b*) einen kurzen Auszug aus einer im Verlauf der Rezitation folgenden Begleitung.

Andere einsaitige Fideln begleiten Rezitationen und Balladen bei den Beduinen Arabiens (→RABAB, 2), und Rajastan (Indien) und anderswo.

Gusli Zwei unterschiedliche Saiteninstrumente der russischen Volksmusik tragen diesen Namen.
1. →KANTELE für die flügelförmige GUSLI.
2. Die helmförmige *gusli* Mittelrußlands ist eine Art →Psalterium. In der traditionellen Form ungefähr 1 m breit, wird sie hochkantig auf den Schoß gelegt oder an einem Tragband hängend im Stehen gespielt. Die fünfzehn oder mehr Darmsaiten verlaufen quer (tiefste Saite ganz unten) über gebogene Stege auf einem großen Resonanzboden aus Kiefer. Bis auf die Baßsaiten, die lediglich einige wenige Töne der Tonleiter umfassen, ist die *gusli* diatonisch gestimmt.

Das Instrument kommt schon in Darstellungen aus dem 14. Jahrhundert vor und wurde besonders bei den Mari geschätzt, wo sie von Bauersfrauen gespielt wurde. Inzwischen gibt es auch Versionen für den Konzertgebrauch, darunter solche auf Beinen, mit 40 Saiten und Hebeln, um die Saiten umzustimmen. Auch ist die Spieltechnik weiterentwickelt worden (Akkordspiel mit beiden Händen, Abdämpfen der Saiten mit den Händen).

H

Hackbrett (engl.: *dulcimer*; ital.: *salterio tedesco*; fr.: *timpanon*; ung.: *cimbalom*).

1. Ein spezieller Zithertyp, dessen Saiten mit Klöppeln angeschlagen werden

Das trapezförmige Korpus (Zeichnung 1) legt der Spieler mit der breiten Seite zu seinem Körper auf einen Tisch, ein Gestell oder seinen Schoß. Die zwei ca. 25 cm langen Klöppel aus Holz, Rohr oder Draht haben je ein nach oben gebogenes Ende und werden federnd zwischen Zeige- und Mittelfinger gehalten. Der Resonanzboden aus Kiefer, Zeder oder Sperrholz ist relativ dick (ca. 12 mm). Die am rechten Ende gestimmten Metallsaiten verlaufen mit drei oder vier Saiten pro Ton quer über den Resonanzboden. Da die Saiten sehr dünn sind, um obertonreich zu klingen, muß das Instrument mehrchörig sein, damit der Resonanzboden überhaupt mitschwingt. Man kann dünnen Klavierdraht der Stärken 6 bis 8 (→SAITEN) verwenden, d.h. mit ungefähr 1/2 mm Stärke.

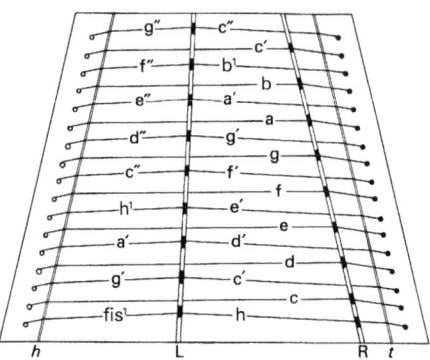

Zeichnung 2. Die Saiten beim Hackbrett liegen abwechselnd auf einem der beiden Stege L und R auf bzw. laufen unterdurch (aus Gründen der Übersichtlichkeit ist nur einfache Besaitung gezeichnet).

Zeichnung 1. Hackbrett.

Hackbretter sind geistreich konstruiert, um die Tonerzeugung auf möglichst dichtem Raum zu gestalten. Die Saiten verlaufen etwa 4 cm über dem Resonanzboden mittels zweier langer durchbrochener Stege, auf welche dicker Messingdraht aufgesetzt ist. In Zeichnung 2 sind sie mit L und R bezeichnet. Die Saitenchöre laufen abwechselnd über R und L. Jene, die über R geführt sind, werden schräg durch Löcher im Steg L hindurchgeführt, ohne ihn zu berühren, um die Anhangleiste h ganz links zu erreichen. Von jenen, die über den Steg L laufen, führen die längeren Abschnitte schräg durch Löcher im Steg R hindurch zur Leiste t, während die kürzeren Saitenabschnitte zur Leiste h führen und Töne erzeugen, die eine Quinte über denen der längeren Abschnitte stehen, weil die Saiten im Verhältnis 2:3 (reine Quinte) unterteilt sind. Somit gibt es drei Schlagzonen. Die Zeichnung gibt ein schematisches Modell einer Besaitung für ein normales 17chöriges diatonisches Hackbrett für Musik in F-Dur oder C-Dur. Die Saitenabschnitte rechts geben Oktaven; insgesamt kommen vier Töne doppelt vor ($c^1\ g^1\ a^1\ c^2$).

Das Hackbrett hat einen sehr charakteristischen Klang, da die Töne meistens ungedämpft erklingen (es sei denn, der Spieler dämpft die Saiten mit der Hand). Lange Notenwerte werden durch Tremolo der Klöppel ausgehalten, crescendo und decrescendo werden ebenfalls mit den Klöppeln erzeugt.

2. Cimbalom

In Osteuropa ist das Hackbrett, wo es gewöhnlich *cimbal* genannt wird, am stärksten verbreitet. Aber auch in der Schweiz und in Österreich wird es gespielt. Unter Cimbalom versteht man das große Konzert-Hackbrett auf festen Beinen und normalerweise mit einem Dämpfungspedal. Es wird mit garnumsponnenen Klöppeln (für einen weicheren Klang) gespielt. Sein Tonumfang reicht von D bis e^3. Seit ca. 1874 wurde es von Schunda, Budapest, hergestellt. Notenbeispiel 1 stammt aus einer Reihe von Etüden, die Schunda publiziert hat, um sein Modell zu propagieren. Heute wird das Cimbalom hauptsächlich von ungarischen Unterhaltungsmusikern gespielt, doch kommt es auch im sinfonischen Repertoire vor, so z.B. bei Strawinsky (*Renard*, 1917), Kodály (*Háry János-Suite*), Bartók (1. Rhapsodie für Violine) und Boulez (*Éclats*).

3. Asiatisches Hackbrett und Frühgeschichte

Das Hackbrett war im Mittleren Osten bereits im frühen Mittelalter bekannt. Im Iran und Irak ist es

Notenbeispiel 1

ein wichtiges klassisches Instrument (*santūr*), das ebenfalls trapezförmig ist, vierchörige Metallsaiten hat und dessen linker Steg die schwingende Saitenlänge im Verhältnis 2:1 (Oktave) unterteilt; einige neuere Typen haben auch ein Dämpfungspedal. Aus diesen Regionen kam das Hackbrett nach China (*yang-ch'in*) und Korea sowie nach Nordindien, wo es überall populär wurde. Es ist durchaus möglich, daß das europäische trapezförmige Hackbrett denselben Ursprung hat, denn die frühen, mit zwei Klöppeln gespielten Instrumente, wie sie auf italienischen Gemälden bis ca. 1430 erscheinen, haben sich wohl bis zu jener Zeit davon unabhängig entwickelt, weil sie rechteckig sind und nur wenige Saiten haben. Kurz danach wurden sie von dem trapezförmigen Typ abgelöst, der sich besonders im 17. und 18. Jahrhundert in Italien großer Beliebtheit erfreute.

4. Pantaleon (Pantalon)

Um 1697 entwickelte der Leipziger Musiker Pantaleon Hebenstreit (1667–1750) einen besonderen Typ des Hackbretts mit 185 Darm- und Drahtsaitenchören, zwei Resonanzböden und Standbeinen: das »Pantaleon«. Das Instrument soll eindrucksvolle dynamische Differenzierungen erlaubt haben und wurde wohl wegen seiner überdimensionierten Konstruktion weit bekannt, ohne sich musikalisch durchsetzen zu können.

Haegŭm   Koreanische Fidel, ähnlich der chinesischen →*er-hu*. →CHINA UND KOREA, 2c.

Hakenharfe   →HARFE, 9c.

Halbbaß   Ein Kontrabaß kleinerer Größe. →KONTRABASS, 5c.

Halbmond
1. Trompete oder Horn, halbmondförmig gebogen. →SIGNALHORN, 3.
2. →SCHELLENBAUM.

Halil   →BIBLISCHE MUSIKINSTRUMENTE.

Hamburger Cithrinchen   →CISTER, 5a.

Hammerklavier   (19. Jahrhundert) Organologisch exakter Oberbegriff für die mit Hammermechanik versehenen Tasteninstrumente (d. h. Hammerflügel, →Pianino, →Tafelklavier). Der Ausdruck wurde besonders im frühen 19. Jahrhundert bei Notendrucken verwendet (so z.B. für Beethovens sogenannte Hammerklavier-Sonate op. 106, deren dt. Titelblatt der Erstausgabe *Grosse Sonate für das Hammer-Klavier* lautet). Zur allgemeinen Beschreibung des Hammerklaviers →KLAVIER.
Lit.: Basart 1985 (Diskographie historischer Instrumente); Laade 1972 (Diskographie).

Hammond-Orgel   Die am besten bekannte elektromechanische bzw. elektronische Orgel. Sie beruht in ihrer eigentlichen Konstruktionsweise auf einer additiven Klangsynthese, indem zu →Sinustönen →Obertöne nach Wahl hinzugefügt werden, um eine bestimmte Klangfarbe zu erzielen, mit der die Register der traditionellen →Pfeifenorgel imitiert bzw. in endlosen Klangkombinationen differenziert werden. Dazu werden neun oberhalb der Tastatur angeordnete Zugriegel (»Drawbars«) gezogen.

Das von Laurens Hammond (1895–1973), Chicago, von 1935 an produzierte Instrument wurde zunächst vielfach in Kirchen, später auch in Sälen, für die Unterhaltungsmusik und als Heimorgel verwendet. Die Sinustöne und ca. acht Obertöne (in gleichmäßig temperierter Stimmung!) werden von 91, auf einer elektrisch angetriebenen Achse montierten Metallzahnrädern mit einem Durchmesser von ca. 5 cm erzeugt. Jedes Zahnrad hat eine bestimmte Anzahl von Zähnen und rotiert vor einer Spule mit Magnetkern. Die Zähne erzeugen bei ständiger Umdrehung eine sinusförmige Wechselspannung, deren Frequenz sich aus der Drehzahl und der Anzahl der Zähne ergibt. Die Tasten der (meist zweimanualigen) Klaviatur sind Schalter, die den Induktionsstrom der Spule an einen Röhrenverstärker weiterleiten, an dem ein Lautsprecher angeschlossen ist. Durch Tastendruck wird aus den 91 zur Verfügung stehenden Frequenzen der entsprechende Grundton mit seinen Obertönen, wie sie mit den Zugriegeln eingeregelt sind, verstärkt. Die Zugriegel tragen Be-

Handglocken

schriftungen gemäß der normalen Pfeifenorgel-Disposition. Die am häufigsten verwendeten Zugriegel heißen 8', 4', 2$^{2}/_{3}$' und 2'. Je weiter man den Zugriegel herauszieht, desto stärker erklingt der Oberton. Als Einstellungshilfen sind die Zugriegel in bis zu acht Stufen abgestuft. Noteneditionen für die Hammond-Orgel haben Ziffernkombinationen wie beispielsweise: 00 8764 021. Dies bedeutet, daß der dritte Zugriegel bis zur Stellung »8« herausgezogen werden soll, der vierte bis zur Stellung »7« usw. Für diese Zugriegel-Registrierungen gibt es Hunderte von Beispielen und Konkordanzen in Irwin 1939. Zu den Zusatzgeräten gehört das Leslie-Tonkabinett, das einen dem Tremulanten der Pfeifenorgel ähnlichen Effekt erzeugt.

In den 60er Jahren wich die Fa. Hammond von dem Prinzip der Zugriegel ab, führte Registerhebel ein, um das Registrieren zu vereinfachen, ersetzte die Zahnräder durch elektronische Oszillatoren und baute Rhythmusgeräte ein. Insofern sind die neueren Orgeln der Fa. Hammond strikt organologisch gesehen keine Hammond-Orgeln mehr.

Lit.: Irwin 1939.

Handglocken (engl.: *handbells*). Ein (meist chromatischer) Satz kleiner Glocken mit festen Halteschlaufen aus Leder oder Plastik und Innenklöppel. Handglocken werden vor allem in Großbritannien gespielt.

1. Nach dem Gießen werden die Glocken auf einer Drehbank weiterbearbeitet. Es gibt sie im notierten Tonumfang C bis c^4 (eine Oktave höher klingend): die tiefste Glocke eines solchen Sets hat einen Durchmesser von 30 cm und wiegt 4$^{1}/_{2}$ kg, die kleinste hat einen Durchmesser von etwas über 5 cm und wiegt 200 g. Der Klöppel (Zeichnung 1, A) ist in einem Joch (B) aufgehängt, so daß er nur in einer Ebene schwingen kann. Die Glocke wird mit einem Zapfen (C) angeschlagen, der auf jeder Seite der Klöppelkugel eingelassen ist. Bei den kleinsten Glocken sind diese Zapfen aus Nylon, bei denen mittlerer Größe aus Filz, bei den ganz großen jedoch sind Klöppelkugel und Zapfen durch eine dicke Filzscheibe getrennt. Der Klöppel wird mittels einer befilzten Blattfeder (D) auf beiden Seiten außer Kontakt mit dem Glockenrand gehalten. Erst ein schwungvoller Schlag läßt den Klöppel an die Glocke anschlagen, so daß der Spieler exakt den Zeitpunkt des Erklingens bestimmen kann.

Handglocken wurden besonders häufig in der viktorianischen Unterhaltungsmusik gespielt, aber auch zu religiösen Feierlichkeiten, beispielsweise in Spanien. Britten setzt Handglocken in seiner Oper *Noye's Fludde* ein.

2. Handglocke kann auch die einzelne, vor allem als Signalinstrument von Ausrufern und Verkäufern dienende Glocke bedeuten.

Handharmonika → AKKORDEON; KONZERTINA.

Handtrommel (engl.: *Hand-drum*). Eine jede →Trommel, die mit den Fingern und nicht mit →Schlegeln gespielt wird.

Hardingfela (Hardangerfele, Hardanger Fidel) Eine in der norwegischen Volksmusik verbreitete, charakteristische Violine mit vier oder mehr metallenen Resonanzsaiten unterhalb der vier Melodiesaiten. Die vierte Melodiesaite steht häufig in *a* (statt *g*) und die Resonanzsaiten stehen passend zur Tonika der Musik (hauptsächlich Tänze), die mit Doppelgriffen und Bordunklängen gespielt wird. Griffbrett und Steg sind flacher als bei der klassischen Violine, und das Instrument ist mit Intarsien reich verziert. Die *hardingfela* (so die korrekte norwegische Bezeichnung) gibt es seit dem 17. Jahrhundert und wurde nach der Überlieferung zuerst in Hardanger bei Bergen gebaut. Grieg imitiert die typischen Tanzmelodien auf der Hardangerfele in den Norwegischen Bauerntänzen (für Klavier) op. 72. Noteneditionen für das Instrument hat Olav Gurvin herausgegeben (1958–67).

Harfe (engl.: *harp*; ital.: *arpa*; fr.: *harpe*). Die Saitenaufhängung der Harfe ist die vielleicht älteste Art, mehrere Saiten an einen Resonanzkörper anzubringen.

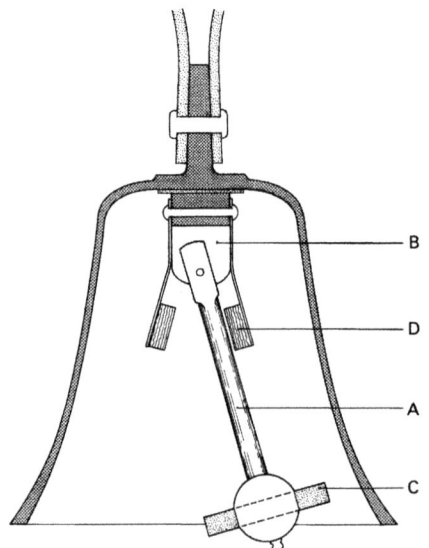

Zeichnung 1. Schnitt durch die Handglocke.

Bei der Harfe stehen Resonanzkörper und »Hals« in einem solchen Winkel zueinander, daß die Saiten unterschiedlicher Länge mit beiden Händen gezupft werden können, wobei das Instrument frei steht oder vom Spieler gehalten wird. Zu alten Harfen und solchen noch in Afrika und Asien gespielten siehe unten, 10.

1. Konstruktion und Stimmung
(europäische Harfen)

Die Saiten führen von der Resonanzdecke im Winkel von ca. 36° zu dem gebogenen Hals, wo sie mit einem Schlüssel gestimmt werden. Ein gerade oder nach außen gebogener Vorderstand (»Säule«) rundet die solide, dreiteilige Konstruktion ab. Die Saiten stehen in diatonischer Stimmung nebeneinander. Für die Akzidentien gibt es mehrere konstruktive Möglichkeiten, abgesehen davon, daß viele folkloristische Harfentypen (unten, 7, 8) ebenso wie die ältesten Harfen darauf verzichten. Die noch von einigen gespielte *Welsh triple harp* (unten, 6) besitzt beispielsweise zusätzliche Saiten für die Akzidentien. Doch die üblichen Lösungen sehen so aus, daß die schwingende Länge jeder Saite während des Spiels auf verschiedene Weise gekürzt werden kann. Dieses Prinzip führte zur Pedalharfe bzw. Doppelpedalharfe (unten, 2–5), die als das einzige reguläre Zupfinstrument des Sinfonieorchesters einen festen Platz eingenommen hat.

2. Resonanzkasten und Hals

Die unteren Saitenenden sind durch Löcher in der auf der Resonanzdecke aufliegenden Aufhängeleiste geführt, zu der eine parallele Leiste unterhalb der Resonanzdecke gehört. Der Resonanzkasten hat auf der Rückseite mehrere schlitzartige Öffnungen. Diese haben die Funktion des Schallochs und ermöglichen obendrein, daß die Saiten verknotet werden können, bevor sie am Hals aufgezogen und (meistens) mit dicken Stiften (»Patronen«) in der Aufhängeleiste festgekeilt werden. Die Resonanzdecke ist normalerweise aus Fichte, deren Jahresringe horizontal (d. h. rechtwinklig zur Aufhängeleiste, wie bei anderen Saiteninstrumenten also rechtwinklig zum Steg) verlaufen. Die Resonanzdecke ist bis zu 10 mm stark, um den Saitendruck von bis zu über 700 kp aufzufangen. Häufig ist der Resonanzkasten bei den Baßsaiten stark verbreitert (Abb. 1, rechts), um mit dem größeren Luftraum den Baßsaiten zusätzliche

Abb. 1. Moderne Harfen: »Troubadour«-Modell (links), Pedalharfe von Lyon and Healy, Chicago (rechts)

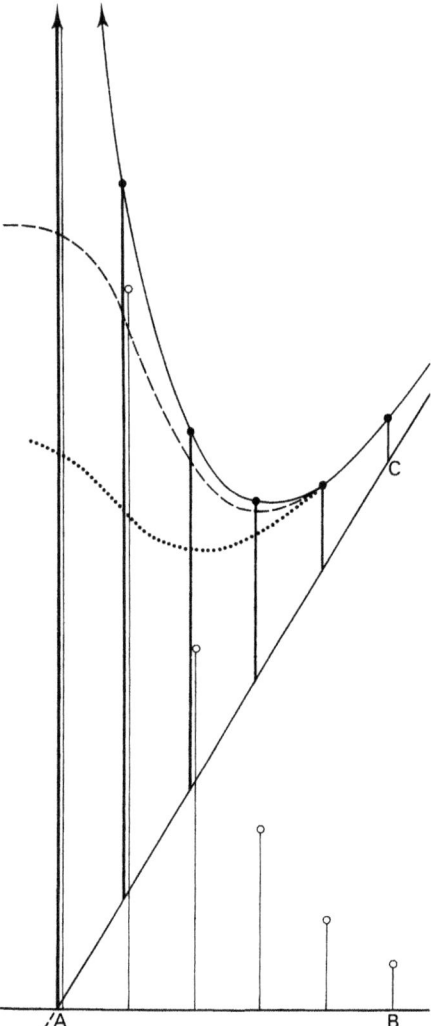

Zeichnung 1. Saitendiagramm der Harfe. Gezeigt sind die Saiten einer Note durch alle Oktaven. Bei jeder tieferen Oktave verdoppelt sich theoretisch die Saitenlänge. Dünne Linien: Die auf der Horizontalen AB rechtwinklig aufgetragenen Saitenlängen; dicke Linien: dieselben Saitenlängen, von der Schrägen AC ausgehend. Die für die Praxis modifizierten Kurven (gepunktete bzw. gestrichelte Linie) beziehen sich auf die Deckenschräge AC.

Resonanz zu geben. Diese Bauweise wurde in den 1920er Jahren von den berühmten Harfenbauern Lyon and Healy, Chicago (Harfenbau seit 1889), und Wurlitzer, Chicago (Harfenbau seit 1909), übernommen. Die elegant geschwungene Form des Halses ergibt sich aus der Tatsache, daß die Saiten in einem gleichmäßigen Abstand schräg nach oben verlaufen und ihre Längen beim Oktavabstand im Prinzip im Verhältnis 1:2 stehen (Zeichnung 1). Wenn man sich strikt daran halten würde, ergäbe sich eine Kurve wie in der Zeichnung. Tatsächlich jedoch wird eher ein Verhältnis 1:1,8 gewählt (gestrichelte Linie), da die Saitenstärke mit tieferer Stimmung zunimmt (wie auch bei den meisten anderen Saiteninstrumenten) und ebenso auch geringfügig die Spannung. Außerdem reduziert man das Verhältnis drastisch in der Baßoktave, damit diese tiefen Saiten aus praktischen Erwägungen heraus nicht so lang sind. Deshalb haben sie eine erhöhte Masse, indem sie umsponnen sind. Bei einer Harfe kleinerer Größe, wie bei der irischen Harfe kann die Kurve sogar noch flacher ausfallen (Zeichnung 1, gepunktete Linie).

3. Pedalmechanik

Die folgenden Ausführungen beziehen sich auf die moderne Doppelpedalharfe. Aus dem hölzernen Untersatz (»Pedalkasten«), auf dem die Säule und der Resonanzkasten mit Bolzen befestigt sind, ragen sieben Pedale heraus. Die bis zu 180 cm lange Säule ist hohl, um die sieben Zugstangen aufzunehmen, die Verbindungsglieder zwischen dem Pedalgestänge und der Mechanik im Mechanikbogen. Für jeden Ton der diatonischen Tonleiter gibt es ein Pedal, das diesen Ton in allen sechseinhalb Oktaven von C^1 bis g^4 (bzw.: Ces^1 bis gis^4; siehe weiter unten) verändern kann. Das Instrument hat 47 (oder 48) Saiten. Die G-Saiten sind aus rotgefärbtem, die F-Saiten aus blaugefärbtem Darm. Die Pedale gelten für folgende Saiten (von links nach rechts): D, C, H (linker Fuß); E F G A (rechter Fuß). Jedes Pedal hat drei Stellungen zum Einrasten, seine Grundstellung ist die oberste, in der die volle Saitenlänge erklingt. Wenn alle Pedale ausgerastet sind, erklingt die Harfe deshalb in Ces-Dur. In der mittleren Pedalstellung werden die Saiten um einen Halbton verkürzt, indem eine Drehscheibe mit einer sog. »Gabel« die betreffenden Saiten durch alle Oktaven hindurch an der entsprechenden Stelle einklemmt (wenn alle Pedale in dieser mittleren Pedalstellung stehen, ist die Harfe in C-Dur gestimmt). In der unteren Pedalstellung werden die Saiten mit einer zweiten Drehscheibe um einen weiteren Halbton verkürzt, d.h., die Harfe steht dann in Cis-Dur. Zeichnung 2 stellt die Funktionsweise der zwei Messing-Gabeldrehscheiben dar, durch die jede Saite hindurchgeführt wird. In Stellung (a) läuft die Saite berührungslos zwischen den Gabeln hindurch. In Stellung (b) ist die Drehscheibe A soweit gedreht, daß über den Winkelhebel B die Drehscheibe C soweit gedreht wird, daß ihre Gabeln die Saiten einklemmen. In Stellung (c) ist Drehscheibe A noch ein Stück weitergedreht, so daß ihre Gabeln jetzt ebenfalls die Saite einklemmen. Auf diese Weise ist der Widerstand, der sich dem Fuß beim Niederdrücken der Pedale entgegensetzt, auf ein Minimum reduziert.

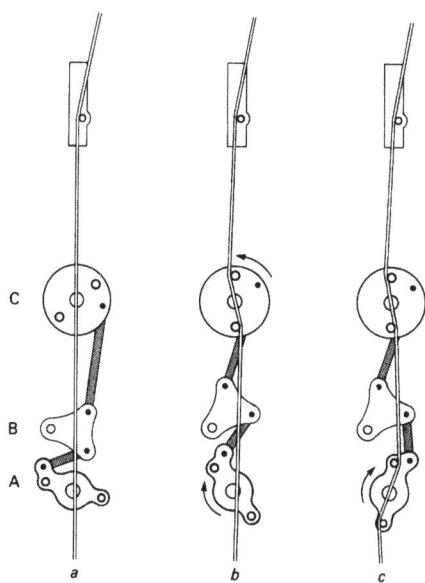

Zeichnung 2. Doppelpedalmechanik, wie sie am Hals sichtbar ist. In Stellung (a) ist das Pedal ausgerastet und der Sattel ganz oben; in Stellung (b) ist das Pedal auf erster Stufe eingerastet und fungiert die obere Gabeldrehscheibe als Sattel; in Stellung (c) ist das Pedal auf unterster Stufe eingerastet und fungiert die untere Gabeldrehscheibe als Sattel.

In tonalen Kompositionen werden die Pedale entsprechend der Tonart eingestellt; z. B. sind bei Es-Dur die H-, E- und A-Pedale in oberer Stellung, damit die Töne B, Es und As erklingen; Akzidentien und Modulationen werden dann je nach Situation pedalliert. Ein Harfenist kann sehr schnelle Pedalwechsel machen, doch stößt er in sehr chromatischen und in atonalen Kompositionen auf gewisse Grenzen des Machbaren. Enharmonische Verwechslungen spielen beim Pedallieren eine große Rolle, weil beispielsweise nicht A und As gleichzeitig gespielt werden können, wohl aber A und Gis. Nur drei Töne der chromatischen Tonleiter lassen sich nicht über eine andere Saite pedallieren: D, G und A; sie können, wie man sagt, keine »Synonyme« haben, das sind mit Hilfe der Pedale auf Gleichklang gestellte Saiten. Ein Beispiel für die Anwendung der Synonyme ist der folgende arpeggierte Akkord auf B: Ais/B, Cis/Des, Fes, G. Keine Saite ist ausgelassen, so daß der Akkord als Glissando über den gesamten Tonumfang rauschen kann. Wenn man in diesen Akkord ein E einfügt und das G zum Gis erhöht, hat man das erste Harfenglissando nach der einleitenden Flötenmelodie in Debussys *Prélude à l'Après-midi d'un Faune*.

4. Spieltechnik

Die Harfe wird schräg nach hinten gegen die rechte Schulter gelegt. In dieser Lage kann die rechte Hand die kurzen Saiten ohne Verrenkungen greifen, die linke dagegen die langen Saiten. Beide Hände greifen aber auch den gesamten Tonumfang. Die Saiten werden nahe der Saitenmitte angezupft, wo sie mit den Fingerkuppen und den Daumenseiten am stärksten ausgelenkt werden können. (Die kleinen Finger werden nicht verwendet.) Mit den Fingern oder Unterarmen werden die Saiten abgedämpft. Triller sind möglich, und mit Synonymen kann ein Ton als Tremolo auf zwei benachbarten Saiten gespielt werden. Die Anweisung »Près de la table« bedeutet Zupfen nahe der Resonanzdecke für einen metallischeren Klang (entsprechend dem »sul ponticello« bei Streichinstrumenten). »Sous étouffés« bedeutet das Abdämpfen mit dem gleichen Finger oder der flachen Hand. →Flageolett-Töne, die die französischen Komponisten so ausgiebig einsetzen und bei denen die Saite dann eine Oktave höher klingt, werden mit »o« über der Note angezeigt. Man erzeugt sie, indem man die Saite in der Mitte mit dem Handballen berührt und mit dem Daumen derselben Hand zupft. In modernen Kompositionen werden auch Effekte wie das Pedaltreten, während die Saiten noch klingen, ausgenutzt.

5. Repertoire

Im ausgehenden 18. und im 19. Jahrhundert ist die Harfe ein Saloninstrument gewesen, weswegen die großen Komponisten nur wenige Originalkompositionen für das Instrument geschrieben haben. Dafür gibt es um so mehr Trivialkompositionen der Harfen-Virtuosen und Bearbeitungen von Klavierwerken. Zu den Originalkompositionen zählen Mozarts Konzert für Querflöte und Harfe KV 299, Konzerte von Eichner, Glière, Reinecke und Rodrigo, sechs Sonatinen von Dussek, zwei Fantasien und zwei Variationszyklen von Spohr, von letzterem zwei Concertanten für Violine, Harfe und Orchester (Spohrs Frau war konzertierende Harfenistin), Saint-Saëns' *Fantaisie* op. 45 (mit Violine), Faurés Impromptu op. 86 und *Une chatelaine en son tour* op. 110. Besonders im 20. Jahrhundert ist das Harfenrepertoire um viel Kammermusik erweitert worden; einige Komponisten: Debussy (Sonate für Querflöte, Bratsche und Harfe); Roussel (Impromptu op. 21); Ravel (*Introduction et Allegro*), Ibert, Françaix, Jolivet, Britten und Berio (*Sequenza II*, 1970).

6. Welsh triple harp

Die in Italien um 1600 (siehe unten, 9b) bekannte Tripelharfe wurde im 17. Jahrhundert von walisischen Harfnern übernommen und bis gegen Mitte des 18. Jahrhunderts gespielt. Dieser pedallose Sondertyp hat eine zusätzliche Saitenebene für die Akzidentien. Die normale diatonische Reihe ist auf zwei

Ebenen vorhanden; zwischen beiden ist eine Saitenebene mit den fünf Akzidentien pro Oktave. Die diatonische Skala kann also von beiden Händen gleichermaßen gespielt werden; für die Akzidentien greift der Spieler entweder mit den Fingern der linken oder der rechten Hand zwischen die äußeren Saiten. Mit guter Spieltechnik kann das sehr schnell geschehen, und die ständige Verfügbarkeit aller chromatischen Töne ermöglicht gewisse chromatische Passagen, die nicht auf der Doppelpedalharfe gespielt werden können. Andererseits hat auch die *Welsh triple harp* einige Limitationen.

7. *Keltische Harfe (Irische Harfe), cláirseach* (Abb. 1, links)

Kleine pedallose Harfen mit etwa dreißig Saiten (vier Oktaven, Tonumfang von C aufwärts) für folkloristische und alte Musik. Einige davon werden auch als Bausätze geliefert. Die meisten Modelle haben am Hals U-förmige Metallhaken (»Hakenharfe«), mit denen die Saiten einzeln mit der Hand um einen Halbtonschritt verkürzt werden können.

Die Keltische Harfe (auch Irische Harfe genannt) hat eine nach außen gebogene Vorderstange und ist im wesentlichen ein Hausmusikinstrument des 19. Jahrhunderts gewesen. *Cláirsearch* (auch »Bardische Harfe«) nennt man einen hakenlosen Harfentyp, der auf älteren irischen und schottischen Harfenkonstruktionen basiert. Dazu gehört die älteste erhaltene irische Harfe (70 cm hoch, dreißig Saiten) aus dem 14. Jahrhundert (im Bestand des Trinity College, Dublin), die als Vorbild für das irische Nationalemblem hergehalten hat.

8. *Lateinamerikanische Harfe*

Diese Harfe spanischen Ursprungs ist sehr groß und hat eine gerade Vorderstange (Abb. 2; die Füße sind nicht charakteristisch). Der Hals kann aus zwei parallelen Teilen gefertigt sein, zwischen denen die Saiten an Wirbeln aufgezogen sind, anstatt wie bei den anderen Harfen auf einer Seite des Halses zu verlaufen. Normalerweise werden die Saiten mit den Fingernägeln angezupft. In ganz Lateinamerika, insbesondere in Paraguay, ist die Harfe ein führendes Folkloreinstrument und wird häufig von Gitarren begleitet.

9. *Geschichtliches*

(a) *Mittelalter und Renaissance.* Die Harfe kommt in europäischen Darstellungen und Schnitzereien des 9. und 10. Jahrhunderts vor; wann sie allerdings in Europa eingeführt wurde, ist unbekannt. Die mittelalterliche Harfe war klein (maximal etwa 75 cm groß) und wurde auf dem Schoß gespielt. Sie hatte ungefähr 19 Saiten (zweieinhalb Oktaven). Machault spricht von 25 Saiten. In der Renaissance wurde die Harfe etwas größer, jetzt hatte sie mit 24 bis 26 Saiten von F oder G aufwärts eine Länge von etwa 1 m. Offenbar versah man sie häufig mit Schnarrsaiten, die ihren Klang lebendiger machten. Im 17. Jahrhundert wurde die Harfe noch etwa 30 cm länger, weil eine zusätzliche untere Oktave den Umfang auf vier Oktaven ergänzte. Aus Spanien gibt es reiche Literatur für die Renaissanceharfe; dort wurde das Instrument im kirchlichen Rahmen zur Chorbegleitung häufig herangezogen – ein

Abb. 2. Lateinamerikanische Harfe aus Lima, Peru (Anfang des 20. Jahrhunderts), begleitet von einer Bandurria.

Grund, warum sich in Lateinamerika die Harfe noch immer so großer Beliebtheit erfreut (siehe oben, 8). Von Hinestrosa (1557) bis zu Werken wie Nasarres *Escuela nueva* (1721) ist ein Großteil der Kompositionen in →Tabulatur notiert, bei der die Saiten der mittleren Oktave die Zahlen 1 bis 7 tragen und zusätzliche Punkte die anderen Oktaven bezeichnen.

(b) *Doppelharfe.* Viele Traktate der Renaissance und des Barocks beschreiben, wie eine Halbtonerhöhung durch Abgreifen der Saite mit dem linken Daumen oder Zeigefinger möglich ist. Jedoch schon 1378 liest man in Spanien von einer Doppelharfe (*arpa doble*) und fünfzig Jahre später von einer *arpa gran doble a III tiros*, was eine Tripelharfe vermuten läßt (Lamaña 1969, S. 34f.). Aus der Zeit um 1600 sind Instrumente in dieser Art in Italien erhalten. Damals kam in vielen Kompositionen die *arpa doppia* hauptsächlich als Continuoinstrument vor (z.B. d'India, *Le musiche*, 1609), aber auch als obligates Instrument, wie in Monteverdis *Orfeo*, 1607 (ein Part, der in neuerer Zeit auf der *Welsh triple harp* erfolgreich gespielt worden ist) und mit ähnlichen Läufen und Akzidentien in Kompositionen wie Trabacis zweitem Buch der *Ricercari* (1615). Auf einer Harfe mit zwei Saitenebenen wechseln die Akzidentien normalerweise in der Mitte des Tonumfangs, damit jene Spielhaltung gewahrt bleibt, bei der die Grundskala im Baßregister der linken Hand, im Diskantregister jedoch der rechten Hand zugewiesen wird.

(c) *Haken- und Pedalharfe.* Bis Mitte des 18. Jahrhunderts wurde die Doppelharfe auch in Deutschland gespielt; doch verbreiteter war hier die Hakenharfe mit im Hals eingelassenen U-förmigen Metallhaken, die fallweise mit der Hand umgelegt wurden (wie bei der Irischen Harfe, siehe oben, 6). Da diese Art der Saitenumstimmung schnelle Läufe nicht zuließ, wurden im frühen 18. Jahrhundert verschiedene Pedalmechaniken entwickelt, bei denen die Pedale die Haken steuerten. Um 1750 entwickelte Henry Naderman eine Mechanik mit pedalgesteuerten Haken (»Zugkrücken«), die aus dem Hals heraus die Saiten gegen einen Metallsattel unterhalb der Haken drükken. Wenig später entwickelte Cousineau eine verbesserte Mechanik, bei der zwei kleine gegenläufige Drehkrücken (*crochets*) die Saite verkürzen, ohne daß sich ihre vertikale Lage ändert. Kurz vor 1789 führte Érard die heute noch üblichen Gabeln ein, zuerst allerdings nur in einfacher Ausführung pro Saite (»einfache Pedalmechanik«), d.h. mit nur einem Halbtonschritt pro Pedal). Diese Pedalharfe war in Es-Dur gestimmt. Diese chromatischen Mechaniken versetzten die Harfe schnell in einen höheren gesellschaftlichen Wirkungsbereich. Die Musik bestand weitgehend aus Etüden virtuoser Harfenisten wie dem Böhmen Jean-Baptiste Krumpholtz (1742–1790). Bochsa und Spohrs Frau Dorette spielten Nadermans einfache Pedalharfe.

In Händels *Esther* symbolisiert die Harfe den biblischen Inhalt, in *Giulio Cesare* einen klassischen (Musik für die neun Musen). Beethoven verwendet sie in der Ballettmusik *Die Geschöpfe des Prometheus*. In Boieldieus *La dame blanche* (1825) erscheinen wohl zum ersten Mal Flageolett-Töne auf der Harfe innerhalb einer Orchesterpartitur. Bis gegen 1830 waren die Érardschen Harfen in »griechischer« Form (mit einer Volute am Kopf), bevor man zu der »gotischen« Form wechselte. Aus dem 19. Jahrhundert existieren noch viele Pedalharfen, weil das Instrument zu gesellschaftlichen Anlässen gerne gespielt wurde, bis es in dieser Funktion vom Klavier ersetzt wurde. Einige Instrumente haben ein in der Mitte vom Fuß gelegenes achtes Pedal (»Fortepedal«), mit dem man Holzklappen auf der Rückseite des Resonanzkastens öffnen konnte.

(d) *Chromatische Harfe.* Eine pedallose Doppelharfe, die 1894 von Gustave Lyon, Firma Pleyel, Paris, erfunden wurde und für einige Zeit in Frankreich der Doppelpedalharfe Konkurrenz machte. Zwei Saitenebenen sind kreuzweise angebracht, so daß jede Saite von beiden Händen gegriffen werden kann. Debussy schrieb *Danse sacrée et danse profane* ursprünglich für dieses Instrument (Harfe und Streicher, 1904). Enesco hat ebenfalls ein *Allegro de concert* für die Chromatische Harfe komponiert, das sich wegen der intensiven Chromatik nicht auf der Doppelpedalharfe aufführen läßt.

10. Außereuropäische und antike Harfen

Antike Harfen (→ALTERTUM) werden in Bogenharfen und Winkelharfen unterschieden. Beide Typen kamen in Mesopotamien und Ägypten vor.

(a) *Bogenharfen.* Sie scheinen sich aus dem →Musikbogen entwickelt zu haben. Bogenharfen haben einen gekrümmten hölzernen Hals und einen ausgehöhlten Resonanzkasten mit einer Decke aus Fell, durch das die Saiten zu einem hölzernen Anhängestab hindurchgeführt sind. Solche Harfen werden auch heute noch von Sängern in Zentralafrika, hauptsächlich nördlich des Äquators von der westlichen Savanna bis nach Uganda gespielt (*enanga*). Sie haben fünf bis zehn tief gestimmte Saiten und werden auf alle erdenklichen Weisen gehalten, wie z.B. in Abb. 3, aber auch umgekehrt oder horizontal. Im alten Ägypten wurden die kleinen Bogenharfen auf der Schulter gehalten. Unter den erhaltenen Exemplaren haben einige Holzstifte für lediglich vier Saiten. Das Korpus ist mit Leder umhüllt; die durchschnittliche Gesamtlänge beträgt 120 cm. Auch in Indien waren Bogenharfen vom 2. Jahrhundert v. Chr. bis zum 9. Jahrhundert n. Chr. bekannt und hie-

Harfengitarre

Abb. 3. Afrikanische Bogenharfe (Tschad).

ßen *vīnā*. Zu der klassischen burmesischen Bogenharfe →SAÙNG, zu einem alten, noch gespielten Typ in Afghanistan →WAJI.

(b) *Winkelharfen*. Diese haben einen geraden, stammähnlichen Hals, der etwa rechtwinklig aus einem langen Korpus herausragt. (i) *Vertikale Winkelharfen*: Der Spieler hält das Korpus an der Brust, der Hals weist von unten her nach vorne. Ein solches 21saitiges ägyptisches Instrument (Bestand des Louvre, Paris) ist 110 cm groß. Wie ägyptische Harfen gestimmt wurden, ist nicht bekannt. Einige der Harfen auf alten griechischen Darstellungen (→PSALTERIUM, 4) – sie wurden von Frauen gespielt – scheinen das iranische *chank* ahnen zu lassen, das in klassischen Ensembles bis zum 19. Jahrhundert verbreitet war; ähnliche Harfen waren in China bis zum 10. Jahrhundert n. Chr. gespielt worden. (ii) *Horizontale Winkelharfen*: Bei diesen liegt das Korpus horizontal, und der Hals ragt gegenüber dem Spieler nach oben. Assyrische Darstellungen zeigen, daß dieser Harfentyp mit →Plektron gespielt und die Saiten mit der Hand abgedämpft wurden (wie bei der *waji*). Im Kaukasus gibt es derartig gehal-

tene, hauptsächlich von Frauen gespielte Harfen mit sechs und mehr Saiten aus gedrehtem Pferdehaar.

Lit.: Brenner 1998; Charry 1994; Morrow 1979; Rensch 1969, 1989, 2007; Rimmer 1964a,b, 1965/66; Wegner 1984 (afrikanische Harfen); Zingel 1932, 1977.

Harfengitarre (engl.: *harp-guitar*). Verschiedene Instrumente tragen diese Bezeichnung.
1. →HARP-LUTE, 2.
2. Eine 1831 von E.N. Scherr, Philadelphia, USA, erfundene →Gitarre mit einer langen, engen Fortführung des Korpus zum Boden hin. Eines dieser Instrumente gehörte dem berühmten norwegischen Violinisten Ole Bull (jetzt im Bestand des Shrine to Music Museum, South Dakota, USA).
3. →HARP-GUITAR.

Harfenlaute (engl.: *harp-lute*).
1. Moderne westliche Bezeichnung für einen Zupfinstrumententyp in Westafrika; →KORA.
2. →HARP-LUTE.

Harfenpsalterium →PSALTERIUM, 2.

Harfenzither Westafrikanisches Saiteninstrument, →MVET.

Harmonica, Harmonika →AKKORDEON; GLASHARMONIKA; MUNDHARMONIKA.

Harmonicord →BOGENKLAVIER.

Harmoniemusik (18./19. Jahrhundert) Bezeichnung für die von etwa 1750 bis ins erste Drittel des 19. Jahrhunderts so beliebten gemischten Bläserensembles mit Holz- und Blechblasinstrumenten sowie für die Originalkompositionen und Bearbeitungen für diese Ensembles.

Harmonium (engl.: *harmonium, reed organ*; ital.: *armonio*; fr.: *harmonium*). Im 19. und frühen 20. Jahrhundert populäres Tasteninstrument mit →durchschlagenden Zungen für den Hausgebrauch und als Orgelersatz für kleine Kirchen. Man muß zwischen dem europäischen Harmonium (Druckluft-Harmonium) und dem amerikanischen Harmonium (*reed organ*; Saugluft-Harmonium, siehe unten, 5) unterscheiden.

1. Konstruktion des Druckluft-Harmoniums

In einem Gehäuse verteilen sich die hauptsächlichen Bestandteile auf vier Ebenen: Ganz unten befinden sich zwei Blasebälge (für jeden Fuß einer). Darüber liegt der Magazinbalg (Reservebalg), der für den

Druckausgleich sorgt und dem eine oder mehrere Spiralfedern entgegenwirken. Darüber befindet sich der Windkasten, mit durch Registerknöpfe zu öffnenden Löchern auf der Oberseite, die die Luft zu den entsprechenden Zungenregistern durchlassen. Ganz oben liegt die Rahmenplatte mit den Zungen.

Die Luft wird von den Blasebälgen bei Umgehung des Reservebalgs direkt durch eckige hölzerne Windkanäle mit Ventilen zum Windkasten geleitet. Danach wird die Luft durch das Expressionsventil nach unten in den Reservebalg geleitet. Der Grund für diese Windführung wird später ersichtlich (unten, »Expression«).

2. Register

In der Rahmenplatte verlaufen vier (oder mehr) voneinander unabhängige Kanäle von links nach rechts hintereinander, jeder für vier Zungenregister. Diese Unterteilungen stoßen auf fast sechzig Unterteilungen, die die Zungenkammern (»Kanzellen«) für jeden Ton des Fünf-Oktaven-Umfangs (C bis c^3) voneinander trennen. Ein kleines Harmonium hat vielleicht nur einen Satz Zungen; doch vier von vorne nach hinten plazierte Sätze, numeriert 1 bis 4, sind die übliche Grundausstattung. Jeder Satz ist durch eine Unterteilung halbiert (in Baß und Diskant); jede Hälfte hat ihren eigenen Registerknopf: einen für den Baß bis zum e^1, einen anderen für den Diskant von f^1 aufwärts. Das ergibt acht Registerknöpfe, und um im Diskant und Baß zusammenspielen zu können, müssen mindestens zwei Knöpfe gezogen werden – nicht unbedingt vom selben Satz Zungen.

Die Standarddisposition ist in Tabelle 1 wiedergegeben, die Register-Bezeichnungen sind traditionsgemäß in französisch:

Register	Baß-Seite	Diskant-Seite
1. 8' (Grundregister mit weichem Ton)	Cor anglais	Flûte
2. 16' (eine Oktave tiefer)	Bourdon	Clarinette
3. 4' (eine Oktave höher)	Clairon	Flageolet (Fifre)
4. 8' (schnarrender Ton)	Basson	Hautbois

Tabelle 1

Die unterschiedlichen Klangfarben entstehen durch Zungen unterschiedlicher Breite und Stärke sowie durch die Größe der Kanzellen oberhalb der Zungen. Je kleiner die Kanzellen sind, desto schnarrender ist der Ton (weil die höheren →Teiltöne mehr angeregt werden). Zusatzregister, die für Baß- und Diskantseite gemeinsam gelten, sind »G« (*Grand Jeu*), bei dem alle Register gemeinsam eingeschaltet sind, und »E« (*Expression*). Bei der *Expression* wird die Verbindung zwischen Windkasten und Magazinbalg geschlossen, so daß die Druckveränderung des Blasebalgs direkt auf die Zungen wirken, wodurch der Spieler mit dem Pedaltreten dynamisch differenzieren kann.

Weitere Zusatzregister können u.a. sein: als 5. auf der Diskant-Seite *Musette* (schnarrendes 16'-Register) und auf der Baß-Seite *Sourdine* (*Cor anglais* mit reduziertem Wind); als 0. *Forte* (3. und 4. werden von jeder Seite gekoppelt); auf der Diskant-Seite als C *Voix céleste* (ein leicht verstimmtes Register, das zusammen mit dem *Clarinette*-Register →Schwebungen erzeugt); und T *Tremolo* (das *Clarinette*-Register mit pulsierendem Winddruck).

3. Geschichte

Eine frühe Anwendung des Prinzips der Tonerzeugung von durchschlagenden Zungen über eine Tastatur ist die *orgue expressif* (Paris, 1810) von Gabriel Joseph Grenié (1756–1837), wobei es ihm, wie der Name des Instruments bereits sagt, darum ging, an- und abschwellende Töne zu erzielen. Ungefähr gleichzeitig stellte Ebenezer Goodrich, Boston, Orgeln mit durchschlagenden Zungen her. Einige dieser Orgeln waren offenbar sogar ohne Pfeifenregister. Der Name »Harmonium« erscheint erstmalig in einem Patent für François Debain (Paris, 1840). Zwei Jahre darauf führte Debain die Registertrennung in Baß- und Diskantseite ein. 1844 verkaufte er seine Rechte an diesem Instrument an Alexandre père et fils unter der Bedingung, nicht die Bezeichnung »Harmonium« zu verwenden. Deshalb nannte diese Firma das Instrument »Orgue melodium«. Im Laufe der folgenden Jahrzehnte wurde die Firma zum größten Harmoniumfabrikanten; ihre Instrumente mit *Expression* wurden in Konzerten von Saint-Saëns und Sigismond Thalberg gespielt, der Berlioz zu Tränen rührte. Die seit 1829 schon Akkordeons herstellende Firma Alexandre kaufte auch die Rechte an weiteren Verbesserungen, so der Perkussions-Einrichtung von Louis-Pierre Martin (Paris, 1842), bei der ein winziger befilzter Hammer die Zunge im 1. Register anschlägt, so daß das Instrument präziser anspricht.

Ein weiterer bedeutender Erfinder war Victor Mustel (1815–1890; →auch CELESTA), ein Vorarbeiter bei Alexandre, der sich selbstständig machte, nachdem er die Doppel-Expressions-Einrichtung erfunden hatte. Bei dieser Konstruktion kann der Spieler den Winddruck von Baß- und Diskantseite über Kniehebel individuell regeln. Die Firma Mustel gab es bis in die 1930er Jahre.

4. Repertoire

In der Anfangszeit des Harmoniums gab es viele Kompositionen für Duett zusammen mit dem Kla-

Harp-guitar

Notenbeispiel 1. Bearbeitung einer Mozartschen Komposition für Harp-lute und Klavier (Harfe).

vier. So schrieb Saint-Saëns sechs Duette dieser Art (1858) und weitere Kompositionen für Harmonium solo. Franck komponierte viele Stücke für Harmonium. Rossini schrieb seine *Petite Messe solenelle* (1863) für Chor mit Begleitung von zwei Klavieren und Harmonium. Von Berlioz stammen drei Stücke für Harmonium (1845). Dvořáks reizvolle Bagatellen op. 47 sind für Harmonium und Streichquartett komponiert. Karg-Elert schrieb ebenfalls Werke für das Instrument und verfaßte eine Instrumentalschule.

5. Saugluft-Harmonium (reed organ)

Im Unterschied zu den europäischen Harmoniums arbeiten die amerikanischen Harmoniums nach dem Saugluftprinzip, bei dem die Bälge von unten die Luft durch die Zungen saugen. Bei diesem Prinzip gibt es kein *Expression*-Register, weil die Luft über die Zungen streicht, bevor sie in den Magazinbalg strömt. Dafür ist der Klang stabiler und einige Register klingen orgelmäßiger. Die Disposition ist insofern anders als bei dem Druckluft-Harmonium, als die bis zu zwanzig verschiedenen Register vor allem durch unterschiedlichen Luftdruck erklingen. Hinsichtlich ihrer Bezeichnung gab es keine Normierung.

Das Saugluft-Prinzip soll ein in die USA ausgewanderter Arbeiter bei Alexandre erfunden haben. Jeremiah Carhart, Buffalo, erhielt 1846 ein Patent dafür, das später allerdings für ungültig erklärt wurde. Damals nannte man das amerikanische Harmonium, das sich schnell einen festen Platz im Wohnzimmer (Parlor) eroberte, häufig »Melodeon«. Bis zum Niedergang des Instruments (1920er Jahre) wurden auch Reed Organs mit zwei Manualen und Pedal sowie mit automatischer Spielvorrichtung über einen →Tonsteuerungsträger (Klavierrolle) gebaut; z.B. die *Orchestrelle*.

Lit.: Harmonium 1996; Ord-Hume 1986.

Harp-guitar

1. →HARP-LUTE, 2.
2. Eine 1896 konstruierte lange, mit Metallsaiten bezogene →Gitarre von Gibson, New York. Der Hals hat an der Diskantseite einen Vorsprung, um eine Wirbelkasten-Ergänzung für zehn Baßsaiten, die nicht abgegriffen werden, aufzunehmen. Bei einer späteren Ausführung ist das Korpus unter den Baßsaiten weitergeführt (wie bei der französischen *arcicistre*, →ENGLISH GUITAR, 2).

Harp-lute (engl., »Harfenlaute«).

1. Englisches, von Damen gespieltes Zupfinstrument des Regency mit eigenwilligem Design, das der Londoner Organist und Lehrer Edward Light (geb. ca. 1747) 1811 erfunden hat. Das Instrument war sehr verbreitet. Das auf dem Schoß gespielte Instrument hat ein gitarrenähnliches Korpus mit Sprossenrückseite (wie die damaligen Harfen) und eine harfenähnliche Vorderstange mit einem Bogen für die Saitenaufhängung. Im Hals befinden sich etwa neun Bünde für die sieben höchsten Saiten (aus Darm), deren erste vier auf den Es-Dur-Akkord gestimmt sind. (Die Notation war allerdings um eine Sexte nach oben transponiert, wie man in Notenbeispiel 1 aus einem von Lights Sammeldrucken sehen kann.) Die nächsten drei Saiten führen zusammen mit den fünf →Abzugssaiten diatonisch nach unten. Drei der Abzüge können mit einer speziellen Vorrichtung um einen Halbton nach oben gestimmt werden. Die meisten *harp-lutes* wurden von A. Barry, London, für Light hergestellt.

Light gab eine Schule für die *harp-lute* und für einen Nachfolgetyp heraus, die neunzehnsaitige *British harp-lute* (1816, auch *dital harp* genannt), ein Instrument, das mehr einer Harfe als einer Laute ähnelt. Bei diesem Typ gibt es nur noch wenige Bünde. Sie gelten ausschließlich für die höchste Saite.

Bis zu dreizehn Saiten können um einen Halbton erhöht werden. Dazu gibt es »ditals« (Kunstwort, analog zu »Pedal« für die Füße), das sind mit den Fingern der linken Hand zu betätigende Knöpfe auf der Rückseite des Instruments. 1828 ersetzte Lights Konkurrenz A.B. Ventura diese »ditals« durch eine Gabelmechanik ähnlich wie bei Érards Pedalharfe und nannte das Instrument *harp Ventura*.

2. Vor der Erfindung der *harp-lute* hatte Light bereits seit ca. 1798 eine *harp-guitar* und eine *harp-lute-guitar* konstruiert, der →English guitar ähnliche Instrumente, doch mit Sprossenkorpus.

Lit.: Armstrong 1908; Baines 1966.

Harzer Zither →CISTER, 5b.

»haut« und »bas« (Fr.). In der französisch-burgundischen Musik des 14. und 15. Jahrhunderts wurden die Instrumente in laute (*haut*) und leise (*bas*) Instrumente gegliedert. Die *haute musique* war die Musik im Freien für repräsentative und militärische Anlässe und wurde u.a. mit →Pommern, Blechblas- und Schlagzeuginstrumenten besetzt (→ALTA). Die *bas musique* wurde in Räumen gespielt und mit Saiten- und leisen Holzblasinstrumenten (z.B. Flöten, →Portativ) besetzt. Noch 1473 hatte der Herzog von Burgund neben zwölf *trompettes de guerre* sechs *haut menestrels* und vier *joueurs de bas instruments* in seinem Gefolge.

Hautbois (Fr.). Oboe bzw. im 16. bis späten 17. Jahrhundert →Pommer. Auch ein moderner französischer Ausdruck für nicht-westliche oder folkloristische Doppelrohrblatt-Instrumente. Zum französischen Ausdruck *hautbois de Poitou* →ECURIE, 2.

Hautboist (18./19. Jahrhundert) Der in dem Musikkorps eines Infanterieregiments dienende Musiker schlechthin.

Hawaii-Gitarre (engl.: *Hawaiian guitar*). Ursprünglich eine flach auf den Schoß gelegte →Gitarre, deren Saiten mit einem quer über sie gelegten Stahlstab abgegriffen werden, während die rechte Hand die Saiten zupft; der dabei mögliche vibrato- und glissandoreiche Klang ist ein wesentliches Charakteristikum des Instruments. Da der Stahlstab alle Saiten gleichzeitig abgreift, sind Akkorde auf die Intervallfolge der Stimmung beschränkt.

1. Hawaii-Gitarre

Seit dem späten 19. Jahrhundert entwickelten die Einwohner Hawaiis die oben beschriebene Spielmethode, zunächst mit der Rückseite eines Kammes o.ä., wozu die Inselbewohner die Gitarre auf einen Dreiklang stimmten. In den 1920er Jahren wurde diese Spielweise auch in Nordamerika populär. So entstanden spezielle Gitarren mit höherer Saitenlage als normal. Mitte der 1930er Jahre wurde die normale Gitarrenform (Umriß einer 8) zu der heute noch üblichen rechteckigen Form (z.B. von Gibson, 1935) umgestaltet, und einige Instrumente erhielten zusätzliche Saiten und Tonabnehmer.

2. Pedal Steel Guitar

Frühe Modelle dieser Weiterentwicklung der Hawaii-Gitarre stammen u.a. von Gibson (»Electraharp«, 1940) und Leo Fender, California. Wie bei so vielen modernen Instrumenten ist die Pedal Steel Guitar nicht standardisiert; sie kann einen, zwei oder mehr Hälse haben und entsprechend viele Saiten. Der Stahlstab, mit dem die Saiten abgegriffen werden, ist ein runder Stab, der zwischen Daumen und Mittel- sowie Ringfinger gehalten wird. Die rechte Hand trägt Fingerplektren auf zwei Fingern und dem Daumen. Mit mehreren Pedalen kann die Stimmung der Saiten durch Veränderung der Spannung verändert werden, indem über Stangen und Winkelhebel die einzelne Saite umgestimmt wird, während die anderen Saiten ihre Stimmung behalten. So kann man beispielsweise durch Pedaldruck den Quartabstand zweier Saiten in einen Terzabstand umstimmen, ohne daß sich etwas hinsichtlich der Anwendung des Stahlstabs ändert.

Lit.: Winston/Keith 1975.

Heckelphon Eine spezielle Oboe in Baß-Baritonlage, die der bedeutende Fagottbauer Wilhelm Heckel, Biebrich, 1904 konstruiert hat. Das Heckelphon ist 120 cm lang und hat eine weite konische Bohrung, sein tiefster Ton ist klingend *A*, notiert *a*. Es wird mit einem Doppelrohrblatt gespielt, das so groß wie einige Fagottblätter sein kann. Sein Klang ist voll und üppig, weder dem Fagott noch der französischen Baßoboe ähnlich.

Richard Strauss fordert das Heckelphon in *Salome* (1905) und in *Elektra* (aber verzichtet darauf in der reduzierten Orchestrierung), Delius verwendet es in der ersten Tanz-Rhapsodie. Hindemiths Trio für Bratsche, Heckelphon und Klavier op. 47 (1929) gilt als eines seiner besten Kammermusikwerke. Heutzutage wird das Heckelphon nur noch auf Bestellung gebaut.

Heimorgel →ELEKTRONISCHE ORGEL.

Helikon Eine →Tuba in kreisrunder Form, um sie auf die Schulter zu legen. Seit den ersten Instrumenten, die Ignaz Stowasser sen. 1848 in Wien gebaut hat, wird das Helikon fast überall gebaut. Das

Helikon wurde bis zum 1. Weltkrieg in britischen →Militärkapellen verwendet, in den USA wurde aus ihm das →Sousaphon entwickelt. Auch andere Blechblasinstrumente wie die Alt-, Tenor- und Ventilposaunen, gibt es in der Bauweise des Helikons.

Hellertion Von Bruno Helberger (1884–1951) und Peter Lertes entwickeltes →elektronisches Musikinstrument, das im wesentlichen dem →Trautonium ähnlich ist.

Helmholtz, Hermann von (1821–1894). Mediziner, Physiologe und Physiker, der mit seinem Standardwerk *Die Lehre von den Tonempfindungen als physiologische Grundlage für die Theorie der Musik* (Braunschweig: Vieweg und Sohn 1863/⁶1913) und einer Reihe empirischer Experimente auf dem Gebiet der musikalischen Akustik wegweisend gewirkt hat. Helmholtz erkannte, daß sich Klänge aus →Teiltönen harmonischer Lage zusammensetzen, wofür er sogenannte Helmholtz-Resonatoren (Hohlkugeln) entwickelte (→HOHLKÖRPERRESONATOR).

Herdenglocken (engl.: *cowbells*; ital.: *cencerro*; fr.: *sonnaille*). Die mit einem Lederriemen um den Hals von Rindern, Schafen oder Ziegen herumgebundenen Herdenglocken sind in verschiedenen Formen geschmiedet. Sie werden in der Regel aus 1 bis 1,5 mm starkem Eisenblech mit doppelter Länge der Höhe der endgültigen Glocke gefertigt. Das Blech wird umgebogen, in Form gebracht und an jeder Seite zusammengelötet. Zwei Löcher werden für den Henkel durchgestochen, an dem ein stabähnlicher Klöppel in der Innenseite befestigt wird. Die Glocke kann danach mit einer Mischung aus pulverisiertem Kupfer und Lehm abgeschwelt und durch Behämmern feingestimmt werden. Die größten solcher Herdenglocken sind bis zu 46 cm hoch. In vielen Ländern sind die Glocken aus Messing bienenkorbförmig gearbeitet. Der Klöppel kann selbst die Form einer stilisierten Glocke haben. In Afrika gibt es Herdenglocken aus geschnitztem Holz mit ein oder zwei hölzernen Stäben als Klöppel (→AGOGO BELL für die eiserne Ausführung).
Im Sinfonieorchester verlangt Mahler in seiner 6. und 7. Sinfonie, Webern in den Fünf Stücken für Orchester op. 10 Herdenglocken, mit denen ein Geläut aus Herdenglocken imitiert wird (in den Noten mit einem langen Triller angezeigt). Vom Jazz her kommt die viereckige, klöppellose Herdenglocke aus geschweißter Metallegierung; sie ist auf einem Ständer montiert und wird mit einem Trommelstock angeschlagen. In der lateinamerikanischen Tanzmusik ist diese Technik aufgegriffen worden. Normalerweise gehören zwei Glocken unterschiedlicher Tonhöhe zusammen, doch gibt es auch größere Sets (z.B. von Berio vorgeschrieben), die teilweise sogar über mehrere Oktaven reichen (so in Messiaens Spätwerken). Die englische Bezeichnung *metal block* verweist auf solche orchestralen Herdenglocken.

Hertz (Hz) Maßeinheit für die Frequenz (Schwingungen pro Sekunde), genannt nach Heinrich Hertz (1857–1894). 1 kHz = 1000 Hz. Das für den Menschen hörbare Frequenzspektrum reicht von ca. 20 Hz (eine große Terz unter dem A^2, dem tiefsten Ton auf dem modernen →Klavier, bis etwa 20.000 Hz, die nur als →Obertöne eine musikalische Funktion haben).

Hi-Hat →BECKEN, 2.

Hichiriki Das ca. 18 cm kurze japanische Rohrblattinstrument (Zeichnung 1), das mit einem großen Doppelrohrblatt gespielt wird. Es gehört wie die chinesische →*kuan* und die koreanische *p'iri* zum Typ der →»zylindrischen Oboen« und ist neben der Querflöte →*fue* und der Mundorgel *shō* eines der drei gebräuchlichen Blasinstrumente der Hofmusik; →auch Notenbeispiel 1 von JAPAN. Das mit schwarzlackiertem Faden an den Enden und zwischen den Grifflöchern umwickelte Korpus hat sieben vorderständige Fingerlöcher und zwei Daumenlöcher, von

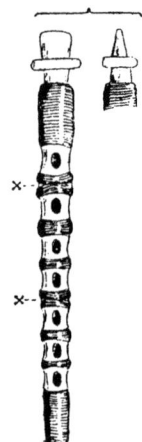

Zeichnung 1

denen das untere (zwischen dem vierten und fünften Fingerloch) nicht mehr gebraucht wird und ständig mit dem Daumen geschlossen bleibt. Das Rohrblatt aus Bambus ist fast 6 cm lang und an seiner flachen Spitze fast 11 mm breit. Ein ringförmiger Kragen aus Bambus hält das Rohrblatt in Form. Der durchdringende Klang bewegt sich im Bereich g^1 bis a^2. Typisch sind die auch mit der Flöte gespielten langsamen Tonhöhenveränderungen, bei denen ein Ton mit einem klagenden Portamento von unten aufgebaut wird.

Hnè Birmesisches →Doppelrohrblattinstrument (→SÜDOSTASIEN, Abb. 1, Mitte), das mit dem indischen →*shahnāī* und dem chinesischen →*so-na* verwandt ist. Charakteristisch für das Instrument ist eine große Messingstürze, die, um beim Blasen zu scheppern, nur lose am Korpus befestigt ist. Das Rohrblatt ist aus Palmblatt geschnitten; →ROHRBLATT, 4.

Hohlkörperresonator Allgemeiner Begriff, der sich auf die Luftresonanz innerhalb eines hohlen Gefäßes oder eines Körpers mit einem oder mehreren kleinen Öffnungen bezieht, wie beispielsweise die →Okarina oder den Resonanzkörper (»Korpus«) mit Schalloch bei Saiteninstrumenten. Häufig wird auch der Begriff »Helmholtzresonator« verwendet, weil Hermann von →Helmholtz (1821–1894) besondere Glasresonatoren konstruierte, um die in einem Klang vorhandenen Tonhöhen zu messen (→TEILTÖNE).

In einem Hohlkörperresonator schwingt die Luft nicht mit Schwingungsknoten und -bäuchen wie in einer Pfeife, sondern komplexer, als ob ein sich hin und her bewegender Kolben auf die Luftschwingungen einwirken würde. Die mitschwingende Frequenz verändert sich gemäß folgender Faktoren: (i) Umgekehrt zum Volumen. Das läßt sich leicht demonstrieren, wenn man über eine Flaschenöffnung bläst. (Da auch die Länge und Weite des Flaschenhalses einen Einfluß auf die Tonhöhe hat, eignet sich ein solcher Versuch allerdings nicht zu exakten Messungen.) Theoretisch verändert sich die Tonhöhe um $1:\sqrt{2}$, d.h. um eine übermäßige Quarte (Tritonus), wenn das Volumen halbiert wird ($1:\frac{1}{2}$), um eine Oktave ($1:2$), wenn das Volumen auf ein Viertel verringert wird. (Bei zu starkem Blasen kann allerdings die Luft im Flaschenhals unabhängig vom Hohlkörper mit einem lauten schrillen Pfeifen schwingen, weil die Energie dort konzentriert wird.) (ii) Mit der Quadratwurzel der Fläche der Öffnung bzw. der Summen der Öffnungen. (iii) Mit der Tiefe der Öffnungen. Je tiefer sie sind, desto tiefer ist die Tonhöhe. Dieser Faktor kann allerdings weitgehend vernachlässigt werden, wenn die Tiefe der Tonlöcher gering ist.

Die Hohlkörperresonanz spielt bei der Konstruktion von Resonanzkörpern (wie bei der BRATSCHE, 6) und bei der Auswahl »natürlicher« Resonanzkörper wie Kalebassen (z.B. beim MUSIKBOGEN, 3) eine Rolle und ist der entscheidende Faktor für die erkennbare Tonhöhe von solchen Schlaginstrumenten wie →Tempelblöcken, wo der Klang der Luft im Innern den kurzen Klang des angeschlagenen Holzes überdeckt.

Hojŏk Koreanisches →Doppelrohrblattinstrument. →CHINA UND KOREA, 2*d*.

Holzblasinstrumente (Holz) (engl.: *woodwind*; ital.: *legni*; fr.: *bois*; span.: *madera*). Sammelbegriff für jene Instrumente, bei denen eine Schneide, ein Rohrblatt oder ein Doppelrohrblatt der Tonerzeugung dient, also die Orchesterinstrumente →Querflöte, →Oboe, →Klarinette, →Fagott sowie deren Spezialformen (wie →Pikkoloflöte, →Kontrafagott u.a.); →ORCHESTER, 1*b*). Allgemeines zur Typologie und Funktionsweise →BLASINSTRUMENTE.

In den Orchesterpartituren der Nachromantik und Moderne ist die Holzbläsersektion besonders stark vertreten. So schreibt Strauss in *Elektra* nicht weniger als acht Klarinettenstimmen vor (Klarinette in Es, vier normale Klarinetten, zwei Bassetthörner und Baßklarinette). Strawinskys *Le Sacre du Printemps* erfordert sogar fünf Instrumente (geblasen von jeweils vier Spielern) jeden Typs:

Pikkolo, 3 Querflöten (3. auch 2. Pikkolo), Altflöte;
2 Oboen, 2 Englisch Hörner (2. auch 4. Oboe);
Es-Klarinette, 2 Klarinetten, 2 Baßklarinetten (2. auch 4. Klarinette);
3 Fagotte, 2 Kontrafagotte (2. auch 4. Fagott).

Lit.: Baines 1957; Young 1993.

Holzblocktrommel (engl.: *woodblock*). Schlagzeuginstrument aus einem rechteckigen, etwa 18 cm langen Holzblock aus Hartholz. Der Holzblock hat unterhalb seiner leicht gewölbten Oberseite einen tiefen, ca. 7 mm breiten Schlitz, der fast bis an das Ende des Blocks reicht. Häufig ist ein zweiter Schlitz in die andere Seite des Blocks eingeschnitten. Damit die Holzblocktrommel am →Drum-Set befestigt werden kann, sind normalerweise Löcher in die festen Enden gebohrt. Die Holzblocktrommel wird mit einem Trommelstock oder einem anderen Schlegel angeschlagen und gibt einen hohen, schnell verschwindenden Klang, der aus zwei Tonhöhen besteht: der des Holzes und (häufig ungefähr zwei Ganztöne tiefer) der des Hohlkörpers. Es gibt verschiedene Größen bis zu 30 cm Länge für kontrastierende Klänge, ähnlich der →Tempelblöcke. Das Instrument verbreitete sich mit dem Jazz, wurde aber auch von Komponisten wie Walton (*Belshazzar's feast*) und Milhaud (*La création du monde*, 1923) recht früh im modernen Orchester eingesetzt, wo es u.a. von Berio und Stockhausen gefordert wird.

Die Herkunft der Holzblocktrommel ist China, wo das *pan* von Nachtwächtern, Hausierern und an-

Holzplattentrommel

deren benutzt wird, ebenso in der Peking-Oper, wo es an einer Trommel befestigt sein kann (→ *ku*, 2).

Holzplattentrommel (engl.: *wood-plate drum*). Eine Trommel, die wie ein →Tom-Tom gebaut ist, aber eine aufgeleimte dünne Holzplatte statt des Fells hat.

Holztrompete →ALPHORN.

Horn (engl.: *horn*; ital.: *corno*; fr.: *cor*). Im folgenden wird ausschließlich das Horn als Grundtyp behandelt; zum modernen und historischen Orchester- bzw. Waldhorn →WALDHORN.

1. Prototyp des Horns

Seit dem Altertum hat das Horn des Zuchtviehs mit abgesägter Spitze für das Mundloch als Blasinstrument einem dreifachen Zweck gedient: zum Rufen der Herde, für Nachtwächter zum Alarmieren und für Jäger zum Signalgeben (→JAGDHORN).

Hörner dienen in Afrika denselben Zwecken, wo sie sich von europäischen Hörnern insofern leicht unterscheiden, als ihr (häufig ovales oder rhombusförmiges) Anblasloch auf der Seite liegt, das Instrument aus Antilopenhorn, Elfenbein oder einer Kalebasse also quer vor den Lippen gehalten wird. Häufig ist die Spitze abgeschnitten und ein kleines Loch gebohrt, das mit Finger oder Daumen geöffnet einen eine Sekunde oder eine Terz höheren Ton gibt, so daß mit festgelegten Tonfolgen Signale übermittelt werden können. Hörner mit oder ohne dieses Loch werden überall in Afrika in Gruppen von Hörnern verschiedener Größe gespielt (→ auch RUSSISCHES HORN). Ein hochentwickeltes, hornähnliches Instrument mit Fingerlöchern (»Grifflochhorn«) ist der →Zink. Zu mittelalterlichen Elfenbeinhörnern →OLIFANT.

2. Metallhörner

Zu römischen Instrumenten →BUCINA UND CORNU, zu dem großen vorgeschichtlichen skandinavischen Horn →LURE. Den altertümlichen Hörnern am nächsten sind unter den gegenwärtigen Instrumenten die indischen Messinghörner →*sringa*. Mittelalterliche europäische Messing- oder Bronzehörner waren im wesentlichen alle in der Form eines Stierhorns und dienten in den früheren Jahrhunderten auch dem Kampf – ein Gebrauch, der mit der Einführung des →Signalhorns im 18. Jahrhundert verschwand.

3. Stierhörner im Orchester

Wagner verlangt in der *Götterdämmerung* (2. Akt) »Stierhörner« im Zusammenhang mit Hagens Mord an Siegfried, wofür meist →Baritone oder ähnliche Blechblasinstrumente eingesetzt werden, obwohl eigentlich besonderes Hörner hierfür vorgesehen waren. In Brittens *Spring Symphony* kommt ein Part für »cowhorn« vor, für den es ein speziell angefertigtes Instrument gibt.

Hornpipe

1. Volkstümliches Blasinstrument, das früher von Hirten gespielt wurde. Es besteht aus Rohr, Holunder oder Knochen und wird mit einem einfachen Rohrblatt (→idioglott) gespielt. Es gibt auch Hornpipes mit zwei parallelen Pfeifen. Über dem unteren Ende ist ein Schalltrichter aus Horn (normalerweise einem Abschnitt eines Kuhhorns) aufgesetzt. *Pipgorn*, der walisische Typ der Hornpipe, hat auch am Anblasende ein Horn, ebenso der baskische Typ *alboka* (aus dem Arabischen *al-buq*, »Horn«) mit zwei Rohrblättern und verschiedenen Grifflöchern in den parallelen Pfeifen (Zeichnung 1), um Akkorde zu blasen. Häufig ist auch ein Sack über das Anblasende gebunden, so daß eine Sackpfeife entsteht (→SACKPFEIFE, 6).

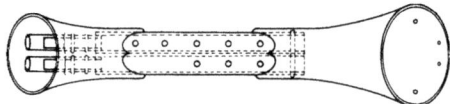

Zeichnung 1. Baskische Hornpipe, alboka, von oben gesehen (Anblasende mit zwei Rohrblättern, links).

2. Bezeichnung für einen der Jig ähnlichen Tanz.

Hsaing-waing Birmesisches →Trommelspiel.

Hsiao Chinesische →Längsflöte aus weichem Bambus, bis zu 75 cm lang, mit fünf Fingerlöchern, einem über ihnen liegenden Daumenloch und zwei Resonanzlöchern unter dem tiefsten Fingerloch. Die *hsiao* ist eine →Kerbflöte; einige Sonderformen haben eine nackte U-förmige Kerbe (wie bei der →*quena*), doch normalerweise deckt ein Knoten im Bambus das Anblasende bis auf eine kleine halbrunde Bohrung nahe der Kerbe ab. Die *hsiao* gehört zu den ältesten chinesischen Flöten und reicht bis 1000 v. Chr. zurück. Zu ihren Abkömmlingen zählt die →*shakuhachi* in Japan und die *tanso* in Korea (→CHINA UND KOREA, 2*d*).

Hsüan Chinesische →Gefäßflöte aus Keramik, in Form eines ca. 7 cm hohen Eies, aber mit einem flachen Boden (um sie abzustellen, wenn sie nicht geblasen wird). An der Spitze befindet sich ein Mundloch zum Darüberblasen; es gibt eine unterschiedliche Anzahl von Grifflöchern, beispielsweise zwei Daumenlöcher und zweimal je drei Fingerlöcher.

Früher war diese Flöte, die noch älter als die →*hsiao* ist, ein rituelles Instrument, das in Prozessionen eher mitgetragen als gespielt wurde. Heute wird sie als Sammlerstück hergestellt. Westliche Forscher bezeichnen sie gelegentlich als →Okarina, was falsch ist, da sie keine →Kernspalte hat.

Hu-ch'ing Chinesischer Oberbegriff für geigenähnliche Streichinstrumente; →*Er-hu*.

Huéhuetl Die senkrechte, mit einem Jaguarfell bespannte →Trommel der Azteken Mittelamerikas, die zusammen mit der →Schlitztrommel →*teponatzli* für rituelle Handlungen eingesetzt wurde. →INDIANISCHE MUSIKINSTRUMENTE.

Hülse (engl.: *staple*). Ein kurzes metallenes Röhrchen, auf das die beiden Rohrblätter bei →Doppelrohrblattinstrumenten (→Oboe, →Pommer u. a.) gebunden werden. →ROHRBLATT.

Hummel Die frühere volkstümliche Zither in Schweden und auf den nordfriesischen Inseln; im Dänischen *hommel*. Vgl. ZITHER, 2.

Husle (tschechisch) →Violine.

Hydraulis Die älteste Art der →Orgel. Ihre Erfindung wird Ktesibios, einem Techniker in Alexandria um 246 v. Chr. zugeschrieben, der auch mechanische Singvögel und ähnliches konstruierte. Diese Orgel erhielt ihren Namen, weil das Gewicht des Wassers für den beständigen Luftdruck in der Windlade sorgte. Auf dem Boden eines luftdichten Wassertanks befindet sich eine Druckglocke (*pnigeus*), an deren unterem Rand Löcher sind, damit Wasser in die Glocke einströmen kann. Zwei Luftröhren führen vom oberen Abschnitt der Glocke aus dem Wassertank heraus. Durch die eine Luftröhre mit Ventil wird Luft in die Glocke gepumpt. Dadurch sinkt der Wasserstand in der Glocke, so daß der Wasserstand im Tank ansteigt. Die Differenz der Wasserstände im Tank und in der Glocke erzeugt den Luftdruck, der durch die zweite Luftröhre in die Windlade entweicht. Vitruv (gest. 26 n. Chr.) hat die Orgel beschrieben (*De architectura*); seinen Ausführungen kann entnommen werden, daß die Orgel offene und →gedackte Pfeifen sowie Registerzüge hatte.

In Rom interessierte sich Nero für das Instrument, das schnell zum Symbol für Wohlstand avancierte und etwa die nächsten dreihundert Jahre als ein weltliches Instrument existierte. Die bemerkenswertesten Reste aus dieser Zeit gehören zu einem Instrument von 228 n. Chr., das 1931 in Aquincum, Ungarn, ausgegraben wurde. Dieses Instrument hatte vier Pfeifenreihen aus Bronze, für die der Luftdruck ausschließlich mit Blasebälgen erzeugt wurde, obwohl es die Inschrift *hydra* trug. Der Wechsel der Winddruckregelung von Wasserdruck zu Blasebälgen kann nicht genau bestimmt werden, doch im zweiten Jahrhundert n. Chr. wurden Bälge bereits für kleine Orgeln befürwortet, während noch für größere Instrumente die Wassertechnik als sinnvoller angesehen wurde.

Lit.: Perrot 1971.

Hz Kürzel für →Hertz.

I

Idio- Von Hornbostel und →Sachs (1914) eingeführtes Präfix nach dem griechischen Wort *idios* (»eigen«, »eigentümlich«) im Sinne von »eigen«, »selbst«. Siehe die folgenden Einträge.

Idiochord In der Bedeutung von »mit integrierter Saite« ein Instrument (meistens der Familie der →Zithern zugehörig) aus Bambus oder anderem pflanzlichen Material, bei dem ein oder mehrere Streifen von der Rinde gelöst werden, aber an den beiden Enden mit dem Stamm verbunden bleiben, so daß kleine Stege die Streifen spannen.

idioglott In der Bedeutung von »eine integrierte Zunge habend« Beschreibung für (meist folkloristische) Blasinstrumente mit einem schwingenden Rohrblatt, das aus einem Stück Rohr an einem Ende herausgeschnitten worden ist (→ROHRBLATTINSTRUMENT; SACKPFEIFE). Auch asiatische →Maultrommeln aus einem Stück Bambus sind idioglotte Instrumente.

Idiophone Oberbegriff aus der Hornbostel/Sachs'schen Systematik für Musikinstrumente, bei denen das Material des Instruments dank seiner Steifigkeit und Elastizität den Ton hergibt, ohne gespannter Membranen oder Saiten zu bedürfen (→Glocke, →Spieldose, →Triangel, →Xylophon u. a.). →auch KLASSIFIKATION DER MUSIKINSTRUMENTE.

Lit.: Hornbostel/Sachs 1914.

Imzad (Amzad) Einsaitige Fidel der Tuareg in der Sahara. →FIDEL, 2*b* und Abbildung 3. Ähnliche in Westafrika gespielte Instrumente heißen häufig *goge*.

Indianische Musikinstrumente

1. Frühzeit

In den alten Kulturen Süd- und Mittelamerikas waren Instrumente wie Rasseln, Trommeln und Flöten seit der frühen klassischen Periode um 500 v. Chr. wie in ähnlichen Kulturen über der ganzen Welt bekannt (→ FRÜHGESCHICHTE DER MUSIKINSTRUMENTE, 1). Aus Peru stammen silberne Rasseln an langen Griffen, kleine Glocken, teilweise aus Holz, senkrechte Trommeln mit einem Fell und tragbare Trommeln mit zwei Fellen für beide Hände. Aus Mexiko ist die senkrechte Trommel auf Füßen, *huéhuetl*, und die → *teponaztli*, eine horizontale Zungenschlitztrommel mit zwei Tonhöhen, bekannt. Die einzigen Melodieinstrumente waren Flöten und Panflöten (*antara*, *siku*; → PANFLÖTE, 2 und Abb. 1), in Peru → Längsflöten, → Kerbflöten (→ *quena*) und → Kernspaltflöten (→ *pinculло*). In Mittelamerika gab es Kernspaltflöten wie die »Aztekenflöte« aus Ton, die sich am unteren Ende verbreitert, und tiersymbolische Gefäßflöten, hölzerne oder tönerne Trompeten aus Peru mit integriertem Kesselmundstück sowie teilweise in phantasievollen Tonformen gebrannte Muscheln (*pututu*). Von Saiteninstrumenten gibt es keine überlieferten Zeugnisse.

2. Gegenwart

Während Süd- und Mittelamerika die größere Instrumentenvielfalt aufweisen, beeindruckt Nordamerika durch einige besonders ungewöhnliche Instrumente.

(a) *Idiophone*. Auf eine Schnur gezogene Rasseln aus Knochen und (in Nordamerika) Zähnen, Schnäbeln, Krallen; Rasseln aus Kalebassen (→ Maracas) und Flechtwerk (Flechtrasseln); → Schrapinstrumente, → Schlitztrommeln (in Südamerika häufig in Gruppen, als Signalinstrumente); → Stampfrohre (in Südamerika).

(b) *Trommeln*. Charakteristisch für Nordamerika sind einfellige Trommeln aus Ton oder Holz, die mit Stöcken gespielt werden. Eine eigenartige Spielpraxis in Nord- wie Südamerika besteht darin, daß manche Trommeln teilweise mit Wasser gefüllt werden. Zweifellige Trommeln: Rahmentrommel in Nordamerika (→ TROMMEL, 4e).

(c) *Saiteninstrumente*. → Musikbogen, → Apache fiddle. Gitarren in Iberoamerika (darunter viele kleine Gitarrenformen; → GITARRE, 5; HARFE, 8).

(d) *Blasinstrumente*. Flöten sind die weitaus bedeutendsten Blasinstrumente der Indianer: → Kerbflöten (→ *quena*) in Südamerika, auch → Querflöten (Anden, nördlich von Kolumbien), PANFLÖTEN, → Kernspaltflöten einschließlich riesiger ritueller Flöten (→ FLÖTE, 2a) und viele andere Flöten (→ *pincullo*, → *anata*); in Nordamerika die → *Apache flute*. Signalpfeifen aller Arten, einschließlich → Gefäßflöten aus Fruchtschalen etc. (teilweise als → Nasenflöte geblasen) zur Vogelgesangimitation. Rohrblattinstrumente: einige ungewöhnliche → ROHRBLATTINSTRUMENTE (Brasilien, Guyana) und allhölzerne »Hörner« mit Rohrblatt (British Columbia). Trompeten: aus Rohr, gewickelter Rinde u. a. (→ TROMPETE, 8a-c). Auch das → Schwirrholz.

Lit.: Collaer 1967; Haefer 1975; Izikowitz 1934; Stevenson 1959.

Indien

1. Indische Klassifikation der Musikinstrumente

Der indische Traktat *Nātyaśāstra* (ca. 200 v. Chr.) ist die älteste → Klassifikation von Musikinstrumenten. Hier sind die Instrumente bereits in die heute üblichen organologischen Gruppen gegliedert: *tata* (»besaitet«); *suṣira* (»hohl«, d. h. Blasinstrumente); *avanaddha* (»bespannt«, d. h. Trommeln) und *ghana* (»fest«, d. h. → Idiophone). Die folgenden Verweise auf Einzeleinträge folgen jedoch der westlichen Klassifikation und benennen auch Unterschiede zwischen den Instrumenten Nord- und Südindiens.

2. Instrumente

Von den mehreren hundert verschiedenen Instrumenten, die über den indischen Subkontinent verbreitet sind, sind die folgenden aus verschiedenen Gründen die bedeutendsten bzw. interessantesten.

(a) *Idiophone*. Die hauptsächlichsten Arten, das musikalische Metrum zu geben, sind neben dem stillen Gestikulieren mit den Händen das Trommelspiel, das In-die-Hände-Klatschen und das bei einigen Tänzen und bei sakraler Musik sowie im Nagasvaram-Ensemble Südindiens (siehe (d) weiter unten) übliche Anschlagen von Schalenbecken (→ BECKEN, 5). Bei der klassischen Musik Südindiens können auch ein tönernes Gefäß, genannt *ghaṭam*, und gestimmte Schalen, → *jaltarang*, verwendet werden.

(b) *Trommeln*. Sie sind hoch entwickelt und in großer Vielfalt vertreten. Heutzutage wird in der klassischen Musik in Südindien die lange, horizontale, zweifellige → *mṛdanga* eingesetzt. In Nordindien begleitet die größere *pakhāvaj* (oder *mrdang*) den aus der Hofmusik des 16. Jahrhunderts entstandenen *dhrupad*-Stil. In Nordindien ist die → *tablā*, das Paar aufrechter Trommeln (Abb. 1, rechts), am verbreitetsten, die wie die gebräuchliche Faßtrommel *dhol* (oder *dholak*) ausschließlich mit den Händen gespielt wird. Andere Trommeln, die mit Stöcken gespielt werden: *duggā* (*dukar*), das sind kleine Pauken im *shahnāī*-Ensemble Nordindiens; Faß-

Abb. 1. Ein Ensemble aus Saiteninstrumenten, Nord-Indien: (von links nach rechts) sitār, sārod und tambūrā, mit tablā (Trommel) im Vordergrund.

trommeln *ṭavil* (für die ein Schlegel auf dem linken Fell benutzt werden kann, →TROMMEL, Abb. 1) mit der *nāgasvaram*.

Die Begleitung auf *tablā*, *mṛdaṅgam* oder anderen Schlaginstrumenten ist ein unverzichtbares Merkmal jeder Musik mit festem Metrum. In Nordindien hat die Trommel teilweise die Aufgabe, das Metrum vorzugeben, indem ein ostinater eintaktiger Schlagrhythmus (*ṭhekā*) erklingt. In Südindien folgt der Trommler genau dem Rhythmus des Solisten und muß daher das vokale Repertoire genauestens kennen. Sobald ihm die Gelegenheit eingeräumt wird, wird der Trommler jedoch schnelle Varianten spielen, die der solistischen Melodie einen komplexen rhythmischen Kontrapunkt entgegensetzen.

(c) *Saiteninstrumente.* Zupfinstrumente haben in Indien in der Wertschätzung immer gleich nach der menschlichen Stimme rangiert, einerlei, ob solistisch oder den Gesang begleitend gespielt. Man hat versucht, die expressiven Ausdrucksmöglichkeiten der menschlichen Stimme auf das Saiteninstrument durch besondere technische Adaptionen zu übertragen, z.B. hinsichtlich der Gestaltung der Bünde und der Stege sowie bei einigen Instrumenten durch zahlreiche dünne →Resonanzsaiten aus Draht. Auf diese Weise wurde der Resonanzreichtum der indischen Musik unterstützt. →VĪNĀ; SITĀR; TAMBŪRĀ, ausschließlich für die summende Bordunbegleitung bei Vokalmusik; →auch *sārod*, ein kleines Zupfinstrument Nordindiens (siehe Abb. 1, Mitte); sowie zahlreiche volkstümliche Instrumente, einige mit einer Saite wie die →*gopi-yantra* und →*tuila* (für den Bordunklang zum Gesang).

Streichinstrumente: →*sarangī*, →*dilrubā* und *esrāj* sind kleine gestrichene Abkömmlinge der *sitār*; →*sārindā* (volkstümliches Instrument). In Südindien wird der Gesang in der Regel von der →Violine begleitet, die im 18. Jahrhundert aus Europa kommend in Indien Einzug gehalten hat. Um vollständige Bewegungsfreiheit der linken Hand zu gewährleisten, wird das Instrument vom auf dem Boden sitzenden Spieler zwischen Brust und Fuß gehalten, mit der Schnecke am Fuß. In Nordindien wird die Violine auch als Soloinstrument gespielt.

Das mit dem iranischen *santir* verwandte →Hackbrett findet man nur in Nordindien, wohin es während der moslemischen Zeit aus Kaschmir gekommen ist.

(d) *Blasinstrumente.* Querflöte, →*bānsuri* (*kural* in Südindien); volkstümliche und Hirtenflöten in großer Vielfalt, darunter →Längsflöten (→NĀY) und →Kernspaltflöten in Nordindien. Doppelrohrblattinstrumente: →*shahnāī* in Nordindien; →*nāgasvaram* in Südindien. Zu den weniger bedeutenden Instrumenten zählt die klarinettenartige →*pungi*. Blechblasinstrumente: →TROMPETE, 7c; →*sringa* (Messinghorn); →auch MUSCHELTROMPETE.

Lit.: Floyd 1980; Krishnaswami 1971; Sachs 1923.

Indonesien →GAMELAN sowie ANGKLUNG; BONANG; CELEMPUNG; CHALUNG; DOPPELROHRBLATTINSTRUMENT, 2b; FLÖTE, 1c (*suling*); GAMBANG; GANGSA;

Notenbeispiel 1. Typisches Jagdhornsignal. Klingt eine kleine Septe tiefer.

GENDER; GONG BUMBUNG; GONG UND TAM-TAM, 2; KACHAPI; RABAB, 3; SARON.

Instrumentenbauer (Instrumentenmacher)
→ MUSIKINSTRUMENTENBAUER.

Intonation Die Klangerzeugung gemäß eines bestimmten Tonsystems. In diesem Sinne redet man von reiner und unreiner Intonation und bezieht sich meistens ausschließlich auf die Tonhöhe (engl. *intonation*). Im Instrumentenbau versteht man unter der Intonation auch die Regulierung (engl. *voicing*) des Timbres, so z. B. durch Stechen oder Abfeilen der Hammerfilze beim →Klavier oder durch Regulieren der Orgelpfeifen, so daß alle Klänge eines Registers einheitlich in Intensität und Timbre sind.

Inventionshorn →WALDHORN, 5c, 6.

Ipu hula Hawaiianischer »Tanzkürbis«. →PAZIFISCHE INSELN, 3a.

J

Jagdhorn (engl.: *hunting horn*; ital.: *corno da caccia*; fr.: *cor de chasse*). Das Jagdhorn spielt als Signalinstrument bei der Jagd eine große Rolle. Es gibt national unterschiedliche Typen von Hörnern für die Jagd.

1. Englisches Jagdhorn
Ein 23 cm langes, gerades Instrument aus Kupfer, mit fest eingesetztem Mundstück (→POSTHORN, Zeichnung 1c). Für Jäger, die es nicht spielen können, gibt es auch »Hörner« mit eingesetzter Metallzunge. Das englische Jagdhorn ist seit der Zeit um 1660 nachgewiesen; man war der Meinung, es gäbe einen klareren Klang als die älteren gebogenen Hörner.

2. Deutsches Jagdhorn
In Deutschland ist das normale Jagdhorn kreisförmig wie das deutsche →Posthorn und hat die Stimmung und Töne eines →Signalhorns. Es wird nach dem schlesischen Herzog Hans Heinrich XI. von Pleß (1833–1907), der es im späten 19. Jahrhundert einführte, auch »Pleßhorn« genannt. Zuvor spielte man auf dem heute noch in Frankreich gebräuchlichen Jagdhorn (unten, 3) Signale und Melodien, die auch in Kompositionen wie Haydns *Die Jahreszeiten* Eingang fanden und deren 6/8-Metrum beispielsweise in den Rondo-Finali von Mozarts Hornkonzerten zitiert wird.

3. Französisches Jagdhorn
Ein großes kreisförmiges Horn (*trompe de chasse*, auch *cor de chasse*), als direkter Nachfolger des barocken Horns, von dem auch das Orchesterhorn (→Waldhorn) abstammt. Es wird normalerweise in drei Windungen mit 40 cm Durchmesser hergestellt und steht in D mit denselben Tönen, die auch das ventillose Waldhorn in dieser Stimmung hat. Notenbeispiel 1 ist der Anfang eines der zahlreichen Signale, die in vielen Notendrucken überliefert sind. Einige gutbekannte französische Volkslieder aus dem 19. Jahrhundert fußen auf *trompe*-Melodien, so »Le bon roi Dagobert«.

Lit.: Flachs 1994; Jagdhörner 2006.

Jaltarang Indisches Spiel aus sechzehn bis achtzehn Porzellanschalen, die im Halbkreis aufgestellt werden, wobei die tiefste links vom Spieler steht. Die Schalen werden am Rand mit dünnen Stäben angeschlagen. Zur Stimmung wird Wasser in die Schalen gegossen, das wie bei der →Glasharfe die Tonhöhe erniedrigt. Das *jaltarang* wird solistisch gespielt.

Janitscharenmusik (engl.: *Turkish music*; ital.: *musica alla turca*; fr.: *bande turque*). Ensemblebesetzung mit Schlaginstrumenten – hauptsächlich →Große Trommel, →Becken, und →Triangel –, die gelegentlich in Kompositionen der Wiener Klassik vorkommt und dort lärmende Akkorde von einfacher Rhythmik und Harmonik spielt, so z. B. bei Mozart (*Die Entführung aus dem Serail*) und Haydn (Sinfonie Nr. 100 G-Dur, genannt *Militär-Sinfonie*). Gluck verwendet das Triangel in der Sturmmusik zu *Iphigénie en Tauride*. Notenbeispiel 1 stammt aus der Oper *La constanza alla fine premiata* des unbekannten Komponisten Orodaet und ist ein typisches Beispiel für Janitscharenmusik. »Tamburo ord.« bezeichnet ein →Tamburin. Im Fall der Großen Trommel (»Tamburo grosso«) werden die C^1 mit einem schweren Schlegel mit der rechten Hand geschlagen, die c hingegen mit einem Rohrstock oder einem Be-

Notenbeispiel 1

sen auf dem anderen Trommelfell mit der linken Hand. →auch KLAVIER, 8b zum Janitscharenzug.

Die ersten Zeichen gehen auf die 1720er Jahre zurück, als die Türken vor Wien zurückgehalten wurden und der Westen sich echte Instrumente der berühmten Militärkapellen der Janitscharen, der seit dem 14. Jahrhundert aus Knaben christlicher Untertanen zusammengestellten Elitetruppen des türkischen Militärs, beschaffte. Die Janitscharen sind 1826 aufgelöst worden; doch inzwischen wird die ursprüngliche Janitscharenmusik in der Türkei wieder rekonstruiert.

Jankó-Klaviatur Von dem ungarischen Pianisten Paul von Jankó (1856–1919) entwickelte Reformklaviatur für das →Klavier, bei der jeder Tastenhebel in drei terrassenförmig aufsteigende Stufen unterteilt ist. Diese Anordnung erleichtert – theoretisch – das Spiel, weil sie der natürlichen Handhaltung besser entspricht. Darüber hinaus ermöglicht sie problemloses Transponieren, weil für alle Tonarten derselbe Fingersatz gilt. Trotz vielfältiger Propagandaversuche konnte sich die Reformklaviatur nicht durchsetzen.

Japan Das traditionelle japanische Instrumentarium, das im folgenden kurz aufgelistet wird, dokumentiert Japans alte enge Verbindung mit dem asiatischen Festland, insofern als die meisten Instrumente ihre Wurzeln in China oder Korea haben und von Japan übernommen wurden. Einige von ihnen wurden in starkem Maße verändert, andere behielten ihre ursprüngliche Bauweise fast exakt bei, wie man an Hand der wertvollen Instrumente aus dem 8. Jahr-

Abb. 1. »Das Kammer-Trio« (aus Piggott, 1893); v.l.n.r.: koto, kokyū, shamisen

Abb. 2. »Das Theaterorchester in vollem Kostüm« (Piggott, 1893): vordere Reihe taiko, o-tsuzumi, kotsuzumi, shinobue (Flöte); hintere Reihe Sänger, zwei shamisen.

hundert n. Chr. sehen kann, die im kaiserlichen Schatzhaus Shôsôin, Nara, aufbewahrt werden.

1. Instrumente

(a) *Idiophone.* Glocken: große Tempelglocken (*ō-gane*), die normalerweise in niedrigen Glockentürmen aufgehängt sind und an der Außenseite mit einem schweren, horizontal aufgehängten Holzstamm angeschlagen werden; Handglocke mit Klapper (*rei*); eine Rassel mit Glockenkügelchen (*suzu*); bei buddhistischen Zeremonien gespielte Glocke →*kin* und aufgehängte Bronze- oder Eisenplatte *kei* und der »Holzfisch« *mokugyo* (→TEMPELBLÖCKE). Gong: insbesondere der kleine (15 cm Durchmesser) *shōko* in der Hofmusik und bei buddhistischen Zeremonien, der auf der Innenseite mit einem Paar dünner Schlegel mit Knäufen angeschlagen wird. Klappern: *shakubyōshi*, zwei ca. 35 cm lange Buchsbaumstücke, die von dem Chorleiter bei höfischer Musik zusammengeschlagen werden; *yotsudaki*, Bambusstäbe. Rasseln: u.a. zusammengebundene Holzplättchen, →BIN-SASARA (vgl. auch 3, unten, *kabuki*-Theater).

(b) *Trommeln.* So wichtig wie überall in Asien. Die meisten sind zweifelig: Faßtrommeln mit genagelten oder geschnürten Fellen; →*taiko*; Sanduhrtrommeln (→*tsuzumi*). Siehe auch Abb. 2.

(c) *Saiteninstrumente.* →Wölbbrettzither →*koto* (mit dem älteren Typ *wagon*, →KOTO, 3). Lauten: →*biwa*, birnenförmiger Umriß, von der chinesischen →*pipa* abstammend; →Langhalslaute →*shamisen*. →Fidel: →*kokyū*, ähnlich der *shamisen* gebaut. Siehe Abb. 1, von links nach rechts: *koto, kokyū, shamisen*.

(d) *Blasinstrumente.* Querflöte →*fue* in verschiedenen Typen (mit dem Suffix -*bue*) und als *nōkan* besonders wichtig im Rahmen des traditionellen Theaters (Abb. 2); →Längsflöte *shakuhachi*, die wichtigste Flöte für Solomusik und im Ensemble mit *koto* und *shamisen*. Doppelrohrblattinstrument →*hichiriki* (Hofmusik). Mundorgel →*shō*.

2. Hofmusik (gagaku)

Als weltweite, fast einzigartige Besonderheit existiert das mittelalterliche Instrumentalensemble noch immer. Das 1868 wieder eingeführte Repertoire setzt sich aus Kompositionen ohne Tanz zusammen, bei denen Blas-, Saiteninstrumente und Trommeln spielen (Notenbeispiel 1), und solchen mit Tanz (*bugaku*), wo dann die Saiteninstrumente weggelassen werden. In Notenbeispiel 1 ist gezeigt, wie sich die Aufführungsweise und Notationspraxis geändert hat. Der erste Takt zeigt in etwa, wie die Komposition in Quellen des 12. Jahrhunderts erscheint, bevor eine große Verlängerung zusammen mit Änderungen der Spielweise eintrat, bei der jeder Schlag quasi vervierfacht wurde. Die ursprüngliche *tōgaku*-Melodie kann nur noch in den langen Notenwerten der Laute *biwa*, der Flöte und des Doppelrohrblattinstruments wahrgenommen werden; die Zither *koto* spielt harfenähnliche Figuren, die Trommelrhythmen sind diffiziler gestaltet, die Mundorgel hat Akkordcluster.

3. Theater

Die klassischen *nō*-Stücke werden seit dem 17. Jahrhundert von vier Musikern mit der Querflöte *nōkan*, der Trommel *taiko* und zwei verschiedenen Trommeln *tsuzumi* auf der Bühne begleitet. Beim *kabuki*-Theater sind zu diesen Instrumenten hinzugefügt (Abb. 2): zwei oder drei *shamisen* auf der Bühne, und, hinter einer Bambuswand versteckt, die *geza*-Musiker mit *shamisen*, Flöten und vielen verschiedenen Schlagzeuginstrumenten (die große Faßtrommel *ō-daiko*; Holzklappern *hyoshigi*: sie signalisieren das Öffnen und Schließen des Vorhangs); verschiedene Trommeln, Glocken, kleine Becken sowie das Xylophon *mokkin* (→XYLOPHON, 3).

4. Herstellung westlicher Musikinstrumente

Die Herstellung westlicher Musikinstrumente, für die japanische Firmen wie Yamaha und Kawai welt-

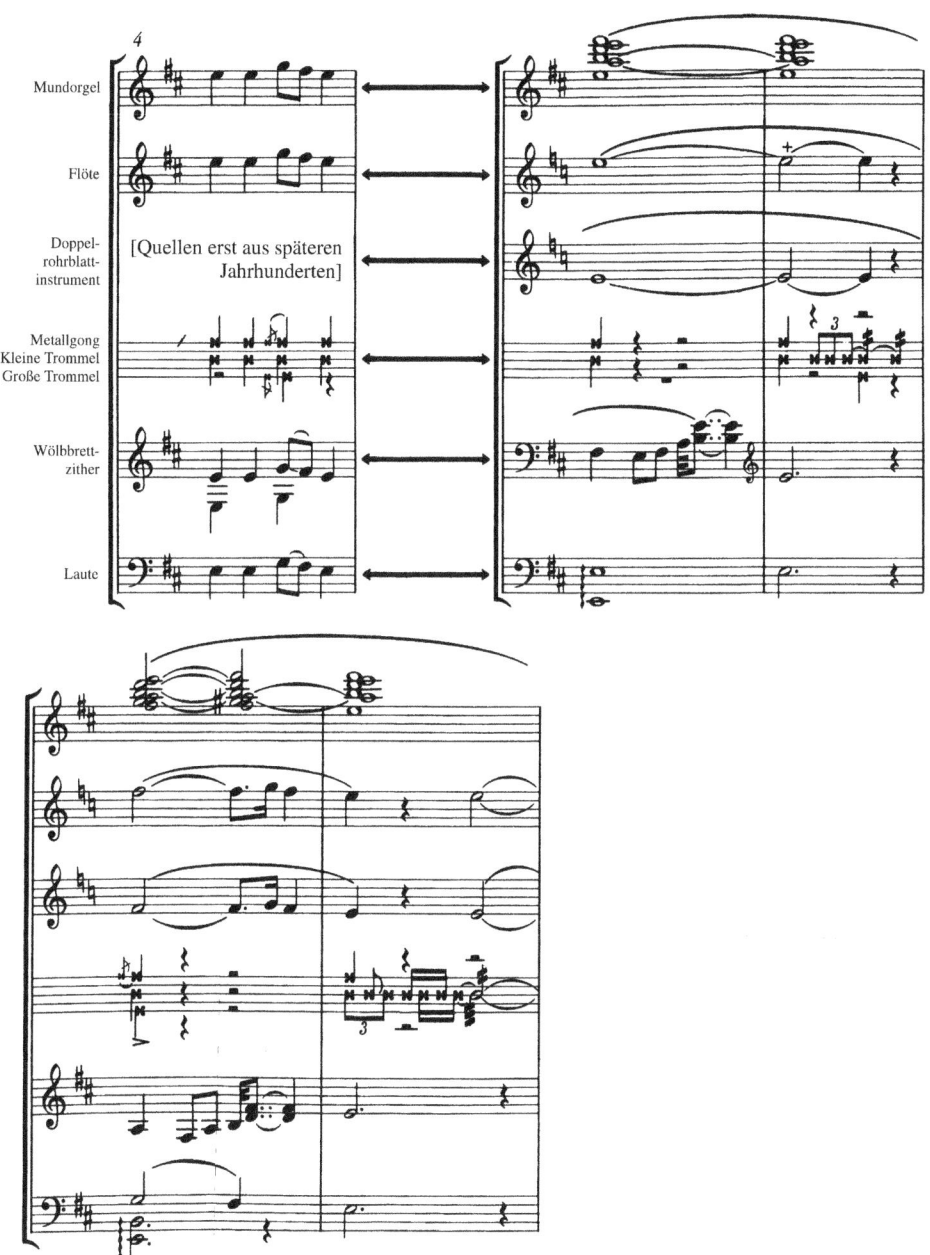

Notenbeispiel 1

weit bekannt geworden sind, begann kurz nach 1868, als sich Japan infolge seiner politischen Umstrukturierungen wieder dem Westen geöffnet hatte. Yamaha stellt inzwischen ungefähr die halbe Weltproduktion an Klavieren, ein Herstellungszweig, der bald nach 1900 aufgegriffen wurde. Inzwischen kommen auch viele elektronische Musikinstrumente aus Japan.

Lit.: Harich-Schneider 1973; Malm 1959; Piggott 1893.

Jarana Mexikanischer Name für verschiedene Typen der kleinen Gitarre. →GITARRE, 5.

Jazz Zur Besetzung größerer Jazz-Ensembles →TANZORCHESTER.

Jazzpauke →TOM-TOM.

Jenglong →GAMELAN, 1.

K

Kachapi (auch: *kacapi*)
1. Ein auf Westjava vorkommender Typ der →Wölbbrettzither. Ein langer, breiter, etwas erhaben plazierter Kasten hat eine flache, bis zu 150 cm lange Resonanzdecke. Die Enden des Kastens verlaufen schräg nach oben hin, etwa wie der Bug eines Schiffes. Der Unterboden ist teilweise offen. Bis zu achtzehn Drahtsaiten sind an Stiften nahe des Querriegels am rechten Ende (zur Rechten des Spielers) befestigt und führen über separate bewegliche Stege und durch Löcher in der Decke zu den Stimmwirbeln, die schräg in einer Reihe am anderen Ende des Kastens liegen. Die beweglichen Stege sind ähnlich der chinesischen →*cheng* dreieckig. Der Spieler sitzt am rechten Ende des Instruments und zupft die Saiten mit den Fingern und Daumen beider Hände an (mit den Fingernägeln oder Fingerplektren). Mit der rechten Hand spielt er die Melodie, mit der linken begleitet er, z. B. mit ständiger Wiederholung der Tonika. Die *kachapi* wird vielfach zusammen mit der Flöte →*suling* und dem gestrichenen *rebab* (→RABAB, 3) gespielt. In neuerer Zeit sind verschiedenen Ausführungen entstanden, die konstruktionstechnische Details der *siter* (→CELEMPUNG) in die *kachapi* integrieren.
2. In Teilen Indonesiens (z. B. Sulawesi) die Bezeichnung für eine Laute mit ausgehöhltem Korpus und ein oder zwei Saiten.
3. *Kachapi vina* ist im späten 19. Jahrhundert die indische Bezeichnung für einen Typ der →*sitār*.

Kagurabue Japanische Querflöte; →FUE.

Kaiserbariton, Kaiserbaß →Bariton bzw. Kontrabaßtuba (→TUBA) mit weiter Mensur, 1882/83 von F. V. Červený, Hradec Králové (Königsgrätz) entwickelt.

Kakaki Gerade, bis zu 2,50 m lange Trompete des Westsudans, Abkömmling vom →*nafir*, an den die Bauweise (häufig aus Weißblech) und das Mundstück erinnern. Sie wird zu zeremoniellen Anlässen von berittenen Musikern paarweise und zusammen mit dem →Doppelrohrblattinstrument *alghaita* (→SURNĀ, 2) und der zylindrischen Trommel →*ganga* gespielt, wobei auf den Kakakis zwei Naturtöne des Baritonregisters im Quintabstand erklingen.

Kakko Zweifellige zylindrische Trommel der japanischen Hofmusik →TAIKO, 2c.

Kalangu Eine der westafrikanischen →Sanduhrtrommeln, die unter dem Arm gehalten werden, so daß die Tonhöhe durch Armdruck auf die die Felle verbindenden Schnüre verändert werden kann (→TROMMEL, Zeichnung 1e). In der Regel wird die *kalangu* am vorderen Fell mit einem gekrümmten Stock angeschlagen.

Kalebassenbogen →MUSIKBOGEN, 3.

Kalkant (Calcant) Der Balgtreter bei Orgeln.

Kammerton Im modernen Sprachgebrauch der Stimmton a^1, der im 20. Jahrhundert zwischen 435 und 444 Hz liegt (→STIMMTON). Vor 1800 im Unterschied zum →Chorton der meist einen Ganzton tiefer stehende Stimmton, nach dem die Instrumente bei der höfischen Instrumentalmusik eingestimmt wurden.

Kantele Volkstümliches finnisches Saiteninstrument. Ähnliche Instrumente werden in den nordöstlichen Ostsee-Anrainerstaaten und in Teilen Rußlands gespielt und heißen in Estland *kannel*, in Lettland *kokle*, in Litauen *kakles* und in Rußland *gusli*. Die Drahtsaiten sind fächerartig über einen flachen Resonanzkasten gespannt, der auf den Schoß oder einen Tisch gelegt wird. Größe, Umriß, Saitenzahl und Spielweise haben sich in den letzten hundert Jahren in allen Regionen verändert. Im finnischen Epos *Kalevala* kommt einem Instrument mit dem Namen *kantele* eine besondere Bedeutung als ein mit magischer Kraft versehenes Instrument zu.

1. Herkömmliche Kantele

Der kleine flügelförmige Resonanzkasten mit offenem Boden (Abb. 1) besteht aus einem ausgehöhlten Stück Kiefer. Er wird normalerweise mit seiner längsten Seite vom Spieler abgewandt plaziert (Stimmwirbel auf der linken Seite). Gewöhnlich hat das Instrument fünf Saiten, die an einem metallenen oder hölzernen Querriegel befestigt sind und diatonisch gestimmt werden. In der normalen Spielweise dient die linke Hand ausschließlich dem Abdämpfen der Saiten. Mit den Fingernägeln der rechten Hand

Abb. 1. Kantele-Spieler in Ost-Finnland (1917).

(oder manchmal mit einem →Plektron) wird über die Saiten gefahren, während die Finger der linken Hand jene Saiten dämpfen, deren Töne dissonant zu den betreffenden Melodietönen sind.

2. Moderne Ausführungen
Seit dem späten 19. Jahrhundert wird die *kantele* in größeren und veränderten Versionen mit dreißig oder mehr Drahtsaiten (Tonumfang vom C aufwärts) hergestellt. Dabei werden die Saiten teilweise mit den Fingern beider Hände gezupft. In Rußland gibt es seit den späten 1940er Jahren die *gusli* in chromatischer Stimmung und mit einer klaviaturähnlichen Dämpfungsmechanik im Umfang einer Oktave. Wenn die Tasten nicht gedrückt werden, liegt in allen Oktaven ein Dämpfer auf jeder Saite. Bei Tastendruck wird der Dämpfer abgehoben und die Hand kann den Ton in einer oder mehreren Oktaven zum Erklingen bringen. Dadurch können Klangeffekte entstehen, die auf anderen Saiteninstrumenten nicht möglich sind: z.B. kann ein abgedämpfter Akkord während eines Glissandos gewechselt werden (→hierzu Tikhomirov 1983).
Lit.: Vertkov 1969.

Kantil   →GAMELAN, 2.

Kapelle   Ursprünglich die Gemeinschaft der am Gottesdienst mitwirkenden Sänger bedeutend, wurde der Begriff im 16. Jahrhundert zur Bezeichnung eines gemischten Instrumental-Vokalensembles und im ausgehenden 18. Jahrhundert dann eines chorisch besetzten Instrumentalensembles, also als Synomym zu →Orchester, verwendet. Im 20. Jahrhundert wird unter Kapelle, sofern es sich nicht um institutionsgebundene Traditionsnamen wie »Staatskapelle Dresden« handelt, im allgemeinen ein nichtsinfonisches Instrumentalensemble (z.B. →Militärkapelle, Tanzkapelle) verstanden.

Karnā   180 cm lange Messingtrompete mittelalterlicher islamischer Herkunft, die in Zentralasien, Nordindien und früher im Iran gespielt wurde und noch immer gehört werden kann. Das Instrument hat eine weite Mensur (3,5 bis 5,5 cm Durchmesser der Röhre). Am Ende der Röhre ist ein Schalltrichter mit einem Knauf, der gehämmerte Ornamente hat. Die dem Spieler zugewandte Hälfte des Rohrs (das Instrument kann zum Transport in zwei Teile zerlegt werden) überdeckt das eigentliche Mundrohr, das sich zu einem engen Ende verjüngt, wo ein Mundstück aus Metallblech angelötet ist.

Normalerweise erklingen bei lokalen Festlichkeiten zwei dieser Trompeten zusammen mit der →*surnā* und kleinen Kesselpauken (→NAQQĀRA); früher waren sie königlichen Zeremonien vorbehalten (wie die entsprechenden Trompeten im europäischen Raum im Mittelalter und zur Zeit der Renaissance). Die Trompeten erklingen im Baritonregister mit dem ersten und zweiten Oberton (man vgl. die Klänge der langen →*kakaki*-Trompeten Westafrikas).

Karnyx   →LITUUS UND CARNYX.

Kastagnetten   (engl.: *castanets*; ital.: *nacchere*; span.: *cataňuelas*)

1. Echte Kastagnetten
Jede Hand hält ein Paar muschelförmiger Holzschalen aus Buchsbaum, Nußbaum, Rosenholz, Ebenholz oder einem anderen Holz (jedoch nicht aus Kastanienholz, obwohl der spanische Name dafür, *castaño*, dies vermuten läßt).

Zur Herstellung wird das Holz auf der Drehbank zu einer dem Kreisel ähnelnden Form gedrechselt, dann halbiert und so zurechtgeschnitten, daß zwei aufeinander passende muschelförmige Schalen entstehen, die beim Zusammenschlagen nicht völlig plan abschließen, so daß der im Innern entstehende Klang ebenso wie das höhere »Klicken« des Holzes gehört wird. Jede Schale hat zwei Löcher für die Schnur, die zweifach um Daumen oder Mittelfinger gelegt wird (Zeichnung 1a). Die Schalen hängen vor der Handfläche; durch die Spannung der Schnur ste-

Kaval

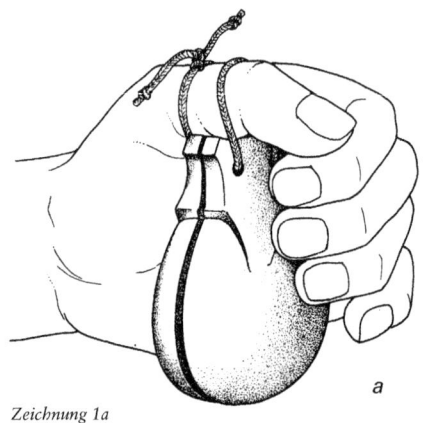

Zeichnung 1a

3. Flache »Kastagnetten«

Kleine, flache Holzbrettchen (Klappern), die mit den Fingern zusammengeschlagen werden, nennt man in Spanien und Portugal ebenfalls *catañuelas*. →Zeichnung 1b.

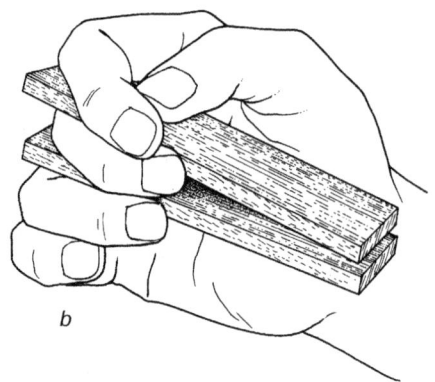

Zeichnung 1b

hen sie etwas auseinander, und der Spieler schlägt mit den Fingern auf die äußere Schale. Durch Fingerwechsel kann eine sehr schnelle Schlagfolge entstehen. Spanische Tänzer unterscheiden zwischen »männlichen« Kastagnetten, die mit der linken Hand gespielt werden, und »weiblichen« Kastagnetten für die rechte Hand. Die ersteren haben einen tieferen Klang, da sie stärker ausgehöhlt sind. Diese Kastagnetten werden auf dem Schlag einer Zählzeit im Takt gespielt, indem normalerweise zwei Finger zusammen auf die äußere Muschel schlagen. Mit den »weiblichen« Kastagnetten spielt man schnellere Schlagfolgen, wobei sich die Finger abwechseln (Notenbeispiel 1).

Notenbeispiel 1

Kastagnetten sind in Spanien seit dem Mittelalter bekannt. Möglicherweise wurden sie ursprünglich von den Phöniziern eingeführt. In Süditalien gibt es knapp 2,5 cm breite Kastagnetten, die auf der Fingeraußenseite getragen werden.

2. Stielkastagnetten

Die zwei Schalen sind an den Enden eines Stiels zusammengebunden. Zwischen ihnen befindet sich normalerweise eine feste Schale, die auf beiden Seiten ausgehöhlt ist. Solche Kastagnetten werden in einigen Ländern als Volksmusikinstrumente zu rituellen Anlässen, wie z.B. in der Osterwoche, gespielt. Sie werden auch im Sinfonieorchester gerne verwendet, weil sie leichter zu spielen sind. Die Rhythmen werden durch Schütteln des Stils mit der Hand ausgeführt, obwohl exakte Rhythmen schwierig zu beherrschen sind.

4. Metallkastagnetten (Gabelbecken)

In Marokko vorkommende Paare beckenähnlich geschmiedeter Platten (genannt *qaraqib*), die an einem Ende locker zusammengebunden sind. Im Sinfonieorchester sind diese Metallkastagnetten an einer federnden Metallgabel befestigt.

Kaval Längsflöte (→FLÖTE, 1b) der Hirten in Südosteuropa und der Türkei (Abb. 1, S. 145), wo allerdings das türkische Wort *kaval* auch eine →Kernspaltflöte bedeuten kann. In Griechenland wird das Instrument *floyera* genannt.

Die *kaval* ist aus Schilfrohr (wie allgemein die →*nāy* des Mittleren Ostens) oder aus Holz gefertigt. Das in Mazedonien gut bekannte Instrument ist ebenso wie in Bulgarien bis zu 84 cm lang und besteht aus drei hölzernen Teilen, die an Zapfen zusammengesteckt werden. Das obere Ende ist abgeschrägt, um eine scharfe Kante zu geben, an die die Unterlippe (manchmal auch die Zähne, →NAY) angelegt wird. In Mazedonien spielen zwei Flöten mit geräuschhaftem, atemreichen Timbre zusammen; die eine davon hält →Borduntöne aus.

Kayagŭm Eine der koreanischen →Wölbbrettzithern (→CHINA UND KOREA, 2 mit Abb. 2, vorne rechts) und das beliebteste traditionelle Instrument unter koreanischen Dilettanten. Sie hat zwölf Saiten, die mit einzelnen, beweglichen Stegen pentatonisch gestimmt werden. Der Spieler zupft die Saiten mit den Fingern der rechten Hand an, während er mit der linken Hand die Saiten jenseits der Stege niederdrückt und so Vibrato, Portamento und Schleifer er-

Abb. 1. Kaval, vermutlich aus Mazedonien.

zeugt (vgl. mit der Spielweise bei →*koto* und →*cheng*). Zum festen Repertoire der *kayagŭm* gehören *sanjo*-Stücke aus dem südwestlichen Korea, bei denen die Zither mit der Sanduhrtrommel *changgo* begleitet wird.

Kemanche (persisch, »Geige«)

1. Die wichtigste traditionelle →Fidel (→Spießgeige) des Mittleren Ostens vom Iran (Abb. 1) bis ins russische Zentralasien, wo sie in Turkistan *ghichak* genannt wird. Das runde Korpus ist üblicherweise aus Segmenten vom Holz des Maulbeerbaums zusammengefügt und folgt im Umriß einer Kalebasse, die auch gelegentlich für das Korpus verwendet wird. Etwas unterhalb der Decke ist ein langer Spieß am Korpus befestigt; am unteren Ende des Korpus ist ein Eisenstachel eingesetzt, um das Instrument auf dem Boden abzustützen (→SPIESSGEIGE). Gewöhnlich ist die Decke aus der Haut von Fischen aus dem Kaspischen Meer. Die drei oder vier Saiten, heute aus Draht, sind in Quarten gestimmt und werden, wie allgemein in Asien üblich, lediglich durch Druck der Finger gegen die Saite abgegriffen (es gibt also kein Griffbrett). Die *kemanche* ist als klassisches Instrument inzwischen weitgehend von der abendländischen →Violine abgelöst worden; in den GUS-Staaten gibt es moderne Versionen mit Griffbrett und Saitenhalter, mit vier in Quinten gestimmten Saiten und mit einem Bogen, der durch einen »Schraubfrosch« gespannt wird.

2. *Pontische Lyra* (*lyra pontou*, *kementzés*). Das nordgriechische Instrument, das auch im Kaukasus und in der Türkei (*kemençe*) gespielt wird, ist eine dreisaitige Fidel, deren etwa 10 cm breiter Korpus mit nahezu parallelen Zargen aus Holz ausgehöhlt ist. Auch die Decke ist aus Holz, und zwischen Decke und Boden ist eine →Stimme aufgestellt. Am kurzen Hals befindet sich ein tiefer, herzförmiger Wirbelkasten, der auf der Rückseite offen ist und bei dem durch kleine Löcher oberhalb des Sattels (wie bei der italienischen →*lira da braccio* der Renaissance) die Saiten nach hinten durchgezogen sind. Das Griffbrett ist kurz und dünn. (Nach alten Quellen sind die Saiten allerdings nicht immer in europäischer Weise abgegriffen worden.) Das Instrument ist in Quarten gestimmt. Während die Melodie auf den oberen beiden Saiten gespielt wird, erklingt auf der dritten Saite ein →Bordunton. Gewöhnlich werden die beiden Melodiesaiten gemeinsam abgegriffen, so daß die Melodie in Quartenparallelen erklingt (vgl. LAUTE, Notenbeispiel 7). Wie die griechische →*lyra*, so wird auch die Pontische Lyra im Gehen gespielt (z.B. bei Prozessionen), wobei der Spieler sie entweder mit Daumen und Zeigefinger der linken Hand oder an einem Band hält. Es gibt auch Ausführungen mit sympathetischen Drahtsaiten (z.B. in Armenien).

3. *Kemençe* bedeutet in der Türkei auch eine kleine birnenförmige Fidel ähnlich der →*lira*.

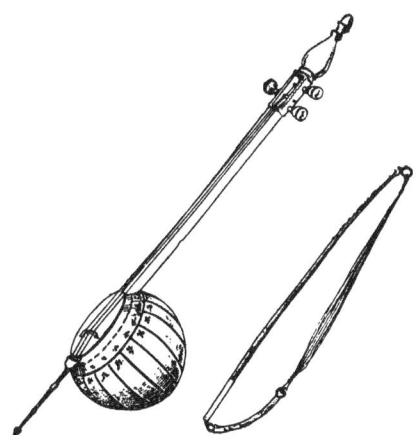

Abb. 1. Eine persische Kemanche.

Kemençe

Lit.: Picken 1975; →MITTLERER OSTEN.

Kemençe →KEMANCHE, 2, 3.

Kempul, Kempyang, Kenong, Ketuk Gongs des javanischen Gamelans. →GAMELAN, 1*a*).

Kendang Die Trommel im Gamelan und bei anderer Musik auf Java und Bali (→GAMELAN, 1*b*).

Kerar →LEIER, 1.

Kerbflöte (engl.: *notch flute*). Flötentyp, dessen oberer Rand eine Kerbe hat, gegen die der Spieler den Luftstrom richtet. Kerbflöten sind vor allem in Asien verbreitet. →FLÖTE, 1*b*.

Kernspaltflöte (engl.: *duct flute*). Oberbegriff für alle solche Flöten, bei denen der Luftstrom in einem Kanal zwischen einem Block (»Kern«) und der Außenwand auf das →Labium gerichtet wird; →FLÖTE, 1*c*, →Blockflöte, →Flageolett und →Okarina zählen zu den Kernspaltflöten.

1. Aufschnitt und Kernspalte

Jede Labialpfeife einer Orgel hat eine Kernspalte. Die einfachste Form der Kernspalte kommt allerdings bei billigen Kinderpfeifen, den Tin Whistles, vor: die Röhre ist fast über ihre gesamte Breite flachgeklopft, um eine »Lippe« herauszubilden (Zeichnung 1*a*); ein eingesetzter Zinnblock bildet den Kern. Zeichnung 1*b* ist die schematische Darstellung einer Kernspaltflöte aus Schilfrohr. Hier besteht der Kern aus einem Stück Kork. Die aus der Rohrwand herausgeschnittene Schneide setzt eine zweifache Krümmung an der Innenseite der Röhre voraus: von außen ebenso wie im Querschnitt. Um diese Krümmungen zu minimieren, ist die Schneide nicht sehr breit. Als Ausgleich dafür ist das Labiumfenster (→»Aufschnitt«) sehr groß und fast quadratisch oder sogar länger als breit. Ein einfacher, an der Spitze abgeflachter Holzkern bildet zusammen mit der Rohrwand den Windkanal. Zeichnung 1*c* stellt einen weiteren Schritt dar, wie er bei →Flageoletts aus Holz, bei →Einhandflöten und – in der am weitesten entwickelten Form – bei →Blockflöten vorkommt. Hier hat die aus der Bohrungsoberfläche herausgearbeitete Schneide eine gerade Kante. Durch das schräge Wegschneiden des Holzes erhält die Schneide im Längsschnitt die Form eines Keils. Damit der Windkanal auf die Schneide gerichtet ist – wie in der Zeichnung zu sehen –, wird ein entsprechend gefräster und zurechtgehobelter Holzblock in den Schnabel eingepaßt. Zu weiteren Details des Kerns →BLOCKFLÖTE, 2.

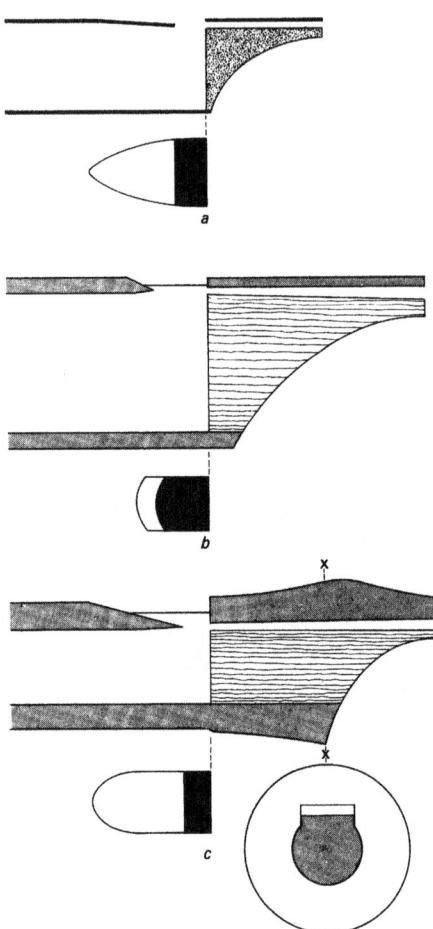

Zeichnung 1

Ketten Arnold Schönberg fordert im dritten Teil der *Gurrelieder* (1911) »einige große eiserne Ketten« und notiert deren Part (3 Takte lang vor Ziffer 65) als Teil des Schlagwerks ohne Tonhöhe in 32steln. Auch Edgard Varèse (*Integrales*) und Havergal Brian haben Ketten als Instrumente eingesetzt.

Kettledrum (engl.). →PAUKE.

Keyboards (engl., »Tastaturen«). In der Unterhaltungselektronik verwendeter Sammelbegriff für (elektronische) Instrumente, die über das Betätigen einer →Klaviatur gespielt werden.

Khāēn In Südostasien (von Laos, Nordthailand, Nordburma, Südchina bis nach Nordkalimantan) gespielte →Mundorgel mit →durchschlagenden

Zungen. Zu den Zungen und der Spielweise, bei der in jeder Pfeife ein Loch mit dem Finger geschlossen wird, →SHENG. Die Pfeifen aus Bambus sind in einen Windbehälter aus Holz oder einer Kalebasse gesteckt. Sie sind normalerweise länger und klingen tiefer als bei der *sheng*. Die ein oder zwei längsten Pfeifen sind →Bordunpfeifen und haben kein Griffloch. Der Spieler atmet durch das Mundstück ein und aus; das Instrument klingt ununterbrochen weiter.

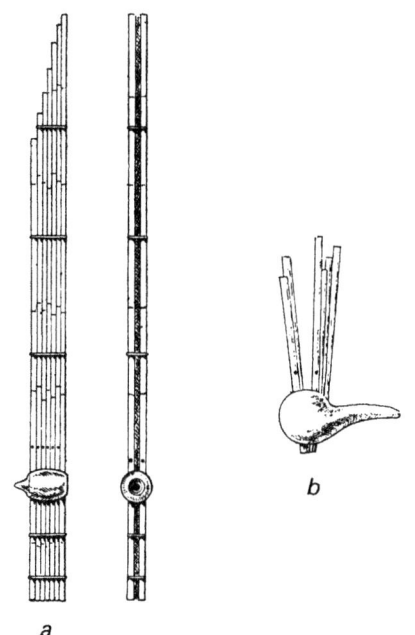

Zeichnung 1. (a) Mundorgel (khāēn), Laos; (b) eine Mundorgel aus Sarawak, Nord-Borneo.

Die *khāēn* in Laos (Zeichnung 1a) hat bis zu achtzehn pentatonisch gestimmte Pfeifen in zwei parallelen Reihen und wird in der Regel schräg zum Gesicht gehalten. Der Windbehälter ist im unteren Drittel der Pfeifen angesetzt. Die längste Pfeife ist bis zu 2 m lang und klingt in der Bariton-Stimmlage. Jede Pfeife kann am Boden wie auch an der Spitze offen sein. Die Musik erklingt akkordisch über dem Bordun, häufig mit Oktavparallelen. Das Instrument wird solistisch oder im Ensemble mit anderen Mundorgeln gespielt.

Die Instrumente der Dajaken in Nordkalimantan (Nordborneo) haben fünf bis acht Pfeifen, die in einer Kalebasse stecken (Zeichnung 1b). Die Zungen sind aus Palmenholz geschnitten oder aus Messing.

Khlui (Khloi) Im Thailändischen eine »Pfeife«, insbesondere die aus Bambus gefertigte →Kernspaltflöte des Bandflötentyps (→FLÖTE 1c(ii)) mit sieben Löchern, Daumenloch und einem Loch, das mit einer Membrane überzogen ist, um wie bei der chinesischen Flöte →*ti* ein nasales Timbre zu erzeugen.

Die in verschiedenen Größen vorkommende *khlui* wird sowohl solistisch als auch in Ensembles aus leisen Instrumenten gespielt. *Khlui* kann auch eine Kernspaltflöte mit Schnabel oder ein →Rohrblattinstrument bezeichnen. In Burma entspricht die *palwei* der *khlui*.

Khuur Die →Fidel der professionellen Spielleute der Mongolei. Sie ist etwa 1 m lang, wird fast senkrecht gehalten und hat einen Korpus aus einer vierseitigen hölzernen Zarge, die auf beiden Seiten mit Fell überzogen ist (→FIDEL, 2b; auch CHINA UND KOREA, Abb. 1, zweiter Spieler von rechts). Moderne Instrumente haben jedoch häufig einen hölzernen Boden. Der stangenförmige Hals trägt einen geschnitzten Pferdekopf (→BOGEN, 1c). Die zwei Saiten aus Roßhaar sind normalerweise im Quartabstand gestimmt und werden, wie auch sonst in Asien, durch Druck mit dem Fingernagel abgegriffen (→FIDEL, 1).

Kielflügel (18. Jh.) Das →Cembalo. →auch FLÜGEL.

Kielklaviere (Zupfklaviere) (engl.: *quill keyboard instruments*). Gattungsbegriff für sämtliche Tasteninstrumente mit Kielmechanik, also →Cembalo, →Clavicytherium, →Spinett und →Virginal.
Lit.: Kielklaviere 1991.

Kin Japanische Glocke aus Messing oder Bronze unterschiedlicher Größe, die bei buddhistischen Ritualen mit einem hölzernen Schlegel gespielt wird. Westliche Schlagzeuger kennen das Instrument als »japanische Tempelglocke« oder »Dobachi«. Henze hat das Instrument eingesetzt.

Kinnari vina →TUILA.

Kinnor →BIBLISCHE MUSIKINSTRUMENTE, 1c.

Kino-Orgel (engl.: *cinema organ, theatre organ*). Eine ursprünglich für die Musikbegleitung zu Stummfilmen konzipierte Orgel. Wie die Kirchenorgel (→ORGEL) ist sie eine Pfeifenorgel mit Labial- und Lingualpfeifen, doch sind die Pfeifenreihen (»ranks«) anders zusammengestellt. Zusätzlich ist in der Kino-Orgel eine große Anzahl diverser Schlaginstrumente und Effekte eingebaut.

Die Kino-Orgel ist in den 1920er Jahren aus dem »Hope-Jones Unit Orchestra« von Robert Hope-Jones (1859–1914) als Produkt der nordamerikanischen Wurlitzer Company, North Tonawanda, NY, entstanden und wurde zunächst »Unit and Extension

Kino-Orgel

Organ« (→ORGEL, 6) genannt. Die Orgelpfeifen befinden sich meist in zwei oder drei Kammern oberhalb des Kino-Proszeniums und haben Flügelradgebläse. Sie werden elektropneumatisch (d.h. über mehrere Relais, die die Pneumatik steuern) von einem Spieltisch aus gespielt, der an prominenter Stelle, beispielsweise mitten im Orchestergraben, plaziert ist und nach oben gefahren werden kann. Bei jeder der Hauptpfeifenreihen ist der normale Tonumfang von vier Oktaven um eine weitere Oktave im Baß und zwei Oktaven im Diskant erweitert, so daß ein und dieselbe Pfeifenreihe den Tonumfang vom 16' bis zum 2' abdeckt. Aliquotstimmen (Terz, Quinte) können aus derselben Pfeifenreihe herausgezogen werden. Die bis zu 45 Ranks ermöglichen eine Vielzahl von Kombinationen, die mit Registerwippen ausgewählt werden können, welche hufeisenförmig oberhalb der drei oder vier Manuale im Spieltisch angeordnet sind (siehe Abb. 1). Hinzu kommt eine Pedalklaviatur. Viele der Tasten des Manuals haben einen »second touch«, d.h., wenn man sie tiefer als normal niederdrückt, schaltet man damit weitere Kombinationen oder Schlagzeug (Trommeln, Becken, Glockenspiel, Xylophon) und Effekte (Donnern, Autohupe, Kirchenglocken und ähnliches) hinzu.

Weil die Kino-Orgel für einen kraftvollen Ton intoniert ist, sprechen ihre Pfeifen erst bei einem Winddruck von etwa 370 mm WS (Wassersäule) an, zwei- bis dreimal so viel, wie für eine Kirchenorgel üblich. Das Grundrank, das zusammen mit dem Tremulanten den charakteristischen Kino-Orgelklang erzeugt, ist das gedackte Labialregister *tibia clausa* (Metall oder Holz; →GEDACKTE PFEIFE) mit weiter Mensur und sehr hohem, fast quadratischem Aufschnitt. Für besonders kraftvollen Klang können im Baß des *tibia clausa*-Ranks auch zusätzlich →Diaphone-Pfeifen hinzugeschaltet werden

Neben Wurlitzer haben auch andere Hersteller in Deutschland, Großbritannien, Frankreich und den USA Kino-Orgeln hergestellt, darunter die Fa. Welte, Freiburg/Breisgau. Die Kino-Orgel entwickelte sich bald nach Einführung des Tonfilms zu einem Konzertinstrument, das in den Pausen zwischen den Filmen gespielt wurde. Besonders in Großbritannien und den USA entstand so eine »theatre organ«-Musikkultur, die auch auf vielen Schallplatten verbreitet wurde. Nach dem Zweiten Weltkrieg wurden die meisten Kino-Orgeln stillgelegt, und das Kinosterben der 60er Jahre sorgte verstärkt dafür, daß heute weltweit nur noch einige wenige spielfähige Instru-

Abb. 1.
Spieltisch der Wurlitzer Kino-Orgel »The Mighty« (1929), (Musikinstrumenten-Museum SIMPK Berlin).

Abb. 1.
Einige der Instrumente
der Brüder Baschet
(The Telegraph).

mente existieren. Eines davon befindet sich im Filmmuseum, Frankfurt am Main, ein anderes im Musikinstrumenten-Museum, Staatliches Institut für Musikforschung PK, Berlin. Im Castro Cinema, San Francisco, wird sogar heute noch regelmäßig die Kino-Orgel gespielt.

Lit.: Dettke 1995, 2001; Foort 1970; Landon 1983; Whitworth 1932.

Kirmes-Orgel →DREHORGEL, 4.

Kissar →LEIER, 1.

Kithara Im antiken Griechenland eine der Hauptformen der Lyra (→LEIER, 2b); im Neugriechischen →Gitarre. →auch CITHARA.

Lit.: Anderson 1994.

Klangbausteine Instrumententyp des →Orff-Instrumentariums für die musikalische Früherziehung und den musiktherapeutischen Bereich. Ein unten gewölbt ausgeschnittener Holzstab oder ein Metallstab ist auf einem Kastenresonator aufgesetzt und wird mit einem Schlegel angeschlagen. Verschiedene Klangbausteine lassen sich zu diatonischen oder chromatischen Sätzen zusammenstellen.

Klanghölzer →CLAVES.

Klangskulpturen (engl.: *sound sculptures*; fr.: *structures sonores*). Interdisziplinäre Kunstobjekte, die sowohl visuelle Kunstwerke als auch Klangerzeuger sind, gibt es spätestens seit den 1930er Jahren; so z.B. von den Franzosen Bernard Baschet und François Baschet (geb. 1917 bzw. 1920), die Klangskulpturen von 1955 an in vielen Ländern ausgestellt haben (Abb. 1). In den Klangskulpturen der Brüder Baschet werden die Klänge durch Reiben von Glasstäben oder durch Anschlagen von Metallstäben, -platten oder -drähten erzeugt und durch große, flache Kegel oder Trichter aus Leichtmetall in einfallsreichen Formen verstärkt. Bei einem ihrer Glasinstrumente werden 6 mm dicke Glasstäbe, die den Tonumfang einer chromatischen Oktave haben, mit angefeuchteten Fingern angestrichen, um diagonale Schwingungen in Metallstäben zu erzeugen, die sich wiederum in einem großen Kegel strahlenförmig verbreiten. Der entstehende Klang kann fast wie ein fortissimo-Posaunenton sein.

Zu den visuellen Künstlern, die Klangskulpturen (heute meist unter dem Begriff »Installationen« entworfen haben, zählen Laurie Anderson, Joe Jones, Wolf Vostell, Nam June Paik, Rebekka Horn und Jean Tinguely sowie die Komponisten John Cage und Hans Otte.

Klangstein →LITHOPHON.

Klappe, Klappenmechanik (engl.: *key, keywork*). →BLASINSTRUMENTE, 4.

Klappenhorn (engl.: *keyed bugle*; ital.: *cornetta a chiavi*; fr.: *bugle à clefs, cor à clefs*). Ein einwindiges →Bügelhorn mit sechs (ursprünglich fünf) oder mehr ledergepolsterten Klappen auf den Tonlöchern. Das Klappenhorn wurde 1810 für den Kapellmeister Joseph Haliday aus Dublin (geb. 1774) patentiert und war bis in die Mitte des 19. Jahrhunderts in Großbritannien und (seit 1815) in Amerika, aber auch in Frankreich und Deutschland in der Militärmusik verbreitet.

Die der Stürze nächstliegende Klappe ist in Ruhestellung offen (wie auf der Abb. 1 sichtbar). In dieser

Klappentrompete

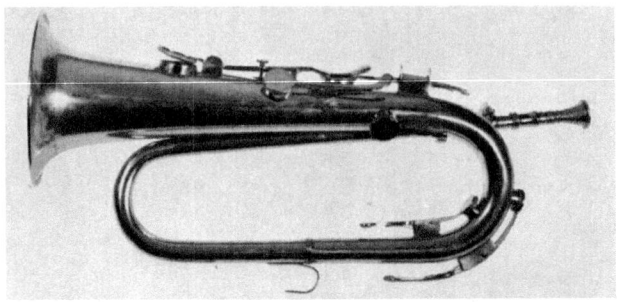

Abb. 1. *Klappenhorn von Klemm (Philadelphia, ca. 1835).*

Position erklingen die Töne vom c^1 aufwärts wie beim normalen →Bügelhorn. (Beim Klappenhorn in B, das häufig ein Klappenhorn in C mit einem B-Stimmbogen ist, erklingen alle Töne einen Ganzton tiefer.) Durch Öffnen der anderen Klappen ertönen Cis (Ringfinger), D (Zeigefinger; der Mittelfinger ruht immer auf einer Brücke oberhalb dieser Klappe), Es (Daumen; häufig gibt es auch eine Dis-Klappe). Die Klappen für E und F sitzen auf dem unteren Abschnitt der Windung und werden mit der linken Hand betätigt. Diese beiden Klappen sind nicht unbedingt notwendig für die Töne oberhalb f^1, für die die rechte Hand des Spielers ausreicht. Die Spieltechnik konnte der auf dem →Kornett ebenbürtig sein, wie virtuose Variationen aus den 1820er Jahren von Tänzen und Opernarien, die in Manuskripten des Klappenhorn-Virtuosen McFarlane überliefert sind, beweisen. Da der Schall im wesentlichen aus den Tonlöchern austritt, hat das Klappenhorn ein ganz spezifisches Timbre. Nach der Einführung der Ventile bei den Blechblasinstrumenten verschwand das Klappenhorn aus der Musikpraxis und wurde vom →Flügelhorn abgelöst; möglicherweise weil es einen ausgewogeneren Klang in allen Tonarten erzeugte. Einige Klappenhörner haben zusätzliche Klappen für die linke Hand auf dem unteren Abschnitt des Rohrs, um Triller ausführen zu können (z.B. für f^1 als Ganzton-Triller auf es^1, was ohne zusätzliche Klappe nur schwer zu spielen wäre). In den USA war das kleinere Klappenhorn in Es besonders verbreitet. Der Name »Royal Kent Bugle« (in Erinnerung an den Herzog von Kent als Befehlshaber der Streitkräfte in Irland) stammt von 1813, als sich das Instrument auch auf dem europäischen Festland verbreitete und in einigen deutschen Militärmusik-Musikalien als »Corno Kent« bezeichnet wurde.

Lit.: Dudgeon 1983, 1993.

Klappentrompete (engl.: *keyed trumpet*; ital.: *tromba a chiavi*; fr.: *trompette à clefs*). Das Instrument, für das Haydn sein Trompetenkonzert Hob. VIIe:1 (ca. 1795) komponiert hat. Es ähnelt einer Kavallerie-→Trompete, hat aber vier bis sechs Messingklappen (vgl. KLAPPENHORN). Meist sind diese auf Streben so schräg über den Rohrverlauf gesetzt, daß sie von einer Hand bedient werden können, wobei die Trompete horizontal gehalten wird. Vier Klappen sind notwendig, um den tiefsten →Naturton, das notierte g, in chromatischen Schritten von gis nach h zu erhöhen, bis der nächste Naturton, das c^1, erreicht wird.

Der Wiener Trompeter Anton Weidinger, für den Haydn sein Konzert geschrieben hat, hat die Klappentrompete eingeführt. Die berühmte Stelle, an der g und as alternieren, zeigt, wie gut Haydn die Besonderheit dieses Instruments kompositorisch verarbeitet hat. Johann Nepomuk Hummel schrieb 1803 ebenfalls ein Konzert für Weidinger, dessen Tongebung in leisen Passagen so sanft wie die einer Klarinette gewesen sein soll. Bis in die 20er Jahre des 19. Jahrhunderts wurde die Klappentrompete auch in österreichischen und italienischen Militärkapellen eingesetzt, aber in einer höheren Stimmung als in Es und mit einer Anzahl von Stimmbögen (→BOGEN, 2) gebaut. Doch können die Klappen nicht so gesetzt werden, daß sie für mehr als eine Rohrlänge korrekt arbeiteten, so daß schließlich weitere Klappen und ausgleichende Griffarten notwendig wurden.

Der in Pariser Opernpartituren seit Rossinis *Guillaume Tell* (1829) vorkommende Ausdruck *trompette à clefs* bezieht sich wohl eher auf das →Klappenhorn (*cor-à-clefs*) als auf die Klappentrompete. Andererseits könnte auch eine Ventiltrompete gemeint sein, da damals »clefs« ebenso wie im Italienischen »chiavi« sowohl Klappen als auch Ventile bedeutete.

Lit.: Dahlqvist 1975.

Klapper (engl.: *clapper*; ital.: *sonaglio*; fr.: *crécelle*). Oberbegriff für Instrumente, die aus gleichartigen Teilen bestehen, die gegeneinander geschlagen werden und ein klapperndes Geräusch machen. Einige Beispiele:

1. Zwei Teile aus Holz, Bambus, Knochen oder ähnlichem Material werden mit beiden Händen gegeneinander geschlagen wie beispielsweise das

→*krotalon* im antiken Griechenland und die Klapper der Hofmusik in →Japan, 1a.

2. Zwei oder mehr hölzerne Teile sind an einer Schnur durch Löcher an den Enden lose zusammengebunden oder mit einem Scharnier verbunden wie beispielsweise die →Peitsche, chinesische Theaterklappern (→CHINA UND KOREA, 1a), →Kastagnetten, unzählige Spielzeugklappern und Vogelscheuchen. Zu einer Klapper aus zwanzig und mehr Teilen →BIN-SASARA.

3. »Holzschuhklapper«: Ein alter Neujahrsbrauch in Belgien, wo ein als Bär verkleideter Mensch die klappbare Spitze der Sohle mit einem Band gegen den restlichen Schuh schlägt. In Rumänien ist der klappernde Mensch als Ziege verkleidet – 1500 km sind in ethnologischer Sicht keine Distanz!

4. Aus dem alten Ägypten sind Klappern aus Elfenbein oder Holz in Form einer Hand oder eines Unterarms erhalten.

Klarinette (engl.: *clarinet*; ital.: *clarinetto*, im 18. Jahrhundert auch: *clarino*; fr.: *clarinette*). Die Anfang des 18. Jahrhunderts von einem Mitglied der berühmten Nürnberger Holzblasinstrumentenmacherfamilie Denner erfundene Klarinette (→CHALUMEAU, 2) ist insofern einzigartig unter den Blasinstrumenten, als sie ihren großen Tonumfang der Verbindung von einer zylindrischen Bohrung (abgesehen vom Becher, dem unteren Ende des Instruments) mit einem schwingenden Einfach-Rohrblatt, das mit einer Metallzwinge oder Schnur auf das Mundstück gepreßt ist (Zeichnung 1), verdankt. Durch diese Verbindung entsteht eine akustische Situation, die der einer →gedackten Pfeife entspricht und dem Instrument sein unverwechselbares Timbre durch das Übergewicht der ungeradzahligen Teiltöne gibt. Die Grundskala wird durch →Überblasen in die Duodezime nach oben erweitert. Wie bei der gedackten Pfeife liegen die Grundtöne im Verhältnis zur Länge der klingenden Röhre tief. Obwohl die Klarinette etwa die Länge einer Querflöte hat, kann sie Töne erzeugen, die ungefähr eine Oktave tiefer liegen. Diese Größe (ca. 66 cm klingende Länge) gilt für die Klarinette in B, die am häufigsten gespielt wird. Zu andern Größen und Grundtönen siehe 4, unten, sowie ALTKLARINETTE, BASSETTHORN, BASSKLARINETTE und KONTRABASSKLARINETTE. Im ethnographischen Schrifttum kann die Bezeichnung »Klarinette« ein altes oder traditionelles →Rohrblattinstrument mit einfachem Rohrblatt bedeuten (→auch IDIOGLOTT).

1. Konstruktion

Die moderne Klarinette ist aus Grenadill gefertigt. Die versilberten Neusilber-Klappen sind im deutschsprachigen Raum im Oehlersystem, in den anderen Ländern jedoch gewöhnlich im →Boehmsystem angeordnet, das man (normalerweise) an fünf Ringklappen auf der Vorderseite und an einer rückseitigen Ringklappe erkennen kann (Abb. 1b). Neben dem separaten Mundstück besteht die Klarinette aus vier Abschnitten: der kurzen Birne (die ausgezogen werden kann, um nach dem Erwärmen die Stimmung zu korrigieren), dem Oberstück, dem Unterstück und dem sich erweiternden Becher. Das vor dem Spiel kurz im Mund befeuchtete Rohrblatt wird mit einer Metallzwinge (»Blattschraube«) oder, wie früher, mit einer Schnur auf die längliche Öffnung (»Bahn«) an das Mundstück (»Schnabel«) gepreßt. Der Spieler legt das Rohrblatt dann auf seine untere Lippe, die er auf die Zähne zurückgezogen hat, und schließt den Mund rund um die Seiten des Schnabels. Die meisten Spieler legen ihre Oberzähne direkt auf die abgeschrägte Oberseite (»Aufbiß«) des Schnabels, aber einige ziehen die Oberlippe ebenfalls auf die Oberzähne zurück. Die Rohrblätter (oder einfach: »Blätter«) werden in verschiedenen Qualitäten geliefert (»1« = sehr weich, bis zu »4« = sehr hart). Ein typisches Blatt für das Orchesterspiel ist mittelhart. Anfänger spielen eher mit einem mittelweichen Blatt (→ROHRBLATT).

2. Tonumfang und Register

Die Töne der Klarinette in B klingen einen Ganzton tiefer als notiert. Notenbeispiel 1 vergleicht das Hauptregister der Klarinette mit dem von Oboe und Saxophon, die beide eine konische Bohrung haben und in die Oktave überblasen (Töne wie notiert). Die Grundregister reichen bis zum ersten Taktstrich, gefolgt von den oberen Registern; für übereinanderstehende Töne wird im wesentlichen der gleiche Griff verwendet. Auf jedem Notensystem reicht das hohe

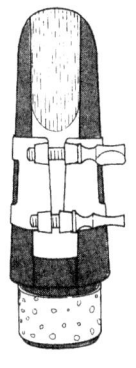

a   b

Zeichnung 1

Klarinette

Abb. 1. Moderne Klarinetten: (a) Pikkoloklarinette; (b) Klarinette in B; (c) Bassetthorn; (d) Baßklarinette (bis zum tiefen C); (e) Kontrabaßklarinette – alle von Leblanc, Paris (mit Ausnahme von (b) Yamaha, Japan); (f) Klarinette mit Albert-System (Albert, Brüssel, 1879).

Register von d^2 bis c^3. Auf der Klarinette wird es gespielt, indem man die Daumenklappe (»Duodezklappe«) öffnet und das Daumenloch geschlossen läßt. Da diese Töne des hohen Registers die dritten Teiltöne sind, die eine Duodezime über den Grundtönen g bis f^1 liegen, muß die Lücke zwischen g^1 und c^2 geschlossen werden. Dazu dienen für g^1 das Daumenloch, für a^2 eine Kleinfingerklappe, und für h^1 und c^2 werden die zwei tiefsten Töne e und f mit der Duodezklappe überblasen. Durch diese Griffe hat die Klarinette zwei ungewöhnlich große Register, die das Spiel von schwungvollen Skalen und besonders weiten Arpeggien nahelegen, die seit den virtuosen Kompositionen Mozarts für das Instrument so idiomatisch sind (als die Klarinette nur eine weitere Klappe als die bisher vier erwähnten hatte).

Das hohe Register, bei dem die Duodezklappe offenbleibt, liegt oberhalb c^3: von cis^3 (als fünften Teilton von a) bis zum fis^4 sind es die fünften Teiltöne. In diesem Register fehlt der Klarinette die Kraft ihrer

Notenbeispiel 1

beiden Hauptregister; trotzdem wird es ausgiebig verwendet. In neuerer Zeit ist die Spieltechnik hinsichtlich Vierteltönen und →Mehrklängen erweitert worden.

3. *Klappensysteme*

Das »Boehmsystem« wurde für die Klarinette 1844 in Paris patentiert und ist seither unverändert geblieben. Seltenere Modelle mit sechs vorderständigen Ringen haben auch eine separate Klappe (für den rechten kleinen Finger) und ein längeres Unterstück, wodurch der Tonumfang bis zum notierten *es* herabreicht (bei der Klarinette in A; weiter unten, 4). Besonders in Italien wird dieses Modell gespielt, wo die Spieler auch jene Partien auf der Klarinette in B spielen, die für das Instrument in A geschrieben sind, indem sie vom Blatt um einen Halbton transponieren.

Klarinetten wurden auch aus versilbertem Messing gefertigt, doch klingen sie nicht so gut wie jene aus Holz oder Hartkautschuk. Klarinetten mit Albertsystem (benannt nach dem Brüsseler Hersteller; Abb. 1*f*) haben normalerweise zwei vorderständige Ringe (gelegentlich auch vier) und keinen Ring auf der Rückseite. Obwohl sie klanglich sehr befriedigen können, werden sie nicht mehr im Sinfonieorchester eingesetzt. Einige britische Klarinettisten spielten sie bis in die 1960er Jahre hinein. Viele der frühen amerikanischen Jazzklarinettisten erlernten auf ihnen das Spiel.

In Deutschland und Österreich wurden kompliziertere Systeme auf der Basis des Albertsystems konstruiert, die von vier Ringen und achtzehn Klappen bis zum heute üblichen Oehlersystem (um 1900 von Oskar Oehler, Berlin, 1858–1936, entwikkelt). Eine Klarinette mit vier Ringen und achtzehn Klappen spielte beispielsweise Richard Mühlfeld (1856–1907), für den Brahms seine Kammermusikwerke op. 114, 115 und 120 komponierte. Das Oehlersystem zeichnet sich durch eine erweiterte Klappenmechanik aus, die alternative Griffweisen ermöglicht und einige andere Griffe verbessert.

4. *Klarinetten in anderen Stimmungen*

(*a*) *Klarinette in A*. Diese wird für Orchester- und Kammermusik neben der Klarinette in B verwendet. Sie ist mit ca. 71 cm Länge ungefähr 4 cm länger und klingt eine kleine Terz tiefer als notiert. Ihr Timbre ist bis auf einen etwas weicheren Klang fast mit dem der Klarinette in B identisch. Für beide Instrumente, die auch als Paar hergestellt werden (obwohl dies nicht zwingend ist), wird ein und dasselbe Mundstück verwendet. Es hat sich durchgesetzt, für Klarinette in A zu schreiben, wenn der Satz oder die gesamte Komposition in einer Kreuztonart steht. Diese Gepflogenheit hat ihre Ursache darin, daß es zu Mozarts Zeit aufgrund der begrenzten Klappenmechanik unmöglich war, Tonarten zu spielen, die von der Stimmung des Instruments entfernter waren. Obwohl dies bei den modernen Klappensystemen nicht mehr zutrifft, klingt die Klarinette immer noch in solchen Tonarten am besten, die sich nicht allzu weit von der Grundstimmung bewegen.

(*b*) *Klarinette in C*. In Orchesterwerken, die in C oder G stehen, sind die Stimmen häufig für die ca. 60 cm lange Klarinette in C notiert gewesen. Gewöhnlich werden im 20. Jahrhundert diese Stimmen auf der Klarinette in B gespielt, wobei sie der Spieler vom Blatt einen Ganzton nach oben transponiert. Doch wird die Klarinette in C immer noch hergestellt und von einigen Spielern bevorzugt, wenn sich beispielsweise Mahler oder Richard Strauss ein ausgeprägt helles Timbre vorgestellt hatten.

(*c*) *Klarinette in Es* (Pikkoloklarinette, Abb. 1*a*). Die ca. 49 cm lange, eine Quart über der Klarinette in B stehende Klarinette in Es klingt eine kleine Terz höher als notiert. Sie ist Bestandteil jeder großen →Militärkapelle und kommt gelegentlich wegen ihres seltsam piepsenden Timbres auch im Sinfonieorchester vor. Zwei berühmte Beispiele: Finale von Berlioz' *Symphonie fantastique* und Richard Strauss' *Till Eulenspiegels lustige Streiche*. Im letzteren Fall ist die Stimme eigentlich für eine Klarinette in D geschrieben – ein 2,5 cm längeres Instrument. Doch wird sie normalerweise auf einer Klarinette in Es gespielt, indem der Klarinettist die Noten um einen Halbton nach unten transponiert. Der Klarinette in Es ging zu Beethovens Zeiten eine kleinere in F voraus.

(*d*) *Pikkoloklarinette in As*. Das 40 cm lange, in Frankreich und Italien hergestellte Instrument wird in großen Militärkapellen gespielt und reicht von c^1 bis es^4. Eine andere kleine Klarinette steht in G und ist das übliche Blasinstrument im Wiener Schrammelquartett, wo sie zusammen mit zwei Violinen und Baßgitarre aufspielt.

5. Frühe Klarinetten

(a) *Spätbarocke Klarinette.* Das zunächst von Denner hergestellte, ca. 50 cm lange Instrument aus Buchsbaum hatte nur zwei Klappen, nämlich die Daumenklappe und eine vorderständige A-Klappe. Es stand in der Regel in D und produzierte im oberen Register dieselben, ähnlich kräftigen Töne wie das Clarino-Register der zeitgenössischen Trompete. Von diesen alten Klarinetten sind nur wenige Exemplare erhalten, doch gibt es inzwischen Kopien bzw. Nachbauten für frühe Kompositionen mit Klarinettenstimmen wie Vivaldis Konzerte RV 556, 559 und 560 und Molters sechs Klarinettenkonzerte (um 1740; mit erstaunlichem Tonumfang bis zum g^3).

(b) *Fünf- und sechsklappige Klarinette.* Klarinetten mit dem heute üblichen Tonumfang bis zum notierten e hinunter kamen um 1760 auf und standen meistens in B oder C. Sie sind aus Buchsbaum mit Elfenbeinringen und haben vier, bis Ende des 18. Jahrhunderts fünf Messingklappen, die ledergepolstert und mit Messingstiften in erhabene »Böcke« oder Wulste eingesetzt (Abb. 2) sind. Sie haben ein Griffloch für das tiefe f, das weit oben gebohrt ist, aber mit schräger Bohrung durch den Wulst führt, in der die drei tieferen Klappen eingesetzt sind. Das Unterstück ist üblicherweise zweiteilig: das obere davon mit den Grifflöchern für drei Finger der rechten Hand, das untere mit den Klappen. Bei einigen Klarinetten in B kann das obere Teil des Unterstücks gegen ein längeres Teil (markiert »A«) ausgetauscht werden, um das Instrument in der tieferen Stimmung zu spielen. Fünf- und sechsklappige Klarinetten wurden im 19. Jahrhundert weiterhin häufig aus Buchsbaum gefertigt und waren weit verbreitet.

(c) *Klarinetten mit bis zu dreizehn Klappen.* Seit ca. 1810 wurden der Klarinette weitere Klappen hinzugefügt, hauptsächlich, um das Spiel im tiefen Register zu erleichtern, wobei sich die Hersteller unterschiedlicher Klappensysteme bedienten. Carl Baermann spielte Webers zwei Klarinettenkonzerte (1811) auf einem Instrument mit zehn Klappen. Das dreizehnklappige Instrument, auf dem das spätere einfache System der Engländer basiert, geht auf die 1812 entwickelte Konstruktion von Iwan Müller (1786–1854), zurück.

Es war weitverbreitete Praxis, das Mundstück mit dem Rohrblatt nach oben zu blasen. In Frankreich galt dies bis in die 1830er Jahre hinein, in England bis in die 1840er und in Italien sogar regional bis Ende des Zweiten Weltkriegs (wie beispielsweise in der Neapolitanischen Oper). Die heute allgemein übliche Spielweise mit dem Rohrblatt auf den Unterzähnen scheint sich in Deutschland spätestens Ende des 18. Jahrhunderts durchgesetzt zu haben.

(d) *Boehmsystem.* Louis-Auguste Buffet führte 1839 in Paris eine zusammen mit dem Klarinettisten und Conservatoire-Professor Hyacinthe Eléonore Klosé (1808–1880) entwickelte *clarinette à anneaux mobiles* (d.h. mit Ringen) vor, die 1844 patentiert wurde. Diese Klarinette folgt hinsichtlich der Klappen und der Griffweise der rechten Hand dem Klappensystem von Theobald Boehms konischer Querflöte von 1832 (→QUERFLÖTE, 4c; OBOE, 3c)

6. Repertoire

Bedeutende Kompositionen für die Klarinette gibt es seit Mozarts Werken (Klarinettenkonzert KV 622, Quintett für Klarinette und Streicher KV 581, Kegelstatt-Trio KV 498). Carl Stamitz schrieb ein bemerkenswertes Konzert in Es-Dur. Beethoven setzte die Klarinette im Trio op. 11 ein. Weber komponierte mit den Konzerten op. 73 und 74 zwei der idiomatischsten Kompositionen für die Klarinette, außerdem stammen von ihm das Concertino op. 26 und das Grand duo concertante (mit Klavier) op. 47.

Abb. 2. *Fünfklappige Klarinette in B von Cahusac, London, aus dem späten 18. Jahrhundert (Bate Collection, Oxford).*

Von Spohr gibt es vier schöne Konzerte, von Schumann die Fantasiestücke op. 73 (mit Klavier). Einen Höhepunkt des Repertoires stellen die Sonaten op. 121 Nr. 1 und 2 und das Quintett op. 115 von Brahms dar. Weitere bemerkenswerte Stücke: Gade, Fantasiestücke; Saint-Saëns, Sonate op. 167; Reger, drei Sonaten; Busoni, Concertino sowie *Elegie* (mit Klavier); Debussy, *Première rhapsodie* (mit Klavier). Milhaud und Copland haben Konzerte geschrieben, Hindemith und Poulenc Sonaten. Formal ungewöhnlich sind Strawinskys drei Stücke für Soloklarinette (1919) und Bergs Vier Stücke op. 5.

Lit.: Baines 1957; Brymer 1978; Dullat 2001; Gilbert 1972 (Diskographie); Hoeprich 2008; Kroll 1965; Lawson 2000; Rendall 1971; Rice 1992, 2003; *Die Klarinette*. (Zs.) Schorndorf 1986 ff. (ab 3. 1988. H. 4: Oboe, Klarinette, Fagott; ab 8.1993: Rohrblatt.).

Klassifikation der Musikinstrumente Die Griechen in der Antike gruppierten ihre Musikinstrumente als erste in einer schlüssigen Art und Weise: in solche, die geblasen und solche, die angeschlagen werden (einschließlich der Saiteninstrumente, denn auch diese werden mit den Fingern oder einem →Plektron »angeschlagen«). Im 2. Jahrhundert n. Chr. brachte die führende Rolle der Saiteninstrumente den Musiktheoretiker Nikomachos von Gerasa dazu, diese von den »angeschlagenen« Instrumenten wie Trommeln und Becken abzugrenzen.

Der älteste indische Traktat über Musik und Drama aus etwa derselben Zeit (→INDIEN) erkennt allerdings, daß es vier hauptsächliche Mittel der Tonerzeugung gibt: Saiten, Luft, Membranen und feste schwingende Stoffe. Erst 1880 wurde in Europa die erste systematische Klassifikation in ähnlicher Weise publiziert. Ihr Autor war Victor-Charles Mahillon (1841–1924), der Gründer der bedeutenden Brüsseler Musikinstrumentensammlung (→MUSIKINSTRUMENTENSAMMLUNGEN). Eine hierauf aufbauende, streng systematische Klassifikation erarbeiteten Erich von Hornbostel und Curt →Sachs (Hornbostel/Sachs 1914), die zum Standardinstrumentarium organologischen Denkens geworden ist. Ihr striktes Klassifizierungsmerkmal ist die Klangerzeugung. Für unsere europäischen Musikinstrumente braucht man kaum ein strengeres System als das herkömmliche, doch sie lassen sich leicht in die Hornbostel/Sachs'sche Klassifikation allerdings eingliedern. Für eine genauere Bestimmung und Zuordnung der außereuropäischen Instrumente ist die Hornbostel/Sachs'sche Klassifikation allerdings unerläßlich. Die Verfasser waren sich darüber im klaren, daß ihre Systematik kleine Mängel hat; doch diese gibt es bei allen anderen Klassifizierungsversuchen. Deshalb wird in diesem Lexikon weitgehend der Hornbostel/Sachs'schen Klassifizierung gefolgt.

Die vollständige Systematik gliedert die Gruppen und Untergruppen mit dem Dewey-Ziffernsystem voneinander ab, was aber nur von Organologen aufgegriffen wird.

Weitere Klassifizierungen haben u. a. Hans-Heinrich Dräger (1948), Kurt Reinhard (1960), Herbert Heyde (1975) und Tellef Kvifte (1989) vorgelegt, wobei der letztere nicht die Klangerzeugung an sich, sondern den Akt des Umgangs mit dem Musikinstrument als Bezugspunkt der Systematisierung wählt.

Zusammenfassung der Systematik der Musikinstrumente von Hornbostel/Sachs

1. IDIOPHONE (Das Material des Instruments gibt dank seiner Steifigkeit und Elastizität den Ton ab, ohne gespannter Membranen oder Saiten zu bedürfen).

(a) *Schlag-Idiophone*. (i) Unmittelbar geschlagene Idiophone (der Spieler kann einzelne, scharf abgegrenzte Schläge auslösen, indem zwei oder mehr koordinierte klingende Teile gegeneinander geschlagen werden, z. B. Becken, Kastagnetten; oder das Instrument mit einem nichtklingenden Werkzeug oder gegen ein solches geschlagen wird, z. B. Triangel, Xylophon).

(ii) Mittelbar geschlagene Idiophone (die Perkussion entsteht erst mittelbar als Folge einer anders gearteten Bewegung des Spielers [z. B. Rasseln, Halsschnüre]).

(b) *Zupf-Idiophone* (Zungen, d. h. einseitig befestigte, elastische Plättchen, werden abgebogen, um mittels ihrer Elastizität wieder in die Ruhelage zurückzukehren, z. B. Maultrommel, *sansa*, Spieldose).

(c) *Reib-Idiophone* (Das Instrument wird durch Reibung in Schwingung gebracht, z. B. Glasharmonika, Nagelgeige).

(d) *Blas-Idiophone* (Äolsklavier, eine schnell vergessene Erfindung um 1822, bei der die Töne durch hölzerne Stäbchen erzeugt werden, die durch einen Luftstrom in Schwingungen versetzt werden).

2. MEMBRANOPHONE (Tonerreger sind straffgespannte Membranen).

(a) *Schlagtrommeln*. (i) Unmittelbar geschlagene Trommeln (untergliedert nach Kesseltrommeln: z. B. die europäische Pauke; nach Röhrentrommeln: z. B. die Militärtrommel; nach Rahmentrommeln: z. B. das Tamburin. (ii) Rasseltrommeln. (Die Trommel wird geschüttelt; die Perkussion geschieht durch das Anschlagen angebundener oder eingeschlossener Kügelchen oder dgl.)

(b) *Zupftrommeln*. Unter der Fellmitte ist eine Saite verknotet; diese wird gezupft und überträgt ihre Schwingungen auf das Fell, z. B. →gopi-yantra.

(c) *Reibtrommeln*. Das Fell wird durch Friktion in Schwingung versetzt. (i) Stab-Reibtrommeln; (ii) Schnur-Reibtrommeln; (iii) Hand-Reibtrommeln.

(d) *Ansingtrommeln (→Mirlitons)*. Die Membran wird durch Ansprechen oder Ansingen in Schwingung versetzt; das Fell gibt keinen eigenen Ton, sondern färbt nur die Stimme.

3. CHORDOPHONE (Eine oder mehrere Saiten sind zwischen festen Punkten gespannt).

(a) *Einfache Chordophone oder Zithern*. Das Instrument besteht aus einem Saitenträger allein oder aus einem Saitenträger und einem Resonanzkörper in unorganischem, ohne Zerstörung des Klangapparats lösbarem Zusammenhang. (i) Stabzithern (Der Saitenträger hat Stabform, z. B. *vīnā*); (ii) Röhrenzithern (Saitenträger ist ein im Sinn der Breite gewölbtes Brett; z. B. →*koto*); (iii) Floßzithern (Der Saitenträger wird aus floßartig aneinandergebundenen Rohrabschnitten gebildet); (iv) Brettzithern (Der Saitenträger ist ein Brett; zu den Brettzithern mit Resonanzkasten zählen die europäische →Zither, das →Hackbrett und das →Klavier); (v) Schalenzithern (Die Saiten verlaufen über die Öffnung einer Schale); (vi) Rahmenzithern (Die Saiten sind innerhalb eines Rahmens frei ausgespannt).

(b) *Zusammengesetzte Chordophone*. Das Instrument besteht aus einem Saitenträger und einem Resonanzkörper in organischem, ohne Zerstörung des Klangapparats unlösbarem Zusammenhang. (i) Lauten (Die Saitenebene liegt parallel zu der Decke; hierzu gehören z. B. auch die Violine und die Gitarre); (ii) Harfen (Die Saitenebene liegt senkrecht zur Decke und die Verbindungslinie der unteren Saitenenden in der Richtung des Halses; es gibt z. B. Bogenharfen, Winkelharfen, Rahmenharfen); (iii) Harfenlauten (Die Saitenebene liegt senkrecht zur Decke und die Verbindungslinie der unteren Saitenenden senkrecht zur Halsrichtung, z. B. →*kora*).

4. AEROPHONE (Die Luft selbst gerät primär in Schwingung).

(a) *Freie Aerophone*. Die schwingende Luft ist nicht durch das Instrument begrenzt. (i) Ablenkungsaerophone (Der Wind trifft auf eine Schneide, z. B. Peitsche, Säbelklinge); (ii) Unterbrechungsaerophone (Der Wind wird periodisch unterbrochen, z. B. Zungenpfeifen der Orgel, Harmonium, Schwirrholz); (iii) Explosivaerophone (Die Luft erhält einen einmaligen Verdichtungsanstoß, z. B. Knallbüchse).

(b) *(Eigentliche) Blasinstrumente*. Die schwingende Luft ist durch das Instrument selbst begrenzt. (i) Schneideinstrumente oder Flöten (Ein bandförmiger Luftstrom trifft auf eine Schneide; jede Untergruppe wird weitergehend differenziert, ob sie offen oder gedackt und mit oder ohne Grifflöcher ist): ohne Kernspalte oder mit Kernspalte sowie weitere Differenzierungen; (ii) Schalmeien (Der Wind erhält durch Vermittlung schwingender, am Instrument angebrachter Lamellen stoßweisen Zutritt zu der in Vibration zu setzenden Luftsäule, z. B. Oboen, Klarinetten); (iii) Trompeten (Der Wind erhält durch Vermittlung der schwingenden Lippen des Bläsers stoßweisen Zutritt zu der in Vibration zu setzenden Luftsäule, untergliedert in Naturtrompeten (d. h. ohne Vorrichtung zur Tonhöhenveränderung, dazu zählen z. B. auch Waldhörner ohne Ventile) und Chromatische Trompeten (d. h. mit Vorrichtung zur Tonhöhenveränderung, darunter fallen Zinken ebenso wie die europäische Posaune und die Ventiltrompeten).

Instrumente mit verschiedenen Arten der Tonerzeugung (z. B. Bumbaß, Sackpfeife, Orchestrion, Kirchenorgel, Tamburin) finden strenggenommen in dieser Systematik keinen Platz, weil es den Autoren darauf ankam, den Akt der Tonerzeugung und nicht das Instrument an sich zu klassifizieren. Ebenso sind natürlich die elektronischen Musikinstrumente nicht berücksichtigt. Diese lassen sich wie folgt klassifizieren:

5. ELEKTROPHONE.

(a) *Elektroakustische Klangerzeugung*. Akustische Instrumente, deren Schallschwingungen mit Tonabnehmer in elektrische Spannung umgewandelt werden, im Verstärker verstärkt und über einen Schallwandler (Lautsprecher) wieder in Schallwellen zurückverwandelt wird (z. B. E-Gitarre).

(b) *Elektromechanische Klangerzeugung*. Mit Tonradgeneratoren (→Hammond-Orgel).

(c) *Elektronische Klangerzeugung*. Die Schwingungen werden durch Oszillatoren erzeugt (z. B. Elektronische Orgel, Synthesizer).

Lit.: Dräger 1948; Heyde 1975; Hornbostel/Sachs 1914; Kartomi 1990; Kvifte 1989, Reinhard 1960.

Klaviatur (engl.: *keyboard*; ital.: *tastiera*; fr.: *clavier*). Alle in einer Ebene liegenden Tastenhebel eines Tasteninstruments.

1. Klaviatur-Anordnung

Zuerst in der Orgeln verwendet, bekommt die Klaviatur ihre diatonische Anlage mit Obertasten und Untertasten gegen Ende des 14. Jahrhunderts. Zu ihrer Herstellung werden auf einem langen Holzbrett die Tastenhebel aufgezeichnet. Dieses Brett wird auf einen Klaviaturrahmen gelegt, um Löcher für die »Waagestifte« (den Drehpunkt eines jeden Tastenhebels) in den »Waagebalken« zu bohren, der quer über dem Klaviaturrahmen liegt. Nachdem das Holzbrett ausgesägt ist, werden die Tastenbeläge aufgeleimt. Schwarze Untertasten und weiße Obertasten waren besonders im Frankreich des 18. Jahrhunderts Mode. Der Umfang einer Oktave variiert zwischen etwa 16 und 16,7 cm, bei modernen →Hammerklavieren beträgt er 16,5 cm. Als Maß hat sich das sogenannte *Stichmaß*, d.h. die Breite der Tasten für drei Oktaven, durchgesetzt.

Schaut man auf eine Klaviatur, fällt auf, daß von den Obertasten zwischen F und H die für Gis genau in der Mitte zwischen zwei Untertasten liegt, während die anderen zwei Obertasten etwas nach links bzw. rechts verschoben sind. Auf diese Weise lassen sich die Untertasten leichter auf den Tastenabschnitten hinter den Vorderplättchen greifen.

Alle Tastenschwänze haben ebenso wie alle vorderen Untertasten die gleiche Breite. Da sieben Tastenhebel in die Spannweite der vier Untertasten von F bis H eingepaßt werden, zwischen C und E aber sogar fünf Tastenhebel in die Spannweite von nur drei Untertasten eingepaßt werden, erhalten die Tastenhebel auf ihren Abschnitten zwischen Vorderplättchen und Tastenschwanz geringfügig unterschiedliche Breiten. Es ist Tradition, daß die D-Taste hinter dem Vorderplättchen (d.h. zwischen den Obertasten) deutlich breiter ist als die entsprechenden Abschnitte der anderen Tasten.

2. Tonumfang (Ambitus)

Im 16. Jahrhundert betrug der Umfang der Klaviatur üblicherweise vier Oktaven und reichte von C bis c^3 (oder bis zum f^3; →auch KURZE OKTAVE). Gegen Ende des 17. Jahrhunderts war ein Ambitus von F^1 bis f^3 für besaitete Tasteninstrumente üblich; Orgeln dagegen blieben bei vier Oktaven über dem C (später fünf Oktaven) auf dem →Manual; die tieferen Töne wurden mit dem →Pedal erreicht oder von tiefen Registern des Manuals. Erst mit dem Hammerflügel kam ein größerer Ambitus auf, der in Beethovens späten Jahren bis zu sechs Oktaven (C^1-c^4) reicht und um 1850 sieben Oktaven umfaßt (A^2-a^4). Kurz darauf wurde der Umfang bis zum c^5 weitergeführt. Der moderne Hammerflügel hat einen Umfang von 88 Tönen (A^2-c^5).

Vergleiche KURZE OKTAVE für alte Arten, um Platz bei der tiefsten Oktave zu sparen, und TEMPERATUR, 3 für »gebrochene Tasten«, z.B. Dis und Es.

3. Fingersatz

(a) *Bezifferung*. In alten deutschen und später auch englischen Quellen werden der Daumen mit einem Kreuz oder O, die übrigen Finger von 1 bis 4 bezeichnet. Später setzte sich in ganz Europa die Bezifferung durch, die den Daumen mit 1 und die weiteren Finger entsprechend mit aufsteigenden Ziffern bezeichnet. Sie geht auf Fray Tomás de Santa Marias Traktat von 1565 (*Libro llamado Arte de tañer Fantasía assí para Tecla como para Vihuela*; dt. Übersetzung als *Anmut und Kunst am Clavichord*, übersetzt v. Eta Harich-Schneider u. R. Boadella, Leipzig 1937) zurück.

(b) *Spielweise*. Die hauptsächlichen Quellen des 16. und 17. Jahrhunderts empfehlen, ausgedehnte Skalen dergestalt zu spielen, daß ein Finger über den anderen gesetzt wird, also beispielsweise der dritte über den vierten, wenn die rechte Hand eine aufsteigende Skala zu spielen hat. Die frühen Klaviaturen vereinfachten diese Spielweise, weil sie einen geringeren Tiefgang und kürzere Vorderplättchen auf den Untertasten hatten, so daß die Obertasten nicht so weit zurück lagen. Es wäre falsch anzunehmen, daß die frühen Musiker den Daumen vollständig vernachlässigten. Santa Maria empfahl seinen Gebrauch für schnelle Skalen und die Fingersätze in vielen Sammelbänden mit englischer Virginalmusik zeigen den häufigen Gebrauch aller fünf Finger.

Carl Philipp Emanuel Bach äußert in seinem *Versuch über die wahre Art das Clavier zu spielen* (1753), daß, wenn immer möglich, die Obertasten nur mit den drei längsten Fingern gespielt werden und der Daumen und der kleine Finger nur die Untertasten anschlagen sollten. Nach den Regeln seines Vaters definierte er den Daumen als den Hauptfinger und als »den Schlüssel zur ganzen möglichen Applicatur«. Hieraus bahnte sich eine Entwicklung an, die zu den heute in Unterrichtswerken gelehrten Fingersätzen führt: Eine normale Oktave wird in zwei Gruppen von drei bzw. vier Noten unterteilt, bei denen zwei unterschiedliche Handstellungen auftreten. Die große Schwierigkeit für den Anfänger ist die möglichst unhörbare Verbindung zwischen diesen beiden Gruppen, indem der Daumen unter Zeige- und Mittelfinger geführt wird bzw. diese beiden Finger über den Daumen. Bei Skalen, bei denen auch die Obertasten gespielt werden, läßt sich dieser Positionswechsel am einfachsten ausführen, wenn er dort erfolgt, wo Ober- und Untertaste nebeneinanderliegen (Notenbeispiel 1). Der kleine Finger ist prinzipiell der höchsten Note in der rechten Hand oder der tiefsten in der linken Hand vorbehalten, der Daumenwechsel unter dem kleinen Finger ist ebenso wie der Wechsel des kleinen Fingers über dem Daumen zu vermeiden.

4. Mikrotonale Klaviaturen

Für Intervalle mit kleineren Abständen als einen Halbton gibt es seit dem 16. Jahrhundert (*Arcicembalo* von Vicentino, 1555) spezielle Klaviaturen. Das *Clavimusicum omnitonum* von Vito Trasuntino, Venedig 1606 (Museo Civico, Bologna; Nachbau im

Notenbeispiel 1

Germanischen Nationalmuseum, Nürnberg) hat 31 Tasten pro Oktave und insgesamt 125 Tasten, um in jeder Tonart rein gestimmt spielen zu können. Trasuntinos Cembalo hat fünf Tastenreihen. Wenn jedes Intervall in 39 →Cent gestimmt wird, ist jede Tonart in mitteltöniger Stimmung spielbar. Dasselbe Prinzip taucht auch bei einem enharmonischen Hammerflügel von V. Odoyewsky (1864; Staatliches zentrales M.-I.-Glinka-Museum für Musikkultur, Moskau) auf. Mehrere Vierteltonklaviere und -Harmoniums wurden seit den 1890er Jahren konstruiert, auch wenn nur wenige Kompositionen für sie geschrieben wurden. Als physikalisches Demonstrationsinstrument konstruierte Arthur von Oettingen (1836–1920) sein *Orthotonophonium*, ein reingestimmtes →Harmonium mit 53 Tönen pro Oktave.

Klavichord →CLAVICHORD.

Klavier (engl.: *piano, pianoforte*; ital.: *pianoforte*; fr.: *pianoforte*). Umgangssprachlich wird unter »Klavier« das →Pianino (als Gegensatz zum →Flügel) verstanden. Im folgenden wird »Klavier« als organologisch nicht exakter Oberbegriff für besaitete Tasteninstrumente mit Hammermechanik verstanden. →auch HAMMERKLAVIER, KIELKLAVIERE, KLAVIATUR, TAFELKLAVIER.

»Klavier« und »Flügel« in verschiedenen Sprachen:

dt.:	Klavier = Pianino = Piano	Flügel
engl.:	upright piano	grand piano
ital.:	pianino	pianoforte
fr.:	piano droit	piano à queue
russ.:	pianino	fortepiano, royal
span.:	piano verticál	piano da cola

Dieses Universalinstrument der westlichen Musikkultur seit fast zwei Jahrhunderten, für das mehr Musik geschrieben und publiziert worden ist als für irgendein anderes Instrument, ist die Erfindung von Bartolomeo Cristofori (1655–1731), einem aus Padua gebürtigen Cembalobauer, der seit 1690 in Florenz wirkte. Hier hatte er schon vor 1700 begonnen, sich mit dem keineswegs einfachen Problem zu beschäftigen, wie man mittels kleiner Hämmer die Saiten über eine Cembalotastatur so anschlägt, daß man den Einzelton dynamisch differenzieren kann. Eine Beschreibung von 1709 der neuen Instrumente aus seiner Werkstatt nennt den Namen *gravicembalo con piano e forte*, woraus sich die Form *pianoforte* gebildet hat. Im Deutschen ist das Wort »Klavier« seit spätestens 1616 (als *clavir*) in der Bedeutung von Klaviatur nachgewiesen. Im Barock nannte man das →Clavichord auch schlicht Klavier (bzw. Clavier). Erst um 1800 wurde »Klavier« zum Synonym für das Hammerklavier; doch die Bedeutung von Klaviatur ist insofern auch heute noch unterschwellig aktuell, als man »Klavierspielen« auf dem Flügel lernt.

1. Grundlagen der Klaviermechanik

Das Klavier ist die mechanisierte Form des →Hackbretts, das um 1700 in Italien ein beliebtes Hausinstrument für die Wohlhabenden gewesen ist. Beim Hackbrett wird in jeder Hand ein Klöppel leicht zwischen Daumen und Fingern gehalten, um gegen die Saiten zu prallen; je nach gewünschter Lautstärke schlägt der Spieler schneller oder langsamer mit ihm. Auf dem Klavier wird eine analoge Spieltechnik durch ein Zusammenspiel mehrerer Hebel erzielt: Durch das Niederdrücken einer Taste wird der dazugehörige Hammer mit beschleunigender Geschwindigkeit innerhalb einer sehr kurzen Distanz gegen die Saite geschleudert und freigelassen, um zurückzuprallen. Ein großer Vorteil der Klaviatur gegenüber dem rein manuellen Hackbrett liegt in der Steuerung der Dauer jedes einzelnen Tons durch die automatische Dämpfung, sobald der Finger die Taste losläßt, und in der Freiheit, die Taste niedergedrückt zu halten, damit der Klang ausschwingen kann – Klangmöglichkeiten, ohne die die Fähigkeit mit allen zehn Fingern zu spielen musikalisch sinnlos wäre.

Es gibt aus dem späten 18. Jahrhundert einige sehr gute Klaviere mit einfachen Mechaniken ohne weitere Komplizierungen (→TAFELKLAVIER). Sie nehmen allerdings in Kauf, daß der Hammer ein zweites Mal nach oben an die Saite schlägt, falls der Spieler die Taste (beispielsweise beim Legatospiel) gedrückt hält. Doch je kleiner diese Entfernung zwischen Hammer und Saite ist – sie kann nur einige wenige Millimeter betragen –, desto größer ist des Spielers Kontrolle über die Lautstärke und den Zeitpunkt des Anschlags. Dieses Problem hatte Cristofori erkannt und bereits gelöst, indem er eine »Auslösung« als Verbindungsglied zwischenschaltete, die dafür sorgt, daß der Hammer nach dem Anschlag in einer sicheren Distanz (1 cm oder mehr) auf einen »Fänger« zurückfällt, während die Mechanik solange in Position bleibt, wie der Finger auf der Taste ruht. Sobald die

Taste losgelassen wird, fällt die gesamte Mechanik für den nächsten Anschlag zurück in ihre Ruhelage. Zu späteren Arten der Auslösung siehe 7 und 8 unten.

2. *Entwicklung des Klaviers*

Drei zwischen 1720 und 1726 enstandene →Hammerflügel von Cristofori existieren noch (Musikinstrumenten-Museum der Universität Leipzig; Metropolitan Museum of Art, New York; Museo Nazionale degli Strumenti musicali, Rom). Sie sind äußerlich einem italienischen →Cembalo ähnlich. Ihre dünnen Saiten (zweichörige Bespannung) und kleinen, mit Leder überzogenen Hämmer geben einen zarten Klang, der nur wenig mit dem eines modernen Flügels gemein hat (→Pollens 1984). In Deutschland konstruierte der berühmte Orgelbauer Gottfried Silbermann (1683–1753) Hammerflügel mit Cristoforis Mechanik. J. S. Bach spielte einen solchen Hammerflügel bei seinem Besuch bei Friedrich II. in Potsdam 1747 und drückte seine Bewunderung aus. Um 1740 wandten sich andere deutsche Instrumentenbauer den →Tafelklavieren zu, wobei sie mit einfacheren Mechaniken experimentierten, aus denen später u. a. die bedeutende »Wiener Mechanik« entstand, mit der Hammerflügel ausgestattet waren, die Mozart und häufig auch Beethoven spielten (Abb. 1). Außer Hammerflügeln wurden hauptsächlich Tafelklaviere für das häusliche Spiel gebaut. Zwei unterschiedliche Arten der Mechanik bildeten sich heraus: die »deutsche« Mechanik (auch »Wiener« Mechanik und »Prellmechanik« genannt) und die »englische« Mechanik (auch »Stoßzungenmechanik« genannt). Hierzu weiter unten, 8. Die englische Mechanik wurde später von Erard weiterentwickelt, indem Cristoforis ursprüngliche Mechanik verbessert wurde. Um Platz zu sparen, entwickelten die Klavierbauer Hammerflügel mit aufrechten Resonanzböden. Diese hohen Instrumente waren gleichzeitig elegante Möbelstücke, so z. B. von Stodart, London 1795, in Form eines Bücherschranks. →Giraffenklaviere haben eine hervorspringende Rundung an der oberen Baßsaite; sie kamen um 1800 in Wien auf und wurden bis Mitte des 19. Jahrhunderts gebaut. Eine preußische Spezialität waren die klassizistischen →Lyraflügel. Das aufrechte Kleinklavier, das →Pianino, dessen Saiten vom Boden schräg nach oben verlaufen, das die Stimmwirbel an der Oberkante hat und dessen Mechanik vor den Saiten sitzt, entstand um 1800 mit Instrumenten von Isaac Hawkins, Philadelphia, und Mathias Müller, Wien (Germanisches Nationalmuseum, Nürnberg). In England baute man von 1811 an das sogenannte *cottage piano* (zuerst von Robert Wornum, London), das in seiner Form von

Abb. 1. Hammerklavier von Johann Andreas Stein (Augsburg, 1788).

1829 die Basis für die weitere Entwicklung des Kleinklaviers bildete. Zur Mechanik des Pianinos siehe unten, 8c.

In Deutschland entstanden um die Mitte des 19. Jahrhunderts viele Klavierbaufirmen, insbesondere in Berlin und Leipzig. Von diesen vielen Firmen haben sich nur wenige gehalten, darunter C. Bechstein, Berlin, und Blüthner, Leipzig, die beide 1856 gegründet wurden. 1853 war Heinrich Engelhard Steinweg (1797–1871) nach Amerika ausgewandert und gründete 1856 seine heute führende Klavierbaufabrik Steinway & Sons, während seine 1835 gegründete deutsche Firma Steinweg von einem seiner Söhne weitergeführt wurde und später als Grotrian-Steinweg firmierte (und heute noch unter diesem Namen existiert). Eine weitere bedeutende alte Firma ist Bösendorfer, Wien, die 1828 aus der Werkstatt von Joseph Brodmann hervorgegangen ist und die Anerkennung Liszts genoß. Die Instrumente von Bösendorfer zählen neben denen von Steinway & Sons zu den teuersten. Die Flügelhersteller des 19. Jahrhunderts pflegten ihr charakteristisches Klangideal, das sie im Laufe des 20. Jahrhunderts immer mehr aufgegeben haben zugunsten eines präsenten, leuchtenden Klangs, wie ihn Steinway & Sons beispielhaft geprägt hat.

Die Weltproduktion an Klavieren betrug 1850 ungefähr 43.000 Stück und stieg 1910 auf 600.000 Stück an. Infolge des ersten Weltkriegs, der Weltwirtschaftskrise und des Aufkommens von Schallplatte, Rundfunk und Tonfilm sank die Produktion stufenweise auf nur noch 144.000 Stück im Jahre 1935 (ohne Rußland). 1980 wurden wieder 800.000 Stück hergestellt, davon zwei Drittel allein in den USA und Japan, wo Yamaha seit 1900 Klaviere fertigt. Trotz dieser Zahlen hat es der europäische und amerikanische Klavierbau schwer, sich gegen die Billig-Anbieter aus dem fernen Osten durchzusetzen.

3. Moderne Flügelmodelle

Die Bezeichnungen können je nach Firma unterschiedlich ausfallen. Folgende Namen sind am gebräuchlichsten:

Bezeichnung	engl. Bezeichnung	Länge	Gewicht
Pianino	Upright piano	ca. 145–153 cm, ca. 122 cm hoch	ca. 200–250 kg
Stutzflügel	Baby Grand	unter ca. 135 cm	ca. 260 kg
Stutzflügel	Boudoir Grand	ca. 148–180 cm	ca. 290 kg
Stutzflügel	Boudoir Grand	ca. 188–211 cm	ca. 310 kg
Salon-Konzertflügel, Halbkonzertflügel	Grand piano	ca 227 cm	ca. 370 kg
Orchester-Konzertflügel, Konzertflügel	Grand piano	ca. 274–290 cm	ca. 430–480 kg

4. Rahmen und Besaitung

(a) *Rahmen.* Unter dem Deckel eines Flügels erkennt man den mit Goldbronze-Lack gestrichenen Gußeisenrahmen aus einem Stück. Er besteht aus einer großen abgeschrägten Platte (mit runden Öffnungen, um Gewicht zu sparen) und nach vorne führenden Spreizen, die zu dem von der Platte abgedeckten dicken (nicht sichtbaren) Stimmstock aus Rotbuche (Klavierbausperrholz) führen. Der Gußeisenrahmen ist die Erfindung von Babcock, Boston (1825), um zunächst bei Tafelklavieren die von den extremen klimatischen Verhältnissen in Amerika hervorgerufenen Verstimmungen der Saiten in Griff zu bekommen. Seit 1843 verwendete die 1823 gegründete Fa. Chickering, Boston, Gußeisenrahmen auch für Flügel, etwas später auch Steinway, New York. Der Gußeisenrahmen sicherte nicht nur ein besseres Halten der Stimmung, sondern ermöglichte auch eine größere Lautstärke. Die Hämmer wurden schwerer, die Saiten dicker und benötigten deshalb eine größere Spannung. So entstand der moderne Klavierton, der die Grundtöne betont und die →Teiltöne weniger kräftig als bei älteren Hammerklavieren herausbringt. Ein wesentlich leichter gebauter Erard-Flügel von 1851 – Erard war neben Pleyel die von Chopin bevorzugte Klaviermarke – hatte eine Saitenspannung von 12.200 kg (= 12 Tonnen). Ein solcher Flügel hatte einen hölzernen Rahmen, der mit Eisenstreben verstärkt war. Im Vergleich dazu beträgt die Saitenspannung eines Steinway-Flügels von 1856 mit Gußeisenrahmen 16 Tonnen und heute sogar über 20 Tonnen.

(b) *Saiten.* Moderne Klaviere sind kreuzsaitig bezogen. Das heißt, daß die Saiten der zwei tiefsten Oktaven schräg über die nachfolgenden Saiten geführt sind. Dieses Prinzip hatte sich Jean-Henri Pape, Paris, für Pianinos 1828 patentieren lassen. In den 1860er Jahren setzte es sich auch für Flügel durch. Zum einen spart man Platz, zum anderen ist dadurch das Baßregister klangvoller, weil der Resonanzdensteg für die tiefen Noten näher an der hauptsächlichen Resonanzfläche des Resonanzbodens liegt. Der Resonanzboden ist aus ca. 1 cm starken Fichtenholzspänen gefertigt und an seiner Unterseite mit zahlreichen parallelen Querrippen verstärkt. Er ist leicht nach oben gewölbt, um den Druck der Saiten auf die Stege abzufangen. Mit zunehmendem Alter läßt diese Wölbung nach und kann klangliche Auswirkungen haben. Die Stahlsaiten unterschiedlicher, zum Diskant hin abnehmender Stärke sind in der tiefsten Oktave einchörig und mit Kupfer- oder Messingdraht umsponnen, weswegen sie bis zu 7 mm dick sind. Die nächste Oktave ist ebenfalls umsponnen, aber doppelchörig. Weiter aufwärts ist der Saitenbezug dreichörig und unumsponnen (»blank«). Die Saiten für die höchsten Töne sind nur noch 0,85 mm dick. Durch die dreichörige Bespannung ist der Ton kraftvoller und bei minimaler Verstimmung der drei Saiten eines Tons für das Ohr lebendiger. Jede Saite wird gewöhnlich durch ein Loch in einer besonders geformten Metallschraube (»Agraffe«) gezogen, bevor sie zum Stimmwirbel kommt. Dadurch wird der Eigenwiderstand der Saite gegen den Hammeraufprall erhöht und der Glanz des Klaviertons gesteigert. Als Alternative kann (vor allem im Diskantregister) ein langer Capotasto (auch »Capo d'astro« oder »Kapodaster« genannt), ein Druckstab, von oben auf die Saiten drücken. (Cristofori erhöhte den Druckwiderstand der Saiten, indem er sie unterhalb des Stimmstocks führte.)

(c) *Hämmer.* Der Hammer ist der klangbildende Teil der Klaviermechanik und dementsprechend wichtig. Ursprünglich waren die Hammerköpfe aus lederbezogenen Holzköpfen. Beim modernen Klavier sind sie aus Merinowollfilz. Zur Intonation eines neuen Klaviers gehört die Bearbeitung der Hammerköpfe mit Intoniernadeln, Schleifpapieren etc., um ein ausgewogenes Timbre zu erzielen. Ob ein Klavier weich oder hart klingt, hängt wesentlich von der Beschaffenheit der Filze ab. Der Anschlagpunkt der Hämmer liegt normalerweise bei etwas unter einem Achtel der Saitenlänge, um den siebenten und neunten Teilton abzudämpfen; beide passen nicht in die Obertonstruktur des Dreiklangs hinein.

5. Pedale

(a) *Linkes Pedal* (beim Flügel: Verschiebung, Una corda-Pedal; beim Pianino: Piano-Pedal). Bei Flügeln wird mit diesem Pedal die gesamte Mechanik nach rechts verschoben, so daß statt drei nur zwei Saiten angeschlagen werden. (Der Ausdruck »una corda« reicht in jene Zeit zurück, als die Flügel generell zweichörig bezogen waren.) Dadurch wird zum einen die Lautstärke reduziert, zum anderen das Timbre insoweit modifiziert, als die Anschlagstelle auf dem Hammerfilz weicher ist, weil sie weniger häufig benutzt wird. Bei Pianinos bewegen sich bei Pedaldruck die Hämmer näher an die Saiten heran und stoßen demzufolge mit weniger Kraft an die Saiten.

(b) *Rechtes Pedal* (Fortepedal; für den Pianisten schlichtweg »das Pedal«). Das bei weitem wichtigste der Pedale hebt die gesamte Dämpfung auf. Ein ausgebildeter Pianist benutzt es in differenzierter Weise nahezu ständig. Es ermöglicht, daß jede gespielte Note länger klingt als der Finger auf der Taste bleibt, wodurch viele Kompositionen erst realisierbar werden. Darüber hinaus schwingen alle Saiten wie Resonanzsaiten mit, und tiefe Töne werden voller, weil

* The attack *sffz* must always be as loud as possible. The pedal, when used immediately after this type of attack, should collect only random noises and resonances.

Notenbeispiel 1. Sequenza IV von Luciano Berio.

Abb. 2. Modell der Mechanik eines modernen Hammerflügels (Steinway & Sons).

durch die mitschwingenden Saiten ihre Teiltöne verstärkt werden. Bei den meisten Musikstilen ist es natürlich wichtig, daß zu jedem Akkordwechsel das Pedal losgelassen wird, weil sonst die nachklingenden Akkordtöne den neuen Akkord überlagern würden. Gelegentlich sind Pedalisierungen in Kompositionen notiert, und zwar mit »*Ped.*« für Pedal treten, »✱« für Pedal loslassen.

(c) *Tonhaltepedal* (Sostenuto-Pedal). Das mittlere Pedal, bei amerikanischen Flügeln schon seit 1874 – als Steinway es perfektionierte – anzutreffen, wird inzwischen bei fast allen Flügeln eingebaut. Bei Fußdruck hält es die Dämpfer von den Saiten all jener Tasten, die im Moment des Pedal-Heruntertretens niedergedrückt sind. Diese Töne klingen weiter, während danach gespielte normal abgedämpft werden, sobald man die Tasten losläßt. Man kann beispielsweise die Akkorde über einem liegenbleibenden Baßton oder -akkord wechseln. Obwohl Debussy keinen Flügel mit Tonhaltepedal hatte, ist es gerade für impressionistische und moderne Musik besonders nützlich und kann auch mit dem rechten Pedal kombiniert werden. Notenbeispiel 1 aus Berios *Sequenza IV* für Klavier illustriert seinen Gebrauch.

(d) *Moderatorzug*. Eine Leiste mit Filzstreifen wird zwischen die Saiten und Hämmer geschoben. Hauptsächlich bei Pianinos ist dieses Pedal zu finden, das seitlich einrastet und die Lautstärke vermindert, aber auch den Klang verändert, damit der Spieler leise üben kann.

6. Anschlag

Abgesehen von den Möglichkeiten des Pedals (s.o.) ist der »Anschlag« des Pianisten die entscheidende Kategorie der pianistischen Spieltechnik. Sie ist rational schwierig zu bestimmen, weil objektive Kriterien von der ganzheitlichen Subjektivität des Spielers und der auf ganz anderen Voraussetzungen basierenden Subjektivität des Hörers ad absurdum geführt werden. Spielgewicht (ca. 50 g) und Tiefgang der Tasten haben einen großen Einfluß auf den Anschlag. Das Spielgewicht der Tasten (bei besseren Fabrikaten beträgt es ca. 15 % weniger im Diskant als im Baß). Es kann durch Einsetzen von Bleigewichten in den Tastenhebel leichter gemacht werden (»Ausbleien«).

7. Klaviermechaniken

Die Funktionsweise einer Klaviermechanik ist schwierig über ein Diagramm oder eine Beschrei-

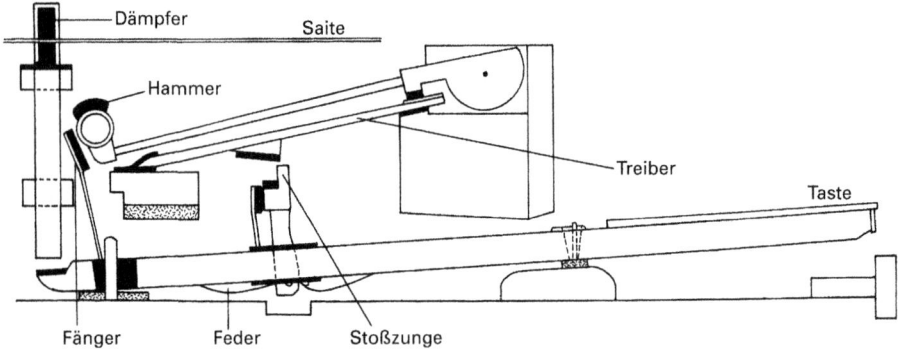

Zeichnung 1. Mechanik des Hammerflügels von Cristofori, 1726 (Musikinstrumenten-Museum Leipzig).

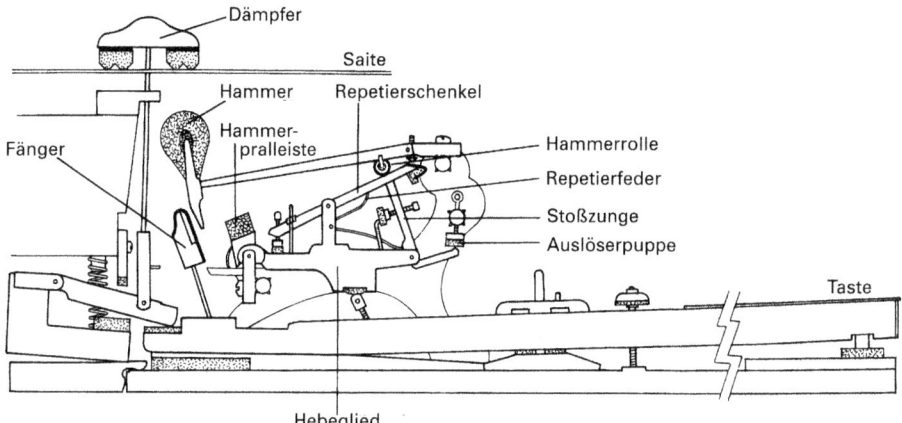

Zeichnung 2. Mechanik eines modernen Hammerflügels.

bung nachzuvollziehen. Hier helfen am ehesten die Mechanikmodelle in Museen und bei Klavierhändlern. Trotzdem soll versucht werden, bei verschiedenen bedeutenden Mechaniktypen die wichtigsten Schritte zu erklären.

(a) *Cristofori.* Zeichnung 1 ist ein Schaubild der Mechanik des Cristofori-Hammerflügels von 1726 (Musikinstrumenten-Museum, Universität Leipzig); ihr entspricht im wesentlichen auch die Silbermannsche Mechanik.

Bei Tastendruck schleudert die *Stoßzunge* den *Treiber* nach oben, dessen Drehpunkt über dem Tastenende liegt. Der Treiber wiederum schleudert den *Hammer* nach oben. Wenn die Taste sich ganz gesenkt hat (und der Hammer die verbleibende Entfernung zur Saite frei zurücklegt), hat sich das unter dem Treiber angebrachte Klötzchen von der Spitze der Stoßzunge, die eine entgegengesetzte bogenförmige Bewegung zurücklegt, wegbewegt. Der Finger verbleibt auf der Taste, der Treiber fällt zurück, berührt aber nicht die Stoßzunge. Gleichzeitig fällt der Hammer zurück, jedoch nicht in seine Grundposition, weil er vom Fänger (auf dem Ende des Tastenhebels) gehalten wird. Sobald der Finger die Taste losläßt, fallen alle Glieder in ihre Ausgangsposition zurück, damit der Ton wiederholt werden kann. Damit die Spitze der Stoßzunge nicht von dem Klötzchen am Treiber zurückgehalten wird, ist die Stoßzunge an einer Achse beweglich gehalten, um (in der Zeichnung nach rechts) auszuweichen, wonach sie wieder mittels einer *Feder* in ihre Ausgangsposition zurückspringt.

(b) *Mechanik des modernen Hammerflügels.* Die modernen Flügelmechaniken stammen von Érards 1821 patentierter Mechanik ab. Zeichnung 2 zeigt eine von vielen im Detail unterschiedlichen modernen Mechaniken. Das *Hebeglied* (ebenfalls links an einer Achse, doch wesentlich größer und differenzierter als die Stoßzunge bei Cristofori) wird direkt von der Taste angehoben. Die am Hebeglied geachste *Stoßzunge* ist ein rechtwinkliger, knieförmiger Hebel mit seinem kürzeren Schenkel unter der Auslösepuppe. Der längere Schenkel drückt durch einen Spalt im *Repetierschenkel* hindurch gegen die *Hammerrolle* an der Unterseite des Hammers, wodurch dieser nach oben schlägt. Dabei wird die Stoßzunge von der *Auslöserpuppe* beiseite geschleudert, so daß mit dem Zurückfallen des Hammers die Hammerrolle auf den Repetierschenkel statt auf die Stoßzunge fällt. Wenn die Taste um etwa ihren halben Tiefgang wieder losgelassen wird, fällt die Spitze der Stoßzunge nochmals unter die Hammerrolle, so daß bei erneutem Niederdrücken der Taste bereits in dieser Stellung der Hammer an die Saite schlagen kann, ohne daß die Taste vorher vollständig losgelassen werden muß. Gerade bei den schwereren Hämmern erlaubt diese Mechanik ein schnelleres Repetieren.

(c) *Pianino.* Zeichnung 3 stellt schematisch die Mechanik eines Pianinos dar. Hier übernimmt der Fänger in gewisser Weise die Funktion der Repetitionsmechanik des Flügels.

8. Zwei historische Hammermechaniken

(a) *Englische Stoßzungenmechanik* (Zeichnung 4). Entwickelt von Broadwood in Zusammenarbeit mit Backers und Stodart zunächst für Tafelklaviere und von ca. 1780 an auch für Flügel. Die Stoßzunge wirkt direkt auf das abgestufte belederte Ende des als einarmigen Hebel konstruierten Hammers ohne Zwischenschaltung eines Hebeglieds oder Treibers. Die *Stoßzunge* ist so geformt, daß sie beim Hochschnellen von der *einstellbaren Auslösung* und vom Hammer abgelenkt wird, der nach dem Saitenanschlag auf den *Fänger* fällt, solange die Taste nieder-

Klavier

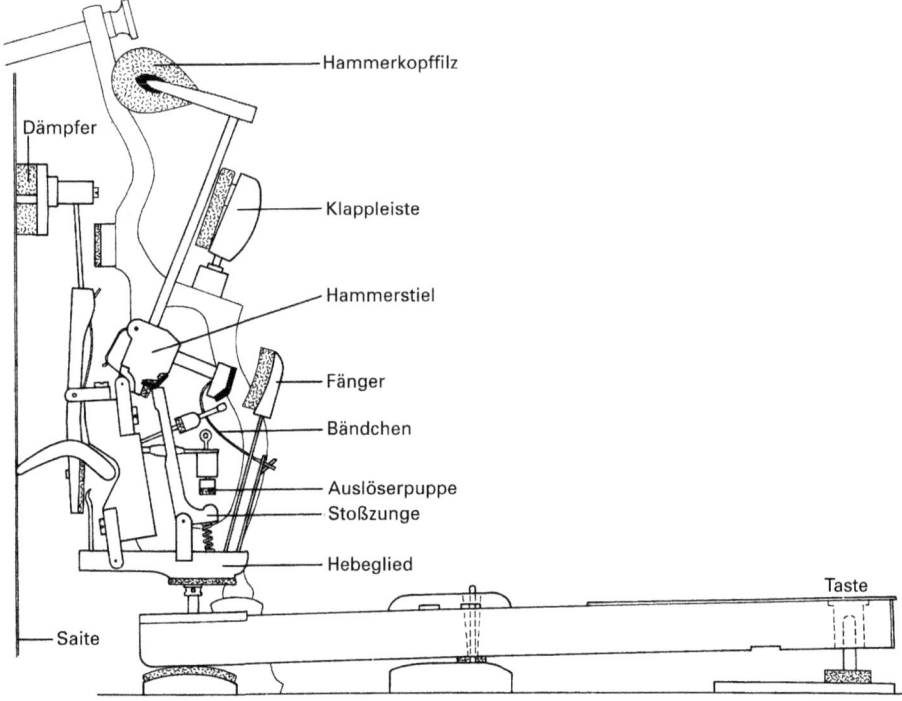

Zeichnung 3. Mechanik eines modernen Pianinos.

gedrückt bleibt. Wird die Taste losgelassen, gehen Fänger und Hammer weiter herunter, ebenso die Stoßzunge, die mittels einer *Feder* wieder in ihre Ausgangsposition unter dem Hammerende zurückspringt. Die englische Stoßzungenmechanik ist ein Beispiel wirksamer Einfachheit.

(b) *Deutsche bzw. Wiener Prellzungenmechanik* (Zeichnung 5). Sie unterscheidet sich von anderen dadurch, daß bei ihr der Hammer an einer »Kapsel« sitzt, die auf das Tastenende aufgeschraubt ist. Demzufolge schlägt der Hammer die Saite zum Spieler hin an. Die Prellzungenmechanik wurde aus der

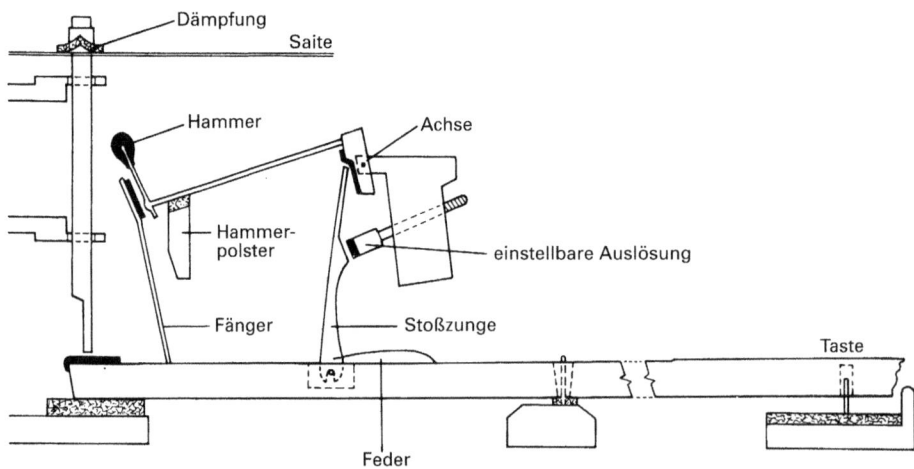

Zeichnung 4. Mechanik eines englischen Hammerflügels um 1790.

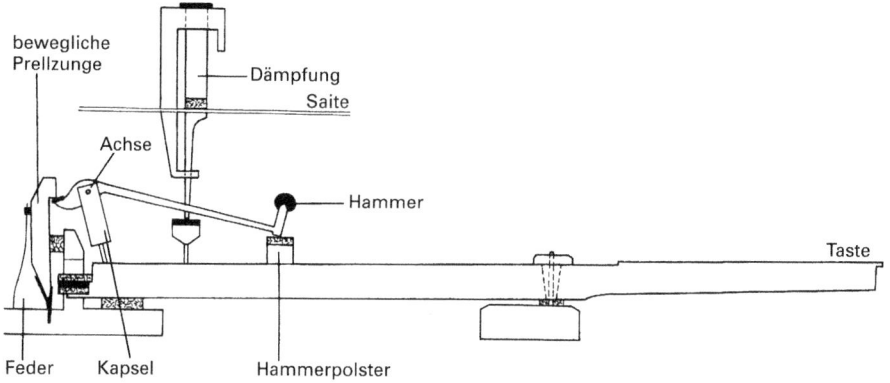

Zeichnung 5. Deutsche bzw. Wiener Mechanik eines Hammerflügels um 1780.

simplen Prellmechanik deutscher Tafelklaviere (von etwa 1773 an) entwickelt, indem eine *bewegliche Prellzunge* ergänzt und später weitere Modifikationen vorgenommen wurden. Die Hammerflügel Wiener und süddeutscher Instrumentenbauer wie Andreas Stein (gest. 1792), Anton Walter (gest. 1826) und Conrad Graf (gest. 1851) sind mit dieser Mechanik ausgestattet. Bis 1909 wurden noch Flügel von Bösendorfer mit ihr hergestellt.

Wenn die Taste niedergedrückt wird, wird der als zweiarmiger Hebel konstruierte *Hammer* an seinem hinteren Ende, dem »Schnabel«, von einer Kerbe in der *beweglichen Prellzunge* zurückgehalten und prallt mit seinem Hammerkopf gegen die Saite. Die Prellzunge ist so gefedert, daß sie beim Vorbeigleiten des Schnabels an der Kerbe nachgibt und der Hammer auf das *Hammerpolster* zurückfällt. Wenn die Taste losgelassen wird, senkt sich die *Achse*. Der Schnabel gleitet an der Prellzunge vorbei, die dabei nach hinten ausweicht und mittels einer Feder in ihre Ausgangsposition zurückschnappt.

Hammerklaviere beider Mechaniken können (bis etwa 1820) einen »Janitscharenzug« haben, mit dem im Stil der →Janitscharenmusik rhythmische Schlagzeugeffekte hinzutreten. Ein Pedal setzt dabei einen Mechanismus in Gang, bei dem ein Stock gegen den Resonanzboden schlägt (»Große Trommel«), Metallstäbe auf die Baßsaiten schlagen (»Becken«) und ein oder zwei kleine Glocken angeschlagen werden (»Triangel«)(→Mobbs 1984).

9. Tonumfang

In der folgenden Übersicht ist die fortschreitende Vergrößerung des Tonumfangs von Klavieren summarisch dargestellt. Da im 18. und 19. Jahrhundert keine Normierung vorherrschte, geben die Angaben nur Anhaltspunkte.

Zeitraum	Umfang	Begrenzungstöne	Beispielhafter Komponist
Um 1720 (Cristofori)	4 Oktaven	C–c^3, in einem Fall bis f^3	Giustini
1760–1790	5 Oktaven	F^1–f^3	Mozart
1790–1820	5½ Oktaven	F^1–c^4	Beethoven in Sonaten vor der »Hammerklavier-Sonate« (1818)
1820–1850	6½ Oktaven	C^1–f^4	Chopin
1850–1860	7 Oktaven	A^2–a^4	Schumann
Seit 1860	7¼ Oktaven	A^2–c^5	Liszt

10. Repertoire

Da das Klavier das Universalinstrument der westlichen klassischen Musik ist, ist sein Solorepertoire so umfangreich, daß bei der Auflistung selbst jede sinnvolle Begrenzung auf die wichtigsten Werke den Rahmen dieses Buchs sprengte. Nahezu von jedem großen Komponisten zwischen Haydn und Boulez gibt es bedeutende Klavierkompositionen – eine auffällige Ausnahme sind die Komponisten der italienischen Oper sowie Berlioz und Wagner. Deshalb sei hier lediglich auf die entsprechenden Klaviermusikführer verwiesen:

Wilhelm Altmann: *Verzeichnis von Werken für Klavier vier- und sechshändig sowie für zwei und mehr Klaviere.* Leipzig: Friedrich Hofmeister 1943;

Maurice Hinson: *The piano in chamber ensemble. An annotated guide.* Hassocks, Sussex: The Harvester Press 1978;

Adolf Ruthardt: *Wegweiser durch die Klavier-Literatur.* Leipzig, Zürich: Hug [10]1925;

Robert Teichmüller: *Internationale moderne Klaviermusik.* Leipzig, Zürich: Hug 1927;

Klaus Wolters & Franzpeter Goebels: *Handbuch der Klavierliteratur*. Zürich: Atlantis 1967;
Lit.: Barron 2006; Bilson 1980; Clinkscale 1993 (Verzeichnis der Instrumente bis 1820); Ehrlich 1976; Faszination 2000; Gill 1983 (allgemeine Einführung); Großbach 2005; Harding 1978; Henkel 2000; Hoover 1981; Junghanns 1991 (zum Klavierbau); Klaus 1997/98; Lexikon 2006; Methuen-Campbell 1984 (Diskographie); Pianoforte 2009; Pollens 1984, 1995; Schulz 1982 (Bibliographie); Taylor 1981; Wiener Klavier 2007; Wythe 1984. →auch HAMMERKLAVIER.

Klavierrolle (Notenrolle) (engl.: *piano roll*). Perforiertes Papierband als →Tonsteuerungsträger für →mechanische Klaviere. Es gab drei Prinzipien von Klavierrollen; diese kamen ihrerseits in verschiedenen Systemen, die nur bedingt kompatibel sind, auf den Markt:

a) Rollen für →elektrische Klaviere,
b) Rollen für →Kunstspielklaviere,
c) Rollen für →Reproduktionsklaviere (sogenannte →Künstlerrollen).

Lit.: Hocker 1987.

Kleine Flöte   →PIKKOLOFLÖTE.

Kleine Trommel (Militärtrommel) (engl.: *side drum*; am.: *snare drum*; ital.: *tamburo militare*; fr.: *caisse claire*). Die mit zwei Trommelstöcken auf ihrem oberen Fell angeschlagene Trommel, über deren unteres Fell eine oder mehrere Schnarrsaiten gespannt sind, die vibrieren, wenn die Trommel geschlagen wird.

1. Orchestertrommel

Die Größe der Kleinen Trommel ist je nach Land verschieden; ihr Durchmesser beträgt etwa 36 cm, ihre Höhe zwischen 8 und 40 cm. Das Resonanzfell ist gewöhnlich etwas dünner als das Schlagfell. Die Schnarrsaite ist aus Darm bzw. (besonders seit den 1930er Jahren) aus einer Drahtspirale und kann mit einem Haken gelöst werden, damit die Trommel ein tieferes, dem Tom-Tom ähnliches Timbre erhält (das man im 18. Jahrhundert durch Abdecken mit einem Tuch gewann). Die Spannschrauben haben einen Spalt, um mit einer Münze eingestellt zu werden. Bei einigen Kleinen Trommeln lassen sich Schlag- und Resonanzfell getrennt spannen. Die Trommel wird schräg an einen Ständer festgeklemmt.

2. Marschtrommel

Bei diesen gibt es häufig noch die alte Schnurspannung, bei der eine Schnur im Zickzack von dem einen zum gegenüberliegenden Reifen durch Lederschlaufen hindurchgezogen ist. Die Trommel wird dann mit einem über den Hals gelegten Trageriemen vor den Oberschenkeln gehalten.

3. Spielweise

Die Trommelstöcke sind aus Hartholz (häufig Hickory, weil es sehr widerstandsfähig ist). Die linke Hand wird mit der Handfläche nach oben gehalten; der Stock liegt zwischen Daumen und Mittelfinger. Die rechte Handfläche weist hingegen nach unten; der Stock wird zwischen Daumen und Zeigefinger gehalten und alle Finger liegen über dem Stock. Die Handgelenke werden meist abwechselnd gedreht, aber auch in Folge L-R-L-L R-L-R-R. Es gibt alte traditionelle Verzierungen, die seit spätestens dem 17. Jahrhundert gespielt werden: den Vorschlag (»Schleppstreich«), den doppelten, dreifachen und vierfachen Vorschlag. Beim vierfachen Vorschlag ist die Schlagfolge L-L-R-R mit der anschließenden Hauptnote L (oder umgekehrt). Beim Wirbel werden abwechselnd Doppelschläge gespielt (R-R-L-L-R-R-L-L usw.).

Im Jazz und Rock werden beide Trommelstöcke wie Paukenschlegel gehalten (zwischen Daumen und Zeigefinger, Daumen nach oben). Aus dem Jazz stammt der explosive *rim shot*, bei dem ein Trommelstockköpfchen auf das Fell, der Trommelstock selbst auf den Rand gehalten wird und der Spieler mit dem anderen Trommelstock auf diesen schlägt. Der Jazz hat auch den »Jazzbesen« (eine Art Drahtfächer) und andere Besen mit Metallstreifen für kräftigeren Klang eingeführt.

4. Geschichtliches

Die Militärtrommel stammt möglicherweise von der im →Mittleren Osten gespielten zweifelligen tragbaren Trommel ab; byzantinische Darstellungen des 11. Jahrhunderts zeigen, daß beide Felle geschlagen wurden. Ob eine Schnarrsaite vorhanden war, kann man nicht auf ihnen erkennen. →EINHANDFLÖTE UND EINHANDTROMMEL für die kleine mittelalterliche Trommel, die seit dem 14. Jahrhundert mit zwei Stöcken und von deutschen und schweizerischen Soldaten auch zusammen mit der Trommelpfeife (dann mit einem Stock) gespielt wurde. Im Laufe des 16. Jahrhunderts wurde die Militärtrommel größer; um 1600 hatte sie bis zu ca. 80 cm Durchmesser und Länge, wie man auf Rembrandts »Nachtwache« sehen kann. Das Fell war aus Schafs- oder Eselshaut. Spannreifen hatten bereits um 1500 die alte Art, das Fell zu spannen, ersetzt, bei der man die Membrane am Rand lochte, um die Schnur hindurchzuziehen (→TROMMEL, 2). Die Schnarrsaite aus Darm oder gedrehten Riemen ist zu jener Zeit nur über das Schlagfell gespannt. Um 1700 wird die Militärtrommel wieder kleiner. Um 1800 wurde auch eine flachere Trommel mit Metallkessel (statt Holz) gespielt. Die größere

Trommel wurde *Rührtrommel* – »rühren« im Sinne von: den Takt schlagen – genannt (→Militärkapelle, Abb. 2, untere Reihe). Die flache Trommel wurde die *Militärtrommel* oder *Kleine Trommel* (dieselbe Abb., obere Reihe) genannt und eignete sich für scharfe Rhythmen und kurze Wirbel – die langen Wirbel wurden auf der größeren Trommel gespielt. Diesen Kontrast in der Spielweise der beiden Trommeln zeigt Richard Strauss sehr schön in *Ein Heldenleben* nach Ziffer 49 (Notenbeispiel 1). Der Trommelkessel der modernen Rührtrommel ist etwa 50 cm tief. Zeitgenössische Komponisten differenzieren meistens einfach in »große« und »kleine« oder »hohe« und »tiefe« Trommel, wenn sie bei zwei Trommeln auf den Klangkontrast Wert legen. In Frankreich wird die sehr flache Trommel auch *tarole* genannt (Taroltrommel).

Notenbeispiel 1

Als Volksmusikinstrument spielt die Kleine Trommel eine große Rolle in Westeuropa und wird gelegentlich sogar solistisch gespielt (Tarantella-Tänze in Süditalien sowie Schwerttänze im Piemont und in Belgien). Lit.: →TROMMEL.

Kobyz Geige der Kasachen in Zentralasien; →FIDEL, 2*a*.

Kokyu Das einzige heimische Streichinstrument Japans. Es stammt erst aus dem 18. Jahrhundert und ist im wesentlichen die gestrichene Version der Langhalslaute →*shamisen*. Mit einer Länge von ca. 68 cm ist das *kokyu* zwar etwas kürzer, aber hat ebenso einen fast quadratischen hölzernen Korpus mit Decke aus weißem Katzenfell und offenem Boden (→JAPAN, Abb. 2). Von den vier Saiten aus Seide (ursprünglich war das Instrument dreisaitig) stehen die ersten beiden im Unisono. Die anderen zwei stehen jeweils eine Quarte tiefer. Der lange, dünne Bogen, der mit Ringfinger und kleinem Finger gespannt wird, wird frei über die Saiten geführt (und liegt nicht wie in China mit dem Bogenhaar zwischen den Saiten). Um von einer zur nächsten Saite hinüberzuwechseln, dreht der Spieler die senkrecht gehaltene Fidel auf einem kurzen Pflock (wie bei vielen asiatischen Fideln; →FIDEL, 2*b*). Das nicht mehr so sehr wie in früheren Jahrhunderten verbreitete *kokyu* erklingt hauptsächlich im kleinen Ensemble zusammen mit →*koto* und *shamisen* sowie bei Puppenspielen, und zwar besonders in traurigen Szenen.

Kolophonium (engl.: *rosin, resin, colophonium*; ital.: *colofonia* ; fr.: *colophane*). Hartes, sprödes Harz, das bei der Destillation von Terpentin zurückbleibt und in kleinen Blöcken verkauft wird. Mit Kolophonium werden die Haare der Bogen (→BOGEN, 1) für Streichinstrumente eingerieben, damit sie besseren Widerstand leisten. Ohne Kolophonium würde der Bogen die Saite nicht zum Klingen bringen.

Komabue Eine der japanischen Querflöten; →FUE.

Kombinationsinstrumente Tasteninstrumente, bei denen zwei verschiedene Tonerzeugungsarten über eine →Klaviatur gesteuert werden. So gab es zwischen 1770 und 1830 recht viele →Orgelklaviere, die die Hammerklaviermechanik mit einer Pfeifenorgel verbanden. Auch sind verschiedene Kombinationsinstrumente mit Kielmechanik und Pfeifenorgel bzw. Clavichordmechanik und Pfeifenorgel überliefert.

Kŏmun'go Eine →Wölbbrettzither in Korea, die als das bedeutendste koreanische Instrument angesehen wird (→CHINA UND KOREA, Abb. 2, vorne links). Der niedrige, 150 cm lange Resonanzkasten ist mit sechs tief gestimmten Saiten aus Seide bespannt, von denen drei mittlere über 16 Bünde mit, von der rechten Spielerseite aus gesehen, ansteigender Höhe laufen. Auf diesen drei Saiten wird die Melodie mit einem wie ein Eßstäbchen gehaltenen →Plektron aus bleistiftgroßem Bambus gezupft, während die linke Hand die Saiten auf die Bünde drückt. Die anderen Saiten (die erste, fünfte und sechste) sind über separate Stege geführt und geben Borduntöne ab. Bei der heutigen Spielpraxis werden sie allerdings nicht sehr häufig verwendet. Eine typische Stimmung: $E\ A\ D\ H\ H\ H^1$. Kompositionen in besonderer →Tabulatur sind seit dem 16. Jahrhundert überliefert.

Komuz Langhalslaute der Kirghisen in Zentralasien. →LAUTE, 7*b, c*.

Konservierung und Restaurierung In den letzten Jahrzehnten ist die Konservierung und Restaurierung von Musikinstrumenten besonders intensiv diskutiert worden, weil man mehr und mehr zu der Überzeugung gelangt ist, daß mit jeder Restaurierung ein Eingriff in die ursprüngliche, aus dokumentarischer Sicht wertvolle Substanz des restaurierten Objekts erfolgt. Wir müssen uns damit abfinden, daß spielbare Zeugen der musikalischen Vergangenheit sehr selten sind. In der Mehrzahl der Fälle sind sie im Laufe ihrer Geschichte (mehrfach) verändert worden und vermitteln, abgesehen von dem ohnehin nicht eindeutig bewertbaren Prozeß der Alterung des Materials, nur den äußeren Anschein von historischer Ursprünglichkeit. Eine Restaurierung bzw. Rekonstruktion des Originalzustands, wie sie bis vor knapp zwei Jahrzehnten als Ideal angewandter museologischer Forschung galt, ist und bleibt in den meisten Fällen Spekulation, die immer vom jeweiligen Wissensstand des Restaurators abhängt und nur allzuschnell veraltet. So ist dann ein restauriertes Musikinstrument hübsch anzuschauen – doch für den ernsthaften Wissenschaftler und den an der Rekonstruktion alter Instrumententypen interessierten Musikinstrumentenbauer kann sein wahrer historischer Wert verloren sein.

Aus diesen Überlegungen heraus geht die Tendenz immer mehr zur Konservierung, d. h. zur Erhaltung des Vorhandenen, statt zur Ergänzung oder sogar Ersetzung des Vorhandenen. →CIMCIM hat sich als internationale Vereinigung mit diesem Problemkreis beschäftigt und verschiedene Publikationen dazu herausgegeben.

Lit.: Abondance 1981; Conservation 1992; *CIMCIM publications. No. 3. Copies of historic musical instruments.* Edinburgh 1994; Elste 1990; Hellwig 1979; Weber 1993.

Kontinuierliches Spiel (engl.: *circular breathing*). Ausdruck für eine Spielweise von verschiedenen Blasinstrumenten wie manchen →Rohrblattinstrumenten, →Pommer und →*didjeridu*, bei der der Spieler das Pausieren zum Lufthohlen vermeidet, indem er die Luft durch die Nase einatmet, um sie kurzfristig in den Backen zu speichern und mit dem Mund wieder auszustoßen (interzirkuläre Atmung). Diese Technik, die Glasbläser ebenso beherrschen, kann man erlernen, indem man mit einem Strohhalm Luft in ein Gefäß mit Wasser bläst.

Kontrabaß
(umgangssprachlich: **Baß, Baßgeige**) (engl.: *double bass, bass*; ital.: *contrabasso*; fr.: *contrebasse*; span.: *contrabajo*). Das 180 cm lange Baßinstrument der →Violinfamilie und damit des Sinfonieorchesters, in dem seine Hauptfunktion seit der Wiener Klassik darin besteht, die Baßlinie eine Oktave tiefer als das →Violoncello zu spielen. Die orchestrale Balance ist ohne den Kontrabaßklang nicht denkbar.

1. Konstruktion

Der Korpus ist mit 144 cm Länge nur ungefähr anderthalbmal so lang wie der des →Violoncellos, doch sind die Zargen mit fast 23 cm annähernd zweimal so hoch; so wird die innere Luftresonanz vertieft, um die tiefen Töne zu verstärken (→HOHL-KÖRPERRESONATOR). Der Umriß kann dem des Violoncellos ähnlich sein, doch normalerweise fallen die Schultern in einer doppelten Kurve ab (ähnlich der →Gambe), wodurch der obere Rand niedriger ist und die Bewegungen der linken Hand entlang der Saite für den Daumenaufsatz erleichtert werden. Der Boden ist normalerweise flach, um Holzverbrauch und Arbeitsaufwand gering zu halten. Ein flacher Boden ist etwa 5 mm dick, der obere Teil ist zum Hals hin abgeknickt, und ein breiter Querbalken im Korpusinnern stabilisiert die Stimme. Ein gewölbter Boden muß hingegen aus dicken Brettern geschnitzt werden und kann in der Mitte bis zu 12 mm dick sein. Die Ecken sind meist stumpf (wie bei der Gambe), weil exponierte Teile bei einem Instrument dieser Größe leicht Schaden nehmen.

Der Schraubmechanismus am Wirbelkasten ist eine Erfindung des Berliner Geigenbauers Carl Ludwig Bachmann (1749–1809) von 1778: Schrauben an den äußeren Seiten des Wirbelkastens greifen in Rädchen, die sich so leicht und genau drehen lassen, daß die Saiten auf ein Haar rein gestimmt werden können.

Um bei billigen Kontrabässen die Herstellungskosten niedrig zu halten, sind deren Boden und Decke häufig aus Sperrholz zurechtgesägt, das mit Wasserdampf gebogen wird. Noch immer werden in traditioneller Handwerkskunst gearbeitete Instrumente relativ preisgünstig in den ehemaligen Ostblockländern hergestellt.

2. Saiten und Bogen

Heutzutage werden meist flexible Stahlsaiten aufgezogen, obwohl Saiten mit stahlumsponnenem Nylonkern recht zufriedenstellend ausfallen. Darmsaiten sind selten geworden, obwohl paradoxerweise die lange Saitenmensur von ca. 106 cm darauf zurückgeht, daß man den Tonumfang des 16'-Registers mit ausschließlich unumsponnenen Darmsaiten erreichen wollte. Bei dieser Saitenlänge sind die Abstände zwischen den Halbtönen so weit, daß die Normalstimmung in Quarten (und nicht – wie bei allen anderen Vertretern der Violinfamilie – in Quinten) ist: $G\ D\ A^1\ E^1$ (notiert: $g\ d\ A\ E$). In den unteren →Lagen beträgt der Abstand zwischen dem ersten und vierten Finger lediglich einen Ganzton. Auf der D-Saite beispielsweise greift der erste Finger E, der zweite F, der vierte Fis. Der folgende Halbton, G, ist dann die leere Saite. Der dritte Finger wird normalerweise zusammen mit dem vierten aufgesetzt, um das Niederdrücken der Saite zu erleichtern. (Allerdings wird in der italienischen Kontrabaßspielpraxis der dritte Finger statt des zweiten für das F genommen). Etwa ab der sechsten Lage (erster Finger auf f^1) sind die Abstände so klein, daß der dritte Finger den vierten ersetzen kann, der normalerweise zu kurz ist, um in hoher Lage ungezwungen auf den Saiten zu liegen. Mit dem linken Daumen wird die Saite zwischendrin für höhere Fingersätze oder am nächsten Schwingungsknoten abgegriffen. Von dort kann man bis zum Oberton der doppelten Oktave am Ende des Griffbretts weiterspielen und mehr als eine Oktave weitere Flageolett-Töne greifen. Der Oktavflageolett-Ton wird auch vielfach in normalen Passsagen gespielt (und ebenso beim Stimmen der Saiten).

Beim solistischen Spiel wird der viersaitige Kontrabaß für mehr Brillanz gewöhnlich einen Ton höher gestimmt. Jazz-Bassisten spielen gelegentlich ein Instrument mit einer fünften Saite über den anderen, gestimmt in c^1. (Zu einer fünften Saite *unterhalb* den normalen vier Saiten siehe 3, unten).

Zwei verschiedene Bogentypen werden verwendet: Der im Obergriff gespielte französische Bogen (Bottesini-Bogen), der einem Cellobogen ähnlich, doch kürzer und dicker ist, und der Deutsche Bogen (auch Simandl-Bogen nach dem Wiener Kontrabaßpädagogen benannt, dessen Instrumentalschule von 1874 noch immer verwendet wird). Dieser Bogen hat eine schlankere Stange und eine schmalere Haarbahn, aber einen wesentlich breiteren Frosch, der in der Hand mit dem Daumen nach oben gehalten wird (seitliche Untergriffhaltung). Im Konzertsaal kann das Publikum den Bogentyp daran identifizieren, wie er beim Pizzikato gehalten wird: Den französischen Bogen hält der Spieler dann etwas nach oben gerichtet, den deutschen Bogen jedoch nach unten.

3. Töne unterhalb des E

Wenn Kontrabaß und Violoncello aus derselben Stimme spielen, werden die Töne unter dem E vom Baß nach oben oktaviert und erklingen unisono mit dem Cello. Trotzdem gehören diese ihrer Klanglichkeit nach dem 16'-Register an. Dessen ungeachtet haben viele Komponisten tiefere Töne als das E in der Hoffnung komponiert, daß sie auch in dieser tiefen Lage erklingen. Drei Möglichkeiten dazu gibt es: (a) die vierte Saite wird heruntergestimmt; (b) man verwendet einen fünfsaitigen Kontrabaß, bei dem die zusätzliche Saite in C^1 oder B^1 gestimmt ist; (c) man installiert eine Hebelmechanik, mit der die Mensur der untersten Saite bis auf C^1 verlängert wird.

4. Dreisaitiger Kontrabaß

Heute nur noch selten gespielt, war der dreisaitige Kontrabaß die normale Ausführung im 19. Jahrhundert; er war auch noch im frühen 20. Jahrhundert verbreitet. Seine Stimmung ist entweder $G\ D\ A^1$ (wie die oberen Saiten des viersaitigen Basses also) oder $G\ D\ G^1$. Das dreisaitige Instrument wurde wegen seines kraftvollen Klangs auf der untersten Saite geschätzt. Richard Strauss empfiehlt in seiner Bearbeitung der Berliozschen Instrumentationslehre, viersaitige mit dreisaitigen Kontrabässen zu mischen, da sich der dreisaitige italienische besser zur Kantilene eigne. Der nach unten begrenzte Tonumfang, der bei der $G\ D\ A^1$-Stimmung den des Cellos nur um eine kleine Terz unterschreitet, störte nur unwesentlich, weil eben das Tonregister des Kontrabasses ein anderes als das des Cellos ist; so konnte der Kontrabaß bei der Tanzmusik den ersten Schlag im Takt nachhaltig markieren.

Abb. 1. Giovanni Bottesini, mit einem dreisaitigen Kontrabaß und dem ›Bottesini-Bogen‹ (1888, ein Jahr vor seinem Tod).

Andererseits hatte Verdi für *Othello* die viersaitigen Kontrabässe vorgesehen, die den Beginn ihrer Solopassage vor Desdemonas Ermordung mit dem E^1 im *pp* beginnen sollten – die dreisaitigen hätten diesen Ton oktaviert und damit den Effekt zunichte gemacht. Die beiden berühmtesten Kontrabassisten

Kontrabaß 170

des 19. Jahrhunderts waren Italiener und spielten auf dreisaitigen Instrumenten: Domenico Dragonetti (1763–1846) auf einem Instrument von Gasparo und Giovanni Bottesini (1821–1889) auf einem von Testore von 1694. Dragonetti verwendete in der ersten Hälfte seiner Karriere einen alten nach außen gebogenen Bogen, während Bottesini (Abb. 1) mit seinem eigenen Modell strich, das als »französischer Bogen« bekannt wurde. Bottesinis Solokompositionen dokumentieren, mit welcher virtuosen Leichtigkeit der Kontrabassist auf seinem dreisaitigen Instrument atemberaubende Arpeggios aus Flageolett-Tönen oberhalb des Violinschlüssels spielen konnte.

5. Ältere Kontrabässe

(a) *Anfänge.* Mannsgroße, im Stehen gespielte Bässe mit Bünden und vier Saiten erscheinen bereits auf italienischen und deutschen bildlichen Darstellungen von etwa 1560 an. Ein berühmtes Gemälde mit solchen Instrumenten ist Veroneses »Hochzeit zu Kana« (1563), andere Quellen sind Holzschnitte von Jost Amman.

(b) *Sechs- und fünfsaitige Kontrabässe.* Es gibt keine näheren Hinweise zu den Stimmungen vor Banchieri 1609, und hier ist für den sechssaitigen *violone da gamba* die Stimmung einer um eine Quinte nach unten versetzten Baßgambe (→ GAMBE) angegeben (*g d A F C G¹*), wie es vielleicht für das Instrument in der Buchillustration mit der bayerischen Hofkapelle unter Orlando di Lasso (→ RENAISSANCE-INSTRUMENTARIUM, Abb. 1) zutrifft: ein Kontrabaß mit einem langen Gambenhals. → Praetorius bildet 1619 unter »→ Violone« einen von den Proportionen her veritablen Kontrabaß ab, der ebenfalls mit Bünden versehen ist und dessen sechs Saiten eine Oktave unter der Baßgambe stehen. Praetorius führt desweiteren aus, daß die meisten Violoni Fünfsaiter wären und in Quarten von *E¹* bis *g* gestimmt seien.

Kontrabässe der Brescianer Geigenbauer Gasparo da Salò und Giovanni Paolo Maggini (→ VIOLINE, 4) werden auch heute noch in Orchestern gespielt; aber wie andere Instrumente der Violinfamilie hat man sie mit neuen Hälsen und Griffbrettern ausgestattet und für die heutige Saitenbespannung stabilisiert. Dies macht es schwierig zu bestimmen, was an ihnen noch ursprünglich ist. In Italien gibt es bis 1677 (bei Bismantova) keine Einzelheiten über den *contrabasso o violone grande* mit vier Saiten. Nichtsdestoweniger scheinen alle unverändert erhaltenen historischen Instrumente des 17. Jahrhunderts sechs oder auch fünf Saiten zu haben. Viele weisen noch Reste von alten Darmsaiten auf, die als Bünde verwendet wurden.

Bis zur Mitte des 18. Jahrhunderts kommt in Deutschland wiederholt für den *Violone* bzw. die *Gross-bass Geige* mit sechs Saiten die eine Quinte unter der Baßgambe stehende Stimmung auf *G¹* vor. Die erste Saite wird dann *g* eingestimmt, wie auch beim Violoncello in seiner Funktion als Baßvioline (→ VIOLONCELLO, 4). Die Stimmung war dann gambenmäßig: *g d A F C G¹*. Wenn der Violone die Baßstimme allein (nur mit einem Continuo-Tasteninstrument zusammen) spielte, hatte der Spieler so die Möglichkeit, sich je nach Belieben im 8'- oder im 16'-Register zu bewegen. Als es zu Bachs Zeiten in den Ensembles mehr und mehr üblich wurde, die Baßlinie vom Cello und vom oktavierenden Kontrabaß auszuführen, kam die Meinung auf, daß der Kontrabaß mit weniger Saiten kräftiger und klarer klänge. In diesem Sinne plädiert Quantz für das viersaitige Instrument. Doch sogar noch die obligate Kontrabaßstimme in Mozarts Konzertarie »Per questa bella mano« KV 612 scheint für einen fünfsaitigen Violone gedacht zu sein. Eine berühmt gewordene Ausführungsart der Secco-Rezitative in italienischen Opern ist mit dem legendären Musikerspann Robert Lindley (1776–1855) und Dragonetti verknüpft. Die beiden Musiker begleiteten seit 1794 auf Cello und Kontrabaß 52 Jahre lang die Rezitative ohne zusätzliches Tasteninstrument, wobei der Cellist die von ihm arpeggierten Akkorde gelegentlich ornamentierte, während der Kontrabassist die Baßlinie spielte. Eine ähnlich manieristische Praxis scheint auch in Italien üblich gewesen zu sein.

(c) *Besondere Größen.* Praetorius bildet eine fünfsaitige *Groß Contra-Bas-Geig* ab. Diesem Instrument entspricht ziemlich exakt ein großer italienischer Kontrabaß im Musée Instrumental, Brüssel: 228 cm groß, Korpuslänge 142 cm (und damit viermal so lang wie ein Violinkorpus), Zargentiefe 28 cm. Sogar noch größer ist der riesige italienische dreisaitige Kontrabaß, der einst Dragonetti gehörte (Victoria & Albert Museum, London): 288 cm Länge, 200,5 cm Korpuslänge. Noch größer ist der *Octobasse*, den Jean-Baptiste Vuillaume (1798–1875), der prominenteste Pariser Geigenbauer des 19. Jahrhunderts, 1848 konstruiert hat. Das etwa 4 m große Instrument mit der Stimmung *C G¹ C¹* hat ein mechanisches Pedalsystem zur Verkürzung der Saiten (Musée de la Musique, Paris).

Mindestens ebenso häufig waren im Barock kleine Kontrabässe, *Halbbaß*, *Bassett* und *Bassel* genannt. Einige davon sind fünfsaitig.

6. Repertoire

Solokompositionen gibt es seit Mitte des 18. Jahrhunderts, darunter Konzerte von Dittersdorf und Vanhal. Unter den Konzerten, die Kontrabassisten nach Dragonetti und Bottesini komponiert haben, ist das im spätromantischen Stil geschriebene von Koussevitzky besonders lohnend. In der Kammermusik ist der Kontrabaß gelegentlich auch solistisch vertreten, so in den Streichersonaten von Rossini und im Forellenquintett D 667 von Schubert. Einige international bekannte Kontrabassisten unserer Tage wie Georg Hörtnagel konzertieren neben ihrer Orchestertätigkeit auch regelmäßig im Ensemble. Klaus Stoll hat zusammen mit dem Cellisten Peter Baumann ein Duo gebildet. In der Avantgarde und im Jazz wird der Kontrabaß häufig solistisch eingesetzt. Der Kontrabassist Bertram Turetzky hat für sein Instrument eine »analoge Notation« mit speziellen Zeichen entwickelt. Im Jazz hat Charles Mingus (1922–1979) die Virtuosität auf seinem Instrument bedeutsam weiterentwickelt.

Lit.: Elgar 1960, 1963; Geschichte 2004; Planyavsky 1984, 1989.

7. Allgemein bezeichnet Kontrabaß die 16'-Lage einer Instrumentenfamilie.

Kontrabaßklarinette (engl.: *contrabass clarinet*; ital.: *clarinetto contrabbasso*; fr.: *clarinette contrebasse*). In der Quinte (in Es) oder der Oktave (in B) unter der →Baßklarinette stehendes Instrument. Obwohl die Kontrabaßklarinette kein häufig anzutreffendes Instrument ist, kann es z. B. dem tiefen Register einer Blaskapelle eine unverwechselbare Fülle verleihen. Das größere Modell in B mit Metall- oder Holzkorpus wird in Frankreich und Deutschland seit dem späten 19. Jahrhundert gefertigt. Dvořák setzt dieses Modell in seiner Oper *Die Teufelskäthe* (1899) ein, ebenso Schönberg in den *Fünf Orchesterstücken op. 16* (1909). In den USA kommt die Kontrabaßklarinette in Es mit Holzkorpus und Metall-S-Bogen und -stürze nach Selmers Modell von ca. 1930 vor, und ähnelt, abgesehen von dem längeren Korpus, der Baßklarinette. Der tiefste Ton des Instruments, notiert e, ist das klingende G^1.

Heute sind reine Metallmodelle verbreiteter, sie wurden in den späten 1950er Jahren von Leblanc, Paris, eingeführt. Sie bestehen aus parallelen Röhren aus versilbertem Messing mit einem Durchmesser von ca. 30 mm und einem sehr kleinen Becher am Ende, →KLARINETTE, Abb. 1e. Die Kontrabaßklarinette in B reicht bis zum notierten c (klingend B^2) hinunter. Xenakis schreibt in *Polytope* (1967) für die Kontrabaßklarinette in Es, die in dieser Komposition neben der kleinen Klarinette in Es auftritt.

Kontrafagott (engl.: *contrabassoon*; ital.: *contrafagotto*; fr.: *contrebasson*). Das eine Oktave unter dem normalen →Fagott stehende Instrument gehört zur Standardbesetzung eines jeden Sinfonieorchesters. Es wird eine Oktave höher als klingend notiert (also wie der →Kontrabaß, obwohl Wagner und Debussy seine Stimme klingend notiert haben).

1. Konstruktion

Das auf einem kurzen Stahldorn stehende normale Modell wurde von Heckel entwickelt und wird inzwischen auch von anderen Herstellern gebaut. Das 550 cm oder noch längere konische Rohr besteht aus parallelen Abschnitten, von denen die drei durch U-förmige Bögen miteineinander verbundenen Hauptteile aus Ahorn sind. Der Schallbecher aus Metall oder Holz reicht in großem Bogen über das übrige Instrument (Zeichnung 1, rein schematisch ohne Klappen). Hinter dem S-Rohr folgt zunächst ein enges konisches Metallrohr, das umgelenkt wird und in den hölzernen Abschnitt des Rohres führt, wo die Klappen für die Finger der linken Hand liegen. In diesem Sinne korrespondiert dieses Teil mit dem Flügel des Fagotts, doch genau andersherum: die Klappe für das erste Loch ist für den tiefsten Ton der drei, wird jedoch vom oben liegenden Zeigefinger betätigt, während das unterste Loch für den höchsten Ton der mit diesen drei Fingern betätigten Klappen ist.

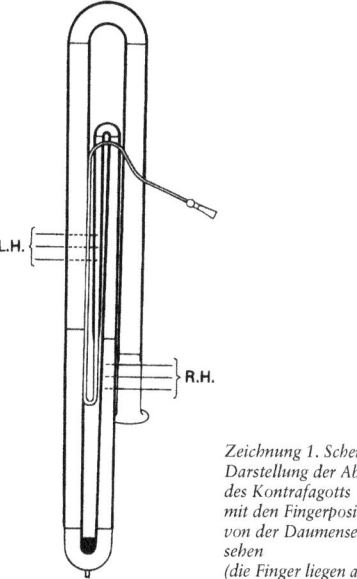

Zeichnung 1. Schematische Darstellung der Abschnitte des Kontrafagotts mit den Fingerpositionen, von der Daumenseite her gesehen (die Finger liegen auf der

Die Klappenmechanik hat lange Achsen, damit die Tonlöcher an den akustisch richtigen Stellen liegen – im Vergleich mit der zwei Oktaven und eine Quinte höher liegenden Oboe sechsmal so weit voneinander entfernt. Der parallele, abwärts führende Teil der Röhre (in der Zeichnung rechts) hat die Klappen für die rechte Hand, der daran sich anschließende nach oben führende Abschnitt jene für die Daumen. Bei einigen älteren Modellen mit C als dem tiefsten Ton hört hier das Rohr mit einem nach oben weisenden Schallstück auf. Die normale übergebogene Baßröhre mit dem nach unten weisenden Schallstück reicht bis zum B^1 oder sogar dem selten gespielten A^1, dem tiefsten Ton auf dem Klavier also. Bei vielen modernen reicht der obere Bogen noch höher als bei älteren Modellen, was für hinter dem Spieler sitzende Musiker hinderlich sein kann.

2. Rohrblatt und Klang

Das ca. 7 cm lange Doppelrohrblatt ist länger als das eines Fagotts. Für den linken Daumen gibt es zwei Oktavklappen (wie bei der Oboe, aber nicht beim Fagott) für das obere Register, das bis zum notierten b^1 reicht. Der Klang des Kontrafagotts hat seinen eigenen Charakter und suggeriert einen geblasenen Kontrabaß. Die tiefen Töne lassen sich am besten innerhalb des Orchesters heraushören, weil sie einen vollen, rumpelnden Klang haben, der den Orchesterklang in bis ins Mezzoforte reichende Passagen färben kann. Heckel konstruierte sein neues Modell von 1877 an, so ist es möglich, daß Brahms es bereits kannte, als er seine erste Sinfonie schrieb, in der diese Töne nur zu gut herauszuhören sind. Fast dreißig Jahre später komponiert Richard Strauss in *Salome* das größte Kontrafagottsolo innerhalb einer Orchesterpartitur an jener Stelle, wo Jochanaan in die Zisterne herabsteigt. Seit dieser Zeit sind gelegentlich Solostücke komponiert worden, und da sich das Instrument besonders gut aufnehmen läßt, ist es auch in der Musik zu vielen Fernsehfilmen mit dabei.

3. Ältere Modelle

Zuerst wurde das Kontrafagott wie ein vergrößertes, sehr langes Fagott gebaut (mit ca. 244 cm Länge). Es gibt Exemplare von Eichentopf, Leipzig 1714 (→OBOE D'AMORE), und Stanesby, London 1739 (eingesetzt u.a. bei Händels *Music for the Royal Fireworks*). In der Zeit der Wiener Klassik war das Instrument weniger lang und reichte nur bis zum C oder D hinunter. In dieser Weise wurde es bis in die 1870er Jahre in Deutschland gebaut (auch von Hekkel). Zu den neuen kompakten Modellen mit umgeleitetem Flügel, deren Konstruktion durch Entwicklungen bei der Klappenmechanik möglich wurde, gehört als eines der ersten das »Contrabassophon« (mit weiter Bohrung) von H.J. Hasneiner, Koblenz 1847.

4. Quartfagott, Quintfagott

Eine Quarte oder Quinte (statt der Oktave) tieferstehende Fagotte sind sehr selten. Eines stammt von Eichentopf d.Ä., Leipzig 1714, und ein anderes von Samme, London 1854 (Museum of Instruments, Royal College of Music, London). Indessen sind Bachs tiefe Fagottstimmen in den Kantaten BWV 31 und 155 wohl eher für Baßdulzian (→DULZIAN) gedacht.

Lit.: Heyde 1987a; Langwill 1965. →auch FAGOTT.

Konzertina (engl.: *concertina*). Instrument mit →durchschlagenden Zungen, das mit seinem Faltenbalg zwischen den Händen gehalten wird und Fingerknöpfe hat, die zwischen den beiden Händen aufgeteilt sind; im Unterschied zum →Akkordeon erklingt pro Knopfdruck nur ein Ton und nicht ein ganzer Akkord. Die Konzertina entwickelte sich in zwei unterschiedlichen Arten: als englische Konzertina und als deutsche Konzertina.

1. Englische Konzertina (Zeichnung 1)

Hexagonales Gehäuse, die Töne einer Tonleiter verteilen sich auf beide Hände. Gleichtönig gebaut (»double action«), d.h. daß ein Knopf denselben Ton gibt, egal, ob der Balg gezogen oder gedrückt wird.

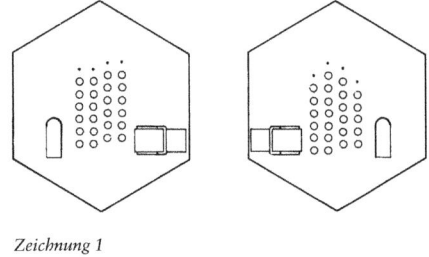

Zeichnung 1

linke Hand				rechte Hand			
					c^4		
♯	g^3	h^3	♭	♯	f^3	a^3	♭
♯	c^3	e^3	♭	♭	h^2	d^3	♯
♯	f^2	a^2	♭	♭	e^2	g^2	♯
♭	h^1	d^2	♯	♭	a^1	c^2	♯
♭	e^1	g^1	♯	♯	d^1	f^1	♯
♭	a	c^1	♯	♯	g	h	♭

Tabelle 1

Charles Wheatstone entwickelte die Konzertina um 1844 aus einem 1829 gebauten kleinen, mundgeblasenen »Symphonium« und nannte das neue Instrument zunächst »Melophone«. Tabelle 1 gibt die Anordnung der Knöpfe an. Der Daumen jeder Hand wird durch eine kleine Schlaufe geführt, der kleine Finger an eine Metallschiene angedrückt. Zeigefinger und Mittelfinger drücken je nach Bedarf die Töne der C-Dur-Tonleiter auf den beiden mittleren Knopfreihen; die äußeren Reihen gelten den chromatischen Tönen (bezogen auf C-Dur; die Versetzungszeichen in der Tabelle beziehen sich auf die danebenstehenden Töne in den mittleren Reihen).

Neben der Konzertina in Diskantlage gibt es auch andere Größen vom Pikkolo bis zum Baß.

2. Duet concertina

Dieses 1884 patentierte Instrument von John H. MacCann basiert auf dem Knopfsystem von Wheatstone, insofern als es gleichtönig ist. Doch ist die Verteilung der Knöpfe so ausgelegt, daß man mit der rechten Hand die Melodie und mit der linken Hand die Begleitung spielen kann.

3. Deutsche Konzertina

Meistens ein rechteckiges Gehäuse, das Baßregister für die linke Hand, das Diskantregister für die rechte. Wechseltönig gebaut, d.h. daß die Tonhöhe davon abhängt, ob der Balg gezogen oder gedrückt wird.

Der Name Konzertina wurde erstmals 1834 von Carl Friedrich Uhlig, Chemnitz, gebraucht. Sein Instrument hat fünf Knöpfe auf jeder Seite für eine diatonische Skala wie bei einer einfachen Mundharmonika. Bei Druck des Faltenbalgs erklingen die Töne des C-Dur-Dreiklangs, bei Zug des Faltenbalgs die übrigen Töne der C-Dur-Skala (Tabelle 2). Neben dieser Knopfreihe verläuft eine zweite, näher an der Schlaufe gelegene Knopfreihe (wie in Zeichnung 2 sichtbar, hier in der sechseckigen Form der englisch-deutschen Konzertina; der einzelne Knopf am oberen Rand für die rechte Hand ist der Knopf für die Ventilklappe. Die deutsche Konzertina ist inzwischen veraltet und wird nicht mehr gebaut; aus ihr wurde das Bandoneon (siehe 5, unten) entwickelt.

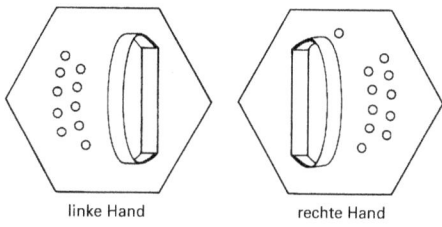

Zeichnung 2

linke Hand		rechte Hand	
Zug/Druck		Druck/Zug	
a^1	g^1	c^2	h^1
f^1	e^1	e^2	d^2
d^1	c^1	g^2	f^2
h	g	c^3	a^2
g	c	e^3	h^2

Tabelle 2

4. Englisch-deutsche Konzertina

Der Londoner Instrumentenbauer Jeffries gilt als der Konstrukteur dieses Typs, der auch heute noch als ein 20-Knopf-Modell (wie in Zeichnung 2) gefertigt wird, obwohl inzwischen die gängigen Modelle dreißig oder mehr Knöpfe haben, wodurch das Instrument fast durchgängig chromatisch ist.

5. Bandoneon (Bandonion)

Ein von dem Krefelder Musiklehrer Heinrich Band 1846 entwickelter Konzertinatyp in meist quadratischer Form mit wechseltöniger Mechanik und einem eigenen Griffsystem. Seit einem Jahrhundert ist das Bandoneon das Soloinstrument des argentinischen Tango-Orchesters, das in der Regel mit zwei Bandoneons, zwei Violinen, Klavier und Kontrabaß besetzt ist. Die Knopfanordnung scheint auf den ersten Blick kompliziert, doch basiert sie im wesentlichen auf drei Reihen, die die Töne der A-Dur- (mittlere Reihe), E-Dur- (Reihe nächst der Schlaufe) und G-Dur-Tonleitern und darüber hinaus die weiteren chromatischen Töne geben. Das Bandoneon kann bis zu sechs Knopfreihen und einen Tonumfang von bis zu fünf Oktaven, ausgehend von C, haben.

Das Bandoneon hat wie die anderen deutschen Konzertina-Modelle einen charakteristischen Klang, der dadurch entsteht, daß die Metallzungen parallele Seiten haben und nicht konisch zugeschnitten sind (wie es bei vielen anderen Instrumenten mit durchschlagenden Zungen der Fall ist), sowie daß zu jeder gegriffenen Note zwei Zungen gehören, die unisono oder oktaviert gestimmt sind.

Lit.: Dunkel 1987.

Kooauau Flöte der Maori. →PAZIFISCHE INSELN, 4.

Kora Saiteninstrument Westafrikas (Gambia- und Mali-Region), das in der westlichen Literatur häufig als »Harfenlaute« oder »Stegharfe« bezeichnet wird, weil die Saiten in zwei senkrecht zur Decke stehenden Ebenen verlaufen (Zeichnung 1, S.174). Das große, mit Fell überzogene Kalebassenkorpus hat längs und quer unter die Membran hindurchgesteckte Rundhölzer, die über das Korpus hinausragen. Besonderes Merkmal ist ein großer hölzerner Steg mit auf jeder Seite zehn bzw. elf Einkerbungen als Stützpunkte für die 21 Saiten (einst aus der Haut einer weiblichen Antilope gedreht, heutzutage aus Nylon), die von einem Ring am unteren Korpusende zu um den Halsspieß geschlungenen Bastringen führen. Die tiefste Saite liegt am oberen Ende des Stegs. Die Saiten sind so gestimmt, daß eine diatonische Skala mit einem Umfang von mehr als zweieinhalb Oktaven entsteht, deren Tonfolge von einer Saitenebene zur anderen führt. Deshalb sind schnelle stufenweise Spielfiguren typisch. Beim Spiel führt der Hals vom Spieler weg, die Daumen zupfen die Saiten abwärts zum Korpus hin an, die Zeigefinger aufwärts vom Korpus weg.

Lit.: Wegner 1984.

Kornett

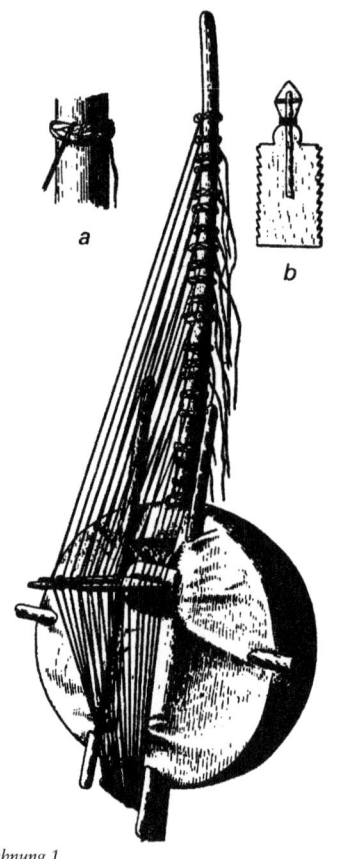

Zeichnung 1

Kornett (engl.: *cornet*; ital.: *cornetta*; fr.: *cornet à pistons*). Ventilblasinstrument in derselben Tonhöhe (B) wie die normale moderne Trompete, von der es sich rein äußerlich durch die kürzere Form unterscheidet. Das Kornett in B klingt einen Ganzton tiefer als notiert.

1. Konstruktion

Das Kesselmundstück ist deutlich tiefer als das der Trompete und hat ein kürzeres und engeres Rohr. Das Mundrohr, dessen Innendurchmesser zu Beginn kleiner als bei der Trompete ist, weitet sich auf ca. 35 mm aus und führt in einer Windung zum Stimmbogen, der sich nach hinten zum Spieler hin auszieht. Von dort führt die Röhre wieder nach vorn und zurück durch einen kleinen zusätzlichen Stimmbogen zum dritten Ventil. Am ersten Ventil setzt das Schallstück an, das mit einer großen Windung (der vierten Windung der Röhre) zur Stürze führt. Von dieser klassischen Konstruktion weichen einige Typen ab, z.B. gibt es solche in trompetenähnlicher Form (eine französische Konstruktion um 1900).

Einige Instrumente haben einen separaten B-Stimmzug zwischen Mundstück und Mundrohr. Als das Kornett häufig in der Unterhaltungsmusik verwendet wurde, tauschte man diesen Stimmzug fallweise gegen einen längeren A-Stimmzug aus, um Stimmen für Kornett in A spielen zu können, das eine Terz tiefer als notiert klingt.

2. Einsatz in Militärkapellen

Das Kornett wurde hauptsächlich in französischen, italienischen, englischen und amerikanischen Blas- und Militärkapellen gespielt und ist seit ca. 1840 jahrzehntelang das führende Melodieinstrument dieser Kapellen gewesen. Auch im Jazz war es bis um 1920 sehr verbreitet, dann übernahm die Trompete seine Funktion. Noch Louis Armstrong hatte als Knabe Kornett in der Colored Waifs' Home Brass Band in New Orleans gelernt.

3. Einsatz im Sinfonieorchester

Die Funktion des Kornetts hat sich im Sinfonieorchester umgekehrt. Vor ca. 1860, als in Frankreich noch für Trompeten in der tiefen Stimmung in F ge-

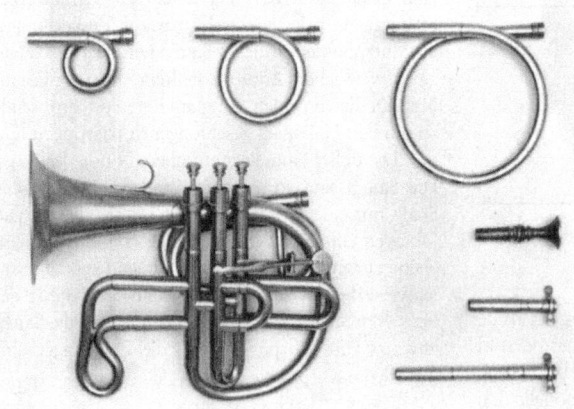

Abb. 1. Ein frühes englisches Kornett (cornopean) von Charles Pace; London (ca. 1850) mit drei Pumpventilen und Trillerklappe für Ganztontriller. Oben und rechts: Aufsteckbögen für As, G und F; Mundstück, Stimmzüge für B und A.

schrieben wurde, hatten die Komponisten zusätzlich zu den zwei Trompeten eine Paar Kornette für die lebendigeren und melodieseeligen Passagen vorgesehen, z. B. bei Berlioz, Bizet (u. a. in *Carmen*), Franck (Sinfonie d-Moll) und außerhalb Frankreichs auch Tschaikowsky (in den Ballettmusiken). Im Laufe der zweiten Jahrhunderthälfte ersetzten Kornette in fast allen französischen, britischen und nordamerikanischen Orchestern die Trompeten, bis im frühen 20. Jahrhundert mit der flexibleren modernen Trompete eine umgekehrte Entwicklung einsetzte: Orchestermusiker neigen inzwischen dazu, Kornettpartien auf der Trompete auszuführen, vielleicht abgesehen von solchen Werken, wo das Kornett seine plebejische Seite zum Ausdruck bringen soll (wie in Strawinskys *Petruschka* und *L'histoire du soldat*).

4. Geschichtliches

Das Kornett wurde in Frankreich um 1828 von Jean Louis Antoine Halary, dem Erfinder der →Ophikleïde, konstruiert. Man hat behauptet, Halarys Idee sei es gewesen, das runde deutsche Posthorn mit Ventilen auszustatten, doch gab es in den französischen *chasseur*-Regimentern das runde ventillose *cornet* in der Funktion eines →Signalhorns. Die kurze, tiefe Form früher Kornette mit zwei oder drei Pumpventilen (→VENTILE, 2b) wurde in England *cornopean* genannt (Abb. 1) und bis zum Ersten Weltkrieg als billige Ausführung in Frankreich gefertigt, doch nicht mehr mit dem vollständigen Satz von Umstimmbögen bis zum F oder noch tiefer. Von dieser Praxis zeugen heute nur noch die Partituren eines Berlioz (→TRANSPONIERENDE INSTRUMENTE). →auch ECHOHORN.

Lit.: Baines 1976, Webb 1985.

Korpus (engl.: *body, resonator*). Der Resonanzkasten oder die Schallröhre bei einem Musikinstrument. Obwohl Korpus in dieser Bedeutung ethymologisch Neutrum ist, hat sich vor allem im Handwerk Maskulinum durchgesetzt. In diesem Buch wird durchgängig Neutrum als Genus von *Korpus* angesetzt. Synonyme: Resonanzkörper, Resonator.

Kortholt Zwischen ca. 1570 und 1650 nachgewiesenes mitteleuropäisches →Doppelrohrblattinstrument. Die enge zylindrische Bohrung führt in einem Korpus hin und zurück und endet in einem seitlichen Loch nahe der Spitze. Der Tonumfang beträgt fast zwei Oktaven in Grundtönen, da neben den normalen sieben Fingern und dem Daumen auch der zweite kleine Finger und die Fingerglieder beider Zeigefinger zusätzlich zu den Fingerkuppen eingesetzt werden. Die heute hergestellten Kortholte leh-

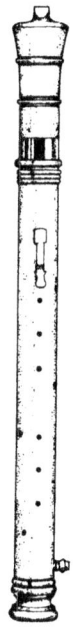

Zeichnung 1

nen sich an eine Abbildung bei →Praetorius 1619 an, die das ca. 70 cm lange Instrument mit einer →Windkapsel (ähnlich wie beim →Krummhorn) zeigt. →Mersenne zeigt das Instrument allerdings ohne Windkapsel. Kortholte gibt es als Tenor- und Baßinstrumente, mit dem für zylindrische Renaissance-Rohrblattinstrumente so typischen schrillen, plappernden Klang wie beim Krummhorn, nur leiser. →auch SORDUN.

Lit.: Boydell 1982; →auch KRUMMHORN.

Koto Japanische →Wölbbrettzither, eines der bedeutendsten klassischen Saiteninstrumente Japans. Zusammen mit der Laute →*biwa* ist die *koto* vermutlich im frühen 8. Jahrhundert aus China nach Japan gekommen.

1. Konstruktion (→JAPAN, Abb. 1)

Der Spieler sitzt am rechten Ende des ca. 180 cm langen, durch kleine Füße am rechten Ende etwas schräg liegenden, 25 cm breiten Resonanzkastens, dessen Decke von allen vier Seiten her leicht konvex gearbeitet ist (der Legende zufolge einen geduckten Drachen symbolisiernd). Decke und Zargen bestehen aus ausgehöhltem Paulowniaholz. Der Boden ist mit einem dünneren Brett, ebenfalls aus Paulowniaholz, bedeckt. Im Boden befindet sich nahe jedem der beiden äußeren Enden ein Schalloch. Die dreizehn Saiten aus Seide gleicher Länge und Stärke werden mit gleicher Spannung über zwei Querriegel geführt und durch

Koto

kleine Löcher hinter dem Querriegel an der Spielerseite und an der Unterseite zusammengebunden. Jede Saite ist über einen eigenen beweglichen Steg gespannt, der wie ein umgedrehtes Y aussieht. Die unterschiedlichen Stellen, an denen die Stege aufgesetzt sind, legen die Stimmung fest, die je nach Tonsystem variieren kann, aber stets pentatonisch ist (fünf Tonschritte pro Oktave). Die Saiten werden mit Fingerplektren an Daumen, Zeige- und Mittelfinger gezupft. Die moderne *gaku-sō*-Spieltechnik beschränkt sich auf Oktavfiguren und einzelne Noten, die mit der rechten Hand gespielt werden. Bei der *zoku-sō*-Spieltechnik wird darüber hinaus die linke Hand eingesetzt, um die Töne zu verändern, indem die Saite links vom Steg niedergedrückt wird. So entstehen Vibrato und verschiedene Ornamente.

2. Kompositionen

Das dreizehnsaitige Instrument *gaku-sō*, wie die *koto* in der *gaga-kū*-Musik (der »vornehmen« Musik) heißt, wurde in der Heianzeit (794–1185) nicht nur von professionellen Musikern des Hoforchesters, sondern auch von Frauen und Höflingen bei nicht-zeremoniellen Gelegenheiten sowohl als virtuoses Soloinstrument als auch im Kammerensemble gespielt. Erst gegen Ende des 16. Jahrhunderts entstand die klassische Solomusik für *koto*, genannt *sō-kyoku*, die unabhängig vom höfischen Zeremoniell gespielt wurde. Notenbeispiel 1 ist ein Auszug aus einer Komposition dieses Genres. *Danmono*, wie diese Kompositionsform genannt wird, besteht aus einer variablen Anzahl von rein instrumentalen Abschnitten. *Kumiuta* besteht aus mehreren (normalerweise sechs) ineinanderübergehenden Gesängen (*uta*), bei denen sich der Sänger auf der *koto* selbst begleitet; charakteristisch ist dabei, daß der Gesang gegenüber der *koto*-Melodie um einen halben Taktschlag nach vorne oder nach hinten verschoben ist.

Während der 2. Hälfte des 17. Jahrhunderts verdrängte das →*shamisen* im Bürgertum zeitweise die höherentwickelte *koto*-Musik, doch im 18. Jahrhundert erlebte diese eine Renaissance, bei der Musikformen des *shamisen* aufgegriffen wurden.

3. Wagon

Die sechssaitige, etwa 180 cm lange *wagon* gilt als bodenständige japanische Wölbbrettzither (obwohl vermutlich koreanischer Herkunft). Die Saiten sind in zwei Gruppen zu je drei Tönen gestimmt (z.B. D F A C E G). Sie wird ausschließlich zur *kagura*-Begleitung und anderen vokalen Genres, die zu Shinto-Ritualen gehören, gespielt. Die Spieltechnik besteht aus einigen miteinander verknüpften standardisierten Mustern: schnelle Arpeggien und Einzeltöne mit den

Erster Teil (*dan*) aus dem *Danmono Rokudan*

Transkription von Harich-Schneider 1973

Notenbeispiel 1

Fingerplektren der rechten Hand, Abdämpfen der Saiten und Zupfen mit den Fingern der linken Hand.

4. Terminus »Koto«

Im Japanischen ist *koto* der Oberbegriff für traditionelle japanische Saiteninstrumente (Zithern, Lauten und Harfen). Im westlichen Schrifttum wird unter Koto im speziellen jene Wölbbrettzither verstanden, die die Japaner mit *zokusō* oder *sō* bezeichnen.

Lit.: Harich-Schneider 1973.

Koziol (Polen). →SACKPFEIFE, 5a.

Krokodilzither →CHAKHĒ UND KROKODILZITHER.

Krotalon Im antiken Griechenland verbreitete Handklapper (→KLAPPER), die als kultisches Fraueninstrument meist paarweise (*krotala*) gespielt wurde. →auch AULOS, Abb. 1.

Kru-Harfe Saiteninstrument unüblicher Art, das in Liberia und Anliegerstaaten Westafrikas gespielt wird und in der Hornbostel/Sachs'schen Klassifikation (→KLASSIFIKATION DER MUSIKINSTRUMENTE) zur kleinen Gruppe der Rahmenzithern gehört, weil die sechs oder sieben, ca. 23–30 cm langen, mit beiden Händen gezupften Saiten aus pflanzlichem Material innerhalb eines dreiarmigen (in anderen Fällen auch runden) Holzrahmens ausgespannt sind. Der Holzrahmen ist auf eine unten offene Kalebasse aufgesetzt, die beim Spiel mit ihrer Öffnung gegen den Oberkörper gestützt wird.

Lit.: Wegner 1984.

Krummhorn (engl.: *crumhorn*; it.: *storto, cornamuto torto*; span.: *orlo*; fr.: siehe 3.) Gekrümmtes Doppelrohrblattinstrument mit →Windkapsel aus der Zeit von ca. 1480 bis 1650. Es hat eine enge, zylindrische Bohrung und Grifflöcher wie die Blockflöte. Das Rohrblatt ist auf ein kurzes Messingröhrchen aufgesetzt und befindet sich im Innern der hölzernen Windkapsel, in deren Spitze ein schlitzartiges Anblasloch ist. Das Krummhorn wird dank den Rekonstruktionen von Otto Steinkopf (1904–1980) und Hermann Moeck seit den 1950er Jahren wieder gebaut und gespielt.

1. Beschreibung

Das Krummhorn besteht normalerweise aus Ahorn; sein gekrümmtes Ende entsteht durch Biegen des gebohrten Holzes, z.B. über heißem Wasserdampf. Wie die Biegung früher erzielt wurde, ist bis heute nicht eindeutig belegt. Die Bohrung beträgt ca. 4,5 mm beim Diskant-Krummhorn und 8 mm beim Baß-Krummhorn und erweitert sich auf den wenigen letzten Zentimetern. Das Rohrblatt wird heute auch aus Plastik gefertigt. Das Instrument wird mit hohem Winddruck gespielt. Der laute nasale Klang kann in seiner Lautstärke nicht variiert werden. Ein aus 4 oder 5 Krummhörnern bestehender Chor klingt fast wie eine zeitgenössische Zungenpfeifenorgel (→Regal). Das Krummhorn läßt sich nicht →überblasen, sein Tonumfang beträgt daher lediglich eine None, so daß man bei der Musikauswahl darauf achten sollte, daß keine Stimme diesen Umfang überschreitet, solange ein Ton nicht von einem anderen Mitglied der Familie gespielt werden kann – wie man sich früher wohl häufig beholfen hat. Agricola, der in seinem Traktat von 1528 die älteste Abbildung einer Krummhorn-Familie dargestellt hat, erwähnt vier zusätzliche tiefe Töne für das Baßkrummhorn, die bei niedrigem Winddruck erklingen (Meyer 1983, S. 99). Einige moderne Krummhörner haben eine Klappe für den obersten Finger, manchmal auch für den Daumen, um ein oder zwei Töne am oberen Skalenende hinzuzufügen. Zwar gibt es keine historischen Quellen für diese Klappen, doch kommen sie bei anderen zylindrischen Rohrblattinstrumenten aus gleicher Zeit vor (vgl. DOUÇAINE, 2, »Dolzaina«).

2. *Größen* (Zeichnung 1 und →PRAETORIUS, Zeichnung 1)

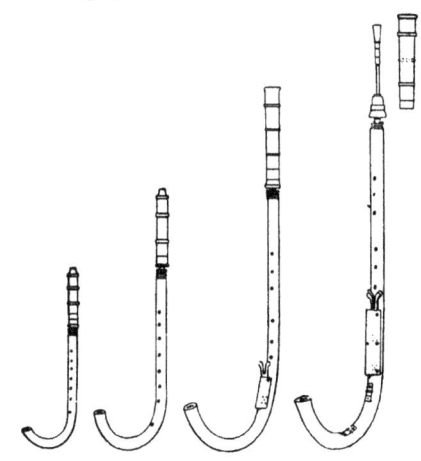

Zeichnung 1. *Krummhörner: Sopran, Tenor, Baß und Groß-Baß (Italien, spätes 16. Jahrhundert).*
Brüssel, Musée Instrumental.

Jedes Krummhorn klingt eine Oktave tiefer als die entsprechende Blockflöte:

Sopran (Exilent)	engl.: descant, soprano	$c^1 - d^2$
Alt (Diskant)	engl.: treble	$g - a^1$
Tenor	engl.: tenor	$c - d^1$
Baß (mit Kleinfingerklappe)	engl.: bass	$F - g$

Ku (Gu)

Seit dem 16. Jahrhundert gibt es den erweiterten Baß, der bis zum C herunterreicht: eine zweite Klappe, die über der Kleinfingerklappe für F liegt, ist für E; da weitere Klappen wegen der Krümmung des Instruments nicht machbar sind, gibt es zwei kleine Löcher, die vor Spielbeginn mit Messing-Schiebern geöffnet oder geschlossen werden, so daß je nach Notwendigkeit entweder E (beide Schieber geöffnet), D (oberer Schieber geschlossen) oder C (beide Schieber geschlossen) erklingen, wenn die zweite Klappe betätigt wird.

Großbaß (selten)   engl.: great bass   C – d (mit einer Klappe)

Unter den mehr als 50 erhaltenen Krummhörnern, die wohl auschließlich aus Italien und Deutschland stammen, schreibt man 24 der Werkstatt von Jörg Wier (gest. Mitte 16. Jahrhundert), Memmingen, zu.

3. Geschichte

Der Name begegnet einem zuerst als Orgelregister. Gekrümmte Blasinstrumente gibt es allerdings schon in frühen Abbildungen des →Platerspiels und im *Cantigas de Santa Maria*-Manuskript (vgl. MITTELALTERLICHES INSTRUMENTARIUM, 2). Ein italienisches Gemälde von 1488 (von Costa) ist der älteste ikonographische Nachweis, ein berühmtes Florentiner Gemälde von 1539 zeigt als Schäfer verkleidete Musiker, die ein sechsstimmiges Madrigal auf fünf Krummhörnern und einem →Zinken (für die oberste Stimme) spielen. Kompositionen, die sich für Krummhorn-Stimmwerk eignen bzw. ursprünglich für diese Besetzung vorgesehen waren, sind u.a. in der Reihe *Pro Musica Antiqua*, hrsg. v. Bernard Thomas, ediert worden.

Obwohl es keine überlieferte englische Musik für Krummhörner gibt, hat Heinrich VIII zwei Sätze à 7 Krummhörner besessen, die möglicherweise von einem venezianischen Instrumentenbauer stammen. →Mersenne nennt das Krummhorn in Frankreich »tournebout« wegen seiner Form, später taucht der Name »cromorne« auf (vgl. ÉCURIE, 2), doch ist nicht bekannt, ob dieses Wort tatsächlich das Krummhorn bezeichnet.

4. Fälschungen

In verschiedenen Sammlungen gibt es grob gearbeitete Instrumente mit schwarzem Korpus, die manchmal »cromorne« genannt werden. Diese Instrumente sind offensichtlich Fälschungen nach einer ungenauen Abbildung in der *Encyclopédie* von Diderot/d'Alembert (vgl. auch FÄLSCHUNGEN).

Lit.: Boydell 1982; Meyer 1983.

Ku (Gu) Chinesischer Oberbegriff für Trommel. Von den zahllosen Arten sind fast alle mit in ein oder zwei Reihen angenagelten Fellen versehen.

1. Faßtrommeln (→ TROMMEL, 4b)

(a) *T'ang-ku*. Vertikal (Fell horizontal), Durchmesser 30 cm oder mehr, mit Ringen, um sie an Reifen eines hölzernen vierarmigen Gestells aufzuhängen. Bei der Peking-Oper wird das obere Fell mit zwei hölzernen Stöcken geschlagen. Bei der ähnlich aufgehängten *kang-gu* verjüngt sich die Zarge wie eine Blumenvase nach unten hin.

(b) *Rituelle Faßtrommeln*. *Ch'in-ku*, mit bis zu 150 cm Länge und Breite die größte, wird mit Stöcken gespielt; die ca. 40 cm lange und 8 cm breite *po-fu* wird mit den Händen gespielt; *ch'ian-ku* wird horizontal mit einer durch die Zarge hindurchgeführte Stange gehalten; zur *tao-ku* →RASSELTROMMEL.

2. Pan-ku

Eine in der Peking-Oper und in Orchestern gespielte Trommel, die klein und flach ist und auf einem Dreifuß aus Bambus liegt (an dem sich auch eine →Holzblocktrommel befinden kann). Die *pan-ku* ist wie eine flache Kuppel mit einem unteren Durchmesser von bis zu 25 cm konstruiert. Vier bis sechs dicke Hartholzblöcke sind ringförmig zusammengeleimt und lassen am oberen Ende ca. 6 cm breite Öffnung. Über die gesamte Wölbung ist ein Fell genagelt, das mit einem oder zwei Bambusstöcken über der Öffnung angeschlagen wird, wobei ein hoher, scharfer Klang entsteht. Es gibt auch zylindrische Ausführungen, die ähnlich gebaut sind.

3. Chung-ku

Eine →Sanduhrtrommel der Volksmusik, ähnlich der bedeutenden koreanischen *changgo* (→CHINA UND KOREA, 2b).

4. Achteckige Rahmentrommel → TAMBURIN, 3.

Kuan (Guan) Die chinesische Bambuspfeife, die mit einem großen Doppelrohrblatt gespielt wird (Sachs nennt sie 1940 eine »zylindrische Oboe«). Ohne Rohrblatt ist das Instrument etwa 34 cm lang, es hat sieben vorderständige Grifflöcher und ein Daumenloch (zwischen den ersten beiden Fingerlöchern). Ihr Tonumfang besteht nur aus den Grundtönen. Sie wird in volkstümlicher Musik wie auch in der Theatermusik gespielt. →CHINA UND KOREA, 1, 4d; und 2e zur entsprechenden koreanischen Pfeife, →*p'iri*. →auch BALABAN.

Künstlerrolle (engl.: *reproducing piano roll, artists' roll*). →Klavierrolle für →Reproduktionsklaviere. Künstlerrollen sind nach verschiedenen, nicht genau überlieferten Aufzeichnungsverfahren hergestellte →Tonsteuerungsträger, auf denen das Tastenspiel und die Pedalisierung von dem tatsächlichen Spiel eines meist bekannten Pianisten fixiert ist. Selbst die dynamische Differenzierung konnte (in Grenzen) reproduziert werden. Es war übliche Praxis, die Rollenaufzeichnungen vor der Massenduplikation manuell zu bearbeiten, um beispielsweise Spielfehler zu korrigieren.

Künstlerrollen wurden ab 1904 bis ca. 1930 hergestellt, zunächst von der Firma Welte (*Welte-Mignon*). Andere Systeme waren: *Ampico* (American Piano Co., ab 1913, verbessert 1920 als *Ampico A*, wiederum verbessert 1929 als *Ampico B*), *DEA* (Hupfeld, ab 1907), *Duo-Art* (Aeolian Co., ab 1913) und *Tri-Phonola* (Hupfeld, ab 1920).

Lit.: Sitsky 1990.

Kuitra Ein nordafrikanischer Lautentyp, der sowohl in der klassischen als auch volkstümlichen Musik in Marokko und den umliegenden Ländern (→MITTLERER OSTEN, Abb. 1, zweites Instrument von links) gespielt wird und andalusischer Herkunft sein soll. Der Umriß des Korpus erinnert mehr an europäischen denn arabischen Lautenbau, und der Name (auch als *kuwītra*), eine Verkleinerungsform des arabischen *kaitara*, kann mit der alten spanischen *guitarra morisca* verknüpft sein. Das Instrument ist bundfrei, hat eine Spielplatte auf der Decke und wird mit →Plektron gespielt. Der Wirbelkasten ist stumpfwinklig nach hinten geneigt und hat acht seitenständige Wirbel für vier Doppelchöre aus Darmsaiten, die normalerweise *d A e G*, also in oktavversetzten Quarten, gestimmt sind.

Kulintang →Gongspiel auf den südlichen Philippinen; auch ein Ensemble aus Schlaginstrumenten mit diesem Gongspiel als dem melodieführenden Instrument (→SÜDOSTASIEN). Die Gongs des *kulintang* (ein Spieler) liegen horizontal mit dem Buckel nach oben in zwei Reihen auf dem hölzernen Untergestell; von ihrer Form her ähneln sie dem indonesischen →*bonang*. Im Ensemble werden sie von einer Trommel, die den Rhythmus spielt, und von vielen hängenden Gongs unterschiedlicher Größe und Tiefe begleitet.

Kunstspielklavier (engl.: *player-piano, pianola*™). Klavier mit pneumatischer Spielvorrichtung. Der häufig verwendete Ausdruck *Pianola* ist der in einem von Edwin S. Votey eingereichten amerikanischen Patent von 1897 erwähnte Markenname für Kunstspielklaviere der Aeolian Company. Zunächst wurde das Pianola als »Vorsetzer« hergestellt, den man vor die Klaviatur eines jeden normalen Klaviers schieben konnte; von 1901 an wurde der Selbstspielmechanismus dann in die Instrumente eingebaut und bis 1951 hergestellt, obwohl bereits Mitte der 1930er Jahre die Zeit der Kunstspielklaviere überschritten war.

Im Unterschied zu den →Reproduktionsklavieren waren auf den Klavierrollen für Kunstspielklaviere lediglich die Tonfolge, jedoch keine interpretatorischen Differenzierungen (Agogik, Dynamik) eingestanzt. Diese konnte der Spieler nach Gutdünken (obwohl sich auf den Rollen Geschwindigkeitsangaben und später kleine visuelle Hilfsmittel wie eine rote Linie für die Agogik und eine gepunktete Linie für die Dynamik befanden) selbst gestalten, indem er die entsprechenden Hebel für die Dynamik und Agogik betätigte. →auch MECHANISCHES KLAVIER.

Lit.: Ord-Hume 1984.

Kurbelklavier →DREHORGEL, 5.

Kurzhalslaute (engl.: *short-necked lute*). →LAUTE, 7.

Kurze Oktave (engl.: *short octave*; ital.: *ottava corta*; fr.: *octave courte*). Häufig ist bei vor 1700 hergestellten Tasteninstrumenten Platz gespart worden, indem in der untersten Oktave vier Akzidentien weggelassen sind und zwei der Obertasten Töne der diatonischen Tonleiter zugeordnet werden. (In Kompositionen jener Zeit für Tasteninstrumente kommen diese fehlenden Töne fast nie vor.)

1. Tonumfang C/E

Die häufigste Anordnung der kurzen Oktave reicht bis zum C hinunter (siehe Zeichnung 1): der Ton C erklingt auf der links vom F liegenden Taste, D und E werden den beiden untersten Obertasten zugeordnet. Diese Anordnung wird in der organologischen Literatur »Kurze Oktave C/E« oder als »Kurze C-

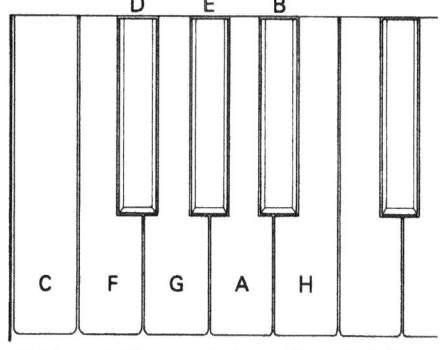

Zeichnung 1. Diagramm der kurzen Oktave im Baß.

Labialpfeife (Lippenpfeife) 180

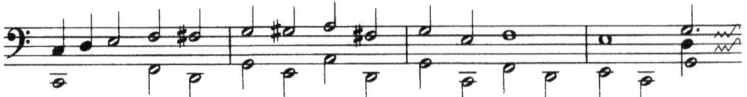

Notenbeispiel 1. Peter Philips, Pavana Dolorosa (Fitzwilliam Virginal Book, Nr. 80).

Oktave« genannt. Bei einem →Cembalo sind dementsprechend die längsten Saiten in der Reihenfolge C F D G E A aufgezogen. Bei der →Orgel ist der Gewinn durch die kurze Oktave beachtlich, da mit ihr Platz und Kosten für große, doch kaum benötigte Metallpfeifen eingespart werden. Obendrein ermöglicht die kurze Oktave dem Spieler, größere Intervalle als normal greifen zu können (Koster 1980), wie in Notenbeispiel 1 aus dem System für die linke Hand in der *Pavana dolorosa* von Peter Philips (*Fitzwilliam virginal book*, Nr. 80) ersichtlich.

2. Tonumfang G^1/H^1

Bei einer anderen häufigen Tastenanordnung gehört zum tiefsten Ton, dem G^1 jene Taste, die normalerweise H^1 wäre. Die tiefsten Obertasten sind dann die Töne A^1 und H^1, also lautet die Saitenfolge G^1 C A^1 D H^1 E F und weiter wie normal. (Für den Ton B^1 wurde das Instrument umgestimmt.)

L

Labialpfeife (Lippenpfeife) (engl.: *flue pipe*; fr.: *tuyau à bouche*). Die in →Orgeln am häufigsten vorkommende Pfeifenart, die hinsichtlich der Klangerzeugung wie die →Blockflöte (nur ohne Grifflöcher) konstruiert ist. Gegensatz: Lingualpfeife.

Labium Bei den →Labialpfeifen und der →Blockflöte der klangerzeugende Teil der Pfeife. Bei Labialpfeifen wird der Abschnitt zwischen Pfeifenfuß und Pfeifenkörper mit Labium bezeichnet, bei Blockflöten die im Aufschnitt befindliche schräge Fläche mit der Schneide.

Längsflöte (engl.: *end-blown flute*). Von Sachs eingeführter Begriff für die einfachste Form der →Flöte: der Ton entsteht durch das freie Blasen gegen eine Schneide ohne Anblasvorrichtung (Kerbe, Kernspalt). Die bekannteste Längsflöte ist der →*nāy*.
Lit.: Sachs 1928.

Lage (engl.: *position*; ital.: *posizione*; fr.: *position*). Beim Spiel auf Streichinstrumenten die Position der Griffhand am Hals und der Finger auf dem Griffbrett. Durch Lagenwechsel kann virtuoser und nuancierter gespielt werden. Bei der 1. Lage hat die Hand ihre Position dort, wo der Zeigefinger den auf die leere Saite folgenden Ton der diatonischen Skala abgreift. Die 2. Lage ist dort, wo derselbe Finger den nächsten Ton abgreift usw. (→VIOLINE, 5b). In Instrumentalschulen und Etüden sind Lagenwechsel häufig durch römische Ziffern angegeben. Erfahrene Spieler orientieren sich jedoch nicht an Lagen, sondern daran, welche Note mit welchem Finger (nicht unbedingt den ersten) gegriffen wird. Deshalb bedeuten die arabischen Ziffern 1 bis 4 über einer Note den entsprechenden Finger, mit dem sie abgegriffen werden soll. »1« steht für den Zeigefinger, »2« für den Mittelfinger, »3« für den Ringfinger und »4« für den kleinen Finger. Bei der 3. Lage spielt der 1. Finger auf der höchsten Saite

der Violine	a^2,
der Bratsche	d^2,
dem Violoncello	d^1,
dem Kontrabaß	c^1 (notiert).

Bei der »halben Lage« greifen der Zeigefinger den Halbton über der leeren Saite und die nächsten Finger entsprechend eng die weiteren Töne.

Lamellophon (engl.: *lamellaphone*). Organologischer Begriff für die afrikanische →*sansa*, der von vielen Ethnologen vorgezogen wird, weil *sansa* nur ein Name des unter vielen Namen vorkommenden Instrumentes ist. Manchmal wird der Ausdruck auch als Oberbegriff für alle Instrumente mit gestimmten Lamellen verwendet, z. B. der →Spieldose.

Langeleik Die volkstümliche norwegische →Zither. Sie kommt vor allem im Süden Norwegens vor, wo das *langeleik* seit dem 17. Jahrhundert bekannt ist und inzwischen nach einer Zeit der Vernachlässigung wieder gespielt wird. Bei dem heute am besten bekannten Typ erweitert sich das lange Korpus leicht an jedem Ende. Das Instrument wird auf einen Tisch gestellt; die Melodiesaiten mit den Bünden sind dem Spieler am nächsten. Die drei mittleren Finger der linken Hand greifen zusammen die Saite an den Bünden ab und spielen reich verzierte Melodien. Die anderen, bis zu sieben Saiten sind auf den Grundton, der Quint, in Oktaven und manchmal auch auf der großen Terz gestimmt. Sie werden zusammen mit der Melodiesaite mit einem →Plektron gezupft und geben eine Art Bordunbegleitung im Rhythmus der Melodie. Wenn diese im Dreivierteltakt steht, werden beim *springdans* zwei Schläge vom Spieler weg gezupft und der dritte zum Spieler hin; beim Walzer-Rhythmus hingegen ist die Zupffolge umgekehrt. Die Bünde sind diatonisch angeordnet, früher wurde dabei keine in völlig gleichmäßige Ganzton- und Halbtonschritte unterteilte Dur-Skala befolgt. →LANGSPIL sowie ZITHER, 2 für andere europäische volkstümliche Zithern.

Lit.: Ledang 1974.

Langhalslaute (engl.: *long-necked lute*). Oberbegriff für Lauten mit kleinem Korpus im Verhältnis zum langen, kurzen Hals. Langhalslauten sind überwiegend asiatischer Herkunft. →LAUTE, 7.

Langleik →LANGELEIK.

Langspil In Norwegen ein seltener Name für →*langeleik*. In Island hingegen eine Zither mit Bünden, die auf den Oberschenkel gelegt und mit einem Violinbogen gestrichen wird. Der linke Daumennagel greift die erste Saite an den Bünden ab, die anderen Saiten klingen als in Oktaven gestimmte →Bordune mit.

Laouto Lautenähnliches Instrument, das häufig in der griechischen Volksmusik zur Begleitung anderer Instrumente (z.B. der Violine und der Klarinette) mit Akkorden und Passagenwerk gespielt wird. Es ist etwa 1 m lang, hat ein großes, rundschaliges Korpus aus zahlreichen Spänen, eine Decke mit Randverzierungen und einen Hals mit elf Bünden und einer Länge zwischen dem kurzen Hals der Laute (*outi*) und dem der →Langhalslaute →*bouzouki*. Die Besaitung ist in vier Doppel- oder Tripelchören aus Draht; die Saiten sind in Quinten von (nur dem Namen nach) *a* abwärts gestimmt, einige oder alle der unteren →Chöre haben eine Oktavsaite. Das →Plektron besteht gewöhnlich aus dem umgeknickten Kiel eines Raubvogels. Das Instrument stammt aus der Türkei (*lavuta*, vom italienischen *lauto*), wo es schon im 17. Jahrhundert bekannt war und gelegentlich noch heute in den Städten gespielt wird.

Die *laoutokithara* ist eine moderne Ausführung mit dem Korpusumriß einer →Gitarre (im Neugriechischen *kithara*).

Lit.: Anoyanakis 1979.

La-pa Chinesische gerade Messingtrompete, ca. 60 cm lang, mit engmensuriertem konischen Rohrverlauf, aus normalerweise zwei oder drei teleskopartigen Teilen, die nach dem Gebrauch ineinandergeschoben werden (wie bei der tibetischen Lama-Trompete, →CHINA UND KOREA, 3). Das sehr flache Mundstück hat einen breiten Rand, die weitausladende Stürze ist bei einer älteren Art der *la-pa* zum Spieler hin umgebogen. Früher wurde das Instrument, auf dem nur drei Töne gespielt werden, für militärische Signale und für Begräbnisrituale und Hochzeitsprozessionen verwendet, inzwischen hört man es auch im Theater. So kündigt es in Taiwan den Aktbeginn an.

La-pa kann in China auch die →*sona*, ein →Doppelrohrblattinstrument, bedeuten.

Lap organ (**Rocking melodeon**) (engl., »Schoßorgel«). Ein kleines amerikanisches Instrument mit →durchschlagenden Zungen aus dem 2. Viertel des 19. Jahrhunderts. Das Instrument wird auf den Schoß oder einen Tisch gestellt. Sein viereckiger Kasten enthält die Zungen in zwei Reihen, bedeckt von gelochten Abdeckplatten. Darauf liegen die mit beiden Händen zu bedienenden Spielknöpfe, bei späteren Typen eine Klaviatur. Unter dem Kasten sind ein ausdehnbares Reservoir und der Blasebalg. Dieser ist rechts angebracht und wird mit Metallfedern offen gehalten, so daß sich der Kasten schräg nach links legt. Drückt der Spieler die ihm naheliegende Seite des Kastens mit dem linken Unterarm nieder, während die Finger auf der Tastatur liegen, leert sich der Blasebalg und füllt das Reservoir auf, und der Kasten »schaukelt« in seine originale Position zurück. Das Spiel auf dem Instrument war in der Regel auf Melodie und Baß beschränkt, weil die Luft bei mehrstimmigen Akkorden sehr schnell entwichen wären. Ein Knopf auf der linken Seite schaltete eine Jalousie hinzu, um die Dynamik zu verändern.

Das ursprüngliche Instrument, konstruiert von James A. Bazin, Canton, Mass., war unter dem Namen *elbow melodeon* bekannt. Von ca. 1836 an baute Abraham Prescott in New Hampshire die Ausführung mit Klaviatur.

Lit.: Libin 1985.

Lateinamerikanische Schlaginstrumente
→AGOGO BELL, BONGOS, CABAZA, CHOCALHO, CLAVES, CONGA, CUICA, GUIRO (SAMBA-RATSCHE), MARACAS, QUIJADA, TIMBALES, VIBRASLAP.

Laúd (span.). Die →Laute; ebenso ein recht modernes, mit Drahtsaiten versehenes Zupfinstrument; →BANDURRIA.

Launeddas Sardinisches Rohrblattinstrument, das meist bei Rundtänzen gespielt wird und höchst-

Notenbeispiel 1. Launeddas mit drei Rohrblattpfeifen, Sardinien.

wahrscheinlich ein direktes Überbleibsel der Doppelpfeife des →Altertums ist, mit der sie gemeinsam hat, ein auseinanderlaufendes Rohrblattinstrument zu sein (→ROHRBLATTINSTRUMENT, 3). Jede Hand hält eine in sich selbständige Rohrpfeife mit Fingerlöchern. Die kürzere (*mancosedda*) wird in der rechten Hand gehalten, die längere in der linken (*mancosa manna*, »linke Hand«). An der längeren ist eine 60 bis 110 cm lange →Bordunpfeife (*tumbu*) angesetzt. Jede der kleineren Pfeifen hat zusätzlich zu den vier Fingerlöchern ein langes Resonanzloch (Stimmloch), das mit Wachs so justiert wird, daß die Stimmung im Verhältnis zur Bordunpfeife rein ist: sehr wichtig für das Staccato-Spiel (→SACKPFEIFE, 1). Jede Pfeife wird mit einem →idioglotten Rohrblatt zum Klingen gebracht. Mittels →kontinuierlichem Spiel (der Bläser atmet durch die Nase ein, während er durch den Mund ausatmet) entstehen mit den drei Rohrblättern im Mund des Spielers ununterbrochene Klänge. Für das polyphone Musizieren auf den zwei Spielpfeifen werden die Möglichkeiten mit den nur vier Tönen jeder Pfeife voll ausgeschöpft: →Notenbeispiel 1 (aus Bentzon 1969), bei dem die Pfeifen im Quartintervall stehen.

Lit.: Bentzon 1969; Oesch 1968.

Launut →LIVIKA.

Laute (engl.: *lute*; ital.: *liuto*; fr.: *luth*; span. *laúd*). Das Nobelste der Zupfinstrumente vom Mittelalter bis zur Mitte des 18. Jahrhunderts mit einem Repertoire, das seit der Renaissance das eines jeden anderen Instruments quantitativ – und viele würden auch sagen qualitativ – übertrifft. Die Laute ist von keinem anderen Instrument abgelöst worden (wie beispielsweise das Cembalo vom Hammerklavier), und nach dem Verstummen der Lautenmusik für etwa 150 Jahre hat die Lautenherstellung und das Lautenspiel seit der ersten Hälfte des 20. Jahrhunderts eine Renaissance erlebt.

→THEORBE und CHITARRONE zu den für das Continuospiel entwickelten Baßlauten sowie unter 6 zur arabischen Laute und 7 zu der Familie der hauptsächlich asiatischen Langhalslauten.

1. Konstruktion

Das birnenhälftenförmige Korpus der Laute (Abb. 1) wird mittels einer hölzernen Form gebaut, indem zwischen 9 und 37 (oder noch mehr, aber stets eine ungerade Anzahl) Späne, die häufig noch nicht einmal 0,8 mm stark sind und an beiden Enden spitz zulaufen, zu einer Schale (»Muschel«) verleimt werden. Die häufig zweiteilige Decke ist bis zu 1,6 mm dünn und wird durch querliegende Balken verstärkt. Die gesamte Muschel-Konstruktion ist von der Innenseite her mit kleineren oder größeren Flicken aus Pergament, Papier oder Leinen unterfüttert. Auf der unteren Außenseite der Muschel ist ein Querspan mit in der Regel dekorativem Rand auf die Späne aufgeleimt. Die Saiten sind an einem →Querriegel befestigt. Das Schalloch ist als →Rosette aus der Decke kunstvoll mit gotischen Mustern oder

Abb. 1. Laute von Hans Frei, Bologna. Mitte des 16. Jahrhunderts (der Hals später). Warwickshire Museum.

Arabesken ausgeschnitten. Auf dem Hals ist ein flaches, seit dem 17. Jahrhundert allenfalls leicht gewölbtes Griffbrett, das normalerweise mit acht Bünden (aus Darm) abgeteilt ist. Der Wirbelkasten führt fast rechtwinklig nach hinten. Die Darmsaiten (heute auch Nylon) sind dünner als bei der →Gitarre. Ihre klingende Länge beträgt für eine Laute in normaler Größe ca. 60–70 cm. Bis auf die höchste Saite (»Chanterelle«) sind sie in der Regel paarweise, d.h. in Doppelchören (→CHOR), gestimmt. Die gesamte Konstruktion ist so leicht wie möglich. Der Klang der Laute unterscheidet sich deutlich vom Klang der Gitarre, er ist heller (wegen stärkerer hoher →Teiltöne) und etwas nasaler, aber weniger farbig. Die Spieltechnik wird ausgiebig in Traktaten insbesondere des 17. Jahrhunderts beschrieben. Obwohl die Laute ein Zupfinstrument ist, wird sie »geschlagen«, wie man sagt. Zur charakteristischen Spielweise gehört, daß der rechte kleine Finger immer gegen die Decke gedrückt wird.

Während der Geschichte der Laute haben Anzahl und Stimmung der Saiten variiert. Im Laufe der Zeit erhöhte sich die Anzahl der Chöre von 6 auf 11 bis 13. Viele moderne Lautenmacher differenzieren zwischen der Renaissancelaute für die Musik des 16. Jahrhunderts bis einschließlich der des goldenen Zeitalters der Laute (ca. 1590–1630) und der Barocklaute mit anderer Stimmung.

2. Renaissancelauten

(a) Frühe Formen. Die Laute wird in Europa um 1270 in Frankreich zuerst erwähnt. In Darstellungen bis zum frühen 15. Jahrhundert hat sie unterschiedliche Größen; ihre vier Doppelchöre wurden nach arabischem Vorbild mit einem Federkiel als →Plektron gespielt. Schriftliche Quellen deuten an, daß die vier Saitenpaare ausschließlich in Quarten, wie bei den Arabern, gestimmt wurden. Während des 15. Jahrhunderts wurden die zwei mittleren Saitenpaare eine große Terz voneinander gestimmt und schufen damit auf der Laute die gleichen Intervallverhältnisse wie die oberen vier Saiten der Gitarre. Um 1470 wurde im Diskant eine Saite in Quartabstand hinzugefügt (Page 1980). Da die reale Tonhöhe der höchsten Saite von der Länge des Instruments abhängt, ist es wahrscheinlich, daß bei dieser Erweiterung des Tonumfangs die anderen Saitenchöre hinuntergestimmt wurden. Gegen Ende des 15. Jahrhunderts gab man nach und nach die Spielweise mit Plektron zugunsten der Fingerkuppen auf. Dadurch wurde echtes polyphones Spiel möglich. Tinctoris sagt 1487, daß ein geschulter Lautenist in der Lage sein sollte, alle drei oder vier Stimmen eines mehrstimmigen Liedes zu spielen. Ungefähr zu dieser Zeit kam ein sechster Doppelchor im Baß hinzu. Die resultierende Stimmung der sechschörigen Laute in Notenbeispiel 1 angegeben. Die unteren drei Chöre waren in Oktaven gestimmt, damit die um eine Oktave höher gestimmte Saite die oberen →Teiltöne verstärkt (später wurden diese Chöre teilweise allerdings auch unisono gestimmt). Um 1500 entstehen in Venedig die ersten Notendrucke mit Lautenmusik.

(b) Lautenmacher und Lautentypen. Die ältesten erhaltenen Lauten datieren aus der 1. Hälfte bzw. Mitte des 16. Jahrhunderts und stammen u.a. von Laux Maler (gest. 1552) und Hans Frei (um 1550), zwei in Bologna arbeitenden Deutschen. Ihre Instrumente wurden bis ins 18. Jahrhundert hinein hoch geschätzt und deshalb auch verändert. Irgendwann erhielten sie im Laufe der Jahrhunderte einen breiteren Hals und einen neuen Querriegel, um zusätzliche Saiten aufnehmen zu können. Von Maler existieren wohl fünf echte, von Frei (Abb. 1) wohl drei (von sieben signierten bzw. zugeschriebenen) echte Lauten. Obwohl sie alle umgebaut wurden, lassen sich die ursprünglichen Maße rekonstruieren. Mit neun oder elf Spänen (aus Ahorn oder einem Obstholz, von Maler normalerweise aus Esche) haben sie ein langes, schlankes Korpus. Auf zeitgenössischen Abbildungen erscheint ein runderes Korpus häufiger, doch scheinen die längeren Instrumenten besser zum Umbau geeignet gewesen zu sein.

Um 1580 bildete sich ein neuer Stil des Lautenbaues heraus. Er bestand mindestens fünfzig Jahre lang und ließ einige der schönsten erhaltenen Lauten mit 13, 17 oder 19 Spänen aus Eibe entstehen. Das Kernholz der Eibe ist rot, während das Splintholz weiß ist. Diesen Kontrast haben die Lautenmacher genutzt, indem sie jeden Span zur Hälfte aus Kern- und Splintholz gefertigt haben. Einige Exemplare solcher Lauten um 1580 sind signiert mit Vendelio Venere, einem ebenso berühmten, wie unbekannten Lautenmacher aus Padua. In den folgenden dreißig Jahren wurde die Anzahl der Späne dann auf 31, 37 und sogar 53 erhöht, wobei man teilweise exotische Materialien wie Ebenholz, Schlangenholz und Elfenbein verwendete.

(c) Stimmungen. Die normale Besaitung während des 16. Jahrhunderts ist die sechschörige wie in Notenbeispiel 1. Die angegebenen Noten (mit der hohen G-Saite) werden in englischen Quellen am häufigsten genannt, daneben existierte eine Standardstimmung einen Ganzton höher auf A. Diese

Notenbeispiel 1

Laute

Stimmungen sind insofern nominal, als jeder Spieler seine Laute so hoch eingestimmt hat, wie sie es überhaupt zuließ. Da die Lautenkompositionen in →Tabulatur notiert waren, war es für den solistischen oder den Gesang allein begleitenden Spieler einerlei, ob er in G oder A spielte. Drei Auschnitte aus frühen Lautenkompositionen illustrieren die unterschiedlichen Arten der Tabulatur:

Notenbeispiel 2

Deutsche Tabulatur (Notenbeispiel 2; aus Hans Judenkünig, *Utilis et compendiaria introductio*, um 1519);
Italienische Tabulatur (Notenbeispiel 3; aus G. A. Casteliono, *Intabolatura de leuto*, 1536);
Französische Tabulatur (Notenbeispiel 4; aus Robert Dowland, *A Varietie of Lute Lessions*, 1610). Alle drei Beispiele sind in G-Stimmung transkribiert.

Die für die fünfchörige Laute entwickelte deutsche Lautentabulatur (Notenbeispiel 2) verwendet für jeden Bund auf jeder Saite einen eigenen Buchstaben. Die leeren Saiten sind, von der tiefsten an gezählt, mit den Ziffern 1 bis 5 bezeichnet.

Die italienische Lautentabulatur (Notenbeispiel 3) verwendet sechs Linien, die die Saitenchöre darstellen. Die höchste Saite liegt unten, die Bünde sind numeriert, wobei die leere Saite mit »0« bezeichnet wird. Ein Punkt unter einer Zahl bedeutet Zeigefingerschlag (d. h. von unten nach oben im Unterschied zum Daumenschlag).

Bei der französischen Lautentabulatur (Notenbeispiel 4), die auch in England und später in Deutschland gepflegt wurde, ist die Reihenfolge der sechs Saiten umgekehrt wie bei der italienischen. Die Bünde werden durch Buchstaben dargestellt, die leere Saite durch ein »a«. (»c« ist so geschrieben, daß es in vielen modernen Tabulaturdrucken als »r« gedruckt ist.) Buchstaben unter dem Liniensystem betreffen den siebenten Saitenchor im Quartabstand unter dem sechsten. Von 1580 an wurde es üblich, weitere Saiten im Baß hinzuzufügen. John Dowland (1563–1626), einer der besten englischen Lauten-Komponisten, schrieb für ein Instrument mit siebentem Saitenchor, eine Quarte unter dem sechsten. Andere Komponisten stimmten den siebenten Saitenchor lediglich einen Ganzton tiefer und fügten einen achten hinzu, doch ließen sich diese schlecht mit den Fingern abgreifen, so daß man den Lauten sogenannte →Abzüge (Abzugssaiten; d. h. neben dem Griffbrett verlaufende Baßsaiten, die nicht abgegriffen werden) anfügte, die, doppelchörig gestimmt, in diatonischer Folge abwärts bis (bei der G-Stimmung) zum C reichten. So entstand die zehnchörige Laute, die kurz nach 1600 eingeführt wurde und neben solchen mit sechs bis neun Chören auch heute wieder gefertigt wird.

3. 17. Jahrhundert

Von etwa 1600 an bilden sich zwei eigene Stile heraus: einerseits in Italien und andererseits in Frankreich und den europäischen Ländern nördlich der Alpen.

(a) Italien. Italienische Lauten zeigen eine logische Fortführung der vorangegangenen Entwicklung mit weiteren Chören im Baß. Da es schwierig ist, einen sonoren Klang von den Baßsaiten bei normaler Saitenlänge und Darmbespannung zu erzielen, wurde nach Wegen gesucht, die Länge der Abzüge zu erweitern. So entstand jener Lautentyp, bei dem der Hals mit dem nach hinten abgeknickten Wirbelkasten verlängert wird und sich ein zweiter Wirbelkasten an den nun nicht mehr abgeknickten ersten Wirbelkasten anschließt (wie bei der →Theorbe). Auf diese Weise können die Baßsaiten etwa noch einmal halb so lang sein wie die Griffsaiten. Dieser Lauten-

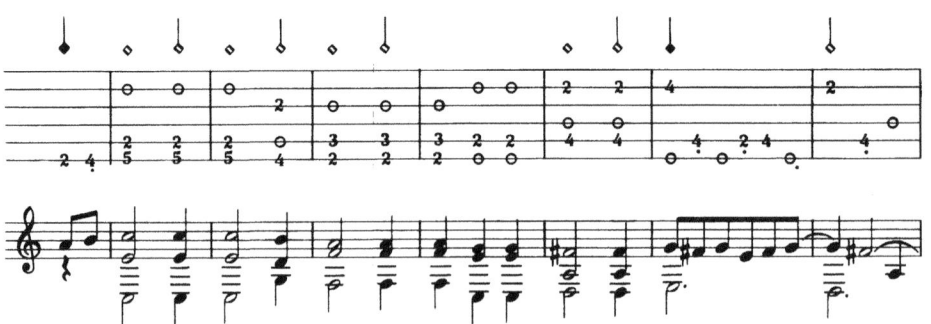

Notenbeispiel 3

Notenbeispiel 4

typ heißt in Italien *liuto attiorbato* und hat normalerweise sieben Griff- und sieben Abzugssaiten. Viele erhaltene Lauten dieses Typs stammen von Matteo Sellas, Venedig (Abb. 2). Ein anderer Typ, der *arciliuto* (»Erzlaute«) hatte gewöhnlich nur sechs Chöre von klein mensurierten Griffsaiten sowie acht einzelne Abzüge mit mindestens der doppelten Länge der Griffsaiten. Darüber, wann dieser Typ der Erzlaute entwickelt wurde, gehen die Meinungen auseinander, da viele erhaltene Erzlauten Umbauten früherer Lauten zu sein scheinen und außerdem der historische Gebrauch der Begriffe *arciliuto* und *liuto attiorbato* nicht ganz geklärt ist. Sicher ist indes, daß die Erzlaute mit ihrem langen Hals seit der 2. Hälfte des 17. Jahrhunderts als Continuo-Instrument recht geläufig war und bis Mitte des 18. Jahrhunderts in Gebrauch geblieben ist.

(b) *Frankreich und Mittel- und Nordeuropa.* Statt den Tonumfang nach unten zu erweitern, wurden verschiedene Stimmungen auf der zehnchörigen Laute im Hinblick auf eine bessere Ausnutzung der natürlichen Resonanzen des Korpus ausprobiert. Ein zwölfchöriger Typ bildete sich in Mitteleuropa heraus, bei dem das Problem der unumsponnenen Darmsaiten für das Baßregister so gelöst wurde, daß die oberen acht Chöre in den rückwärts abgeknickten, die unteren vier Chöre dagegen in einen angesetzten Wirbelkasten führen, dessen Obersattel chorweise nach hinten versetzt ist (so daß jedes tiefere Saitenpaar eine größere schwingende Länge aufweist). Auf holländischen Gemälden aus der Mitte des 17. Jahrhunderts sind diese Lauten häufig zu sehen, und Thomas Mace beschäftigt sich in seinem *Musick's monument* (1676) ausgiebig damit. Dennoch scheint es so, daß kein authentisches Exemplar erhalten ge-

Notenbeispiel 5

Laute

blieben ist (abgesehen von vielleicht einer Laute von Raphael Möst (oder Mest) in der Stiftsbibliothek von Linköping, Schweden). In Frankreich wurde dieser Typ durch die Rückkehr zu elf Chören und einem einzigen Wirbelkasten abgelöst; auch setzte sich dort eine neue Stimmung (d-Moll-Stimmung) durch (Notenbeispiel 5), die häufig den ersten und zweiten Chor als Einzelsaite besaß. Sie wurde in Frankreich, Deutschland und England bis zum Niedergang des Lautenspiels gepflegt. Diese elfchörige Laute war in Frankreich weit verbreitet, ihre wichtigsten Komponisten waren Ennemond Gaultier (1575–1651) und Denis Gaultier (»le jeune«, 1603–1672).

4. Deutsche Barocklauten

Unter dem Einfluß der französischen Lautenisten wurde die elfchörige Laute in der 2. Hälfte des 17. Jahrhunderts in Deutschland eingeführt und erhielt kurz nach 1700 zwei weitere Chöre im Baß. Diese Chöre führten zu einem kleinen »Reiterlein«, das auf der Baßseite des Wirbelkastens hinzugefügt wurde und ermöglichte, daß diese Saiten um ungefähr eine Bundlänge länger als die anderen Chöre sein konnten. Gute Exemplare einer solchen dreizehnchörigen Laute stammen von Sebastian Schelle (Nürnberg, tätig bis ca. 1745) und Johann Christian Hoffmann, dem berühmten Leipziger Lautenmacher (1683–1750). Einer der ersten, die für die dreizehnchörige Laute schrieben, war Silvius Leopold Weiss (1686–1750), der mit fast 600 Solostücken für die Laute zu den bedeutendsten komponierenden Lautenisten zählt.

Es gibt auch einen deutschen Lautentyp (volkstümlich »Deutsche Theorbe« genannt) mit fortgeführtem Hals und oberem Wirbelkasten ähnlich dem *liuto attiorbato* (→ oben, 3a), aber mit einem kurzen Zwischenstück zwischen den beiden Wirbelkästen, das dem Kopf eine doppelte Kurve gibt (Abb. 3).

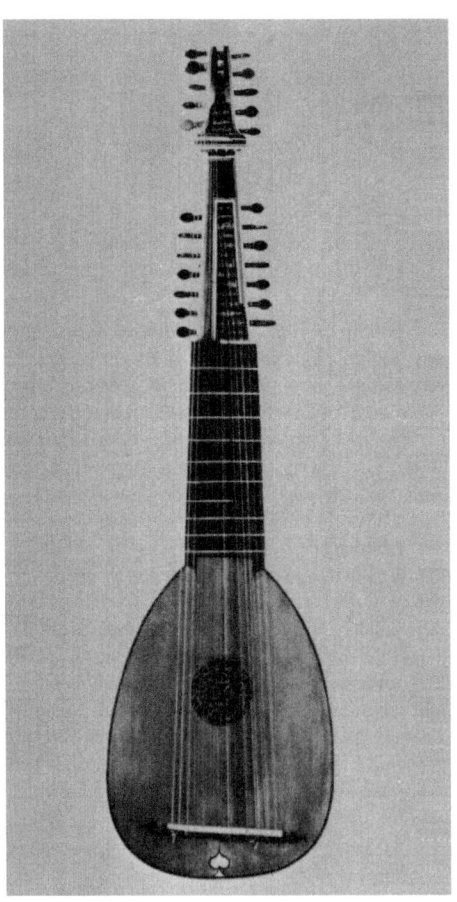

Abb. 2. Vierzehnchörige Laute (liuto attiorbato) von Matteo Sellas (Venedig, 1637).

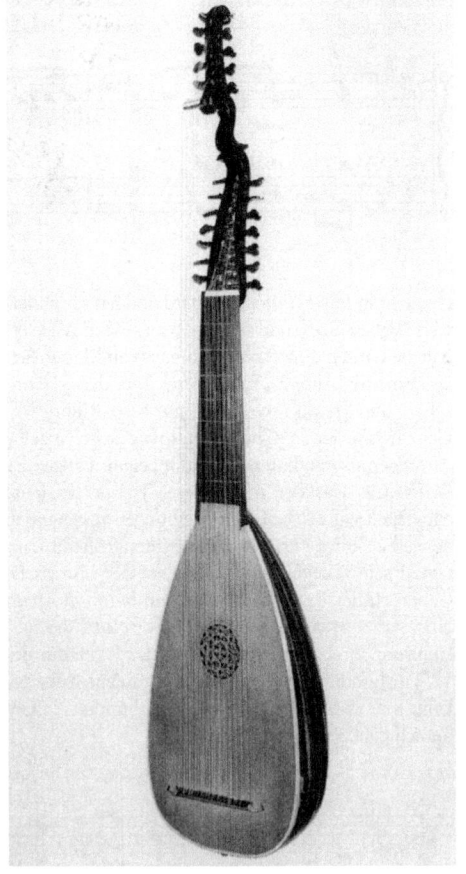

Abb. 3. Dreizehnchörige deutsche Barocklaute von Leopold Widhalm (Nürnberg, 1755).

5. Repertoire

Angesichts der Breite des Repertoires für die Laute können hier nur einige wenige wichtige Titel angeführt werden.

(a) *Bis ca. 1590.* Italien (Lieder mit Lautenbegleitung, solistische *recercari*, Tänze): Francesco Spinacino, *Intabulature de Lauto*, 1507; Dalza, *Intabulatura*, 1508; Bossinensis, *Tenori e contrabassi ... col lauto*, 1509; Francesco da Milano, *Intabulatura*, 1536; später auch Vincenzo Galilei (der Vater des Astronomen) u.a. Frankreich: Notendrucke von Pierre Attaingnant seit 1529; Pierre Phalèse, 1545 und später; Adrian Le Roy; Guillaume Morlaye, Albert de Rippe seit 1552. Deutschland: Hans Judenkünig, *Utilis ... Introductio*, ?1519 (stilistisch einfach; →Notenbeispiel 2); Hans Newsidler, *Newgeordnet Lautenbuch*, 1536 u.a. Ungarn: Valentin Bakfark, *Intabulatura ... liber primus*, 1553. Spanien: die Literatur für die →Vihuela läßt sich ebenso auf der Laute spielen. Frühe englische Lautenbücher sind nicht mehr erhalten.

(b) *Das goldene Zeitalter, 1590–1630.* Italien: Antonio Terzi, Kompositionen für den *liuto attiorbato*; Melii, 1614. Frankreich: Francisque, *Trésor d'Orphée*, 1600; Besard, *Thesaurus harmonius*, 1603. Deutschland: Rude, *Flores musicae*, 1600. England: Ausgiebiges Solorepertoire in Mss., zu den Drucken gehören: William Barley, *A new booke of tablature* (eines seiner »neuen Bücher« von 1596, →BANDORA); Robinson, *Schoole of musick*, 1603; Robert Dowland (Sohn von John Dowland), *Varietie of lute-lessons*, 1610 (→Notenbeispiel 4).

(c) *Barock.* Frankreich: Denis Gaultier, *Pièces de luth*, 1664. England: Traktate in Mss. (viele davon in Neuausgaben publiziert, so z.B. *Mary Burwell tutor*); Thomas Mace, *Musick's monument*, 1676. Deutschland: S. L. Weiss, ca. 600 Sätze (→oben, 4), J.S. Bach, mehrere Kompositionen, von denen wohl sieben Originalkompositionen für die Laute sind.

(d) *Renaissance der Laute im 20. Jahrhundert.* Die Jugendmusikbewegung entdeckte die Laute als ein mobiles Instrument, das, entsprechend modifiziert (eingesetzte Metallbünde und acht Einzelsaiten), sich relativ leicht spielen ließ. So entstanden Instrumente, die mit der fragilen wie aufwendigen Barocklaute kaum Gemeinsamkeiten hatten. Die frühen Lautennachbauten von Arnold Dolmetsch zielten hingegen auf die Rückkehr der historischen Virtuosität, die nach dem Zweiten Weltkrieg auf breiter Linie einsetzte, als die Ideale der ohnehin auf Deutschland beschränkten Jugendmusikbewegung kaum noch Anklang fanden. Inzwischen werden weltweit alle möglichen historischen Lautentypen nachgebaut.

6. Arabische Laute ('Ūd)

Der Vorläufer der europäischen Laute wird auch heute noch ausgiebig von Ägypten bis zum Irak, seinem Ursprungsland, gespielt. Dagegen hat die Laute in Griechenland (*outi*), in der Türkei, in Armenien und in Nordafrika ihre frühere Stellung teilweise eingebüßt. In Indonesien wird sie *gambus* bezeichnet. Von den europäischen Lauten unterscheidet sich der 'ūd (Abb. 4) dadurch, daß er mit →Plektron gespielt wird und von daher ein melodisches (nicht akkordisches) Instrument ist. Ein Schlagbrett schützt die Decke vor dem Plektron, das traditionell aus dem Kiel einer Adlerfeder geschnitten ist. Das Griffbrett hat keine Bünde. Zusätzlich zu der mittleren, unter der Besaitung liegenden →Rosette hat der 'ūd zwei tiefergelegene kleinere Rosetten. Der Wirbelkasten ist leicht gekrümmt nach hinten gebogen. Einige Instrumente sind ausgesprochen dekorativ gearbeitet. Die Saiten aus gedrehten, ca. 60 cm langen Seidenfäden (inzwischen Nylon) sind fünfchörig angelegt. Die oberen vier Saitenchöre sind in Quarten gestimmt (in moderner Notation: c^1 g d A), der fünfte Chor steht indes nur einen Ganzton tiefer in G. Die Spielweise kennt schnelle Läufe und Oktavsprünge, an Akkorden werden allenfalls die Quint- oder Quartparallelen gespielt. Die tiefen Klänge des Instruments kann man in fast allen klassischen Ensembles hören, das Solospiel wird von erfinderischen Künstlern und Laien gepflegt. Notenbeispiel 6 (eine Oktave höher klingend als notiert) sind einige wenige Takte einer einfachen Etüde aus der 'Ūd-Schule von G. Farah (Beirut 1956). Man beachte bei den Versetzungszeichen jenes Symbol, wodurch in den Takten 4 und 8 die Skala vierteltönig eingefärbt ist.

7. Langhalslauten

(a) *Unterschied zwischen Kurzhals- und Langhalslaute.* Die bisher behandelten Lauten sind organolo-

Notenbeispiel 6

Laute

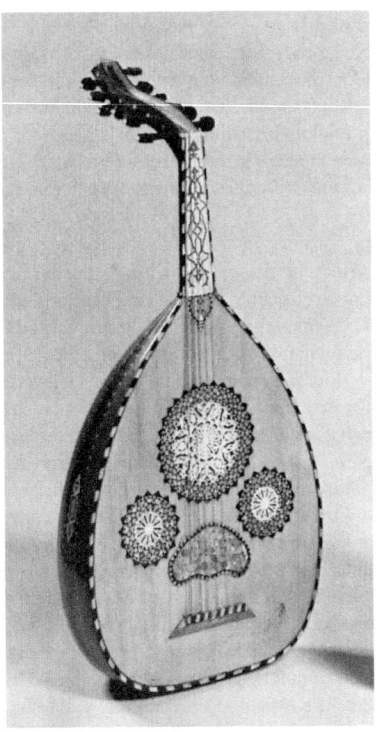

Abb. 4. Arabische Laute, ʿŪd.

gisch gesprochen Kurzhalslauten, weil ihr Hals im Vergleich zum →Korpus relativ kurz ist. Kurzhalslauten gibt es in Griechenland seit dem 4. Jahrhundert v. Chr. (→PANDURA), in Zentralasien seit den ersten Jahrhunderten n. Chr. (Picken 1955); von dort kommen die Vorläufer der arabischen und europäischen Lauten und der →*pipa* und der →*biwa* im Fernen Osten.

Es gibt zahllose Lautentypen, insbesondere in Asien, aber auch in Südosteuropa (→BOUZOUKI), bei denen die Proportionen umgekehrt sind: ein langer Hals an einem relativ kleinen Korpus (Abb. 5). Die Langhalslauten sind bei weitem die ältesten Lauten und reichen zurück bis ca. 2200 v. Chr. nach Mesopotamien, von wo aus sie nach Ägypten kamen. Dort wurden Exemplare aus der 18. Dynastie (ca. 1500 v. Chr.) und später aufgefunden, an denen noch ein mit einem Faden befestigtes hölzernes Plektron hing, wie man es auch auf ägyptischen Wandgemälden sehen kann. Zu den nächsten Zeugen zählen afrikanische Instrumente in der Art der →*gunbrī*.

In Westeuropa gibt es nur wenige Zeugnisse für Langhalslauten, bevor der →*colascione* im 15. Jahrhundert aus der Türkei herüberkam.

(*b*) *Moderne Langhalslauten*. Zu den heute noch gespielten Typen zählen:

Mit gewölbtem Boden: →*bouzouki* (Griechenland), →*tamburitsa*, →*sāz* (Türkei), →*chonguri* (Georgien), *dutār* (Abb. 5), →*setār*, →*tanbūr* (Iran, Zen-

Abb. 5. Eine usbekische *dutār*, gespielt von Usma Zufarov. Die kunstvolle Einlegearbeit auf dem Hals und dem Griffbrett ist typisch für die alten, handgefertigten *dutārs*, die heute weitgehend durch fabrikgefertigte Instrumente verdrängt sind.

Notenbeispiel 7

tralasien), *komuz* (Zentralasien), →*gunbrī* (Nordafrika, mit Felldecke), →*sitār* (Indien, stark von der →*vīnā* beeinflußt, *tambūrā* (Indien, mit Bordunbegleitung).

Mit Korpus aus einer ausgehöhlten Kalebasse als Resonator: →*ektar* (Indien, einsaitig).

Zweigelappter Korpus (wie eine Kalebasse mit zusammengepreßter Taille): →*tar* (Iran, Fellkorpus).

Nahezu viereckiger Fellkorpus: →*san-hsien* (China), →*shamisen* (Japan).

Dreieckiger Korpus: →*balalaika* (Rußland), eine Form der *dombra* (Zentralasien).

(c) *Stimmungen und Spielweisen.* Die mit Ausnahme des Fernen Ostens allgemein übliche Art, eine Langhalslaute zu spielen besteht darin, die Saiten zu zupfen. Meistens sind die Saiten in drei Chöre gliedert. Die Melodie wird auf dem ersten Chor oder auf den beiden oberen Chören abgegriffen; in letzterem Fall erklingen dann parallele Quinten oder Quarten (vergleiche mit KEMANCHE, 2). Auf den dritten Chor wird die leere Saite bordunmäßig wiederholt. Notenbeispiel 7 bringt als typisches Beispiel die ersten Takte der Einleitung zu einem Lied aus dem Repertoire eines berühmten kirgisischen Barden (Zentralasien), der ein langes Epos auf einer einen Meter langen bundfreien *komuz* (mit drei ursprünglich aus Sehnen gedrehten Einzelsaiten) mit Plektron spielt und dabei mit der Hand auf die Decke schlägt oder sie reibt, um Höhepunkte zu markieren. In diesem Fall ist der zweite Chor am höchsten gestimmt, die eigentliche Melodie (die mittleren Noten) wird auf dem ersten Chor gespielt. Im Quartabstand bewegt sich die parallel geführte Begleitstimme, die auf dem zweiten Chor ein oder zwei Bünde versetzt abgegriffen wird (Vinogradov 1961).

Lit.: Baron 1727; Hellwig 1974, 1981; Lunsdon 1953; Mace 1676; North 1987 (zum Continuospiel); Page 1980; Pohlmann 1968; Prynne 1949; Purcell 1976; Schlegel 2006; Zuth 1926.

Lautenmacher (18. Jahrhundert) Der Hersteller von Zupf- und Streichinstrumenten, also auch von →Violinen und →Gamben.

Lit.: Lütgendorff 1922, 1990.

Lautenzug (engl.: *buff stop, harp stop*). Beim →Kielklavier eine mit Filz- oder Lederstückchen besetzte Leiste, die die Saiten eines →Registers unmittelbar hinter dem Stimmstocksteg abdämpft.

Lavouto →LAOUTO.

Leere Saite (engl.: *open string*; ital.: *corda vuota*; fr.: *corde à vide*). Bei Streich- und Zupfinstrumenten mit Griffbrett (z. B. Violine, Gitarre) jene Töne, die bei nicht abgegriffener Saite entstehen.

Leier (engl.: *lyre*). Lautenartiges Saiteninstrument, das in Afrika verbreitet und eines der bedeutendsten Saiteninstrumente der Antike gewesen ist. Die Saiten verlaufen vom Korpus zu einer Querstange (»Joch«), die zwischen zwei Armen (»Jocharmen«) aufsitzt. Die Jocharme liegen ungefähr in einer Ebene mit der Oberseite des Resonanzkastens, auf dem die Saiten an einem Querriegel oder tiefer (unterhalb des Korpus) angebracht sind. Meistens werden sie mit →Plektron angezupft. Die ältesten Leiern sind sumerischer Herkunft, gefolgt von ägyptischen, griechischen und schließlich römischen. Nach dem frühen Mittelalter (unten, 3) starben sie in den westlichen Kulturen (mit Ausnahme einiger weniger Typen wie einem Streichinstrument, unten, 3) aus, doch in Afrika werden die Leiern noch allgemein gespielt, und zwar vom Sudan und von Äthiopien bis nach Kenia und Teilen von Zaire.

1. Afrikanische Leiern

Der wichtigste Typ (Zeichnung 1) ähnelt der Lyra der griechischen Antike: Eine Schale (aus Holz, einer Kalebasse oder einem anderen Material; in Griechenland war es Holz oder das Rückenschild der Schildkröte) hat eine Felldecke. Die Holzarme werden dann durch Schlitze hindurchgestoßen und enden unterhalb der Decke am Schalenrand. Wenn das Fell getrocknet ist, wird die Jochstange auf die Jocharme aufgesetzt, indem an jedem Ende der Stange ein Loch gebohrt wird. Die Saiten (inzwischen gewöhnlich aus Nylon oder Draht) sind an einer Drahtschlaufe am unteren Korpusende befestigt und werden gestimmt, indem die Saitenenden an um die Jochstange gewickelte Stoff- oder Schnurknäuel gewickelt werden. Der Spieler begleitet sich selbst beim Gesang, in einigen Fällen zupft er mit beiden Händen ganz ähnlich wie auf den griechischen Vasenmalereien. Die rechte Hand mit Plektron aus Leder oder Horn schlägt die Saiten nahe des Stegs, wo sie dicht zusammenliegen. Die linke Hand dämpft von hinten mit gespreizten Fingern jene Saiten ab, die während

Zeichnung 1. Ein tanbur-Leierspieler, Nordsudan (nach Plumley, 1976). Die Saiten sind vom Spieler wie angegeben numeriert.

des Plektronschlags nicht erklingen sollen (vergleiche KANTELE, ebenso HARFE, 10a, →*waji*). Schnelles Figurenwerk kann ebenso wie zweistimmige Akkorde ausgeführt werden und gelegentlich werden auf allen Saiten scharfe Akzentuierungen gespielt. Die Saiten sind pentatonisch gestimmt, wobei die höchste Saite die in Zeichnung 1 mit »1« numerierte, die tiefste die mit »2« numerierte ist (Plumley 1976).

Verschiedene regionale Namen für die Leier sind *kerar* (oder *krar*, Äthiopien), *kissar*, *tanbur* (Sudan) sowie *rebaba* (→RABAB, normalerweise der Name einer →Fidel). In Äthiopien kommt auch die größere, zehnsaitige Leier *beganna* mit großem quadratischem Korpus vor.

2. Antike Leiern

(a) *Mesopotamien, Ägypten.* →ALTERTUM für die bis ca. 2600 v. Chr. zurückreichende Chronologie. Im Louvre, Paris, befinden sich zwei ägyptische Leiern aus der 18. Dynastie (ca. 1500 v. Chr.), 50 cm hoch, mit quadratischem oder viereckigem hölzernen Resonanzkasten (27 cm breit, nur 4 cm tief); gebogene Arme halten eine schräge Jochstange.

(b) *Griechenland.* Zu Homers Zeiten kannten die Griechen eine viersaitige Leier (*phorminx* oder *kitharis*), mit der Krieger wie Achilles und professionelle Sänger wie der blinde Demodokos (Homer, *Odyssee*, VIII) und möglicherweise Homer selbst ihre Lieder und Epen begleiteten und den chorischen Tanz anführten. Die *lyra* (ähnlich Zeichnung 1, doch mit nach innen gebogenen Armen) war das Instrument der Musikpädagogik und diente dem Vergnügen der Amateure. Die *barbitos* erscheint in bacchantischen Szenen des späten 5. Jahrhunderts häufig als größeres, tiefer gestimmtes Instrument. Sie war das Instrument des Anakreon und anderer Dichter zur Begleitung von Trink- und Liebesliedern. Der andere Haupttyp war die hölzerne *kithara* (Abb. 1), das Instrument für professionelle Musiker. Sieben bis elf Darmsaiten hatte das Instrument, von dem allerdings kein Exemplar erhalten ist. Keine klassische Quelle beschreibt seine Stimmung und Spielweise. Allerdings sind die Tonnamen der griechischen Tonleiter von der Saitenfolge auf der Leier abgeleitet.

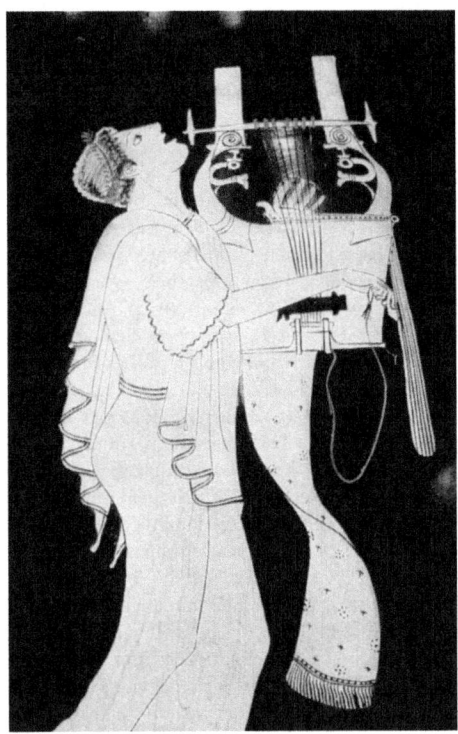

Abb. 1. Sänger mit Kithara bei einem Wettbewerb, Griechische Vase, ca. 490 v. Chr.

(c) *Römische Leiern.* Sie sind nur von Skulpturen her bekannt, wo sie meist sehr klotzig ausfallen (rechteckiger Umriß, die Jocharme biegen sich deutlich nach vorne über die Ebene des Korpus). Einige bemerkenswerte Beispiele kann man in Arles sehen.

3. Germanische Leiern

Die sechssaitige hölzerne Leier mit hohlen Jocharmen und Holzwirbeln in der Jochstange war das wichtigste Saiteninstrument der Germanen während der Völkerwanderung im 5. bis 7. Jahrhundert n. Chr. Es ist fast sicher, daß die in angelsächsischen Gedichten vorkommende »harp« ebenso wie die Beschreibungen des Bischofs Fortunatus von Poitiers (→ROTTA) dieses Instrument andeuten. »Harfe« hatte damals noch nicht die spezifische instrumentenkundliche Bedeutung späterer Jahrhunderte; das Wort »Harfe« hat sich aus dem Lateinischen »carpere« (»zupfen«) durch Lautverschiebung gebildet. Reste dieser Leiern unterschiedlicher Gestaltung sind in Grabstätten in Deutschland und England gefunden worden. Die berühmte »Sutton Hoo«-Leier (The British Museum, London) ist ein solches Beispiel. Auf den britischen Inseln kann der zeitgenössische Name für diesen Leiertyp *rotta* (oder *crotta* bzw. in Irland *cruit*, in Wales *crwth*; →ROTTA) gewesen sein.

4. *18. Jahrhundert.*
Zeitgenössischer Name für →DREHLEIER.
Lit.: Anderson 1994 (zu antiken Leiern); Crane 1972; Wegner 1984 (zu afrikanischen Leiern). → auch ALTERTUM.

Leierkasten   →DREHORGEL.

Lera   (russ.). Die russische DREHLEIER.

Lesiba   →GORA.

Liebesfuß   Birnenförmiges Schallstück bei Rohrblattinstrumenten in Altlage wie der →Oboe d'amore und dem →Englisch Horn.

Liebesoboe   →OBOE D'AMORE.

Lingualpfeife (**Zungenpfeifen**)   Pfeifentyp in der →Orgel und im →Regal, bei dem der Ton durch eine schwingende Zunge erzeugt wird. Gegensatz: →Labialpfeife.

Lippenpfeife   →LABIALPFEIFE.

Lippenscheibe   →PIROUETTE.

Lira   →LYRA, 1.

Lira da braccio   Italienisches Streichinstrument des 16. und frühen 17. Jahrhunderts, das wie eine →Violine gehalten wird und in vielen Gemälden von Bellini, Raffael und anderen der Zeit um 1500 auftaucht. Vier oder fünf Lire da braccio sind erhalten. Sie haben unterschiedliche Größen (zwischen 38 und 50 cm Korpuslänge) und sind damit teilweise wesentlich länger als eine →Bratsche.

Das Instrument hat sieben Saiten, von denen zwei auf der Baßseite neben dem Griffbrett verlaufen und als leere →Bordunsaiten erklingen (→FIDEL, 2). Die vorderständigen Wirbel stecken in einem herzförmigen Wirbelkasten, der hinten offen ist, um die Saiten an den Wirbeln zu befestigen. Nach einer Ergänzung aus dem späten 16. Jahrhundert zu einem Manuskript mit Kompositionen für die Laute ist die Stimmung wie folgt: Die erste, zweite, dritte und fünfte Saite sind wie die vier Violinsaiten gestimmt ($e^2\ a^1\ d^1\ g$), die vierte Saite steht eine Oktave über der fünften (g^1). Die sechste und siebente Saite sind auf D im Oktavabstand gestimmt. Die kurzen Musikbeispiele in dem Manuskript enthalten eine in →Tabulatur geschriebene *Romanesca*. Die vierte und fünfte Saite wurden meist zusammen in Oktaven gegriffen. Die Lira da bracchio begleitete hauptsächlich die Gesangsstimme, an Orpheus mit seiner siebensaitigen Leier erinnernd, wovon auch die Namensgebung des Instruments zeugt.

Die Lira da braccio vermittelt Erkenntnisse über die Entwicklung der Fidel zur Zeit der Renaissance, bevor die Violine entstand. Ein wichtiger visueller Aspekt ist der zweigelappte untere Umriß, wo die Bögen der zwei ineinandergehenden Kreise sich in einer nach innen weisenden Spitze treffen, statt wie bei der Violine einen kontinuierlich gerundeten Umriß abzugeben. Diese gelappte Umrißform gibt es auch bei einigen anderen italienischen Saiteninstrumenten des 16. Jahrhunderts, die viersaitig erhalten sind, doch offensichtlich ursprünglich einmal Lire da braccio waren.

Lira da gamba (**Lirone, arciviolata lira**)   Ein wie eine →Gambe gehaltenes Streichinstrument, das etwa seit 1570 in Italien nachgewiesen ist. Die Lira da gamba ist größer als die →Lira da braccio, hat Bünde, bis zu 16 Darmsaiten und einen flachen Steg. Neben dem Griffbrett mit 9 bis 14 Saiten verlaufen →Bordunsaiten, die im Oktavabstand gestimmt werden. Die Griffbrettsaiten sind so gestimmt, daß drei oder vierstimmige Akkorde in verschiedenen Tonarten gespielt werden können. Nähere Angaben zur Stimmung geben →Mersenne 1636 und →Praetorius 1619.

Die Lira da gamba wurde als Continuoinstrument zur Vokalbegleitung eingesetzt und blieb in Italien bis zur 1. Hälfte des 17. Jahrhunderts im Gebrauch. Eine wertvolle, noch erhaltene Lira da gamba stammt von Wendelin Tieffenbrucker, Padua (Kunsthistorisches Museum, Wien). Kompositionen für das Instrument sind nicht überliefert.

Lira organizzata   (ital.). →DREHLEIER, 6.

Lirone   →LIRA DA GAMBA

Litavry (russ.). →Pauken.

Lithophon (vom Griechischen *lithos*, »Stein«). Oberbegriff für jedes Schlaginstrument mit Steinplatten als Klangerzeuger.

1. Einige Kirchen in Äthiopien haben an ihrer Außenseite eine oder mehrere Steinplatten mit der Funktion von Kirchenglocken hängen. In England gibt es aus dem 18. und 19. Jahrhundert *rock harmonicas* oder *rock gongs* (Felsengongs) aus Basaltplatten von Skiddaw in Lake District; die Platten liegen auf Stroh in einem Holzgestell und werden mit Schlegeln angeschlagen. Das größte dieser Steinspiele im Fitz Park Museum, Keswick, Cumbria, hat etwa sechzig Platten, die 15 bis 93 cm lang sind und einen (im wesentlichen) chromatischen Tonumfang von sechs Oktaven haben.

2. »Klangsteine« sind in fernöstlichen Ländern bedeutende Musikinstrumente. In →CHINA UND KOREA sind sie gewöhnlich aus schwarzen, L-förmig behauenen Kalksteinen (oder als Besonderheit aus Jade), die kopfunter an der Ecke in einem Holzgestell aufgehängt werden (→CHINA UND KOREA, Abb. 2, rechts hinten). Einzeln angeschlagene Steine sind bis zu 4 cm dick und wurden in weltlicher Musik gespielt. Ein Klangstein in Taiwan kann auf ca. 1800 v. Chr. datiert werden. Später wurden sie häufig durch Metallplatten ersetzt. Chromatisch gestimmte Steinplattenspiele (*pien-ch'ing*) haben noch heute ihren Platz in konfuzianischen Ritualen. Ebenso wie das →Gongspiel *yunluo* und das Glockenspiel →*pien-chung* erhielten die Steinplatten, die ursprünglich von unterschiedlicher Größe waren, später alle dieselbe Fläche (Länge ca. 55 cm), aber unterschiedliche Stärken. Je dünner die Platte ist, desto tiefer der Ton (wie auch bei anderen festen Klangerzeugern, wie z.B. den Metallplatten eines →Glockenspiels). Im Altertum galten in der chinesischen Musiktheorie Spiele mit zwölf Steinen als das ideale Medium zum Bewahren der zwölf absoluten Tonhöhen, die auf der Folge reiner Quinten aufbauen und mit Kosmologie und den Gesetzen von Maß und Zahl verknüpft sind.

3. Ins westliche Orchester wurden das Lithophon von Carl Orff eingeführt (u.a. *Die Kluge* und *Antigonae*). Das Instrument besteht in diesem Fall aus runden Kalksteinplatten, die in einem Metallgestell abgestuft horizontal übereinander angeordnet sind.

Lituus und Carnyx

1. Ein etruskisch-römisches zeremonielles trompetenähnliches Instrument aus Bronze mit enger →Mensur und einem nach oben weisenden, gekrümmten Schalltrichter. Ein Exemplar (ohne Mundstück) befindet sich im Museo Vaticano und wurde mehrfach nachgebaut. Das Lituus wurde zu Begräbnissen und anderen zivilen Feierlichkeiten gespielt, bis es im 1. Jahrhundert n. Chr. außer Gebrauch kam und gebildete Kreise seinen Namen für die militärische kuhhornförmige *bucina* übernahmen (Meucci 1989; →auch BUCCINA UND CORNU). Das dem Lituus entsprechende Instrument der Kelten erscheint in griechischen Quellen als *karnyx* (Carnyx). Dabei muß es sich um jenes Instrument handeln, das auf gallischen Münzen von berittenen Kriegern geschwungen wird und auf der Trajanssäule in Rom dargestellt ist, wo es in einen Schweins- oder Wolfskopf ausläuft.

2. In deutschen Partituren des 18. Jahrhunderts tritt die Bezeichnung *Lituo* manchmal auf, so in J.S. Bachs motettenähnlichem Kirchenstück »O Jesu Christ, mein's Lebens Licht« BWV 118, das um 1736/37 möglicherweise für eine Trauerprozession komponiert wurde. Die beiden Stimmen werden bei modernen Aufführungen in der Regel mit Waldhörnern (hohe B-Hörner) besetzt, auch Trompeten sind möglich. In Walthers Lexikon von 1732 wird hingegen unter *Lituus* ein →Zink verstanden.

Lit.: Fleischhauer 1978 (zu 1.).

Liuto (ital.). →Laute.

Livika (Launut) (»geriebener Block«) Ein häufig wegen seiner Einzigartigkeit erwähntes Instrument in New Ireland, Melanesien: ein polierter, ca. 40 cm langer Holzblock mit zwei oder drei zungenähnlichen Oberflächen, die mit der mit →Kolophonium bestäubten Hand gerieben werden. Dabei entstehen Klänge unterschiedlicher Tonhöhen. Das Instrument soll einst bei Begräbnisritualen eingesetzt worden sein.

Lochsirene (engl.: siren). Eine Scheibe mit in gleichmäßigen Abständen nahe des Randes gestanzten Löchern wird über einer feststehenden Scheibe mit ähnlichen Löchern gedreht. Die durch die Löcher der feststehenden Scheibe hindurchgeblasene Luft entweicht stoßweise durch die rotierende Scheibe immer dann, wenn die Löcher übereinanderstehen. Dadurch entsteht eine periodische Schwingung der austretenden Luft. Die rotierende Scheibe kann durch Maschinenkraft, aber auch bei entgegengesetzter Schrägstellung der Löcher beider Scheiben durch die hindurchgeblasene Luft selbst gedreht werden (eine Charles de la Tour, 1777–1859, zugeschriebene Erfindung), wie im Fall der mundgeblasenen Lochsirene.

Hat eine solche Lochsirene sechs Löcher pro Scheibe, würde bei einer Umdrehung pro Sekunde die Frequenz 6 →Hz betragen (unhörbar), bei beispielsweise 100 Umdrehungen 600 Hz (ca. d^2). Da die Umdrehungsgeschwindigkeit nicht von Anfang an konstant ist, kommt es zum charakteristischen Glissando der Sirene. Es entstehen auch →Teiltöne, da sich die Schnittfläche beider Kreise mit der Drehung ständig ändert.

Eine Sirene kann mehrere konzentrische Lochringe mit unterschiedlichen Abständen haben, um ein Intervall (bei zwei Ringen) oder einen Dreiklangsakkord (bei drei Ringen) zu erzeugen. Bei z.B. fünf Löchern im äußeren Ring und vier im inneren entsteht die große Terz (Schwingungsverhältnis 4:5).

Die Sirene wird nicht nur als Signalinstrument (Fabriksirene, Luftschutzsirene) und als Instrument für akustische Experimente (u.a. von →Helmholtz) eingesetzt, sondern auch als Musikinstrument, z.B. von Varèse, Milhaud und Xenakis. Am bekanntesten ist vielleicht die Sirene am Ende von Hindemiths Kammermusik Nr. 1 op. 24,1 mit dem »Finale 1921«.

Lotusflöte   →STEMPELFLÖTE.

Lowland pipes   →SACKPFEIFE, 2c.

Lujon (von »Lou« und »John«). Modernes amerikanisches Schlaginstrument mit sechs oder mehr dünnen Aluminiumplatten, die an die Kante eines Resonators angeschraubt sind und dröhnende Klänge von sich geben. →SCHLAGZEUG, Notenbeispiel 1 (Berio).

Lure
1. Großes bronzenes Horn der Bronzezeit (900–500 v. Chr.) mit posaunenartigem Kesselmundstück, von dem mehrere Exemplare hauptsächlich in Dänemark gefunden wurden. Die Bezeichnung Lure ist ein alter skandinavischer Name für ein Signalhorn und wurde dem Instrument nach seiner Entdeckung 1797 gegeben. Luren wurden immer paarweise gefunden. Ihre Verwendung ist nicht bekannt.
2. Die Bezeichnung gilt in Skandinavien auch für hölzerne Hörner, deren größere den →Alphörnern ähneln.

Luthier (fr.). →Geigenbauer.

Lyra (Lira)
1. Meist dreisaitige (aber auch vier- oder siebensaitige) Fidel der Griechen, insbesondere auf den ägäischen Inseln, auf Kreta und in Thrakien, entsprechend der bulgarischen *gadulka* und der kroatischen *lirica*. Das birnenförmige Korpus ist aus einem ausgehöhlten und geschnitzten Stück Holz von 40 bis 60 cm Länge gefertigt und wird auf dem Knie abgestützt

Abb. 1. Kretische lira. Man beachte die Konstruktion des Stimmstocks auf der vorderen Stegseite, die Schellen am Streichbogen, die mit der rechten Hand variierbare Spannung der Bogenhaare sowie das seitliche Abgreifen der ersten Saite mit dem Fingernagel.

(Abb. 1) oder – wenn der Spieler steht – senkrecht in der linken Hand gehalten. Die Decke aus Fichte ist leicht konvex und hat Schallöcher in Form eines D (→FIDEL, 1). Der Diskant-Fuß des minimal gewölbten Stegs liegt normalerweise direkt auf der Stimme auf, die durch eines der beiden Schallöcher hindurchgeführt ist. Die Saiten, inzwischen manchmal aus Metall, führen zu hinterständigen Wirbeln (einige moderne Instrumente haben einen an der Violine orientierten Wirbelkasten). Es gibt traditionell weder einen Sattel noch ein Griffbrett (obwohl moderne Instrumente sie haben); die oberste Saite wird mit den Fingernägeln seitwärts abgegriffen. Die mittlere, tiefer gestimmte Saite erklingt ebenso wie die nicht immer gespielte dritte Saite als →Bordun. Normalerweise steht die dritte Saite einen Ganzton unter der Melodiesaite. An dem im Untergriff gehaltenen Bogen sind häufig Schellenglöckchen angebunden.

Zu der *lyra pontou* Nordgriechenlands → KEMANCHE, 2.

2. Zur Lyra im antiken Griechenland →LEIER, 2b.

3. Der Aufhängungsrahmen der →Pedale beim →Hammerflügel und bei modernen Cembalokonstruktionen des 20. Jahrhunderts.

4. →GLOCKENSPIEL-LYRA.

Lit.: zu 1.: Anoyanakis 1979; Downie 1979–80.

Lyraflügel (**Lyraklavier**) Ein von Johann Christian Schleip, Berlin, um 1820 konstruierter auf-

Lyragitarre

Abb. 1. *Lyraflügel von Johann Christian Schleip, Berlin, um 1840 (Musikinstrumenten-Museum SIMPK, Berlin).*

rechter →Hammerflügel in Form einer stilisierten Lyra. Siehe Abb. 1.

Lyragitarre (engl.: *lyre guitar*; ital.: *lira-guitarra*; fr.: *lyre-guitare*).

1. Eines von vielen Instrumenten der Klassik und Romantik, die hauptsächlich von Frauen gespielt wurden und besonders in Frankreich, Deutschland und England üblich waren. Zu ihrer Zeit nannte man die Lyragitarre auch »Lyre«. Ihr unbekannter, wohl französischer Erfinder ließ sich von den Darstellungen der antiken Kithara auf Vasen und dergleichen inspirieren und schuf eine sechssaitige Gitarre in Lyraform mit einem Tonumfang von dreieinhalb Oktaven (*e* bis a^3). Die beidseitigen Arme, die an ihrer Spitze etwas auseinanderstreben, sind hohl und erweitern den Innenraum des Resonanzkörpers. Der querliegende Stab zwischen den beiden Armen und dem Wirbelkasten hat lediglich eine ornamentale Funktion. Der ebene Sockel dient der möbelmäßigen Ablage des Instruments, wenn es nicht gespielt wird. Obwohl das Instrument gemessen an der Gitarre keine besondere Klangschönheit auszeichnete und wegen seiner dekorativen Form eher unhandlich war, war es sehr verbreitet. Seine Liebhaberinnen wollten »den anmuthigen Anblick griechischer sogenannter Citherspielerinnen geben« und ließen sich trotz aller spieltechnischer Bedenklichkeiten »keinesweges von der Nachahmung abschrecken« (wie die *Allgemeine Musikalische Zeitung*, 47. Stück vom 19.8.1801, Sp. 788 berichtet). Viele Lieder sahen eine Begleitung für Gitarre oder alternativ Lyragitarre vor.

2. Andere Lyren von 1780 an ähneln hinsichtlich ihrer Besaitung mehr der →*English guitar*; ihre schlanken, vergoldeten massiven Arme stützen einen Wirbelkasten, von dem aus das Griffbrett kurz über dem Korpus endet oder sich auf das Korpus ausdehnt und bis zu einem vergoldeten ovalen Schallloch reicht. Solche und andere hauptsächlich in Frankreich hergestellte Kuriositäten tragen Bezeichnungen in Verbindung mit »Harfe«, »Gitarre« oder »Lyra« (z. B. eine in Form einer kleinen Harfe, eine andere mit rundem Korpus und drei unterschiedlich besaiteten und mit Bünden versehenen Hälsen, deren Sinn nicht mehr bekannt ist). Aus der Zeit um 1900 stammen (inzwischen seltene) in den USA gefertigte *lyremandolins* mit flachem Mandolinenkorpus.

Lyraklavier Andere Bezeichnung für LYRAFLÜGEL.

Lyra viol →GAMBE, 4c.

M

Machete →CAVAQUINHO.

Magadis (altgr.). →PSALTERIUM, 4.

Mallet instruments (engl.). Oberbegriff für solche →idiophonen Schlaginstrumente, die mit Schlegeln (»mallets«) angeschlagen werden, also z. B. →Glockenspiel, →Röhrenglocken und →Xylophon.

Mandola →Mandolinen in Tenor- und in Baßlage, die als chorische Ensembleinstrumente gespielt werden, bezeichnet man analog zu den Instrumenten der Violinfamilie als Mandola, Mandoloncello (auch Mandocello) und Mandolone. Mandolas, d. h. die Tenor-Instrumente, wurden bereits im 18. Jahrhundert gebaut und sind im 20. Jahrhundert wieder populär geworden, zum Beispiel in der irischen und französischen Volksmusik. Chorische Ensembles von Zupfinstrumenten (»Zupforchester«) gibt es seit dem späten 19. Jahrhundert. Heutzutage ist eine Zusammenstellung wie in Tabelle 1 üblich, wobei die Instrumente meistens einen flachen Boden des portugiesischen Mandolinentyps haben (→MANDOLINE, 2). Die Tenormandola steht eine Quinte unter der Mandoline. Das Mandoloncello hat ungefähr die Saitenlänge des Violoncellos und einen Hals, der so lang sein muß, daß auf ihm allein bis zum Korpusrand 15 Bünde (statt 10 oder 11 Bünden bei der Mandoline) Platz finden (auf dem Griffbrett-Abschnitt oberhalb der Decke sind weitere Bünde eingelassen).

Zu der älteren Bedeutung von *Mandola* →MANDOLINE, 5.

Name	Tiefster Saitenchor	ungefähre Saitenlänge
Tenormandola	c	40 cm
Oktavmandola	G	53 cm
Mandoloncello	C	66 cm

Tabelle 1

Mandolin-Banjo →BANJO, 5.

Mandoline (engl.: *mandolin, mandoline*; ital.: *mandolino*; fr.: *mandoline*; span.: *bandolin*). Dieses mit mandelförmigem →Plektron (»Spielblättchen«) gespielte Zupfinstrument wird in verschiedenen Modellen gebaut, mit rundem oder flachem Boden. Allen Modellen ist gemeinsam, daß sie vier doppelsaitige Bezüge mit Metallsaiten haben, die wie die →Violine gestimmt werden ($e^2\ a^1\ d^1\ g$) und ungefähr die gleiche Saitenlänge aufweisen, aber »unterständig« (am unteren Korpusrand) befestigt sind. Die Mandoline ist in erster Linie ein Melodieinstrument. Charakteristisch ist die Spielweise langer Noten, die mit schnellem Tremolo gespielt werden. Dieser Effekt wird durch die doppelte Besaitung verstärkt, da mit jedem Plektronschlag in jede Richtung der Ton zweimal erklingt. (Einige elektronische Orgeln imitieren das Mandolinentremolo mit ca. zehn Tonrepetitionen pro Sekunde.) Zu Großformen der Mandoline →MANDOLA.

1. Neapolitanische Mandoline (Abb. 1)

Dieses Modell der Mandoline hat ein lautenähnliches, ca. 33 cm langes Korpus mit einer bauchigen Schale, die aus vielen gewölbten Spänen besteht und die häufig aus Palisander sind, früher aber auch aus Ahorn oder Satinholz gearbeitet waren. Die Decke (aus Fichte) ist um ca. 10 Grad ungefähr dort nach innen abgeknickt, wo der Steg auf der Decke aufgesetzt ist. Das Griffbrett hat 17 eingelegte Bünde (von

Abb. 1. Neapolitanische Mandoline, aus einem Katalog, um 1900.

denen der zehnte am oberen Korpusende liegt), die den Umfang bis zum a^3 führen.

2. Portugiesische Mandoline (Abb. 2a)

Dieses Modell ist gitarrenähnlich gebaut und hat einen flachen, leicht gewölbten Boden (»Flach-Mandoline«). Der birnenförmige Umriß ist breiter als bei der Neapolitanischen Mandoline, so daß das Volumen des Resonanzkörpers etwa gleich groß ist.

3. Amerikanische Mandoline (Abb. 2b)

Dieses Modell folgt im wesentlichen der Portugiesischen Mandoline, doch hat es gelegentlich ausgezogene obere Ecken (wie auch bei vielen →E-Gitarren), runde oder *f*-förmige Schallöcher und ein extravagantes Äußeres. Es gibt auch Mandolinen mit elektromagnetischem Tonabnehmer und Klangreglern. Diese flachen Mandolinen haben sich für die populäre Musik durchgesetzt, weil sie leichter zu halten sind und einen helleren Klang haben. Ein bekannter Spieler dieses Typs ist Bill Monroe, der »Father of Bluegrass«.

4. Mandoline in der Kunstmusik

In der Kunstmusik spielt die Mandoline eine untergeordnete Rolle. Allerdings ist sie als ein Orchesterinstrument mit eigenem Timbre gelegentlich seit 1900 eingesetzt worden. Mahler verwendet sie in

Abb. 2. (a) eine portugiesische Mandoline; (b) eine amerikanische Mandoline.

seiner 7. und 8. Sinfonie sowie im Schlußsatz vom *Lied von der Erde*. Schönberg sieht sie in der *Serenade op. 24* und später dann in *Moses und Aron* vor, Webern in den *Fünf Stücken für Orchester* op. 10. Auch Strawinsky gebraucht die Mandoline in seinem Ballett *Agon*, wo sie in der *Gailliarde* die Musik mittelalterlicher Spielleute assoziiert.

5. Geschichtliches

(a) *15. – 17. Jahrhundert*. Im 15. Jahrhundert gab es kleine lautenähnliche Zupfinstrumente, die im Französischen »Mandore«, im Italienischen »Mandola« oder »Pandurina« genannt wurden. Sie hatten vier oder fünf einzelne in Quarten oder Quinten gestimmte Darmsaiten, die an einem →Querriegel befestigt waren. Einige dieser im 16. Jahrhundert besonders in Frankreich populären Instrumente hatten einen flachen Boden. →Mersenne erwähnt 1636 ihren lebendig-durchdringenden, gellenden Klang, neben dem sich die Laute kaum behaupten konnte. Seit 1578 erschienen in Frankreich Tabulaturen für Mandoline, doch sind diese frühen Quellen nicht mehr erhalten. Die älteste erhaltene Sammlung von Noten für die Mandoline scheint ein deutsches Manuskript von ca. 1626 zu sein, das einfache akkordische Begleitung zu volkstümlichen Tänzen und Liedern vorsieht.

(b) *18. Jahrhundert*. Im 18. Jahrhundert kam die Mandola oder der Mandolino in verschiedenen regionalen Modellen vor und hatte fünf oder sechs Saitenpaare aus Darm, die mit einem Federkiel gezupft wurden. Diese Instrumente werden heute als Mailänder Mandolinen bezeichnet. Die bekanntesten Mandolinenbauer in Mailand waren Francesco und Giuseppe Presbler, die von ca. 1730 bis zur Jahrhundertwende wirkten. Der »Mandolino«-Part in Vivaldis Oratorium *Juditha triumphans* und in Händels Oratorium *Alexander Balus* war für diese Mailänder Mandolinen gedacht.

Aus dem 18. Jahrhundert stammt auch die »Römische Laute«, eine Art Mandoline mit →Abzügen und einem zweiten Wirbelkasten wie bei der →Theorbe; Gasparo Ferrari aus Rom stellte mehrere dieser Instrumente her.

(c) *Neapolitanische und Portugiesische Mandolinen*. Das Neapolitanische Modell (siehe 1, oben) stammt von ca. 1750. Zu seinen ersten Herstellern zählt die Familie Vinaccia, Neapel, die besonders kostbar ausgestattete Instrumente baute. Der große Unterschied zwischen den übrigen Modellen und dem neapolitanischen besteht in der Tiefe des Korpus: Die bisher genannten historischen Modelle haben ein lautenähnliches Korpus, dessen größte Tiefe ungefähr halb so dick ist wie die größte Breite des Bodens. Bei der Neapolitanischen Mandoline ist das Korpus wesentlich tiefer ausgearbeitet und hat zusätzliche breite Späne auf beiden Seiten. Dadurch ist der Resonanzkörper vergrößert und gibt den tiefen Saiten einen besonders kräftigen Klang.

Die Mandolinenstimmen in der Cavatina in Akt 1 von Paisiellos *Il barbiere di Siviglia* (1782) und in Mozarts berühmter Canzonetta (»Deh vieni alla finestra«) in *Don Giovanni* (1787) – heute häufig auf dem Cembalo gespielt – sind fast zweifelsfrei für die Neapolitanische Mandoline komponiert, ebenso Beethovens frühe Kompositionen mit Cembalobegleitung (Zwei Stücke WoO 43 und die Sonatine C-Dur WoO 44). Doch einige Konzerte, so das von Hummel 1799 für einen italienischen Solisten geschriebene, haben sechsstimmige Akkorde, die auf den Mailänder Typ weisen.

Die Portugiesische Mandoline, die älteste mit einem flachen Boden, mag von der Portugiesischen Gitarre, der in Portugal adaptierten →*English guitar* abstammen.

Lit.: Morey 1993; Sparks 1995; Tyler 1981a, 1981b; Tyler/Sparks 1989.

Mandoloncello →MANDOLA.

Mandora, Mandore Zum mittelalterlichen Begriff →CITOLE UND GITTERN; zum Begriff in der Renaissance und im Barock →MANDOLINE, 5.

Manichord Ein älterer Name für das →Clavichord.

Manjīrā Nordindische Fingercymbeln. →BEKKEN, 5a.

Manual (engl.: *manual*; ital.: *manuale*; fr.: *manuel*). Bei Tasteninstrumenten jene →Klaviatur, die mit den Händen gespielt wird (im Unterschied zum →Pedal, das mit den Füßen getreten wird). Man spricht z.B. von einem »zweimanualigen Cembalo«.

Maracas Flaschenkürbisrassel (als Paar) der lateinamerikanischen Tanzmusik (siehe Zeichnung 1a). In ihrer ursprünglichen Form bei den südamerikanischen Indianern ist jede Maraca aus einer Kalebasse gefertigt, deren Fruchtfleisch mit den Kernen herausgenommen wird. Die Kerne werden getrocknet und in die getrocknete Kalebasse zurückgetan,

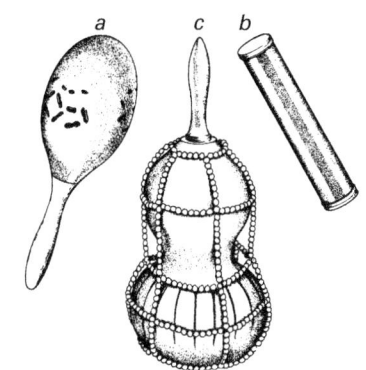

Zeichnung 1

bevor mit einem Holzgriff die Öffnung verschlossen wird. Massenproduzierte Exemplare (»Rumbakugeln«) sind aus Holz oder Plastik und haben Bleischrot oder ähnliches im Hohlkörper. Maracas werden immer paarweise bei unterschiedlicher Tonhöhe geschüttelt, je eine Maraca pro Hand. Charakteristisch ist dabei der 8/8-Rhythmus der Rumba und ähnlicher Tänze. Viele Komponisten haben seit der Verbreitung der lateinamerikanischen Tanzmusik in Nordamerika und Europa Maracas in ihren Kompositionen verwendet. Boulez verlangt bis zu drei Paare mit unterschiedlichen Tonhöhen.

Eine ähnliche Gefäßrassel ist die *Mexican bean*, eine ca. 30 cm lange Bohnenschote, mit deren eingeschlossenen getrockneten Samenkörnern gerasselt wird (z.B. Berio, *Circles*, 1960). Bei Stämmen in Queensland, Australien, werden ähnliche Schoten mit doppelter Länge verwendet. Gefäßrasseln aus Kalebassen oder geflochtener Korbarbeit haben seit jeher in traditioneller Musik und bei Ritualen eine bedeutsame Rolle gespielt. In Europa sind die Rasseln durchweg lauter, abgesehen von Babyrasseln. In Sizilien halten sie angeblich böse Geister vom Kind fern. Auch in Südamerika nimmt die indianische Frau eine Kürbisrassel zu Hilfe, um ihr Baby in den Schlaf zu versetzen – unter der Voraussetzung, daß der Medizinmann in sie keine geheimen magischen Objekte zur Stärkung der Kraft des Instruments hineingetan hat.

Marientrompete Volkstümlicher Name für das →Trumscheit.

Marimba (Marimbaphon) Schlaginstrument aus gestimmten Holzplatten mit darunter aufgehängten Röhrenresonatoren ähnlich einem →Xylophon, aber mit einem eine Oktave tiefer liegenden Tonumfang (normalerweise *F* bis c^4). Die Platten sind ähnlich dick wie beim Xylophon, doch breiter und länger und geben einen weicheren Klang. Sie sind aus auf ihrer Unterseite etwas ausgehöhlt, um die Resonanzen der Obertöne zu verstärken (→XYLOPHON, 2). Alle Platten liegen auf einer Höhe, damit man sie auch mit vier Schlegeln spielen kann. Dazu schließt der Spieler die Fäuste und legt zwei Schlegel über Kreuz unter die Handinnenfläche. Mit den Fingern und dem Daumen steuert er dann beide Schlegel.

Das Marimba wurde Anfang des 20. Jahrhunderts in den USA entwickelt und war zunächst ein beliebtes Instrument bei Varieté-Musikern. Seine Vorfahren sind Volksmusikinstrumente dieses afrikanischen Namens in Mittelamerika. Die Fa. Deagan and Leedy, Chicago, bezeichnete ein frühes Modell *marimbaphone* und seither wird diese Bezeichnung (im Deutschen als »Marimbaphon«) häufig verwendet. Milhaud schrieb ein Konzert (zusammen mit Vibraphon, 1947). Als Marimbasolist und beachtlicher Jazzkomponist machte sich Red Norvo vor dem Zweiten Weltkrieg einen Namen. Deagan entwickelte auch ein in verschiedenen Ausführungen erhältliches Baßmarimba mit einem tiefen, doch kleinen Tonumfang von f herunter bis zum C. Damit die Platten nicht zu hoch liegen, sind bei diesem Instrument die längsten Resonatoren kurz vor dem Boden umgebogen.

Marimba-Xylophon (Marimbaphon) →XYLORIMBA.

Martelé, martellato →VIOLINE, 5c.

Masenqo Äthiopische einsaitige Spießgeige. →RABAB, 2.

Maultrommel (engl.: *Jew's harp*; ital.: *scacciapensieri*; fr.: *guimbarde*; russ.: *vargan*). In vielen Ländern, darunter in ganz Europa, bekanntes folkloristisches Musikinstrument, das als Zupfidiophon klassifiziert wird (→KLASSIFIKATION DER MUSIKINSTRUMENTE), weil eine schwingende Metallzunge sein hauptsächlicher Klangerzeuger ist.

1. Bügelmaultrommel

Der Rahmen ist bügelförmig aus einem Eisenstab mit rhombischem Querschnitt geschmiedet (Zeichnung 1a). Eine schmale, federnde Stahlzunge ist in der Mitte zwischen den symmetrischen Rahmenteilen eingesetzt. Ihr freischwingendes Ende ist zu einer Zinke gebogen. Der ovale Rahmenabschnitt wird in der linken Hand gehalten, die beiden Metallarme gegen die geöffneten Zähne gelegt. Die Lippen liegen leicht auf den Metallarmen auf. Die Stahlzunge wird mit der rechten Hand rhythmisch gezupft. Der Grundton der Zungenschwingung ist gewöhnlich ein tiefer Ton im Baßregister. Durch Bewegungen der

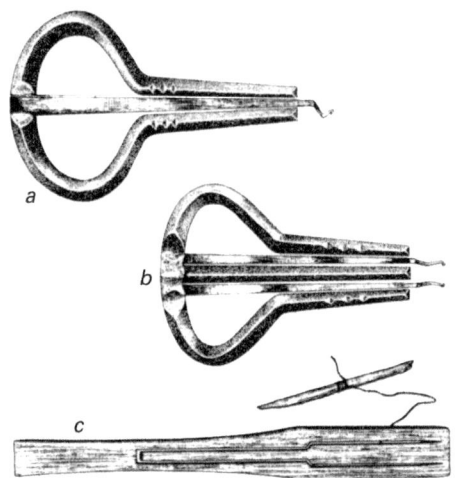

Zeichnung 1. (a,b) Maultrommeln mit einer und zwei Zungen; (c) hölzerne Maultrommel aus Nordost-Sibirien.

Backen und der Zunge des Spielers ändert dieser die Größe seiner Mundhöhle (wie bei dem Vokalen o, ä und e) und verstärkt auf diese Weise die Resonanz der →Teiltöne des Grundtons innerhalb der Spannweite der Mundresonanz. Aus der →Obertonreihe werden die 4. bis 13. Teiltöne am häufigsten gespielt. Sie entsprechen der Skala einer ventillosen Trompete. Bei entsprechender Spieltechnik können die mit einem gut gebauten Instrument erzeugten Obertöne des ständig wiederholten Grundtons auch von Zuhörern in einem kleineren Saal gut wahrgenommen werden. Manchmal wird die Maultrommel allerdings nur eines summenden rhythmischen →Bordungs wegen als Begleitinstrument gespielt.

Die akustischen Vorgänge sind vielfach diskutiert worden (siehe z.B. Adkins 1974). Theoretisch kann die schwingende Stahlzunge lediglich nicht-harmonische Teiltöne mindestens zweieinhalb Oktaven über dem Grundton erzeugen (→TEILTÖNE, 6), doch scheint es, daß mit dem Schwingen der Metallzunge durch die enge Spalte zwischen den beiden Metallarmen die Luft so abgelenkt wird, daß eine Wellenform mit regelmäßiger Obertonreihe auf dem Grundton der Metallzunge entsteht (ähnlich wie bei den →durchschlagenden Zungen).

2. Geschichte der Maultrommel im Westen

Die Maultrommel (aus Eisen oder Bronze) ist mit mindestens achtzig Funden archäologisch nachgewiesen. Einige Funde reichen möglicherweise in die keltisch-römische Zeit zurück; einige aus der Zeit um 1000 n. Chr. waren Grab-Beigaben, also offenbar wertvolle Gegenstände. Es gibt Holzschnitzereien aus dem 14. Jahrhundert in der Kathedrale von

Exeter, bei denen auch eine Maultrommel vorkommt. Seit dem 17. Jahrhundert ist Molln in der Steiermark ein Zentrum der Maultrommel-Herstellung. In Tirol ist es Brauch, auf zwei Maultrommeln (gestimmt in Tonika und Dominante) gleichzeitig zu spielen. Dazu wird entweder jede Maultrommel in eine Hand genommen und mit dem kleinen Finger gezupft, oder es werden zwei Maultrommeln Rücken an Rücken gehalten und für die zu beantwortende Melodiephrase schnell umgedreht.

Johann Georg Albrechtsberger (1736–1809) ist einer jener Komponisten, die Konzerte für die Maultrommel mit Orchesterbegleitung schrieben. In solchen Werken ist der Maultrommelpart »cremb.« (für *Crembalum*) oder »tromb.« (für *Trombula*) bezeichnet und wird gelegentlich als »Trompete« falsch gelesen. Maultrommeln werden heute auch mit zwei Zungen (im Dominantabstand) hergestellt (Zeichnung 1*b*).

3. Maultrommel in Asien

Maultrommeln aus Eisen sind bis nach Zentralasien und Afghanistan verbreitet, einige davon haben einen engen zweizackigen Rahmen, der an die Maultrommeln aus Holz oder Bambus erinnert, wie sie bis nach Polynesien hin existieren. In einigen Regionen zwischen Sibirien und Papua Neu-Guinea sind sie bis vor wenigen Jahrzehnten die einzigen Musikinstrumente gewesen. In Sibirien sind einige Maultrommeln aus Mammut-Elfenbein hergestellt. Die asiatischen Maultrommeln sind gewöhnlich in Form einer dünnen Platte gefertigt, in die die Zunge sorgfältig eingeschnitten ist (»Rahmenmaultrommel«). Zum Spiel wird die Zunge mit einem am unteren Ende befestigten Faden in Schwingungen versetzt (Zeichnung 1*c*). Die Rahmenmaultrommel gilt als der älteste Typ der Maultrommel.

Lit.: Adkins 1974; Fox 1988; Plate 1992.

Mbira →SANSA.

Mechanische Musikinstrumente (automatische Musikinstrumente) (engl.: *mechanical instruments*). Ein weitgefaßter Begriff für alle jene Instrumente, deren Tonsteuerung nicht individuell durch Finger, Lippen oder Füße des Spielers ad hoc vorgenommen wird, sondern durch →Tonsteuerungsträger wie bestiftete Walzen, perforierte Rollen, Disketten usw., die durch Aufziehen eines Uhrwerks, Treten von Blasebälgen, Drehen einer Kurbel usw. in Bewegung gesetzt werden. →DREHORGEL, MECHANISCHES KLAVIER, ORGANETTE, REPRODUKTIONSKLAVIER, SPIELDOSE, TURMGLOCKENSPIEL.

Die mechanische, d.h. im vorhinein festgelegte »Produktion« von Klängen begann um 500 v. Chr. mit mechanischen Singvögeln in China. Ca. 100 v. Chr. konstruierte Heron von Alexandria ebenfalls künstliche zwitschernde Vögel sowie eine Wasserorgel. Solche Automaten funktionierten, indem beispielsweise ein Wasserrad oder eine Windmühle Luft in eine Pfeife pumpte. Aber um Musik nach einem festgelegten Schema zu reproduzieren, muß eine kontinuierliche Drehbewegung akkurat in einen Zeitablauf umgewandelt werden. Das klassische Mittel hierfür ist die mit kleinen Metallstiften in festgelegten Abständen, die die Tondauer vorgeben, bestiftete Walze (»Stiftwalze«) (DREHORGEL; SPIELDOSE, 1), die in der zweiten Hälfte des 19. Jahrhunderts von Lochstreifen und gelochten Notenrollen (DREHORGEL, 4), zunächst für →Pfeifenorgeln und →Harmoniums, später auch für die pneumatische Steuerung von →mechanischen Klavieren abgelöst wurde.

Es ist die Vermutung geäußert worden, daß im 19. Jahrhundert vor der Erfindung des →Phonographen (1877) die mechanischen Musikinstrumente zu mehr als 85% den Musikkonsum des normalen Stadtbewohners bestimmten.

Lit.: Bowers 1972; Brauers 1984; Buchner 1959; Jüttemann 1987; Maschinen 2006; Ord-Hume 1973; Protz 1940; Simon 1960; Zauberhafte Klangmaschinen 2008. Zeitschriften: *Das mechanische Musikinstrument.* 1975ff.; *The music box.* ISSN 0027–4275; *Music & automata.* ISSN 0262–8260.

Mechanisches Klavier (automatisches Klavier) (engl.: *automatic piano*). Oberbegriff für Hammerklaviere, die mit unterschiedlichen Systemen meist über eine →Klavierrolle als →Tonsteuerungsträger ohne Tastenspiel eines Pianisten erklingen können. Es gibt drei Prinzipien des mechanischen Klaviers:

    a) →elektrisches Klavier,
    b) →Kunstspielklavier,
    c) →Reproduktionsklavier.

1. Jede Note einer Komposition ist als Loch in eine Papierrolle eingestanzt (vgl. DREHORGEL, 4). Diese »Klavierrolle« wird in eine Halterung (meist oberhalb der Klaviatur) eingespannt und läuft mittels pneumatischer Regelung über den »Gleitblock« zu einer zweiten Spule. Der Gleitblock hat (mindestens) 65 (gemäß der älteren Normierung) oder 88 Löcher. Durch das Treten der Pedale wird Unterdruck erzeugt (Abb. 1). Sobald ein gestanztes Loch in der Klavierrolle ein Loch im Gleitblock freilegt, strömt atmosphärische Luft durch das Loch im Gleitblock auf eine Membran aus hauchdünnem Leder, wodurch ein Ventil geöffnet wird, durch das Luft aus einem für jede Taste vorhandenen Spielbalg entweicht. Dadurch klappt der Spielbalg zusammen und betätigt einen hölzernen Finger, der

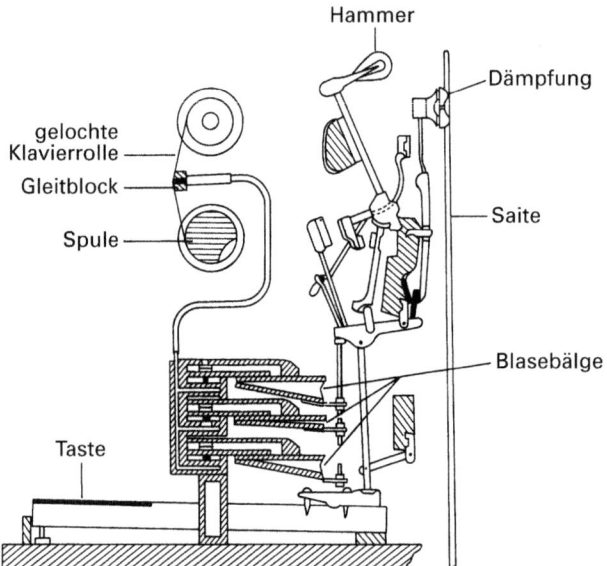

Abb. 1. Mechanik eines mechanischen Klaviers.

auf die Taste bzw. direkt auf die Klaviermechanik einwirkt. Alles, was der Spieler mit den Händen zu tun hat, besteht lediglich in der Wahl des Tempos (und seiner agogischen Nuancen) und der Dynamik. Dazu gibt es verschiedene Hebel. Die späten Klavierrollen haben Linien als visuelle Hilfsmittel für diese Gestaltungsparameter aufgedruckt. 1920 sollen siebzig Prozent aller in den USA hergestellten Klaviere mechanische Klaviere gewesen sein. Das Repertoire an Klavierrollen wuchs beständig und umfaßte nicht nur Originalkompositionen für Klavier, sondern auch viele Bearbeitungen von Sinfonien und anderen Orchesterwerken. Ähnlich heutiger Videotheken gab es vielerorts »Leihbibliotheken« für Klavierrollen.

2. *Reproduktionsklaviere*

Die 1904 vorgestellte Erfindung *Welte-Mignon* der Firma M. Welte & Söhne, Freiburg/Breisgau, die später von anderen Firmen wie Hupfeld (*Triphonola*), Leipzig, und der Aeolian Company (*Duo-Art*), USA, in ähnlicher Weise aufgegriffen wurde, ermöglichte die mehr oder weniger genaue Reproduktion tatsächlichen Klavierspiels, darunter dem Spiel von Rachmaninoff, Arthur Rubinstein, Debussy und Gershwin. Auf diesen »Künstlerrollen« waren die Töne nach Maßgabe der pianistischen Interpretation mit allen agogischen Nuancen eingestanzt, und für dynamische Gestaltung und Akzentuierungen gab es zusätzliche Löcher, die von dem entsprechenden Abspielmechanismus (die verschiedenen Konstruktionen waren nicht alle miteinander kompatibel) umgesetzt werden konnten. Bei exakter Justierung ist die Wiedergabe dieser Rollen kaum von »echten« Aufführungen zu unterscheiden.

In den 1920er Jahren entstanden auch einige Kompositionen, die direkt für das mechanische Klavier unter Umgehung des Interpreten komponiert wurden (so von Hindemith, Howells und Toch). Strawinsky hat einige seiner Werke für das mechanische Klavier bearbeitet, so z.B. den *Feuervogel* (Notenbeispiel 1, S. 201), wo natürlich die Begrenzung auf die zehn Finger des Pianisten aufgehoben ist. In den letzten Jahrzehnten wurden besonders die *Studies for player-piano* von Conlon Nancarrow (geb. 1912) bekannt, in denen ihr Komponist besonders virtuos die Spielmöglichkeiten des mechanischen Klaviers auskostet.

In jüngerer Zeit ist die Klavierrolle durch codierte Tonbandcassetten und inzwischen auch Disketten ersetzt worden. 1978 wurde in den USA der *Pianocorder* von Superscope-Marantz als erstes kommerziell vermarktetes System zur Speicherung der Tonsteuerung mittels eines magnetischen Datenträgers eingeführt.

Lit.: Ord-Hume 1984; Hagmann 1984; Hocker 2009; Jüttemann 1987; Reblitz 1988.

Megaphon (engl.: *megaphone*). Ein weiter konischer Trichter aus Metall oder Karton, der den Schall der menschlichen Stimme durch Reflexion an den Trichterwänden bündelt und in eine Richtung abgibt. Alte Megaphone können bis zu 2 m lang sein. Moderne Megaphone haben zusätzlich zu dem als Lautsprecher (Exponentialhorn) wirkenden Trichter ein Mikrophon und einen batteriebetriebenen Verstärker.

Notenbeispiel 1. Igor Strawinsky, Ausschnitt aus dem »Feuervogel« in einer Transkription für mechanisches Klavier.

Mehrklänge (engl.: *multiphonics*). Moderner Ausdruck für zusammengesetzte Klänge aus zwei oder mehr Tonhöhen auf normalen Holz- und Blechblasinstrumenten. Bruno Bartolozzi hat 1967 in seinem Buch *New sounds for woodwind* (dt. Übersetzung 1971) systematisch solche zusammengesetzten Klänge beschrieben, die die Holzbläser des Orchesters der Mailänder Scala durch speziellen Ansatz und spezielle Griffweisen erzeugt haben, weil diese zunehmend in modernen Kompositionen gefordert werden. Es handelt sich dabei nicht um Akkorde im herkömmlichen Verständnis, sondern um übereinandergesetzte Tonhöhen, die zum Teil nicht exakt notiert werden können. Deshalb gibt es spezielle Zeichen, die in der Art einer →Tabulatur dem Spieler anzeigen, was er tun muß, um den intendierten Klang zu erzielen. Notenbeispiel 2 stammt aus »h« für Bläserquintett (1968) von Heinz Holliger. Die Löcher über den Noten verweisen auf die Griffe (schwarzes Loch = geschlossenes Griffloch, weißes Loch = geöffnetes Griffloch).

Lit.: Bartolozzi 1971; Howell 1974.

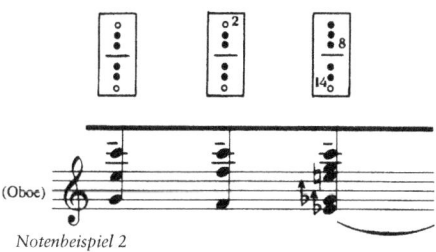

Notenbeispiel 2

Mellophone Amerikanischer Name für ein inzwischen fast vergessenes Ventilblasinstrument, das →Cor alto in Es. Um 1959 stellte C.G. Conn einen neuen Typ davon her, den die Firma *mellophonium* nannte und für den sich der Name *mellophone* durchgesetzt hat.

Melo- Es gibt mindestens zwei Dutzend Namen von Musikinstrumenten, die mit Melo- beginnen und sich auf *Melos* (gr., »Melodie«) beziehen. Die meisten dieser Instrumente basieren auf →durchschlagenden Zungen als Klangerzeuger und wurden im 19. Jahrhundert als Varianten des →Harmoniums entwickelt.

Melodeon Name für mehrere verschiedene Instrumente, z.B. für ein amerikanisches →Harmonium aus dem 19. Jahrhundert.

Melodica
1. Ein von Hohner, Trossingen, für Kinder und Jugendliche entwickeltes Blasinstrument mit →durchschlagenden Zungen, allgemein auch unter der Bezeichnung Blasharmonika bekannt. Es wird wie eine Blockflöte gehalten, hat ein Kunststoffgehäuse mit schnabelförmigem Mundstück. Die zwei oder mehr Oktaven von Zungen klingen nur beim Blasen und werden mit einer Klaviatur ausgelöst, deren weiße Tasten von der rechten, deren schwarze Tasten von der linken Hand gespielt werden. Einzeltöne und Akkorde lassen sich auf diese Weise spie-

Mélophone

len. Neben dem Sopraninstrument (c^1 bis c^3) gibt es auch ein Instrument in Altlage (f bis f^2) sowie ein größeres mit einem Tonumfang von f bis e^3.

Die *Pianica* der Fa. Yamaha entspricht der *Melodica*. Beide Instrumente greifen eine Tradition von Spielzeuginstrumenten auf, bei denen das Äußere von Instrumenten wie der Trompete und dem Saxophon mit Instrumenten leichter Spielbarkeit dank durchschlagender Zungen und Klaviaturmechanik imitiert wird.

2. Ein ca. 1772 von Johann Andreas Stein, Augsburg, konstruiertes Pfeifenwerk mit Klaviatur, das auf einen →Hammerflügel oder ein →Cembalo gelegt werden konnte und der Melodiestimme galt, die auf dem normalen Tasteninstrument begleitet werden sollte. Die Idee hinter dieser Konstruktion war die einer klanglichen Variabilität.

Mélophone (fr.). Ein in mehreren Musikinstrumentensammlungen vertretenes Blasinstrument mit →durchschlagenden Zungen, erfunden 1837 von dem Pariser Uhrmacher Leclerc und einst von Giulio Regoni gespielt, einem der berühmtesten Konzertina-Solisten. Das Instrument hat ein großes, gitarrenähnliches Korpus mit einem Griff (ähnlich dem eines Koffers), mit dem der Blasebalg von der rechten Hand bedient wird, während die linke Hand eine Knopftastatur für einen Tonumfang über mehrere Oktaven betätigt. Dynamische Differenzierungen (auch Tremolo) werden mit dem Blasebalggriff vorgenommen.

Membranophon Oberbegriff aus der Hornbostel/Sachs'schen Systematik für Musikinstrumente, bei denen straffgespannte Membrane als Tonerreger fungieren (Pauke, Trommel etc.). →auch KLASSIFIKATION DER MUSIKINSTRUMENTE.
Lit.: Hornbostel/Sachs 1914.

Mensur (engl.: *scaling*). Ausdruck für gewisse Maßverhältnisse bei den für die Klangerzeugung relevanten Parametern in der Konstruktion von Musikinstrumenten. Bei Orgelpfeifen und Blasinstrumenten versteht man unter der Mensur das Verhältnis von Länge zu Weite (Durchmesser) des klingenden Rohrs und spricht von »weiter« oder »enger« Mensur. Bei Saiteninstrumenten ist der Begriff der Mensur noch umfassender (→VIOLINE).

Mersenne, Marin (1588–1648). Französischer Paulanermönch, Gelehrter und Autor der neben →Praetorius umfangreichsten Abhandlung über Musikinstrumente des 17. Jahrhunderts: dem *Traité des instruments* in seiner *Harmonie universelle* (Paris 1636–37), 2 Bde., mit zahlreichen Illustrationen,

(Neudruck und engl. Übersetzung des *Traité des instruments* von Roger E. Chapman, Den Haag 1957).
Lit.: Köhler 1987.

Metallkastagnetten (Gabelbecken) →KASTAGNETTEN, 4.

Metallophon (Metallstabspiel) Oberbegriff für Schlaginstrumente mit gestimmten metallenen Stäben (entsprechend dem →Xylophon mit Holzstäben und dem →Lithophon mit Steinplatten), →GLOCKENSPIEL; VIBRAPHON; RANĀT (in Südostasien) und GAMELAN für die javanischen Instrumente *gender* und *saron*.

Seit dem späten 19. Jahrhundert werden auch verschiedene Glockenspiele für Kinder (→ORFF-INSTRUMENTARIUM) »Metallophone« genannt.

Metronom (engl.: *metronome*). Eine Apparatur zur Tempobestimmung. Am einfachsten funktioniert ein Gewicht an einer geeichten Schnur, wie es vor dem 1815 erfundenen Uhrwerk-Metronom von Johann Nepomuk Mälzel, einem Freund Beethovens, der großes Interesse an der Mälzelschen Konstruktion zeigte, üblich war. Mälzels Metronom ist ein pyramidenförmiger Resonanzkasten mit einem Federwerk und einem nach oben weisenden, hin und her schwingenden Pendel, das am Ausschlagsende ein tickendes Geräusch macht. Am Pendel befindet sich ein verstellbares Gewicht, mit dem an einer geeichten Skala die Pendel-Geschwindigkeit eingestellt werden kann: Je höher das Gewicht am Pendel eingestellt ist, desto länger ist die Pendelbewegung und damit auch die Zeitspanne zwischen den Richtungsänderungen. Bei manchen Metronomen kann eine Glocke hinzugeschaltet werden, die auf jeden zweiten, dritten oder vierten Schlag läutet. Tempoangaben werden, wie folgendes Beispiel zeigt, ausgedrückt: »M.M. ♩ = 100«. Das bedeutet: Bei Mälzels Metronom hat jede Viertelnote die Dauer von 1/100 einer Minute. Justiert man das Gewicht entsprechend auf der von 40 bis 209 reichenden Skala, tickt das Metronom einhundert Mal pro Minute. Ungeachtet der Bedeutung einer objektiven Tempofestlegung und -überprüfung hat das Metronom hauptsächlich pädagogischen Wert.

Es gibt inzwischen auch Metronome, die komplizierte gegenläufige Rhythmen (3:5 oder ähnlich), wie sie in modernen Kompositionen häufig sind, wiedergeben. Um 1945 wurde ein Schweizer Taschenmetronom in Form einer Armbanduhr eingeführt. Inzwischen sind batteriegetriebene elektronische Metronome üblich; sie arbeiten wesentlich genauer und sind praktischer in der Handhabung.

Das Metronom ist in Ligetis *Poème symphonique* für 100 Metronome (1962, Neufassung 1985) und in Gordon Crosses *Play Ground* (1977) als Musikinstrument behandelt.
Lit.: Harding 1983.

Metziltajim (hebr.). →BIBLISCHE MUSIKINSTRUMENTE, 1g.

Mexican bean Eine Gefäßrassel aus einer Bohnenschote. →MARACAS.

Mey (türk.). →BALABAN.

Meydan sāz Der größte Typ der türkischen Langhalslaute →*sāz*.

MIDI Kürzel für Musical Instrument Digital Interface. Digitale normierte Schnittstelle für Steuerbefehle zwischen verschiedenen elektronischen Musikinstrumenten wie z.B. →Rhythmusgerät und →Synthesizer.

Mikrophon (engl.: *microphone*). Elektroakustischer Wandler. Das erste und vielleicht wichtigste Glied in der Übertragungskette elektroakustischer Musikvermittlung. Die Wahl und Plazierung des Mikrophons bestimmt Timbre und Balance; es gibt u.a. Kohlemikrophone, elektrodynamische Mikrophone, Elektret-Mikrophone, Kondensatormikrophone mit verschiedenen Präferenzen hinsichtlich der räumlichen Abbildung (»Charakteristik«, z.B. Kugelcharakteristik, Nierencharakteristik). Bei Musikinstrumenten werden häufig sogenannte Kontaktmikrophone verwendet, die in unmittelbarer Nähe des Klangerzeugers (z.B. vor der Stürze oder am Steg) angebracht werden.
Lit.: Borwick 1990; Dickreiter 1984.

Militärkapelle (engl.: *military band, band*; am.: *concert band, wind band*; ital.: *banda militare*; fr.: *harmonie*). Ein chorisch besetztes Ensemble mit Holzblas-, Blechblas- und Schlaginstrumenten. Der ursprüngliche Zweck der Militärmusik ist kein ästhetischer, sondern ein rein funktioneller: die Bewegung der marschierenden Soldaten zu koordinieren und sie bei der Schlacht zum Vorwärtsgehen anzuspornen. Daher auch der alte Ausdruck »Feldmusik« für die Militärkapelle.
Typische Instrumente der Militärmusik waren und sind alle lauten Instrumente, die sich im Gehen spielen lassen. Nachdem die mittelalterlichen Schalmeien und Trompeten nach Vorbild der Sarazenen (→POMMER, 2) den Herrscher begleiteten, waren die Instrumente der Militärmusik beschränkt auf Trommel und Flöte bei der Infanterie bzw. Trompeten und Pauken bei der Kavallerie. Seit dem Dreißigjährigen Krieg begann man, diesen Instrumenten weitere hinzuzufügen. Zunächst war dies eine kleine, vierstimmige Formation aus →Oboen und Fagott. Um 1720 kam ein Paar Hörner hinzu (Abb. 1), Klarinetten in den 1760er Jahren. Die aus dem →Pommer entstandene Oboe wurde anfänglich fast ausschließlich in der Militärmusik verwendet, bei der sie wegen ihrer Sopranlage und des durchdringenden Klanges das führende Melodieinstrument wurde. So kam im 17. Jahrhundert für den Musiker der Infanteriemusikcorps als pars pro toto die Bezeichnung »Hoboist« auf, die bis 1918 üblich war. Nach der Französischen Revolution entstanden Militärkapellen als nationale Institutionen; ein wesentlicher Anlaß für die Gründung des Pariser Conservatoires war die geregelte Ausbildung der Militärmusiker. Einige der im frühen 19. Jahrhundert den Militärkapellen hinzugefügte Instrumente zeigt Abb. 2, die noch nicht die sich um 1840 durchsetzenden Ventilblasinstrumente kennt. Im Laufe dieser fortgesetzten Mechanisierung der Blasinstrumente veränderten sich die Besetzungen der Militärkapellen häufig, weil durch die ständigen Neuentwicklungen Änderungen der Instrumentierung vorgenommen wurden. Diese Vielfalt wurde in Preußen unter Wilhelm Friedrich Wieprecht (1802–1872), dem Direktor der Musikkapelle der Garde (ab 1838) vereinheitlicht, und jede Waffengattung erhielt ihre bestimmte Besetzung.

Waren die Militärkapellen ursprünglich auf militärische Wirkungsweise beschränkt, erhielten sie im 19. Jahrhundert weitreichende Aufgaben außerhalb ihres rein militärischen Zwecks. Zu diesen neuen Aufgaben zählten die vielen Freiluftkonzerte. Die hierbei häufig geübte Praxis der Bearbeitung sinfonischer Musik bestand hauptsächlich darin, die Violinstimmen für Klarinetten, die Bratschenstimmen ebenfalls für Klarinette oder Altsaxophon, die Cellostimme für Fagott oder Tenorsaxophon umzuschreiben und dann die originalen Klarinetten- und Fagottstimmen so auf andere Blasinstrumente zu legen (z.B. →Kornett, →Posaune), daß sie den Kontrast zu den Streicherstimmen wiedergaben. Harfenstimmen ließen sich kaum uminstrumentieren; John Philip Sousa nahm deshalb eine Harfe in seiner Band mit.

Während in Deutschland Ensembles mit der Besetzung der Militärkapelle seit dem Ende des Zweiten Weltkriegs nur geringe Bedeutung im Musikleben haben, sind in Großbritannien und den USA Militärkapellen und zivile Ensembles mit Militärkapellenbesetzung wesentlich präsenter.
Lit.: Altenburg 1795; Eckhardt 1978; Goldman 1961; Kastner 1848; Rameis 1976.

Militärkapelle

Militärtrommel →KLEINE TROMMEL.

Mirliton (Näselhäutchen) (fr.; engl.: *kazoo*). Instrument, das den Klang der menschlichen Stimme ins Nasale, Instrumentenähnliche verändert, wie beispielsweise der mit Seidenpapier bespannte Kamm.

1. Röhrenmirliton

Spätestens seit 1900 wird dieser Typ hergestellt, der aus einem zigarrenförmigen Metallrohr besteht, das ein Seitenloch mit einer Membran aus Papier oder Plastik hat. Die Membran wird mit einem angeschraubten Metallaufsatz mit darunterliegendem Dichtungsring fixiert und kann gespannt werden. Man summt in das breitere Ende des Rohrs, während man die Hand für einen vibratoähnlichen Effekt über den Metallaufsatz hin und her bewegt.

2. Ältere Mirlitons

Sie bestehen im allgemeinen aus einem Kartonrohr mit einer über ein oder beide Enden geklebten Membran aus Seidenpapier oder Zwiebelhaut. Der Spieler summt in ein Seitenloch.

Der »Danse des mirlitons« in Tschaikowskys Ballett *Der Nußknacker* scheint sich auf →Panflöten zu beziehen.

3. Nyastaranga (indische »Halstrompete«)

Dieses Instrument unterscheidet sich von den obigen insofern, als hierbei eine kurze trompetenförmige Messingröhre mit Eierschutz-Spinnweben auf dem Sockel eines mundstückähnlichen Aufsatzes aufgesetzt ist. Je ein *nyāstaranga* wird beim Brummen oder Singen rechts und links gegen den Kehlkopf gedrückt.

Mittelalterliches Instrumentarium Obwohl in mittelalterlichen Manuskripten und sakraler Architektur Instrumentendarstellungen häufig sind, ist unser Wissen über das mittelalterliche Instrumentarium stark eingeschränkt durch die Tatsache, daß so wenig tatsächliche und vor allem beispielhafte Musikinstrumente aus der Zeit vor 1500 vollständig oder zumindest als Torsi erhalten sind (Crane 1972). Erst Instrumente ab dem 16. Jahrhundert können wir in die Hände nehmen, untersuchen, restaurieren, konservieren!! (→KONSERVIERUNG UND RESTAURIERUNG) – und rekonstruieren. Aus den zeitgenössischen Traktaten können wir marginal ersehen, wie man auf ihnen gespielt hat, und dennoch bietet die Rekonstruktion mittelalterlicher Instrumente und deren Spielweise eine unwiderstehliche Herausforderung für Instrumentenbauer und Instrumentalisten, mittelalterliche Klänge zurückzugewinnen, trotz weiterer Probleme der Notation, die besonders hinsichtlich Tempo und Rhythmus zuwenig eindeutige Aufführungshinweise gibt, so daß stets die Intuition des Spielers gefragt ist.

1. Instrumente

Bis zur Zeit Karls des Großen (gest. 814) scheinen die alten romanisierten Volksstämme Europas auf Instrumenten gespielt zu haben, die sich nicht wesentlich von denen der römischen Zeit unterscheiden. Fortunatus (um 530/40–600), Bischof von Poitiers, beschreibt in Briefen das Pariser Musikleben: Pfeifen aller Arten spielten die Jüngeren, Trompeten, Becken und Rahmentrommeln die Älteren. Gedichte wurden von der →*Rotta*, einer Art →Leier, begleitet. Seit dem 9. Jahrhundert kamen überwiegend aus dem Byzantinischen Reich und aus Italien neue Instrumente hinzu. Kenntnisse des Orgelbaues und des Glockengießens (Theophilius) wurden verbreitet, reisende Spielleute zogen mit weiteren Instrumenten umher. (Zu Instrumentenbezeichnungen in lateinischen Traktaten siehe Hickmann 1971.) Im 13. Jahrhundert waren folgende Instrumente neben Kirchenorgel und Glocken am bekanntesten (heutige Bezeichnungen):

Saiteninstrumente: →Harfe, 9; →Psalterium; →Citole und Gittern; →Laute, →Fidel (*vièle* und andere); →Rebec, 2; →Drehleier, 4.

Blasinstrumente: →Querflöte, 5; →Einhandflöte; →Portativ; →Sackpfeife, 7; →Pommer, 2; →Horn; →Trompete, 4d.

Schlaginstrumente: →*naqqāra*; →Einhandtrommel; →Tamburin, 2; →Zimbeln; →Handglocken; →Maultrommel. (Zur Frage von skalenmäßig gestimmten Glocken →CYMBALA.)

Einige charakteristische Instrumente sind in Abb. 1 (*Le Roman d'Alexandre*, 1344, möglicherweise flämisch) zu sehen: Eine Gruppe Musiker mit, von links nach rechts: Sackpfeife, Einhandtrommel, *naqqāra* (Nacaires), Becken, Handglocken, Trompeten (es ist keine Seltenheit in Darstellungen dieser Zeit, daß zwei Trompeten gleichzeitig geblasen werden, wenn auch keine verbale Quelle diese Spielpraxis belegt), Fidel, Portativ, Psalterium und Citole.

2. Fragen der Identifizierung

Die meisten Instrumentenbezeichnungen des Mittelalters sind in französischer Sprache. In den Romanzen kommen bis zu vierzig Bezeichnungen vor, viele davon gehören zu Instrumenten, die in obiger Übersicht erwähnt sind. Doch bei ungefähr der Hälfte wissen wir nicht genau, welche Instrumente gemeint sind, z. B. die häufig erwähnten *rote* (→ROTTA).

Hinsichtlich der ikonographischen Quellen begegnen wir der umgekehrten Situation. Nur selten sind

Abb. 1. Mittelalterliche Instrumente, Buchmalerei aus Le Roman d'Alexandre, 1344 (Oxford, Bodleian Library).

die abgebildeten Musikinstrumente benannt. Eine der Hauptquellen – die im späten 13. Jahrhundert unter Alfonso X (dem Weisen) entstandenen *Cantigas de Santa Maria* – bildet 38 verschiedene Instrumente ab, darunter vier verschiedene Psalterien, vier verschiedene Streichinstrumente, drei verschiedene Sackpfeifen (keine davon einem heute existierenden Typ ähnlich), acht oder mehr nicht näher identifizierbare Pfeifen sowie die »doppelte« Trompete. Keines dieser Instrumente ist mit einem Namen versehen. Es hat viele Versuche gegeben, die Instrumente der Cantigas-Abbildungen den Bezeichnungen in spanischen und französischen Dichtungen zuzuordnen. Teilweise haben sich diese hypothetischen Zuordnungen in der wissenschaftlichen Literatur inzwischen als vermeintliche Tatsache etabliert.

3. Gebrauch der Instrumente

Grob geschätzt, bezieht sich die Hälfte der verbalen Quellen bis zum frühen 14. Jahrhundert auf solistisches Musizieren. Die Romanzen berichten von dem blendenden Handwerk des Harfners oder Streichinstrumentenspielers (*vieleur*), wenn er sich Zutritt zu einem Schloß verschafft, um die höfische Gesellschaft mit berühmten Lais zu unterhalten, oder von dem Spielmann (*jongleur*) des Troubadours, der vielleicht das Lied seines Meisters auf der *vièle* begleitet oder selbst vorträgt. Bis zu den 1387 begonnenen *Canterbury tales* ist immer nur ein Instrument erwähnt, sei es allein oder zusammen mit Gesang. Lediglich die kriegerischen Instrumente spielten in einer Art Kapelle zusammen. Von diesen abgesehen unterstützt sich musikalisch jedes wichtige mittelalterliche Instrument gewissermaßen von selbst: Beide Hände zupfen die Saiten oben und unten, wenn auch die Akkorde nur auf Oktaven oder Quinten beschränkt sind. Es gibt unterbrochene →Bordunklänge auf der →Fidel, 2 oder ununterbrochene Bordune auf Drehleier und Sackpfeife sowie von der unter der Flötenmelodie mitsummenden Schnarrsaite der Einhandtrommel. Wenn Spielleute mit Instrumenten jeder Art für eine große Hochzeit zusammenkommen, gewinnt man den Eindruck, daß sie nacheinander ihre Künste vorstellen, um vielleicht am Ende zusammen einen bislang »ungehörten Krach« zu veranstalten (wie zeitgenössische Dichter dies charakterisiert hatten).

Wenn ein Manuskript mit lebensähnlichen Figuren, die auf vielen verschiedenen Instrumenten musizieren, ausgeschmückt ist, ist es häufig unmöglich, ein sinnvolles Schema darin zu erkennen (wie z.B. bei Abb. 1), falls es überhaupt eins gab (abgesehen von König David mit Musikern in einem Psalm). Andererseits scheinen gelegentlich zwei Spieler in einem Bild aufmerksam zusammenzuspielen, oder das Zusammenspiel zweier Streichinstrumentenspieler wird beschrieben. Als Kompositionen für diese Spielpraxis erscheinen die heute häufig gespielten zweistimmigen Stücke (Ductia) aus dem Ms. Harley 978, British Library (13. Jahrhundert, transkribiert in Davison/Apel 1946, Nr. 41 & 42).

Nicht weniger als fünf bedeutende Musiktraktate (in Latein) widmen sich ausführlicher der *vièle* als einem besonders vielseitigen Instrument.

Unter den textlosen dreistimmigen isorhythmischen Motetten der Bamberger Handschrift Ba (Bamberger Staatsbibliothek, Ms. lit 115; Neuausgabe: Aubry 1908) hat eine den Titel »In saeculum viellatoris«, der als »über den Gesang *in saeculum* für die Viella-Spieler« interpretierbar ist. Der notierte Tonumfang f bis a^1 ist für solche Motetten nicht ungewöhnlich und scheint für Instrumente nicht besonders idiomatisch zu sein. Doch das große Problem dieser Handschriften ist, daß sie keine näheren Hinweise zu der Ausführung textloser Tenorstimmen geben.

Zur Mitwirkung von Instrumenten bei späterer und komplexerer Polyphonie, wie etwa in den Werken Machaults (gest. 1377) ist die Quellenlage etwas besser, wenn auch immer noch dürftig. Hier gibt es textlose Stimmen, die dem heutigen Musiker wie Stimmen für ein Zupfinstrument (→HARFE, 9c) erscheinen. →auch »HAUT« UND »BAS« sowie RENAISSANCE-INSTRUMENTARIUM.

4. Quellen

Die ältesten bildlichen Quellen stammen vom 9. und 10. Jahrhundert und sind byzantinischer Herkunft oder von byzantinischem Einfluß (Bachmann 1964), wie beispielsweise die häufig abgebildeten Illustrationen des Utrecht-Psalters (Frankreich, vor 850; Utrecht, Bibliotheek der Rijksuniversiteit, Hs. 32). Vor den fantasievollen, vermeintlich biblischen Instrumenten der im Mittelalter gefälschten und mehrfach kopierten Epistel des Hieronymus über die Musikinstrumente (Hammerstein 1959; Page 1977) muß gewarnt werden.

Nahezu alle prachtvoll illustrierten Manuskripte bis zum 14. Jahrhundert sind in Faksimile-Ausgaben leicht greifbar, so die *Cantigas* (2, oben). Viele Standardwerke zur Geschichte der Musikinstrumente bilden obendrein Darstellungen aus den wichtigsten mittelalterlichen Handschriften ab (z.B. Galpin 1910; Harrison/Rimmer 1964; Kinsky 1930; Panum 1941; Remnant 1986). Neue Ausgaben mittelalterlicher Instrumentalmusik u.a. in Schering 1931, in Davison/Apel 1946.

Lit.: Page 1987.

Mitteltönig (engl.: *mean-tone*). →TEMPERATUR, 2.

Mittlerer Osten

1. Überblick

Die große Gruppe hauptsächlich islamischer Völker (Araber, Iraner und Türken) von Nordafrika bis nach Zentralasien kann hinsichtlich der von ihnen gespielten Musikinstrumente weitgehend als Einheit betrachtet werden, obwohl seit dem Altertum eine Verbreitung vieler Musikinstrumente in weiter entfernte Regionen stattgefunden hat, bei denen sie sich im Prozeß einer Akkulturation mehr oder weniger stark verändert haben. Sie sind erkennbar »chinesisch«, »indisch« oder schließlich »europäisch« geworden, innerhalb ihrer Heimatregionen jedoch behielten sie ihre charakteristischen Merkmale bei. Bei diesen Instrumenten handelt es sich um →Laute, →Fidel und →Doppelrohrblattinstrument (bzw. →Pommer). Sie offenbaren eine Einheitlichkeit innerhalb eines Ensembles, das von Saiteninstrumenten angeführt wird – einem Streichinstrument (heutzutage häufig der Violine) zusammen mit einer tieferen Laute und vielleicht dem Psalterium →*qānūn* oder dem →Hackbrett, wobei die Instrumente in Heterophonie zusammenspielen, was in etwa bedeutet, daß die gleiche Melodie von allen Instrumenten in einem für jedes Instrument typischen Stil gespielt wird. Dazu tritt das unentbehrliche rhythmische Gerüst der Trommeln, und zwar häufig verschiedener Typen mit genau definierten Spielfunktionen; siehe Abb. 1 als ein Beispiel aus Nordafrika, 1881 (aus Norlind 1941): von links nach rechts *req* (Tamburin), *kuitra* (die Laute ersetzendes Instrument), *rabāb* (hier ohne Streichbogen), *darābuka* (die wichtigste Trommel), *gunbri* (eine einfache Laute). Wenn ein Blasinstrument dabei ist, handelt es sich in aller Regel um eine →Flöte. Neben dieser klassischen Zusammenstellung, wie man ihr auch in einem Caféhaus begegnet, gibt es für das Musizieren im Freien vorgesehene Instrumentalkombinationen wie Doppelrohrblattinstrument (*surnā*) und Trommel, die Prozessionen jeglicher Art anführen und von westlichen Touristen in einiger Entfernung für schottische Dudelsäcke gehalten werden können.

2. Die Hauptinstrumente

(a) *Idiophone*. Keine hervorstechende Gruppe. Natürlich Herdenglocken; Becken, hauptsächlich der verschiedenen kleinen Arten, einige in Form von Rasseln (→BECKEN, 5d), Schellengeläute und an andere Instrumente angebundene Schellen.

Abb. 1. Ensemble aus Nordafrika: *req (Tamburin), kuitra, rabāb, darābuka, gunbri.*

Mixtur

(b) *Trommeln.* →*naqqāra*, kleine paarweise Pauken (von Marokko bis Zentralasien); zylindrische Trommeln: →*davul* (türkische »Große Trommel«), →*tabl* (in irgendeiner Form fast überall); becherförmige Trommel: →*darābuka* (*zarb* im Iran); Rahmentrommeln: →*bendir* (Nordafrika), →TAMBURIN, 3, →*tar*.

(c) *Saiteninstrumente.* Sie sind die wichtigsten Instrumente und kommen in reicher Vielzahl vor. →FIDEL, 2; →LAUTE, 7 (Langhalslaute). Nach Regionen geordnet:

Nordafrika, Lauten: →*gunbrī*, →*kuitra*, LAUTE, 6; Fidel: →*rabāb*.

Von Ägypten bis zum Iran, einschließlich Türkei, Lauten: LAUTE, 6 (arabische Laute), LAUTE, 7, →*sāz* (Türkei); Fideln: KEMANCHE, 2, 3, →*rabāb*; Zither: →*qānūn*.

Iran, Zentralasien, Lauten: LAUTE, 7 (auch *komuz*), →*tambur*, →*tar*; Fidel: KEMANCHE, 1 (auch *ghichak*); Zither, *santur* (→HACKBRETT, 3).

(d) *Blasinstrumente.* Flöten: im gesamten Mittleren Osten ist die Längsflöte →*nāy* (mit regional verschiedenen Namen) das wichtigste Blasinstrument. In Zentralasien kann eine Querflöte den ersten Platz in einem klassischen Ensemble belegen. →Kernspaltflöten sind hauptsächlich als Volksmusikinstrumente allgegenwärtig. Rohrblattinstrumente: die Doppelrohrblattinstrumente →*surnā* (*ghaita*, *zamr*), *balaban* (vom Schwarzen Meer bis zu kaspischen Regionen); das →Rohrblattinstrument →*zummāra*; →Sackpfeife in vielen regionalen Ausführungen (→SACKPFEIFE, 6). Trompeten: lange, gerade Metalltrompeten (→*nafīr*, →*karnā*).

Lit.: Farmer 1957; Lavignac 1913, Bd. 5; Picken 1975; Vertkov 1963.

Mixtur   →ORGEL, 2, 3e.

Mixturtrautonium   →TRAUTONIUM.

Mokugyo   (jap.). →TEMPELBLOCK.

Monaulos   (altgr. »Einzelröhre«). →AULOS, 2.

Mond-Gitarre   →YÜEH-CH'IN.

Monochord (griech.-lat., »Einsaiter«). Ein viereckiger Resonanzkasten, über dessen festen Stegen eine Saite aus Darm oder Metall geführt ist, unter der sich eine aufgemalte Skala befindet. Zwischen den festen Stegen liegt die Saite auf einem verschiebbaren Steg auf. Die Saite wird gezupft oder mit angestrichen. Seit Pythagoras' Zeiten (6. Jahrhundert v. Chr.) dient das Monochord dem Messen und Demonstrieren des Verhältnisses zwischen Saitenlänge und Intervall. In den Schriften der Theoretiker des Mittelalters wird das Monochord immer wieder erwähnt. Es wurde auch zum Stimmen von Orgelpfeifen und Glocken herangezogen.

Ein Beispiel für das Bestimmen von Frequenzen: Wenn die Saitenlänge zwischen den festen Stegen 100 cm beträgt und der Steg in die exakte Mitte geschoben wird (schwingende Saitenlänge also 50 cm), wird die Saite auf c^1 (beispielsweise 262 Hz) eingestimmt. Jetzt wird der Steg soweit verschoben, bis der Ton des Monochords mit dem zu bestimmenden Ton übereinstimmt. Angenommen, dies ist bei 38 cm schwingender Saitenlänge der Fall, beträgt die Frequenz des zu bestimmenden Tons 262 Hz (50:38) = 344,7 Hz (d.h. etwas unterhalb f^1; in →Cents, bezogen auf c^1 ausgedrückt: 475 Cents über c^1).

Lit.: Adkins 1963, 1967; Wantzloeben 1911.

Mr̥daṅga Die klassische Trommel Südindiens (Abb. 1): eine lange (etwa 60 cm) horizontale zweifellige Trommel, deren Korpusdurchmesser am größten an dem einen Ende ist. Die entsprechende nordindische Trommel (*pakhāwaj*) wurde von der →*tablā* (einem Paar vertikaler Trommeln) abgelöst. Die *mr̥daṅga* wird aus einem ausgehöhlten Holzblock hergestellt. Die Felle (Stimmung in ungefährem Oktavabstand) sind unterschiedlich groß; das größere wird mit der linken Hand gespielt, das kleinere mit der rechten. Über dem Hauptfell (von der Ziege beispielsweise) liegt ein dünneres zweites Fell mit einem ausgeschnittenen Kreis, so daß das Hauptfell in der Mitte freiliegt. Jedes Fell ist an einem Reifen aus gedrehtem Fell befestigt. Die Spannschnüre sind durch Löcher im Fell um die Reifen gelegt und um Keile geführt, mit denen sie gespannt werden. Schwarze Stimmpaste (wie bei der *tablā*) ist auf jedem Fell aufgetragen.

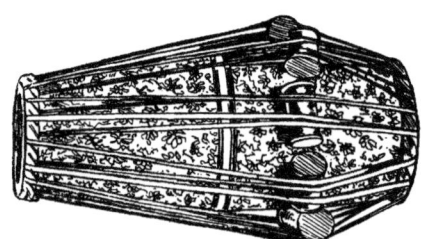

Abb. 1. Mrdanga, Nordindien.

Die Spielweise kennt die differenziertesten Schlagtechniken mit den Händen (mit der ganzen Hand, verschiedenen Fingern, dem Handballen, am Rand, auf dem Fell oder auf der Stimmpaste). Die verschiedenen Schläge haben Namen und werden bereits in einem berühmten Traktat von ca. 200 n. Chr. beschrieben (→INDIEN).

Multiphonics (engl.). → MEHRKLÄNGE.

Mund-Äoline → MUNDHARMONIKA, 4.

Mundbogen → GORA.

Mundharmonika (engl.: *harmonica, mouth-harmonica*; ital.: *armonica a bocca*; fr.: *harmonica à bouche*). Das längliche Musikinstrument mit →durchschlagenden Zungen, die durch die Atemluft in Schwingung versetzt werden.

1. Diatonische Mundharmonika

Der Instrumentenkörper besteht aus einem Tonkanzellenkörper aus Zedernholz, in den rechteckige Öffnungen eingeschnitten sind (Zeichnung 1*b*). Unterhalb und oberhalb des Kanzellenkörpers sind die Stimmplatten mit aufgenieteten Messingzungen angebracht. Die gewöhnliche Mundharmonika (*a*) hat auf jeder Stimmplatte zehn Zungen. Die Zungen auf der Unterseite der oberen Platte (*c*) klingen nur, wenn die Luft in die Löcher geblasen wird, während die Zungen auf der Unterseite der unteren Platte nur klingen, wenn die Luft durch die Kanäle gesaugt wird. Die Zungen der oberen Platte erzeugen die Töne des grundtönigen Dreiklangs, üblicherweise C-Dur (siehe Zeichnung 1*a*). D, F, A und H erklingen von den Zungen der unteren Stimmplatte her. Allerdings ist die zweite Zunge von links auf G gestimmt, damit im unteren Register ein Dominantakkord geblasen werden kann. Durch das abwechselnde Blasen und Ziehen beim Tonleiterspiel läuft der Spieler nicht Gefahr, außer Atem zu gelangen, da sich diatonische Melodien aus mehr oder weniger gleicher Anzahl von Blas- und Ziehtönen zusammensetzen.

Zahllose Varianten sind auf der Basis dieses Grundmodells entstanden, hauptsächlich durch Verdopplung der Zungen (zwei für jeden Ton), entweder in Oktaven oder leicht verstimmt für »Schwebetöne«. Man kann auch eine Mundharmonika-Halterung erwerben, mit der der Spieler das Instrument ohne Beteiligung seiner Hände spielen kann, weil es in geringem Abstand vor dem Mund auf der Brust abgestützt wird. Auf diese Weise kann der Spieler gleichzeitig Gitarre und Mundharmonika spielen und zwischendrin noch singen, wie es Bob Dylan getan hat (eine typische Spielweise bei der als »Rock harp« bzw. »Blues harp« im Rock und Blues bekannten Mundharmonika).

Das Grundprinzip der Spieltechnik besteht darin, soweit möglich die drei sich links vom Melodieloch befindenden Kanäle mit der Zunge abzudecken. Beim Aushalten des Melodietons kann die Zunge schnell zurückgezogen werden, damit der entsprechende Begleitakkord, im off-beat beispielsweise, erklingt. Die linke Hand hält das Instrument zwischen Daumen, Zeige- und Mittelfinger. Die rechte Hand wird so an die linke Hand angelegt, daß die Handfläche mit Mittel-, Ring- und kleinem Finger hinter dem Instrument einen Resonanzraum bildet, der für Tremolo (»Handvibrato«) durch leichtes Hin- und Herbewegen der rechten Hand verändert wird.

2. Chromatische Mundharmonika

Das für konzertanten Gebrauch übliche Instrument. Es besteht eigentlich aus zwei um einen Halbton gegeneinander gestimmte Mundharmonikas, die übereinander in einem Gehäuse montiert sind. Die obere Mundharmonika steht in C, die untere in Cis. Auf der rechten Seite befindet sich ein Knopf, mit dem der Spieler mit einem »Tonschieber« die C-Reihe aus- und die Cis-Reihe einschaltet. Wenn der rechte Zeigefinger den Tonschieber einschiebt, ist die C-Reihe ausgeschaltet. Solisten spielen auf einer Mundharmonika mit zwölf oder sogar sechzehn Kanälen. Mit zwölf Kanälen wird der drei-Oktaven-Tonraum über c^1 ohne Lücken abgedeckt, und durch die Halbtonverschiebung können C und F sowohl als Blas- als auch als Ziehton gespielt werden.

Für die Melodie werden die Kanäle mit Mund und Lippen ausgewählt (oder zwei Kanäle, wenn in Terzen gespielt wird), bis die Zunge notwendig wird, um Kanäle zwischen Tönen mit größerem Intervallabstand als der Terz abzudecken. Die Virtuosität von einem Solisten wie Larry Adler (geb. 1914) auf der 12-Kanal-Mundharmonika hat u.a. Vaughan Williams, Milhaud und Malcolm Arnold zu Werken für sein Instrument mit Orchesterbegleitung inspiriert. Unter den heutigen Solisten ist Tommy Reilly gut bekannt; er hat erstaunliche Klangeffekte durch den Einsatz seiner Stimme und mit elektroakustischer Verstärkung erzielt.

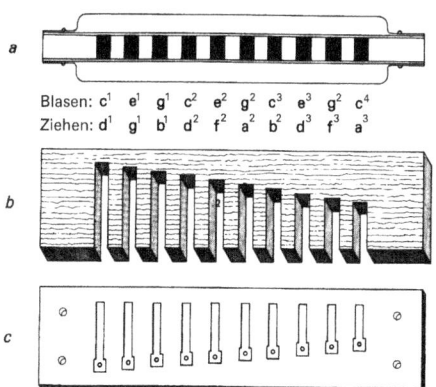

Zeichnung 1. (a) Diatonische Mundharmonika in C mit ihren Tönen; (b) Tonkanzellenkörper; (c) Oberseite der Platte mit den Zungen.

3. Akkordische Mundharmonikas und Baß-Mundharmonikas

Mundharmonikas werden in fast jeder Tonart hergestellt und es gibt auch Tenormodelle, die eine Oktave tiefer stehen. Für Mundharmonika-Ensembles gibt es spezielle Ausführungen, auf denen Grundakkorde, Akkord und Baßton oder ausschließlich Baßtöne gespielt werden. So erklingen auf dem kleinen Akkordinstrument von links nach rechts als Blastöne: C, C-Dur-Akkord, G, G-Dur-Akkord, F, F-Dur-Akkord; als Ziehtöne die entsprechenden Dominantseptakkorde. Das Baßinstrument hat eine vierzehntönige chromatische Tonleiter von c bis cis^1, ausschließlich als Blastöne. Beide Typen werden in größeren Ausführungen und auch als zwei zusammenhängende Instrumente hergestellt.

4. Geschichtliches

Christian Friedrich L. Buschmann (1805–1864) gilt als der Erfinder der Mundharmonika, der um 1821 die Idee zu einer »Mund-Äoline« bekam, als er ein Instrument zum Ausprobieren von Orgelstimmen in der Werkstatt seines Vaters in Berlin herstellte. Die ältesten Exemplare hatten in (der →Panflöte ähnlichen) Pfeifen sitzende Zungen, die nur durch Blasen spielten. Daraus entstand bald die bekannte Mundharmonika. Der Uhrmacher Matthias Hohner übernahm die Mundharmonika-Werkstatt von Christian Messner; seine 1857 in Trossingen gegründete Firma entwickelte sich monopolartig zu dem führenden Mundharmonikahersteller.

→auch MELODICA zu einem Mundharmonikatyp mit Klaviatur.

Lit.: Fett 1966; Mundharmonika 1996.

Mundorgel (engl.: *mouth-organ*). →Aerophon mit →durchschlagenden Zungen (wie die →Mundharmonika), speziell jedoch die traditionellen orientalischen Instrumente →khāēn, →sheng und →shō.

Lit.: Schwörer 1982.

Mundstück (engl.: *mouthpiece*; fr.: *embouchure*). Das Teil eines Blasinstruments, das der Spieler an oder zwischen die Lippen nimmt: Schnabel (Blockflöte), Doppelrohrblatt (Oboe), einfaches Rohrblatt (Klarinette), Mundlochplatte, Trichter- (Horn) und Kesselmundstück (Trompete).

Muscheltrompete (Muschelhorn; Schneckentrompete) (engl.: *conch trumpet, shell trumpet*). Das mit einem Loch durchstoßene Gehäuse einer großen Meer-Molluske, das man mit den Lippen wie eine Trompete (oder ein Horn) blasen kann. Die Strombus-Muschel erklingt in Europa seit der Antike, mit der abgeschlagenen Spitze als Mundloch. Im Pazifik überwiegt die Tritonium-Schnecke (wie eine riesige Wellhornschnecke), bei der das Mundloch im allgemeinen auf der Seite gebohrt ist. Des weiteren wird die Cassis-Muschel verwendet. Die Muschel hat in ihrem Innern eine vierfach konische, spiralförmige Röhre mit ovalem Querschnitt und einer Gesamtlänge von ca. 60 cm. Der Grundton liegt normalerweise in der tieferen Region des Violinschlüssels und sein gurrender, weittragender Klang ist der einzige Ton der Muscheltrompete (Obertöne sind möglich, werden aber normalerweise nicht geblasen), abgesehen von einem zweiten Ton, der dadurch erzeugt wird, daß die Muschelöffnung teilweise mit der Hand abgedeckt wird.

Die Muscheltrompete ist hauptsächlich das Signalinstrument der Fischer. Sie diente aber auch kriegerischen Zwecken – so den Hawaiianern, als sie Kapitän Cook entgegentraten – und wurde bis ins 20. Jahrhundert hinein für Kasernensignale in Indien und China verwendet. Häufig ist ein Mundstück aus Bambus oder einem hölzernen Rohr in das Mundloch eingelasssen und mit einem schmuckvollen Messingornament versehen.

In Indien erklingt die schöngeformte *şankh* bei Tempelritualen der Hindus; in einigen peruanischen Dörfern wird die Muscheltrompete zur sonntäglichen Prozession gespielt.

Muselar →VIRGINAL, 2.

Musette

1. Sackpfeife

Name der französischen →Sackpfeife, wie sie heute noch in ländlichen Gebieten Mittelfrankreichs gespielt wird (→SACKPFEIFE, 3), im speziellen für den aufwendig gearbeiteten Typ der *musette de cour*, wie er von der französischen Aristokratie während des 17. und 18. Jahrhunderts gespielt wurde. Dieser Typ mag auch der erste mit Blasebalg gewesen sein. Spielpfeife (Durchmesser der Bohrung: ca. 4 mm) und Bordunpfeifen sind zylindrisch gebohrt, und beide sind mit Doppelrohrblättern ausgestattet. Die Spielpfeife hat Klappen für einen Umfang bis a^2, eine Dezime über dem Grundton f^1, und für chromatische Töne. Es ist übliche Spielpraxis, alle Fingerlöcher bis auf den, durch den die Luft entweichen soll, zu schließen. Um 1670 fügte der Holzblasinstrumentenbauer Hotteterre (→OBOE, 4) der *musette* eine kleine zusätzliche Spielpfeife mit flachem Umriß hinzu, die an der normalen Spielpfeife angebracht war und durch einen querliegenden Windkanal Wind erhielt. Ihre Funktion ist, mit sechs zusätzlichen Klappen den Tonumfang bis zum d^3 zu vergrößern. Aus dieser Pfeife tritt nur der Ton heraus, wenn eine dieser Klappen (mit dem kleinen Finger oder dem Daumen) geöffnet wird.

Die Bordunpfeifen sind aus einem ca. 18 cm x 4 cm dicken Zylinder aus Holz oder Elfenbein gefertigt, in dem dreizehn parallele Bohrungen so miteinander verbunden sind, daß vier separate, auf- und abführende Windkanäle entstehen. Jeder dieser Windkanäle hat ein Rohrblatt an seinem Eingang. Der Wind wird durch seitliche Schlitze herausgelassen, die von einer Muffe an der Außenseite geschlossen werden können, denn nur drei Bordunpfeifen erklingen zusammen: Spielt man in F, $f^1\ c^1\ F$, in B, $f^1\ f\ B$. Das F kommt wie das B aus derselben Pfeife, die zwei Schlitze und zwei Muffen hat.

Rameau hat mehrfach Stücke pastoralen Charakters für die *musette* komponiert; in *Les Indes galantes* (1735) zusammen mit zwei Pikkolos. Die Borduntöne sind in diesem letzteren Stück nicht notiert, möglicherweise, weil es auch in Frankreich die Spielweise gab, nur die Spielpfeife zu blasen (siehe 2, unten; oder mit einer →Windkapsel).

2. Ohne Sack

Ein kleines, einfach gebautes, nasal klingendes Doppelrohrblattinstrument mit oder ohne Klappen, das eine Quarte über der Oboe steht und von Pariser Holzblasinstrumentenbauern im 19. Jahrhundert bis in das 20. Jahrhundert hinein (in einigen Fällen mit einem leicht gewölbtem Becher) gebaut wurde, nachdem die Sackpfeife in Folge der Revolution unpopulär geworden war.

Musettenbaß (fr.: *basse de musette*). Ein eigentümliches konisches Doppelrohrblattinstrument in Tenorlage, ungefähr doppelt so lang wie eine Oboe, aber viel dicker und mit gewundener Hülse für das Rohrblatt, wird in Musikinstrumentensammlungen vielfach so bezeichnet. Instrumente dieses Typs stammen überwiegend aus kirchlichen Beständen der Berner Region, wo sie offenbar im 18. Jahrhundert den Gesang begleiteten.

Musikbogen (engl.: *musical bow*). Der Begriff bezieht sich auf ein Instrument, bei dem die Bespannung einer elastischen Bogenstange als Erzeuger leiser Obertöne verwendet wird. Das Instrument kann von seiner eigentlichen Bestimmung her ein Jagdbogen sein, doch in den allermeisten Fällen ist es speziell zur Klangerzeugung gefertigt. Den Musikbogen hat es auf allen Kontinenten gegeben, einschließlich Europa, wo er früher von Bauern in einigen östlichen Regionen gespielt wurde. Er ist möglicherweise das älteste Saiteninstrument.

1. Einfachste Spielweise

Buschmänner im Südwesten Afrikas hatten die Angewohnheit, sich ihre Zeit mit dem Summen zu vertreiben, während sie mit einem Fuß das Ende ihres Jagdbogens gegen eine Resonanzfläche auf dem Boden festhielten, auf die Sehne mit einem dünnen Schilfrohrstab schlugen und gleichzeitig mit der anderen Hand die Sehne so berührten, daß ein oder mehrere →Flageolett-Töne wahrgenommen wurden. Durch momentanes Drücken mit dem Kinn am oberen Ende des Bogens ändert sich der Grundton und die Flageolett-Töne, in Notenbeispiel 1 vom 3. und 4. →Teilton von c zum 3. Teilton von e.

2. Mundbogen

Klangerzeugung wie unter 1, mit dem Unterschied, daß hier ein Ende des Bogens zwischen den Lippen oder Zähnen gehalten wird. Der Spieler wählt die Teiltöne ähnlich wie bei der →Maultrommel durch Zungenbewegungen in der Mundhöhle aus. Ein tiefer Grundton erzeugt innerhalb des Resonanzspektrums der Mundhöhle eine Anzahl Teiltöne, die über dem ständig wiederholten Grundton leise wahrzunehmen sind. Für zwei sich abwechselnde Grundtöne kann der Spieler mit der die Saite schlagenden Hand den Bogen biegen. Hauptsächliche Verbreitungsregionen dieses Typs sind Afrika, Melanesien, Süd- und Mittelamerika. →GORA zu einem besonderen südafrikanischen Typ, bei dem die Saite angeblasen wird.

Notenbeispiel 1. Ausschnitt aus »Du«, einem auf dem Musikbogen begleiteten Lied der Hukwe-Buschmänner der Kalahari-Wüste. Gesungen von Kafulo, während er auf seinem normalen Jagdbogen (140 cm lang) spielt. (1959 von Nicholas M. England aufgenommen; transkribiert von Mieczyslaw Kolinski; aus Ethnomusicology 8 (1964), S. 24.

3. Kalebassenbogen

Eine Kalebasse ist an der Bogenstange festgebunden. Ein großes Loch in der Kalebasse weist zum Brustkorb des Spielers hin. Bein Anschlagen der Saite bewegt dieser die Kalebasse auf seinem Brustkorb vor und zurück. Dadurch verändert sich die Resonanz in der Kalebasse und damit auch das Teiltonspektrum. Diese Spielweise führt nicht zu jener Präzision der Melodie, wie sie mit der Mundresonanz erreicht werden kann, doch trägt der Klang besser, und außerdem kann der Spieler so sich selbst zum Gesang begleiten. Um zwei Grundtöne zu erzeugen, wird die Saite sehr häufig mit einer Schlinge nahe der Kalebasse abgeteilt (s. Abb. 1). Es gibt auch den Typ, bei dem die Bogenstange durch eine Kalebasse hindurchgeführt und die Saite auf einer Hautdecke der Kalebasse festgeknüpft sind.

Abb. 1. Musikbogen (Kalebassenbogen), Kenya (Hyslop 1975).

Der überwiegend in Afrika vorkommende Musikbogen wird auch in Teilen Südamerikas gespielt, wo er von Afrikanern eingeführt wurde. In Brasilien wird er *berimbao* genannt (was in anderen Regionen Südamerikas in der leicht veränderten Form *birimbao* →Maultrommel bedeutet).

4. Andere Musikbogen

Einige Musikbogen werden mit einem kurzen Stab oder einem dem Streichbogen ähnlichen Bogen angestrichen. Bei den peruanischen Indianern werden Musikbogen mit einer Palmfaser gerieben. Die Araucano (Chile) pflegten zwei Bogen miteinander zu verschranken, wobei der mit dem Mund gehaltene den anderen reibt. In Afrika gibt es auch Musikbogen, bei denen die Bogenstange durch einen geraden unelastischen Zweig mit einer beweglichen Rute an einem oder beiden Enden ersetzt ist. Die westafrikanische →Bogenlaute besteht aus vielen einzelnen Musikbogen, die nebeneinander befestigt sind.

Bezüglich des Alters dieses Musikinstruments wird immer eine Höhlenzeichnung aus dem Jungpaläolithikum (spätestens 14.000 v. Chr.) in Ariège, Frankreich, genannt, wo anscheinend ein Mensch einen Jagdbogen an seinen Mund hält, doch kann nicht mit Sicherheit daraus auf einen Musikbogen geschlossen werden.

Lit.: Balfour 1899; Wegner 1984.

Musikinstrumentenbauer Dieses Nachschlagewerk ist ein Reallexikon, das, mit Ausnahme einiger Instrumentenkundler, keine biographischen Einträge hat. Ein Verzeichnis der in diesem Buch genannten Musikinstrumentenbauer, Konstrukteure und Erfinder befindet sich als Anhang weiter hinten mit Verweisen auf die entsprechenden Einträge.

Lit.: Dullat 2010; Henkel 2000; Hopfner 1999; Picenardi 1997; Wit 1991 (Adreßbuch)

Musikinstrumentensammlungen. Die folgende Aufstellung führt bedeutende der Öffentlichkeit zugängliche Sammlungen von Musikinstrumenten auf, wobei sich die Auswahl in erster Linie an der Quantität und qualitativen Breite orientiert. Wichtige Spezialsammlungen (wie beispielsweise das Museo Stradivariano im Museo Civico von Cremona) sind hier nicht genannt, weil deren Auswahl dann noch subjektiver wäre, als sie ohnehin zwangsläufig sein muß. Trotzdem sind auch einige deutsche Spezialsammlungen angegeben, die innerhalb ihres Sammlungsschwerpunkts einen repräsentativen Bestand vorweisen können. Wo die Museen nicht näher bezeichnet sind, sind es Sammlungen von hauptsächlich Instrumenten der westlichen Kunstmusik. Die vor den Namen befindlichen Zeichen bedeuten:

¶ = auch mit wesentlichen Beständen an Instrumenten außereuropäischer Kulturen;

† = vorwiegend oder sogar ausschließlich mit Instrumenten außereuropäischer Kulturen.

Zu Informationen über die Aktivitäten der Musikinstrumentensammlungen und -museen kann sich der Leser auch an CIMCIM, das →Comité International des Musées et Collections d'Instruments de Musique, wenden (www.music.ed.ac.uk/euchmi/cimcim). Auf der CIMCIM-Website befinden sich auch Links zu den Websites der meisten Musikinstrumentensammlungen weltweit (www.music.ed.ac.uk/euchmi/cimcim/iwm.html). Nützlich ist auch das »International Directory of Musical Instrument Collections« (www.cimcim2009.org/cimcim). Zu Katalogen der Sammlungen und Museen siehe die separate Rubrik im Literaturverzeichnis.

Ägypten:
Kairo †Mathaf al-Misri [Ägyptisches Museum], Mídan el Tahrir, 11557 al-Qahira.

Belgien:
Antwerpen Museum Vleeshuis, Vleeshouwersstraat 38–40, 2000 Antwerpen.
Brüssel Musée des instruments de musique [ehemals Musée instrumental des Conservatoire Royal de Musique de Bruxelles], 2, rue Montagne de la Cour, 1000 Bruxelles.
Tervuren †Musée Royal de l'Afrique Centrale, Leuvensesteenweg 13, 3080 Tervuren.

Dänemark:
Kopenhagen Musikhistorisk museum og Carl Claudius‹ samling, Åbenrå 30, 1124 København K.

Deutschland:
Bad Säckingen Trompetenmuseum, Trompeterschloß, Schönaugasse 5, 79713 Bad Säckingen.
Berlin Musikinstrumenten-Museum, Staatliches Institut für Musikforschung PK, Tiergartenstraße 1, 10785 Berlin-Tiergarten; †Abteilung Musikethnologie, Ethnologisches Museum, Staatliche Museen zu Berlin PK, Lansstraße 8, 14195 Berlin-Dahlem.
Braunschweig Städtisches Museum, Haus am Löwenwall, 38100 Braunschweig.
Bremen †Übersee-Museum, Bahnhofsplatz, 28195 Bremen.
Bruchsal Deutsches Musikautomaten-Museum [ehemals Museum mechanischer Musikinstrumente »Sammlung Jan Brauers«], Badisches Landesmuseum, Schloß, 76646 Bruchsal.
Bubenreuth Geigenbaumuseum Bubenreuth, Rathaus, Birkenallee 51, 91088 Bubenreuth.
Eisenach Bachhaus Eisenach, Frauenplan 21, 99817 Eisenach.
Erlangen Musikinstrumentensammlung der Friedrich-Alexander-Universität, Bismarckstraße 1, 91054 Erlangen.
Frankfurt am Main †Museum der Weltkulturen [ehemals Museum für Völkerkunde], Schaumainkai 29–37, 60594 Frankfurt am Main.
Frankfurt/Oder Museum Viadrina, Abt. Musikinstrumente, [ehemals Reka-Sammlung historischer Musikinstrumente], Carl-Philipp-Emanuel-Bach-Straße 11, 15230 Frankfurt/Oder.
Göttingen Musikinstrumentensammlung des Musikwissenschaftlichen Seminars, Georg-August-Universität, Kurze Geismarstraße 1, 37073 Göttingen.
Halle an der Saale Händel-Haus, Große Nikolaistraße 5, 06108 Halle (Saale).
Hamburg Museum für Hamburgische Geschichte, Holstenwall 24, 20355 Hamburg; Museum für Kunst und Gewerbe, Steintorplatz 1, 20099 Hamburg.
Leipzig Musikinstrumenten-Museum der Universität Leipzig, Johannisplatz 5–11, 04103 Leipzig.
Lübeck Museum für Kunst und Kulturgeschichte der Hansestadt Lübeck, Düvekenstraße 21, 23552 Lübeck.
Markneukirchen Musikinstrumenten-Museum, Bienengarten 2, 08258 Markneukirchen.
Mittenwald Geigenbau- und Heimat-Museum Mittenwald, Ballenhausgasse 3, 82481 Mittenwald.
München Bayerisches Nationalmuseum, Prinzregentenstraße 3, 80538 München; Deutsches Museum von Meisterwerken der Naturwissenschaft und Technik, Museumsinsel 1, 80538 München; ¶Musikinstrumenten-Museum im Münchner Stadtmuseum, St. Jakobsplatz, 80331 München.
Nürnberg Germanisches Nationalmuseum, Kartäusergasse 1, 90402 Nürnberg.
Rüdesheim am Rhein Siegfrieds Mechanisches Musikkabinett, Brömserhof, Oberstraße 29, 65385 Rüdesheim am Rhein.
Stuttgart Musikinstrumentensammlung im Fruchtkasten, Württembergisches Landesmuseum Stuttgart, Schillerplatz 1, 70173 Stuttgart.

Frankreich:
Paris †Musée du quai Branly, 37, quai Branly, 75007 Paris [enthält die ehemaligen Bestände des Musée national des art et traditions populaires und des Musée de l'homme]; Musée de la musique [ehemaliges Musée instrumental du Conservatoire national supérieur de musique], Cité de la musique, 221, avenue Jean-Jaurès, 75019 Paris.

Griechenland:
Athen †Mouseio Ellinikon Laïkon Mousikon Organon [Museum griechischer Volksmusikinstrumente], Dioenous 1–3, 10556 Athen.

Großbritannien:
Cambridge †Museum of Archaeology & Anthropology, Downing Street, Cambridge CB2 3DZ.
Edinburgh Edinburgh University Collection of Historic Musical Instruments, University of Edinburgh mit zwei Standorten: Reid Concert Hall,

Bristo Square, Edinburgh EH8 9AG sowie St. Cecilia's Hall [ehemals The Russell Collection of Harpsichords and Clavichords], Cowgate, Edinburgh EH1 1LJ.

London ¶Horniman Museum, London Road, Forest Hill, London SE23 3PQ; Museum of the Royal Academy of Music, Marylebone Road, London NW1 5HT; Museum of Instruments, Royal College of Music, Prince Consort Road, South Kensington, London SW7 2BS; †Museum of Mankind, 6 Burlington Gardens, London W1X 2EX; Victoria & Albert Museum, Cromwell Road, South Kensington, London SW7 2RL; The Musical Museum, 399 High Street, Brentford, Middlesex TW8 0DU.

Oxford ¶The Bate Collection of Musical Instruments, University of Oxford, Faculty of Music, St. Aldate's, Oxford OX1 1DB; †Department of Musical Instruments, Pitt Rivers Museum, South Parks Road, Oxford OX1 3PP.

Indien:
Chennai †Government Museum, Pantheon Road, Egmore, Chennai, 600008, Tamil Nadu.
Kolkata †Indian Museum, 27 Jawaharlal Nehru Road, Kolkata 700016.

Israel:
Haifa †The Haifa Museum of Music & Ethnology, 26, Shabbetai Levy Street, 33043 Haifa.

Italien:
Bologna Museo Civico Medievale, Via Manzoni 4, 40121 Bologna.
Florenz Galleria dell'Accademia, Museo degli Strumenti musicali, via Ricasoli 60, 50122 Firenze.
Mailand Civico Museo degli Strumenti musicali, Castello Sforzesco, 20121 Milano.
Rom Museo Nazionale degli Strumenti musicali, Piazza Santa Croce in Gerusalemme, 9/a, 00185 Roma; Museo degli Strumenti musicali, Accademia Nazionale di Santa Cecilia, Auditorium, Parco della Musica, largo Luciano Berio 3, 00196 Roma.
Verona Accademia Filarmonica, Via dei mutilati 40 L, 37122 Verona.

Japan:
Nara †Shōsōin, Nara.
Osaka ¶Museum of Musical Instruments, Osaka College of Music, 1-4-1 Meishinguchi, Toyonaka, Osaka 561.
Tokyo †Drum Museum, Nishi-Asakusa, 2-1-1 Chome, Taito-ku, Tokyo 111; Collection for Organology, Kunitachi College of Music, 5-5-1 Kashiwa-cho, Tachikawa-shi, Tokyo 190-8520; ¶Museum of Musical Instruments, Musashino Academia Musicae, 1-13-1 Hazawa, Nerima-ku, Tokyo 176.

Kanada:
Ottawa †Canadian Museum of Civilization, 100 rue Laurier, Hull, Québec K1A 0C8.

Niederlande:
Amsterdam †Tropenmuseum, Linnaeusstraat 2 A, 1092 CK Amsterdam.
Den Haag Music Department, Gemeentemuseum Den Haag, Stadhouderslaan 421, 2517 HV Den Haag.
Rotterdam †Wereldmuseum [ehemals Museum voor Land- en Volkenkunde], Willemskade 25, 3016 DM Rotterdam.
Utrecht Nationaal Museum van speelklok tot pierement, Buurkerkhof 10, 3511 KC Utrecht.

Norwegen:
Trondheim Ringve, Lade Allé 60, 7041 Trondheim.

Österreich:
Salzburg Historische Musikinstrumente, Salzburg Museum [ehemals Salzburger Museum Carolino Augusteum], Bürgerspitalgasse 2, 5010 Salzburg.
Wien Sammlung alter Musikinstrumente, Kunsthistorisches Museum, Neue Hofburg, 1010 Wien; †Museum für Völkerkunde, Neue Hofburg, Heldenplatz, 1014 Wien; Technisches Museum, Mariahilfer Straße 212, 1140 Wien.

Polen:
Poznań Muzeum Narodowe w Poznaniu, Muzeum Instrumentów Muzycznych, Stary Rynek 45, 61-722 Poznań [mit den Musikinstrumenten des ehemaligen Schlesischen Museums für Kunstgewerbe und Altertümer].

Portugal:
Lissabon Museu da Música, Estação do Metropolitano Alto dos Moínhos, Rua João de Freitas Branco, Lisboa 1500-359.

Rußland:
Moskau ¶Glinka State Central Museum of Musical Culture, 4, ulitsa Fadeeva, Moskau 125047.
Sankt Petersburg ¶Kunstkammer, Musej antropologii i etnografii, 3, Universitetskaya Naberezhnaya, 199164 Sankt Petersburg; Museum of Music [ehemals Institut teatra,-muziki i kinematografii], Sheremetev Palace, 34, Naberezhnaya Fontanki, 191104 Sankt-Petersburg.

Schweden:
Göteborg †Etnografiska Museet, N. Hamngatan 12, 411 14 Göteborg.
Stockholm †Etnografiska Museet, Djurgårdsbrunnsvägen 34, 115 27 Stockholm; ¶Musik- & Teatermuseet, Sibyllegatan 2, Box 16326, 103 26 Stockholm; Stiftelsen Musikkulturens främjande, Riddargatan 35–37, 114 57 Stockholm.

Schweiz:
Basel †Museum für Völkerkunde und Schweizerisches Museum für Volkskunde, Augustinergasse 2, 4001 Basel; Musikmuseum [ehemals Sammlung alter Musikinstrumente], Historisches Museum Basel, Im Lohnhof 9, 4051 Basel.
Neuchâtel †Musée d'ethnographie, 4, rue Saint-Nicolas, 2000 Neuchâtel.
Seewen Museum für Musikautomaten Sammlung Dr. h.c. H. Weiss-Stauffacher, Bollhübel 1, 4206 Seewen.

Slowakische Republik:
Bratislava Hudobné Oddleníe, Slovenské Národné Muzeum [= Musikabteilung des Slowakischen Nationalmuseums], Vajanskeho nabr. 2, 814 36 Bratislava.

Spanien:
Barcelona Museu de la Música, L'Auditori, Carrer de Lepant 150, 08013 Barcelona.

Tschechische Republik:
Prag České muzeum hudby [= Tschechisches Musikmuseum], Národní Muzeum, Karmelitská 2/4, Praha 1.

Ungarn:
Budapest Liszt Ferenc Emlékmúzeum és Kutatóközpont [= Franz-Liszt Gedenkmuseum und Forschungszentrum], Vörösmarty utca 35,1064 Budapest; MTA Zenetörténeti Múzeum [=—Musikgeschichtliches Museum], Táncsics Mihály utca 7, 1014 Budapest; Magyar Nemzeti Múzeum [= Ungarisches Nationalmuseum], Múzeum körút 14–16, 1088 Budapest.

Vereinigte Staaten von Amerika:
Ann Arbor ¶Stearns Collection, School of Music, University of Michigan, Ann Arbor, MI 48109.
Berkeley †Robert H. Lowie Museum of Anthropology, University of California, 103 Kroeber Hall, Berkeley, CA 94720.
Bloomington †Indiana University Museum Musical Instrument Collection, 107 Student Building, Bloomington, IN 47401.
Boston ¶Collection of Musical Instruments, Museum of Fine Arts, 465 Huntington Avenue, Boston, MA 02115.
Cambridge †Peabody Museum of Archaeology and Ethnology, Harvard University, 11 Divinity Avenue, Cambridge, MA 02138.
Los Angeles †Institute of Ethnomusicology, University of California, 405 Hilgard, Los Angeles, CA 90024; †University of California at Los Angeles Museum of Cultural History, Room 55A, Haines Hall, Los Angeles, CA 90024.
New Haven Collection of Musical Instruments, Yale University, 15 Hillhouse Avenue, New Haven, CT 06520; †Peabody Museum of Natural History, Department of Anthropology, Yale University, 170 Whitney Avenue, New Haven, CT 06511.
New York ¶The Metropolitan Museum of Art, 1000 Fifth Avenue, New York, NY 10028–0198; †American Museum of Natural History, Central Park West at 79th Street, New York, NY 10024.
Phoenix The Musical Instrument Museum, 4725 East Mayo Boulevard, Phoenix, AZ 85050; www.themim.org.
Seattle Experience Music Project, Seattle Center, 325 5th Avenue N, Seattle, WA 98109.
Vermillion The National Music Museum, 414 E. Clark Street, Vermillion, SD 57069–2390.
Washington Dayton C. Miller Flute Collection, The Library of Congress, Washington, DC 20540; Division of Musical History, National Museum of American History, Smithsonian Institution, Washington, DC 20560; †Museum of Natural History, Office of Anthropology, Smithsonian Institution, Washington, DC 20560.
Lit.: Bevan 1990 (Großbritannien); Forster/LaRue 1993 (Großbritannien); Jenkins 1977; Lichtenwanger 1974.

Muzelaar (fläm.). →VIRGINAL, 2.

Mvet Einzigartiges Zupfinstrument (Kerbsteg-Harfenzither) des westlichen Zentralafrika nördlich von Gabun. Fünf oder sechs →idiochorde Saiten, die aus der Rinde eines ca. 1 m langen Raphia-Zweiges geschnitten sind, sind über die verschiedenen Kerben eines Stegs geführt, der aufrecht auf einem Stab steht, an dessen Rückseite einer oder mehrere Kalebassen als Resonatoren angebracht sind. Der Spieler zupft jede Saite rechts und links vom Steg, während er die mittlere, halb geöffnete Kalebasse gegen seinen Oberkörper drückt, um die Resonanz zu verstärken.
Lit.: Wegner 1984.

N

Nacaires (fr.; engl.: *nakers*; ital.: *naccheroni*). Kleine kesselförmige Pauken des europäischen Mittelalters; →NAQQĀRA.

Näselhäutchen →MIRLITON.

Nafīr Arabisch-persische gerade, ca. 150 cm lange Trompete, mit der vor allem während des Ramadan auf dem Minarett nur ein Ton gespielt wird – inzwischen wahrscheinlich vom Tonband. Die Kupferröhre mit einem äußeren Durchmesser von ca. 16 mm ist zweiteilig und hat eine trichterförmige, sich bis zu 8 cm Durchmesser erweiternde Stürze mit getriebenen Verzierungen. Das Mundstück mit seinem flachen Rand hat die Form eines weiten Trichters und ist direkt an die Röhre gelötet. Heutzutage wird der *nafīr* häufig in schlechter Ausführung in Souvenirläden verkauft. Sein Name reicht zurück bis ins 11. Jahrhundert. →auch KAKAKI.

Nāgasvaram Südindische Doppelrohrblattinstrument, das der *shahnāī* in Nordindien entspricht. →SHAHNĀI, 2.

Nagelgeige (engl.: *nail violin, nail harmonica*). Eisennägel unterschiedlicher Länge stehen aus einem halbkreisförmigen hölzernen Resonanzkasten mit einem Durchmesser von ca. 30 cm heraus, der in der linken Hand gehalten wird (dazu befindet sich auf dem Boden ein Daumenloch). Die Nägel werden einzeln mit einem Violinbogen nahe ihrer oberen Enden angestrichen. Die Nägel für die Halbtöne sind länger und häufig nach außen gebogen, damit der Spieler einen besseren Überblick über den Tonvorrat hat. Die Nagelgeige hatte bis zu 37 chromatisch gestimmte Nägel entsprechend einem Umfang von drei Oktaven.

Die Nagelgeige soll um 1740/50 von dem Geiger Johann Wilde in St. Petersburg erfunden worden sein und wurde bis Mitte des 19. Jahrhunderts hergestellt. 1791 wurde eine mechanisierte Form erfunden, ein *Nagelklavier*, bei dem die Nägel auf Tastendruck von einem mit Kolophonium bestrichenen Leinenband in Schwingungen versetzt wurden.

Lit.: Jappe/Reichlin 1990.

Nanga Ausdruck für verschiedene afrikanische Instrumente: für eine Zither (→ENANGA), ein Horn sowie für die Flöten der Venda in Südafrika, die in Ensembles aus ungefähr vierundzwanzig Musikern gespielt werden, wobei jeder Spieler nur eine Tonhöhe spielt. Diese Flöten sind zwischen 15 cm und 140 cm lange Längsflöten (→FLÖTE, 1b(i) und 2) ohne Grifflöcher. Jede ist am unteren Ende mit einem justierbaren Zapfen versehen und auf einen von vier oder mehr Tönen der Oktave gestimmt (z.B. G A C D). Die kleinste Flöte kann auf d^3, die größte auf G gestimmt sein. Die Flöten mit der höchsten Tonlage beginnen zu spielen, und nach und nach setzen die tieferen Register ein, worauf dann die Flöten von oben nach unten wieder aufhören, bis zum Schluß nur noch die tiefste Flöte erklingt.

Lit.: Kirby 1934.

Naqqāra Ein Paar kleinere Kesselpauken, die zusammengebunden sind und normalerweise mit zwei Schlegeln gespielt werden. Sie stammen aus Arabien und kamen mit den Kreuzzügen nach Europa, wo sie für kriegerisches Musizieren verwendet wurden, obwohl sie im 14. und 15. Jahrhundert in nicht-militärischen Szenen abgebildet sind. Im Islam werden sie noch heute in instrumentalen Ensembles zwischen Marokko, Turkistan und Nordwestindien gespielt. Normalerweise haben sie ziemlich kleine Kessel, die häufig aus Holz oder Ton statt aus Metall sind. Die größere Pauke eines Paars hat einen Durchmesser von ca. 22 cm, die andere ist etwas kleiner. Mittelalterliche europäische Darstellungen zeigen einen ähnlichen Unterschied zwischen beiden *naqqārāt* (so der Plural), →MITTELALTERLICHES INSTRUMENTARIUM, Abb. 1. Größere Kesselpauken sind im Mittleren Osten für königliche Kapellen seit dem 12. Jahrhundert verbreitet und wurden bis ins 20. Jahrhundert hinein in Kapellen moslemischer Herrscher in Indien benutzt. Solche Kapellen wurden nach den Pauken *naqqāra khana* genannt, ihre Musiker waren häufig zu Pferd oder Kamel und begründeten so die im 15. Jahrhundert eingeführte europäische Kavallerie-Pauken-Tradition, die wiederum zu den Orchesterpauken (→Pauken) geführt hat.

Nasenflöte (engl.: *nose flute*). Mit der Nase geblasene Flöten sind in Südostasien und den pazifischen Inseln, aber auch in Afrika verbreitet. Manchmal wird dabei ein Nasenloch zugestopft oder mit dem Daumen geschlossen. Die Lautstärke dieser Flöten kann beachtlich sein. Außerdem heißt es, daß der Atem aus der Nase die Seele enthält und deshalb die so erzeugte Musik bedeutsamer sei.

In Malaysia (bei den Sakai-Ureinwohnern), Indonesien und auf den Philippinen ist das Nasenloch ein kleiner, scharf gekannteter Spalt, der in den Knoten am Ende des Bambusrohres oder an der Seite nahe des Knotens eingeschnitten ist; die Nasenflöte wird seitwärts zum Nasenloch gehalten (Abb. 1). Die vier

Fingerlöcher werden mit einer oder mit beiden Händen betätigt.

Abb. 1. Nasenflöten, Semai, Malaysia (The Straits Times, Annual for 1954).

In Polynesien ist die Nasenflöte aus dickem Bambus (mit ca. 3 cm Durchmesser). Die Fingerlöcher sind ganz anders als bei allen anderen Flöten angeordnet. In Tahiti und in Hawaii ('ohe hano ihu) schließt eine Hand das eine Nasenloch mit dem Daumen oder dem Zeigefinger, während ein anderer Finger ein nicht weit entferntes Fingerloch betätigt. Die andere Hand betätigt ein Fingerloch am anderen Ende der Flöte, das normalerweise geöffnet ist. Die drei spielbaren Töne sind in ungefähr diatonischen Intervallen. In Tonga und auf den Fiji-Inseln greifen die nur noch wenigen Spieler der Nasenflöte lediglich das Fingerloch nahe dem Nasenloch und das am anderen Ende der Flöte; die übrigen bleiben geöffnet. Diese Technik bringt vier Töne um das c^1 herum vor. Wie bei dem Nasenflötentyp auf Hawaii besteht die Musik aus schnellen wellenförmigen Intervallbewegungen. In Tonga ist eine solche Melodie, die ursprünglich den Ruf eines bestimmten Vogels imitierte, als Erkennungsmelodie eines Radiosenders bekannt; Notenbeispiel 1 ist ein Auszug daraus.

In Polynesien werden auch kleine →Gefäßflöten aus Kalebassen mit dem Nasenloch geblasen (*ipu hokiokio* in Hawaii).

Naturhorn (engl.: *natural horn*). Im allgemeinen jedes →Horn, dessen Röhre nicht durch Ventile verlängert bzw. deren Luftsäule nicht durch Klappen verkürzt wird. Im speziellen wird der Begriff heute für ventillose →Waldhörner verwendet.

Naturtöne Jene Töne, die auf →Blechblasinstrumenten ohne Betätigung von Ventilen, Klappen oder Zügen nur durch die entsprechende Anblastechnik entstehen, d.h. der Grundton und – je nach Instrument und Spielfertigkeit – eine Anzahl der Töne der →Obertonreihe.

Naturtonreihe →OBERTONREIHE.

Naturtrompete (engl.: *natural trumpet*). Im allgemeinen jede →Trompete, deren Röhre nicht durch Ventile verlängert bzw. deren Luftsäule nicht durch Klappen verkürzt wird.

Nāy (vom Persischen, »Rohr«). Die →Längsflöte (→auch FLÖTE, 1b) des mittleren Ostens, gespielt von Nordafrika bis zum Iran und zum Kaukasus. Andere Bezeichnungen dieses Flötentyps sind *qaṣaba* (Nordafrika) und *shabbāba* (arabischer mittlerer Osten). Zu den entsprechenden Flöten der Türkei und des Balkans →KAVAL. (In Rumänien versteht man unter *nei* die →Panflöte.)

Die aus Rohr (gelegentlich auch Holz oder Metall) gefertigte Flöte kann jede Länge zwischen 23 cm und 1 m und zwischen fünf und acht Finger-

Notenbeispiel 1. Nasenflötenmelodie aus Tonga (nach Moyle 1976).

löcher haben, ein Daumenloch befindet sich normalerweise oberhalb der Fingerlöcher. Die kürzeren Flöten sind aus dünnerem Rohr als die längeren. Das Instrument wird schräg gehalten (→KAVAL, Abb. 1) und am oberen Ende angeblasen, das im allgemeinen rundherum abgeschrägt ist, um eine scharfe Kante zu haben, an der sich der Wind schneidet. Diese Kante wird manchmal an die Lippen gepreßt, manchmal gegen die Zähne, wobei die Zunge gewellt wird, um den Wind an die richtige Stelle zu leiten. Für die meisten Europäer ist der *nāy* am schwierigsten zu blasende Flöte, doch in den Kulturen, wo er traditionell gespielt wird, haben die Flötisten keine großen Schwierigkeiten damit. Der Tonumfang kann drei Oktaven erreichen, das Timbre läßt sich wegen des flexiblen Anblasvorgangs äußerst vielfältig variieren.

Der *nāy* ist häufig das einzige Blasinstrument, das in klassischen Ensembles (→MITTLERER OSTEN) gespielt wird.

Nebel (Nevel) →BIBLISCHE MUSIKINSTRUMENTE, 1b.

Neo-Bechstein-Flügel Von Walther Nernst (1864–1941) in Zusammenarbeit mit der Berliner Klavierbaufirma Bechstein und dem Elektrokonzern Siemens um 1932 entwickelter Hammerflügel, bei dem die Saitenschwingungen von elektromechanischen Tonabnehmern abgetastet und mit einem Verstärker so verstärkt werden, daß auch auf dem Einzelton beispielsweise ein Crescendo erzeugt werden kann. Zu dem Neo-Bechstein-Flügel gehörte auch ein eingebautes Radio und ein Plattenspieler.

Nicolo Praetorius definiert dieses Instrument als ein Tenor-→Pommer mit einer Klappe und *c* als dem tiefsten Ton (Praetorius 1619, S. 36). Auf der Tafel XIII ist Praetorius unter der Bezeichnung »Bassett: Nicolo« allerdings ein pommerartiges Rohrblattinstrument mit Windkapsel und drei Klappen abgebildet.

Nōkan Japanische Querflöte; →FUE.

Nonnengeige Volkstümlicher Name für das →Trumscheit.

Northumbrian bagpipes Nordenglische →Sackpfeife mit Blasebalg, die bis zum heutigen Tag noch von Arbeitern der Region um Newcastle upon Tyne (und von vielen anderen Musikern) gespielt wird und einen ausgesprochen dezenten Klang erzeugt. Sie hat eine zylindrische Spielpfeife (Länge: 28 cm; Durchmesser der Bohrung: 4 mm) mit Doppelrohrblatt und vier zylindrischen Bordunpfeifen mit einfachem Rohrblatt. Ein charakteristisches Merkmal ist das immer verschlossene untere Ende der Spielpfeife: wenn alle Löcher geschlossen sind, ist die Pfeife stumm. Deshalb können die Töne voneinander abgesetzt werden (Staccato-Spiel). Die Spielpfeife hat gewöhnlich sieben geschlossene Klappen, die einzeln geöffnet werden, um eine Tonleiter auf G von d^1 bis h^2 einschließlich dem mittleren Cis und Dis zu erzeugen. Die Bordunpfeifen (mit einem Durchmesser der Bohrung von 2,8 bis 3,6 mm) sind an einem einzigen »Stock« eingesetzt. Ihre normalerweise aus Rohr oder Holunder geschnittenen Zungen können auch aus Messing sein, und wie bei der Zungenpfeife einer Orgel (→ZUNGE) über einer »Kehle« liegen. Jede Bordunpfeife klingt durch ein Seitenloch, das mit einem Schieber geschlossen werden kann. Wie bei der französischen →*musette* werden nur drei Bordune gespielt. Wenn man in G-Dur spielt, sind die Borduntöne $g^1 d^1 g$; wenn man in D-Dur spielt, $d^1 a d$, wobei die G-Bordunpfeife mittels einer ringförmigen Muffe für ein zweites, höher liegendes Loch auf *a* umgestimmt wird.

Abb. 1. Nordenglische Sackpfeife, gespielt von William A. Cocks, um 1950.

Das Repertoire besteht aus alten Liedern und Tänzen, die gute Spieler mit schwierigen Variationen spielen. Einer der besten Spieler der *Northumbrian bagpipes* war Tom Clough (1881–1964), von dem auch Schallaufnahmen existieren. Die Sackpfeife wird in Einzelfertigung hergestellt. Sie kam im 17. Jahrhundert auf, offenbar beeinflußt von der *musette*. Die geschlossene Spielpfeife kam im 18. Jahrhundert auf, die Klappen gibt es seit 1805. Um vollständig chromatisch zu sein, haben in einigen Fällen die Spielpfeifen bis zu siebzehn Klappen.

Die *half-long pipes* haben im Unterschied zu den oben beschriebenen *small pipes* eine Spielpfeife mit offenem Ende.

Lit.: Cocks/Bryan 1967.

Notenrolle Anderer Ausdruck für →KLAVIERROLLE.

Nsambi →BOGENLAUTE.

Nyastaranga (Indien). →MIRLITON, 3

Nyckelharpa (Schlüsselfidel) (engl.: *keyed fiddle*). Traditionelles und einzigartiges schwedisches Volksmusikinstrument, das im 20. Jahrhundert eine Renaissance erlebt hat. Es hat den Umriß einer langen Geige, das Korpus ist aus einem Stück gefertigt und hat einen aufgesetzten Tastenkasten mit Tangentenmechanismus. Die Melodiesaiten (eine oder zwei) werden von hölzernen Tangenten abgegriffen, die mit der linken Hand, Handfläche nach oben (nicht nach unten, wie im Fall der →Drehleier) eingeschoben werden. Die Saiten werden mit einem kurzen Bogen angestrichen, dessen Bespannung mit dem Daumen reguliert wird. Das Instrument hat außerdem sechs bis elf Resonanzsaiten aus Stahl, die auf einen Akkord oder eine Skala gestimmt sind. Es gibt hinsichtlich der Anzahl der Melodiesaiten und der Anzahl der chromatischen Tangenten verschiedene Ausführungen der Nyckelharpa (Ling 1967). Hunderte von Polskas (einem schwedischen Tanz ähnlich der Mazurka) und Walzern sind in Notenbüchern für die Nyckelharpa erhalten, die bis 1830 zurückreichen, obwohl das Instrument bereits im 15. Jahrhundert existierte. Es war auch in Dänemark verbreitet und Praetorius führt es 1619 in einfacherer Ausführung als »Schlüsselfiedel« bzw. »Schlüssel Fiddel« (Tafel XXII) auf.

Lit.: Ling 1967.

O

Obergriff Bei Streichinstrumenten das Halten des Bogens mit der Hand über der Bogenstange. Violin- und Cellobogen werden im Obergriff gehalten, der Gambenbogen (gemäß historischer Quellen) hingegen im →Untergriff. Beim →Kontrabaß gibt es hinsichtlich der Griffweise verschiedene Traditionen.

Obertöne (engl.: *harmonics*). Die Sinustöne, aus denen sich ein musikalischer Klang zusammensetzt und die den Klangcharakter eines »Tons« ausmachen. →NATURTÖNE, OBERTONREIHE, TEILTÖNE.

Obertonreihe (Naturtonreihe) (engl.: *harmonic series*). Die Folge von Sinustönen, aus denen jeder Klang zusammengesetzt ist. Obertonreihe und Naturtonreihe sind verschiedene Begriffe desselben Phänomens, allerdings beginnt bei der Obertonreihe die Zählung der Töne mit dem zweiten Teilton, d. h. mit der Oktave über dem Grundton, während man bei der Naturtonreihe bereits den Grundton als ersten Ton zählt.

Im Zusammenhang mit diesem Begriff stehen folgende Begriffe, unter denen Näheres nachgeschlagen werden kann: FLAGEOLETT-TÖNE, NATURTÖNE, OBERTÖNE, TEILTÖNE, ÜBERBLASEN.

Die mathematische Reihe 1, 1/2, 1/3, 1/4 ... läßt sich musikalisch-akustisch in Abschnitten von Saitenlängen oder Luftsäulen darstellen. Die dazugehörigen Frequenzen entsprechen der reziproken Reihe 1, 2, 3, 4 ... (Die doppelte Schwingungslänge hat die halbe Frequenz usw.).

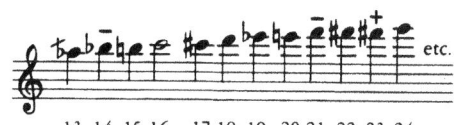

Notenbeispiel 1

Notenbeispiel 1 führt die ersten 24 Töne der Naturtonreihe an, die, der Konvention entsprechend, als auf C stehend ausgedrückt wird. Alle Cs sind zur visuellen Verdeutlichung der Tonverhältnisse in halben Noten geschrieben. Jedes C hat die doppelte

Frequenz des vorhergehenden C, dem entspricht auch seine Plazierung innerhalb der Tonfolge der Obertonreihe. Während die meisten spieltechnischen Anwendungen der Naturtonreihe nur bis zum 8. oder 16. Naturton reichen, sind die ersten 24 Töne angegeben, weil in einigen Kompositionen des 18. Jahrhunderts für Horn und Trompete noch dieser hohe Teilton verlangt wird.

Jedes Intervall der Naturtonreihe läßt sich in der mathematischen Schreibweise eines Bruchs ausdrücken. Als Beispiel steht das Intervall von g nach e^1 – eine große Sext in reiner Stimmung, mathematisch 3:5, und entspricht dem Intervall d^2 nach h^2 (9:15 = 3:5). Sollte sich ein Intervall nicht in dieser auf C aufgebauten Naturtonreihe finden lassen, kann es auf eine andere Naturtonreihe bezogen und entsprechend als Bruch ausgedrückt werden, z. B. f^1 nach a^1 wären die Töne 4 und 5 der Naturtonreihe auf F und ebenso wie C nach E eine große Terz in reiner Stimmung. Als Alternative lassen sich die Intervalle in →Cents durch Subtraktion der Cent-Werte ausdrücken (siehe Tabelle 1).

1) Nummer des Teiltons
2) Cents über C, auf- bzw. abgerundet
3) Tonbezeichnung
4) Als Vergleich Cents des Tons bei temperierter Stimmung

1)	2)	3)	4)
1, 2, 4, 8	0	C	0
9	204	D	200
5, 10	286	E	400
11	551	(F	500)
3, 6, 12	702	G	700
13	840	(A	900)
7, 14	969	(B	1000)
15	1088	H	1100
16	1200	C	1200

Höhere Teiltöne aus Notenbeispiel 1, wobei die Oktav-Verhältnisse unberücksichtigt bleiben:

17	105	Cis	100
19	298	Es	300
21	471	(F	500)
23	628	(Fis	600)

Tabelle 1

2. Obertonreihe und Tonleiter

Das Verhältnis zwischen aufeinanderfolgenden Obertönen wird immer kleiner. Deshalb gibt es in der Naturtonreihe Intervalle, die nicht innerhalb der Tonleiter vorkommen. Die Töne 8, 9 und 10 (C, D, E) bilden ein Tonleiterfragment, doch 9:8 ist ein größeres Intervall als 10:9, und zwar um 81:80, dem »syntonischen Komma«, d.h. etwas mehr als ein Fünftel eines Halbtons. Beim Musizieren kann dieser Unterschied durch mitteltönige oder gleichschwebende Stimmung (→TEMPERATUR) ausgeglichen werden. Jene Intervalle, die aus der Primzahl 7 und ihren Vielfachen (im Notenbeispiel durch einen Strich über den Noten bezeichnet) gebildet werden, fallen aus unserem traditionellen Stimmungssystem heraus. Auf das Intervall 6:5 entsprechend der kleinen Terz (= drei Halbtöne) folgt 7:6 entsprechend etwa 2 ²/₃ Halbtönen, weil der 7. Naturton etwa ein Drittel eines Halbtons zu tief ist. 8:7 ist hingegen ein zu großer Ganzton (ca. 2 ¹/₃ Halbtöne). Trotz seiner aus der diatonischen Tonleiter herausfallenden Stellung ist der 7. Naturton stets präsent. Gelegentlich wird er als B auf Blechblasinstrumenten geblasen (→SIGNALHORN, Notenbeispiel 1), und Karlheinz Stockhausen setzt ihn in *Stimmung* (für Vokalstimmen, 1968) ein, wo er für wunderbare natürliche Konsonanzen sorgt.

Die Naturtöne mit den Primzahlen 11 und 13 entsprechen auch nicht ganz der chromatischen Tonleiter. 11 liegt zwischen *F* und *Fis*, und 13 zwischen *Gis* und *A*. (Die in Notenbeispiel 1 vor diese beiden Töne gesetzten Viertelton-Vorzeichen werden von modernen ägyptischen Musikern verwendet, um ihre ³/₄-Ton-Intervalle in westlicher Notation darzustellen.)

Auf vielen Instrumenten können weltweit skalenähnliche Melodien nur mit den Naturtönen 11 und 13 erzeugt werden (→MAULTROMMEL, FLÖTE, 2) oder diatonische Tonleitern mit diesen Tönen für F und A (insbesondere TROMPETE, 3c).

Oboe (engl.: *oboe*; ital.: *oboè*; fr.: *hautbois*). →Holzblasinstrument (Abb. 1b) mit konischer Bohrung und →Doppelrohrblatt. Eines der vier wichtigsten Holzblasinstrumente des Sinfonieorchesters, das farben- und traditionsreichste von ihnen allen. Für die längste Zeit im 18. Jahrhundert war die Oboe das einzige im Orchester übliche Holzblasinstrument in Sopranlage als Gegengewicht zu den Violinen.

1. Konstruktion

Die aus Grenadill gefertigte Oboe ist nicht ganz 60 cm lang und in drei Teilen – Oberstück, Unterstück und Becher –, die teilweise unter einer Klappenmechanik versteckt sind, die im Laufe des 19. Jahrhunderts immer komplizierter geworden ist. Mit eingesetztem Doppelrohrblatt ist die Oboe so lang wie die Klarinette, doch sie sieht wegen der schmaleren Bohrung kleiner aus, aber auch, weil die Hände des Oboisten etwa 5 cm näher am Gesicht sind. Das Doppelrohrblatt, von dem der Spieler immer eine Auswahl in einer kleinen Schachtel bei sich trägt, wird gewöhnlich vom Oboisten selbst zurechtgeschnitten (→ROHRBLATT, 3).

Abb. 1. Moderne Oboen: (a) Oboe d'amore, (b) Oboe, (c) Englisch Horn (von Howarth, London).

Beim Spiel zieht der Oboist seine Lippen über die Zähne und hält die Spitze des Rohrblatts locker zwischen ihnen. Die Öffnung des Rohrblatts ist sehr schmal, und nur wenig Luft wird verwendet, so daß der Oboist, um seine Lunge von der sauerstoffarmen Luft zu befreien, normalerweise schnell ausatmet, bevor er neu Atem holt. Obwohl der Oboenklang eine ganz spezifische Qualität hat, kann man ihn mit einem beständigen, doch kultivierten Vibrato ausstatten. Mozart kritisierte einen führenden Oboisten (J. C. Fischer) Londons deswegen; andererseits bestach der englische Oboist Leon Goossens (1896–1988) seine Zuhörer dadurch, daß er mittels Vibrato auf seinem Instrument wie auf der Violine sang, wie man sagte.

2. Tonumfang

Zweieinhalb Oktaven von b bis zum g^3. Einige moderne Kompositionen reichen sogar bis zum schwierig zu blasenden a^3. Das Instrument hat zwei »Oktavklappen«. Diese können einfach (separate Klappen für den linken Daumen und den ersten Finger), »halbautomatisch« (ohne Notwendigkeit, die erste Klappe loszulassen, wenn man die zweite betätigt) oder »vollautomatisch« (Daumenklappe mit einem automatischen Mechanismus zum Überwechseln, betätigt vom dritten Finger der linken Hand) sein. Inzwischen gibt es auch häufig eine dritte Oktavklappe, die für den Daumen ist und ein weiteres Überblasloch etwas unterhalb des ersten öffnet.

3. Systeme:

(a) *Französische und deutsche Systeme.* Die Oboe zeichnet sich im 19. Jahrhundert durch eine Vielfalt unterschiedlichster Konstruktionsfeinheiten aus, die im Rahmen dieses Buchs nur global angedeutet werden können. Fréderic Triébert (1813–1878), Paris, war der bedeutendste Oboenhersteller des 19. Jahrhunderts, weil er die moderne Oboe schlechthin entwickelte. Er veränderte den Konus und konstruierte mehrere Klappensysteme. So entstand schließlich die französische Oboe mit Ring- und Deckelklappensystem (»Triébert-System Nr. 6« von 1875, das auch »Konservatoriumssystem« genannt wird). Beim Conservatoire-System werden die Töne b^1 und c^2 und ihre Oktaven mit dem rechten Zeigefinger gespielt. Anfang des 20. Jahrhunderts setzte sich dieser französische Oboentyp auch in Deutschland durch, nicht zuletzt dank Richard Strauss' heftigem Einsatz für die französische Oboe (in seiner Bearbeitung der Berliozschen Instrumentationslehre). Zuvor bestanden die meisten deutschen Oboisten auf dem deutschen System, das im wesentlichen auf die von Joseph Sellner (1787–1843) entwickelte Zehnklappen-Oboe zurückgeht und in Zusammenhang mit der etwas anderen Bohrung nicht so flexibel in der Tongebung wie die französische Oboe ist.

Britische Oboisten haben lange Zeit das Triébert-System Nr. 5 (»thumb-plate system« von 1849) vorgezogen, bei dem b^1 und c^2 durch Abheben des linken Daumens von einer beim Konservatoriumssystem nicht vorhandenen Daumenklappe erzeugt werden.

Bei modernen Oboen sind die alten Ringklappen mit gepolsterten Platten (»plateaux«) mit einem kleinen Loch in der Mitte (Abb. 1) ersetzt worden. Dieses »Plateaux«-System verbessert verschiedene Triller. Die recht komplizierte Klappenmechanik der Oboe macht das Instrument teurer als eine Querflöte oder Klarinette von vergleichbarer handwerklicher Qualität.

(b) *Wiener Oboe.* Dieses Oboenmodell wurde von Josef Hajek, (1849–1926), Wien, auf der Grundlage einer Konstruktion von Carl Theodor

Golde (1803–1873), Dresden, entwickelt und nach Hajeks Tod von Hermann Zuleger jun. (1885–1949) gefertigt. Die »Wiener Oboe« wird heute noch im Orchester der Wiener Staatsoper (d.h. bei den Wiener Philharmonikern) gespielt; sie hat viele Merkmale der Oboe aus der Zeit der Wiener Klassik beibehalten: ein zwiebelförmiges Kopfstück, eine eigene Klappenmechanik und ein spezifisches Timbre. Hinzu kommt eine andere Griffweise, bei der der dritte Teilton (statt des zweiten) für die hohen Töne des zweiten Registers bis zu c^3 gegriffen wird. Dadurch können die Töne in einer Klangregion, in der musikalische Phrasen oft einen expressiven Höhepunkt erhalten, charakteristisch entwickelt werden.

(c) *Oboen mit Boehmsystem.* Sie wurden zuerst von Buffet, Paris, konstruiert und neben den Klarinetten mit Boehmsystem (1844) patentiert, setzten sich aber nicht durch. Die Griffweise des Boehmsystems beschränkt sich normalerweise auf die rechte Hand – wie bei der in den 1930er Jahren gebauten Oboe mit Saxsystem, die Tanzmusik-Saxophonisten zum gelegentlichen Umsteigen auf die Oboe anregen sollte.

4. Barocke und klassische Oboe

(a) *Von der Diskantschalmei zur Oboe.* Der berühmte französische Flötist Michel de La Barre (um 1675–1743) erinnerte sich daran (Benoit 1971, S. 455), wie nach der Ernennung Lullys zum *Surintendant de la musique* (1661) – eine Position, die ihn mit vielfältigen Kompetenzen über die königliche Hofmusik, die Musiker und die Instrumentenmacher versah – die Holzblasinstrumentenmacher der Familien Philidor und Hotteterre sich daran machten, die »Hautbois« (DISKANT-POMMER) für die Konzerte mit den königlichen Streichern zu bauen. So entstand möglicherweise die Oboe. Es gibt nur wenige Spuren dieser Entwicklung seit den 1660er Jahren. Einige Instrumente in volkstümlicher Bauweise, so z.B. von Richard Haka, Amsterdam, lassen vermuten, daß gleichzeitig ähnliche Bestrebungen auch außerhalb Frankreichs stattfanden und um 1680 Deutschland und England erreicht hatten.

Aus der alten einteiligen klappenlosen Diskantschalmei wurden drei elegant gedrechselte Teile, die so gestimmt wurden, daß der mit einer Klappe erreichbare Grundton das c^1 war. Bald folgte auf der Seite eine weitere Klappe für Es, die häufig mit einer identischen Klappe auf der anderen Seite (damit der Spieler sie sowohl mit links als auch mit rechts greifen kann) ergänzt wurde (»dreiklappige Oboe«), obwohl gelegentlich unter der linken Klappe kein Loch ist, was für die Anbringung dieser Klappe aus Gründen der Symmetrie spricht. Das alte trompetenstürzenähnliche Schallstück des Pommers ist bei der Oboe kürzer (wodurch das Gewicht des Instruments besser verteilt ist), in dem sehr eng mensurierten Oberstück sind die Fingerlöcher sehr klein (wie auch noch bei modernen Oboen), damit das zweite Register mit höheren Tönen als beim Pommer sicher geblasen werden kann. Dort, wo Oberstück und Unterstück zusammentreffen, vergrößert sich die Bohrung rapide. Eine noch stärkere Erweiterung der Bohrung um ungefähr 3 mm ist an jener Stelle, wo sich an das Unterstück das Schallstück ansetzt (eine Besonderheit der modischen →*musette*, von der Hotteterre ein schon damals geschätzter Hersteller gewesen war). Diese Abschnitte im konischen Bohrungsverlauf der Oboe blieben bis nach Beethoven erhalten, bis schließlich die Pariser Hersteller die ununterbrochene konische Bohrung mit den bis dato nicht notwendigen Oktavklappen einführten. Seit dem letzten Drittel des 18. Jahrhunderts wurde bei den meisten Oboen der Bohrungsdurchmesser kleiner. Damit erreichten die Spieler besser die hohen Töne bis zum d^3 und in außergewöhnlichen Fällen bis zum Spitzenton f^3 wie in Mozarts Quartett für Oboe und Streicher KV 370 (1781).

(b) *Hersteller.* Zu den frühen Herstellern, deren Oboen (meist als Nachbauten bzw. Kopien) wieder gespielt werden, gehören Denner, Nürnberg (→CHALUMEAU, 2), Stanesby, London, und Bizet, Paris. Milhouse, Newark (Abb. 2a), und Cahusac, London, sind zwei heute wieder geschätzte Instrumentenmacher zur Zeit der Wiener Klassik. Jeder der beiden stellte die unterschiedlichen zweiklappigen Modelle her, die in Abb. 2 zu sehen sind: das englische Modell aus dunkel gebeiztem Buchsbaum mit recht weiter Bohrung (Abb. 2a) und ab 1770 das deutsche Modell mit dem zwiebelförmigen Kopfstück (Abb. 2b), zu dessen wichtigsten Herstellern Johann Jakob Grundmann, (1727–1800) Dresden, zählte.

(c) *Doppelrohrblatt und Griffweise.* Das Rohrblatt ist auf eine Hülse gewickelt, die wiederum mit einer Umwicklung (nicht, wie bei modernen Oboen, mit einem Kork über der Hülse) auf das Kopfstück aufgesteckt wird. Das Rohrblatt kann hinsichtlich seiner Breite variieren, solange die Blätter dünn genug geschnitten sind, um genügend Biegsamkeit, insbesondere für die →Gabelgriffe, zu geben. Die Töne dieser Gabelgriffe können so gut ausbalanciert sein, daß das Instrument am ausdrucksvollsten in den B-Tonarten klingt. So z.B. F-Dur, das Gabelgriffe für so wichtige Töne wie F, C und B benötigt. Die Solokompositionen des 18. Jahrhunderts zeigen eine Vorliebe für solche Tonarten, die auch eine kleinere Anzahl solcher Töne erfordern, die nicht ganz rein kommen – so das untere, zu tiefe Fis, für das es häufig ein Doppelloch (Abb. 2b) zusätzlich zu dem Doppelloch für Gis (Abb. 2a, b) gibt. Es gibt auch kein

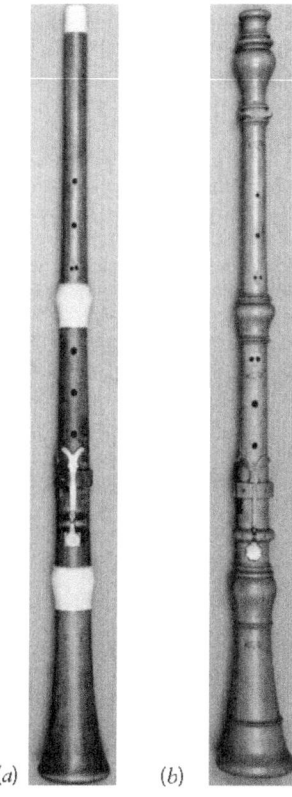

(a) (b)

Abb. 2. Zwei zweiklappige Oboen aus dem späten 18. Jahrhundert: (a) von William Milhouse, Newark (englisches Modell); (b) von Thomas Collier, London (nach zeitgenössischen deutschen Vorbildern)

tiefes Cis, obwohl seine Oktave durch Überblasen des tiefen C (und Halbdeckung des ersten Grifflochs) gespielt werden kann. Für die hohen Töne oberhalb a^2 sind die Griffe mit denen der einklappigen Querflöte fast identisch.

Bis in die 1820er Jahre hinein sieht die Oboe im wesentlichen wie das Instrument von Abb. 2b aus, doch hat es inzwischen sechs bis neun zusätzliche Klappen – ohne die die Stimmen in Berlioz' frühen Kompositionen kaum mit der notierten Dynamik und Phrasierung geblasen werden konnten.

(d) *Triébert und die moderne französische Oboe.* Um 1840 hatte Frédéric Triébert (1813–1878), Paris, ein Modell mit zwei Ringen für die rechte Hand und eine Halblochplatte für den ersten Finger, mit dem das Loch für das mit Gabelgriff gespielte c^2 ganz geöffnet wird, konstruiert. Das Modell korrigiert obendrein das zu tiefe Fis, hat ein tiefes H und außerdem eine verkleinerte Öffnung für d^2-Halblochdeckung (wie auch heute noch). Das »Thumb-

plate«-System, das die Gabelgriffe für die linke Hand überflüssig macht, folgte 1849. 1870 wurde das Konservatoire-System von Triéberts früherem Vorarbeiter Lorée konstruiert, der 1906 zusammen mit dem Oboisten Gillet das kompliziertere »Plateau«-System entwickelte.

5. Repertoire

In vielen Barockkompositionen ist die Oboe im Rahmen einer →Concertino-Gruppe vertreten, ohne ein ausgeprochenes Soloinstrument zu sein. Für die Oboe als Soloinstrument gibt es aber auch Konzerte und Sonaten von italienischen Komponisten einschließlich Albinoni, Marcello, Samartini und Vivaldi sowie von deutschen Komponisten wie Johann David Heinichen und Telemann. Bachs Doppelkonzert für zwei Cembali und Streicher c-Moll BWV 1060 gibt es auch in einer (rekonstruierten) Fassung in d-Moll für Violine und Oboe als die Soloinstrumente. Zu den wichtigsten Barockkompositionen gehören mehrere Sonaten und Triosonaten Händels sowie seine Konzerte in g-Moll und B-Dur. Höhepunkt des klassischen Repertoires ist Mozarts Oboenquartett KV

Abb. 3. Musiker mit Oboe. Ölgemälde eines unbekannten Malers aus der 1. Hälfte des 18. Jahrhunderts. Man beachte das breite Doppelrohrblatt!

370. Sein Oboenkonzert in C-Dur KV 314 (KV 285d) ist vermutlich die Urfassung des Flötenkonzerts unter derselben KV-Nummer. Andere Konzerte sind von Fischer, Krommer und (zweifelhaft) Haydn.

Aus der Romantik gibt es ein leichtfüßiges, doch hübsches Konzert von Bellini, eine Sonatine von Donizetti und Schumanns schwierige *Drei Romanzen* op. 94 für Oboe oder Violine (mit Klavierbegleitung). Die folgende Lücke wird erst wieder mit Saint-Saëns' Sonate geschlossen, an die sich Konzerte von Richard Strauss, Vaughan Williams, Jacques Ibert (*Symphonie concertante*), Jean Françaix (*L'Horloge de Flore*), und Sonaten von Poulenc und Hindemith anschließen. Für Solo-Oboe sind Brittens *Metamorphoses after Ovid* und Berios *Sequenza VII*. Der virtuose Oboist und Komponist Heinz Holliger (geb. 1939) hat viele Werke für sein Instrument geschrieben; auch haben andere Komponisten für Holliger komponiert. Einige Kompositionen machen Gebrauch von →Mehrklängen, live Elektronik oder Kontaktmikrophon. Vinko Globokar (geb. 1934) zählt zu den Komponisten, die sich besonders der Oboe zugewandt haben (*Atemstudie*, Oboe solo; *Discours III*, fünf Oboen).

Lit.: Bate 1956; Burgess/Haynes 2004; Halfpenny 1949; Haynes 1976, 2001; Joppig 1981; Marx 1951; Rothwell 1953.

Oboe da caccia →ENGLISCH HORN, 4.

Oboe d'amore (Liebesoboe) (engl.: *oboe d'amore*; ital.: *oboe d'amore*; fr.: *hautbois d'amour*). Ein kleine Terz unter der →Oboe stehendes Holzblasinstrument mit einem birnenförmigen Becher wie dem des Englisch Horns (→OBOE, Abb. 1a). Der tiefste Ton ist das notierte *h*, klingend *gis*. Die Länge beträgt ca. 63 cm plus ca. 6 cm für die metallene Rohrhülse. Wie sein Name andeutet, hat das Instrument ein verschleiertes, intimes Timbre. Die Oboe d'amore wurde in Deutschland im ersten Viertel des 18. Jahrhunderts entwickelt (seit spätestens 1719 bekannt) und wird heute hauptsächlich in Bachschen Chorwerken gespielt. Bach verlangt das Instrument erstmals in der Johannespassion BWV 245 und danach in ca. sechzig anderen Werken. Von den aus Bachs Zeit bekannten Exemplaren (mit dem notierten c^1, klingend *a*, als tiefstem Ton) stammen neun mit zwei oder drei Klappen (ähnlich Abb. 2 von OBOE) von Johann Heinrich Eichentopf (ca. 1686–1769), Leipzigs bedeutendstem Holzblasinstrumentenmacher. Diese Instrumente werden in der heutigen Zeit nachgebaut.

Bach scheint für die Oboe d'amore nicht nur wegen ihres Timbres komponiert zu haben, sondern auch, weil das Instrument für die Kreuztonarten technisch besser als die damalige Oboe geeignet war – in mehreren Kantaten sind die Stimmen in Kreuztonarten notiert und haben einen bis hinunter zum *h* reichenden Tonumfang (damals zu tief für die normale Oboe). Sie sind lediglich *Hautbois* bezeichnet, was möglicherweise als Abkürzung von *Hautbois d'amour* zu lesen ist (Haynes 1985, S. 53–54). Bachs Cembalokonzert BWV 1055 geht möglicherweise auf ein Konzert für Oboe d'amore zurück, dessen mutmaßliche Urfassung im 20. Jahrhundert rekonstruiert worden ist. Telemann und verschiedene andere deutsche Komponisten schrieben ebenfalls für das Instrument, doch um 1770 war seine Blütezeit vorbei. Nach einem Jahrhundert wurde es von Mahillon, Brüssel, in leicht veränderter Form (ohne birnenförmigen Becher) für Aufführungen Bachscher Werke wieder eingeführt, deren Stimmen von der Oboe oder dem Englisch Horn gespielt werden, wenn sie nicht zur Verfügung steht.

Debussy verwendet das Instrument für ein Solo (*doux et mélancolique*) im dritten Satz seiner *Images*. Einige andere Komponisten bis zu Stockhausen (*Punkte*) haben ebenfalls für das Instrument komponiert.

Octobasse →KONTRABASS, 5c.

Ō-daiko Japanischer Oberbegriff für Faßtrommeln; →TAIKO.

Okarina (engl., ital., fr.: *ocarina*). Eine gurkenförmige →Gefäßflöte mit Kernspalte (→KERNSPALTFLÖTE), traditionell aus Terracotta gefertigt, mit zehn Grifflöchern. Bei Gefäßflöten (→HOHLKÖRPERRESONATOR) erhöht sich der Ton, in welcher Folge die Löcher auch immer geöffnet werden (die Tonhöhe hängt von der gesamten Fläche der Öffnungen ab); bei der Okarina sind die Löcher zudem in regelmäßiger Abfolge wie bei einer Querflöte angeordnet und gestimmt, beginnend mit dem Heben des rechten kleinen Fingers RH4 (Zeichnung 1) usw. bis zur LH1, aber LH4 und beide Daumenlöcher geschlossen lassend. Dieses ergibt eine Oktave. Um den Tonvorrat um eine Quarte nach oben zu erweitern, werden diese Löcher in folgender Reihenfolge geöffnet: linker Daumen, LH4, rechter Daumen. Akzidentien entstehen durch →Gabelgriffe. →Überblasen ist nicht möglich; die Okarina erzeugt fast reine Sinustöne ohne →Teiltöne. Oft ist am breiteren Ende ein Korkstopfen angebracht, womit das Volumen verändert und die Okarina so gestimmt werden kann.

Okarinas werden auch in Sätzen hergestellt, um sie im Ensemble zu spielen. Die längsten sind bis zu 30 cm lang. Aus Porzellan, wie z. B. aus Meißen, in normaler Größe gefertigte Okarinas, sind häufig

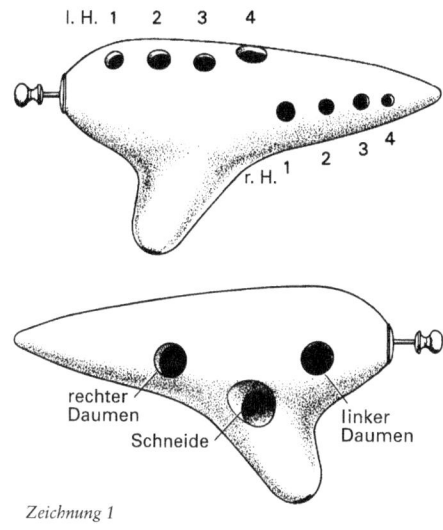

Zeichnung 1

prämiert worden. Hinsichtlich ihrer Erfindung berichtet Christopher Welch (*Six lectures on the recorder*, 1911), wie ihm ein Italiener namens Mezzetti aus Bologna erzählte, daß dieser zusammen mit seinem Schulfreund Donati Versuche angestellt habe, eine aus Ton gefertigte Vogelpfeife mit einem Griffloch in der Brust zu versehen und er dieses Instrument *ocarina* (kleine Gans, →auch PFEIFE) genannt habe. Um 1865 hat die Okarina ihre allgemein übliche Form erhalten.

Die *Tonette* ist ein neueres amerikanisches Instrument für Schulkinder, das wie eine Okarina funktioniert, aber am breiteren Ende geblasen und wie eine Blockflöte gehalten wird. Bemerkenswert ist dabei, daß die gedruckten Anleitungen hierbei enharmonische Griffweisen unterscheiden (z. B. für Gis und As).

Ethnologen verwenden häufig den Ausdruck Okarina als Oberbegriff für Gefäßflöten, d. h. sie schließen jene Flöten ein, die keine Kernspaltflöten sind, sondern die direkt in eine Öffnung an der Seite oder auf der Spitze angeblasen werden (wie wenn man über eine Flaschenöffnung bläst). Solche Flöten, mit oder ohne Grifflöcher, sind aus Holz geschnitzt, aus einer getrockneten Fruchtschale oder auch wie die traditionelle chinesische →*hsüan* aus Ton gefertigt.

Oktavin (engl.: *octavin*). Kleines Blasinstrument mit konischer Bohrung, das man vom Prinzip her als hölzernes Sopransaxophon beschreiben kann. Es besteht aus einem fagottähnlichen Stiefel mit nach außen gebogener Metallstürze und saxophonähnlichem Mundstück. Das Oktavin wurde um 1893 in Markneukirchen erfunden und erzielte nie große Verbreitung.

Oktavspinett (**Spinettino**), **Oktavvirginal** (engl.: *ottavino*; ital.: *ottavino*). Kleines →Spinett bzw. →Virginal in 4'-Lage und damit eine Oktave höher stehend als normal.

Olifant Mittelalterliches geschnitztes Elfenbeinhorn. Es wird im Rolandslied (ca. 1100) verherrlicht, in dem der tödlich verwundete Held Karl dem Großen zuruft, indem er unter Aufopferung seiner letzten Kraft in sein Horn Olifant bläst, dessen Geschmetter noch in neunzig Meilen Entfernung zu hören ist.

Olifante waren eigentlich hauptsächlich Symbole für Grundbesitz oder Reliquienbehältnisse. Von den etwa achtzig erhaltenen mittelalterlichen Exemplaren gelten drei Viertel als Dokumente der Kunst arabischer Handwerker in Süditalien aus der Zeit um das 11. Jahrhundert.

Lit.: Crane 1972.

Ondes Martenot Von dem Musikpädagogen Maurice Martenot (1898–1980) 1928 in Paris konstruiertes einstimmiges elektronisches Musikinstrument, bei dem die Tonerzeugung ähnlich wie beim →Theremin-Vox auf dem Prinzip des Schwebungssummers basiert. Als Schnittstelle zwischen Instrument und Mensch diente ursprünglich nur ein Draht mit einer Öse für den rechten Zeigefinger, mit der der Spieler über eine bloße Orientierungstastatur entlang fuhr. Bei späteren Modellen ist eine funktionierende Tastatur für die rechte Hand hinzugekommen, während die linke Hand an einem Registerhebel die Klangfarben steuern kann. Für die Ondes Martenot haben u. a. Messiaen (*Turangalîla-Symphonie*, *Vocalise* u. a.), Jolivet und Milhaud komponiert.

Ophibaryton →SERPENT, 2.

Ophikleïde (engl.: *ophicleide*). Blechblasinstrument aus Messing (Abb. 1) mit der Stimmung des →Euphoniums und einem ähnlichen Mundstück, aber mit bis zu elf Messingklappen für Finger und Daumen am konischen Rohr. Siehe →Klappenhorn, aus dem die Ophikleïde als Baßinstrument von dem Instrumentenbauer Jean Louis Antoine Halary 1817 in Paris entwickelt wurde. Während der längsten Zeit des 19. Jahrhunderts diente sie in Militärkapellen und in der Blechbläser-Sektion des Orchesters dazu, den Baß zu liefern. Obwohl sie seit der Mitte des Jahrhunderts zunehmend von der Tuba verdrängt wurde, war sie bis zum Ersten Weltkrieg in den Katalogen französischer Hersteller von Blechblasinstrumenten zu finden. Ihr Name, eine Kombination der griechischen Wörter für

Abb. 1. Ophikleïde, aus Caucassinus' »Tutor« (um 1837). Man beachte die geöffnete Klappe oben am Schallstück; der Spieler öffnet gerade die dritte Klappe von oben (C-Klappe) mit seinem linken Daumen.

Schlange und Klappe, wurde von ihrem Erfinder gewählt, um eine Verbesserung des alten →Serpenten anzudeuten.

1. Klappen

Die Klappen, deren Lederpolster mit Schwanendaunen oder Wolle gefüllt sind, sind bis auf die Klappe am nächsten der Stürze so ausgelegt, daß sie in Ruhestellung geschlossen sind. Die Klappe nächst der Stürze (genannt: erste Klappe) steht normalerweise wie beim Klappenhorn offen. Wenn alle Klappen in Ruhestellung sind, hat das Instrument dieselbe Stimmung wie die Tenorposaune in B (viele Modelle stehen jedoch einen Ganzton höher, nämlich in C). Wird die erste Klappe geschlossen, erniedrigt sich die Naturtonreihe um einen Halbton für die Töne der Naturtonreihe auf A. Mit dem Nacheinanderöffnen der weiteren Klappen verkürzt sich die klingende Länge für die höheren Grundtöne in chromatischer Folge bis zum As. Dann folgen die zweiten Teiltöne von A (mit geschlossener erster Klappe) bis zum es usw. Von a aufwärts, wo die Teiltöne näher beieinanderliegen, werden nur fünf Klappen benötigt, die alle dort an dem aufstrebenden Teil des Rohrs liegen, wo die Mensur am weitesten und der Durchmesser der Tonlöcher ebenfalls am größten ist, damit diese Töne nicht allzu unterschiedlich von den aus dem Schallstück entweichenden Tönen ausfallen. Die Spieltechnik kann so flink wie auf einem →Bariton sein, und der Klang ist direkt, »offen«, fast vokal zu nennen, im Fortissimo konnte er brutal sein.

2. Verwendung im Orchester

Die Ophikleïde ist am besten aus ihren heute auf der →Tuba gespielten Stimmen in den Kompositionen von Berlioz bekannt, wie in der *Symphonie fantastique* (mit dem Dies irae auf zwei Ophikleïden im Schlußsatz) und in *Benvenuto Cellini* (ein derbes Solo). Gut bekannt sind auch die drei tiefen Töne in Mendelssohn Bartholdys Ouvertüre zu *Ein Sommernachtstraum* (1826), obwohl möglicherweise diese Stimme ursprünglich für ein hölzernes Instrument wie dem →Serpent oder dem →Baßhorn gedacht gewesen ist.

3. Niedergang

Ein Hauptproblem der Ophikleïde liegt darin, daß die Klappenmechanik leicht beschädigt wird und die großen Klappenpolster schnell undicht werden. Außerdem muß der Spieler eine besondere Grifftechnik erlernen, während Ventilinstrumente eine einfachere, immer ähnliche Grifftechnik anwenden. Jedoch sind guterhaltene alte Ophikleïden keine allzugroße Seltenheit und verschiedene Blechbläser haben sich ihnen in den letzten Jahren zugewandt und sie restauriert, um sie bei Bedarf zu spielen.

Lit.: Weston 1983.

Orchester (aus dem Griechischen: der dem Chor zugewiesene Platz im Theater; die moderne Bedeutung des Wortes wurde im 17. Jahrhundert in Frankreich gebildet und 1713 von Johann Mattheson in seiner Schrift *Das Neu-Eröffnete Orchestre* in Deutschland eingeführt; engl.: orchestra; ital.: orchestra; fr.: orchestre). Im folgenden wird das Orchester ausschließlich unter instrumentenkundlicher Sicht behandelt. Für weitere Aspekte siehe folgende Publikationen: Del Mar 1983, 1987; Koury 1986; Schreiber 1938.

1. Zusammenstellung

(a) *Streicher.* Orchestermusik basiert auf dem Zusammenklang chorischer Streicher mit fallweise weiteren chorisch oder solistisch behandelten Instrumenten. Ein großes Sinfonieorchester besteht aus etwa sechzehn I. Violinen, vierzehn II. Violinen, zwölf Bratschen, zehn Violoncelli und acht Kontrabässen, die zusammen etwa zwei Drittel der Gesamtbesetzung ausmachen. Die Plazierungsangaben im folgenden beziehen sich auf den Standort des Dirigenten. Die I. Violinen sitzen links (und richten damit die Decken ihrer Instrumente zum Publikum hin). Im 19. Jahrhundert war es üblich, die II. Violinen rechts zu plazieren, so daß man beide Gruppen antiphonal hören konnte, heutzutage sitzen dort meist die Violoncelli. Die Bratschen sitzen vom Dirigenten aus gesehen links von den Celli und die II. Violinen zwischen den I. Violinen und den Bratschen. Die Kontrabässe stehen rechts hinter den Celli.

Je zwei Streicher sitzen an einem Pult und spielen aus einer Stimme (einer der beiden ist für das Umblättern zuständig). Jede Streichergruppe hat ihren Stimmführer am ersten Pult; bei den I. Violinen sitzt der Konzertmeister (engl.: *leader*; am.: *concertmaster*; fr.: *premier violon*) immer vorne außen links vom Dirigenten; seine besondere Aufgabe ist, jene Stellen oder Stimmen zu spielen, die für Solovioline bestimmt sind, und er hat die Funktion, die Orchesterdisziplin zu überwachen und als Vermittler zwischen Orchester und Dirigent aufzutreten. Neben dem Konzertmeister sitzt der Vorspieler der I. Violinen, der der stellvertretende Konzertmeister ist. Am ersten Pult der II. Violinen sitzen der Konzertmeister der II. Violinen und der Vorspieler. Am ersten Bratschenpult sitzt die Solobratsche und der Vorspieler, am ersten Cellopult neben der Solobratsche der Solocellist und neben diesem der Vorspieler.

(b) *Holzbläser.* Im klassischen Orchester gibt es hauptsächlich je zwei Stimmen (I. und II. Spieler) für Querflöte (in der Orchesterliteratur allgemein, aber ungenau, nur Flöte bezeichnet), Oboe, Klarinette und Fagott. Diese acht einzelnen Spieler sitzen meistens in zwei Reihen hinter den Streichern frontal vor den Augen des Dirigenten. Die I. Spieler sitzen symmetrisch nebeneinander in der Mitte. Da häufig drei Stimmen für jedes Instrument komponiert sind, besitzt ein großes Orchester normalerweise einen festen dritten Spieler für jedes dieser Instrumente, und dieser gilt als Spezialist für →Pikkoloflöte, →Englisch Horn, →Baßklarinette bzw. →Kontrafagott. Weitere Einzelheiten →HOLZBLASINSTRUMENTE.

(c) *Blechbläser.* Im klassischen Orchester sind die Hörner mit vier Spielern besetzt. Das I. und das III. Horn spielen die hohen Hornpartien, das II. und das IV. Horn die tiefen. Die höchste Hornpartie wird vom I. Hornisten, dem Solohornisten, gespielt. Gelegentlich sitzt ein weiterer Hornist neben dem I., um dann und wann eine Stelle in einem besonders anstrengenden Part zu übernehmen. Bei den Trompeten gibt es den Solotrompeter und den II. Trompeter, häufig auch einen III. oder sogar IV. (wenn zwei Piston-Stimmen vorkommen; →KORNETT). Es gibt drei Posaunen: den Soloposaunisten, die II. Posaune und die Baßposaune. Zusammen mit der Tuba bilden die Posaunisten eine Gruppe. Viele italienische Opernpartituren (z.B. bei Puccini) verlangen einen IV. Posaunisten (Baßposaune) anstelle der Tuba.

(d) *Pauken und Schlagzeug.* Der Paukist gehört traditionsgemäß nicht zu den Schlagzeugspielern, die ihren eigenen I. Schlagzeuger haben. In der Regel gibt es drei Schlagzeuger, obwohl besonders bei der modernen Musik häufig mehr als drei Schlaginstrumente gleichzeitig gespielt werden, so daß dann weitere Spieler notwendig sind. Einer der drei ist spezialisiert auf die Schlaginstrumente mit klaviaturartiger Anordnung (Glockenspiel, Xylophon etc.). Die Stimmen für Klavier und Celesta werden häufig einem nicht dem Orchester als Mitglied verbundenen Pianisten oder einem Streicher mit pianistischen Fähigkeiten übertragen, weil ein einzelner Streicher am ehesten im Orchester entbehrlich ist.

In der oben angeführten Standardbesetzung kommt ein großes Orchester leicht auf 90 Spieler, um eine optimale Klangfülle und -balance in großen Konzertsälen zu erzielen. Viele Orchester haben jedoch einen reduzierten Streicherapparat für Opern- und Ballettaufführungen. Räumliche Gegebenheiten können dazu führen, daß vielleicht nur mit acht Streichern musiziert wird. Die Bläserstimmen können nicht in diesem Maße komprimiert werden, soll die Komposition nicht als bloßer Torso erklingen.

2. Kammerorchester

Kleine Orchester mit einer Besetzungsstärke bis zu ungefähr zwanzig, dreißig Musikern entstanden allerorten nach dem Ersten Weltkrieg häufig aus der Idee heraus, dem einzelnen Orchestermusiker mehr künstlerische Mitbestimmung zu ermöglichen. Bei vielen dieser Ensembles liegen die Rechte als Formation mit einem bestimmten Namen bei ihren Dirigenten. Inzwischen gibt es aber auch Kammerorchester, die sich unabhängig von Dirigenten etabliert haben (z.B. I Musici, Ensemble Modern, Freiburger Kammerorchester, Akademie für Alte Musik, Chamber Orchestra of Europe). Ein Kammerorchester ist normalerweise groß genug, um Werke mit zwei Hörnern von Mozart beispielsweise aufzuführen.

3. Frauen im Orchester

1931 gab es im London Symphony Orchestra unter 66 Mitgliedern nur eine Frau – an der II. Harfe. In den meisten anderen Orchestern wäre sogar dies damals unmöglich gewesen; Musikerinnen konnten allenfalls unterrichten, wenn sie nicht konzertierten. Doch im selben Jahr hatte das neu gegründete BBC Symphony Orchestra bereits neunzehn Frauen

(Streicher und Harfe), und 1949 bestand sogar ein Viertel seiner Spieler aus Frauen (einschließlich zwei Oboistinnen und einer Schlagzeugerin). Seitdem hat auch die Anzahl professioneller Bläserinnen sehr zugenommen, was nicht zuletzt dem bekannten britischen Oboisten Leon Goossens zu verdanken ist, der als einer der ersten unter den führenden Musikern in Europa professionelle Schülerinnen ohne jedes Vorurteil aufgenommen hat. Unter den bedeutenden Orchestern haben nur noch die Wiener Philharmoniker keine Frauen als Mitglieder.

4. Geschichtliches

Um 1550 wurden die 24 Violinen des französischen Königs als ein chorisches Ensemble eingerichtet (→ÉCURIE), das bis zu Lullys Zeiten bestand, der von 1656 an als einer der ersten die Aufgabe hatte dafür zu sorgen, daß alle Musiker einer Instrumentengruppe mit gleicher Bogenführung spielten. In der Zwischenzeit entwickelte sich die Violinfamilie in Italien als Kern des nicht-rezitativischen Instrumentalensembles innerhalb der Oper heraus. Hierbei wurden die Blasinstrumente – Blockflöte, →Zink, Posaune und Trompete sowie, besonders in Deutschland, der →Dulzian – nur sporadisch eingesetzt. Seit etwa 1680 war die Oboe das erste Blasinstrument im Orchester mit regulären Aufgaben neben den Streichern (→auch RIPIENO), das Fagott kam dazu und im 18. Jahrhundert auch das Horn. Querflöte oder Blockflöte wurden je nach Komposition in einer Arie oder einer instrumentalen Nummer dann meistens von einem Oboisten geblasen, so daß der Komponist darauf zu achten hatte, daß diese Instrumente nicht gleichzeitig spielten, es sei denn, das Orchester war für einen bestimmten Anlaß mit zusätzlichen Bläsern verstärkt worden. Deshalb verstand man bis ins 19. Jahrhundert hinein unter dem »Hautboisten« jeden Holzbläser. Die Streicher waren unterschiedlich mit bis zu sechzehn oder mehr Violinen besetzt.

Die frühen Orchesterkompositionen waren so instrumentiert, daß Blasinstrumente ganze Sätze oder – in Opern – in sich abgeschlossene Nummern hindurch spielten. Mit den Werken von Alessandro Scarlatti und Rameau setzte ein Wandel zu einer differenzierteren Behandlung der Bläser ein, die bei Haydn und Mozart dann ausgereift war: jedes Blasinstrument war (im großen und ganzen) an der gesamten Komposition beteiligt, nicht nur in einzelnen Sätzen. Als Konsequenz daraus bekamen die Stimmen der Bläser Einsätze, die mit Pausen voneinander getrennt waren. Diese Orchestrierung machte einen von einem Instrument unabhängigen Dirigenten mehr und mehr zwingend, um die Einsätze zu geben. In Wien war Beethoven einer der ersten, der gelegentlich das Orchester allein mit den Händen und nicht mehr mit der Violine oder vom Klavier aus leitete (Brown 1988). Als weitere Instrumente zur Standardbesetzung des Orchesters hinzukamen – Klarinetten um 1790, Posaunen, Harfe und das von der →Janitscharenmusik her bekannte Schlagzeug –, entstanden Traktate zur Instrumentation, von denen das berühmteste die Instrumentationslehre von Hector Berlioz (1858) ist. Sie wurde ein halbes Jahrhundert später von Richard Strauss überarbeitet und aktualisiert (1905). Weitere bedeutende Instrumentationsschulen stammen von Gevaert (1863), Rimsky-Korsakow (1922) und Prout (1876, 1905).

5. Andere Orchesterformationen

Hierzu →GAMELAN, HARMONIEMUSIK, MILITÄRKAPELLE, SALONORCHESTER, TANZORCHESTER.
  Lit.: Carse 1940, 1948; Eppelsheim 1961; Koury 1986; Schreiber 1938; Terry 1932.

Orchestrelle Nach dem Saugluftprinzip funktionierendes großes Harmonium für Tastenspiel und mit Selbstspielmechanik (gelochte Notenrollen), das von etwa 1888 an von der Aeolian Company, New York, gebaut wurde. →HARMONIUM, 5; MECHANISCHE MUSIKINSTRUMENTE.

Orchestrion (engl.: *orchestrion*). Ein →mechanisches Musikinstrument mit verschiedenen Klangerzeugern wie →Pfeifen, →Hammerklavier und →Schlaginstrumenten (Xylophon, Kleine Trommel, Becken, Triangel usw.), um das Spiel eines Instrumentalensembles nachzuahmen. Die ersten Orchestrions entstanden im ausgehenden 18. Jahrhundert und wurden mit einem Gewicht angetrieben. Johann Gottfried Kaufmann (1752–1818) und sein Sohn Friedrich (1785–1866) stellten mechanische Musikwerke her, bei denen Flöten- und Harfenwerk kombiniert waren. Ein Vorläufer des Orchestrions war das Panharmonicon von Johann Nepomuk Mälzel oder seinem Bruder Leonhard Mälzel (vieles im Leben dieser beiden Erfinder ist ungeklärt), eine musikalische Maschine, für die Beethoven *Wellingtons Sieg* (1813) komponierte. Der Enkel von Johann Gottfried Kaufmann, Friedrich Theodor Kaufmann (1823–1872), entwickelte 1851 dann ein automatisches Musikwerk, das er *Orchestrion* nannte und das als Prototyp aller Orchestrions angesehen werden kann. Orchestrions wurden bis Ende des 1. Drittels des 20. Jahrhunderts hergestellt und waren vorwiegend in Gaststätten zu finden. Ein berühmter Hersteller war die Fa. Hupfeld, Leipzig, deren *Sinfonie-Jazz-Orchester* von Ende der 1920er Jahre an eines der größten pneumatischen Orchestrions gewesen ist. →auch DREHORGEL.

Orff-Instrumentarium Die für das musikpädagogische Unterrichtswerk »Orff-Schulwerk« von Carl Orff (1895–1982) und Gunhild Keetman vorgesehenen und teilweise neu konstruierten Instrumente; sie werden auch in der Musiktherapie eingesetzt. Zum »Orff-Schulwerk« gehören vor allem folgende Schlaginstrumente: Klangstäbe (Stabspiele), →Glockenspiel, Kugelrassel, →Stielkastagnetten, →Holzblocktrommel, Röhrentrommel (Pauke mit zylindrischem Korpus), →Guiro, →Triangel, Glockenkränze, Schellenkränze, Schellenbänder, Schellenstab, →Becken, Cymbeln, Fingercymbeln, Rahmentrommel, Schellentrommel (→Tamburin), →Große Trommel, Bongo.

Organette Markenname für ein kleines →Harmonium mit Selbstspielmechanik für gelochte Notenrollen. Das Instrument hat keine Klaviatur, läßt also kein Tastenspiel zu; →DREHORGEL, 4.

organistrum (lat.). Mittelalterlicher Name für die →DREHLEIER.

Organologie (engl.: *organology*). Die Lehre vom Instrumentenbau als Teilgebiet der Instrumentenkunde. Der Begriff wird namentlich im Englischen weiter gefaßt als die Lehre von den Musikinstrumenten schlechthin.
Lit.: Oler 1970.

Orgel (engl.: *organ*; ital.: *organo*; fr.: *orgue*). Eine Pfeifenorgel (zu der auch folgende Orgeltypen zu zählen sind: →Drehorgel, →Kino-Orgel; →Portativ, →Positiv), deren Klang durch →Labialpfeifen verschiedener Art und in den meisten Orgeln zusätzlich auch durch →Lingualpfeifen entsteht. Zu orgelähnlichen Instrumente mit Zungen ohne Pfeifen →HARMONIUM, zu einer Pfeifenorgel mit ausschließlich Lingualpfeifen →REGAL. → auch ELEKTRONISCHE ORGEL und HAMMOND-ORGEL.

1. Manuale und Pedal

Im Laufe ihrer Geschichte hat die Orgel mehr Unterschiede hinsichtlich Größe, Konstruktion und nationalen Charakteristiken erlebt als irgendein anderes

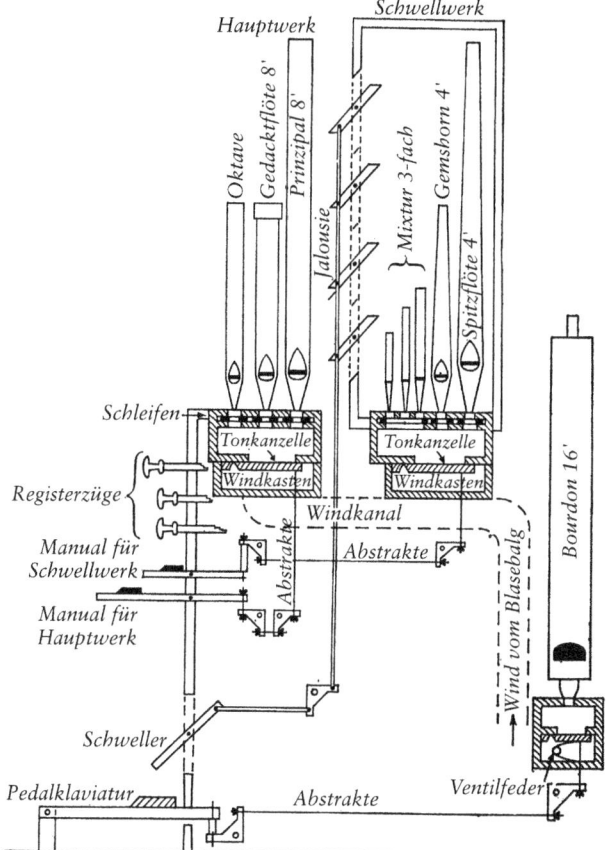

Zeichnung 1. Schematischer Querschnitt durch eine konventionelle kleine zweimanualige Schleifladenorgel mit mechanischer Traktur (nicht maßstabgerecht). Viele Details sind weggelassen, darunter die Koppeln (nach Clutton in Baines 1961).

Orgel

Instrument. Um bei der Schnittstelle zwischen Instrument und Spieler zu beginnen: Eine Orgel kann ein einziges Manual (Klaviatur) haben, doch sind zwei oder drei Manuale, bis hin zu sieben bei den allergrößten Orgeln, üblich. Jedes Manual beeinflußt direkt ein »Werk« der Orgel mit seinen eigenen Registerzügen (Pfeifenregistern), mit denen der Organist die Klangfarben individuell zusammenstellt, indem er die Register einzeln oder in Kombination so auswählt, daß sie den gewünschten Kontrast bieten. Das Pedal, mit dem hauptsächlich die Baßstimme gespielt wird (damit die linke Hand von dieser Aufgabe befreit ist), bildet ein zusätzliches Werk. Sobald das Pedal hinzutritt, erfolgt traditionell die Notation von Orgelmusik auf drei Systemen, von denen im untersten die Pedalstimme notiert ist.

Eine typische zweimanualige Orgel ist folgendermaßen aufgebaut (Zeichnung 1): Auf dem unteren Manual liegt das »Hauptwerk« (engl.: *great organ*), auf dem oberen das »Oberwerk« , das ein »Schwellwerk« (engl.: *swell organ*) ist, wenn dessen Pfeifen in einem Holzkasten mit vorderer Jalousie untergebracht sind. Die Jalousie wird durch ein Pedal (»Schweller«) am Spieltisch geöffnet bzw. geschlossen, wodurch die Lautstärke des Schwellwerks geregelt werden kann. Ein drittes Manual, das bei englischen Orgeln unter dem Hauptmanual liegt, wäre dann für das Rückpositiv (d. h. ein Orgelwerk im Rücken des Spielers; engl.: *choir organ*) und ein viertes für das Solowerk (engl.: *solo organ*) oberhalb der anderen Werke. Rückpositiv und Solowerk können sich auch wie das Schwellwerk in einem Kasten befinden. Um fast sämtliche Pfeifen ist ein großes Gehäuse gebaut, das nach vorne hin einen offenen »Prospekt«, quasi das Gesicht der Orgel, hat und in dessen Innerem Leitern und Balken dem Orgelstimmer leichten Zutritt zu den einzelnen Pfeifen gewähren. Am Spieltisch rechts und links von den Manualen befinden sich die Registerzüge und Koppeln. Die Koppeln ermöglichen, daß die gezogenen Register eines Manuals auch auf einem anderen Manual gespielt werden können. In Orgelmusik seit Mitte des 19. Jahrhunderts können allgemeine Registrierangaben (als Empfehlungen) stehen, doch ältere Komponisten (mit Ausnahme der »klassischen« französischen Schule) machten solche Angaben nur selten. Bei mechanischen Orgeltrakturen (siehe 5c, unten) gibt es seit Ende des 18. Jahrhunderts die Möglichkeit einer festen Kombination. Seit dem späten 19. Jahrhundert gibt es bei pneumatischen, elektropneumatischen und elektrischen Trakturen auch Kombinationstritte und Messingknöpfe für die Füße sowie Daumendrücker unterhalb der Manuale, mit denen Registerkombinationen gewechselt und Koppeln geschaltet werden, ohne daß die Hände die einzelnen Registerzüge betätigen müssen. Diese Kombinationen lassen sich bei modernen Orgeln sogar individuell programmieren, wozu inzwischen auch computergesteuerte Schaltkreise eingesetzt werden.

2. Beispiel einer Kirchenorgel

Die Orgeldispositionen sind von nationalen Schulen abhängig und haben sich im Laufe der Jahrhunderte geändert. Darüber hinaus hängen sie von der Größe der Orgel und der für sie vorgesehenen Musik ab. Die Register werden für jedes Werk in folgender Reihenfolge genannt: Labialpfeifen, Mixturen (Labialpfeifen aus Oktaven und Quinten zum Grundton), Linualpfeifen und schließlich Hilfsregister, d. h. Koppeln und Tremulanten. Jedes Register hat einen Namen und eine Fußtonzahl, die seine Tonhöhe angibt. Register mit der Bezeichnung 8' (→FUSS) stehen in der Tonhöhe, die der Tastatur entspräche, wenn sie zu einem Klavier gehörte. Ein 4'-Register erklingt eine Oktave höher, weil die Pfeifen nur halb so groß sind, 2' (auch »Doublette«) bedeutet zwei Oktaven über dem 8'-Register. Es gibt auch Register, die beispielsweise eine Duodezime (d. h. zwölf Töne) über dem 8' stehen. Deren Pfeifen haben eine Länge von einem Drittel der 8'-Pfeifen, also 8':3 = $2^{2/3}$'. Solche Obertonregister (»Aliquote«) sind für eine Orgel, sofern es sich nicht um eine kleine Orgel handelt, von großer Bedeutung, da sie dem vollen Orgelklang Brillanz und Schärfe geben (siehe 7, unten, zum »Blockwerk«). 16'-Register klingen eine Oktave tiefer als 8'-Register und bringen zusätzliche Tiefe und Klangfülle. Sie sind besonders wichtig für das Pedalwerk, wo sie die Funktion übernehmen, die im Sinfonieorchester die Kontrabässe beim Verdoppeln der Cellostimme in der Unteroktave erfüllen. Als Dispositionsbeispiel für eine kleine zweimanualige Orgel soll die von Ahrend & Brunzema, Loga 1966, erbaute Orgel mit 22 Registern für die evangelische Kirche in Bremen-Oberneuland herangezogen werden:

Hauptwerk		Rückpositiv		Pedal	
Quintadena	16'	Gedackt	8'	Subbaß	16'
Praestant	8'	Praestant	4'	Oktave	8'
Hohlflöte	8'	Rohrflöte	4'	Oktave	4'
Oktave	4'	Gemshorn	2'	Posaune	16'
Spitzflöte	4'	Quinte	1¹/3'	Trompete	8'
Oktave	2'	Sesquialtera	2 f.	Kornett	2'
Mixtur		Scharff			
Trompete	8'	Dulzian	8'		
		Tremulant			

Tabelle 1

(a) *Hauptwerk.* Es bildet den vollen, strahlenden Orgelklang (»volles Werk«, »organo pleno«). Dazu kommen in ihm ganz bestimmte Register zusammen, die einen kräftigen, vollen Klang geben. Die im Prospekt sichtbaren Pfeifen (»Prospektpfeifen«) sind im allgemeinen »Prinzipalpfeifen« (engl.: *open diapason*). Die Lingualpfeifen (z. B. »Trompete«) können, obwohl sie als Chor gedacht sind, auch als vom Schwellwerk begleitetes Soloregister eingesetzt werden.

(*b*) *Rückpositiv.* (In dem schematisch in Zeichnung 1 dargestellten Orgeltyp nicht vorhanden.) Das sich an der Emporenbrüstung befindliche, vom Gehäuse der übrigen Orgel immer getrennte Rückpositiv (engl.: *choir organ*, fr.: *positif*) wird häufig zum Cantus-firmus-Spiel verwandt, eignet sich aber ebenso gut als Kontrastwerk mit charakteristischen Soloregistern, die zu leiseren, verschmelzungsfähigen Registern des Hauptwerks kontrastieren.

(*c*) *Oberwerk* (häufig *Schwellwerk*). Es ergänzt das Hauptwerk mit Klangfarben und Kombinationen, die im ganzen gesehen weicher sind. Das Schwellwerk ist häufig an das Hauptwerk gekoppelt (d. h., daß beide Werke vom Manual des Hauptwerks aus gespielt werden können). Wenn die Schwellklappe dann geöffnet wird, entsteht ein Crescendo der Register des Schwellwerks über dem gleichmäßigen Klang der Register des Hauptwerks.

Das Brustwerk als Schwellwerk wurde Mitte des 18. Jahrhunderts zuerst in England beliebt, in der Disposition barocker Orgeln ist es nicht vorhanden.

(*d*) *Pedal.* Die Tastatur eines Manuals hat einen Tastenumfang von viereinhalb bis fünf Oktaven (61 Töne pro Pfeifenreihe, C bis g^3 oder c^4). Wegen der Schuhbreite kann das Pedal nur die unteren zweieinhalb Oktaven umfassen (C bis f^1 oder g^1 = 32 Töne). Hat ein Pedalregister denselben Namen wie ein Manualregister, ist davon auszugehen, daß es eine Oktave tiefer steht. Das Prinzipal 8' z.B. würde im Pedal als Prinzipal 16' vorkommen.

Neben der Bildung des Basses als Fundament des Orgelklangs kommt dem Pedal die Aufgabe zu, mit seinen Lingualpfeifen-Registern den Cantus firmus durch alle Lagen vom 16' bis zum 2' spielen zu können. In diesem Fall spielt dann der Organist die Baßstimme auf einem Manual.

(*e*) *Brustwerk.* Bei deutschen und holländischen Orgeln ist häufig ein Brustwerk vorhanden (nicht vorhanden in dem schematisch in Zeichnung 1 dargestellten Orgeltyp). Es liegt unterhalb des Hauptwerks und unmittelbar über dem Spieltisch. Es besteht aus kurzbecherigen Lingualstimmen und enger mensurierten Labialstimmen.

(*f*) *Koppeln.* Es gibt verschiedene Arten dieser wichtigen Spielhilfen (Hilfsregister): Die *Normalkoppel* verbindet Register verschiedener Manuale miteinander. Bei elektropneumatischen und elektrischen Trakturen kann es auch *Oktavkoppeln* geben, die bewirken, daß zusätzlich zu den gespielten Tönen die höhere Oktave (*Superoktavkoppel*) und/ oder die tiefere Oktave (*Suboktavkoppel*) mitklingt.

3. Labialpfeifenregister

Das Orgelmetall besteht gewöhnlich aus 30 % Zinn und 70 % Blei. Prospekpfeifen können ein umgekehrtes Zinn/Blei-Verhältnis haben; einige Baßpfeifen können aus preiswerterem Zink bestehen. Holz gibt einen eher milden Klang, wie er für manche Register (z. B. Flöte) bevorzugt wird. Unter der Mensur einer Pfeife wird deren Weite verstanden (enge oder weite Mensur). Pfeifen mit enger Mensur haben einen obertonreichen Klang, weitmensurierte Pfiefen neigen hingegen zu geringer Obertonbildung. Die Labiumbreite ist für die Tonkraft und Klangschärfe von Bedeutung. Beim Prinzipal beträgt sie ein Viertel des Pfeifenumfangs (Zeichnung 2). Je größer die Labiumbreite ist, desto schärfer und strahlender ist der Klang; je höher der Aufschnitt, desto obertonarmer ist der Klang, d. h. flötenähnlicher und stumpfer.

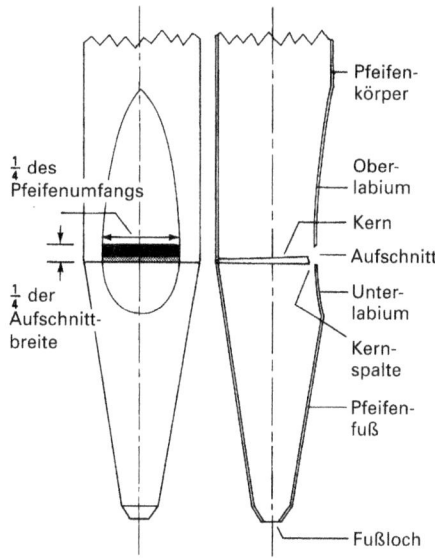

Zeichnung 2. Labialpfeife, Vorderansicht und Querschnitt.

Wichtige Labialpfeifenregister

(*a*) *Zylindrisch, mit Prinzipalcharakter*

Prinzipal (engl.: *open diapason*; nicht: *principal*)	32'–2'	wichtigste Orgelstimme, kommt in jeder Orgel in meist mehreren Lagen vor, Metall
Oktave (engl.: *principal*)	16'–1'	Metall

Dulziana	8', 4'	engmensuriert
Vox coelestis	8'	sehr engmensurierte Schwebestimme (etwas zu hoch gestimmt, um zusammen mit einem anderen Register Schwebungen zu erzeugen
Akustischer Baß	32', 16'	aus Oktav- und Quintpfeifen bestehende doppelte Pfeifenreihe, die tiefe Kombinationstöne bildet

(b) *Flöten.* Der Flötenton kann von offenen und von gedackten Pfeifen gebildet werden. Gedackte Metallpfeifen haben einen »Hut«, Holzpfeifen einen »Spund«, der zum Stimmen vertikal verschoben wird.

(i) *Offene Flöten*

Blockflöte	4'–1'	weitmensuriert, konisch
Gemshorn	8'–2'	konische Metallpfeife mit niedrigem Aufschnitt, hornähnlicher Klang
Hohlflöte	8'–2'	weitmensuriert, Holz
Nachthorn	4'–1'	sehr weitmensuriert
Rohrflöte	16'–4' 6	Holz oder Metall, gedackt, doch mit einem Röhrchen im Hut
Sifflöte	2', 1 1/3', 1'	weitmensuriert, Metall
Spitzflöte	16'–1'	konische Metallpfeife, obertonreich
Waldflöte	4', 2'	sehr weitmensurierte konische Metallflöte

(ii) *Gedackte Flöten*

Bourdon	32'–8'	Holz, dumpfer, leiser Klang
Gedacktflöte	8'	sehr weitmensuriert, Holz
Lieblich Gedackt	16'–4'	engmensuriert, Holz
Quintatön (engl.: *quintadena*)	16'–4'	engmensuriert, mit deutlichem 3. Teilton (Duodezime), Metall

(c) *»Streichende« Register*

Aeoline	8'	sehr engmensuriert, leise, Metall
Gambe	16'–4'	sehr engmensuriert, Metall
Geigenprinzipal	16'–4'	engmensuriertes Prinzipal
Viola	8'	sehr engmensuriert, Holz oder Metall
Violon	32'–8'	sehr engmensuriertes Pedalregister, Holz

(d) *Aliquote (Obertonregister)*

Register, die nur in Verbindung mit anderen Registern gezogen werden und »synthetische« Klangfarben erzeugen, indem statt des Grundtons der Taste die Quinte oder Terz aus der →Obertonreihe erklingt (also bei c^1 der Ton g^2 oder e^3). Die Aliquote müssen zu ihrem Grundton rein gestimmt werden, weil sonst keine Klangverschmelzung eintreten würde.

Nasat	5 1/3' 2 2/3' 1 1/3'	Quintregister, gebaut wie Blockflöte, Metall
Terz (engl.: *tierce*)	3 1/5' 1 3/5' 4/5'	zwei Oktaven und eine große Terz über dem Grundton, weitmensuriert, Metall
Septime	2 2/7' 1 1/7'	Siebenter Teilton

(e) *Mixturen*

In Zeichnung 3 sind links die kleinen Prinzipalpfeifen einer vierfachen Mixtur zu sehen. Sie erhalten zusammen den Wind aus einer Öffnung der Windlade, wenn die entsprechende Taste gedrückt wird und der Mixturzug gezogen ist. In der untersten Oktave des Manuals können die vier Pfeifenreihen folgende Tonlagen haben: (diatonisch auf den Grundton bezogen) 19. Intervall (= zwei Oktaven und eine Quinte), 22. Intervall (= drei Oktaven), 26. Intervall und 29. Intervall (= vier Oktaven). In der nächsten Oktave verändert sich diese Zusammenstellung; die niedrigste Pfeifenreihe ist jetzt das 15. Intervall (= zwei Oktaven), die nächste das 19. Intervall usw. In jeder Oktave der Tastatur verschiebt sich somit die Mixtur, damit die Pfeifen nicht zu klein werden und zu hoch stehen. Trotzdem kann die klingende Länge der kleinsten Pfeife etwas unter 2 cm betragen und oberhalb des c^5 liegen, des höchsten Tons auf dem Klavier. Es gibt verschiedene Mixturen, und in einer mittelgroßen Orgel können pro Werk mehrere Mixturen sein.

Kornett ist jedoch ein aus zwei bis fünf Reihen zusammengesetztes Register mit 8'-Pfeifenchor. *Sesquialtera* ist eine zweifache Aliquotkombination (Quint 2 2/3' + Terz 1 3/5'), die nur in Verbindung mit einer oder mehreren Grundstimmen Sinn macht.

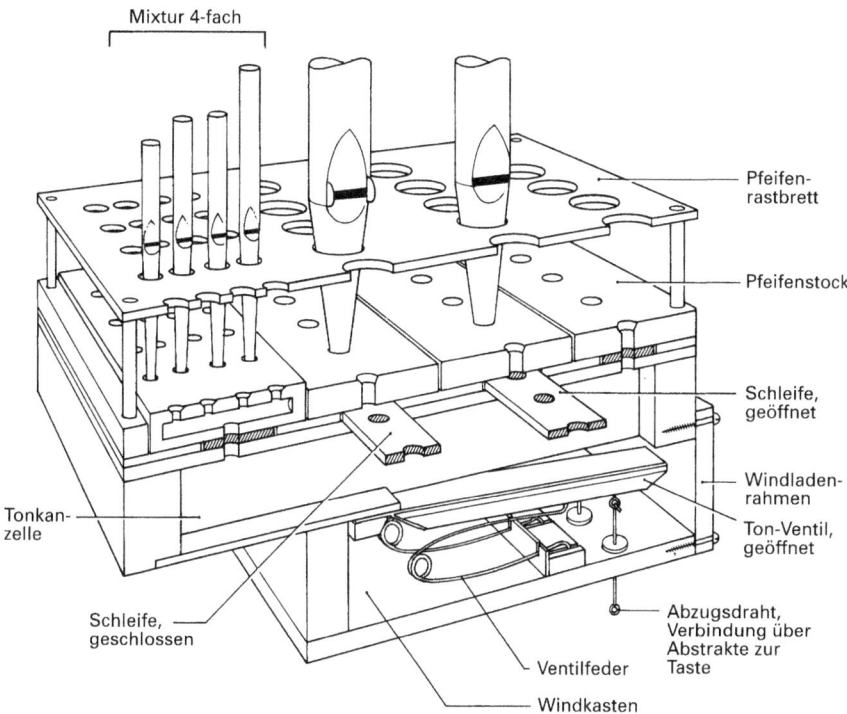

Zeichnung 3. Schleiflade.

4. Lingualpfeifen

Sie unterscheiden sich in Klang und Stärke nach der relativen Länge, Breite und Dicke der Metallzunge (→ZUNGE, Zeichnung 1), der Form der »Kehle«, über der die Zunge schwingt und der häufig konischen Pfeifenform (»Aufsatz« oder »Schallbecher«). Wenn der Aufsatz die richtige Länge in Bezug auf die Tonhöhe der Zunge hat, entwickelt er die Frequenz des Grundtons (die bei der Zunge recht schwach ist).

(a) *Oboen-Trompeten-Grundform.* Diese Pfeifen sind konisch und verbreitern sich trichterförmig nach oben.

Bombarde	32', 16'	kräftiger Klang
Dulzian	32'–4'	enger, unten konischer, oben zylindrischer Schallbecher
Fagott	32'–4'	enger Schallbecher
Oboe	8', 4'	häufiges Lingualpfeifenregister, vor allem im Schwellwerk. Enger Schallbecher, oben fast vollständig geschlossen, mit seitlichen Löchern zum Austritt der Luft

Posaune	32'–8'	Holz, Pedalzunge mit weitem Schallbecher
Trompete	16'–4'	Metall oder Holz
Tuba	16'–4'	trompetenähnlich, etwas dunkler, aber sehr kräftig

(b) *Klarinetten-Grundform.* Diese Pfeifen sind zylindrisch und haben in etwa die Länge von gedackten Pfeifen.

Klarinette	8'	durchschlagende Zunge mit weichem Klang
Krummhorn	16', 8'	zylindrischer Schallbecher, zarter, näselnder Klang

(c) *Regal-Grundform.* Mit wesentlich kürzerem Schallbecher und schnarrend-rauhem Klang.

Vox humana	8'	wird häufig zusammen mit dem Tremulanten verwendet

Orgel

5. Baukörper der Orgel

(a) *Windversorgung.* Der Winddruck wird als Differenz zweier Wassersäulen in einem U-förmigen Glasrohr mit auf ein Rohrende einwirkendem Winddruck in mm WS (= Wassersäule) gemessen. Bis Mitte des 19. Jahrhunderts wurde der Wind ausschließlich mit von Menschen (»Kalkanten«) betätigten Blasebälgen erzeugt. Der Winddruck lag dabei zwischen 40 und 90 mm WS. Als Folge der industriellen Revolution wurden mit der Einführung der pneumatischen Traktur und eines höheren Winddrucks Wasser-, Gas- und schließlich Elektromotoren zur maschinellen Winderzeugung entwickelt. Der so erzeugte Wind strömt in den viereckigen »Magazinbalg« (gewöhnlich ein Balg pro Werk), von wo aus er über die Windkanäle zu den Windladen geführt wird. Zum Ausgleich von Windschwankungen während des Spiels gibt es Ausgleichsbälge. Moderne Orgeln haben für die Winderzeugung ein elektrisch betriebenes Schleudergebläse.

(b) *Windlade* (Zeichnung 3). Die Pfeifen eines Werks sind durch das »Pfeifenrastbrett« hindurchgeführt und stehen in Reihen hintereinander mit dem Pfeifenfuß auf dem »Pfeifenstock«. Pro Werk kann es mehrere Pfeifenstöcke geben. Zuunterst befinden sich die Ventile, zu denen durch den Windkanal der Wind vom Magazinbalg her strömt. Oberhalb des Ventilkastens liegen die »Tonkanzellen«; für jede Taste der Tastatur gibt es eine Tonkanzelle pro Werk. (In Zeichnung 3 ist eine Tonkanzelle im Querschnitt zu sehen.) Wenn das entsprechende Ventil durch Tastendruck geöffnet wird, strömt der Wind in die Kanzelle ein, um theoretisch alle Pfeifen dieser einen Kanzelle zum Klingen zu bringen. Zur Auswahl der tatsächlich klingenden Pfeifen werden hölzerne »Schleifen« (für jedes Register eine) verwendet, die zwischen Pfeifenstock und Kanzellen eingepaßt sind und Löcher in regelmäßigen Abständen haben. (Die rechte Pfeife in Zeichnung 3 kann klingen, weil sich hier die Löcher der Schleife unter den Löchern des Pfeifenstocks befinden.) Dieses Konstruktionsmerkmal wird *Schleiflade* genannt und stammt vermutlich aus dem späten 15. Jahrhundert. Im frühen 16. Jahrhundert wurde die *Springlade* entwickelt, ohne die Schleiflade zu verdrängen. Bei der Springlade befindet sich unter jeder Pfeifenbohrung ein Ventil, das durch Registerleisten mittels »Stechern« geöffnet wird. Ein besonders im 19. Jahrhundert favorisiertes Prinzip ist die *Kegellade*, bei der zwischen einer langen Registerkanzelle und jeder Pfeife ein kegelförmiges Ventil geschaltet ist.

(c) *Traktur.* Die Verbindung zwischen den Klaviaturen und Pfeifen kann mechanisch, pneumatisch, elektrisch, mechanisch-elektrisch oder pneumatisch-elektrisch sein. Die Traktur braucht auch nicht vollständig einheitlich zu sein.

(i) *Mechanische Traktur* (engl.: tracker action). Bei Tastendruck wird eine schmale vertikale Holzleiste (die »Abstrakte«) abwärts gezogen. Da sich die Pfeifen in aller Regel nicht genau über den Tasten befinden, muß die vertikale Bewegung versetzt werden. Dies geschieht mittels drehbarer »Wellen« (Zeichnung 4) auf dem »Wellenbrett«. Die mechanische Traktur ist Jahrhunderte lang bis ca. 1840 als einziges Prinzip gebaut worden und wird inzwischen wegen der genauen Ansprache wieder seit etwa 1945 allgemein bevorzugt, weil sie am sensibelsten anspricht. Eine Orgelpfeife klingt mit konstanter, unveränderbarer Kraft, sobald die Taste niedergedrückt wird und so lange, bis sie wieder losgelassen wird. Die Justierung der Übertragung ist deshalb für die Phrasierung und Artikulation entscheidend. Bei der mechanischen Traktur bereiten allerdings die seit dem 19. Jahrhundert so ausgiebig eingebauten mechanischen Koppeln spieltechnische Probleme, weil sie den Tastengang beachtlich erschweren können.

(ii) *Pneumatische Traktur.* (α) *Barker-Hebel:* Bei dieser Traktur wird die Schwere des Tastengangs mit einem pneumatischen Hebel innerhalb der ansonsten mechanisch angelegten Traktur entlastet. Die 1839 patentierte Erfindung geht auf David Hamilton, Edinburgh (1835) und Charles Spackman Barker (1804–1879) zurück. Der berühmte französische Orgelbauer Cavaillé-Coll (unten, 9) hatte den Bar-

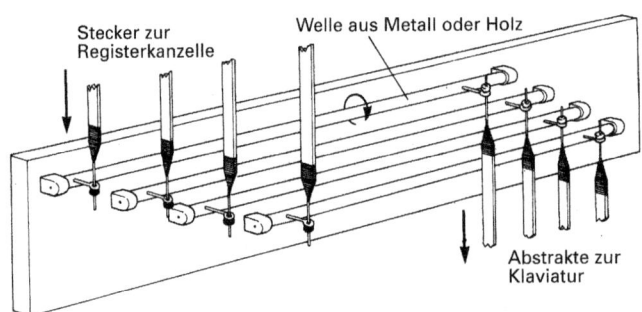

Zeichnung 4. Wellenbrett.

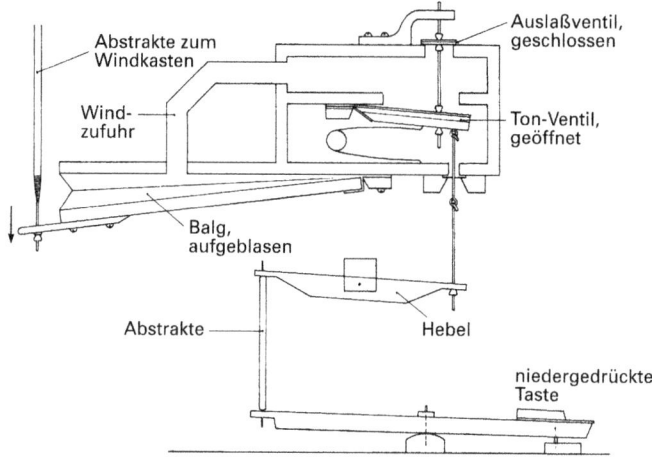

Zeichnung 5. Barker-Hebel: Beim Niederdrücken der Taste öffnet sich das Tonventil und schließt sich das Auslaßventil, wodurch unter Druck Wind über die Windzufuhr in den Balg hineinströmt. Dabei wird die Abstrakte nach unten gezogen, die zum Windkasten führt. Mit dem Loslassen der Taste schließt sich das Tonventil und öffnet sich das Auslaßventil. Der Winddruck gleicht sich aus und der Balg schließt sich, wodurch die Abstrakte wieder nach oben geht.

ker-Hebel in allen seinen Orgeln eingebaut. Zeichnung 5 zeigt schematisch eine Art des Barker-Hebels.

(b) *Röhrenpneumatik.* Bei der etwas später entwickelten Röhrenpneumatik öffnet die Taste ein Ventil, das Arbeitswind in dünnen Bleiröhren von der Taste zum Tonventil führt. Der Vorteil besteht im leichten Tastengang auch bei vielen eingeschalteten Koppeln – der gravierende Nachteil liegt allerdings in der Verzögerung der Ansprache. Deshalb ist man hiervon wieder abgekommen.

(c) *Elektropneumatische Traktur.* Seit ca. 1860 gibt es diese Traktur, bei der elektrische Relais zwischen Tasten und Windlade geschaltet sind, aber innerhalb der Windlade die Abläufe pneumatisch gesteuert werden. Siehe die schematische Darstellung in Zeichnung 6.

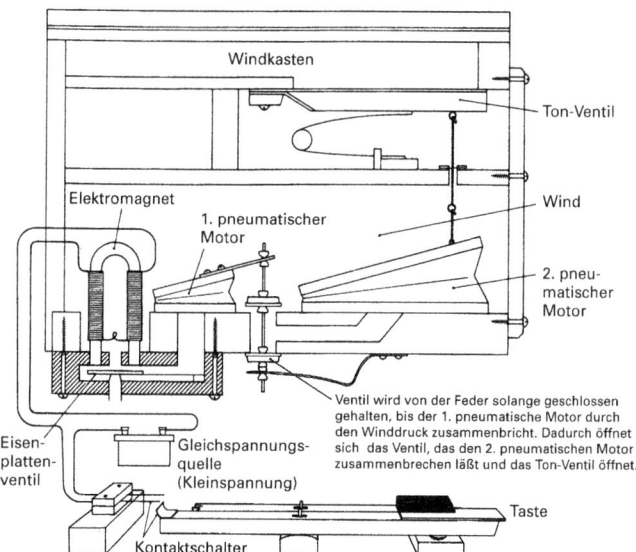

Zeichnung 6. Elektropneumatische Traktur. Ein Elektromagnet wird durch Tastendruck aktiviert, indem die Taste einen Stromkreis schließt. Dadurch öffnet sich das Eisenplattenventil und läßt Wind in den 1. pneumatischen Motor einströmen. Der Winddruck innerhalb der Kammer führt dazu, daß der 1. pneumatische Motor zusammenbricht und dadurch das Hauptventil aktiviert, das durch Öffnen den 2. pneumatischen Motor zusammenbrechen läßt, so daß sich das Ton-Ventil öffnet.

(iii) *Elektrische Traktur.* Sie verzichtet völlig auf pneumatische Steuerung, indem bei Tastendruck ein elektrischer Kontakt direkt einen Elektromagneten am anderen Kabelende steuert, der das Ventil öffnet. Bei elektrischen Trakturen kann der Spieltisch von der eigentlichen Orgel in beliebiger Entfernung stehen (was nicht unbedingt ein spieltechnischer Gewinn ist), weil durch die elektrische Impulsübermittlung keine nennenswerten Verzögerungen auftreten.

Inzwischen können die elektrischen Signale über ein einziges Kabel vom Spieltisch zur Windlade übermittelt und digital gespeichert werden, so daß ein zeitversetztes Spiel ohne Organisten möglich ist. Registerzüge und Kombinationsmechaniken können ebenfalls pneumatisch oder elektrisch gesteuert werden. Bei elektrischen Trakturen sind die Registerzüge gelegentlich durch Wippen ersetzt, die dann häufig oberhalb des obersten Manuals eingebaut sind.

6. *Multiplex-System*
(engl.: *unit-system, extension system*)

Die elektrisch-pneumatischen und elektrischen Trakturen ermöglichen, daß die einzelne Pfeife mehr als eine klangliche Funktion haben kann (was bei mechanischen Trakturen gelegentlich schon bei zwei Registern mit 8'-Pfeifen in der untersten Oktave aus Platzersparnis gemacht wurde). Ein Beispiel: Zum Prinzipal 8' mit einem Umfang von 61 Tönen werden zwölf zusätzliche Pfeifen für eine weitere obere Oktave hinzugeschaltet, so daß dann eine Pfeifenreihe von 73 Pfeifen vorhanden ist. Aus diesem Pfeifenvorrat können durch Relais-Schaltung ein 8'-Register mit den Pfeifen 1–61 und ein 4'-Register mit den Pfeifen 13–73 herausgezogen werden. Wenn man weitere zwölf Pfeifen im Diskant hinzufügt, ist auch ein 2'-Register vorhanden, bei zwölf zusätzlichen Pfeifen im Baß ein 16'-Register. Auf diese Weise können drei oder vier Register aus dem Pfeifenvorrat von einem Register herausgezogen werden, was den Preis solcher Orgeln herabsetzt (und Platzersparnis bringt). Dieses *Multiplex-System* war die Grundlage für die →Kino-Orgel. Das Multiplex-System hat allerdings klangliche Nachteile. Es ist fast unmöglich, eine einwandfreie tonliche Ausgewogenheit zwischen den verschiedenen Tonhöhen zu erhalten. Bei voneinander unabhängigen 8', 4' und 2' Prinzipalregistern ist beispielsweise der 4' leiser intoniert als der 8'. Beim Multiplex-System muß diese unterschiedliche Intonation zwangsläufig wegfallen. Ein anderer Nachteil besteht darin, daß beim Oktavspiel Töne verloren gehen. Wenn z.B. ein 8'- und ein 4'-Register gezogen sind und zwei Töne im Oktavabstand gespielt werden, erklingen bei voneinander unabhängigen Registern vier Pfeifen, beim Multiplex-System jedoch nur drei, da der 4' der tieferen Note und der 8' der höheren Note dieselbe Pfeife haben. Ebenso entstehen bei einem Lauf über einen drei- oder vierstimmigen Akkord »Tonlöcher«, weil manche Pfeifen bereits durch den gehaltenen Akkord erklingen. Am ehesten läßt sich das Multiplexsystem für das Pedalwerk rechtfertigen, wo eine Pfeifenreihe vom 32' bis zum 8' viel Platz und Material sparen kann, weil die großen Pfeifen nicht mehrfach vorkommen müssen. Da das Pedal meist nur einstimmig gespielt wird, fällt hier der Nachteil der Tonlöcher weg.

7. *Die Orgel in der abendländischen Musik bis ca. 1500.*

(a) *Orgel und Kirche.* Nach der →Hydraulis und ihrer Nachfolger in Byzanz tauchte die Orgel in Westeuropa 757 als spektakuläres Geschenk des Kaisers Konstantin IV an König Pippin von Aquitanien auf. Die älteste in Westeuropa gebaute Orgel entstand in Aachen 826 als Werk des venezianischen Priesters Georgius. Obwohl wir nur wenig darüber wissen, was und wie auf der Orgel gespielt wurde, fand man sie fast ausschließlich in Klosterkirchen; in Byzanz war die Orgel hingegen ein weltliches Schauobjekt gewesen.

(b) *Entwicklung des Instruments.* Die frühen Orgeln waren im allgemeinen nicht sehr groß. Die Pfeifen, damals ausschließlich offene Labialpfeifen, waren maximal 150 cm lang und hatten offenbar in jeder Pfeifenreihe denselben Durchmesser. Es scheint (aufgrund des Berner Orgeltraktats aus dem 11. Jahrhundert), daß mehrere Pfeifenchöre (Grundregister und Oktave) existierten, obwohl es erst ab dem späten 13. Jahrhundert Hinweise auf Chöre in höheren Oktaven (evt. auch Quinten) gibt, die sozusagen als »Blockwerk« (wie ein späterer Terminus lautet) immer zusammen erklingen. Die Tastatur reichte im 13. Jahrhundert bereits über zwei bis zweieinhalb Oktaven (mit 6 cm breiten Tasten!). Die in der Robertsbridge-Handschrift von ca. 1325 (British Library, Add. Ms. 28550) stehenden weltlichen, meist in Quintenparallelen komponierten Stücke verlangen bereits jeden Halbton innerhalb der Oktave. Man nimmt an, daß sie für die Orgel geschrieben sind, weil ihre Notation den deutschen Orgeltabulaturen des folgenden Jahrhunderts ähnelt.

Das Wellenbrett wurde vor 1400 eingeführt. Damit war die Position der Pfeifen nicht mehr an die Klaviatur gebunden und die längsten Pfeifen konnten in seitlichen »Türmen« untergebracht werden, wie man bei der ältesten spielbaren Orgel (in Sion, Schweiz, um 1400) sehen kann. Das originale Gehäuse dieser Orgel hängt in Art eines »Schwalbennests« an der Wand. Der Rest der Orgel ist nicht original, so das 1718 hinzugefügte Pedal. Pedale werden jedoch in der deutschen Ileborgh-Handschrift

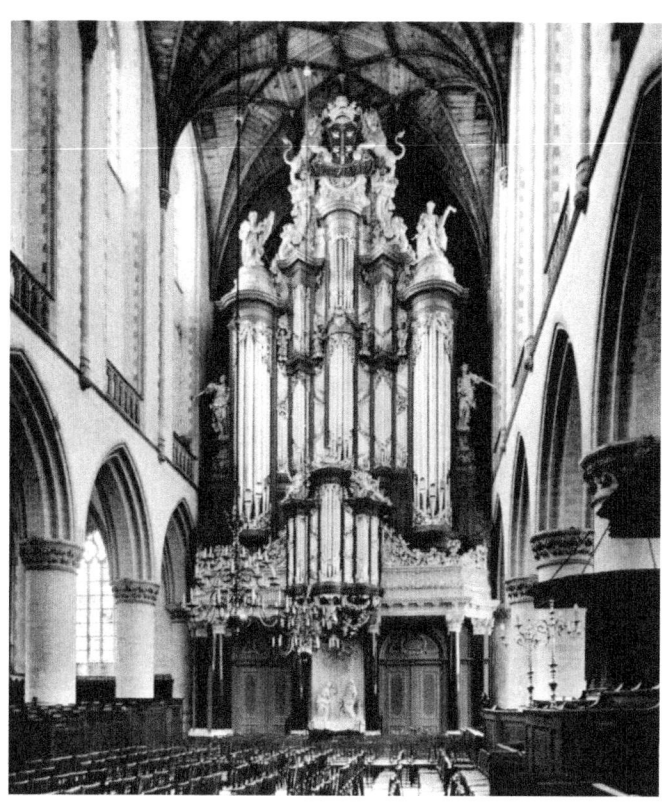

Abb. 1. 1735–38 erbaute Orgel von Christiaan Müller, St. Bavo Kerk, Haarlem, Niederlande.

von 1448 (Curtis Institute, Philadelphia) erwähnt, in der ungefähr eine Oktave für ausgehaltene Baßtöne (bis zum B hinabreichend) vorkommt. Die Pedale wirkten möglicherweise direkt auf die unteren Tasten des Manuals durch »Zugruten«, wie sie auch später in verschiedenen Orgeln vorkommen (so in England gelegentlich im 18. Jahrhundert). In der Renaissance wurden Orgeln größer; zweimanualige Instrumente entstanden, weil Organisten den Wunsch nach zwei verschiedenen Orgeln äußerten – der Hauptorgel und einem kleinen, hinter des Spielers Rücken plazierten Positiv zum Begleiten des Chors (deshalb die englische Bezeichnung *choir organ* für das Rückpositiv). Die Traktur geht in diesem Fall unter der Sitzbank des Spielers entlang (siehe Abb. 1). Die Schleiflade (5*b*, oben) zum Ausschalten einiger Chöre des Blockwerks führte zur Entwicklung der Register.

8. *Orgeltraditionen in Renaissance und Barock*

(*a*) *Italien.* In der Renaissance blieb die italienische Orgel ein einmanualiges Instrument, erhielt allerdings eine Springlade, um die Pfeifenchöre eines ungeteilten Blockwerks zu separieren. Verschiedene italienische Orgeln des 15. und 16. Jahrhunderts existieren noch in sorgfältig restaurierter Form, darunter die ältere Orgel in San Petronio, Bologna (da Prato, 1470–74) und San Giuseppe, Brescia (G. Antegnati, 1581; mit etwa zwölf Registern verschiedener Tonhöhe inklusive Quinten, drei solistischen Flötenregistern und Pedal). Im italienischen Orgelbau jener Zeit klingt keine Pfeife höher als c^5. Charakteristisch sind die Prospektpfeifen unter einem hohen Renaissance-Rundbogen.

(*b*) *Deutschland.* Die typische norddeutsche gotische Orgel des 15. Jahrhunderts war ein einmanualiges Instrument mit Zugruten für das Pedal. Es war meistens an einer Wand der Kirche erhöht aufgestellt und hatte als große Orgel die Prinzipal 16'-Pfeifen als Prospektpfeifen wie in der Lübecker Kirche St. Jacobi. Mit der späteren Hinzufügung eines Rückpositivs, Brustwerks und Pedals war der norddeutsche barocke Orgeltyp von den nördlichen Niederlanden bis hin nach Skandinavien weit verbreitet. Viele berühmte Barockorgeln erhielten ihre endgültige Disposition erst nach und nach. Ein Beispiel dafür ist die Orgel in der Hamburger St. Jacobi Kirche. Sie wurde 1512–16 erbaut, doch zweimal umgebaut von Dirk Hoyer, später noch zwei weitere Male umgebaut von Hans Scherer dem Älteren (die Disposi-

Hauptwerk		Rückpositiv		Brustwerk		Pedal		Oberwerk	
Prinzipal	16	Prinzipal	8	Prinzipal	8	Groß-Prinzipal	32	Prinzipal	8
Quintadena	16	Quintadena	8	Oktave	4	Prinzipal	16	Holzflöte	8
Oktave	8	Gedackt	8	Hohlflöte	4	Subbaß	16	Rohrflöte	8
Spitzflöte	8	Oktave	4	Waldflöte	2	Oktave	8	Oktave	4
Gedackt	8	Flöte	4	Sesquialtera	2x	Oktave	4	Rohrflöte	4
Oktave	4	Querflöte	4	Scharff	5x	Nachthorn	2	Spitzflöte	4
Rohrflöte	4	Blockflöte	2	Dulzian	8	Rauschpfeife	II	Nasat	$2^{2}/3$
Superoktave	2	Sifflet	$1^{1}/3$	Trichter-Regal	8	Mixtur	VI	Oktave	2
Blockflöte	2	Sesquialtera	2x			Posaune	32	Gemshorn	2
Rauschpfeife	2x	Scharff	6–8x			Posaune	16	Mixtur	4–6x
Mixtur	6x	Dulzian	16			Dulzian	16	Zimbel	
Trompete	16	Bärpfeife	8			Trompete	8	Trompete	8
		Schalmey	4			Trompete	4	Krummhorn	8
						Kornett	2	Trompete	4

Tabelle 2

tion des zweiten dieser Umbauten 1605–07 führt →Praetorius 1619 auf) und schließlich 1688 zu einer spätbarocken Orgel von Arp Schnitger erweitert (Tabelle 2).

Diese viermanualige Disposition repräsentiert aus heutiger Sicht eine perfekte Barockdisposition, und zwar weil

(i) sich jedes Werk in seinem eigenen Gehäuse befindet und so angeordnet ist, daß es ohne Behinderungen direkt durch den Orgelprospekt hindurch nach vorne abstrahlt;

(ii) die visuelle Gestaltung der gesamten Orgel stark von den einzelnen Werken beeinflußt ist;

(iii) die Register jedes Werks einen Pfeifenchor bilden, der ungefähr so kräftig wie der Pfeifenchor eines anderen Werks ist und deshalb die Werke untereinander gut ausbalanciert sind. Koppeln sind nicht vorgesehen und wären bei einem solchen Instrument in der Tat überflüssig;

(iv) bei einer Orgel dieses Typs die Proportionen des Gehäuses von der Länge der Prinzipal-Pfeifen abhängen, z.B. beim Pedal 9,75 m (entsprechend 32'), Hauptwerk 4,90 m, Rückpositiv 4,90 m, Oberwerk 4,90 m und Brustwerk 1,22 m (entsprechend 4'). Diese Gestaltung bezeichnet man als »Werkprinzip«;

(v) die Orgel folgende Funktionen hat: Das Hauptwerk kann für das *pleno* gespielt werden; das Rückpositiv hat einen zweiten, nicht so kräftigen Pfeifenchor und ist das hauptsächliche Manual für die Soli; das Oberwerk eignet sich gut für die Begleitung und für Echoeffekte; das Brustwerk ist fast ein zweites Rückpositiv, hat aber die leichtesten und farbigsten Lingualstimmen und eignet sich ideal zur Begleitung von Sängern und Instrumentalisten; das Pedal, das sehr kräftig ist und meistens ungekoppelt gespielt wird, verfügt nicht nur über die passenden Baß-Register zu den Manualen, sondern hat seine eigenen Soloregister, z.B. Krummhorn 8', Trompete 4', Kornett 2' und Nachthorn 2', die auch für die Te-

nor-, Alt- oder Sopranstimmen beim Choral geeignet sind.

Gottfried Silbermann (1683–1753), Mitglied der berühmten Orgelbauerfamilie, baute von ca. 1709 bis zu seinem Tod einige der hervorragendsten Orgeln überhaupt (mehr als zwanzig seiner Orgeln sind noch erhalten, fast alle davon in Sachsen). Obwohl seine großen Orgeln im Freiberger Dom und in Dresden (Kathedrale) am berühmtesten sind, kann sein allgemeines Orgelbauprinzip am besten anhand seiner kleineren Orgeln studiert werden, deren Dispositionen einem erstaunlich gleichmäßigen Muster folgen, wie z.B. für die Orgel in Reinhardtsgrimma, deren Disposition in Tabelle 3 abgedruckt ist. (Die Zahl 3 steht als häufig verwendete Abkürzung für $2^{2}/3'$.)

Silbermanns Klangvorstellungen zielten in die Vor-Romantik; eine Klangästhetik, der seine Zeitgenossen und Freunde, darunter Bach, keineswegs ablehnend gegenüberstanden. Silbermann verbannte die Lingualpfeifen, ausgenommen im Pedalwerk, aus seinen Orgeln; seine Mensuren verdickten die Klangwirkung des Prinzipalchors auf Kosten der Klangschärfe; und mittels der Plazierung des zweiten Werks hinter statt ober- oder unterhalb des ersten, brach er das Werkprinzip auf. Seine Instrumente sind qualitativ außergewöhnlich, obwohl sie selten die von Bach geforderten Merkmale haben.

(c) *Niederlande*. Eine charakteristische Tradition ist das lange Beibehalten des Blockwerks, zu dem ein *Bovenwerk* (Oberwerk) für die solistisch gespielten Register hinzukommt. Alle niederländischen Orgelbauer, insbesondere die Brabanter, die die französischen sehr beeinflußt haben, verwenden viele unterschiedliche Lingualpfeifen. Das Pedal wird wie bei französischer Orgelmusik hauptsächlich für das Cantus firmus-Spiel verwendet. Sweelinck spielte von 1580 bis 1621 auf der 1542 fertiggestellten Orgel der Oude Kerk, Amsterdam, mit zusätzlich zum

Hauptwerk		Oberwerk		Pedal		
Prinzipal	8	Gedackt	8	Subbaß	16	(Später hinzugefügte Manual- und Pedalkoppeln)
Rohrflöte	8	Rohrflöte	4	Posaunenbaß	16	Tremulant
Quintaden	8	Nasat	3	Octavbaß	8	
Octava	4	Octava	2			
Spitzflöte	4	Tertia	($1^3/_5$)			
Quinta	3	Quinta	$1^1/_2$			
Octava	2	Sifflot	1			
Mixtur	4fach	Cymbel	2fach			
Cornett	3fach					

Tabelle 3

Hauptwerk, Oberwerk (neun Register), Rückpositiv (zehn Register) und teilweise unabhängigem Pedal; die Manuale hatten eine bzw. zwei unterschiedliche Mixturen. Die großen Orgeln in Alkmaar, Groningen, Haarlem (Abb. 1) und Zwolle stehen unter dem Einfluß des deutschen Orgelbaues während des 17. Jahrhunderts.

(d) *Frankreich.* Die Orgeln in Bordeaux und Toulouse aus dem frühen 16. Jahrhundert waren einmanualig und hatten Dispositionen italienischer Art. Doch die berühmte, nicht mehr erhaltene Orgel in Gisors, Normandie (1580), bestand aus bemerkenswert flämisch orientierten Bestandteilen, von wo aus es nur noch ein Schritt zur klassischen großen französischen Orgel war; deren beste Exemplare stammen aus den letzten Jahren des 17. Jahrhunderts und sind am besten für die Werke von Couperin und De Grigny geeignet. Ein Beispiel für diesen Orgeltyp ist die von Robert Clicquot gebaute Orgel in St. Louis des Invalides, Paris (Tabelle 4). Das Pedalwerk in diesen Orgeln ist relativ unterentwickelt, es hat selten mehr als Flûte (= Prinzipal), Baß und Trompette ›plain chant‹; erst mit der Renaissance des Bachschen Orgelwerks im 19. Jahrhundert und den Anforderungen der romantischen Komponisten erhielt das Pedalwerk allgemein mehr Stimmen.

(e) *Spanien.* In Spanien war die Orgel relativ spät erst im 16. Jahrhundert voll entwickelt, und zwar von niederländischen Orgelbauern wie Hans Brebos (Escorial, ca. 1580). Wie in Italien hatten die Orgeln meist nur ein Manual und Pedal, das manchmal unabhängige Baßpfeifen hatte. Die spanischen Orgelbauer tendierten zu abwechslungsreicheren und charakteristischeren Registern als die italienischen Orgelbauer; einschließlich einer Anzahl von Trompeten-, Krummhorn- und Regalpfeifen mit spanischen Namen wie *chirimía* und *orlo*. Die kleineren dieser Pfeifen strahlten manchmal horizontal vom Prospekt in den Raum hinein, wie später bei den spektakulären großen Trompeten der *lengüetería* (des Schnarrwerks) des späten 17. und 18. Jahrhunderts.

Ein (gelegentlich auch anderswo vorhandenes) Merkmal der spanischen Orgel ist die Aufteilung der Register in Diskant und Baß, so daß die beiden Hälften eines Manuals unterschiedlich registriert werden können (wie beim →Harmonium). Viele historische

Grand Orgue $C–c^3$		Positif $C–c^3$		Récit $c^1–c^3$		Pédale $A_1–f$		Écho $c–c^3$	
Montre	16	Montre	8	Cornet	V	Flûte	8	Bourdon	8
Bourdon	16	Bourdon	8	Trompette	8	Trompette	8	Flûte	4
Montre	8	Prestant	4					Nasard	$2^2/_3$
Bourdon	8	Flûte	4					Quarte	2
Prestant	4	Nasard	$2^2/_3$					Tierce	$1^3/_5$
Flûte	4	Doublette	2					Cymbale	II
Grosse Tierce	$3^1/_5$	Tierce	$1^3/_5$					Cromorne	8
Nasard	$2^2/_3$	Larigot	$1^1/_3$						
Doublette	2	Fourniture	III						
Quarte de Nasard	2	Cymbale	II						
Tierce	$1^3/_5$	Cromorne	8						
Fourniture	V	Voix Humaine	8						
Cymbale	IV								
Cornet	V								
Trompette	8								
Clairon	4								
Voix Humaine	8								

Tabelle 4

spanische Orgeln sind glücklicherweise nicht modernisiert worden, wenn dadurch sie auch häufig in schlechtem Zustand sind.

(f) *England.* Von den Orgeln aus der Zeit vor der Restauration (vor 1660 also) sind nur die Prospekte erhalten. Die von Thomas Dallam 1613 erbaute Orgel der Worcester Cathedral hatte im Hauptwerk (*great organ*) Prinzipalpfeifen (*open diapason*) 8', 4' und 2' und gedackte Blockflöte (*recorder*, möglicherweise 4'); das Rückpositiv (*chair organ*) hatte Prinzipal bis zum 1' (*diapason*) und Holzflöte 4' (*flute*). Das Nichtvorhandensein des Pedalwerks blieb bis zum Ende des 18. Jahrhunderts und sogar noch danach eine englische Besonderheit. Nach der Restauration schufen Orgelbauer, die entweder Ausländer waren oder während des Commonwealth unter Cromwell (1649–60) im Ausland gewirkt hatten, Orgeln mit flämischem oder französischem Einfluß. Die bedeutendsten darunter waren »Father« Smith (aus Holland, gest. 1708) und Renatus Harris (gest. 1724). Smith schuf Instrumente für Westminster Abbey und St. Paul's Cathedral; Harris baute weniger konventionell und verwendete mehr Lingualstimmen. Die Tradition des 18. Jahrhunderts, die bis zur Zeit von Samuel Wesley und Mendelssohn Bartholdy reichte, führten Snetzler (gest. 1785, Schweizer Herkunft) und Samuel Green (gest. 1796) fort.

9. *Die romantische Orgel*

Die Orgel sagte den Komponisten der Wiener Klassik und der Frühromantik nicht besonders zu. Nichtsdestoweniger griffen die Orgelbauer die Entwicklungen der industriellen Revolution auf und bauten dank der technischen Möglichkeiten größere, lautere, komplizierte und einfacher zu spielende Orgeln, die mit dem Sinfonieorchester wetteiferten. Die Orgeln hatten stark kontrastierende Register und Hilfsregister wie Schweller und zahllose Koppeln, die die verschiedenen Werke miteinander verbanden und eine neue Dimension des musikalischen Ausdrucks hinzufügten. Aristide Cavaillé-Coll (1811–1898) war unter den Orgelbauern zweifellos derjenige mit dem stärksten Einfluß. Er revolutionierte die klangliche Gestaltung der klassischen französischen Orgel in Richtung auf eine orchestrale Konzeption und war der erste, der den Barker-Hebel (siehe oben, 5c(ii)) in die Orgeltraktur einsetzte. Die zuerst 1840 in der Orgel der Abtei St. Denis realisierte Konzeption stellte sich glücklicherweise als ideal für die Kompositionen von César Franck heraus, für dessen Kirche Sainte Clothilde, Paris, Cavaillé-Coll 1859–62 die Orgel baute (Tabelle 5). Cavaillé-Colls Orgeln sind aufgrund ihrer Klangkonzeption, doch in erster Linie wegen der Qualität ihrer handwerklichen Fertigung, über jene gegnerische Kritik erhaben, die später gegen viele Orgelbauer des 19. Jahrhunderts vorgebracht wurde. Cavaillé-Coll weigerte sich trotz der oberflächlichen Attraktion der anderen Mechaniken auf die Schleiflade zu verzichten und blieb der mechanischen Traktur mit Ausnahme des zusätzlichen Barker-Hebels verpflichtet. Insofern blieb er seinen klassischen Vorläufern sehr verbunden.

Deutsche Orgelbauer wie Ladegast, Walcker und Sauer folgten ähnlichen Prämissen. Die Disposition

Grand orgue		*Positif*		*Récit (eingeschlossen)*		*Pédale*	
Montre	16	Bourdon	16	Flûte Harmonique	8	Sousbasse	32
Bourdon	16	Montre	8	Bourdon	8	Contrebasse	16
Montre	8	Flûte Harmonique	8	Viole de Gambe	8	Basse	8
Flûte Harmonique	8	Bourdon	8	**Flûte Octaviante**	**4**	Octave	4
Bourdon	8	Gambe	8	**Octavin**	**2**	**Basson**	**16**
Voile de Gambe	8	Unda Maris	8	Voix Humaine	8	**Bombarde**	**16**
Prestant	4	Prestant	4	Basson-Hautbois	8	**Trompette**	**8**
Octave	**4**	**Flûte Octaviante**	**4**	**Trompette**	**8**	**Clairon**	**4**
Quinte	**2**	**Quinte**	**2**	**Clairon**	**4**		
Doublette	**2**	**Doublette**	**2**				
Plein Jeu		**Plein Jeu**					
Harmonique	**VI**	**Cromorne**	**8**				
Bombarde	**16**	**Trompette**	**8**				
Trompette	**8**	**Clairon**	**4**				
Clairon	**4**						

K*oppeln:* Grand Orgue zum Pédale, Positif zum Pédale, Récit zum Pédale, Positif zur Grand Orgue, Récit zum Positif (Grand Orgue: Sub-Octave, Positif: Sub-Octave, Récit: Sub-Octave). *Tremolo.* (Alle, wie auch die vier *appels,* mit Fußhebel).

Tabelle 5. *Sainte Clothilde, Paris (Cavaillé-Coll, 1859). Manualumfang C–f³; Pedalumfang C–d¹. Die halbfetten Registernamen stehen in Rot auf dem Spieltisch. Die Windzufuhr für diese Register ist von einem Pedal (»appel«) abhängig (für jedes Werk eines), so daß diese Registerzüge im voraus zusammengestellt werden können.*

ihrer Orgeln zeichnete sich durch vom Hauptwerk abwärts abnehmende Stärke der Werke aus. Walcker erwarb sich einen guten Ruf besonders wegen seiner Prinzipalchöre und Flöten.

Der herausragende englische Orgelbauer des 19. Jahrhunderts war vielleicht William Henry Hill (1789–1870), der 1840 das englische Pendant zu der deutschen Barockorgel mit unabhängigem Pedalchor gebaut hatte. Er exportierte Orgeln nach Australien und in andere Kolonien, wo man deshalb am besten den viktorianischen Orgelbau studieren kann. Hill wurde später von der dominierenden Persönlichkeit eines Henry Willis (1821–1901) überragt, der nach der Londoner Weltausstellung von 1851 im Crystal Palace eine Monopolstellung im Orgelbau für englische Kathedralen einnahm. Willis' Arbeit geht in Richtung von Cavaillé-Coll. Ausgehend vom Barker-Hebel entwickelte er den Willis-Hebel und verschiedene Systeme der Registerkombinationen. Seine Orgelrestaurierungen zeichnen sich dadurch aus, daß sie die alte Klangsubstanz fast völlig zerstört haben. Seit dem Ende des 19. Jahrhunderts wurde Willis' Stellung von Harrison & Harrison streitig gemacht, die wegen ihrer exzellenten Handwerklichkeit für mehr neue englische Großorgeln als irgend eine andere britische Orgelbauanstalt verantwortlich waren, obwohl seit den 1970er Jahren sie sich verstärkt der Konkurrenz von Noel Mander und anderen stellen müssen.

In den Vereinigten Staaten von Amerika war im 18. Jahrhundert der in Pennsylvania lebende Mähre David Tannenberg (1728–1804) der berühmteste Orgelbauer. Die Orgeln von Hilborne Lewis Roosevelt (1849–1886) neigen wie viele ihrer europäischen Schwestern dazu, unter der Technisierung zu leiden – eine Tendenz, die von Orgelbauern wie Walter Henry Holtkamp senior (1894–1962) und Donald Harrison (1889–1956) in der Aeolian-Skinner Organ Company dank guter musikalischer Qualität Wiedergutmachung erfuhr.

10. *Orgelbewegung*

Im frühen 20. Jahrhundert kamen viele Musiker zu der Erkenntnis, daß die Orgelwerke alter Komponisten wie Bach nicht unbedingt von sämtlichen Errungenschaften der modernen Erfindungen im Orgelbau profitierten. Die Schnitger-Orgel der Kirche St. Jacobi in Hamburg (oben, 8f) wurde zum idealen Klangkörper für die nordeuropäische Orgelmusik des 17. Jahrhunderts erkoren; eine neue »Praetorius-Orgel« wurde gemäß den Angaben von →Praetorius in seinem Traktat *Syntagma Musicum* 1921 in Freiburg im Breisgau von Walcker gebaut. Nach dem Zweiten Weltkrieg setzte eine generelle Trendwende im Orgelbau ein; die meisten der romantischen Orgeln waren zerstört oder wurden abgebaut oder gemäß barocker Dispositionskriterien umgebaut. Neue Orgeln wurden ebenso im Sinne barocker Orgelbauprinzipien gefertigt oder aber – vor allem in Großbritannien und den USA – als eklektische Orgeln angelegt. Ein bemerkenswertes Beispiel für die letztere Orgel ist das Instrument in der Royal Festival Hall, London (Harrison, 1954). Bedeutende zeitgenössische Orgelbauer, die innerhalb klassischer Traditionen arbeiten, sind u. a. Beckerath (Deutschland), Casavant (Kanada), Flentrop (Holland), Frobenius (Dänemark), Klais (Deutschland), Marcussen (Dänemark), Metzler (Schweiz), Rieger (Österreich), Schuke (Deutschland) und Tamburini (Italien).

11. *Repertoire*

Siehe hierzu das Verzeichnis von Weigl 1931.

(a) *Renaissance und Barock*

(i) *Deutschland, Nordeuropa.* Ileborgh-Handschrift (1448); *Fundamentum organisandi* (1452) von Conrad Paumann; *Buxheimer Orgelbuch* (ca. 1460) mit über 250 Stücken, vielen »kolorierten«, d.h. verzierten Bearbeitungen von Vokalmusik; unter süddeutschen Komponisten: Schlick (1511), Hofhaimer (um 1500), Buchner (um 1520), Erbach (um 1600). In den Niederlanden (spätes 16. bis frühes 17. Jahrhundert): Sweelinck, P. Cornet. Deutschland: Scheidt (1624); Mitte 17. Jahrhundert: Tunder, Weckmann, Kindermann, Froberger und Kerll. Spätes 17. Jahrhundert: Buxtehude, Kerckhoven (Niederlande), G. Böhm, Bruhns, V. Lübeck, Muffat, Pachelbel; schließlich J.G. Walther und J.S. Bach.

(ii) *Frankreich.* Attaingnant (1531), liturgische Orgelmusik und kolorierte Motetten; Tielouze (1623 und 1626), Hymnen und Magnificats; Lebègue (1676 u.a.); François Couperin (zwei Orgelmessen, 1690); De Grigny (1699); Clérambault (um 1710); J.-F. und Pierre Dandrieu (18. Jahrhundert).

(iii) *Großbritannien.* Kompositionen von Redford, Tallis, Preston und Blitheman, enthalten in Sammelschriften des 16. Jahrhunderts; Byrd, Bull, Gibbons, Tomkins (alle spätes 16. bis frühes 17. Jahrhundert); Blow, Purcell; Händel, insbesondere seine Orgelkonzerte op. 4, 7; Voluntaries von Stanley, Green und Boyce.

(b) *19./20. Jahrhundert.* Wichtige Komponisten von Orgelmusik sind: Mendelssohn; Schumann; Liszt; Franck; Brahms; Reubke; Saint-Saëns; Rheinberger (Sonaten); Widor (Orgelsinfonien); Stanford; Elgar, Nielsen, Vierne; Reger; Karg-Elert; Dupré; Hindemith; Duruflé; Messiaen; Alain.

Lit.: Adelung 1986; Adlung 1758, 1768; Andersen 1969; Bédos 1766; Bosch 2007; Cambridge 1998; Dresch 2006; Eberlein 2008; Huddleston 1991 (Diskographie), Kratzenstein/Hamilton 1984 (Diskographie), Laade 1972

Orgelklavier (Claviorganum)

(Diskographie); Lexikon 2007; Organ 2006; Reuter 1978 (Bibliographie); Rowell 1976 (Diskographie); Schlick 1511; Töpfer 1888; Weigl 1931 (Notenbibliographie); Werkmeister 1698; Williams 1966, 1980; Williams/Owen 1988; Wolff/Zepf 2008; Zepf 2005.

Orgelklavier (Claviorganum) (engl.: *claviorgan, organ harpsichord*). Ein →Kombinationsinstrument aus →Cembalo und →Orgel vom 15. bis 18. Jahrhundert. Das Pfeifenwerk mit (z. B. in drei Ebenen) horizontal gelagerten Pfeifen befindet sich in einem großen rechteckigen Kasten, auf dem der Cembaloteil aufgesetzt ist. Entweder bedient eines der Cembalomanuale auch das Pfeifenwerk, oder die Orgel hat ihr eigenes Manual neben dem für das Cembalo. Ein von Lodewijck Theeuwes, dem 1571 von Antwerpen nach London ausgewanderten Cembalobauer, gefertigtes Claviorganum von 1579 ist das älteste bekannte englische Cembalo.

Orgelleier →DREHLEIER, 6.

Orgue de Barbarie →DREHORGEL, 3.

Orgue expressif →HARMONIUM, 3.

Orgue melodium →HARMONIUM, 3.

Originalinstrumente (engl.: *original instruments, period instruments*). Seit den 1960er Jahren inflationär gebrauchtes Schlagwort innerhalb des Konzertlebens und der Schallplattenproduktion für verschiedene Typen von Instrumenten: (*a*) Historische (und meist umgebaute oder wieder zurückgebaute) Exemplare von Instrumententypen; (*b*) Historische Instrumententypen; (*c*) Kopien oder Nachbauten von (*a*) oder (*b*).
Lit.: Elste 1990.

Orpharion (engl.; bei →Praetorius 1619: *Orpheoreon*). Englisches Zupfinstrument aus der Zeit um 1600, der Überlieferung nach von dem Londoner Instrumentenbauer John Rose erfunden, kurz nachdem er die →Bandora entwickelt hatte. Der Name ist ein Kunstwort aus »Orpheus« und »Arion«. Wie die Bandora hat das Orpharion einen gewellten Korpusumriß (wie in Abb. 1 unter BANDORA zu sehen) und ist mit Drahtsaiten bespannt. Seine Stimmung entspricht allerdings der Laute, weswegen der Spieler aus Lautentabulaturen spielen kann. Es existieren speziell für das Orpharion geschriebene Kompositionen, von denen einige höher hinauf reichen als bei Lautenmusik üblich, weil das Orpharion einen längeren Hals hat. Mindestens zwei Orpharions sind erhalten; eines, datiert 1580, stammt von Rose (englischer Privatbesitz), das andere stammt von dem Londoner Instrumentenbauer Francis Palmer und ist 1617 datiert (Musikhistorisk museum og Carl Claudius' samling, Kopenhagen; möglicherweise eine Fälschung).
Lit.: Gill 1960; Wells 1982.

Orpheoreon →ORPHARION.

Orthotonophonium →KLAVIATUR, 3.

Ottavino
1. Ital. für →Pikkoloflöte, Kleine Flöte.
2. Ital. für →Oktavspinett bzw. -virginal.

Ottu →SHAHNĀI.

P

Pakhawaj Eine klassische Trommel Nordindiens, der südindischen →Mṛdaṅga ähnlich.

Palwei Burmesische →Kernspaltflöte. →KHLUI.

Pandora Im antiken Griechenland war *Pandoura* offensichtlich eine Bezeichnung für eine kleine, manchmal dreisaitige →Kurzhalslaute (→LAUTE, 7) sowie für Lauteninstrumente allgemein. In der Renaissance bezeichnet *Pandora* die →Bandora.

Pandurina Im 17. Jahrhundert versteht man unter der *Pandurina* eine kleine, schlanke Variante der →Mandoline (→MANDOLINE, 5).

Panflöte (Syrinx) (engl.: *panpipe*; ital.: *flauto di Pan, siringa*; fr.: *flûte de Pan, syrinx*). Aneinandergereihte Pfeifen unterschiedlicher Länge, die an ihren Rändern angeblasen werden und von denen jede eine andere Tonhöhe hat, die sich entsprechend der akustischen Konstruktion als →gedackte Pfeife bildet (d. h. 18 cm klingende Länge ergibt ungefähr a^1). Es gibt Panflöten mit drei bis mehr als vierzig Pfeifen. Meistens sind sie aus Bambus, dessen unteres Ende durch einen Knoten oder Wachs geschlossen ist. Andere Ausführungen können aus einem flachen Holzstück sein, in das parallele Löcher gebohrt sind (so vom alten Rom bis zum gegenwärtigen Südwesteuropa), aus Keramik (präkolumbisches Peru; siehe 2, unten) und, natürlich, aus Kunststoff.

1. Pfeifenanordnung

(a) *Der Länge nach.* Diese Art kommt fast weltweit vor. Für die rumänische Panflöte (*nai*) sind zwanzig zu einer Kurve gereihte Pfeifen mit einer diatonischen Skala von h^1 bis g^4 typisch. Die Akzidentien werden durch Schrägstellung der Pfeife gegen die untere Lippe erzeugt, wodurch der Ton erniedrigt wird. Brillante Vogelimitationen sind beliebte Bestandteile der Spielpraxis (Alexandru 1974).

(b) *Längste Pfeife in der Mitte.* Diese Art kommt u.a. in Böhmen vor. Die Pfeifen auf der einen Seite stehen im Tonika-Dreiklang, die auf der anderen im Dominant-Dreiklang. Mit dieser Anordnung wird dem tonalen Aufbau vieler volkstümlicher Melodien entsprochen. Auch in Georgien gibt es Panflöten mit sechs Pfeifen, die so gestimmt sind, daß benachbarte Pfeifen in Terzen stehen, um zusammen geblasen zu werden (wie *d*, unten).

(c) *Kürzeste Pfeife in der Mitte.* Diese Art ist in Mittelamerika (Panama) und in Chile (als *paixiao*) als altes zeremonielles, noch immer hergestelltes Instrument verbreitet (vgl. 2, unten): Die sich mit einem Teil in einem rotlackierten Gehäuse befindenden Pfeifen erzeugen auf jeder Seite eine hohe Ganzton-Skala, die um einen Halbtonschritt gegen die auf der anderen Seite versetzt ist. Auf diese Weise ergeben beide Panflötenhälften zusammen eine chromatische Tonfolge.

(d) *Zickzack.* Abwechselnd lange und kurze Pfeifen in aufsteigender Folge: Diese Art kommt mit bis zu 42 Pfeifen, von denen die benachbarten in Terzen gestimmt sind, vor allem in Ecuador vor (*rondador*). Unregelmäßige Folge: Melanesien und Solomon-Inseln. Zwei Pfeifen werden zusammen gespielt. Bei einer Panflöte mit sieben Pfeifen können Oktaven, die große Sekunde und die Quinte erklingen (Zemp 1981).

(e) *Zweireihige Panflöte.* In Peru und Bolivien (Abb. 1) sowie Melanesien. Die äußere Pfeifenreihe kann aus offenen Pfeifen oder aber gedackten Pfeifen mit halber Länge der inneren Pfeifen bestehen, so daß Oktavparallelen mit charakteristisch hauchigem Klang der oberen Oktave geblasen werden. In den Anden werden große Ensembles aus Panflöten (*siku*) in verschiedenen Oktavregistern gespielt. Die tiefsten Panflöten haben häufig bis zu 60 cm lange Pfeifen. Panflöten (*zampoña*) aus den Anden werden inzwischen en masse exportiert und ausgiebig und überall in der Unterhaltungs- und Straßenmusik gespielt.

(f) *Zu einem Bündel zusammengebunden.* Solche Panflöten kommen in Südostasien, Melanesien, Birma und in anderen Regionen vor.

2. Panflöten im Altertum

Obwohl die Panflöte bereits in den frühen neolithischen Kulturen (→ FRÜHGESCHICHTE DER MUSIKINSTRUMENTE) nachgewiesen ist, gibt es nur wenig ar-

Abb. 1. Chipaya-Indianer aus Carangas, West-Bolivien, beim Spiel der zampoñas (Panflöte aus den Anden).

chäologische Hinweise auf ihre Verwendung in West- und Mitteleuropa vor dem 6. Jahrhundert v. Chr. Aus der Zeit vor 2000 v. Chr. gibt es einige Sätze von kleinen Knochenröhren, die bei Ausgrabungen nahe Saratow gefunden wurden. Es kann sein, daß diese Knochenröhren von mehreren Spielern geblasen wurden, eine Spielweise, die vor nicht allzulanger Zeit auch im ländlichen Lettland mit Pfeifen aus Schilfrohr bekannt war.

Nach der griechischen Mythologie verwandelte sich die Nymphe Syrinx in ein Schilfrohr, um den Nachstellungen Pans zu entweichen. Als dieser glaubte, er habe Syrinx ergriffen, hielt er nur Schilfrohr in den Händen. Dabei entdeckte er, daß sein Atem die Halme zum Klingen bringen konnte; er schnitt sich Rohre verschiedener Länge, um sich so stets mit der Nymphe zu unterhalten (Ovid, *Metamorphosen*, 1. Buch, 691 ff.) – eine Episode, die auch Theokrit in seinen *Idyllen* schildert.

Die aus roter Keramik gebrannten Panflöten aus dem Peru der Nazca-Zeit (ca. 500 n. Chr.; →INDIANISCHE MUSIKINSTRUMENTE) haben meistens zehn Pfeifen mit einer zumindest teilweise pentatonischen Skala. Ihre üblichsten Namen sind *antara* und *siku*.

3. Panflöte mit →Kernspalte

Diese Art kommt gelegentlich als Volksmusikinstrument in Europa vor und erscheint bereits in einer bebilderten Handschrift des Rosenromans aus dem späten 14. Jahrhundert (Valencia, Bibliothek, Ms. 387; →NOCM, S. 941).

Die chinesische Panflöte (oben 1c) wird inzwischen auch aus Pfeifen mit Kernspalten hergestellt.

Pan-ku (Bangu) Chinesische Trommel auf einem dreifüßigen Ständer; →KU, 2.

Panharmonicon →ORCHESTRION.

Pantaleon (Pantalon)
1. →HACKBRETT, 4.
2. In der 2. Hälfte des 18. Jahrhunderts auch eine Bezeichnung für →Hammerklaviere mit oberschlägiger Mechanik.

Parakapzuk →SACKPFEIFE, 6.

Pardessus de viole (fr., »die höchste Viola«). Kleine, um eine Quarte über dem *Dessus* gestimmte →Viola da gamba des 18. Jahrhunderts (Korpuslänge ca. 33 cm, Gesamtlänge ca. 60 cm), hauptsächlich von den Pariser Instrumentenbauern Ludovicus Guersan und Paul François Grosset hergestellt und häufig mit einem gestreiften Boden aus Hölzern unterschiedlicher Färbung. Das Solisteninstrument hatte ursprünglich 6 Saiten mit dem Tonumfang der Violine ($g\ c^1\ e^1\ a^1\ d^2\ g^2$). Ca. 1720 erhielt der Pardessus de viole nur mehr 5 Saiten bei gleichem Tonumfang, so daß die unteren 3 Saiten wie bei der Violine gestimmt waren: $g\ d^1\ a^1\ d^2\ g^2$. Dementsprechend spielte man auch Violinsonaten auf dem Instrument, das besonders schicklich für Damen galt. Der fünfsaitige *Pardessus de viole* in Gamben- oder Violinform wurde auch *Quinton* genannt.

Lit.: Green 1982; Otterstedt 1994.

Parforcehorn (fr.: *trompe de chasse, cor de chasse*). Ein einwindiges Horn mit großem Durchmesser, das über die Schulter gelegt wurde. Das Parforcehorn hatte einen bis zur Rohrmitte zylindrischen Verlauf der Schallröhre. Aus ihm entstand wohl um 1700 das →Waldhorn.

Partialtöne →TEILTÖNE.

Pat-Waing Burmesisches TROMMELSPIEL.

Pauken (engl: *timpani, kettledrums*; ital.: *timpani*; fr.: *timbales*). Die großen kesselförmigen Schlaginstrumente aus Kupfer, deren Membrane sich auf verschiedene Töne stimmen lassen und die die wichtigsten Schlaginstrumente im Opern- und Sinfonieorchester sind. Ein Paukist spielt in der Regel zwei oder mehr Pauken, die er über einen Umfang von einer Quinte durch Spannen des Fells (Kalbsfell oder heutzutage auch Kunststoff) stimmen kann.

1. Schraubenpauke

Die traditionelle Pauke wird mit sechs oder acht Schrauben mit T-förmigem Griff gestimmt, die den metallenen Fellwickelreifen (in Zeichnung 1a im Querschnitt gezeichnet) nach unten ziehen. Die Schraubenpauke war bis in die 1950er Jahre hinein in den professionellen Orchestern üblich. Inzwischen ist sie fast vollständig von der Pedalmaschinenpauke (siehe unten, 2) und der Drehkesselpauke (siehe unten, 3) ersetzt worden, die dem Spieler sofortiges Umstimmen ermöglichen.

Von den mit Pauken besetzten Kompositionen sehen bis zur Mitte des 19. Jahrhunderts die meisten und danach weiterhin viele zwei Pauken vor, die gewöhnlich auf Tonika und Dominante des Satzes gestimmt sind. Die mittleren Töne ihrer Stimmlagen liegen demzufolge eine Quarte auseinander, *d* und *A*. Dadurch beträgt der mögliche Tonumfang der kleineren Pauke *B* bis *f*, der größeren Pauke *F* bis *c*, womit acht Tonarten von F bis hinunter zum B gespielt werden können, um die Tonika nach alter Tradition auf der kleinen Trommel zu haben. In vielen alten

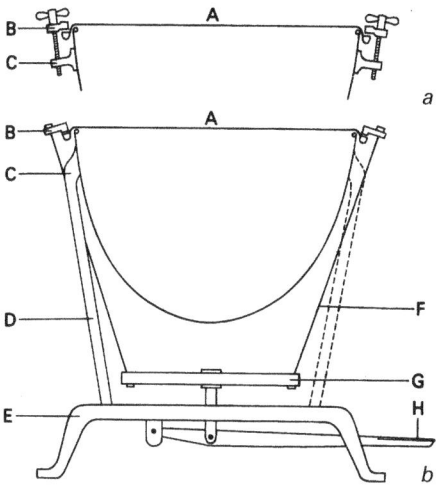

Zeichnung 1. (a) Querschnitt einer Schraubenpauke; (b) Querschnitt einer Pedalmaschinenpauke.

Partituren sind Tonika und Dominante als C und G notiert, wie auch immer ihre tatsächliche Tonhöhe ist. Diese Notationsweise lehnt sich an die Notation der klassischen →Trompete an, mit der die Pauken so unmittelbar verbunden waren. Der durchschnittliche Durchmesser eines solchen Paukenpaars liegt bei 63,5 cm und 71 cm. Ein Loch im Kesselboden unterstützt das Halten der Stimmung, wenn sich die Raumtemperatur ändert.

Kompositionen der Romantik fordern in zunehmendem Maße drei Pauken; so Brahms in einigen seiner Hauptwerke, Tschaikowsky hingegen in den meisten. Die dritte Pauke hat eine Zwischengröße, als deren Folge sich die anderen beiden stärker trennten, so daß jede einen Ganzton am entsprechenden Tonumfangsende hinzufügte. Die tiefsten sinnvollen Töne jeder der heutzutage vier gebräuchlichen Pauken sind jetzt von der kleinsten bis zur größten: *e* (Hohe Pauke, A-Pauke), *A* (Kleine Pauke, C-Pauke), *F* (Große Pauke, G-Pauke) und *D* (Baßpauke, D-Pauke); die entsprechenden Felldurchmesser betragen in etwa 56, 61, 66 und 75 cm.

2. *Pedalmaschinenpauke* (Abb. 1)

Das allgemeine Prinzip dieser Pauke ist schematisch in Zeichnung 1*b* dargestellt. Das Fell (A) wird von unten mittels eines Pedals gespannt. Der Hauptdruck auf den Kessel verbleibt im oberen Teil (B-C) wie bei der Schraubenpauke. Der Kessel ruht auf vier Vierkantstreben (D) aus Metall oberhalb der schweren Fußkalotte (E). Die Spannspindeln, von denen eine gezeigt ist (F), führen zur Kranzkalotte (G) hinunter, die mit dem Pedal (H) in ihrer Höhe verschoben werden kann. C. Pittrich, Dresden, hat 1872 diese im Orchester übliche Mechanik eingeführt (»Dresdner Pedalpauke«).

Pedalmaschinen können sehr raffiniert konstruiert sein. So können auf einer einzelnen Pedalpauke verschiedene Töne sehr schnell nacheinander gespielt werden, obwohl nie der Bedarf nach zwei oder mehr verschiedenen Pauken aufgegeben werden kann.

Es gibt auch Maschinenpauken mit einem großen Handgriff statt des Pedals, die sogenannten Hebelmaschinenpauken, seit 1812, und für diesen Typ schrieb Wagner die Paukenstimme im *Ring des Nibelungen*. In der 3. Szene des 1. Akts der *Götterdämmerung* hat der zweite Paukist innerhalb von nur 26 Takten sechs verschiedene Tonhöhen auf seinen zwei Pauken zu spielen, einschließlich Hundings finsterem Rhythmus – schnelles Umstimmen ist hierbei unumgänglich.

Abb. 1. Zwei Pedalmaschinenpauken (von Premier, Leicester).

Pauken

Notenbeispiel 1   Notenbeispiel 2

Die ersten Versuche, eine mit nur einer Bewegung umstimmbare Pauke zu konstruieren, werden Leonardo da Vinci zugeschrieben. Doch erst im 19. Jahrhundert überstürzten sich die Mechanisierungen der Pauke: von der Drehkesselpauke (unten, 3) von J.Ch.N. Stumpff, Amsterdam, 1821, zur Dresdner Pedalpauke. Einige Pedalpauken, deren Konstruktionen auf die 1840er Jahre zurückgehen, sollen sogar noch in den 1960er Jahren im Bayerischen Nationaltheater, München, verwendet worden sein (Tobischek 1977)

Notenbeispiel 3

3. Drehkesselpauke

Bei ihr steht der Paukenkessel auf einer mittleren Säule, die von einem Sockel nach oben führt und für eine Teilstrecke ein Schraubengewinde hat. Die Spannspindeln führen zu einem Rahmen hinunter, in den das Gewinde einrastet. Ein anderer Rahmen stützt den Kessel und läßt sich frei drehen. Wenn der Spieler den Paukenkessel mit einer Hand nach rechts oder links dreht, drehen sich beide Gestelle ebenso, doch der Spannring bewegt sich an der Spannspindel auf oder ab. Die Mechanik ist normalerweise im Inneren des Kessels versteckt; bei älteren Modellen kann sie außen liegen. Es gibt auch Ausführungen, bei denen sich nicht der Spannring, sondern der Kessel bewegt. Die Drehkesselpauke läßt im Unterschied zur Pedalmaschinenpauke nicht beide Hände frei. Weil auch ein Paukist nur zwei Füße hat und gelegentlich schnell die Stimmung einer dritten Pauke ändern muß, kann die Drehkesselpauke zwei Pedalmaschinenpauken sinnvoll ergänzen. Ein ähnliches Drehprinzip findet Anwendung beim →Rototom.

4. Spieltechnik

Die zwei Schlegel sind aus Schilfrohr oder Holz mit Köpfen aus Filz über einem härteren Filzkern oder einem Korkkern mit verschiedenen Stärken (Flanell-, Weichfilz-, Hartfilzschlegel), um der Musik bzw. den Intentionen des Komponisten zu entsprechen. Jeder Schlegel wird bei niedrigem Handgelenk zwischen Daumen und Zeigefinger gehalten. Die Felle werden rechts, nahe am Rand, geschlagen, der Klang mit dem Handballen abgedämpft, wobei der Schlegel weiterhin gehalten wird. Beide Hände werden so häufig wie möglich abwechselnd benutzt; Doppelschläge mit derselben Hand werden nur in schnellen Passagen ausgeführt. Wegen der wechselnden Einzelschläge kommt es zu häufigen Kreuzschlägen, bei denen eine Hand die andere kreuzt. Notenbeispiel 1 ist eine Paukenpassage aus Purcells *The Fairy Queen* (*Symphony* zum 4. Akt), eine der ältesten Solopassagen für die Pauke. Hier wechseln die Hände mit den Einzelschlägen ab. Notenbeispiel 2 zeigt hingegen eine einfache Gruppierung von Tönen, deren Ausführung Kreuzschläge (mit Bindebögen markiert) verlangt, die dem Paukisten Gelegenheit zu quasi choreographierter Spielbewegung geben, die an den Vorläufer des Orchesterpaukisten, an den Kavalleriepaukisten mit den Pauken auf beiden Seiten hoch zu Roß erinnern. Notenbeispiel 3 ist von einem der ersten großen Komponisten, die ausdrücklich für Pedalpauke schrieben: Richard Strauss. In *Till Eulenspiegels lustige Streiche* op. 28 (1894/95) ist die Paukenstimme lediglich mit »Pauken« bezeichnet, ohne der traditionellen Gepflogenheit zu folgen, nach der die Stimmung angegeben wird. In Takt 73 sind den Pauken fünf Töne des Themas (im Notenbeispiel mit Stichnoten ergänzt) zugeteilt: die ersten zwei Töne auf der mittleren der drei Pauken und die letzten zwei mit einem Wirbel auf der Baß-Pauke. Zu den besonderen Effekten zählt das Glissando, das zuerst in Orchesterwerken Bartóks bekannt wurde, im Adagio der *Musik für Saiteninstrumente, Schlagzeug und Celesta* (1935). Seltener ist die Spielanweisung *con sordini* oder *coperti* (Dämpfung mit Flanelltuch, Lederstück oder Filzscheibe), die ursprünglich zu Trauermusiken mit Kavalleriepauken (zusammen mit gestopften Trompeten) ausgeführt wurde.

5. Stimmung und Größe

Das Obertonspektrum eines Membranophons wie der Trommel oder der Pauke besteht aus nichtharmonischen →Teiltönen. Bei der Pauke haben solche Teiltöne, die aus Schwingungsmoden mit ausschließlich entgegengesetzten Schwingungsknoten entstehen, ein Übergewicht (→TEILTÖNE, 7). Die relativen unharmonischen Frequenzen dieser Teiltöne liegen theoretisch nicht sehr weit von den harmonischen

Frequenzen entfernt; Experimente haben gezeigt, daß diese Frequenzen von der Luftmenge im Inneren der Pauke beträchtlich gesenkt werden können und dann der Obertonreihe 2, 3, 4, 5,... nahekommen. Bei z.B. G als Tonhöhe des ersten Teiltons (jenes Tons, der als die Tonhöhe wahrgenommen wird), entsteht die Folge $G\ d\ g\ b\ d^1$ usw. mit der Quinte $G - d$, auf die Paukisten häufig beim Stimmen achten. Die Felldurchmesser eines im Quartintervall gestimmten Paukenpaars (siehe oben, 1) liegen vermutlich so dicht beisammen, weil die von der großen Pauke in deren Kessel eingeschlossene Luftmenge die Teiltöne senkt. Es gibt Pauken des →Orff-Instrumentariums mit zylindrischem Korpus, das auf der Unterseite offen ist. Bei diesen Instrumenten stimmt das theoretische Verhältnis zwischen Durchmesser und Tonhöhe ziemlich genau überein.

6. Alte Pauken

Zu den kleinen mittelalterlichen Kesselpauken, die häufig an einem Gürtel um die Taille herum oder von einem Knaben an der Spitze eines Musikerzugs getragen wurden siehe NAQQĀRA und MITTELALTERLICHES INSTRUMENTARIUM, Abb. 1. Die großen Trommeln, die Europa im 15. Jahrhundert erreicht hatten, wurden während des 17. Jahrhunderts im Orchester eingeführt und zunächst mit schweren Schlegeln gespielt. Später erhielten diese Schlegel scheibenförmige Holzköpfe mit einem Durchmesser von ca. 5 cm, die einen sehr klaren, durchsichtigen Klang gaben. Solche Schlegel sind noch in Johann Georg Kastners *Méthode complète et raisonnée des timbales* (Paris 1845) abgebildet, obwohl Berlioz zur gleichen Zeit auf der Verwendung des »Schwammschlegels«, mit weichem Kopf, im Orchester besteht. Die manchmal auf Eisengestellen aufgestellten Pauken des 18. Jahrhunderts hatten kleinere Durchmesser (ca. 50 cm), die nur um 2 bis 3 cm differierten, was vermuten läßt, daß der Quartabstand ihrer Tonhöhen eine unterschiedliche Spannung der Felle verlangte und die höhere Pauke in Tonikastimmung entschieden härter und klarer als die tiefere Pauke klang.

Unübliche Stimmungen wurden ebenso wie mehr als zwei Pauken von verschiedenen Kleinmeistern des 18. Jahrhunderts verlangt. So gibt Christoph Graupner in einer *Sinfonia* (1747) sechs Pauken eine Melodiefolge von F nach d, ganz ähnlich wie Gustav Holst in seiner Suite *The Planets* (1914/16). Doch die eigentliche orchestrale Abkehr von der Tonika-Dominant-Tradition kommt mit Beethoven: bei ihm spielen die Pauken Melodien mit motivisch-thematischer Bedeutung, wie in den ersten Takten des Violinkonzerts und als besonders markantes Beispiel im Scherzo (»Molto vivace«) der Neunten Sinfonie, wo mit der Oktave $F - f$ die Pauken die Ecktöne ihres Tonumfangs spielen – nur eine seiner verschiedenen unüblichen Paukenstimmungen.

7. Solorepertoire

Aus dem Barock werden Stücke von Philidor (1685) gelegentlich gespielt, darunter ein Marsch mit zwei Paukenpaaren in der Stimmung $g - a$ und $c - G$ (→Titcomb 1956). Es gibt Paukenkonzerte von P. Pieranzorina, einem 1814 geborenen Paukisten, und Julius Tausch (um 1878). Tscherepnin hat eine Sonatine für zwei Paukisten (1940) komponiert; Carter sein *Recitative and improvisation* (1966). Zusammen mit anderen Schlaginstrumenten spielen die Pauken bei vielen Kompositionen des 20. Jahrhunderts eine große Rolle, so z.B. in Bartóks Sonate für zwei Klaviere und Schlagzeug und in Milhauds Konzert für Schlagzeug und kleines Orchester.

Lit.: Avgerinos 1964; Montagu 2002; Titcomb 1956; Tobischek 1977.

Pazifische Inseln Unter dieser Bezeichnung werden folgende Inseln und Inselgruppen zusammengefaßt: Melanesien von Papua Neuguinea bis zu den Fidji-Inseln; Mikronesien mit der Mariannen-, Karolinen-, Marshall- und Kiribati- (ehemals Gilbert-)Inseln; Polynesien mit Hawaii, Samoa, Tonga, Neuseeland (Maori) und den Marquesas.

Die frühesten Siedler kamen möglicherweise vor ca. 20.000 Jahren vom südostasiatischen Kontinent nach Neuguinea. Hinsichtlich des restlichen Ozeaniens gibt es keine Nachweise für Ansiedlungen vor dem 2. Jahrtausend v. Chr. Durch Verfolgen des Wegs der Lapitaware-Keramik wissen wir, daß ihre Hersteller die Fidji-Inseln etwa um 1000 v.Chr. und Tonga etwa 500 v.Chr später erreicht hatten. An beide Ereignisse wird noch in traditionellen Tänzen und Gesängen erinnert. Viele von europäischen Seefahrern des 16. und 17. Jahrhunderts angetroffene Musikinstrumente der jungsteinzeitlichen Inselkulturen behielten ihre Rolle in der Musik und im Tanz bis auf jene Fälle, die durch westliches Eindringen verändert, in einigen Fällen sogar vernichtet wurden.

1. Melanesien

Zu den traditionellen Instrumenten gehören:

(a) *Idiophone*. Rasseln (aus Muscheln, Schoten, Kalebassen); Gegenschlagstäbe aus Bambus; →Schlitztrommeln, meistens aus ausgehöhltem Holz oder Bambus, die wie in Afrika während Zeremonien und als Signalinstrumente gespielt werden; →Stampfrohre; →Maultrommeln aus Bambus, besonders zum Umwerben. →auch die außergewöhnliche LIVIKA.

(b) *Trommeln*. Die etwa 1 m langen, schmalen, einfelligen, ausgehöhlten »kundu«-Typen in gestreckter Sanduhrform und einem aus der Taille her-

Pedal

ausgeschnitzten Handgriff (→TROMMEL, Zeichnung 1*b*), an dem die Trommel mit einer Hand gehalten wird, während die andere sie spielt. Stimmpaste aus Bienenwachs oder Kolophonium kann auf das Fell aufgetragen sein.

(*c*) *Saiteninstrumente*. Selten, doch kommen →Musikbogen und Mundbogen vor.

(*d*) *Blasinstrumente*. Große Vielzahl an großen und kleinen Flöten, Längs- (auch →Kerbflöten) und Querflöten ohne und mit drei oder vier Grifflöchern (→FLÖTE, 1*b*); →Panflöten fast jeder Art, besonders auf den Solomon-Inseln; →Muscheltrompeten mit seitlichem Anblasloch und Ersatzinstrumente aus kurzen, weiten Bambusröhren (Längstuba) mit seitlichem oder oberem Anblasloch. Ebenso →Schwirrhölzer.

2. Mikronesien

In dieser pazifischen Region gibt es nur einige wenige Musikinstrumente, darunter Gegenschlagstäbe, Sanduhrtrommeln (im östlichen Mikronesien), Nasenflöten und Muscheltrompeten.

3. Polynesien (zu den Instrumenten der Maori siehe unten, 4).

(*a*) *Idiophone*. Angeschlagene Stäbe, Röhren und Kieselsteine; Rasseln (aus Kalebassen u. a.); Bambusstäbe; Schlitztrommeln; Stampfröhren; »Tanzkürbis« (*ipu hula* auf Hawaii: an eine große Kalebasse ist eine kleinere Kalebasse mit einem Loch angeklebt; beim Aufschlagen auf eine Matte entstehen verschiedene Klänge).

(*b*) *Trommeln*. Polynesische zylindrische Trommel *pahu* aus Palmenholz; auf Hawaii wird sie auch zusammen mit der kleinen »Knietrommel« *puniu* aus mit einer Membran überzogenen Kokosnuß gespielt, die mit einem Riemen aus pflanzlichen Fasern angeschlagen wird.

(*c*) *Saiteninstrumente*. Eine Art Mundbogen (*'ukeke*; →MUSIKBOGEN) mit zwei oder mehr Saiten wurde früher beim Buhlen gespielt. →Ukulele und →Hawaii-Gitarre gehen auf europäische Instrumente zurück.

(*d*) *Blasinstrumente*. Sehr verbreitet: →Nasenflöte aus Bambus; Panflöte (wird nicht mehr gespielt); →Muscheltrompete; →Schwirrholz.

4. Neuseeland

Zu den Instrumenten der Maori zählten: Gegenschlagstäbe, Klappern und eine Art der Schlitztrommel (*pahuu*). Die wichtigsten Instrumente waren allerdings neben der Muscheltrompete Blasinstrumente: *kooauau*, eine kurze (ca. 12 cm) Längsflöte aus Holz oder Knochen mit drei Grifflöchern; *nguru*, eine noch kürzere Flöte mit zwei Grifflöchern, manche Exemplare aus Keramik oder Stein; sowie die bis zu 60 cm lange zigarrenförmige hölzerne *puutoorino*, über deren Spielweise nichts bekannt ist.

Lit.: Collaer 1965; Fischer 1983; Kunst 1967; Moyle 1976; Myers 1983; Roberts 1926.

Pedal

1. Die →Klaviatur für die Füße bei der →Orgel (hier für das Pedalwerk) oder bei Instrumenten wie dem →Pedalklavier.

2. Hebelmechanismus für die Füße zum Ein- oder Ausschalten von Registern (→REGISTER, 1), Dämpfungseinrichtungen o. ä. bei →Kiel- und →Hammerklavieren.

3. Kipphebel zum Balgtreten bei →mechanischen Klavieren, Kleinorgeln (→Positiven) und →Harmoniums.

Pedalklavier Ein im 19. Jahrhundert gebautes →Hammerklavier oder Hammerflügel (→KLAVIER) mit Pedalklaviatur. Für das äußerst seltene Pedalklavier gibt es Kompositionen von Schumann und Gounod.

Pedal Steel Guitar   →HAWAII-GITARRE, 2.

Pedalwerk   →ORGEL.

Peitsche (engl.: *whip*). Eine Art der →Klapper, hergestellt aus zwei flachen Hartholzbrettern von etwa 40 bis 60 cm Länge und ca. 5 cm Breite. Das eine Brett ist etwas länger, weil es einen Griff hat, an dessen Ende das andere Brett mit einem Scharnier angeschraubt ist. Die Peitsche kommt in Mahlers Sechster Sinfonie und seitdem in vielen anderen Kompositionen vor. Sie wurde in Wien bei Vergnügungsveranstaltungen möglicherweise für Polkas verwendet (wo eine echte Peitsche gefährlich sein konnte).

Percussion   →SCHLAGZEUG.

Pfeifen

1. (engl.: *pipes*) Organologisch betrachtet jede Schallquelle, bei der in einem Rohr eine stehende Welle entsteht. Man unterscheidet →Labialpfeifen (Lippenpfeifen) und →Lingualpfeifen (Zungenpfeifen).

2. (engl.: *whistles*) Kleine →Flöten mit (in der Regel) nur einem Ton. Die bekannten Metallpfeifen in Zeichnung 1*a-d* – jede mit einem Loch für eine Schlinge – haben Vorfahren aus Pflanzenmaterial oder Keramik über der ganzen Welt.

Scheibenpfeifen (Zeichnung 1*a*). Sie bestehen aus zwei Metallscheiben in geringem Abstand voneinan-

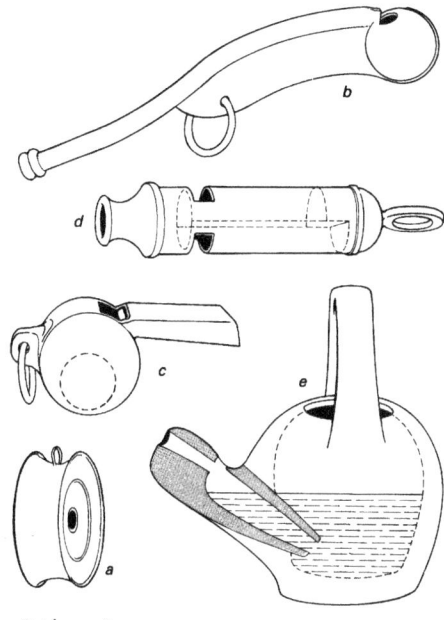

Zeichnung 1

der, jede mit einem Loch in der Mitte. Beim Blasen oder Ziehen entsteht am Loch auf der Gegenseite ein Ton.

Kernspaltpfeifen. Diese Pfeifen basieren auf der Tonerzeugung mittels einer Kernspalte (→ KERNSPALTFLÖTE). Auf der *Bootsmannspfeife* (*Bootsmaatenpfeife*)(*b*) aus einem leicht S-förmig geschwungenen Metallröhrchen, dessen offene Enden Mundstück und Austrittsöffnung bilden, kann man durch Abdecken des Lochs mit der Hand verschiedene Signalklänge erzeugen. Die *Trillerpfeife* (für Schiedsrichter usw.) (*c*) hat ein Korkkügelchen, das durch das Blasen im Inneren herumwirbelt. Die *Polizeipfeife* (*d*) ist im Inneren durch ein Metallplättchen in zwei Teile aufgeteilt, wodurch sie zwei halbrunde →gedackte Pfeifen bildet, von denen die eine etwas kürzer ist, so daß kraftvolle →Schwebungen entstehen.

Die als Spielzeuge und Souvenirs verkauften Pfeifen aus Keramik sind häufig in Form eines Vogels. Der Vogel hat ein Griffloch in seiner Brust für einen zweiten Ton.

Eine Besonderheit ist der Pfeifenkessel. Er wird teilweise mit Wasser gefüllt, so daß das innere Ende der Tülle bedeckt ist (Zeichnung 1*e*). Bläst man in die Tülle, erzeugt der Luftstrom ein sich veränderndes Schnalzen, weil zunächst das Wasser aus dem kurzen Tüllenrohr entweicht, zurückströmt, wieder entweicht usw.

Kernspaltlose Längspfeifen. Die aus Holz geschnitzten Pfeifen kommen in vielen Arten vor und haben häufig ein oder zwei Fingerlöcher auf der Seite; sie werden besonders in Afrika zum Jagen, aber auch beim Musizieren in Gruppen gespielt.
Lit.: Pfeifen 1994.

Pfeifenorgel (engl.: *pipe organ*). Im Unterschied zu elektro-mechanischen und elektronischen Orgeln jede → Orgel, deren Klänge mittels Pfeifen erzeugt werden.

Philomele → STREICHZITHER.

Phonola Markenname der Fa. Ludwig Hupfeld, Leipzig, für ihre →mechanischen Klaviere.

Phonograph Das von Thomas Alva Edison 1877 erfundene Walzen-Schallaufzeichnungs- und Wiedergabegerät. Vgl. GRAMMOPHON.
Lit.: Elste 1989 (dort weitere Literaturangaben); Jüttemann 1979.

Phonoliszt Markenname der Fa. Ludwig Hupfeld, Leipzig, für ihr mechanisches Klavier mit zusätzlicher mechanischer Violine (→ MECHANISCHE MUSIKINSTRUMENTE).

Phorminx Antikes griechisches Saiteninstrument; → LEIER, 2*b*.

Physharmonica Ursprünglich der Name eines von Häckel, Wien, um 1820 konstruierten kleinen → Harmoniums mit Fußblasebälgen, mit dem, unter die Klaviatur des →Hammerflügels gestellt, man ausgehaltene Melodien spielen sollte. Später wurde der Name auch anderen frühen Harmoniums und Akkordeons zugeordnet, deshalb auch im Italienischen *fisarmonica* für Akkordeon.

Physik der Musikinstrumente → AKUSTIK DER MUSIKINSTRUMENTE.

Pianica → MELODICA.

Pianino (engl.: *upright pianoforte*). Das in der ersten Hälfte des 19. Jahrhunderts aufgekommene aufrechte →Hammerklavier, das das →Tafelklavier als häusliches Instrument abgelöst hat.

Piano (Pianoforte)
1. Oberbegriff für besaitete Tasteninstrumente mit Hammermechanik. Zur allgemeinen Beschreibung und Geschichte dieser Instrumente → KLAVIER.
2. Stimmbezeichnung in Kompositionen für ein Tasteninstrument mit Hammermechanik.

Piano-Akkordeon →AKKORDEON, 5, 6.

Pianola →KUNSTSPIELKLAVIER.

Piatti Ital. für →Becken.

Pibgorn →HORNPIPE, 1.

Pī Thailändische Bezeichnung für ein →Doppelrohrblattinstrument mit →Becher.

Pien-chung (Bianzhong) Chinesisches Glockenspiel mit acht bis 24 Hängeglocken (*chung*) gleicher Größe, aber unterschiedlicher Dicke.

Piffaro (Piffero (ital.). Ein →Pommer oder ähnliches →Doppelrohrblattinstrument, das einen Dudelsack (→z. B. ZAMPOGNA) begleitet. Im 16. und 17. Jahrhundert verstand man unter *I Piffari* (auch *Pifferari* und *Pifferi*) ein Ensemble aus Pommern, Zinken und Posaunen entsprechend *Les Grand Hautbois* in Frankreich (→ÉCURIE) oder *Hoboys and sackbuts* in England.

Pikkoloflöte (Kleine Flöte) (engl.: *piccolo*; ital.: *flauto piccolo, ottavino*; fr.: *flûte piccolo, petite flûte*). Querflöte mit ungefähr halber Länger der normalen →Querflöte, eine Oktave höher klingend als notiert. Die Pikkoloflöte hat das gleiche →Boehmsystem wie die Querflöte, aber kein Fußstück. Der tiefste Ton ist notiert d^1, klingend d^2. Die Pikkoloflöte ist entweder aus Metall mit zylindrischer Bohrung (ca. 11 mm Durchmesser) oder häufiger aus Holz mit konischer Bohrung und einem gelegentlich metallenen Kopfstück (→QUERFLÖTE, Abb. 1a).

In älterer Orchesterliteratur besteht die Hauptfunktion der vom dritten Flötisten gespielten Pikkoloflöte im Oktavieren der Flötenstimme oder einer anderen Stimme. Dies führt häufig zu ihrer exponierten Lage in extrem schwierigen Passagen. Es gibt aber auch Kompositionen, die zwei (z. B. das *Menuet des Follets* aus Berlioz' *La damnation de Faust* op. 24) oder sogar drei Pikkoloflöten verlangen. Deshalb spielt jeder Orchesterflötist auch Pikkoloflöte.

In neueren Werken wird die Pikkoloflöte häufig wegen ihres »unschuldigen« Klangcharakters im tiefen und mittleren Register eingesetzt, so z. B. in Schostakowitschs Vierter Sinfonie.

Einklappige Exemplare aus dem 18. Jahrhundert sind selten. Corette erwähnt 1740 den charmanten Effekt der Pikkoloflöte in Tanzsätzen, wie in Rameauschen Werken nach 1735. Vivaldi, der für so viele Soloinstrumente Konzerte schrieb, komponierte drei für *flautino*, die vom Tonumfang her Pikkoloflöten und keine →Blockflöten waren. (Bzgl. *flauto piccolo* bei Händel →FLAGEOLETT, 2.)

Die Pikkoloflöte wurde im 19. Jahrhundert auch als Instrument für →Militärkapellen und ähnliche Ensembles hergestellt und steht dann einen Halbton oder eine kleine Terz höher (Länge ca. 29 cm bzw. 27 cm).

Pikkolotrompete →TROMPETE, 2b.

Pī-nai Thailändisches →Doppelrohrblattinstrument, das sich von anderen dieser Gattung dadurch unterscheidet, daß sein Korpus in der Mitte aufgebläht ist und sich an beiden Ende etwas weitet, aber keinen →Becher hat. Das Instrument ist ca. 41 cm lang, aus dunklem Hartholz gedrechselt und hat schwache Ringe an der Ausbauchung. Die sechs Grifflöcher sind in Gruppen zu vier und zwei angeordnet, doch decken jeweils drei Finger einer Hand sie ab. Die Bohrung ist geringfügig konisch. Das auf eine Hülse aufgesteckte Rohrblatt ist aus Palmenblatt (→ROHRBLATT, 4). Der durchdringende, sich über mehr als zwei Oktaven erstreckende Klang ertönt zusammen mit Xylophonen (→RANĀT), Gongs und Trommeln im *Piphat*-Ensemble (→SÜDOSTASIEN, Notenbeispiel 1).

Pincullo Aus Bambus gefertigte →Kernspaltflöte der Anden, insbesondere Nordchiles und Perus, wo sie der Kerbflöte →*quena* an Popularität nahekommt. Sie ist mindestens 30 cm lang und hat normalerweise sechs Fingerlöcher und ein Daumenloch. Sie wird häufig zusammen mit Trommeln gespielt und kommt in regional unterschiedlichen Typen vor, in Ecuador z. B. auch als Einhandflöte.

Piob mhór Die →Sackpfeife des schottischen Great Highland, der schottische Dudelsack also. →SACKPFEIFE, 2a.

Pipa (P'i-p'a) Chinesische →Kurzhalslaute (→LAUTE, 7a); Gegenstück zur →Langhalslaute →*san-hsien* und eines der in China am häufigsten gespielten Saiteninstrumente. Das Korpus (Zeichnung 1) ist sehr flach und zusammen mit dem Hals aus einem Stück gefertigt. Die Decke ist aus Paulownia-Holz gearbeitet und hat bei modernen Instrumenten normalerweise ein kleines Schalloch, das vom Steg verdeckt wird. Die vier Saiten aus Seide

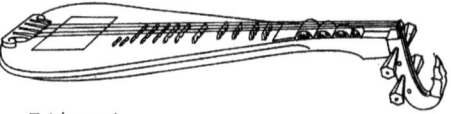

Zeichnung 1

(heute auch mit Draht umsponnenem Nylon) sind gestimmt *a e d A*. Die ersten sechs Bünde sind aus hölzernen Dämmen, auf deren Spitzen dünne Streifen aus Knochen oder Elfenbein aufgeleimt sind. Die weiteren Bünde sind aus Bambus und werden zum Steg hin immer flacher. Die Pipa hat bis zu 25 Bünde in unterschiedlicher Intervallfolge, bei 16 Bünden geht der Tonumfang bis a^2 hoch, bei 25 Bünden bis e^3. Die wichtigsten Bünde reichen über die Breite der Saitenbespannung hinüber, damit ein Finger der linken Hand die Saiten seitwärts dehnen kann, so daß sie bis zu einer großen Terz höher klingen können. Für diesen besonderen Klangeffekt eines glissandierenden Akkords werden die beiden oberen Saiten simultan gezogen. Der Spieler hält die Pipa fast vertikal auf den Knien und zupft die Saiten mit Fingerplektren, den Daumen eingeschlossen. Die Musik wird meist auf den beiden hohen Saiten gespielt, sehr häufig (aber keineswegs immer) mit Tremolo, bei dem alle fünf Finger der rechten Hand mit schneller Folge eingesetzt werden, während die Handposition vor dem Steg wechselt, um den Anreißpunkt und damit das Timbre zu variieren. Auf den tiefen Saiten erklingen zwischendurch kräftige, abrupte Klänge. Die Kompositionen für die Pipa haben hauptsächlich einen programmatischen Hintergrund, ihre Notationen reichen bis ins 18. Jahrhundert zurück und dokumentieren teilweise wesentlich ältere Stücke früherer Jahrhunderte. Ihr Duktus ist kriegerisch oder auch sanft. Ein berühmtes kriegerisches Stück schildert eine historische Schlacht von 202 v. Chr. mit Schwertergeklirr, Böllern (Aufschlagen auf die Lautendecke), Trommeln und schließlich dem Selbstmord des geschlagenen Kriegers. Hingegen mag ein zartes Stück die Klänge des Windes porträtieren, wie er durch das Schilf und über das Meer streicht. Alles in allem wird so eine alte Tradition der poetischen oder epischen Unterhaltung auf einem Musikinstrument gepflegt, ohne daß auf feste musikalische Formen wie Melodien oder Tanzrhythmen zurückgegriffen wird.

Die Pipa kam während des 2. Jahrhunderts v. Chr. aus Zentralasien nach China und stammt vielleicht aus Persien. Wie man aus alten Zeichnungen ersehen kann, hat sie seit langer Zeit den nach hinten gebogenen Wirbelkasten (ähnlich wie bei der arabischen Laute) und viele andere Merkmale wie die (ursprünglich vier) hölzernen Dämme sowie die →Plektron-Spielweise, die auch bei der japanischen →*biwa* und der vietnamesischen *dan ti-pa* traditionell sind.

P'iri Das koreanische Instrument, das dem chinesischen →*kuan* entspricht und mit dem japanischen →*hichiriki* verwandt ist: Die zylindrische 23 bis 28 cm lange Bambuspfeife mit sieben Fingerlöchern und einem Daumenloch wird mit einem großen →Doppelrohrblatt gespielt (eine →»zylindrische Oboe« also). Als Hauptinstrument des Hoforchesters hat er einen lauten, dreisten Klang und kann differenzierte dynamische Schattierungen und expressives Portamento ausführen.

Es gibt verschiedene Ausführungen des *p'iri*: das normale Instrument heißt *hyang-p'iri* (»einheimisches *p'iri*«; →CHINA UND KOREA, Abb. 2, hintere Reihe, Mitte). *t'ang-p'iri* (»chinesisches *p'iri*« ist etwas dicker und hat einen um einige Überblastöne (in die erniedrigte Duodezime) erweiterten Tonumfang. Das für die höfische Kammermusik verwendete *se-p'iri* (»dünnes *p'iri*) ist leiser als das *hyang-p'iri*, weil es einen kleineren Durchmesser hat.

Pirouette, Lippenscheibe (fr.). Die Pirouette ist bei verschiedenen älteren →Doppelrohrblattinstrumenten ein abnehmbarer runder, gelochter Holzaufsatz, der zwischen Korpus und Doppelrohrblatt eingeschoben wird und als Stütze für die Lippen dient. Auf diese Weise schwingen die Rohrblätter in der Mundhöhle wie in einer →Windkapsel. Die gleiche Funktion hat bei folkloristischen Doppelrohrblattinstrumenten die Lippenscheibe, ein rundes Metallplättchen. →POMMER, Zeichnung 1.

Piston In der Orchestersprache das Cornet à pistons. →KORNETT.

Pito (span., »eine Pfeife«). Bezeichnung für volkstümliche Flöten, so eine →Einhandflöte in Spanien, eine →Kernspaltflöte oder eine →Querflöte in Mittelamerika, und eine seltene quergespielte Art von einem →Rohrblattinstrument in Kolumbien.

Piva →SACKPFEIFE, 4.

Pizzikato (ital. »gezupft«, Abk.: pizz.). Spielanweisung für das Zupfen der Saiten bei Streichinstrumenten. Die älteste Vorschrift des Pizzikatos in der Violinmusik findet sich bei Claudio Monteverdi, der im *Combattimento di Tancredi e Clorinda* (1624; gedruckt 1638) an einer Stelle schreibt, hier sollen der Bogen beiseite gelegt und die Saiten mit zwei Fingern gezupft werden. Noch älter ist die Spielanweisung in englischer Gambenmusik. So fordert Tobias Hume »thumb« (Daumen) in *The first part of ayres* (1605). In neuerer Zeit kommen unterschiedliche Arten des Pizzikatos vor: Nicolò Paganini fordert häufig das Pizzikato mit der linken Hand (angezeigt durch ein Kreuz über der Note), Bartók verlangt in seinen Streichquartetten ein besonderes Pizzikato, bei dem die Saite vom Griffbrett weggezogen wird und auf das Griffbrett aufschlägt (angezeigt durch das Zeichen ↓. Außerdem gibt es das ebenfalls von

Bartók angewandte *Pizzicato-glissando*, wobei ein Finger der linken Hand auf der gezupften Saite beim Lagenwechsel liegenbleibt.

Plagiaulos →AULOS, 3.

Platerspiel (engl.: *bladder-pipe*). Hauptsächlich ein volkstümliches Instrument aus dem 13. bis 16. Jahrhundert, das heute noch manchmal in Europa als Kinderinstrument vorkommt. Im wesentlichen ist das Platerspiel eine einfache Version der →Sackpfeife: Eine als Windmagazin dienende Schweinsblase ist über ein Doppelrohrblatt so zusammengebunden, daß sie mittels eines kleines Rohres aufgeblasen werden kann. Die Blase kann mit Ammoniak von Gerüchen befreit und mit Salzwasser geschmeidig gehalten werden. In einigen alten Abbildungen hat die aus der Schweinsblase austretende Spielpfeife ein gebogenes, krummhornähnliches Ende, oder die Grifflöcher scheinen in ein Ochsenhorn gebohrt zu sein. Die modernen Spielzeugversionen (mit einem Gummiballon statt der Blase) haben ein →idioglottes, einfaches Rohrblatt statt des Doppelrohrblatts.
Lit.: Weber 1977.

Plattenglocken (engl.: *bell plates*). Zur Imitation von Kirchenglocken: dicke viereckige, bis zu 1 m hohe und 3 mm starke Platten aus Stahl oder einer Aluminiumlegierung, die an einem Ständer hängen. Solche Plattenglocken wurden im frühen 20. Jahrhundert vielfach in Theatern verwendet. Sie werden mit einem filzumspannten Holzhammer angeschlagen und sind auf Tonhöhen unterhalb des *c* gestimmt.

Player-piano (engl.). →KUNSTSPIELKLAVIER.

Plektron (Plektrum) (engl.: *plectrum*). Hilfsmittel zum Anreißen oder Schlagen der Saiten von Zupfinstrumenten. Bei der Gitarre besteht das meist blättchenförmige Plektron (»Spielblättchen«) aus Aluminium, Elfenbein, Filz, Horn, Kunststoff (Nylon) oder Schildpatt. Bei →Kielklavieren ist das Plektron früher aus einen Federkiel oder aus Leder zurechtgeschnitten gewesen, seit den 1950er Jahren wird meist Delrin, ein elastischer Kunststoff, verwendet.

Pleßhorn →JAGDHORN, 2.

Pluriarc →BOGENLAUTE.

Po (chin.). Ein chinesisches →Becken.

Pochette →TASCHENGEIGE.

Po-chung (chin.). Chinesische Tempelglocke.

Po-fu (chin.). Eine Faßtrommel (→TROMMEL, 4b) für konfuzianische Rituale.

Polsterzungeninstrumente Oberbegriff für jene Blasinstrumente, deren Töne der Bläser primär durch die Schwingungen seiner Lippen erzeugt (z. B. Alphorn, Waldhorn, Trompete, Zink). Der Ausdruck ersetzt den weniger exakten, aber allgemein verbreiteten Begriff der →Blechblasinstrumente.
Lit.: Krickeberg/Rauch 1976.

Pommer (Bombart, Bomhart) (engl.: *shawm*; ital.: *piffaro, piffero*; fr.: *hautbois*, vor 1500: *chalemie*). Lautes Doppelrohrblattinstrument mit konischer Bohrung und Vorläufer der Oboe. Das Rohrblatt wurde normalerweise unter Zuhilfenahme einer »Pirouette« geblasen. Während seiner Hauptanwendungszeit (vom 13. bis zum 17. Jahrhundert) wurde der Pommer für zeremoniale Musik im Freien und in großen Räumen eingesetzt. Bezüglich der zahlreichen verwandten Instrumente in Asien und Nordafrika →DOPPELROHRBLATTINSTRUMENT.

1. Renaissance-Pommer

Der alte europäische Pommer ist in seinen Hauptgrößen vom Diskant bis zum Baß ein wiederbelebtes Instrument der Alte-Musik-Bewegung, das seine Vorbilder in den Originalen aus dem 16. und 17. Jahrhundert hat, die hauptsächlich in den Berliner und Brüsseler Musikinstrumenten-Museen (→MUSIKINSTRUMENTENSAMMLUNGEN) vorhanden sind (vgl. die Übersicht über die Familien von Blasinstrumenten der Renaissance unter →Praetorius).

(a) *Größen*. Die tiefsten Töne der verschiedenen Größen sind in Notenbeispiel 1 angegeben. Der Ton, der entsteht, wenn die sieben Grifflöcher geschlossen werden, ist als Halbe Note dargestellt. Über ihm erstreckt sich ein Tonumfang von etwa einer Oktave und einer Sexte (manchmal mehr). Pommer haben kein Daumenloch. Als Viertelnoten sind jene Töne notiert, die mit zusätzlichen, vom unteren kleinen Finger und Daumen betätigten Klappen erzeugt werden.

Notenbeispiel 1

Pommer (Bombart, Bomhart)

Diskantpommer (engl.: *treble shawm*): eine einteilige, dickwandige Pfeife aus Buchsbaum oder Ahorn, ca. 64 cm lang, fast zylindrisch an der Außenseite, mit sich ausweitendem Schallbecher. Unter den Grifflöchern liegen mehrere Tonlöcher (die immer offen bleiben). Zeichnung 1 zeigt (*a*) eine Metallhülse, deren unterer Abschnitt mit Faden umwickelt ist, (*b*) eine hölzerne →Pirouette mit genug Platz für das Doppelrohrblatt (*c*). Der Spieler preßt seine Lippen auf die flache Oberseite der Pirouette, so daß das Rohrblatt in der Mundhöhle frei schwingen kann.

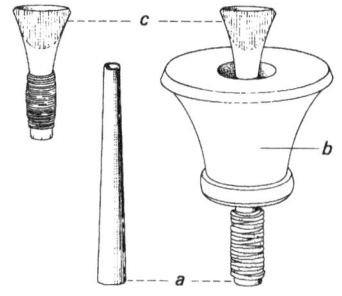

Zeichnung 1

Altpommer (engl.: *alto shawm*): wie der Diskantpommer, nur mit einer Länge von etwa 75 cm und einer Messingklappe, deren Griff aus einer gelochten hölzernen Schutzhülse (»Fontanelle«) herausragt (wie in Abb. 2 von BLOCKFLÖTE).

Tenorpommer (engl.: *tenor shawm*): ca. 110 cm Länge; das Rohr (und die Pirouette, falls sie verwendet wird) befindet sich auf einem gewinkelten Metallrohr. Der *Bassettpommer* ist ähnlich, hat jedoch drei zusätzliche Klappen.

Baßpommer (engl.: *bass shawm*): in Deutschland spätestens seit 1535 bekannt; ca. 2 m Länge. Das Instrument wird im Stehen gespielt und schräg dabei nach hinten gehalten. Ein venezianischer Kupferstich von der Prozession des Dogen 1610 zeigt allerdings, wie das untere Ende eines Baßpommers von einem Knaben gehalten wird, der vor dem Spieler geht (Ongaro 1985).

Großbaßpommer (engl.: *great-bass shawm*): ca. 2,70 m Länge, mit zwei Gruppen von Fingerlöchern und mehreren Klappen.

(*b*) *Pommer-Ensemble.* Während des 16. Jahrhunderts und bis zur Mitte des folgenden war die wichtigste formale Funktion des Pommer repräsentative Musik mit bis zu sechs Stimmen zu spielen, die gelegentlich, wenn nicht sogar in einigen Fällen immer, mit einem →Zinken für die zweite Diskantstimme und einer →Posaune für die Stimme oberhalb des Basses erweitert wurde. Hinsichtlich der Baßstimme kann der Baßpommer zu Prozessionszwecken von dem handlicheren →Dulzian ersetzt worden

Abb. 1. Denis van Alsloot, Ausschnitt aus dem Gemälde einer kirchlichen Prozession (1616), das ein aus Dulzian, drei Pommern, einem Zinken und einer Posaune bestehendes Pommern-Ensemble zeigt.

sein (wie in Abb. 1, links; dem Ausschnitt aus einen Gemälde von Denis van Alsloot, das eine kirchliche Prozession in Brüssel 1616 zeigt – die Proportionen der Instrumente sind nicht exakt getroffen, und der mittlere der drei Pommerbläser hat an dem ungewöhnlich schlanken Instrument seine Hände zu weit unten). Für die ähnliche königliche französische Kapelle bis in die 1650er Jahre (→ÉCURIE) sind sechsstimmige *pavanes pour les hautbois* in den Philidor-Manuskripten in Paris überliefert (zu einem der Stücke →Baines 1957, Abb. 64). Wie üblich für solche Ensemblemusik der Zeit sind sie in F-Dur oder C-Dur geschrieben, doch man kann aufgrund der Beschreibungen von →Praetorius (1619) vermuten, daß ein Pommer-→Stimmwerk die Stimmen einen Ganzton höher spielte, als sie notiert sind, weil der notierte Klappenton f^1 fast unmöglich auf dem normalen Diskantpommer mit d^1 als tiefstem Ton zu spielen ist. Praetorius empfiehlt, daß der Pommer einen Ton tiefer stehen sollte, was häufig moderne Instrumentenmacher mit ihren Pommer-Nachbauten machen.

In späteren Kompositionen, wie Kantaten des Leipziger Thomaskantors Sebastian Knüpfer (1632–1676) gibt es drei Stimmen für *bombardi*, die vermutlich die Pommer der Stadtpfeifer sind. Doch die Hauptaufgabe der Pommer bestand im Musizieren im Freien.

(c) *Abkömmlinge des Pommers*. In Deutschland und den Niederlanden gab es einen schlanken Diskantpommer, der als *Deutsche Schalmey* bezeichnet wurde. Es gibt Exemplare davon aus der Werkstatt von Denner, Nürnberg (→CHALUMEAU).

→SCHREIERPFEIFE zu pommerähnlichen Renaissance-Instrumenten mit →Windkapsel.

2. Entstehung des Pommers

Die Herkunft des Pommers ist bisher ungeklärt, doch vermutet man allgemein, daß das Instrument sich aus der →*surnā* des Mittleren Ostens gegen Ende der Kreuzzüge entwickelt hat und als kleines Blasinstrument in hoher Stimmung zusammen mit →Trompete und Pauke (→*naqqāra*) gespielt wurde. Während des 14. Jahrhunderts erhielt es Diskantgröße, und auch der Altpommer kam unter dem Namen →*bombarde* auf (woraus wahrscheinlich »Pommer« entstand). Im 15. Jahrhundert spielten beide Instrumente beim höfischen *basse danse* mit, wobei der *bombarde* den Tenor, d.h. die cantus firmus-Stimme, ausführte und der Diskantpommer die kolorierte hohe Stimme übernahm; die Trompete (→ZUGTROMPETE) oder – im weiteren Verlauf des Jahrhunderts – die Posaune spielte eine Contratenorstimme.

3. Volkstümliche Pommer und Schalmeien

→hierzu DOPPELROHRBLATTINSTRUMENT.

Ponticello (ital., »Brückchen«). Bezeichnung für den Steg bei Streichinstrumenten. *Sul ponticello* (»auf dem Brückchen«) ist die Spielanweisung für ein Streichen nahe am Steg. Dadurch wird die Intensität der unteren →Teiltöne zugunsten der oberen vermindert, und es entsteht ein harter, dünner, geräuschhafter Ton.

Pontische Lyra →KEMANCHE, 2.

Portativ (engl.: *portative organ*). Eine im Mittelalter und in der frühen Renaissance (12. bis 15. Jahrhundert) übliche Orgel, die klein genug ist, um von einem Spieler im Stehen oder Gehen gespielt zu werden (→ MITTELALTERLICHES INSTRUMENTARIUM, Abb. 1). Die Klaviatur wird nur mit der rechten Hand gespielt, da die linke den Blasebalg betätigt. Nach den bildlichen Darstellungen, die zuerst im 13. Jahrhundert von dem Instrument vorkommen, hatte das Portativ zwei Pfeifenreihen: offene Flöten aus weiß- oder silbrig-bemaltem Zinn. Jede Reihe hatte etwa acht Pfeifen, deren Größe einen Umfang von etwa zwei Oktaven ab c^1 vermuten lassen. Im 14. Jahrhundert erhielt das dann auf einem Tisch oder auf dem Schoß gespielte Portativ einen größeren Umfang. Es sind kleine Originale erhalten, alle Rekonstruktionen beruhen auf Bildquellen, die u.a. Fragen hinsichtlich der Blasebälge aufwerfen. Das Portativ war weit verbreitet als Solo- und als Ensembleinstrument.

Lit.: Hickmann 1936.

Portugiesische Gitarre →ENGLISH GUITAR, 3.

Posaune (engl.: *trombone*, Renaissance: *sackbut*; ital.: *trombone*; fr.: *trombone*, Renaissance: *sacqueboute*). Das Blechblasinstrument mit dem nach vorne führenden »Zug«. Der Zug (engl.: *slide*; ital.: *tiro*; fr.: *coulisse*) entspricht in seiner Funktion den Ventilen der anderen Blechblasinstrumente, obwohl er ins 15. Jahrhundert zurückreicht und von daher die Posaune zum ältesten Blechblasinstrument mit chromatischem Tonumfang macht. Es gibt inzwischen auch – allerdings wenig gespielte – Posaunen mit Ventilen, die den Zug ersetzen; →VENTILPOSAUNE.

1. Der Zug

Eine Posaune setzt sich aus zwei U-förmigen Abschnitten, dem Hauptrohr und dem Zug, zusammen. Diese sind mit stabilisierenden Querverbindungen (»Stützen«, »Brücken«) im Winkel von 90° zusammengesetzt. Das Hauptrohr wird mit der linken Hand gehalten, der Zug mit der rechten. Die Posaune (Tenorposaune) steht in B. Bei eingeschobenem Zug läßt sich die →Naturtonreihe auf B^1 blasen (1. Position). Um die Tonleiter herabzugehen, wird der Zug hinausgeschoben. Siehe Tabelle 1. Nach sieben Positionen wird H erreicht; B ist dann in der ersten Position zu spielen, und so geht es absteigend weiter bis zur 7. Position E. Dieses E ist der tiefste Ton, abgesehen von den schwer ansprechenden »Pedaltönen«, den Grundtönen (ersten Naturtönen), die eine Oktave unter den zweiten Naturtönen stehen. Deshalb klafft eine Lücke im Tonumfang der Tenorposaune, nämlich zwischen E und B^1 (in der Tabelle 1 mit dem Pfeil gekennzeichnet). Die Pedaltöne unterhalb des Pedaltons g^1 (in der vierten Position) werden selten verlangt. Oberhalb der in der Tabelle stehenden Töne reicht in Soli der Tonumfang bis f^2.

Naturton	Position						
	1.	2.	3.	4.	5.	6.	7.
6.	f^1	e^1	es^1	(d^1)	des^1	c^1	h
5.	d^1	cis^1	c^1	h	(b)	a	gis
4.	b	a	as	g	ges	(f)	e
3.	f	e	es	d	des	c	H
2.	B	A	As	G	Ges	F	E
1. (»Pedaltöne«)	B^1	A^1	As^1	G^1	Ges^1	$(F^1$	$E^1)$

Tabelle 1

Jedes Hinausschieben des Zuges erfordert für jeden weiteren Halbtonschritt eine etwas größere Verlängerung, weil sich die klingende Rohrlänge vergrößert. Die Verschiebung von der 1. zur 2. Position beträgt etwa 8,4 cm, von der 6. zur 7. hingegen ca. 11,3 cm. Auf diese Weise lassen sich alle Töne (theoretisch) rein spielen (was nicht immer für Ventilblasinstrumente zutrifft). Alternative Positionen (in der Tabelle 1 oberhalb der Zickzacklinie) werden oft gewählt. Die häufigsten sind umkreist. Mit ihnen lassen sich große Verschiebungen in schnellen Passagen vermeiden, und obendrein kann der Spieler das Timbre in ähnlicher Weise wie der Streicher beim Lagenspiel differenzieren. Ein Nebeneffekt des Zuges ist die Möglichkeit, echte Portamenti und Glissandi auszuführen, wofür alternative Positionen ebenfalls wichtig sind (und die beispielsweise Strawinsky im »Danse infernale« des *Feuervogels* ausdrücklich notiert hat).

2. Moderne Posaunen

Die in Deutschland übliche Posaune unterschied sich um 1900 von der französischen durch einen größeren Rohrdurchmesser (ca. 12,5 mm bis 14 mm gegenüber ca. 11 mm) und hat einen besonders satten, runden Klang. In England und Amerika wurden in der Regel die französischen Modelle gespielt, bis auf einige der amerikanischen Sinfonieorchester, in denen man die weiten Mensuren finden konnte. Doch seit den 1930er Jahren setzte in Amerika ein allgemeiner Wechsel zu der deutschen Mensur ein, als die Posaune ein Instrument der Jazz-, Tanz- und Varietékapellen (→TANZORCHESTER) wurde: Man strebte einen runderen Ton an, im Forte weniger rauh als bei den alten französischen Posaunen.

3. Quartventil

Der Leipziger Instrumentenmacher Christian Friedrich Sattler versah die Posaune 1839 mit einem zusätzlichen Rohrabschnitt (»Quartschleife«) mit Drehventil (»Quartventil«) für den linken Daumen. Diese Quartschleife vertieft die Grundstimmung um eine reine Quarte nach unten (*Tenorbaßposaune in B/F*) für die tiefen Töne, die in der Tabelle 1 fehlen (H^1, C, Cis, D, Dis). Das Quartventil dient aber auch der Vermeidung langer Verschiebungen des Zuges in schnellen Passagen.

4. Baßposaune

Bis Ende des 18. Jahrhunderts wurden Posaunen in drei Größen gefertigt (Alt, Tenor und Baß), ihre Stimmen wurden analog dazu im Alt-, Tenor- oder Baßschlüssel notiert. Daraus entstand die traditionelle Posaunengruppe mit drei Bläsern, obwohl diese inzwischen alle die Tenorposaune in B oder, besonders für die unteren Stimmen, die Tenorbaß-

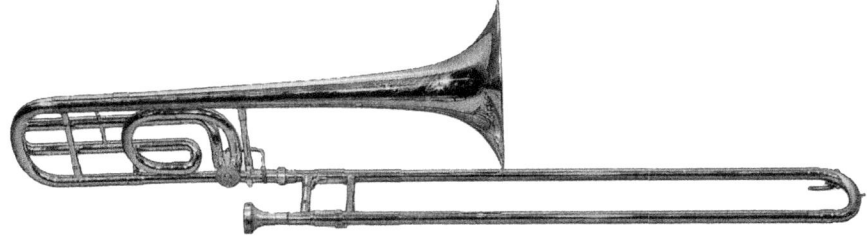

Abb. 1. Baßposaune von Conn, Elkhart, Indiana (USA).

posaune spielen. Für die tiefste Posaunenstimme gibt es auch die spezielle *Baßposaune* mit weiter Mensur (Abb. 1).

5. Andere Tonhöhen und ältere Typen

(a) *Diskantposaune*, ca. 58 cm Länge, sie steht eine Oktave über der normalen Posaune; →ZUGTROMPETE.

(b) *Altposaune in Es oder F*, ca. 30 cm kürzer als die Tenorposaune, von der ihr Part normalerweise übernommen wird. Berg verlangt ausdrücklich die Altposaune in den *Drei Orchesterstücken* op. 6.

(c) *Französische und britische Tenorposaune in B* (in Frankreich gelegentlich in C). Die älteren französischen und britischen Modelle (siehe 2, oben) haben einen Rohrdurchmesser von 11 mm und eine Stürze mit 15 cm Durchmesser. Der leichte, gesangliche Klang, der bei starkem Ansatz ziemlich nasal sein kann, ist heute fast vergessen, kann aber in alten Eigenaufnahmen Elgars noch gehört werden (Elgars eigene Posaune – von Boosey – ist im Besitz des Museum of Instruments, Royal College of Music, London).

(d) *Baßposaune in F*, mit Handgriff am Zug und einer Windung im Schallstück, um die Länge über alles zu verkleinern; sie wurde bis zum Ersten Weltkrieg für Militärkapellen hergestellt.

(e) *Kontrabaßposaune in B oder C*. Kommt in vielen verschiedenen Modellen vor, die meistens einen Doppelzug (*Doppelzugposaune*) haben, so daß keine größeren Verschiebungen als bei der normalen Posaune nötig sind.

6. Alte Posaunen

Die Posaune erscheint um 1460 in Darstellungen und kommt möglicherweise aus Italien oder Flandern (→ZUGTROMPETE). Sie wurde dann im 16. bis zur Mitte des 17. Jahrhunderts das bei weitem wichtigste Blasinstrument für die tieferen Stimmen bei jeder Art von Instrumentalmusik. Um die fünfzig datierte Exemplare, hauptsächlich Tenorposaunen, einige Baß- und wesentlich weniger Altposaunen, gibt es aus der Zeit vor 1650 (die älteste eindeutig datierbare ist von Schnitzer, 1579; Accademia filarmonica, Verona), davon sind alle bis auf zwei von Nürnberger Instrumentenmachern (→TROMPETE, 4c).

Die Rohrdurchmesser sind eng (Tenorposaunen: ca. 10 mm, also wie bei der damaligen Trompete) und bleiben zylindrisch bis hinter dem Stimmbogen vor dem Schallstück, das zunächst gering trichterförmig ist und nachher weiter auseinander geht, doch nur bis zu ca. 10 cm Durchmesser am Stürzenrand (wo der Hersteller seinen Namen und das Datum graviert hat). Auf bildlichen Darstellungen halten die Posaunisten ihre Instrumente häufig direkt am Zug

Abb. 2. *Deutscher Posaunenspieler, Stich von Heinrich Aldegrever (1538); man beachte den engen Schalltrichter und die altertümliche Haltung des Zugs (die beiden anderen Instrumente sind vermutlich Zugtrompeten).*

und nicht ausschließlich an der Stütze (Abb. 2). Die Spieltechnik war sehr ausgereift. →Mersenne spricht davon, daß auf der Posaune Verzierungen so schnell wie auf dem →Zinken oder der Baßgambe ausgeführt wurden. Die alten Mundstücke sind halbkugelförmig wie die der Trompete. Der Klang dieser alten Posaunen ist weniger füllig als der moderner Posaunen, doch vermischt er sich, wenn er nicht forciert wird, leicht und natürlich mit Gesang, Zink und anderen Instrumenten.

Die Tenorposaune gab A in der 1. Position, doch ein sehr hohes A, höher als das moderne B. (B als Grundton scheint erst im Wien des 18. Jahrhunderts aufgekommen zu sein.) Der Zug war für vier diatonische Positionen, A, G, F und E bestimmt. Damit lag das tiefe B fast außerhalb des Zugs, doch reichen Tenorstimmen nur bis zum c herunter. Sollte eine Tenorposaune eine Baßstimme spielen, wurde ein Bogen zwischen Zug und Schallstück eingesetzt. Die alten Nürnberger Baßposaunen (*Quartposaune* in E und *Quintposaune* in D) haben häufig einen zusätzlichen Zug im Schallstück, der (vor dem Spielen) mit einem langen Stab nach hinten ausziehbar ist. So kann auch das G^1 gespielt werden, das beispielsweise in Kompositionen von Schütz vorkommt.

Heutzutage gut bekannt sind Kompositionen für drei Posaunen und Zinken für die Diskantstimmen (siehe unten, 7a). Diese bereits um 1500 im Zusammenhang mit Kirchenchören auftretende Kombination hielt sich in Deutschland und Italien bis einschließlich des 18. Jahrhunderts, einer Zeit, in der die Posaune ansonsten keine große Bedeutung hat, da die wichtigsten Blasinstrumente des 18. Jahrhunderts französisch waren und in den 1660er Jahren die Posaune zusammen mit dem Zinken von Lully aus der französischen Hofmusik verbannt worden war. Eine Ausnahme war Habsburg, wo die Posaune (häufig als Altposaune) bei der kaiserlichen Sakralmusik von Fux, Caldara und anderen in Wien als Obligatinstrument eingesetzt wurde. Ebenso hat die Posaune in der Oper ihren Platz gehabt, und zwar bei feierlichen, erhabenen Szenen – eine auf spätestens Monteverdis *Orfeo* zurückgehende Tradition. (Im »Tuba mirum« seines Requiems bringt Mozart hingegen klangassoziativ die »Posaune« des deutschen Bibeltexts.) In Frankreich wurde die Posaune erst wieder mit den Revolutionsmusiken eines Gossec als Baßstütze des Orchesters wiederentdeckt und wurde von da an schnell in die überall aus dem Boden schießenden Militärkapellen integriert. Damit begann die moderne Ära der Posaune mit verschiedenen Neukonstruktionen. Die bedeutendste Entwicklung bestand darin, daß – zuerst in Frankreich und dann ab ca. 1810 in Österreich – alle drei Posaunenstimmen von nur noch einem Instrumentmodell, nämlich der Tenorposaune in B wahrgenommen wurden, die in Österreich für die Baßstimme vorzugsweise eine weite Mensur hatte. (Zeitgenössische Kritiker ärgerten sich darüber, daß auf diese Weise die unter dem *E* liegenden Töne in Webers *Freischütz*-Ouvertüre solange wegfielen, bis das Quartventil 1839 erfunden wurde.) Alt- und Baßposaunen wurden weiterhin hergestellt (siehe oben, 5); erst Brahms' Orchesterwerke wurden mit prinzipiell denselben drei Instrumenten, die auch heute noch gespielt werden, aufgeführt.

7. Repertoire

(a) *Frühe Ensemblemusik mit Posaunen.* Giovanni Gabrieli (1557–1612), *Sonata pian'e forte* für zwei vierstimmige Chöre, alle Stimmen mit Posaunen (vom Alt abwärts) mit Ausnahme der zwei obersten Stimmen, die *cornetto* und *violino* (Bratsche vom Tonumfang her) bezeichnet sind; *Canzon*, 15stimmig, in drei fünfstimmigen Chören, deren obere Stimmen ähnlich besetzt sind. Viele andere Renaissance- und Frühbarockkompositionen sind in Ausgaben für Bläser erhältlich. Schütz verwendet Posaunen in vielen seiner Werke, darunter in der für vier Posaunen geschriebenen *Sinfonia* zu der Motette »Fili mi, Absalon« aus den *Symphoniae sacrae I* (1629). Weltliche Kompositionen für drei Posaunen mit einem oder zwei Zinken: John Adson, *Courtly Masquing Ayres* (1621), Matthew Locke, *Music for His Majesty's Sagbutts and Cornets* (1661), J. Pezel, *Fünff-stimmige blasende Musik* (1685), J.G. Reiche (der einige Jahre lang von Bach beschäftigte Trompeter), *Neue Quatricinia* (1696).

(b) *18., 19. und 20. Jahrhundert.* Es gibt Konzerte von Albrechtsberger (für Altposaune), Wagenseil, Reicha und F.A. Belcke (1832). Aus dem 19. Jahrhundert Davids Concertino op. 4 und Rimsky-Korsakows Konzert (ursprünglich mit Militärkapellenbegleitung). Außerdem haben u.a. folgende Komponisten für die solistische Posaune geschrieben: Saint-Saëns (*Cavatina*), Hindemith (Sonate), Tcherepnin (*Andante*), Gordon Jacob (Konzert), Milhaud (*Concerto d'hiver*), Martin (Ballade) sowie Bernstein (*Elegy für Mippe II*) und Bloch (Sinfonie für Posaune und Orchester). Da die Posaune viele neuartige Klangeffekte ermöglicht, wird sie von modernen Komponisten besonders geschätzt, darunter von Berio (*Sequenza V*) und Vinko Globokar, der selbst ein vorzüglicher Posaunist ist und viele Koompositionen für sein Instrument geschrieben hat (darunter *Discours II* für fünf Posaunen, *Kolo* für gem. Chor, Posaune und Elektronik, *Prestop II* für Posaune und Elektronik).

Lit.: Bahr 1988 (Diskographie); Bate 1966; Gregory 1973; Guion 1988; Posaunen 2000; Sluchin/Lapie 2001; Wick 1971.

Positif (fr.). →ORGEL, 2*b*.

Positiv (engl.: *positive organ, choir organ*; ital.: *organo positivo*; fr.: *positif*). Eine kleine, nicht fest eingebaute Haus- oder Kirchenorgel mit wenigen Registern (ausschließlich mit →Labialpfeifen), nur einem →Manual und in aller Regel ohne →Pedal. →auch CHAMBER ORGAN.

Lit.: Wilson 1968 (über englische Positive). →unter ORGEL.

Posthorn (engl.: *post horn*; ital.: *cornetta di postiglione*; fr.: *cornet de poste*). Ein ursprünglich von Postkutschern geblasenes →Signalhorn zur Ankündigung von Ankünften und Abfahrten.

1. Kontinentaleuropäisches Posthorn

Es ist normalerweise kreisrund, hat eine oder mehrere Windungen und kam im frühen 17. Jahrhundert als einwindiges Instrument mit einem Druckmesser von kaum mehr als 7,5 cm auf. Mit dem nach oben gehaltenen Schallstück spielte der Postillion schnelle Signale aus zwei Tönen im Oktavabstand. Die einst überall bekannten Klänge des Posthorns werden in vielen Kompositionen des Spätbarocks und der Klassik zitiert, so in Bachs Capriccio B-Dur *sopra la lontananza del suo fratello dilettissimo* BWV 992 (»Aria di Postiglione«), Händels *Belshazzar* (Nr. 30, Symphonie »Allegro Postillions« mit dem Thema aus dem Satz »Postillions« aus Telemanns Suite B-Dur der 3. Production der *Musique de table*) und Vivaldis Violinkonzert B-Dur *Il conreto da posta* RV 363 (Kopfsatz).

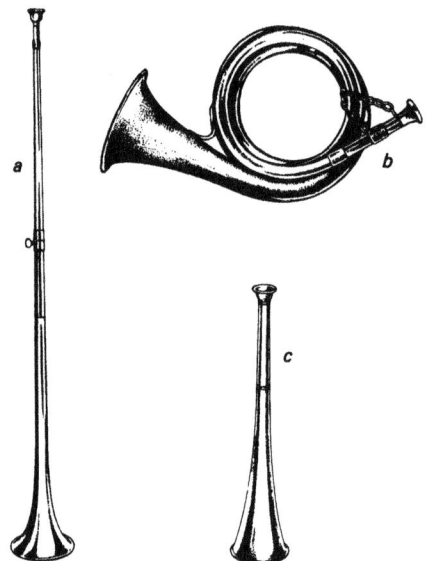

Zeichnung 1. *(a) Englisches Posthorn in As; (b) Deutsches Posthorn in Es; (c) Englisches Jagdhorn.*

Später wurden deutsche und österreichische Posthörner mit mehreren Windungen (siehe Zeichnung 1b) gefertigt, damit mit längerer Röhre höhere Naturtöne geblasen werden konnten. In Mozarts Trio »Die Schlittenfahrt« aus KV 605 (Deutsche Tänze) wurden die zwei Posthörner (hier: *Cornetta di postiglione*) ursprünglich von den Hornisten des Orchesters gespielt: das eine steht in B, das andere, das möglicherweise eine Quarte tiefer als notiert klingen soll, in F. Beethoven (Nr. 12 der Zwölf deutschen Tänze für Orchester WoO 8, 1795) und Schubert (»Die Post« aus dem Zyklus *Die Winterreise*) spielen auf fanfarenähnliche Arpeggien-Signale an, die im 19. Jahrhundert typisch waren. Bei einigen Instrumenten aus dem 19. Jahrhundert ist in der Windung ein kleines Loch, das von einem Finger der das Posthorn haltenden Hand geöffnet werden kann, um die Naturtonreihe um eine Quarte zu erhöhen. Auf diese Weise konnten mehr Töne auf dem Posthorn gespielt werden (vgl. CLARINO, 2). Das Posthorn wurde auch mit Ventilen versehen, um normale Melodien blasen zu können. Die Posthornstimme in Mahlers Dritter Sinfonie ist allerdings im Erstdruck für →Flügelhorn notiert, auf dem sie auch am besten ausgeführt wird (Del Mar 1987). Das →Kornett soll in den späten 1820er Jahren in Paris als Ventilblasinstrument aus dem runden Posthorn entwickelt worden sein.

2. Englisches Posthorn

Im Unterschied zum kontinentaleuropäischen Posthorn ist das englische Instrument gerade. Es ist ca. 70 cm lang und steht in As (Zeichnung 1a). Ein Kornett-Mundstück kann aufgesetzt werden. Die geblasenen Naturtöne sind im allgemeinen der 2. (as^1), 3. (es^2) und 4. (as^2) Naturton. Das ursprünglich auf den Postkutschen (zuerst zwischen London und Bristol 1784) gespielte Posthorn (Zeichnung 1c) war ein kürzeres Instrument mit etwa der Länge eines englischen →Jagdhorns. Runde und signalhornähnliche Hörner wurden auch verwendet. →auch COACH-HORN für den neueren Horntyp aus Kupfer.

Lit.: Hiller 1985.

Präpariertes Klavier (engl.: *prepared piano*). Von John Cage (1912–1992) eingeführte Veränderungen des Klaviertons, indem Schrauben, Radiergummis und andere Materialien an genau bestimmten Abständen zwischen die Saiten geklemmt werden, z.B. in *Bacchanale* (1940) und *Music of Changes* (1951).

Praetorius, Michael (1571 oder 1572–1621). Deutscher Komponist und Musiktheoretiker. Autor der vor 1800 wichtigsten Schrift über Musikinstrumente, des 2. Bandes *De Organographia* (Wolfenbüttel 1618; ²1619, auf dieser zweiten Auflage beruht die weitverbreitete Reprintausgabe, siehe auch Literaturverzeichnis) des dreibändigen Traktats *Syntagma Musicum*. Dieser zweite Band ist in fünf Teile gegliedert: a) Beschreibung und Terminologie, Nomenklatur und Klassifikation der Musikinstrumente; b) Blas- und Saiteninstrumente; c) die alten Orgeln; d) die neuen Orgeln mit ausführlicher Registerkunde, Angaben über Bauart der Windladen und des Pfeifenwerks sowie die Methoden der Intonation und Temperierung; d) Dispositionen berühmter deutscher Orgeln. Der Band wird von dem 1620 hinzugefügten *Theatrum Instrumentorum* (auch: *Sciagraphia*), einer Folge von 42 Kupferstichen mit Instrumentendarstellungen, ergänzt. Die meisten dieser Illustrationen sind maßstabgerecht und lassen sich mit Hilfe des auf dem Rücktitel abgedruckten Längenmaßes von 6 Braunschweigischen Ellen (entsprechend 14 cm) umrechnen.

Der erste Band des *Syntagma Musicum* enthält Aufsätze zur Liturgie, sakralen und weltlichen Musik; der dritte Band eine Formen-, Notations- und

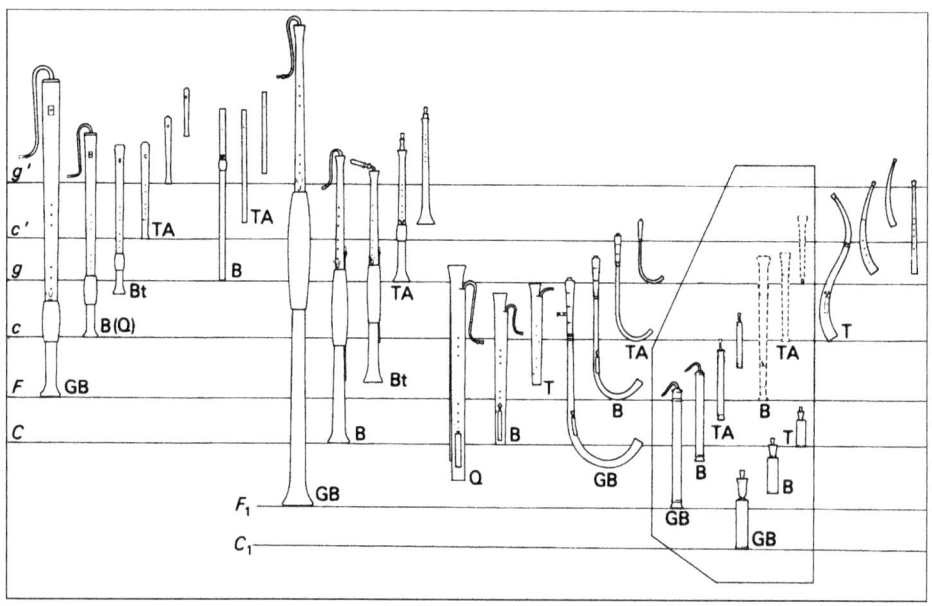

Zeichnung 1. Hauptfamilien der Holzblasinstrumente, nach Praetorius (1618). Alle Instrumente sind maßstabgerecht verkleinert und gemäß ihrem tiefsten Ton (links außen bezeichnet) plaziert. GB: Großbaß, B: Baß (Q: Quint- oder Quartbaß), Bt: Bassett, T: Tenor (TA: Tenor-Alt). Von links nach rechts: Blockflöten, Querflöten, Pommer, Dulziane, Krummhörner und, ganz rechts, Zinken. Eingekastelt die selteneren Familien: Kortholte, Rackette und (oben, aber unsicher) Schreierpfeifen.

Aufführungskunde, orientiert an der neuen »italienischen Manier« des mehrchörigen Konzertierens. Ein vierter Band ist ungedruckt geblieben.

Zeichnung 1 basiert auf Praetorius' Abbildungen und zeigt die einzelnen Instrumente der Hauptfamilien der Holzblasinstrumente maßstabgerecht. Jedes Instrument ist gemäß seinem tiefsten Ton plaziert.

Praetorius-Orgel → ORGEL, 10.

Principale In deutschen Barockkompositionen für Trompete eine Stimme, die ein Register unterhalb des *Clarino*-Registers liegt (→ TROMPETE, 4d).

Prinzipal In einer → Orgel die wichtigste Registerfamilie aus offenen Labialpfeifen, → ORGEL, 3a.

Psalterium (engl.: *psaltery*; ital.: *salterio*; fr.: *psaltérion, sauterie*). In Mittelalter und Renaissance verbreitetes Saiteninstrument, von dem kein Original erhalten ist. Die mit Federkiel oder Fingern angezupften Saiten verlaufen quer über einen flachen Resonanzkasten unterschiedlicher Form.

1. Formen des Psalteriums

Das Psalterium ist in den vielen bildlichen Dokumenten am häufigsten in jener, seit dem 12. Jahrhundert auftretenden Form dargestellt, bei der der Resonanzkasten nach innen gebogene Zargen hat (→ MITTELALTERLICHES INSTRUMENTARIUM, Abb. 1, zweites Instrument von rechts). Durch diese Höhlung wird – wie bei dem gebogenen Harfenhals – das Überdehnen der mittleren Saiten vermieden, da die Saitenlängen den akustischen Proportionen entsprechen (d. h. doppelte Saitenlänge für den eine Oktave tieferstehenden Ton). In dieser Form konnte das Instrument beim Spiel im Stehen auch leicht mit den Armen vor dem Brustkorb gehalten werden (mit den längsten Saiten zuoberst). Es wurde ebenso im Sitzen gespielt. Italiener erkannten in ihm eine gewisse Ähnlichkeit mit einem Schweinskopf und nannten es *strumento di porco*. In vielen Darstellungen ist das obere Teil des Psalteriums vor den gebogenen Zargen rechteckig weitergeführt, doch ist der Grund für die dort aufgezogenen zusätzlichen Baßsaiten unbekannt – wie so vieles im Zusammenhang mit dem Instrument. Ein Psalterium des 15. Jahrhunderts kann zweifach bezogene Saitenchöre aus Metall (Silber wird erwähnt) und einen Tonumfang bis zu drei diatonischen Oktaven haben. Andere Formen des Psalteriums sind so, als ob die bisher erwähnte in der Mitte geteilt ist und die schiefe Zarge dann gebogen, gerade (trapezförmig wie das → *qānūn*) oder parallel zur gegenüberliegenden Zarge ist. Alle diese Formen kommen in den Cantigas-Miniaturen vor (→ MITTELALTERLICHES INSTRUMENTARIUM, 2) und können von

Vorbildern abstammen, die Araber in Spanien einführten (oder erfanden), woraus sich einige altfranzösische Namen erklären: *canon* (von *qānūn*) und *micanon* (»Halbcanon«, die halbierte Form).

Das Psalterium wird in verschiedenen Schriften gepriesen, in den Canterbury Tales ebenso wie in den Sonetten von Prudenzani (ca. 1420), wo der Klang von *menacordo*, *liuto*, *flauto* und *salterio* beschrieben wird und das Psalterium (*salterio*) als jenes Instrument mit dem schönsten Klang gepriesen wird. Ungefähr zu dieser Zeit erscheint in bildlichen Darstellungen das mit Klöppeln geschlagene →Hackbrett, das dann im 16. Jahrhundert das Psalterium fast vollständig abgelöst hat.

2. Harfenpsalterium

Moderne Bezeichnung für ein mittelalterliches Instrument, dessen früheste Bildquellen aus dem 11. Jahrhundert stammen (d.h. ungefähr zu der Zeit, als die mittelalterliche Harfe auftritt, und ein Jahrhundert vor dem »schweinsköpfigen« Psalterium; siehe 1, oben). Auf den ersten Blick ist es ein Harfentyp, der hochkantig vor der Brust gespielt und an der Oberseite gestimmt wird. Doch die geraden Zargen und Rosetten lassen hinter den bis zu dreißig Saiten einen Resonanzkasten vermuten. Es kann sein, daß wie bei der barocken →Spitzharfe die Bespannung zumindest in einigen Fällen auf beiden Seiten des Resonanzkorpus verläuft. Möglicherweise war dieses Instrument das erste, dem im europäischen Mittelalter der alte lateinische Name *psalterium* gegeben wurde, wobei jene vielen bildlichen Darstellungen mit offensichtlich frei erfundenen Instrumenten – die älteren Deutungen des im Alten Testament genannten Instruments entsprechen sollen – unberücksichtigt bleiben (→MITTELALTERLICHES INSTRUMENTARIUM, 4; sowie ROTTA).

3. Klassifikation

Die unter 1 und 2 genannten Instrumente fallen in die organologische Kategorie der Zithern. Die →Zithern der europäischen Volksmusik sind darin eine separate Instrumentenfamilie. Das →Streichpsalter ist ein modernes Instrument.

4. Antike

Es gibt keinen schlüssigen Beweis dafür, daß das Altertum Instrumente in der Art des mittelalterlichen Psalteriums oder der Zither gekannt hat. Im antiken Griechenland ist *psaltērion* der Oberbegriff für Saiteninstrumente, die mit Fingern gezupft wurden (im Gegensatz zu den →Leiern, die normalerweise mit →Plektron gespielt wurden). Das Hauptinstrument der Psalterien war eine vertikale Winkelharfe (→HARFE, 10*b*(i); BIBLISCHE MUSIKINSTRUMENTE, 1*c*);

daher sahen seit dem 4. Jahrhundert die Kirchenväter im Psalterium mit seinem aufwärts führenden Korpus eine Allegorie des Himmlischen im Gegensatz zur aufgrund ihres ganz unten liegenden Korpus weltlichen →*kithara* (Lyra).

Griechische Schriften erwähnen mindestens sechs verschiedene Instrumente, die zu den Psalterien gehören (z.B. *epigoneion*, *magadis* oder *pektis*, *sambyke*, *trigonon*), doch ist näheres über sie nicht bekannt.

Pūngī Pfeife der indischen Schlangenbeschwörer (auch *magudi*, *tubrī* genannt). Zwei Bambusrohre, jedes mit einem →idioglotten Rohrblatt, sind parallel zusammengebunden und in eine mit Wachs abgedichtete Kalebasse gesteckt. Das eine Rohr hat Fingerlöcher, die häufig mit Wachs gestimmt sind, das andere Rohr keine, weil es einen →Bordunton erzeugt. Der Spieler bläst mit interzirkulärer Atmung (→kontinuierliches Spiel) in den Kalebassenhals. Die Musik beginnt sanft und wird aufgeregter, sobald die Kobra hin und her schwingt. In Marokko und anderswo spielen Schlangenbeschwörer auf einer →Sackpfeife oder der Längsflöte *nāy*. In Indien kann man solchen »Kalebassenpfeifen« wie der *pūngī* auch als Volksmusikinstrument ohne Verbindung zu Schlangenbeschwörungen begegnen.

Puniu Trommeltyp auf Hawaii; →PAZIFISCHE INSELN, 3*b*.

Putorino (oder *puutoorino*). Blasinstrument der Maori; →PAZIFISCHE INSELN, 4.

Qānūn Zupfinstrument des Mittleren Ostens, das insbesondere in Ägypten, Syrien, der Türkei (*kanūn*) und Armenien gespielt wird. Es gehört zur Kategorie der →Zithern und ist mit dem →Psalterium verwandt. Der flache Resonanzkasten, dessen linke Zarge schräg verläuft, kann bis zu 90 cm lang und 10 cm hoch sein. Das Instrument wird auf dem Schoß gespielt, wobei die lange Seite dem Spieler am nächsten ist und die Reihe der Stimmwirbel links liegt. Der Steg auf der rechten Seite liegt auf vier oder fünf quadratischen Membranen auf. Die 75 in 25 dreifach bezogenen Chören vorhandenen Darm- oder Nylonsaiten werden mit Fingerplektron an beiden Zeigefingern gezupft. Die schnelle brillante Spieltechnik besteht häufig aus Oktaven, die zwischen den beiden Händen aufgeteilt werden. In Ägypten führt der *qānūn*-Spieler das Ensemble der klassischen arabischen Musik und der Musik des Theaters an (→ MITTLERER OSTEN). Während einer Aufführung können die Stücke verschiedenen Modi zugehören, deshalb hat die *qānūn* nahe den Stimmwirbeln Reihen kleiner Metallblätter, mit denen die Saiten um einen Viertel-, Halb- oder Dreiviertelton erhöht werden. Es scheint, als ob die *qānūn* bis zum 15. Jahrhundert wie das europäische →Psalterium gegen den Oberkörper gehalten wurde. Das Instrument ist erst seit dem 10. Jahrhundert nachgewiesen, doch stammt sein Name vom Griechischen *kanōn* im Sinn von »Maß für musikalische Intervalle« oder →Monochord ab.

Qaraqib →KASTAGNETTEN, 4.

Qin →CH'IN.

Quart-, Quint- (16.–19. Jahrhundert) Präfix von Bezeichnungen solcher Musikinstrumententypen, die eine Quarte oder Quinte unter oder über der Stimmung des normalen Instrumententyps stehen. Meistens wurden Mitglieder des →Stimmwerks von Blasinstrumenten so bezeichnet, z.B. die tiefer stehenden Instrumente Quartfagott und Quintposaune. →auch KONTRAFAGOTT, 4; TERZ, 1.

Quena (oder *kena*). Kerbflöte (→FLÖTE, 1b(ii)) der Anden, hauptsächlich von Chile bis Peru. Sie besteht aus ca. 30 bis 40 cm langem Bambusrohr mit einem mit einem kleinen Loch durchstochenen Knoten am unteren Ende. Die *quena* wird wie eine →Blockflöte gehalten; der Spieler deckt mit seiner Unterlippe das offene obere Ende fast vollständig ab und richtet den Atem auf die scharfe Kante der Kerbe. Das nicht schwer zu spielende Instrument mit meist sechs, früher fünf Fingerlöchern und einem Daumenloch hat zwei Oktaven Tonumfang oder mehr. Halbtöne werden durch nicht vollständiges Abdecken eines Fingerlochs erzeugt.

Die *quena* geht als eines der wichtigsten einheimischen präkolumbischen Melodieinstrumente bis auf etwa 900 v. Chr. zurück (→INDIANISCHE MUSIKINSTRUMENTE, 1) und ist immer noch neben der ebenfalls einheimischen Kernspaltflöte →*pincullo* ein beliebtes Instrument. Sie wird in der Schule in pentatonischer Stimmung gelehrt; es werden auch europäische Melodien auf ihr gespielt. Außerdem erklingt sie häufig zusammen mit Trommeln im Freien.

Querflöte (engl.: *flute*; ital.: *flauto*; fr.: *flûte*). Die im 20. Jahrhundert in aller Regel aus Metall, bis Ende des 19. Jahrhunderts aus Holz gefertigte moderne Querflöte (vor allem als Orchesterinstrument auch »Große Flöte« genannt) ist insofern einzigartig unter den Instrumenten des Sinfonieorchesters, als sie nach theoretischen Grundsätzen der Akustik konstruiert ist. Diese Konstruktion ist die Leistung des Münchner Erfinders und Flötisten Theobald Boehm (1794–1881), der das zylindrisch gebohrte Instrument 1846 – ein Jahr, nachdem sich Adolphe Sax sein →Saxophon patentieren ließ – konstruierte. Ältere Flöten waren seit dem Barock umgekehrt konisch gebaut und hatten einfache Klappen und Grifflöcher; hierzu siehe 4, zu den noch älteren Renaissance-Flöten siehe 5. Zu anderen modernen Querflöten →PIKKOLOFLÖTE; ALT- UND BASS-FLÖTE. Zu außereuropäischen Querflöten →FLÖTE, 1a.

1. Boehm-Flöte (Abb. 1)

Die Flöte, vom Spieler seitwärts nach rechts gehalten, besteht aus drei Teilen: dem Kopfstück mit dem Mundloch, auf dessen Kante der Atem durch die etwas schmal-gespannten Lippen trifft, dem Mittelstück mit den meisten Klappen und dem kürzeren Fußstück, das so gedreht werden kann, daß der rechte kleine Finger bequem über den letzten drei Klappen liegt. Mittel- und Fußstück bilden einen Zylinder mit einem Innendurchmesser von 19 mm, aber das Kopfstück mit einem parabolischen Profil verjüngt sich um etwa 2 mm dort, wo die Bohrung von einem mit Metall besetzten Stimmkork links vom Mundloch geschlossen ist. Die Querflöte ist meist ganz aus Neusilber, Sterling-Silber oder Neusilber mit dem Kopfstück aus Silber gefertigt; es gibt auch zufriedenstellende Modelle aus Edelstahl. Unter der Voraussetzung einer guten Konstruktion und sauberen Fertigung sollte das Material keinen Einfluß auf den Ton und die Ansprache haben, doch gelten Flöten aus schwerem Metall wie 14karätigem Gold oder einer Platin-Legierung als besonders voll und warm im Ton und werden deshalb von den bedeutenden Solisten bevorzugt. Holz (Kokos oder Grenadill) wird heutzutage hauptsächlich für Pikkolos und Musikkorpsflöten verwendet. Einige wenige Spieler spielen weiterhin auf guten Holzflöten, wie sie bis in die 1940er Jahre gefertigt wurden, während man sie in den USA bereits nach dem Ersten Weltkrieg kaum noch herstellte – man meinte, daß Holz eine nur wenig flexible und expressive Ansprache ermögliche. Ein Überbleibsel von der Holzflöte ist in der Form der Mundlochplatte zu sehen: Bei der Metallflöte liegt die gebogene Mundlochplatte quasi als »Kamin« auf dem Kopfstück, um die Lochtiefe wie bei einer Holzflöte zu bieten. Hätte das Mundloch lediglich die Tiefe der Stärke des Metalls, wäre der Ton dünner, pfeifiger und weniger stabil in der Stimmung.

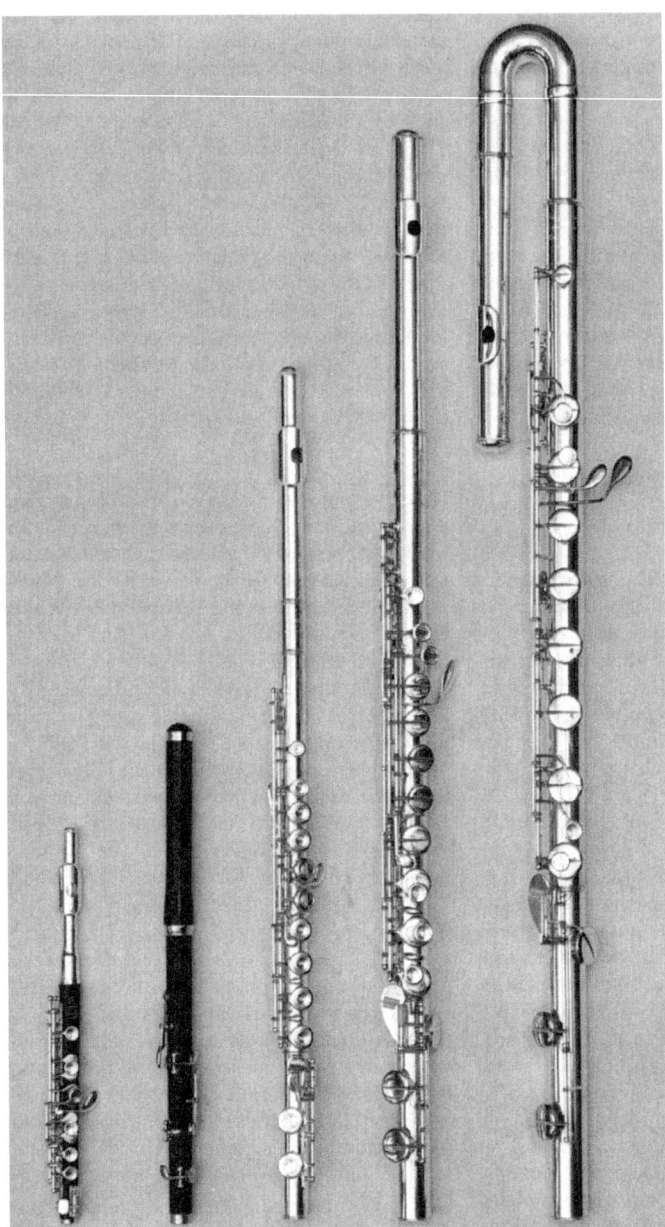

Abb. 1. Heute gebräuchliche Flöten von Yamaha (Japan); von links nach rechts: Pikkoloflöte, B-Flöte, Querflöte, Altflöte, Baßflöte.

2. Klappenmechanismus

Der normale Tonumfang ist c^1 bis c^4; zwei weitere Halbtonschritte werden selten verlangt. Die gepolsterten Klappendeckel ergeben beim Öffnen nacheinander eine aufsteigende C-Dur-Tonleiter durch die ersten beiden Oktaven. Klappendeckel (statt der Finger) auf den Tonlöchern ermöglichen, daß diese so groß sein können (ca. 13 mm Durchmesser), wie es der Durchmesser der Bohrung zuläßt, so daß die Tonlöcher strikt nach dem akustischen Prinzip der temperierten Stimmung (→ TEMPERATUR) gebohrt sind (analog zu beispielsweise der Plazierung der ersten zwölf Bünde der Gitarre). Allerdings ist wegen des kleineren Mundlochdurchmessers und dessen teilweiser Abdeckung durch die Lippen der Abstand zwischen den Löchern und dem Stimmkork um etwa 35 mm verkürzt. Die Klappendeckel am Mittelstück hängen an einer langen Achse, entweder alle an einer oder die beiden mittleren an einer separaten Achse. Zwischenstücke in Form von kleinen Stiften oder Mitnehmern sind notwendig, damit der Spieler alle Griffkombinationen ausführen kann.

Zu den spezialisierten Flötenbauern, die das Boehm-System perfektioniert haben, zählen Louis Lot, Paris, dessen Werkstatt von Marigaux übernommen wurde, und Haynes and Powell, Boston, MA. Einer der geschätztesten gegenwärtigen deutschen Flötenbauer ist Hammig in Baden-Württemberg. Unter den Londoner Flötenbauern ist Albert Cooper führend. Aber auch Yamaha hat unter den großen Herstellern einen guten Ruf.

Einige Modelle, besonders solche französischer Bauart, haben Ringklappen. Das sind Metallringe, die unmittelbar über bestimmten Tonlöchern angebracht sind. Beim Niederdrücken der Ringklappen werden die Tonlöcher mit den Fingerkuppen geschlossen und gleichzeitig andere Klappen und Mechanikteile bewegt. Eine solche Ringklappenflöte hat kleine tonliche Vorzüge: Glissandoeffekte, Vierteltöne (ohne Veränderung des Ansatzes) und multiphonale Klänge (→ MEHRKLÄNGE) der Avantgarde-Musik sind möglich. Zu der Querflöte kann ein Fußstück geliefert werden, das 5 cm länger als normal ist und eine zusätzliche Klappe für den kleinen Finger hat, um den Umfang bis zum h herunterzubringen – gefordert beispielsweise am Ende von Mahlers Vierter Sinfonie (und ein Hinweis darauf, daß die zu Mahlers Zeiten üblichen konisch gebohrten österreichischen Querflöten diese Umfangserweiterung hatten).

Die Spielpraxis auf der Querflöte hat sich sehr gewandelt, besonders seit dem Wechsel von der Holz- zur Metallflöte. Die Holzflöte wurde allgemein so gespielt, daß sie einen gleichmäßigen, vibratoarmen Ton gab (was man normalerweise auch von der Klarinette erwartet). Das kontinuierliche Tremolo auf der Querflöte, das der Spieler mit seinem Atem wie beim Singen produziert, ist aus Frankreich mit der Metallflöte zu uns gekommen, und aus ihm hatte sich besonders in Europa, weniger in den USA, als Übertreibung das unendliche »wu-wu-wu« herausgebildet.

3. Höhere Register

Das vom d^2 aufwärts gehende Mittelregister wird wie das tiefe Register gegriffen, während der Spieler in die obere Oktave überbläst, indem er die Lippen, die Kieferhaltung oder beides zusammen verändert und für die ersten beiden Halbtonschritte den Zeigefinger anhebt (→ ÜBERBLASEN). Die logische Konstruktion der modernen Querflöte ermöglicht, daß der Fingersatz weitgehend einem gleichmäßigen Schema folgt.

4. Konische Querflöte

Bei der Vorläuferin der Boehm-Flöte ist die Bohrung umgekehrt konisch. Sie verjüngt sich zum Fußstück hin, das nicht unbedingt konisch sein muß; das Kopfstück ist zylindrisch mit ungefähr demselben inneren Durchmesser der modernen Flöte. Die historisch wichtigen konischen Querflöten können unterteilt werden in:

(a) *Einklappige Querflöte.* Die barocke Querflöte, für die Bach, Händel und auch noch Mozart komponierten. Sie wird umgangssprachlich vielfach als »Traversflöte« bezeichnet und steht in D; die nacheinander geöffneten Grifflöcher ergeben also eine D-Dur-Tonleiter mit d^1 als tiefstem Ton. Das übliche Material ist Buchsbaum mit Elfenbeinringen, es gibt aber auch Flöten aus Ebenholz oder Elfenbein, die gleichermaßen gut klingen können. Abb. 2, Mitte, zeigt eine typische Konstruktion in vier Teilen. Das Mittelstück (mit den Grifflöchern für die linke Hand) gab es häufig in verschiedenen Längen für verschiedene Stimmtöne (auf der Abbildung ist das längste Stück eingesetzt, die anderen beiden sind einzeln darunter abgebildet). Die ältesten konischen Flöten wurden wohl in Paris in den späten 1670er Jahren entwickelt; sie bleiben bis ca. 1720 einteilig. Originalexemplare davon sind sehr selten, werden aber ebenso wie die typische Barocktraversflöte in großer Stückzahl nachgebaut.

Die Dis-Klappe war während des 18. Jahrhunderts normalerweise eckig. Quantz brachte 1726 neben der Dis-Klappe eine enharmonische Es-Klappe an, die sich zunächst jedoch nicht durchsetzte. Andere mit → Gabelgriffen gespielte Akzidentien sind im tiefen Register schwieriger zu blasen als die entsprechenden Töne auf einer → Blockflöte. Der Klang der konischen Flöte ist weniger durchdringend als der der modernen sein kann. Das liegt u. a. an dem kleineren Mundloch (durchschnittlich 9 mm Durchmesser gegenüber 12,5 mm bei der modernen Flöte) und auch an den sechs kleineren Grifflöchern. Der große Charme der konischen Flöte besteht in der Farbigkeit ihrer Tongebung in den verschiedenen Registern aufgrund der Teilkonstruktur, wie eine experimentelle Analyse gezeigt hat (Shreffler 1983). Viele Feinheiten der historischen Spielweise können in dem ersten bekannten Lehrwerk für die Querflöte, Jacques Hotteterres *Principes de la flûte traversière* (1707 und später), studiert werden. Eines der wichtigsten Quellenwerke zur spätbarocken Aufführungspraxis ist Johann J. Quantz' *Versuch einer Anweisung die Flöte traversiere zu spielen* (Berlin 1752; verschiedene Reprints erhältlich).

(b) *Vier- bis achtklappige Flöten.* Während des letzten Viertels des 18. Jahrhunderts wurden zusätzlich zu der Dis-Klappe drei geschlossene Klappen als

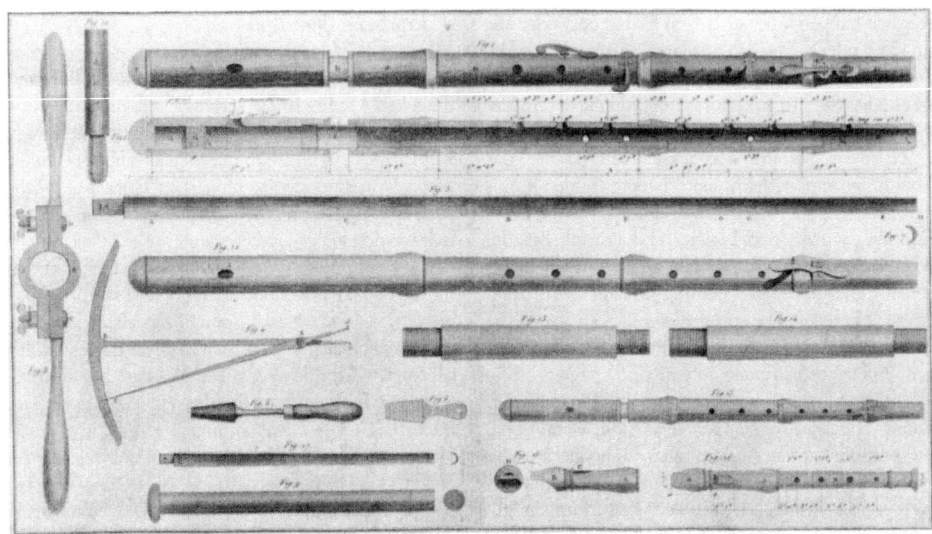

Abb. 2. *Flötenbau, aus dem* Manuel du Tourneur *(Handbuch für Drechsler) von Bergeron (2. Auflage 1816). Von oben nach unten: Vierklappige Querflöte (mit Metallzug zwischen Mittelstück und Kopfstück); Löffelbohrer für die Bohrung; einklappige Querflöte mit zwei darunter abgebildeten Wechselstücken; darunter eine einklappige Pikkoloflöte, ganz unten ein französisches →Flageolett. (Bei der vierklappigen Flöte ist das Mittelstück für die linke Hand falsch herum gezeichnet.)*

Alternativen zu den Gabelgriffen für F, Gis und B und für korrekte Triller auf diesen Tönen hinzugefügt (Abb. 2, oben – die B-Klappe, dem Kopfstück am nächsten gelegen, befindet sich als Daumenklappe eigentlich auf der Rückseite). Jeder ernsthafte Flötist um 1800 gebrauchte eine Flöte mit inzwischen sechs Klappen: Das Instrument hatte jetzt einen »C-Fuß« erhalten, mit dem die bisherige Stimmung auf d^1 zu einer Stimmung auf c^1 in der Tiefe erweitert wurde und auf dem Fuß eine c^1- und cis^1-Klappe notwendig machte. Zwei weitere Klappen – eine lange c^2-Klappe und eine f^1-Klappe auf der anderen Seite ergeben eine Gesamtzahl von acht Klappen, der häufigsten Art der Querflöte vor Boehm. Das Acht-Klappen-Modell, wenn auch mit zusätzlichen Klappen ergänzt bis zu insgesamt fünfzehn Klappen, war noch in den Orchestern und unter den Solisten verbreitet, als Verdi und Wagner die meisten ihrer Opern schrieben.

(c) *Boehm.* Theobald Boehm begann mit 15 Jahren auf einer einklappigen Flöte und entwickelte 1832 sein erstes revolutionäres Modell, das zwar immer noch eine konische Bohrung hatte, doch deren Ringklappen eine Griffweise verlangten, die im wesentlichen noch heute Gültigkeit besitzt. 1847 entstand Boehms zylindrisch gebohrte Querflöte mit parabolischem Kopfstück, damit die oberen Register eine bessere Intonation hatten.

5. Renaissance-Querflöte

Die Querflöte war bereits im 10. Jahrhundert in Byzanz bekannt und hatte Deutschland im 12. Jahrhundert erreicht. Während des 15. Jahrhunderts wurde sie als *Pfeife* zusammen mit der →Kleinen Trommel gespielt. Als ein solches Instrument war sie in einem Stück gefertigt und hatte sechs Fingerlöcher. Anfang des 16. Jahrhunderts gab es diese Flöten in drei Größen, die jeweils um eine Quinte versetzt waren – Diskant, Alt-Tenor und Baß (→PRAETORIUS, Zeichnung 1) – und aus Stimmbüchern gespielt wurden. Die tiefsten Töne dieser Flöten waren meistens a^1, d^1 und g (siehe dazu Thomas 1975). Der Pariser Musikverleger Attaignant publizierte 1533 eine Sammlung französischer vierstimmiger Gesänge, von denen neun speziell als für »fleutes d'alleman«, zwei für Blockflöten und zwölf für beide Flötentypen geeignet seien. Unter den rund dreißig erhaltenen Renaissance-Querflöten ist die Mehrzahl in der Alt-Tenor-Größe, mehr oder weniger der heutigen Querflöte entsprechend. Diskantflöten sind selten, da man offenbar vorzog, die Diskantstimme auf der Alt-Tenor-Flöte zu spielen. Die fast 90 cm lange Baßflöte ist nicht ganz so selten. Morleys *Consort lessons* haben eine bis zum g hinunterreichende Stimme, die aber vielleicht eine Oktave höher gespielt wurde.

6. Repertoire

(a) *Barock.* J. S. Bachs sechs Flötensonaten (die drei Sonaten für Flöte und obligates Cembalo BWV 1030–1032 und die drei Sonaten für Flöte und B.c. BWV 1033–1035) zählen zu den Höhepunkten. Die französischen Flötisten wie Michel de La Barre haben auch jede Menge Kompositionen für ihr Instrument geschrieben. Es gibt viele Flötenkonzerte und mehrere Sonaten von Vivaldi (darunter *La notte* und *Il gardellino*). Benedetto Marcello, Telemann und andere Zeitgenossen komponierten ausgiebig für das Instrument.

(b) *Von der Wiener Klassik zur Gegenwart.* Hier verdienen Mozarts beide Konzerte KV 313 und 314 (letzteres auch als Oboenkonzert überliefert; →OBOE, 5) und die vier Quartette für Flöte und Streichtrio KV 285, 285a-b, 298 Erwähnung. Ansonsten war die Querflöte kein von den großen Komponisten der Klassik und der Romantik konzertant eingesetztes Instrument; ihr Platz war mehr im kammermusikalischen Rahmen (so z.B. Schuberts Introduktion und Variationen op. 160) und innerhalb des Orchesters zu sehen. Die Konzertstücke der Virtuosen des 19. Jahrhunderts sind inzwischen weitgehend außer Mode geraten. Erst mit der französischen Flötenschule des ausgehenden 19. Jahrhunderts entstand wieder ein ergiebiges Repertoire (Fauré, *Fantaisie*; Debussy, *Syrinx* für Querflöte solo und die Sonate für Querflöte, Bratsche und Harfe; Ravels Kammermusik mit Flöte; Ibert, Flötenkonzert; Poulenc, Sonate). Hindemith, Martinů und Prokofieff (op. 94) haben Sonaten komponiert. Komponisten wie Berio (*Sequenza I*, 1958), Cage und Henze haben neue Klangmöglichkeiten der Querflöte entdeckt, u.a. →Mehrklänge sowie den Wechsel des Instrumententyps (Baßflöte, Altflöte, Pikkoloflöte und Große Flöte) innerhalb einer Komposition.

Lit.: Bate 1969; Boehm 1871; Bowers 1977; Geschichte 2008; Handbuch 1999; Lexikon 2009; Meylan 1975; Powell 2002; Rockstro 1890; Schmitz 1952; Toff 1979; Tromlitz 1791; Vance 1987; Ventzke 1966.

Querriegel Bei Zupfinstrumenten wie der →Laute und der →Gitarre die auf die Decke geleimte Leiste, an der die Saiten befestigt sind und die damit den Saitenhalter ersetzt.

Querspinett (engl.: *bentside spinet*). →SPINETT.

Quijada Der gesamte Unterkiefer eines (in der Regel) Maultieres mit den Zähnen, die, falls notwendig, mit Draht locker befestigt werden. Der Spieler hält den Unterkiefer an seinem spitzen Ende (bei den Schneidezähnen) und schlägt mit der Hand auf eine Seite. Dabei entstehen je nach der Stelle des Anschlags unterschiedliche rasselnde Geräusche. Das Instrument wird in der lateinamerikanischen Musik am meisten verwendet, doch wurde es im Mittelalter auch in Europa gespielt und seit den 1840er Jahren ebenso von nordamerikanischen Unterhaltungsmusikern. Ein moderner Ersatz ist das →Vibraslap.

Quint
1. →QUART; KONTRAFAGOTT, 4.

2. Die fünfte Stimme in polyphonischen Kompositionen. Bei den französischen Streichorchestern im 17. Jahrhundert bezeichnet *quinte* eine der drei Mittelstimmen (→BRATSCHE, 4).

3. (»Quinta«, »Quinte«). Bei der →Orgel eine wichtige Nebenstimme (auch »Quintflöte« bezeichnet) zur Verstärkung des 3. Teiltons.

Quinterne Bei Virdung 1511 und Agricola 1525 die Bezeichnung für eine Mandoline, bei Praetorius 1619 für eine Gitarre.

Quinton (fr.). →PARDESSUS DE VIOLE.

R

Rabab (Rebab) Das älteste bekannte arabische Wort für ein Streichinstrument (→BOGEN, 1c) bezeichnet heute eine große Anzahl von Instrumenten, die von Nordafrika, Vorderasien und Indien bis nach Indonesien gespielt werden. Die Typen 1–3 sind senkrecht mit →Untergriff gespielte Streichinstrumente; sog. Spießgeigen, d.h. Streichinstrumente, deren Saitenträger ein Stock ist, der mit seinem unteren Teil einen Resonanzkörper durchspießt. Die Wirbel befinden sich oben am Instrument. Typ 4 wird hingegen gezupft.

1. Rabāb (→ MITTLERER OSTEN, Abb. 1, Mitte)
Die kleine bootförmige Geige der klassischen marokkanischen und algerischen Musik, obwohl sie seit dem späten 19. Jahrhundert weitgehend durch die →Violine ersetzt wurde. Das Korpus besteht aus einem ausgehöhlten Stück, dessen unterer Teil mit (häufig grün bemaltem) Ziegenfell bespannt ist, und dessen oberer Teil aus einer mit zwei oder mehr →Rosetten perforierten Messingplatte gefertigt ist. Der Wirbelkasten führt nach hinten. Zwei dicke Darmsaiten in Tenorlage sind im Quintabstand gestimmt. Zu einem mittelalterlichen europäischen Abkömmlung (Rubeba) →REBEC, 2.

2. Rabāb, Rebab
Die Fidel des arabischen Mittleren Ostens (z.B. der Beduinen), auf der sich Dichter und Erzähler selbst begleiten (*imzad*, →FIDEL, 2b; und GUSLE in Europa). Das auf einem Holzspieß befestigte Korpus besteht aus einem viereckigen oder trapezförmigen Holzrahmen, der vorne und hinten mit Fell bespannt ist. Das

Instrument hat häufig nur eine Saite. Ein äthiopischer Typ (*masenqo*) hat das Korpus rautenförmig am Spieß befestigt.

3. Rebab

Das vom →Kemanche des mittleren Ostens abstammende Instrument des javanischen →Gamelans. Es hat ein herzförmiges hölzernes, mit Pergament überzogenes Korpus (ursprünglich Kokosnuß), das auf einem langen Spieß sitzt, und Metallsaiten, deren schwingender Teil (unter Verzicht auf ein Griffbrett) wie bei allen Spießgeigen nur durch Fingerandruck verkürzt wird. Ähnliche Geigen auf dem asiatischen Festland sind *sō sam sai* (Thailand, →SÜDOSTASIEN, Abb. 2) und *tro khmer* (Kambodscha), von denen einige Exemplare kostbar mit Elfenbein ausgestattet sind.

4. Rubab, Rabab

Eine Kurzhalslaute (→LAUTE, *7a*). Der Name kann also sowohl für ein Streichinstrument als auch für ein Zupfinstrument stehen (was keineswegs der einzige Fall ist).

(*a*) Afghanistan und Tadschikische Republik (Zentralasien), Nordwest-Indien (→auch den Abkömmling SĀROD), Gesamtlänge ca. 1 m. Das tief ausgehöhlte Korpus hat kleine nach innen gebogene Mittelbügel, die annehmen lassen, daß das Instrument früher gestrichen wurde. Die Decke ist aus Fell, der hohle Hals hat vier (oder mehr) Bünde. Drei (oder vier) Saiten in tiefer Stimmung, in Quintabstand, sowie volltönende (nach einigen Berichten chromatisch gestimmte) →Resonanzsaiten aus Draht, die am rechten Korpusrand entlang verlaufen.

(*b*) Eine bei den Kaschgar-Nomaden im Tarimbecken gebräuchliche →Langhalslaute wird *rubob* genannt und hat ein kleineres, rundes, ausgehöhltes Korpus, das an der Stelle, wo der Hals ansetzt, zwei sich krümmende geschnitzte Hörner hat. Der lange Hals hat bis zu 25 umgeschnürte Bünde.

Rabel Altes, mit →Rabab verwandtes spanisches Wort für eine Geige. Heute noch, wenn auch selten, in Kastilien und Chile verwendet für eine bäuerliche Geige mit drei oder vier Saiten.

Rackett (Rankett) (engl.: *racket*; fr.: *cervelat*). Doppelrohrblattinstrument der Renaissance. Durch einen zylindrischen Block (Abb.1, in diesem Fall aus Elfenbein, häufig jedoch aus Holz) führen neun oder zehn parallele Bohrungen von oben bis unten durch, wobei die Bohrungen oben und unten mit Korkstopfen verschlossen sind, unter denen sie in einem für jeweils zwei Bohrungen gemeinsamen Hohlraum mit-

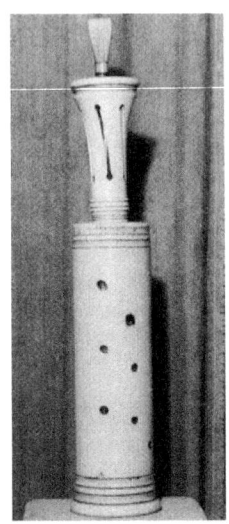

Abb. 1. Rackett aus Elfenbein (um 1580?); Höhe (ohne das moderne Rohrblatt) 18 cm.

einander zu einer kontinuierlichen Röhre verbunden sind. Durch diese verschlungene Windführung kann ein Tenorrackett mit 18 cm Höhe eine enge zylindrische Bohrung mit einer klingenden Länge von ca. 150 cm mit dem C als tiefstem Ton haben. Ein Großbaßrackett, das doppelt so lang ist, ist mit C^1 als tiefstem Ton (dem untersten C auf dem Klavier) eines der tiefsten Blasinstrumente seiner Zeit. Ein Messingröhrchen mit →Pirouette trägt das Doppelrohrblatt, das dem des Fagotts ähnlich ist. Die tiefsten Töne entweichen durch ein Loch in der Seite. Elf um den Block herum nach außen tretende Grifflöcher werden mit den Fingern und Daumen geschlossen, das elfte davon mit einem Fingerglied. In Abb. 1 von RENAISSANCE-INSTRUMENTARIUM wird das Instrument vom dritten stehenden Spieler von rechts gespielt. Rackette werden erstmalig 1576 erwähnt und bis ca. 1640 hergestellt. Ihr Klang ist leise und nasal. Noch drei originale Exemplare aus der Renaissance sind bekannt; sie stammen aus Österreich (Sammlung alter Musikinstrumente, Kunsthistorisches Museum, Wien; Musikinstrumenten-Museum, Leipzig). Es gibt darüber hinaus jüngere Rakkette von barocken Holzblasinstrumentenmachern einschließlich Denner (→CHALUMEAU) mit einem gewundenen S-Bogen neben einem in der Mitte der Säule herausragenden Schallbecher.

Der Name des Instruments kommt von »ranken« und kommt auch in den Formen »Rankett«, »Ranckett« und »Raggett« vor; er nimmt offensichtlich Bezug auf die sich rankende Bohrung.

Tartölt. In der Sammlung alter Musikinstrumente des Kunsthistorischen Museums, Wien, befindet sich ein →Stimmwerk von fünf außergewöhnlichen Doppelrohrblattinstrumenten mit zylindrischer Röhre in schneckenförmigen Windungen. Die äußere Form hat die Gestalt eines Drachen. Die Instrumente kommen aus den Beständen des Schlosses Ambras bei Innsbruck, Tirol, in dessen Inventar von 1596 sie bereits erwähnt sind.

Radleier →DREHLEIER.

Rahmenrassel →SISTRUM.

Rahmentrommel (engl.: *frame drum*). Eine →Trommel, deren Fell über eine Holzzarge gespannt ist (und nicht notwendigerweise mit Schellen an der Zarge). →TROMMEL, 4*d* sowie BENDIR; BODHRÁN; DAIRA; SCHAMANENTROMMEL; TAMBURIN; TAR, 2; BIBLISCHE MUSIKINSTRUMENTE, 2. Nach der Hornbostel/Sachsschen Klassifikation sind Rahmentrommeln dadurch definiert, daß die Höhe des Körpers höchstens gleich dem Fellradius ist.

Ranāt →Xylophone und →Metallophone in Thailand und Kambodscha (dort geschrieben *roneat*). Zu ihren Funktionen in der Musik, z.B. im thailändischen *pīneāt*-Ensemble →SÜDOSTASIEN, 3,4 und Notenbeispiel 1.

Die Platten liegen auf einem hölzernen Resonanztrog und haben einen Tonumfang von bis zu drei Oktaven einer aus sieben ungefähr gleichen Intervallen pro Oktave bestehenden Skala. Die im wesentlichen pentatonische Musik verwendet fünf Töne pro Oktave; die übrigen dienen in schnellen Passagen als Übergangsnoten. Vom Xylophon und Metallophon gibt es zwei Typen. Der mit einundzwanzig Platten steht in höherer Stimmung als der mit siebzehn oder achtzehn Platten; ihre Tonumfänge überschneiden sich mit drei Tönen. Die Spieler schlagen mit den zwei Schlegeln vielfach Oktaven an.

1. Xylophone

Platten aus Hartholz oder Bambus, im Querschnitt konvex auf beiden Seiten, mit Schnüren zusammengebunden und mit rundköpfigen Schlegeln gespielt. Der Trog des ca. 120 cm langen Xylophons in höherer Stimmung, *ranāt ēk*, ist in Form eines umgedrehten Bogens mit einem Fuß in der Mitte; das andere Xylophon, *ranāt thum*, ist flacher gebogen und hat kleine Füße an beiden Enden. Die zwei Instrumente sind in der Mitte von Abb. 2 von SÜDOSTASIEN zu sehen.

2. Metallophone

Stahlplatten (oder manchmal geschmiedete Eisenplatten) auf gefütterten Schienen werden von mit fellumwickelten Schlegeln geschlagen. Die Tröge sind gerade und stehen auf einem flachen Sockel (Abb. 2 von SÜDOSTASIEN, an beiden Enden der Reihe). Das höher gestimmte heißt *ranāt ēk lek*, das tiefer gestimmte *ranāt thum lek*. Die Tonumfänge entsprechen denen der Xylophone. Die Platten werden mit einer Mischung aus Bleispänen und Bienenwachs feingestimmt.

Rankett →RACKETT.

Râpe guero (fr.). →GUIRO.

rasgueado (span., »Durchstreichen«). Spielweise beim Gitarrespiel: das schnelle akkordische Anschlagen mehrerer Saiten von unten nach oben (Anschlag) oder umgekehrt (Aufschlag). →GITARRE, 2.

Rassel (engl.: *rattle*). Rasseln sind →Idiophone, bei denen kleine Körper wie z.B. getrocknete Bohnen gegeneinander oder gegen ein Korpus oder einen Träger prallen. Zu den Hunderten verschiedener Rasselarten gehören beispielsweise →*cabaza*, →*chocalho*, →*maracas*, →Rasseltrommel und →Sistrum. Rasseln spielen im Brauchtum eine große Rolle.

Das Donnerblech (→EFFEKTINSTRUMENTE) ist eine Folienrassel, bei der Materialspannungen ein Knistern und Rasseln erzeugen.

Rasseltrommel (engl.: *rattle drum, clapper drum*). Eine kleine Trommel an einem Stock (→TROMMEL, Zeichnung 1*i*) mit einer Membran oder einer dünnen Metallscheibe auf jeder Seite. Die Membran ist häufig aus Papier. Je eine Schnur mit einer Perle oder einer kleinen Holzkugel ist an zwei gegenüberliegenden Zargenseiten befestigt, so daß beim schnellen Hin- und Herdrehen der Trommel die Kugeln mehrfach gegen die Membrane schlagen. Die Rasseltrommel ist in Ostasien weitverbreitet, wo Straßenverkäufer damit auf sich aufmerksam machen. Die chinesische Rasseltrommel *t'ao-ku* ist ebenso wie die tibetische ein Ritualinstrument; die letztere wird aus einem Paar menschlicher Hirnschalen gemacht (→CHINA UND KOREA, 3*b*). Im Mittleren Osten und im Westen werden Rasseltrommeln hauptsächlich als Spielzeuginstrumente hergestellt.

Ratsche (engl.: *ratchet rattle*; ital.: *raganella*; fr.: *crécelle*). Auf ein grobgezahntes Rundholz (häufig aus Buche) drücken eine oder mehrere in einem Rahmen befestigte Holzzungen und schrapen beim Herumwirbeln des Rahmens um das Rundholz über das Zahnrad hinweg, wobei ein laut knatterndes Geräusch entsteht. Die Ratsche erscheint zuerst in einer Partitur wohl bei Beethoven als akustische Darstellung des Gewehrfeuers (*Wellingtons Sieg*), später fordert Richard Strauss sie in *Till Eulenspiegels lustigen Streichen* und im *Rosenkavalier* (3. Akt).

In einigen spanischen und schweizerischen Kirchtürmen sind sehr große Ratschen (ca. 2 m lange Zungen), deren Zahnräder mit Seilen oder großen Handkurbeln gedreht werden. Diese Ratschen werden in der Karwoche betrieben, wenn die Glocken von Donnerstag bis Samstag nicht läuten.

Rauschpfeife   →SCHREIERPFEIFE.

Rebec   →Fidel mit birnenförmigem Korpus mit rundem Boden und normalerweise drei Saiten, die in Quinten gestimmt sind, wie aus verschiedenen bildlichen Darstellungen und Beschreibungen aus der Renaissance hervorgeht. Einige Organologen verwenden den Ausdruck auch als Oberbegriff für europäische birnenförmige Fideln des Mittelalters, bevor das Wort »Rebec« oder seine ältere Form »Rubele« bzw. »Ribebe« (vom arabischen →*rabab*) nachgewiesen ist; siehe unten, 2.

1. *Rebec in seiner heutigen Bedeutung*

Moderne Rebec-Konstruktionen beziehen sich auf Traktate von Virdung, Agricola und Gerle (also aus der Zeit 1511–1545). In diesen Schriften heißen diese Streichinstrumente allerdings »kleine Geigen« (»Handgeige« bei Agricola). Das Korpus (Abb. 1) ist mit dem Hals aus einem Stück Holz herausgearbeitet. Am kurzen Hals schließt sich ein nach hinten geschwungener Wirbelkasten mit seitenständigen Wirbeln an. Das Griffbrett verläuft nicht auf, sondern über das Korpus (wie bei der →Violine) und breitet sich charakteristisch aus. Die Saiten können in der Stimmung der unteren drei der Violine sein. Das Rebec hat keinen Stimmstock, und das Timbre des Instruments ist, verglichen mit dem der Violine, eher hohl und widerhallend. Das Baßinstrument hat eine vierte Saite, die eine Quinte unter der dritten steht.

Alte Instrumente in dieser Form (und nicht moderne Volksmusikinstrumente aus dem Balkan oder Griechenland, →LYRA) sind nicht erhalten; doch es gibt in verschiedenen Musikinstrumentensammlungen Rekonstruktionen seit dem 18. Jahrhundert, als man unter »Rebec« in Frankreich schlechthin ein altes Streichinstrument verstand.

Ein italienisches Gedicht um 1420 (→PSALTERIUM, 1) nennt das Rebec zusammen mit *Ribecche*, *Rubechette* und einem *Rubecone* als Begleitinstrument in mehrstimmigen Gesängen. Wie sich diese Instrumente unterschieden, ist nicht bekannt. Landini (gest. 1397) soll neben vielen anderen Instrumenten die *Ribeba* gespielt haben. Allerdings zeigen die Miniaturen, die sein Portrait in dem berühmten Squarcialupi-Codex (Florenz) umrahmen und ungefähr aus der Zeit dieses Gedichts stammen, kein rebecähnliches Instrument, sondern eine Fidel mit fast violinähnlichem Mittelbügel. Andererseits wissen wir definitiv von Tinctoris (um 1487), daß das *Rebecum* einen runden Boden hatte. Im 16. Jahrhundert ist *Ribecchino* ein häufiger Ausdruck für die Violine.

2. *Rubebe*

Dieses Wort kommt zuerst in den französischen Romanzen in *Le Roman de la Rose* aus dem späten 13. Jahrhundert vor. Ungefähr gleichzeitig beschreibt Hieronymus de Moravia (→FIDEL, 2) die *Rubebe* als ein zweisaitiges, in Quinten gestimmtes Instrument (wie es noch immer auf das marokkanische Instrument zutrifft, →RABAB, 1), äußert sich jedoch nicht zur Form und zu Details der Spielweise.

In Norditalien ist *ribeba* eine lokal begrenzte umgangssprachliche Bezeichnung für die →Maultrommel, wie übrigens früher auch *rebube* im Französischen.

3. *Polnische Geige*

Agricola bezeichnet 1545 eine Art des Rebecs als »Polnische Geige«. Noch bis zum 20. Jahrhundert wurden in den Karpathen Geigen in Rebec-Form von Hirten und anderen musikalischen Laien gebaut, die bei Bauernhochzeiten gespielt wurden. Eine polnische *Mazanki* in dieser Art, vermutlich aus dem

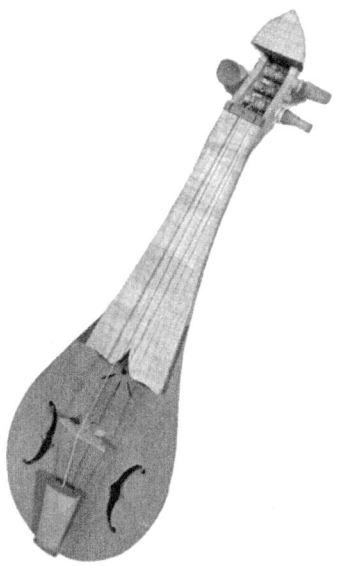

Abb. 1. Ein modernes Rebec (ohne den Bogen), Hobgolin Music, Crawley, W. Sussex (Großbritannien).

16. Jahrhundert, ist im Muzeum Narodowe w Paznaniu, Muzeum Instrumentów Muzycznych, Poznań, erhalten.

Lit.: Bachmann 1964; Hayes 1930; Page 1979, 1987; Remnant 1986.

Reco-reco →GUIRO.

Regal (engl.: *regal*; ital.: *regale*; fr.: *régale*)
1. Eine kleine Orgel (Abb. 1), die ausschließlich mit →Lingualpfeifen (→ZUNGE, 2) bestückt ist. Das Regal kommt von der Mitte des 15. Jahrhunderts bis zum Ende des 17. Jahrhunderts vor und hat die Funktion eines transportablen →Generalbaß-Instruments. Möglicherweise kommt sein Name von »rigole«, wie im Französischen die Kehle der Lingualpfeife heißt. Das Regal steht normalerweise auf einem Tisch. Unmittelbar hinter dem Vorderblock mit der Tastatur befinden sich zwei horizontale Blasebälge, die von dem Kalkanten bedient werden, der dem Spieler gegenübersteht. Das Instrument hat einen nasalen, schnarrenden Klang, der verhältnismäßig grob und undifferenziert ist. Sehr charakteristisch setzt Monteverdi das Regal in *L'Orfeo* ein, wo es lautmalerisch Charons erstes Rezitativ (3. Akt) begleitet.
Der Tonumfang variiert je nach Regaltyp und beträgt bei einem normalen Tischregal etwa E bis c^3. Das Regal ist stets einmanualig. Die Pfeifenanlage ist folgendermaßen: Mit den Blasebälgen (F) wird der Wind in den Windkasten (G) gepumpt. Bei Tastendruck (H) öffnet sich die Sperrklappe der entsprechenden Tonkanzelle. Pro Taste ist eine Messingzunge (Zeichnung 1, A) horizontal über eine Messingkehle (B) festgeklemmt. Mit einem festen Draht (»Stimmkrücke«), der über der Zunge umgebogen ist und wie eine starke Feder gespannt an einer Stelle auf der Zunge aufliegt, kann der schwingende Teil der Zunge genau reguliert werden. So ist es möglich, daß drei Kehlen in gleicher Größe gefertigt werden können. Der Wind wird durch die bei Winddruck periodisch schwingende Kehle hindurch in einen Resonator aus Metall oder Holz (mit Luftlöchern auf der Oberseite) (C) geleitet, aus dem er in die parallel hinter der Klaviatur liegende Pfeifenkammer (D), die mit einem Gitter oder einem mit Stoff bespannten Rahmen (E) und manchmal auch mit einer (zur Lautstärkendifferenzierung) verschiebbaren Verkleidung abgedeckt ist, strömt.

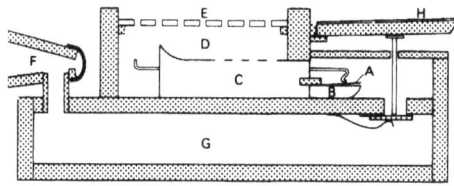

Zeichnung 1. Querschnitt eines Regals.

Abb. 1. Regal von Simon Bower, Deutschland, um 1630 (Museum of Fine Arts, Boston, USA).

Etwa 45 historische Regale sind noch erhalten (→Menger 1973). Regale wurden auch in Buchform hergestellt; solche »Bibelregale« sind wohl zuerst in Nürnberg gegen Ende des 16. Jahrhunderts gebaut worden.

2. Bei der →Orgel ein Lingualpfeifenregister.

Lit.: Menger 1973.

Regenprisma (engl.: *rain machine*). →EFFEKT-INSTRUMENTE.

Register
1. (engl.: *stop*). Bei der →Orgel eine Pfeifenreihe oder eine Gruppe von Pfeifenreihen mit einheitlichem Klangcharakter. Die Tonlage jedes Registers wird durch die Fußtonzahl angegeben (8', 4', 16' usw.), wobei 8' (gelesen: 8-Fuß) diejenige Lage ist, bei der die klingende Tonhöhe der notierten entspricht.

Beim →Cembalo entsprechend ein Saitenbezug (z.B. 8') oder ein Zusatz zum Saitenbezug (z.B. Laute zu 8').

2. (engl.: *register*) Sozusagen die »Etage« bei einer Stimme oder einem Instrument, also ein klanglich mehr oder weniger einheitlicher Abschnitt des Gesamtumfangs.

Reibtrommel (engl.: *friction drum*). Eine über ein Gefäß oder einen Zylinder gespannte Membran, die dadurch in Schwingungen versetzt wird, indem eine durch ein Loch in der Mitte der Membran geführte Schnur oder ein Holzstab gerieben wird. Reibtrommeln sind in Afrika und Asien verbreitet; in Europa waren sie sehr beliebt (es gibt Hinweise darauf schon in Darstellungen aus dem 12. Jahrhundert).

1. Stabreibtrommel (Abb. 1)
Ein dünner Stab wird in dem Loch einer Membran befestigt und mit angefeuchteter Hand auf dem Stab entlanggefahren. Diese Art der Reibtrommel ist in den Niederlanden (*Rommelpot*), in Italien, Spanien und Portugal verbreitet, wo die *zambomba* besonders zur Weihnachtszeit gespielt wird (und in vielen Weihnachtsliedern genannt wird). Bei der *cuica*, einer lateinamerikanischen Art, ist das Fell über das untere Ende des Korpus gespannt und des Spielers Hand greift beim Reiben in das Korpus hinein; moderne *cuicas* können auch Spannschrauben für das Fell haben.

Bei den afrikanischen Stabreibtrommeln ist der Stab beweglich und reibt das Fell.

2. Schnurreibtrommel
Statt eines Stabs ist unterhalb des Fells ein Bund Roßhaare verknotet, das durch die Hand gezogen

Abb. 1. Eine Prozession in Neapel: *Stabreibtrommel, Ratsche (*triccaballa*), Querpfeife und Tamburin (*Illustrated London News*).*

wird. Dieser Typ begegnet einem besonders in Mittel- und Osteuropa (nach dem Brüllen eines Bullen *bukai* genannt). Wohl als erster verlangte Varèse die Reibtrommel im Konzertsaal, hier mit einer Darmsaite als Mittler; u.a. hat auch Bernd Alois Zimmermann sie verwendet (*Die Soldaten*). Gelegentlich wird sie auch als *tambour à corde* bezeichnet.

3. Schwungreibtrommel
Eine Schnur ist unterhalb der Membran verknotet und um einen hölzernen Stab gebunden. Wird die Trommel in der Luft herumgeschwungen, sorgt die Reibung zwischen Stab und Schnur für die Schwingung der Membran. Der Berliner Komponist August Conradi (1821–1873) setzte diese Schwungreibtrommel, die auch als »Waldteufel« bekannt ist, in seiner Komposition *Eine Reise durch Europa* ein. Im Fernen Osten kommt das Instrument mit einer Papiermembran mit bis zu einem cm Durchmesser vor.

Relya Die russische →DREHLEIER.

Renaissance-Instrumentarium Darunter versteht man allgemein jene Instrumente, die seit Mitte des 15. Jahrhunderts bis zum frühen 17. Jahrhundert in Gebrauch waren, teilweise sogar noch im →Barock. Verhältnismäßig wenige Instrumente aus dem 15. Jahrhundert sind erhalten; aus dem 16. Jahrhundert allerdings fast 800 Instrumente (wenn auch in der Regel nicht im Originalzustand) aller wichtigen Typen, und zwar besonders deutscher und italienischer Herkunft: Orgeln, Cembali und Virginale bzw. Spinette; Gamben, Violinen, Lauten, Cistern und Harfen; Quer- und Blockflöten, Pommern, Dulziane, Krummhörner, Zinken, Posaunen, Trompeten und seltene oder sogar einzigartige Beispiele der weniger verbreiteten Typen.

1. Instrumente und Kompositionen

Die Musik der Renaissance besteht zunächst aus dem reichen Schatz an in →Tabulatur notierten Kompositionen für die →Laute und andere Zupfinstrumente (wie die →Cister und die →Bandora) und aus der Orgel- und Cembalomusik, die in Deutschland in Tabulatur, in England und Frankreich in Mensuralnotation notiert wurde. Viele sehen heute das 16. Jahrhundert auch als ein Zeitalter der Consortmusik, d.h. Kompositionen, die von verschieden besetzten Ensembles musiziert werden. Diese Ensembles konnten aus verschiedenen Größen (vom Diskant bis zum Baß) eines Instrumententyps (z.B. der Gambe) oder aus gemischten Instrumenten (Gamben und Lauten beispielsweise) bestehen. In jedem Fall orientierten sich die Besetzungen an der sakralen und weltlichen Vokalpolyphonie. Es gibt bereits im frühen 15. Jahrhundert Hinweise auf verschiedene Größen ein und desselben Instrumententyps (→z.B.

REBEC, 2; BLOCKFLÖTE, 5), andererseits schreibt der flämische Komponist und Musiktheoretiker Tinctoris (ca. 1487) nichts über solche Instrumentenfamilien, obwohl er viele wertvolle Details über einzelne Instrumente vermittelt. Erst Virdung behandelt 1511 in dem ersten gedruckten Traktat über Musikinstrumente die Familien der Blockflöte und des Krummhorns. Agricola fügt 1528 Beschreibungen von Flöten, Pommern, Gamben und Geigen hinzu, die sich zusammen mit den Schriften von Gerle, Ganassi, Lanfranco und Jambe-de-Fer zu einem Bild jener Zeit abrunden, kurz bevor die ersten Violinen von Andrea Amati erhalten sind.

Zu dieser Zeit, als tiefere Baßinstrumente den Klangraum ausweiteten und neue Blasinstrumente den Klangfarbenreichtum erweiterten, pflegten reiche Gönner der Musik Instrumente in manchmal enormer Anzahl zu sammeln (ihre Bestände sind häufig aus alten Inventarien rekonstruierbar; →Baines 1957). Eine der berühmtesten Darstellungen musikalischen Inhalts zeigt den Komponisten Orlando di Lasso (gest. 1594) im Jahr 1565 (?) an einem Virginal inmitten der Musiker der bayerischen Hofkapelle mit Instrumenten von der Violine zum →Rakkett (Abb. 1). Meistens spielten solche Musiker in Gruppen zu fünft oder in ähnlicher Zahl *colla parte* aus den vokalen Stimmbüchern. Zu festlichen Anlässen konnten zusätzliche Musiker engagiert werden, wie beispielsweise 1568 in München, als an einem

Abb. 1. Orlando di Lasso mit den Musikern der bairischen Hofkapelle, Miniatur von Hans Mielich. Um den vor dem Virginal sitzenden Lasso gruppieren sich (links) das Viola da braccio-Consort, das von einem Violone ergänzt wird, und (rechts) die Laute. Hinter den Knabensopranen stehen die Blasinstrumente mit (von links nach rechts) dem Krummhorn, der (nur teilweise sichtbaren) Cornamusa, Baßblockflöte, Querflöte, Posaune, Stillem Zinken, Rackett und Zinken.

Sonntag eine vierzigstimmige Motette von Lassos Zeitgenossen Striggio acht Posaunen, acht Gamben und acht Blockflöten größerer Bauart die übrigen vokal ausgeführten Stimmen ergänzten. Das gemischte Ensemble wurde von einem Cembalo und einer →Erzlaute begleitet (Trojano 1596).

Als unterhaltende Musik eigneten sich die Sammlungen von (hauptsächlich nach ca.1550) *Ricercari* und von Tänzen (wie Claude Gervaises vierstimmige Sammlung von *Danseries*). Eine komplette Aufstellung der gedruckten Instrumentalmusik vor 1600 gibt Brown 1967.

Als Praetorius sein Kompendium der Musikinstrumente 1618/20 (siehe Bibliographie: Praetorius 1619) verfaßte, ordneten Komponisten bereits den verschiedenen Stimmen einer Komposition besondere Instrumente zu.

2. Instrumentenbauer

Einige der berühmteren Instrumentenbauer von Streich- und Blechblasinstrumenten sind in den entsprechenden Einträgen genannt. Die (gelegentlich auch aus Elfenbein gefertigten) Holzblasinstrumente sind selten mit vollem Namen signiert, sondern tragen häufig eine »Marke« (etwa ein Symbol aus dem Pflanzen- oder Tierreich) oder die Initialen des Herstellers. Am häufigsten kommt eine Marke vor, die wie ein Paar Ausrufungszeichen aussieht. Sie erscheint auf mehr als einhundert sorgfältig gearbeiteten Instrumenten, von denen etwa die Hälfte aus alten italienischen herzöglichen Sammlungen und von der 1543 gegründeten Accademia Filarmonica, Verona, stammen (als Beispiel →unter BLOCKFLÖTE, Abb. 2). Neuere Forschungen haben diese Marke der Bassano-Familie von Musikern und Musikinstrumentenbauern in Venedig zugeordnet (Lasocki 1986; Lasocki/Prior 1995).

Zu einzelnen Instrumenten der Renaissance →unter den Saiteninstrumenten BANDORA; BASSLAUTE; BRATSCHE, 3; CEMBALO; CETERONE; CHITARRONE; CISTER; CLAVICHORD, 2; COLASCIONE; FIDEL, 1c; GAMBE; GITARRE; HARFE, 9; KONTRABASS, 5; LAUTE, 2; LIRA DA BRACCIO; LIRA DA GAMBA; MANDOLINE, 5; ORPHARION; PSALTER; REBEC; THEORBE; TRUMSCHEIT; VIHUELA; VIOLINE, 6; VIOLONCELLO, 4; VIOLONE, VIRGINAL; und den Blasinstrumenten BASSANELLI; BOMBARDE, 1; CORNAMUSA; DOPPIONE; DOUÇAINE; DOLZIANA; EINHANDFLÖTE UND EINHANDTROMMEL; KORTHOLT; KRUMMHORN; POMMER; POSAUNE; QUERFLÖTE, 5; RACKETT; REGAL; SCHREIERPFEIFE; TROMPETE, 3, 5; ZUGTROMPETE; ZINK. →auch FONTANELLE; PIROUETTE; WINDKAPSEL.

Lit.: Agricola 1528, 1545; Arnault 1972; Banchieri 1609, Ganassi 1535, 1542; Gerle 1532, 1546; Jambe-de-Fer 1556; Lanfranco 1533; Tinctoris 1484; Virdung 1511; Virgiliano 1600; Zacconi 1592; →auch AUFFÜHRUNGSPRAXIS.

Reproduktionsklavier (engl.: *reproducing piano*). Hammerklavier, das mit eingebauter oder vorgesetzter pneumatischer Apparatur (→VORSETZER) mittels austauschbarer →Künstlerrollen das Spiel von Pianisten reproduziert.

Das erste Reproduktionsklavier entwickelte die Freiburger Firma Welte (*Welte-Mignon*) 1904. Andere Firmen folgten mit eigenen Systemen. Reproduktionsklaviere wurden bis ca. 1930 gefertigt. In den letzten Jahren sind mit dem Yamaha *Disklavier*™ und dem Bösendorfer *Computerflügel* (*SE-Flügel*) digital gesteuerte Reproduktionsklaviere auf den Markt gekommen. →auch KUNSTSPIELKLAVIER, MECHANISCHES KLAVIER.

Lit.: Namhafte Pianisten 2001; *The Pianola journal* 1(1987)ff.

Requinto (span.)

1. In Spanien und Lateinamerika eine kleine, hell klingende Gitarre, die lokal unterschiedlich gebaut, besaitet und gestimmt ist (→GITARRE, 5). Im Kolumbien kann sie z.B. etwas kleiner als eine →*tiple* und mit vier Tripelchören von Stahlsaiten bezogen sein, die wie die ersten vier Saiten der Gitarre gestimmt sind. In Mexiko, Argentinien und anderen südlichen Ländern kann sie mit sechs Einzel- oder Doppelchören besaitet sein und eine Quarte oder Quinte über der Gitarre stehen.

2. Der Ausdruck, der »höher als normal klingend« bedeutet, bezeichnet in spanischen Militärkapellen die kleine Klarinette in Es (→KLARINETTE, 4c).

Resonanzsaiten (Aliquotsaiten, Sympathiesaiten, sympathetische Saiten) Bei bestimmten Saiteninstrumenten wie der →Viola d'amore und dem →Baryton zusätzlich zu der Saitenbespannung über dem Griffbrett (den Melodiesaiten oder Griffsaiten) unter diesem verlaufende Saiten aus Metall, die beim Spiel auf den Griffsaiten mitschwingen. Die ältesten Instrumente mit Resonanzsaiten sind indischer und zentralasiatischer Herkunft (z.B. die indische Fidel →*sārangī*). In Europa treten Instrumente mit Resonanzsaiten im 17. Jahrhundert auf; siehe auch →*Hardangerfele* und →GAMBE, 4c (für die *lyra-viol*). Resonanzsaiten werden normalerweise diatonisch in der Tonart gestimmt, in der das Instrument gespielt wird. Bei normal besaiteten Instrumenten (ohne Resonanzsaiten) können auch die nicht gespielten Saiten geringfügig mitschwingen und dadurch die Klangfarbe beeinflussen; das gilt besonders für den Hammerflügel. Blüthner verwendet für seine Flügel seit 1873 im Diskantbereich gelegentlich ein sogenanntes Aliquot-Saiten-System, bei dem in der Oberoktave stehende, nicht angeschlagene Resonanzsaiten mitschwingen.

Lit.: Küllmer 1986.

Resonator Ein hohler, seltener ein massiver Körper, der die von dem Klangerzeuger (Saite, Rohrblatt, Zunge, Membran usw.) erzeugten Schwingungen an die umgebende Luft abstrahlt. Der Korpus eines Saiteninstruments ist ebenso ein Resonator wie der Aufsatz (Schallbecher) einer →Lingualpfeife. Größe, Form und (in geringerem Maße) Material eines Resonators bestimmen dessen Eigenfrequenz und damit den Klangcharakter eines Instruments.

Resonatorgitarre (Resophonic guitar) →GITARRE, 4.

Restaurierung →KONSERVIERUNG UND RESTAURIERUNG.

Reyong (Bali). →GAMELAN, 2.

Rgya-gling (Tibet). →CHINA UND KOREA, 3c.

Rhythmusgerät (Drum-Machine) (engl.: *drum machine*). Elektronisches Musikinstrument, das Schlagzeuginstrumente imitiert (Große Trommel, Tom-Toms, Becken, Hi-Hat usw.) und automatisch verschiedene Rhythmen abspielt. Ein Rhythmusgerät ist häufig Bestandteil eines →Keyboards.
Lit.: Enders 1985.

Ringtube →WAGNERTUBA.

Ripieno (ital. für »voll«). In barocken Orchesterkompositionen werden die Instrumentengruppen häufig in *Concertino* (der Solisten) und *Ripieno* (des Tuttis) unterteilt. Zum Beispiel beginnt Händel in seinen Oratorien häufig eine Arie »senza ripieni«, gefolgt von »con ripieni« oder »con ripieni per tutto«; oder er überschreibt einen Satz »senza ripieni la prima volta« bzw. »ripieni per seconda volti«.

Ritter-Bratsche →BRATSCHE, 5.

Rock harp (engl.). In der Rockmusik übliche Bezeichnung für die MUNDHARMONIKA.

Rocking melodeon →LAP ORGAN.

Rock-Instrumentarium Die aus Jazz, Pop- und Tanzmusik hervorgegangene Rockmusik ist hinsichtlich ihrer Instrumente vielfältig zusammengesetzt, allerdings fehen nie →elektrische Gitarren und →Schlagzeug. →DRUM-SET, KEYBOARD, RHYTHMUSGERÄT, SCHLAGFLÄCHE, SCHLAGINSTRUMENTEN.
Lit.: Lasch 1987

Röhrenglocken (engl.: *tubular bells*; ital.: *campane tubolari*; fr.: *cloches tubulaires*).

1. Konstruktion

Lange, am oberen Ende geschlossene Messingrohre, die an Schnüren in einem Gestell aufgehängt sind und mit leder- oder filzbezogenen Holz- oder Kunststoffhämmern an der Spitze angeschlagen werden. Ein normaler chromatischer Satz besteht aus achtzehn Röhren gleichen Durchmessers (ca. 2,5 bis 3,8 cm), aber unterschiedlicher Länge. Damit die in zweiter Reihe aufgehängten Akzidentien vom Hammer erreicht werden können, hängen sie etwas höher hinter den leitereigenen Tönen. Die Röhren haben eine Pedaldämpfung. Der übliche Tonumfang ist c^1 bis f^2 (siehe unten, 2).

Röhrenglocken werden erstmalig um 1867 in Paris erwähnt, später dann erhielt John Harrington, Coventry, ein Patent für Röhrenglocken aus Bronze. Möglicherweise war Sullivan der erste, der sie in einer Komposition (*The Golden Legend*, 1886) eingesetzt hat. Röhrenglocken sind auch in Orgeln, insbesondere in →Kino-Orgeln, eingebaut worden. Es gibt auch Röhrenglocken, die als elektro-akustisches Glockenspiel tiefe Glocken nachahmen (z.B. für →Turmglockenspiele). In vielen modernen Kompositionen werden sie nicht mehr als Glockenersatz, sondern als eigenständiges Schlaginstrument behandelt, mit dem man Akkorde, Tremolo und Glissando spielen kann.

2. Tonhöhe der Röhrenglocken

Ein kurzes Metallrohr erklingt hauptsächlich auf dem Grundton, ein viel längeres Rohr hingegen vermengt höhere →Teiltöne, so daß sein Klang mehr dem einer Glocke ähnelt. Der kräftigste Teilton kommt von der vierten Schwingungsmode, die bei der kleinsten Röhre des normalen Tonumfangs (Länge ca. 95 cm) f^3 (zusammen mit einem Brummen von der tieferen zweiten Mode) erzeugt. Andererseits hört man ein f^2 als den stärksten Ton, weil offenbar die 4., 5. und 6. Mode-Frequenzen (theoretisch) sich wie 9^2, 11^2, 13^2 verhalten (→TEILTÖNE, 6). Für das Ohr stellt sich diese Folge in der Praxis als 2:3:4 dar, wozu das Ohr die »1« als halbe Schwingung von »2« hinzufügt, d.h. eine Oktave unterhalb der 4. Modeschwingung. Auf die 95 cm lange Röhre bezogen bedeutet das ein akustisch erzeugtes f^2 als »Schlagton« (wie bei echten →Glocken).

Römische Laute →MANDOLINE, 5b.

Rohrblatt (engl.: *reed*; ital.: *ancia*; fr.: *anche*). Die flexible, schwingende →Zunge aus Schilfrohr oder ähnlichem natürlichen Material, heute gele-

Rohrblatt

gentlich auch aus Kunststoff, von Blasinstrumenten wie der →Oboe (→auch DOPPELROHRBLATTINSTRUMENT) und der →Klarinette. →auch ZUNGE, 1.

Es gibt »idioglotte« Rohrblätter (siehe 1, unten) als Sonderform der »einfachen« Rohrblätter (wie bei der Klarinette, siehe 2) und »Doppelrohrblätter« (zwei aufeinanderliegende Rohrblätter) bei einem →Doppelrohrblattinstrument. Eine Sackpfeife kann beide Arten haben.

1. Idioglottes Rohrblatt (Zeichnung 1 sowie ROHRBLATTINSTRUMENTE, Zeichnung 1a,b)

Eine der ältesten Formen des einfachen Rohrblatts ist am bekanntesten bei Volksmusikinstrumenten: bei einem Stück Schilfrohr oder Holunder wird das Mark entfernt und das offene Ende zugestopft. Dann wird an einer Seite eine Zunge so eingeschnitten, daß sie entweder nach innen oder nach außen vibrieren kann.

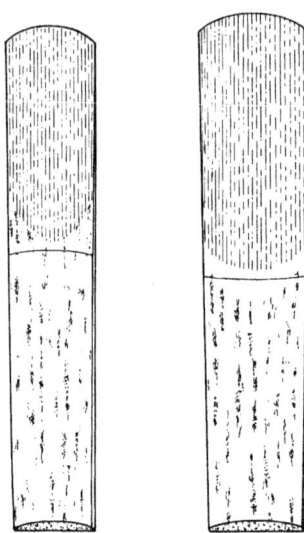

Zeichnung 2. (links) Klarinette, (rechts) Altsaxophon.

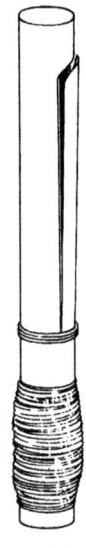

Zeichnung 1. Idioglottes Rohrblatt einer Bordunpfeife bei der Sackpfeife.

2. Einfaches Rohrblatt

Die →Klarinette und das →Saxophon haben ein einfaches Rohrblatt, auch »Einfachrohrblatt« genannt (Zeichnung 2), das über einem Spalt (»Bahn«) an einem separaten Mundstück mit einer »Blattschraube« fixiert wird (→KLARINETTE, Abb. 1) und ausgetauscht werden kann. Es ist aus einer besonderen Schilfrohrart (Arundo Donax), die wild in warm-temperierten Regionen vorkommt und speziell für die Rohrblattherstellung in bestimmten Landschaften Europas, insbesondere in der Region um Fréjus, Südfrankreich, angebaut wird. (Dieses Rohr wird auch für die Doppelrohrblätter verwendet; siehe 3, unten). Die einzelnen Rohrblätter werden hergestellt, indem zunächst ein Rohr in drei oder vier Streifen senkrecht zerteilt wird. Jeder Streifen wird auf seiner Innenseite geradegeschnitten und auf seiner Außenseite mit feinem Sandpapier auf der Hälfte seiner Länge zur Spitze hin ausgedünnt. Wenn die äußerste Spitze zu weich ist, kann sie mit einem speziellen Rohrschneider aufgeschnitten werden. Inzwischen werden auch Kunststoff-Blätter hergestellt, die – wenn überhaupt – vor allem für →Saxophone und Instrumente mit →Windkapsel (z.B. →Krummhorn) benutzt werden.

3. Doppelrohrblatt

Für alle →Doppelrohrblattinstrumente wie →Oboe, →Fagott, →Cornamusa, →Kortholt, →Pommer, →Rackett, →Sarrusophon und viele →Sackpfeifen.

Das Doppelrohrblatt (Zeichnung 3) wird aus einem Stück Schilfrohr von ungefähr doppelter Länge des zugeschnittenen Blatts gefertigt. Für das Oboenblatt kann das in Streifen zu spaltende Rohr einen äußeren Durchmesser von 11 mm haben, für das Fagottblatt 24 mm. Die innere Oberfläche des Streifens wird mit der Hand oder mit einer Maschine ausgehöhlt. Das ausgehöhlte Stück wird nach seinen beiden Enden hin schmaler geschnitten (a) und, nachdem es in Wasser eingeweicht wurde, mit der Borkenseite nach außen in der Mitte umgebogen (b). Die freien Enden werden mit der »Umwicklung« an eine kurze konische Metallhülse angebunden (c). Danach wird das Rohrblatt an der Faltung auseinandergeschnitten, um zwei Blätter des Doppelrohrblatts zu

Rohrblattinstrumente

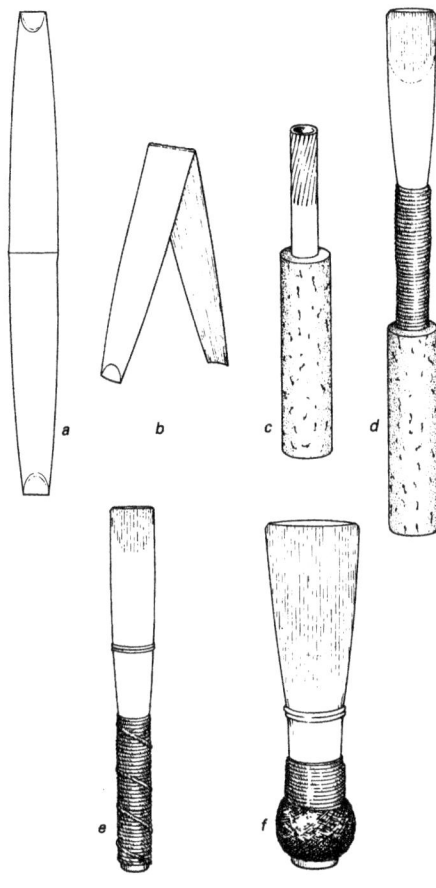

Zeichnung 3. Verschiedene Rohrblätter: (a–d) Oboe, (e) Englisch Horn, (f) Fagott.

erhalten, die dann an ihrer Spitze, am »Mundspalt«, so ausgedünnt werden, daß sie den gewünschten Ton geben, wenn der Hersteller, der meist der Spieler selbst ist, auf das Blatt bläst. Die Oboenhülse ist mit Kork (dem »Rohrkorken«) ummantelt (c, d), um luftdicht mit dem Rohreinsatz abzuschließen. Beim Rohrblatt für das →Englisch Horn paßt die Hülse (gerade eben sichtbar in e) auf den S-Bogen; beim Rohrblatt für das Fagott (f) wird das gefaltete Rohr zusätzlich zur Umwicklung mit Faden mit einer Zwinge aus Draht zusammengehalten.

4. Doppelrohrblätter in der Antike und im Orient

In der Antike (z.B. beim →Aulos) wurde das Doppelrohrblatt anders gefertigt, indem ein Ende eines frischgeschnittenen wilden Schilfrohrs zusammengepreßt wurde. Die zwei ungetrennten Seiten des flachgedrückten Teils vibrieren dennoch wie ein Doppelrohrblatt. Einige alte Rohrblätter in dieser Art aus ägyptischen Gräbern sind im Musée Instrumental, Brüssel, erhalten. In derselben Art und Weise werden die Doppelrohrblätter für asiatische Instrumente vom Typ der →»zylindrischen Oboe« gefertigt.

Bei pommerähnlichen Doppelrohrblattinstrumenten aus Asien und Nordafrika (wie →*shahnāī*, →*surnā*; summarische Aufstellung unter DOPPELROHRBLATTINSTRUMENT) ist das Rohr ebenfalls plattgedrückt, doch erhält es die Form eines Fächers. Das Rohrblatt sieht sehr klein aus, doch kann seine schwingende Länge gleich dem abgeschabten Teil des Oboenblatts sein. In Südostasien wird das Rohrblatt im allgemeinen aus behandelten, auf ca. 5 mm flachgepreßten Streifen geräucherter Palmenblätter hergestellt. Zwei oder mehr solcher Streifen werden zusammengelegt und nach Einweichen umgebogen und zurechtgebunden. Jedes Blatt besteht also aus mehreren Schichten: ein sehr wirksames Doppelrohrblatt, das über zwei und mehr Oktaven spielt (z.B. bei →*hnè*, Birma; →*pī-nai*, Thailand; → auch BLASINSTRUMENTE).

Lit.: Ledet 1991; Smith 1992.

Rohrblattinstrumente Oberbegriff für alle Blasinstrumente mit Einfach- oder Doppelrohrblatt. Zu den verschiedenen Gruppen → BLASINSTRUMENTE, 1*b* und zu den Rohrblatt-Typen → ROHRBLATT. Hier sollen ausschließlich folkloristische Rohrblattinstrumente mit Einfachrohrblatt näher beschrieben und klassifiziert werden.

1. Rohrblattinstrumente mit einer Pfeife

Solche Blasinstrumente mit →idioglottem Rohrblatt (→ ROHRBLATT, 1) werden u.a. auf Kreta aus Schilfrohr im Winter hergestellt und im Sommer an Touristen verkauft (Zeichnung 1*a*). Sie sind etwa 18 cm lang und haben eingebrannte Fingerlöcher. Um sie zu spielen, wird das Rohrblatt in den Mund genommen. Da sie ein Einfach-Rohrblatt haben, werden sie auch als klarinettenähnliche Blasinstrumente klassifiziert. In Kolumbien und Afrika (Sudan) gibt es auch »Querklarinetten«, deren Rohrblatt ganz normal an der Seite geschnitten ist, die aber wie eine Querflöte gehalten werden.

2. Doppelpfeifen

Häufig besteht ein solches folkloristisches Instrument aus zwei Pfeifen, die zusammen erklingen. Nach →Sachs unterscheidet man sie in »parallele« und »auseinanderlaufende« Doppelpfeifen.

(a) *Parallel.* Zwei Pfeifen sind zusammengebunden oder mit Wachs zusammengeklebt (Zeichnung 1*b*), z.B.→*zummāra*, Mittlerer Osten; wegen der – beabsichtigten oder natürlich entstehenden – leich-

Rommelpot

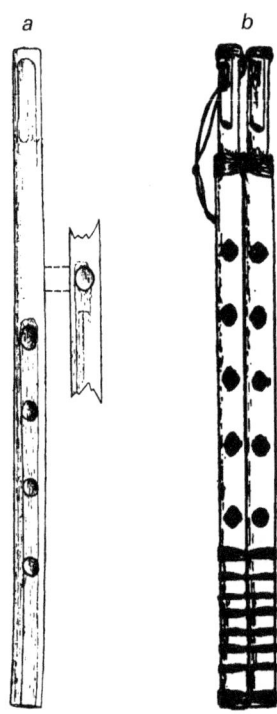

Zeichnung 1

ten Verstimmung der beiden idioglotten Rohrblätter klingt das Rohrblattinstrument voller; oder eine Pfeife funktioniert als →Bordunpfeife gleicher oder größerer Länge (*arghul*). Durch Aufsatz eines Kuhhornbechers entsteht eine Doppel-→Hornpipe, durch Aufsatz eines Sacks über den Rohrblättern einer Sackpfeife (→SACKPFEIFE, 6).

(*b*) *Auseinanderlaufend*. Pfeifen, die zusammen gespielt werden, aber von denen jede in einer Hand gehalten wird: →Aulos (das bedeutendste Blasinstrument der Antike), →*launeddas* (Sardinien).

(*c*) *Durchschlagende Zunge*. Sehr selten ist eine im nördlichen Birma vorkommende Bambuspfeife mit ungefähr sieben Grifflöchern, die in eine kleine Kalebasse eingesetzt ist und eine →durchschlagende Zunge aus Messing hat.

Rommelpot   →REIBTROMMEL, 1.

Rondador   →PANFLÖTE, 1*d*.

Roneat   →RANĀT.

Roschok (russ., »Hörnchen«). Russisches volkstümliches Blasinstrument aus Holz (die älteren Typen sind mit Birkenrinde umwickelt), mit fünf vorderständigen Grifflöchern und einem hinterständigen, um ähnlich wie der →Zink geblasen zu werden. Das kleine hölzerne Mundstück (manchmal auch ein aus der Spitze der Pfeife ausgeschnittener Trichter) wird auch wie beim Zink im Mundwinkel angesetzt. Das Instrument ist hauptsächlich in den Regionen um Kalinin und Vladimir, d. h. nördlich von Moskau, verbreitet, wo die *roschki* verschiedener Größen vom Diskant (mit ca. 40 cm Länge) bis zum eine Oktave tiefer stehenden, häufig mit einer großen Metallstürze ausgestatteten Baß (ca. 80 cm) in Ensembles gespielt werden.
Lit.: Smirnov 1959.

Rosette (engl.: *rose*). Die dekorativ ausgeschmückte Einlage im Schalloch einer →Laute, barocken →Gitarre oder eines →Cembalos. Sie besteht häufig aus gotischen oder arabischen Formen und ist aus Holz geschnitzt oder aus Papier oder Pergament gefertigt und vergoldet. Bei Cembali kommen auch aus Blei gegossene Rosetten vor (Ruckers). Häufig lassen sich dank der Rosetten die Instrumente bestimmten Erbauern oder Schulen zuordnen.

Rothphon Ein 1906 für die Firma Bottali, Mailand, patentiertes, seltenes Doppelrohrblattinstrument aus Metall, das in verschiedenen Größen (Sopran bis Baß) gebaut wurde. Im wesentlichen handelt es sich dabei um ein →Sarrusophon in Form eines dünnen →Saxophons. Sein Erfinder war Ferdinand Roth (1815–1898). Noch 1937 erscheinen die Rothphone im Katalog der Firma Maino & Orsi, Mailand, unter dem Namen *Saxorusofoni*.
Lit.: Joppig 1988.

Rototom Bemerkenswerte stimmbare Trommel, die in den 1960er Jahren von dem Schlagzeuger und Komponisten Michael Colgrass (geb. 1932) erfunden wurde und inzwischen gut bekannt geworden ist. Die Trommel hat kein Korpus und wird ähnlich wie die Drehmaschinenpauke (→PAUKE, 3) gestimmt. Das Fell (Zeichnung 1, A) ist über einen Metallreifen mit sternförmigen Verbindungsstreben (B) gespannt, der auf einem senkrechten Stab frei aufgesetzt ist. Ein zweiter Reifen (C) ist mit Spannschrauben an einen unteren Rahmen (D) geschraubt. Durch Drehen der

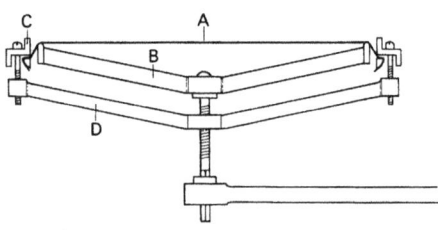

Zeichnung 1

Trommel wird das Fell mehr oder weniger gespannt. Auf dem Rototom kann man mit weichen Schlegeln klar definierbare Töne im Umfang bis zu einer Oktave spielen. Ein Rototom mit einem Durchmesser von 15 cm klingt von ungefähr d^1 aufwärts. Größere Rototoms mit bis zu 45 cm Durchmesser klingen von ungefähr G aufwärts. Das Instrument wird hauptsächlich in der Rock- und Popmusik gespielt. Es gibt inzwischen auch Modelle, die sich über eine Pedalschaltung umstimmen lassen, so daß beide Hände während des Stimmvorgangs freibleiben.

Rotta (engl.: *rote*; fr.: *rote*; span.: *rota*). Vom 6. Jahrhundert n. Chr. bis zum 14. Jahrhundert Name eines oder mehrerer Saiteninstrumente, deren Identität nicht eindeutig bestimmt ist.

1. Frühe Erwähnungen

Im 6. Jahrhundert erwähnt Fortunatus (um 530/40–600), Bischof von Poitiers, daß Römer ihre Gedichte mit der *lyra* begleiteten, die Barbaren (d.h. die Deutschen) mit der *harpa*, die Briten jedoch mit der →*rotta*, vermutlich einer Art →Leier. Moderne Instrumentenbauer verstehen unter der Rotta eine Rekonstruktion in der Art der frühen germanischen und angelsächsischen Leiern, von denen Überreste erhalten sind.

2. Mittelalter

Ein Schweizer Manuskript des 12. Jahrhunderts (St. Gallen) erwähnt, daß das alte *Psalterium* in Form des Buchstabens »Delta« von Musikern geändert wurde, um mehr Saiten zu erhalten, und von ihnen *Rotta* genannt werde. Diese Erwähnung könnte sich auf das hohe dreieckige Instrument beziehen, das von modernen Organologen als »Harfenpsalterium« (→PSALTERIUM, 2) bezeichnet wird. Ein solches Instrument ist, soweit man dies noch feststellen kann, in ein Kapitell von ca. 1100 in Moissac, Frankreich, neben den Worten »Eman cum Rota« geschnitzt (Steger 1961). Zwei Jahrhunderte lang, bis zum 13. Jahrhundert, erscheint »rote« immer wieder in altfranzösischen Romanzen.

Ruan   →YÜEH-CH'IN.

Rubab   →RABAB, 4.

Rubeba   →REBEC, 2.

Rührtrommel   →KLEINE TROMMEL, 4.

Rumbakugeln   →MARACAS.

Rundbogen   →BACHBOGEN.

Russisches Fagott (Baßhorn) (engl.: *Russian bassoon*; fr.: *basson russe*). →BASSHORN sowie SERPENT, 2 und Abb. 2

Russisches Horn (engl.: *Russian horn*). Gerades, weitmensuriertes Horn aus Messing, auf dem man nur einen einzigen Ton blasen kann. Am Ende, wo das Mundstück angesetzt ist, ist die Röhre in einem 90°-Winkel gebogen. Russische Hörner wurden ausschließlich im Ensemble gespielt: jeder Spieler blies nur jenen Ton, in dem sein Instrument gestimmt war. Ein Ensemble bestand also aus vielleicht acht bis dreißig und mehr russischen Hörnern verschiedener Größen. Das erste Ensemble aus russischen Hörnern stellte der böhmische Hornist und russische kaiserliche Kammermusikus Johann Anton Maresch (1719–1794) 1757 für den Zaren in St. Petersburg zusammen; bis ca. 1830 musizierten solche Ensembles in Europa. Die Spielpartituren bestanden aus soviel Systemen wie es verschiedene Tonhöhen in den betreffenden Kompositionen gab. Für die Spieler – meist einfache Militärmusiker – galt Disziplin und gutes Zählen der Pausen als unabdingbare Voraussetzung!

Lit.: Gerhardt 1983; Ricks 1969.

Rute (engl.: *switch*; ital.: *verga*; fr.: *fouet, verge*). Anschlagmittel mit festem Griff und elastischem Schlagteil, das etwa bei der →Großen Trommel verwendet wird. Beispielsweise fordert Mahler die Rute in der Dritten und Sechsten Symphonie.

Ryūteki Eine der japanischen Querflöten; →FUE.

S

Sachs, Curt Musikwissenschaftler, Instrumentenkundler, Kunsthistoriker und Ethnologe (geb. 1881 in Berlin, gest. 1959 in New York). Sachs war einer der bedeutendsten Forscher auf dem Gebiet der Geschichte, Ethnologie und Systematisierung der Musikinstrumente (→FRÜHGESCHICHTE DER MUSIKINSTRUMENTE). Seine zusammen mit Erich Moritz von Hornbostel konzipierte Systematik der Musikinstrumente (Hornbostel/Sachs 1914) hat sich trotz ihrer auf die Klangerzeugung beschränkten Sichtweise durchgesetzt (→KLASSIFIKATION DER MUSIKINSTRU-

MENTE). Sachs war von 1919 bis zu seiner Emigration 1933 Leiter der Sammlung Alter Musikinstrumente bei der Staatlichen Hochschule für Musik zu Berlin, dem heutigen Musikinstrumenten-Museum des Staatlichen Instituts für Musikforschung Preußischer Kulturbesitz, Berlin. Von 1939 an, nach einer Interimszeit in Paris, lehrte er an der New York University sowie der Columbia University, New York, und wirkte u. a. als Berater für die Musikinstrumentensammlung des Metropolitan Museum of Art, New York. Neben zahlreichen musikwissenschaftlichen Abhandlungen verdienen vor allem seine folgenden Schriften instrumentenkundliches Interesse:
Geist und Werden der Musikinstrumente. Berlin: Reimer 1929 (Reprint: Hilversum: Frits A.M. Knuf 1965).
Handbuch der Musikinstrumentenkunde. Leipzig: Breitkopf & Härtel 1920 / ²1930 (Reprint: Hildesheim: Olms 1967).
Die Musikinstrumente Indiens und Indonesiens. Zugleich eine Einführung in die Instrumentenkunde. Berlin, Leipzig: Walter de Gruyter & Co ²1923.
Real-Lexikon der Musikinstrumente, zugleich ein Polyglossar für das gesamte Instrumentengebiet. Berlin: Julius Bard 1913 (Reprint: Hildesheim: Olms 1972).
Sammlung Alter Musikinstrumente bei der Staatlichen Hochschule für Musik zu Berlin. Beschreibender Katalog. Berlin: Julius Bard 1922.
Systematik der Musikinstrumente. Ein Versuch. IN: *Zeitschrift für Ethnologie.* 46 (1914) H. 4–5, S. 554–590.

Sackbut (engl.). Vom 15. Jahrhundert an bis Mitte des 18. Jahrhunderts englische Bezeichnung für →Posaune. Wurde von *trombone* (aus dem Italienischen) abgelöst.

Sackpfeife (Dudelsack) (engl.: *bagpipe*; ital.: *cornamusa, zampogna*; fr.: *cornemuse*; span.: *gaita*). Zu besonderen Spezialformen der Sackpfeife →*musette* (Frankreich); →*Northumbrian bagpipes*; →*Uilleann pipes* (Irland); →*zampogna* (Italien). Eine Sackpfeife klingt durch Zungenpfeifen, die durch Wind, der mittels Armdrucks auf einen biegsamen, luftdichten Sack (in den meisten Traditionen aus Schaf- oder Ziegenfell) zu den Zungenpfeifen geleitet wird, zum Schwingen gebracht werden. Der Sack ist ein Windreservoir, das vom Mund her oder von kleinen Blasebälgen, die um die Taille des Spielers festgeschnallt sind und mit dem anderen Arm gepumpt werden, gefüllt wird. Eine Sackpfeife mit einer einzigen Pfeife ist eine Rarität; fast alle haben mindestens zwei Pfeifen. Die eine davon, die Spielpfeife (engl.: »chanter«), hat Grifflöcher zum Spielen von Melodien, die anderen Pfeifen sind die sogenannten »Stimmer« oder Bordunpfeifen für die Borduntöne (→auch BORDUN).

Sackpfeifen kommen von der atlantischen Küste Europas bis zum Kaukasus, und von Tunesien bis Indien vor und sind fast überall unterschiedlich nach Maßgabe lokaler Handwerkskunst gefertigt. Sie sind keineswegs immer so laut und durchdringend wie der wohlbekannte schottische Dudelsack (*Great Highland bagpipe*); einige eignen sich am besten für das Spiel in einem normalen Wohnraum.

1. Konstruktion und Tonumfang

Die hauptsächlichen Bestandteile der Sackpfeife sind in Zeichnung 1*a* abgebildet, und zwar anhand eines verhältnismäßig unkomplizierten Modells, der gallizischen *gaita gallega* in ihrer üblichen Form mit nur einer Bordunpfeife. In den Öffnungen des Sacks aus Fell (*1*), der mit textilem Material umgeben ist, sind gedrechselte hölzerne Tüllen (»Stöcke«) eingelassen, in die die Zapfen der Pfeifen (in diesem Fall aus Buchsbaum) eingesteckt werden. Diese Stöcke schützen die Rohrblätter vor Kontakt mit dem Sack und erlauben den schnellen Wechsel einer Pfeife. Das Anblasrohr (*2*), mit dem der Sack mit Luft gefüllt wird, hat ein Lederventil, das sich schließt, wenn es vom Luftdruck im Sack an das Rohr gedrückt wird. Die Spielpfeife (*3*) ist konisch gebohrt und hat, wie bei westeuropäischen Sackpfeifen üblich, ein Doppelrohrblatt (→ROHRBLATT, 3), das hier abgezogen gezeigt wird. Die Bordunpfeife (*4*) hat ein einfaches Rohrblatt (→ROHRBLATT, 1) und ist in mehreren zylindrisch gebohrten Abschnitten mit verschiebbaren Zapfen gefertigt, um den Bordun auf den Stimmton der Spielpfeife einzustimmen. In diesem Fall erklingt der Bordun zwei Oktaven tiefer als der Grundton der Spielpfeife.

Eine Sackpfeife ist keineswegs einfach zu spielen. Sie erfordert viel Erfahrung hinsichtlich des Justierens der Rohrblätter, damit diese gleichmäßig auf den Luftdruck reagieren, und hinsichtlich des Aufrechterhaltens des gleichmäßigen Luftdrucks in jenen Spielmomenten, wenn der Sack mit dem Mund oder den Bälgen wieder aufgepumpt wird.

Der Tonumfang der Spielpfeife überschreitet selten neun Töne, da es nicht üblich ist, in die zweite Oktave zu überblasen (obwohl dies bei einigen Sackpfeifen durchaus möglich wäre). Da der Ton nicht mit der Zunge – wie bei anderen Blasinstrumenten – artikuliert werden kann, gleicht die Fingerfertigkeit des Spielers dieses Manko aus; z.B. durch Vorhalte oder durch schnelles Einschieben eines tiefen Tons, der sich mit dem Bordun so vermischt, daß er nicht einzeln wahrgenommen wird. Um diese Spieltechniken zu unterstützen, werden so häufig wie irgend

Sackpfeife (Dudelsack)

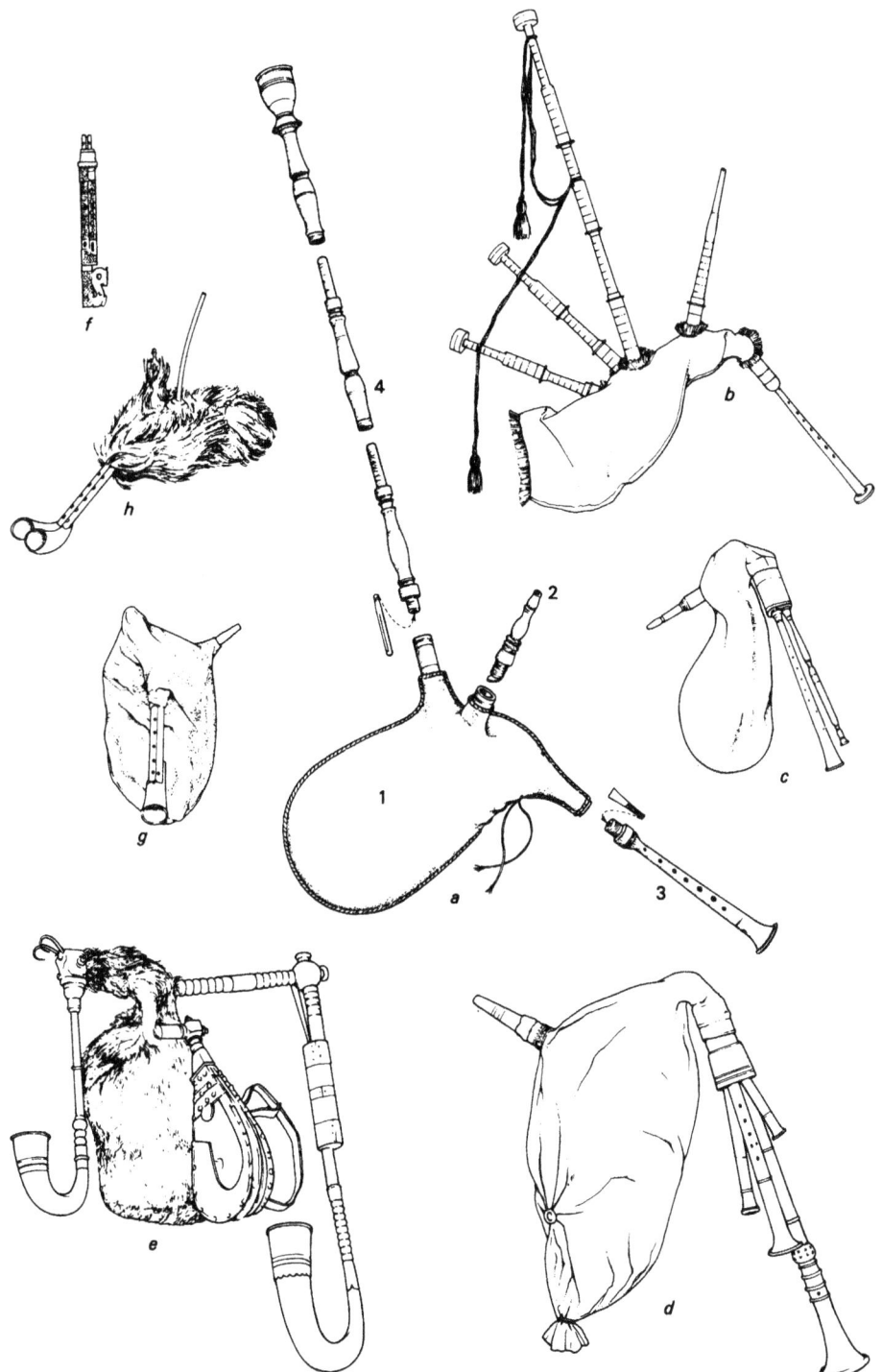

Zeichnung 1. (a) Spanien (Galizien); (b) Schottisches Hochland; (c) Frankreich (die Bordunpfeife ist nicht sichtbar); (d) Italien; (e) Tschechien (Böhmen); (f) Ungarn (nur die Spielpfeife); (g) Griechenland (Karpathos); (h) Tunis.

Sackpfeife (Dudelsack)

Notenbeispiel 1. Der Anfang eines berühmten urlar *von Patrick Mòr MacCrimmon.*

möglich nur ein oder zwei Finger von den Grifflöchern abgehoben.

2. Sackpfeifen in Großbritannien

(a) Die *Great Highland bagpipe* (gälisch: *piob mhór*) ist als »schottischer Dudelsack« weltweit bekannt (Abb. 1b). Sie hat drei Bordunpfeifen (Stimmung: A a a), die über die linke Schulter geworfen werden. Der Grundton der Spielpfeife ist a^1, ihr tiefster Ton ist ein Ganzton tiefer. Die Terz (notiert c^2 oder cis^2) erklingt etwas zu tief, während die Quarte d^2 eine Spur zu hoch ist; eine ähnliche Abweichung vom traditionellen Stimmungssystem gilt für fis^2 und g^2. Die *Great Highland bagpipe* ist die einzige Sackpfeife mit einem reichen Repertoire gedruckter Kompositionen speziell für das Instrument. Charakteristisch sind die zahlreichen Ornamente (wie in Notenbeispiel 1). Es gibt spezielle Spielpfeifen mit →Windkapsel und enger zylindrischer Bohrung zum Üben der Melodien, die weicher und tiefer als die normalen Spielpfeifen klingen.

(b) In Nordirland wurde von ca. 1910 an bis vor einigen Jahren eine leicht veränderte *Great Highland bagpipe* gespielt: das sogenannte *Brian Boru*-Modell mit vier Klappen auf der Spielpfeife. Zur irischen *Uilleann pipe* siehe separaten Eintrag.

(c) *Border pipe* ist ein moderner Begriff für die schottischen *Lowland pipes* und die *Northumbrian half-long pipes* (→NORTHUMBRIAN BAGPIPES). Diese werden mit Blasebälgen geblasen und haben drei Bordunpfeifen. Die Spielpfeife ist enger gebohrt und im Klang weniger aufdringlich als die der *Great Highland bagpipe*.

3. Frankreich und Spanien

(a) *Mittelfrankreich. Cornemuse, chabrette* (»kleine Ziege«) bzw. in der Auvergne *musette*. Typisch für dieses Instrument ist der flache, viereckige Stock, in dem neben der Spielpfeife eine kleine Bordunpfeife (*petit bourdon*) steckt, die häufig stillgelegt ist. Der Baßbordun (in Zeichnung 1c weggelassen) kann auch stillgelegt werden, wenn beispielsweise Bouréen zusammen mit der →Drehleier gespielt werden, die selbst Bordunsaiten hat. Häufig ist ein Blasebalg vorhanden.

(b) *Bretagne*. Die kleine, *biniou* genannte Sackpfeife mit Spielpfeife und Bordun, die beide eine Oktave höher als bei anderen westlichen Sackpfeifen stehen. Sie wird immer im Duo zusammen mit der *bombarde*, einer volkstümlichen Oboe, gespielt, die bei den Wiederholungen der Melodie eine Oktave tiefer spielt. Nach 1945 gab es den Trend, die *biniou* durch den schottischen Dudelsack zu ersetzen.

(c) *Spanien*. Die *gaita* (Abb. 1a) ist die in Nordostspanien und Nordportugal heimische Sackpfeife. Es ist ein ungemein populäres Instrument, das bei Tänzen häufig von der kleinen Trommel begleitet wird.

(d) *Mallorca* und *Menorca*. *Chirimía* (*xirimía*) mit einem großen Bordunpfeifen-Stock, der die Bordunpfeife zwischen zwei kleineren stummen Bordunpfeifen aufnimmt.

4. Italien

→*Zampogna*, die in Süditalien und auf Sizilien heimische Sackpfeife mit zwei Spielpfeifen, die in parallelen Intervallen gespielt werden und meist ausschließlich mit Doppelrohrblättern bestückt sind. In Ligurien und der Lombardei wurde Mitte des 20. Jahrhunderts noch die *piva* oder *cornamusa* mit einer Spielpfeife und ein oder zwei mit einfachen Rohrblättern bestückte Bordunpfeifen – alle auf separaten Stöcken (wie Zeichnung 1a) – gespielt (→auch BOMBARDE, 2).

5. Mittel- und Osteuropa

Sackpfeifen dieses geographischen Raumes unterscheiden sich von denen Westeuropas insofern, als sie alle eine zylindrisch gebohrte Spielpfeife haben, die mit einem einfachen Rohrblatt – ähnlich wie dem der Bordunpfeifen – versehen ist. Die Bohrung hat einen kleinen Durchmesser (ca. 7 mm). Der Klang dieser Pfeifen mit dem aufgrund der zylindrischen Bohrung verminderten zweiten Naturton ist brummender und weniger scharf als der einer westlichen Sackpfeife.

(a) *Polen, koziol* (Abb. 1) (»Ziege«) und Böhmen, *dudy* oder *gaida* (Zeichnung 1e); früher auch in den angrenzenden Regionen Deutschlands als *Dudelsack* oder *Bock* gespielt. Die abgeknickte Baßbor-

Abb. 1. *Dudelsackpfeifer, Südpolen.*

dunpfeife ruht auf der Schulter des Spielers und endet in einer gewundenen großen Stürze aus einem Kuhhorn oder aus Messing. Blasebalg ist vorhanden. Das Instrument begleitet die Violine und Klarinette mit eigenen Melodie-Umspielungen und Borduntönen.

(*b*) Ungarn und Slowakei (*dude*), Ukraine (*volynka*) und Rumänien (*cimpoi*): Die Spielpfeife hat zwei parallele Bohrungen in einem flachen Korpus (Zeichnung 1*f*), eine Bohrung dient der Melodie; die andere hat eine kleine Ausbuchtung und nur ein Griffloch, das mit dem kleinen Finger betätigt wird, um einen Bordunton zu spielen, der zwischen Grundton und Unterdominante wechselt. Es gibt eine normale Baßbordunpfeife. In Ungarn werden auch Blasebälge verwendet. Bartók hat das Instrument und seine Spieltechnik detailliert untersucht.

(*c*) Mazedonien, Bulgarien (*gaida*): eine einzige Spielpfeife hat an ihrem Ende ein stumpfes, aus Horn geschnitztes Knie. In Bulgarien wird die *gaida* zu bäuerlichen Hochzeiten aufgespielt. In Dalmatien und Bosnien kommt die *diple* vor, die parallele Bohrungen in einem Holzstück, aber keine eigenständige Bordunpfeife hat und auch ohne Sack geblasen wird (→DIPLA).

(*d*) In Schweden, Estland und Lettland gibt es einige wenige Sackpfeifen mit einer kurzen untersetzten Spielpfeife, einer auf dem Oberschenkel liegenden Bordunpfeife und manchmal einer kleineren Bordunpfeife mit einem Bordun in der Oberquinte.

6. Einfache Sackpfeifen

Es gibt Sackpfeifen mit Pfeifen aus Rohr, von denen fast immer zwei zusammengeschnürt sind. Normalerweise ist ein Kuhhorn an die Enden beider Pfeifen angesetzt (Zeichnung 1*g*). Es handelt sich dabei um zu Sackpfeifen weiterentwickelte Exemplare von →Hornpipes. Sie erklingen auf einigen ägäischen Inseln, auf Kreta (*tsabouna*) und im Nordosten der Türkei (*tulum*), ebenso in Armenien (*parakapzuk*), Georgien (*stviri*) und auf Malta (*zaqq*). Die Fingerlöcher sind manchmal für beide Pfeifen identisch (die Finger reichen über beide hinweg), und die Pfeifen sind häufig leicht gegeneinander verstimmt, um einen Tremolo-Effekt (Schwebungen) zu erzeugen. Andernfalls kann eine Pfeife ein einziges Fingerloch – gegriffen mit dem tiefsten Finger – für einen wechselnden Bordunton haben, während auf der anderen Pfeife die Melodie gegriffen wird. Oder eine Pfeife hat nur zwei oder drei Fingerlöcher für traditionelle zweistimmige Effekte auf den beiden Pfeifen. Die Sackpfeifen aus Nordafrika (*zukra*) bis zum Persischen Golf haben unisono gestimmte Pfeifen, häufig mit einem kleinen Schallbecher aus Horn am Ende jeder Pfeife (Zeichnung 1*h*).

7. Frühgeschichte

Dion Chrysostomos berichtet von einem zeitgenössischen Herrscher – möglicherweise handelt es sich dabei um Nero –, der eine Pfeife (*aulein*) sowohl mit dem Mund als auch mit einem Sack unter der Achselhöhle spielen konnte. Dion Chrysostomos erwähnt überdies die *askaules*, was nichts anderes als »Sackpfeifer« bedeutet.

Um 1100 ist im berühmten Musiktraktat von Johannes von Affligem von einer *musa* die Rede; im nachfolgenden Jahrhundert mit Sicherheit die Bezeichnung für eine Sackpfeife. Die Bordunpfeife – »muse au grand bourdon« – wird erstmals in Adam de la Halles Pastourelle *Le jeu de Robin et de Marion* (ca. 1280) erwähnt. Darstellungen jener Zeit zeigen viele verschiedene Sackpfeifentypen, von denen nur wenige jenen heute noch gespielten ähneln. Im späten 14. Jahrhundert verloren Sackpfeifen an Bedeutung, je mehr sich der Adel der polyphonen Musik zuwandte. Nichtsdestoweniger gab es im Laufe der folgenden Jahrhunderte einige bedeutende Wiedergeburten des Instruments, so z. B. in Frankreich, wo die →*musette* im 17. Jahrhundert zu einem höfischen Instrument avancierte und bis zur Französischen Revolution geradezu ein Kultinstrument im Zusammenhang mit den Schäferspielen wurde.

Lit.: Baines 1979; Bartók 1976; Maeyer 1976, 1978; Podnos 1974.

Saeng   →SHENG, SHŌ.

Sagat   →BECKEN, 5.

Saiteninstrumente (engl.: *stringed instruments*; ital.: *cordi*; fr.: *instruments à cordes*; span.: *cuerdas*). Es ist ein musikgeschichtliches Phänomen, daß unter den Musikinstrumenten von der Antike bis in unsere Gegenwart in jedem bedeutenden Kulturkreis die Saiteninstrumente die höchste Wertschätzung genossen haben – hauptsächlich wohl deswegen, weil die schwingende Saite in einzigartiger Weise eine eindeutige Tonhöhe bei schneller und genauer Möglichkeit des Stimmens und Nach- bzw. Umstimmens zuläßt (durch sich wiederholendes Spannen, Entspannen und nochmaliges Spannen). Die Saite allein ist nicht in der Lage, musikalisch nutzbare Klänge zu erzeugen, denn sie ist viel zu dünn, um periodische Schwingungen an die Luft so weiterzugeben, daß sie hörbar wären. Ihre Schwingungen müssen über einen →Steg auf die größere Fläche eines Resonanzbodens übertragen werden. Dieser Resonanzboden – ein hölzernes Brett oder eine Membran aus Fell oder Pergament – bedeckt meistens einen Resonanzkörper, das Korpus, von wo aus sich die Schallwellen in der Luft verbreiten.

1. Saitenmaterial

Der Ausgangsstoff für die Saiten ist selten pflanzlich, abgesehen von den vielen tropischen Instrumenten mit Saiten aus gedrehten Fasern der Schilfpalme (Rattan) und ähnlicher Pflanzen. Tierisches Material hat immer dominiert, bevor Metall verwendet wurde: Sehnen, Roßhaar, Seide (das klassische Saitenmaterial im Fernen Osten) und vor allem Darm, normalerweise Schafdarm. So hat man bei einer auf 1500 v. Chr. datierbaren ägyptischen Laute Saitenreste gefunden, die man als 1 mm dicken Schafdarm identifiziert hat.

Italien, insbesondere Rom, ist lange Zeit ein wichtiges europäisches Zentrum der Darmsaitenherstellung gewesen. Die kleinen Därme von unter einem Jahr alten Lämmern werden noch warm aus den Schlachthäusern geholt und es beginnt ein langer, sich wiederholender Vorgang des Säuberns, Waschens, in Streifen Schneidens, Bleichens und Polierens. Die Trockendärme werden für ihre Verarbeitung zu Saiten wieder in Wasser eingeweicht und entschleimt, gespalten und entsprechend der gewünschten Saitenstärke zusammengestellt (so gehören zu einer Violin-A-Saite je nach Stärke ca. 6–8 Darmhälften, zu der D-Saite des Kontrabasses bis zu 85). Danach werden die Darmhälften zu Saiten gedreht und getrocknet. Schließlich reibt man die fertig getrockneten Saiten mit Bimsstein ab und schleift sie mit einer Spezialmaschine quintenrein.

Obwohl bei vielen Instrumenten inzwischen Nylon weitgehend den Darm ersetzt hat, sind Darmsaiten immer noch für die Harfe üblich und können nach wie vor für fast alle anderen Instrumente erworben werden. Inzwischen gibt es auch wieder Firmen, die sich auf die Herstellung von Darmsaiten nach alten traditionellen Handwerkstechniken spezialisiert haben.

Das seit 1938 erhältliche Nylon liefert Saiten ähnlicher Dichte und Stärke wie die aus Darm, doch ohne die Ungleichmäßigkeiten eines Naturprodukts, wodurch die Auswahl zu einer beschwerlichen Angelegenheit werden kann. Nylon reißt auch weniger leicht, ist weniger anfällig gegen Feuchtigkeit und wird von den Fingerspitzen nicht so schnell aufgerauht.

Der Gebrauch von Metallsaiten reicht in den arabischen Ländern für einige lautenähnliche Instrumente bis ins 13. Jahrhundert zurück. In Europa waren sie selten, bevor man in Deutschland seit dem späten 14. Jahrhundert mit dem Drahtausziehen begann. Die Stärken der Metallsaiten werden in Millimetern oder Tausendstel eines Inches angegeben. Bei Tasteninstrumenten sind Musikdrahtmaß-Nummern (Gauge Nos.) üblich. Sie reichen von No. 1 (0,2 mm Durchmesser) bis zu No. 32 (2,2 mm Durchmesser); ein →Hammerflügel kann beispielsweise mit Drähten der Gauge Nos. 14 (0,81 mm) bis 32 besaitet sein.

Im 17. Jahrhundert entstand das Problem, für die →Abzüge einer Laute Saiten zu finden, die bei relativ geringer Länge tief genug einzustimmen sind. Normale Darmsaiten eignen sich nicht dafür, weil sie zu dick und zu steif ausfallen würden, um gut anzusprechen. So kam man auf die Idee, eine Darmsaite mit feinem Draht zu umspannen, worunter die Flexibilität der Saite nicht litt. Umsponnene Saiten reichen bis in die Mitte des 17. Jahrhunderts zurück. Auf diese Weise braucht die A^1-Saite einer →Zither

(Konzertzither) nur eine Länge von 45 cm, wenn auch bei sehr geringer Saitenspannung. Seit den späten 1930er Jahren verwendet man für das Umspinnen der Saiten häufig ein Metallband, wodurch sie eine sehr glatte Oberfläche erhalten.

2. Schwingungen und »Saitenformel«

Man könnte meinen, daß eine Saite einfach hin und her schwingt, doch die durch die Schwingungen entstehende Auslenkung wandert an der Saite in beiden Richtungen entlang, ausgehend von jenem Punkt, der an den Enden zurückgeworfen wird, wenn zwei Wellen in gegensätzlicher Richtung wandern. Die hieraus resultierende Überlagerung erscheint wie eine lange Schleife. Die Saitenbewegung ist äußerst komplex. Sie unterscheidet sich je nachdem, ob die Saite gezupft, angeschlagen oder gestrichen wird (→BOGEN, 1). Die verschiedenen Faktoren, die auf die Frequenz der Saitenschwingung Einfluß haben, lassen sich in einer Formel darstellen, die Brook Taylor (1685–1731) aufgestellt hat:

$$f = \frac{1}{2l}\sqrt{F\,m}$$

wobei f = Frequenz, l = schwingende Saitenlänge, F = Saitenspannung (-zugkraft), m = Masse (Querschnitt x spezifisches Gewicht) sind.

Da die durchschnittliche Dichte des Stahls (7,8) ungefähr sechsmal mehr als die von Darm oder Nylon ist, ist eine Stahlsaite um $1:\sqrt{6}$ (oder ungefähr $1:2^{1/2}$) dünner als eine Darmsaite derselben Länge und Spannung. Aber Saiten klingen am besten, wenn sie nahe der Festigkeitsgrenze gespannt sind. Dies bedeutet eine ziemlich hohe Spannung der Stahlsaite. Die durchschnittliche Spannung pro Saite wird bei der klassischen Gitarre mit ca. $6^{1/2}$–7 kg angegeben (sie nimmt zur sechsten Saite hin etwas zu); ähnliches gilt für die Violine (doch hier nimmt sie zur vierten Saite hin ab). Das Cello hat ungefähr die doppelte Saitenspannung, der Kontrabaß die dreifache, der moderne Hammerflügel (→KLAVIER) etwa die zehnfache Spannung pro Saite. Stahlsaiten neigen dazu, wegen der langsameren Abdämpfung der höhen →Obertöne einen helleren Klang als Darmsaiten zu haben.

Die Spannung, bei der die Saite reißt, verhält sich proportional zur Reißfestigkeit des Materials, geteilt durch den Saitendurchmesser. Die Tonhöhe, bei der die Saite reißt, ist jedoch unabhängig von der Dicke der Saite. Um die Tonhöhe zu erreichen, benötigt die dickere Saite eine größere Spannung um genau denselben Faktor, um den sie dicker ist. (Zu den akustischen Aspekten siehe u. a. Abbott/Segerman 1974.)

3. Der Resonanzboden bzw. die Decke

Bei den Streichinstrumenten spricht man von der Holzplatte, über die die Saiten gespannt und mit der sie über einen Steg verbunden sind, als der Decke, bei Tasteninstrumenten hingegen als dem Resonanzboden. Das klassische Material ist Holz von geringer Dichte, also vorzugsweise von Nadelhölzern wie der Fichte. Die Stärke des Resonanzbodens reicht von unter 2 mm bei der Laute bis zu 1 cm beim Hammerflügel und richtet sich nach der Saitenstärke und -spannung. Wäre das Holz entweder zu dick oder zu dünn, wäre sein »Wellenwiderstand« zu unterschiedlich von dem der Saiten, und die meiste Energie von der Saite würde reflektiert und nicht auf den Resonanzboden übertragen werden. Wenn der »Wellenwiderstand« zu sehr dem Saitenwiderstand entspräche, würde hingegen Energie so schnell freigelassen werden, daß die Schwingungen sofort aufhörten. Obwohl der hölzerne Resonanzboden auf alle Schwingungen eines Klanges reagieren muß, ist er wegen der Maserung nicht isotropisch: Schwingungen laufen etwa viermal so schnell in der Richtung der Maserung denn rechtwinklig dazu. Normalerweise hat ein Resonanzboden angeleimte Balken aus Weichholz, die häufig rechtwinklig oder schräg zu den Jahresringen stehen. Neben statischer Unterstützung beschleunigen sie die Schwingungsfortpflanzung entlang der langsameren Richtung. Insofern ist Sperrholz, das aus Holzschichten in beiden Maserungsrichtungen besteht, für Musikinstrumente rein akustisch nicht ungeeignet (z. B. wird es für preiswerte Kontrabässe, Harfen und im Klavierbau verwendet), obwohl echtes Holz von Instrumentenbauern vorgezogen wird.

Der Resonanzboden hat seine Eigenresonanzen, die ein Geigenbauer mit dem Ohr prüft, indem er das Holzstück anschlägt, um eine Idee davon zu bekommen, wie gleichmäßig es ansprechen wird. Wo es die Oberseite des Resonanzkörpers bildet, werden die tiefen Töne von der Luft im Resonanzkörper (der »Luftresonanz«) unterstützt. Diese liegt meistens unter der Holzresonanz, obwohl sie durch das oder die Schallöcher, durch die die Luft hin und her schwingt (→HOHLKÖRPERRESONATOR), beachtlich erhöht werden kann. Schallöcher teilen einen Resonanzboden in getrennte Bereiche ab und beeinflussen die Schwingungsart, doch funktioniert ein Resonanzkörper auch ohne Schalloch (z. B. bei →sāz und →sitār). In diesem Zusammenhang sollte gesagt werden, daß die Form eines Instruments in vielen Fällen drastisch geändert werden kann, ohne dessen akustische Qualität wesentlich zu beeinflussen. Es gibt Gitarren und Violinen in allen denkbaren Formen (ohne Mittelbügel, dreieckige, abgerundete, quadratische usw., →VIOLINE, 9a), die während des 19. Jahrhunderts von einigen der besten und erfahrensten Geigenbauern mit befriedigendem Ergebnis hergestellt wurden. Allerdings spielen weder Musi-

Saitenlänge

ker gerne auf solchen außergewöhnlichen Instrumenten, noch mag das Publikum sie.

4. Punkt der Schwingungserzeugung

Für den Klang spielt eine große Rolle, an welcher Stelle die Saite gezupft, angeschlagen oder gestrichen wird (→ CEMBALO, 4; KLAVIER, 4c). Auf Instrumenten mit Griffbrett ist diese Stelle bewußt variabel gehalten, um die klanglichen Unterschiede musikalisch ausnutzen zu können. Ein weiches, dunkles Timbre bedeutet, daß die Intensität der hohen Obertöne reduziert ist, ein helles, metallisches Timbre, daß die hohen Obertöne stärker erscheinen, während die unteren Obertöne schwächer sind. Auf der Sologitarre wird diese Variabilität des Timbres gerne eingesetzt. → auch VIOLINE, 5b.

5. Terminologie.

(a) → SATTEL, STEG.
(b) → MENSUR.
(c) In diesem Lexikon wird die Besaitung von Zupf- und Streichinstrumenten nach folgendem Schema angegeben: Die erste Saite ist jene Saite, die den Fingern der Griffhand am Griffbrett am nächsten liegt, also in der Regel die am höchsten eingestimmte Saite. → auch RESONANZSAITEN.
Lit.: Fenner 1960; Saiten 1991.

Saitenlänge Die schwingende Länge einer Saite.

Salonorchester Ein nicht-chorisches Instrumentalensemble, das in den deutschsprachigen Ländern seit Mitte des 19. Jahrhundert bis zum Zweiten Weltkrieg in Cafés etc. Tanz-, Unterhaltungsmusik und spezielle Bearbeitungen volkstümlicher Klassik bis hin zu Bach-Arien und dergleichen aufgeführt hat. Es gibt verschiedene Besetzungen des Salonorchesters; ihnen allen gemeinsam ist die Grundbesetzung mit Klavier, Violine und Violoncello, häufig auch mit Harmonium, zu der ad-libitum-Instrumente hinzutreten, die im wesentlichen die Grundstimmen duplizieren. Salonorchester wurden in der Regel vom Konzertmeister (dem »Stehgeiger«) geleitet. Unter anderem hatte Arnold Schönberg – als Broterwerb – viele Stücke fremder Komponisten für Salonorchester bearbeitet.

Salpinx Antikes griechisches Signalinstrument, insbesondere eine lange, gerade Trompete, von der kein Exemplar erhalten ist. Obwohl es in Griechenland kein Instrument gab, das die Bedeutung der *tuba* für die Römer hatte (→ TROMPETE, 7), gab es nichtsdestoweniger eine Zeit, als es bei den Pythischen Spielen (590 v. Chr. bis 4. Jahrhundert n. Chr.) einen Preis für denjenigen Spieler des Salpinx gab, der es am lautesten blasen konnte.

Samba-Ratsche → GUIRO.

Samisen → SHAMISEN.

Sammlungen → MUSIKINSTRUMENTENSAMMLUNGEN.

Sanduhrtrommel (engl.: *hourglass drum*). Oberbegriff für eine → Trommel in Form einer Sanduhr (→ TROMMEL, 4), z. B. die koreanische *changgu* (→ CHINA UND KOREA, 2). → auch *kalangu*; *tsuzumi*.

Sanfona (port.). Die portugiesische DREHLEIER.

San-hsien (Sanxian) Chinesische → Langhalslaute (→ LAUTE, 7) mit drei Saiten, die mit → Plektron gezupft werden. Wie ihr Abkömmling, die japanische → *shamisen*, hat sie einen langen, viereckigen hölzernen Hals, der nach traditioneller Bauart durch das kleine Korpus hindurchgeht (bei modernen Instrumenten aber abnehmbar ist). Das ca. 15 cm breite Korpus ist im wesentlichen quadratisch mit abgerundeten Ecken. Decke und Boden sind mit Schlangenhaut bespannt (während die *shamisen* mit weißem Katzenfell bespannt ist). Die Länge über alles beträgt bis zu ca. 90 cm. Das Instrument ist auf der Abb. 1 von CHINA UND KOREA, zweites von links, zu sehen.

Das heute noch beliebte Instrument, das in Ensembles und zur Gesangsbegleitung gespielt wird und in regional unterschiedlichen Ausführungen verbreitet ist, entstand in China während des Mittelalters offenbar als zentralasiatischer Vorläufer der iranischen → *setār*.

Sansa (auch *mbira* u. a.). Afrikanisches Instrument mit Eisen- (oder Holz-)zungen, die nebeneinander auf ein hölzernes Korpus gespannt sind und mit den Daumen gezupft werden (Abb.1); der organologische Oberbegriff für diesen Instrumententyp ist »Lamellophon«.

Der Sockel kann ein dickes, 18 cm langes Stück Hartholz sein, doch häufiger ist er das Oberteil eines Resonanzkastens. Die drei bis sechzehn oder mehr Zungen sind meistens aus geschmiedetem, etwa 1 mm dickem Eisen und am freien Ende etwas dünner gehämmert. Sie werden mit Eisenstäben fixiert. Ein Eisenstab drückt sie nieder, der andere fungiert als Steg. Diese Stäbe ermöglichen, daß die Zungen durch Verschieben gestimmt werden können. Je länger das freischwingende obere Ende ist, desto tiefer der Ton. Am unteren Ende können um die Zungen

Abb. 1. Sansaspieler, Kamerun.

lose Metallringe oder ähnliches zum Mitschwingen gelegt sein.

Das Instrument wird vom Spieler mit den beiden Händen gehalten, wobei die Zungen mit ihrem oberen Ende zum Spieler zeigen. Die längste Zunge befindet sich aus spielpraktischen Gründen gewöhnlich in der Mitte. Normalerweise zupft der Spieler nur mit den Daumen die Zungen an, doch kann bei schnellen Figuren auch ein Zeigefinger die Zunge von unten anzupfen. Die Stimmung ist meistens pentatonisch; der Klang erinnert entfernt an die Metallzungen einer →Spieldose.

Einige Instrumente haben eine zweite Zungenreihe oberhalb der ersten. Bei modernen Ausführungen, die in Europa gebaut und verkauft werden, sind die unteren Zungen in diatonischer Tonfolge und die oberen Zungen für die Akzidentien.

Die *sansa* scheint vollständig ein originales Produkt afrikanischer Eisentechnologie zu sein. Ihr Alter ist nicht bekannt; europäische Reisende haben immerhin schon 1586 über sie berichtet. Ihre hauptsächliche Verbreitung zieht sich von Nigeria über den Kongo bis nach Zimbabwe und Mozambique.

Lit.: Grupe 2004.

Santūr →HACKBRETT, 3.

Sanxian →SAN-HSIEN.

Sāraṅgī Eines der häufigsten Streichinstrumente der klassischen und volkstümlichen Musik Indiens (Zeichnung 1). Es ist ungefähr 60 cm lang, sein Korpus ist aus einem Stück Holz ausgehöhlt, an das ein kurzer, breiter, auf der Rückseite offener Hals angesetzt ist. Die eingedrückte Form der mit Ziegenfell bespannten Decke ermöglicht das Streichen der Saiten mit einem Bogen, der sehr kurz ist. Die drei Melodiesaiten aus Darm (manchmal mit einer zusätzlichen vierten Saite aus Messing) führen von dem kammartigen Saitenhalter am Korpusboden über einen Steg und einen Messingsattel zu den seitenständigen Wirbeln im Wirbelkasten mit einer – zumindest bei den älteren Instrumenten – charakteristischen glockenförmigen Öffnung. Die gewöhnliche Stimmung entspricht der Intervallfolge c^1 g c.

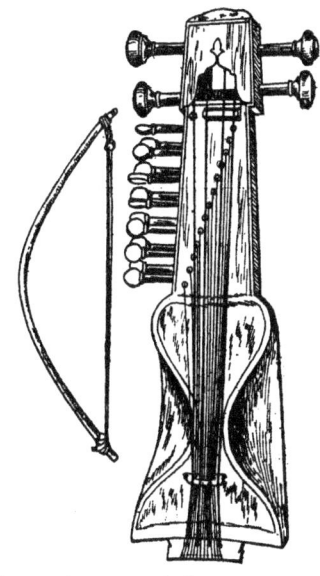

Zeichnung 1. Sarangi, Nordindien (Lavignac, 1913).

Die etwa elf bis vierundzwanzig Resonanzsaiten aus Draht werden mit in zwei Reihen angeordneten Wirbeln gestimmt, die auf derjenigen Halsseite eingepaßt sind, die der Bogenhand zugewandt ist. Diese Resonanzsaiten sind (wie bei der *sitār*) einzeln durch kleine, diagonal angeordnete Elfenbeinösen im Hals hindurchgeführt. Der Spieler greift die Melodiesaiten seitlich mit dem Fingernagel ab und verwendet ausgiebiges, gesangliches Glissando, weswegen die *sāraṅgī*, obwohl auch solistisch gespielt, besonders als Begleitinstrument zum Gesang geschätzt wird. In Südindien ist sie von der →Violine abgelöst worden.

Sārindā Eine volkstümliche dreisaitige →Fidel in Nordindien und Afghanistan. Sie hat ein ungewöhnliches schädelähnliches Korpus mit zwei nach innen gebogenen Unterhälften rechts und links des Saitenverlaufs: →Sachs (1923, S. 119 f.) vergleicht das Korpus treffend mit einer Schale, deren Schnittfläche die Form eines umgekehrten Schiffsankers hat.

Über das schmale Unterteil ist eine Pergamentdecke geklebt; der obere Teil bleibt gewöhnlich offen.

Sārod Nordindische Laute der klassischen Musik (→INDIEN, Abb. 1). Sie stammt von der afghanischen gezupften *rabab* (→RABAB, 4) ab und hat ein ähnliches, etwas aufwärts in den kurzen Hals führendes Korpus, das im Wirbelkasten endet. Die breite Pergamentdecke gibt der *sārod* ihr charakteristisches weiches Timbre. Das sich zur Decke hin verbreiternde Griffbrett war ursprünglich aus Holz und hatte Bünde. Es ist jetzt aus Metall und bundlos, damit die Finger im quasi vokalen Stil (Portamento) auf den Saiten entlanggleiten können (vgl. *sārangī*). Die vier Melodie- und sechs →Bordunsaiten werden mit einem dreieckigen →Plektron (z. B. aus einer Kokosnußschale) gezupft. Außerdem hat das Instrument ungefähr fünfzehn →Resonanzsaiten, deren Wirbel auf der dem Spieler zugewandten Halsseite dicht zusammenliegen (wie bei der *sārangī*). Einige Modelle haben eine kleine Kalebasse auf der Rückseite des Wirbelkastens, und moderne Instrumente zeigen gewisse Abweichungen von der klassischen Ausführung.

Saron Javanisches Schlaginstrument mit Metallplatten, das innerhalb des →*gamelan* eine wichtige Funktion hat: sieben Bronze- oder Eisenplatten einer fünf- oder siebentönigen Skala (*slendro* oder *pelog*; →GAMELAN) liegend auf Polstern eines trogähnlichen hölzernen Gestells. Jede Platte ist mit zwei Metallbolzen, die an den Schwingungsknoten der Platten durch Löcher hindurchgeführt sind, befestigt. Die Platten eines hohen *saron* haben im Querschnitt eine hohe Wölbung (in der Mitte mehr als 2 cm Stärke), doch für die tieferen Töne sind sie breiter und fast flach. Das *saron* wird mit einem einzigen hammerförmigen Holzschlegel angeschlagen, die andere Hand des Spielers dämpft die Töne sofort nach dem Schlag.

Es gibt drei Größen (→GAMELAN, Notenbeispiel 2): das *saron panerus* ist das höchste und hat einen kräftigen, durchdringenden Klang (etwa in der Region der zweigestrichenen Oktave). Jeweils im Oktavabstand tiefer stehen das *saron barung* und das *saron demung*. Ein Dorfgamelan hat möglicherweise nur ein *saron*.

Zu anderen →Metallophonen des *gamelan* →GENDER.

Sarrusophon (engl.: *sarrusophone*). Doppelrohrblattinstrument des 19. Jahrhunderts aus Metall. Kurz nachdem sich Adolphe Sax 1846 sein →Saxophon patentieren ließ, begann die Pariser Blasinstrumentenfabrik Gautrot aîné (später Couesnon) mit der Herstellung einer vergleichbaren Instrumentenfamilie mit ähnlicher Klappenmechanik und Griffweise und der gleichen Notation und Transponierung. Er nannte diese Instrumente nach dem Kapellmeister des 13. Infanterie-Regiments W. Sarrus, der als erster die Idee zu diesen neuen Instrumenten äußerte. Die Erfindung wird in das Jahr 1856 datiert, doch bereits im Oktober 1851 notierte die englische Königin Victoria, daß sie auf der Londoner Weltausstellung eine Orgel gehört hätte, die von einem schönen, kräftigen Instrument namens Sarrusophon begleitet wurde. Das Sopran-Instrument sieht wie eine Messing-Oboe aus, vom Alt bis zum Kontrabaß ist das Rohr zwei- bis fünffach gewunden und üblicherweise mit Silberauflage versehen. Das Tenor-Instrument (in B) ist 70 cm lang, das Baß-Instrument (in B, Zeichnung 1) 90 cm; der Es-Kontrabaß 130 cm. Beim B-Kontrabaß, dem häufigsten Sarrusophon, ist das Rohrblatt 8 cm lang und 2,5 cm breit.

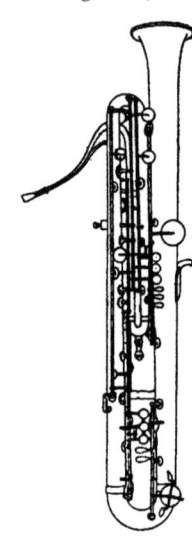

Zeichnung 1. Baß-Sarrusophon in B (Soyer 1927).

Im Verlauf der Jahrzehnte wurden Sarrusophone von vielen Freiluft-Kapellen in Frankreich, Italien und Spanien als Ersatz für Oboe und Fagott gespielt. Bis ca. 1930 stellte man sie in Frankreich noch her. In Italien kann man dem Bariton und Baß noch in den größten der städtischen Kapellen beggnen. Ihr Klang ist nicht so kräftig wie der des Saxophons, teilweise deswegen, weil bei einem Doppelrohrblatt das konische Rohr enger als beim einfachen Rohrblatt verläuft. Einige Orchesterwerke verlangen das Kontrabaß-Sarrusophone (*Threni* von Strawinsky ist ein spätes Beispiel), das seit Camille Saint-Saëns häufig in Frankreich und Spanien die Kontrafagottstimme übernahm und auch in den USA für Militärkapellen hergestellt wurde (von Conn seit 1921). Im Jazz spielte Sidney Bechet in Paris ein Solo (entweder auf Tenor- oder Bariton-Sarrusophone) in »The Sheik of Araby« auf Schallplatten ein.

Sasara →BIN-SASARA; JAPAN, 1*a*.

Sattel (engl.: *nut*; ital.: *sella*; fr.: *sillet*). Bei Saiteninstrumenten jene Leiste (auch »Obersattel«, »Steg«) am Beginn des Griffbretts nahe den Stimmwirbeln, über die die Saiten gespannt sind.

Saùng (auch *saùng-gauk*). Die seit dem 7. Jahrhundert beschriebene birmesische Harfe; das Nationalinstrument Birmas (Abb. 1). Typologisch handelt es sich um eine Bogenharfe (→HARFE, 10*a*). Sie wird seitlich auf dem Schoß gehalten oder steht auf einem Gestell mit dem gebogenen Hals (aus der Wurzel einer Akazie) links vom Spieler. Der Hals geht in das lange, ausgehöhlte, hölzerne Korpus über, das eine Decke aus (häufig rotlackiertem) Hirschfell hat. Unter der Decke ist ein Stab, an dem die durch die Decke durchgezogenen Saiten angebracht sind: eine Konstruktion, die an die antiken ägyptischen Bogenharfen erinnert, von denen die *saùng* möglicherweise abstammt. Die dreizehn bis sechzehn Seidensaiten werden meistens mit der rechten Hand gezupft. Die Saiten sind im Bereich von *c* bis *f*² in verschiedenen pentatonischen Mustern gestimmt (eine der wichtigsten Stimmungen beginnt *c e f g h*). Zusätzliche Töne werden durch Drücken der Saiten mit dem linken Daumen oder Daumennagel nahe des gebogenen Halses erhalten (wie es früher auch bei einigen europäischen Harfen üblich war).

Abb. 1. Saùng-Spieler aus Burma (klassische Bogenharfe).

Der Schüler der modernen *saùng* muß sich mit den Stimmungstheorien und mit einer schwierigen Spieltechnik beschäftigen, die verschiedene Zupfarten kennt. Zum Grundrepertoire gehören dreizehn *kyò* (»Saiten«-)Gesänge aus dem 18. und 19. Jahrhundert. Sie sind in der ältesten der Harfenstimmungen (hnyìn-lòn) geschrieben und werden im allgemeinen mit Fingercymbeln (*sì*) und Klappern (*wà*) begleitet.

Lit.: Simonson 1987.

Saxhorn Von Adolphe Sax, Paris, (→SAXOPHON) entwickelte und 1845 patentierte Familie von Ventilblechblasinstrumenten. Die Saxhörner haben konische Bohrung und drei, später bis zu sechs Ventile. Sie sind die Vorläufer der meisten tiefstehenden Ventilblasinstrumente in den heutigen →*Brass bands* außerhalb Deutschlands.

1. Größen

Die Saxhörner (abgebildet bei Kastner 1848, Tafeln 20–23) haben ein senkrecht nach oben führendes Schallstück und stehen in Es (gelegentlich auch F) oder B gemäß folgender Aufstellung, bei der die modernen Abkömmlinge in Klammern hinzugefügt sind:
Sopran in Es (Soprankornett);
Alt in B;
Alt in Es, auch Tenor genannt (Althorn);
Bariton in Es (Tenorhorn);
Baß in Es (Bariton);
Kontrabaß in Es (Es-Baß);
Subkontrabaß in B (Tuba).
Der Subkontrabaß kam erst 1851 hinzu. Ebenfalls spätere Konstruktionen waren das *Petit Saxhorn suraigu* in B mit der Stimmung der modernen Pikkolotrompete und das *Saxhorn bourdon* in Es (Subkontrabaßsaxhorn), das über den Status des Experimentierens kaum hinauskam, obwohl verschiedene Exemplare von Sax und anderen Herstellern erhalten sind. Hingegen ist das *Petit Saxhorn suraigu* lediglich aus der Opernliteratur bekannt; kein Exemplar dieses Instruments hat sich erhalten. Die ersten Saxhörner waren enger dimensioniert als die späteren. Für die Ventile benutzte Sax zunächst die robusten, relativ preiswert zu produzierenden Pumpventile (→VENTILE).

Saxhörner wurden fast ausschließlich für Militärmusik verwendet. Bei Hector Berlioz symbolisieren sie das Militärische in seiner Oper *Les Troyens* (1856/58). Er verwendet dort mehrfach ein doppeltbesetztes Saxhorn-Quartett sowie das *Petit Saxhorn suraigu*, das er bereits im *Marche pour la Présentation des Drapeaux* (»Marsch für die Überreichung der Fahnen«), mit dem sein *Te Deum* op. 22 (1855) schließt, vorgesehen hat.

Saxophon

2. Verbreitung

Zum Zeitpunkt der Erfindung stellten viele Blasinstrumentenbauer neue Ventilinstrumente in verschiedenen Stimmungen her, doch Sax war der erste, der diese Instrumente als Mitglieder einer Familie mit gleichen Merkmalen konzipiert hat. Saxhörner wurden nicht nur von Sax alleine hergestellt; in Großbritannien baute sie die Firma Henry Distin (später aufgegangen in Boosey). In den USA stellten Blechblasinstrumentenmacher sie nach eigenen Entwürfen her. So gab es Modelle, bei denen das Schallstück nach hinten über die Schulter führt.

3. Saxotromba

Eine Familie von Blechblasinstrumenten für berittene Kapellen, die Sax zur gleichen Zeit wie die Saxhörner entwickelt hat und die eine etwas engere Mensur als die Saxhörner haben, um schärfer zu klingen (Abb. bei Kastner 1848, Tafel 21).

Saxophon (engl.: *saxophone*; ital.: *saxofono*; fr.: *saxophone*). Blasinstrument mit Klappenmechanik und weitem konischen Rohr aus versilbertem oder vergoldetem Messing, auf das ein einfaches Rohrblatt ähnlich dem einer →Klarinette aufgesetzt ist. Das Saxophon wurde um 1845 von Adolphe Sax, Paris, erfunden (Patentierung 1846) und hat seitdem seinen festen Platz in Militärkapellen. In der ihm ursprünglich ebenfalls zugedachten sinfonischen Orchestermusik ist es hingegen nur schwach verbreitet; dafür ist es eines der wichtigsten Instrumente des Jazz seit den späten 1920er Jahren, was wohl auch darauf zurückzuführen ist, daß es ein sehr lautstarkes Instrument ist, weil das Rohr über eine große Strecke einen wesentlich größeren Durchmesser hat als bei den anderen konischen Rohrblattinstrumenten. Dadurch ist die im Rohr bewegte Luftmasse sehr groß. Die großen Klappen und die kompliziert aussehende Mechanik lassen das Saxophon komplizierter zu spielen erscheinen als es tatsächlich (ausgenommen einige extrem hohe Töne) ist.

1. Saxophon-Familie

Alle Saxophone (die vier wichtigsten Größen auf Abb. 1) haben denselben notierten Umfang (oberstes System von Notenbeispiel 1) sowie in vielen Fällen

Abb. 1. Saxophone: Sopran, Alt, Tenor und Bariton (das bis zum tiefen A reicht) von Yamaha, Japan.

Notenbeispiel 1

eine extra Klappe für den Spitzenton (die kleine Note); der tatsächliche, klingende Tonumfang ist darunter notiert. Die Grundskala wird vom notierten d^2 an bei geschlossenen sechs Hauptklappen durch Öffnen der Daumenklappe wiederholt. Diese Klappe regelt auch zwei kleine Oktavklappen, die oberhalb des a^2 automatisch mitgehen. Die hohen Töne d^3 bis f^3 erzielt man durch Öffnen von vier Klappen (von denen vier links oben am Korpus zusammengefaßt sind), so daß diese Töne als die zweiten Naturtöne von Grundtönen erklingen, die ansonsten keine Rolle spielen. Ein besonderes Fingerplättchen für den Zeigefinger gibt ein alternatives hohes F. Oberhalb dieser Töne ist eine weitere Oktave spielbar, die hauptsächlich von Jazz- und Rocksolisten gespielt wird und zu der keine normierten Fingersätze gehören. Der Spieler greift von einer Vielzahl von Möglichkeiten zu seiner individuellen Lösung; verschiedene Publikationen führen diese Fingersätze detailliert auf.

(a) *Sopraninosaxophon in Es*. Das ca. 48 cm lange, ungekrümmte Instrument wird nur selten gespielt, allenfalls in speziellen Bläserformationen. (Sein Part im *Bolero* rührt von Ravels Unsicherheit hinsichtlich des Umfangs des Sopransaxophons her, auf dem Marcel Mule, der 1901 geborene Saxophonsolist, den Part bei der Uraufführung 1928 gespielt hat und was andere Saxophonspieler seitdem aufgegriffen haben.)

(b) *Sopransaxophon in B* (meist ungekrümmt, doch gelegentlich in Form des Altsaxophons gebaut). Dieses Instrument ist durch Sidney Bechet bekannt geworden, der es in den 1920er Jahren als seine bedeutendste Alternative zur Klarinette einsetzte.

Im Saxophonquartett (zusammen mit Alt-, Tenor- und Baritonsaxophon) ist es das höchste Instrument.

(c) *Altsaxophon in Es*. Neben Tenor- und Baritonsaxophon die wichtigste Größe. In Jazz- und Tanzorchestern ist es seit langem der Führer der Saxophonsektion (→TANZORCHESTER). Unter den großen Solisten entwickelte Charlie Parker auf dem Altsaxophon seinen atemberaubenden »Bop«-Stil. Das Altsaxophon hat auch eine reiche Solokonzert-Literatur, die auf den Einsatz von Sigurd Rascher (geb. 1907), dem in die USA emigrierten deutschen Saxophonsolisten, zurückgeht (darunter Glasunow, Konzert für Saxophon und Orchester; Ibert, *Concertino da camera*). Das Altsaxophon war das erste Saxophon, das im Symphonieorchester Eingang fand. Sein Einsatz reicht von Ambroise Thomas' *Hamlet* über Bizets *L'Arlésienne* bis zu zahllosen späteren Kompositionen (Walton, *Belshazzar's Feast*; 1929; Honegger, *Jeanne d'Arc au Bûcher*, 1935, in der drei Altsaxophone die Hörner im Orchester ersetzen).

(d) *Tenorsaxophon in B*. Die nach dem Altsaxophon zweitpopulärste Größe gilt allgemein als das eindrucksvollste Solosaxophon im Jazz von Coleman Hawkins in den 1930ern bis zu John Coltrane in den 1950ern. Besonders auf dem Tenorsaxophon wurden Tonerzeugungsarten ausgeprägt, bei denen zum Klang des Instruments ein Brummen der Kehle hinzukommt und durch variablen Ansatz besondere Klangeffekte entstehen. Das Tenorsaxophon wurde später als das Altsaxophon in das Symphonieorchester integriert, u.a. verlangen es Ralph Vaughan Williams (Vierte Symphonie), Prokofiew (*Romeo und Julia*, zweite Suite) – beides Kompositionen von 1935.

In den USA war zeitweise ein etwa 8 cm kürzeres Tenorsaxophon in C beliebt, weil es das Vom-Blatt-Spiel ohne Transposition ermöglichte.

(e) *Baritonsaxophon in Es.* Diese Größe wird heute meist mit einer langen Stürze (wie in Abb. 1) gebaut, die den tiefsten Ton des →Violoncellos, das C ermöglicht (notiert *a*). Sein pulsierender Ton ist gut bekannt durch die Soli von Duke Ellingtons Saxophonsolisten Harry Carney und von Gerry Mulligan in den 1950er Jahren. Verschiedene Komponisten haben für Solo-Baritonsaxophon komponiert, darunter Stockhausen in *Carré*, 1960 (zusammen mit Alt- und Tenorsaxophon).

(f) *Baßsaxophon in B.* Das mehr als 120 cm lange Instrument ist spieltechnisch genauso flexibel wie die kleineren Typen, wird jedoch nur selten gespielt. Seine bekanntesten Interpreten sind die Jazzmusiker Adrian Rollini und Harry Gould.

(g) *Kontrabaßsaxophon in Es.* Das 2 m lange Instrument ist äußerst selten. Es wird allenfalls im Saxophonensemble gespielt.

2. Blatt und Mundstück

Das Rohrblatt (→Rohrblatt, Zeichnung 2) ist aus Schilfrohr, manchmal auch aus Kunststoff, und hat folgende durchschnittliche Längen: Sopran: 58 mm; Alt: 71 mm; Tenor: 81 mm; Bariton: 90 mm. Das Rohrblatt wird auf die untere Lippe gelegt, der Mundrand umschließt das Mundstück. Mit dem Kiefer produziertes Vibrato war in der ersten Hälfte des 20. Jahrhunderts üblich, doch hat man seither davon abgelassen, um mehr klangliche Differenzierungsmöglichkeiten zu haben. Das Mundstück selbst hat sich seit jener Zeit verändert. Ursprünglich mischte sich sein Klang mehr mit den Blech- und Holzbläsern des Orchesters, jetzt bevorzugt man ein enger gebohrtes Mundstück für einen grelleren, schärferen Klang. Es gibt außerdem spezielle Tonabnehmer, die direkt am Mundstück befestigt werden.

3. Erfindung

Adolphe (Antoine Joseph) Sax (1814–1894) arbeitete zunächst unter seinem Vater Charles Sax, einem der führenden Brüsseler Blasinstrumentenbauer. Er studierte Klarinette am Brüsseler Konservatorium und konstruierte Verbesserungen an Klarinetten und speziell an der →Baßklarinette (sein erstes Patent datiert von 1838). Man weiß nicht, aus welchen Überlegungen heraus er die Saxophonfamilie konstruierte, doch 1842, wenige Monate, bevor er nach Paris übersiedelte, berichtet Berlioz im *Journal des débats* über ein neues Blechblasinstrument ähnlich einer Ophikleïde, aber mit dem Mundstück einer Klarinette, und fügt hinzu, daß es kein vergleichbares Baßinstrument gäbe. Eine der Zeichnungen in dem Patent von 1846 zeigt dann auch ein großes Instrument mit aufwärts gerichteter Stürze und einem saxophonähnlichen Mundstück, als ob, wie es für wahrscheinlich gehalten wird, Sax bei seiner Neukonstruktion mit dem Mundstück der Baßklarinette an einer Ophikleïde, einem der in der Werkstatt des Vaters regulär hergestellten Instrumententypen, experimentiert und zunächst ein Baß- oder Baritonsaxophon hergestellt hatte (McBride 1982).

Die Saxophonfamilie wurde offiziell 1854 im französischen Militär eingesetzt. Instrumente seit jener Zeit sind dann auch in vielen Sammlungen erhalten. Sie unterscheiden sich kaum von den bis in die 20er Jahre des 20. Jahrhunderts hinein hergestellten Instrumenten. Die Stürze erlaubt lediglich H als tiefsten Ton, es gibt an der Klappenmechanik noch keine Rollen für die kleinen Finger und keine mit Perlmutt belegte Klappendeckel für die wichtigsten Klappen. Der Daumen betätigt zwei unabhängige Oktavklappen.

4. Varianten

Im 19. Jahrhundert wurde die Saxophonfamilie auch in C bzw. F gebaut; solche Instrumente hat beispielsweise Richard Strauss in seiner *Symphonia Domestica* vorgesehen. In den späten 1920er Jahren konstruierte der renommierte Hersteller C.G. Conn, Elkhart, Indiana, ein »Englisch Horn-Saxophon« in F, auch *Conn-O-Sax* genannt, das von seiner Form her einem →Englisch Horn ähnlich war. Ebenfalls in F stand das Mezzosopransaxophon, das Conn lieferte, und das wie ein kleineres Altsaxophon aussah. Zu *Jetel-Sax* →TAROGATO.

Lit.: Cambridge 1998a; Kool 1931; Schleuter 1977, 1993 (Diskographie); Ventzke/Raumberger/Hilkenbach 2001.

Saxotromba →SAXHORN, 3.

Sax-Tuba →BUCINA UND CORNU, 3.

Sāz Die türkische →Langhalslaute, die mit →Plektron aus Tierhaut angezupft wird. Ein beliebtes Instrument, das auch weiter östlich bis nach Aserbaidschan und westlich bis nach Albanien verbreitet ist. Das griechische →*bouzouki* ist ein Abkömmling davon.

Das birnenförmige Korpus (Abb. 1) sieht von der Seite aus betrachtet wie ein tiefer Löffel aus, der dort am tiefsten ist, wo der Steg aufliegt. Die wertvoller gearbeiteten Instrumente können bis auf ca. 4 mm Schalendicke ausgehöhlt sein, doch haben die meisten wie die europäische Laute eine aus Spänen gefertigte Schale. Die leicht konvexe Decke kann auf jeder Seite rechts und links des Bezugs eine

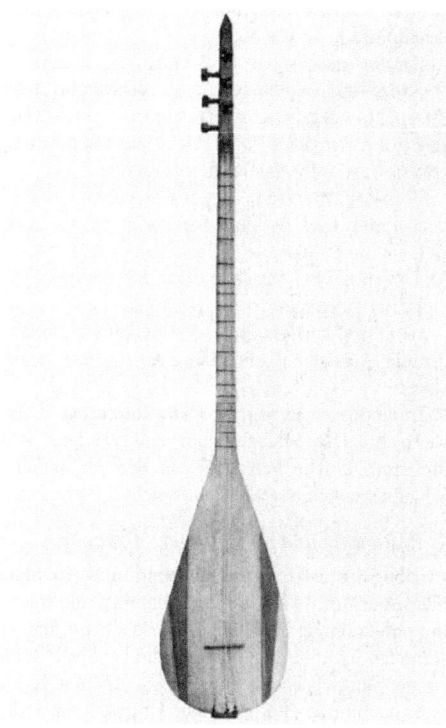

Abb. 1. *Sāz (Bate Collection, Oxford)*.

spitzwinklige Einlage aus dunklerem Holz haben. Schallöcher sind nicht unbedingt vorhanden. Die aus feinem Darm oder Nylon um den Hals geschlungenen Bünde variieren hinsichtlich Anzahl und Plazierung. Es gibt umfangreiche theoretische Erörterungen zur Stimmung der *sāz*, doch die typische, in Istanbul zu kaufende *sāz* steht in pythagoreischer Stimmung und hat innerhalb der ersten Oktave zwei weitere Bünde, die für gewisse Modi benötigt werden. Demzufolge ist innerhalb des mit der leeren Saite beginnenen Tetrachords einer der zusätzlichen Bünde zwischen dem Halbton- und dem Ganztonbund, so daß die kleine Terz in zwei aufeinanderfolgende Dreivierteltonintervalle aufgeteilt wird. Diese Intervallfolge wiederholt sich bei dem eine reine Quarte oberhalb der leeren Saite beginnenden Tetrachord.

Der Bezug aus Metallsaiten ist dreichörig, die am tiefsten gestimmte Saite befindet sich in der Mitte (z.B. d^1 g a). Die Länge der *sāz* reicht von ca. 75 cm (*cura*) bis zur *meydan sāz* mit doppelter Länge (Pikken 1975).

Schachtbrett (Schachbrett) (engl.: *chekker*; fr.: *éschaquier*). In schriftlichen Quellen zwischen 1360 und 1519 genanntes, nicht näher bestimmtes besaitetes Tasteninstrument. Die Meinungen gehen darüber auseinander, ob der Begriff ein →Clavichord, ein →Cembalo oder allgemein ein Tasteninstrument mit schachbrettähnlichem Äußeren meint.
Lit.: Barry 1985; Ripin 1975.

Schalenbecken (engl.: *cup cymbals*) →BECKEN, 5b.

Schallbecher →BECHER, 1.

Schalltricher (Stürze) (engl.: *bell*; ital.: *padiglione*; fr.: *pavillon*). Das äußerste, sich trichterförmig erweiternde Ende der Schallröhre von →Blechblasinstrumenten.

Schalmei
1. Ein dem Diskantpommer (→POMMER) ähnliches volkstümliches →Doppelrohrblattinstrument, in der instrumentenkundlichen Literatur vielfach auch Diskantschalmei genannt.
2. Lingualpfeifenregister der →Orgel.

Schamanentrommel (engl.: *shaman drum*). Rahmentrommel der Inuits, Lappen und anderer arktischer Völker: Eine häufig aus der Magenwand eines Walrosses gewonnene Membran ist mit Sehnen an einen dünnen Holzreifen gebunden, der normalerweise einen Griff hat (→TROMMEL, Zeichnung 1b). Der Spieler hält die Trommel am Griff und schlägt mit einem Stab von unten auf die Membrane, die er mit dem Griff ständig hin und her dreht. Die Schamanentrommel wird auch als →Mirliton benutzt.

Scheitholz (Scheitholt) Zither aus einem schmalen Resonanzkasten mit ein bis vier Melodie- und zusätzlichen →Bordunsaiten, die mit seitenständigen Wirbeln in einem Wirbelkasten gestimmt werden. Das Instrument ist bereits bei →Praetorius 1619 erwähnt und war bis ins frühe 19. Jahrhundert hinein als volkstümliches Instrument in den deutschsprachigen Länder verbreitet. (→auch APPALACHIAN DULCIMER zu einem ähnlichen Zithertyp.)

Schelle (engl.: *sleigh bell*; ital.: *sonaglio*; fr.: *grelot*). Aus Blech getriebene Gefäßrassel mit Schlitz, in deren Innern eine Metall- oder Tonkugel eingeschlossen ist. Seit dem Mittelalter bekannt, dienten Schellen (meist verschiedene an einem Band) zum Auffinden von Herdentieren (wie die Kuhglocke), als Schlittengeläut usw. und wurden als Gewandschellen beim Tanzen getragen. Normalerweise haben Schellen keine fixierte Tonhöhe; in Mozarts *Schlittenfahrt* aus den Dreizehn deutschen Tänzen KV 600, 602 und 605 sind sie allerdings in Terzen auf $f^2 - a^2$, $c^2 - e^2$ und auf g^2 gestimmt.

Schellenbaum (Halbmond) (engl.: *bell tree, Jingling Johnny*; ital.: *capello cinese*; fr.: *chapeau chinois*). Von der →Glockenspiel-Lyra abgelöstes Schüttelinstrument, bestehend aus einem Stab mit einer oder mehreren übereinander befestigten Metallhauben, an denen Glöckchen und Schellen hängen, die beim Aufstampfen des Stabs erklingen. Auf der Spitze des Stabs ist ein Halbmond zur Dekoration aufgesetzt. Der Schellenbaum ist ein Überbleibsel der →Janitscharenmusik des 18. Jahrhunderts. →MILITÄRKAPELLE, Abb. 2.

In Japan ist *suzu* ein dem Schellenbaum ähnelndes Schüttelinstrument (eine Rassel mit Glockenkügelchen), das bei Shinto-Zeremonien verwendet wird. →auch SISTRUM, 2.

Schellengeläute (engl.: *sleigh bells*; ital.: *sonagli*; fr.: *grelots, sonnailles*). Mehrere zusammenklingende →Schellen.

Schellenring (engl.: *jingle ring*). Ein Holzreifen mit Schellen (paarweise locker übereinanderliegende Metallscheiben) wie beim →Tamburin, doch ohne übergespannte Membrane (→SISTRUM, Zeichnung 1c). Der Schellenring ist eine Anschlagrassel, die als altes volkstümliches Instrument in Südeuropa und auf den Azoren verbreitet ist und in der Musikpädagogik (→ORFF-INSTRUMENTARIUM) sowie auch im Rock und Folk als rhythmisches Begleitinstrument gespielt wird.

Schellentrommel →TAMBURIN.

Scheola →Automatisches Harmonium der Pianofortefabrik Schiedmayer & Söhne, Stuttgart. Einige Ausführungen der Scheola hatten zusätzlich zum Harmonium eine →Celesta eingebaut.

Schifferklavier Volkstümlich für →Akkordeon.

Schlagbrett →SEMANTERION.

Schlagfläche (engl.: *drum pad*). Eine an einem Ständer montierte flexible Fläche, die, mit der Hand oder mit Schlegeln angeschlagen, die rhythmischen Impulse an ein →Rhythmusgerät weitergibt. Der →Drummer kann so den Klang verschiedener traditioneller Schlaginstrumente mittels eines einzigen Verbindungsglieds zwischen Spieler und Klangerzeuger imitieren.
Lit.: Dobson 1992; Ender 1985.

Schlaginstrumente (engl.: *percussion instruments*; ital.: *strumenti a percussione*; fr.: *instruments à percussion*). Alle Instrumente, die zur Klangerzeugung angeschlagen oder geschüttelt werden. Zu den in diesem Lexikon behandelten Schlaginstrumenten siehe folgende Einzeleinträge:

Metall: AMBOSS, BECKEN, CROTALES, FLEXATON, GLOCKENSPIEL, GLOCKENSPIELSTAB, GONG UND TAMTAM, HERDENGLOCKEN, KETTEN, LUJON, PLATTENGLOKKEN, RÖHRENGLOCKEN, SCHELLE, SCHELLENGELÄUT, SISTRUM, STEEL BAND, TRIANGEL, VIBRAPHON.

Holz: CABAZA, CHOCALHO, CLAVES, GATOTROMMEL, GUIRO, BIN-SASARA, HOLZBLOCKTROMMEL, KASTAGNETTEN, MARACAS, MARIMBA, PEITSCHE, RASSEL, RATSCHE, SCHLITZTROMMEL, TEMPELBLÖCKE, XYLOPHON, ZUNGENSCHLITZTROMMEL.

Membran: BOOMBAMS, NAQQĀRA, PAUKEN, außerdem die Aufstellung am Anfang des Eintrags TROMMEL.

Traditionsgemäß werden →Hackbrett und →Klavier nicht zu den Schlaginstrumenten gerechnet, weil ihre musikalische Funktion von der der anderen Schlaginstrumente erheblich abweicht.

1. Bestimmte und unbestimmte Tonhöhe

Es gibt Schlaginstrumente mit bestimmter Tonhöhe oder einer Anzahl bestimmter Tonhöhen und solche mit unbestimmter Tonhöhe. Die Instrumente mit bestimmter Tonhöhe erlauben melodisches Spiel, wenn sie auf verschiedene Tonhöhen wie z.B. das Xylophon stimmbar sind. Zu einer Übersicht über die Tonumfänge dieser Schlaginstrumente mit tastaturähnlicher Anordung →XYLOPHON. Instrumente mit unbestimmter Tonhöhe können zwangsläufig nicht in einem diastematischen System (d.h. in Tonhöhen) notiert werden, man schreibt ihre Stimmen auf einer einzigen Notenlinie. Zu diesen Instrumenten zählen z.B. die →Trommeln, →Becken und das →Triangel. Diese klassische Unterscheidung ist im 20. Jahrhundert allerdings durchbrochen worden, als die Klangfarbe als ein Parameter der Komposition neben dem der Tonhöhe »entdeckt« wurde. Dadurch spielt die relative Tonhöhe unter Instrumenten unbestimmter Tonhöhe eine nicht zu unterschätzende kompositorische Rolle. Beispielsweise hat ein Paar Tempelblöcke zwei eindeutig unterscheidbare Tonhöhen, obwohl sie sich nicht in eine definierte Tonskala eingliedern lassen. Unterschiedliche Anschlagmittel können auch verschiedene Tonhöhen – vielleicht wäre es sinnvoll, in diesem Zusammenhang von »Klangfeldern« zu sprechen – erzeugen. Es ist leicht zu verstehen, daß diese Differenziertheit von Klangfeldern der atonalen Musik reiches Material liefert. Seit den bahnbrechenden Kompositionen von Edgard Varèse (insbesondere *Ionisation* für Schlagzeug solo, 1931) haben Komponisten für zwei, drei oder mehr solcher Schlaginstrumente in »hoher«, »mittlerer« und »tiefer« Stimmung geschrieben und mit anderen Schlaginstrumenten so kombiniert, daß sich ein Motiv oder

Schlaginstrumente

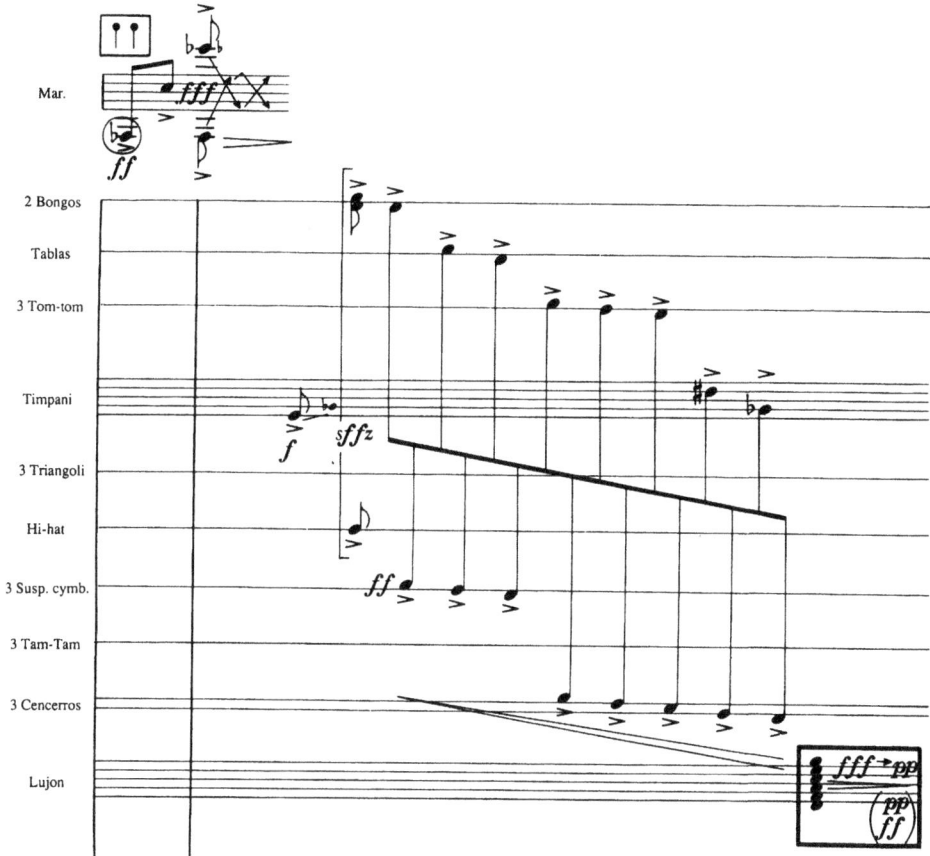

Notenbeispiel 1. Ausschnitt aus Circles *von Luciano Berio.*

Thema durch die Schlaginstrumente bewegt und dadurch seine Klangflächenstruktur erhält, wie beispielsweise in Notenbeispiel 1.

2. Anschlagmittel

Wie sehr das Anschlagmittel den Klang mitbestimmt, kann der Laie bereits experimentell feststellen, wenn er auf eine Tischplatte zunächst mit den Fingern und dann mit einem Bleistift klopft. Im zweiten Fall scheint die Tonhöhe wesentlich höher. Genauso wird beim Schlaginstrument ein Schlegel mit großem, weichen Kopf mit der schwingenden Oberfläche (sei sie fest oder eine Membran) eine größere Fläche längere Zeit anschlagen, so daß die kurzen Wellenlängen der höheren Schwingungsmoden gedämpft werden und ein reiner, weicher Klang entsteht. Andererseits wird ein harter, dünner Stab den gegenteiligen Effekt haben und die hohen →Teiltöne herausholen, während der Grundton oder die tiefen Moden nur schwach angeregt werden. Das Ergebnis ist, je nachdem, ein hellerer, spröder oder klirrender Klang.

Man unterscheidet bei den Anschlagmitteln:

(a) *Schlegel* (auch *Schlägel*). Langer Griffstiel aus Holz oder Bambus mit kugel-, ellipsen- oder scheibenförmigem Kopf unterschiedlichen Materials und unterschiedlicher Härte.

(b) *Hammer*. Langer Griffstiel mit einem hammerähnlichen Kopf aus Holz, Horn, Kunststoff oder Metall.

(c) *Stock*. Ein zur Spitze hin konisch zulaufender Stock mit einem Anschlagköpfchen.

(d) *Stab*. Zylindrischer Stock.

(e) *Klöppel*. Im Innern einer Glocke aufgehängtes Anschlagmittel aus Metall.

(f) *Rute*. Elastischer Stab (z.B. aus Peddigrohr, Zweigen).

(g) *Besen*. Besenartiger Stab mit gebündelten Metallamellen oder Stahldrähten.

3. Notation

Da innerhalb einer Komposition der Schlagzeuger in der Regel mehrere Instrumente in schneller Folge

Schlagzeug

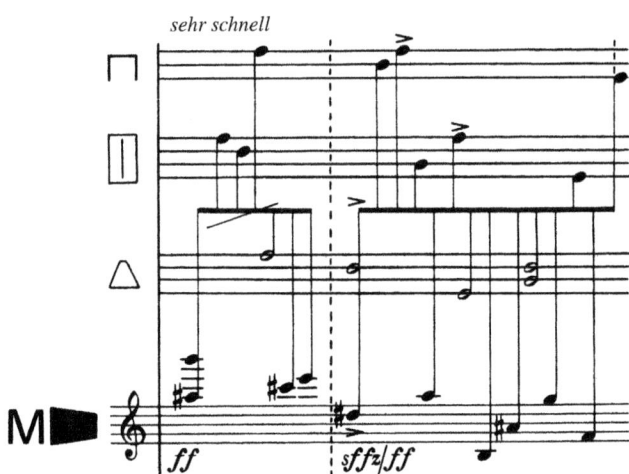

Notenbeispiel 2. Ausschnitt aus Kontakte von Karlheinz Stockhausen (⊓ = Bongos; ⫿ = Zungenschlitztrommeln; △ = Kuhglocken; M▶ = Marimba).

spielt, ist es sinnvoll, mehr oder weniger standardisierte Symbole in der Partitur zu gebrauchen, die den Wechsel des Instruments schnell erkennbar anzeigen (wie in Notenbeispiel 2). Bei anspruchsvollen Schlagzeugpartien ist die überlegte Plazierung der verschiedenen Instrumente eine Grundvoraussetzung. Deshalb ist vielen Partituren mit umfänglichem Schlagzeugapparat eine graphische Aufstellungsskizze vorangestellt. Strawinskys L'histoire du soldat (1918) ist in dieser Beziehung ein klassisches Modell.

Lit.: Blades 1984; Encyclopedia 1995; Holland 1978; Kotoński 1968; Meza 1990 (Diskographie); Peinkofer/Tannigel 1969; Smith Brindle 1970.

Schlagzeug (engl.: *percussion*; ital.: *batteria, percussione*; fr.: *batterie*)
1. In westlichen Instrumentalensembles die Gruppierung der →Schlaginstrumente.
2. Gleichbedeutend mit →Drum-Set.

Schlegel (engl.: *beater, stick*; ital.: *bacchetta*; fr.: *baguette*). →SCHLAGINSTRUMENTE, 2.

Schlitztrommel (engl.: *slit drum*; fr.: *tambour-à-fente*). Hölzernes Schlaginstrument vieler tropischer Völker bei Zeremonien, zur Begleitung von Gesang und Tanz und zur Nachrichtenübermittlung.

1. Mit einfachem Schlitz

Der ca. 50 cm bis über 2 m (in Einzelfällen sogar 7 m) lange Abschnitt eines Baumstammes ist durch einen längsseitigen Einschnitt ausgehöhlt, wobei die Enden geschlossen bleiben. Der Spieler schlägt die Seiten mit Schlegeln an. Die hauptsächliche Verbreitung ist in Zentralafrika, Südostasien und den Phillipinen, Neuguinea, Mittelamerika und am Oberen Amazonas. Zeichnung 1 zeigt einen häufigen afrikanischen Typ mit einem kurzen Mittelschlitz zum Anschlagen zwischen den weiten Öffnungen. In Afrika und Südamerika haben die Schlitzseiten im allgemeinen unterschiedliche Stärken. Die dünnere Seite erzeugt einen tieferen Klang als die dickere. Die Schlitztrommel kann mit diesen verschiedenen Klängen zu einer auf der Sprache basierenden Trommelsprache, aber auch – so in Melanesien – mit einer Art Morsecodierung (mit dem Zeichenvorrat kurz – lang) als Nachrichtenmedium dienen.

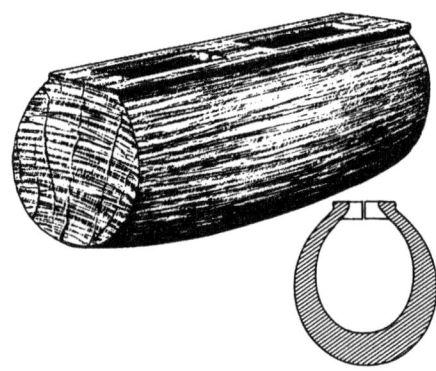

Zeichnung 1. Schlitztrommel aus Kamerun (45 cm lang).

2. Mit mehreren Schlitzen

In Westafrika gibt es auch Trommeln mit drei oder mehr parallelen Schlitzen, die 3–4 mm breit und unterschiedlich lang sind. Sie ergeben einen xylophonähnlichen Klang, dessen Tonhöhe von der Länge der dazwischenliegenden Holzabschnitte abhängt. Mit am Ende zwischengeschobenen Keilen kann die Trommel gestimmt werden. Solche Trommeln werden auch aus Bambus hergestellt.

3. Zungenschlitztrommel

Sie weicht von den obigen Typen insofern ab, als die Schlitze wie dicke »Zungen« sich in der Mitte quer zur Längsrichtung der Trommel gegenüberstehen. →TEPONATZLI (Azteken), ZUNGENSCHLITZTROMMEL.

4. Einsatz in westlichen Kompositionen

Gelegentlich werden Schlitztrommeln von Komponisten gefordert, so von Orff (*Die Bernauerin, Antigonae*) und Stockhausen (*Gruppen*: sechs Schlitztrommeln unterschiedlicher Tonhöhen). Schlagzeugfabrikanten stellen für solche Zwecke inzwischen auch Ersatzkonstruktionen her.

Schlüsselfidel →NYCKELHARPA.

Schnabel Das Mundstück der →KLARINETTE.

Schnabelflöte Eingedeutschter Ausdruck aus dem Französischen (*flûte à bec*) für die →Blockflöte.

Schnarrsaite (engl.: *snare*; ital.: *corda di minugia*; fr.: *timbre*). Bei vielen Trommeln verschiedener Kulturen ist über das Fell eine Darmsaite oder ein Metallspiralband zum schnarrenden Mitschwingen gespannt, so z.B. bei der →Kleinen Trommel. Die Schnarrsaite war in Europa spätestens schon im Mittelalter bekannt.

Schneckentrompete →MUSCHELTROMPETE.

Schofar (engl.: *shofar*). Das althergebrachte Widderhorn der Synagoge, das zu bestimmten Festen im Jahreslauf erklingt. Das Schofar wird rituell hergestellt. Dazu wird das aufgeweichte Horn begradigt, das breite Ende nach oben gebogen und das gesamte Horn flach gemacht (zu linsenförmigem Querschnitt). Zwei Töne, die häufig im Quintabstand sind, aber auch gelegentlich ein größeres Intervall umfassen, erklingen auf dem Instrument. →auch BIBLISCHE MUSIKINSTRUMENTE, 1a.

Schrapinstrument (engl.: *scraper*; ital.: *idiofono raschiamento*; fr.: *idiophone râpé*). Jedes Instrument mit einer quergereiften oder gezahnten Oberfläche, die mit einem Holzstab o.ä. geschrapt wird. Schrapinstrumente sind die →Ratsche, die Kürbisraspel →*guiro*, die Holzraspel *reco-reco* (→GUIRO) und viele andere, auch ad hoc gebildete, Instrumente. So wurde in den frühen Tagen des Jazz mit den Fingernägeln auf dem Waschbrett (gerilltes galvanisiertes Blech in einem Holzrahmen) geschrapt. Zu einem rituellen Schrapinstrument →CHINA UND KOREA, 1a(iii).

Schreierpfeife (Rauschpfeife) →Doppelrohrblattinstrument der Renaissance mit →Windkapsel (wie beim →Krummhorn). Die Schreierpfeife wird in vielen alten Hof- und städtischen Inventarien aufgeführt und wurde offenbar immer dann gespielt, wenn der →Pommer zu aufdringlich geklungen hätte. Etwa ein Dutzend alter Instrumente sind erhalten, die meisten davon im Musikinstrumenten-Museum, Staatliches Institut für Musikforschung PK, Berlin, und im National-Museum, Prag (→MUSIKINSTRUMENTENSAMMLUNGEN). Die Bohrung ist weniger konisch als beim Pommer; der vom Korpus nicht abgesetzte Becher nur geringfügig nach außen gebogen. Die Bezeichnung Rauschpfeife taucht im frühen 16. Jahrhundert auf; mit einer Ausnahme heißt es später bis Mitte des 17. Jahrhunderts immer *Schreierpfeife, Schryari* oder ähnlich; so z.B. bei Praetorius 1619, dessen Illustration allerdings Rätsel aufgibt. Die Berliner Instrumente, die aus einer alten Instrumentensammlung an der Naumburger St. Wenzelskirche stammen, sind in alten Inventaren als »Schreiarien« geführt, während die Prager Instrumente in einem alten Inventar »Srayffaiff« genannt werden.

Lit.: Boydell 1982.

Schryari →SCHREIERPFEIFE.

Schüttelrohr →CHOCALHO.

Schwebungen und Differenztöne (engl.: *beats and difference tones*). Gewisse akustische Phänomene, die auftreten können, wenn zwei musikalische Töne zusammen erklingen.

1. Schwebungen

Die Interferenz zwischen zwei Schallwellen, die sich nur geringfügig voneinander unterscheiden, ergibt eine Wellenform, die das Ohr als gleichmäßige dynamische Änderung wahrnimmt. Wenn beispielsweise zwei Saiten oder Pfeifen auf c^1 gestimmt sind, die eine aber 262 und die andere 261 Hz hat (→HERTZ), entsteht infolge der Differenz von einer Schwebung pro Sekunde (1 Hz), daß sich die beiden Schallwellen überlagern und ihre gemeinsame Amplitude verstärken. Würde die tiefere Frequenz auf 260,5 Hz begrenzt werden, würden die Schwebungen auf anderthalb Schwebungen pro Sekunde anwachsen, bei 257 Hz auf fünf Schwebungen. Jenseits dieses Werts sind die Schwebungen zu schnell für das Ohr, so daß das Ohr dann die beiden Frequenzen als separate Töne wahrnimmt.

Ca. fünf Schwebungen pro Sekunde werden in verschiedenen Instrumenten eingesetzt, um einen Tremoloklang zu erzeugen, z. B. zwischen zwei Zungen in einem Akkordeon (der Grad der notwendigen Verstimmung wird in den oberen Oktaven geringer, wo die Frequenzen größer werden und zu größeren zahlenmäßigen Unterschieden führen, die, solange sie nicht verringert werden, ungewünscht schnelle Schwebungen erzeugen würden). Schwebungen sind beim Stimmen von Tasteninstrumenten ein wichtiges Hilfsmittel, um die Oktaven, Quinten und Terzen zu stimmen (→TEMPERATUR). Es scheint so zu sein, daß strenggenommen nicht die Grundtöne die Schwebungen verursachen, sondern deren →Obertöne; bei der Quinte ist beispielsweise der dritte Teilton der unteren Note identisch mit dem zweiten Teilton der oberen, und wenn diese Teiltöne nicht übereinstimmen, entstehen Schwebungen, die einem geschulten Klavierstimmer ein wichtiger Indikator für die gewünschte Abweichung vom reinen (schwebungsfreien) Intervall ist.

2. Differenztöne

Zwei Töne, die ein reines Intervall wie beispielsweise die Quinte oder die große Terz auseinanderliegen, sind beide ganzzählige Mehrfache eines gemeinsamen Grundtons; und wenn die Tonhöhe dieses Grundtons nicht zu tief ist, um mit dem Ohr wahrgenommen zu werden, kann man ihn hören, wenn die beiden Töne auf einem Instrument oder auf zwei gleichartigen Instrumenten gespielt werden (Blockflötisten bemerken dieses Phänomen häufig). Dieser tiefe Ton ist der sogenannte Differenzton, da seine Frequenz die Differenz von den gespielten Tönen ist (z. B. a^1 = 440 Hz und e^2 = 660 Hz; der Differenzton ist 220 Hz entsprechend a; oder a^1 und cis^1, reine große Terz, Differenzton ist 110 Hz entsprechend A). Der hörbare Grundton wird in diesen Fällen von Wissenschaftlern als ein subjektives Phänomen betrachtet, das neben zahllosen weiteren kaum bewußt wahrgenommen »Kombinationstönen« existiert. →auch ORGEL, 3b.

Schwirrholz (engl.: *bull-roarer, thunderstick, whizzer*; fr.: *rhombe*). Eines der ältesten rituellen Geräuschinstrumente. Es ist ein flaches, meist lanzettförmiges Holzbrett, meist 15 bis 30 cm lang und mit einem Loch an einem Ende an einer langen Schnur befestigt, mit der es durch die Luft geschwungen wird, wobei durch die Ablenkung der Luft ein heulender Laut hervorgerufen wird. Das Holz dreht sich dabei um sich selbst, verursacht durch Einkerbungen. In der Hornbostel/Sachs'schen Klassifikation ist es ein Wirbelaerophon. In Europa wird das Schwirrholz hauptsächlich als Spielzeug verwendet, während es in außereuropäischen Kulturen ein rituelles Objekt ist, das nicht unbedingt auch einen Laut erzeugt. So ist es für die Navajo-Indianer in Nordamerika dann am wirkungsvollsten, wenn es aus Kiefernholz geschnitzt ist, in das ein Blitz eingeschlagen hat.

Das Schwirrholz wird von Henry Cowell (1897–1965) in dessen Ensemble für fünf Streichinstrumente und zwei Schwirrhölzer (1924) eingesetzt.

Schwirrscheibe, Schwirrkreisel, Schwirrnuß (engl.: *buzz disc*). Überall auf der Welt mehr ein Spielzeug denn ein Musikinstrument. Eine kleine Scheibe (aus Holz, Knochen, Blech o. ä.) hat zwei Löcher in gleichem Abstand zum Mittelpunkt. Eine Schnur ist durch beide Löcher gezogen und zu einer langen Schleife zusammengeknotet, die in beide Hände genommen wird. Die Scheibe wird herumgewirbelt und spannt die Schnur, die, sobald man sie mit den Händen auseinanderzieht, ihrerseits die Scheibe herumwirbelt und zum Tönen bringt. Durch den Schwung dreht sich die Schnur wieder zusammen und der Vorgang beginnt von vorn. Die Schwirrscheibe (manchmal mit gezackten Kanten) ist wohl so alt wie das →Schwirrholz und mag ursprünglich als Geräuschobjekt zum Anlocken der Beute sowie bei rituellen Handlungen verwendet worden sein.

Seljefløte Norwegische Flöte, →FLÖTE, 2b.

Semanterion (Schlagbrett) Ein in griechischen orthodoxen Klöstern statt der Glocke verwendetes →Idiophon: ein langes, schmales Brett aus Resonanzholz (wie z. B. Ahorn) oder eine Eisenplatte. Der Anschlag (in schneller rhythmischer Folge) erfolgt mit einem Holzhammer. Das Brett kann etwa 2 m lang sein und auf der Schulter balanciert oder aufgehängt werden. Durch Anschlag an verschiedenen Stellen können zwei verschiedene Tonhöhen entstehen. Angeblich reicht das *semanterion* in das 6. Jahrhundert zurück. Orff setzt es in *Prometheus* (1968) ein, wobei es auf eine Pauke aufgelegt werden soll.

Sequenzer (engl.). Programmierbare Steuereinrichtung zum →Synthesizer, die beispielsweise den rhythmischen Verlauf von synthetisch erzeugten Klängen regelt, speichert und beliebig wiedergibt. Der Sequenzer ersetzt bzw. ergänzt somit die Klaviatur des Synthesizers.

Lit.: Dobson 1992; Enders 1985.

Serinette →DREHORGEL, 2.

Serpent (engl.: *serpent*; ital.: *serpentone*). Ein tiefes Blasinstrument, das vom 17. bis Mitte des

19. Jahrhunderts gespielt wurde. Neben dem Instrumententyp mit der charakteristischen Schlangenform (Abb. 1) wurde das Serpent auch in Form eines kurzen, dicken →Fagotts als *Russisches Fagott* gebaut; siehe unten, 2.

Abb. 1. »*Le Serpent du Village*«, Bildpostkarte.

1. Serpent

Die weitmensurierte, wellenförmige, sich konisch erweiternde Holzröhre ohne Klappen ist mit schwarzem Leder überzogen und hat sechs Fingerlöcher und eine gebogene Messingröhre mit einem Kesselmundstück (aus Messing oder häufig Elfenbein), mit dem das Serpent wie ein echtes Blechblasinstrument klingt. Das Holz – Nußbaum wurde bevorzugt – ist ausgehöhlt und in zwei Hälften geteilt, die zusammengeleimt sind und mit Leinen überzogen werden, bevor der Lederüberzug darüberkommt. Der Tonumfang umfaßt zweieinhalb Oktaven vom C ausgehend. (Französische Kompositionen scheinen einen Ganzton nach oben transponiert notiert zu sein, wie man einer ca. 1816 zu datierenden Grifftabelle entnehmen kann (abgedruckt bei Carse 1939).

Das im späten 16. Jahrhundert in Frankreich erfundene Serpent diente lange Zeit in den französischen Kirchen und in der königlichen Kapelle (→ÉCURIE) zur Begleitung des Gregorianischen Chorals. Es gibt Traktate aus dem 19. Jahrhundert, denen zu entnehmen ist, wie ein Serpentspieler eine Baßstimme zum Choral hinzuimprovisieren oder skalenähnliche Kadenzen zwischen den Strophen spielen könne (Hillsman 1980). In Italien wurde das Serpent im Dom von Bologna zusammen mit Posaunen bis etwa 1700 gespielt; in England gehörte es zu den Baßstimmen der *Music for the Royal Fireworks* (1749). Gegen Ende des 18. Jahrhunderts begann das Instrument in Militärkapellen Einzug zu halten, um die vom Fagott gespielte Baßstimme zu stützen. Serpente aus dieser Zeit haben zwei oder mehr Messingklappen. Die wichtigste dieser Klappen gilt dem linken Zeigefinger und gibt das H, weil bei allen geöffneten Grifflöchern das B erklingt. Solche Serpente wurden bis gegen 1850 gefertigt, einige davon (z.B. solche von Thomas Key) mit dreizehn Klappen und ohne ein einziges Griffloch für die Finger. Das Serpent wurde u.a. noch von Mendelssohn Bartholdy in der *Reformations-Sinfonie* op. 107 (1832) und in seinem Oratorium *Paulus* op. 36 (1836) eingesetzt.

2. Russisches Fagott (engl.: *upright serpent*; fr.: *serpent droit, serpent basson, basson russe*)

Zwischen ca. 1790 und ca. 1830 wurden auf dem europäischen Festland Serpente gefertigt, die wie ein →Fagott gebaut waren, indem sie zwei parallele

Abb. 2. *Russisches Fagott.*

Bohrungen hatten, die miteinander verbunden waren. Diese *Russischen Fagotte* hatten drei oder vier Klappen und einen metallenen Schallbecher, der wie ein Drachenmaul aussah und bunt bemalt war (Abb. 2). In Wagners Ouvertüre zu *Rienzi* bezieht sich die Instrumentationsangabe »Serpent« auf ein solches oder ähnliches Instrument (→auch CIMBASSO). Andere Blasinstrumententypen jener Zeit behalten die akustische Konstruktion des Serpents bei, verzichten jedoch auf die Schlangenform. Das nach seinem Pariser Erfinder Forveille benannte *Serpent Forveille* (ca. 1823) hat links neben der mit Leder überzogenen Holzröhre eine Messingröhre mit kaminähnlichen Fingerlöchern. Ähnlich konstruierte Instrumente hießen *Serpentcleïde*, *Ophibaryton* und ähnlich.

Sese (auch *zeze*). Die Plattstabzither (→ZITHER; 3c) Ost- und Zentralafrikas, mit der Gesänge und Tänze begleitet werden. An einem flachen hölzeren Saitenträger sind auf der Schmalseite an dem einen Ende drei Vorsprünge ausgeschnitten, die die Funktion von Bünden übernehmen. Etwa in der unteren Mitte des Saitenträgers ist auf der der Saite gegenüberliegenden Seite eine unten offene Kalebasse angebracht. Der Spieler bewegt die Kalebasse auf seinem Oberkörper, um die Resonanz zu variieren (wie beim Kalebassenbogen, →MUSIKBOGEN, 3, und der indischen →*tuila*) und zupft die mit der linken Hand an den Bünden abgegriffene Saite an. An einer oder an beiden Stabseiten kann eine weitere Saite verlaufen, die dann mit dem Daumen gezupft wird.
Lit.: Wegner 1984.

Setār Langhalslaute (→LAUTE, 7) der klassischen Kunstmusik im Iran, ähnlich des →*tanbūr*. Obwohl das Wort »drei Saiten« bedeutet, hat die *setār* normalerweise vier Saiten.

Shahnāī (auch *sahnāī*, *senai*). Das führende Rohrblattinstrument Nordindiens, dessen südindisches Gegenstück die *nāgasvaram* (siehe unten, 2) ist. Die *shahnāī* gehört zu den Schalmeien (→DOPPELROHRBLATTINSTRUMENT). Der Spieler wird von einem anderen begleitet, der einen →Bordun auf einem ähnlichen Blasinstrument (*shruti*, *ottu*) spielt, das nur im unteren Bohrungsabschnitt Tonlöcher hat, mit denen mittels Wachs der Bordunton gestimmt wird.

1. Shahnāī

Die *shahnāī* (Abb. 1) kann für die volkstümliche Musik, für Prozessionen u.a. der in ganz Asien gespielten kurzen *surnā* ähneln. Doch für die klassischen indischen Musikstile, die Ustad Bismillah Khan so bekannt gemacht hat, ist sie bis zu 60 cm lang, aus langfaserigem Holz und hat eine konische weite Bohrung, sieben Fingerlöcher (kein Daumen-

Abb. 1. Shahnai-Spieler, Nord-Indien.

loch) und eine kurze, aber weite Messingstürze. Das auf eine konische Metallhülse gewickelte Doppelrohrblatt (→ROHRBLATT, 4) ist aus einem speziell gezüchteten »Pala«-Gras. An der Metallhülse sind zusätzliche Rohrblätter und ähnliches angehängt. Einige Spieler blasen mit →Lippenscheibe, doch die meisten verzichten darauf und erreichen durch →Überblasen einen Tonumfang von mindestens zwei Oktaven. Durch Teildeckung der Fingerlöcher entstehen die auch beim solistischen indischen Saiteninstrumentenspiel so wichtigen ständigen Tonhöhenveränderungen, Glissandi und andere Ausdrucksnuancen.

2. Nāgasvaram

Ein schlank-mensuriertes Instrument, das länger als 80 cm sein kann und eine Stürze aus Metall oder Holz hat. Es gibt auch Exemplare, die vollständig mit Silber eingefaßt sind. Die *nāgasvaram* wird in Tempeln gespielt und von einer Bordunpfeife (*ottu*), der Faßtrommel →*tavil* und fallweise den kleinen becherförmigen Bronzezimbeln *talam* begleitet. Klassische Musik wird auf ihr schon länger als auf der nordindischen *shahnāī* gespielt. Es gibt auch kleine Typen, genannt *mukhavina*.

Shakubyoshi Klapper; →JAPAN, 1a.

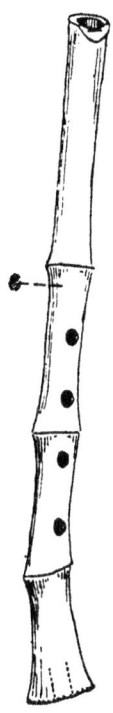

Zeichnung 1

Shakuhachi Die japanische Längsflöte, eines der wichtigsten Instrumente der Solo- und Kammermusik Japans. Sie wird traditionell aus jenem Teil einer Bambuswurzel gefertigt (Zeichnung 1), wo die Knoten als Furchen an die Oberfläche treten und sich das Ende etwas krümmt. Die übliche Länge ist ca. 55 cm, doch gibt es auch andere Größen. Die innen rotlackierte Bohrung verjüngt sich von oben nach unten; am oberen Ende hat sie einen Durchmesser von ca. 22 mm. Die Spitze ist schräg geschnitten und führt auf eine scharfe Kante aus Horn oder Elfenbein zu, auf die der Bläser seinen Luftstrom richtet. Die *shakuhachi* ist also eine Kerbflöte (→FLÖTE, 1b(ii)). Die vier großen Fingerlöcher und ein darüberliegendes Daumenloch ergeben eine pentatonische Skala in der Folge $d^1 f^1 g^1 a^1 c^2$ über mindestens zweieinhalb Oktaven. Die Spieltechnik ist sehr differenziert, vor allem hinsichtlich Schattierungen des Timbres und der Tonhöhe (glissandoartiges Hinaufgleiten zum Ton) – eine charakteristische japanische Gestaltungsweise.

Die *shakuhachi* war ursprünglich ein rituelles Instrument des Zen-Buddhismus und wurde von Bettelmönchen gespielt. Sie erhielt ihre heutige Form im 17. Jahrhundert. Das klassische *shakuhachi*-Repertoire unterscheidet in *hunkyoku* (Kernstücke für eine oder zwei *shakuhachi*) und *gaikyoku* (Stücke außerhalb des Überlieferungssystems, sie werden zusammen mit →*koto* und →*shamisen* gespielt und basieren auf deren Repertoire).

Moderne Ausführungen können auch aus Holz gefertigt sein und sind manchmal in zwei Teilen. Es hat sogar um 1922 und später (vergebliche) Versuche gegeben, das Instrument mit europäischer Klappenmechanik auszustatten.

Lit.: Gutzwiller 1983; →auch JAPAN.

Shamisen (auch *samisen*). Japanische →Langhalslaute, die von der chinesischen →*san-hsien* abstammt und eines der am häufigsten gespielten traditionellen Musikinstrumente Japans ist (→JAPAN, Abb. 1,2). Das kleine, fast quadratische Korpus ist aus vier Holzzargen (z.B. aus Quitte) gefertigt, Decke und Boden sind aus Katzen- oder Hundefell. Der lange, dünne bundlose Hals mit eckigem Querschnitt führt durch das Korpus hindurch und tritt etwas aus der Unterseite hervor. Die drei Seidensaiten sind unterhalb des Stegs mit einer Seidenschnur befestigt und werden mit einem langen axtähnlichen Holzplektron angeschlagen. Der Sattel ist so konstruiert, daß die am tiefsten gestimmte Saite gegen das Holz schlagen kann und so ein schnarrender Klang entsteht. Das typische trommelartige »Schnappen« kommt durch Schlagen des →Plektrons sowohl auf die Saite als auch auf das Fell zustande. Die Stimmung variiert je nach Genre und Tonlage des Sängers. Es gibt drei übliche Intervallfolgen der Saiten: eine Quinte und eine Quarte, die umgekehrte Intervallfolge, oder zwei Quarten. Die *shamisen* wird in verschiedenen Größen gebaut, die je nach den musikalischen Rahmenbedingungen eingesetzt werden. Die größte Ausführung wird *gidayu shamisen* genannt und begleitet hauptsächlich den Erzähler im *bunraku* (Puppenspiel).

Die *shamisen* entwickelte sich zum bekanntesten Instrument der Edo-Zeit (1615–1868), als viele Kompositionen erzählender Art für Gesang mit *shamisen*-Begleitung sowie Kammermusik für →koto, →shakuhachi und *shamisen* entstanden. Im *kabuki*-Theater sitzt der *shamisen*-Spieler hinter der Querflöte (*shinobue*, →FUE) und den Trommeln (→*tsuzimi*, →*taiko*).

Die am häufigsten verwendete *shamisen*-→Tabulatur besteht aus den arabischen Ziffern 1–7 (für die Töne der diatonischen Skala), die horizontal auf drei Linien (für die Saiten) stehen. Der Fingersatz wird durch römische Ziffern für die Saiten und japanische Ziffern für die Finger ausgedrückt; für spezielle Spieltechniken gibt es Zusatzzeichen.

Lit.: →JAPAN.

Sheng, Shō Mundorgeln in China und Japan. Die chinesische *sheng* (Abb. 1) datiert mindestens ins 11. Jahrhundert v. Chr. zurück, die japanische *shō* kam im Mittelalter vom Tang-China nach Japan. Zu anderen Mundorgeln des Fernen Ostens südlich von Borneo →KHĀĒN. Die *sheng* stieß im 18. Jahrhundert wegen ihres Prinzips der →durchschlagenden Zunge auf Interesse in Europa und gab Anlaß zur Konstruktion der europäischen Instrumente mit durchschlagenden Zungen (→AKKORDEON, →HARMONIUM), obwohl keines dieser Instrumente die fernöstliche Kombination von →Pfeife und durchschlagender Zunge zur Erzeugung verschiedener Tonhöhen anwendet.

1. Pfeifen und Zungen

Die aufrechten, dünnen, dunkel gefärbten Bambuspfeifen sind am Boden geschlossen. Sie stehen kreisförmig in einem Windkasten aus lackiertem Holz, der gewisse Ähnlichkeit mit einer Kalebasse hat. Der Spieler bläst und zieht durch ein hervorstehendes Mundstück. Jede Zunge ist aus einem dünnen Plättchen aus Messing oder Kupfer herausgeschnitten und liegt ganz flach in dem Plättchen, um in beide Richtungen zu schwingen – je nachdem, ob der Spieler bläst oder zieht. Das Plättchen ist in eine Öffnung nahe des geschlossenen Pfeifenendes eingesetzt. Damit die kleine, leichte Zunge schwingen kann, darf die Frequenz der Pfeifenresonanz nicht zu sehr von der der Tonhöhe der Zunge entfernt sein. In jeder Pfeife befindet sich ein offener Schlitz, der diese Resonanz ermöglicht. Auf der Außenseite jeder Pfeife liegt etwas oberhalb des Windkastens ein kleines Loch, das, offengelassen, die Resonanz aufhebt und die Pfeife solange stumm läßt, bis ein Finger es schließt. Für dieses »Ein- und Ausschalten« der nach visuellen Kriterien angeordneten Pfeifen verwendet der Spieler die Finger beider Hände. Ein Spalt im Kreis der Pfeifen dient dazu, zwei Pfeifen zu erreichen, deren Löcher sich auf der Innenseite befinden.

Abb. 1. Sheng, China (Oxford, Pitt Rivers Museum).

2. Sheng

Bei der chinesischen Mundorgel – sie heißt in Korea *saeng* – waren früher vier von siebzehn Pfeifen stumm (d.h. ohne Zunge), bei der japanischen Mundorgel sind nur zwei stumm. Inzwischen sind allerdings alle Pfeifen der *sheng* klingend. Die modernen Ausführungen sind chromatisch gestimmt (a^1 bis a^2) und haben oberhalb des Oktavumfangs vier diatonische Pfeifen. Auf der rechten Seite stehen die Töne der Tonika- und Dominantakkorde. Die Zungen werden mit Wachsklümpchen feingestimmt. Die *sheng* ist ein beliebtes

Soloinstrument, wird aber auch im Orchester gespielt. Die akkordischen Spielmöglichkeiten – einschließlich Tonclusters – werden ausgiebig angewandt.

3. Shō

Das japanische Instrument entspricht im wesentlichen seinem chinesischen Vorfahren hinsichtlich Pfeifenanordnung und Tonumfang, der von a^1 bis fis^3 reicht und in D-Dur gestimmt ist, aber zusätzlich Gis und C enthält (um für die Intervallverhältnisse westliche Terminologie zu gebrauchen). Bei der höfischen Musik *gagaku* und *bugaku* ist die *shō* eines der drei Blasinstrumente neben der Querflöte und dem Doppelrohrblattinstrument →*hichiriki*. Wichtiges Zusatzutensil der *shō* ist eine kleine Feuerschale, über die der Spieler gelegentlich sein Instrument hält, damit das Kondenzwasser in den Pfeifen verdunstet.

Typische *shō*-Klänge sind langsame sechsstimmige Akkorde (→JAPAN, Notenbeispiel 1), die sich von unten nach oben aufbauen und die miteinander verbunden werden, indem der tiefste Ton liegenbleibt.

Shinobue   Japanische Querflöte; →FUE.

Shō   →SHENG.

Shōko   Japanischer Gong, →JAPAN, 1a.

Signalhorn   (engl.: *bugle*; ital.: *corno da segnale*, umgangssprachlich: *tromba*; fr.: *clairon*). Militärisches, meist trompetenförmiges Blechblasinstrument mit konischer Röhre und Kesselmundstück. Das Signalhorn geht auf den Siebenjährigen Krieg (1756–1763) zurück, als hannoverische Scharfschützen aus der Jagd das halbrunde Metallhorn der Flügelmeister, das »Flügelhorn« also (auch »Halbmond« genannt), übernahmen. Um 1800 erhielt dieses Horn eine einwindige Form und eine Stimmung in C oder B. Englische Signalhörner wurden nach dem Krimkrieg (1854–1856) zweiwindig konstruiert. Der Beginn von Suppés *Leichter Kavallerie* zitiert die Signalhorn-Version des alten habsburgischen Zapfenstreichs. Eine reiche Zusammenstellung verschiedener europäischer Armeesignale findet man im Anhang von Kastners *Manuel générale de musique militaire* (1848).

Das britische Signalhorn steht normalerweise in hoher Stimmung auf B (a^1 = 452 Hz; →STIMMTON, 3), es gibt aber ein etwa 7 cm langes Setzstück, um das Zusammenspiel mit anderen Instrumenten in tieferer Stimmung zu ermöglichen.

In den USA kommt neben dem Signalhorn in B auch ein Signalhorn in G (*Army Regulation bugle*, auch *field trumpet*) vor. Es hat normalerweise ein Quartventil (Umstimmung nach D) für eine diatonische Skala. In Notenbeispiel 1 sind die Noten mit den Hälsen nach oben diejenigen mit Ventil in Ruhestellung, die mit den Hälsen nach unten sind diejenigen mit eingeschaltetem Ventil gespielten Töne. Das eingeklammerte c^2 ist als siebenter Teilton der Naturtonreihe (→OBERTONREIHE) etwas zu tief. Ähnliche Signalhörner mit Ventil gibt es auch in Europa, am bekanntesten ist die 1861 konstruierte *tromba per fanfare per Bersaglieri* (»Bersaglieri«-Horn). Zum Ensemblespiel in *bugle bands* gibt es auch größere Signalhörner in Tenor- und Baßlage.

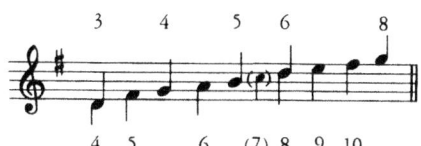

Notenbeispiel 1. Klingende Tonhöhen, mit Numerierung der Naturtöne.

Siku   →PANFLÖTE, 1e, 2.

Silofono   Ital. für →Xylophon.

Singende Säge   (engl.: *musical saw, singing saw*; fr.: *lame musicale*). Eine normale Säge, die mit einem Violinbogen gestrichen wird. Der Spieler klemmt den Griff zwischen die übereinandergeschlagenen Knie. Während die eine Hand die Spitze des Sägeblatts so hält, daß das Blatt eine doppelte Biegung (wie ein langes S) macht, streicht die andere Hand mit dem Bogen über die ungezahnte Kante. Wird die Säge am Griffende stärker gebogen, steigt die Tonhöhe. Auf diese Weise läßt sich ein vielfältiges Vibrato und Glissando spielen. Der französische Komponist Henri Sauguet (1901–1989) hat diese Effekte in seiner Komposition *Plainte* (»Klage«) (1949) für singende Säge und Klavier eingesetzt.

Sinuston   (engl.: *sinus tone*). Eine als Tonempfindung wahrgenommene Schwingungsform mit sinusförmigem Verlauf. Musikinstrumente erzeugen Töne, die sich in der Regel aus vielen Sinusschwingungen zusammensetzen (→OBERTONREIHE).

Sirene   →LOCHSIRENE.

Sister   →CISTER.

Sistrum und andere Anschlagrasseln

1. Sistrum

(vom Griechischen *seistron*, von *sei*, »schütteln«; engl.: *sistrum*; ital.: *sistro*; fr.: *sistre*). Ursprünglich ein altägyptisches Kultinstrument, das zunächst mit der

Göttin Hathor assoziiert, später auch bei anderen Riten verwendet und in Rom mit dem Isiskult in Verbindung gebracht wurde. Am häufigsten besteht es aus einem gebogenen Bronzeband mit einem Handgriff (Zeichnung 1*a*). Zwei oder drei dünne Stäbe, deren Enden umgebogen sind, sind durch Löcher quer durch das Band gezogen und erzeugen beim Schütteln ein leises Klirren. Einige jüngere Exemplare haben Metallringe oder Metallscheiben an den Stäben; solche werden noch heute in der äthiopischen Kirche verwendet und auch gelegentlich im Schlagzeugapparat des modernen Orchesters herangezogen.

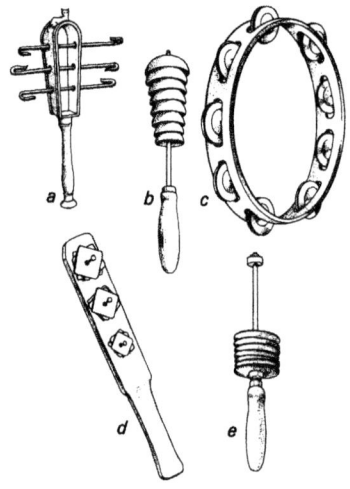

Zeichnung 1

2. Andere Bedeutungen des Wortes

In der Renaissance verstand man unter »Sistrum« →Triangel, →Xylophon und sogar die →Cister. Seit dem 19. Jahrhundert bezeichnet »Sistrum« auch einen →Schellenbaum – etwa in der Art von Zeichnung 1*b*. Die Bedeutung von »sistro« in der Partitur von Rossinis *Il barbiere di Siviglia* ist bis heute nicht geklärt; die Stimme wird häufig mit Triangel ausgeführt, die Beschreibung eines Festes in der Nähe von Nizza 1847 spricht allerdings von »sistro ou battoir formé de 6 clochettes« (Sistro oder Schlaginstrument aus sechs Glöckchen). →auch TRIANGEL.

3. Volkstümliche Sistren

Unter europäischen Volksmusikinstrumenten ist ein Sistrumtyp wie in Zeichnung 1*d* verbreitet, das aus locker an einem Holzgriff befestigten Weißblechplättchen besteht.

3. Sporen

Das Klirren der Sporen eines Reiters, sobald er sich zu Fuß bewegt, wird gelegentlich in der Operettenmusik imitiert, so in *Die Fledermaus* von Johann Strauß. Auf einem Metallstab sind einige leicht gewölbte Stahlblechscheiben aufgereiht. Durch schnelle Auf- und Abbewegung des Stabs schlagen sie aufeinander und machen das typische Geräusch sporenklirrender Schritte. Eine gefütterte Mutter sorgt dafür, daß die Scheiben nicht aus ihrer Halterung springen.

Sitār Indische →Laute, eines der wichtigsten Instrumente der klassischen Musik Indiens (→INDIEN, 2 und Abb. 1, links).

1. Konstruktion

Das große (bis zu 40 cm breite), heute aus Holz gefertigte Korpus war ursprünglich aus einer Kalebasse mit zwei großen, senkrecht aufeinanderstehenden Ausschnitten für den hölzernen Hals und die leicht konvexe Holzdecke (ohne Schalloch) gefertigt. Der sehr lange und breite (7,5 cm) Hals ist innen hohl. Häufig ist an ihm in Höhe der Hauptwirbel eine zweite, kleinere Kalebasse angebracht. Ungefähr 21 bewegliche Messingbünde sind an den Hals angebunden; sie liegen bogenförmig über ihm, weil unter ihnen die →Resonanzsaiten verlaufen. Die Saiten (aus Metall) lassen sich in drei Gruppen aufteilen. (i) Vier Hauptspielsaiten in der Stimmung $f c\ G\ C$ (wenn man den Grundton als C definiert). (ii) Drei dünne Saiten, Stimmung $g\ c^1\ c^2$, von denen die beiden letzten ihre Stimmwirbel auf der linken Seite des Halses zwischen Bünden (Zeichnung 1, A, B) und ihre die schwingende Saitenlänge begrenzenden Stifte weiter

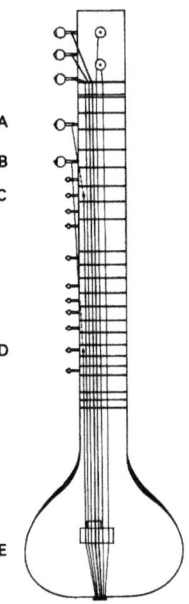

Zeichnung 1.

unten auf dem Griffbrett haben (angedeutet mit den schwarzen Punkten bei C und D). Dieses sind die *cikār*-Saiten. Sie werden nicht abgegriffen, sondern fungieren als eine Art rhythmischer →Bordun. (iii) Elf oder mehr Resonanzsaiten (*tarab*), deren Wirbel ebenfalls auf der linken Halsseite liegen. Sie treten aus Beinhülsen heraus (in Zeichnung 1 nicht dargestellt) und sind jeweils gemäß dem *raga*-System gestimmt, in dem der Musiker spielt. Der Steg des *sitār* ist wie bei der *vīnā* aus einem breiten Stück Bein oder Horn (E). Seine Oberfläche ist in Richtung auf die Bünde abgeschrägt; dadurch entstehen hohe nasale →Teiltöne, die den Klang des Instruments charakteristisch bestimmen. Die Resonanzsaiten haben einen separaten kleineren Steg oberhalb des Hauptstegs.

2. Spielweise

Der *sitār* wird mit einem Fingerplektron gespielt, das aus einer Drahtschlinge besteht und über den rechten Zeigefinger gestreift wird. Die Saiten werden mit den Mittel- und Zeigefingern der linken Hand hinter den Bünden abgegriffen. Dabei zieht der Spieler als besonderes Ausdrucksmittel mit der linken Hand regelmäßig nach dem Zupfen die Saite zur freien Griffbrettsaite. Dabei steigt der Ton bis zu einer Quinte. (Wegen dieser Spielweise liegen die Saiten auf der einen Halsseite, andernfalls wäre es unmöglich, sie quer über die Bünde zu schieben.)

Bei Aufführungen wird der für die indische Musik unabdingbare Bordun von der Laute →*tambūrā* gespielt. Ebenso unabdingbar ist der Schlagzeuger mit seinem →*tablā*-Paar. Der *sitār* entstand während der muslemischen Periode aus einer der iranischen Langhalslauten (→LAUTE, 7), der Name wurde vom persischen *setar* übernommen und nach und nach technische Details der *vīnā* integriert.

Seit 1965 gibt es den *sitār* ebenso wie die *tambūrā* auch mit elektromagnetischen Tonabnehmern für Aufführungen in großen Konzertsälen.

3. Sūrbahār

Ein seit dem frühen 19. Jahrhundert gebauter größerer *sitār* mit einer Länge von ca. 150 cm, tieferer Stimmung und größeren Bünden. Das Instrument war in Bengalen weitverbreitet, bis der *sitār* von Künstlern wie Ravi Shankar (geb. 1920) dank virtuoser Spieltechnik wieder an Popularität gewann.

Siter (Indonesien). →CELEMPUNG.

Skordatur (engl.: *scordatura*; ital.: *scordatura*; fr.: *scordatura*). Einige für Streichinstrumente konzipierte Kompositionen, besonders solche des →Barock, fordern, daß eine oder mehrere Saiten anders gestimmt werden, als es die Norm ist. Diese »Umstimmung« oder auch »Verstimmung« bezeichnet man mit dem italienischen Wort *scordatura* bzw. eingedeutscht »Skordatur«. Auf diese Weise können komplizierte Doppelgriffe und Akkorde, die sonst unausführbar sind, gespielt werden; und das Instrument kann auch unter Umständen fülliger klingen, weil durch die Skordatur das Resonanzverhalten der leeren Saiten in Bezug auf die Tonart des Stücks verbessert sein kann. Durch die Skordatur wird die Notation zu einer →Tabulatur, weil die Note in diesem Fall den Fingersatz und nicht den erklingenden Ton angibt. Wenn auch Heinrich Ignaz Franz Biber (1644–1704) in seinen fünfzehn *Rosenkranz-Sonaten* ein Kompendium der Skordatur-Möglichkeiten für die Violine bietet, ist doch Bachs fünfte Suite für Violoncello c-Moll BWV 1011 die wohl bekannteste Komposition, die die Skordatur fordert. Die A-Saite ist hier nach G heruntergestimmt (am Anfang der Noten ist ein Akkord notiert, der die Stimmung der vier Saiten angibt). Nicht alle modernen Notenausgaben verweisen auf Bachs originale Notation, sondern bringen eine unkommentierte Auflösung der Skordatur.

Slentem →GENDER.

Snare drum Amerikanisch für →Kleine Trommel.

Sŏ →KOTO, 4.

So-na (auch *suona*, aus dem Persischen *surna*). Chinesisches Mitglied der Familie der asiatischen Schalmeien (→DOPPELROHRBLATTINSTRUMENT). Die ca. 30 bis 40 cm lange *so-na* ist aus Holz und weitet sich zum unteren Ende hin, an dem sich eine ausladende Messingstürze befindet. Sie hat sieben Fingerlöcher und ein Daumenloch. Das kleine dreieckige Doppelrohrblatt (→ROHRBLATT, 4) ist auf eine konische Metallhülse mit →Lippenscheibe aufgesteckt. Das laute, durchdringende Instrument ist besonders in der Pekingoper beliebt. Einige moderne Ausführungen sind mit einer einfach gebauten westlichen Klappenmechanik versehen. Die *so-na* ist moslemischer Abstammung und kam ungefähr im 14. Jahrhundert nach China. Das koreanische Parallelinstrument heißt *hojok*, das tibetische *rgya-gling*; →CHINA UND KOREA, 2e, 3)

Sonagli Ital. für →Schellengeläute.

Sopel (oder *Sopila*). →DOPPELROHRBLATTINSTRUMENT, 1a.

Sopran (engl.: *soprano*, *treble*; ital.: *soprano*; fr.: *soprano*, *dessus*). Die dem menschlichen Sopran in etwa entsprechende Tonlage. Einige Instrumente werden auch in Sopranino-Größe, also der noch höher liegenden Tonlage, gefertigt (z. B. Blockflöte, Saxophon).

Sordino (ital.). →Dämpfer.

Sordun Ein dem →Kortholt ähnliches →Doppelrohrblattinstrument, von dem fünf Originale (darunter ein Satz von zwei Baßsordunen und zwei Großbaßsordunen mit einer Länge von ca. 115 cm) mit aufwendigen →Klappen existieren (Kunsthistorisches Museum, Wien). Sordune werden mit einem seitlich angesetzten S-Bogen gespielt. Der Name hat seinen Ursprung im Italienischen (*sordoni*) und bezieht sich auf den gedämpften Klang. Es gibt auch eine fünfstimmige Pavane von ca. 1600 aus Kassel, bei der die Bezeichnung *Sordano* sich offenbar auf die Stimme (Umfang $e - f^1$) über dem Baß bezieht.
Lit.: Boydell 1982; →auch unter KRUMMHORN.

Sō sam sai →RABAB, 3.

Sousaphon (engl.: *sousaphone*). Auf Anregung von John Philip Sousa (1854–1932), dem nordamerikanischen Bandleader, konstruierte →Tuba mit nach vorne weisender Stürze mit bis zu 60 cm Durchmesser (Abb. 1). Wie andere Tuben wird das Sousaphon in Es und B gefertigt. Ursprünglich wurde es wohl von J. W. Pepper, Philadelphia, gebaut, dann von C. G. Conn. Alte Fotografien von Sousas Band zeigen das Sousaphon noch mit nach oben gerichteter Stürze (wie eine Blumenvase). Heutzutage wird die Stürze häufig aus Fiberglas oder ähnlichem Material hergestellt, um ihr Gewicht zu reduzieren. Die spektakuläre Form hat sowieso keinen akustischen Einfluß, sondern ist nur eine optische Attraktion.

Abb. 1. Sousaphon von Boosey & Hawkes, London.

Spiccato →VIOLINE, 5c.

Spielblättchen →PLEKTRON.

Spieldose (engl.: *musical box*; fr.: *boîte à musique*). Automatisches Musikinstrument, bei dem gestimmte Metallzungen, die wie Zinken eines Kamms angeordnet sind, in Schwingungen versetzt werden. Es gibt zwei verbreitete mechanische Systeme der Tonsteuerung.

1. Walzenspieldose

Sie sind wegen ihrer handwerklich überragenden Qualität heute teuer gehandelte Antiquitäten. Ein kräftiges Federuhrwerk auf der linken Seite dreht eine Messingwalze. Rechts von ihr ist ein Zahnradgetriebe, das den Windflügel, der auf einer Schnecke angebracht ist, mit schneller Geschwindigkeit dreht. Ebenfalls rechts befindet sich der Stellhebel zum horizontalen Verschieben der Walze, so daß andere Stifte auf der Walze die Stahlzinken für andere Melodien zupfen können. Eine einzige Walze ist mit bis zu zwölf verschiedenen Melodien bestiftet (wie bei der →Drehorgel). Damit die feinen Drahtstifte nicht herausfallen, ist die Walze innen mit einer Zementmasse ausgefüllt.

Die Stahlzinken (Metallzungen) werden einzeln an den Kamm gelötet. Jede Zinke ist an ihrem Ende zugespitzt, damit sie nicht von den Stiften der parallelen Melodien gleichzeitig angezupft wird. Durch Verdünnen oder Tempern der Zinken kann deren Intonation eingeregelt werden (ein ähnlicher Vorgang wie beim →Marimba).

Wenn es sich nicht gerade um eine billige Spieldose handelt, hat jede Zinke einen Dämpfer. Das ist ein kleiner biegsamer Draht unter der Zinke, der bei Tonrepetition zunächst den noch verklingenden ersten Ton abdämpft, bevor der Stift die klingende Zinkenspitze anzupft. Auf diese Weise kann jeder Ton ohne unangenehmes Kratzen repetiert werden. Spieldosen nach 1850 können auch eine kleine Trommel oder Glocken enthalten. Es gibt sogar

Spieldosen, die wie kleine Orchestrions gebaut sind und zusätzlich ein kleines Harmonium (»Flutina«, »Organette«) steuern.

Das Prinzip der Spieldose wurde im ausgehenden 18. Jahrhundert in der romanischen Schweiz entwickelt, und zwar zuerst für Uhren und Schnupftabakdosen. Berühmte Hersteller waren Nicole frères (1815–1903), Genf, und etwas später andere Schweizer Firmen in St. Croix nördlich von Lausanne.

2. Lochscheiben-Spieldose

Spieldosen mit diesem Prinzip der Tonsteuerung wurden in den 1880er Jahren von Paul Lochmann, Leipzig, erfunden und u.a. unter den Namen *Symphonium* und *Polyphon* vermarktet. Statt der Walze gibt es eine Scheibe aus Stahl- oder Zinkblech, die sich um ihr Mittenloch dreht. Die Scheibe hat kleine, an der Unterseite herausragende Ausstanzungen, die metallene sternförmige Anreißrädchen drehen, die wiederum die Stahlzinken anzupfen. Auf jeder Lochscheibe ist nur eine Melodie eingestanzt, doch kann die Scheibe leicht und schnell ausgewechselt werden und ist zudem in der Massenherstellung preiswert gewesen (im Unterschied zu der immer in Einzelfabrikation bestifteten Walze). Auch bei diesem Prinzip gibt es Dämpfer, die häufig mit einer Bremse für das Anreißrädchen verknüpft sind, damit es nicht zufällig zu rotieren beginnt und gegen eine Zinke schlägt. Die Lochscheiben-Spieldosen waren sehr klangkräftig und wurden gerne in Gaststätten eingesetzt, wo sie auch als Münzautomaten und als Wechselspieler für drei Lochscheiben vorkamen.

Lit.: Clarck 1948; Jüttemann 1987; Ord-Hume 1980; Webb 1994a; →auch MECHANISCHE MUSIKINSTRUMENTE.

Spieluhr →FLÖTENUHR.

Spielzeugklavier (engl.: *toy piano*). →GLOCKENSPIEL, 2.

Spießgeigen (engl.: *spike fiddle*). Oberbegriff für meist asiatische →Fideln, bei denen der stockförmige Hals diametral durch das Korpus hindurchgesteckt ist (→FIDEL, 2b; SÜDOSTASIEN, Abb. 2).

Spießlauten (engl.: *spike lute*). In der Hornbostel/Sachsschen →Klassifikation der Musikinstrumente eine Unterkategorie für jene »Lauten« (d.h. jene Instrumente, bei denen die Saitenebene parallel zur Decke liegt), deren Stiel diametral durch den Resonanzkörper hindurchgesteckt ist. Die (meist asiatischen) →Spießgeigen gehören in dieser Definition strenggenommen zu den Spießlauten.

Spinett (engl.: *spinet*; ital.: *spinetta*; fr.: *èpinette*). Einchöriges →Kielklavier (Abb. 1), bei dem die Saiten in spitzem Winkel zu den Tasten verlaufen (Zeichnung 1). Der Begriff kommt aus dem Italienischen, wo er alle Instrumente in Form eines →Virginals einschließt. Im umgangssprachlichen Gebrauch wird von Laien fälschlicherweise Spinett häufig analog für Kielklavier verwendet. Um 1900 verstand der Laie unter Spinett gewöhnlich ein →Tafelklavier.

1. Konstruktion

Zeichnung 1b zeigt, wie das Spinett aus dem →Cembalo (a) abgeleitet werden kann, indem durch Verschiebung ein kleineres Instrument entsteht, dessen Resonanzboden nur noch Platz für einen Saitenchor bietet. Das entstehende Instrument wird organolo-

Abb. 1. Spinett

Spinettino

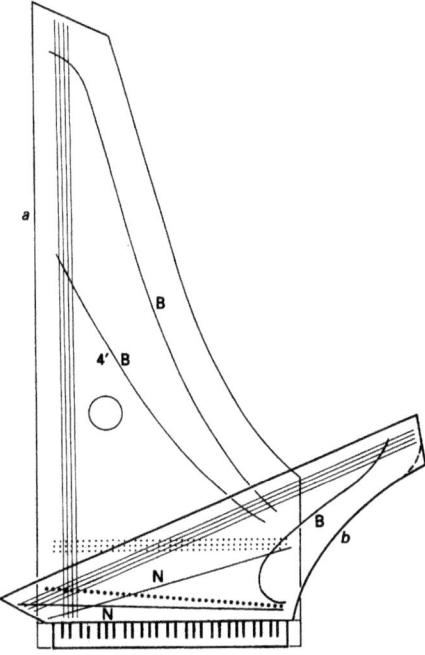

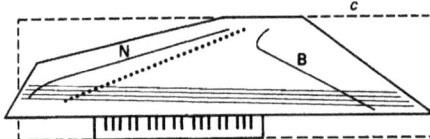

Zeichnung 1. Schematische Aufsichten auf Cembalo, Spinett und Virginal. B = Resonanzbodensteg, N = Stimmstocksteg, die Springerreihen sind durch die gepunkteten Linien angedeutet. (a) Cembalo (einschließlich 4'-Steg); (b) Spinett; (c) Virginal, sowohl in rechteckiger als auch polygonaler Bauweise.

gisch auch »Querspinett« (kein historischer Begriff) genannt (engl.: *bentside spinet*).

Wie beim Cembalo verläuft die längste Saite entlang der Baßwand, die sich beim Spinett im Gegensatz zum Virginal (Zeichnung 1c) am weitesten von der →Klaviatur entfernt befindet. Stimmstock, Stimmwirbel und Stimmstocksteg (N) befinden sich direkt hinter der Tastatur. Die Springer sind wie beim Virginal paarweise hintereinander zwischen die Saiten gesetzt.

Querspinette sind in England besonders beliebte Hausinstrumente gewesen und waren vorzugsweise mit Nußbaumholz furniert. Die meisten englischen Querspinette haben einen über vier Oktaven reichenden Klaviaturumfang, der mit G^1 in der →kurzen Oktave beginnt. Neben den Querspinetten gibt es auch Oktavspinette. Diese sind entweder trapezförmig oder rechteckig gebaut. Äußerlich also den Virginalen ähnlich, weisen sie aber, abgesehen von den kleineren Dimensionen wegen des 4'-Tons, von ihrer inneren Konstruktion her alle Merkmale des Spinetts auf.

3. Hersteller

Das älteste datierte Spinett stammt von Girolamo Zenti, Viterbo 1637 (Musée Instrumental, Brüssel), der als Erfinder des Querspinetts gilt, längere Zeit in London und Paris verbrachte und dabei diesen Kielklaviertyp 1656/58 in England und ein Jahrzehnt später in Frankreich heimisch machte. Die wichtigsten englischen Spinetthersteller waren Charles Haward (17. Jahrhundert) und die Dynastie Thomas und John Hitchcock (2. Hälfte 17. Jahrhundert – 2. Hälfte 18. Jahrhundert). In Deutschland waren Spinette weniger verbreitet.

Lit.: Boalch 1974. Weitere Literatur →unter CEMBALO.

Spinettino →OKTAVSPINETT.

Spitzharfe (ital.: *apanetta*). In Deutschland häufig vertretenes Instrument der Hausmusik zwischen 1650 und 1750, das als Zwitter zwischen →Harfe und →Zither ca. 90 cm lang ist und in aufrechter Flügelform zum Spiel auf einen Tisch gestellt wird. Am unteren Korpus gestimmte Darmsaiten befinden sich auf beiden Seiten des aufrechten Schallkörpers und werden mit den Fingernägeln oder mit Plektren gezupft.

Sporen →SISTRUM, 4.

Springer (Docke) (engl.: *jack*; ital.: *salterello*; fr.: *sautereau*). Beim →Kielklavier das auf dem hinteren Ende des Tastenhebels stehende, durch den Rechen geführte schmale Holzstäbchen, an dessen oberem Teil die Zunge mit dem →Plektron (Kiel) befestigt ist. →CEMBALO, 3.

Sringa Das große indische Horn (*kombu* in Südindien) aus Messing oder Kupfer aus zwei konischen Halbkreisen, die so zusammengefügt sind, daß sie ein großes S ergeben, das mit beiden Händen gehalten wird. Gewöhnlich ist das Instrument mit roten Mustern bemalt. Der Stürzenrand ist häufig hohl und enthält Samen, die klimpern, wenn das Instrument geschwenkt wird. Das Mundstück ist in typisch asiatischer Weise flach kesselförmig. Das *sringa* erklingt häufig paarweise bei festlichen und religiösen Anlässen, dabei werden manchmal sehr hohe Töne geblasen. Wie alt das *sringa* ist und ob seine Ähnlichkeit mit der frühgeschichtlichen →Lure rein zufällig ist, weiß man nicht.

Stabspiel →ORFF-INSTRUMENTARIUM.

Stampfrohr (engl.: *stamping tube*; fr.: *tuyau pilonnante*). Schlaginstrument aus Bambusrohr mit weitem Durchmesser; besonders in Südostasien, auf den Pazifischen Inseln, in Südamerika und Westindien verbreitet. Das 30 bis 180 cm lange Rohr ist an einem Ende von einem Knoten verschlossen, die übrigen Knoten sind ausgeschnitten. Es wird mit dem geschlossenen Ende nach unten senkrecht gehalten und gegen den Boden oder eine andere feste Fläche gestampft. Neben dem Schlaggeräusch kann man einen deutlichen Ton vernehmen, der in dem akustisch als →gedackte Pfeife reagierenden Rohr entsteht. Mit zwei oder mehr Rohren unterschiedlicher Länge können auf diese Weise Gesänge und Tänze begleitet werden, und die Rohre können als Trommel- bzw. Gongersatz dienen.

Steel Band (engl., »Stahlband«). Ein Ensemble aus »pans« (Pfannen) (auch *steel drums* genannt), die traditionell aus großen Ölfässern hergestellt werden. Zur Herstellung einer »pan« wird die Oberseite des Ölfasses konkav gehämmert und in Klangflächen eingeteilt, von denen jede eine bestimmte Tonhöhe durch entsprechendes Treiben erhält. Das Oberteil wird dann gemäß der Stimmlage der »steel pan« vom Rumpf abgetrennt. »Tenor pans« sind normalerweise etwa 20 cm hoch, »guitar pans« (Zeichnung 1, nach Bartholomew 1980) etwa 45 cm, das unverkürzte Faß wird als »bass pan« verwendet. Durch Brennen und schnelles Abkühlen

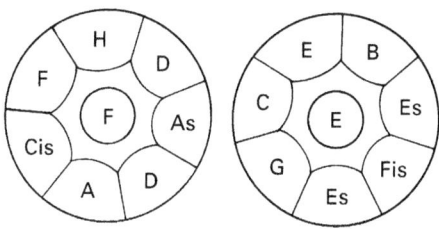

Zeichnung 1. »Guitar pans«.

wird das Schwingungsverhalten des Metalls verbessert, die Feinstimmung geschieht mit einem kleinen Hammer. Pans werden mit gummibezogenen Stockpaaren gespielt, wobei das schnelle Tremolo auf langen Noten ganz typisch ist. Eine Steel Band kann aus zehn oder mehr pans zusammengesetzt sein, zu denen noch weitere Instrumente wie Gitarren (für die Begleitakkorde) und →Congas, →Maracas und →Tamburins (als Rhythmusgruppe) hinzutreten können. Die Steel Band stammt aus Trinidat und Tobago. Ihr Ursprung sind die *tamboo*-Bands in Trinidad, die sich als Ausweg aus dem Verbot afrikanischer Trommeln unter dem Peace Preservation Act 1884 formierten. Die Musiker dieser Bands nahmen unterschiedlich lange Bambusrohre und erzeugten damit auf alle möglichen Arten Klänge (→STAMPFROHR). Im 20. Jahrhundert wurden diese Bands größer und man fügte Abfalleimerdeckel, Flaschen, Schrott und ähnliches als Klangerzeuger hinzu, bis in den 1940er Jahren Musiker die Möglichkeiten des Ölfasses als ein stimmbares Instrument entdeckten. Daraus entstand die Steel Band als ein musikalisches Forum der Protestbewegung; doch inzwischen ist sie eine etablierte Musizierform, die auch allgemein auf den Karibischen Inseln, in den USA und in Großbritannien gepflegt wird.

Lit.: Thomas 1992 (Diskographie).

Steg (engl.: *bridge*; ital.: *ponticello*; fr.: *chevalet*). Jenes hölzerne Teil eines Saiteninstruments, das die Saitenschwingungen auf den Resonanzboden überträgt. Bei Violinen und Gamben ist der Steg brückenförmig und auf die Decke aufgesetzt (d.h. nicht aufgeleimt); er wird von der Saitenspannung gehalten. Bei Zupfinstrumenten ist der Steg flach. Bei der Laute und der Gitarre ist der Steg aufgeleimt und dient auch als Saitenhalterung (»Querriegel«). Bei einigen Instrumenten wird jede Saite durch einen einzelnen beweglichen Steg gestimmt (z. B. beim →KOTO). Beim Cembalo gibt es auch den Stimmstocksteg hinter den Wirbeln.

Stegharfe   →KORA.

Steinspiel   →LITHOPHON.

Stempelflöte (**Lotusflöte**) (engl.: *Swanee whistle, slide flute*; fr.: *flûte à coulisse*). Eine →Kernspaltflöte, die wie das →Flageolett geblasen wird, aber statt Grifflöchern einen Kolben (»Stempel«) mit Leder- oder Plastikring besitzt, der vom unteren Ende hin- und herbewegt werden kann. Heute wird die Stempelflöte normalerweise aus Bakelit gefertigt und hat bei einer Länge von ca. 30 cm eine Kolbenbewegung von ca. 18 cm. Das entspricht dem tönenden Umfang einer →gedackten Pfeife von etwa zwei Oktaven ab etwa d^1 aufwärts. Die Stempelflöte eignet sich besonders für Glissando-Effekte, für die sie beispielsweise Ravel in *L'enfant et les sortilèges* (1925) fordert. Berio verlangt in seiner Komposition *Passagio* (1963) sogar fünf Stempelflöten.

Kleine hölzerne oder metallene Stempelflöten wurden im 19. Jahrhundert für Vogelrufimitationen und für Spielzeugsinfonien hergestellt. In manchen mechanischen Vögeln war eine kleine Stempelflöte eingebaut: die Luft strömt durch ein von einem Zahnrad ausgelöstes Ventil ein, um eine Folge von Piepsern zu erzeugen, während ein anderes Zahnrad den Stempel hin- und herbewegt, um die Tonhöhe zu verändern.

In Indien und dem Fernen Osten werden Stempelflöten aus Bambus als Spielzeuge hergestellt; in Neuguinea werden sie in Form langer →Längsflöten bei Pubertätsriten geblasen, um das Brüllen eines Dämons wiederzugeben.

Stichmaß Breite der Tasten für drei Oktaven.
→KLAVIATUR, 1.

Stielkastagnette →KASTAGNETTEN, 2.

Stimmbogen (engl.: *crook*). →BOGEN, 2.

Stimme
1. Die menschliche Stimme, die in der westlichen Musik in die traditionellen Stimmlagen Sopran, Alt, Tenor, Bariton und Baß (mit Zwischenlagen wie Mezzosopran und Baß-Bariton) eingeteilt wird. Diese Stimmlagen werden auf die Register der Instrumente übertragen.
2. Die Noten – die entsprechenden Systeme innerhalb einer Partitur, aber auch der separate Notendruck bzw. die separate Abschrift – für ein Instrument bzw. eine chorische Instrumentengruppe (z.B. die 1. Violinen).
3. →STIMMSTOCK, 1.

Stimmgabel (engl.: *tuning fork*; ital.: *corista*; fr.: *diapason*). Das U-förmige, aus getempertem Stahl geschmiedete Gerät, dessen schwingende, in einen stabförmigen Stiel auslaufende Zinken einen definierten Stimmton (meist a^1) erzeugen. Moderne Stimmgabeln sind auf $a^1 = 440$ Hz (→HERTZ) gestimmt (Normstimmton). Es gibt auch Stimmgabeln, die mittels einer Schraube und einer Einteilung justierbar sind.
Eine Zinke wird weich (z.B. auf das Knie) angeschlagen und der Stiel auf eine resonierende Oberfläche gepreßt oder direkt ans Ohr gehalten. Da die Zinken gegenphasig schwingen, sollte die Stimmgabel nicht im Winkel von 45 Grad zum Ohr gehalten werden, weil sich die Schallwellen sonst gegenphasig überlagern und kein Ton wahrgenommen wird.
Vermutlich ist die Stimmgabel erst 1711 am englischen Hof von dem Trompeter und Lautenisten John Shore erfunden worden. Eine alte, von Shore stammende Stimmgabel hat $a^1 = 419{,}9$ Hz. Bei den alten Stimmgabeln wurde der Stiel an den Mittelpunkt einer hufeisenförmig gebogenen Metallstange geschweißt. Die moderne Herstellungsmethode, die im 19. Jahrhundert insbesondere von Rudolf König entwickelt wurde, verwendet gewalzten Stahl.
Historische Stimmgabeln sind wichtige Dokumente für die Erforschung historischer →Stimmtöne. Einige Werte, die auf überlieferten historischen Stimmgabeln beruhen:

Händel (1751): $a^1 = 422{,}5$ Hz;
Taskin (Pariser Cembalobauer um 1750): $a^1 = 409$ Hz;
Stein (Augsburger Hammerflügelbauer um 1780): $a^1 = 421{,}6$ Hz;
Französischer *Diapason normal* (1859): $a^1 = 435$ Hz
Lit.: Ellis 1880; Mendel 1968, 1978.

Stimmpfeife (engl.: *pitch-pipe*; fr.: *diapason à pompe*)
1. Eine kleine, etwa 45 cm lange hölzerne Pfeife mit viereckigem Querschnitt und →Kernspalte. Am unteren Ende ist ein beweglicher Stempel (wie bei der →Stempelflöte) mit Tonmarkierungen, um dem Chor den Anfangston zu geben. Stimmpfeifen waren im 18. und 19. Jahrhundert weit verbreitet.
2. Eine kleine Metallpfeife mit durchschlagender Zunge, die auf einen Stimmton fest eingestimmt ist. Die Stimmpfeife kann auch aus mehreren einzelnen Pfeifen für verschiedene Stimmtöne bestehen. Stimmpfeifen sind nicht sehr genau und ersetzen keineswegs die →Stimmgabel.

Stimmstock
1. (Stimme) (engl.: *sound post*; ital.: *anima*; fr.: *âme*). Der senkrechte Stab aus Fichtenholz, der in vielen Streichinstrumenten zwischen Decke und Boden nahe dem Diskantfuß des →Stegs eingepaßt ist und die Decke vom Saitendruck entlastet und gleichzeitig die Schwingungen überträgt. →VIOLINE, 3.
2. (engl.: *wrest plank*) Bei Tasteninstrumenten jene dicke Holzleiste, in die die Stimmwirbel eingeschlagen sind.

Stimmton (engl.: *pitch*; ital.: *diapason, corista*; fr.: *diapason*). Zum Musizieren benötigt man eine standardisierte Tonhöhe, damit Instrumente zusammen erklingen können, den »Stimmton« oder auch »Kammerton« (ausgedrückt in Schwingungen pro Sekunde, d.h. in Hz, →HERTZ) einer definierten Note, normalerweise des a^1. Dieser Kammerton A ist in Stimmgeräten wie der →Stimmgabel, der →Stimpfeife oder einem elektronischen Stimmgerät fixiert (bei letzterem auch beliebig definierbar); im Sinfonieorchester wird er von der Oboe gespielt, weil diese unter den Blasinstrumenten die geringsten Schwankungen in der Tonhöhe hat, und an den Konzertmeister weitergegeben, der seine Violine stimmt und den Stimmton anschließend an die anderen Orchestermitglieder weitergibt.

1. Moderner Stimmton
Der gegenwärtige internationale Normstimmton, auf den man sich im Mai 1939 geeinigt hat, ist $a^1 = 440$ Hz. Vor dieser Normierung war er $a^1 = 435$ Hz,

entsprechend dem Fünftel eines Halbtons tiefer; nur diie Briten pflegten zuvor bereits a^1 = 439 Hz zu stimmen. Trotz der Normierung gibt es einen Trend zum Höherstimmen, und zwar aus folgenden Gründen: Ein Solist stimmt gern sein Instrument ein wenig höher, um zusätzliche Brillanz gegenüber seiner Begleitung zu gewinnen, oder die Streicher im Orchester stimmen in Hinblick auf das zwangsläufige Höhergehen der Holzbläser während der Aufführung ihre Instrumente von Beginn an etwas höher. Die zur Zeit wohl weltweit höchste Stimmung hat das Berliner Philharmonische Orchester (Berliner Philharmoniker) mit a^1 = 445 Hz.

2. *Historische Stimmtöne*
Während der letzten fünf Jahrhunderte hat der Stimmton im wesentlichen um eine kleine Terz variiert, wie man anhand von alten Stimmgabeln, Blasinstrumenten und Orgeln feststellen kann. Dabei kann a^1 so tief wie ein modernes g^1 klingen und so hoch wie b^1, gelegentlich sogar noch etwas höher, sein. Ein spezieller Stimmton hat zu keiner Zeit für alle Orte und alle Fälle gegolten, doch haben umherreisende Musiker zwangsläufig dafür gesorgt, daß beim Ensemblemusizieren über ziemlich lange Zeitspannen zwischen solchen der Instabilität und des Wechsels eine gewisse Einheitlichkeit des Stimmtons vorherrschte.

Das 18. Jahrhundert kannte als erstes den französischen Konzertstimmton, der bis zu einem Ganzton unter dem heutigen Stimmton lag (a^1 = zwischen 392 und 409 Hz). Deshalb können die in London von Bressan vor 1700 für französische Musiker gefertigten Blockflöten fast einen Ganzton unter dem modernen Stimmton stehen. Weitgehend durch den französischen Einfluß im Holzblasinstrumentenbau wurde dieser Stimmton als »tiefer Kammerton«, »Französischer Kammerton« oder »Pariser Stimmung« bezeichnet. In einigen Quellen um 1730 wird er als etwa einen Halbton unter dem →Kammerton beschrieben. Der Kammerton lag bis hin zu Mozarts Zeit zwischen 410 und 420 Hz. Heutige historisierende Aufführungen der barocken und vorklassischen Musik wählen weitgehend a^1 = 415 Hz, weil dieser Stimmton genau einen Halbton unter a^1 = 440 Hz liegt und Spielern auf Tasteninstrumenten die Möglichkeit der Transposition bietet, wenn das vorhandene Instrument im modernen Stimmton steht. Doch kann sich dieser quasi im Nachhinein normierte »historische« Stimmton bei alten Blasinstrumenten als zu niedrig oder zu hoch erweisen. Viele Instrumentenmacher, die alte Instrumente nachbauen bzw. kopieren, bieten inzwischen unterschiedliche Stimmungen an.

Es gab auch höhere barocke Stimmtöne, so z.B. bei deutschen Orgeln. Der »Chorton« oder auch »Orgelton« stand im 18. Jahrhundert in der Regel einen Ganzton über dem damaligen Kammerton und kann bis zu mehr als 460 Hz für a^1 hinaufreichen. Deshalb stehen die Orgelstimmen in Bachs Chorwerken in einer tieferen Tonart als die Instrumentalstimmen. Der venezianische Stimmton soll laut Quantz (1752) auch fast einen Ganzton über dem deutschen Kammerton gestanden haben. Diese Stimmtöne gehen vermutlich auf Traditionen aus dem 16. Jahrhundert zurück.

3. *Die Stimmtonerhöhung im 19. Jahrhundert*
Um 1820 waren die verschiedenen europäischen Kammertöne bereits gestiegen und lagen 1830 in Paris, Wien und London in der Region von a^1 = 440 Hz, um bald danach noch weiter zu steigen. Ein möglicher Grund neben den oben bereits genannten mag darin bestanden haben, daß die enorme Verbreitung der →Militärkapellen (deren Spieler häufig auch in den Sinfonie- und Opernorchestern mitwirkten) mit ihrer Tendenz, zu brillanterem Effekt hoch zu intonieren auch einen Einfluß auf den Instrumentenbau ausübte.

Schon 1834 hatte der Akustiker Johann Heinrich Scheibler (1777–1837) den Norm-Stimmton a^1 = 440 Hz erfolglos vorgeschlagen, den er als Durchschnittswert Wiener Hammerflügel ermittelt hatte. Erst weiteres Steigen bis zur Region von 453 Hz veranlaßte die Direktoren der europäischen Opernhäuser und Konservatorien dazu, eine Kommission in Paris ins Leben zu rufen, die dann 1859 den berühmten *diapason normal* (Normalton, Normstimmton) mit a^1 = 435 Hz festlegte. Es war allerdings zu spät, um diese Normung allgemein in die Praxis durchzusetzen. Es polarisierten sich zwei Stimmungen: die tiefe Stimmung, die dem französischen *diapason normal* entsprach und auf der Wiener Konferenz 1885 bestätigt wurde, und die hohe Stimmung, die u.a. in Militärkapellen Usus war. Die Konzerte der Londoner Philharmonic Society wurden mit a^1 = ungefähr 452 Hz gespielt; dieser Stimmton galt auch für die britische Armee. Erst gegen 1890 setzte sich die tiefe Stimmung dann doch durch.

Lit.: Ellis 1880; Hayes 1985; Mendel 1968, 1978; Thomas/Rhodes 1991.

Stimmwerk (17./18. Jahrhundert) Die Gruppierung von Instrumenten desselben Typs, aber unterschiedlicher Stimmlage. Beispiele für Stimmwerke (»Familien«, wie man später sagte) sind die →Gamben (Viole da gamba), →Blockflöten, →Pommer, →Krummhörner und →Dulziane.

Stockinstrumente Diese im frühen 19. Jahrhundert hergestellten und weit verbreiteten Instru-

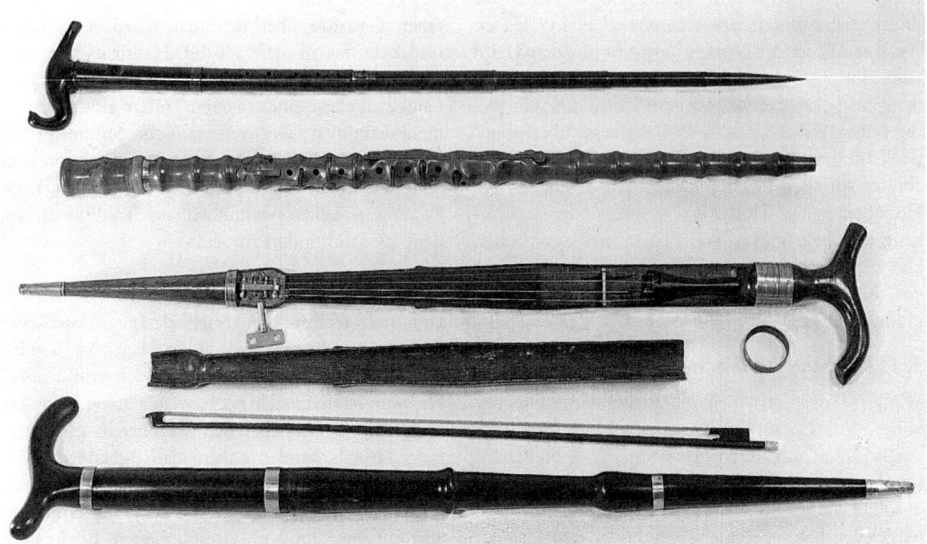

Abb. 1. *Verschiedene Stockinstrumente: geschlossene Geige; geöffnete Geige mit Bogen und Stimmschlüssel; Klarinette; Blockflöte (Musikinstrumenten-Museum SIMPK, Berlin).*

mente konnten tatsächlich auch als Spazierstöcke dienen. Es gab sie als Klarinetten, Blockflöten, Querflöten oder Pikkolos, und als Violinen, deren Streichbogen im Korpusinnern verstaut wurde (siehe Abb. 1).
Lit.: Betz 1992 (zur Stockblockflöte).

Stössel-Laute Von dem Kölner Geigenbaumeister Georg Stössel um 1915 erfundenes und patentiertes volkstümliches Zupfinstrument ohne Hals und mit sieben oder mehr Metallsaiten, wenigen (ursprünglich nur 3) Bünden und flachem Korpus. Die Stössel-Laute erfreute sich zwischen den beiden Weltkriegen großer Beliebtheit als leicht zu erlernendes Zupfinstrument und wurde in den Volksmusikschulen als Kinder- und Jugendinstrument gelehrt.
Lit.: Lieser 1985.

Stopfen Die beim ventillosen →Waldhorn gebräuchliche Spieltechnik zur Erhöhung um etwa einen Halbton, bei der die im Schalltrichter plazierte rechte Hand diesen verschließt. →WALDHORN, 6.

Straßenklavier →DREHORGEL, 5.

Streichbogen →BOGEN.

Streichklavier →BOGENKLAVIER.

Streichleier (engl: *bowed lyre, bowed harp*). Moderner Oberbegriff für besaitete Volksmusikinstrumente, die häufig ein längliches, rechteckiges Korpus haben und in Finnland und Estland bis zum Anfang des 20. Jahrhunderts auf dem Knie liegend mit Streichbogen gespielt wurden. Von den zwei bis vier Roßhaarsaiten wird die Melodiesaite mit den durch Öffnungen im Korpus durchreichenden Fingern abgegriffen, die anderen Saiten erklingen im →Bordun. Zu den Streichleiern gehört auch der →*Crwth.* →auch GUE.
Lit.: Andersson 1930; Emsheimer 1961.

Streichmelodion →STREICHZITHER.

Streichpsalter (engl.: *bowed psaltery*). In den 1930er Jahren für musikpädagogische Zwecke entwickeltes Streichinstrument. Über das etwa 50 cm lange Korpus in Form eines Dreiecks sind 25 Drahtsaiten gespannt; sechzehn davon in diatonischer Stimmung führen von der Schmalseite zu den Stimmwirbeln auf der einen langen Seite, die zehn Saiten für die Akzidentien zu Stimmwirbeln auf der gegenüberliegenden langen Seite. Mit einem Bogen wird die gewünschte Saite schräg zur Korpuskante angestrichen. Jeder Tonhöhenwechsel erfordert das Abheben des Bogens, so daß echtes Legato nicht möglich ist, was aber dank der ungedämpften Saiten übertönt wird.

Streichzither (engl.: *bowed zither*). Verschiedene Arten von →Zithern, die die Merkmale der →Violine mit denen der Zither verknüpfen, wurden von österreichischen und bayerischen Instrumentenbauern von 1823 an hergestellt. Violinenmäßig sind der →Bogen und die vier in Quinten gestimmten Saiten; zithermäßig die horizontale Plazierung des Instruments auf einen Tisch und das Griffbrett mit 29 Metallbünden. Spätere Modelle wie das *Streichmelodion* (1856 von Leopold Breit, Brünn, konstruiert) tauschen die Reihenfolge der Saiten aus und haben ein violinförmiges Korpus (zunächst war es herzförmig gewesen). Die *Philomele* (München, um 1850) wird hingegen wie die Violine gehalten und hat auch ihre Saiten in der normalen Anordnung der Violine, hat aber ein Griffbrett mit fixierten Bünden.

Strohfiedel →XYLOPHON, 5.

Stroh jap fiddle →ZUPFSTOCK.

Stroh-Violine Eine 1899 in London patentierte →Violine mit Schalldose und Metalltrichter, genannt nach ihrem Erfinder August Stroh (1828–1914), einem Akustiker und Elektroingenieur aus Frankfurt am Main. Das Korpus ist durch eine flache, runde Schalldose ersetzt, deren oberes Ende von einer gewellten Aluminium-Membran begrenzt wird. Die Bewegungen des Steges werden auf die Membran mittels eines schaukelnden Hebels übertragen. Vom Boden der Schalldose tritt ein Metalltrichter aus, der den Schall nach vorne lenkt; oft führt ein kleinerer Trichter nach hinten, damit der Spieler die Töne besser hört. *The Strad* pries 1902 den Klang der Stroh-Violine als so laut wie vier normale Violinen zusammen. Sie wurde bei akustischen Schallplattenaufnahmen selbst von so berühmten Virtuosen wie Jan Kubelik und beim »live« Musizieren auch in Tanzorchestern und von Straßenmusikanten verwendet. →TIEBEL-VIOLINE.

Stroh konstruierte auch einsaitige Streichinstrumente mit Membran und Trichter, die später von anderen als »Phonofiddle« nachgebaut wurden. (Diese Instrumente sollten nicht mit der »Strohfiedel« verwechselt werden, dem mittelalterlichen Namen des →Xylophons.)

Lit: Pilling 1975.

Stürze →SCHALLTRICHTER.

Stumme Violine (Stumme Geige) (engl.: *mute violin*). Violine ohne Korpus, aber mit einem Zargenkranz in Form einer acht. Ein Instrument zum Üben, weil es mangels eines Resonanzkörpers nur ganz leise klingt. →auch BRETTGEIGE und VIOLINE, 9.

Stviri →SACKPFEIFE, 6.

Südostasien Die von Birma über Thailand, Kambodscha und Vietnam zu den Philippinen, Nord-Borneo und Indonesien reichenden Länder werden gelegentlich aus musikalischer Sicht als Gongspiel-Kulturen bezeichnet, weil über die größte Fläche dieser Region eine Vielzahl an →Gongs und →Gongspielen in Ensembles mit anderen Instrumenten zusammen eine große Bedeutung haben. Solche

Abb. 1. Birmesisches hsaing-waing-Ensemble, ein Marionettenspiel (oben) mit hsaing-waing (Trommelspiel, Mitte), hnè (konisches Doppelrohrblattinstrument mit weitem Metallbecher, Mitte rechts), kwi-waing (Gongspiel, rechts); poat-mè (an einer Stange angehängte große Faßtrommel, Mitte rechts) und yagwin (Becken, links) begleitend.

Südostasien

312

Notenbeispiel 1

Abb. 2. Thailändisches mahōrī-Ensemble: v.l.n.r., vordere Reihe: kleine Fingercymbeln, sō sām saī (Spießgeige); mittlere Reihe: jakhē (Zither), ranāt ēk lek (Metallophon), ranāt ēk, ranāt thum (Xylophone), ranāt thum lek (Metallophon); hintere Reihe: khlui (Längsflöte), khōng yai, khōng wong lek (Gongspiele), rammanā (Rahmentrommel), thōn (Gefäßtrommel).

Ensembles reichen von wenigen Musikern einer Dorfgruppe bis zum größten javanischen →gamelan, das etwa 75 Instrumente umfassen kann. Auf dem Festland spielen die lauteren Ensembles mit Gongs, Xylophonen, Becken, Trommeln und einem lauten Blasinstrument (normalerweise einem →Doppelrohrblattinstrument) eine große Rolle und treten bei Anlässen wie Theater- und Schattenspielen sowie religiösen Feierlichkeiten auf: hsaing-waing heißt ein solches Ensemble in Birma (Abb. 1) und nimmt seinen Namen von dem einzigartigen →Trommelspiel, von dem aus es geleitet wird. In Thailand heißt ein solches Ensemble nach dem führenden Blasinstrument pi-phat. In Vietnam werden in diesen Ensembles einzelne Gongs gespielt. Leisere Gruppen (Abb. 2) spielen z.B. für Hochzeiten und volkstümliche Feiern auf und verwenden Saiteninstrumente statt des lauten Rohrblattinstruments. →auch KULINTANG zu entsprechenden Ensembles auf den Philippinen.

1. Instrumente (→auch GAMELAN)

Hier werden nur die wichtigsten aufgeführt:

(a) *Idiophone.* Gongs und Gongspiele. Zu Xylophonen und →Metallophonen mit Platten über einem Trog →RANĀT. Becken können zwischen 12 und 60 cm Durchmesser haben, →BECKEN, 5b. Eine kleine →Schlitztrommel (byauk in Birma, mo in Vietnam) gibt das Metrum an; in Birma von einer langen Klapper aus gespaltenem Bambus begleitet. Zu den indonesischen volkstümlichen Idiophonen aus Bambus zählen →anklung und →chalung.

(b) *Trommeln.* Abgesehen vom birmesischen →Trommelspiel kommt hauptsächlich eine horizontale Faßtrommel vor (→taphon in Thailand, sambhor in Kambodscha), außerdem Rahmentrommeln und (in Vietnam) die →Sanduhrtrommel.

(c) *Saiteninstrumente.* Laute (dan ti-pa in Vietnam, ähnlich der chinesischen →pipa); Langhalslaute (→LAUTE, 7; dan tam in Vietnam, chinesische →san-hsien). →Spießgeige (→Abb. 2, Mitte vorne; vgl. RABAB, 3; sō sām sā in Thailand, tro khmer in Kambodscha, dan nhi in Vietnam). →Wölbbrettzither (→chakhé in Thailand, dan tranh (dan thap luc) in Vietnam, →celempung, →kachapi, 1 in Indonesien. Harfe (→saùng-gauk in Birma).

(d) *Blasinstrumente.* Bambusflöten: Querflöten (in Vietnam), Kernspaltflöten, Bandflöte (→FLÖTE, 1c). In Birma palwei, in Thailand und Kambodscha →khlui. Alle diese Flöten haben gewöhnlich ein Membranloch wie die chinesische Flöte →ti. →Doppelrohrblattinstrumente: →hnè in Birma, →pi-nai (ohne Stürze) in Thailand. →KHÄEN zu Mundorgeln; außerdem GONG BUMBUNG (Indonesien).

2. Musik

Notenbeispiel 1 (S. 312) ist ein Auschnitt eines thai pi-phat, aus einer Ballettsuite, die 1948 Phra Chen Duriyanga transkribiert hat; zur Stimmung der Tonskala →RANĀT. Das Stück ist ein Beispiel fernöstlicher »Heterophonie« (im Unterschied zur akkordischen »Harmonik« westlicher Musik). Das Doppelrohrblattinstrument pi-nai spielt die eigentliche Melodie, die anderen Instrumente umspielen sie, jedes auf seine spezifische Art, deren Feinheiten weit über das hier Notierte hinausgehen. Unter den gestimmten Schlaginstrumenten (Systeme 2–6) ist die Stimme der Haupttrommel taphōn notiert. Die Schläge der rechten Hand auf dem größeren Fell sind mit den tiefen Noten notiert. Das Kreuz bedeutet einen kurzen gedämpften Schlag mit der offenen Hand und der Handinnenfläche. Ein Punkt über oberen Noten steht für einen leichten gedämpften Schlag mit gerader linker Hand. Ein Strich über der Note zeigt einen ähnlichen, doch ungedämpften Schlag an. Die kleinen dicken Becken (*ching*, ca. 6 cm Durchmesser, an einer Schnur zusammengebunden) spielen einen ostinaten Schlag, quasi den durchgehenden »Beat«. Die anderen Becken können einen Durchmesser von 14 bis 25 cm haben. Der hängende Buckelgong *mōn* hat einen Durchmesser von ca. 35 cm.

Suling Javanische Längsflöte mit Außenkernspalte (→FLÖTE, 1c (ii)), das einzige Blasinstrument im javanischen →Gamelan.

Sultana →CITHER VIOL.

Sūrbahār →SITĀR, 3.

Surnā Volkstümliche Schalmei (→DOPPELROHRBLATTINSTRUMENT) des arabischen Raumes. Ihre Bezeichnungen sind in Mazedonien: *zurla*; in der Türkei: *zūrnā*; in Nordgriechenland: *zournas* oder *karamouza*; in Ägypten: *Zamr* (Abb. 1); in Nordafrika: *ghiata*. Die *surna* wird aus einem Stück Holz (häufig Pflaume oder Nußbaum) gedrechselt und ist ca. 20 bis 60 cm lang. Sie hat sieben Fingerlöcher. Ein Daumenloch befindet sich auf der Rückseite im Abschnitt zwischen den beiden oberen Fingerlöchern, Tonlöcher sind weiter unten (normalerweise drei zusammen, dann eines, dann weitere drei). Die Bohrung ist zylindrisch bis zum Becher, doch in die Spitze wird ein ca. 10 cm langes zweigezacktes, eng gebohrtes Rohr (häufig aus Buchsbaum) eingesetzt, das die Bohrung bis zu den ersten beiden Fingerlöchern verengt. Es ist nicht klar, welche akustische Wirkung dieser Rohreinsatz hat. Auf die Spitze des Instruments wird eine konische Metallhülse mit einer losen Lippenscheibe (→Pirouette) und kleinem Doppelrohrblatt (→ROHRBLATT, 3) aufgesteckt. Der Tonumfang beträgt bis zu zwei Oktaven. Das Instrument wird kontinuierlich (→KONTINUIERLICHES SPIEL) und mit wenig oder ohne →Zungenstoß gespielt. Häufig wird es von einer zweiten *surnā* begleitet, die als →Bordurinstrument fungiert. Außerdem ist fast immer eine Trommel mit dabei. Hauptsächlich in Ägypten werden eine große und eine kleine *surnā* im Oktavabstand kombiniert (Abb. 1.). Die gelegentlich mit Leder überzogene *alghaita* (mit lediglich drei oder vier Fingerlöchern) wird in den königlichen berittenen Kapellen der muslemischen Emirate in Westafrika (nördliches Nigeria, Kamerun) neben den langen Trompeten *kakaki* (→NAFIR, 2) und der Trommel →*ganga* gespielt.

Suzu (jap.). →SCHELLENBAUM.

symphonia (lat.). Mittelalterlicher Name für die →DREHLEIER.

Synclavier™ Von der Fa. New England Digital Corporation gebauter →Synthesizer, der in seiner ersten Modellausführung 1976 eingeführt wurde.

Synthesizer (engl.). Ein elektronisches Gerät, das jeden Klang synthetisch zusammensetzt, indem es die Teilschwingungen (→Teiltöne) einzeln erzeugt und addiert und schließlich über einen Verstärker mit Lautsprecher wiedergibt. Es gibt monophone und polyphone Synthesizer in den unterschiedlichsten Ausführungen.
Lit.: Becker 1990; Dobson 1992; Enders 1985, 1985a; Schäfer/Wagner 1992.

Syrinx Im antiken Griechenland eine Pfeife, normalerweise eine →Panflöte.

Systematik der Musikinstrumente →KLASSIFIKATION DER MUSIKINSTRUMENTE.

Abb. 1. Musiker mit großer und kleiner Zamr (Surna) und Trommel (tabl), Kairo.

T

Tabl Arabischer Oberbegriff für Trommel, im speziellen die zweifellige zylindrische Trommel, die in Nordafrika und im Mittleren Osten im Freien das →Doppelrohrblattinstrument *surnā* begleitet (→SURNĀ, Abb. 1). Die um den Bauch des Spielers gebundene *tabl* wird mit dünnen Stöcken (oder einem Stock in der einen, und einem geknoteten Riemen in der anderen Hand) geschlagen.

Tablā Das nordindische Trommelpaar, das in den meisten Musikformen der klassischen indischen Musik unentbehrlich ist.

1. Die Instrumente (Abb. 1)

Die zwei Trommeln stehen aufrecht auf gefütterten Tuchringen vor dem im Schneidersitz sitzenden Spieler. Die Trommeln in unterschiedlicher Größe und Tonhöhe sind einfellig und werden unterschiedlich gespielt. Die rechte Trommel (*tablā*, auch *dāyā*, »rechts«, genannt) hat eine dicke zylindrische oder sich nach oben hin verjüngende hölzerne Zarge, das Korpus der linken Trommel (*bāyā*, »links«) besteht aus Steingut oder einer Kupferschale. Das Fell der linken Trommel ist etwa anderthalbmal so groß wie das der rechten und erklingt mindestens eine halbe Oktave tiefer. Auf jedes Fell ist ein Ring eines zweiten Fells aufgeleimt, das die Mitte des unteren Fells freiläßt. In dessen Mitte wiederum ist eine kreisrunde Stimmpaste (aus Mehl und schwarzer Asche, →*mṛdaṅga*) in Schichten aufgetragen. Auf der *bāyā* ist dieser Kreis etwas kleiner und etwas exzentrisch aufgetragen, weswegen diese Trommel einen eher dumpferen Klang hat. Jedes Fell ist mit Zickzack-Riemenschnürung an zwei Reifen gebunden. Bei der *dāyā* werden die Riemen zusätzlich mit zylindrischen Holzkeilen gespannt.

Sogar unter der Vielzahl subtiler asiatischer Trommelspieltechniken ragt die *tablā* wegen ihrer komplizierten und schattierungsreichen Spieltechnik heraus. Die *dāyā* wird mit der Handfläche, den Fingern und Fingerkuppen an verschiedenen Stellen der Membrane geschlagen, auf der *bāyā* erzeugt der Spieler beispielsweise eine leichte Tonerhöhung durch Druck und Entlangschieben der unteren Handfläche zur Mitte des Fells hin nach dem eigentlichen Schlag (Abb. 1, linke Hand).

2. Herkunft

Die *tablā* scheint im 18. Jahrhundert ihre Bedeutung erlangt zu haben, als sie begann, die klassische lange, horizontale *pakhawaj* (zweifellig und »doppelkonisch« wie die *mṛdaṅga*) abzulösen, als ob man damals – möglicherweise durch den Einfluß der muslemischen *naqqāra*-Pauken – herausgefunden hatte, daß die kontrastierenden Schlagtechniken der beiden Hände besser auf zwei separaten Trommeln statt auf den beiden Fellen einer einzigen langen Trommel zu realisieren seien.

Tabulatur Griffschrift-Notation, bei der Buchstaben oder Ziffern zusammen mit Linien und Notenwerten den Notentext ergeben. Orgeltabulaturen gibt es schon ca. 1420 in Italien. Ein frühes Beispiel ist das Robertsbridge-Manuskript (British Library, London). Tabulaturen für gebundene Instrumente sind seit dem späten 15. Jahrhundert bekannt und haben bis heute ihre Gültigkeit für die musikalische Praxis behalten (für Beispiele →CISTER, LAUTE). Seit etwa zwanzig Jahren bevorzugen Lautisten wieder die Tabulatur vor der Transkription in normale Notenschrift. Tabulaturen geben keine Tonarten an, während bei der Notenschrift die oberste Saite der Laute allgemein als G notiert wird, aber auch als A notiert werden kann, einerlei, ob der Spieler das Instrument umstimmt oder nicht.

Zu Beginn der Tabulatur ist die Stimmung der Saiten angegeben, indem für jede Saite der →Bund ge-

Abb. 1. Tablā-Spieler.

nannt ist, der mit der nächst oberen leeren Saite einen Einklang ergibt. Man stimmt demnach normalerweise die Laute von oben nach unten. In Notenbeispiel 1 gibt die rechte Hälfte die normale Lautenstimmung in Quarten mit einer großen Terz zwischen den mittleren beiden Saiten an (a = leere Saite, e = 4. Bund, f = 5. Bund; vgl. LAUTE, 2*a*). Jede der sechs Linien stellt eine Saite dar.

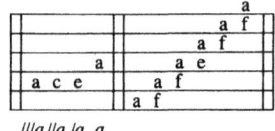

///a //a /a a

(*C D E F   G c f a d¹ g¹*)

Notenbeispiel 1

Stimmung der →Abzüge: Unterhalb der sechs Linien steht die Stimmung für vier Abzüge, von denen jeder eine Oktave unter der einer oberen Saite steht, z.B. Saite //a eine Oktave unter der Tonhöhe des zweiten Bundes (»c«) der fünften Saite. (Die unter dem Beispiel hinzugefügten Noten entsprechen einer Transkription gemäß der G-Stimmung; vgl. LAUTE, 2*c*).

In der Rock- und Popmusik wird eine spezielle Tabulatur für die Gitarre verwendet; ebenso im Flamenco (bei letzterem *cifra* genannt) und bei einigen anderen volkstümlichen Musizierarten.

Taegŭm   Koreanische Flöte. →CHINA UND KOREA, 2*d*.

Tafelklavier   (engl.: *square piano*; ital.: *pianoforte a tavola*; fr.: *piano carré*; sp.: *piano de mesa*). Das →Hammerklavier in Form eines rechteckigen Kastens auf vier Beinen, mit der Klaviatur links vorne (Abb. 1) war der erste weit verbreitete Hammerklaviertyp (→KLAVIER). In England wurden Tafelklaviere seit den 1760er Jahren gebaut und ab 1820 nach und nach von →Pianinos abgelöst, bis sie um 1850 nicht mehr hergestellt wurden. In den USA blieben Tafelklaviere hingegen weiterhin beliebte Hausmusikinstrumente und entwickelten sich zu massiven Kästen (Abb. 2), bis Steinway & Sons, New York, (erst) 1888 ihre Produktion einstellte.

1. Frühe Tafelklaviere

(*a*) *Anfänge*. Die Anlage des Tafelklaviers mit querliegender Saitenbespannung entstand aus dem →Clavichord und wurde offenbar zuerst von Johann Socher, Obersonthofen, 1742 realisiert (Germanisches Nationalmuseum, Nürnberg). Johannes Zumpe, London, führte diesen Konstruktionstyp (spätestens 1766) in England ein und stellte Tafelklaviere in großer Anzahl her, die er auch nach Frankreich und Amerika exportierte. Zumpes Tafelklaviere haben gewöhnlich folgende Maße: ca. 150 cm Breite, ca. 47 cm Tiefe, einen 5-Oktaven-Umfang mit zwei Saiten pro Ton; die tiefsten Saiten sind umsponnen.

(*b*) *Frühe Mechanik*. Die später als »English single action« bekannt gewordene Stoßmechanik, die in einigen nach 1800 gefertigten Tafelklavieren sogar noch eingebaut wurde, hat auf dem Tastenhe-

Abb. 1. Aufriß (a) und Vorderansicht (b) eines Tafelklaviers von Johannes Zumpe und Gabriel Buntebart (London, 1770).

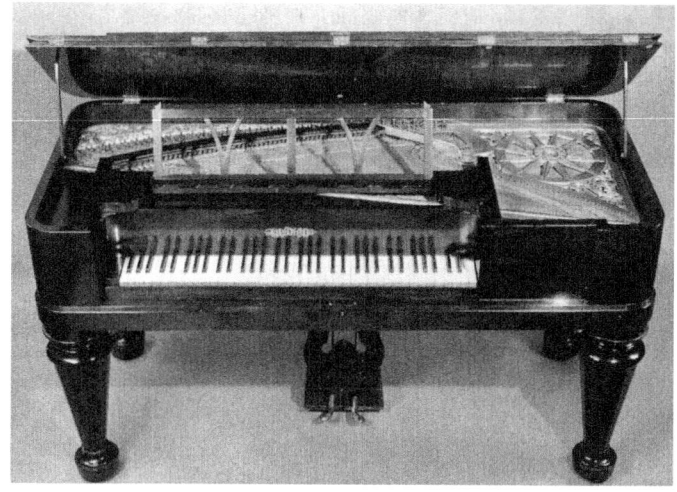

Abb. 2. *Tafelklavier von Jonas Chickering (New York, The Metropolitan Museum of Art, Rogers Fund).*

bel einen mehr oder weniger aufrecht eingesetzten Draht, an dessen oberen Ende ein belederter Kopf ist, mit dem der mit einem Leder an der schräg unter den Saiten verlaufenden Hammerleiste befestigte Hammerstiel direkt nach oben gegen die Saite geworfen wird. Es gibt also keine Auslösung (→ KLAVIER, 1); wenn die Taste noch niedergedrückt ist, fällt der Hammer zurück auf den Kopf und kann möglicherweise wieder zurück an die Saite springen.

Zumpes Dämpfer sind horizontale Hebel oberhalb der Saiten; sie werden mit kleinen Federn aus Walfischbein niedergedrückt, bis sie von vertikalen »Stechern« (häufig ebenfalls aus Walfischbein) von den Tasten angehoben werden. Kompliziertere Dämpfermechaniken wurden ab den 1780er Jahren entwickelt. Statt des Pedals für die Aufhebung der Dämpfung gibt es zwei Handhebel auf der linken Seite, jeder für eine Hälfte des Tonumfangs, um die Dämpferschiene mit den Dämpfern nach oben zu neigen. Außerdem gibt es einen Moderatorzug (»buff stop«), mit dem ein Tuchstreifen unter die Saiten nahe des Stegs geschoben wird, um sie abzudämpfen. Dieser Zug wurde in mehr oder weniger veränderter Form bei den meisten Tafelklavieren beibehalten. Normalerweise blieb der Deckel eines Tafelklaviers geschlossen (und war deshalb mit Ornamenten versehen), so daß häufig ein Deckelschweller vorhanden ist, der einen Teil des Deckels (über dem Resonanzboden rechts von der Klaviatur) mit einem Pedal öffnete (→ auch CEMBALO; 7d).

(c) *Verbesserungen.* Zu den Verbesserungen der 1780er Jahre zählt, daß Broadwood die Stimmwirbel von der rechten Seite (wie beim Clavichord) auf die linke hinter der Mechanik versetzte, wo mehr Platz für sie ist. Der Tonumfang wurde von bisher f^3 zu c^4 erweitert. Broadwood und andere entwickelten die »English double action«, die deutschen Mechaniken erhielten von etwa 1780 an bewegliche Prellzungen. John Geib, London, ließ sich 1786 den Treiber patentieren (→ KLAVIER, 7).

2. Tafelklaviere in den USA

Frühe Exemplare sind von Herstellern wie Charles Albrecht, Philadelphia (seit 1798), Dodds & Claus, New York (seit 1791) und Benjamin Crehore, Milton, MA, überliefert. Der letztere war der Lehrmeister von zwei der bedeutendsten Klavierbauer von Tafelklavieren, Alphaeus Babcock (1785–1842), der für seine Tafelklaviere ab 1825 den heute allgemein üblichen Gußeisenrahmen entwickelte, und Jonas Chickering (1798–1853), der seit 1822 Tafelklaviere baute. Das »Grand Square Piano« (Abb. 2) aus dem Hause Chickering ist fast 213 cm breit und über einen Meter tief. Es hat dreifache Saitenbespannung (einfache im Baß; einige Instrumente haben eine kreuzweise Bespannung), Repetitionsmechanik (→ KLAVIER, 7b), 7-Oktaven-Umfang und einen vollen, schönen Ton, der sich von dem des zeitgenössischen amerikanischen Flügels vielleicht durch Frische des Anschlags im Baßregister wegen der konstruktionsbedingt relativ kurzen Tastenhebel im Baß unterscheidet.

Lit.: Geschichte 2006; Klaus 1997/98.

Taiko (nach einem Präfix: *-daiko*). Eine übliche japanische Bezeichnung für jene Trommeln, die nicht zu den Sanduhrtrommeln (→ *tsuzumi*) zählen. Diese zweifelligen Trommeln werden mit zwei Stöcken auf einem oder beiden Fellen gespielt. Ihr ausgehöhltes Holzkorpus besteht in der Regel aus *zelkova*-Holz (zur Familie der Ulmen zugehörig).

Der Begriff *ōdaiko* kann alle Faßtrommeln mit angenagelten Fellen (häufig aus Kuhfell) bezeichnen.

Shimedaiko werden hingegen Trommeln mit verhältnismäßig flacher, leicht gewölbter Zarge genannt, deren Felle einen wesentlich größeren Durchmesser als das Korpus haben und deshalb über große Eisenreifen gespannt sind (wie auch die →*tsuzumi*-Trommeln).

1. Mit genagelten Fellen

Die ca. 85 cm lange Faßtrommel *ōdaiko* (im engeren Sinn) mit einem Eisenring zum Transportieren (u. a. bei Festumzügen). Im *kabuki*-Theater befindet sie sich hinter der Bühne (→JAPAN, 3) und liegt horizontal auf einem Holzgestell. Der Spieler sitzt an einem Ende und schlägt ein Fell mit dicken Stöcken, womit er den Beginn der Aufführung angibt und das Metrum der Musik markiert. Ferner werden mit besonderen Schlägen Wind, Regen u. a. porträtiert (aber nicht imitiert).

Die *tsuridaiko* (auch *taiko*) ist die bei der höfischen Musik in einem großen, verzierten, runden Rahmen aufgehängte Trommel mit nur schmaler Zarge. Sie wird mit belederten Stöcken in beiden Händen abwechselnd auf einem Fell geschlagen. die kleinere *gakutaiko* (»Musiktrommel«) wird ähnlich wie eine →Kleine Trommel mit Stöcken gespielt.

2. Mit geschnürten Fellen

Die *da-daiko* ist die vielleicht größte Trommel der Welt. Sie ist mit vertikalen Fellen in einem Rahmen aufgehängt. Das Korpus ist bis zu 1 m tief, die Felle haben bis zu 2 m Durchmesser, so daß um das eigentliche Fell ein Lederrand angefügt ist. Im vollbesetzten höfischen Ensemble steht auf beiden hinteren Seiten eine *da-daiko*. Der etwa 4 m hohe Rahmen ist mit fantastischen Vögeln und Ungeheuern geschmückt, über denen Flammen aufsteigen. An der Spitze des Rahmens ist eine etwa 2 m lange Stange mit goldener Sonne und Sonnenstrahlen aufgesetzt. Der (oder die zwei) Spieler stehen auf einer Plattform vor diesem prächtigen Gestell und schlagen mit Schlegeln das tief klingende Fell in langen Abständen.

Die bei Shinto-Zeremonien und im *kabuki*-Theater gespielte *daibyoshi* ist ca. 48 cm lang und hat einen Durchmesser von 20 cm. Sie wird auf beiden Fellen mit schlichten Holzstöcken gespielt.

Die *kakko* gibt bei der höfischen Musik das Metrum an. Sie ist kleiner als die *daibyoshi*: Zargenlänge ca. 30 cm; die Hirschfelle haben einen Durchmesser von 25 cm. Die *kakko* wird neben die *tsuridaiko* und gegenüber den kleinen Gongs *shōko* (→JAPAN, 1a) horizontal auf ein Gestell gelegt und auf beiden Fellen mit Stöcken geschlagen.

Die *nō-daiko* (auch *taiko* im allgemeinen Wortsinn) wird bei volkstümlichen Festen gespielt und ist neben den beiden *tsuzumi* eine der drei Trommeln des *nō*-Theaters. Sie hat eine flachere Zarge (Durchmesser 26 cm), die Felle haben einen Durchmesser von ca. 30 cm. Sie liegt schräg auf einem Gestell (Abb. 2 von →JAPAN, links) und wird auf dem oberen Fell mit einem Stock geschlagen. Vor jedem ersten Schlag hält der Spieler seinen Arm in charakteristischer Weise mit dem Trommelstock nach oben (wie auf dem Foto – Abb. 2 von →JAPAN – abgebildet).

Die *okedo* wird in volkstümlicher Musik und beim *kabuki*-Theater hinter der Bühne gespielt. Sie steht aufrecht, ihre beiden Felle ragen nicht über die Zarge hinaus. Der Spieler schlägt mit zwei Stöcken auf ein Fell.

3. »Fächertrommel«

Sie unterscheidet sich von den oben aufgeführten dadurch, daß sie keine Zarge hat, mit der Hand gehalten wird und einfellig ist. Das Fell ist über einen Eisenreifen gespannt, an dem ein hölzerner Griff angesetzt ist. Der Felldurchmesser beträgt etwa 20 cm, die Gesamtlänge etwa 40 cm. Die Fächertrommel wird mit einem Stock gespielt und erklingt bei buddhistischen Volksfesten zusammen mit Flöten sowie im *kabuki*-Theater als Instrument hinter der Bühne.

Taille (fr.). Vom 16. bis 18. Jahrhundert Bezeichnung für die Tenorstimme bzw. die Tenorgröße einer Instrumentenfamilie, so z. B. *taille de violon* für →Bratsche. J. S. Bach übernimmt die Bezeichnung als Abkürzung für *Taille d'hautbois* (→TENOROBOE; auch ÉCURIE, 1).

Talam Indische »Schalenbecken«; →BECKEN, 5b.

Tambour Fr. für →Trommel.

Tambour à corde Fr. für →REIBTROMMEL.

Tambourin (fr.). Kleine zweifellige Zylindertrommel, die zusammen mit der →Einhandflöte in Südfrankreich gespielt wurde. Nicht zu verwechseln mit →Tamburin!

Tambūrā (Tānpūrā) Die große indische Laute mit Kalebassenkorpus (oder Holzkorpus in Form einer Kalebasse). Sie dient der akkordischen Begleitung, wie sie zur anspruchsvollen Vokalmusik und der Musik für Saiteninstrumente dazugehört. Hierzu erklingen die vier leeren Metallsaiten nacheinander in regelmäßigem Rhythmus durch sanften Fingerschlag (mit zwei Fingern). Das aufrecht oder horizontal gehaltene Instrument (→INDIEN, Abb. 1) ist gewöhnlich ca. 130 cm lang; die Kalebasse hat einen Durchmesser von 45 cm. Die hölzerne Decke ist leicht konvex gebogen und hat eine Randverzierung, die Halsoberfläche ist gerade. Die Wirbel der ersten beiden Saiten sind seitenständig und in einem Wirbelkasten, die der dritten und vierten Saite vorderständig. Die erste Saite (Stahl) ist auf die Quinte (oder Quarte) der Tonika gestimmt, die mittleren zwei Saiten (ebenfalls Stahl) auf die obere Tonika, die vierte Saite (Messing) auf die untere Tonika. Um die summenden Obertöne zu verstärken, ist am Steg ein Seiden- oder Wollfaden unter jede Saite gelegt.

Tamburin (Schellentrommel) (engl.: *tambourine*; ital.: *tamburo basco, tamburino, cembalo*; fr.: *tambour de Basque*; span.: *pandero, pandereta*). Rahmentrommel (→TROMMEL, 4e). bei der die Membrane über einen Holzrahmen gespannt ist, der Schlitze für paarweise an Drähten aufgezogene Schellen hat.

1. Orchestertamburin

Der Reifendurchmesser reicht von ca. 15 cm aufwärts; ca. 25 cm ist eine gängige Größe. Das Fell ist aus Pergament oder Kunststoff und an den Reifen geleimt oder genagelt. Es gibt auch Tamburine mit Spannschrauben, doch kann der Schraubmechanismus bei einigen Spieltechniken hinderlich sein und vergrößert das Gewicht des mit einer Hand gehaltenen Instruments. Wenn das Fell zu locker sein sollte, kann man es befeuchten und danach trocknen lassen, wodurch es sich wieder spannt.

In europäischen Ländern besteht eine volkstümliche Spielweise darin, das Metrum des Tanzes mit Schlägen auf die Membran (mit der Hand oder durch einen Schlag des Tamburins gegen das Knie) zu markieren – wobei auch die Schellen erklingen – und den Schellenklang durch Schütteln zwischen den Hauptschlägen zu verlängern. Daneben gibt es eine Vielzahl weiterer Spieltechniken (z.B. Reiben des Fells für einen Wirbel).

2. Geschichtliches

Alte Rahmentrommeln (lat.: *tympanum*; →ALTERTUM und BIBLISCHE MUSIKINSTRUMENTE) waren offenbar ohne Schellen; diese erscheinen im Mittelalter zuerst im Mittleren Osten und von ca. 1300 an auch in Europa. Daneben konnten auch Schnarrsaiten unter dem Fell verlaufen und später dann auch kleine Glocken an Fadenkreuzen aufgehängt sein. Der älteste mittelalterliche Name für ein solches Instrument stammt aus dem Französischen (*timbre*; von *tympanum* als die ursprüngliche Bedeutung des französischen Begriffs). Obwohl das Tamburin vielfach mit Frauen in Verbindung gebracht wurde, wurde es zu allen Zeiten ebensohäufig von Männern gespielt, auch im Mittleren Osten. In Süditalien begleitet man heute noch immer die Tarantella auf großen, schweren Tamburins, wofür ein kräftiger Mensch notwendig ist.

3. Andere Rahmentrommeln

Im Mittleren Osten und in Nordafrika werden Tamburine weniger auf oben beschriebene europäische Weise gespielt, als vielmehr mit subtilem Einsatz beider Hände auf dem Fell, einschließlich der Finger der das Tamburin haltenen Hand. Abgesehen von schellenlosen Rahmentrommeln (→*bendir*), sind diese Tamburins (*deff* oder *duff, req, ṭār*) den europäischen sehr ähnlich und gehören zur klassischen Musik dazu (→z.B. MITTLERER OSTEN, Abb. 1). Vom Iran nach Norden und Osten sind statt Schellen zahlreiche Eisenringe auf der Reifeninnenseite üblich (→*dāira*). Der normalerweise runde Rahmen kann auch hexagonal (so teilweise in China) oder oktogonal (ebenfalls in China, bei volkstümlichen Zeremonien) sein. Eine rechteckige schellenlose Rahmentrommel ist aus dem alten Ägypten überliefert, ebenso eine kleine runde, die wohl ursprünglich ein zweites Fell hatte (Louvre, Paris). →auch RAHMENTROMMEL und SCHAMANENTROMMEL.

Die *adufe* ist eine in Spanien, Portugal und Nordafrika vorkommende quadratische schellenlose Rahmentrommel mit zwei Fellen und Rasselbohnen im Innern. Sie wird von Bäuerinnen mit den Fingern beider Hände gespielt.

Tamburitsa (auch *tamburica*). Volkstümliche kroatische Langhalslaute (→LAUTE, 7). Der Name ist eine Verkleinerungsform von *tambura*, einem aus dem Türkischen stammenden Oberbegriff für die Langhalslaute des Balkans. Das Instrument hat ein birnenförmiges Korpus mit langem Hals und →Bünden. Die zwei oder drei Saitenchöre (in Quartabstand) aus Metall werden mit →Plektron gespielt.

Tamburo   Ital. für →Trommel.

Tamburo basco   Ital. für →Tambourin.

Tamburo militare   Ital. für →Kleine Trommel.

Tam-Tam (Tamtam)   Der normale Gong im Sinfonieorchester. →GONG UND TAM-TAM.

Tanbūr
1. Alte Bezeichnung für Langhalslauten (→LAUTE, 7) des Mittleren Ostens von Syrien und dem Irak bis nach Turkistan in Zentralasien. Heute wird darunter eine mehr als 1 m lange Laute mit birnenförmigem Korpus, langem Hals und mit bis zu dreißig Bünden, ähnlich der →*tamburits*, verstan-

Tangente

den. Die Spielweise der mit zwei oder drei Chören aus Metall besaiteten Laute zeichnet sich durch →Bordun-Töne auf der tiefen Saite aus.

2. →LEIER, 1.

Tangente (engl.: *tangent*)
1. Der aufrecht auf dem Tastenhebel stehende viereckige Metallstift, der die Saiten des →Clavichords in Schwingungen versetzt. Entsprechend auch die Holzstifte der Tastatur der →Drehleier.
2. »Tangentenflügel«: Ein in Flügelform gebautes Tasteninstrument, das für einige Jahre von etwa 1770 an in Deutschland gefertigt wurde. Die meisten Exemplare wurden von Späth und Schmahl, Regensburg, ab 1790 gebaut. Bei dem Tangentenflügel werden die Saiten von dünnen aufrechten Holztangenten mit belederten Enden angeschlagen, die vom hinteren Tastenhebel nach oben geschleudert werden und wieder zurückfallen (während die Tangenten des Clavichords solange an den Saiten verbleiben, bis die Tasten losgelassen werden). Der Tangentenflügel kann auch mit einem *Una-corda*-Zug ausgestattet sein.

Tānpūrā   →TĀMBŪRĀ.

Tanzmeistergeige   →TASCHENGEIGE.

Tanzorchester (engl.: *dance band, dance orchestra*). Das typische Tanzorchester seit den 1920er Jahren, das sich bis ca. 1950/60 gehalten hat, bestand aus Saxophonen, Trompeten, Posaunen und einer Rhythmusgruppe (Klavier, Gitarre, Baß und Schlagzeug) und war überall in Ballsälen, Nachtclubs und Varieté-Theatern vertreten. Es führte die instrumentale Begleitung zu Schlagern von Komponisten wie Cole Porter und Ivor Novello aus und spielte im Jazz ein eigenständiges Repertoire von Komponisten wie Duke Ellington, Count Basie und Glenn Miller. Die Kompositionen für Tanzorchester waren – anders als beim nicht-notierten Jazz – alle in Stimmen notiert; deshalb befanden sich vor den sitzenden Spielern kniehohe Notenpulte, die meist hinter einem Namensschild des Orchesters versteckt waren. Während die führenden Tanzorchester ihre eigenen Arrangeure hatten, gab es auch fertig arrangierte gedruckte Stimmsätze für Standardbesetzungen (einige dieser Arrangements lassen sich noch heute besorgen).

Es war in den frühen 1930er Jahren übliche Praxis, für ein zehnstimmiges Ensemble mit Stimmen für drei Saxophone (1. Alt, 2. Alt, Tenor; jede Stimme mit Klarinette verdoppelt), zwei Trompeten, Posaune und vier Rhythmusinstrumente zu schreiben. Die zwei Blasinstrumentengruppen – Rohrblattinstrumente und Blechbläser – sind, wo es praktisch machbar (einfache Notenführung ohne Stimmkreuzungen) und verlegerisch rationeller ist, häufig zusammen in einer Stimme mit zwei Notensystemen gedruckt: Die obere gilt einem vollen Instrumentenchor mit Trompetensolo, die untere einem Saxophonsolo mit Blechbläsereinschüben, häufig auch mit achttaktigen Perioden, in denen ein Solo unauffällig begleitet wird. Manchmal gibt es auch eine Violinstimme für drei ad libitum-Stimmen (Violine A, B und C), wie sie z.B. in großen Hotelorchestern zu hören waren.

Um 1922 leitete Duke Ellington sein berühmtes vierzehnstimmiges Tanzorchester mit vier Saxophonen, drei Trompeten, drei Posaunen und vier Rhythmusinstrumenten, von denen Ellington das Klavier selbst spielte; andere große Namen hatten gleich große Ensembles oder sogar noch größere. Kommerzielle Arrangements beinhalteten nun ad-libitum-Stimmen für das 2. Tenorsaxophon und ein Baritonsaxophon, die dritte Trompete und zweite (und vielleicht auch dritte) Posaune.

Nach dem Zweiten Weltkrieg kam aus Amerika die 17stimmige Kombination (Glenn Miller, Count Basie u.a.) mit fünf Saxophonen, je vier Trompeten und Posaunen: die »Big Band«.

Tao-ku   →RASSELTROMMEL.

Tapan   →DAVUL.

Taphōn   Wichtigste Trommel thailändischer Instrumentalensembles: eine aus Teakholz ausgehöhlte Faßtrommel (→TROMMEL, 4b (ii)), ca. 48 cm lang, deren größter Durchmesser ca. 34 cm beträgt und die auf einem Gestell gespielt wird. Die zwei Felle haben einen schwarzen Kreis aus einer Stimmpaste (wie die indischen →*tablās*) aus gekochtem Reis und Palmenasche, um die Intonation zu regulieren (zu einigen der vielen besonderen Spieltechniken mit der Hand →SÜDOSTASIEN, 2). Neben der *taphōn* kann im Ensemble auch die *song-nā* – eine längere, engere Trommel (ca. 56 cm lang), die auf dem Schoß gehalten wird – gespielt werden. Bei der *song-nā* schlägt im Unterschied zur *taphōn* lediglich die linke Hand auf das etwas größere Fell.

Tar
1. (*tar*) In der klassischen Musik des mittleren Ostens vom Iran bis nach Georgien gespielte Langhalslaute (→LAUTE, 7) mit charakteristischem, ausgehöhltem Holzkorpus in Form einer Acht. Die Decke ist mit Fell bespannt. Der lange Hals hat →Bünde, die seitenständigen Wirbel befinden sich in einem Wirbelkasten. Die drei oder mehr Saitenchöre aus

Metall haben zweifachen Bezug. Die Stimmung ist nicht einheitlich (z. B. *a e d* oder *c g c*, gelegentlich mit Oktavchören).

2. (ṭār; d. h. mit dem sechzehnten Buchstaben des arabischen Alphabets beginnend, nicht mit dem dritten, wie oben). In vielen arabischen Ländern Bezeichnung für das →TAMBURIN, 3.

Tarca →ANATA.

Tárogató (ung.). Ein dem Sopransaxophon ähnliches Blasinstrument, jedoch aus Holz und mit Grifflöchern und einem Klappensystem, das dem der →Klarinette ähnelt. Es wurde um 1890 von dem Budapester Instrumentenbauer Wenzel Josef Schunda (der das Sopransaxophon kannte) entwickelt, um eine alte →Schalmei wohl türkischer Herkunft, wie sie früher von Stadtwächtern gespielt worden war, in moderner Form zu rekreieren (einige Exemplare sind im Budapester Nationalmuseum erhalten). Aus demselben nationalen Geist heraus konstruierte Schunda das große Cimbalom (→HACKBRETT, 2).

Das Tárogató wird heute noch gebaut, insbesondere in Rumänien, wo es in der Volksmusik besonders beliebt ist. Während der 1930er Jahre stellte auch die französische Firma Jerome Thibouville Lamy Tárogatós (mit dem Stempel »Jetel-Sax«, d. h. J-T-L-Sax) her, doch gelten diese Instrumente als Kuriositäten

Tarole (fr.). Taroltrommel; →KLEINE TROMMEL, 4.

Tartölt →RACKETT.

Taschengeige, Tanzmeistergeige, Pochette (engl.: *kit* ; fr.: *pochette*). Die Geige des Tanzmeisters von der Mitte des 16. bis zum Ende des 18. Jahrhunderts. Sie ist klein genug, um in die Rocktasche gesteckt zu werden und kommt in vielen verschiedenen Formen vor, z. B. der eines →Rebec; sie sind häufig sehr prachtvoll gearbeitet. Seit dem späten 17. Jahrhundert haben viele Taschengeigen das Korpus einer Miniaturvioline, doch unterscheiden sie sich von echten Miniaturviolinen durch längeren Hals und längeres Griffbrett. Viele Taschengeigen sind Fälschungen des 19. Jahrhunderts.

Tasto
1. (ital.) Die Taste der →Klaviatur eines Tasteninstruments. *Tasto solo* bedeutet in →Generalbaßstimmen, daß die Baßnoten der betreffenden Stelle ohne ausgesetzte Akkorde gespielt werden sollen.
2. (span.) Bei Streichinstrumenten als Spielanweisung *sul tasto* am Griffbrett zu spielen.

3. (ital.) Bei Streich- oder Zupfinstrumenten der →Bund.

Ṭavil Südindische Faßtrommel; →TROMMEL, Abb. 1.

Teiltöne (Partialtöne) (engl.: *partials*).

1. Allgemeines

Teiltöne erscheinen dem Gehör als →Obertöne, die bei Saiteninstrumenten als →Flageolett-Töne und auf Blasinstrumenten als →»Naturtöne« gehört werden können. Teiltöne machen den charakteristischen Klang eines Instruments aus; an ihnen können wir ein Instrument unter vielen fremden Geräuschen und Klängen heraushören. Es sind jene Frequenzen, die durch verschiedene »Schwingungsmoden« entstehen, wenn das klangerzeugende Medium zeitweise deformiert (z. B. angeschlagen) wird und deshalb infolge der sich wiederherstellenden Spannungskraft (Saiten, Membrane), Steife (die meisten festen Schlaginstrumente) oder Luft (Blasinstrumente) schwingt.

2. Reihung

Die Existenz von Obertönen verdeutlicht, daß fast jede Art der Schwingungserzeugung als Ergebnis vieler sich überlagernder Moden entsteht (»Interferenzen«). Bei Musikinstrumenten ist in den meisten Fällen die wahrgenommene Tonhöhe die Frequenz der tiefsten oder »ersten« Schwingungsmode. Wellen durchqueren das akustische System direkt bis an die Grenzen, z. B. die Enden einer gespannten Seite, wo sie reflektiert werden; diese Frequenz ist der Grundton oder »erste« Teilton und die Frequenz der ersten oder »tiefsten« Schwingungsmode. Bei höheren Moden teilt sich die Welle in eine Kette von zwei oder vielen weiteren kleineren Abschnitten auf, die schneller das System durchqueren und damit jedem folgenden Teilton eine höhere Frequenz als dem vorhergehenden geben. Die dabei von den Teiltönen gebildete Reihe ist bei idealen Saiten eine vollständige →Obertonreihe, desgleichen bei den meisten Blasinstrumenten (→GEDACKTE PFEIFE zu einer Reihe ausschließlich ungeradzahliger Teiltöne). Schlaginstrumente verursachen allgemein eine oder mehrere »unharmonische« Reihen mit eigener mathematischer Progression, die keine der normalen wahrgenommenen Intervalle unserer Musik enthält. Hier sucht unser Gehörsinn häufig das nächste harmonische Intervall und »überredet« uns, dieses wahrzunehmen. Die Anzahl und Stärke der erregten Teiltöne beeinflußt den Klangcharakter. Deshalb gibt es deskriptive Ausdrücke wie »obertonreich«, die nicht ganz exakt

Teiltöne (Partialtöne)

das beschreiben, was den entsprechenden Klangcharakter ausmacht.

3. Graphische Darstellung und Klangspektren

Ein Schwingungsdiagramm zeigt zunächst eine reine »Sinusschwingung«, d.h. die Schwingung des Grundtons. Bei der Eingliederung der Teiltöne erhält jede Schwingungsbewegung Spitzen- und Tiefpunkte, die die höheren Moden mit ihrer schnelleren Wiederholung darstellen. Die daraus entstehenden Wellenformen können beispielsweise eckig oder sägezahnförmig sein. Sonagramme aus dem Labor zeigen als Spitzen die Teiltöne in einem ausgehaltenen Klang ebenso wie ihre relative Stärke. Jedes so erhaltene Spektrum kann natürlich nur ein Sample, ein Beispiel sein. In der Praxis kann das Spektraldiagramm ziemlich anders aussehen, sobald nur ein geringer Unterschied in der Lautstärke desselben oder eines anderen Tons oder ein anderer Spieler bzw. ein unterschiedliches Instrument (sogar des gleichen Typs) auftreten. Nichtsdestoweniger bestätigen solche Spektraldiagramme ganz allgemein, daß das auditive Erkennen der Qualität eines Klanges von der Existenz und Stärke der Teiltöne abhängt. So können wir die unteren Tonstufen einer barocken Querflöte (wenige Teiltöne, wenige Spitzen, ruhige, reine Klänge) von denselben Tonstufen auf einer Violine oder Oboe (zahlreiche signifikant starke Teiltöne, die sich über ein weit größeres Frequenzband nach oben erstrecken) unterscheiden. In einigen Fällen hören wir den Ton, obwohl er sich kaum im Spektrum zeigt; doch das eine große Anzahl seiner Teiltöne wahrnehmende Gehör hört aus diesen Frequenzen einen Gesamtklang auf der Grundlage der tiefsten Frequenz, der des Grundtons, den dann unser Gehör als die Tonhöhe dieses Klangspektrums definiert, so schwach er real auch ist. Sollte jedoch der Grundton künstlich aus diesem Gesamtbild entfernt werden (wie es bei →Flageolett-Tönen auf der Violine oder beim →Überblasen auf einem Blasinstrument der Fall ist), beginnt ein neuer Gesamtklang, der auf der Frequenz des nächsten Teiltons entsteht, um als Ton wahrgenommen zu werden. Dieser neue Ton enthält in seinem Spektrum jene der ursprünglichen Teiltöne, die noch immer diesem Gesamtklang entsprechen.

4. Einschwingverhalten und Ausschwingvorgang

Für den Klangcharakter ist das Einschwingverhalten zu Beginn der Tonerzeugung ebenso wichtig wie die Teiltöne. Wenn man einen Violin- und dann einen Trompetenton aufnimmt und beide ohne ihren unmittelbaren Anfang wiedergibt, können sie fast identisch klingen. Natürlich ist das Einschwingverhalten nicht nur bei Instrumentalklängen von Bedeutung. Die wichtigste Funktion des Gehörs besteht im Identifizieren von Geräuschen jeglicher Art und Lautstärke, egal, ob die akustische Quelle sichtbar oder unsichtbar ist. Auch können bei Instrumenten, deren Schwingungen nicht gleichmäßig durch Bogenstrich oder Anblasen ausfallen, Schwingungsmoden in unterschiedlicher Weise ausschwingen und so den auditiven Effekt verstärken, daß Töne weiterklingen, wenn neue angeschlagen werden.

5. Inharmonizität

Die Teiltöne einer Obertonreihe werden theoretisch für ein ideales Schwingungsmedium wie beispielsweise eine dünne und vollkommen elastische Saite berechnet. Doch weichen in der Realität die Teiltöne, die ein harmonisches Spektrum erzeugen sollten, davon ab und werden mit aufsteigender Reihe höher. Dieses Phänomen bezeichnet man mit Inharmonizität. Sie kommt marginal bei angeschlagenen und gezupften Saiten vor, darf aber beim Klavierstimmen nicht unberücksichtigt bleiben, wenn die Belastbarkeit der Saite durch deren Steife beeinträchtigt wird (bei kurzen, dicken Saiten beispielsweise). Um die Töne der hohen Oktave an die zu hohen zweiten Teiltöne der eine Oktave tiefer liegenden Töne anzupassen, werden die Oktaven »gestreckt«. Andernfalls würde der höhere Ton möglicherweise zu tief erscheinen, z.B. als Spitzenton eines Arpeggios.

6. Platten und Stäbe

(Bei Platten mit rundem Querschnitt spricht man von Stäben; wenn diese hohl sind, von Röhren.) Die Frequenzen verhalten sich umgekehrt proportional zum Quadrat der Länge und direkt proportional zum Quadrat der Dicke (je dünner die Platte, desto tiefer der Ton).

(a) Frei aufgehängte Platten. Zeichnung 1a stellt schematisch dar, in welcher Weise sich eine Platte verbiegt, wenn sie zwischen den Schwingungsknoten angeschlagen wird. Nur die ersten beiden Transversalmoden werden gezeigt, daneben gibt es auch Torsionalmoden, bei denen sich die Platte entlang der Längsachse dreht. Verallgemeinernd gilt, daß die relativen Frequenzen vom ersten Teilton an in etwa eine Reihe der Quadrate der ungeraden Nummern von 3 aufwärts bilden. Siehe Notenbeispiel 1 für eine

Notenbeispiel 1. Theoretische Tonhöhen der Teiltöne einer frei aufgehängten bzw. aufgelegten Platte, die auf c^1 gestimmt ist; die Teiltöne verhalten sich in etwa $9:25:49:81:121$

Teiltöne (Partialtöne)

auf c^1 gestimmte Platte. Das aus den Teiltönen 2 und 3 gebildete Intervall von fast einer Oktave entsteht, weil 7^2 fast 2×5^2 entspricht. Die Praxis sieht allerdings etwas anders aus. Die Teiltöne sind für die Tonhöhe wichtig, wenn die Platten wesentlich länger als dick sind, z.B. wird bei einem Triangel die niedrigste Mode kaum erregt (und auch das Gehör kann sie aus dem unharmonischen Spektrum der Obertöne nicht ohne weiteres rekonstruieren). Beim leichten Anschlagen wird der Klang hauptsächlich vom 3. und 5. Teilton geprägt, beim normalen Anschlagen hingegen von zahllosen höheren Teiltönen. →auch RÖHRENGLOCKEN, 2.

(b) *An einem Ende befestigte Platten.* Diese Plattenart kommt u.a. bei Röhrenglocken und →Zungen vor. Die tiefste Mode (der Grundton), die den Ton gibt (Zeichnung 1b, oben), erklingt theoretisch etwa zwei Oktaven und eine Sechste unter der zweiten Mode (Zeichnung 1b, unten), die selbst bei Platten mit zwei freien Enden und ähnlichen Abmessungen eine Frequenz aufweisen würde, die nahe der tiefsten Mode wäre. Bei ein und derselben Tonhöhe ist eine an einem Ende festgeklemmte Platte kürzer als eine freiaufliegende Platte. Da die festgeklemmte Platte in der Regel auch dünner ist, damit man sie anzupfen kann, ist die erforderliche Länge sogar noch geringer, wie man beim Vergleich der Zungen des Tonkamms einer Spieldose mit den Platten eines Glockenspiels schnell überprüfen kann.

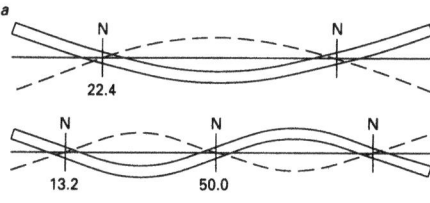

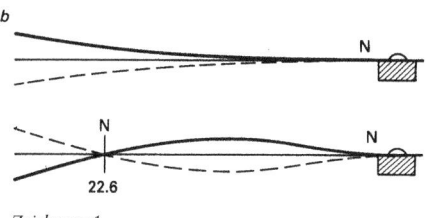

Zeichnung 1

(c) *Andere Schwingungsformen.* Eine an beiden Enden festgeklemmte Platte erzeugt dieselben Teiltonreihen wie eine an beiden Enden freie Platte. Eine Platte wird aber auch in Schwingungen entlang der Längsachse (Torsionswellen) verdreht, die nicht so sehr auf ein Verbiegen als auf eine wellenförmige Bewegung wie in der Luftsäule eines Blasinstruments hinauslaufen.

7. Membranen und Scheiben

Bei diesen Schwingungsmedien (Trommel, Becken u.a.) entstehen radiale, kreisförmige und beides kombinierende Schwingungsmoden. Zeichnung 2 (nach Rayleigh 1877) zeigt die neun tiefsten Schwingungsmoden einer idealen Membran mit den entsprechenden relativen Frequenzen (bezogen auf 1). Die gepunkteten Linien entsprechen den Schwingungsknotenlinien. Während der Membranschwingung biegt sich die Fläche auf einer Seite der Knotenlinie nach oben, auf der anderen Seite nach unten, dann umgekehrt usw.

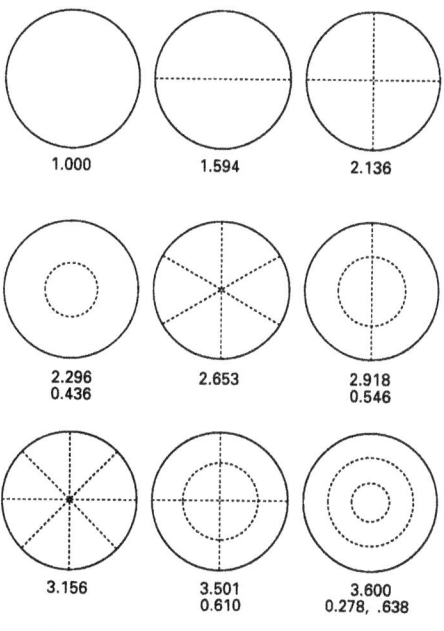

Zeichnung 2

Jede Reihe von modalen Frequenzen besitzt ihre eigene mathematische, jedoch unharmonische Konstruktion. Allerdings ähneln die Frequenzen der Durchmessermoden – vor allem, wenn sich die Membran über einem kesselförmigen Korpus befindet – der Reihe 1,5 2 2,5 3..., die in der musikalischen Praxis zu einer Reihe führt, die so sehr der harmonischen Obertonreihe ähnelt, daß das Gehör eine bestimmte Tonhöhe wahrnimmt, den »Residualton« (→PAUKEN, 5).

Obwohl die Folge der Knotenlinien fast identisch ist, steigen im Vergleich zu einer Membran die Obertonfrequenzen einer Scheibe (eines Beckens oder Gongs) wesentlich schneller an. Der Grund liegt darin, daß die Schwingungen eines festen Schwingungsmediums vom Quadrat der Länge abhängen. Die hierbei mit zwei Knotendurchmessern (Zeichnung 2, obere Reihe rechts) beginnenden diametrischen Schwingungen bilden in etwa die Reihe 1 $1,5^2$ 2^2 $2,5^2$ ... Deshalb ist das Intervall zwischen den Moden mit zwei Knotendurchmessern und zwei Knotenkreisen bei einer Membran theoretisch etwa eine große Sexte, bei einer festen Scheibe hingegen etwas weniger als drei Oktaven. (In der Praxis kommen große Abweichungen von der theoretischen Berechnung vor.) Der große Unterschied zwischen den Teiltönen ermöglicht dem Gehör, sie einzeln wahrzunehmen.

Bei der Verstärkung der Teiltöne spielt auch die Aufhängung eine große Rolle. Wenn ein →Becken beispielsweise an Löchern nahe am Rand aufgehängt wird, gleicht sich sein Klang dem des →Gongs an. Entsprechend verliert der Gong seine bestimmbare Tonhöhe, wenn er wie ein Becken in der Mitte angehängt wird. Wegen der Vielfalt der Gongs sind jedoch verallgemeinernde akustische Theorien bisher noch nicht entwickelt worden.

Lit.: → AKUSTIK DER MUSIKINSTRUMENTE

Tekerö (ung.). Die ungarische →DREHLEIER.

Tempelblöcke (engl.: *temple blocks*). Hohle hölzerne Schlaginstrumente aus dem Holz des Kampferbaums, mit schädelförmigem Umriß und weit aufgeschlitzter Öffnung. Das chinesische Vorbild (*muyu*, »Holzfisch«) ist rot und gold lackiert und ähnelt einem Fisch ohne Augenlidern, womit die Aufmerksamkeit bei Gebeten symbolisch dargestellt wird. Westliche Ausführungen (zwei bis fünf Tempelblöcke unterschiedlicher Größe) sind bis zu ca. 20 cm breit und an einem Ständer montiert. Sie werden mit weichen oder harten Schlegeln angeschlagen und haben unterschiedliche Tonhöhen, ohne einer bestimmten Stimmung zu entsprechen. Ihre klaren Töne entstehen durch die im Innern schwingende Luft (eine Art →Hohlkörperresonator); wenn die Öffnung teilweise geschlossen wird, erniedrigt sich die Tonhöhe entsprechend. Tempelblöcke wurden in den 1920er Jahren im →Drum-Set der Tanz- und Unterhaltungsorchester und ebenso in der Schlagzeuggruppe der Sinfonieorchester (Walton, *Facade* mit drei Tempelblöcken; Britten, Copland u.a.) eingeführt, wo sie manchmal als »Chinesische Blöcke« bezeichnet werden.

Ursprünglich wurden die Tempelblöcke in konfuzianischen Zeremonien gespielt (→CHINA UND KOREA, 1a(iii)). Der Tempelblock soll von einer Art →Schlitztrommel abstammen; so gibt es in China auch seltene Ausführungen in Form eines vollständigen Fischs (mit einem langen Schlitz entlang des Rückens).

Mokugye heißt eine japanische Ausführung, die seit den 1960er Jahren bei westlichen Schlagzeugern bekannt geworden ist und einen zylindrischen Umfang haben kann.

Temperatur (engl.: *temperament*; ital.: *temperamento*; fr.: *tempérament*). Bezeichnung für die Systeme, die angewandt werden, um die Intervalle innerhalb einer Oktave festzulegen. Die Problematik der Temperatur tritt vor allem bei Instrumenten mit festen Tonverhältnissen auf (Tasteninstrumente, Saiteninstrumente mit Bünden).

1. Gleichschwebende (besser: gleichstufige) Temperatur (engl.: *equal temperament*)

Die in westlicher Musik (mit Ausnahme von historisierenden Interpretationen vorklassischer Musikstile) heutzutage übliche gleichschwebende Temperatur teilt die Oktave in zwölf gleiche Halbtonschritte im Verhältnis $\sqrt[12]{2} = 1,05946$, das, zwölfmal mit sich selbst multipliziert, das Oktavverhältnis 2:1 (→CENT) ergibt. Die theoretischen Verhältnisse im Bezug zum Grundton der Oktave sind in Tabelle 1 für die chromatische Tonleiter auf C dargestellt (hier auf vier Stellen nach dem Komma gerundet). Siehe auch Tabelle 2, zweite Spalte von links mit den entsprechenden Werten in Cents.

C	2	Fis	1,414
H	1,888	F	1,335
B	1,782	E	1,260
A	1,682	Es	1,1892
As	1,5874	D	1,1225
G	1,4983	Cis	1,0595

Tabelle 1

Das Stimmen erfolgt im wesentlichen in Oktaven und Quinten, wobei jede Quinte von ihrem natürlichen Wert von 1,5 (Naturtonverhältnis 3:2) so verkleinert wird, daß sie etwas weniger als einmal pro Sekunde in der mittleren Oktave schwebt (→SCHWEBUNG). In jeder Skala sind die Intervalle identisch, so daß die Musik von einer Tonart in eine beliebige andere frei modulieren kann, wie es seit der Wiener Klassik mehr und mehr gemacht wurde und was schließlich die Atonalität und die Zwölftontechnik ermöglichte. Die Theorie der gleichschwebenden Temperatur wurde bereits von →Mersenne (1636) vorgeschlagen und setzte sich im späten 18. Jahrhundert durch. In den letzten Jahrzehnten hat man jedoch den Verlust an spezifischem Charakter der einzelnen Tonarten bei der gleichschwebenden Temperatur erkannt und für die Musik vor 1750 andere Stimmungssysteme wiederbelebt, von denen die wichtigsten im folgenden erwähnt werden:

2. Pythagoreische Stimmung

Hierbei handelt es sich um die alte Methode, eine diatonische Tonleiter auf der Grundlage der reinen Quinten zu erhalten. Die Tonhöhenverhältnisse zum Grundton (siehe Tabelle 2 für die auf C bezogene Skala) werden als Potenzen von 3:2 dargestellt und in eine einzige Oktave durch die Potenzen von 2 transponiert. Der Ton E kann demnach als vier reine Quinten über C ausgedrückt werden, $(3:2)^4$ oder 81/16, in die Grundoktave herabgesetzt durch Division mit 4 (d.h. mit 2 für jede obere Oktave) entsteht daraus 81/64. Dies ist eine etwas zu weite große Terz (408 Cents), die in der polyphonen Musik und innerhalb der Harmonik, wie sie sich in der Renaissance um den Dreiklang herum entwickelt hat, kaum verwendet werden kann. Ob gesungen oder gespielt, die reine große Terz verlangt nach einem Verhältnis, das im Unterschied zur pythagoreischen großen Terz unschwer vernehmbar ist. Ihr Verhältnis beträgt 5:4 (386 Cents) und weicht damit vom pythagoreischen System um 81/64 geteilt durch 5/4, entsprechend 81/80 ab. Dieses Verhältnis ist in der Musiktheorie als das didymische oder syntonische Komma (nach dem Griechen Didymos, geb. 63 v. Chr.) bekannt und als mehr als ein Fünftel eines Halbtons (21,5 Cents) unschwer wahrzunehmen. Ähnlich benötigt der Dreiklang auf F die reine große Terz A, ein Komma niedriger als das A, das man durch reine Quinten von F oder C aus erreicht und das in einem Dreiklang auf D erklingen sollte. Doch auf einer normalen Klaviatur mit zwölf Tönen pro Oktave können nicht beide A erklingen.

3. Mitteltönige Temperatur

Um 1500 hatten Musiktheoretiker und Orgelbauer ein Stimmungssystem entwickelt, das die oben geschilderten Probleme löst, indem es die reine große Terz bevorzugt und die Quinte um ein Viertel eines syntonischen Kommas erniedrigt, d.h. um 3:2, geteilt durch die vierte Wurzel von 81/80 (das $\sqrt[4]{5}$ entspricht, da 80 als $2^{4.5}$ ausgedrückt werden kann). Diese Quinte mit ungefähr 697 Cents toleriert das Gehör. In Tabelle 2 betragen unter »Mitteltönig (1/4-Komma)« alle Quinten (wegen der Auf- bzw. Abrundung) etwa 697 Cents und alle großen Terzen etwa 386 Cents. Als Konsequenz daraus ergibt die Addition zweier Quinten 1394 Cents und deshalb bei Subtration von 1200 für die Oktave 194 (eigentlich 193) Cents für den Ganzton (große Sekunde) – also genau die Hälfte der großen Terz mit 386 Cents. Damit wird der natürliche Unterschied zwischen C – D (9:8) und dem kleineren Intervall D – E (10:9) eliminiert (»mitteltöniger Ganzton«). So entstehen bei diesem Stimmungssystem die Skalen auf C und D – und auf den anderen Tönen ebenso – mit demselben Ganztonintervall.

Doch ein Problem ergibt sich bei den reinen Terzen, wenn man zu den Akzidentien vorstößt. Gis im Dreiklang auf E läßt sich als zwei reine große Terzen über C ausdrücken, 25:16 = 1,5625. Doch als As ist es eine Terz unter dem oberen C und sollte über dem unteren C als 2 geteilt durch 5/4, oder 8:5 = 1,6 darstellbar sein. Die enharmonische Differenz beträgt 41 Cents, soviel wie ein Viertelton. Wo Gis eingestimmt ist, kann also der f-Moll-Akkord mit As nicht gespielt werden. Andere »schwarze« Tasten (d.h. die Obertasten der Klaviatur) können ähnlich entweder für ein Kreuz-Akzidenz oder für ein B-Akzidenz, aber nicht für beide in enharmonischer Verwechslung verwendet werden. Die übliche Auswahl ist Cis, Es, Fis, Gis und B. Ein komplizierter Ausweg aus diesem Dilemma ist das Aufteilen der Obertasten (»gebrochene Oktave«), so daß die vordere Obertaste auf Dis und die hintere auf Es gestimmt ist. Natürlich wird hierbei die doppelte Saiten- bzw. Pfeifenanzahl notwendig, ganz abgesehen von den spieltechnischen Schwierigkeiten.

4. Modifikationen der mitteltönigen Temperatur

Obwohl viele Musiker und Orgelbauer das beschriebene System schätzten, hatte man schon vor Ende des 16. Jahrhunderts erkannt, daß das Gehör kleine Abweichungen von der oben beschriebenen reinen großen Terz tolerieren, ja sogar bevorzugen würde, um die enharmonischen Töne näher zusammenzubringen, so daß ein weiterer Rahmen für die Tonalität und Modulation geschaffen ist. Die einfachste Art bestand darin, die reine Quinte nicht um ein Viertel eines Kommas, sondern um ein Sechstel eines Kommas zu erniedrigen, d.h. um die 6. Wurzel aus 81/80, wodurch (theoretisch) eine Quinte mit 698 Cents entsteht. Dadurch vergrößert sich die große Terz auf 394 Cents, doch die enharmonische Differenz zwischen Gis und As reduziert sich auf 19 Cents – weniger als die Hälfte des bisherigen Werts. Auch hierbei entsteht ein »Mittelton«, jetzt die Hälfte von 394 Cents, also 197 Cents.

Andere bedeutende Methoden während des 17. und besonders des 18. Jahrhunderts bestanden darin, diese gleichmäßige mitteltönige Temperatur in eine ungleichmäßige Temperatur zu verändern, bei der (damit z.B. As und Gis dieselbe Tonhöhe haben) einige Quinten weniger verkleinert werden als andere, um die wichtigsten Terzen geringer zu verfälschen. J.S. Bach war möglicherweise mit diesen Methoden vertraut und stimmte in entsprechender

Weise das Cembalo für die Präludien und Fugen seines *Wohltemperierten Claviers*, wenn auch wohl nicht in gleichschwebender Temperatur. In diesem Zusammenhang wird häufig der Name von Andreas Werckmeister (1645–1706) genannt, der eher ein erfolgreicher Verfechter als ein Erfinder neuer Stimmungsmethoden gewesen ist. Schon eine der frühesten Schriften zur mitteltönigen Stimmung (in Pietro Aron: *Toscanello in musica*, Venedig 1523) könnte bereits als Exponent einer unregelmäßigen Stimmung gelten, als hier nach dem reinen Intervall C – E und den ein wenig zu tiefen Quinten C – G, G – D das A so gestimmt wird, daß D – A und A – E gleich klingen (und deshalb kleinere Quinten als C – G sind).

Ton	(i)	(ii)	(iii) (1/4-Komma)	(iii) (1/6-Komma)
C	1200			
H	1100	1110	(243/128)	1083	1092
B	1000	996	(16/9)	1007	1003
A	900	906	(27/16)	890	895
Gis	800	Gis 816 / As 752		As 814 / Gis 773	806 / 787
G	700	702	(3/2)	697	698
Fis	600	Fis 612 / Ges 588	(729/512)	580	590
F	500	498	(4/3)	504	502
E	400	408	(81/64)	386	394
Es	300	Dis 318 / Es 294	(32/27)	Es 311 / Dis 269	305
D	200	204	(9/8)	193	197
Cis	100	Cis 114 / Des 90	(256/243)	Des 112 / Cis 76	108 / 89
C	0				

Tabelle 2. Intervalle in Cents oberhalb C in (i) gleichschwebender, (ii) pythagoreischer und (iii) mitteltöniger Temperatur

5. Expressive Intonation

Es sollte darauf hingewiesen werden, daß die Temperaturproblematik nur wenig mit den Freiheiten der melodischen Intonation zu tun hat, die häufig ganz natürlich erscheinen, wie z. B. der zu hohe »Leitton« zur Tonika und der zu niedrige Halbton über der Tonika. Hierbei wird genau das Gegenteil der mitteltönigen Temperatur praktiziert, insofern als das Kreuz-Akzidenz höher ausfällt als das entsprechende B-Akzidenz. Dieses Gegenteil entspricht der »musikalischen Praxis« im Unterschied zu der »alten Anmaßung der Akustiker«, wie sich Berlioz, vielleicht etwas zu pointiert, in seiner Instrumentationslehre (in der Übersetzung von Richard Strauss; im Kapitel über die Konzertina) ausdrückt.

Lit.: Barbour 1951; Campbell/Greated 1987; Frosch 1993; Lindley 1984, 1987; McGeary 1989; Ratte 1991.

Tenora Katalanische Schalmei; →DOPPELROHRBLATTINSTRUMENT, 1b.

Tenorbanjo →BANJO, 4.

Tenorbratsche (engl.: *tenor viola*; ital.: *viola tenore*). →BRATSCHE, 3.

Tenorhorn Ventilflügelhorn der Militärmusik (→FLÜGELHORN), dem →Bariton ähnlich, doch mit engerer Mensur. Einen seltenen Auftritt im Sinfonieorchester hat das Tenorhorn in Mahlers siebter Sinfonie, wo es als Soloinstrument das erste Thema des Kopfsatzes intoniert.

Tenoroboe (engl.: *tenor oboe*; fr.: *taille [d'hautbois]*). Ein Instrument aus dem 18. Jahrhundert mit derselben Tonhöhe des →Englisch Horns, um 1670 in Frankreich für die Tenorstimmen in den vierstimmigen Kompositionen für →Oboen und →Fagott entstanden. Das ca. 75 cm lange Instrument verläuft gerade (wie eine lange Oboe), hat zwei Klappen und einen abgewinkelten Messingbogen für das →Doppelrohrblatt. →TAILLE.

Tenortuba Wo in Partituren eine Tenortuba verlangt wird (z. B. Strauss' *Don Quichote, Ein Heldenleben*; Strawinskys *Le Sacre du Printemps*; Holsts *The Planets*), wird die Stimme normalerweise von einem →Euphonium gespielt, obwohl es möglich ist, daß sich Strauss ursprünglich eine →Wagnertuba in Tenorlage vorgestellt hat (Bevan 1978).

Teponatzli Altes mexikanisches Schlaginstrument, das mit der →Schlitztrommel verwandt ist. Ein Baumstamm ist von seiner Unterseite her ausgehöhlt und hat auf der Oberseite zwei sorgfältig mit engen Schlitzen aus dem Holz herausgeschnittene Zungen, die in der Mitte aufeinanderzeigen. An den freien, sich verdünnenden Enden werden sie mit Hämmern angeschlagen, wodurch sich zwei unterschiedliche tiefe Tonhöhen ergeben. Die *teponatzli* und die aufrechte zylindrische Trommel *huehuetl* erklangen bei aztekischen Festlichkeiten und Trauerfeiern zusammen. Das Instrument wird noch immer in Teilen Mittelamerikas gespielt und ist Vorläufer der westlichen →ZUNGENSCHLITZTROMMEL.

Terz
1. (16. – 18. Jahrhundert). Präfix, das bezeichnet, daß das Instrument eine Terz über, in manchen Fällen auch unter der Stimmung des normalen Instruments steht, also z. B. Terzgeige (→VIOLINO PICCOLO). Die über der normalen barocken →Querflöte stehende Terzflöte ist die →Blockflöte, die unter der normalen barocken Querflöte stehende Terzflöte (auch →Flûte d'amour genannt) ist hingegen ebenfalls eine Querflöte. →auch QUART und QUINT.
2. Ein Aliquotpfeifenregister in der Orgel. (→ORGEL, 3d).

Terzgitarre   →GITARRE, 5.

Theatre organ   (engl.). Andere Bezeichnung für *cinema organ* (→KINO-ORGEL).

Theorbe   (engl.: *theorbo*; ital.: *tiorba*; fr.: *théorbe*). Eine vom Ende des 16. Jahrhunderts an bis zur Mitte des 17. Jahrhunderts gebräuchliche Laute größerer Bauart; bestimmt vor allem zum →Generalbaß-Spiel und deshalb mit langen sogenannten Abzugssaiten (oder »Abzügen«), d.h. Baßsaiten, die neben dem Griffbrett verlaufen und einen separaten Wirbelkasten oberhalb desjenigen für die Griffsaiten haben. Zum Unterschied zwischen Chitarrone und Theorbe →CHITARRONE, 1.

1. Beschreibung
Bei italienischen Theorben bis ca. 1650 tritt der obere Wirbelkasten auf wie in →CHITARRONE, Abb.1, mit dem prinzipiellen Unterschied, daß bei dem Chitarrone die Abzüge die doppelte Länge des abgegriffenen →Bezugs haben können, während sie bei der Theorbe nicht mehr als die anderthalbfache Länge haben. Aus Gründen, die unter Chitarrone näher beschrieben sind, sind bei der Theorbe der obere oder die oberen zwei Saitenchöre eine Oktave tiefer als auf einer Laute oder einer Erzlaute gestimmt. Dadurch liegt das klangliche Gewicht auf dem Mittelregister. Normalerweise wird die Theorbe wie die Laute auf *A* gestimmt (→LAUTE, 2*b*), mit den zusätzlichen Abzügen von *G* abwärts bis zum A^1. Nicht völlig geklärt ist das Phänomen zahlreicher, meistens deutscher Instrumente, hauptsächlich aus der ersten Hälfte des 18. Jahrhunderts, bei denen der obere Wirbelkasten mit einem geschwungenen Übergangsstück mit dem unteren Wirbelkasten verbunden ist. Diese Exemplare sind lange Zeit trotz der Größe der Schale einer normalen Laute als Theorbe bezeichnet worden, doch werden sie jetzt eher als Exemplare der 13chörigen Laute angesehen (ohne die Oktavherabsetzung der oberen Chöre; →LAUTE, 4).

2. Kompositionen
Viele Traktate für die Begleitung auf der Theorbe stammen aus Frankreich zwischen ca. 1660 und 1730. In England war die Theorbe das am häufigsten verwendete Zupfinstrument zum Generalbaß: Playfords Vokaldrucke von 1639 an bezeichnen sie als »Theorboe-lute«. Mace (1676) zeigt auf, wie die Baßlinie idiomatisch auf der Theorbe gespielt werden sollte – mit großen Sprüngen zwischen den Abzügen und Akkorden und schnellen Ornamenten auf den oberen Saiten (Huws-Jones 1972), und sich damit von der vorbarocken Art der Eigenbegleitung des Sängers auf der Laute unterschied.

Theorbenzug   (engl.: *theorbo stop*). Beim →Cembalo der auf den 16' wirkende →Lautenzug.

Theremin-Vox (Thereminovox)   Elektroakustisches Musikinstrument, um 1920 von Lew Theremin (1898–1993) entwickelt und zuerst *Aetherophon* genannt. In einem Kasten befinden sich zwei Generatoren, von denen der eine eine festgelegte Frequenz erzeugt, der andere eine wechselnde. Bewegt der Spieler seine Hand zwischen zwei den Generatoren zugeordneten Antennen, entstehen wechselnde Klänge durch Veränderung des elektromagnetischen Feldes. Das Charakteristische der Tonerzeugung besteht in den Glissando-Klängen und der Möglichkeit differenziert gestalteten Vibratos. Das Theremin-Vox erlangte vor allem in Nordamerika, wo es von der Firma RCA in Serie hergestellt wurde, eine gewisse Verbreitung.
Lew Theremin entwickelte außerdem zusammen mit Henry Cowell 1930 das *Rhythmicon*, ein elektronisches Musikinstrument, das verschiedene Rhythmen produzierte.
Lit.: Glinsky 2000.

Thüringer Zither   →CISTER, 5*b*.

Ti   (auch *ti-tzu*, *di*). Chinesische Querflöte aus Bambus, (meistens) mit charakteristischer schwarzer Umschnürung zwischen den Tonlöchern und Elfenbein- oder Knochenring an jedem Ende. Etwa auf halbem Wege zwischen Mundloch und dem ersten Fingerloch befindet sich ein Loch (»Membranloch«), über das eine eckige Membrane aus der Bambusinnenhaut oder besonderem Seidenpapier geklebt ist. Dadurch erhält die Flöte ihr schnarrendes Timbre, das für sie so charakteristisch ist. Die häufig ovalen sechs Fingerlöcher sind unterschnitten, weiter unten sind zwei seitliche Resonanzlöcher und am Ende zwei zusätzliche Löcher, um eine Seidenquaste anzuknoten. Der tiefste Ton der wichtigsten Größe (*chu-ti*) ist etwa a^1, daneben gibt es eine kleinere Flöte (*pang-ti*); beide spielen in der Pekingoper und in der Volksmusik eine führenden Rolle.

Querflöten sind in China seit etwa 200 v. Chr. bekannt, solche mit Membranlöchern (→ MIRLITON) seit dem frühen Mittelalter. Flöten für konfuzianische Zeremonien pflegten einen rotgoldenen geschnitzten Drachenkopf und -schwanz an den Enden zu haben. Querflöten mit Membranloch werden auch in der Mongolei und in Korea (*taegum*, →CHINA UND KOREA, Abb. 2) gespielt, in China gibt es auch Kernspaltflöten mit Membranloch.

Tibet   →CHINA UND KOREA, 3.

Tibia
1. (lat.). Römischer Name für ein dem griechischen →*Aulos* entsprechendes Rohrblattinstrument.
2. Lingualpfeifenregister der Orgel (insbesondere bei der KINO-ORGEL).

Tiebel-Violine   Eine ähnlich der →Stroh-Violine und dem →Violinofon gefertigte Violine mit Membran und Schalltrichter, für die Willy Tiebel 1925 ein Patent anmeldete (siehe Abb. 1).

Lit.: Elste 1987.

Abb. 1. Die Tiebel-Violine ist auf die nötigsten Bauteile beschränkt, damit das korpuslose Instrument spielbar ist.

Tilinca   (Rumänien). →FLÖTE, 2*b*.

Timbales (Timbales creoles, Timbales cubaines)   (Nicht zu verwechseln mit dem französischen Wort für Pauken!) Eine der Trommeln in der lateinamerikanischen Tanzmusik, die, paarweise gespielt, sich von →Bongos und →Congas dadurch unterscheidet, daß sie mit Trommelstöcken und nicht mit der Hand geschlagen wird: die Spannreifen reichen über den Fellrand hinüber, während sie bei Handtrommeln tiefer liegen, um das Spiel mit den Händen nicht zu beeinträchtigen.

Timbrel   →TAMBURIN, 2.

Timpani   →PAUKE.

Tiple   (Span. »Diskant«)
1. Kleine →Gitarre mit vier oder fünf Saitenchören (heutzutage aus Metall). Sie wird in den verschiedensten Ausführungen in Spanien und Lateinamerika, insbesondere Kolumbien (wo sie als Nationalinstrument gilt), Venezuela bis nach Mexiko, gespielt. Sie ist etwa halb so groß wie eine normale Gitarre. Die Saitenstimmung ist nicht genau festgelegt, sie kann in der Intervallfolge den hohen Saiten der Gitarre entsprechen, aber auch den untersten →Chor wie bei der →Ukulele in Oktavversetzung haben. Auf der Tiple können beim Ensemblespiel Akkorde über dem von der Gitarre gespielten Baß (und der von der →Bandola gespielten Melodie) geschlagen oder Lieder begleitet werden. Es gibt auch Modelle, bei denen die äußeren Chöre zweisaitig und die inneren zwei Chöre dreisaitig bespannt sind, wobei die mittlere Saite dann eine tiefe Oktavsaite ist (→auch GITARRE, Notenbeispiel 3*b*, Kolumbien). Die Firma Martin, USA, stellte solche Modelle von ca. 1920 an zeitweise her.
2. Zu *tiple* als katalonischem Blasinstrument →DOPPELROHRBLATTINSTRUMENT, 1*b*.

Tof   (Trommel). →BIBLISCHE MUSIKINSTRUMENTE, 1*d*.

Toila   →TUILA.

Tom-Tom (Jazzpauke)   (engl.: *tom-tom*). Von Jazzschlagzeugern in den 1920er Jahren eingeführte Trommel, die in der Folgezeit eine der wichtigsten Trommeln der Rockmusik (→DRUM-SET) und der Schlagzeuggruppe im modernen Sinfonieorchester geworden ist. Der Name stammt offenbar aus der Karibik und bezeichnet dort die einheimischen Trommeln.

1. *Chinesisches Tom-Tom*

Im frühen Jazz gespielte, inzwischen kaum noch verwendete Trommel mit schwach gewölbtem, im chinesischen Stil mit Drachen und Blumen bemalten Korpus und zwei mit Messingnägeln befestigten Fellen.

2. *Modernes Tom-Tom*

Mit tieferem zylindrischen Korpus (aus Sperrholz oder Akryl) und normalerweise zwei Fellen mit Spannschrauben. Der Durchmesser reicht von 25 bis 45 cm, ebenso die Tiefe. Das Instrument kann einen Innendämpfer aus Filz haben. Jedes Tom-Tom hat Ständerböckchen für separate Ständerfüße oder für die Montage an der Großen Trommel (Jazztrommel). Es gibt auch einfellige Tom-Toms; diese lassen sich (wie →Pauken) leicht auf eine bestimmte Tonhöhe einstimmen. Ein Drum-Set kann ein bis drei oder mehr Tom-Toms unterschiedlicher Größe haben, die etwa im Terzabstand gestimmt sind.

Zu den Komponisten, die das Tom-Tom einsetzen, zählen Hindemith (*Cardillac*, 1926), Henze (*König Hirsch*, 1955) und Strawinsky (*Agon*, 1957).

Tonette →OKARINA.

Tonhöhe (engl.: *pitch*). Die Tonhöhe eines Klanges ist die Anzahl der Schwingungen seines Grundtons (→TEILTÖNE) pro Sekunde. →auch STIMMTON.

Tonsteuerungsträger Oberbegriff für alle Speichermedien, mit deren Hilfe →mechanische Musikinstrumente erklingen. Tonsteuerungsträger ersetzen oder ergänzen das manuelle Spiel auf dem Musikinstrument mittels einer meist mechanisch-pneumatischen Apparatur. Die wichtigsten Tonsteuerungsträger sind →Klavierrolle (einschließlich →Künstlerrolle), Lochband, Lochscheibe und Stiftwalze.

Torban (russ.). →BANDURA.

Transponierende Instrumente Instrumente, deren Notation um ein bestimmtes Intervall gegenüber der tatsächlichen Tonhöhe versetzt ist. Instrumente, bei denen Oktavversetzungen üblich sind (wie der →Kontrabaß oder die →Gitarre), rechnet man nicht zu den transponierenden Instrumenten.

Streichinstrumente werden nur selten transponiert notiert (eine Ausnahme ist der →Violino piccolo), wohingegen die meisten Blasinstrumente transponiert werden. Das entsprechende Intervall geht bereits aus der Bezeichnung hervor, z.B. »Klarinette in B«. Der genannte Ton bezeichnet denjenigen Ton, der auf dem Instrument erklingt, wenn der Spieler ein C in den Noten liest und diesen Ton gemäß dem ihm vertrauten Fingersatz greift.

Diese Transpositionen helfen dem Spieler, weil sie es ihm ermöglichen, auf unterschiedlich gestimmten Instrumenten derselben Familie mit ein und demselben Fingersatz zu spielen bzw. dieselben →Naturtöne zu blasen.

In Partituren sind die Stimmen von transponierenden Instrumenten meistens transponiert notiert; nur bei moderneren Werken hat sich die klingende Notation als Lesehilfe für den nicht mit den transponierenden Blasinstrumenten intim Vertrauten durchgesetzt.

Notierter Part	Klingend
Altflöte (in G)	= Quart tiefer
Oboe d'amore (in A)	= Kleine Terz tiefer
Englisch Horn (in F)	= Quinte tiefer
Baßoboe, Heckelphon (in C)	= Oktave tiefer
Klarinette in Es	= Kleine Terz höher
Klarinette in D	= Große Sekunde höher
Klarinette in C	= wie notiert
Klarinette in B	= Große Sekunde tiefer
Klarinette in A	= Kleine Terz tiefer
Bassetthorn (in F)	= Quinte tiefer
Altklarinette in Es	= Große Sext tiefer
Baßklarinette (gewöhnlich in B)	= Zwei Möglichkeiten: (i) bei Notation im Violinschlüssel: eine None tiefer; (ii) bei Notation im Baßschlüssel (Wagner): eine große Sekunde tiefer
Baßklarinette in A	= Zwei Möglichkeiten: (i) eine Dezime tiefer; (ii) eine kleine Terz tiefer
Sopransaxophon in B	= Große Sekunde tiefer
Altsaxophon in Es	= Große Sexte tiefer
Tenorsaxophon in B	= None tiefer
Baritonsaxophon in Es	= Oktave und eine Sexte tiefer

Tabelle 1. Transponierende Holzblasinstrumente

Die Tabellen 1 und 2 folgen in der Reihenfolge der genannten Instrumente der üblichen Partituranordnung von oben nach unten. Wenn ein Ton in Klammern genannt ist, ist die Angabe nicht zwingend.

Angabe	Horn (Waldhorn)	Trompete
in B	B alto: Große Sekunde tiefer; B basso: None tiefer (siehe Anm. 1)	Große Sekunde tiefer (siehe Anm. 3)
in A	Kleine Terz tiefer	Kleine Terz tiefer
in As	Große Terz tiefer	Kleine Sexte höher (siehe Anm. 3)
in G	Quarte tiefer	Quinte höher
in F	Quinte tiefer	Quarte höher (siehe Anm. 4)
in E	Kleine Sext tiefer	Große Terz höher
in Es	Große Sext tiefer	Kleine Terz höher
in D	Kleine Sept tiefer	Große Sekunde höher
in Des	Große Sept tiefer	Kleine Sekunde höher
in C	Oktave tiefer (siehe Anm. 2)	wie notiert

Tabelle 2. Transponierende Blechblasinstrumente.

Anmerkungen zu Tabelle 2:

1) Horn in B: Die Stimmen in älteren Kompositionen geben in der Regel nicht Alt- oder Baßlage an, so daß im Einzelfall aus dem Kontext heraus entschieden werden muß.

2) In C: Gelegentlich ist hier bei der frühen Wiener Klassik ein »C alto« gemeint, also wie notiert klingend.

3) Bei Kompositionen aus dem frühen 19. Jahrhundert kann auch eine Transposition in die entgegengesetzte Richtung gemeint sein.

4) »Tromba contralta« in F soll in russischen Werken des 19. Jahrhunderts (z. B. Rimsky-Korsakow) eine Quinte tiefer als notiert klingen.

Wenn beim Horn und gelegentlich bei der Trompete der Baßschlüssel verwendet wird, ist die ältere Notationsweise so zu verstehen, daß die Noten eine Oktave tiefer als im Sopranschlüssel notiert werden (Notenbeispiel 1a). Die heute vorgezogene Praxis führt die Notation im Baßschlüssel logisch fort (Notenbeispiel 1b). Aus dem Zusammenhang geht normalerweise hervor, welche Notationsweise gewählt wurde.

Notenbeispiel 1

Kornett in B	wie Horn in B	
Kornett in C	wie notiert	
Baßtrompete	wie Horn in Es, D, C und B basso	
Wagnertuba	Wagner wechselte die Notationsweise in den Partituren des *Ring des Nibelungen*.	
(i)	Im Vorspiel zur *Götterdämmerung* klingen die Tenortuben in B eine None tiefer, die Baßtuben in F eine Oktave tiefer. Bruckner folgt in seiner siebten Sinfonie diesem Beispiel, doch in der achten teilweise der nächsten Notationsweise (ii);	
(ii)	*Das Rheingold*. Hier klingen die Wagnertuben eine große Sekunde bzw. eine Quinte tiefer als notiert.	
(iii)	Für die übrigen Abende des Zyklus klingen die Tenortuben in Es eine Sexte tiefer (aber im Baßschlüssel eine Terz höher) und die Baßtuben in B eine None tiefer (aber im Baßschlüssel eine Sekunde tiefer).	

Tabelle 3. Transpositionen ausgewählter weiterer Blechblasinstrumente.

Trautonium Von Friedrich Trautwein (1889–1956) um 1930 entwickeltes, von Telefunken in kleiner Serie gefertigtes elektronisches Musikinstrument, dessen stufenlose Tonhöhensteuerung über ein sogenanntes Bandmanual (statt einer Tastatur) erfolgt. Das einstimmige Instrument wurde von Oskar Sala (geb. 1910) Mitte der 1930er Jahre zum zweimanualigen Rundfunk-Trautonium und um 1950 zum mehrstimmigen Mixtur-Trautonium ausgebaut. Für das Trautonium haben u.a. Hindemith, Genzmer und Sala komponiert. Am bekanntesten ist das Mixtur-Trautonium durch seine Anwendung für die Filmmusik zu Alfred Hitchcocks *The Birds* (1962) geworden. Inzwischen gibt es auch eine digitale Version des Trautoniums, die Jörg Spix, Oldenburg, Anfang der 1990er Jahre konstruiert hat.

Traversa (**Traversière**, **Traverso**) (17./18. Jahrhundert). Name für die →Querflöte.

Traversflöte (engl.: *transverse flute*). (20. Jahrhundert) Umgangssprachlich für die barocke, (einklappige) Querflöte aus Holz (→QUERFLÖTE, 4). →TRAVERSA.

Triangel (engl.: *triangle*; ital.: *triangolo*; fr.: *triangle*). Schlaginstrument unbestimmter Tonhöhe, aus einem ca. 1 cm dicken Stahlstab in Form eines gleichschenkligen Dreiecks, das an einer der ca. 10

bis 25 cm langen Seiten offen ist. Es wird an einer Schnur oder Darmsaite aufgehängt. Das Anschlagmittel ist in der Regel ein bis zu 15 cm langer Stahlstab, der etwas dünner als das Triangel ist. Wegen seines hellen, durchdringenden Klangs ist das Triangel neben seiner Funktion als Musikinstrument ein Signalinstrument gewesen. Viele alte Ausführungen – das Triangel ist seit dem 14. Jahrhundert nachgewiesen – haben mehrere lose Eisenringe, um bei schnellen Rhythmen mitzuklirren. Es war Bestandteil der →Janitscharenmusik und wurde u. a. in Glucks *Iphigenie en Tauride* (1779) wegen seines exotischen Klanges eingesetzt. Berlioz verlangt mehrere Triangel (*jeu de triangles*) im 1. Akt seiner Oper *Les Troyens* zur Begleitung von Sistren (→Sistrum).

Tripelharfe   →HARFE, 6, 9b.

Tro khmer   →RABAB, 3.

Tromba   Ital. für →Trompete.

Tromba contralta   Von Rimsky-Korsakow gewünschte Ventiltrompete in F und damit eine Quarte unter der Trompete in B stehend. In seiner Oper *Mlada* (1889) und weiteren Werken von ihm und anderen russischen Komponisten bis zu Schostakowitsch und Rachmaninow ist diese tiefe Trompete als dritte Trompete eingesetzt. Die Stimmen für die *Tromba contralta* klingen eine Quinte tiefer als notiert und werden heute in der Regel auf einer normalen Trompete ausgeführt.

Tromba da caccia (Tromba di caccia)   In deutschen Partituren der Barockzeit wie z. B. Telemanns *Suite F-Dur* für Solovioline, zwei Querflöten, zwei Oboen, zwei Trombe da caccia, Pauken, Streicher und B. c.; Stimmbezeichnung für ein nicht näher identifiziertes →Blechblasinstrument, das bis zum 18. →Oberton (d^3) reicht. Es handelt sich dabei entweder um eine (vielleicht spiralförmig gewundene) Trompete oder um ein Horn. Heutzutage werden die Tromba-da-caccia-Stimmen häufig eine Oktave tiefer auf →Waldhörnern geblasen.

Tromba da tirarsi   →ZUGTROMPETE.

Tromba marina   →TRUMSCHEIT.

Trommel   (engl.: *drum*; ital.: *tamburo*; fr.: *tambour*). Zu den Trommeln der europäischen Musik siehe folgende Einträge: BODHRÁN, BONGOS, BOOBAMS, CONGA, EINHANDFLÖTE UND EINHANDTROMMEL, GROSSE TROMMEL, KLEINE TROMMEL, PAUKE, ROTOTOM, TAMBURIN, TOM-TOM. Für Trommeln anderer Kulturen siehe die Übersicht unter 4 weiter unten, für Trommeln ohne Membran siehe die Aufstellung unter 5 weiter unten.

1. Allgemeines

Jede Trommel besteht aus einer geschmeidigen Membran, dem Fell, das über den Rand (der »Zarge«) eines Resonanzkörpers (»Korpus«) gespannt wird, der stabil genug ist, eine so starke Spannung auszuhalten, daß die Membran schwingt, wenn sie von der Hand, einem Stock (→SCHLAGINSTRUMENTE, 2) oder einem anderen Gegenstand angeschlagen wird.

Auf jedem Kontinent (mit Ausnahme Australiens) fertigte man von alters her die Trommeln mit Membranen aus tierischer Haut. In Europa verwendet man dazu Kalbspergament, seit den 1950er Jahren allerdings verstärkt Polyäthylen. Dieser Kunststoff hat eine sehr gleichmäßige Struktur und ist gegenüber Abnutzung und klimatischen Änderungen weniger anfällig, obwohl sich auch ein Kunststoff-Fell mit der Zeit abnutzen kann.

Die Schwingung des Fells setzt sich aus vielen Knotenmustern zusammen (→TEILTÖNE, 7; PAUKEN, 5), die aus einer Reihe dicht beieinanderliegender unharmonischer Teiltöne bestehen, die mehr oder weniger stark den Eindruck eines definierbaren Grundtons der Trommel verwischen. Deswegen wird die Trommel hauptsächlich als Rhythmusinstrument gespielt. Ein tiefer Hohlkörper ist kein notwendiger Bestandteil einer Trommel, obwohl ihn viele Trommeln haben. (Die modernen →Rototoms haben beispielsweise einen fast flachen Hohlkörper.) Aber er kann, je nach der Luftmenge im Innern, einen entscheidenden Einfluß auf die entsprechenden Teiltöne haben, die von der Membran aus entstehen (→PAUKEN, 5). Jede Trommel wird zu einem gewissen Grad vom Spieler gestimmt, sei es auf eine zu einer anderen Trommel passenden Tonhöhe, sei es auf die »richtige« zu sein scheinende Tonhöhe oder auf verschiedene Tonhöhen, falls diese mit verschiedenartigen Schlägen erzeugt werden. Der Klang hängt sowohl von der Art des Anschlagmittels (→SCHLAGINSTRUMENTE, 2) als auch davon ab, an welcher Stelle und wie das Fell geschlagen wird. Die schier unendliche Vielfalt des Trommelns mit den bloßen Händen ist in Asien und Afrika besonders ausgeprägt (→ z. B. DARĀBUKA, MRDANGA, TABLĀ), und der Spieler erhöht dabei die Tonhöhe durch verstärkten Druck des Handballens auf das Fell. Eine andere Spielweise macht von der harten Resonanz des festen Hohlkörpers Gebrauch.

2. Spannen des Fells

Bei den meisten europäischen Trommeln wird das Fell über einen metallenen oder hölzernen Reifen, den

Trommel

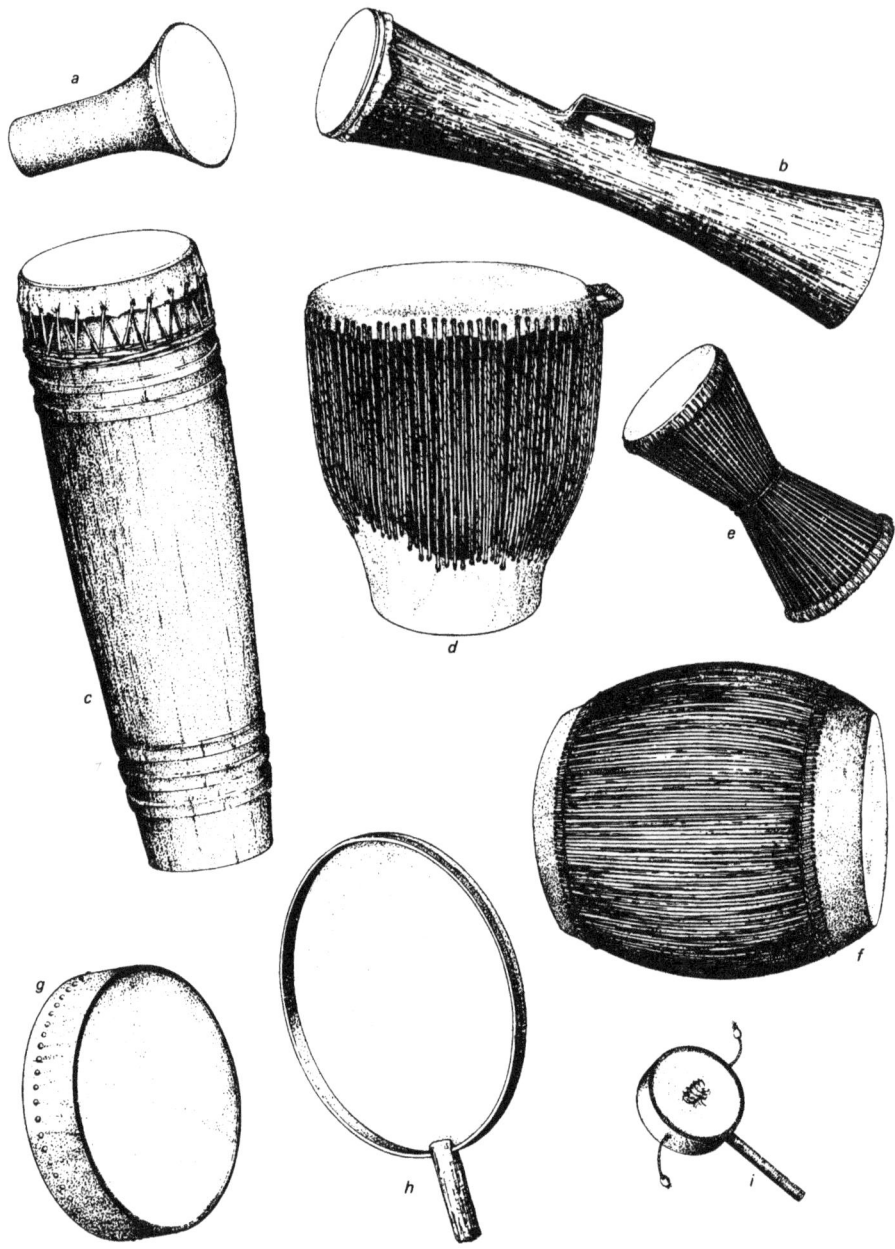

Zeichnung 1

»Wickelreifen« (auch »Spannreifen«), gelegt. Dafür wird das Pergament (enthaartes und gesäubertes Kalbsfell) etwa 15 cm größer als der Durchmesser des Wickelreifens zurechtgeschnitten. In noch feuchtem Zustand wird es auf eine flache Unterlage gelegt und der Wickelreifen daraufgelegt. Das Pergament wird dann rundherum aufgespannt – wobei man ein Werkzeug verwendet, das wie der Griff eines Löffels aussieht – und anschließend zum Trocknen beiseite gelegt. (Kunststoff-Felle sind allerdings bereits fest mit dem Wickelreifen verbunden und werden in Größen von 15 cm Durchmesser für das kleinste →Bongo und bis zu 90 cm für die größte Baßtrommel geliefert. Der Wickelreifen wird dann zusammen mit dem Fell

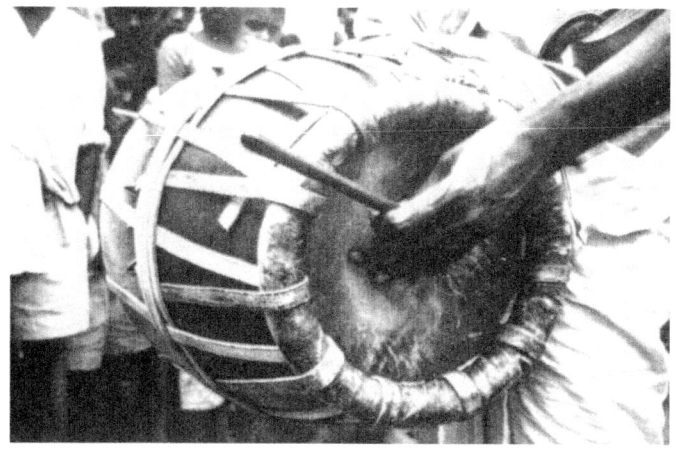

Abb. 1. Die ṭavil, eine mit zwei Fellen bespannte Trommel, die gewöhnlich die nāgasvaram in Südindien begleitet.

über die Zargenöffnung gelegt und mit einem zweiten Reifen, dem »Trommelreifen«, festgeklemmt. Der Trommelreifen scheint im 16. Jahrhundert in Europa entwickelt worden zu sein. Ist er nicht vorhanden, müssen Löcher in die Membran gestochen werden (wie es bei fast allen außereuropäischen Trommeln der Fall ist), um sie an die Zarge zu nageln oder zu binden oder um eine Leine zum Spannen hindurchzuziehen (vgl. Zeichnung 1c). Zur Schonung der Löcher kann das Fell auf einen Reifen aus Holz oder aus geflochtenen Fasern gelegt werden, die Schnüre oder Riemen darumgelegt und durch das Fell gezogen werden (Abb. 1); oder ein dicker Reifen wird über das Fell gelegt und mit einer Leine befestigt, die in kleinen Abständen durch das Fell geführt wird.

Die Schnur verbindet das Fell entweder im Zickzack mit einem um die Zarge gewickelten Ring aus Schnüren (Zeichnung 1c) oder sie verbindet das eine Fell mit dem anderen im Muster eines »W«. Das Fell läßt sich dann spannen, indem die Füße des »W« zusammengezogen werden. In manchen Fällen können diese »W« mittels einer weiteren, um die Zarge herumgelegten Leine so sehr angespannt werden, daß jedes »W« wie zwei »Y« aussieht. Noch gleichmäßigere Spannung erhält man durch eine lederne Spannschlaufe, die »Schleife«, für jedes »Y« wie bei den älteren Leinentrommeln. Zu den in Indien auf den Fellen aufgetragenen Stimmpasten →MRDANGA und TABLĀ.

3. Anzahl der Felle

Trommeln haben ein oder zwei Felle. Einfellige Trommeln sind die ältesten und am meisten verbreitet. Ein zweites Fell dient nur folgenden Zwecken:

a) Zur Befestigung der Schnüre (siehe Zeichnung 1d, wo die weiße Unterseite das um die Zarge gezogene zweite Fell darstellt);

b) Um bei unter dem Arm gehaltenen Trommeln (wie denen in Form einer Sanduhr, siehe 4c weiter unten) die Tonhöhe des Schlagfells zu erhöhen, indem der Spieler die Schnüre mit den Armen eindrückt;

c) Um mit dem zweiten Fell (»Saitenfell« oder »Resonanzfell«), über das eine Schnarrsaite quer gespannt ist, einen charakteristischen schnarrenden Klang zu erzeugen (→KLEINE TROMMEL). Allerdings haben auch einige nur mit einem Fell bespannte Trommeln eine oder mehrere Schnarrsaiten (hauptsächlich Rahmentrommeln – siehe 4e).

Verhältnismäßig selten wird das zweite Fell geschlagen, es ist bei einigen Trommeln (Große Trommel, Tom-Tom) alternativ vorhanden. Wenn – wie bei den klassischen Trommeltypen in →INDIEN und INDONESIEN (4b(ii)) – beide Felle geschlagen werden, ist das Trommelkorpus häufig so lang, daß die Schwingungen des einen Fells nicht die des anderen mit anderem Durchmesser und anderer Tonhöhe stören.

4. Klassifikation

Man klassifiziert alle Trommeln gemäß der Form des Schallkörpers.

(a) *Kesselförmige Trommeln (Pauken)*: Dazu zählen die europäischen →Pauken, →*naqqāra* (Mittlerer Osten, Indien) und die »Uganda-Trommel« (Zeichnung 1d). In Afrika und Ozeanien gebräuchliche Trommeln kommen in so variablen Formen vor, daß sie nur schwer aufgrund ihrer Form klassifiziert werden können. Einige afrikanische Schalentrommeln haben z. B. aus Holz geschnitzte Füße. Auch das indische *tablā*-Paar gehört zu den kesselförmigen Trommeln, insbesondere die mit der linken Hand geschlagene Trommel, während die andere einen fast konischen Schallkörper hat; desweiteren das →TROMMELSPIEL.

(b) *Röhrenförmige Trommeln*

(i) *Zylindrische Trommeln*. Hierzu zählen die meisten europäischen Trommeln (GROSSE TROMMEL,

KLEINE TROMMEL und ihre verschiedenen Abkömmlinge), außerdem →*davul*, →*tabl* (Mittlerer Osten), →*ganga* (Afrika), →*dhol* (Kaukasus, Indien), →*taiko* (Japan; bei diesem Trommeltyp spannen die Schnüre den Korpus wie eine Taille).

(ii) *Faßförmige Trommeln* (mit einer Ausbuchtung des mittleren Zargenabschnitts). Hierzu zählen →*ku* (China, →auch *po-fu*); *taiko* (hier mit angenageltem Fell; Japan); *taphon* (Thailand); viele indische Trommeln (z. B. Abb.1, *tavil*); →*mṛdaṅga* (Indien), *kendang* (Indonesien; →GAMELAN, 1*b*), diese beiden Trommeln haben eine lange Zarge, damit beide Felle unterschiedlichen Durchmessers gespielt werden können – das indische Instrument hat die Form zweier abgeschnittener Kegel ungleicher Länge, deren Basen aneinanderstoßen; zum längeren Kegel gehört das kleinere Fell. Zeichnung 1*f*: alte ägyptische Trommel mit einer Länge von nur 38 cm.

(iii) *Konische Trommeln* (meistens mit einem Fell und offener Unterseite). Hierzu gehören →Bongos und →Conga (Zeichnung 1*c* zeigt die afrikanische Urform).

(*c*) *Sanduhrtrommeln*. Hierzu gehören viele Typen aus Westafrika (Zeichnung 1*e*) und →*kalangu* (Indien); *changgo* (Korea), →*tsuzumi*-Trommeln (Japan). Die »Neu-Guinea-Trommel« *kundu* (mit einfachem Fell, Zeichnung 1*b*) gehört auch in diese Kategorie.

(*d*) *Bechertrommeln* (mit ausgehöhltem Schaft): Hierzu gehören die →*darabuka* und andere Trommeln (Naher und Mittler Osten); hauptsächlich aus Ton, siehe Zeichnung 1a. In Mitteleuropa wurden kleine neolithische Gefäße mit einem Ring aus vorstehenden Knöpfen unterhalb des Randes ausgegraben. Einige Archäologen halten diese Knöpfe für Fellhalterungen, obwohl sie auch als dekorative Motive an anderen Gegenständen vorkommen.

(*e*) *Rahmentrommeln:* (i) Die Zarge ist ein Reifen (und im Unterschied zu einer zylindrischen →Kleinen Trommel leicht genug, um mit einer Hand gehalten zu werden) mit oder ohne Schellen (→Tamburin), →*bendir* (Nordafrika), *bodhrán* (Irland), »Fächertrommel« (Japan, TAIKO, 3), →Schamanentrommel (Arktik, Zeichnung 1*h*, nicht immer mit Handgriff).

(ii) *Eckige Rahmentrommel: adufe* (Portugal, Nordafrika, →TAMBURIN, 3).

(iii) *Rasseltrommeln* (Zeichnung 1*i*, →RASSELTROMMEL).

5. Instrumente, die Trommeln genannt werden, aber keine Membran haben

→HOLZBLOCKTROMMEL, HOLZPLATTENTROMMEL, SCHLITZTROMMEL, *steel drum* (STEEL BAND), ZUNGENSCHLITZTROMMEL.

Lit.: Blades 1961, 1984; Montagu 2002; →auch unter SCHLAGINSTRUMENTE.

Trommelflöte (engl.: *fife*). Zylindrisch gebohrte Querflöte aus einem Stück, ca. 40 cm lang (bei Stimmung in B) und normalerweise ohne Klappen. Die Trommelflöte war ein reines Militärmusikinstrument, das bis zum Ersten Weltkrieg als Signalinstrument für Dienstbefehle verwendet wurde. Die auf dem Instrument erklingende Tonleiter entspricht nicht dem temperierten Stimmungssystem, doch kann man einfache Melodien spielen, die im Freien gut hörbar sind.

Trommelspiel (engl.: *drum chime*). Ein Satz verschieden gestimmter Trommeln, die meistens von einem Spieler gespielt werden. Trommelspiele sind in westlicher Musik sehr selten. Am bekanntesten ist das birmesische Trommelspiel (*hsaing-waing* oder *pat-waing*; →SÜDOSTASIEN, Abb. 1) mit bis zu 24 tiefen konischen handgespielten Holztrommeln unterschiedlicher Größe, die in einem niedrigen kreisförmigen Holzrahmen hängen, in dessen Mitte der Spieler sitzt. Jede Trommel ist am Boden mit einem Fell kleineren Durchmessers geschlossen. Die Spielfelle haben einen Durchmesser von 5 bis 24 cm und werden mit Schnüren über einen Tonumfang von über drei pentatonischen Oktaven (z. B. G bis c^3) gestimmt. Die Feinstimmung geschieht (wie bei den klassischen indischen Trommeln) mit einer Stimmpaste aus gekochtem Reis und Holzasche.

Trommelspiele können auch von mehreren Musikern gespielt werden, so das *entenga*-Ensemble in Uganda.

Trompete (engl.: *trumpet*; ital.: *tromba*; fr.: *trompette*; span.: *trombeta*). Ursprünglich das Befehlsinstrument in der Schlacht, der Verkünder der Autorität und des Jüngsten Gerichts (so im 1. Korintherbrief 15, 52; im Deutschen als Posaune übersetzt, doch im Englischen als »The trumpet shall sound« – vgl. Händels *Messiah*, 3. Teil). Die Trompetenmusik des Barocks bedient sich beständig dieser Symbolik, wofür der begrenzte Tonumfang der alten »Naturtrompete«, d.h. der ventillosen Trompete zur Verfügung stand, bevor die →Ventile erfunden wurden. Mit diesen Ventilen, die dem Instrument erst einen vollen chromatischen Tonumfang geben – womit die Trompete die gleichen Melodien der anderen Melodieinstrumente spielen konnte – nahm die Geschichte dieses Instruments einen anderen Verlauf und führte zu seiner heutigen Popularität, nicht zuletzt dank der Entwicklungen im Jazz.

Zu allgemeinen Merkmalen, die die Trompete von anderen Blechblasinstrumenten unterscheidet, →BLECHBLASINSTRUMENTE, 2. Zu speziellen Typen →BASSTROMPETE, KLAPPENTROMPETE und ZUGTROM-

PETE. Zu einer Übersicht über trompetenähnliche Instrumente nichtwestlicher Kulturen siehe 7, unten.

1. Trompete in B

Die übliche moderne Trompete (Zeichnung 1b) im Sinfonie- und Tanzorchester wie im Jazz. Auf ihr beginnt jeder Trompetenschüler normalerweise seinen Unterricht. Sie ist ein →transponierendes Instrument, ihre Notation ist einen Ganzton höher als ihr Klang. Zuerst wurde sie in den späten 1820er Jahren in Deutschland hergestellt (siehe unten, 3b). Die heute übliche Form, bei der das hinter dem Mundstück liegende Mundrohr direkt in den Stimmzug führt, von wo aus das Rohr eine Windung macht und zum dritten Ventil führt, stammt von Besson, Paris, aus den 1880er Jahren. Seither ist das Mundrohr normalerweise leicht konisch (→BLECHBLASINSTRUMENTE, Zeichnung 2). Die Ventilmaschine besteht aus sogenannten Périnetventilen, bei denen Ein- und Ausgang der Zusatzröhren untereinanderliegen. In Deutschland sind in den Sinfonieorchestern allerdings Drehventile (→VENTILE, 2) verbreiteter (→unten, 3b). Der Innendurchmesser der zylindrischen Abschnitte beträgt 11 bis 12 mm. Der übliche Tonumfang reicht bis zum c^3 oder d^3; doch werden gelegentlich sogar noch höhere Töne bis zum g^3 gespielt (und übertreffen somit Louis Armstrongs einst berühmtes hohes F um einen Ganzton).

Im Sinfonieorchester folgen viele Spieler der in Frankreich üblichen Vorliebe für die Trompete in C, die einen Ganzton höher steht und dem hohen Register zusätzliche Brillanz verleiht. Sie unterscheidet sich von der Trompete in B lediglich durch die deutlich kürzere Rohrlänge.

2. Kleinere Trompeten

Diese infolge der Bach-Renaissance zum Bach-Jubiläum 1885 konstruierten Trompeten ermöglichten den Spielern von Ventiltrompeten, die hoch liegenden Partien in vielen Werken (Kantaten u. a.) Bachs zu blasen. Da die kürzere Rohrlänge die →Obertonreihe höher beginnen läßt, liegen die zu blasenden Naturtöne weiter auseinander und lassen sich mit den Lippen leichter auswählen. Es gibt verschiedene Größen:

(a) *Trompeten in D bis zu G*. Die Trompete in D steht in der Haupttonart der barocken Trompete, hat aber lediglich die halbe Rohrlänge. Sie wird in normaler Trompetenform gebaut; heute kommt sie häufig als Trompete in D/Es mit austauschbaren Stimmzügen und Ventilzügen vor, um sie nach D herabzustimmen. Bis in die 1930er Jahre hinein war eine 1 m lange gerade gebaute Trompete für Aufführungen barocker Oratorien beliebt, sie wurde »Bach-Trompete« genannt. Ebenfalls »Bach-Trompete« nannte Werner Menke seine nach 1927 von der Firma Gebr. Alexander, Mainz, gefertigte Konstruktion einer zweiwindigen Trompete mit der Rohrlänge der Barocktrompete (Menke 1934). Die zwei Ventile dienten lediglich der Korrektur unreiner Töne. Für die Trompete in D haben u. a. Strawinsky und Britten (in *Peter Grimes*) geschrieben. Die Trompete in F wurde zunächst für Bachs zweites Brandenburgisches Konzert BWV 1047 konstruiert, in dem die Trompetenstimme bis zum klingenden g^3 geführt ist. Zuerst in gerader Form gebaut, hat sie inzwischen auch normale Trompetenform und als Trompete in F/E häufig austauschbare Züge. Einige Hersteller haben auch eine Trompete in G/F gebaut. Doch alle diese Trompetengrößen sind inzwischen weitgehend von der Pikkolotrompete abgelöst worden.

(b) *Pikkolotrompete*. Sie steht eine Oktave über der normalen Trompete in B. Dieses bereits 1908 von Mahillon, Brüssel, gefertigte kleine Instrument ist seit

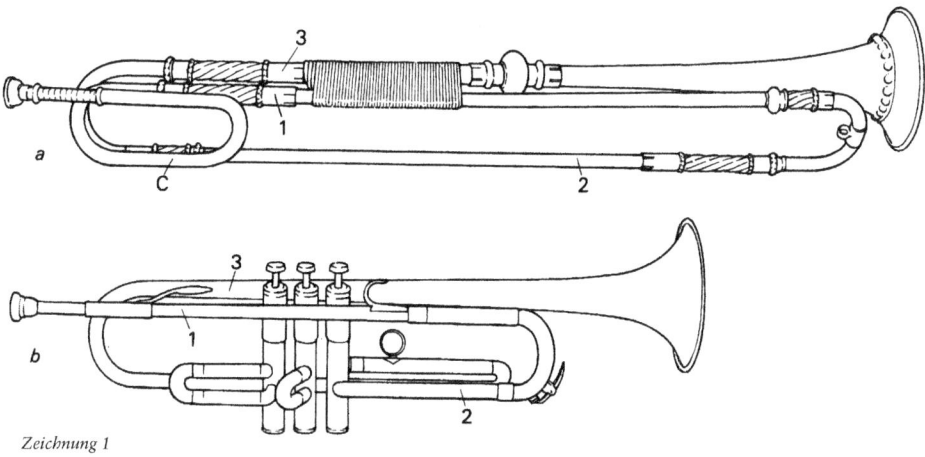

Zeichnung 1

Trompete 336

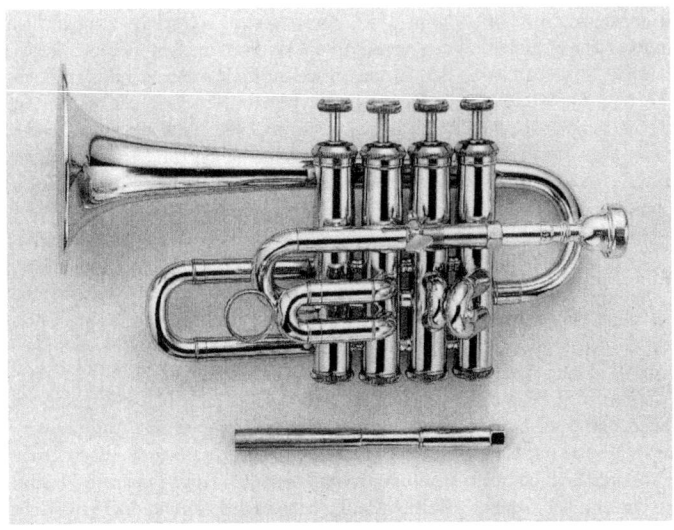

Abb. 1. Pikkolotrompete (Vincent Bach) mit vier Ventilen und (unten) einem Stimmzug, um das Instrument von B nach A herunterzustimmen.

den 1950er Jahren bis in die späten 1970er Jahre als Trompete für barocke Clarinpartien von Musikern wie Maurice André gespielt worden. Außerdem wird die Pikkolotrompete auch in Konzerten wie dem von Joseph Haydn (→KLAPPENTROMPETE) und in vielen anderen Kompositionen eingesetzt. Ihre Rohrlänge ist nicht länger als die eines englischen Posthorns (→POSTHORN, 2). Das Instrument wird meist in normaler Trompetenform gebaut (Abb. 1), doch gibt es auch längere Ausführungen ohne Windungen. Der Innendurchmesser entspricht dem der normalen Trompete, der Stürzendurchmesser beträgt ca. 9,5 cm (gegenüber ca. 12,7 cm bei der normalen Trompete in B). Die Pikkolotrompete wird auch mit Stimmzug zur Umstimmung nach A geliefert. Für den Einsatz im Orchester wird ein viertes Ventil benötigt (Abb. 1), mit dem die Töne unter dem klingenden e^1 bis zum häufig gespielten Grundton a geblasen werden können.

3. Andere und ältere Ventiltrompeten

(a) *in F und anderen Tonhöhen unterhalb der Trompete in B*. Als in Deutschland die Ventile eingeführt wurden, wurden diese zunächst für Blechblasinstrumente in den Haupttonarten der Naturtrompeten wie Es und F gebaut und die Aufsteck- oder Inventionsbögen für tiefere Stimmungen beibehalten, so daß der Bläser bei Kompositionen in diesen Tonarten die Tonika und andere Hauptnoten mit der vollen Klangkraft des Naturtoninstruments spielen konnte. Zu verschiedenen historischen Ventilsystemen →auch VENTILE, 2.

Diese Trompeten wurden meistens in der überlieferten Form der ventillosen Naturtrompete gebaut. Das Mundrohr führt bei ihnen direkt zum ersten Ventil. Mahillon, Brüssel, stellte seit den 1890er Jahren eine Trompete in F her, die von vielen Orchestermusikern gespielt wurde, um dem sich durchsetzenden Trend, Trompetenstimmen auf dem →Kornett zu spielen (→auch ZUGTROMPETE) Einhalt zu gebieten.

(b) *Trompete in B*. Diese Trompete setzte sich seit den späten 1820er Jahren schnell in Deutschland als Nebeninstrument zur Kavallerie-Trompete in Es durch. Zu Zeiten von Wagners späteren Musikdramen ist sie die am häufigsten benutzte Trompete des Opern- und Sinfonieorchesters, obwohl die Komponisten weiterhin hauptsächlich für Trompeten in den älteren, tieferen Tonarten schreiben. Auch bei dieser Trompete in B führt das Mundrohr direkt zum ersten Ventil. Die deutsche Trompete in B hat Drehventile und wird flach gehalten (alle drei Rohrabschnitte sind parallel zum Boden).

(c) *Gerade Ventiltrompeten*. Zur geraden Trompete in D siehe oben, 2a. Daneben gibt es weitere Ausführungen, so Trompeten der britischen Royal Military School of Music, eine Trompete in A mit zwei Ventilen (für Bach-Aufführungen) und »Aida-Trompeten« in As und H mit nur einem Ventil für die berühmte Melodie der Bühnenmusik im 2. Akt von Verdis Oper.

4. Naturtrompeten

(a) *Form*. Zeichnung 1a stellt eine typische Nürnberger Trompete aus dem späten 18. Jahrhundert dar; die lange Hauptwindung erzeugt die Naturtonreihe auf F, gezeigt ist hier auch der Aufsteckbogen für die Naturtonreihe auf D. Die Bögen – jeder mit einer Öse zum Anbringen einer Fahne – sind normalerweise nicht gelötet, sondern mit Bienenwachs luftdicht unter den verzierten Zwingen abgedichtet. Zur Stabilisierung ist bei deutschen Trompeten jener Zeit zwischen dem mit einem kleinen Knauf ausgestatteten Schallstück (demjenigen Teil des Instruments, das von der letzten Zwinge bis zur Stürze einschließlich reicht) und dem Mundrohr (dem ersten Teil des Rohres hinter Mundstück, Setzstück, Stimmzug oder Aufsteckbogen) auf einer Breite von ca. 10 cm ein Holzkeil eingefügt, der mit einem Band umwickelt ist. Alte Mundstücke haben einen halbkreisförmigen, recht scharfkantigen Kessel. Dank der engen, langen Mensur (duchschnittlicher Innendurchmesser im 18. Jahrhundert 10,6 mm) ist der Klang dieser Naturtrompeten sehr charakteristisch: klar in der Höhe und fast bedrohlich zischend in der Tiefe.

Notenbeispiel 1

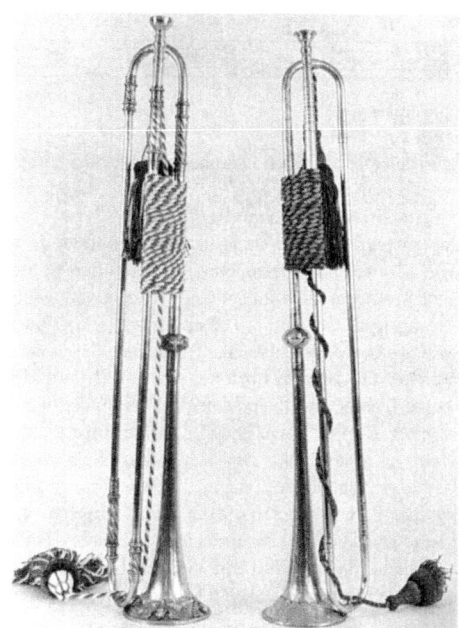

Abb. 2. Zwei Barocktrompeten von J. W. Haas, Nürnberg, um 1700.

(b) *Töne der Naturtrompete.* Notenbeispiel 1 (mit numerierten Naturtönen) zeigt diese bis zum notierten hohen A. Im Unterschied zu den modernen Ventiltrompeten ist bei der ventillosen Trompete das c^1 der vierte Naturton, nicht der zweite. Militärsignale reichen bis zum achten Naturton, klassische Orchesterpartien bis zum 12. oder 13. Naturton, bis in jenes Register also, wo die Naturtöne eine Tonleiter ergeben, die die Barockkompositionen bis zum 16. (c^3) und 18. Naturton (d^3) einsetzen (entsprechend dem klingenden e^3) auf der barocken Trompete in D). Eine Schwierigkeit bei dieser Skala liegt darin, daß der 11. Naturton (f^2) einen Viertelton zu hoch liegt und der 13. Naturton ungefähr um dasselben Intervall zu niedrig für das a^2 ist (→ OBERTONREIHE). Bei schnellen Durchgangsnoten stören diese Unreinheiten kaum. Es ist nicht überliefert, inwieweit zetigenössische Spieler mit ihren Lippen diese Unreinheiten korrigierten. Einige moderne Bläser können diese Töne durchaus rein blasen oder auch einen Naturton um einen Halbton erniedrigen, um beispielsweise das gelegentlich vorkommende h^1 zu blasen. → auch CLARINO, 2.

(c) *Hersteller.* Ca. hundert Trompeten der berühmten Nürnbergischen Trompetenmacher sind erhalten. Die älteste stammt von Schnitzer (datiert 1581, Kunsthistorisches Museum, Wien). Berühmte Dynastien waren Hainlein, Ehe und Haas (Abb. 2); sie arbeiteten vom 17. bis zur Mitte des 18. Jahrhunderts und ihre Instrumente waren bis nach Italien und Frankreich verbreitet. Zur Zeit der Wiener Klassik wurden Trompeten zum Orchestereinsatz in F gebaut (wie von Kerner, Wien), sie hatten Umstimmbögen für Töne bis zum tiefen B, wie sie für die Signale »auf dem Theater« in Beethovens Leonoren-Ouvertüre Nr. 3 verlangt werden.

(d) *Frühgeschichte:*
(i) *Mittelalter.* Die Trompeten dieser Zeit sind alle gerade und 1 bis 2 m lang. Nicht alle erhaltenen Trompeten in dieser Art stammen allerdings tatsächlich aus dem Mittelalter. Auch später noch wurden solche Trompeten gelegentlich hergestellt, so die Silbertrompeten für den Dogen von Venedig, die bis ins 17. Jahrhundert hinein in Prozessionen gespielt wurden. Eine 1984 in London ausgegrabene Trompete scheint jedoch tatsächlich aus dem 14. Jahrhundert zu stammen (Museum of London). Sie besteht aus vier (mit Ausnahme des Schallstücks) zylindrischen Abschnitten, die zusammen ca. 160 cm lang sind; ihr Innendurchmesser beträgt ca. 12,5 cm. Das Instrument hat noch kein separates Kesselmundstück, sein erweitertes Rohrende mit einem engen Ring als Rad diente offenbar als Mundstück (→ auch NAFIR). (ii) *Renaissance.* Kurz vor 1400 begannen die Instrumentenmacher U-förmige Bögen herzustellen, zunächst für eine Trompete in S-Form, bald darauf dann in der aus dem Barock bekannten Form. Dufay zitiert in seinem berühmten Messesatz *Gloria [ad modum tubae]* (1. Hälfte 15. Jahrhundert) Militärsignale, die bis zum 8. Naturton reichen (vgl. Baines 1976, S. 85). Notenbeispiel 2 ist der Be-

Notenbeispiel 2

ginn einer Toccata von Bendinelli (1614) mit charakteristischen Tonfolgen für die Trompete. Bendinelli beschreibt, wie ein Trompeterkorps jene Art der Polyphonie erlernt, wie sie in der Toccata am Anfang von Monteverdis *Orfeo* (1607) auskomponiert ist: Eine Trompete spielt im Stil einer Toccata, die zweite Trompete darüber im Stil einer Sonata (*sennet* oder *quinta*). Unter diesen beiden Trompeten blasen zwei weitere die tiefen Naturtöne; schließlich wird der ganze Trompetensatz von einer sich frei in der diatonischen Region bewegenden Clarintrompete (*clarino*) gekrönt. Dieser sich Mitte des 17. Jahrhunderts herausbildende Clarinostil, dessen hoher solistischer Part von tieferen *principale*-Trompeten begleitet wurde, die im Hauptregister spielten – das für alltägliche Signale und auf dem Schlachtfeld ausreichte – führte schließlich zu Konzerten für Trompete mit Streicher- und Orgelbegleitung.

5. Sonderformen der Naturtrompete

(a) *Spiralförmige Trompeten.* Es gibt einige seltene Barocktrompeten in Spiralform mit ca. 20 cm Duchmesser. Ihre Funktion ist nicht näher bekannt (→ CLARINO, 2; TROMBA DA CACCCIA). Außerdem gibt es aus dem Barock spiralförmige Trompeten, über deren Rohr ein büchsenförmiges Gehäuse mit einer Höhe von knapp 20 cm gestülpt ist. Der Schallbecher öffnet sich nach unten hin. Diese *Büchsentrompeten* stehen ebenfalls in D.

(b) *Stopftrompeten* (fr.: *trompette demi-lune*). 1774 stellte in Karlsruhe der Trompeter M. Wöggel eine Trompete vor, die halbmondförmig nach unten führte, damit der Spieler das Instrument stopfen konnte (→ WALDHORN, 6). Der Zweck der Stopftechnik, bei der die Hand in die Stürze eingeführt wird, lag darin, eine vollständige Tonleiter im tiefen, von c^2 abwärts führenden Register durch teilweises Schließen der Stürze zu spielen. Solche Instrumente, auf die Inventionsbögen zum Umstimmen aufgesteckt wurden, wurden bis in die 1840er Jahre vor allem in Frankreich für Militärkapellen hergestellt und sind keine Seltenheit. In Deutschland war das Stopfen bei kurzen, zweiwindigen Trompeten durchaus üblich, und zwar vor allem in Kavalleriekorps bei den Akzidentien. Es gibt auch Hinweise, die vermuten lassen, daß das Stopfen gelegentlich in Orchestern üblich gewesen ist, so beispielsweise für das wichtige *h* in dem ansonsten für Naturtöne geschriebenen Trompetenpart in Mendelssohn Bartholdys *Ruy Blas*-Ouvertüre.

6. Repertoire

Das Solorepertoire beginnt mit den Sonaten mit Basso continuo in Fantinis *Modo per imparare [...] di tromba* (1638). Es folgen Sonaten für Solotrompete von Cazzati, Corelli, Torelli (neben vielen Sonaten auch ein *Concerto con tromba*) und D. Gabrielli. Zu den bekannteren Komponisten, die für Trompete geschrieben haben, zählen Purcell, Vivaldi, Telemann, Molter, Leopold Mozart, Hertel sowie Michael Haydn. Damit erreichen wir die Zeit der Klappentrompete (Joseph Haydn, Hummel). Im 19. Jahrhundert spielt die Trompete als solistisches Bravourinstrument dann keine Rolle mehr. Erst im frühen 20. Jahrhundert wird das Instrument für die Solo- und Kammermusik wiederentdeckt: darunter sind zu nennen Hindemiths Sonate, Poulencs Sonate mit Waldhorn und Posaune, Werke für Trompete, Klavier und Streicher, von Saint-Saëns' (Septett op. 65) bis hin zu Jolivet (*Introduction*) und Schostakowitsch (Konzert op. 35).

7. Alte und nichtwestliche Metalltrompeten

(a) *Ägypten.* Die zwei Instrumente aus dem Grab von Tut-anch-Amun (ca. 1350 v. Chr.) sind die ältesten Trompeten, eine ist aus Silber bei 58 cm Länge, die andere, ca. 50 cm lange ist aus Messing und Gold; beide haben ein sich leicht ausweitendes Rohr, eine kurze konische Stürze und kein Mundstück, sondern nur einen äußeren Ring rund um das Anblasende (die Instrumente scheinen vollständig zu sein, wenn man von den Wanddarstellungen ausgeht). Zu jeder Trompete gehört ein hölzerner Kern (als Schutz), den der Trompeter unter seinem Arm mitnahm. Die Israeliten griffen diese Trompeten auf (→ BIBLISCHE MUSIKINSTRUMENTE, 1a) und bliesen auf ihnen vielleicht Signale mit zwei Tonstufen ähnlich denen des → Schofars (Wulstan 1973).

(b) *Römische Tuba.* Die ca. 90 bis 120 cm lange, sich geringfügig zu einer engen Stürze erweiternde Tuba war für die Römer im zivilen und militärischen Leben das prestigereichste der Polsterzungeninstrumente aus gehämmerter Bronze (→ BUCINA UND CORNU; LITUUS UND CARNYX). Es gibt allerdings kein repräsentatives Exemplar mehr, noch wissen wir, wie es in Rom oder Byzanz, wo die Armeen ebenfalls die Tuba spielten, geklungen hat (wenn man von dem »taratantara« des Dichters Ennius einmal absieht).

(c) *Islamische und andere asiatische Trompeten.* Die römische Tuba kann der Vorläufer der mittelalterlichen Trompete seit dem 11. Jahrhundert im Islam wie in Europa gewesen sein. Zu heutigen Typen der islamischen Trompete → KARNA (Mittelasien, Indien); NAFIR (Nordafrika, mit der *kakaki*, Sudan); viele weitere Trompeten gibt es in Indien (*turi* ist nur eine der vielen Bezeichnungen; die Instrumente kommen in den verschiedensten Formen vor, darunter auch solche wie die europäische gewundene Trompete). Weiter östlich (und gelegentlich auch in Indien) gibt es rein konische Trompeten, die häufig teleskopartig zusammengesteckt werden können: *dung* (tibetische Lamatrompete, →CHINA UND KOREA, 3) sowie →*la-pa* und andere (China). Im wesentlichen werden auf den langen asiatischen Trompeten nur die unteren zwei oder drei Naturtöne geblasen, doch in Indien kann man schnelle, bis zum 12. Naturton reichende Passagen hören, die denen der langen Trompeten nicht unähnlich sind, die von den religiösen Brüderschaften in Südspanien gepflegt werden.

8. Trompeten aus Naturmaterialien (→ auch ALPHORN)

(a) *Aus einem hohlen Ast.* →DIDJERIDU (Australien); VACCINE (Westindien).

(b) *Aus Borke oder Blättern.* Diese zu einem langen Kegel zusammengerollten Instrumente mit einem eingesetzten Rohr zum Anblasen sind paarweise gespielte rituelle Trompeten (Amazonas-Region). Bei diesen Instrumenten (wie auch bei der *vaccine*) entsteht der Klang ohne den sonst üblichen →Ansatz. Vielmehr pustet der Bläser in das Instrument hinein, um die Luft im Rohr in Bewegung zu setzen, wodurch ihrerseits seine Lippen frei schwingen. →Sachs hat solche Instrumente ohne (im europäischen Sinne) Trompetenmundstück als »Längstuba« bezeichnet.

(c) *Aufrechte Trompeten.* Zu diesen aus einem Baumstamm ausgehöhlten Instrumenten zählen *ludi* (90 cm lang, mit seitlichem Anblasloch; Afrika, Südkongo); *mabu* (ungefähr gleiche Länge, Anblasloch an der Spitze, nur ein tiefer Ton, doch können verschieden gestimmte Instrumente zusammen erklingen; Melanesien, Solomon-Inseln).

(d) *Trompeten aus Schilfrohr, Bambus oder Holz mit einer Stürze aus einem Kuhhorn, einer Kalebasse, Keramik o.ä.* Solche an der Spitze angeblasenen Instrumente mit einem häufig schräg geschnittenen Ende mit elliptischem Mundloch werden seitlich gehalten: →*trutruca* (Chile), andere in Assam und Westafrika. Zahlreiche seitlich geblasene Trompeten mit einem runden oder eckigen Anblasloch nahe dem geschlossenen Rohrende gibt es in Afrika; →*clarin* (Anden, ebenso →*erke*, Nordargentinien).

(e) *Trompeten mit Kalebassenkorpus.* Vor allem in Zentral- und Ostafrika wachsen bis zu 2 m lange, röhrenförmige Kalebassen, aus denen trompetenähnliche Blasinstrumente mit seitlichem Anblasrohr gefertigt werden. Diese Instrumente, von denen jedes nur eine Tonhöhe hat, werden in Gruppen zusammengestellt. → HORN, 1.

Lit.: Altenburg 1795, 1973 (zur Clarintrompete); Barclay 1992; Cassone 2002; Keim 2005; Lowrey 1990 (Diskographie); Posaunen 2000; Smithers 1973; Tarr 1994.

Trumscheit (Marientrompete, Nonnengeige) (engl.: *tromba marina*; ital.: *tromba marina*)

1. Barocke Form

Ein großes, bis 212 cm langes Saiteninstrument des 17. und frühen 18. Jahrhunderts (Abb. 1). Das unten offene Korpus steht beim Spiel schräg auf dem Boden auf. Die einzige Darmsaite wird oben am Hals

Abb. 1. Trumscheit von Renault, Paris, 2. Hälfte des 18. Jahrhunderts (London, Royal College of Music).

nahe des Sattels mit einem kurzen, dicken Bogen gestrichen, während die andere Hand die Saite unterhalb des Bogens an jenen Stellen abgreift, an der die Knotenpunkte der →Teiltöne sind, hauptsächlich vom 8. bis zum 13. Teilton, so daß eine Tonleiter wie auf der ventillosen Trompete und in ähnlicher Lage zur Verfügung steht (→TROMPETE, Notenbeispiel 1). Daher *tromba* im italienischen Namen, doch das *marina* bleibt ein Rätsel (Adkins/Dickinson 1982). Nach den meisten Quellen wurden alle Töne mit einem Finger oder dem Daumen abgegriffen. In einigen Fällen scheint das Trumscheit allerdings wie ein Kontrabaß gestrichen worden zu sein, wie man an bundartigen Markierungen auf dem Griffbrett erkennen kann.

Der asymmetrische zweifüßige Steg ist so geschnitzt, daß ein Fuß als Stütze für den anderen, seitlicheren agiert, der bei der Saitenschwingung gegen ein Elfenbein- oder Metallplättchen rasselt und so den Trompeteneffekt verstärkt (etwa so wie die *trompette*-Saite der →Drehleier).

Da die Trompeten nur von den Mitgliedern der Zunft gespielt werden durften, war das Trumscheit ein in Klöstern häufig gespieltes Trompetenersatz (daher der Ausdruck »Nonnengeige«).

Originalkompositionen oder Trumscheitstimmen gibt es von ca. 1660 bis 1740. Lully setzte das Trumscheit in einem »Divertissement pour les matelots« (für Cavallis Oper *Serse*) ein. Außerdem erscheint das Instrument in *Mitridate Eupatore* von A. Scarlatti (Venedig, 1707) und in Sonaten und Duetten von Kleinmeistern in Deutschland, der Schweiz und Italien; →auch ÉCURIE, 2.

2. Ältere Form

Im 15. und 16. Jahrhundert ist das Trumscheit nur aus Gemälden und Beschreibungen in Form eines sich verjüngenden dreieckigen Korpus bekannt, das 120 bis 150 cm lang war, einen ähnlichen Schnarrsteg hatte und von der Brust schräg nach oben gehalten wurde. Glareanus (1547) bezeichnet es mit *tympani schiza* (»Trommelstock«) und sagt, daß es mit dem 4. bis zum 8. Teilton als →Flageolett-Ton in den Straßen gespielt wurde, womit man auf ihm im wesentlichen Trompetensignale ausführte. Glareanus' Illustration zeigt ebenso wie die anderer Schreiber eine zusätzliche gestrichene →Bordun-Saite von zwei Drittel Länge der anderen. Noch im 17. Jahrhundert wird das Trumscheit, das jetzt auf dem Boden steht, mit dem dreiseitigen Korpus ohne separaten Hals und inzwischen mit bis zu drei Bordunsaiten dargestellt. Ein Stuttgarter Hofinventar von 1589 führt das Trumscheit als ein Karnevalinstrument an.

Lit.: Adkins/Dickinson 1991.

Trutruca Lange Bambustrompete (ca. 1,5 bis 4 m Länge) der Araucano-Indianer in Chile, für die ein Bambusrohr der Länge nach aufgeschnitten – um die Innenseite zu glätten – und anschließend mit Pferdedarm abgedichtet wird. Als Stürze ist ein Kuhhorn angesetzt, aus einem kleineren Rohr am anderen Ende ein schräges Mundstück geschnitten. Das Ritusinstrument wird gegen Dürre und Epidemien eingesetzt.

Tsabouna →SACKPFEIFE, 6.

Tsuzumi Kleine zweifellige japanische Sanduhrtrommel (→TROMMEL, 4c), die mit den Fingern gespielt wird. Jedes der beiden Felle reicht über das Korpus hinaus, die Fellränder sind über einen Eisenring mit einem Durchmesser von mindestens 20 cm gespannt und vernäht. Die Spannschnur (traditionell aus Seide) wird in jedem Fell durch sechs Löcher hindurchgeführt, von einem Ring zum anderen. In der Korpusmitte zwischen den beiden Ringen wird diese Schnur von einer weiteren, um sie gebundenen, wie von einem Gürtel gespannt. Die lackierte Zarge ist aus ausgehöhltem und geschnitztem Holz. Zwischen den beiden becherförmigen Enden befindet sich ein gerader, leicht spindelförmiger Mittelteil mit einem Durchmesser von ca. 9 cm. *Tsuzumi*-Trommeln werden in *nō*-Spielen zusammen mit der →*taiko*-Trommel gespielt.

1. Ko-tsuzumi

Die ca. 25 cm lange »Schultertrommel« mit bemalten Fellen (→JAPAN, Abb. 2, vordere Reihe, zweiter Spieler von rechts). Das hintere Fell wird mit feuchtem Papier feingestimmt. Die rechten Finger schlagen das vordere Fell der über die rechte Schulter gelegten Trommel auf viele verschiedene Schlagweisen, die alle besondere Namen haben, während die linke Hand die Trommel an den Schnüren hält und durch Druck den Klang beeinflussen kann.

2. O-tsuzumi

Diese etwas längere (29 cm) Trommel legt der Spieler auf seinen linken Oberschenkel (→JAPAN, Abb. 2, zweiter Spieler von links). Sie hat dickere Felle, die vor dem Spiel angewärmt werden und straffer gespannt sind.

3. San-no-tsuzumi

Diese noch größere Trommel führt die koreanische Hofmusik an (statt der japanischen *kakko*).

Lit.: →Japan.

Tuba (engl.: *tuba*; ital.: *tuba*; fr.: *tuba*). Das größte der Ventilblasinstrumente. Im Sinfonieorchester sitzt der Tubaspieler mit den drei Posaunisten zusammen in einer Gruppe und führt deren Tonumfang bis zum D^1 nach unten fort. (Zu *tuba* in der ursprünglichen lateinischen Bedeutung von Trompete →TROMPETE, 7b).

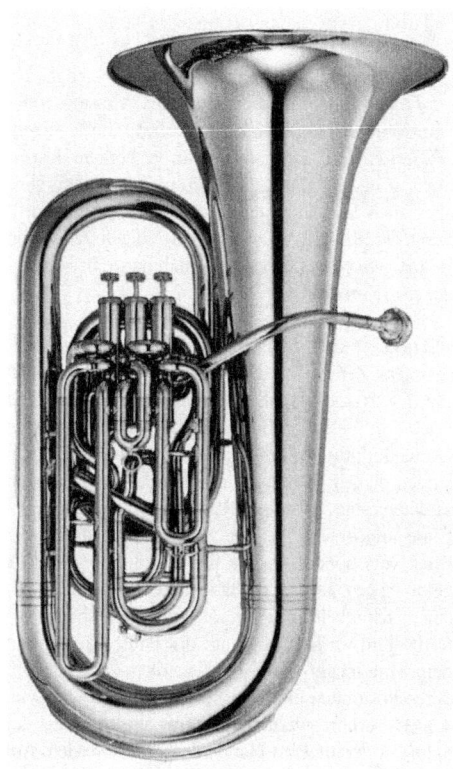

Abb. 1. Tuba in Es (Boosey & Hawkes).

1. Größen

In Blaskapellen werden zwei Größen gespielt, die kleinere Tuba in Es (ca. 400 cm Rohrlänge; Abb. 1) und die größere Tuba in B (ca. 550 cm Rohrlänge). In deutschen Orchestern ist häufig die Tuba in C anzutreffen. Zu der unterschiedlichen französischen Tuba siehe 2d, unten. Die Tubastimme steht in der Regel untransponiert im Baßschlüssel. Zu Tuben mit anderen Formen → HELIKON und SOUSAPHON.

2. Ventile

(a) *Allgemeines.* Deutsche Tuben sind in der Regel mit Drehventilen, britische und französische mit Pumpventilen ausgestattet. Das große Problem bei allen normalen Ventilsystemen besteht darin, daß beim Drücken von zwei oder mehr Ventilen viele Töne zu hoch werden; so vor allem die tiefen Töne, bei denen ein kräftiger Ansatz erforderlich ist, wie in den exponierten Passagen in Wagners *Ring des Nibelungen* mit den tiefsten, unvergeßlichen Solopassagen des Tubarepertoires, wie im Vorspiel von *Siegfried*, wo die Tuba den Drachen musikalisch darstellt.

(b) *Tuben mit fünf und sechs Ventilen.* Das Problem der zu hohen Intonation kann auf verschiedene Weise gelöst werden, so z. B. mit einem fünften oder – für alternative Fingersätze – sogar einem sechsten Ventil. Diese Bauweise ist inzwischen in fast allen Ländern – mit Ausnahme Großbritanniens – (siehe 2c, unten) verbreitet.

(c) *Kompensationsventile.* In Großbritannien ist dieses Ventilsystem verbreitet (*Blaikley's compensation piston* von 1874). Zeichnung 1 illustriert schematisch, wie die vier (oder auch drei) Ventile funktionieren (ähnlich wie beim Kompensationshorn, → WALDHORN, 2a). Die Ventilschleife des vierten Ventils (horizontal auf der rechten Seite) führt durch die Oberteile der anderen Ventile. Jedes dieser drei Ventile hat eine kleine Differenzialschleife oberhalb der eigentlichen Schleife. Wenn das vierte Ventil nicht gebraucht wird, sind diese kleinen Schleifen ebenfalls ausgeschaltet. Wird es hingegen gedrückt und ebenso eines oder mehrere der anderen Ventile, werden auch die Differenzialschleifen in den Rohrverlauf integriert. Sie schalten automatisch die zusätzliche Rohrlänge hinzu, die zusammen mit dem vierten Ventil für die Umstimmung um eine reine Quart sorgt.

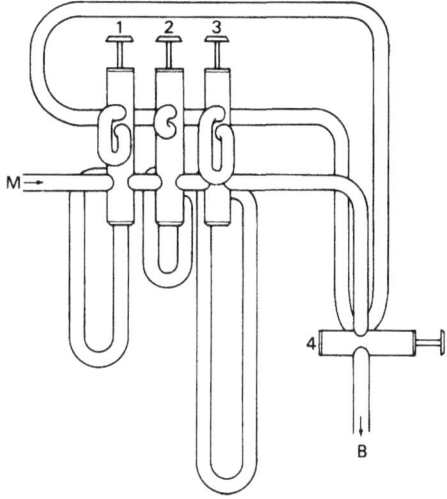

Zeichnung 1. Schematische Darstellung des Kompensationsventils (4) von Blaikley, das die meisten britischen Tuben haben. M: Eingang vom Mundrohr; B: Ausgang zum Schallstück

(d) *Französische Tuba.* In Frankreich hat die Tuba bis vor wenigen Jahrzehnten immer in C gestanden, einen Ganzton über dem Euphonium (Bariton). Sie erreichte die tiefsten Töne mit Hilfe von sechs Ventilen (drei für jede Hand). Dieser Typ erreichte höhere Töne als die anderen Konstruktionen. Das bekannteste Beispiel hierfür ist »Bydlo« aus Ravels Orchestrierung (1929) von Mussorgskys *Bilder einer Ausstellung*, wo die Tuba bis zum gis^1 aufsteigt. Spieler außerhalb Frankreichs würden vorziehen, hierfür auf ein kleineres Instrument auszuweichen (→TENORTUBA).

3. Frühe Tuben

Die ersten Ventilbässe wurden in Deutschland und Österreich in den späten 1830er Jahren hergestellt und »Bombardon« genannt. Sie waren ähnlich der Ophikleïde konstruiert und hatten wegen der ziemlich engen Mensur zwar einen warmen, angenehmen Klang, aber nur wenig Kraft und Resonanz. Die moderne Tuba hingegen stammt von der *Baßtuba* ab, die der Berliner Direktor der Musikkapellen der Garde Wilhelm Wieprecht (1802–1872) entwickelte und die Johann Gottfried Moritz, Berlin, zuerst baute. Sie stand in F und hatte eine fast konische Stürze ohne ausladenden Rand, was für preußische Ventilblasinstrumente jener Zeit typisch ist. Die fünf Ventile (»Berliner Pumpventile«) waren auf beide Hände aufgeteilt; die ersten zwei für die linke Hand (Ganzton- und Halbtonventil für die F-Stimmung), die nächsten zwei für die rechte Hand (längere Ganz- und Halbtonventile für die tiefere Stimmung in C, wenn das Instrument mit dem fünften Ventil, dem Quartventil um eine Quarte nach unten erweitert wird). Aus der Sicht der Intonationsreinheit hat dieses Ventilsystem gewisse Vorzüge gegenüber jedem in der Folgezeit entwickelten System; doch spätere Instrumente wurden gemäß der allgemein üblichen Bauart mit nur drei oder vier Ventilen gebaut. Sie blieben in der deutschen Armee bis zum Ersten Weltkrieg in Gebrauch.

Zu den vielen Entwicklungen des 19. Jahrhunderts im Bereich der Ventilblasinstrumente zählt auch der 1883/84 konstruierte »Kaiserbaß« des österreichischen Instrumentenbauers F. V. Červený, Königsgrätz, eine sehr weit mensurierte Tuba. Zu Aufnahmezwecken vor dem Trichter wurde in den USA vor 1925 ein *recording bass* entwickelt: eine Tuba in normaler Stimmung, aber mit einer Stürze, die nach vorne zum Aufnahmetrichter weist. Mit diesem Instrument wurde bei Orchesterwerken die Kontrabaßstimme im Schallplattenstudio gespielt.

4. Repertoire

Es gibt verständlicherweise wenig Werke für die solistische Tuba. Vaughan Williams schrieb sein Tuba-Konzert (1955) noch für die Tuba in F, die damals von einigen der führenden Londoner Blechbläser gespielt wurde. Es gibt eine Sonate mit Klavierbegleitung von Hindemith und eine Suite von Gordon Jacob sowie verschiedene Konzerte englischer Komponisten für die Tuba mit Begleitung der →*brass band* (z. B. von Edward Greson, geb. 1945, und Derek Bourgeois).

Lit.: Ahrens 1986; Bevan 1978; Heyde 1987.

Tuba curva →BUCINA UND CORNU, 3.

Tubaphon (Tubuscampanophon) (engl.: *tubaphone*). Ein →Metallophon mit Messing- oder Stahlröhren. Es ist nur klein und ähnelt einem →Glockenspiel. Das nicht sehr verbreitete Instrument ist in erster Linie ein Spielzeuginstrument, wird aber auch für Orchestergebrauch mit einer Anordnung der Röhren wie beim vierreihigen Xylophon (→XYLOPHON, 4) hergestellt. Khatchaturian verwendet es in *Gajaneh*.

Tuila (auch *toila*). Einsaitiges Volksmusikinstrument Zentral- und Ostindiens; eine Art Stabzither (→ZITHER, 3c), als Vorläufer der nordindischen →*vīnā* interessant und häufig an mittelalterlichen Götterskulpturen vorhanden. An einem ca. 0,75 m langen dicken Bambusstab ist eine Saite am oberen Ende befestigt, an dessen Rückseite eine offene Kalebasse angebracht ist. Die Kalebasse wird auf der Brust verschoben, um die Resonanz zu regeln (wie beim →MUSIKBOGEN, 3). Das untere Saitenende ist an einem schnabelförmigen, hölzernen Saitenhalter befestigt und verläuft oberhalb des Bambusstabs. Mit dem Mittelfinger werden →Flageolett-Töne gezupft, deren Positionen mit dem Zeigefinger von jenen vier Tönen berührt werden, die am oberen Ende der Saite mit der anderen Hand abgegriffen werden. Auf diese Weise kann eine ganze Skala leiser Flageolett-Töne gespielt werden, während die Grundtöne ebenfalls erklingen.

Ähnliche Instrumente gibt es in Südostasien, während andere Arten der Stabzither in Indien (wie die verbreitete *kinnarī vīṇā*) eine zweite Saite mit Bünden und weitere Kalebassen auf der Rückseite haben und damit eine spätere Entwicklungsstufe zur *vīnā* hin darstellen.

Tulum →SACKPFEIFE, 6.

Tumba, Tumbadora →CONGA.

Turmglockenspiel (Carillon) (engl.: *carillon*; fr.: *carillon*; flämisch: *klokkenspel*). Bis zu mehr als siebzig in einem Turm aufgehängte Glocken verschiedener Größen, die entweder automatisch zu bestimmten Zeiten oder von einer Klaviatur aus manuell gespielt werden. Turmglockenspiele haben in Belgien und den Niederlanden eine lange und große Tradition. Allein in Belgien existieren etwa siebzig, von denen die größeren durchschnittlich fünfundvierzig Glocken haben, die von 6½ kg bis zu mehreren Tonnen wiegen. Im 20. Jahrhundert sind Turmglockenspiele vor allem auch in den USA gebaut vorden (teilweise mit einem Tonumfang von fünf Oktaven).

Die automatische Steuerung entspricht weitgehend der einer →Drehorgel. Die Stiftwalze des 1736 errichteten berühmten Turmglockenspiels der Kathedrale von Mecheln hat einen Durchmesser von 4,6 m und eine Länge von mehr als 2 m. Sie setzt 90 Hebel in Bewegung und spielt acht Melodien zur vollen Stunde; jede Melodie benötigt nur den Bruchteil einer Umdrehung. Moderne Instrumente haben statt der Stiftwalze als Tonsteuerungsträger ein Endlosband aus gelochtem Kunststoff ähnlich einer Klavierrolle. Die Löcher dieses Bandes schließen elektrische Kontakte, wodurch dann der Anschlagmechanismus ausgelöst wird.

Die Klaviatur eines Turmglockenspiels hat dicke Tasten, die mit den Fäusten angeschlagen werden. Es gibt solche Klaviaturen seit ca. 1480, das älteste bekannte Beispiel (von 1532) ist in Brügge. Gelegentlich kommen auch Pedalklaviaturen vor. Die Glocken der Turmglockenspiele sind dünner als normale Turmglocken und werden mit weniger Kraft angeschlagen. Ihre durchschnittlichen Gewichte, deren Kubikwurzeln sich pro Oktave in etwa halbieren: für g 5500 kg, für g^1 675 kg, für g^2 110 kg, für g^3 23 kg; die Durchmesser betragen für diese Töne ca. 200 cm bis herunter zu 27 cm.

Turmglockenspiele entstanden zunächst als mechanische Musikwerke aus der im 14. Jahrhundert eingeführten Praxis, ein Glockenpaar zur vollen Stunde zu schlagen. Im 17. Jahrhundert hatten sie mit den Konstruktionen der Brüder Hemony, Zutphen und Amsterdam (geb. 1609 bzw. 1619) ihren Höhepunkt erreicht. Im 18. Jahrhundert ging das Interesse an den Turmglockenspielen zurück, bis es Mitte des 20. Jahrhunderts wieder erneut aufblühte. Es gibt Schulen für das manuelle Turmglockenspiel in Mecheln und am Curtis Institute, Philadelphia, PA. In Deutschland hat sich besonders der in Berlin lebende Amerikaner Jeffery Bossin für das Turmglockenspiel eingesetzt.

Lit.: Bossin 1991; Price 1933; Rice 1926.

Txistu →EINHANDFLÖTE UND EINHANDTROMMEL.

Tympanum (lat.). Trommel. →BIBLISCHE MUSIKINSTRUMENTE, 1*d*; TAMBURIN, 2.

Typophone →CELESTA.

U

ʿŪd Arabische Laute. →LAUTE, 6.

Überblasen (engl.: *overblowing*). Ein häufig verwendeter Ausdruck im Zusammenhang mit dem Spiel auf Blasinstrumenten. Bei Holzblasinstrumenten bedeutet er, daß bei entsprechender Bohrung und Anblasmethode (→BLASINSTRUMENTE, 3) der gegriffene Ton in einen Teilton überspringt, um den Tonumfang oberhalb der Grundtöne des Instruments zu erweitern. Der Fingersatz für das Überblasen in die Oktave (bei der Klarinette in die Duodezime) ist meistens eine Wiederholung des Fingersatzes für das tiefe Register. Die Fingersätze der höheren Register sind von Instrument zu Instrument unterschiedlich. Dem leichteren Überblasen dienen meist ein- oder mehrere Überblaslöcher bzw. Oktavklappen nahe des Mundstücks. Detaillierte Grifftabellen zum Überblasen auf verschiedenen Holzblasinstrumenten findet man in Baines 1957.

ʿUgab →BIBLISCHE MUSIKINSTRUMENTE, 1*f*.

Uilleann pipes (gallisch, »Ellenbogen-Pfeifen«). Die bedeutendste irische →Sackpfeife, vor dem 20. Jahrhundert als *Union pipe* bekannt. Die Spielpfeife (*chanter*) ist leicht konisch gebohrt und hat ein →Doppelrohrblatt. Der tiefste Ton ist normalerweise d^1. Die drei engmensurierten Bordunpfeifen sind zylindrisch gebohrt (d^1 d D). Das Instrument ist in zweifacher Hinsicht einzigartig unter den Sackpfeifen: die Spielpfeife hat den Umfang einer vollständigen oberen Oktave, und Begleitakkorde können auf drei zusätzlichen Pfeifen, den *regulators* mit drei oder vier Messingklappen, gespielt werden. Wenn der sitzende Spieler (Abb. 1) das offene Ende der Spielpfeife auf ein *popping pad* (eine Unterlage) auflegt, schweigt sie, wenn ebenfalls alle Grifflöcher geschlossen sind. Auf diese Weise können wie bei der →*Northumbrian pipe* Töne voneinander abgesetzt artikuliert werden. Ein schnelles Schließen des Pfeifenendes, verbunden mit verstärktem Armdruck auf den Balg, bringt die Spielpfeife dazu, in die obere Oktave zu überspringen, solange die Grifflöcher geöffnet sind und bis sich der Winddruck normalisiert hat. Jeder *regulator* ist eine konische Pfeife mit einem Doppelrohrblatt, das erst schwingt, wenn eine Klappe geöffnet wird. Die Klappenmechanik ist so konstruiert, daß drei in einer Höhe liegende Klappen einen von vier möglichen Dreiklangsakkorden erzeugen.

Das Instrument wurde während des 18. Jahrhunderts entwickelt, die *regulators* kamen nach 1750 hinzu; seit dem frühen 19. Jahrhundert gibt es Aus-

Abb. 1. Uilleann pipes mit Blasebalg (rechter Arm), Popping Pad (die Unterlage auf dem rechten Oberschenkel) und schräg vor dem Spieler liegenden Regulators und Bordunpfeifen. (Die weiße Scheibe unten links ist das Ende der Baßbordunpfeife.)

führungen mit drei *regulators*. Bei einigen neueren Instrumenten ist auch ein komplizierter Kontrabaß-*regulator* vorhanden.

Ukulele Volkstümlicher viersaitiger kleiner Abkömmling der →Gitarre. Das Instrument mit hinterständigen Wirbeln und zwölf Bünden ist etwa halb so groß wie diese. Die Saiten werden mit den Fingernägeln und -kuppen angeschlagen. Die Stimmung b^1 fis^1 d^1 a^1 (oder einen Ganzton tiefer bzw. einen Halbton höher) lehnt sich an die der oberen vier Gitarrensaiten an.

Die Ukulele stammt von dem →*cavaquinto*-Typ der kleinen Gitarre ab, der im späten 19. Jahrhundert von portugiesischen Immigranten auf Hawaii eingeführt wurde. Das Instrument erhielt dort seinen Namen, der »kleiner Floh« bedeutet (angeblich der Spitzname eines damaligen Spielers). In den USA wurde sie seit ca. 1916 bekannt, und es wurde üblich, Gesangsnoten mit Fingersätzen für die Ukulele zur akkordischen Begleitung zu versehen. Dazu werden kleine viereckige Diagramme, die auch für die Gitarre und andere Zupfinstrumente mit Bünden verwendet werden, über die Notenlinien gesetzt: die oberste horizontale Linie steht für den Sattel (leere Saiten), die vertikalen Linien für die Saiten (die vierte Saite links), die Punkte zeugen an, an welchem Bund die Saite abzugreifen ist. Am Anfang wird immer die Stimmung angegeben, wobei die tiefste Saite zuerst genannt wird, z.B. »Tune uke G C E A« (d.h. »Stimme die Ukulele g^1 c^1 e^1 a^1«).

Die Bariton-Ukulele ist ca. anderthalbmal so groß wie die normale Ukulele (Saitenlänge 50 cm), hat gewöhnlich 15 Bünde, und ihre Saiten werden wie die obersten 4 Saiten der normalen Gitarre gestimmt.

Union pipe Alte Bezeichnung für die →*Uilleann pipes*.

Untergriff Bei Streichinstrumenten das Halten des Bogens mit der Hand unter der Bogenstange. Der Gambenbogen wird (gemäß historischen Quellen) im →Untergriff gehalten, Violin- und Cellobogen hingegen im →Obergriff. Beim →Kontrabaß gibt es hinsichtlich der Griffweise verschiedene Traditionen.

Utricularius (lat., »Sackpfeifer«) →SACKPFEIFE, 7

Vaccine Westindisches, ursprünglich aus Haiti und Jamaika stammendes Instrument: ein großes Bambusrohr (ca. 1 m Länge und 6 cm Durchmesser) wird mit kräftigen Stößen angeblasen, so daß die Lippen schwingen und die Röhre einen tiefen, dröhnenden Ton abgibt (→TROMPETE, 10). Rohre verschiedener Längen werden in Gruppen zusammen angeblasen.

Valiha Ein bedeutendes traditionelles Instrument Madagaskars: eine Vollröhrenzither (→ZITHER, 3a(ii)) mit vierzehn oder mehr idiochorden »Saiten«, die aus der Borke einer Bambusröhre von ca. 80 cm Länge und einem Durchmesser von ca. 8 cm herausgelöst werden. Die Saiten werden mit kleinen beweglichen Stegen gestimmt und mit spitz zugeschnittenen Fingernägeln gezupft. Die Valiha-Musik steht unter europäischem Einfluß und macht inzwischen von Dreiklängen Gebrauch. Neuerdings werden auch Metallsaiten (Bremskabel von Fahrrädern) benutzt, und das Bambusrohr kann durch eine Holzröhre ersetzt sein.

Ventilblasinstrumente →Blechblasinstrumente mit →Ventilen, wie sie im Laufe des 19. Jahrhun-

derts konstruiert wurden. →insbesondere unter KORNETT, SOUSAPHON, TROMPETE, TUBA, VENTILPOSAUNE.
Lit.: Ahrens 1986; Heyde 1987.

Ventile (engl.: *valves*; ital.: *chiavi, cilindri*; fr.: *pistons*). Mechanische Bauteile, durch die die Mehrheit der heutigen →Blechblasinstrumente ihren chromatischen Tonumfang erhält. Die Grundausstattung dieser Instrumente sind drei Ventile.

1. Prinzip

Zeichnung 1 ist das Diagramm eines normalen Pumpventils (*Périnetventil*). Wenn das Ventil niedergedrückt wird, füllt die Luft den zusätzlichen Rohrabschnitt (»Zusatzbogen«, »Schaltbogen«; gestrichelte Linie) aus. In Ruhestellung wird die Luft lediglich durch den Abschnitt 2 zum nächsten Ventil

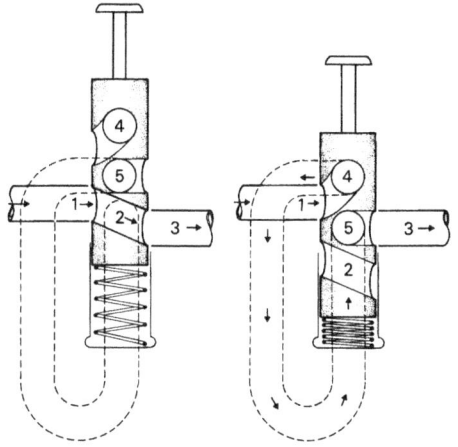

Abb. 1. Pumpventil: links, Ventil im Ruhezustand; rechts: gedrücktes Ventil.

oder Schallstück hindurchgeleitet. Die Länge des Zusatzbogens kann auf der Basis gemeiner Brüche berechnet werden. Das erste Ventil (für den Zeigefinger) fügt ein Achtel zur klingenden Länge hinzu, um die Naturtonreihe um einen Ganzton zu erniedrigen, siehe in Notenbeispiel 1 die mit »1« bezifferten Noten. Das zweite Ventil fügt ein Fünfzehntel Rohrlänge hinzu, um die Naturtonreihe um einen Halbton nach unten zu transponieren (alle mit »2« bezifferten Noten). Beide zusammen (beziffert ½) vertiefen

die Naturtonreihe um eine kleine Terz. Um die chromatische Tonleiter zu vervollständigen, benötigt man für weitere Töne ein drittes Ventil. Dieses erniedrigt die Naturtonreihe erneut um eine kleine Terz, indem es ein Fünftel zu der gesamten Rohrlänge hinzufügt. In der Regel wird dieses dritte Ventil zusammen mit den anderen Ventilen betätigt, wie aus dem Notenbeispiel ersichtlich ist. Man beachte, daß der siebente Naturton nicht geblasen wird, da seine Tonhöhe um ein Drittel eines Halbtons tiefer als B ist (bezogen auf C als Grundton) und deshalb in der normalen chromatischen Skala nicht verwendet werden kann. Der notierte Tonumfang des Notenbeispiels wird als der normale, sicher zu spielende Bereich angesehen, obwohl Bläser häufig wesentlich höher gehen. Um unter die tiefste Note in Notenbeispiel 1 zu gehen, wie es besonders bei Baßinstrumenten wie der →Tuba häufig notwendig ist, muß die Lücke einer verminderten Quinte zwischen dem *fis* und dem *c* gefüllt werden, wozu man ein viertes Ventil, das »Quartventil« verwendet, das die Stimmung des Instruments um eine reine Quart vertieft (→Tuba, 2a).

2. Ventilsysteme

Der schlesische Hornist Heinrich Stölzel (1772–1844) erfand um 1815 ein Röhrenschiebeventil nach dem Vorbild von Windleitsystemen im Hüttenwesen. 1818 erhielt er zusammen mit Friedrich Blühmel, einem anderen Spieler, der unabhängig von Stölzel das Kastenventil konstruiert hatte, ein gemeinsames deutsches Patent. Stölzels Ventilform war im wesentlichen bereits jene, die später als Pumpventil bekannt wurde (→Heyde 1987).

(a) *Heute übliche Ventile.* Bei modernen Instrumenten werden zwei unterschiedliche Ventilsysteme verwendet: Drehventile und Pumpventile (Druckventile). In den deutschsprachigen Ländern sind vorwiegend die Drehventile verbreitet, in Frankreich, Großbritannien und Amerika Pumpventile.

Bei Drehventilen, deren Funktionsweise in Zeichnung 2 schematisch dargestellt ist, geschieht die Hinzuschaltung des Zusatzbogens durch Drehung eines Zylinders. Bei den Pumpventilen gibt es verschiedene Ausführungen; die heutzutage am häufigsten vorkommende Konstruktion stammt von Etienne François Périnet, Paris 1839 (*Périnetventile*). Die Achse des Périnetventils steht senkrecht zur Röhrenrich-

Notenbeispiel 1

Ventilposaune

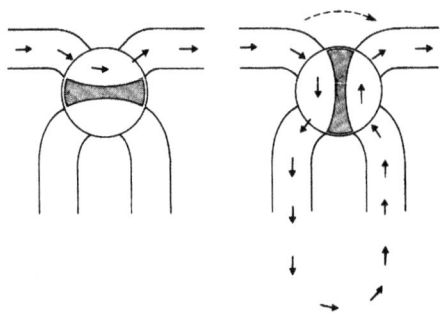

Zeichnung 2: Drehventil: links, Ventil im Ruhezustand; rechts, zugeschaltetes Ventil (Drehung um 90°).

tung, Ein- und Ausgang der Zusatzröhre liegen untereinander.

Das →Waldhorn wird weltweit normalerweise mit Drehventilen ausgestattet. Prominente Ausnahme ist das »Wiener Horn«, das von den führenden Wiener Hornisten geblasen wird. Es hat *Wiener Ventile*, die auf der Grundlage der 1821 von Christian Friedrich Sattler (1778–1842) erfundenen Doppelrohrschubventile konstruiert sind: Für jeden Zusatzbogen sind zwei kurze parallele Kolben mit einer Stange verbunden, die zu einer Drückerplatte führt. Es handelt sich also um ein Kolbenventil mit einer mehrfachen Übertragung. In Ruhestellung führt der Luftkanal direkt durch beide Kolben hindurch, in eingeschaltetem Zustand führt er durch den Zusatzbogen. Bis Mitte des 19. Jahrhunderts zählte dieses oder ähnliche Ventilsysteme zu den häufigsten.

(b) Andere Ventilsysteme bis zum frühen 20. Jahrhundert. Auf kaum einem anderen Gebiet des Musikinstrumentenbaues wurde mehr experimentiert. Neben den erwähnten Ventilsystemen gab es u. a. Kastenschiebeventile (Stölzel 1827), Stecherbüchsenventile (Wieprecht 1833), Neumainzer Ventile, Stopferventile. Eine Auflistung der zahllosen Erfindungen des 19. Jahrhunderts in diesem Bereich würde mehrere Spalten füllen. Ein den Périnetventilen ähnliches Ventilsystem waren die bei preußischen Militärmusikinstrumenten häufig zu findenden *Berliner Pumpen*, die Wilhelm Wieprecht, Berlin, 1835 konstruiert hatte. Bei englischen Instrumenten des 19. Jahrhunderts sind *patent lever valves* recht häufig, die auf ein Patent von John Shaw (1838) zurückgehen und bald darauf von Köhler, London, verbessert wurden: eine gefederte Messingplatte mit 4 Röhren, von denen je 2 miteinander verbunden sind, dreht sich gegen eine feststehende Platte, um den Luftkanal durch den Ventilbogen hindurchzuführen.

3. Probleme

Wenn zwei oder mehr Ventile eingeschaltet werden, treten bei jedem normalen Ventilsystem Probleme hinsichtlich der Intonation auf. Denn das d^1 (Notenbeispiel 1) benötigt theoretisch $4/3$ der Rohrlänge des eine Quarte höher liegenden g^1, entsprechend einer Verlängerung um 33,3 %. Doch das erste Ventil addiert 12,5 % (ein Achtel), das dritte Ventil 20 % (ein Fünftel), zusammen also nur 32,5 %. Bei einer Trompete in B beträgt die fehlende Rohrlänge ca. 1 cm, bei einer großen Tuba 4 cm: die Töne sind also zu hoch und der Spieler muß sie mit seinen Lippen herunterziehen. Dieses spieltechnische Problem wird häufig durch Herausziehen des dem dritten Ventil zugehörigen Stimmbogens gemildert (jedes Ventil hat seinen eigenen Stimmbogen). Andere Möglichkeiten sind die Kompensationsventile (→TUBA, 2c), fünf oder sechs Ventile (→TUBA, 2b) oder auch das Saxsche System sechs voneinander unabhängiger Ventile, wodurch Intonationsprobleme gar nicht erst auftreten (→VENTILPOSAUNE, 2).

Lit.: Ahrens 1986; Heyde 1987.

Ventilposaune (engl.: *valved trombone*; ital.: *trombone a pistoni*; fr.: *trombone à pistons*). Posaunen mit Ventilen, die den Zug ersetzen, werden seit den späten 1830er Jahren hergestellt und hauptsächlich in Opernhäusern (im Orchestergraben nehmen sie weniger Platz als die Zugposaunen ein), in Tanzorchestern, Militärkapellen und dergleichen gespielt, vor allem in Lateinamerika und in den romanischen Ländern Europas.

1. Normale Ausführungen

Eine Ventilposaune kann auch kreisrund (→HELIKON) gebaut sein, doch meistens behält sie die übliche Posaunenform bei (Abb. 1); →POSAUNE. Ventile ermöglichen große Wendigkeit in der Spieltechnik, obwohl die Feinheiten der Zugposaune verloren sind. Verdi schrieb Passagen wie Notenbeispiel 1, die auf der Zugposaune praktisch unmöglich ausgeführt

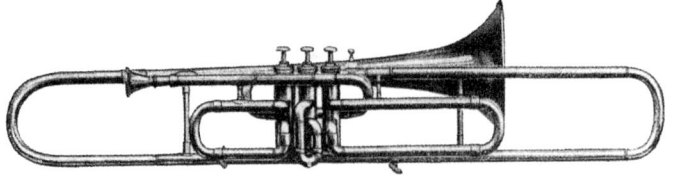

Abb. 1. Tenor-Ventilposaune, Couesnon, Paris, 1915.

(*ff*)

Notenbeispiel 1

werden können. In den 1930er Jahren sorgten die amerikanischen Tanzorchester dafür, den Einfluß der Ventilposaune im Sinfonie- und Opernorchester wieder zurückzudrängen – mehr denn je assoziierte man die Ventilposaune mit der Unterhaltungsmusik.

2. Mit unabhängigen Verkürzungsventilen

Bis in die 1950er Jahre hinein spielte man in Belgien vorzugsweise auf Ventilposaunen, die nach dem Sax-schen System mit sechs voneinander unabhängigen Ventilen (1852) konstruiert waren, womit die Ventilkombinationen und die daraus entstehenden Intonationsprobleme aus der Welt geschafft waren. Die sechs (pro Hand drei) Ventile schalten einzeln die Rohrlänge gemäß den Positionen 1 bis 6 (→ POSAUNE), die siebente Position erhält man mit allen Ventilknöpfen nach oben.

Lit.: Heyde 1987.

Vibraphon   (engl.: *vibraphone*; am.: *vibraharp*). Schlaginstrument mit gestimmten Metallplatten (Abb. 1), gebaut in derselben Form wie ein → Marimba. Die auf Schnüren aufliegenden Platten aus einer Aluminiumlegierung sind ca. 12 mm dick. Die zwei Reihen (untere für die diatonische C-Dur-Leiter, obere für die Akzidentien) liegen in einer Ebene. Dadurch ist es möglich, mit zwei Schlegeln (mit weichen Köpfen) pro Hand vierstimmige Akkorde zu spielen.

Eine Besonderheit des Vibraphons ist die lange Achse unterhalb jeder Plattenreihe entlang der Oberkanten der Röhrenresonatoren. An diesen von einem elektrischen Motor gedrehten Achsen ist für jede Röhre eine runde Deckscheibe aus Kunststoff oder Metall montiert. Das beständige Öffnen und Schließen der Röhren verändert das Resonanzverhalten und erzeugt das charakteristische Vibrato, von dem das Instrument seinen Namen hat. Der ausschaltbare Motor kann verschiedene feste oder auch variable Geschwindigkeiten von etwa drei bis acht Umdrehungen pro Sekunde haben. Sehr wichtig ist der Dämpfer: eine lange mit Filz überzogene Metallleiste für jede Plattenreihe, die mit einem Pedal betätigt wird und auf alle Platten gemeinsam wirkt, was große Anforderungen an die Spieltechnik stellt. Individuelles Dämpfen mit den Fingern gehört auch zur Spieltechnik, wenn gewisse Töne eine kürzere Dauer als ungedämpfte Akkordtöne haben sollen. Der normale Tonumfang umfaßt f bis f^3.

Bei einer frühen (1916) Konstruktion der Leedy Drum Co., USA, wurde das Vibrato durch Verschiebung der Resonatoren erzeugt. Um 1921 folgten die Deckscheiben und bald darauf wurde das Instrument schnell in der Unterhaltungsmusik bekannt, u.a. auch durch den avantgardistischen Jazz von Lionel Hampton. Im Orchester setzte Berg das Vibraphon ein (*Lulu*); Milhaud komponierte ein Konzert für Vibraphon und Marimba (1947). In zwei britischen Kompositionen um 1950 wird der Klang des Vibraphons mit Frost und Frieren assoziiert (Britten, *Spring Symphony*; Vaughan Williams, *Sinfonia antartica*), ebenso in Walt Disneys berühmten Zeichentrickfilmen. Doch im wesentlichen ist das In-

Abb. 1. Vibraphon (Boosey & Hawkes).

strument ein reguläres Mitglied des orchestralen Schlagzeugapparats mit »abstrakter« Klangfarbe.

Aus neuerer Zeit gibt es eine amerikanische Konstruktion (*electravibe*), bei der die Resonatoren und Deckscheiben durch Tonabnehmer unterhalb der Platten ersetzt werden, die die akustischen Schwingungen in elektrische Spannungen umwandeln, die über Verstärker wie bei elektrischen Gitarren manipuliert werden können.

Vibraslap Moderner amerikanischer Ersatz des *quijada* der lateinamerikanischen Tanzmusik. Eine dünne gebogene Metallstange hat an einem Ende eine kleine Holzkugel, mit der der Spieler auf den am anderen Ende der Metallstange befestigten Resonanzkörper in Form eines flachen, am Ende offenen Holzkästchens mit losen Metallstäbchen schlägt, wobei diese Stäbchen wie die losen Zähne im Kieferknochen klappern.

Vièle   (altfr. Form von *Viola*). Der Haupttyp der mittelalterlichen →FIDEL; →FIDEL, 1c; MITTELALTERLICHES INSTRUMENTARIUM, 3.

Vielle à roue   (fr.). →DREHLEIER.

Vihuela
1. Spanisches Zupfinstrument der Renaissance. Die Renaissance-Vihuela hat einen der zeitgenössischen Gitarre ähnlichen Umriß, aber zehn Bünde und sechs Saitenchöre (→CHOR), die wie die Laute gestimmt sind, d. h. mit der großen Terz zwischen dem dritten und vierten Chor (nicht zwischen dem zweiten und dritten Chor wie auf der Gitarre). Das Instrument nahm in der höfischen Musik Spaniens während des 16. Jahrhunderts einen ähnlichen Platz wie die Laute in Italien ein, mit einem entsprechend umfangreichen Repertoire, das weitgehend in →Tabulatur notiert ist. Zu alten Sammeldrucken und -handschriften zählen jene von Luis Milán (1536) und Miguel de Fuenllana (1554). Eine technische Beschreibung gibt Bermudo (1555). Moderne Gitarristen spielen dieses Repertoire aus den Tabulaturen, wobei sie die dritte Saite einen Halbton höher stimmen.

Das Aussehen der Vihuela ist nur von ikonographischen Quellen her bekannt. Es gibt allerdings in Paris ein diesen bildlichen Darstellungen entsprechendes Instrument (Musée Jacquemart-André), von dem es heißt, daß es den Besitzvermerk eines spanischen Klosters hat und auf etwa 1500 datiert wird; es hat ein etwa 10 cm längeres Korpus als die moderne spanische Gitarre, schmalere Zargen und statt einer großen Rosette fünf kleine →Rosetten in Quincunxanordnung.

Die Vihuela wurde auch *vihuela de mano* im Un-

terschied zur *vihuela de arco* (d. h. der mit Bogen gestrichenen Viola da gamba; →GAMBE) bezeichnet.

2. In Lateinamerika versteht man unter der *vihuela* ein anderes Instrument: nämlich eine kleine Gitarre mit fünf Metallsaitenchören, auf der man in Mexiko in einem *son* (Volksmusikensemble) die Akkorde spielt. An das tiefe Korpus schließt sich ein eher kurzer Hals mit ca. drei Nylonbünden an. Die Saiten (einfach oder doppelte Bespannung) sind normalerweise wie die ersten fünf Gitarrensaiten gestimmt; die untersten zwei (oder drei) stehen in der Oberoktave.

Lit.: McCutcheon 1985 (Bibliographie); Purcell 1976 (Diskographie).

Vīnā   (auch *bīn*). Klassisches Instrument der indischen Musik; es existiert in zwei Haupttypen: einem älteren in Nordindien und einem anderen in Südindien.

1. *Nordindische vīnā* (*rudrā vīnā*, die »Vīnā aus Shiva«, oder *bīn*), Abb. 1. An einem großen, bis zu über 1 m langem Holzrohr (ursprünglich Bambus) sind zwei große, unten offene Kalebassen (Durchmesser ca. 40 cm) an jedem Ende so angebracht, daß die Hohlräume der Kalebassen mit dem des Rohres verbunden sind. Die Kalebasse nahe den Wirbeln legt der Spieler in der Regel (jedoch nicht immer) auf die Schulter auf, die andere befindet sich nahe der Hüfte oder auf dem rechten Knie. An dem Rohr verlaufen 22 bis 24 fast 2,5 cm hohe chromatische Bünde aus metallüberzogenem Holz, die mit Wachs fixiert sind. Über diesen Bünden verlaufen die vier Hauptspielsaiten (Metall). Die erste Saite, die hauptsächliche Melodiesaite, ist am höchsten gestimmt und befindet sich rechts vom Spieler (also genau andersherum als bei den meisten Saiteninstrumenten). Die Saitenspannung ist niedrig und die Saiten sind tief gestimmt, etwa *f c G c*, wenn man *c* als den Grundton definiert, der auch noch tiefer liegen kann.

Abb. 1. Vina aus Nordindien (nach einer alten Lithogra-

Ein wichtiger Bestandteil ist der am extremen unteren Ende aufgesetzte, häufig aus Elfenbein gefertigte tischähnliche Steg, den die →sitār und viele andere indische Saiteninstrumente übernommen haben. Seine Oberfläche ist sorgfältig gerundet, damit die Saiten leicht schnarren, wenn der rechte Daumen und der Zeigefinger sie mit Drahtplektren anzupfen. Ein anderes wichtiges spieltechnisches Merkmal (ebenfalls bei der sitār) ist das starke Verschieben der Saiten quer über die Bünde mit der linken Hand nach dem Zupfen, wodurch die Saite gespannt und ihre Tonhöhe im Portamento um bis zu einer Quinte erhöht wird.

Drei weitere, leere Metallsaiten klingen als Begleitung mit: links verläuft die am höchsten gestimmte; sie wird mit dem linken kleinen Finger als wiederholter Bordunklang gespielt. Rechts sind die zwei *chikari*-Saiten. Sie stehen in Oktaven über dem Grundton (z. B. $c^1 c^2$) und werden aufwärts mit den Nägeln des Ringfingers und des kleinen Fingers angeschlagen, um einen untergelegten Rhythmus aufrechtzuerhalten. Zu ihnen gehören die vom Sattel weiter entfernt liegenden Wirbel. Außerdem können unter den Bünden entlang bis zu ca. neun →Resonanzsaiten verlaufen, deren Wirbel seitwärts am Rohr eingesetzt sind. Wie bei anderen indischen Saiteninstrumenten beginnt das Spiel mit einem langsamen, freien *ālāp* im Charakter des gewählten Raga, der dann aufgebaut und mit einem schnellen *jhālā* beendet wird. Im klassischen *dhrupad*-Stil wird die *vīnā* traditionell von der langen Faßtrommel *pakhawaj* begleitet.

Gemäß der westlichen →Klassifikation der Musikinstrumente ist die nördliche *vīnā* eine hochentwickelte Form der Stabzither (→ZITHER, 3c), insofern als sie weder einen separaten Hals noch den integrierten Resonanzkörper einer →Laute hat. Ihre gegenwärtige Form entwickelte sich im 16. Jahrhundert aus einsaitigen Instrumenten solcher Arten, wie sie als das Bettlerinstrument →*tuila* noch heute erhalten sind. Der Name *vīnā* bedeutete in früheren Zeiten eine Bogenharfe (→HARFE, 10a), die ungefähr um 1000 n. Chr. aus Indien verschwand.

2. *Südindische vīnā* (*sarasvatī vīnā*, mit Bezug auf die Hindu-Göttin dieses Namens). Im Unterschied zu der nordindischen *vīnā*, die zur Gruppe der Stabzithern gehört, kann dieser Typ als →Langhalslaute (→LAUTE, 7) klassifiziert werden. Ihr großes rundes Korpus ist aus Holz geschnitzt, die Decke ist ebenfalls aus Holz und hat gewöhnlich zwei →Rosetten. Der hohle Hals ist an der Spitze zurückgebogen, über ihm verlaufen 24 Messingbünde. Eine kleine Kalebasse befindet sich normalerweise unterhalb des Halsendes – möglicherweise eine symbolische Anspielung an die ältere nordindische *vīnā*. Das Instrument wird in tiefer Schräglage gespielt, sein Korpus liegt auf dem Boden zur Rechten des Spielers.

Auch hier gibt es sieben Metallsaiten, doch sind alle drei Zusatzsaiten rechts gelegen. Die vier Hauptsaiten sind ähnlich gestimmt wie bei dem nördlichen Instrument, abgesehen davon, daß die erste Saite auf der Tonika steht und die dritte eine Oktave tiefer. Die Nebensaiten sind gestimmt $c\ g\ c^1$ (bezogen auf die Tonika C). Diese *vīnā* wird von der →*mṛdaṅga* als Trommel begleitet.

Lit.: →Indien.

Viola   →BRATSCHE.

Viola alta   →BRATSCHE, 5.

Viola bassa   →BRATSCHE, 5.

Viola bastarda (16. Jahrhundert). In Italien aufgekommener Name für eine kleinere Baßgambe (→GAMBE), die besonders für figuratives Spiel in Frage kam; im deutschen Sprachgebrauch jener Zeit unterschiedslos für jede virtuose Gambe verwendet. →Praetorius 1619 nennt verschiedene Stimmungen für die Viola bastarda.

Lit.: Paras 1986.

Viola d'amore   Streichinstrument des 18. Jahrhunderts mit 6 oder 7 Spielsaiten ohne →Bünde und mit unter dem Griffbrett verlaufenden →Resonanzsaiten. Die Viola d'amore wird wie die →Bratsche gehalten und hat ungefähr deren Größe. Ihr Korpus ist häufig geschweift und hat meist schlangenförmige Schallöffnungen (Abb. 1). Die Darmsaiten werden normalerweise in einem (meist Dur-)Akkord passend zu der gespielten Musik gestimmt, so daß reiches akkordisches Spiel erleichtert wird. Die metallenen Resonanzsaiten werden skalenmäßig auf die Töne der gespielten Tonart gestimmt.

Die Viola d'amore wurde besonders in Deutschland und Italien geschätzt und eingesetzt, z.B. in Bachs Johannespassion und in den Kantaten BWV 36c, 152 und 205 (→Terry 1932). Später komponierten Carl Stamitz und andere Vertreter der Vorklassik für das Instrument. Obwohl es um 1800 kaum noch gespielt wurde, erscheint es vor allem in einigen späteren Bühnenwerken, z.B. in Meyerbeers *Les Huguenots* (1836), wo der Part von Crétien Urhan (→BRATSCHE, 4b) gespielt wurde, und später dann in *Louise* (1900) von Charpentier sowie in *Madama Butterfly* (1904) von Puccini (im 2. Akt hinter der Bühne unisono mit dem Gesang). Diese Stimmen werden normalerweise von der Bratsche übernommen, doch gibt es seit Henri Casadesus (1879–1947) und Paul Hindemith (1895–1963)

Abb. 1. Viola d'amore mit 14 Resonanzsaiten von Johann Paul Schorn (Salzburg, 1712).

wieder Musiker, die solche und andere Passagen (z. B. in *Katja Kabanova* von Janáček, 1921; ad libitum in der *Romeo und Julia*-Ballettmusik von Prokofieff, 1938) sowie Solokompositionen von Hindemith u. a. auf der Viola d'amore spielen.

Lit.: Danks 1976.

Viola da braccio (ital. »Viola auf dem Arm«). Gattungsbegriff für die Mitglieder der Violinfamilie (→VIOLINE), insbesondere als Gegenbegriff zu den Mitgliedern der Gambenfamilie (→GAMBE). Das Baßinstrument (später: →Violoncello) der Violinen war also der »basso di viole da braccio«, obwohl es zwangsläufig »da gamba« gespielt werden mußte. Im Laufe des 17. Jahrhunderts wurde im Italienischen »da braccio« weggelassen und unter Viola das Altinstrument (→BRATSCHE) der Violinfamilie verstanden, während parallel dazu im deutschen Sprachgebrauch für eben dieses Instrument aus »da braccio« »Bratsche« wurde.

Viola da gamba (engl.: *viol*; ital.: *viola da gamba*; fr.: *viole*). →GAMBE.

Viola da spalla (17./18. Jahrhundert). In Italien und Deutschland bis Mitte des 18. Jahrhunderts geläufiger Name für ein →Violoncello, das mit einem über die rechte Schulter gelegten Riemen im Stehen gespielt wird. »Primo violino di spalla« bezeichnet im heutigen italienischen Sprachgebrauch hingegen den Konzertmeister in der Oper.

Viola de arame (port.). Auf den Azoren eine populäre, mit Metallsaiten besaitete →Gitarre.

Viola di bordoni →BARYTON.

Viola pomposa (18. Jahrhundert) Eine in Deutschland vorkommende Bezeichnung für offenbar zwei verschiedene Instrumente, die beide fünf Saiten hatten. Das eine ist wie eine große →Bratsche, aber mit breiteren Zargen (ca. 6 cm) und – dank umsponnener Darmsaiten – einer Cellostimmung mit zusätzlicher e^1-Saite. Der Leipziger Instrumentenmacher Johann Christian Hoffmann baute um 1724 dieses Instrument, das früher fälschlicherweise häufig als Erfindung J. S. Bachs angesehen wurde.

Das andere Instrument war wie eine kleine Bratsche gebaut und wie diese gestimmt, hatte aber eine zusätzliche e^2-Saite (also eine Oktave über dem anderen *Viola-pomposa*-Typ stehend) und war auch unter dem Namen *Violino pomposo* bekannt. Es wird in zwei Kompositionen von Telemann und in einer von Graun gefordert, jedesmal neben einer Querflöte. Kein Exemplar dieses zweiten Typs scheint allerdings erhalten zu sein.

Viola tenore →BRATSCHE, 5.

Violetta (17./18. Jahrhundert). Eher eine Stimmenbezeichnung für die Mittellage im Streicherensemble als eine eindeutige Instrumentenbezeichnung. Violetta kann die 6saitige Alt-→Gambe, aber auch eine →Bratsche bedeuten. In Italien war *violette* die Bezeichnung für die Instrumente der →Viola-da-braccio-Familie, z. B. als »violette senza tasti«, also »ohne Bünde« (Lanfranco 1533).

Violine (Geige) (engl.: *violin*; ital.: *violino*; fr.: *violon*; sp.: *violín*; die Bezeichnung *Geige* wird gleichermaßen gebraucht, allerdings gibt es bei zusammengesetzten Wörtern gewisse Gepflogenheiten; so heißt es stets *Geigenbau*, aber immer *Violinkonzert*). Seit vier Jahrhunderten hat sich die Violine in fast jedem Genre der abendländischen Musik – von der Volksmusik über die solistische und von der Kammermusik bis hin zur großen Sinfonik – hervorgehoben. Neben ihren herausragenden Qualitäten als Soloinstrument hat sie die seltene Fähigkeit, als chorisches Instrument einen gleichermaßen einnehmenden Klang zu erzeugen, ohne den sich das →Orchester nie herausgebildet hätte. Trotz aller akustischen Forschungen sind die klangbestimmenden Parameter der Violine weitgehend ungeklärt, d. h. der Klang einer Violine läßt sich nicht aufgrund ihrer Konstruktion eindeutig vorherbestimmen.

1. Korpus

Wesentlicher Bestandteil der Violine ist der gewölbte, durchschnittlich 35,6 cm lange Resonanzkörper (»Korpus«), der die Saitenschwingungen über den →Steg in den typischen Geigenklang umwandelt.

(a) *Konstruktion*. Das Korpus besteht aus zwei leicht oder auch stärker gewölbten Platten, deren Wölbungen aus dem vollen Holz gehobelt sind. Wie bei vielen anderen Streichinstrumenten, ist das Oberteil des Korpus, die »Decke«, aus zwei zusammengeleimten Stücken Fichtenholz hergestellt. Bei der Violine stammen sie von einem einzigen dicken Keil, der vom Stamm herausgesägt und dann in der Mitte durchgesägt wird, um symmetrische Hälften mit sich zur Mitte hin verjüngenden Jahresringen zu erhalten. Die Decke ist in der Mitte etwa 3 mm stark und verjüngt sich zu den Seiten hin. Die Korpusunterseite, der »Boden« ist aus Ahorn. Für ihn werden entweder, wie bei der Decke, zwei Teile aneinandergefügt, oder er wird vollständig aus einem Stück hergestellt. Die Zargen sind ebenfalls aus Ahorn und werden durch Wärmeeinwirkung gebogen. Für sie gibt es Formen aus Holz. (Aus den Werkstätten alter italienischer Meister sind mehrere solcher Formen erhalten, so auch von Stradivari.) Ober- und Unterklotz im Innern des Korpus dienen der Stabilisierung (Abb. 1). In jeder der vier Ecken befindet sich ein kleiner »Eckklotz«, entlang der Innenkanten der Zargen ist sowohl am Boden wie an der Decke die »Bereifung« (auch »Reifchen«) angeleimt. Die Randeinlage (auch Adern oder Aderstreifen genannt) entlang dem Umriß von Decke und Boden ist normalerweise aus zwei dünnen Streifen aus geschwärztem Birnbaumholz, Ebenholz oder anderen Materialien. Bei billigen Instrumenten kann sie sogar auch aufgemalt sein. Der Einfluß des Lacks auf den Klang wird gewöhnlich überschätzt. Seine Hauptfunktion besteht darin, das Holz vor Witterungseinflüssen und Verschmutzung zu schützen. Es gibt die verschiedensten Rezepturen. Öllacke ziehen sehr langsam in das Holz ein und verbinden sich mit dem Holz, während Spirituslacke sofort trocknen, jedoch jeden Kratzer sichtbar machen.

(b) *Umriß*. Der Umriß ist selbst bei Geigen desselben Geigenbauers nicht unbedingt immer identisch. Jede der Hauptkurven besteht im allgemeinen aus drei Bögen mit unterschiedlichen Radien und Mittelpunkten. Der Geigenumriß kann pro Seite aus ca. zwölf verschiedenen Bögen konstruiert sein. Siehe beispielsweise Zeichnung 1, die die geometrische Konstruktion einer Stradivari von 1703 rekonstruiert (nach Coates 1985). Pfeile deuten die Stellen an, an denen die verschiedenen Kreise ineinander übergehen.

2. Hals und Zubehör

Hals und Kopf (bestehend aus Wirbelkasten und Schnecke, letztere in Form einer ionischen Volute)

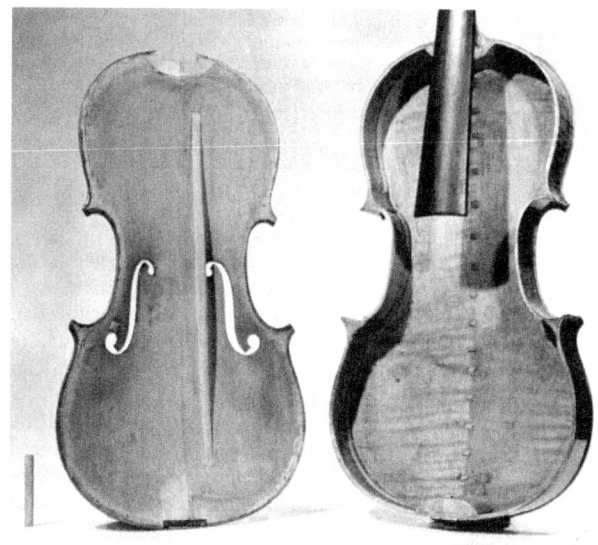

Abb. 1. Violine mit abgenommener Decke.
Links: Unterseite der Decke mit Baßbalken, die (zwischen Decke und Boden) aufgestellte Stimme (Stimmstock) steht links daneben; rechts: Innenansicht des Korpus. Man erkennt deutlich Ober- und Unterklotz, Reifchen und Futter (Verstärkungen, um die Verbindung der beiden Bodenteile zu stabilisieren).

Violine

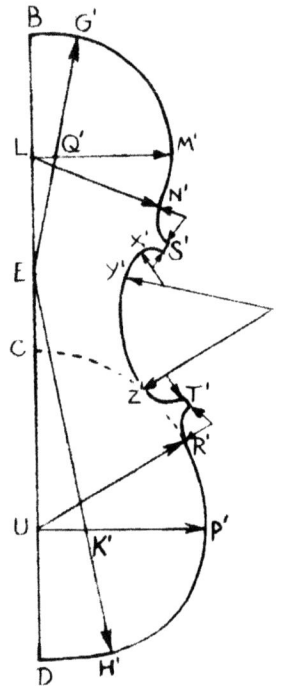

Zeichnung 1

sind aus einem Stück Ahorn geschnitzt. (Allerdings haben die meisten der vor 1800 gefertigten Geigen inzwischen einen »Anschäfter«, d. h., daß bei diesen durch den im 19. Jahrhundert erfolgten Umbau, siehe unten, 7, ein neuer Hals eingefügt wurde, an den der originale Wirbelkasten angeschäftet wurde). Der Hals ist mit dem Oberklotz verzapft; bei alten Geigen wurde er hingegen angenagelt. Der kleine, dem Boden zugehörige Halbkreis an der Unterseite des Halses ist das »Blatt«. Der kleine Ebenholzeinsatz (»Knopf«) auf der Unterzarge dient der Befestigung des Saitenhalters mit einer Darmschlinge. Griffbrett, Saitenhalter und Wirbel sind heutzutage meistens aus Ebenholz. Der Steg (aus Ahorn) ist zwischen den Querstrichen der f-Löcher aufgesetzt.

Die nicht konstanten Teile wie Griffbrett, Baßbalken, Obersattel, Wirbel usw. zählen zum »Zubehör« (auch »Garnitur«) der Violine, das bei alten Instrumenten mindestens einmal ausgetauscht wurde, da man sie vom späten 18. Jahrhundert an modernisierte (siehe unten, 7).

3. Stimme (Stimmstock) und Baßbalken

Dieses sind zwei wichtige Komponenten für den Klang, die in der Regel bei keiner alten Violine noch original sind. Der Steg übt einen asymmetrisch verteilten Druck auf die Decke aus. Die Stimme, ein zylindrischer Stab aus Fichtenholz, ist zwischen Decke und Boden nahe dem Aufsatzpunkt des Diskantfußes des Stegs in Richtung zum Saitenhalter hin eingesetzt. Die Position der Stimme ist ebenso wie ihre Strafftheit von großer Bedeutung für den Klang. An diesem Aufsatzpunkt sorgt die Stimme dafür, daß der Steg zurückfedert und mit seinem anderen Fuß die entsprechenden Schwingungen auf die Decke überträgt. Die Stimme übt auch einen Dämpfungseffekt aus, durch den ein hohler Echoklang beim Streichen ausgeschaltet wird; andererseits wird aber auch beim →Pizzikato der Klang trocken.

Der unter der Decke in Höhe des Baßfußes vom Steg parallel zur G-Saite verlaufende angeleimte Baßbalken aus Fichte sorgt dafür, daß die Schwingungen der gestrichenen Saiten optimal verteilt werden und daß die Decke dem Saitendruck besser standhält.

4. Geigenbauer

Todes-jahr	Name	Wirkungs-ort
1684	Nicolò Amati	Cremona
ca. 1695	Francesco Rugieri	Cremona
1698	Andrea Guarneri	Cremona
ca. 1705	Giovanni Battista Rogeri	Brescia
1710	Giovanni Battista Grancino (I)	Mailand
1720	Pietro Giovanni Guarneri	Cremona
ca. 1720	Carlo Giuseppe Testore	Mailand
ca. 1730	Giacinto & Vincenzo Ruggeri	Cremona
1735	Giovanni Battista Grancino (II)	Mailand
ca. 1735	Alessandro Gagliano	Neapel
1737	Antonio Stradivari	Cremona
ca. 1739	Giuseppe Giovanni Guarneri	Cremona
1742	Matteo Goffriller	Venedig
1744	Giuseppe Guarneri »del Gesù«	Cremona
1747	Carlo Bergonzi	Cremona
1748	Lorenzo Guadagnini	Piacenza
1750	Domenico Montagnana	Venedig
ca. 1758	Santo Serafin	Venedig
1762	Pietro Guarneri	Venedig
ca. 1775	Carlo Ferdinando Landolfi	Mailand
ca. 1780	Gennaro & Nicolò Gagliano	Neapel
1786	Giovanni Battista Guadagnini	Turin u. a.
ca. 1800	Lorenzo Storioni	Cremona
ca. 1818	Giovanni Battista Ceruti	Cremona

Tabelle 1

Tabelle 1 nennt in chronologischer Folge die Sterbejahre der wichtigsten italienischen Geigenbauer der »goldenen« Epoche des Geigenbaues. Die Orte, in denen sie arbeiteten, hatten günstige klimatische Bedingungen zum Lagern des Holzes und waren meist nicht weit von den südlichen Ausläufern der Alpen entfernt, wo das Holz der langsam wachsenden Fichten, die für den Geigenbau so wichtig sind, herkam. Und sie gewährten obendrein gute Handelsverbindungen zum Osten hin, wo die für die Lacke verwendeten Harze herkamen. Cremona steht an erster Stelle; dort wirkte als erster bedeutender Geigenbauer Andrea

Amati (geb. vor 1511, gest. 1570 oder 1571), der als der Schöpfer der Violine in ihrer heute noch charakteristischen Form gilt, sowie seine Söhne Antonio und Girolamo (gest. 1630), von denen der letztere der Vater Nicolò Amatis war. Aus dessen Werkstatt kam Andrea Guarneri, der Großonkel des berühmten Giuseppe Guarneri (»del Gesù«), der von vielen als Stradivari ebenbürtig angesehen wird. Aus Brescia stammen Gasparo da Salò (gest. 1609), der ca. dreißig Jahre nach Andrea Amati geboren wurde, und sein Schüler Giovanni Paolo Maggini (gest. 1632). Antonio Stradivari (1644? – 1737) arbeitete zunächst bis in die 60er Jahre des 17. Jahrhunderts unter Nicolò Amati (1596–1684). Etwa 650 noch existierende Instrumente stammen von ihm, hauptsächlich Violinen, doch auch etwa sechzehn Bratschen und fünfzig Violoncelli sowie einige wenige andere Saiteninstrumente (darunter zwei Gitarren). Seine Modelle lassen sich verschiedenen Stadien zuordnen; sein klassisches Modell hat er um 1700 entwickelt. Viele seiner Instrumente sind nach ihren früheren prominenten Besitzern benannt, s. z. B. bei den Violinen die »Hellier« (1679), die »Betts« (1704), die »Alard« (1715) und die »Sarasate« (1724). Warum sind seine Violinen so unübertrefflich? Moderne akustische Messungen seiner und anderer altitalienischer Meistergeigen zeigen optimale Charakteristika in Klang und Ansprache. Das Alter spielt dabei keine wesentliche Rolle: Schon zu Lebzeiten galt Stradivari als einer der besten Geigenbauer. Seine Materialauswahl ist auch nicht ausnahmsweise exzeptionell. Am ehesten kann man sein handwerkliches Geschick und seine stete Selbstkritik im Umgang mit dem Holz als die Voraussetzung für die besondere Qualität seiner Instrumente benennen. Es mag auch daran liegen, daß die geschichtliche Entwicklung ihm günstig gesonnen war, weil seine Instrumente die Änderungen späterer Jahrhunderte (neue Hälse, erhöhte Saitenspannung usw., siehe 7a) besonders gut vertrugen. Unter Stradivaris Kindern führten die zwei Söhne Francesco und Omobono das Geigenhandwerk bis zu ihrem Tod, etwa sechs Jahre nach dem des Vaters, weiter.

In der Epoche der altitalienischen Meistergeigen ist Jakob Stainer (ca. 1617–1683) aus Absam in Tirol der bedeutendste Geigenbauer nördlich der Alpen. Im 19. Jahrhundert führten die Turiner Pressenda und Rocca die italienische Schule an, doch zu dieser Zeit begannen die Franzosen den Markt zu erobern, insbesondere Nicolas Lupot (1758–1824, gepriesen als »der französische Stradivari«), François Louis Pique (1758–1822) und Charles François Gand (1787–1845), die auch heute noch wohlbekannt sind. Unter den älteren Meistern nördlich der Alpen verdienen außerdem Benjamin Banks (1727–1795), London; Hendrik Jacobs (1629–1699), Amsterdam; Egidius Klotz (1733–1805) und Sebastian Klotz (1696–ca. 1750), beide Mittenwald und Leopold Widhalm (1722–1776), Nürnberg, Erwähnung.

Die Instrumente der Geigenbauer des 17. und 18. Jahrhunderts, insbesondere von Stradivari und Giuseppe Guarneri del Gesù sind immer wieder kopiert worden. Häufig hat man solche Stilkopien mit einer falschen Zettelinschrift (auf der Innenseite des Bodens) versehen. Keine alte Violine mit dem →Zettel eines prominenten Geigenbauers kann ohne die Expertise eines anerkannten Gutachters bestehen. Die besten Geigen erzielen Spitzenpreise und sind häufig Objekte der Spekulation und Sammelleidenschaft. Eine berühmte »Strad«, wie man in England und Amerika eine Stradivari-Violine bezeichnet, kostete 1794 £ 25, 1954 £ 12.000 und heute mindestens das 40fache. Die große Nachfrage nach Meistergeigen der Stradivari-Epoche als Konzertinstrumente geht unzweifelhaft darauf zurück, daß sie sich aufgrund ihrer Klangstärke am besten für den Einsatz in großen Konzertsälen eignen. Die älteren Instrumente sowie die von Stainer tendieren dazu, weicher und süßer zu klingen, was der Grund dafür war, daß zu Beginn des 19. Jahrhunderts die hochgewöbten Modelle von Nicolò Amati die höchsten Preise erzielten.

Um die große Nachfrage nach Violinen zu stillen, sind einfache Serieninstrumente in Manufaktur (in Heimarbeit) gebaut worden. Heimarbeiter spezialisierten sich auf die Herstellung eines Teils der Violine wie Boden, Decke usw. Die Zentren für diese Arbeiten waren Mittenwald in Bayern, Markneukirchen in Sachsen sowie Mirecourt in den Vogesen. Von etwa 1860 an wurden auch massenweise billige Serieninstrumente in jährlichen Stückzahlen bis zu mehreren Zehntausend industriell hergestellt, indem Boden und Decke von Maschinen geformt wurden (wohingegen bei alten Meistergeigen die Wölbung der Decke gelegentlich durch Biegen der zwei Einzelstücke entstanden sind (Lolov 1984). Trotz solcher industrieller Methoden ist der traditionelle, individuelle »Kunstgeigenbau« weit davon entfernt, auf dem Rückzug zu sein. Man könnte die obige Tabelle bis ins 20. Jahrhundert mit Namen ergänzen, die alle eine große Bedeutung haben. Geigenbauer durchlaufen heute meist eine dreijährige Ausbildung in einer Geigenbauschule (z. B. in Mittenwald), wie sie in vielen Ländern existieren, und sind in der Lage, hervorragende Instrumente nach den alten Meistergeigen zu bauen. Allerdings kommt ein Geigenbauer heute nur selten zum Neubau, weil er in der Regel mit Reparaturen ausgelastet ist

Für Kinder werden Violinen auch in kleineren Größen hergestellt. Eine Viertelgeige hat eine Korpuslänge von ca. 30 cm; für Unterricht nach der Methode des Japaners Shinichi Suzuki, bei der Kinder schon mit zwei Jahren das Instrument erlernen können, gibt es sogar Sechzehntelgeigen mit dem entsprechenden Bogen dazu.

5. Violinspiel

(a) *Saiten.* Die vier Saiten sind in Quintstimmung: e^2(erste Saite) a^1 d^1 g (vierte Saite). Bis in die 1920er Jahre hinein waren sie vollständig aus Darm, nur bei der G-Saite war der Darmkern mit Metall umsponnen. Heute sind eine Stahl-E-Saite, mit Aluminium umsponnene A- und D-Saiten aus Darm und eine mit Silberdraht umsponnene G-Saite aus Darm am gebräuchlichsten. Aber auch Saiten aus gedrehtem Stahl oder mit Stahldraht umsponnenem Nylon sind in Gebrauch. Für die eine höhere Spannung als Darmsaiten aufweisenden Stahlsaiten sind zusätzlich zu den Wirbeln Feinstimmer, das sind kleine Schrauben am Saitenhalter, notwendig. Die moderne Stahlsaite, über die in der ersten Hälfte unseres Jahrhunderts eine heftige Diskussion entbrannte, gibt einen tragfähigeren, brillanteren Ton als die Darmsaite.

Die Violine wird an das Schlüsselbein oder die Schulter angelegt und mittels des auf der Kinnstütze (die Louis Spohr 1819 in Frankreich einführte) aufliegenden Kinns festgehalten. Die meisten Geiger haben außerdem eine sogenannte Schulterstütze am Unterbügel ihres Instruments befestigt. Dies kann ein kleines Kissen sein – aber auch ein gepolsterter Rahmen, der der linken Hand mehr Bewegungsfreiheit gibt, weil das Instrument so leichter zwischen Schulter und Kinn festgeklemmt werden kann.

(b) *Fingersatz* (→ auch unter FLAGEOLETT-TÖNE). Die Griffweise ist im wesentlichen diatonisch, d.h. daß auf der G-Saite der Zeigefinger (der »erste« Finger) das A und der kleine, der »vierte« Finger das D, also denselben Ton der benachbarten höheren leeren Saite, greifen. Für Halbtonschritte wird der entsprechende Finger etwas höher oder tiefer auf das Griffbrett aufgesetzt. Für Töne oberhalb des h^2 (entsprechend dem kleinen Finger auf der E-Saite in der ersten Lage) muß die gesamte Hand auf dem Griffbrett einen Lagenwechsel machen, z.B. in die dritte Lage (in der der Zeigefinger auf der E-Saite das a^2 abgreift). Für diese Lagenwechsel ist es notwendig, daß der Spieler mittels der Kinnstütze seine Violine sicher zwischen Kopf und Schulter halten kann, so daß die Bewegungsfreiheit der linken Hand nicht beeinträchtigt wird.

Da das Griffbrett bundfrei ist (→BUND) und die Tonabstände relativ eng beieinander liegen, ist das intonationsreine Spiel verhältnismäßig schwierig zu erlernen. Auch auf den unteren Saiten wird in höheren Lagen gespielt, teils um eine Passage mit Saitenwechsel grifftechnisch leichter spielen zu können, teils um die Klangfarbe zu beeinflussen. Wenn eine Passage »sul G« oder »sulla 4ª« bezeichnet ist, bedeutet dies, daß sie ausschließlich auf der G-Saite gespielt werden soll. Auch ist Vibrato leichter auszuführen, wenn die Hand frei ist. Dazu wird die linke Hand oder der Unterarm so hin und her bewegt, daß der abgreifende Finger seine Position auf dem Griffbrett nur minimal verändert, aber immerhin so sehr, daß die Tonhöhe bis zu ± einem Achtelton schwankt. Doppelgriffe sind bis zum Intervall einer Dezime möglich; bei Verwendung der leeren, d.h. nicht abgegriffenen Saite für den tieferen Ton sogar noch größere Intervalle spielbar. Bei Akkorden mit mehr als zwei Tönen, die dann zwangsläufig über mehr als zwei Saiten gehen müssen, können nicht mehr als zwei Töne zusammen ausgehalten werden. Dies gilt auch für die polyphonen Linien, die in Bachs Solosonaten und -partiten BWV 1001/06 impliziert sind. Bei Akkorden über drei oder vier Saiten können die Finger der linken Hand häufig liegenbleiben, doch durch Saiten- und Bogenwechsel die Einzeltöne »arpeggiert«, d.h. nacheinander gespielt werden (Notenbeispiel 1).

Notenbeispiel 1. *J. S. Bach, Partita Nr. 2, Chaconne, Takte 88/89.*

(c) *Bogenführung.* Es wertet die Violine keineswegs ab, festzustellen, daß der Streichbogen mit seiner Bewegung einen bedeutenden akustischen und ebenso visuellen Einfluß hat. Die unglaubliche Variabilität des Violinklanges gründet sich auf der Verbindung von Bogengeschwindigkeit und Unterbrechung der Bogenführung (durch Druck mit dem rechten Zeigefinger auf die Bogenstange) sowie auf dem variierbaren Abstand der Bogenhaare zum Steg. Der →Bogen wird leicht schräg vom Steg hinweggekantet über die Saite(n) gezogen (d.h. die Bogenstange ist etwas weiter vom Steg entfernt als die Haare). ⊓ bedeutet Abstrich (nach rechts vom Spieler weg), V Aufstrich (die entgegensetzte Strichart). Der Abstrich ist die von den Bewegungsabläufen her gesehen normal stärkere Strichart. Mit unterschiedlichen Folgen von Auf- und Abstrich kann der Geiger differenziert phrasieren und artikulieren. Die folgenden Begriffe beschreiben die wichtigsten Stricharten:

legato (ital.): Gebundene Töne; der schwierigste aller Striche ist der, bei dem der Bogenwechsel unhörbar auf einem kontinuierlichen Ton erfolgt.

detaché (fr.): Non-legato, ohne den Bogen von der Saite abzuheben, hin und her.

staccato (ital.): Ruckartige Bogenführung, in der Regel mit stets wechselndem Strich.

martelé (fr.), *martellato* (ital.) »gehämmert«: Ein besonders kräftiges Staccato mit abgeteilten Bogenstrichen, erzeugt durch Druck und schnelles Nachlassen zu Beginn eines jeden Strichs.

sautillé (fr.), *saltato*, *saltellato* (ital.): Sehr schnelles Staccato, das entsteht, wenn man in der Mitte des Bogens spielt, wobei der Bogen wegen seiner Elastizität auf- und abspringt, ohne daß er mit der Hand abgehoben wird.

spiccato (ital.): Ein springendes Staccato, nahe am Frosch, bei dem jeder Ton mit einem neuen Bogenstrich hervorgebracht wird.

portato (ital.): Leichte Artikulation, ohne den Bogen anzuhalten, auch bei abgeteilten Noten unter einem Bindebogen und im Passagenwerk (Notenbeispiel 2).

Notenbeispiel 2

Die gesamte Violinmusik bis einschließlich der der Wiener Klassik kann mit obigen Bogenstrichen und innerhalb eines Tonumfangs von etwas mehr als vier Oktaven ausgeführt werden. Im 19. Jahrhundert führten Virtuosen wie Paganini eine Anzahl weiterer Spielarten ein:

jeté (fr.), geworfen: Viele schnelle Töne werden auf einem Bogen gespielt, so daß er von allein anfängt zu springen.

Pizzikato mit der linken Hand in absteigenden Passagen: Zupfen mit dem Finger oberhalb dessen, der die Saite abgreift (angezeigt durch +).

Kombination von Pizzikato und Glissando, wobei der Finger der linken Hand von dem abgegriffenen Ton aus nach oben oder unten zu einem anderen Ton rutscht, bevor dieser ausklingt (angezeigt durch *pizz.* unter einem Bindebogen und vor allem von Bartók effektvoll angewendet).

Tremolo (ital., de facto bereits im 17. Jahrhundert bekannt): Sehr schnelle Strichwechsel auf einer Tonhöhe.

sul ponticello (ital.): Mit dem Bogen nahe am Steg streichen, wodurch der Klang dünner, fahler wird.

sul tasto (ital.): Mit dem Bogen am Griffbrettende streichen.

col legno (ital.) »mit dem Holz«: Mit der Bogenstange statt mit den Haaren über die Saiten streichen bzw. sie anschlagen.

6. Geschichtliches

(a) *Frühe Violinen*. (Zur Vorgeschichte der Violine →FIDEL.) Eine der ältesten Darstellungen ist in einer auf 1505/08 datierbaren Wandmalerei in Ferrara (abgebildet bei Remnant 1989) und stammt aus jenen Jahren, als der der Violine ihre klassische Form gebende Andrea Amati geboren wurde. Die Ecken reichen noch nicht so weit hervor, der Steg ist unterhalb der *f*-Löcher aufgesetzt (als ob ein Stimmstock noch nicht vorhanden ist) und das Instrument hat möglicherweise nur drei Saiten. Von dem berühmten italienischen Sammler Conte Salabue (gest. 1840) stammt die eher vage Beschreibung einer 1546 datierten Amati-Violine mit ebenfalls noch drei Saiten. Zehn Jahre darauf werden vier Saiten in einer französischen Quelle (Jambe-de-Fer 1556) genannt, die sich im speziellen auf das Tänze und Ballette aufführende Violinensemble am französischen Hof bezieht (→ORCHESTER, 4). Auch der englische Hof hatte ein Violinensemble, in dem zunächst italienische Musiker wirkten. In München spielte eine kleinere Gruppe aus sieben Instrumenten der Violinfamile (→*viola da braccio*) zu Mahlzeiten auf. Der das Ensemble anführende Musiker spielte auf der Violine reiche Verzierungen »mit solcher Süße und Klarheit, daß alle Anwesenden diesem Instrument den Vorrang einräumten« (Trojano 1569).

Eine bescheidene Darstellung hinsichtlich der Popularität, die die Violine schnell als ein Instrument der Gebrauchsmusik, insbesondere der Tanzmusik, gewann, vermittelt ein Nürnberger Manuskript um 1600 mit bekannten Melodien, die in →Tabulatur notiert sind, bei der Zahlen, die die Finger bedeuten, auf vier Linien (für die vier Saiten) stehen. Die *country dances* der Tudor-Zeit sind zum Zeitpunkt von Playfords Sammeldruck *The English dancing master* Mitte des 17. Jahrhunderts reine Violinmusik und lassen sich nicht so leicht auf einem anderen Melodieinstrument spielen.

(b) *Violinist und Komponist im Barock*. In Italien war diese Personalunion verbreitet. Zu den berühmten Solisten, die wahre Akrobaten der Violine waren, zählten Carlo Farina und Biagio Marini, die beide auch in Deutschland konzertierten und (mit ihren von 1617 an gedruckten Kompositionen) die Zuhörer mit Doppelgriffen en masse, *col-legno*-Effekten und Geräuschimitationen von Vögeln und anderen Tieren begeisterten. (Seit jener Zeit eine allgemein beliebte Spielerei für Zugaben – ohne Zweifel trivial, doch welches andere Instrument ermöglicht diese Klangeffekte?)

Im ernsthafteren Genre entwickelte sich die berühmte italienische Violinmusik nach der Mitte des 17. Jahrhunderts und erhielt mit Corelli ihren wohl bekanntesten und erfolgreichsten Vertreter. Er und seine Kollegen verwendeten einen Bogen (→Bogen, Zeichnung 1c), der wie der französische Bogen das *Cantabile*-Spiel ermöglichte. Der französische Bogen war einige Zentimeter kürzer und wurde anders gehalten (Daumen auf der Unterseite der Bogenhaare, so daß der Spieler leicht die Spannung ändern kann), wodurch der Tanzcharakter der Kompositionen gut verwirklicht werden konnte.

Zum Studium der historischen Aufführungspraxis eignen sich die verzierten langsamen Sätze in dem von Estienne Roger, Amsterdam, ca. 1708 verlegten Sammeldruck von Corellis (1653–1713) Violinsonaten op. 5; die aus schnellen Läufen bestehenden Verzierungen der schlichten Melodiestimme sind nicht von Corelli komponiert, sondern ausgeschrieben, »wie er sie gespielt wünscht«. Zwei bedeutende Schüler Corellis waren Geminiani, der sich in London niederließ, wo er *The art of playing on the violin* (1751, fünf Jahre vor Leopold Mozarts noch bedeutenderem *Versuch* verlegt) schrieb, und Locatelli, der durch *L'arte del violino* (1733) mit extremen technischen Spielereien bekannt wurde. Tartini in Padua schuf mit seiner *Arte dell'arco* (1758) eine weitere bedeutsame Sammlung virtuoser Violinliteratur.

7. Die moderne Violine

(a) *Der neue Hals und das neue Zubehör.* Der Bogenmacher François Tourte (ca. 1747–1835), Paris, gab dem Violinbogen seine heutige Gestalt (→BOGEN, 1b), der kräftigere und auch andere Bogenstriche (z. B. *martelé*, siehe oben, 5c) ermöglicht, weil Spannkraft, Gewicht und Schwerpunkt der Bogenstange verändert sind. Um dem stärkeren Bogendruck mit verstärkter Saitenspannung entgegenzuwirken, wurde der Steg um ca. 5 mm und der Saitenwinkel um bis zu 8° erhöht. Bei der ursprünglichen Bauweise lag die Oberseite des Halses in einer Ebene mit dem Korpus (Abb. 2a) und bildete nur das auf den Hals aufgeleimte Griffbrett mit einem zwischengeschobenen Keil eine Schräge. Um für den geänderten Winkel einen dickeren Keil zu vermeiden, der Hals und Griffbrett unvorteilhaft klobig machen würde und das Spiel vor allem auf den unteren Saiten erschwerte, der Hals jetzt in einem schrägen Winkel an das Korpus angesetzt, wobei auch kein Keil für das Griffbrett mehr notwendig wird. Die Höhe des Sattels befindet sich bei dieser Konstruktion etwas unterhalb der Decke (Abb. 2b). Außerdem ist der Hals etwas, das Griffbrett sogar deutlich länger, um den erhöhten spieltechnischen Anforderungen hinsichtlich des Lagenspiels gerecht zu werden. Um die stärkere Belastung der Decke aufzufangen, wurde der alte Baßbalken nach und nach durch einen längeren und höheren ersetzt, was um so wichtiger wurde, als im 19. Jahrhundert der →Stimmton nach oben ging.

Wer diese Veränderungen, die nahezu sämtliche alte Instrumente betrafen, ins Spiel brachte, ist nicht genau bekannt. Wir wissen lediglich, daß diese Umbauten in Paris begannen. 1794 kam Nicolas Lupot aus Orléans nach Paris, um zunächst bei Pique zu arbeiten. Diese beiden waren mit großer Wahrscheinlichkeit die ersten, die möglicherweise zusammen mit anderen führenden Geigenbauern in Paris alte Violinen änderten und neue in dieser seither üblichen Ausführung bauten. Beide Geigenbauer bevorzugten die Stradivari-Modelle mit ihrem verhältnismäßig flachen Korpus, was zu jener Zeit eher unüblich war, weil damals das Stainer-Modell mit seiner hohen Wölbung mehr geschätzt wurde. Die Stradivari-Modelle eignen sich am besten (Skeaping 1955) für die bautechnischen Veränderungen, die den spieltechnischen Erweiterungen des Geigers Viotti gerecht werden; der überragende Ruf von Stradivari reicht im wesentlichen in diese Zeit zurück.

(b) *Viotti und Nachfolger.* Der aus Italien stammende Jean-Baptiste Viotti (1752–1824) kam 1782 nach Paris und gilt als »Vater des modernen Geigenspiels«. Viotti verband in seinem Geigenspiel moderne Lehrmethoden mit der soliden Spieltechnik gemäß alter italienischer Tradition. Im Stammbaum der Lehrer-Schüler-Beziehungen großer Solisten bis auf den heutigen Tag nimmt er einen herausragenden Platz ein. Er selbst war, über seine Verbindung zu Pugnani, sozusagen Enkelschüler von Corelli und

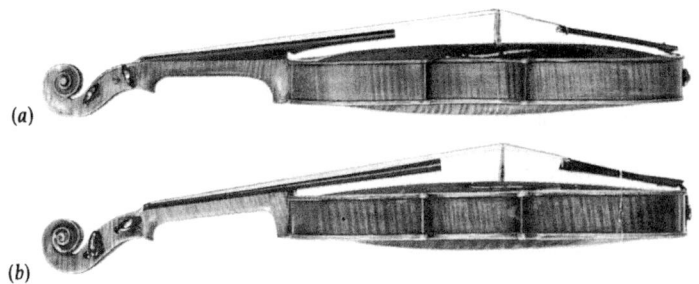

Abb. 2. (a) *Violine von Jakob Stainer, 1688; (b) moderne Violine von J. B. Vuillaume, Paris, 1867.*

er unterrichtete den allgemein geschätzten Pierre Rode (1774–1830), von dem aus eine Linie zu niemand geringerem als Joseph Joachim (für den Brahms sein Violinkonzert schrieb), Leopold Auer (dem Begründer der russischen Geigenschule), Jascha Heifetz und Yehudi Menuhin führt, von denen jeder einzelne neue Aspekte des Stils und der Spieltechnik freilegte und neue Repertoireschwerpunkte setzte. Eine Schallplatte von Joachim mit einem der Brahmsschen Ungarischen Tänze ist nicht nur ein Dokument des großen Geigers sparsamen Vibratos, sondern belegt auch sein verhältnismäßig prominentes Portamento, das zu jener Zeit solange gepflegt wurde, bis, wie es heißt, die Violinisten des Portamentos überdrüssig wurden, weil sie sich immer häufiger damit auf Schallplatten hörten. Auch spielt beim Spielwandel das Phänomen der Mode eine Rolle. Im 20. Jahrhundert kann man mindestens fünf klar zu unterscheidende Stilwandel im Violinspiel dingfest machen.

Die großen Konzerte sind ein Spiegelbild der jeweils avanciertesten Spieltechnik. Das gilt u.a. für Beethovens Violinkonzert mit virtuosem Passagenwerk, das auch in den Solokompositionen von Viotti, Rode und Kreutzer vorkommt. Das Violinkonzert wurde übrigens bei seiner Uraufführung von Franz Clement gespielt. Es berührt seltsam, daß im zweiten Teil jenes Konzertabends mit einer für uns heute musikalisch so gehaltvollen Komposition der Solist sein Publikum mit einem Stück belustigt haben soll, bei dem er sein Instrument mit der Decke nach unten gehalten hat.

(c) *Historisierende Aufführungspraxis.* Um 1930 gab es in Deutschland die ersten Versuche, auf alten, nicht umgebauten bzw. auch rekonstruierten oder zurückgebauten »Barockgeigen« (»Kurzhalsgeige«, »Violine in barocker Mensur«) zu spielen. Der große Durchbruch der historisierenden →Aufführungspraxis, bei dem auch eine betont andere Spieltechnik gepflegt wurde, setzte in den 1960er Jahren mit Namen wie Alice Harnoncourt und Eduard Melkus ein. Zu den prominenten Namen, die hierauf aufbauten, zählen Reinhard Goebel, Monica Huggett, Jaap Schröder und Simon Standage.

8. *Repertoire*

(a) *Barock.* Das große Solorepertoire und Kammermusikrepertoire der Violine entwickelte sich in Italien, darunter vier Sammlungen von Triosonaten von Corelli, Sonaten von Vitali, zahlreiche Violinkonzerte von Vivaldi, darunter op.8 *Il cimento dell'armonia e dell'inventione* mit den vier Konzerten »Die vier Jahreszeiten« sowie viele Sonaten für eine und zwei Violinen. Andere beliebte italienische Sonaten stammen von Geminiani, Veracini, Locatelli und Tartini (zwei Sammlungen, darin die sogenannte »Teufelstriller-Sonate«).

Außerhalb Italiens pflegte Heinrich Ignaz Franz Biber (1644–1704) einen virtuosen und charakteristischen Stil, der u.a. von dem Gebrauch der →Skordatur geprägt ist. Seine wichtigsten Werke für die Violine sind die sechzehn Rosenkranz-Sonaten (mit Continuobegleitung, doch mit der bekannten *Passacaglia* für Violine solo als Sonate Nr. 16) sowie die acht Sonaten für Violine und Basso continuo (1681). Von Biber stammt auch eine kurzweilige Imitation verschiedener Tierlaute in Form einer Sonate (*Sonata violino solo representativa*).

Den Höhepunkt der barocken Violinliteratur bilden die drei Solosonaten und drei Solopartiten BWV 1001–1006 von Bach, seine nach dem Vorbild italienischer Konzerte komponierten Violinkonzerte in a-Moll und E-Dur BWV 1041/1042 sowie das Doppelkonzert für zwei Violinen BWV 1043 und die sechs Sonaten mit Cembalobegleitung BWV 1014–1019. Weitere häufiger gespielte (Trio-)Sonaten stammen von Händel, Purcell, Telemann und Leclair.

(b) *Klassik.* Leopold Mozarts Violinschule aus dem Geburtsjahr seines berühmten Sohnes ist die bedeutendste Quelle zur Spielpraxis des Spätbarocks und der frühen Klassik. Haydns Konzerte stehen noch zwischen den Stilen, während wir mit Mozarts fünf Konzerten, der Sinfonia concertante für Violine und Bratsche Es-Dur KV 364 (→BRATSCHE, 4) und den 34 Sonaten für Violine und Klavier Werke im reinen Stil der Wiener Klassik vor uns haben. Von Beethoven gibt es neben dem Violinkonzert op. 61 das Tripelkonzert für Violine, Violoncello, Klavier und Orchester, zwei Romanzen op. 40 und op. 50 und natürlich die zehn Violinsonaten, darunter die berühmte »Frühlings-Sonate« F-Dur op. 24 und die »Kreutzer-Sonate« A-Dur op. 47.

(c) *Romantik.* Auf der Schwelle zur Romantik stehen die Capricen von Niccolò Paganini (1782–1840), dem legendären »Teufelsgeiger«, der eine neue Ära des Violinspiels parallel zu der des Klavierspiels eines Franz Liszt einleitete. Nicht zu vergessen sind jedoch die einst bedeutenden Werke von Louis Spohr, der u.a. mit seiner Violinschule die Spieltechnik ebenfalls entscheidend beeinflußt hat. Von Schubert stammen vier technisch relativ anspruchslose Sonaten (»Sonatinen«), von Mendelssohn das berühmte Konzert e-Moll (neben einem Jugendwerk in d-Moll). Vergessen sind heute die zehn Violinkonzerte von Charles-Auguste de Bériot (1802–1870), der auch eine wichtige Violinschule verfaßt hat. Die folgende Aufstellung nennt die bekanntesten Kompositionen der Folgezeit in chronologischer Anordnung ihrer Komponisten: Vieuxtemps (Konzerte u.a.); Franck (Sonate in A-Dur); Lalo (*Symphonie espagnole*); Brahms (Konzert

D-dur, Doppelkonzert für Violine und Violoncello, drei Sonaten op. 78, 100 und 108); Saint-Saëns (Konzerte und Sonaten); Wieniawski (Konzert d-Moll); Bruch (drei Konzerte, darunter das bekannte in g-Moll); Tschaikowsky (Konzert D-Dur); Dvořák (Konzert a-Moll, Sonate F-Dur); Grieg (drei Sonaten); Fauré (Sonate e-Moll op. 108).

(d) *20. Jahrhundert.* Janáček (Sonaten); Chausson (*Poème*); Elgar (Konzert); Debussy (Sonate g-Moll); Glasunow (zwei Konzerte); Sibelius (Konzert); Schönberg (Konzert op. 36, Fantasie für Violine und Klavier op. 47); Bartók (zwei Konzerte, Solosonate, mehrere Duette); Enesco (Sonaten); Strawinsky (Konzert); Szymanowski (zwei Konzerte, zwei Sonaten); Webern (Vier Stücke op. 7); Berg (Konzert); Prokofieff (zwei Konzerte, zwei Sonaten); Hindemith (Konzert, Sonaten); Bernd Alois Zimmermann (Konzert); Penderecki (Konzert, Sonate); Schnittke (mehrere Konzerte); Pärt (*Fratres*). Auch im Jazz ist die Violine gelegentlich vertreten (hier vor allem Stephane Grapelli).

9. Abkömmlinge der Violine

→HARDINGFELA; STROH-VIOLINE; TASCHENGEIGE; VIOLINO PICCOLO.

(a) *Experimentelle Formen.* Seit dem frühen 19. Jahrhundert wurde mit der Formgebung der Violine experimentiert. So gibt es Violinen mit eckenlosem Korpus, also ähnlich der Gitarrenform, und in mehr oder weniger dreieckiger Form von Chanot und dem Akustiker Savart (1791–1841). → auch BRATSCHE, 5.

(b) *Stumme Violine.* Bis zum 19. Jahrhundert wurden auch Violinen ohne Korpus, d.h. nur mit Decke und eventuell kleinen, nach unten hin offenen Zargen gebaut, die für Übezwecke gedacht waren und nur minimale Klangstärke hatten.

Lit.: Apian-Bennewitz 1920; Beament 1997; Boyden 1971; Campbell 1980; Coates 1985; Creighton 1974 (Diskographie); Cremer 1981 (zur Akustik); Elste 1987; Fuchs 1991; Goodkind 1972; Hamma 1992, 1993; Heron-Allen 1885; Hill 1987; Hutchins 1975 (zur Akustik); Jalovec 1957, 1959, 1968 (Lexikon der Geigenbauer); Kolneder 1972; Leonhardt 1969; Lexikon 2004; Lütgendorff 1922, 1990 (Lexika der Geigenbauer); Möckel 1930, 1977; Mozart 1756; Nelson 1972; Sacconi 1976; Skeaping 1955; Stainer 1896 (Lexikon der Geigenbauer), 2003; Vannes 1951 (Lexikon der Geigenbauer); Violins 1998; Walls 1984; Witten 1982.

Violinofon (Violophon) Eine ähnlich der →Stroh-Violine und der →Tiebel-Violine um 1920 gefertigte Violine mit Membran und metallenem Schalltrichter. Der Klingenthaler Instrumentenbauer Hans Rölz fügte der Violine den Schalltrichter an der Baßseite der Unterzarge an. Der Ton dieses Violinofons wurde als ein Gemisch von Streich- und Blasinstrumenten-Klängen mit saxophonartigem Timbre beschrieben und sollte sich für die Unterhaltungsmusik der 20er Jahre eignen.

Lit.: Elste 1987.

Violino piccolo Stimmenbezeichnung bei einigen deutschen und italienischen Kompositionen des Barock, ohne eindeutige Zuordnung zu einem bestimmten Instrument der Violinfamilie. Die Kantate »Es ist ein großer Gewinn« (1698 oder früher) von Johann Michael Bach, eines älteren Cousins Johann Sebastian Bachs, verlangt einen »Quart Violino, non di grosso grando« (mit nicht großem Korpus) mit einer um eine Quarte nach oben transponierten Stimmung (spartiert in *Das Erbe deutscher Musik*. Bd. 2. 1935). J.S. Bach selbst fordert den Violino piccolo im Brandenburgischen Konzert Nr. 1 BWV 1046), der hier eine kleine Terz über der normalen Violine steht. Heutzutage wird dafür gelegentlich eine Dreiviertelvioline verwendet. Die »violini piccoli alla francese«, die kurz im 2. Akt von Monteverdis *Orfeo* gespielt werden, können möglicherweise →Taschengeigen gewesen sein, obwohl es wahrscheinlicher ist, daß damit angedeutet wird, daß die damaligen französischen Violinen etwa 3 cm kürzer als die italienischen waren.

Violoncello (Cello) (engl.: *cello, violoncello;* ital.: *violoncello;* fr.: *violoncelle*). Das Baßinstrument der →Viola da braccio-Familie, das seines weit ins Sopranregister reichenden Tonumfangs von fünf Oktaven und seiner Ausdruckskraft wegen nach der Violine das zweite bedeutende solistische Streichinstrument ist.

1. Konstruktion

Die Stimmlage des Violoncellos steht eine Duodezime unter der der Violine, seine Saiten haben die Stimmung *a d G C*. Obwohl das Instrument sehr groß aussieht, ist es nur etwas mehr als doppelt so lang wie die Violine: Die Länge des Korpus beträgt ca. 75,5 cm, die schwingende Saitenlänge ca. 69 cm. Wegen der Saitenlänge ist der Fingersatz (spätestens seit dem 17. Jahrhundert) chromatisch: die vier Finger greifen die aufeinanderfolgenden Halbtöne ab. Die Proportionen hinsichtlich Breite und Länge entsprechen in etwa denen der Violine (obwohl es hierbei auch Abweichungen gibt), doch können die Zargen fast viermal so tief wie die der Violine sein. In Zusammenhang mit den proportional kürzeren und engeren *f*-Löchern entsteht eine innere Luftresonanz ungefähr auf dem *G*, doch wenn die *f*-Löcher weit ausgeschnitten sind, kann sie oberhalb des *A* liegen.

Der Hals des Violoncellos ist verhältnismäßig schmal; der Obersattel braucht lediglich 5 mm breiter als bei der Violine zu sein. Die geringfügig nach außen weisenden Ecken am Fuß des Wirbelkastens verbreitern diesen gegenüber dem Hals. Am unteren Ende des Wirbelkastens ist rückseitig eine etwas schmalere Rundung, in der die Hohlkehle weitergeführt ist. Der hohe Steg (ca. 8 cm) bringt die Saiten in etwa denselben Winkel zum Griffbrett wie bei der Violine und erlaubt auch auf den äußeren Saiten eine ungestörte Bogenführung.

Ein Violoncello ist im wesentlichen – bis auf die seltene Ausnahme, daß für den Boden und die Zargen Birne oder Pappel statt Ahorn gewählt wird – aus den gleichen Materialien wie eine Violine gebaut. Decke und Boden sind in der Mitte etwa 2 bis 3 mm dicker als bei der Violine. Der Baßbalken ist etwa doppelt so groß wie bei der Violine.

Die meisten berühmten italienischen Geigenbauer haben auch Celli gebaut. (Guarnieri del Gesù ist da wohl eine Ausnahme.) Ca. 50 Celli existieren von Stradivari, dessen Modell zu Anfang des 18. Jahrhunderts die bis dahin etwas breiteren Modelle abgelöst hat. Für Kinder gibt es »Dreiviertel«-Celli (mit einer Korpuslänge von 68 cm oder weniger) oder »Halbe«-Celli (bis hinunter zu 56 cm Korpuslänge).

Der Stachel aus Metall oder Ebenholz mit einem Stahlkern, auf dem das Cello aufgestützt wird, ist erst im 20. Jahrhundert üblich geworden. Zuvor wurde das Instrument auf den Waden abgestützt (Abb. 1). Das andere Extrem, das Solocellisten unserer Zeit pflegen, ist ein verlängerter Stachel, wie ihn Paul Tortelier (1814–1990) eingesetzt hat, oder – wie Mstislaw Rostropowitsch (geb. 1927) ihn verwendet – ein langer, geknickter Stachel, der das Cello in einen flacheren Winkel bringt, wodurch wie bei der Violine das Gewicht des Bogens stärker auf die Saiten trifft.

2. Saiten und Spielweise

Ursprünglich waren alle Saiten aus Darm, wobei im 18. Jahrhundert eine umsponnenene C-Saite üblich wurde. Heutzutage verwenden die meisten Cellisten mit Silber-, Wolfram- oder Aluminiumdraht umsponne Stahlsaiten für die tiefen Saiten, um dem dunklen Klang entgegenzuwirken. Häufig werden auch stahlumsponnene Nylonsaiten verwendet, und auch eine ausschließliche Bespannung mit Stahlsaiten ist nicht unüblich.

Der Bogen ist etwa 2,5 cm kürzer und etwa 25% schwerer als der für die Violine. Die Bogenhaltung und -führung entspricht im wesentlichen der des Violinspiels.

In der engen Lage beträgt der Tonumfang der Finger eine kleine Terz, z.B. auf der D-Saite E bis G. Wenn erforderlich, kann dieser Umfang um einen Halbton erweitert werden, indem der Spieler den ersten Finger so zurücksetzt, daß zum zweiten ein

Abb. 1. Der berühmte Cellist Alfredo Piatti (1822–1901): er hält das Cello fast aufrecht und nur mit Unterstützung der Beine.

Ganztonschritt entsteht. Der Schüler lernt die Es-Dur-Tonleiter wie in Notenbeispiel 1, wobei ein Lagenwechsel (Bewegung der Hand) bereits nach dem zweiten Ton erforderlich wird. Bald lernt der Anfänger, die Vielzahl von Fingersätzen auf einer Saite und über mehrere Saiten hinweg anzuwenden, die sogar für die einfachsten Melodien notwendig sind und vom erfahrenen Cellisten sofort beim Vom-Blatt-Spiel angewandt werden, obwohl sie kompliziert werden können.

Notenbeispiel 1

Weil das Instrument abwärts gehalten wird, ist es möglich, daß der Cellist den linken Daumen auf das Griffbrett aufsetzt und zwei Saiten gleichzeitig niederdrückt. Der Daumenaufsatz wird mit ℘ bezeichnet und vor allem auf der A- und D-Saite von der Mittellage der Mensur an in den höheren Lagen benutzt, desgleichen bei Doppelgriffen und um mit dem Daumen und dem dritten Finger →Flageolett-Töne zu erzeugen.

In Violoncellostimmen finden drei Schlüssel Verwendung: Baß-, Tenor- und Violinschlüssel. In älteren Musikdrucken von solistischen Kompositionen sind die im Violinschlüssel notierten Passagen nach oben oktaviert, wenn sie an eine Passage im Baßschlüssel anschließen. Damit wollte man möglicherweise einen optischen Eindruck von dem höheren Ambitus vermitteln.

3. Geschichtliches

(a) basse de violon. Der Baß der viola da braccio-Familie war zunächst in Italien ein recht kleines Instrument, das eine Quinte tiefer als die Bratsche gestimmt war (entsprechend der Baßblockflöte gegenüber der Tenorblockflöte) und drei (mit der untersten auf F) oder vier Saiten hatte. Die Stimmung in vier Quinten vom C aufwärts ist Mitte des 16. Jahrhunderts für Deutschland belegt (siehe Gerle 1532 sowie Praetorius 1619), in anderen Ländern kommt die vom F der dritten Saite ausgehende Stimmung der untersten Saite in B^1 vor. Diese Stimmung, bei der alle Saiten einen Ganzton tiefer als heute stehen, hielt sich in Frankreich bis Ende des 17. Jahrhunderts *(basse de violon)*, in England *(bass violin)* und gelegentlich auch in Italien (häufig *violone* bezeichnet). Das erklärt das B^1 in französischen Kompositionen aus der Zeit Lullys. Wie die Instrumente auch gestimmt waren: sie waren groß und hatten eine Korpuslänge von bis zu 80 cm und erscheinen auf zeitgenössischen Darstellungen mit Ober- oder Untergriff gespielt. Solche Instrumente hatten auf dem Boden einen Metallring für einen Haken oder eine Schlaufe, so daß sie im Stehen gespielt werden konnten. Das gilt auch noch für einige Instrumente im 18. Jahrhundert. Auf Abbildungen aus vielen Ländern sieht man das Violoncello als Prozessionsinstrument.

Sehr wenige dieser großen Baßvioloinen existieren noch in ihrer originalen Größe, fast alle sind auf normale Cellodimensionen verkleinert worden. Das hat zur Folge, daß das obere und untere Ende des Korpus verändert wurde, aber der Mittelbügel erhalten geblieben ist, so daß er dem geschulten Auge im Verhältnis zum Gesamtkorpus etwas zu lang erscheint.

(b) Violoncello. Dieser Name erscheint um 1660 (als *violoncino* sogar schon 1642) als Diminutiv von *violone* in der frühen italienischen Sololiteratur. Das kleinere Instrument wurde möglich durch die Verfügbarkeit von metallumsponnenen Darmsaiten für die tiefsten Saiten, um auch bei kürzerer Saitenlänge gut zu klingen (Bonta 1977). Das kleinere heute übliche Modell scheint im späten 17. Jahrhundert entwickelt worden zu sein; zunächst von Andrea Guarneri und Francesco Ruggeri (→VIOLINE, Tabelle 1). Stradivari hatte zunächst bis 1701 Celli in den alten Dimensionen gebaut, bevor er von 1707 an zum kleineren Modell überging. Wie bei den Violinen hat man um 1800 auch alte Celli mit neuen Hälsen versehen; →VIOLINE, 7.

Zwei frühe Komponisten für das Instrument sind Degl'Antonii (unbegleitetes *Ricercare* für Violoncello oder Cembalo, 1687) und Domenico Gabrieli (*Ricercari* für Cello solo, 1689). Der letztere gibt die Stimmung g d G C an und notiert bis zur Oktave g^1. Diese Stimmung, bei der die erste Saite einen Ganzton niedriger als heute steht, erscheint ebenso in verschiedenen anderen italienischen Kompositionen jener Zeit sowie bei Bach in seiner 5. Cello-Suite (→SKORDATUR). Virtuosität wird vom Cellisten seit dem 18. Jahrhundert, d.h. seit dem Gebrauch des Daumenaufsatzes, verstärkt verlangt. Als einer der ersten Cellovirtuosen wird häufig der in Italien und Österreich wirkende Cellist Francesco Alborea (»Franciscello«, 1691–1739) genannt. Ihm werden zwei Sonaten zugeschrieben, die bis zum d^2 reichen und viele Doppelgriffe und arpeggierte Akkorde über mehrere Saiten enthalten, wie sie später häufig in solistischer Cellomusik vorkommen.

(c) Das Violoncello in Klassik und Romantik. Zwei herausragende Persönlichkeiten des ausgehenden 18. Jahrhunderts sind die Brüder Duport aus Paris. Jean-Pierre Duport (1741–1818) schrieb Sonaten bis zum a^3. Für ihn, der am preußischen Hof angestellt war, hat Mozart seine »Preußischen« Quartette KV 575, 589 und 590 geschrieben, und Beethoven hat mit ihm 1796 seine Sonate op. 5 in Berlin uraufgeführt. Jean-Louis Duport (1749–1819) ist durch sein *Essay sur le doigté* (1806) bekannt geworden, dem Grundstein und Standardwerk für modernen Cello-Fingersatz. Luigi Boccherini hat als Cellist einige der besten klassischen Kompositionen für das Instrument geschrieben. Zu den prominenten Namen nach den Duports zählen Romberg (1767–1841), Servais (1807–1866) und Piatti (1822–1901, siehe Abb. 1), der insbesondere für seine Celloschule und seinen Einsatz für das barocke Repertoire (Edition der Sonaten von Marcello) bekannt wurde. Wie viele Geiger seiner Zeit hat Piatti das Vibrato nur als gelegentliche Verzierung eingesetzt. Ein halbes Jahrhundert später war es Pablo Casals (1876–1973), der insbesondere auf die Spielweise der linken Hand großen Einfluß nahm, indem er sie der Violintechnik anglich. Casals spielte ein Cello von Matteo Goffriller, Venedig. Andere einflußreiche Cellisten des 20. Jahrhunderts waren bzw. sind u.a. Emanuel Feuermann, Pierre Fournier, Gregor Piatigorski und Mstislaw Rostropowitsch. Um die zeitgenössische Musik hat sich besonders Siegfried Palm sehr verdient gemacht.

4. Repertoire

(a) *Barockmusik.* Besonders von italienischen Komponisten gibt es viele Sonaten für Violoncello und B.c., darunter auch von Vivaldi (neun Sonaten, 27 Konzerte). Bachs sechs Solosuiten, um deren Verbreitung sich besonders Casals verdient gemacht hat, sind die bedeutendsten Kompositionen dieser Zeit.

(b) *Klassik.* Boccherini, Carl Stamitz und Wagenseil haben Konzerte und Sonaten geschrieben. Von Joseph Haydn sind zwei (eventuell drei) Cellokonzerte überliefert, von denen das in C-Dur Hob. VII b:1 erst 1961 aufgefunden wurde. Zum klassischen Standardrepertoire zählen auch Beethovens fünf Sonaten für Violoncello und Klavier und drei Variationswerke. Neben den Sonaten und konzertanten Werken hat das Cello in der Klassik eine unentbehrliche Funktion im Rahmen von Klaviertrios, Streichtrios, Streichquartetten und -quintetten.

(c) *Romantik.* Die bedeutendsten Konzerte komponierten Schumann (op. 129), Saint-Saëns (op.33, op.119), Lalo und Dvořák (op. 104). Wichtige Sonaten für Violoncello und Klavier stammen von Mendelssohn Bartholdy (op. 45 und op. 58), Chopin (op. 65), Brahms (op. 38 und op. 49), Grieg (op. 36) und Rachmaninoff (op. 19).

(d) *20. Jahrhundert.* Wichtige Werke haben folgende Komponisten geschrieben: Webern (*Drei kleine Stücke* op. 11), Debussy (Sonate), Ernest Bloch (*Schelomo*), Fauré (Sonaten op. 109 und op. 117), Elgar (Konzert op. 85), Ibert (Sonate für Violoncello solo), Prokofieff, Hindemith, Schostakowitsch, Martinů und Britten (Sonate, 3 Suiten).

5. Fünfsaitige Violoncelli

(a) Praetorius nennt eine fünfsaitige »Bas-Geig de bracio« (Praetorius 1619, Tafel XXI, Nr.6) mit Stachel und der Stimmung $a\ d\ G\ C\ F^1$. In vielen zeitgenössischen Abbildungen (wie auf Dirk Hals' Gemälde *Der Cellist*) sieht man ein fünfsaitiges Instrument, doch ist es wahrscheinlicher, daß bei diesen Instrumenten die fünfte Saite auf d^1 gestimmt ist (wie aus Frankreich überliefert; vgl. Cyr 1982). Ein solches Instrument aus Gent, datiert 1717, mit der Korpuslänge 81 cm befindet sich im Musée Instrumental, Brüssel. →auch BANDORA, Abb. 1.

(b) Bach fordert für seine sechste Suite für Violoncello solo D-Dur BWV 1012 ein Instrument mit einer auf e^1 gestimmten fünften Saite. Moderne Cellisten realisieren den erweiterten Tonumfang durch Daumenaufsatz.

(c) *Violoncello piccolo.* In neun Kantaten schreibt Bach ein *Violoncello piccolo* als obligates Instrument mit dem vollen Umfang eines Cellos vor. Ein jüngeres Inventar vom Köthener Hof gibt zwei Violoncelli piccoli an, eines davon mit fünf Saiten, gefertigt von Johann Christian Hoffmann, dem zu Bachs Zeiten bedeutendsten Geigenbauer in Leipzig. Eine Größe ist für das Violoncello piccolo nirgends genannt, doch gibt es von Hoffmann mindestens drei kleine fünfsaitige Celli mit einer durchschnittlichen Korpuslänge von 60 cm. Diese könnten möglicherweise die in Bachs Partituren spezifizierten *Violoncelli piccoli* sein, doch nicht unbedingt das für seine sechste Suite vorgesehene Instrument.

Zu Versuchen im 19. und 20. Jahrhundert, die Instrumente der Viola da braccio-Familie in neuen Größen unter Einschluß eines großen Instruments in Cello-Stimmung zu bauen →BRATSCHE, 5.

Lit.: Bonta 1977; Cambridge 1999; Cowling 1975; Ginzburg 1983; Laird 2004; Marx 1963; Pape/Boettcher 1996; Pleeth 1982; Van der Straeten 1915. Für frühe zitierte Quellen →RENAISSANCE-INSTRUMENTARIUM, 3.

Violone (16.–18. Jahrhundert). Im frühen 16. Jahrhundert im Italienischen eine Bezeichnung für die →Gambe allgemein, gegen Ende des 16. Jahrhunderts dann für die Baßgambe, im speziellen für eine größere in tieferer Stimmung. Ein schönes Beispiel eines solchen Instruments ist eine Gambe von 1585 des Venezianers Ventura Linarol (Kunsthistorisches Museum, Wien), die von ihrer Form her anderen venezianischen Gamben jener Zeit ähnlich ist und mit 173 cm Länge bei einer Korpuslänge von 100 cm ca. 10 cm kleiner als ein durchschnittlicher Kontrabaß ist. Sie ist eines jener Instrumente, die in den letzten Jahrzehnten häufig als Violone für das →Generalbaßspiel nachgebaut wurden und auch die bis zum A^1 hinunterreichenden Stimmen für »Great Dooble Base« in neun von Orlando Gibbons Gambenfantasien spielen können.

Im Deutschen bezeichnete Violone im Barock einen Kontrabaß, gleich welcher Art und Größe (→KONTRABASS, 5b). Im 17. und 18. Jahrhundert bezeichnete man in Italien mit »Violone« die frühe Form des Violoncells (Bonta 1977; →VIOLONCELLO, 4b). In großbesetzten Aufführungen wurde die Violone-Stimme dann gegebenenfalls auch auf einem tieferen Instrument oktaviert gespielt, in Italien auf dem *contrabasso* oder dem *violone grande*, und gelegentlich waren auch separate Stimmen angefertigt worden, die in deutschen Kompositionen *Violoncello* und *Violone* bezeichnet wurden.

Lit.: Geschichte 2004; Kontrabaß 1986; Planyavsky 1984, 1989.

Virginal Rechteckiges (Abb. 1) oder vieleckiges (Abb. 2) →Kielklavier des 16. und 17. Jahrhunderts mit meist einchörigem Saitenbezug, doch nicht in Flügelform (→CEMBALO, 2). Die Saiten des Virginals

Virginal

Abb. 1. Virginal von Stephen Keene (London, 1668).

verlaufen parallel zur Klaviatur; die längste Saite befindet sich dem Spieler am nächsten. →SPINETT, Zeichnung 1 zur Unterscheidung zwischen Virginal und Spinett: beim Spinett befindet sich der Stimmstock mit den Stimmwirbeln direkt hinter der →Klaviatur und die längste Saite ist am weitesten vom Spieler entfernt aufgezogen.

Das Virginal ist ein typisches Hausinstrument. Es nimmt wenig Platz ein, hat aber einen lauten Ton, u. a. weil der Resonanzboden praktisch über der gesamten Grundfläche des Instruments liegt und sowohl der Anhangsteg (N in Zeichnung 1 c von SPINETT) als auch der Wirbelsteg auf ihm aufgeleimt sind.

Die Herkunft des Wortes »Virginal« ist ungeklärt und hat nichts mit der jungfräulichen Königin (»Virgin Queen«) Elisabeth I. zu tun. Das Virginal wird bereits um 1460 in einem Traktat des Prager Gelehrten Paulus Paulirinus (1413 – nach 1471) als ein Instrument in Form eines →Clavichords mit Metallsaiten, die den Klang eines Cembalos von sich geben, beschrieben. Um 1600 bedeutet das Wort im Englischen allgemein Kielklavier, und in dieser Bedeutung sind auch die englischen »Virginal books« (unten, 4) zu verstehen.

1. Vieleckige Virginale

Sie sind seit Anfang des 16. Jahrhunderts bekannt und wurden in Italien entwickelt. Sie sind aus Zypressenholz gebaut und meist in einem äußeren rechtwinkligen Kasten untergebracht, dessen hintere Ecken Platz für Fächer (z. B. für Ersatzsaiten oder Stimmschlüssel) bieten. Das älteste erhaltene vieleckige Virginal ist allerdings flämisch und stammt von Joes Karest, Antwerpen (Kat.-Nr. 1587, Musée Instrumental, Brüssel).

2. Rechteckige Virginale

Sie sind für Deutschland, England und besonders für den flämischen Kielklavierbau (zur berühmten Rukkers-Dynastie →CEMBALO, 7b) typisch. Meist sind hierbei links und rechts der Klaviatur die Seiten vorgezogen, so daß das Instrument bei geschlossenem Deckel ein rechteckiger Kasten ist. Der Tastenumfang bei den flämischen Virginalen reicht von C bis c^3 mit ursprünglich einer →kurzen Oktave im Baß, während viele italienische Virginale bis zum f^3 reichen. Bei englischen Virginalen beginnt der Baß entweder mit einer vollständigen Oktave ab C oder mit einer

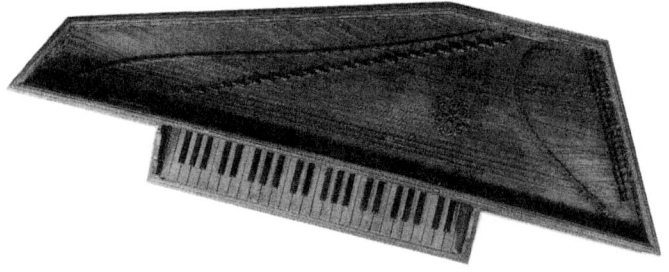

Abb. 2. Vieleckiges Virginal von Antegnati (Brescia, 1537). Die Springerleiste ist abgenommen, um die Position der Springer zu zeigen.

bereits auf G^1 einsetzenden kurzen Oktave und reicht bis e^3 oder f^3. Ein besonders beliebtes Virginalmodell der Ruckers war das *Muzelaar* (Muselar), bei dem die sonst links plazierte Klaviatur rechts liegt, damit der Anreißpunkt insbesondere bei den unteren Saiten wesentlich weiter vom Steg entfernt ist als bei den anderen Kielklavieren. Dadurch ist der Klang des *Muzelaars* durchgängig grundtönig, d.h. mild und weich.

3. Kleine Virginale

Die Instrumentenbauer haben auch Virginale im 4'-Ton hergestellt, die also eine Oktave höher als normal klingen. Besonders in Italien waren diese sehr verbreitet. Unter den Antwerpener Virginalen gab es seit etwa 1580 eine besondere Spezialausführung: ein Doppelvirginal, das aus einem Virginal in der normalen Stimmtonhöhe (der Mutter) und einem Oktavvirginal (dem Kind) besteht. Das 4'-Instrument kann in den »Bauch« der Mutter eingeschoben werden, aber auch so auf die Mutter aufgesetzt werden, daß die Springer der Mutter gleichzeitig die Springer des Kindes bewegen und ein Spiel auf beiden Manualen (8' + 4' auf dem unteren, 4' allein auf dem oberen) ermöglichen.

4. Virginal books

Die folgenden sind die wichtigsten Sammlungen englischer Claviermusik um 1600:

(a) *Fitzwilliam virginal book*. Ca. 300 Stücke von Bull, Byrd, Farnaby und anderen, gesammelt 1609–1619 von Francis Tregian, der Cambridge University 1816 von Viscount Fitzwilliam vermacht; früher »Queen Elizabeth's virginal book« genannt, obwohl sie es nie besaß. Gedruckte Neuausgabe: Leipzig: Breitkopf & Härtel 1894–1899 (Reprint: New York: Dover 1963).

(b) *My Ladye Nevell's booke*. 42 Stücke, die meisten von Byrd, 1591 zusammengestellt und der Königin Elisabeth I. überreicht; seither in privatem Besitz. Gedruckte Neuausgabe: London: J. Curwen & Sons 1926 (Reprint: New York: Dover 1969).

(c) *Will Forster' virginal book*. 87 Stücke, die meisten von Byrd, 1624 gesammelt.

(d) *Benjamin Cosyn's Virginal book*. 98 Stücke, meist von Bull und Gibbons; nicht datiert.

(e) *Parthenia or The Maydenhead of the first musicke that ever was printed for the virginalls*. Die einzige damals (ca. 1612/13) gedruckte Sammlung dieser Virginal books. 21 Stücke von Bull, Byrd und Gibbons. (Reprint: Cambridge: Heffer 1943; Neuausgabe: London: Musical Antiquarian Society 1847).

Lit.: Boalch 1974; Kielklaviere 1991; sowie die unter Cembalo aufgeführte Literatur.

Vocalion →HARMONIUM, 3.

Vogelorgel →DREHLEIER, 2.

Voice flute (engl.). Eine in D stehende Blockflöte; →BLOCKFLÖTE, 4.

Volynka (russ.). →SACKPFEIFE, 5b.

Vorsetzer (engl.: *[push-up] piano player*). Apparatur mit →Klavierrollen-System, die vor jedes →Hammerklavier mit 88-Tasten-Umfang vorgesetzt werden kann und Klavierspiel ohne manuelles Tastenspiel ermöglicht. →KUNSTSPIELKLAVIER; MECHANISCHES KLAVIER.

Vox humana Ein 8'-Lingualpfeifenregister mit kurzen, weiten Bechern. In amerikanischen →Harmoniums ein Tremulantregister.

Wagnertuba (Wagnertube, Ringtube) Ein hauptsächlich für Wagners *Ring des Nibelungen* hergestelltes Blechblasinstrument, das im Ring-Zyklus in zwei Größen vorkommt: je zwei Tenortuben in B (Tonumfang B^1-f^2) und Baßtuben in F (Tonumfang F^1-a^1). Zu ihrer Notation →TRANSPONIERENDE INSTRUMENTE.

Die Wagnertuben (Abb. 1) werden in ovaler Form hergestellt, wie sie für deutsche Militärmusikinstrumente üblich ist, und haben eine weite konische Mensur und Drehventile. Die vier Wagnertuben im *Ring* werden von vier der acht Hornisten gespielt, die je nach Situation die Instrumente wechseln. (Dementsprechend sind die Ventile für die linke Hand ausgelegt.) Damit man ein Waldhorn-Mundstück aufsetzen kann, verjüngt sich ihr Mundrohr stark. Bruckner greift die Wagnertuben in seinen letzten drei Sinfonien auf, Richard Strauss z.B. in *Elektra* und Schönberg in den *Gurreliedern*.

Offenbar wurden Wagner, bald nachdem er 1853 mit der Arbeit an *Rheingold* begonnen hatte, neue Ventilblasinstrumente von Sax (wohl →Saxhörner) vorgestellt, deren Klangpracht in ihm den Wunsch nach einer Ergänzung seiner orchestralen Klangpalette aufkommen ließ. Dieser satte Klang der Wagnertuben nimmt den Hörer bereits bei ihrem ersten Auftreten (am Anfang von Szene 2 des *Rheingolds*) gefangen, wo sie nichts Geringeres als das Walhalla-Motiv intonieren.

Erst in den 1930er Jahren beschafften sich die Opernhäuser außerhalb der deutschsprachigen Län-

Wagon

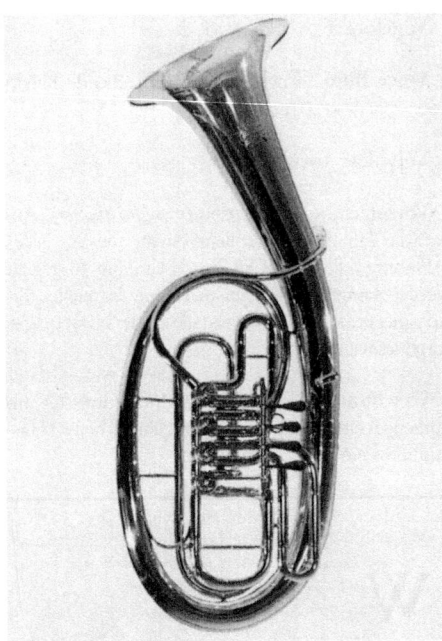

Abb. 1. Wagner-Tuba (Tenortuba in B) von Demusa, Markneukirchen.

der echte Wagnertuben (meistens solche der Gebrüder Alexander, Mainz). Als Ersatz wurden in Paris auf Wunsch von Lamoureux *cornophone* verwendet, das sind 1880 von Besson konstruierte Saxhörner mit nach vorne zeigender Stürze.

Wagon →KOTO, 3.

Waji Harfe der Kafir von Niristan in Nordost-Afghanistan. Der Name stammt von einem sehr alten arabischen Wort für eine Harfe ab. Wegen seiner alten Konstruktion und Spielweise hat das Instrument besondere Aufmerksamkeit erregt: Vier Saiten sind zwischen den beiden Enden eines dicken Stabs gespannt, der durch zwei Löcher nahe der Mitte eines über einen rechteckigen hölzernen Resonanzkasten gespannten Fells geführt ist.

Die älteren Männer begleiten ihre Erzählungen auf dem Instrument, indem sie alle Saiten gemeinsam mit einem →Plektron anschlagen und mit der anderen Hand eine oder zwei Saiten abdämpfen, eine Dämpfungstechnik, die auch für →Leiern charakteristisch ist.

Waldhorn (engl.: *French horn, orchestral horn*; ital.: *corno, corno da caccia*; fr.: *cor*; span.: *trompa*).

1. Das moderne Waldhorn (Abb. 1b, c).

Das kreisrunde Instrument, bei dem das große Schallstück vom Spieler aus nach hinten führt, wird normalerweise mit der rechten Hand in der Stürze gehalten, während die linke Hand die Ventile betätigt. Diese Handhaltung stammt noch aus der Zeit der ventillosen Waldhörner, der sogenannten »Naturhörner«, bei denen die rechte Hand die Stürze für jene Töne »stopfte«, die anders nicht spielbar wa-

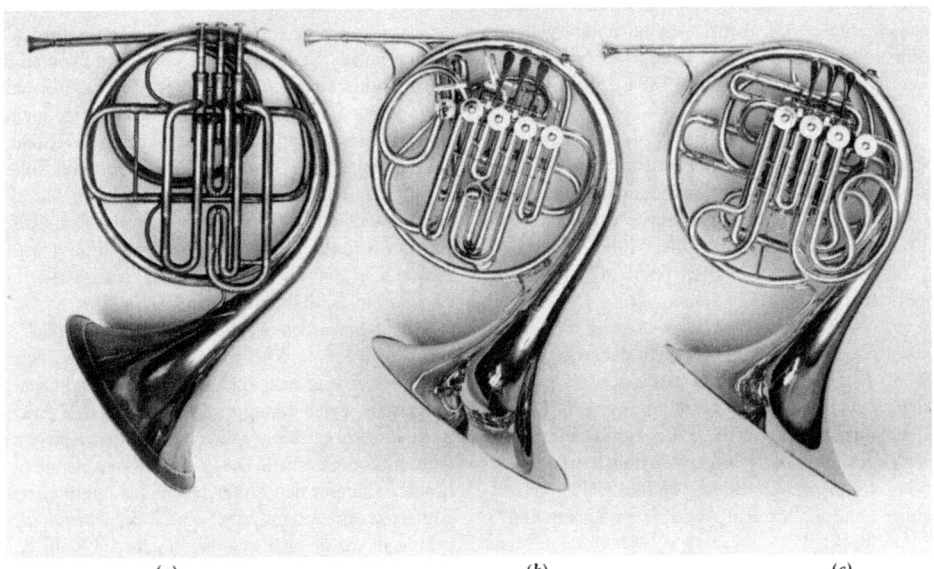

(a)   (b)   (c)

Abb. 1. (a) Waldhorn in F, französisches Modell; (b) Doppelhorn in B/F alto; (c) Doppelhorn in F/B (die letzten beiden von Paxman, London).

ren. So ist die rechte Hand als Stütze in der Stürze verblieben (oder hält diese an ihrem Rand, wie es auch üblich ist), um solche Töne zu stopfen, die eine charakteristische Klangfarbe erhalten sollen. Einige Modelle haben eine abschraubbare Stürze, damit das Waldhorn besser transportiert werden kann.

Die wichtigsten physikalischen Merkmale des Waldhorns werden zusammen mit denen anderer Blechblasinstrumente im Artikel →Blechblasinstrumente, 2b näher behandelt: das tiefe, trichterförmige Mundstück, das konische, etwa 74 cm lange und sehr enge Mundrohr, die 150 cm lange Rohrerweiterung, die in die weite Stürze mündet, und zwischen diesen Abschnitten die Windungen des zylindrischen Rohrabschnitts mit der Ventilmaschine und den Stimmbögen. Das Waldhorn hat meist drei Drehventile für die Finger (→VENTIL, 2) und ein weiteres für den Daumen, aber es können auch noch mehr sein (→unten, 4). Das Waldhorn wird in verschiedenen Stimmungen gebaut (2,3), normalerweise notiert der Komponist für »Horn in F«, das Instrument erklingt dann in der Unterquinte. Der am häufigsten verwendete klingende Umfang reicht von B^1 bis zum f^2. Bis Ende des 19. Jahrhunderts wurde Orchester- und Ensembleliteratur auch für Waldhorn in anderen Stimmungen geschrieben, weshalb unterschiedliche Transponierungen nötig wurden (eine Übersicht dazu unter TRANSPONIERENDE INSTRUMENTE, 2). Erst im 19. Jahrhundert wurde im Sinfonieorchester die Besetzung mit vier Hörnern zur Norm. Diese Hörner bilden zwei Paare: 1. und 2. Horn in der Haupttonart, 3. und 4. Horn normalerweise in einer korrespondierenden Tonart. Das 3. und 4. Horn bekam in der Wiener Klassik, als es noch als Naturhorn in Stopftechnik (→weiter unten, 6) gespielt wurde, größere melodische Freiheit, so z.B. im Adagio von Beethovens 9. Sinfonie.

2. Doppelhorn in F/B

Das moderne Waldhorn ist meistens ein Doppelhorn: in einem Instrument mit einem Mundstück und einer Stürze befinden sich zwei verschiedene Rohrsysteme, die man mit dem Umschaltventil (mit dem Daumen) ein- und ausschalten kann. Die häufigsten Stimmungen sind F (Rohrlänge: 374 cm) und B (Rohrlänge 280 cm). In der B-Stimmung ist das Instrument prinzipiell einfacher zu blasen; die hohen Töne kommen sicherer und benötigen weniger Kraft, um sich im Orchester zu behaupten, auch sind viele tiefe Töne sicherer und voller. Viele Hornisten spielen deshalb ständig die B-Stimmung. Andererseits eignet sich die F-Stimmung, die ältere für das Ventil-Waldhorn, besser für größere Flexibilität bei bestimmten Hornpassagen (z.B. den schnellen »kaskadenhaften« Arpeggios in Kompositionen der Wiener Klassik) und für das Stopfen. Zeichnungen 1 und 2 illustrieren schematisch die beiden Hauptarten des Instruments. Die dicke Linie gibt den Windverlauf vom Umschaltventil S bis zum Ausgang B an, der zum Schalltrichter führt; die drei mit zwei Luftkanälen durchzogenen Ventile für die Finger sind als Kreise gezeichnet. Gestrichelte Linien bezeichnen nichtbenutzte Windungen.

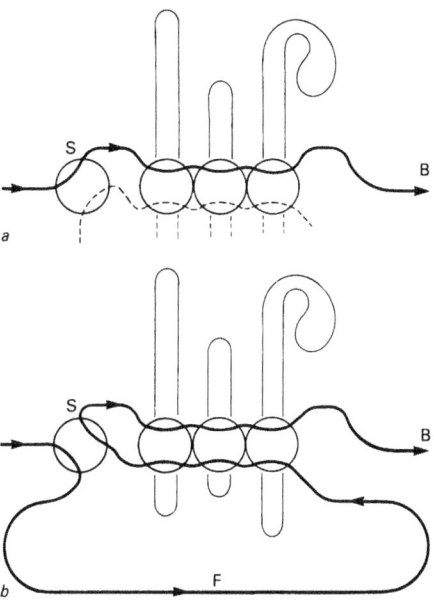

Zeichnung 1. Schematische Darstellung des Windverlaufs durch die Ventile eines Kompensationsdoppelhorns: (a) Stimmung in B; (b) in F. Die Ventilschleifen sind durch dünnere Linien in kleinerem Maßstab angedeutet.

(a) *Kompensationsdoppelhorn.* Bei diesem Doppelhorn setzen sich die Schleifen und Zuleitungslängen des längeren Strangs aus denen des kürzeren Strangs und der Differenzstrecke zur Sollstrecke des längeren zusammen. Der Erfurter Instrumentenbauer Eduard Kruspe hat diese Art Waldhorn 1897 eingeführt, bei dem die Kompensations-Piston-Ventile nach demselben Prinzip wie die entsprechenden Ventile der →Tuba arbeiten. Das Umschaltventil entspricht dabei dem vierten Ventil der Tuba. Wenn S gedreht wird, um das Horn in die B-Stimmung umzuschalten (Zeichnung 1a), führt der Windgang vom Mundstück (auf der linken Seite der Zeichnung) durch S hindurch direkt zu den drei Ventilen und in das Schallstück hinein. Wird S umgeschaltet (F-Horn, Zeichnung 1b), dreht sich das Ventil um 90°, um den Kompensationsstrang hinzuzuschalten, der ein Drittel der gesamten Rohrlänge beim Horn in F ausmacht (ca. 1 m), und zurück durch die Ventile durch separate, übereinanderliegende Kanäle innerhalb des Ventils. Wenn eines der Ventile niedergedrückt wird, stehen alle mit den kleinen Differenzialschleifen in Verbindung, die in der schematischen Zeichnung darunter dargestellt sind. Danach führt das Rohr nochmals durch S und durch die drei Ventile, diesmal genau wie in Zeichnung 1a, bevor der Wind zur Stürze weitergeht. Wenn ein Ventil gedrückt wird, werden also beide Ventilwindungen dem Rohrverlauf hinzugeschaltet und ergeben zusammen eine Rohrlänge bis zu jener für ein Horn in F. Es gibt auch noch andere mögliche Rohrzusammenstellungen beim Kompensationshorn.

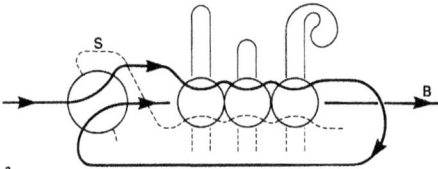

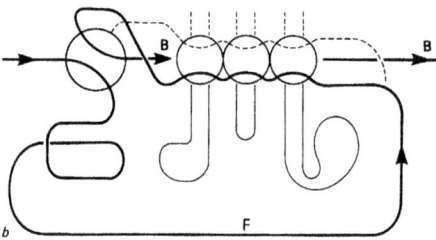

Zeichnung 2. Schematische Darstellung des Windverlaufs durch die Ventile eines Doppelhorns: (a) Stimmung in B (das Hauptrohr ist mit B bezeichnet); (b) Stimmung in F (das unabhängige F-Hauptrohr ist mit F bezeichnet).

(b) *Doppelhorn* (Abb. 1c). Das wenige Zeit später eingeführte und von Kruspe und Gebr. Alexander, Mainz, vervollkommnete Doppelhorn hat ein im Uhrzeigersinn sich um 60° drehendes Daumenventil S mit sechs Ausgängen. Zeichnung 2a zeigt den Rohrverlauf für B mit niedergedrücktem Ventil S, der durch die Ventile führt und bei S noch einmal hindurch geht, bevor er zur Stürze führt. Der Rohrverlauf für F (Zeichnung 2b) ist davon unabhängig und führt von S durch einen Stimmzug (unten links) und »rückwärts« durch die anderen Passagen der Ventile nochmals durch S hindurch und dann zur Stürze hinaus. Fast alle professionellen Spieler ziehen dieses *Doppelhorn* vor, obwohl es schwerer und auch teurer ist, dafür aber jeder Rohrverlauf seinen eigenen unabhängigen Stimmzug hat.

3. Einfache Ventilhörner und Doppelhörner mit höheren Stimmtönen

(a) *Waldhorn in F.* Wird heute eigentlich nur noch für Unterrichtszwecke gebaut. Seine Rohrlänge beträgt etwa 360 cm. Beim Horn in F wird durch das Stopfen die Tonhöhe um einen Halbton erhöht, was der Spieler mit dem Halbtonventil wieder ausgleichen kann.

(b) *Waldhorn in B.* Gelegentlich vom 1. und 3. Hornisten im Orchester favorisiert (um dann doch wieder zum Doppelhorn zurückzukehren). Da bei diesem Horn durch Stopfen der Ton um fast einen Dreivierteltoner erhöht wird, ist ein zusätzliches Ventil zum Ausgleichen vorhanden.

(c) *Waldhorn in F alto.* Es steht eine Oktave höher als das Waldhorn in F und wurde zuerst um 1883 in Leipzig für bestimmte hochliegende Solopartien in Kompositionen des 18. Jahrhunderts (z.B. von Haydn) entwickelt. Wegen seiner kurzen Rohrlänge (180 cm) ähnelt sein Klang trotz der Stürze mit den üblichen Dimensionen dem →Signalhorn. Deshalb wird diese Größe in der Konstruktion als Doppelhorn in B/F alto (Abb. 1b) oder F/F alto vorgezogen.

4. Ältere Modelle

(a) *Französisches Ventilwaldhorn* (Abb. 1a). Dieser Typ war in Frankreich und in England bis ca. 1930 das übliche Waldhorn. Im wesentlichen handelt es sich dabei um das klassische Inventionshorn mit hinzugefügten Ventilen. Da die Mensur ca. 1 mm enger sein kann als beim normalen deutschen Waldhorn mit 12,1 mm und die Stürze weniger ausladend gearbeitet ist, ist sein Timbre leichter und transparenter. Normalerweise vertieft bei diesen französischen Hörnern das dritte Ventil im Ruhezustand die Stimmung um einen Ganzton (im Unterschied zu der gewöhnlichen Funktionsweise des Eineinhalbtonventils, das beim Niederdrücken eine kleine Terz hinzufügt.) Um das zu berücksichtigen, wird das Instrument auch mit einem G-Bogen gespielt. Wenn das Ventil gedrückt ist (Horn in G), können hohe Töne mit größerer Sicherheit intoniert werden.

(b) *Älteres deutsches Waldhorn in F.* Dieser Typ hat Drehventile, die in charakteristischer Weise mit Uhrfedern gespannt sind (»Trommeldruckwerk«). Mit diesem Horntyp wurde Wagners *Ring des Nibelungen* zuerst aufgeführt, als Franz Strauss (1822–1905), der Vater von Richard Strauss, 1. Hornist der Königlich bayerischen Hofkapelle war. In den USA war dieser Typ wohl das häufigste Orchesterhorn, bis dort das Doppelhorn um 1900 eingeführt wurde.

(c) *Wiener Horn.* In den Wiener Orchestern seit Mitte des 19. Jahrhunderts verwendeter Typ des Waldhorns in F mit doppelten Rohrschubventilen (gegenüber Drehventilen bei den deutschen Waldhorntypen; →VENTILE, 2a) und engerem Rohrdurchmesser als beim Doppelhorn. Das Wiener Horn erfordert ein anderes Spielverhalten und bringt Unterschiede in der Klangfarbe hervor.

5. Naturhorn (barockes und klassisches)

(a) *Herkunft aus dem kreisrunden Jagdhorn.* Seit dem 15. Jahrhundert hat es kleine Jagdhörner mit einer Rohrwindung gegeben; das mehrfach gewundene Horn gibt es seit dem 16. Jahrhundert. Mitte des 17. Jahrhunderts setzte sich auf dem europäischen Kontinent das runde Waldhorn in großer Kreisform durch; es war am Stürzenbeginn mit Büffelleder überzogen. Zunächst hatte es eine einzige Windung und eine der zeitgenössischen Trompete ähnliche (oder geringfügig tiefer stehende) Stimmung. Um 1760 spielten die französischen königlichen Jäger Fanfaren auf solchen Hörners mit ca. 43 cm Durchmesser und einer 15 cm weiten Stürze. Bei 240 cm klingender Länge war der Stimmton das C. Der erste rein musikalische Einsatz des Horns – in einer Sonate für Streicher und *corno da caccia* eines anonymen tschechischen Komponisten – bezieht sich auf diese Stimmung und reicht bis zum notierten und klingenden g^2.

(b) *Waldhörner in F und in D.* Um 1700 gab es bereits in Deutschland Kompositionen für Waldhorn in der tieferen, »klassischen« Lage, d. h. in F (mit ca. 360 cm klingender Rohrlänge). Die Waldhornstimme in einem 1700 geschriebenen Konzert von Johann Baer reicht bis zum notierten c^3, dem 16. Naturton, und hat zwischengeschobene Signale, die derselbe Spieler auf einem Posthorn spielt. Das Waldhorn in F hat zu jener Zeit normalerweise zwei Windungen mit etwa gleichem Durchmesser wie das einwindige Waldhorn in der hohen C-Stimmung. Das älteste datierbare Waldhorn steht in F und stammt aus dem Jahr 1710; es wurde von Leichamschneider, Wien, gefertigt. Das einwindige Waldhorn hat eigentlich etwa 1 3/4 Windungen, da Mundrohr und Schallstück mit Stürze noch einmal etwa eine 3/4 Windung umfassen. Ein zweiwindiges Instrument hat dementsprechend de facto etwa 2 3/4 Windungen. Das Verhältnis zwischen diesen Werten, das nicht wesentlich vom Quintverhältnis 2:3 abweicht, kann ein Hinweis darauf sein, daß die größeren melodischen Möglichkeiten bietende Stimmton F mit 360 cm klingender Länge entstand, indem man zunächst dem Horn in C mit 240 cm Länge eine zweite Windung hinzufügte. Das zweithäufigste Horn in tieferer Stimmung steht in D, eine Oktave unter der zeitgenössischen Trompete also, und hat gewöhnlich drei Windungen (wie es das französische *cor de chasse* immer noch hat, →JAGDHORN, 3).

Während der längsten Zeit des 18. Jahrhunderts war es üblich, das Waldhorn mit einer Hand anzupacken und den Windungsring auf dem hochgehaltenen Arm abzustützen (→MILITÄRKAPELLE; Abb. 1) oder das Instrument mit nach hinten über den Kopf führender Stürze in beiden Händen zu halten. Waldhörner wurden gewöhnlich paarweise geliefert, so daß die Stürze eines der beiden nach links wies, damit die Spieler Schulter an Schulter stehen konnten. Ein solches Horn hat das Mundstück oder den Aufsteckbogen rechts von den Windungen.

(c) *Bögen.* Bögen, mit denen der Stimmton des Waldhorns gewechselt werden kann, werden bereits im frühen 18. Jahrhundert in Österreich erwähnt. Hörner mit Stimmbögen haben normalerweise zwei Windungen mit ca. 29 cm Durchmesser und eine 23 cm weite Stürze. Mit dem kleinsten Bogen ist der Stimmton dann ein hohes A oder B. Der Klang dieser Hörner ist runder und fügt sich besser in das Orchester ein als entsprechende Jagdhörner. Häufig tauchen sie im Orchesterklang auf, indem sie die ausgehaltene Tonika oder aus den Naturtönen entwickelte eigene Motive spielen (z. B. Notenbeispiel 1).

In Es

Notenbeispiel 1. Ausschnitt aus dem letzten Satz (Presto) von Mozarts Sinfonia concertante für Violine und Bratsche, KV 364

Zunächst wurden mehrere Rohrteile zum Umstimmen kombiniert und zwischen Mundstück und Instrument eingefügt. Mitte des 18. Jahrhunderts wurde dieses Prinzip durch neun oder mehr separate Bögen für jeden Stimmton vom hohen B bis zum tiefen C ersetzt. Bis ins frühe 20. Jahrhundert hatten viele französische Hörner noch diese Aufsteckbögen.

Ein anderes Prinzip, das des »Inventionshorns« (engl.: *hand-horn*; fr.: *cor solo*), besteht darin, daß sogenannte Inventionsbögen im Mittelteil des Horns (also wie ein Stimmbogen) eingesetzt werden. Dieses Prinzip, das etwa 1755 in Deutschland eingeführt wurde, hat den Vorteil, daß die Stürze zum Stopfen besser erreichbar bleibt und führte zu einer besonderen Spieltechnik (→unten, 6).

Beim »Omnitonischen Horn«, einer eher seltenen Konstruktion des frühen 19. Jahrhunderts, sind alle Bögen in das Instrument fest eingebaut und werden über Ventile fallweise geschaltet.

6. Spieltechnik des Stopfens beim Inventionshorn

In der zweiten Hälfte des 18. Jahrhunderts setzte sich nach und nach durch, das Waldhorn – wie heute – nach unten zu halten (Abb. 2). Das ermöglicht das Einführen der rechten Hand in der Stürze. Wird die Stürze mit der Hand teilweise geschlossen, erniedrigt sich der Naturton um etwa einen Halbton (wie bei *a* in Notenbeispiel 2). Vollständiges Abdichten der Stürze mit der Hand erhöht den Naturton

Abb. 2. Hornist beim Stopfen, Lithographie von C. Tellier (um 1835).

um einen Halbton (*b*). Eine ausgesteckte Hand in der Stürze erhöht den zu tiefen siebenten Naturton b^1 (*c*). Auf diese Weise kann der Hornist eine chromatische Skala im wichtigsten Bereich des Tonumfangs erzeugen, bei der die gestopften Töne sich nicht allzusehr von den »offenen« Tönen unterscheiden, wohl aber die kleinen Unterschiede im Timbre gerade den Reiz dieser Spieltechnik ausmachen.

Zunächst wurde diese Spieltechnik nur von Solisten gepflegt. So wird sie in Mozarts Hornkonzerten mit a^1, b^1 und chromatischen Passagen vorausgesetzt. Im Orchester war damals der 2. Hornist üblicherweise der Spezialist für das Stopfen, deshalb ist z. B. bei Beethoven normalerweise eine Solopassage mit gestopften Tönen diesem Spieler überlassen.

Noch von einigen Komponisten in der zweiten

Notenbeispiel 2. Ausschnitt aus dem Andantino von Rossinis Ouvertüre zu Semiramide. Bei a werden die Waldhörner für den erniedrigten Naturton teilweise gestopft; bei b für den erhöhten Naturton ganz gestopft; bei c ist die Hand in der Stürze ganz ausgestreckt, um den zu tiefen Naturton zu erhöhen.

Hälfte des 19. Jahrhunderts wurde die Spieltechnik des Inventionshorns berücksichtigt. Brahms' Partien für das Orchesterhorn sind, obwohl sie zu einer Zeit komponiert wurden, in der jeder Spieler ein Ventilhorn hatte, reine Naturhorn-Stimmen, und Brahms hoffte, daß sein Trio op. 40 (1865) mit dem Inventionshorn gespielt wird. Bis Anfang des 20. Jahrhunderts hinein wurden viele Hornisten noch mit großer Selbstverständlichkeit in der Technik des Inventionshorns ausgebildet. In den letzten zwei Jahrzehnten ist im Zuge der historisierenden →Aufführungspraxis die Nachfrage nach Hornisten, die das Spiel auf dem Naturhorn beherrschen, gestiegen.

Eine Besonderheit der Spieltechnik verlangt Weber in seinem Concertino op. 45: Das Solohorn spielt einen dreistimmigen Akkord, indem der Hornist einen Ton normal bläst, den zweiten Ton summt und dadurch der dritte Ton als Differenzton (→SCHWEBUNGEN UND DIFFERENZTÖNE, 2) erklingt.

Einer der ersten Komponisten, die ausdrücklich das Ventilhorn forderten, war Berlioz. In der Erstausgabe der Partitur seiner *Symphonie fantastique* (1830) steht bei den Hörnern die Anweisung »avec les cylindres tout les sons ouverts« (also keine gestopften Töne). Und Schuberts Lied »Auf dem Strom« D 943 (1828) enthält eine für J. R. Levy, den Verfechter des frühen Ventilhorns, geschriebene Hornstimme: es sind typische Naturhornmelodien bis auf jene Passagen, wo das Horn die Gesangsstimme verdoppelt, was ohne Ventil nicht möglich wäre. Derselbe Hornist soll das 4. Horn in der Uraufführung von Beethovens 9. Sinfonie geblasen haben; es wird darüber spekuliert, ob er das schwierige Solo im Adagio mit Ventilen gespielt hat, obwohl, vor allem als *pp*-Passage, das Spiel auf dem Naturhorn einwandfrei möglich ist.

7. Repertoire

Zu den Konzerten zählen zwei von Joseph Haydn (beide in D), vier von Mozart (KV 412, 417, 447 und 495) sowie das Rondo KV 371; eines von Franz Rössler; Webers Concertino op. 45 sowie zwei Konzerte von Richard Strauss. Konzertähnliche Werke mit Orchesterbegleitung stammen von Saint-Saëns (Romanze op. 36, Konzertstück op. 94).

Einige der wichtigsten Kompositionen mit Klavierbegleitung stammen von Beethoven (Sonate op. 17), Danzi (Sonate op. 28), Schumann (Adagio und Allegro op 70), Glasunow (*Rêverie* op. 24), Dukas (*Villanelle*), Saint-Saëns (Romanze op. 67) und Poulenc (*Elegie*).

Zur Kammermusik zählen Werke von Brahms (Trio op. 40, mit Klavier und Violine), Mozart (Quintett KV 407, mit Streichern) und Britten (*Serenade for Tenor, Horn, and Strings*). Es gibt auch einige Kompositionen für zwei oder vier Hörner solo (für vier Hörner: Rimsky-Korsakow, *Notturno*, und Tippett, Sonate) sowie mit dem oder den Hörnern als Teil der Concertino-Gruppe im spätbarocken Concerto grosso. Schumann hat dies in seinem Konzertstück für vier Hörner und Orchester op. 86 aufgegriffen.

Lit.: Fitzpatrick 1970; Gregory 1961; Heyde 1987; Janetzky/Brüchle 1976; Morley-Pegge 1973; Widholm 1992 (zum Wiener Horn).

Waldteufel   →REIBTROMMEL, 3.

Waldzither   →CISTER, 5b.

Walzenklavier   →DREHORGEL, 5.

Washboard   (engl., »Waschbrett«). →SCHRAPINSTRUMENTE.

Wasserorgel   →HYDRAULIS.

Welte-Mignon   Markenzeichen für →Reproduktionsklaviere der Firma Welte & Söhne, Freiburg/Breisgau.

Lit.: Dangel 2005; Dangel/Schmitz 2006; Hagmann 1984.

Westindien   Die westindische Musik wird von den häufig paarweise gespielten Trommeln bestimmt: ein Instrument (auf Jamaika *kbandu*, auf Trinidad und Tobago *boolay*) behält ein rhythmisches Grundmuster bei, während auf der anderen Trommel komplizierte synkopische Rhythmen improvisiert werden. Hinsichtlich Größe, Konstruktion und Spielweise der Trommeln gibt es keine Normierung. Zu anderen Instrumenten gehören: Kalebassen- und andere Rasseln, die →Steel band aus Trinidad, Bambusinstrumente wie eine →idiochordische »Bambusvioline«, Flöten und die →*vaccine*, →Banjos und →Gitarren (mit der kleinen →*cuatro*-Gitarre).

Wiener Horn   →WALDHORN, 4c.

Wildrufe   (engl.: *bird-calls*). →PFEIFEN.

Windkapsel   (engl.: *wind-cap*; ital.: *capsula*; fr.: *capsule à vent*). Eine hölzerne Kapsel, die an ihrer Oberseite mit einem Loch (Anblasloch) versehen ist und ein Doppelrohrblatt (→ROHRBLATT, 3) in sich umschließt. Die Windkapsel kommt bei folgenden →Doppelrohrblattinstrumenten der Renaissance vor: →CORNAMUSE, →KRUMMHORN, →Rauschpfeife, außerdem beim Übungsrohrblatt (bagpipe practice chanter) für den Dudelsack (→SACKPFEIFE, 2a).

Lit.: Kinsky 1925; Hechler 1977.

Windmaschine   →EFFEKTINSTRUMENTE.

Winkelharfe (engl.: *angular harp*). →HARFE, 10*b*.

Wölbbrettzither (engl.: *long zither*). Oberbegriff für fernöstliche Saiteninstrumente, die keine vergleichbaren europäischen Pendants, aber für die musikalischen Traditionen ihrer Regionen eine große Bedeutung haben. Die wichtigsten Wölbbrettzithern sind in China: →*Cheng*, →*Ch'in*; in Korea: →*Ajaeng*, →*Kayagŭm*, →*Kŏmun'go*; in Japan: →*Koto*. Jede dieser Zithern besteht aus einem langen, flachen, viereckigen oder leicht nach einem Ende hin zusammenlaufenden Korpus und längs laufenden Saiten; der Spieler sitzt nahe dem einen Ende (→CHINA UND KOREA, Abb. 2) und zupft die Saiten auf verschiedene Arten; nur die *ajaeng* wird mit einem hölzernen Stab »gestrichen«. Bei den Wölbbrettzithern *ajaeng*, *cheng*, *kayagŭm*, *koto* hat jede Saite einen beweglichen Steg, der wie ein auf den Kopf gestelltes Y oder eine gegabelte Rute aussieht und eine Umstimmung der Saiten erlaubt, ohne daß sie an ihrer Aufhängung gestrafft oder gelockert werden. Die *kŏmun'go* hat hohe, feststehende hölzerne Bünde; die *ch'in* hat weder Bünde noch Stege. Zu den südostasiatischen Wölbbrettzithern zählen die →*celempung* (Indonesien) und die →*chakhē* (»Krokodilzither«, Burma und Thailand) wie auch vietnamesische Typen. →ZITHER, 3*a* (iii).

Wood block →HOLZBLOCKTROMMEL.

X

Xirimía →CHIRIMÍA und SACKPFEIFE, 3*d*.

Xylophon (engl.: *xylophone*; ital.: *silofono*; fr.: *xylophone*). Schlaginstrument mit gestimmten Holzplatten. Das weitverbreitete Xylophon kommt in Teilen Afrikas (unten, 4), Mittelamerikas und Südostasiens (→*ranāt*, →*gamelan*) ebenso wie in westlicher Musik vor. →auch MARIMBA. Zeichnung 1 gibt eine Übersicht über die üblichen Tonumfänge dieser und ähnlicher Klangstabspiele. Xylophonstimmen werden eine Oktave tiefer notiert als der in der Zeichnung angegebene klingende Tonumfang, ebenso Celestastimmen. Das Glockenspiel wird sogar zwei Oktaven tiefer notiert. Im Englischen werden die mit Schlegeln gespielten Klangstabspiele unter *keyed percussion* oder *mallet percussion* bzw. *mallet instruments* zusammengefaßt. Im Deutschen fehlt ein entsprechender Ausdruck. In Mittelamerika ist das Xylophon ein gängiges Volksmusikinstrument, in Guatemala hat es sogar den Rang eines Nationalinstruments.

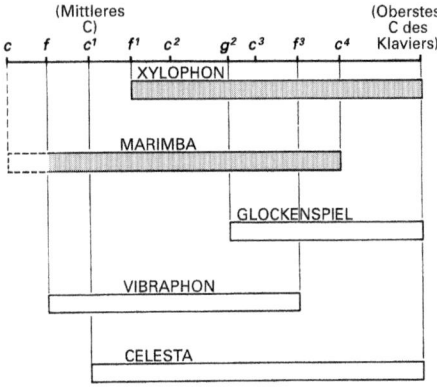

Zeichnung 1

1. Xylophonplatten

Die aus Hartholz wie Rosenholz, Palisander o. ä. bestehenden Klangplatten sind ca. 4 cm breit und 2,5 cm dick. Sie liegen an den beiden Hauptschwingungsknoten auf Filz-, Gummi- oder Strohisolatoren auf (→GLOCKENSPIEL, 1). Die Schlegel haben runde Köpfe aus Holz, Hartgummi oder Kunststoff; man schlägt mit ihnen normalerweise auf die Plattenmitte, wo die Schwingungsmode des Grundtons einen Schwingungsbauch hat. Die Platten für die Akzidentien liegen auf einer höheren Ebene, so daß die Plattenenden sich etwas überlappen können. Es gibt allerdings auch Xylophone mit – wie bei der Marimba – einer einzigen Plattenebene. Röhrenresonatoren (aus Metall oder Kunststoff) hängen unterhalb der Platten, jeder Resonator ist am unteren Ende geschlossen und nach dem Prinzip einer →gedackten Pfeife gestimmt. Aus visuellen Gründen entspricht die äußere Länge dieser Resonatoren nicht unbedingt der Pfeifenlänge. Die Spieltechnik besteht im wesentlichen in abwechselnder Schlagfolge, doch sind Doppelschläge (aufeinanderfolgende Töne mit demselben Schlegel) und Kreuzschläge häufig, um schnelles Passagenwerk flüssig zu spielen.

2. Konstruktion der Platten

Die Faustregel, daß die Platte des Tons in der tieferen Oktave um $\sqrt{2}$ verlängert wird, gilt für Platten einheitlicher Stärke. Doch sind bei den meisten Xylophonen die Platten auf der Unterseite in der Mitte ausgedünnt (wie auch beim Marimba). Dadurch wird der Klang weicher und tiefer, und die unharmonischen Obertöne (→TEILTÖNE, 6), die ansonsten besonders in den tieferen Oktaven überhandnehmen würden, werden zurückgedrängt. Darüber hinaus werden durch das Ausdünnen die Teiltöne in ihrer Tonhöhe kaum verändert, was ihren Abstand zum Grundton erweitert. Der wichtigste Teilton kann so auf dem Xylophon von dem zu hohen 11. Teilton zum wohlklingenden 12. Teilton verändert werden.

3. Trogxylophone

Diese für musikpädagogische Zwecke häufig verwendeten Xylophone haben einen trogförmigen Resonanzkasten statt separater Röhrenresonatoren. Sie wurden um 1930 nach dem Vorbild südostasiatischer und indonesischer Instrumente von Carl Orff (→ORFF-INSTRUMENTARIUM) für sein *Schulwerk* eingeführt und zunächst von Maendler, München, hergestellt. Es gibt sie in verschiedenen Lagen, ihre Platten liegen in einer Reihe und sind für Umstimmungen schnell auswechselbar.

4. Afrikanische Xylophone

Sie sind hinsichtlich Größe, Stimmung und Konstruktion überaus unterschiedlich. Ihre Plattenanzahl reicht von einer bis zu 25 und mehr. Bereits die afrikanischen Xylophone, deren Konstruktion als Marimba nach Mittelamerika weitergegeben wurde, wo sie seit dem 17. Jahrhundert bekannt sind, haben ausgedünnte Platten.

Kleine afrikanische Xylophone können am Hals des Spielers festgebunden sein. Größere, doch schlicht gearbeitete Ausführungen haben Platten über Kästen (wie in Tansania), Tonkrügen (Nigeria) oder sogar Erdgruben (Westafrika, Zentralafrikanische Republik, Kenia). Bei aufwendiger konstruierten »Rahmenxylophonen« ruhen die Platten auf einem festen Holzrahmen und haben häufig Kalebassenresonatoren mit schnarrenden Membranen (→MIRLITON) aus Zigarettenpapier oder ähnlichem Material. Xylophone werden häufig in Gruppen gespielt. Viele der ostafrikanischen Typen haben gleiche Tonstufen (fünf oder sieben) pro Oktave, was vielen westlichen Forschern Anlaß zur Vermutung gegeben hat, daß diese Instrumente indonesischen Einfluß beweisen, wo gleichstufige Xylophonstimmungen ebenfalls üblich sind.

5. Vierreihiges Xylophon (Zeichnung 2)

Das vierreihige Xylophon ist der ältere europäische Typ, bevor sich der oben beschriebene, heute übliche Typ durchgesetzt hat. Für das vierreihige Xylophon hat Saint-Saëns den bekannten Part im *Danse macabre* geschrieben. In russischen Sinfonieorchestern ist es bis vor wenigen Jahren noch die übliche Ausführung gewesen. Seine Platten liegen quer vor dem

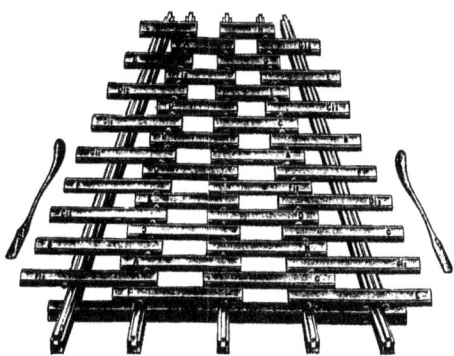

Zeichnung 2

Spieler, die kürzeste am weitesten von ihm entfernt, ganz so wie die Saiten des →Hackbretts. Mit diesem hat es die Ähnlichkeit der Klöppel gemeinsam. Das Instrument hat keine Resonatoren. Ursprünglich lagen bei dem seit dem 15. Jahrhundert bekannten Instrument die Platten auf Stroh auf, weswegen es auch *Strohfiedel* genannt wurde, später wurde das Stroh durch Schienen ersetzt (wie in Zeichnung 2).

Xylorimba (**Marimba-Xylophon**) Ein Xylophon mit einem Tonumfang, der auch die tiefen Töne des →Marimbas umfaßt.

Y

Yüeh-ch'in Chinesische »Mondgitarre« (*yüe*, »Mond«) mit hellem, silbrigem Ton. Das Instrument wird in Ensembles und zur Gesangsbegleitung (beispielsweise in Peking-Opern) verwendet und normalerweise mit einem kleinen →Plektron gespielt. Der runde Korpus (ca. 35 cm Durchmesser) mit einer Zargenhöhe von nur 3,5 cm hat eine hölzerne Decke. Die zwei Saitenchöre mit zweifacher Bespannung aus Seide stehen im Quintabstand. Am sehr kurzen Hals befinden sich zwei Bünde, zusätzlich sind ca. acht Bünde auf der Decke: Die entstehende Skala besteht aus sieben fast equidistanten Intervallen pro Oktave. Es gibt auch Ausführungen mit sechseckigem Korpus. Moderne Instrumente können auch dreisaitig sein (Tonabstände zur höchsten Saite, die etwa auf h^1 steht: Quinte und Oktave) und 19 bis 24 chromatische Bünde haben, von denen vier auf dem Hals liegen.

Yunluo

Die *ruan* ist ein wesentlich älterer, heute noch gespielter Typ mit rundem Korpus. Ihr Hals ist viel länger und hat bis zu zwölf Bünde (wie bei der →Gitarre), auf der Decke befinden sich weitere Bünde. Die *ruan* hat vier in Quinten gestimmte Saiten und wird in vier verschiedenen Größen hergestellt, von denen die größte wie das Violoncello, die kleinste wie die Violine gestimmt wird.

Yunluo →GONGSPIEL, 2.

Z

Zambomba (span.). →REIBTROMMEL, 1.

Zampogna Die bedeutendste, vor allem in Süditalien in verschiedenen Typen vorkommende →Sackpfeife Italiens. An einen Schafsfellsack ist ein einziger großer hölzerner Stock für vier Pfeifen angebunden (→SACKPFEIFE, Zeichnung 1*d*): zwei (in der Regel kurze) Bordunpfeifen und zwei Spielpfeifen, je eine pro Hand, auf denen zusammen ein zweistimmiger Satz gespielt wird. Die linke Hand greift tiefer gelegene Grifflöcher der einen, die rechte Hand höher gelegene Grifflöcher der anderen Pfeife.

1. Spielpfeifen gleicher Länge

Zampogna a paro, Südkalabrien, Sizilien. Die Spielpfeifen sind etwa 35 bis 40 cm lang und überwiegend zylindrisch gebohrt. Alle vier Pfeifen haben ein einfaches Rohrblatt (→ROHRBLATT, 1), gelegentlich können allerdings auch Doppelrohrblätter ohne hörbaren Klangunterschied vorkommen. Die rechte Spielpfeife hat vier Fingerlöcher und ein Daumenloch, die eine Skala ergeben, welche von fis^1 ausgeht und mit der linken Spielpfeife, die nur vier Fingerlöcher und kein Daumenloch hat, nach unten bis zum d^1 weitergeführt wird (→Notenbeispiel 1, oberes System). Die unteren vier Systeme von Notenbeispiel 1 sind der Anfang einer Pastorale aus Sizilien mit dem charakteristischen Kontrapunkt, der auf Terzen aufgebaut ist (vgl. die sardinische →*launeddas*).

2. Spielpfeifen unterschiedlicher Länge

Bei diesen Instrumenten ist die linke Spielpfeife länger als die rechte. Beide Spielpfeifen sind leicht konisch (die Bordunpfeifen hingegen zylindrisch) gebohrt und alle Pfeifen haben Doppelrohrblätter. Diese bekannteste der italienischen Sackpfeifen wird fast ausschließlich zusammen mit einem kleinen, sacklosen, etwa 30 cm langen →Doppelrohrblattin-

Notenbeispiel 1

strument (*ciaramella* oder *piffero*) gespielt, das die Melodie übernimmt, während auf der *zampogna* eine schlichte zweistimmige Begleitung gespielt wird. Am häufigsten sind die Spielpfeifen ca. 40 und 65 cm lang und haben Grifflöcher wie oben beschrieben, nur daß das vierte Loch der längeren Pfeife normalerweise mit einer Klappe unter einer →Fontanelle versehen ist (*zampogna a chiave*). Diese lange Spielpfeife steht eine Oktave unter der kurzen. Die ca. 35 und 15 cm langen Bordunpfeifen erklingen im Oktavabstand. Einige Instrumente sind ausgesprochen lang (Abb. 1), ihre große Spielpfeife ist fast 150 cm lang und hat als tiefsten Ton *g* oder *F*. In Teilen Siziliens wird dieser lange Typ der *zampogna* auch solistisch geblasen. Traditionell erklingt die *zampogna* zur Weihnachtszeit. Viele Barockkomponisten haben ihre Weisen aufgegriffen; so Händel in der »Pifa« des *Messiah* und Bach in der »Sinfonia« der zweiten Kantate des Weihnachtsoratoriums.

Lit.: Guizzi/Leydi 1985.

Abb. 1. Palermo: Lo Zampognaro (Bildpostkarte von Maurice Byrne).

Zamr   →SURNĀ.

Zangenbecken   →BECKEN, 5c.

Zangencymbeln   →BECKEN, 5c.

Zarb   (Iran). →DARĀBUKA.

Zarge   (engl.: *side*; ital.: *fascia*; fr.: *éclisse*). Die rechtwinklig zur Decke verlaufende Seitenwand des Korpus von Streich- und Zupfinstrumenten sowie Trommeln.

Zettel, Geigenzettel   (engl.: *label*). Ein meist gedruckter, mit handschriftlicher Datierung ergänzter Herstellervermerk bei Streich- und Zupfinstrumenten, der auf der Innenseite des Bodens oder der (im Fall der Laute) Schale angeleimt ist. Zettel sind eine uralte Tradition im Geigenbau – ebenso wie das Fälschen von Zetteln.

Lit.: →Geigenbauer.

Zeze   →SESE.

Ziehharmonika   Volkstümliche Bezeichnung für das →Akkordeon.

Zil   (arabisch, türk.). →BECKEN.

Zimbeln (Cymbeln)   Kleine, paarweise gespielte →Becken. →auch BIBLISCHE MUSIKINSTRUMENTE, 1g.

Zimbelstern (Cymbelstern)   (engl.: *bell wheel*). Ursprünglich seit dem 10. Jahrhundert zwölf oder mehr Glocken, die an einem großen Rad angebracht waren, das im Kirchturm oder an der Kirchenwand aufgehängt war und an Festtagen mit einem Seil gedreht wurde. Vom 15. bis 18. Jahrhundert ist der Zimbelstern ein Zusatz bei manchen Orgeln, wobei die Achse des mit Glöckchen oder →Schellen versehenen Rades von einem Windrad angetrieben wird.

Zink   (engl.: *cornett*; ital.: *cornetto*; fr.: *cornet-à-bouquin*). Blasinstrument des 16. und 17. Jahrhunderts, meist aus Holz in normalerweise leicht gebogener Form, mit Grifflöchern und einem kleinen kesselförmigen Mundstück. Der Zink ist ein schwierig zu blasendes Instrument mit einem charakteristisch weichen Klang; er wurde in seiner Zeit sehr geschätzt. Seit etwa 1950 werden Zinken wieder hergestellt und in Kompositionen gespielt, bei denen der Ersatz des Zinken durch die Trompete oder andere Blechblasinstrumente einen großen Verlust an spezifischer Klangfarbe und instrumentaler Balance darstellt.

1. Konstruktion

Der normale Diskantzink (Abb. 1*a*) ist ca. 60 cm lang und besteht aus zwei Holzhälften (aus Birne, Pflaume, Ahorn u. a.), die von oben bis unten so ausgehöhlt sind, daß sie, aufeinandergelegt, eine sich

Zink

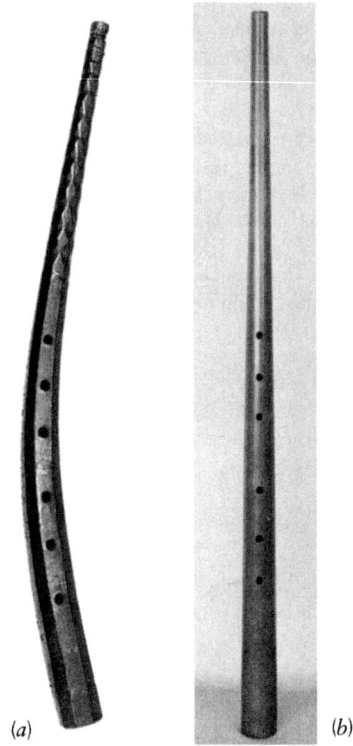

Abb. 1. (a) Diskantzink, Italien, 16. Jahrhundert; (b) Stiller Zink

Fast einhundert Zinken sind erhalten, darunter zwei, die Christ Church, Oxford, 1605 aus London erworben hatte und die in der College Library aufbewahrt werden. Moderne Zinken gibt es u. a. auch aus Kunststoff, wie sie Christopher Monk (1921–1991) mit erstaunlichem Ergebnis hergestellt hat.

Auf den meisten zeitgenössischen Darstellungen hält der Spieler das Mundstück im Mundwinkel; einige moderne Spieler haben diese Anblasposition übernommen. Der Klang des Zinken erinnert an eine sanft gespielte kleine Trompete, doch mit einer flüssigen Artikulation wie eine Vokalisen singende Sopranstimme (→ZUNGENSTOSS). Die Schwierigkeit beim Zink-Spiel besteht im besonderen darin, daß nicht allein die Grifflöcher Stabilität und Intonationsreinheit garantieren. Die Lippen und der Atem müssen ebenso jeden Ton mitformen. Beherrscht der Spieler die Technik, erlaubt sie ihm viele Möglichkeiten der Diminution (Verzierung). Während des 16. Jahrhunderts wurde der Zink besonders in Italien zum wichtigsten Blasinstrument für Diminutionen über die Sopranstimme eines Madrigals oder einer Motette. (Auch Monteverdis *Orfeo* hat reich verziertes Passagenwerk für *cornetti*.) Heutige Spieler verwenden für solche schnellen Passagen und Verzierungen vielfach Doppelzungen (→ZUNGENSTOSS).

2. Andere Größen

Cornettino ist eine in deutschen Chorwerken des 17. Jahrhunderts vorkommende Bezeichnung für einen kleineren, eine Quarte oder Quinte höher stehenden Zinken. *Groß Tenor-Cornet* bezeichnet Praetorius (→PRAETORIUS, Zeichnung 1, viertes Instrument von rechts außen) den eine Quinte unter dem Diskantzinken stehenden S-förmigen Tenorzinken, der offenbar selten eingesetzt wurde, doch in mehreren Exemplaren erhalten ist, von denen allerdings mindestens einige mit großer Wahrscheinlichkeit Fälschungen sind.

3. Gerader Zink und Stiller Zink

Einige Zinken wurden gedrechselt, waren daher gerade und hatten keinen Lederüberzug. Es gibt wenige Originale davon, doch stellte Otto Steinkopf, der in den 1950er Jahren die Renaissance des Zinken einleitete, viele solcher geraden Zinken her. Historisch wichtiger ist der Stille Zink (ital.: *cornetto muto*; Abb. 1b), der eine gerade Bohrung hat und dessen konisches Mundstück aus dem Ende der Bohrung herausgearbeitet ist. Sein Klang ist weniger hell, sondern süßer, weicher und entfernt hornähnlich. Mehrere Exemplare sind erhalten, die meisten davon sind in italienischen Sammlungen und stammen auch aus Italien, wo dieser Typ gerne im Ensemble mit Gamben, Lauten, Querflöten und Blockflöten

von 6 mm auf 24 bis 29 mm erweiternde Bohrung ergeben. Die zwei Holzhälften werden dann zusammengeleimt, oktogonal geschliffen und mit dünnem schwarzen Leder überzogen. Auf das enge Ende der Bohrung wird das kleine eichelbecherförmige Mundstück (aus Holz, Horn oder Elfenbein) aufgesetzt. Die sechs vorderständigen Grifflöcher stehen weit auseinander, doch die Biegung kommt den Fingern entgegen, sie abzudecken. Auf der Rückseite ist ein Daumenloch. Der tiefste gegriffene Ton, a, kann durch veränderte Lippenstellung als g geblasen werden, der der Grundton des in der Praxis erforderlichen Tonumfangs ist. Speer gibt 1697 einen Fingersatz an, der von a aufwärts eine G-Dur-Skala abdeckt, mit c^1 ●●●/●○○ und →Gabelgriffen ähnlich wie bei der Blockflöte. Für a^1 sind alle Grifflöcher offen, für b^1 alle mit Ausnahme des Daumenlochs geschlossen; die weiteren Töne werden wie in der tieferen Oktave gegriffen bis zu

a^2 ●/○●●/○○○
b^2 ○/○●●/○○○
h^2 ●/●●●/●●○

c^3 ●/●●○/○○○, dem höchsten Ton bei Speer, obwohl einige Stimmen bis zum d^3 führen.

gespielt wurde. Auch vom Stillen Zinken gibt es Nachbauten.

4. Geschichtliches

Der Zink scheint eine raffinierte Entwicklung des 15. Jahrhunderts aus dem mit Grifflöchern versehenen Tierhorn zu sein. Seine Bedeutung setzt mit dem 16. Jahrhundert ein; als er in jeder instrumentalen Besetzung gespielt wurde, besonders jedoch zusammen mit Posaunen beim colla-parte-Spiel zum Unterstützen des Chors in der Kirchenmusik. Ein Großteil des für Zinken bekannten Repertoires gilt dieser Instrumentenkombination (→POSAUNE, 7a). Die Turmmusik der Stadtpfeifer wurde mit einem oder zwei Zinken, Alt-, Tenor- und Baßposaunen gespielt. Bis zur französischen Besetzung 1798 wurden die päpstlichen Prozessionen in Rom von derselben Instrumentalbesetzung angeführt. Die wohl letzten Zinken dieser Stadtpfeifertradition wurden 1805 für Mähren in Markneukirchen gefertigt und sind im Moravian Museum, Winston-Salem, NC, USA erhalten.

Lit.: Baines 1957; Monk 1975; Zink 1981.

Zither (engl.: *zither*; ital.: *citara*; fr.: *cithare*). Ein aus Österreich und Bayern stammendes Volksmusikinstrument, das im 19. Jahrhundert aus einfacheren Typen (siehe unten, 2) entstanden ist und vielen anderen in Nord- und Mitteleuropa ähnelt. Zum klassifikatorischen Begriff der Zither siehe weiter unten, 3.

1. Normalzither

Im 19. und frühen 20. Jahrhundert sind eine Vielzahl verschiedener Zither-Modelle entwickelt worden: *Normalzither, Perfekta-Zither, Reformzither, Konzertzither* u. a. sowie gestrichene Zithern: *Schoßgeige, Streichzither, Streichmelodion*. Im Folgenden wird die Normalzither (siehe Abb. 1) beschrieben. Sie hat ein flaches, kastenförmiges ca. 60 cm langes Korpus aus Kiefernholz mit Rosenholz-Furnier. Der Resonanzkasten ist an der hinteren Seite ausgebuchtet und hat kleine Füße, um das Instrument auf einem Tisch rutschfest zu plazieren. Dadurch wird der Resonanzkörper vergrößert. (Es gab auch spezielle Zithertische mit zusätzlichen →Resonanzsaiten unterhalb der Auflageplatte für die Zither.) Entlang der dem Spieler zugewandten Seite verlaufen 29 Metallbünde auf einem Griffbrett für fünf von meist 42 Saiten, von denen die hochgestimmten aus Stahl sind, die anderen aus umsponnenem Metall oder umsponnener Seide. Die Saiten verlaufen von den Anhangstiften auf der rechten Korpusseite zu den Stimmwirbeln auf der linken.

Die fünf Griffbrettsaiten sind Melodiesaiten. Sie werden mit dem Zeige-, Mittel- und Ringfinger der linken Hand abgegriffen und von einem Metallplektron (»Zitherring«), das über den rechten Daumen gestreift wird, angezupft. Bei der sogenannten Wiener Stimmung entspricht die Stimmung der Saiten 1, 2, 4 und 5 denen der Bratsche ($a^1\,d^1\,g\,c$). Die mittlere Saite ist auf g^1 eingestimmt; auf ihr spielt man überwiegend Terzen zu den auf der d^1-Saite gegriffenen Tönen. Bei der »Münchner Stimmung« sind die Melodiesaiten auf $a^1\,a^1\,d^1\,g\,c$ gestimmt.

Die übrigen, freischwingenden Saiten lassen sich in zwei Gruppen unterteilen. Dreizehn Akkordsaiten werden mit dem rechten Zeige- und Ringfinger gezupft. Sie sind in Quarten innerhalb einer Oktave gestimmt: $as^1\,es^1\,b^1\ldots cis^1\,gis^1$, so daß für jede Tonart ein dreistimmiger Dur- oder Moll-Akkord gespielt werden kann, bei dem zwei benachbarte Saiten von einem Finger gezupft werden, die dritte Saite vom anderen Finger.

Die andere Gruppe sind die Baßsaiten. Sie sind auch zyklisch gestimmt (ähnlich dem Piano-Akkordeon, vgl. →AKKORDEON): $Es\,B\,F\ldots Cis\,Gis$, so daß Tonika, Dominante und Subdominate von jeder Tonart zusammenliegen. Weitere chromatische Baßsaiten schließen sich je nach Zithertyp daran an. Bei beiden Gruppen sind die F-, A- und Cis-Saiten rot eingefärbt, d.h. jede vierte Saite ist rot. Neben den hier beschriebenen Stimmungen gibt es noch weitere.

Das Repertoire für die Zither ist die volkstümliche Musik des Alpenlandes. Typischer Klangeffekt ist

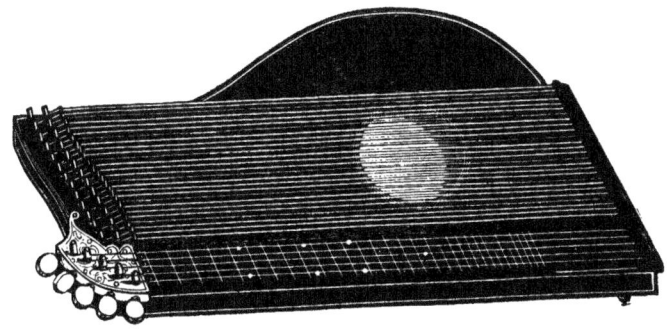

Abb. 1. Normalzither, aus einem Prospekt (um 1900); vorne (über den Metallbünden) sind die fünf Melodiesaiten zu sehen, dahinter liegen die Akkord- und Baßsaiten.

Notenbeispiel 1. Johann Strauß, »G'schichten aus dem Wiener Wald«.

das Vibrato auf ausgehaltenen Melodietönen, das durch schaukelnde Bewegung des Griffingers erzeugt wird. Eine der wenigen Orchesterkompositionen, bei der die Zither eingesetzt wird, ist der Walzer »G'schichten aus dem Wiener Wald« (1868) von Johann Strauß (Notenbeispiel 1). Zu Nebenprodukten der Zither-Industrie; →AKKORDZITHER, →STREICHZITHER.

2. Ältere europäische Zithern
Bis Ende des 19. Jahrhunderts wurden in vielen europäischen Regionen von den Alpen und Karpaten bis nach Skandinavien Zithern als bäuerliche Instrumente für die Tanzmusik und zur Gesangsbegleitung gespielt. Heute kann man sie noch in Ungarn (*Citara*), Norwegen (→*Langeleik*), Schweden (*Hummel*), Belgien (*Vlier*) und im Elsaß (*Épinette des Vosges* als die kleinste dieser Zithern) hören. Das alte alpenländische *Scheitholt* ist selten geworden und wurde von »Kratzzithern« oder der oben beschriebenen Normalzither ersetzt.

Alle diese europäischen Zithern haben ein langes, enges Korpus, das auf den Schoß oder Tisch gelegt wird. Die Bünde sind normalerweise diatonisch angeordnet und liegen unter zwei oder mehreren Melodiesaiten aus Draht, die von einem kurzen metallenen oder hölzernen Stab, der in der linken Hand gehalten wird, niedergedrückt werden (vgl. →Appalachian dulcimer), wenn auch in einigen Fällen nur mit den Fingern. Die rechte Hand zupft mit einem →Plektron über die Griffbrettsaiten und die dahinter gespannten Begleitsaiten, die so gestimmt sind, daß sie bordunartig in verschiedenen Oktaven den Akkordgrundton und seine Dominante erklingen lassen. Mit diesen wohl immer solistisch gespielten Zithern kann der Spieler so mit seinen Plektron-Schlägen die Melodie im Tanzrhythmus begleiten (vgl. z. B. LANGELEIK). Einige dieser Zithern lassen sich auf bildlichen Quellen bis ins 15. Jahrhundert zurückverfolgen. Das mittelalterliche →Monochord kann man als prinzipiellen Vorläufer der Zither betrachten, obwohl es keine direkte Verbindungslinie zwischen beiden gibt. Die schwedische *Hummel* unterscheidet sich von den anderen Zithern insofern, als sich Griffsaiten und Bünde auf einem erhöhten Mittelteil befinden (wie auch beim *Appalachian dulcimer*), während sich das Hauptkorpus birnenförmig zum Zupfende hin weitet.

3. Zither als musikethnologischer Begriff
Hornbostel/Sachs' →Klassifikation der Musikinstrumente bedient sich der »Zither« als Oberbegriff für viele weltweit verbreitete Instrumente von einfachem Aufbau bis zu komplexen →Wölbbrettzithern des Fernen Ostens wie den japanischen →*koto* und einer so mechanisierten Kastenzither wie dem europäischen Hammerflügel (→KLAVIER). Gemeinsame Merkmale aller dieser Instrumente: Das Instrument mit einer oder mehreren Saiten zwischen festen Punkten besteht aus einem Saitenträger allein oder aus einem Saitenträger und einem Resonanzkörper in unorganischem, ohne Zerstörung des Klangapparats lösbarem Zusammenhang (im Unterschied zu den Lauten als Saiteninstrumente mit einem Resonanzkörper in organischem, ohne Zerstörung des Klangapparats *un*lösbarem Zusammenhang). Nachfolgend sind einige charakteristische Untertypen der Zither genannt:

(a) *Idiochorde Zither* (→IDIOCHORD). Bei diesen Zithern sind die Saiten aus der Rinde eines Bambussegments oder einer ähnlichen Pflanze herausgelöst und hängen noch an den Enden mit ihr zusammen. Die Saitenstreifen werden dann mit kleinen Stegen aus Rohr oder Holz erhöht.

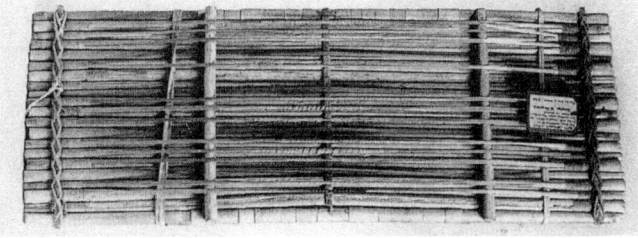

Abb. 2. Floßzither aus Afrika (Oxford, Pitt Rivers Museum).

(i) *Idiochorde Floßzither.* Sie kommt vor allem im tropischen Afrika, aber auch u. a. in Vorderindien vor, wo sie ein Kinderinstrument ist: eine Anzahl von Bambusstengeln, von denen jede einen herausgelösten Saitenstreifen hat, sind floßartig miteinander verflochten (Abb. 2). Die Saiten werden mit einem kleinen Stab angeschlagen und geben leise summende Töne zum Gesang des Spielers. Wenn sie alle gleiche Länge und Spannung haben, lassen sich Tonhöhenunterschiede über unterschiedliche Saitenbreite erzeugen. Je breiter die Saite ist, desto tiefer klingt sie. Häufiger ist jedoch das Stimmen mit kleinen Keilen, durch Umwickeln mit Bast oder Schrägstellen der Stege. (ii) *Vollröhrenzither.* Bei ihr ist der Saitenträger eine Röhre, so z. B. bei der *Corn-stalk fiddle* (Maisrohrfidel) der USA. Die »Saite« einer Röhre wird mit einem Bogen, der auch aus einer befeuchteten idiochorden Röhre besteht, angestrichen, was quietschende Geräusche von sich gibt. Ein dickerer Bambusabschnitt ermöglicht mehrere Saiten, wie z. B. bei der →*valiha* und vielen ähnlichen südostasiatischen Zithern, die manchmal von einem muschelförmigen Palmenblatt als Resonator umhüllt sind. (iii) *Halbröhrenzither.* Hier ist der Bambus trogförmig aufgeschlitzt, und die Saiten laufen über die konvexe Seite: besonders verbreitet in Süd- und Ostasien und offenbar die Grundform, aus der die →Wölbbrettzithern (z. B. →*ch'in*; →*koto*) entstanden sind (diese allerdings mit heterochorden, d. h. nicht aus demselben Material des Saitenträgers gewonnenen Saiten). (iv) →*Mvet,* eine »Kerbsteg-Harfenzither« (Westafrika).

(b) *Brettzither und Schalenzither.* Aus Holz gefertigter Resonanzkörper; von Ende zu Ende laufende Saiten aus Planzenfasern oder Sehnen werden mit den Daumen oder Fingern gezupft: Ost- und Zentralafrika (*enanga, inanga*). Der Resonator der Brettzither besteht im wesentlichen aus zusammengefügten Brettern (wie beispielsweise die europäische Zither, das →Hackbrett und das →Klavier), der der Schalenzither aus einer Schale, über deren Öffnung die Saiten laufen.

(c) *Stabzither.* Eine vielfältige Gruppe, bei der der Saitenträger stabförmig ist. →Musikbögen gehören ebenso dazu wie Musikstäbe (z. B. →*tuila,* Indien; →*sese*). Als Resonator dient häufig eine Kalebasse.

Lit.: Brandlmeier 1963 (zur europäischen Zither); Wegner 1984 (zu afrikanischen Zithern).

Zokusō →KOTO, 4.

Zuffalo (ital.). Oberbegriff für →Pfeifen jeglicher Art.

Zugposaune →POSAUNE.

Zugtrompete (engl.: *slide trumpet*; ital.: *tromba da tirarsi*; fr.: *trompette à coulisse*). Trompete mit einem teleskopartigen Rohrabschnitt am Mundstück. In Renaissance-Darstellungen kann die Zugtrompete im Unterschied zur normalen Trompete jener Zeit dadurch identifiziert werden, daß ihr Spieler sie etwas nach unten hält und die eine Hand das Rohr nahe am Mundstück greift (→POSAUNE, Abb. 2, die beiden hinteren Spieler). Eine Posaune ist in dieser Zeit im Zusammenspiel mit (normalen) Trompeten sehr unwahrscheinlich. Burgundische höfische Dokumente aus der Zeit ab ca. 1420 nennen einen Spieler für die *trompette des menestrels,* der im Zusammenhang mit den Pommerbläsern erscheint und von dem der Spieler der *trompette de guerre* unterschieden wird. Im 16. Jahrhundert wird die Zugtrompete auch Türmerhorn genannt (so bei Sebastian Virdung 1511 und Martin Agricola 1529). Offenbar war sie im Unterschied zu der normalen Trompete kein Instrument, das nur von der Trompe-

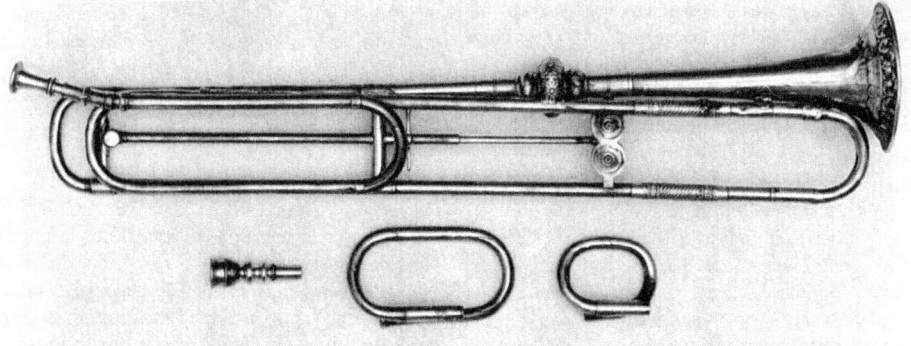

Abb. 1. Zugtrompete mit abgeknicktem Mundrohr, darunter dem korrekten Mundstück und D- und Es-Stimmbögen (der C-Stimmbogen befindet sich am Instrument).

terzunft und nur zu höfischen Anlässen geblasen werden durfte.

In Deutschland wird die Zugtrompete vom 16. bis zum 18. Jahrhundert erwähnt. Es ist nur noch ein Exemplar (datiert 1651) dieses Typs erhalten (Musikinstrumenten-Museum, SIMPK, Berlin), dennoch war die Zugtrompete ein häufig gespieltes Instrument. Bach fordert sie unter ihrer italienischen Bezeichnung in vier Kantaten, darunter in BWV 77 mit einem schwierigen und in die Höhe gehenden Obligato (→auch CORNO DA TIRARSI).

In England wurde von ca. 1798 bis in die zweite Hälfte des 19. Jahrhunderts eine Zugtrompete (*slide trumpet*; Abb. 1) in Form der klassischen Trompete von Pace, Köhler, beide London, und anderen Herstellern gebaut. Der Zug war ursprünglich dazu bestimmt, unsaubere Naturtöne zu korrigieren (F und A), aber bei Verwendung hoher Stimmbögen erniedrigt er die Skala um einen Ganzton, sodaß eine diatonische Skala von fast zwei Oktaven möglich wird. Der letzte Solist auf diesem Instrument, das besonders für Händels obligate Trompetenpartien dem →Kornett vorgezogen wurde, ist John Solomon (gest. 1953) gewesen, dessen Auftritte zusammen mit der Altistin Dame Clara Butt (1872–1936), besonders mit der Arie »Let the Bright Seraphim« aus Händels *Samson* in Großbritannien berühmt waren.

Lit.: Brownlow 1996.

Zukra →SACKPFEIFE, 6.

Zummāra Einer der vielen Namen des →Rohrblattinstruments mit →idioglotter Zunge, wie es im Nahen Osten als Volksmusikinstrument gespielt wird. Im speziellen versteht man darunter das Rohrblattinstrument mit zwei parallelen Pfeifen, →ROHRBLATTINSTRUMENT, Zeichnung 1a.

Eine *arghul* hat statt der zweiten Pfeife mit Fingerlöchern eine lange, leise-brummende Bordunpfeife. Das Instrument wird gelegentlich in ägyptischen und syrischen klassischen Ensembles statt der Flöte →*nāy* gespielt.

Zunge

1. (engl.: *reed*; ital.: *ancia*; fr.: *anche*). Oberbegriff für einen elastischen Körper aus Schilfrohr, Metall oder Kunststoff, der im Luftstrom schwingt und diesen periodisch unterbricht. Man unterscheidet aufschlagende Zungen (z.B. das Rohrblatt der →Klarinette), →durchschlagende Zungen (z.B. beim Akkordeon) und Gegenschlagzungen (z.B. das Doppelrohrblatt der Oboe). →ROHRBLATT.

2. *Zunge der Lingualpfeife* (Zeichnung 1). Die Lingualpfeifen (Zungenpfeifen der →Orgel und des →Regals haben aufschlagende Zungen. Ein dünnes Messingplättchen liegt auf der abgeflachten Öffnung einer röhrenförmigen »Kehle« S aus Metall auf und gibt einen eigenen Ton, der sich mittels der Stimmkrücke T stimmen läßt.

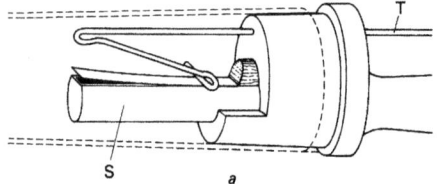

Zeichnung 1. Zunge der Lingualpfeife.

3. *Zunge als Bestandteil des Springers* (engl.: *tongue*). Am Springer von Kielklavieren der geachste, mit einer Feder (Schweinsborste) leicht gespannte Einsatz, in dem das →Plektron befestigt ist (→CEMBALO).

Zungenpfeife →LINGUALPFEIFE.

Zungenschlitztrommel (engl.: *log drum*). Eine neue Ergänzung des westlichen Schlagzeugs, basierend auf der alten mittelamerikanischen →*teponatzli*. Es ist ein rechteckiger Resonanzkasten aus Holz mit einer oder mehreren Zungen, die auf der Kastenoberseite in das ca. 2 cm dicke Holz geschnitten sind und mit einem schweren Schlegel angeschlagen werden. Der Klang ist leise und pochend. Gestimmte Zungenschlitztrommeln werden gruppenweise im Musikunterricht in den USA eingesetzt und von einigen Instrumenten verlangt (z.B. Lou Harrison, *Canticle No. 3*), obwohl in einigen Fällen offensichtlich eher eine →Schlitztrommel gemeint ist.

Bei der mittelamerikanischen *gato*-Trommel sind gestimmte Holzstäbe an einem Ende an die Oberseite des Resonanzkastens angeschraubt und werden mit Xylophonschlegeln gespielt. Die Zungen können auch mit der Laubsäge in den Sperrholzdeckel eines Kastens ausgesägt sein. An einem Ende fixierte Stäbe klingen wesentlich tiefer als frei aufliegende Stäbe (wie beim Xylophon; →TEILTÖNE, 6b).

Zungenstoß (engl.: *tonguing*; fr.: *coup de langue*). Das hauptsächliche Mittel der Artikulation auf Blasinstrumenten. In notierten Kompositionen wird normalerweise davon ausgegangen, daß jede Note, die nicht mit einem Bindebogen an die vorangehende angehängt ist, mit Zungenstoß gespielt wird. Bei der →Querflöte und bei →Blechblasinstrumenten geschieht dies durch Zungenschlag gegen die Zähne, bei Rohrblattinstrumenten gegen die Spitze des Blattes. Stehen Punkte unter den gebundenen Noten, werden diese durch Zungenstöße nur ein wenig getrennt (analog zur Artikulation auf der Violine bei entsprechenden Stellen).

Bei sehr schnellen Passagen wird häufig die »Doppelzunge« verwendet. Hierbei bewegt der Bläser seine Zunge wie auf den Silben »tu ku«. Vom 16. bis zur Mitte des 18. Jahrhunderts waren noch weitere Arten des Zungenstoßes üblich: So wurden vor allem schnelle Läufe mit »te re« oder »di ri« beschrieben. »Re« entsprach wohl einem sehr weichen »de« und fiel normalerweise auf das zweite Achtel einer Zwei-Achtel-Gruppe, wodurch diese einen stilistischen Schwung bekam, der zum guten Stil gehörte. Anhand des Notenbeispiels 1 empfiehlt Bismantova (1677) das Üben dieses Zungenstoßes auf →Blockflöte oder →Zink, indem der Spieler die Silben laut spricht und dabei die Töne stumm auf dem Instrument greift.

Französische Spieler drehten im Barock die Konsonanten um: »re« (oder »ru«) wurde mit Ausnahme der ersten Note einer Passage an den Beginn eines Zweierpaares gestellt; eine Gruppe aus sechs Achteln wurde dementsprechend mit folgenden Zungenstößen artikuliert: »tu tu, ru tu, ru tu«, wobei möglicherweise das erste Achtel jedes Paares etwas verlängert wurde.

Eine Besonderheit des Zungenstoßes ist die »Flatterzunge«, bei der der Luftstrom durch ein rollendes »r« periodisch unterbrochen wird. Die Flatterzunge ist eine fast ausschließlich in Kompositionen des 20. Jahrhunderts vorkommende Artikulationsart. Ein frühes Werk dafür ist Richard Strauss' *Don Quixote* (1898) mit Flatterzunge in allen Blasinstrumenten (z. B. Klarinetten und Blechbläser für die Schafe in der zweiten Variation). In Werken von Schönberg und Webern wird die Flatterzunge hauptsächlich von den Blechbläsern gefordert, doch in Brittens *Sinfonia da Requiem* spielen im zweiten Satz alle Blasinstrumente mit Flatterzunge. Bei französischen Bearbeitungen für Militärkapelle wird sie als Imitation des Tremolos der Violinen herangezogen.

Zupfinstrumente (engl.: *plucked instruments*; ital.: *strumenti a pizzico*; fr.: *instrumentes à cordes pincées*). Alle Musikinstrumente, bei denen die Tonerzeugung ausschließlich durch Anzupfen bzw. Anreißen von Saiten geschieht.

Lit.: Maier 1982 (Diskographie).

Zupfklaviere   →KIELKLAVIERE.

Zupforchester   Ein Ensemble aus chorisch gespielten Zupfinstrumenten wie →Mandoline, →Mandola, →Mandoloncello.

Zupfstock (engl.: *Stroh jap fiddle*). Ein in der englischen Music-Hall-Tradition verwendetes einsaitiges Streichinstrument mit Membran und Schalltrichter, das wie ein Violoncello gehalten wird.

Zurla   →SURNĀ.

Zurnā   →SURNĀ.

Zylindrische Oboe (engl.: *cylindrical oboe*). Von Curt →Sachs geprägte Bezeichnung für nichtwestliche Blasinstrumente mit großem, breitstieligen Doppelrohrblatt und zylindrischer Bohrung, wodurch das Instrument akustisch ähnlich einer →gedackten Pfeife reagiert. Da ein Charakteristikum der (westlichen) Oboe die konische Bohrung ist, ist der Begriff strenggenommen ein Widerspruch in sich. Hauptvertreter dieses Typs sind in Asien: BALABAN, HICHIRIKI, KUAN; P'IRI; →auch ROHRBLATT, 4.

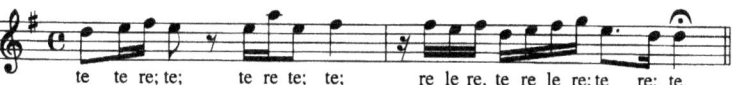

te   te re; te;   te re te;   te;   re le re, te re le re; te   re; te.

Notenbeispiel 1. Barocke Doppelzungen-Artikulation (nach Bismantova 1677, für Blockflöte oder Zink).

Hersteller von Musikinstrumenten

Aeolian 179, 200, 228
Aeolian-Skinner Organ Company 241
Ahlborn, Heinz 3
Albert 153
Albrecht, Charles 317
Alexander 60, 355, 364, 366
Alexandre père et fils 129
Almenraeder 89
Amati, Andrea 39, 80, 271, 352, 355
Amati, Nicolò 352, 353
Amati-Brüder 40, 353
Antegnati, G. 237

Babcock 160, 317
Bachmann, Carl Ludwig 168
Bacigalupo 77
Backers 163
Baffo 49
Bainbridge, William 73
Band, Heinrich 173
Banks, Benjamin 353
Barker, Charles Spackman 234
Barry, A. 130
Baschet 149
Bassano 18
Bazin, James A. 181
Bechstein, C. 160, 218
Beckerath 241
Bergonzi, Carlo 352
Berliner, Emile 117
Besson 67, 335, 364
Bizet 222
Blanchet 50
Blühmel, Friedrich 345
Blüthner 160, 272
Boehm, Theobald 8, 20, 153, 154, 261
Boosey 89, 256, 288
Bösendorfer 160, 165, 272
Bottali 276
Brebos, Hans 239
Breit, Leopold 311
Bressan 31, 309
Broadwood 50, 163, 317
Brod 21, 84
Brodmann, Joseph 160
Buffet 21, 154, 222
Buffet-Crampon 88
Busch, Ernst 100
Buschmann, Christian Friedrich L. 210

Cahusac 222
Carhart, Jeremiah 130
Casavant 241

Catlin 21
Cavaillé-Coll, Aristide 234, 240
Celestini 49
Ceruti, Giovanni Battista 352
Červený, F. V. 142
Challis, John 51
Chanot 358
Chanot, François 53
Chanot, Georges 53
Chickering 160, 317
Ciciliano 100
Clicquot, Robert 239
Conn, C. G. 79, 201, 290, 304
Cooper, Albert 263
Couesnon 286
Cousineau 127
Cowell, Henry 327
Crehore, Benjamin 317
Cristofori, Bartolomeo 158

da Prato 237
Dallam, Thomas 240
Dallapé, Mariano 5
de la Tour, Charles 192
de Torres Jurado, Antonio 111
Deagan and Leedy 198
Deagan 10
Demian, Cyrillus 4
Denner 21, 33, 89, 151, 222, 254, 266
Distin 67, 288
Dodds & Claus 317
Dolmetsch, Arnold 31, 32, 51, 65, 101, 187
Dopyera 111

Edison, Thomas Alva 249
Ehe 337
Eichentopf 84, 172, 224
Érard 127, 159

Fender 83, 85, 131
Ferrari, Gasparo 196
Finke 63
Fitzpatrick, Horace 107
Flentrop 241
Forveille 298
Franklin, Benjamin 112
Frei, Carl 77
Frobenius 241

Gagliano, Alessandro 352
Gagliano, Gennaro & Nicolò 352
Gand, Charles François 353
Gasparo da Salò 40, 170, 353
Gautrot 286
Gavioli & Cie 77
Geib 317
Gibson 16, 82, 111, 130, 131
Giorgi, Carlo Tommaso 108
Goffriller, Matteo 352, 360
Golde, Carl Theodor 221
Goodrich, Ebenezer 129

Graf, Conrad 165
Grancino, Giovanni Battista 352
Green, Samuel 240
Grenié, Gabriel Joseph 129
Grosset, François 244
Grotrian-Steinweg 160
Grundmann, Johann Jakob 222
Guadagnini, Giovanni Battista 352
Guadagnini, Lorenzo 352
Guarneri del Gesù, Giuseppe 352, 353, 359
Guarneri, Andrea 352, 353
Guarneri, Giuseppe Giovanni 352
Guarneri, Pietro Giovanni 352
Guarneri, Pietro 352
Guersan, Ludovicus 244

Haas 337
Häckel 249
Haiden, Hans 35, 36
Hainlein 337
Hajek, Josef 221
Haka, Richard 222
Halary, Jean Louis Antoine 175, 225
Haliday, Joseph 149
Hamilton, David 234
Hammig 263
Hammond, Laurens 121
Harlan, Peter 32, 101
Harraß 12, 51
Harrington, John 273
Harris, Renatus 240
Harrison & Harrison 241
Harrison, Donald 241
Haseneiner, H.J. 172
Hass, Hieronymus Albrecht 51, 65
Hass, Johann Adolph 51, 65
Hastrick 73
Haward, Charles 306
Hawkins, Isaac 159
Haynes and Powell 263
Hebenstreit, Pantaleon 121
Heckel 87, 88, 131, 171, 172
Hemony 343
Hill, William Henry 241
Hitchcock 50, 306
Hoffmann, Johann Christian 186, 350
Höfner 85
Hohlfeld, Gottfried 36
Hohner 86, 201, 210
Holtkamp senior, Walter Henry 241
Hope-Jones, Robert 71, 147
Hotteterre 33, 80, 210, 222
Hoyer, Dirk 237
Hunt, Edgar 32
Hupfeld 10, 200, 228, 249
Hutchins, Carleen M. 41

Jacobs, Hendrik 353
Jaye, Henry 100
Jeffries 173

Karest, Joes 362
Kaufmann 36, 228
Kerner 337
Key, Thomas 297
Kirckman, Jacob 50
Klais 241
Kleemeyer, Christian Ernst 95
Klotz, Egidius 353
Klotz, Sebastian 353
Köhler 346, 378
König, Rudolf 308
Kruspe, Eduard 365, 366

Ladegast 240
Landolfi, Carlo Ferdinando 352
Leblanc 171
Leclerc 202
Leedy Drum Co 347
Leichamschneider 367
Les Paul 82
Light, Edward 130
Linarol, Ventura 100, 361
Lochmann, Paul 305
Lorée 223
Lot, Louis 263
Lupot, Nicolas 353, 356
Lyon and Healy 124
Lyon, Gustave 127

MacCann, John H. 173
Maendler 371
Maendler-Schramm 51
Maggini, Giovanni Paolo 40, 170, 353
Mahillon 89, 224, 335, 336
Maino & Orsi 276
Maler, Laux 183
Mälzel, Johann Nepomuk 228
Mälzel, Leonhard 228
Mander, Noel 241
Marcussen 241
Marenghi, Charles 77
Marigaux 21, 263
Martenot, Maurice 225
Martin 110, 328
Martin, Louis-Pierre 129
Mayrhofer 19
Menke, Werner 335
Messner, Christian 210
Mest, Raphael 186
Metzler 241
Mietke, Michael 51
Milhouse 222
Mitteis, Anton 11
Moeck 32
Mollenhauer 32
Möllinger, Christian 95
Monk, Christopher 374
Montagnana, Domenico 352
Mortier 77
Möst, Raphael 186
Müller, Iwan 8, 154

Müller, Mathias   159
Mustel   44, 129

Naderman, Henry   127
Nernst, Walther   218
Neupert   51
Nicole frères   305
Norman, Barak   100

Oberlender   33
Odoyewsky, V.   158
Oehler, Oskar   153
Oettinger, Arthur von   158
Orff, Carl   115

Périnet, Etienne François   345
Pace   378
Pages   111
Paiste   22, 116
Palmer, Francis   242
Pape, Jean-Henri   160
Papelard   66
Paul   82
Pelitti   79
Pepper, J.W.   304
Perry, Thomas   62
Philidor   222
Piccinini   15
Pique, François Louis   353, 356
Pittrich, C.   245
Pleyel   51, 127, 160
Presbler, Francesco und Giuseppe   196
Prescott, Abraham   181
Pressenda   353
Preston, John   85

Rhodes, Harold   85
Rieger   241
Ritter, Hermann   41
Rocca   353
Rogeri, Giovanni Battista   352
Roosevelt, Hilborne Lewis   241
Rose jun., John   100
Rose, John   13, 242
Roth, Ferdinand   276
Ruckers   49, 363
Ruggeri, Giacinto & Vincenzo   352
Rugieri, Francesco   352

Samme   172
Sattler, Christian Friedrich   255, 346
Sauer   240
Savart   358
Savary   89
Sax   21, 42, 347, 363
Sax, Adolphe   287, 288, 290
Sax, Charles   290
Schelle, Sebastian   186
Scherer, Hans   237
Scherr, E.N.   128
Schiedmayer & Söhne   292

Schleip, Johann Christian   193
Schnitger, Arp   238, 241
Schnitzer   256, 337
Schuke   241
Schunda, Wenzel Josef   120, 321
Schuster, Vincenz   11
Sellas, Matteo   185
Sellner, Joseph   221
Selmer   171
Serafin, Santo   352
Shaw, John   346
Shudi, Burkat   50
Siemens   218
Silbermann, Gottfried   159, 238
Simpson   73
Skowroneck, Martin   51
Smith   240
Snetzler   240
Socher, Johann   316
Späth und Schmahl   320
Spix, Jörg   330
Stadlmann   18
Stainer, Jakob   100, 353
Stanesby   33, 172, 222
Staufer, Johann Georg   10
Steger, Magno   21
Stegher   21
Stein, Johann Andreas   165, 202
Steinkopf, Otto   374
Steinway & Sons   160, 316
Steinweg   160
Stodart   159, 163
Stölzel, Heinrich   345, 346
Storioni, Lorenzo   352
Stössel, Georg   310
Stowasser sen., Ignaz   131
Stradivari, Antonio   39, 352, 353, 359
Stradivari, Francesco   353
Stradivari, Omobono   353
Stroh, August   311
Stumpff, J.Ch.N.   246
Superscope-Marantz   200

Tabel, Hermann   50
Tamburini   241
Tannenberg, David   241
Taskin, Pascal   50
Testore, Carlo Giuseppe   170, 352
Theeuwes, Lodewijck   242
Theremin, Lew   327
Tieffenbrucker, Wendelin   191
Tielke, Joachim   9, 62, 100
Tourte, François   34, 356
Trasuntino, Vito   157
Triébert, Fréderic   221, 223
Truchado, Raymundo   36

Uhlig, Carl Friedrich   173

Venere, Vendelio   183
Ventura, A.B.   131

Vicentino 157
Vinaccia 196
Vincentinus 49
Virchi, Girolamo 62
Votey, Edwin S. 179
Vuillaume, Jean-Baptiste 41, 170

Walcker 240
Wallis & Sons, J. 108
Walter, Anton 165
Weidinger, Anton 150
Welte & Söhne, M. 148, 200, 272
Wheatstone, Charles 172
Widhalm, Leopold 353
Wieprecht, Wilhelm 346

Wilde, Johann 216
Willis, Henry 241
Wöggel, M. 338
Wornum, Robert 159
Wurlitzer 77, 124, 147

Yamaha 160, 202, 263, 272

Zell, Christian 51
Zenti, Girolamo 306
Zildjian 22
Zuckermann, Wolfgang Joachim 51
Zuleger jun., Hermann 222
Zumpe, Johannes 316
Zwolle, Henri Arnault de 49

Bibliographie

Das folgende Literaturverzeichnis nennt nicht nur die in den Einträgen erwähnten Schriften, sondern listet auch weitere Arbeiten auf. Wichtige umfassende Standardwerke sowie kompetente einführende Schriften sind halbfett gesetzt (Auswahl des Bearbeiters). Für aktuelle und weiterführende Literaturrecherchen bietet sich insbesondere das Webportal www.musikbibliographie.de (Bibliographie des Musikschrifttums online) an.

Abbott/Segerman 1974 = Dijlda Abbott & Ephraim Segerman: Strings in the 16th and 17th centuries. In: *The Galpin Society Journal*. 27 (1974).

Abondance 1981 = Florence Abondance: *Restauration des instruments de musique*. Fribourg 1981.

Acht 1991 = Rob van Acht, Vincent van den Ende & Hans Schimmel: *Niederländische Blockflöten des 18. Jahrhunderts. Dutch recorders of the 18th century. Sammlung/Collection Haags Gemeentemuseum*. Celle 1991.

Acht 1992 = Rob van Acht: *Checklist of technical drawings of musical instruments in public collections of the world*. Celle, Den Haag 1992.

Acht 1995 = Rob van Acht: *Guide to technical drawings of musical instruments in public collections of the world on microfiche*. The Hague, Lisse 1995.

Adelmann 1990 = Olga Adelmann: *Die Alemannische Schule. Archaischer Geigenbau des 17. Jahrhunderts im südlichen Schwarzwald und in der Schweiz*. Berlin 1990.

Adelmann/Otterstedt 1997 = Olga Adelmann & Annette Otterstedt: *Die Alemannische Schule. Geigenbau des 17. Jahrhunderts im südlichen Schwarzwald und in der Schweiz*. Berlin 1997.

Adelung 1986 = Wolfgang Adelung: Einführung in den Orgelbau. Leipzig ⁶1986.

Adkins 1945 = Hector E. Adkins: *Treatise on the military band*. London 1945/1958.

Adkins 1963 = Cecil Dale Adkins: *The theory and practice of the monochord*. Ann Arbour, MI 1963.

Adkins 1967 = Cecil Adkins: The technique of the monochord. In: *Acta Musicologica*. 39 (1967), S. 34–43.

Adkins 1974 = Cecil J. Adkins: Investigation of the sound-producing mechanism of the Jew's harp. In: *Journal of the Acoustical Society of America*. 55 (1974).

Adkins 1981 = Cecil J. Adkins u. a.: Frequency-doubling chordophones. In: *Musica Asiatica*. 3 (1981).

Adkins/Dickinson 1991 = Cecil Adkins & Alis Dikkinson: *A trumpet by any other name: A history of the trumpet marine*. Buren 1991.

Adlung 1758 = Jacob Adlung: *Anleitung zu der musikalischen Gelahrtheit*. Erfurt 1758. (Reprint: Kassel, Basel 1953).

Adlung 1768 = Jacob Adlung: *Musica mechanica organoedi. Das ist: Gründlicher Unterricht von der Struktur, Gebrauch und Erhaltung, etc. der Orgeln, Clavicymbel, Clavichordien und anderer Instrumente* [...]. Berlin 1768. (Reprint: Kassel 1931).

Agazzari 1607 = Agostino Agazzari: *Del sonare sopra'l basso con tutti li stromenti*. Siena 1607. (Reprint: Milano 1933).

Agricola 1528 = Martin Agricola: *Musica instrumentalis deudsch*. Wittenberg 1528 & 1545. (Reprints: 1896, 1969).

Ahrens 1986 = Christian Ahrens: *Eine Erfindung und ihre Folgen. Blechblasinstrumente mit Ventilen*. Kassel 1986.

Alexandru 1974 = Tiberiu Alexandru: Die rumänische Panflöte. In: *Studia instrumentorum musicae popularis*. 3 (1974).

Altenburg 1795 = Johann Ernst Altenburg: *Versuch einer Anleitung zur heroisch-musikalischen Trompeter- und Pauker-Kunst*. Halle 1795. (Reprint: Leipzig 1972).

Altenburg 1973 = Detlef Altenburg: *Untersuchungen zur Geschichte der Trompete im Zeitalter der Clarinblaskunst (1500–1800)*. 2 Bde., Regensburg 1973.

Andersen 1969 = Paul Andersen: *Organ building and design*. London 1969.

Anderson 1976 = R.D. Anderson: *Catalogue of Egyptian musical instruments in the British Museum*. London 1976.

Anderson 1994 = Warren D. Anderson: *Music and musicians in ancient Greece*. Ithaca, London 1994.

Andersson 1930 = Otto Andersson: *The bowed harp*, trans. Kathleen Schlesinger. London 1930.

Ankermann 1901 = Bernhard Ankermann: *Die afrikanischen Musikinstrumente*. Berlin 1901 (Reprint: Leipzig 1976).

Anoyanakis 1979 = Fivos Anoyanakis: *Greek popular musical instruments*. Athen 1979.

Apian-Bennewitz 1920 = P.O. Apian-Bennewitz: *Die Geige. Umfassend: Die Grundzüge der Akustik, die Geschichte der Bogeninstrumente und eine ausführliche, beschreibende und bildliche Darstellung der Anfertigung der Geige*. Hrsg. v. Otto Möckel. 2., völlig neu bearb. u. erweiterte Auflage. Leipzig 1920.

Armstrong 1908 = R.B. Armstrong: *Musical instruments, part II. English and Irish instruments*. Edinburgh 1908.

Arnault 1972 = *Les traités d'Henri-Arnault de Zwolle et de divers anonymes (Paris: Bibliothèque nationale, ms. Latin 7295. Faksimile der Handschrift und kommentierte Übertragung*. Kassel 1972. (Nachdruck der von G. Le Cerf und E.-R. Labande herausgegebenen Ausgabe Paris 1932).

Arnold 1931 = Frank T. Arnold: *The art of accompaniment from a thorough-bass*. London 1931. (Rev. ed. London 1965).

Aubry 1908 = Pierre Aubry: *Cent motets du XIIIe siècle*. Paris 1908.

Bibliographie

Audsley 1905 = George A. Audsley: *The art of organ-building*. New York 1905.

Avgerinos 1964 = Gerassimos Avgerinos: *Lexikon der Pauke*. Frankfurt am Main 1964.

Bach 1753 = Carl Philipp Emanuel Bach: *Versuch über die wahre Art das Clavier zu spielen. Erster und zweiter Teil*. Berlin 1753 & 1762. (Reprint: Leipzig 1957 / ^{2}1969; Kassel, München 1994).

Bachmann 1925 = Alberto Bachmann: *An encyclopedia of the violin*. New York 1925.

Bachmann 1964 = Werner Bachmann: *Die Anfänge des Streichinstrumentenspiels*. Leipzig 1964.

Bachmann-Geiser 1981 = Brigitte Bachmann-Geiser: *Die Volksmusikinstrumente der Schweiz*. Leipzig 1981.

Backus 1969 = John Backus: *The acoustical foundations of music*. New York 1969.

Bacon 1981 = Tony Bacon: *Rock hardware. The instruments, equipment and technology of rock*. Poole, Dorset 1981.

Bacon 2007 = Tony Bacon: *Die große Gibson Les Paul Chronik. Ein halbes Jahrhundert Rockgeschichte*. Bergkirchen 2007.

Bacon/Day 1991 = Tony Bacon & Paul Day: *The ultimate guitar book*. New York 1991.

Bahnert/Herzburg/Schramm 1958 = Heinz Bahnert; Th. Herzburg & Herbert Schramm: *Metallblasinstrumente*. Leipzig 1958.

Bahr 1988 = Edward R. Bahr: *Trombone/euphonium discography*. Stevens Point 1988.

Baines 1951 = Anthony C. Baines: Two Cassel inventories. In: *The Galpin Society journal*. (1951), No. 4, S. 30–38.

Baines 1952 = Anthony Baines: Shawms of the Sardana Coblas. In: *The Galpin Society journal 5.* (1952).

Baines 1957 = Anthony Baines: *Woodwind instruments and their history*. London 1957 / ^{3}1977.

Baines 1961 = *Musical instruments through the ages*. Ed. by Anthony Baines. Harmondsworth, Middlesex 1961.

Baines 1966 = Anthony Baines: *European and American musical instruments*. London 1966

Baines 1968 = Anthony Baines: *Victoria and Albert Museum. Catalogue of musical instruments. Vol.ii. Non-keyboard instruments*. London 1968 / ^{2}1978.

Baines 1975 = Francis Baines: Introducing the hurdy-gurdy. In: *Early music*. 3 (1975).

Baines 1976 = Anthony Baines: *Brass instruments: Their history and development*. London 1976.

Baines 1979 = Anthony Baines: *Bagpipes*. Oxford 1960, Revised ed. 1979.

Banchieri 1609 = Adriano Banchieri: *Conclusioni nel suono dell‹ organo*. Bologna 1609.

Barbour 1951 = J. Murray Barbour: *Tuning and temperament*. East Lancing, MI 1951.

Barclay 1992 = Robert Barclay: *The art of the trumpet-maker. The materials, tools, and techniques of the seventeenth and eighteenth centuries in Nuremberg*. Oxford 1992.

Barnes 1979 = John Barnes: Bach's keyboard temperament. In: *Early music*. 7 (1979).

Baron 1727 = Ernst G. Baron: *Historisch-theoretisch und practische Untersuchung des Instruments der Lauten*. Nürnberg 1727.

Barrenechea 1976 = José Barrenechea: *Alboka*. Lecaroz, Navarre 1976.

Barron 2006 = James Barron: *Piano. The making of a Steinway concert grand*. New York 2006.

Barry 1985 = Wilson Barry: Henri Arnaut de Zwolle's clavicordium and the origin of the chekker. In: *Journal of the American Musical Instrument Society*. 11 (1985).

Bartholomew 1980 = John Bartholomew: *The steel band*. London 1980.

Bartók 1976 = Béla Bartók: *Essays, selected and ed. by Benjamin Suchoff*. London 1976.

Bartolozzi 1971 = Bruno Bartolozzi: *Neue Klänge für Holzblasinstrumente. Mit Anmerkungen von Reginald Smith Brindle*. Mainz 1971.

Basart 1985 = Ann P. Basart: *The sound of the fortepiano. A discography of recordings on early pianos*. Berkeley, CA 1985.

Basler Jb. 1981 = *Basler Jahrbuch für historische Musikpraxis*. Hrsg. v. Peter Reidemeister. V. 1981. (Das Zink-Buch.) Winterthur 1982.

Bate 1956 = Philip Bate: *The oboe*. London 1956.

Bate 1966 = Philip Bate: *The trumpet and trombone. An outline of their history, development and construction*. London, New York 1966, ^{2}1978

Bate 1969 = Philip Bate: *The flute. A study of its history, development and construction*. London 1969.

Beament 1997 = James Beament: *The violin explained. Components, mechanism, and sound*. Oxford 1997.

Beaumont 1973 = François de Beaumont: *Viola-Diskographie*. Kassel 1973.

Becker 1966 = Heinz Becker: *Zur Entwicklungsgeschichte der antiken und mittelalterlichen Rohrblattinstrumente*. Hamburg 1966.

Becker 1990 = Matthias Becker: *Synthesizer von gestern*. Augsburg 1990.

Bedford 1993 = Frances Bedford: *Harpsichord & clavichord music of the twentieth century*. Berkeley, CA 1993.

Bédos 1766 = Dom François Bedos de Celles: *L'art du facteur d'orgues*. Paris 1766–1778. (Reprint: Kassel 1973).

Bellow 1970 = A. Bellow: *Illustrated history of the guitar*. New York 1970.

Benade 1976 = Arthur Benade: *Fundamentals of musical acoustics*. New York 1976.

Bendinelli 1614 = Cesare Bendinelli: *Tutta l'arte della trombetta*. Ms. Verona 1614; Übersetzung ins Englische von Edward Tarr, Nashville, TN 1975.

Benoit 1971 = Marcelle Benoit: *Musiques de cour*. Paris 1971.

Bentzon 1969 = Andreas Bentzon: *The launeddas*. Kopenhagen 1969.

Berger 1957 = Kenneth Berger: *The march king and his band*. New York 1957.

Berliner 1978 = P. F. Berliner: *The soul of Mbira*. Berkeley, CA 1978.

Berliner Bach-Cembalo 1995 = *Das Berliner »Bach-Cembalo«. Ein Mythos und seine Folgen* [...]. Berlin 1995.

Bermudo 1555 = Fray Juan Bermudo: *Declaración de Instrumentos musicales*. Osuna 1555. (Reprint: Kassel, Basel 1957).

Bertges 2007 = Peter Bertges: *The Fender reference. A complete collection fo specifications for the electric guitars and basses marketed under the Fender brand*. Saarbrücken 2007.

Bessaraboff 1941 = Nicholas Bessaraboff: *Ancient European musical instruments*. Boston 1941.

Betz 1992 = Marianne Betz: *Der Csakan und seine Musik: Wiener Musikleben im frühen 19. Jahrhundert dargestellt am Beispiel einer Spazierstockblockflöte*. Tutzing 1992.

Bevan 1978 = Clifford Bevan: *The tuba family*. London 1978.

Bevan 1990 = *Musical instrument collections in the British Isles*. Ed. by Clifford Bevan. Winchester 1990.

Bildwörterbuch 1987 = Klaus Maersch, Ulrich Rohde, Otto Seiffert, Ute Singer: *Bildwörterbuch Musikinstrumente. Gliederung, Baugruppen, Bauteile, Bauelemente*. Leipzig 1987.

Bilson 1980 = Malcolm Bilson: The Viennese fortepiano of the late 18th century. In: *Early music*. 8 (1980).

Bismantova 1677 = Bartolomeo Bismantova: *Compendio musicale*. Ms. Ferrara 1677. (Reprint: Florenz 1983).

Blades 1961 = James Blades: *Orchestral percussion technique*. London 1961.

Blades 1984 = James Blades: *Percussion instruments and their history*. Rev. ed. London, Boston 1984.

Boalch 1974 = Donald Boalch: *Makers of the harpsichord and clavichord 1440–1840*. Oxford ²1974.

Boalch 1995 = Donald H. Boalch: *Makers of the harpsichord and clavichord 1440–1840*. Ed. by Charles Mould. Oxford ³1995.

Boehm 1871 = Theobald Boehm: *Die Flöte und das Flötenspiel in akustischer, technischer und artistischer Beziehung*. München 1871.

Bonanni 1722 = Filippo Bonanni: *Gabinetto armonico*. Rome 1722.

Bonner 1972 = Stephen Bonner: *The classic image*. Harlow 1972.

Bonta 1977 = Stephen Bonta: From violone to violoncello: A question of strings? In: *Journal of the American Musical Instrument Society*. 3 (1977).

Borwick 1990 = John Borwick: *Microphones. Technology and technique*. London, Boston 1990.

Bosch 2007 = Michael Bosch, Klaus Döhring & Wolf Kalipp: *Lexikon Orgelbau*. Kassel: Bärenreiter 2007.

Bossin 1991 = Jeffery Bossin: *Die Carillons von Berlin und Potsdam. Fünf Jahrhunderte Turmglockenspiel in der Alten und Neuen Welt*. Berlin 1991.

Bowers 1972 = Q. David Bowers: *Encyclopedia of automatic musical instruments*. New York 1972.

Bowers 1977 = Jane Bowers: New light on the development of the transverse flute. In: *Journal of the American Musical Instrument Society*. 3 (1977).

Bowles 1961 = Edmund A. Bowles: Unterscheidung der Instrumente Buisine, Cor, Trompe und Trompette. In: *Archiv für Musikwissenschaft*. 18 (1961), S. 52–72.

Boydell 1982 = Barra Boydell: *The crumhorn and other renaissance windcap instruments*. Buren 1982.

Boydell 1982a = Barra Boydell: The violin bow in the 18th century. In: *Early music*. 8 (1982).

Boyden 1969 = David D. Boyden: *Catalogue of The Hill Collection of Musical Instruments in the Ashmolean Museum, Oxford*. Oxford, Great Missenden 1969, 1979.

Boyden 1971 = David D. Boyden: *Die Geschichte des Violinspiels von seinen Anfängen bis 1761*. Mainz 1971.

Boyden 1980 = David D. Boyden: The violin bow in the 18th century. In: *Early music*. 8 (1980).

Brandel 1961 = Rose Brandel: *The music of Central Africa*. The Hague 1961.

Brandlmeier 1963 = Josef Brandlmeier: *Handbuch der Zither. Die Geschichte des Instruments und der Kunst des Zitherspiels*. München 1963.

Brauers 1984 = Jan Brauers: *Von der Äolsharfe zum Digitalspieler. 2000 Jahre mechanische Musik. 100 Jahre Schallplatte*. München 1984.

Braun 1981 = Werner Braun: *Die Musik des 17. Jahrhunderts*. Wiesbaden 1981.

Brenner 1998 = Klaus-Peter Brenner: *Die Naderman-Harfe in der Musikinstrumentensammlung der Universität Göttingen* [...]. Göttingen 1998.

Brindley 1968 = Giles Brindley: The logical bassoon. In: *The Galpin Society journal*. 21 (1968).

Bröcker 1973 = Marianne Bröcker: *Die Drehleier*. Düsseldorf 1973.

Broholm 1949 = Hans C. Broholm u. a.: *The lurs of the bronze age*. Copenhagen 1949.

Brown 1967 = Howard Mayer Brown: *Instrumental music printed before 1600*. Cambridge, MA 1967.

Brown 1988 = Clive Brown: The orchestra in Beethoven's Vienna. In: *Early music*. 16 (1988).

Brownlow 1996 = Art Brownlow: *The last trumpet. A history of the English slide trumpet*. Stuyvesant, NY 1996.

Brymer 1978 = Jack Brymer: *Die Klarinette*. Zug 1978.

Buchner 1985 = Alexander Buchner: *Handbuch der Musikinstrumente*. Hanau ²1985.

Burgess/Haynes 2004 = Geoffrey Burgess & Bruce Haynes: *The oboe*. New Haven 2004.

Byrne 1971 = Maurice Byrne: Instruments for the Goldsmiths Company. In: *The Galpin Society journal*. 24 (1971).

Byrne 1983 = Maurice Byrne: Pierre Jaillard, Peter Bressan. In: *The Galpin Society journal*. 36 (1983).

Cambridge 1997 = *The Cambridge companion to brass instruments* ed. by Trevor Herbert and John Wallace. Cambridge 1997.

Cambridge 1998 = *The Cambridge companion to the organ* ed. by Nicholas Thistlethwaite and Geofftrey Webber. Cambridge 1998.

Cambridge 1998a = *The Cambridge companion to the saxophone* ed. by Richard Ingham. Cambridge 1998.

Cambridge 1999 = *The Cambridge companion to the cello* ed. by Robin Stowell. Cambridge 1999.

Cambridge 2003 = *The Cambridge companion to the guitar* ed. by Victor Anand Coehlo. Cambridge 2003.

Camden 1962 = A. Camden: *Bassoon technique*. London 1962.

Campbell 1982 = Margaret Campbell: *Die großen Geiger. Eine Geschichte des Violinspiels von Antonio Vivaldi bis Pinchas Zukerman*. Königstein/Ts. 1982.

Campbell/Greated 1987 = Murray Campbell & Clive Greated: *The musician's guide to acoustics*. London 1987.

Cannon 1988 = Roderick D. Cannon: *The highland bagpipe and its music*. London 1988.

Carse 1939 = Adam Carse: *Musical wind instruments*. London 1939.

Carse 1940 = Adam Carse: *The orchestra in the XVIIIth century*. Cambridge 1940.

Carse 1948 = Adam Carse: *The orchestra from Beethoven to Berlioz*. Cambridge 1948.

Cassone 2002 = Gabriele Cassone: *La tromba*. Varese 2002.

Castallani 1977 = Marcello Castallani: The regola per suonare il Flauto Italiano by Bartolomeo Bismantova (1677). In: *The Galpin Society journal*. 30 (1977).

Chao Mei-pa 1969 = Chao Mei-pa: *A guide to chinese music*. Hong Kong 1969.

Charry 1994 = Eric Charry: West African harps. In: *Journal of the American Musical Instrument Society*. 20 (1994), S. 5–53.

Chassaing 1983 = Jean-F. Chassaing: *La Tradition de cornemuse en Basse-Auvergne et Sud-Bourbonnais*. Moulins 1983.

Clack 1948 = John E.T. Clack: *Musical boxes*. Birmingham 1948.

Clinkscale 1993 = Martha Novak Clinkscale: *Makers of the piano 1700–1820*. Oxford 1993.

Clutton/Niland 1963 = Cecil Clutton & Austin Niland: *The British organ*. London 1963.

Coates 1985 = Kevin Coates: *Geometry, proportion, and the art of Lutherie*. London 1985.

Cockaygne 1971 = Eric V. Cockaygne: *The fairground organ*. Newton Abbot 1971.

Cocks/Bryan 1967 = William A. Cocks & J.F. Bryan: *The Northumbrian bagpipes*. Newcastle upon Tyne 1967.

Collaer 1965 = Paul Collaer: *Ozeanien*. (*Musikgeschichte in Bildern. I/1*.) Leipzig 1965.

Collaer 1967 = Paul Collaer: *Amerika*. (*Musikgeschichte in Bildern. I/2*.) Leipzig 1967.

Collaer 1979 = Paul Collaer: *Südostasien*. (*Musikgeschichte in Bildern. I/3*.) Leipzig 1979.

Collinson 1975 = Francis Collinson: *The bagpipe*. London 1975.

Conservation 1992 = *The conservation and technology of musical instruments. A bibliographic supplement to Art and archaeology technical abstracts* [AATA], vol. 28 [(1991) No. 3]. Cary Karp, editor. Marina del Rey, CA 1992.

Coover 1981 = James Coover: *Musical instrument collections, catalogues, and cognate literature*. Detroit 1981.

Cowling 1975 = Elizabeth Cowling: *The cello*. London 1975.

Crane 1972 = Frederick Crane: *Extant medieval musical instruments*. Iowa City, in 1972.

Creighton 1974 = James Creighton: *Discopaedia of the violin. 1899–1971*. Toronto 1974.

Cremer 1981 = Lothar Cremer: *Physik der Geige*. Stuttgart 1981.

Cyr 1982 = Mary Cyr: Basses and basse continue in the orchestra of the Paris Opéra. In: *Early music*. 10 (1982).

Dahlhaus 1985 = Carl Dahlhaus (Hrsg.): *Die Musik des 18. Jahrhunderts*. Laaber 1985.

Dahlquist 1973 = Reine Dahlquist: Taille, oboe da caccia and corno inglese. In: *The Galpin Society journal*. 26 (1973).

Dahlquist 1975 = Reine Dahlquist: *The keyed trumpet and its greatest virtuoso Anton Weidinger*. Nashville, TN 1975.

Dahlquist 1980 = Reine Dahlquist: Some notes on the early valve. In: *The Galpin Society journal*. 33 (1980).

Dahlqvist 1991 = Reine Dahlqvist: Corno and corno da caccia. Horn terminology, horn pitches, and high horn parts. In: *Basler Jahrbuch für historische Musikpraxis*. 15 (1991), S. 35–80.

Dahmer 1985 = Manfred Dahmer: *Quin. Die klassische Griffbrettzither und ihre Musik in Geschichte, Geschichten und Gedichten. Zusammengestellt und aus dem Chinesischen übertragen*. Frankfurt am Main 1985 (= *Insel-Bücherei. Nr. 1024*.)

Dangel 2005 = *Aus Freiburg in die Welt. 100 Jahre Welte-Mignon*. [Katalogredaktion: Gerhard Dangel]. Freiburg 2005.

Dangel/Schmitz 2006 = Gerhard Dangel & Hans-W. Schmitz: *Welte-Mignon Klavierrollen. Gesamtkatalog der europäischen Aufnahmen 1904–1932 für das Welte-Mignon Reproduktionspiano*. Stuttgart 2006.

Danks 1976 = Harry Danks: *The viola d'amore*. Halesowen 1976.

Darmstädter 2006 = Beatrix Darmstädter: *Die Renaissanceblockflöten der Sammlung Alter Musikinstrumente des Kunsthistorischen Museums*. Wien 2006.

Dart 1948 = Thurston Dart: The cittern and its English music. In: *The Galpin Society journal*. 1 (1948).

Dart 1953 = Thurston Dart: The mock trumpet. In: *The Galpin Society journal*. 6 (1953).
Dart 1960 = Thurston Dart: Bach's »Fiauti d'Echo«. In: *Music and letters*. 41 (1960).
Davies 1968 = Hugh Davies: *Répertoire international des musiques électroacoustiques. International electronic music catalog*. Paris, New York 1968.
Davison/Apel 1946 = *Historical anthology of music by Archibald T. Davison and Willi Apel. Oriental, medieval and Renaissance music*. Cambridge, MA 1946.
Del Mar 1983 = Norman Del Mar: *Anatomy of the orchestra*. London, Boston 1983.
Del Mar 1987 = Norman Del Mar: *A companion to the orchestra*. London, Boston 1987.
Densmore 1927 = Frances Densmore: *Handbook of the collections of musical instruments in the United States National Museum. Bulletin 136*. Washington, DC 1927.
Dettke 1995 = Karl Heinz Dettke: *Kinoorgeln und Kinomusik in Deutschland*. Stuttgart, Weimar 1995.
Dettke 2001 = Karl Heinz Dettke: *Kino- und Theaterorgeln. Eine internationale Übersicht*. Marburg 2001.
Devale 1988 = Sue C. Devale: Musical instruments and ritual: A systematic approach. In: *Journal of the American Musical Instrument Society*. 14 (1988).
Dickreiter 1976 = Michael Dickreiter: *Der Klang der Musikinstrumente*. München 1976.
Dickreiter 1984 = Michael Dickreiter: *Mikrophon-Aufnahmetechnik*. Stuttgart 1984.
Dobson 1992 = Richard Dobson: *A dictionary of electronic and computer music technology. Instruments, terms, techniques*. Oxford, New York 1992.
Dolmetsch 1915 = Arnold Dolmetsch: *The interpretation of the music of the seventeenth and eighteenth cenutries. Revealed by contemporary evidence*. Seattle, London 1969. (Erstauflage 1915).
Dolmetsch 1962 = Nathalie Dolmetsch: *The viola da gamba. Its origin and history, its technique and musical resources*. New York, London 1962.
Donhauser 2007 = Peter Donhauser: *Elektrische Klangmaschinen. Die Pionierzeit in Deutschland und Österreich*. Wien 2007.
Donington 1973 = Robert Donington: *A performer's guide to baroque music*. London 1973.
Donington 1975 = Robert Donington: *The interpretation of early music*. London 1963 / ²1975.
Downie 1979–80 = Margaret A. Downie: The modern Greek lyra. In: *Journal of the American Musical Instrument Society*. 7 (1979–80).
Dräger 1948 = Hans-Heinrich Dräger: *Prinzip einer Systematik der Musikinstrumente*. Kassel 1948.
Drechsel 1979 = Friedrich August Drechsel: *Kompendium zur Akustik der Blasinstrumente nach Victor-Charles Mahillon*. Celle 1979.
Dresch 2006 = *Silbermann – Geschichte und Legende einer Orgelbauerfamilie*. […] (bearb. v. Jutta Dresch.) Karlsruhe 2006.
Dreyfus 1983 = Laurence Dreyfus: Early music defended against its devotees: A theory of historical performance in the twentieth century. In: *The musical quarterly*. 69 (1982/83) No. 3 (Summer 1983), S. 297–322.
Dreyfus 1987 = Laurence Dreyfus: *Bach's continuo group. Players and practices in his vocal works*. Cambridge, MA 1987.
Dudgeon 1983 = Ralph T. Dudgeon: Joseph Haliday, inventor of the keyed bugle. In: *Journal of the American Musical Instrument Society*. 9 (1983).
Dudgeon 1993 = Ralph T. Dudgeon: *The keyed bugle*. Metuchen, NJ; London 1993.
Dudgeon/Streitwieser 2004 = Ralph T. Dudgeon & Franz X. Streitwieser: *Das Flügelhorn. Die Geschichte des Flügelhorns, illustriert am Beispiel der Sammlung Streitwieser im Musikinstrumentenmuseum Schloss Kremsegg*. Bergkirchen 2004.
Dullat 1989 = Günter Dullat: *Metallblasinstrumentenbau. Entwicklungsstufen und Technologien*. Frankfurt am Main 1989.
Dullat 2001 = Günter Dullat: *Klarinetten. Grundzüge ihrer Entwicklung. Systeme – Modelle – Patente, verwandte Instrumente, biographische Skizzen ausgewählter Klarinettenbauer*. Frankfurt am Main 2001.
Dullat 2010 = Günter Dullat: *Verzeichnis der Holz- und Metallblasinstrumentenmacher auf deutschsprachigem Gebiet von 1500 bis Mitte des 20. Jahrhunderts*. Tutzing 2010.
Dunkel 1987 = Maria Dunkel: *Bandoneon und Konzertina. Ein Beitrag zur Darstellung des Instrumententyps*. München, Salzburg 1987.
Dureau 1905 = Th. Dureau: *Cours théorique et pratique d'instrumentation […] à l'usage des harmonies et fanfares*. Paris 1905.
Duriyanga 1948 = Phra Chen Duriyanga: *Thai music*. Bangkok 1948.
Eberlein 2008 = Roland Eberlein: *Orgelregister, ihre Namen und ihre Geschichte*. Köln 2008.
Eckhardt 1978 = Josef Eckhardt: *Zivil- und Militärmusiker im Wilhelminischen Reich*. Regensburg 1978.
Edmunds 1980 = Martin Edmunds: Venetian viols of the sixteenth century. In: *The Galpin Society journal*. 33 (1980).
Ehrlich 1976 = Cyril Ehrlich: *The piano: A history*. London: J.M. Dent & Sons 1976.
Eichelberger 1964 = Heinz Eichelberger u.a.: *Das Akkordeon*. Leipzig 1964
Eimert/Humpert 1973 = Herbert Eimert & Hans Ulrich Humpert: *Das Lexikon der elektronischen Musik*. Regensburg 1973.
Eisel 1738 = Eisel: *Musicus autodidaktos, Oder Der sich selbst informirende Musicus* […].Erfurt 1738 (Reprint Leipzig 1976).
Electric violins 1998 = *Electric violins. Design und Technik der elektrischen Streichinstrumente* hrsg. v. Hanno Graesser. Unter Mitarbeit von Andy Holliman. Frankfurt am Main 1998.
Elgar 1960 = Raymond Elgar: *Introduction to the double bass*. St. Leonards-on-Sea 1960.

Elgar 1963 = Raymond Elgar: *More about the double bass*. St. Leonards-on-Sea 1963.

Eliason 1970 = Robert E. Eliason: Early American valves for brass instruments. In: *The Galpin Society journal*. 23 (1970).

Eliason 1982/83 = Robert E. Eliason: George Catlin, Hartford musical instrument maker. In: *Journal of the American Musical Instrument Society*. 8/9 (1982/83).

Ellerhorst/Klaus 1957 = Winfred Ellerhorst & Gregor Klaus: *Handbuch der Glockenkunde*. Weingarten 1957.

Ellis 1880 = Alexander J. Ellis: On the history of musical pitch. In: *Journal of the Society of Arts*. 28 (1880).

Elste 1987 = Martin Elste: Berlin als ein Zentrum des Großstadtgeigenbaus. [Und:] Berliner Geigenbauer. Ein biographisches Verzeichnis. In: Dagmar Droysen-Reber, Martin Elste & Gesine Haase: *Handwerk im Dienste der Musik. 300 Jahre Berliner Musikinstrumentenbau*. Berlin 1987, S. 11–36.

Elste 1989 = Martin Elste: *Kleines Tonträger-Lexikon. Von der Walze zur Compact Disc*. Kassel, Basel 1989.

Elste 1990 = Martin Elste: »Originalinstrumente« – Über den Umgang mit Alter Musik heute. In: *Jahrbuch Preußischer Kulturbesitz*. 26 (1989), S. 169–185.

Elste 1991 = Martin Elste: Nostalgische Musikmaschinen. Cembali im 20. Jahrhundert. In: *Kielklaviere. Cembali, Spinette, Virginale. Bestandskatalog mit Beiträgen von John Henry van der Meer, Martin Elste und Günther Wagner*. Berlin 1991, S. 239–277.

Elste 1994 = Martin Elste: Kompositionen für nostalgische Musikmaschinen. Das Cembalo in der Musik des 20. Jahrhunderts. In: *Jahrbuch des Staatlichen Instituts für Musikforschung Preußischer Kulturbesitz. 1994*. Hrsg.v. Günther Wagner. Stuttgart, Weimar 1995, S. 199–246.

Elste 1995 = Martin Elste: *Modern harpsichord music. A discography*. Westport, CT; London 1995.

Emsheimer 1961 = Ernst Emsheimer: Die Streichleier von Danczk. In: *Svensk tidskrift för musikforskning*. 43 (1961).

Encyclopedia 1995 = *Encyclopedia of percussion*. Ed. by John H. Beck. New York, London 1995.

Enders 1985 = Bernd Enders: *Lexikon Musikelektronik*. München, Mainz 1985.

Enders 1985a = Bernd Enders: *Die Klangwelt des Musiksynthesizers. Eine Einführung in die Funktions- und Wirkungsweise eines Modulsynthesizers*. München 1985.

Eppelsheim 1961 = Jürgen Eppelsheim: *Das Orchester in den Werken Jean-Baptiste Lullys*. Tutzing 1961.

Eppelsheim 1976 = Jürgen Eppelsheim: Die Instrumente [der Bach-Zeit]. In: *Johann Sebastian Bach. Zeit, Leben, Wirken*. Hrsg. v. Barbara Schwendowius u. Wolfgang Dömling. Kassel 1976, S. 127–142.

Erhard 1980 = Albert Erhard: *Jean Rousseau's »Traité de la Viole«. Faksimile der Ausgabe Paris 1687. Mit Einführung, Übersetzung und Kommentar*. München, Salzburg 1980.

Erlanger 1930 = Rodolphe d'Erlanger: *La musique arabe, i.* Paris 1930.

Ernst 1955 = Friedrich Ernst: *Der Flügel Joh. Seb. Bachs. Ein Beitrag zur Geschichte des Instrumentenbaues im 18. Jahrhundert*. Frankfurt am Main, London, New York 1955.

Evans 1977 = Tom and Mary Anne Evans: *Guitars: Music, history, construction and players from the renaissance to rock*. New York 1977.

Farga 1950 = Franz Farga: *Violins and violinists*. London 1950.

Farkas 1962 = Philip Farkas: *The art of brass playing*. Bloomington, IN 1962.

Fasman 1990 = Mark J. Fasman: *Brass bibliography. Sources on the history, literature, pedagogy, performance, and acoustics of brass instruments*. Bloomington, IN; Indianapolis, IN 990.

Faszination 2000 = *Faszination Klavier. 300 Jahre Pianofortebau in Deutschland*. Hrsg. v. Konstantin Restle. München 2000.

Faszination 2004 = *Faszination Klarinette*. Hrsg. v. Conny Restle u. Heike Fricke. München 2004.

Fenner 1960 = Klaus Fenner: *Berechnung der Spannung umsponnener Saiten. Die Berechnung des Überganges von den umsponnenen Saiten zum Blankbezug*. Frankfurt am Main o.J. (ca. 1960).

Fett 1966 = A. Fett: *Die Mundharmonika*. Trossingen 1966.

Fischer 1983 = Hans Fischer: *Sound-producing instruments in Oceania*. Boroko: Institute of Papua New Guinea Studies 1983.

Fitzpatrick 1970 = Horace Fitzpatrick: *The horn and horn-playing, 1680–1830*. London 1970.

Fitzpatrick 1972 = Horace Fitzpatrick: The gemshorn: A reconstruction. In: *Proceedings of the Royal Musical Association*. 99 (1970).

Flachs 1994 = Werner Flachs: *Das Jagdhorn. Seine Geschichte von der Steinzeit bis zur Gegenwart*. Zug 1994.

Fleischhauer 1964 = Günter Fleischhauer: *Etrurien und Rom*. Leipzig 1964 / ²1978 (= *Musikgeschichte in Bildern*. II/5.)

Fletcher/Rossing 1991 = Neville H. Fletcher & Thomas D. Rossing: *The physics of musical instruments*. New York, Berlin 1991.

Floyd 1980 = Leela Floyd: *Indian music*. London 1980.

Föllmer 1992 = Golo Föllmer, Folkmar Hein & Roland Fink: *Dokumentation elektroakustischer Musik in Europa*. Berlin 1992.

Foort 1970 = Reginald Foort: *The cinema organ. A description in non-technical language of a fascinating instrument and how it is played*. Vestal, NY ²1970.

Forster/LaRue 1993 = Kate Arnold Forster & Hélène LaRue: *Museums of music. A review of musical collections in the United Kingdom*. London 1993.

Forsyth 1914 = Cecil Forsyth: *Orchestration*. London 1914.
Fox 1988 = *The Jew's harp. A comprehensive anthology. Selected, ed., and translatei* [sic] *by Leonard Fox*. Lewisburg, London, Toronto 1988.
Fox Strangways 1914 = A. S. Fox Strangways: *The music of Hindustan*. London 1914.
Frosch 1993 = Reinhart Frosch: *Mitteltönig ist schöner! Studien über Stimmungen von Musikinstrumenten*. Bern, Berlin 1993.
Frotscher 1963 = Gotthold Frotscher: *Aufführungspraxis alter Musik. Ein umfassendes Handbuch über die Musik vergangener Epochen für ihre Interpreten und Liebhaber*. Wilhelmshaven 1963 / 1971.
Fruchtmann 1962 = E. Fruchtmann: The baryton. In: *Acta Musicologica*. 34 (1962).
Fuchs 1991 = Albert Fuchs: *Taxe der Streichinstrumente. Anleitung zur Einschätzung von Geigen, Violinen, Violoncelli, Kontrabässen usw. nach Herkunft und Wert. Bearbeitung von Rudolf E. Pliverics. 16. Auflage aktualisiert von Klaus Grünke, Hieronymus Köstler, Serge Stam*. Leipzig: Friedrich Hofmeister 2008.
Gai 1969 = Vinicio Gai: *Gli strumenti musicali della corte Medicea e il Museo del Conservatorio »Luigi Cherubini« di Firenze. Cenni storici e catalogo descrittivo*. Firenze 1969.
Galpin 1903 = Francis W. Galpin: The whistles and reed instruments of the American Indians of the north-west coast. In: *Proceedings of the Royal Musical Association*. 29 (1903).
Galpin 1910 = Francis W. Galpin: *Old English instruments of music. Their history and character*. London 1910 (*Fourth edition, revised with supplementary notes by Thurston Dart*. London 1965).
Galpin 1937 = Francis W. Galpin: *The music of the Sumerians*. London 1937.
Galpin 1965 = Francis W. Galpin: *Old English instruments of music. Their history and character. Fourth edition, revised with supplementary notes by Thurston Dart*. London 1965.
Ganassi 1535 = Silvestro Ganassi: *Opera intitulata Fontegara*. Venedig 1535 (Reprint 1970).
Ganassi 1542 = Silvestro Ganassi: *Regola rubertina*. Venedig 152 (Reprint 1970).
Geiser 1974a = Brigitte Geiser: Cister und Cistermacher in der Schweiz. In: *Studia Instrumentorum Musicae Popularis*. 3 (1974).
Geiser 1974b = Brigitte Geiser: *Studien zur Frühgeschichte der Violine*. Bern 1974.
Geiser 1976 = Brigitte Geiser: *Das Alphorn in der Schweiz*. Bern 1976.
Gellermann 1973 = Robert F. Gellermann: *The American reed organ*. New York 1973.
Geminiani 1751 = Francesco Geminiani: *The art of playing on the violin*. London 1751. (Reprint: London, o. J.).
Gerhardt 1983 = Dietrich Gerhardt: *Die sogenannten russischen Hörner. Musik zwischen Kunst und Knute*. Göttingen, Zürich 1983.

Gerle 1532 = Hans Gerle: *Musica Teusch*. Nürnberg 1532 / 1546. (Reprint 1977).
Geschichte 2004 = *Geschichte, Bauweise und Spieltechnik der tiefen Streichinstrumente*. Hrsg. v. Monika Lustig. Blankenburg 2004.
Geschichte 2006 = *Geschichte und Bauweise des Tafelklaviers*. Hrsg. v. Boje E. Hans Schmuhl. Augsburg 2006.
Geschichte 2008 = *Geschichte, Bauweise und Spieltechnik der Querflöte*. Hrsg. v. Boje E. Hans Schmuhl. Augsburg 2008.
Gieseler u. a. 1985 = Walter Gieseler, Luca Lombardi & Rolf-Dieter Weyer: *Instrumentation in der Musik des 20. Jahrhunderts. Akustik, Instrumente, Zusammenwirken*. Celle 1985.
Gilbert 1972 = Richard Gilbert: *The clarinetist's solo repertoire. A discography*. New York, NY 1972.
Gill 1960 = Donald Gill: The orpharion and bandora. In: *The Galpin Society journal*. 13 (1960).
Gill 1981 = Donald Gill: Mandores and colachons. In: *The Galpin Society journal*. 34 (1981).
Gill 1983 = Dominic Gill (Hrsg.): *Das große Buch vom Klavier*. Freiburg/Breisgau, Basel, Wien 1983.
Gilliam/Lichtenwanger 1961 = Laura E. Gilliam & William Lichtenwanger: *The Dayton C. Miller flute collection. A checklist of the instruments*. Washington, DC 1961.
Ginzburg 1983 = Lev Ginzburg: *History of the violoncello*. London 1983.
Gitarre 2004 = *Gitarre und Zister. Bauweise, Spieltechnik und Geschichte bis 1800*. Blankenburg 2004.
Gläß 1992 = Susanne Gläß: *Die Rolle der Geige im Jazz*. Bern 1992.
Glinsky 2000 = Albert Glinsky: *Theremin: Ether music and espionage*. Urbana, IL 2000.
Glocken 1998 = *Glocken und Glockenspiele*. Blankenburg 1998.
Goldman 1961 = R. Franko Goldman: *The wind band*. Boston 1961.
Goodkind 1972 = Herbert K. Goodkind: *Violin iconography of Antonio Stradivari*. Larchmont, NY 1972.
Goodman 1974 = W. L. Goodman: Musical instruments and their makers in Bristol apprentice register 1536–1643. In: *The Galpin Society journal*. 27 (1974).
Grace 1983 = Nancy Grace: *The hammered dulcimer in America*. Washington, DC 1983.
Grass/Demus 2002 = Thomas Grass & Dietrich Demus: *Das Bassetthorn. Seine Entwicklung und seine Musik*. Norderstedt 2002.
Green 1982 = Robert Green: The pardessus de viole and its literature. In: *Early music*. 10 (1982).
Gregory 1961 = Robin Gregory: *The horn*. London 1961.
Gregory 1973 = Robin Gregory: *The trombone*. London 1973.
Griscom/Lasocki 2003 = Richard Griscom & David Lasocki: *The recorder. A research and information guide*. New York, London ²2003.

Großbach 2005 = Jan Großbach: *Atlas der Pianonummern.* Bergkirchen ¹⁰2005.
Grove 1984 = *The new Grove dictionary of musical instruments.* Ed. by Stanley Sadie. London, New York 1984.
Gruhn/Carter 1993 = George Gruhn & Walter Carter: *Acoustic guitars and other fretted instruments. A photographic history.* San Francisco 1993.
Grunfeld 1969 = Frederick V. Grunfeld: *The art and times of the guitar.* New York 1969.
Grupe 2004 = Gerd Grupe: *Die Kunst des Mbira-Spiels. Harmonische Struktur und Patternbildung in der Lamellophonmusik der Shona in Zimbabwe.* Tutzing 2004.
Guion 1988 = David M. Guion: *The trombone, its history and music: 1697–1811.* New York 1988.
Guizzi/Leydi 1985 = Febo Guizzi & Roberto Leydi: La zampogne in Italia. In: *Strumenti musicali popolari. Vol. 1.* Mailand 1985.
Gusinde 1937 = Martin Gusinde: *The yamana.* Wien 1937.
Gutknecht 1993 = Dieter Gutknecht: Studien zur Geschichte der Aufführungspraxis Alter Musik. Ein Überblick vom Beginn des 19. Jahrhunderts bis zum Zweiten Weltkrieg. Köln 1993.
Gutzwiller 1983 = Andreas Gutzwiller: *Die Shakuhachi der Kinko-Schule.* Kassel 1983.
Haack 1974 = Helmut Haack: *Die Anfänge des Generalbaß-Satzes. Die »Cento concerti ecclesiastici« (1602) von Lodovico Viadana.* Tutzing 1974.
Haas 1931 = Robert Haas: Aufführungspraxis der Musik. Wildpark-Potsdam 1931.
Haase/Krickeberg 1981 = Gesine Haase & Dieter Krickeberg: *Tasteninstrumente des Museums* [d. h. des Musikinstrumenten-Museums Berlin]. *Kielklaviere. Clavichord. Hammerklaviere.* Berlin 1981.
Hadaway 1973 = Robert Hadaway: The cittern. In: *Early music.* 1 (1973).
Hadaway 1978 = Robert Hadaway: Another look at the viol. In: *Early music.* 6 (1978).
Haddon 1898 = A. C. Haddon: *The study of man.* London, New York 1898.
Haefer 1975 = J. Richard Haefer: North American Indian musical instruments. In: *Journal of the American Musical Instruments Society.* 1 (1974/75).
Hagmann 1984 = Peter Hagmann: *Das Welte-Mignon-Klavier, die Welte-Philharmonie-Orgel und die Anfänge der Reproduktion von Musik.* Bern, Frankfurt am Main, New York 1984.
Haine 1980 = Malou Haine: *Aldophe Sax, sa vie, son œuvre et ses instruments de musique.* Brüssel 1980.
Halfpenny 1949 = Eric Halfpenny: The English 2- and 3-keyed hautboy. In: *The Galpin Society journal.* 2 (1949).
Halfpenny 1951 = Eric Halfpenny: Musicians at James II's coronation. In: *Music and letters.* 32 (1951).
Halfpenny 1952 = Eric Halfpenny: The »Tenner hoboy«. In: *The Galpin Society journal.* 5 (1952).
Halfpenny 1954 = Eric Halfpenny: Tantivy: An exposition of the »ancient hunting notes«. In: *Proceedings of the Royal Musical Association.* 80 (1954).
Halfpenny 1956 = Eric Halfpenny: The English baroque treble recorder. In: *The Galpin Society journal.* 9 (1956).
Halfpenny 1957 = Eric Halfpenny: The evolution of the bassoon in England 1750–1800. In: *The Galpin Society journal.* 10 (1957).
Halfpenny 1962 = Eric Halfpenny: William Bull and the english baroque trumpet. In: *The Galpin Society journal.* 15 (1962).
Halfpenny 1965 = Eric Halfpenny: Early English clarinets. In: *The Galpin Society journal.* 18 (1965).
Halfpenny 1978 = Eric Halfpenny: The mythology of the English harp. In: *The Galpin Society journal.* 31 (1978).
Hall 1978 = Monica Hall: The »guitarra española« of Joan Carles Arnat. In: *Early music.* (1978).
Hamma 1992 = Walter Hamma: Geigenbauer der deutschen Schule des 17. bis 19. Jahrhunderts. Zweite durchgesehene Auflage. Tutzing 1992.
Hamma 1993 = Walter Hamma: Meister italienischer Geigenbaukunst. 8. Auflage bearbeitet und erweitert von Josef-Stefan Blum. Wilhelmshaven 1993.
Hammerstein 1959 = Reinhold Hammerstein: Instrumenta Hieronymi. In: *Archiv für Musikwissenschaft.* 16 (1959), S. 117–134.
Handbuch 1999 = *Handbuch Querflöte. Instrument, Lehrwerke, Aufführungspraxis, Musik, Ausbildung, Beruf,* hrsg. v. Gabriele Busch-Salmen. Kassel 1999.
Handbuch 2004 = *Handbuch der Musikinstrumentenkunde. Begründet durch Erich Valentin. (Völlig neu erarbeitete Ausgabe.)* Kassel 2004.
Hanks 1969 = Sarah E. Hanks: Pantaleon's pantalon: an 18th century musical fashion. In: *The musical quarterly.* 55 (1969).
Harcourt 1925 = R. & M. d'Harcourt: *La Musique des Incas et ses survivances.* Paris 1925.
Harding 1978 = Rosamond E. M. Harding: *The piano-forte. Its history traced to The Great Exhibition of 1851.* Old Woking, Surrey ²1978.
Harding 1983 = Rosamond E. M. Harding: *The metronome and its precursors.* Henley-on-Thames 1983.
Harich-Schneider 1939 = Eta Harich-Schneider: *Die Kunst des Cembalo-Spiels. Nach den vorhandenen Quellen dargestellt und erläutert.* Kassel 1939, ³1970.
Harich-Schneider 1973 = Eta Harich-Schneider: A history of Japanese music. London 1973.
Harmonium 1996 = *Das Harmonium in Deutschland. Bau, wirtschaftliche Bedeutung und musikalische Nutzung eines ›historischen‹ Musikinstrumentes* hrsg. v. Christian Ahrens. Frankfurt am Main 1996.
Harpsichord 2007 = Igor Kipnis (editor): The harpsichord and clavichord. An encyclopedia. New York, London 2007.
Harrison/Rimmer 1964 = Frank Harrison & Joan

Rimmer: *European musical instruments.* London 1964.

Harvey 1995 = Brian W. Harvey: *The violin family and its makers in the British isles. An illustrated history and directory.* Oxford 1995.

Harwood 1974 = Ian Harwood: An introduction to Renaissance viols. In: *Early music.* 2 (1974).

Harwood/Edmunds 1978 = Ian Harwood & Martin Edmunds: Reconstructing 16th-century Venetian viols. In: *Early music.* 6 (1978).

Haskell 1988 = Harry Haskell: *The early music revival. A history.* London: Thames and Hudson 1988.

Hayes 1930 = Gerald R. Hayes: *The viols, and other bowed instruments.* London 1930 (= Gerald R. Hayes: *Musical instruments and their music, 1500–1750. Vol. ii.*).

Haynes 1976 = Bruce Haynes: Making reeds for the baroque oboe. In: *Early music.* 4 (1976).

Haynes 1978 = Bruce Haynes: Oboe fingering charts, 1695–1816. In: *The Galpin Society journal.* 31 (1978).

Haynes 1985 = Bruce Haynes: Johann Sebastian Bach's pitch standards: The woodwind perspective. In: *Journal of the American Musical Instrument Society.* (1985).

Haynes 2001 = Bruce Haynes: *The eloquent oboe. A history of the hautboy 1640–1760.* Oxford 2001.

Heartz 1963 = Daniel Heartz: An Elizabethan tutor for the guitar. In: *The Galpin Society journal.* 16 (1963).

Hechler 1977 = Ilse Hechler: Die Windkapsel-Instrumente. Geschichte, Spielweise, Besetzungsfragen. In: *Tibia.* 2 (1977).

Hedlund 1958 = H. Jean Hedlund: Ensemble music for small bassoons. In: *The Galpin Society journal.* 11 (1958).

Heier/Lotz 1993 = Uli Heier & Rainer E. Lotz: *The banjo on record. A bio-discography.* Westport, CT; London 1993.

Hellwig 1974 = Friedemann Hellwig: Lute construction in the Renaissance and the baroque. In: *The Galpin Society journal.* 27 (1974).

Hellwig 1976 = Friedemann Hellwig: Strings and stringing: Contemporary documents. In: *The Galpin Society journal.* 29 (1976).

Hellwig 1979 = Friedemann Hellwig: Restoration and conservation of historical musical instruments. In: *Making musical instruments.* Ed. by C. Ford. London 1979.

Hellwig 1980 = Günther Hellwig: *Joachim Tielke. Ein Hamburger Lauten- und Violenmacher der Barockzeit.* Frankfurt am Main 1980.

Hellwig 1981 = Friedemann Hellwig: The morphology of lutes with extended bass strings. In: *Early music.* 9 (1981).

Hellyer 1976 = Roger Hellyer: The transcriptions for harmonie of Die Entführung aus dem Serail. In: *Proceedings of the Royal Musical Association.* 102 (1976).

Helmholtz 1863 = Hermann von Helmholtz: *Die Lehre von den Tonempfindungen als physiologische Grundlage für die Theorie der Musik.* Braunschweig 1863 / ⁶1913.

Henkel 1979 = Hubert Henkel: *Kielinstrumente.* Leipzig 1979 (= *Musikinstrumenten-Museum der Karl-Marx-Universität Leipzig. Katalog. Bd. 2.*)

Henkel 1979a = Hubert Henkel: *Beiträge zum historischen Cembalobau.* Leipzig 1979.

Henkel 1981 = Hubert Henkel: *Clavichorde.* Leipzig 1981 (= *Musikinstrumenten-Museum der Karl-Marx-Universität Leipzig. Katalog. Bd. 4.*)

Henkel 1994 = Hubert Henkel: *Deutsches Museum. Katalog der Sammlungen. Musikinstrumenten-Sammlung. Besaitete Tasteninstrumente.* Frankfurt am Main 1994.

Henkel 2000 = Hubert Henkel: *Lexikon deutscher Klavierbauer.* Frankfurt am Main 2000.

Henley 1959 = William Henley: *Universal dictionary of violin and bow makers.* Brighton 1959.

Henríquez 1973 = Alejandro Henríquez: *Organología del Folklore Chileno.* Valparaiso 1973.

Hernon 1986 = Michael Hernon: *French horn discography.* New York, Westport, CT; London 1986.

Heron-Allen 1885 = Edward Heron-Allen: *Violin making as it was, and is.* London 1885.

Heron-Allen 1890/94 = Edward Heron-Allen: *De fidiculis bibliographia: being an attempt towards a bibliography of the violin and all other instruments played with a bow in ancient and modern times.* London 1890/1894 (2 Bde.).

Herrmann 1956 = Hugo Herrmann: *Einführung in die Komposition für Akkordeon.* Trossingen ²1956.

Herrmann-Bengen 1959 = Irmgard Herrmann-Bengen: *Tempobezeichnungen.* Tutzing 1959.

Heyde 1975 = Herbert Heyde: *Grundlagen des natürlichen Systems der Musikinstrumente.* Leipzig 1975.

Heyde 1976 = Herbert Heyde: *Historische Musikinstrumente im Bachhaus Eisenach.* Eisenach 1976.

Heyde 1978 = Herbert Heyde: *Flöten.* Leipzig ²1987 (= *Musikinstrumenten-Museum der Karl-Marx-Universität Leipzig. Katalog. Bd. 1.*)

Heyde 1980 = Herbert Heyde: *Musikinstrumenten-Sammlung [des Händel-Hauses in Halle]. Blasinstrumente, Orgeln, Harmoniums.* Halle an der Saale 1980 (= *Katalog zu den Sammlungen des Händel-Hauses in Halle. 7. T.*).

Heyde 1986 = Herbert Heyde: *Musikinstrumentenbau 15.–19. Jahrhundert. Kunst – Handwerk – Entwurf.* Leipzig 1986.

Heyde 1987 = Herbert Heyde: *Das Ventilblasinstrument. Seine Entwicklung im deutschsprachigen Raum von den Anfängen bis zur Gegenwart.* Leipzig 1987.

Heyde 1987a = Herbert Heyde: Contrabassoons in the 17th and early 18th century. In: *The Galpin Society journal.* 40 (1987).

Heyde 1994 = Herbert Heyde: *Musikinstrumentenbau in Preußen.* Tutzing 1994.

Hickmann 1936 = Hans Hickmann: *Das Portativ.* Kassel 1936 (Reprint: Kassel 1970).

Hickmann 1949 = Hans Hickmann: *Catalogue général des antiquités Égyptiennes du Musée du Caire.* Kairo 1949.

Hickmann 1961 = Hans Hickmann: *Ägypten (Musikgeschichte in Bildern, II/1).* Leipzig 1961.

Hickmann 1971 = Ellen Hickmann: *Musica instrumentalis.* Baden-Baden 1971.

Higbee 1986 = Dale Higbee: Bach's fiauti d'echo. In: *The Galpin Society journal.* 39 (1986).

Hill 1983 = John W. Hill: Realized continuo accompaniments from Florence c. 1600. In: *Early music.* 11 (1983).

Hill 1987 = W. Henry Hill; Arthur F. Hill & Alfred E. Hill: *Antonio Stradivari. Der Meister des Geigenbaus 1644–1737. Mit einem Beitrag »La Casa Nuziale« von Arnaldo Baruzzi.* Stuttgart 1987.

Hiller 1985 = Albert Hiller: *Das grosse Buch vom Posthorn.* Wilhelmshaven 1985.

Hillsman 1980 = Walter Hillsman: Instrumental accompaniment of plain-chant in France from the late 18th century. In: *The Galpin Society journal.* 33 (1980).

Hind 1934 = Harold Hind: *The brass band.* London 1934.

Hocker 1987 = Jürgen Hocker: Notenrollen. In: *Das mechanische Musikinstrument.* 11 (1987), Nr. 42, S. 6–11; Nr. 43, S. 36–46.

Hocker 2009 = Jürgen Hocker: *Faszination Player Piano. Das selbstspielende Klavier von den Anfängen bis zur Gegenwart.* Bergkirchen 2009.

Hoeprich 2008 = Eric Hoeprich: *The clarinet.* New Haven 2008.

Hofer 1992 = Achim Hofer: *Blasmusikforschung. Eine kritische Einführung.* Darmstadt 1992.

Hoffmann 1983 = Bruno Hoffmann: *Ein Leben für die Glasharfe.* Backnang 1983.

Hohe Schule 1935 = *Hohe Schule der Musik. Handbuch der gesamten Musikpraxis.* hrsg. v. Joseph Müller-Blattau. Bd. 2: *Die Lehre von den Instrumenten und der Instrumentation.* Von Hermann Erpf. *Die Lehre vom gemeinsamen Musizeren in Chor und Orchester.* Von Joseph Müller-Blattau. Potsdam 1935.

Holland 1978 = James Holland: *Percussion.* London 1978.

Hoover 1981 = Cynthia Adams Hoover: The Steinways and their pianos in the nineteenth century. In: *Journal of the American Musical Instrument Society.* 7 (1981).

Hopfner 1999 = Rudolf Hopfner: *Wiener Musikinstrumentenmacher 1766–1900. Adressenverzeichnis und Bibliographie.* Tutzing 1999.

Hopkin 1996 = Bart Hopkin: *Gravikords, whirlies & pyrophones. Experimental musical instruments.* Roslyn, NY 1996.

Hornbostel/Sachs 1914 = Erich M. von Hornbostel & Curt Sachs: Systematik der Musikinstrumente. Ein Versuch. In: *Zeitschrift für Ethnologie.* 46 (1914), S. 554–590.

Horwood 1980 = Wally Horwood: *Adolphe Sax, his life and legacy.* London 1980.

Hotteterre 1707 = Jacques Hotteterre: *Principes de la flûte traversière.* Paris 1707. (Reprint: Berlin 1941). Englische Übersetzung als Jacques Hotteterre le Romain: *Principles of the flute, recorder & oboe.* Translated and ed. by David Lasocki. London 1978.

Howell 1974 = Thomas Howell: *The avant-garde flute. A handbook for composers and flutists.* Berkeley 1974.

Hubbard 1965 = Frank Hubbard: Three centuries of harpsichord making. Cambridge, MA; London 1965, ^{6}1976.

Huber 1989 = Renate Huber: *Verzeichnis sämtlicher Musikinstrumente im Germanischen Nationalmuseum Nürnberg.* Wilhelmshaven 1989.

Huddleston 1991 = Jo Huddleston: *Organ CDs. A place-name index.* Fleet, Hampshire ^{2}1991.

Hunt 1962 = Edgar Hunt: *The recorder and its music.* London 1962, ^{3}1972.

Hunt 1994 = John Hunt: *Giants of the keyboard. Kempff – Gieseking – Fischer – Haskil – Backhaus – Schnabel.* London 1994 (Diskographie).

Hutchins 1962 = Carleen M. Hutchins: The physics of violins. In: *Scientific American.* (1962).

Hutchins 1975 = *Musical acoustics, part 1. Violin family components.* Ed. by Carleen M. Hutchins. Stroudsburg, PA 1975.

Huws-Jones 1972 = Edward Huws-Jones: The theorbo and continuo practice in the early English baroque. In: *The Galpin Society journal.* 25 (1972).

Hyatt-King 1945 = Alec Hyatt-King: Mountain, music, and musicians. In: *The musical quarterly.* 31 (1945).

Hyatt-King 1946 = Alec Hyatt-King: The musical glasses and glass harmonica. In: *Proceedings of the Royal Musical Association.* 72 (1946).

Hyslop 1975 = Graham Hyslop: *Musical instruments of East Africa, i: Kenya.* Nairobi 1975.

Instrumentation 1985 = Walter Gieseler, Luca Lombardi & Rolf-Dieter Weyer: *Instrumentation in der Musik des 20. Jahrhunderts. Akustik – Instrumente – Zusammenwirken.* Celle 1985.

Irwin 1939 = Stevens Irwin: *Dictionary of Hammond organ stops. A translation of pipe-organ stops into Hammond organ number-arrangements.* New York 1939, ^{2}1952, ^{3}1961.

Italian 2002 = *The Italian viola da gamba [...].* Ed. by Susan Orlando. Solignac 2002.

Izikowitz 1934 = Karl G. Izikowitz: *Musical and other sound instruments of the South American Indians.* Göteborg 1934 (Reprint: East Ardsley 1970).

Jaffrennou 1973 = Gildas Jaffrennou: *Folk harps.* Kings Langley 1973.

Jagdhörner 2006 = *Jagd- und Waldhörner. Geschichte und musikalische Nutzung.* Hrsg. v. Boje E. Hans Schmuhl. Augsburg 2006.

Jahnel 1977 = Franz Jahnel: *Die Gitarre und ihr Bau. Technologie von Gitarre, Laute, Mandoline, Sister, Tanbur und Saite.* Frankfurt am Main 1963 / ^{3}1977.

Jalovec 1957 = Karel Jalovec: *Italienische Geigenbauer.* Prag: Artia ³1957.

Jalovec 1959 = Karel Jalovec: *Böhmische Geigenbauer.* Prag: Artia 1959.

Jalovec 1968 = Karel Jalovec: *Encyclopedia of violinmakers.* London 1968.

Jambe-de-Fer 1556 = Philibert Jambe-de-Fer: *Epitome musical.* Lyons 1556. Reprint in: *Annales musicologiques.* 6 (1958/63).

James 1930 = Philip James: *Early keyboard instruments.* London 1930 (repr. 1970).

Jappe/Reichlin 1990 = Michael Jappe & Paul J. Reichlin: Quartett für Nagelgeige und ... Friedrich Wilhelm Rust zum 250. Geburtstag. In: *Basler Jahrbuch für historische Musikpraxis.* xiii. 1989. Winterthur 1990, S. 183–205.

Jeans 1986 = Susi Jeans: The psalterer. In: *The Galpin Society journal.* 39 (1986).

Jenkins 1977 = *International directory of musical instrument collections.* Ed. by Jean Jenkins. Buren 1977.

Jenkins/Olsen 1976 = Jean Jenkins & Poul Rovsing Olsen: *Music and musical instruments in the world of Islam.* London 1976.

Jones 1959 = A. M. Jones: *Studies in African music.* London 1959.

Joppig 1981 = Gunther Joppig: *Oboe und Fagott. Ihre Geschichte, ihre Nebeninstrumente und ihre Musik.* Bern, Stuttgart 1981.

Junghanns 1991 = Herbert Junghanns: *Der Piano- und Flügelbau.* 7., wesentlich erweiterte Auflage, bearbeitet von H. K. Herzog. Frankfurt am Main 1991.

Junius 1974 = Manfred M. Junius: *The sitar. The instrument and its technique.* Wilhelmshaven 1974.

Jüttemann 1979 = Herbert Jüttemann: *Phonographen und Grammophone.* Braunschweig 1979.

Jüttemann 1987 = Herbert Jüttemann: *Mechanische Musikinstrumente. Einführung in Technik und Geschichte.* Frankfurt am Main 1987.

Karomatov 1972 = F. Karomatov: *Uzbekskaja instrumtal'naja muzyka.* Taschkent 1972.

Karp 1973 = Cary Karp: Structural details of two J.H. Eichentopf oboi da caccia. In: *The Galpin Society journal.* 26 (1973).

Kartomi 1985 = Margaret J. Kartomi: *Musical instruments of Indonesia.* Melbourne 1985.

Kartomi 1990 = Margaret J. Kartomi: *On concepts and classifications of musical instruments.* Chicago, London 1990.

Kastner 1848 = Jean Georges Kastner: *Manuel général de musique militaire à l'usage des armées françaises.* Paris 1848. (Reprint: Genf 1973).

Kastner 1856 = Georges Kastner: *La harpe d'éole et la musique cosmique.* Paris 1856.

Kaudern 1927 = Walter Kaudern: *Musical instruments in Celebes.* Göteborg 1927.

Keim 2005 = Friedel Keim: *Das große Buch der Trompete. Instrument, Geschichte, Trompeterlexikon.* 2 Bde., Mainz 2005 & 2009.

Keith 1975 = Bill Keith: *Pedal steel guitar.* New York 1975.

Kellner 1737 = D[avid] K[ellner]: *Treulicher Unterricht im General-Baß.* Hamburg ²1737 (Reprint: Blankenburg/Harz 1985.)

Kessler 1982 = Dietrich M. Kessler: Viol construction in 17th-century England. In: *Early music.* 10 (1982).

Kettlewell 1974 = David Kettlewell: First steps on the dulcimer. In: *Early music.* 2 (1974).

Keyboard instruments 1971 = *Keyboard instruments. Studies in keyboard organology ed. by Edwin M. Ripin.* Edinburgh 1971.

Kielinstrumente 1998 = *Kielinstrumente aus der Werkstatt Ruckers. Zu Konzeption, Bauweise und Ravalement sowie Restaurierung und Konservierung.* [...] Hrsg. durch Christiane Rieche. Halle an der Saale 1998.

Kielklaviere 1991 = *Kielklaviere. Cembali, Spinette, Virginale. Bestandskatalog* [des Musikinstrumenten-Museums Berlin] *mit Beiträgen von John Henry van der Meer, Martin Elste und Günther Wagner.* Berlin 1991.

Kinsky 1925 = Georg Kinsky: Doppelrohrblattinstrumente mit Windkapsel. In: *Archiv für Musikwissenschaft.* 7 (1925).

Kinsky 1930 = Georg Kinsky: *A history of music in pictures.* London 1930.

Kirby 1934 = Percival R. Kirby: *The musical instruments of the native races of South Africa.* London 1934.

Kircher 1650 = Athanasius Kircher: *Musurgia universalis* [...]. Rom 1650 (Reprint hrsg. v. Ulf Scharlau. Hildesheim 1970).

Kirkpatrick 1981 = Ralph Kirkpatrick: On playing the clavichord. In: *Early music.* 9 (1981).

Kirnberger 1781 = J.P. Kirnberger: *Grundsätze des Generalbasses.* Berlin ca. 1781.

Klaus 1997/98 = Sabine Katharina Klaus: *Studien zur Entwicklungsgeschichte besaiteter Tasteninstrumente bis etwa 1830 unter besonderer Berücksichtigung der Instrumente im Musikinstrumentenmuseum im Münchner Stadtmuseum.* 2 Bde., Tutzing 1997/98.

Knights 1995 = Francis Knights: The clavichord: a comprehensive bibliography. In: *The Galpin Society journal.* 48 (1995).

Köhler 1987 = W. Köhler: *Die Blasinstrumente aus der »Harmonie Universelle« des Marin Mersenne.* Celle 1987.

König 1985 = Adolf Heinrich König: *Die Viola da gamba. Anleitung zum Studium und zur Herstellung der Instrumente der Viola da gamba-Familie.* Frankfurt am Main 1985.

Koenigsbeck 1994 = Bodo Koenigsbeck: *Bassoon bibliography. Bibliographie du basson. Fagott-Bibliographie.* Montreux 1994.

Kolneder 1970 = Walter Kolneder: *Georg Muffat zur Aufführungspraxis.* Strasbourg, Baden-Baden 1970.

Kolneder 1972 = Walter Kolneder: *Das Buch der Vio-*

line. Bau, Geschichte, Spiel, Pädagogik, Komposition. Zürich, Freiburg/Breisgau 1972.

Kontrabaß 1986 = *Kontrabaß und Baßfunktion. Bericht über die vom 28.8. bis 30.8.1984 in Innsbruck abgehaltene Fachtagung* hrsg. v. Walter Salmen. Innsbruck 1986.

Kool 1931 = Jaap Kool: *Das Saxophon*. Leipzig 1931.

Koster 1980 = John Koster: The importance of the early English harpsichord. In: *The Galpin Society journal*. 33 (1980).

Kothari 1968 = K. S. Kothari: *Indian folk musical instruments*. New Delhi 1968.

Kotoński 1968 = Wodzimierz Kotoński: Schlaginstrumente im modernen Orchester. Mainz 1968.

Kottick 1985 = Edward L. Kottick: The acoustics of the harpsichord. In: *The Galpin Society journal*. 38 (1985).

Koury 1986 = Daniel J. Koury: Orchestral performance practices in the nineteenth century. Size, proportions, and seating. Ann Arbour, MI 1986.

Kramer 1988 = K. Kramer: Die Glocke und ihr Geläute. Geschichte, Technologie und Klangbild vom Mittelalter bis zur Gegenwart. München 1988.

Kratzenstein/Hamilton 1984 = Marilou Kratzenstein & Jerold Hamilton: *Four centuries of organ music. From the Robertsbridge Codex through the baroque era. An annotated discography*. Detroit 1984.

Krickeberg 1969 = Dieter Krickeberg: Studien zu Stimmung und Klang der Querflöten zwischen 1500 und 1850. In: *Jahrbuch des Staatlichen Instituts für Musikforschung Preußischer Kulturbesitz. 1968*. Berlin 1969.

Krickeberg 1996 = *Der »schöne« Klang. Studien zum historischen Musikinstrumentenbau in Deutschland und Japan unter besonderer Berücksichtigung des alten Nürnberg*. Hrsg. v. Dieter Krickeberg. Nürnberg 1996.

Krickeberg/Rase 1987 = Dieter Krickeberg & Horst Rase: Beiträge zur Kenntnis des mittel- und nordeutschen Cembalobaus um 1800. In: *Studia organologica. Festschrift für John Henry van der Meer zu seinem fünfundsechzigsten Geburtstag*. Tutzing 1987, S. 285–310.

Krickeberg/Rauch 1976 = Dieter Krickeberg & Wolfgang Rauch: *Katalog der Blechblasinstrumente. Polsterzungeninstrumente* [des Musikinstrumenten-Museums Berlin]. Berlin 1976.

Krishnaswami 1971 = S. Krishnaswami: *Musical instruments of India*. Boston 1971.

Kroll 1965 = Oskar Kroll: *Die Klarinette*. Kassel 1965.

Kubik 1988 = Gerhard Kubik: *Zum Verstehen afrikanischer Musik. Ausgewählte Aufsätze*. Leipzig 1988.

Küllmer 1986 = Eva Küllmer: *Mitschwingende Saiten. Musikinstrumente mit Resonanzsaiten*. Bonn 1986.

Kunst 1942 = Jaap Kunst: *Music in Flores*. Leyden 1942.

Kunst 1949 = Jaap Kunst: *The music of Java*. The Hague 1949; 3. Auflage als *Music in Java*, 1973).

Kunst 1967 = Jaap Kunst: *Music in New Guinea: Three studies*. The Hague 1967.

Kunz 1974 = Ludvík Kunz: *Die Volksmusikinstrumente der Tschechoslowakei, i*. Leipzig 1974.

Kurfürst 1985 = Pavel Kurfürst: *Ala und Harfe mit zwei Resonatoren. Unbekannte Instrumente der europäischen Stilmusik des 13.–15. Jahrhunderts*. München, Salzburg 1985.

Kvifte 1989 = Tellef Kvifte: Instruments and the electronic age. Toward a terminology for a unified description of playing technique. Oslo 1989.

Laade 1972 = Wolfgang Laade: *Klangdokumente historischer Tasteninstrumente. Orgeln, Kiel- und Hammerklaviere. Diskographie*. Zürich 1972.

Laird 2004 = Paul R. Laird: *The baroque cello revival. An oral history*. Lanham, MD 2004.

Landon 1983 = John W. Landon: *Behold the Mighty Wurlitzer. The history of the theatre pipe organ*. Westport, CT; London 1983.

Lanfranco 1533 = Giovanni M. Lanfranco: *Scintille di musica*. Brescia 1533.

Langwill 1965 = Lyndesay G. Langwill: The bassoon and contrabassoon. London, New York 1965, ³1975.

Langwill siehe auch Waterhouse 1993

Larsson 1979 = Gunnar Larsson: Die estnisch-schwedische Streichleier. In: *Studia Instrumentorum Musicae Popularis*. 6 (1979).

LaRue 1982 = Hélène LaRue: The problem of the cymbala. In: *The Galpin Society journal*. 35 (1982).

Lasch 1987 = Stefan Lasch: *Instrumentarium des Rock*. Berlin ²1987.

Lasocki 1986 = David Lasocki: The Bassanos: Anglo-Venetian and Venetian. In: *Early music*. 14 (1986).

Laslocki/Prior 1995 = David Laslocki & Roger Prior: *The Bassanos. Venetian musicians and instrument makers in England 1531–1665*. Aldershot 1995.

Lavignac/De La Laurencie 1913 = Albert Lavignac & Lionel De La Laurencie: *Encyclopédie de la musique et dictionnaire du Conservatoire*. Paris 1913.

Lawson 1981 = Colin Lawson: *The chalumeau in eighteenth-century music*. Ann Arbor, MI 1981.

Lawson 2000 = Colin Lawson: *The early clarinet*. Cambridge 2000.

Le Blanc 1740 = Hubert le Blanc: *Defense de la basse de viole contre les entréprises du violon et les prétentions du violoncel*. Amsterdam 1740 (Reprint: The Hague 1983; siehe auch Le Blanc 1951).

Le Blanc 1951 = Hubert le Blanc: *Verteidigung der Viola da gamba gegen die Angriffe der Violine und die Anmaßung des Violoncells. Auszugsweise Übertragung aus dem Französischen mit Vor- und Nachwort von Albert Erhard*.) Kassel, Basel 1951.

Ledang 1974 = Ola Ledang: Instrument-player-music on the Norwegian langleik. In: *Studia Instrumentorum Musicae Popularis*. 3 (1974).

Ledet 1991 = David A. Ledet: *Oboe reed styles. Theory and practice*. Bloomington, in 1991.

Lemme 1980 = H. Lemme: *Elektro-Gitarren.* Stuttgart 1980.
Leng 1967 = Ladislav Leng: *Slovenské l'udové hudobné nástroje.* Bratislava 1967.
Leonhardt 1969 = Konrad Leonhardt: *Geigenbau und Klangfarbe.* Frankfurt am Main 1969.
Leonhardt 1990 = Henrike Leonhardt: *Der Taktmesser. Johann Nepomuk Mälzel – Ein lückenhafter Lebenslauf.* Hamburg 1990.
Lerch 1996 = Thomas Lerch: *Vergleichende Untersuchung von Bohrungsprofilen historischer Blockflöten des Barock.* Berlin 1996.
Lesle 1989 = Lutz Lesle: Nicht historisch aber schön: Bach unterm Rundbogen. In: *Das Orchester.* (1989) H. 10, S. 965–969.
Lexikon 1991 = *Lexikon Musikinstrumente.* Hrsg. v. Wolfgang Ruf […]. Mannheim, Wien, Zürich 1991.
Lexikon 2000 = Christoph Reuter, Bernd Enders, Rolf Jacobi: *Lexikon Musikautomaten. Die Welt der selbstspielenden Musikinstrumente.* CD-ROM. Mainz 2000.
Lexikon 2004 = *Lexikon der Violine. Baugeschichte, Spielpraxis, Komponisten und ihre Werke, Interpreten,* hrsg. v. Stefan Drees. Laaber 2004.
Lexikon 2006 = *Lexikon des Klaviers. Baugeschichte, Spielpraxis, Komponisten und ihre Werke, Interpreten.* Hrsg. v. Christoph Kammertöns und Siegfried Mauser. Laaber 2006.
Lexikon 2007 = *Lexikon der Orgel. Orgelbau, Orgelspiel, Komponisten und ihre Werke, Interpreten,* hrsg. v. Hermann J. Busch und Matthias Geuting. Laaber 2007.
Lexikon 2009 = *Lexikon der Flöte. Flöteninstrumente und ihre Baugeschichte, Spielpraxis, Komponisten und ihre Werke, Interpreten,* hrsg. v. András Adornán und Lenz Meierott. Laaber 2009.
Libin 1985 = Laurence Libin: *American musical instruments in The Metropolitan Museum of Art.* New York, NY; London 1985.
Libin 1987 = Laurence Libin: Folding harpsichords. In: *Early music.* 15 (1987) No. 3, S. 378–383.
Lichtenwanger 1974 = William Lichtenwanger u.a.: *A survey of musical instrument collections in the United States and Canada.* Ann Arbor, MI 1974.
Lieser 1985 = Stefan Lieser: Die Stössel-Laute. Ein Volksmusikinstrument für Jedermann. Nach 40 Jahren Vergessenheit ans Licht geholt. In: *Gitarre & Laute.* 6 (1985) H. 4, S. 13–18.
Linde 1962 = Hans-Martin Linde: *Handbuch des Blockflötenspiels.* Mainz 1962.
Lindley 1977 = Mark Lindley: Instructions for the clavier diversely tempered. In: *Early music.* 5 (1977).
Lindley 1984 = Mark Lindley: *Lutes, viols, and temperaments.* Cambridge 1984.
Lindley 1987 = Mark Lindley: Stimmung und Temperatur. In: *Hören, Messen und Rechnen in der frühen Neuzeit. (Geschichte der Musiktheorie Bd. 6.)* Darmstadt 1987.

Lindner 2003 = David Lindner (Hrsg.): *Das Didgeridoo Phänomen.* Schönau im Odenwald 2003.
Lindsay 1979 = Jennifer Lindsay: *Javanese gamelan.* Kuala Lumpur 1979.
Ling 1967 = Jan Ling: *Nyckelharpan.* Stockholm 1967.
Loesser 1955 = Arthur Loesser: *Men, woman and pianos: A social history.* New York 1955.
Lolov 1984 = Athanas Lolov: Bent plates in violin construction. In: *The Galpin Society journal.* 37 (1984).
Longworth 1975 = Mike Longworth: *Martin Guitars. A history.* London 1975.
Loretto 1973 = Alec Loretto: Recorder modifications. In search of the expressive recorder. In: *Early music.* 1 (1973).
Lowrey 1990 = Alvin Lowrey: *Lowrey's international trumpet discography.* 2 Bde., Columbia, SC 1990.
Lumsden 1953 = David Lumsden: The sources of English lute music (1540–1620). In: *The Galpin Society journal.* (1953).
Lütgendorff 1922 = Willibald Leo Frh.v. Lütgendorff: *Die Geigen- und Lautenmacher vom Mittelalter bis zur Gegenwart. Nach den besten Quellen bearbeitet.* 2 Bde., Frankfurt am Main ⁶1922 (Reprint: Tutzing 1975).
Lütgendorff 1990 = Willibald Leo Frh.v. Lütgendorff: *Die Geigen- und Lautenmacher vom Mittelalter bis zur Gegenwart. Ergänzungsband erstellt von Thomas Drescher.* Tutzing 1990.
McBride 1982 = William McBride: The early saxophone in patents 1838–1850 compared. In: *The Galpin Society journal.* 35 (1982).
McCutcheon 1985 = Meredith Alice McCutcheon: *Guitar and vihuela. An annotated bibliography.* New York 1985.
Mace 1676 = Thomas Mace: *Musick's monument.* London 1676. (Reprint: Paris 1977).
McGeary 1989 = Thomas McGeary: German-Austrian keyboard temperaments and tuning methods 1770–1840. In: *Journal of the American Musical Instrument Society.* 15 (1989).
McLean 1974 = Mervyn McLean: The New Zealand nose flute: Fact of fallacy? In: *The Galpin Society journal.* 27 (1974).
McNett 1960 = Charles McNett: The chirimia: A Latin American shawm. In: *The Galpin Society journal.* 13 (1960).
McPhee 1966 = Colin McPhee: *Music in Bali.* New Haven, CT. 1966.
Maeyer 1976, 1978 = René de Maeyer (Hrsg.): The bagpipes in Europe. (*The Brussels Museum of Musical Instruments. Bulletin.*) 6 (1976) & 8 (1978).
Mahillon 1880 = Victor-Charles Mahillon: *Catalogue descriptif et analytique du Musée Instrumental du Conservatoire Royal de Musique Bruxelles.* Bruxelles 1880. (Reprint: 1978).
Maier 1982 = Peter Maier: *Schallplattenverzeichnis Gitarre, Laute, Zupfinstrumente.* Hamburg 1982.
Majer 1732 = Joseph Friederich Bernhard Caspar Majer: *Museum Musicum Theoretico Practicum,*

Bibliographie

das ist Neu-eröffneter Theoretisch- und Practischer Music-Saal [...]. Schwäbisch Hall 1732. (Reprint: Kassel, Basel 1954).

Malm 1959 = William P. Malm: *Japanese music and musical instruments.* Rutland, VI 1959.

Marcuse 1964 = Sibyl Marcuse: *Musical instruments. A comprehensive dictionary.* New York 1975 (Erstauflage 1964).

Marcuse 1975 = Sibyl Marcuse: *A survey of musical instruments.* New York 1975.

Martin 1984 = Lynn W. Martin: The Colonna-Stella Sambuca Lincea, an enharmonic keyboard instrument. In: *Journal of the American Musical Instrument Society.* 10 (1984).

Marvin 1972 = Bob Marvin: Recorders and English flutes in European collections. In: *The Galpin Society journal.* 25 (1972).

Marx 1951 = Josef Marx: The tone of the baroque oboe. In: *The Galpin Society journal.* 4 (1951).

Marx 1963 = Klaus Marx: *Die Entwicklung des Violoncells und seiner Spieltechnik bis J.L. Duport (1520–1820).* Regensburg 1963 (= Forschungsbeiträge zur Musikwissenschaft. Bd. 13.)

Maschinen 2006 = *Maschinen und Mechanismen in der Musik.* [...] hrsg. v. Boje E. Hans Schmuhl. Augsburg 2006.

Mattheson 1731 = Johann Mattheson: *Große General-Bass-Schule.* Hamburg 1731.

Mattheson 1735 = Johann Mattheson: *Kleine General-Bass-Schule.* Hamburg 1739 (lt. Impressum, Originaltitel nennt 1734/35) (Reprint: Laaber 1980).

Mattheson 1739 = Johann Mattheson: *Der vollkommene Capellmeister.* Hamburg 1739. (Reprint: Kassel, Basel 1954 / ^{2}1969).

Matzner 1970 = Joachim Matzner: *Zur Systematik der Borduninstrumente.* Strasbourg, Baden-Baden 1970.

Mc wird wie Mac behandelt und steht vor Mad

Meer 1972 = John Henry van der Meer: Beiträge zum Cembalo-Bau der Familie Ruckers. In: *Jahrbuch des Staatlichen Instituts für Musikforschung Preußischer Kulturbesitz. 1971.* Kassel 1972, S 100–153.

Meer 1974 = John Henry van der Meer: Studien zum Cembalobau in Italien. In: *Studia Instrumentorum Musicae Popularis.* 3 (1974).

Meer 1978 = John Henry van der Meer: A contribution to the history of the clavicytherium. In: *Early music.* 6 (1978), No. 2, S. 247–259.

Meer 1983 = John Henry van der: *Musikinstrumente. Von der Antike bis zur Gegenwart.* München 1983.

Meer 1987 = John Henry van der Meer: The typology and history of the bass clarinet. In: *Journal of the American Musical Instrument Society.* 13 (1987).

Meer 1987a = John Henry van der Meer: Ein Überblick über den deutschen Cembalobau. In: *Fünf Jahrhunderte deutscher Musikinstrumentenbau.* Hrsg. v. Hermann Moeck. Celle 1987, S. 235–262.

Meer 1989 = John Henry van der Meer: Gestrichene Saitenklaviere. In: *Basler Jahrbuch für historische Musikpraxis.* XIII (1989), S. 141–181.

Melkus 1973 = Eduard Melkus: *Die Violine. Eine Einführung in die Geschichte der Violine und des Violinspiels.* Bern, Stuttgart 1973, ^{3}1977.

Mendel 1968 = Arthur Mendel: *Studies in the history of musical pitch.* Amsterdam 1968.

Mendel 1978 = Arthur Mendel: Pitch in western music since 1500. A re-examination. In: *Acta Musicologica.* 50 (1978).

Menger 1973 = Reinhardt Menger: *Das Regal.* Tutzing 1973.

Menke 1934 = Werner Menke: *Die Geschichte der Bach- und Händeltrompete. Neue Anschauung und neue Instrumente.* London 1934.

Mercier-Ythier 1990 = Claude Mercier-Ythier: *Les clavecins.* Paris 1990.

Mersenne 1636 = Marin Mersenne: *Harmonie universelle.* Paris 1636 (Reprint: The Hague 1963).

Methuen-Campbell 1984 = James Methuen-Campbell: *Catalogue of recordings by classical pianists. Vol. 1. (Pianists born to 1872).* Chipping Norton, Oxfordshire 1984.

Meucci 1989 = Renato Meucci: Roman military instruments and the lituus. In: *The Galpin Society journal.* 42 (1989).

Meyer 1983 = Kenton T. Meyer: *The crumhorn.* Ann Arbor, MI 1983.

Meyerott 1974 = Lenz Meierott: *Die geschichtliche Entwicklung der kleinen Flötentypen und ihre Verwendung in der Musik des 17. und 18. Jahrhunderts.* Tutzing 1974.

Meylan 1975 = Raymond Meylan: *Die Flöte. Grundzüge ihrer Entwicklung von der Urgeschichte bis zur Gegenwart.* Bern, Stuttgart 1975.

Meza 1990 = Fernando A. Meza: *Percussion discography. An international compilation of solo and chamber percussion music.* New York, Westport, CT; London 1990.

Michaelides 1978 = Solon Michaelides: *The music of ancient Greece. An encyclopaedia.* London 1978.

Minor/Mitchell 1968 = Andrew C. Minor & Bonner Mitchell: *A Renaissance entertainment.* Columbia, MO. 1968.

Mobbs 1984 = Kenneth Mobbs: Stops and other special effects on the early piano. In: *Early music.* 12 (1984).

Möckel 1930 = Otto Möckel: *Die Kunst des Geigenbaues. Ein umfassendes praktisches Handbuch des Kunstgeigenbaues.* Leipzig 1930.

Möckel 1977 = Otto Möckel: *Die Kunst des Geigenbaues. Vierte Auflage bearb. v. Fritz Winckel.* Hamburg 1977, ^{8}1997.

Moeck 1974 = Hermann Moeck: Czakane, englische und Wiener Flageolette. In: *Studia Instrumentorum Musicae Popularis.* 3 (1974).

Monk 1975 = Christopher Monk: First steps towards playing the cornett. In: *Early music.* 3 (1975).

Montagu 1976 = Jeremy Montagu: *The world of medieval & Renaissance musical instruments.* Newton Abbot, London 1976.

Montagu 1979 = Jeremy Montagu: *The world of ba-*

roque & classical musical instruments. Newton Abbot, London 1979.

Montagu 1981 = Jeremy Montagu: *The world of romantic & modern musical instruments*. Newton Abbot, London 1981.

Montagu 2002 = Jeremy Montagu: *Timpani and percussion*. New Haven 2002.

Montanaro 1983 = Bruno Montanaro: *Guitares hispano-américaines*. Aix-en-Provence 1983.

Morey 1993 = Stephen Morey: *Mandolins of the 18th century*. Cremona 1993.

Morgan 1982 = Fred Morgan: Making recorders based on historical models. In: *Early music*. 10 (1982).

Morley-Pegge 1959 = Reginald Morley-Pegge: The »anaconda«. In: *The Galpin Society journal*. 12 (1959).

Morley-Pegge 1973 = R[eginald] Morley-Pegge: *The French horn. Some notes on the evolution of the instrument and of its technique*. London, New York 1960 / ^{2}1973, 1978.

Morris 1951 = E. Morris: *Bells of all nations*. London 1951.

Morrow 1979 = Michael Morrow: The Renaissance harp. In: *Early music*. 7 (1979).

Morton 1976 = David Morton: *The traditional music of Thailand*. Berkeley, CA 1976.

Mountney 1969 = Hugh Mountney: The regal. In: *The Galpin Society journal*. 22 (1969).

Moyle 1976 = Richard M. Moyle: Tongan musical instruments. In: *The Galpin Society journal*. 29, 30 (1976/77).

Mozart 1756 = Leopold Mozart: *Versuch einer gründlichen Violinschule*. Salzburg 1756. (Reprint: Frankfurt am Main 1956).

Mozart 1787 = Leopold Mozart: *Gründliche Violinschule. Dritte vermehrte Auflage*. Augsburg 1787. (Reprint: Wiesbaden 1983).

Mundharmonika 1996 = Christoph Wagner (Hrsg.): *Die Musikharmonika. Ein musikalischer Globetrotter*. Berlin 1996.

Murphy 1968 = Sylvia Murphy: Seventeenth-century guitar music: Notes on rasgueado performance. In: *The Galpin Society journal*. 21 (1968).

Murphy 1970 = Sylvia Murphy: The tuning of the five-course-guitar. In: *The Galpin Society journal*. 23 (1973).

Musical Instruments 2004 = Donald Murray Campbell, Clive Alan Greated & Arnold Myers: *Musical instruments. History, technology and performance of instruments of western music*. Oxford 2004.

Musikalische Interpretation 1992 = *Musikalische Interpretation*. Hrsg.v. Hermann Danuser. Mit Beiträgen von Thomas Binkley, Hermann Danuser, Martin Elste, Silke Leopold, Siegfried Mauser, Thomas Seedorf, Lorenz Welker. Laaber 1992 (= Neues Handbuch der Musikwissenschaft. Bd. 11.).

Muskett 1982 = Doreen Muskett: *Method for the vielle or hurdy-gurdy*. London 1982.

Myers 1983 = Helen Myers: African music, American Indian music, Pacific Islands, South-East Asian music. In:*The new Oxford companion to music*. London 1983.

Myers 1986 = Arnold Myers: Fingering charts for the cimbasso and other instruments. In: *The Galpin Society journal*. 39 (1986).

Namhafte Pianisten 2001 = *Namhafte Pianisten im Aufnahmesalon Hupfeld*. Hrsg. v. Eszter Fontana. Halle/Saale 2001.

Nelson 1972 = Sheila Nelson: *The violin and viola*. London 1972.

Nickel 1971 = Ekkehart Nickel: *Der Holzblasinstrumentenbau in der freien Reichsstadt Nürnberg*. München 1971.

Nketia 1974 = J.H. Kwabena Nketia: *The music of Africa*. New York 1974.

Nödl 1970 = Karl Nödl: *Metallblasinstrumentenbau. Fach- und Lehrbuch über die Herstellung von Metallblasinstrumenten*. Frankfurt am Main 1970.

Norlind 1936 = Tobias Norlind: *Systematik der Saiteninstrumente 1. Geschichte der Zither*. Stockholm 1936.

Norlind 1939 = Tobias Norlind: *Systematik der Saiteninstrumente. 2. Geschichte des Klaviers*. Stockholm 1939.

Norlind 1941 = Tobias Norlind: *Musikinstruments historia*. Stockholm 1941.

North 1728 = Roger North: *The musicall grammarian*. Ed. by Hilda Andrews. London 1925.

North 1987 = Nigel North: *Continuo playing on the lute, archlute and theorbo*. Bloomington, IN; London 1987.

O'Brien 1979 = Grant G. O'Brien: Ioannes and Andreas Ruckers. In: *Early music*. 7 (1979).

O'Brien 1990 = Grant O'Brien: *Ruckers. A harpsichord and virginal building tradition*. Cambridge 1990.

O'Loughlin 1982 = Niall O'Loughlin: The recorder in 20th-century music. In: *Early music*. 10 (1982).

Oesch 1968 = Hans Oesch: Die Launeddas, ein seltenes sardinisches Musikinstrument. In: *Jahrbuch für musikalische Volks- und Völkerkunde*. 4 (1968).

Oler 1970 = W.M. Oler: Definition of organology. In: *The Galpin Society journal*. 23 (1970).

Oliveira 1966 = Ernesto V. de Oliveira: *Instrumentos musicais populares portugueses*. Lisbon 1966.

Ongaro 1985 = Giulio M. Ongaro: 16th-Century Venetian wind instrument makers. In: *Early music*. 13 (1985).

Ord-Hume 1973 = Arthur W.J.G. Ord-Hume: *Clockwork music. An illustrated musical history of mechanical musical instruments*. London 1973.

Ord-Hume 1978 = Arthur W.J.G. Ord-Hume: *Barrel organ. The story of the mechanical organ and its repair*. London 1978.

Ord-Hume 1980 = Arthur W.J.G. Ord-Hume: *Musical box*. London 1980.

Ord-Hume 1984 = Arthur W.J.G. Ord-Hume: *Pianola. The history of the self-playing piano*. London 1984.

Ord-Hume 1986 = Arthur W.J.G. Ord-Hume: *The*

harmonium. The history of the reed organ. London 1986.

Organ 2006 = Donald Bush (Editor): *The organ. An encyclopedia.* New York, NY 2006.

Oriwohl 2004 = Karl Oriwohl: *Das Bandonion: ein Beitrag zur Geschichte der Musikinstrumente mit durchschlagenden Zungen.* 2., unter Mitarb. v. Dieter Krickeberg veränd. Aufl. Berlin 2004.

Ortiz 1553 = Diego Ortiz: *Tratado de glosas sobre clausulas y otros generos de punto en la musica de violones.* Roma 1553. Übertragen v. Max Schneider. Kassel o. J.

Otterstedt 1989 = Annette Otterstedt: *Die englische Lyra-Viol. Instrument und Technik.* Kassel 1989.

Otterstedt 1994 = Annette Otterstedt: *Die Gambe. Kulturgeschichte und praktischer Ratgeber.* Kassel 1994.

Ottner 1977 = Helmut Ottner: *Der Wiener Instrumentenbau 1815–1833.* Tutzing 1977.

Page 1977 = Christopher Page: Biblical instruments in medieval manuscripts. In: *Early music.* 5 (1977).

Page 1978 = Christopher Page: Early 15th-century instruments in Jean de Garson's »Tractatus de Canticis«. In: *Early music.* 6 (1978).

Page 1979 = Christopher Page: Jerome of Moravia on the »rubeba« and »viella«. In: *The Galpin Society journal.* (1979).

Page 1980 = Christopher Page: Fourteenth-century instruments and tunings: A treatise by Jean Vaillant? In: *The Galpin Society journal.* 33 (1980).

Page 1981 = Christopher Page: The 15th-century lute: New and neglected sources. In: *Early music.* 9 (1981).

Page 1982 = Christopher Page: German musicians and their instruments: A 14th-century account by Konrad of Megenberg. In: *Early music.* 10 (1982).

Page 1982/3 = Christopher Page: The medieval organistrum and symphonia. In: *The Galpin Society journal.* 35 (1982/3).

Page 1987 = Christopher Page: *Voices and instruments of the middle ages. Instrumental practice and songs in France 1100–1300.* London, Melbourne 1987.

Palmer 1983 = Frances Palmer: Musical instruments from the Mary Rose. In: *Early music.* 11 (1983).

Palmer 1989 = Larry Palmer: *Harpichord in America. A twentieth-century revival.* Bloomington, Indianapolis 1989.

Panum 1941 = Hortense Panum: *The stringed instruments of the middle ages.* London 1941.

Pape 1971 = Winfried Pape: *Instrumentenhandbuch. Streich-, Zupf-, Blas- und Schlaginstrumente in Tabellenform.* Köln 1971.

Pape/Boettcher 1996 = Winfried Pape & Wolfgang Boettcher: *Das Violoncello. Geschichte, Bau, Technik, Repertoire.* Mainz 1996.

Paras 1986 = Jason Paras: *The music for viola bastarda.* Bloomington, IN 1986.

Parkinson 1981 = Andrew Parkinson: Guesswork and the Gemshorn. In: *Early music.* 9 (1981).

Pascual 1986 = B. Kenyon Pascual: The wind-instrument maker, Bartolomé de Selma (†1616). In: *The Galpin Society journal.* 39 (1986).

Peery 1948 = Paul D. Peery: *Chimes and electric carillons.* New York 1948.

Peinkofer/Tannigel 1969 = Karl Peinkofer & Fritz Tannigel: *Handbuch des Schlagzeugs. Praxis und Technik.* Mainz 1968.

Performance 1971 = *Performance practice: a bibliography.* Ed. by Mary Vinquist and Neal Zaslaw. New York 1971.

Perrot 1971 = Jean Perrot: *The organ, from its invention in the Hellenistic period to the end of the 13th century.* London 1971.

Petri 1782 = Johann Samuel Petri: Anleitung zur praktischen Musik. Leipzig 1782 [2. erw. Auflage]. (Reprint: Giebing 1969).

Pfeifen 1994 = *Pfeifen im Walde. Ein unvollständiges Handbuch zur Phänomenologie des Pfeifens.* Hrsg.v. Volker Straebel und Matthias Osterwold. Berlin 1994.

Physik 1988 = *Die Physik der Musikinstrumente. Mit einer Einführung von Klaus Winkler.* Heidelberg 1988.

Pianoforte 2009 = *Le pianoforte en France 1780–1820.* (Directrice de la publication: Florence Gétreau.) Paris 2009.

Picenardi 1997 = Giorgio Sommi Picenardi: *Dizionario biografico die musicisti e fabbricatori di strumenti musicali Cremonesi.* Turnhout 1997.

Picken 1955 = Laurence Picken: The origins of the short lute. In: *The Galpin Society journal.* 8 (1955).

Picken 1957 = Laurence Picken: The music of Far Eastern Asia, 1: China. In: Egon Wellesz (Hrsg.): *New history of music. Vol. 1.* London 1957.

Picken 1975 = Laurence Picken: *Folk musical instruments of Turkey.* London 1975.

Picken 1981 = Laurence Picken: The »plucked« drums: Gopíy antra and ananda lahari. In: *Musica Asiatica.* 3 (1981).

Pietsch 1987 = Hans Christian Pietsch: *Grundlagen des Cembalospiels.* Wilhelmshaven 1987.

Piggott 1893 = Sir Francis Piggott: *The music and musical instruments of Japan.* London 1893.

Pilling 1975 = Julian Pilling: Fiddles with horns. In: *The Galpin Society journal.* 28 (1975).

Pinnell 1979 = Richard T. Pinell: The theorboed guitar. In: *Early music.* 7 (1979).

Planyavsky 1984 = Alfred Planyavsky: *Geschichte des Kontrabasses. Zweite, wesentlich erweiterte Auflage unter Mitarbeit von Herbert Seifert.* Tutzing 1984.

Planyavsky 1989 = Alfred Planyavsky: *Der Barockkontrabaß Violone.* Wien 1989.

Plate 1992 = Regina Plate: *Kulturgeschichte der Maultrommel.* Bonn 1992.

Playford 1654 = John Playford: *A breefe introduction to the skill of musick.* London 1654. (Reprint: 1966, 1973)

Playford 1666 = John Playford: *Musick's delight on the cithren.* London 1666.

Playford 1682 = John Playford: *Musick's recreation*

on the viol, lyra-way. London 1682. (Reprint: London 1960).
Pleeth 1982 = William Pleeth: The cello. London 1982.
Plumley 1976 = Gwendoline Plumley: El tanbur. Cambridge 1976.
Podnos 1974 = Theodor H. Podnos: Bagpipes and tunings. Detroit 1974.
Pohlmann 1968 = Ernst Pohlmann: Laute, Theorbe, Chitarrone. Die Instrumente, ihre Musik und Literatur von 1500 bis zur Gegenwart. Bremen 1968, [4]1976.
Polk 1968 = Keith Polk: Flemish wind bands in the late Middle Ages: A study of improvisatory instrumental practices. PhD Dissertation, University of California, Los Angeles, Berkeley 1968.
Pollens 1984 = Stewart Pollens: The pianos of Bartolomeo Cristofori. In: Journal of the American Musical Instrument Society. 10 (1984), S. 32–68
Pollens 1985 = Stewart Pollens: The early Portuguese piano. In: Early music. 13 (1985).
Pollens 1995 = Stewart Pollens: The early pianoforte. Cambridge 1995.
Popley 1921 = Herbert A. Popley: The music of India. London 1921.
Posaunen 2000 = Posaunen und Trompeten. Geschichte, Akustik, Spieltechnik. Blankenburg 2000.
Powell 2002 = Ardal Powell: The flute. New Haven 2002.
Praetorius 1619 = Michael Praetorius: Syntagma musicum. Bd. II. De Organographia. Wolfenbüttel 1619. Faksimile-Nachdruck hrsg.v. Wilibald Gurlitt. Kassel 1958, [3]1968.
Prelleur 1731 = Peter Prelleur: The modern musickmaster or, the universal musician. London 1731. (Reprint: Kassel 1965).
Price 1933 = Percival Price: The carillon. Oxford 1933.
Price 1983 = Percival Price: Bells and man. Oxford 1983.
Pringle 1978 = John Pringle: John Rose, the founder of English viol-making. In: Early music. 6 (1978).
Prinz 2005 = Ulrich Prinz: Johann Sebastian Bachs Instrumentarium. Originalquellen – Besetzung – Verwendung. Kassel 2005.
Protz 1940 = Albert Protz: Beiträge zur Geschichte der mechanischen Musikinstrumente im 16. und 17. Jahrhundert. Diss. Berlin 1940.
Prout 1876 = Ebenezer Prout: Instrumentation. London 1876.
Prout 1905 = Ebenezer Prout: Das Orchester. 2 Bde., 1905/06.
Prynne 1949 = Michael W. Prynne: An unrecorded lute by Hans Frei. In: The Galpin Society journal. 2 (1949).
Prynne 1963 = Michael W. Prynne: A surviving vihuela de mano. In: The Galpin Society journal. 16 (1963).
Pulver 1923 = Jeffrey Pulver: A dictionary of old English music & musical instruments. London, New York 1923.

Purcell 1976 = Ronald C. Purcell: Classic guitar, lute and vihuela discography. Melville, NY 1976.
Quantz 1789 = Johann Joachim Quantz: Versuch einer Anweisung die Flöte traversiere zu spielen. Breslau [3]1789. (Reprint: Kassel, Basel 1953 / [4]1968; Kassel 1992).
Rameis 1976 = Emil Rameis: Die österreichische Militärmusik. Tutzing 1976.
Rastall 1964 = Richard Rastall Richard: The minstrels of the English Royal households, 25 Edward I – Henry VIII: an inventory. In: Royal Musical Association research chronicle. 4 (1964).
Ratcliffe 1989 = Ronald V. Ratcliffe: Steinway & Sons. San Francisco 1989.
Ratte 1991 = Franz Josef Ratte: Die Temperatur der Clavierinstrumente. Quellenstudien zu den theoretischen Grundlagen und praktischen Anwendungen von der Antike bis ins 17. Jahrhundert. Kassel u. a. 1991.
Ravenel 1984 = B. Ravenel: Rebec und Fiedel. Ikonographie und Spielweise. In: Basler Jahrbuch für historische Musikpraxis. 8 (1984).
Rayleigh 1877 = John W. S. Rayleigh: The theory of sound. New York 1877. (Reprint: New York 1945).
Real-Lexikon 1982 = Real-Lexikon der Akustik. Hrsg. v. M. R. Rieländer. Frankfurt am Main 1982.
Reblitz 1988 = Arthur A. Reblitz: Player piano servicing and rebuilding. New York 1988.
Rehnberg 1943 = Mats Rehnberg: Säckpipan i Sverige. Stockholm 1943.
Reidemeister 1988 = Peter Reidemeister: Historische Aufführungspraxis. Eine Einführung. Darmstadt 1988.
Reinecke 1970 = Hans-Peter Reinecke: Cents Frequenz Periode. Umrechnungstabellen für musikalische Akustik und Musikethnologie. Berlin 1970.
Reinhard 1960 = Kurt Reinhard: Beitrag zu einer Systematik der Musikinstrumente. In: Die Musikforschung. 13 (1960).
Remnant 1986 = Mary Remnant: English bowed instruments from Anglo-Saxon to Tudor times. London 1986.
Remnant 1989 = Mary Remnant: Musical instruments. An illustrated history from antiquity to the present. London 1989.
Rendall 1954 = Geoffrey F. Rendall: The clarinet. London 1954 / [2]1971.
Rensch 1969 = Rosalyn Rensch: The harp. Its history, technique and repertoire. London, New York 1969.
Rensch 2007 = Roslyn Rensch: Harps and harpists. Bloomington 2007.
Restle 1991 = Konstantin Restle: Bartolomeo Cristofori und die Anfänge des Hammerclaviers. Quellen, Dokumente und Instrumente des 15. bis 18. Jahrhunderts. München 1991.
Retford 1964 = W. C. Retford: Bows and bow-makers. London 1964.
Reuter 1978 = Rudolf Reuter: Bibliographie der Orgel-Literatur zur Geschichte der Orgel. Kassel 1978.

Bibliographie

Rice 1926 = William Gorham Rice: *Carillon music.* New York 1926.
Rice 1992 = Albert R. Rice: *The baroque clarinet.* Oxford 1992. (= Early music series. No. 13.)
Rice 2003 = Albert R. Rice: *The clarinet in the classical period.* Oxford 2003.
Richter 1990 = Gotthard Richter: *Akkordeon. Handbuch für Musiker und Instrumentenbauer.* Leipzig, Wilhelmshaven 1990.
Ricks 1969 = R. Ricks: Russian horn bands. In: *The musical quarterly.* 55 (1969).
Riley 1993 = Maurice W. Riley: *The history of the viola (Second and rev. ed.).* [Ann Arbor, MI?] 1993 (Erstauflage 1980).
Rimmer 1964a = Joan Rimmer: Harps in the baroque era. In: *Proceedings of the Royal Musical Association.* 90 (1964).
Rimmer 1964b = Joan Rimmer: The morphology of the Irish harp. In: *The Galpin Society journal.* 17 (1964).
Rimmer 1965/66 = Joan Rimmer: The morphology of the triple harp. In: *The Galpin Society journal.* 18/19 (1965/66).
Rimmer 1969a = Joan Rimmer: *Ancient musical instruments of Western Asia in the British Museum.* London 1969.
Rimmer 1969b = Joan Rimmer: *The Irish harp.* Cork 1969.
Rimsky-Korssakow 1922 = Nikolai Rimsky-Korssakow: *Grundlagen der Orchestration.* Berlin 1922.
Ripin 1974 = Edwin M. Ripin: *The instrument catalogs of Leopoldo Franciolini.* New York 1974.
Ripin 1975 = Edwin M. Ripin: Towards an identification of the chekker. In: *The Galpin Society journal.* 28 (1975).
Ritchie 1963 = Jean Ritchie: *The dulcimer book.* New York 1963.
Ritter 1897 = Hermann Ritter: *Die Geschichte der Viola alta und die Grundsätze ihres Baues.* Heidelberg 1876 / ²1877.
Roberts 1926 = Helen H. Roberts: *Ancient Hawaiian music.* Honolulu 1926 (Reprint: New York 1967).
Rockstro 1890 = Richard S. Rockstro: *A treatise on the flute.* London 1890 (Reprint: 1928, 1967).
Rothwell 1953 = Evelyn Rothwell: *Oboe technique.* London 1953.
Rowell 1976 = Lois Rowell: *American organ music on records.* Braintree, MA 1976.
Rowland-Jones 1959 = A. Rowland-Jones: *Recorder technique.* London 1959.
Rubsamen 1968 = Walter H. Rubsamen: The earliest French lute tablature. In: *Journal of the American Musicological Society.* 21 (1968).
Russell 1959 = Raymond Russell: *The harpsichord and clavichord. An introductory story.* London 1959.
Russell/Elliott 1936 = John F. Russell & John H. Elliott: *The brass band movement.* London 1936.
Sacconi 1976 = Simone F. Sacconi: *Die »Geheimnisse« Stradivaris mit dem Katalog des Stradivari-Nachlasses im Städtischen Museum »A la Ponzone« von Cremona.* Frankfurt am Main 1976.
Sachs 1913 = Curt Sachs: *Real-Lexikon der Musikinstrumente zugleich ein Polyglossar für das gesamte Instrumentengebiet.* Berlin 1913 (Reprint: Hildesheim, New York 1972).
Sachs 1920 = Curt Sachs: *Handbuch der Musikinstrumentenkunde.* Leipzig 1920.
Sachs 1922 = Curt Sachs: *Sammlung Alter Musikstrumente bei der Staatlichen Hochschule für Musik zu Berlin. Beschreibender Katalog.* Berlin 1922.
Sachs 1923 = Curt Sachs: *Die Musikinstrumente Indiens und Indonesiens zugleich eine Einführung in die Instrumentenkunde.* Berlin, Leipzig ²1923.
Sachs 1929 = Curt Sachs: *Geist und Werden der Musikinstrumente.* Berlin 1929 (Reprint: Hilversum 1965)
Sachs 1940 = Curt Sachs: *The history of musical instruments.* New York 1940.
Sachs 1943 = Curt Sachs: *The rise of music in the ancient world.* New York 1943.
Sachs 1959 = Curt Sachs: *Vergleichende Musikwissenschaft.* Wilhelmshaven 1959 / 1974.
Sachs/Hornbostel 1950 = Curt Sachs & Erich von Hornbostel: Chromatic trumpets in the Renaissance. In: *The musical quarterly.* 36 (1950).
Sachs siehe auch unter Hornbostel/Sachs
Saiten 1991 = *Saiten und ihre Herstellung in Vergangenheit und Gegenwart. Bericht über das 9. Symposium zu Fragen des Musikinstrumentenbaus,* Michaelstein, 11./12. November 1988. Michaelstein/Blankenburg 1991.
Salmen 1983 = Walter Salmen: Geselliges Musizieren »auff allerley Instrumenten« um 1600. In: *Tibia.* 8 (1983) H. 2, S. 321–325.
Sandberg 1979 = Larry Sandberg: *Complete banjo repair.* New York 1979.
Sárosi 1967 = Bálint Sárosi: *Die Volksmusikinstrumente Ungarns.* Leipzig 1967.
Schaeffner 1936 = André Schaeffner: *Origine des instruments de musique.* Paris 1936.
Schäfer/Wagner 1992 = Hans Joachim Schäfer & Lars Wagner: *Key Report. Das Nachschlagewerk für Synthesizer und Sampler. Von 1970–1992.* München 1992.
Schechter 1984/5 = John M. Schechter: The diatonic harp in Ecuador. In: *Journal of the American Musical Instrument Society.* 10/11 (1984/5).
Scheck 1975 = Gustav Scheck: *Die Flöte und ihre Musik.* Mainz 1975.
Scheminzky 1935 = Ferdinand Scheminsky: *Die Welt des Schalles.* Graz u. a. 1935.
Schering 1931 = Arnold Schering: *Geschichte der Musik in Beispielen. Dreihundertfünfzig Tonsätze aus neun Jahrhunderten. Gesammelt, mit Quellenhinweisen versehen und hrsg. v. Arnold Schering.* Leipzig 1931.
Schering 1975 = Arnold Schering: *Aufführungspraxis alter Musik. Nachdruck der Ausgabe von 1931 mit einem Geleitwort und Corrigenda-Verzeichnis von Siegfried Goslich.* Wilhelmshaven 1975.

Schlegel 2006 = Andreas Schlegel: *Die Laute in Europa. Geschichte und Geschichten zum Geniessen.* Menziken 2006.

Schlesinger 1939 = Kathleen Schlesinger: *The Greek aulos. A study of its mechanism and of its relation to the modal system of ancient Greek music* [...]. London 1939.

Schleuter 1977 = Stanley L. Schleuter: *Discography of saxophone music. A comprehensive listing of recorded recital and concert music.* Clear Lake 1977.

Schleuter 1993 = Stanley L. Schleuter: *Saxophone recital music: A discography.* Westport, CT; London 1993.

Schlick 1511 = Arnold Schlick: *Spiegel der Orgelmacher.* Speyer 1511 (Reprint 1959).

Schmid 1981 = Manfred Hermann Schmid: *Die Revolution der Flöte. Theobald Boehm. 1794–1881. Katalog der Ausstellung zum 100. Todestag von Boehm* [im] *Musikinstrumentenmuseum im Münchner Stadtmuseum.* Tutzing 1981.

Schmid 1987 = Manfred Hermann Schmid: Der Violone in der italienischen Instrumentalmusik des 17. Jahrhunderts. In: *Studia Organologica. Festschrift für John Henry van der Meer zu seinem fünfundsechzigsten Geburtstag.* Hrsg. v. Friedemann Hellwig. Tutzing 1987, S. 407–436.

Schmitz 1952 = Hans Peter Schmitz: Querflöte und Querflötenspiel in Deutschland während des Barockzeitalters. Kassel 1952, [2]1958.

Schmitz 1988 = Alexander Schmitz: *Die Gitarre.* Hamburg 1988.

Schneider 1970 = Thekla Schneider: *Die Namen der Orgelregister. Kompendium von Registerbezeichnungen aus alter und neuer Zeit mit Hinweisen auf die Entstehung der Namen und deren Bedeutung.* Kassel [2]1970.

Schott 1971 = Howard Schott: *Playing the harpsichord.* London 1971.

Schott 1974 = Howard Schott: The harpsichord revival. In: *Early music.* 2 (1974).

Schreiber 1938 = Ottmar Schreiber: *Orchester und Orchesterpraxis in Deutschland zwischen 1780 und 1850.* Diss. Berlin 1938. (Reprint: Hildesheim, New York 1978).

Schriftenverzeichnis = Schriftenverzeichnis zum Arbeitsbereich historischer Musikpraxis. In: Basler Jahrbuch für historische Musikpraxis. 1 (1977) ff.

Schröder/Hogwood 1979 = Jaap Schröder & Christopher Hogwood: The developing violin. In: *Early music.* 7 (1979).

Schulz 1982 = F. F. Schulz: *Pianographie. Klavierbibliographie der lieferbaren Bücher und Periodica.* Recklinghausen [2]1982.

Schwörer 1982 = Gretel Schwörer: *Die Mundorgel bei den LA_HU_ in Nord-Thailand. Bauweise, Funktion und Musik.* Hamburg 1982.

Selfridge-Field 1976 = Eleanor Selfridge-Field: Bassano and the orchestra of St Mark's. In: *Early music.* 4 (1976).

Sendrey 1969 = Alfred Sendrey: *Music in ancient Israel.* New York 1969.

Shackleton 1987 = Nicholas Shackleton: The earliest basset horns. In: *The Galpin Society journal.* 40 (1987).

Shann 1984 = R. T. Shann: Flemish transposing harpsichords: An explanation. In: *The Galpin Society journal.* 37 (1984).

Shreffler 1983 = Anne C. Shreffler: Baroque flutes and modern: Sound spectra and performance results. In: *The Galpin Society journal.* 36 (1983).

Silbiger 1980 = Alexander Silbiger: Imitations of the colascione in 17th-century keyboard music. In: *The Galpin Society journal.* 33 (1980).

Simon 1960 = Ernst Simon: *Mechanische Musikinstrumente früherer Zeiten und ihre Musik.* Wiesbaden 1960.

Simon 1983 = Artur Simon (Hrsg.): *Musik in Afrika.* Berlin 1983.

Simonson 1987 = Linda Simonson: A Burmese arched harp (Saùnggauk) and its pervasive Buddhist symbolism. In: *Journal of the American Musical Instrument Society.* 13 (1987).

Simpson 1659 = Christopher Simpson: *The division violist.* London 1659.

Sitsky 1990 = Larry Sitsky: *The classical reproducing piano roll. A catalogue-index.* New York, Westport, CT; London 1990.

Skeaping 1955 = Kenneth Skeaping: Some speculations on a crisis in the history of the violin. In: *The Galpin Society journal.* 8 (1955).

Skowroneck 2003 = Martin Skowroneck: *Cembalobau. Erfahrungen und Erkenntnisse aus der Wertstattpraxis.* Bergkirchen 2003.

Sloane 1966 = Irving Sloane: *Classic guitar construction.* New York 1966.

Slobin 1969 = M. Slobin: *Kirgiz instrumental music.* New York 1969.

Sluchin/Lapie 2001 = Benny Sluchin & Raymond Lapie: *Le trombone à travers les âges.* Paris 2001.

Smirnov 1959 = B. Smirnov: *Iskusstro vladimirskikh rozhechnikov.* Moskau 1959.

Smith 1979 = Douglas A. Smith: On the origin of the chitarrone. In: *Journal of the American Musicological Society.* 32 (1979).

Smith 1992 = David Hogan Smith: *Reed design for early woodwinds.* Bloomington, IN 1992.

Smith Brindle 1970 = Reginald Smith Brindle: *Contemporary percussion.* London 1970.

Smithers 1973 = Don L. Smithers: *The music and history of the baroque trumpet before 1721.* London 1973.

Söderberg 1956 = Bertil Söderberg: *Les instruments de musique au Bas-Congo et dans les régions avoisinantes.* Stockholm 1956.

Solum 1992 = John Solum: *The early flute.* Oxford 1992 (= *Early music series. No. 15.*).

Sparks 1995 = Paul Sparks: *The classical mandolin.* Oxford 1995.

Speer 1687 = Daniel Speer: *Grund-richtiger* [...] *Unterricht der musikalischen Kunst.* Ulm 1687.

Spencer 1976 = Robert Spencer: Chitarrone, theorbo and archlute. In: *Early music.* 4 (1976).

Spencer 1981 = Michael Spencer: Harpsichord physics. In: *The Galpin Society journal.* 34 (1981).
Spohr 1831 = Louis Spohr: *Violinschule.* Wien o. J.
Springer 1976 = George H. Springer: *Maintenance and repair of wind and percussion instruments.* Boston 1976.
Stainer 1896 = Cecil Stainer: *A dictionary of violin makers.* Oxford 1896.
Stainer 2003 = Jacob Stainer »...kayserlicher diener und geigenmacher zu Absom«. *Eine Ausstellung des Kunsthistorischen Museums Wien.* [...] *Bearb. v. Rudolf Hopfner.* Hrsg. v. Wilfried Seipel. Milano 2003.
Stauder 1976 = Wilhelm Stauder: *Einführung in die Akustik.* Wilhelmshaven 1976 (= *Taschenbücher zur Musikwissenschaft.* Bd. 22.)
Steger 1961 = Hugo Steger: *David Rex et Propheta.* Nürnberg 1961.
Stevenson 1959 = Robert M. Stevenson: Ancient Peruvian instruments. In: *The Galpin Society journal.* 12 (1959).
Stowell 1984 = Robin Stowell: Violin bowling in transition. In: *Early music.* 12 (1984).
Stowell 1985 = Robin Stowell: *Violin technique and performance practice in the late eighteenth and early nineteeth centuries.* Cambridge 1985.
Stradner 1983 = Gerhard Stradner: *Spielpraxis und Instrumentarium um 1500. Dargestellt an Sebastian Virdung's »Musica getutscht« (Basel 1511).* Wien 1983.
Strauss 1905 = Hector Berlioz: *Instrumentationslehre. Ergänzt und revidiert von Richard Strauss.* Leipzig 1905 / 1955.
Strauss 1909 = Richard Strauss: Die hohen Bach-Trompeten. In: *Zeitschrift für Instrumentenbau.* 30 (1909/10) Nr. 6.
Streichbogen 1998 = *Der Streichbogen. Entwicklung, Herstellung, Funktion.* Blankenburg 1998.
Such 1985 = David G. Such: The bodhrán. In: *The Galpin Society journal.* 38 (1985).
Sumner 1952 = William L. Sumner: *The organ.* London 1952 / 1973.
Tarr 1994 = Edward Tarr: *Die Trompete. Neuausgabe.* Mainz 1994.
Taylor 1976 = Charles A. Taylor: *Sounds of music.* London 1976.
Taylor 1981 = S. K. Taylor: *The musician's piano atlas.* Macclesfield, Cheshire 1981.
Taylor 1994 = Charles Taylor: *Der Ton macht die Physik. Die Wissenschaft von Klängen und Instrumenten.* Braunschweig, Wiesbaden 1994.
Terry 1932 = Charles Sanford Terry: *Bach's orchestra.* London 1932.
Teuchert/Haupt 1911 = Emil Teuchert & E. W. Haupt: *Musikinstrumentenkunde in Wort und Bild.* Leipzig 1911.
Theophilus = Theophilus: *Diversarum artium schedula.* Ms., 11. Jahrhundert.
Thomas 1971 = William R. Thomas: Schlick, Praetorius and the history of organ-pitch. In: *Organ Yearbook.* 2 (1971).

Thomas 1973 = Bernard Thomas: An introduction to the crumhorn repertoire. In: *Early music.* 1 (1973).
Thomas 1974 = Bernard Thomas: Playing the crumhorn. In: *Early music.* 2 (1974).
Thomas 1975 = Bernard Thomas: The Renaissance flute. In: *Early music.* 3 (1975).
Thomas 1992 = Jeffrey Thomas: *Forty years of steel: An annotated discography of steel band and pan recordings, 1951–1991.* Westport, CT; London 1992.
Thomas/Rhodes 1967 = William R. Thomas & J.J.K. Rhodes: The string scales of Italian keyboard instruments. In: *The Galpin Society journal.* 20 (1967).
Tikhomirov 1983 = G. Tikhomirov: *Instrumenty Russkogo narodnogo orkestra.* Moskau 1983.
Tilmouth 1961 = Michael Tilmouth: A calendar of references to music in newspapers published in London and the Provinces (1660–1719). In: *Royal Musical Association research chronicle.* 1 (1961).
Tinctoris 1487 = Johannes Tintoris: *De inventione et usu musicae.* Ms. Neapel; Hrsg.v. K. Weinmann. Regensburg 1917 (Reprint: 1961).
Titcomb 1956 = Caldwell Titcomb: Baroque court and military trumpets and kettledrums. In: *The Galpin Society journal.* 9 (1956).
Tobischek 1977 = Herbert Tobischek: *Die Pauke. Ihre spiel- und bautechnische Entwicklung in der Neuzeit.* Tutzing 1977.
Toff 1979 = Nancy Toff: *The development of the modern flute.* New York 1979.
Töpfer 1888 = Johann G. Töpfer: *Die Theorie und Praxis des Orgelbaues.* Weimar 1888 (Reprint: Amsterdam 1972).
Tracey 1948 = Hugh Tracey: *Chopi musicians.* London 1948.
Traficante 1970 = Frank Traficante: Lyra viol tunings. In: *Acta Musicologica.* 42 (1970).
Trojano 1569 = Massimo Trojano: *Dialoghi.* Venedig 1569.
Tromlitz 1791 = Johann George Tromlitz: *Ausführlicher und gründlicher Unterricht die Flöte zu spielen.* Leipzig 1791. (Reprint: Buren 1985).
Trowell 1957 = Brian Trowell: King Henry IV, recorder-player. In: *The Galpin Society journal.* 10 (1957).
Trynka 1993 = *The electric guitar. An illustrated history.* Ed. by Paul Trynka. London 1993.
Tucci/Ricci 1985 = Roberta Tucci & Antonello Ricci: The chitarra battente in Calabria. In: *The Galpin Society journal.* 38 (1985).
Türk 1789 = Daniel Gottlob Türk: *Klavierschule, oder Anweisung zum Klavierspielen für Lehrer und Lernende, mit kritischen Anmerkungen.* Leipzig, Halle 1789. (Reprint: Kassel 1962).
Turnbull 1974 = Harvey Turnbull: *The guitar. From the Renaissance to the present day.* London 1974.
Tyler 1974 = James Tyler: Checklist of music for the cittern. In: *Early music.* 2 (1974).
Tyler 1975 = James Tyler: The Renaissance guitar. In: *Early music.* 3 (1975).

Tyler 1980 = James Tyler: *The early guitar.* London 1980.

Tyler 1981a = James Tyler: The mandore in the 16th and 17th centuries. In: *Early music.* 9 (1981).

Tyler 1981b = James Tyler: The Italian mandolin and mandola 1589–1800. In: *Early music.* 9 (1981).

Tyler/Sparks 1989 = James Tyler & Paul Sparks: *The early mandolin.* Oxford 1989.

Tyler/Sparks 2002 = James Tyler & Paul Sparks: *The guitar and its music. From the Renaissance to the classical era.* Oxford 2002.

Unwin 1987 = Robert Unwin: An English writer on music: James Talbot 1664–1708. In: *The Galpin Society journal.* 40 (1987).

Usher 1956 = Terence Usher: The Spanish guitar in the 19th and 20th centuries. In: *The Galpin Society journal.* 9 (1956).

van der Meer siehe unter: Meer

Van der Straeten 1915 = Edmund S. J. Van der Straeten: *History of the cello.* London 1915.

Vance 1987 = Stuart-Morgan Vance: Carte's flute patents of the mid-nineteenth century. In: *Journal of the American Musical Instrument Society.* 13 (1987).

Varsányi 2000 = András Varsányi: *Gong ageng. Herstellung, Klang und Gestalt eines königlichen Instruments des Ostens.* Tutzing 2000.

Vandor 1973 = I. Vandor: La notazione musicale strumentale del buddismo tibetano. In: *Nuova rivista musicale italiana.* 7 (1973).

Vannes 1951 = René Vannes: *Dictionnaire universel des luthiers.* Brussels 1951.

Vega 1943 = Carlos Vega: *Los instrumentos musicales aboregenes y criollos de la Argentina.* Buenos Aires 1943.

Veilhan 1980 = Jean-Claude Veilhan: *The baroque recorder in the 17th- and 18th-century performance practice: technique, performing style, original fingering charts.* Paris 1980.

Veilhan 1982 = Jean-Claude Veilhan: *Die Musik des Barock und ihre Regeln (17.–18. Jahrhundert) für alle Instrumente.* Paris 1982.

Ventzke 1966 = Karl Ventzke: *Die Boehmflöte. Werdegang eines Musikinstruments.* **Frankfurt am Main 1966.**

Ventzke/Raumberger/Hilkenbach 2001 = Karl Ventzke, Claus Raumberger & Dietrich Hilkenbach: *Die Saxophone. Beiträge zu ihrer Bau-Charakteristik, Funktion und Geschichte.* Frankfurt am Main ⁴2001.

Vertkov 1963 = K. A. Vertkov u. a.: *Atlas muzykal'nych instrumentov narodov SSSR.* Moskau 1963.

Vertkov 1969 = V. Verkov: Beiträge zur Geschichte der russischen Gusli-Typen. In: *Studia instrumentorum musicae popularis.* 1 (1969).

Violins 1998 = *Violins, Vuillaume. 1798–1875. A great French violin maker of the 19th century.* Paris 1998

Violinspiel 1975 = *Violinspiel und Violinmusik in Geschichte und Gegenwart.* Wien 1975.

Virdung 1511 = Sebastian Virdung: *Musica getutscht. Faksimile-Nachdruck* hrsg. v. Klaus-Wolfgang Niemöller. Kassel 1970, 1983.

Virgiliano 1600 = Aurelio Virgiliano: *Il dolcimelo.* Ms. Mailand ca. 1600; hrsg. v. Marcello Castellani. Florenz 1979.

Wagner 1989 = Georg Wagner: *Cembalo- und Clavichordbau. Harpsichord and clavichord construction. Bibliographie / bibliography. 1830–1985.* Buren 1989.

Wagner 1993 = Christoph Wagner: *Das Akkordeon. Eine wilde Karriere.* Berlin 1993.

Wagner 2001 = Christoph Wagner: *Das Akkordeon oder die Erfindung der populären Musik. Eine Kulturgeschichte.* Mainz 2001.

Walls 1984 = Peter Walls: Violin fingering in the 18th century. In: *Early music.* 12 (1984).

Walther 1732 = Johann Gottfried Walther: *Musicalisches Lexicon oder musikalische Bibliothek.* Leipzig 1732 (Reprint: Kassel, Basel 1967).

Wantzloeben 1911 = Sigfrid Wantzloeben: *Das Monochord als Instrument und als System. Entwicklungsgeschichtlich dargestellt.* Halle/Saale 1911.

Ward 1979/81 = John Ward: Sprightly & cheerful musick. Notes on the cittern, gittern, and guitar in 16th and 17th century England. In: *Lute Society journal.* 21 (1979/81).

Waterhouse 1993 = William Waterhouse: *The new Langwill index. A dictionary of musical wind-instrument makers and inventors.* **London 1993.**

Waterhouse 2006 = William Waterhouse: *Fagott.* Kassel 2006.

Webb 1984a = Graham Webb: *The musical box handbook.* New York 1984.

Webb 1984b = John Webb: Notes on the ballad horn. In: *The Galpin Society journal.* 37 (1984).

Webb 1985 = John Webb: Designs for brass in the Public Record Office. In: *The Galpin Society journal.* 38 (1985).

Webb 1988 = John Webb: The Billigsgate trumpet. In: *The Galpin Society journal.* 41 (1988).

Weber 1825 = Gottfried Weber: Wesentliche Verbesserungen des Fagotts. In: *Caecilia.* 2 (1825); ein weiterer Artikel erschien 1828 in derselben Zeitschrift.

Weber 1976 = Rainer Weber: Recorder finds from the middle ages, and results of their reconstruction. In: *The Galpin Society journal.* 29 (1976).

Weber 1977 = Rainer Weber: Tournebout – Pifia – Bladderpipe (Platerspiel). In: *The Galpin Society journal.* 30 (1977).

Weber 1993 = Rainer Weber: *Zur Restaurierung von Holzblasinstrumenten aus der Sammlung von Dr. Josef Zimmermann im Bonner Beethoven-Haus. Restaurierungsberichte mit Angaben zu Arbeitstechniken.* Celle 1993.

Weber/Meer 1972 = Rainer Weber & John Henry van der Meer: Some facts and guesses concerning doppioni. In: *The Galpin Society journal.* 25 (1972).

Wegner 1963 = Max Wegner: *Griechenland.* Leipzig 1963 (*Musikgeschichte in Bildern.* II/4.).

Wegner 1984 = Ulrich Wegner: *Afrikanische Saiteninstrumente*. Berlin 1984. (= Veröffentlichungen des Museums für Völkerkunde, Berlin. Neue Folge 41. Abteilung Musikethnologie V.)

Weigl 1931 = Bruno Weigl: *Handbuch der Orgelliteratur. Systematisch geordnetes Verzeichnis der Solokompositionen* [...]. Leipzig 1931.

Wells 1978 = Elizabeth Wells: An early string keyboard instrument: The clavicytherium in the Royal College of Music. In: *Early music*. 6 (1978) No. 4, S. 568–571.

Wells 1982 = Robin H. Wells: The orpharion. In: *Early music*. 10 (1982).

Werckmeister 1698 = Andreas Werckmeister: *Erweiterte und verbesserte Orgelprobe (oder eigentliche Beschreibung) Wie und in welcher Gestalt man die Orgelwerke* [...] *liefern könne* [...]. Quedlinburg 1698. (Reprint: Kassel 1927).

Werner 1989 = Eric Werner: Die Musik im alten Israel. In: *Neues Handbuch der Musikwissenschaft*. Bd. 1. *Die Musik des Altertums*. Hrsg. v. Albrecht Riethmüller und Frieder Zaminer. Laaber 1989.

Westcott 1970 = W. Westcott: *Bells and their music*. New York 1970.

Weston 1971 = Pamela Weston: *Clarinet virtuosi of the past*. London 1971.

Weston 1977 = Pamela Weston: *More clarinet virtuosi of the past*. London 1977.

Weston 1983 = Stephen Weston: Improvements to the nine-keyed ophicleide. In: *The Galpin Society journal*. 36 (1983).

White 1984 = Paul White: Early bassoon reeds. In: *Journal of the American Musical Instrument Society*. 10 (1984).

Whitworth 1932 = Reginald R. Whitworth: *The cinema and theatre organ*. London 1932 (Reprint 1981).

Wiant 1965 = Bliss Wiant: *The music of China*. Hong Kong 1965.

Wick 1971 = Denis Wick: *Trombone technique*. London 1971.

Widholm 1992 = Gregor Widholm: Der Einfluß des Instrumentariums auf den Klang der Wiener Philharmoniker, aufgezeigt am Beispiel des Wiener Horns. In: *Klang und Komponist. Ein Symposion der Wiener Philharmoniker. Kongreßbericht*. Tutzing 1992, S. 343–366.

Wiener Klavier 2007 = *Das Wiener Klavier bis 1850*. [...] Hrsg. v. Beatrix Darmstädter, Alfons Huber & Rudolf Hopfner. Tutzing 2007.

Willaman 1949 = Robert Willaman: *The clarinet and clarinet playing*. Salt Point, NY 1949.

Williams 1966 = Peter Williams: *The European organ*. London 1966.

Williams 1980 = Peter Williams: *A new history of the organ*. London 1980.

Williams/Owen 1988 = Peter Williams & Barbara Owen: *The organ*. London 1988.

Wilson 1965 = Wilfred G. Wilson: *The art and science of change ringing*. London 1965.

Wilson 1968 = Michael Wilson: *The English chamber organ 1650–1859*. Oxford 1968.

Winston 1975 = Winnie Winston: *Pedal steel guitar*. New York 1975.

Winternitz 1979 = Emanuel Winternitz: *Musical instruments and their symbolism in western art. Studies in musical iconology*. New Haven, CT; London 1979.

Wit 1991 = *Paul de Wit's Weltadreßbuch für die internationale Musikbranche. Europa*. Konstanz 1991.

Witten 1974 = Laurence Witten II: Apollo, Orpheus and David: A study of the crucial century in the development of bowed strings in North Italy 1480–1581. In: *Journal of the American Musical Instrument Society*. 1 (1974/75).

Witten 1982 = Laurence Witten II: The surviving instrument of Andrea Amati. In: *Early music*. 10 (1982).

Wolff/Zepf 2008 = Christoph Wolff & Markus Zepf: *Die Orgeln Johann Sebastian Bachs. Ein Handbuch*. Leipzig, Stuttgart ²2008.

Woodfield 1978 = Ian Woodfield: Viol playing technique in the mid-16th century. In: *Early music*. 6 (1978).

Woodfield 1984 = Ian Woodfield: *The early history of the viol*. Cambridge 1984 / 1988.

Wright 1976 = Michael Wright: Bergeron on flutemaking. In: *The Galpin Society journal*. 29 (1976).

Wright 1977 = Laurence Wright: The medieval gittern and citole: A case of mistaken identity. In: *The Galpin Society journal*. 30 (1977).

Wulstan 1973 = David Wulstan: The sounding of the shofar. In: *The Galpin Society journal*. 26 (1973).

Wyn Jones 1982 = David Wyn Jones: Observations: Vanhal, Dittersdorf and the violone. In: *Early music*. 10 (1982).

Wythe 1984 = Deborah Wythe: The pianos of Conrad Graf. In: *Early music*. 12 (1984).

Young 1980 = Phillip T. Young: *The look of music. Rare musical instruments 1500–1900*. Vancouver 1980.

Young 1981 = Phillip T. Young: A bass clarinet by the Mayrhofers of Passau. In: *Journal of the American Musical Instrument Society*. 7 (1981).

Young 1982 = Phillip T. Young: *Twenty-five hundred woodwind instruments*. New York 1982.

Young 1986 = Phillip T. Young: The Scherers of Butzbach. In: *The Galpin Society journal*. 39 (1986).

Young 1993 = Phillip T. Young: *4900 historical woodwind instruments*. London 1993.

Zacconi 1592 = Lodovico Zacconi: *Prattica di musica*. Venedig 1592.

Zauberhafte Klangmaschinen 2008 = *Zauberhafte Klangmaschinen. Von der Sprechmaschine bis zur Soundkarte*. Mainz 2008.

Zemp 1981 = Hugo Zemp: Melanesian solo polyphonic panpipe music. In: *Ethnomusicology*. 25 (1981).

Zeraschi 1971 = Helmut Zeraschi: *Das Buch von der Drehorgel*. Zürich 1971.

Zeraschi 1976 = Helmut Zeraschi: *Drehorgeln*. Leipzig 1976, ²1978.
Zepf 2005 = Markus Zepf: *Die Freiburger Praetorius-Orgel. Auf der Suche nach vergangenem Klang*. Freiburg im Breisgau 2005.
Zerries 1942 = Otto Zerries: *Das Schwirrholz. Untersuchung über die Verbreitung und Bedeutung der Schwirren im Kult*. Stuttgart 1942.
Ziegenrücker 1972 = Wieland Ziegenrücker: *Die Tanzmusikwerkstatt. Eine die Spezifik der Tanz- und Unterhaltungsmusik berücksichtigende allgemeine Musiklehre*. Leipzig 1972.
Ziegler 1979 = Christiane Ziegler: *Catalogue des instruments de musique égyptiens au Musée du Louvre*. Paris 1979.
Zingel 1932 = Hans Joachim Zingel: *Harfe und Harfenspiel. Vom Beginn des 16. bis ins zweite Drittel des 18. Jahrhunderts*. Halle/Saale 1932 (Reprint: Laaber 1979).
Zingel 1977 = Hans Joachim Zingel: *Lexikon der Harfe. Ein biographisches, bibliographisches, geographisches und historisches Nachschlagewerk von A–Z*. Laaber 1977.
Zink 1981 = *Basler Jahrbuch für historische Musikpraxis*. v (1981) (Umschlagtitel: *Das Zink-Buch*.).
Zuckermann 1969 = Wolfgang Joachim Zuckermann: *The modern harpsichord. Twentieth-century instruments and their makers*. New York 1969.
Zuth 1926 = Josef Zuth: *Handbuch der Laute und Gitarre*. Wien 1926.

Ein Auswahl wichtiger Periodica mit instrumentenkundlichen Beiträgen:

Acta organologica. 1967 ff.
Clavichord International. 1997 ff.
Concerto. 1983/84 ff.
Deutsche Instrumentenbauzeitung. 2 (1900/01) – 44 (1943); hervorgegangen aus: *Der Deutsche Instrumentenbau*. 1 (1899/1900)
Early music. 1973 ff.
The Galpin Society journal. 1948 ff.
Journal of the American Musical Instrument Society. 1974 ff.
Liuteria. Tecnica, cultura, ricerca, organologica. 1 (1981) – 9 (1989)
Das mechanische Musikinstrument. 1975 ff.
Musica instrumentalis. 1 (1998) – 3 (2001) [sic]
Studia instrumentorum musicae popularis. 1969 ff.
Zeitschrift für Instrumentenbau. 1 (1880/81) – 63 (1942/43)

Kataloge von Musikinstrumentensammlungen

Eine Auswahl der wichtigsten gedruckten Kataloge; inzwischen haben viele Sammlungen mehr oder weniger detaillierte Datenbanken ihrer Bestände ins Internet gestellt. Die Ortsbezeichnungen entsprechen den gedruckten Angaben und sind gegebenenfalls nicht mehr aktuell.

Ann Arbor, MI: Stearns Collection of Musical Instruments. Albert A. Stanley: *Catalogue of the Stearns Collection of Musical Instruments.* Ann Arbor, MI 1918.
James M. Borders: *European and American wind and percussion instruments. Catalogue of the Stearns Collection of Musical Instruments, University of Michigan.* Ann Arbor, MI 1988.
Antwerpen: Museum Vleeshuis. *Catalogus van de muziekinstrumenten uit de verzameling van het Museum Vleeshuis.* Antwerpen 1981.
Bad Krozingen: Sammlung Fritz Neumeyer. (Rolf Junghanns:) *Historische Tasteninstrumente. Katalog der Sammlung Fritz Neumeyer, Bad Krozingen.* [Bad Krozingen] o. J.
Bad Säckingen: Trompetenmuseum. Edward H. Tarr: *Die Trompeten von Säckingen. Eine Gesamtschau der Sammlung von E. W. Buser. Katalog.* Bad Säckingen 1985.
Barcelona: Museum de la Mùsica. *Museu de la Música. 1/Catàleg d'instruments.* Barcelona 1991.
Basel: Musikmuseum, Historisches Museum Basel. Veronika Gutmann: *Musikmuseum. Historisches Museum Basel.* [Führer durch die Ausstellung.] Basel 2000.
Berlin: Musikinstrumenten-Museum, Staatliches Institut für Musikforschung Preußischer Kulturbesitz. Oskar Fleischer: *Führer durch die Sammlung alter Musik-Instrumente.* Berlin 1892.
Curt Sachs: *Sammlung alter Musikinstrumente bei der Staatlichen Hochschule für Musik zu Berlin. Beschreibender Katalog.* Berlin 1922.
Führer durch das Musikinstrumenten-Museum. Abteilung III des Instituts. Berlin 1939.
Irmgard Otto: *Musikinstrumenten-Museum Berlin. Ausstellungsverzeichnis mit Personen- und Sachregistern.* Berlin 1965.
Irmgard Otto & Olga Adelmann: *Katalog der Streichinstrumente.* Berlin 1975.
Dieter Krickeberg & Wolfgang Rauch: *Katalog der Blechblasinstrumente. Polsterzungeninstrumente.* Berlin 1976.
Gesine Haase & Dieter Krickeberg: *Tasteninstrumente des Museums. Kielklaviere. Clavichorde. Hammerklaviere.* Berlin 1981.
Kielklaviere. Cembali, Spinette, Virginale. Bestandskatalog mit Beiträgen von John Henry van der Meer, Martin Elste u. Günther Wagner. Beschreibung der Instrumente von Horst Rase und Dagmar Droysen-Reber. Berlin 1991.
Dagmar Droysen-Reber: *Harfen des Berliner Musikinstrumenten-Museums. Bestandskatalog.* Berlin 1999.
Faszination Klarinette. Hrsg. v. Conny Restle u. Heike Fricke. München 2004.
Dagmar Droysen-Reber & Konstantin Restle: *Berliner Musikinstrumenten-Museum. Bestandskatalog der europäischen Musikinstrumente 1888–1993.* Berlin 2005.
Belgien: verschiedene Sammlungen. Malou Haine: *Les instruments de musique dans les collection belges. Musical instruments in Belgian collections. Muziekinstrumenten in Belgische verzamelingen.* Liège 1989.
Bologna: Museo Civico Medievale. John Henry van der Meer: *Strumenti musicali europei del Museo Civico Medievale di Bologna con Appendici dei Fondi strumentali delle Collezioli Comunali d'Arte, del Museo Davia Bargellini e del Civico Museo Bibliografico Musicale.* Bologna 1993.
Boston: Museum of Fine Arts. Nicholas Bessaraboff: *Ancient European musical instruments. An organological study of the musical instruments in the Leslie Linsey Mason Collection at the Museum of Fine Arts, Boston.* Boston 1941.
John Koster: *Keyboard musical instruments in the Museum of Fine Arts, Boston, with contributions by Sheridan Germann & John T. Kirk.* Boston 1994.
Barbara Lambert: *Musical instruments collection. Checklist of instruments on exhibition.* Boston 1983.
Bratislava: Národuého Muzea. *Hudobné zbierky slevenského národuého muzea. Musiksammlungen des Slokawischen Nationalmuseums, (1964–1975).* Bratislava 1975.
Brüssel: Musée Instrumental. Victor-Charles Mahillon: *Catalogue descriptif et analytique du Musée instrumental du Conservatoire royal de musique de Bruxelles.* Gand, Bruxelles 1893–1922.
Cremona: Museo Civico. Simone Fernando Sacconi: *Die »Geheimnisse« Stradivaris. Mit dem Katalog des Stradivari-Museums im Städtischen Museum »Ala Ponzone« von Cremona.* Frankfurt am Main 1976.
Calcutta: Indian Museum. A. M. Meerwarth: *A guide to the collection of musical instruments exhibited in the ethnographical gallery of the Indian Museum, Calcutta.* Calcutta 1917.
Castelfidardo: Civico Museo Internazionale della Fisarmonica. Zeilo Frati; Beniamino Bugliolacchi & Marco Moroni: *Castelfidardo e la storia della fisarmonica.* Castelfidardo, Ancona 1986.
Den Haag: Haags Gemeentemuseum. Clemens von

Gleich: *A checklist of pianos* [in the] Musical Instrument Collection, Haags Gemeentemuseum. The Hague 1986.

Clemens von Gleich: *A checklist of automatic musical instruments* [in the] Musical Instrument Collection, Music Department, Haags Gemeentemuseum. The Hague 1989.

Clemens von Gleich: *A checklist of harpsichords, clavichords, organs, harmoniums* [in the] Musical Instrument Collection, Music Department, Haags Gemeentemuseum. The Hague 1989.

Rob van Acht, Vincent van den Ende & Hans Schimmel: *Niederländische Blockflöten des 18. Jahrhunderts. Dutch recorders of the 18th century. Sammlung/Collection Haags Gemeentemuseum.* Celle 1991.

Edinburgh: Edinburgh University Collection of Historic Musical Instruments. *Historic musical instruments in the Edinburgh University Collection. Catalogue of the Edinburgh University Collection of Historic Musical Instruments.* Ed. by Arnold Myers. Edinburgh 1992 ff.

Arnold Myers (Hrsg.): *Historic musical instruments in the Edinburgh University Collection. Catalogue of the Sir Nicholas Shackleton Collection.* Edinburgh 2007.

The Russell Collection. The Russell Collection and other early keyboard instruments in Saint Cecilia's Hall, Edinburgh. Edinburgh 1968.

Eisenach: Bachhaus. Herbert Heyde: *Historische Musikinstrumente im Bachhaus Eisenach.* [Eisenach] 1976.

Verzeichnis der Sammlung alter Musikinstrumente im Bachhaus zu Eisenach. Hrsg. v. d. Neuen Bachgesellschaft. Leipzig ⁴1964.

Wolfgang Wenke: *Historische Musikinstrumente im Bachhaus Eisenach.* [Loseblattsammlung] Eisenach 1988.

Erlangen: Musikwissenschaftliches Institut der Universität Erlangen-Nürnberg. Thomas Jürgen Eschler: *Die Sammlung historischer Musikinstrumente des Musikwissenschaftlichen Instituts der Universität Erlangen-Nürnberg.* Wilhelmshaven 1993.

Florenz: Museo del Conservatorio/Galleria dell'Accademia. *Antichi strumenti dalla raccolta dei Medici e dei Lrena alla formazione del Museo del Conservatorio di Firenze. Firenze, Palazzo Pitti, Febbraio/Dicembre 1980.* Firenze 1980.

Vinicio Gai: *Gli strumenti musicali della corte Medicea e il Museo del Conservatorio »Luigi Cherubini« di Frenze. Cenni storici e catalogo descrittivo.* Firenze 1969.

La musica e i suoi strumenti. La Collezione Granducale del Conservatorio Cherubini a cura di Franca Falletti, Renato Meucci, Gabriele Rossi Rognoni. Firenze 2001.

Marvels of sound and beauty. Italian baroque musical instruments ed. by Franca Falletti, Renato Meucci, Gabriele Rossi-Rognoni. Firenze, Milano 2007.

The Conservatorio »Luigi Cherubini« Collection. Bowed stringed instruments and bows ed. by Gabriele Rossi Rognoni. Livorno 2009.

Frankfurt/Oder: Staatliche Reka-Sammlung. Herbert Heyde: *Historische Musikinstrumente der Staatlichen Reka-Sammlung am Bezirksmuseum Viadrina Frankfurt (Oder).* Leipzig 1989.

Göttingen: Musikwissenschaftliches Seminar der Georg-August Universität. Klaus-Peter Brenner: *Erlesene Musikinstrumente aus der Sammlung des Musikwissenschaftlichen Seminars der Georg-August-Universität Göttingen.* Göttingen 1989.

Graz: verschiedene Sammlungen. Gerhard Stradner: *Musikinstrumente in Grazer Sammlungen.* Wien 1986.

Halle/Saale: Händel-Haus. Herbert Heyde: *Historische Musikinstrumente des Händel-Hauses. Führer durch die Ausstellungen.* Halle an der Saale 1983.

Herbert Heyde: *Musikinstrumenten-Sammlung. Blasinstrumente, Orgeln, Harmoniums.* Halle an der Saale 1980.

Katalog zu den Sammlungen des Händel-Hauses in Halle. 5. Teil. Musikinstrumentensammlung. Besaitete Tasteninstrumente. Halle an der Saale 1966.

Katalog zu den Sammlungen des Händel-Hauses in Halle. 6. Teil. Musikinstrumentensammlung. Streich- und Zupfinstrumente. Halle an der Saale 1972.

Hamburg: Museum für Hamburgische Geschichte. Hans Schroeder: *Museum für Hamburgische Geschichte. Verzeichnis der Sammlung alter Musikinstrumente.* Hamburg 1930.

Museum für Kunst und Gewerbe Hamburg. Andreas E. Beurmann: *Klingende Kostbarkeiten. Tasteninstrumente der Sammlung Beurmann.* Lübeck [2000].

Andreas Beurmann: *Historische Tasteninstrumente. Cembali, Spinette, Virginale, Clavichorde. Die Sammlung Andreas und Heikedine Beurmann im Museum für Kunst und Gewerbe Hamburg.* München, London, New York 2000

Kairo: Musée du Caire. Hans Hickmann: *Catalogue général des antiquités égyptiennes du Musée du Caire. Instruments de musique. Nos. 69201–69852.* Le Caire 1949.

Köln: Musikhistorisches Museum von Wilhelm Heyer. (Aufgegangen in das Musikinstrumenten-Museum Leipzig). Georg Kinsky: *Musikhistorisches Museum von Wilhelm Heyer in Cöln. Bd. 1. Besaitete Tasteninstrumente. Orgeln und orgelartige Instrumente.* Cöln, Leipzig 1910.

Georg Kinsky: *Musikhistorisches Museum von Wilhelm Heyer in Cöln. Bd. 2. Zupf- und Streichinstrumente.* Cöln, Leipzig 1912.

Georg Kinsky: *Musikhistorisches Museum von Wilhelm Heyer in Cöln. Kleiner Katalog der Sammlung alter Musikinstrumente.* Leipzig, Cöln 1913.

Kölnisches Stadtmuseum. Helmut Hoyler: *Die Musikinstrumentensammlung des Kölnischen Stadtmuseums.* Köln 1993.

**Kopenhagen: Musikhistorisk museum og Carl Clau-

dius samling. Angul Hammerich: *Das Musikhistorische Museum zu Kopenhagen. Beschreibender Katalog.* Kopenhagen 1911.
Carl Claudius‹ *Samling af gamle musikinstrumenter.* København 1931.
Leipzig: Musikinstrumenten-Museum der Universität. (Siehe auch unter Köln)
Herbert Heyde: *Musikinstrumenten-Museum der Karl-Marx-Universität Leipzig. Katalog. Bd. 1. Flöten.* Leipzig 1978 / ²1987.
Hubert Henkel: *Musikinstrumenten-Museum der Karl-Marx-Universität Leipzig. Katalog. Bd. 2. Kielinstrumente.* Leipzig 1979.
Herbert Heyde: *Musikinstrumenten-Museum der Karl-Marx-Universität Leipzig. Katalog. Bd. 3. Trompeten, Posaunen, Tuben.* Leipzig 1980.
Hubert Henkel: *Musikinstrumenten-Museum der Karl-Marx-Universität Leipzig. Katalog. Bd. 4. Clavichorde.* Leipzig 1981.
Herbert Heyde: *Musikinstrumenten-Museum der Karl-Marx-Universität Leipzig. Katalog. Bd. 5. Hörner und Zinken.* Leipzig 1982.
Klaus Gernhardt, Hubert Henkel & Winfried Schrammek: *Musikinstrumenten-Museum der Karl-Marx-Universität Leipzig. Katalog. Bd. 6. Orgel-Instrumente, Harmoniums.* Leipzig 1983.
Andreas Michel: *Katalog. Zithern. Musikinstrumente zwischen Volkskultur und Bürgerlichkeit.* Leipzig 1995.
Andreas Michel: *Katalog. Zistern. Europäische Zupfinstrumente von der Renaissance bis zum Historismus.* Leipzig, Halle an der Saale 1999.
Birgit Heise: *Membranophone und Idiophone. Europäische Schlag- und Friktionsinstrumente. Universität Leipzig, Musikinstrumentenmuseum.* Halle an der Saale 2002.
Lissabon: Museu instrumental. Michel'Angelo Lambertini: *Primeiro nucleo de um Museu instrumental em Lisboa. Catalogo summario.* Lisboa 1914.
Liverpool: Liverpool Museum. Pauline Rushton: *Catalogue of European musical instruments in Liverpool Museum.* [Liverpool] 1994.
London: The British Museum. Joan Rimmer: *Ancient musical instruments of Western Asia in the Department of Western Asiatic Antiquities, The British Museum.* London 1969.
Horniman Museum. *Musical instruments. Horniman Museum, London.* [Exhibition catalogue by Jean L. Jenkins] London ²1970.
[E.A.K. Ridley:] *Wind instruments of European art music. Horniman Museum, London.* London. 1974.
Royal College of Music. E.A.K. Ridley: *The Royal College of Music Museum of Instruments catalogue part i: European wind instruments.* London 1982.
Royal College of Music Museum of Instruments catalogue, part II. Keyboard instruments. Ed. by Elizabeth Wells. London 2000.
Elizabeth Wells & Christopher Nobbs: *Royal College of Music Museum of Instruments catalogue, part III. European stringed instruments.* London 2007.
Victoria and Albert Museum. Anthony Baines: *Victoria and Albert Museum. Catalogue of musical instruments. Vol. ii. Non-keyboard instruments.* London 1968 / ²1978.
Howard Schott: *Victoria and Albert Museum. Catalogue of musical instruments. Vol. i. Keyboard instruments.* London ²1985.
Madras: Government Museum. P. Sambamoorthy: *Catalogue of musical instruments exhibited in the Government Museum, Madras.* Rev. ed. Madras 1962.
Mailand: Museo degli Strumenti Musicali. Natale & Franco Gallini: *Comune di Milano. Museo degli Strumenti Musicali, Castello Sforzesco. Catalogo.* Milano 1963.
Guido Bizzi (Hrsg.): *La collezione di strumenti musicali del Museo Teatrale alla Scala. Studio, restauro e restituzione.* [Milano] 1991.
Andrea Gatti (Hrsg.): *Museo degli strumenti musicali.* Milano 1998.
Privatsammlung Fernanda Giulini. John Henry van der Meer: *Alla ricera dei suoni perduti. In search of lost sounds. Arte e musica negli strumenti della collezione di Fernanda Giulini. Art and music in the instruments collection of Fernanda Giulini.* Milano, Briosco 2006.
Markneukirchen: Musikinstrumenten-Museum. Hanna Jordan: *Führer durch das Musikinstrumenten-Museum Markneukirchen.* Markneukirchen 1975.
München: Bayerisches Nationalmuseum München. Bettina Wackernagel: *Holzblasinstrumente. Bayerisches Nationalmuseum München.* Tutzing 2005.
Deutsches Museum. *Musikinstrumente. Objekt- und Demonstrationsverzeichnis. Stand Oktober 1978.* München o.J.
Musikinstrumente. Studiensammlung. Fachgebiet 590. [...] *Stand Januar 1980.* München o.J.
Heinrich Seifers: *Katalog der Blasinstrumente. Stand: April 1980.* München o.J.
Hubert Henkel: *Deutsches Museum. Katalog der Sammlungen. Musikinstrumenten-Sammlung. Besaitete Tasteninstrumente.* Frankfurt am Main 1994.
Bettina Wackernagel: *Europäische Zupf- und Streichinstrumente, Hackbretter und Äolsharfen. Deutsches Museum München, Musikinstrumentensammlung. Katalog.* Frankfurt am Main 1997.
Musikinstrumentenmuseum im Münchner Stadtmuseum. Manfred Hermann Schmid: *Die Revolution der Flöte. Theobald Boehm. 1794–1981. Katalog der Ausstellung zum 10. Todestag von Boehm. Musikinstrumentenmuseum im Münchner Stadtmuseum.* Tutzing 1981.
Nara: Shōsōin. *Musical instruments in the Shōsōin.* Ed. by Shōsōin Office. Tokyo 1967.
New Haven, CT: Yale University. Sibyl Marcuse: *Yale University. School of Music. Check-list of western instruments in the Collection of Musical In-*

struments. Part i. Keyboard instruments. New Haven 1958.
New York, NY: The Metropolitan Museum of Art. Catalogue of the Crosby Brown Collection of Musical Instruments of All Nations. New York, NY 1904–14.
A checklist of bagpipes. New York, NY 1977.
A checklist of western European fifes, piccolos, and transverse flutes. New York, NY 1977.
A checklist of western European flageolets, recorders and tabor pipes. New York, NY 1976.
Laurence Libin: *American musical instruments in The Metropolitan Museum of Art.* New York, NY 1985.
Laurence Libin: *Keyboard instruments.* New York [1990].
Nürnberg: Germanisches Nationalmuseum. John Henry van de Meer: *Verzeichnis der Europäischen Musikinstrumente im Germanischen Nationalmuseum Nürnberg. Bd. I. Hörner und Trompeten, Membranophone, Idiophone.* Wilhelmshaven 1979.
Renate Huber: *Verzeichnis sämtlicher Musikinstrumente im Germanischen Nationalmuseum Nürnberg.* Wilhelmshaven 1989.
Martin Kirnbauer: *Verzeichnis der Europäischen Musikinstrumente im Germanischen Nationalmuseum Nürnberg. Bd. 2. Flöten- und Rohrblattinstrumente bis 1750. Beschreibender Katalog.* Wilhelmshaven 1994.
Osaka: Osaka College of Music. *Catalogue. Museum of Musical Instruments. Osaka College of Music.* Osaka 1984.
Oxford: Ashmolian Museum. David D. Boyden: *Catalogue of The Hill Collection of Musical Instruments in the Ashmolean Museum, Oxford.* Oxford, Great Missenden 1969 / 1979.
Faculty of Music. *The Bate Collection of Historical Wind Instruments. Catalogue of the instruments.* Oxford 1976.
Jeremy Montagu: *The Bate Collection of Historical Instruments. Checklist of the collection.* Oxford 1988.
Paris: Musée de la Musique. Gustave Chouquet: *Le Musée du Conservatoire National de Musique. Catalogue descriptif et raisonné. Nouvelle édition.* Paris 1884–1903.
Le facture instrumentale Européenne: suprématies nationales et enrichissement mutuel. Paris 1985.
Violins, Vuillaume. 1798–1875. A great French violin maker of the 19th century. Paris 1998.
Song of the River. Harps of Central Africa. Paris 1999.
Musée du Louvre. Christiane Ziegler: *Catalogue des instruments de musique égyptiens au Musée du Louvre.* Paris 1979.
Ravenna: Collezione Marino Marini. *Guida introduttiva agli strumenti musicali meccanici. Collezione Marino Marini.* Ravenna ca. 1980.
Regensburg: Historisches Museum. Michael Wackerbauer: *Die Musikinstrumente im Historischen Museum der Stadt Regensburg. Katalog.* Regensburg 2009.
Rom: Museo degli strumenti musicali. *La galleria armonica. Catalogo del Museo degli strumenti musicali di Roma* a cura di Luisa Cervelli. 1994.
Museo Nazionale delle Arte e Tradizioni Populari. Paola Elisabetta Simeoni & Roberta Tucci: *Museo Nazionale delle Arte e Tradizioni Populari, Roma. La collezione degli strumenti musicali.* Roma 1991 (= Ministero per i beni culturali e ambientali. Cataloghi dei musei e gallerie d'Italia. Nuova serie n. 4.)
Salzburg: Salzburger Museum Carolino Augusteum. Kurt Birsak: *Die Holzblasinstrumente im Salzburger Museum Carolino Augusteum. Verzeichnis und entwicklungsgeschichtliche Untersuchungen.* Salzburg 1973.
Salzburger Museum Carolino Augusteum. Jahresschrift 34/1988. Salzburg 1990 [enthält Aufsätze und Katalog zu den Klavierinstrumenten des Museums].
Sankt Petersburg. Rossijskaja akademija nauk. Musej antropologii i étnografii im. *Petra Velikogo. Sankt-Peterburgskij gosudarstvennyi muzej teatral'nogo i muzykla'nogo iskusstva. Muzyka Kunstkamery. K 100-letiju Sankt-Peterburgskogo muzeja muzykal'nych instrumentov.* [...] Sankt Peterburg 2002.
Schwerin: Landesbibliothek Mecklenburg-Vorpommern. Andreas Roloff & Detlef Klose: *Per Musicam ad mundum. Historische Musikinstrumente im Bestand der Landesbibliothek Mecklenburg-Vorpommern.* Schwerin 2008.
Seewen bei Basel: Heinrich Weiss-Stauffacher & Rudolf Bruhin (Hrsg.): *Musikautomaten und mechanische Musikinstrumente. Beschreibender Katalog der Seewener Privatsammlung.* Zürich 1975.
Sigmaringen: Fürstlich-Hohenzollernsches Schloß. Frank Peter Bär: *Die Sammlung der Musikinstrumente im Fürstlich-Hohenzollernschen Schloß zu Sigmaringen an der Donau. Katalog.* Tutzing 1994.
Spanien. Cristina Bordas Ibáñez: *Instrumentos musicales en colecciones españolas. Vol 1. Museos de titularidad estatal.* Ministerio de educación y cultura. Madrid 1999.
Cristina Bordas Ibáñez: *Instrumentos musicales en colecciones españolas. Vol 2. Museos de titularidad estatal no dependientes del Ministerio de educación, cultura y deporte, Patrimonio nacional, Comunidad de Madrid, Ayuntaiento de Madrid.* Madrid 2001.
Stuttgart: Württembergisches Landesmuseum. Hanns H. Josten: *Württembergisches Landesgewerbemuseum. Die Sammlung der Musikinstrumente.* Stuttgart 1928.
Musikinstrumentensammlung im Fruchtkasten. Begleitbuch. Stuttgart 1993.
Tervuren: Musée Royal de l'Afrique Centrale. Olga Boone: *Les xylophones du Congo Belge.* Tervuren 1936.
Olga Boone: *Les tambours du Congo Belge et du Ruanda-Urundi.* Tervuren 1951.
Tokyo: The Koizumi Fumio Memorial Archives. Ca-

talog of the Musical Instrument Collection of The Koizumi Fumio Memorial Archives, Faculty of Music, Tokyo Geijtsu Daigaku.* Tokyo 1987.

Trondheim: Ringve Museum. Peter Andreas Kjeldsberg: *Musikkinstrumenter ved Ringve Museum. The collection of musical instruments.* Trondheim ^{2}1981.

Vancouver. Phillip T. Young: *The look of music. Rare musical instruments 1500–1900.* Vancouver 1980. (Bedeutende Sonderausstellung weltweiter Bestände)

Vermillion, SD: The Shrine to Music Museum. Gary M. Stewart: *Catalog of the collections. The Shrine to Music Museum. Keyed brass instruments in the Arne B. Larson Collection.* Vermillion, SD 1980.
Thomas E. Cross: *Catalog of the collections. The Shrine to Music Museum. Instruments of Burma, India, Nepal, Thailand and Tibet.* Vermillion, SD 1982.

Verona: Accademia filarmonica. John Henry van der Meer & Rainer Weber: *Catalogo degli strumenti musicali dell'Accademia filarmonica di Verona.* Verona 1982.

Washington, DC: The Library of Congress. Laura E. Gilliam & William Lichtenwanger: *The Dayton C. Miller flute collection. A checklist of the instruments.* Washington, DC 1961.
Michael Seyfrit: *Musical instruments in the Dayton C. Miller Flute Collection at the Library of Congress. A catalog. Volume I: Recorders, fifes, and simple system transverse flutes of one key.* Washington 1982.
The stringed instrument collection in The Library of Congress. Photographs by Shinichi Yokoyama. Tokyo 1986.
Smithsonian Institution. Cynthia A. Hoover: *Harpsichords and clavichords.* Washington, DC 1969 / ^{6}1979.
The classic bowed stringed instruments from the Smithsonian Institution. Photographs by Shinichi Yokoyama. Tokyo 1986.

Wien: Kunsthistorisches Museum. Julius Schlosser: *Die Sammlung alter Musikinstrumente. Beschreibendes Verzeichnis.* Wien 1920.
Katalog der Sammlung alter Musikinstrumente. 1. Teil: Saitenklaviere. Kunsthistorisches Museum (Neue Burg). Wien 1966.
Die Klangwelt Mozarts. 28. April bis 27. Oktober 1991. Wien, Neue Burg, Sammlung Alter Musikinstrumente. Eine Ausstellung des Kunsthistorischen Museums. Wien [1991].
Darmstädter: *Die Renaissanceblockflöten der Sammlung Alter Musikinstrumente des Kunsthistorischen Museums.* Wien 2006.
Museum für Völkerkunde. Alfred Janata: *Musikinstrumente der Völker. Außereuropäische Musikinstrumente und Schallgeräte: Systematik und Themenbeispiele.* Wien 1975.

GPSR Compliance

The European Union's (EU) General Product Safety Regulation (GPSR) is a set of rules that requires consumer products to be safe and our obligations to ensure this.

If you have any concerns about our products, you can contact us on ProductSafety@springernature.com

In case Publisher is established outside the EU, the EU authorized representative is:

Springer Nature Customer Service Center GmbH
Europaplatz 3
69115 Heidelberg, Germany

Batch number: 09410548

Printed by Printforce, the Netherlands